1975-1995

20 años de nuestra vida

HISTORIA DE LA DEMOCRACIA

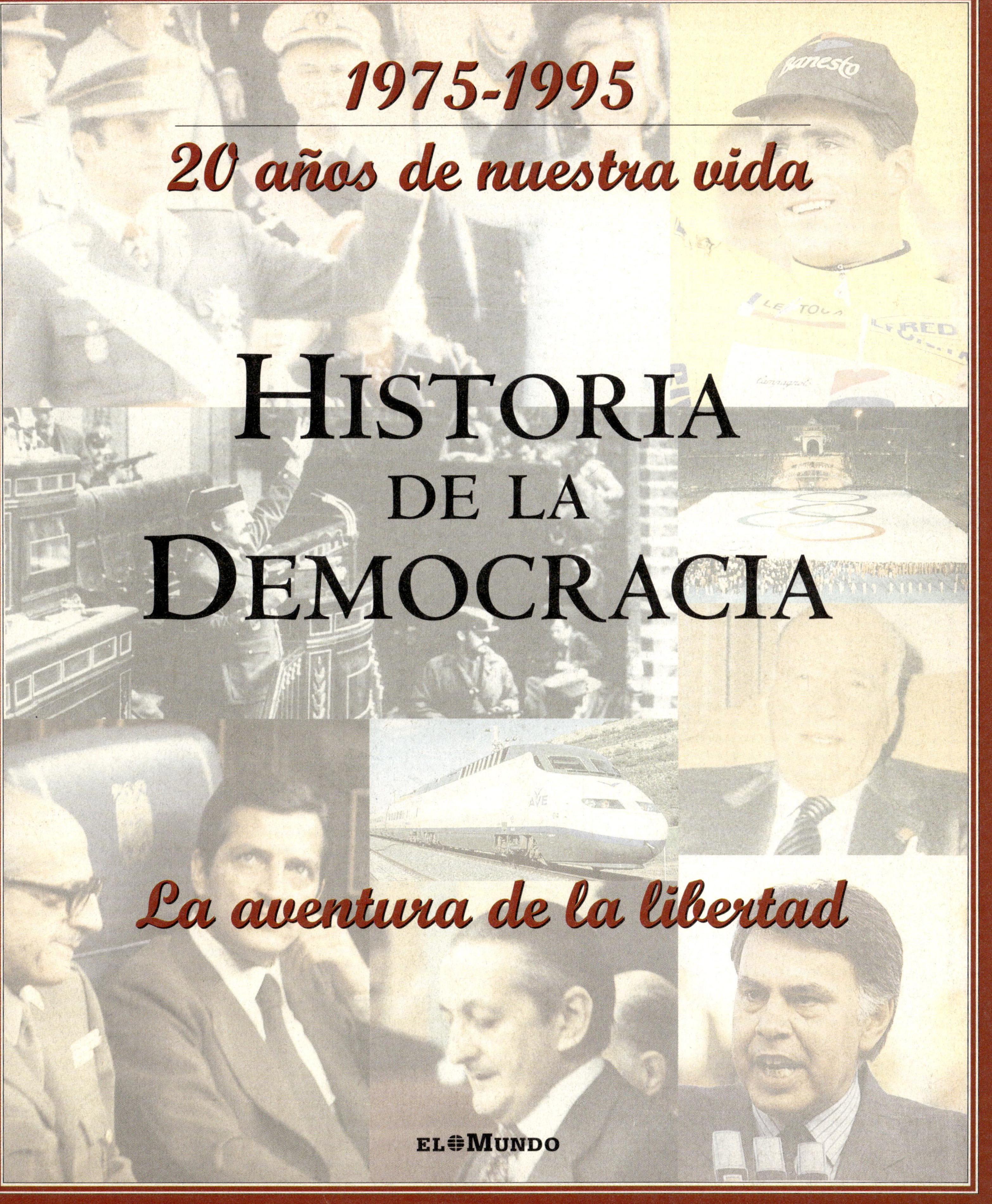

La aventura de la libertad

EL MUNDO

EL MUNDO

PRESIDENTE
ALFONSO DE SALAS

DIRECTOR
PEDRO J. RAMÍREZ

HISTORIA DE LA DEMOCRACIA

EDITOR
Justino Sinova

REDACCIÓN
Fernando Bermejo
Javier Lorenzo

DISEÑO
Rodrigo Sánchez

MAQUETACIÓN
Javier Sanz

INFOGRAFÍA
Mario Tascón

PRODUCCIÓN
Juan Morales

FOTOMECÁNICA
Gama Color

IMPRESIÓN
Lerner-Printing

ISBN: 84-920059-5-5
Depósito legal: 33.108-1995

Una aventura con final feliz

Esta es una obra abierta, plural y rigurosa a la que son convocados todos los que tienen algo que decir

Al cumplirse veinte años del comienzo de la aventura de la libertad que trajo la democracia a España, EL MUNDO ofrece un relato pormenorizado, y que quiere ser plenamente fiel a los hechos, de esta delicada operación que se hizo con inteligencia, con generosidad y también con incomprensiones y no pocas dificultades. La aventura fue coronada por un final feliz pero encontró en el camino algunos problemas que a punto estuvieron de frustrarla.

La aventura comienza con la muerte del general Francisco Franco el 20 de noviembre de 1975, pero ha sido preparada por algunas personas desde unos años antes. La presencia del Rey Don Juan Carlos en la cúpula del Estado facilita el tránsito desde un sistema cerrado basado en la autoridad personal a un sistema democrático basado en la voluntad del pueblo. El Rey, sabiamente asesorado, actuó de dinamizador del proceso, que fue ejecutado desde la Presidencia del Gobierno con audacia. Al final llegó el milagro ante el asombro de muchos, especialmente de aquellos que se manifestaron reticentes o negaron su colaboración a la empresa, y el milagro fue la implantación en España de una Monarquía parlamentaria, equiparable a las democracias occidentales más experimentadas, entre una complacencia general.

Estos fascículos cuentan con el trabajo de los mejores expertos en la materia y con la colaboración de testigos y protagonistas

El proceso ha discurrido por tres etapas bien distintas:

En la primera de ellas, que comienza en los finales del franquismo, se traza el camino de la reforma. Hay un hombre fundamental en el escenario político, que es Torcuato Fernández-Miranda, catedrático de Derecho Político, figura del régimen franquista, dialéctico notable y profesor desde mucho antes del entonces Príncipe de España. Fernández-Miranda es quien desata el nudo de la reforma, quien ofrece a Don Juan Carlos la solución para desmontar pacífica y eficazmente el régimen que heredaba.

En la segunda etapa se concreta realmente el cambio. Abierta la puerta por la ley para la Reforma Política, el Rey encarga la ejecución de la reforma a otro hombre fundamental en la historia de la democracia, Adolfo Suárez, procedente también del anterior régimen. Suárez, que había sido director general de Televisión Española y ministro del Movimiento, hombre extraordinariamente dotado para las relaciones personales, demuestra una audacia poco común para construir, bajo la vigilancia del Monarca, y con la colaboración de otros hombres del sistema, un nuevo régimen, la democracia parlamentaria. Encuentra también la incomprensión de la izquierda, que en un principio se encierra en la exigencia de la ruptura y no acierta a ver las ventajas de la reforma. Discurren entonces unos años en que España asombra al mundo. Son los mejores y más creativos momentos de la Transición.

Concluida la reforma, aprobada una Constitución democrática en referéndum y celebradas elecciones libres con posibilidad de participación de todos los partidos, comienza la tercera etapa, que es la de consolidación del nuevo sistema. El triunfo electoral del Partido Socialista en 1982, que lleva a gobernar a la izquierda por primera vez en España desde la República, tiene una incidencia sobresaliente en el nuevo objetivo de poner a prueba la calidad de la democracia de la reforma. Y la prueba resulta también con éxito, aunque los nuevos gobernantes muestran maneras que hacen temer algún viraje inesperado. Ciertas iniciativas llevadas a cabo por la mayoría absoluta que sostiene a Felipe González en el poder suponen tanto como una reforma -que habría que llamar encubierta- de algunos puntos de la Constitución, como las referidas al Poder Judicial o a las relaciones del Gobierno con el Parla- ➳

mento. Algún tratadista ha dicho que el paso de González por el poder ha introducido el presidencialismo en una Constitución que no lo había previsto. Los episodios de corrupción descubiertos en los últimos años de gobierno felipista han sido también una dura prueba para la democracia, que ha resistido extraordinariamente bien, aunque estos escándalos han influido, sin duda, en el ánimo de los ciudadanos y en un último desencanto que se aprecia en ciertas capas de la población.

La llegada de la democracia a España ha sido, a pesar de últimos y corregibles pesimismos, una aventura apasionante. Es la aventura que aparece en estos fascículos que quieren ser, como decía al principio, reflejo de la realidad, testimonio de lo que efectivamente ha ocurrido. Con ese fin, estos fascículos cuentan con el trabajo de los mejores expertos en la materia -periodistas, historiadores, sociólogos...- y con la colaboración de los testigos y de los protagonistas. Esta es una obra abierta, plural y rigurosa, a la que son convocados todos los que tienen algo que decir, y espero que con su concurso resultará una aportación imprescindible para conocer y para entender lo que ocurrió en estos años decisivos.

Como muestra de este propósito, el primer capítulo ofrece una aportación excepcional: el testimonio del Rey Don Juan Carlos, principal protagonista de la Transición, que supo ganarse el favor del pueblo. El testimonio del Monarca es una aportación histórica que desde este momento hay que tener en cuenta para estudiar este periodo apasionante de nuestra vida colectiva.

Aquí aparece también toda la realidad de un país que ha experimentado cambios muy profundos en los últimos 20 años

Pero la Historia de la Democracia no es sólo política, aunque la política sea su hilo conductor. En estos fascículos aparece también toda la realidad de un país que ha ido cambiando profundamente. En 20 años, España ha experimentado transformaciones en todos los órdenes... aunque algunos problemas se han enquistado y han surgido otros que desafían la eficacia de nuestros gobernantes.

Todo ello queda reflejado en los capítulos siguientes, que relatan una aventura con, pese a todo, final feliz. En ellos se encuentra la historia de veinte años de nuestra vida, posiblemente los veinte años más creativos del siglo, de los que la mayoría de los españoles nos sentimos orgullosos. A veces los problemas del día no nos dejan contemplar con perspectiva el magnífico episodio protagonizado por todos. Pero realmente es magnífico. Vamos a tener ocasión de comprobarlo al descubrir su historia paso a paso, con toda su grandeza, con todos sus secretos.

Justino Sinova. Editor de "Historia de la Democracia"

GUSTAVO CATALÁN

El pueblo español desempeñó un papel fundamental en la consecución de las libertades durante la Transición, toda una aventura con final feliz.

1975-1995. Veinte años de nuestra vida

• Historia de la Democracia •

{Capítulo I}

DALDA

El Rey Don Juan Carlos, en imagen reciente tomada en la mesa de trabajo de su despacho en el Palacio de la Zarzuela.

Escribe el Rey Don Juan Carlos

Un éxito que parecía imposible

"La Transición terminó, la Constitución permanece". Este es uno de los mensajes incluidos en el texto que el Rey de España ha escrito para esta Historia de la Democracia. Una historia culminada con "un éxito que parecía imposible" y que corresponde, en gran parte, al Monarca y al pueblo con el que la Corona supo sintonizar.

• TESTIMONIO •

La herencia de la Transición

El Monarca invita a los españoles a impregnar la vida colectiva de "espíritu constitucional"

En este artículo escrito expresamente para la "Historia de la Democracia", el Rey Don Juan Carlos subraya la generosidad derrochada por todos para culminar con éxito la gran tarea de la Transición, que devolvió la soberanía al pueblo, protagonista principal de esa aventura. Lo que queda es la gran obra de la Constitución de 1978, bajo cuya vigencia y amparo ha de discurrir la vida de todos los españoles en la concordia.

ESCRIBE
EL REY
DE ESPAÑA

Hace veinte años nos propusimos realizar juntos el deseo unánime de los españoles, que era el de recuperar nuestras libertades y articular un sistema de convivencia bajo el signo de la reconciliación. La realización de este objetivo nos exigió grandes dosis de generosidad, para excluir todo tipo de dogmatismos y protagonismos y evitar a toda costa que nadie se sintiera excluido, y mucho menos suplantado en el desarrollo de esta tarea y en sus resultados.

La voluntad indomable de llegar a la meta que nos habíamos propuesto, y el realismo y buen sentido con que afrontamos las incógnitas y problemas que era preciso resolver hicieron el milagro. Por eso he dicho siempre, y repito ahora, que el auténtico protagonista de la Transición fue el pueblo español, a quien corresponde el mérito principal de aquella empresa histórica.

◆

La Corona estuvo preparada para

asumir su función integradora de todos los españoles en el marco de un sistema democrático que el país le demandaba. Gracias al esfuerzo incansable y al sacrificio de mi Padre, la Monarquía era una referencia aceptable para todos, pues no estaba implicada, antes al contrario, en las devastadoras consecuencias de la guerra civil, y se había mantenido por encima de las diferentes posturas y opiniones políticas, escuchando a todas y sin identificarse con ninguna.

Esta actitud le valió el respeto general y el concurso de las fuerzas que luchaban por la democracia dentro y fuera de España, así como el apoyo, de gran valor en las circunstancias concretas de aquella época, de quienes no obstante su situación en el régimen anterior veían con claridad la necesidad del cambio y sus inaplazables exigencias.

◆

Me correspondió entonces la honrosa misión de materializar este capital político y ponerlo al servicio de los españoles. Las dudas que en un primer momento se plantearon sobre la posibilidad de realizar este propósito fueron beneficiosas para la Institución, pues, cuando en breve tiempo se transformaron en asentimiento, éste fue auténtico y espontáneo, y no producto del temor o la necesidad.

En el ejercicio del ámbito de libertad que me concedían las leyes vigentes, y que era un arma de dos filos, conté con la ayuda inapreciable de colaboradores inmediatos que gestionaron con valentía y eficacia el camino hacia la reforma, con la lealtad ejemplar del Ejército y la prudencia y madurez con que las fuerzas políticas supieron administrar sus intervenciones y templar la impaciencia de sus bases, en un escenario complejo donde no faltaron interpretaciones sesgadas e intentos de confusión sobre inexistentes divergencias en el ritmo y objetivos del proceso de apertura.

Nunca me faltó el apoyo de mi Padre, con quien estaba plenamente identificado, ni el de la nación española, con la que me había comprometido oficialmente en 1969. No hubo acuerdo, pacto ni contradicción entre ambas lealtades. No era necesario, pues ambas eran una sola, como proclamé al aceptar la sucesión y confirmó la transmisión de los derechos dinásticos a ➛

El objetivo de la reconciliación "nos exigió grandes dosis de generosidad para evitar dogmatismos y protagonismos y que nadie se sintiera excluido"

"El auténtico protagonista de la Transición fue el pueblo español, a quien corresponde el mérito principal de aquella empresa histórica"

"Gracias al esfuerzo y al sacrificio de mi Padre, la Monarquía era una referencia aceptable para todos, pues no estaba implicada en la guerra civil"

poco de ser aprobada la ley de Reforma Política.

El legado histórico que personifica la Monarquía y la obra resultante de una vida consagrada al servicio de los españoles se identificaban con el primer fruto tangible de la Transición, confirmando la unión y la identidad de propósitos de la Corona y su pueblo.

◆

La Transición no hubiera podido realizarse sin la suma de entendimientos en lo esencial, sin abdicar de las convicciones propias ni renunciar al papel que a cada uno correspondía, que se conoce como el consenso. El consenso significa sobre todo una apuesta radical por la conciliación. Quebró la espiral de nuestros conflictos históricos y la división de los españoles en vencedores y vencidos. Les convocó, sin excepción, a elaborar desde sus específicas lealtades un proyecto compartido y beneficioso para todos.

El espíritu de conciliación necesitaba un suelo fértil en que arraigar, y el pueblo español lo ofreció sin reservas, garantizando con el doble aval de su compromiso político y su grado de desarrollo económico y social la vía del diálogo y el respeto mutuo.

> *"Nunca me faltó el apoyo de mi Padre, con quien estaba plenamente identificado, ni el de la nación española, con la que me había comprometido en 1969"*

> *"Fue decisivo el papel de los medios de comunicación. Vertebraron, mediante la información, una sociedad auténticamente democrática"*

En esta opción fue decisivo el papel de los medios de comunicación. Vertebraron, mediante la información, una sociedad auténticamente democrática, polarizaron la opinión en torno a los temas fundamentales y reforzaron con agudo criterio las decisiones que jalonaron la Transición asegurando su éxito final. No es extraño que los intentos de involución que provocaron los extremistas de uno y otro signo se estrellasen contra esta argamasa de convicciones. Una vez despierta la conciencia nacional, cualquier intento de volver a secuestrarla estaba condenado al fracaso.

◆

La Constitución de 1978 es el punto culminante de la Transición. Devuelve la soberanía al pueblo español, su auténtico titular, consagra sus derechos y libertades, y confirma la misión de la Corona en el marco del sistema democrático que le es propio. Proclama solemnemente los principios que presidieron nuestro recorrido hacia la libertad y establece los mecanismos y reglas de juego mediante los que la democracia recién conquistada ha de perpetuarse y desarrollarse.

También remata el edificio de la reconciliación. Por primera vez en nuestra historia no es fruto de prejuicios dogmáticos o de imposiciones de partido. Todos podemos reconocernos y encontrar nuestro lugar en sus disposiciones. Por tanto, todos debemos sentirnos asimismo responsables de materializarlas en nuestra vida cotidiana como nación, conforme al espíritu que las inspira.

"La Constitución remata el edificio de la reconciliación. Por primera vez en la historia no es fruto de prejuicios dogmáticos o de imposiciones de partido"

Una de las preocupaciones que singulariza nuestra Constitución es el propósito de articular en términos comprensibles la unidad y diversidad de España. Nuestra unidad no nace de un artificio legal o de la conveniencia de una ideología. Como en todas las grandes naciones europeas, es un precipitado de la Historia, que es arriesgado desconocer o violentar.

"Nuestra unidad no nace de un artificio legal o de la conveniencia de una ideología. Es un precipitado de la Historia, que es arriesgado desconocer o violentar"

La unidad incluye y presupone la diversidad, que tiene también su historia propia y está anclada firmemente en las lenguas, costumbres e instituciones que configuran un tejido social vivo y específico. Nuestra Constitución recoge estos principios reinterpretándolos en términos actuales que garantizan su eficacia. Reconoce la diversidad como una realidad y el complemento natural de la unidad, y la eleva a principio general, convirtiéndola en signo de normalidad.

"Debemos dibujar, desde las cotas significativas de desarrollo autonómico que ya hemos alcanzado, el nuevo rostro de la concordia de España"

La unidad en la diversidad puede así vincularse a conceptos más amplios, como el de patrimonio común, derecho fundamental y solidaridad interregional. Es esta riqueza la que tenemos que expresar mediante los mecanismos políticos, jurídicos y financieros que el marco constitucional pone a nuestra disposición para desarrollarla. Con ellos hemos de construir un proyecto de vida en común que sea atractivo para todos, y dibujar, desde las cotas significativas de desarrollo autonómico que ya hemos alcanzado, el nuevo rostro de la concordia de España.

El reconocimiento internacional de la Transición, que es uno de sus caracteres distintivos, refleja a mi juicio la admiración por la limpieza y autocontrol con que alcanzamos un éxito que a muchos parecía imposible, y su valor de ejemplo para quienes se encuentran en circunstancias semejantes a las que nosotros afrontamos hace años.

En mis viajes al extranjero y las numerosas conversaciones que he mantenido con líderes mundiales he podido comprobar el respeto y consideración que España se granjeó en el escenario internacional. Este importante activo, que alcanza tanto a la Corona como al más humilde español, debe hacernos reflexionar sobre nuestro papel en el mundo.

La Transición se hizo también para que España saliera del aislamiento. Uno de los frutos más importantes del cambio ha sido la integración española en nuestros «espacios naturales» del escenario internacional: la Unión Europea y la Comunidad Iberoamericana de Naciones. Tenemos que ampliar la nómina de cuantos abren caminos y suavizan conflictos, contribuyendo con su esfuerzo a que nuestro país cumpla en ambas el papel activo que le corresponde y exprese sin reservas en su seno la nueva realidad española.

El contexto internacional es cada vez más el escenario de un sistema de economía globalizada. Podemos enorgullecernos justamente de la existencia y las realizaciones de un grupo cada vez más importante de españoles con una clara vocación de competitividad internacional. Saludamos también con esperanza el creciente interés que suscita en nuestros ambientes económicos la innovación y la cooperación tecnológica.

"A punto de alcanzar el fin de siglo, la herencia de la Transición nos reclama para la nueva tarea de asumir y ejercer los valores y principios de la normalidad"

"Tenemos que acostumbrarnos a impregnar nuestra vida colectiva de 'espíritu constitucional'. La Transición terminó, la Constitución permanece"

A punto de alcanzar el fin de siglo, la herencia de la Transición nos reclama para una nueva tarea: la de asumir y ejercer los valores y principios básicos de la normalidad sin dejarnos asaltar por desánimos pasajeros ni naufragar en las dificultades de lo cotidiano. Tenemos que acostumbrarnos a impregnar nuestra vida colectiva de «espíritu constitucional». La Transición terminó, la Constitución permanece.

La concordia de los derechos y libertades, que son patrimonio de todos; la gestión de las instituciones como instrumentos dirigidos a perfeccionar la convivencia y el progreso y a servir al interés general; la búsqueda incesante de ideas y fórmulas innovadoras que pongan la economía al servicio del hombre; la promoción de nuevos valores que todos puedan compartir y de actitudes sociales constructivas y solidarias son lecciones que todos podemos dar y ejemplos que cualquiera es capaz de seguir.

EUROPA PRESS

El Rey Don Juan Carlos, flanqueado a la derecha por su hijo, el Príncipe Felipe, y a la izquierda por su padre, el Conde de Barcelona.

Tantos cambios en tan poco tiempo

La evolución en política, sociedad y cultura

Javier Lorenzo/Fernando Bermejo

Pocas veces un país ha cambiado tanto en tan poco tiempo. Las transformaciones que ha experimentado España, y que serán analizadas en los sucesivos números de este suplemento, no sólo han sido políticas o tecnológicas. La moral, la forma de pensar y de ser, el espíritu colectivo han dado un vuelco tal que hoy se puede volver a decir, aunque con otro sentido, que España es y se ha hecho diferente.

EUROPA PRESS — ANGEL CASAÑA

De Arias Navarro a Felipe González.

Cuatro presidentes de gobierno ha conocido España en los últimos veinte años. Talantes distintos, modos distintos, proyectos también distintos. El autoritarismo a ultranza, la pervivencia de los viejos valores y las no menos viejas estructuras desaparecieron con el primero de ellos. Los siguientes -Suárez, Calvo-Sotelo, González- pretendieron llevar a España hacia la Europa que hasta hacía poco miraba por encima del hombro. Sus esfuerzos, con los de todo el pueblo, lo hicieron posible. Pero su mayor recompensa fue el afianzamiento definitivo de la libertad.

Efe — El Mundo

Del "Una, grande y libre" a las autonomías.

El concepto de Estado ha cambiado en estos veinte años. "Una, grande y libre" era la radiografía esencial de la España franquista. La democracia trajo, no sin pocos dolores de cabeza (y los que quedan), la desmembración del territorio nacional en autonomías. De los despliegues rojigualdas de la Plaza de Oriente a la exhibición colorista de las banderas autonómicas.

Europa Press — Europa Press

Del Tribunal de Orden Público al juez Garzón.

Al año de morir Franco, se eliminaba una de las vértebras de su sistema, el Tribunal de Orden Público, combatido desde su creación en 1963. Los juzgados de cada provincia empezaron desde entonces a cobrar protagonismo. Dos décadas después, ese protagonismo se ha concretado en figuras como el juez Garzón, paradigma de la Justicia en nombre propio.

Europa Press — Europa Press

Del Movimiento al Parlamento.

Procuradores o diputados. Unanimidad o discrepancia. Monolitismo o diversidad. Democracia orgánica o voluntad popular. Conceptos opuestos. Derrotados unos, victoriosos otros. La libertad de expresión llegó también a través de las urnas. Pocos adivinaron una España socialista. El pueblo había tomado la palabra, un derecho al que no ya está dispuesto a renunciar.

EUROPA PRESS EL MUNDO

De Carmen Franco a Marta Chávarri.

Cuando España, según la nieta de Franco, aún era "la finca del abuelito", los actos sociales se nutrían de militares, marquesas y obispos. Dos décadas después, los círculos financieros copan las portadas de las revistas, con la excepción de ciertos aristócratas y algún advenedizo. La política aportó a su "gente guapa", pero por poco tiempo. Los ojos se habían vuelto hacia los líos de las grandes fortunas.

EUROPA PRESS EL MUN

Del 600 al "airbag".

"Con unos ahorrillos me compré un 600". Una frase muy común en las familias españolas; una frase que da idea de la popularidad de un coche sencillo que era, más que nada, toda una filosofía de la vida. Con el paso del tiempo, la sofisticación en los automóviles crece y crece. Quien no sepa qué es el "air-bag" y el ABS está "out". Sin duda, es otra historia.

Europa Press

El Mundo

Del Arriba a Internet.

Se secuestraban revistas, “la mejor televisión de España” disfrutaba de derecho de pernada -en blanco y negro, mayormente- y el yugo y las flechas coronaban las cabeceras de algunos periódicos (el *Arriba*, por ejemplo). Poco a poco, la Prensa y las comunicaciones se convirtieron en algo más que negocios: en una apuesta de futuro. La democracia permitió la diversidad y el contraste. Los avances técnicos, el cable, los satélites y los ordenadores entraron en escena. El mundo al alcance de una tecla.

Gustavo Catalan

Begoña Rivas

Del desaliño al “wonderbra”.

Si hay un aspecto del cambio que no merece controversia, ése es el de la vestimenta. Los españoles han transformado su indumentaria. El imperio del gris, el pantalón de campana y la melena, dos décadas después han roto en colorido e imaginación. Las top-models publicitan el “wonderbra” como punto álgido del culto a la imagen. Se viste para gustar.

EUROPA PRESS EUROPA PRESS

De Santiago Bernabéu a Jesús Gil.

Santiago Bernabéu, don Santiago, era todo un personaje. Ni más ni menos que un club: era una institución. El presidente por excelencia del Real Madrid: seis Copas de Europa. El aterrizaje al mundo del fútbol de individuos ajenos al deporte ha tenido en Jesús Gil a su más prototípico representante. Los excéntricos copan las poltronas. Miércoles y domingo, por supuesto.

EUROPA PRESS DOMENEC UMBERT

De Johan Cruyff a Jordi Cruyff.

Le contrataron para ganar la Liga, y la ganó. Llegó para humillar al gran rival, y le humilló. En ambas modalidades, el holandés Johan Cruyff cumplió como jugador y, ahora, como entrenador. El es, sencillamente, el ombligo del Barça. Lleva al club en la cabeza y, en el club, tiene como jugador, dos décadas después de que él lo fuera, a su hijo Jordi, estandarte de una nueva hornada de futbolistas que debe pechar con la renovación del equipo. A eso se le llama responsabilidad.

EUROPA PRESS

EL MUNDO

De Orantes a Conchita y Arantxa.

De las últimas personas que Franco recibió en audiencia fue a Manuel Orantes tras su éxito en Forest Hill. Por entonces, los Grand Slams eran especies casi inalcanzables para los tenistas españoles. Tras unos años de secano, la irrupción de Sergi Bruguera, Conchita Martínez y Arantxa Sánchez Vicario ha hecho frecuente lo antaño inimaginable. París, Londres y Nueva York se han entregado a su talento. Triunfos y millones (en dólares, claro) por todas partes.

EUROPA PRESS

FERNANDO MUGICA

De Luis Ocaña a Miguel Indurain.

El mayor mérito de Luis Ocaña no fue ganar el Tour de 1973. Fue el de hacer sombra a Eddy Merckx, aunque la mala fortuna le impidiera refrendar más veces su categoría. La misma mala suerte que atacó más tarde sin misericordia a hombres como Arroyo o el propio Pedro Delgado, y que únicamente se quebraría con la aparición de Indurain, un atleta que no sólo ha tenido que vencer al asfalto y a los contrincantes, sino también a un destino que hasta entonces solía mostrarse adverso.

EUROPA PRESS ANGEL CASAÑA

De Isabel Tenaille a Paco Lobatón.

No parece que la televisión haya evolucionado tanto como otros campos. Al fin y al cabo, parte de la programación actual se nutre de lo que sucedió hace veinte e incluso treinta años. La cámara siempre acaba pidiendo rostros amables o cuando menos comprensivos. Sin embargo, antes era más fácil alcanzar la fama que hoy, cuando la competencia resulta feroz y los índices de audiencia son la Biblia y la espada de Damocles de las pantallas.

EL MUNDO EL MUNDO

De "Kung-Fu" a "Farmacia de Guardia".

Los teatros del aire agonizaban. Las adaptaciones caseras de las grandes obras de todos los tiempos comenzaban a parpadear. Pronto llegaría la invasión, por capítulos, de miles de series estadounidenses. El pequeño saltamontes (*Kung-Fu*) sería una de las más sonadas junto a *La casa de la pradera*. Más tarde, cuando Venezuela o Brasil coparon lo que quedaba de mercado, llegó el contraataque, y con enorme éxito, gracias a directores que sabían cómo era el humor español.

EUROPA PRESS EUROPA PRESS

Del "landismo" al Oscar.

El cine español de entonces fue una losa para el que vendría después. Landa dio nombre a la "españolada"; luego, como algunos otros -Pajares, Sacristán-, escribió páginas gloriosas. La chabacanería reaparece alguna vez pero la calidad se impone. Veteranos y noveles aspiran a lo mejor. Quizá al Oscar que consiguieran Garci y Trueba (éste, en la foto de la derecha).

EUROPA PRESS FERNANDO QUINTELA

De Paquirri a Jesulín de Ubrique.

El día en que Jesulín de Ubrique torea sólo para mujeres, la tauromaquia da un paso. Adelante o atrás, ésa es otra cuestión. Mediados los setenta, la Fiesta tenía en el luego malogrado Paquirri a un torero eminentemente popular; Jesulín también lo es ahora, preferentemente por su desfachatez ante las cámaras. En los toros, la tele también ha sido decisiva: da una popularidad distinta a la de antaño. Jesulín es el ejemplo.

Franco, Monarquía

Uno de los aspectos más llamativos del proceso de Transición democrática vivido en España es, sin duda, el hecho de que se realizara a partir de la legalidad vigente, sin vulnerar en ningún momento la letra aunque sí, evidentemente, el espíritu de las Leyes Fundamentales del régimen de Franco.

Y ello fue posible en gran medida porque algunos años antes de su muerte, en julio de 1969 Franco había nombrado a don Juan Carlos de Borbón sucesor «a título de rey». La mayoría de quienes han escrito sobre la Transición -entre ellos, el autor de estas líneas- ha solido regocijarse ante el hecho de que la institución supuestamente instaurada para garantizar la continuidad del régimen fuese precisamente la que hizo posible su desmantelamiento. Sin embargo, semejante conclusión puede resultar un tanto superficial, tal y como podremos observar a continuación.

Se ha citado hasta la saciedad la frase de Franco en el sentido de que a su muerte todo quedaría «atado y bien atado», generalmente con el propósito de demostrar su escasa capacidad de previsión. Sin embargo, dicha frase, que fue pronunciada por vez primera en el discurso de fin de año de 1969, es decir, a los pocos meses del nombramiento de don Juan Carlos, no se refería a la continuidad del régimen en su conjunto, sino a lo que se denominaba con púdico eufemismo «las previsiones sucesorias». En otras palabras, Franco expresaba la convicción de que a su muerte no se produciría un vacío de poder, y que su sucesor sería proclamado rey de España de acuerdo con los mecanismos previstos. Algo parecido afirmaría en 1971 ante el enviado especial del presidente Nixon, Vernon Walters, a quien aseguró que «había creado diversas instituciones para garantizar una ordenada sucesión». A continuación, «sonrió y dijo que muchas personas ponían en duda la eficacia de estas instituciones. Estaban en un error; la Transición se efectuaría con orden».

A lo largo de su dilatada carrera, Franco hizo siempre gala de un enorme pragmatismo político, lo cual explica en gran medida su propia supervivencia. Su actitud hacia las estructuras políticas que fueron surgiendo bajo su mandato fue siempre eminentemente utilitaria. Cuenta al respecto el embajador Antonio Garrigues y Díaz Cañabate en sus memorias que, a mediados de la década de los sesenta, acudió a Franco con un proyecto de Ley Orgánica con el propósito de hacer más racional y menos arbitrario el funcionamiento del régimen. Garrigues le confesó que, como no creía en el partido único, a la hora de elaborar su proyecto no había sabido qué hacer con las instituciones del Movimiento, en vista de lo cual había optado por excluirlas por completo. Ante su asombro, Franco le constestó: «¿Se ha fijado usted, Garrigues, que en el teatro, cuando alguien empieza a aplaudir, los demás tienden a seguirle? Pues eso, para mí, es lo que significa el Movimiento». Garrigues no supo si reír o llorar, y abandonó El Pardo convencido de que había perdido el tiempo.

La única institución en merecer un trato distinto por Franco fue precisamente la Monarquía... Podría afirmarse que la Monarquía vino a garantizar en cierta medida una parte del legado franquista.

La única institución en merecer un trato distinto por parte de Franco fue precisamente la Monarquía. A pesar de ser plenamente consciente de que bajo la Monarquía podían desarrollarse sistemas políticos muy diversos, Franco veía en ésta ciertas cualidades metapolíticas, lo cual sin duda tenía mucho que ver con su tendencia a idealizar ciertos episodios supuestamente heroicos de la historia de España. En este sentido, merecen especial interés y no dejan de causar cierta perplejidad los argumentos empleados por el Caudillo ante las Cortes el 22 de julio de 1969 a la hora de justificar el nombramiento de don Juan Carlos. «Hoy no se puede decir que las Monarquías representen al sector conservador de los pueblos -afirmaría- pues, si contemplamos las Monarquías de las distintas naciones del norte europeo, tenemos que reconocer el progreso y la eficiencia social que registran, a las que dio estabilidad y garantías de continuidad. Pero no tenemos que ir a buscar fuera ejemplos de que lo trascendente de las instituciones no es el nombre, sino el contenido; la Monarquía de los Reyes Católicos, que tantos años de gloria dio a la nación, es un ejemplo perenne de su popularidad y de la defensa constante de los derechos sociales de nuestro pueblo». En otras palabras, tanto en el siglo XV como a finales del XX, la Monarquía era una institución «natural» para ciertas sociedades, debido a la relación poco menos que mágica que podía darse entre el monarca y su pueblo.

Franco sabía perfectamente que la existencia de una Monarquía no evita-

y Democracia

Charles Powell
Historiador. Profesor en Oxford.
Autor de "El motor del cambio",
premio Espejo de España.

ría por sí misma una cierta democratización de la vida política. El propio Rey ha reconocido que «era demasiado inteligente como para creer que a su muerte las cosas se quedarían tal como estaban», y ha narrado en diversas ocasiones que, cuando le pedía consejo sobre cómo debería desenvolverse cuando ocupase el trono, Franco solía contestarle que poco podía enseñarle, dado que su reinado se desarrollaría en un contexto político muy distinto. De forma parecida, tras su conversación de 1971, Walters observó que, en opinión de Franco, España «avanzaría cierto trecho por el camino preconizado por los norteamericanos, pero no llegaría hasta el final de dicho camino, por cuanto España no era Norteamérica, ni Inglaterra, ni Francia. Era España». Lo que seguramente nunca pudo prever fue que, tras su muerte, el camino hacia la democracia se recorrería en un plazo muy breve de tiempo.

EUROPA PRESS

El propio Rey ha reconocido que Franco "era demasiado inteligente como para creer que a su muerte las cosas se quedarían tal como estaban".

Si Franco no hizo más por evitar esa futura democratización fue porque la estimaba inevitable y, sobre todo, porque confiaba que la Monarquía actuaría de freno o al menos de dique ante los cambios que se avecinaban. Ello explica que, tanto en su testamento político como en sus últimas conversaciones privadas con destacadas figuras del régimen, hiciera especial hincapié en la importancia de la consolidación de la Monarquía, sin mencionar en absoluto la supervivencia de las demás instituciones del régimen.

¿Hasta qué punto estaban justificadas las esperanzas por Franco en la Monarquía? Ante todo, es necesario constatar que, a pesar de la profundidad de los cambios experimentados, la Monarquía no sólo sobrevivió la muerte de Franco, sino que se convirtió en la pieza clave del proceso político subsiguiente. No olvidemos que en 1975 la oposición al régimen se declaraba mayoritariamente republicana y exigía la apertura inmediata de un proceso constituyente que permitiese dirimir de una vez por todas la forma del Estado. De hecho, durante los primeros meses del posfranquismo, la presencia de un Rey que había heredado muchos de los poderes de su predecesor en la Jefatura del Estado contribuyó a hacer inviable la ruptura con el pasado preconizada por la oposición, en parte debido a la percepción -estuviese justificada o no- de la existencia de un sólido vínculo entre el Monarca y las Fuerzas Armadas, de las cuales era comandante en jefe. En general, la Monarquía hizo posible un proceso de cambio controlado, realizado con notables garantías para quienes se habían beneficiado de la existencia del régimen anterior. Y nos guste o no, ello fue posible gracias a la decisión de Franco de nombrar un sucesor a título de rey en 1969.

Más aún, podría incluso afirmarse que la Monarquía -autoritaria primero y parlamentaria después- vino a garantizar en cierta medida una parte importante del legado franquista. O al menos cabe esa interpretación si se acepta que dicho legado no puede entenderse exclusivamente en términos políticos e institucionales. En 1971, el propio Franco había explicado al enviado especial de Nixon, refiriéndose al Valle de los Caídos, que «mi verdadero monumento no es aquella cruz, sino la clase media española. Cuando asumí el Gobierno, no existía. La lego a la España del mañana». Años después, su sucesor a título de Rey, en conversación con Vilallonga, haría suya esta idea al afirmar que «yo heredé un país que había conocido cuarenta años de paz (sic) y durante esos cuarenta años se formó una clase media poderosa y próspera, una clase que prácticamente no existía al final de la guerra civil. Una clase social que en poco tiempo se convirtió en la columna vertebral de mi país». Como se ve, el análisis de ambos presenta notables coincidencias.

20 palabras que def

En 20 años, España ha asombrado al mundo... sin colmar todas las esperanzas de los españoles

Son conceptos que definen el nuevo país que surgió, para bien y para mal, de la Transición, una época agitada a través de la cual se fueron descubriendo y valorando los significados de las palabras que aquí aparecen. El auge de algunas ha dibujado la esencia de lo que hoy es cualquier español. Sin ellas sería imposible entender a la España moderna en la que vivimos y quizá descubrir también lo que se dejó atrás.

LIBERTAD

De objetivo utópico a bien colectivo y personal reflejado en la Constitución

La libertad suena y es distinta a lo largo de la Historia con mayúsculas, y también a medida que va transcurriendo la propia historia, con minúsculas, personal. Durante la transición política española, la libertad era un objetivo, un concepto en buena parte utópico, y por ello difícil de conseguir; pero alcanzable con esfuerzo. La libertad ya no era un bien meramente personal para nosotros, sino colectivo. Aparte de sus valores estéticos, siempre tan importantes, tenía un ribete existencialista: conocer nuestros propios problemas, para encontrar los medios de resolverlos. Hoy, la libertad está en las expresiones de la lectura avanzada de la Constitución que votamos en 1978; que siempre deberíamos considerar como un libro abierto al futuro y al cual nunca habría de ponerse la palabra "fin". ***Ramón Tamames***

"El abrazo", de Juan Genovés, un cuadro de significativa fuerza política. Se halla en el Centro de Arte Reina Sofía.

nen un gran cambio

MINISTRA

De cuando las damas entraron al poder

Que aquellas Cortes de 1977 iban en serio se vio claro en cuanto el honor de una presidencia histórica recayó en Dolores Ibarruri. La fama femenina abandonaba así la sombra tenue de Pilar Primo de Rivera y los límites del espectáculo y la canción, creciéndose en el aroma antiguo de las Nelken y las Kent. Las damas entraron al poder como el desnudo a los cines de barrio. Lo normal se hizo súbito, y el género gramatical, tierra de nadie. Las chicas comenzaron a regresar a casa bastante después de que hubieran dado las diez, y los cónyuges se dispusieron a pensar abiertamente en el divorcio tan temido.

Los señores ministros se vieron apeados del título de cortesía y se quedaron en ministros, mientras las señoras se veían en ministras. Solo los más viejos recordaban algo semejante. *Eduardo Chamorro*

EUROPA PRESS

CALIFA

Soledad Becerril, primera ministra de la democracia; a la derecha, Carmen Alborch, actual titular de Cultura.

ORDENADOR

Cruce de práctica religiosa y drogoadicción

Es más, mucho más que una herramienta de trabajo. Esto del ordenador -afición personal, imperativo funcional, necesidad colectiva- es un extraño cruce de práctica religiosa, drogoadicción y dependencia íntima respecto de un enigmático dios, desconocido e innombrable, cuyas recónditas entrañas llamamos software. Un dios inteligente y estúpido, leal y traicionero, déspota y esclavo, a quien cada día nos sometemos en el altarcito luminoso del pc.

El ordenador ha eliminado la agenda, el bloc de notas, los folios... Sin casi darnos cuenta, nos ha forzado a dejar atrás toda una cultura hecha de papel. De pluma y papel.

El ordenador, con modem y modem-fax, ha suprimido también el cartero, el motorista, el mensajero. Incluso, el recado telefónico. La voz.

Creo que es un Guttemberg perverso. Llegaremos a ser más los que escribamos más y más rápido, emitiendo más bytes por minuto. Más, sí, pero... no mejor. *Pilar Urbano*

BONOLOTO

Para sobrevivir de la nada

Los héroes ludópatas y esquizoides de las novelas heráldicas y mitómanas se morían de un pistoletazo, colgados de una acacia a las puertas de un balneario, o en una cuneta, rezumando whisky, amantes desdeñosas y deudas impagables. Los españoles de los últimos dos decenios se mueren aferrados a un boleto, un impreso sucio y arrugado. España, el país donde más fácil es forrarse de millones, decía Solchaga. Sería él y sus amigos, a la vista está.

Primitiva, bonoloto, juegos de pobres y de desesperados, de gentes a la que salta. Y la que salta es la mediocridad de esta Transición de mierda que asombró al mundo como ingeniería política y ha arruinado la moral de los españoles, su futuro, su presente y su pasado, si es que hubo pasado medianamente digno. Los juegos de fortuna, sin vicio y por necesidad, dan la medida de una sociedad sobreviviente de la nada. *Javier Villán*

MANUEL PINILLA

Mariano Rubio, implicado en el "caso Ibercorp".

PELOTAZO

La vía más rápida para obtener beneficios

Es una de las expresiones más plásticas que ha generado la sociocultura de los últimos tiempos, tan habituada a trafullar con eufemismos de espesura dialéctica. El pelotazo es algo redondo, contundente, expeditivo, implacable. Allí donde pone el ojo pone la pelota, y allí donde pone la pelota pone todo lo demás, incluido el beneficio, que no es precisamente el beneficio de la duda. Por la vía rápida del pelotazo se hicieron ricos los especuladores de la "beautiful" y los socialistas de los planes de urbanismo. Para ellos, el pelotazo era una especie de primitiva sin bombo, o con mucho bombo, con suficiente bombo como para meterle mano holgadamente.

Al amparo del pelotazo, este país montó la Expo, los Juegos Olímpicos, el Ave, las viviendas de la PSV y los quinientos años dichosos. Si ya lo había dicho Solchaga con su verbo navarro y sin pelos: "Aquí, el que no se hace rico es porque no quiere". *Carmen Rigalt*

SATÉLITES

Desde septiembre del 92, "ya somos espaciales"

En los ochenta, la antena parabólica era un magnífico argumento para vender pisos, pero los españoles no descubrieron su uso hasta que en 1991 se vio la Guerra del Golfo por satélite. Por eso, con casi 300.000 «paranóicas» en los tejados patrios, las 1,04 horas del 11 de septiembre del egregio año de 1992 merecen un lugar en la historia: «Ya somos espaciales», rezaba la propaganda del PSOE, mientras el Hispasat 1 ascendía a los cielos de la Guyana. 35 años después de que los soviéticos lanzaran el Sputnik, España se convirtió en el octavo país con algo en el espacio: un satélite con una inversión de 57.000 millones, 70% de fabricación francesa y una «distorsión termoelástica» (Elena Salgado) que limita su funcionalidad. Tres años después, España tiene su segundo Hispasat en órbita (23 de julio de 1993), participa en el militar Helios 1 (7 de julio de 1995) y posee un satélite experimental de la Politécnica de Madrid.

Los españoles siguen viendo la televisión transmitida por el método convencional. *Julio Miravalls*

OBJECIÓN

Del patriotismo militar al movimiento de insumisos

Objeción fue un vocablo de paso. Permitió transitar del cerril patriotismo militar ("la mili te hará un hombre") a la lucidez de los insumisos (negativa innegociable a toda colaboración voluntaria y gratuita con el Estado). Es propio a esos conceptos de transición retomar un léxico ya preexistente y dotarlo de contenido nuevo: derivan de ello, inevitablemente, desajustes inocultables. El término «objeción» pertenecía, antes del 75, al área religiosa y aparecía siempre bajo la determinación de «objeción de conciencia». Progresivamente laicizado por los jóvenes que se enfrentaban al ejército, no desde contricciones de fe o creencia sino desde un hondo asco de raíz racional, fue primero preservado en su ambigüedad. Más tarde, la insumisión -más conceptualmente precisa- acabó por desplazarlo. La mili para los militares, que viven de ella. Lo demás es retórica. *Gabriel Albiac*

DROGA

El pinchazo de una generación

Se ha llevado por delante a una generación, pero haciendo una cata sociológica, miserable, entre los más pobres, que nunca sabremos lo que pudieron llegar a hacer. La heroína. El caballo. Desciende su consumo por defunción. Además, ha dejado de estar de moda el malditismo que la rodeaba de un áura rebelde. Los jóvenes que vinieron detrás del Gran Pinchazo usan condones y fuman hachís. Han regresado en el tiempo y han inventado lo que siempre utilizaron y aspiraron los legionarios de los 50. Cuando desfilaban por el paseo de la Castellana el día de la Victoria, se mareaba hasta el Caudillo del fumazo que se prendía en las acacias. La cocaína propia de niños bien y adultos mal (moneda corriente en la política, el periodismo y el tiburoneo financiero) está arruinando a más gente que el póker abierto y en garito. Escasos sobrevivientes del naufragio seguimos con el tabaco, el café y el alcohol. Especímenes raros empiezan a drogarse con el golf. *Martín Prieto*

Paro

La asignatura suspendida de la democracia

Es más una asignatura suspendida que pendiente. El paro, la destrucción de puestos de trabajo y la escasa creación de empleo, que son caras de la misma moneda, es la cruz de un sistema democrático que no ha sabido dar respuesta a problemas sociales. Tras los primeros años de la Transición, con la llegada del PSOE al poder parecía haber sonado la hora de la recuperación económica. Veinte años despues, el paro sigue siendo el gran problema de una sociedad que comienza a ser escéptica de lo político cuando tiene sin resolver la subsistencia. De la emigración, característica manera de reducir el paro durante la dictadura, se ha pasado a la economía del subsidio y la contratación temporal. Quedan profundas cicatrices tras las peleas entre los sindicatos y el gobierno para llegar a ninguna parte. *Consuelo Alvarez de Toledo*

Indurain

La planificación aterriza en el deporte español

Es de Villaba y se llama Miguel. Es el gran Miguel. Pura fibra pedaleando -la carne de gallina al verle-. Cinco Tours como cinco soles y un prestigio como nunca antes había tenido un deportista español. Hace 20 años, las machadas a golpe de corazón de Mariano Haro, las virguerías de Angel Nieto sobre la moto, el amor propio de Fernández Ochoa... y poco más. Con Indurain a la cabeza, un buen puñado de jóvenes ha rescatado al deporte español del pozo y lo ha depositado en el rincón estelar para veneración popular: Arantxa Sánchez Vicario, Conchita Martínez, Sergi Bruguera, José María Olazábal, Martín López Zubero, Carlos Sainz o Martín Fiz son algunos de ellos. Ha tocado el turno a la planificación, el sacrificio, la disciplina, el entrenamiento, la voluntad, la autoestima... y una miaja de suerte. *Fernando Bermejo*

Banderas

Los símbolos que mejor plasman la Transición

Si la Transición se plasma en un símbolo, éste es el de la bandera. Durante la Dictadura, la enseña roja y gualda se impone, y se convierte en una de las señas de identidad del conservadurismo y de la derecha más rancia. Cuesta mucho trabajo devolverla su auténtico carácter nacional, y aún hoy, veinte años después de la muerte de Franco, no se ha conseguido plenamente. Frente a ella está la tricolor republicana; y junto a ella las de las diecisiete Comunidades autónomas que articulan el nuevo Estado. En Cataluña y el País Vasco, en Galicia y en Andalucía, por encima del resto, se convierten en puntas de lanza de la recuperación de una identidad oprimida que se despierta con enorme fuerza. En otras, como es el caso de Madrid, hay que crearla. La ikurriña se convierte en objeto de lucha en los balcones de los Ayuntamientos del País Vasco, y las barras rojas y amarillas de Cataluña envuelven todas y cada una de las reivindicaciones de «nació» que realizan sus dirigentes políticos. La bandera de las banderas tiene un camino que recorrer; de su asunción plena por todos depende una buena parte de nuestro futuro como país y como pueblo. *Raúl Heras*

Tvprivada

Más imágenes pero no muchas más voces

La llegada de las televisiones privadas puso punto y final al monopolio de Televisión Española.

La imposibilidad evidente de reformar la televisión pública o «del Gobierno», pese a los escarceos liberalizadores bajo UCD y el PSOE, convirtió la expresión «televisión privada» en un código -casi mítico a fuerza de no hacerse realidad- que resumía la libertad, el pluralismo y la agilidad que la nueva sociedad española ansiaba y que seguía sin encontrar.

Era un asunto trascendental porque en los veinte últimos años el porcentaje de españoles que reciben toda o casi toda su información por la «caja boba» ha superado siempre el 75%: un arma electoral imbatible, pues. Por eso tardó tanto, después de que el presidente del Gobierno Leopoldo Calvo-Sotelo se inhibiese cuando podía haberla legalizado. Por eso, también, llegó tan mediatizada políticamente, con una ley que facilita las presiones del gobierno de turno.

Por eso su aportación innovadora está hecha de «mamachichos», de concursos «picarones», de «reality shows», de lógica comercial implacable y de hastío del espectador. Hay más imágenes, sí, pero no muchas más voces. La «televisión privada» no era (no podía serlo) la panacea ansiada. *Víctor de la Serna*

Sexo

El recato ha dado paso a lo lúbrico y lo lascivo

La España mojigata, la de Bernarda Alba, Pilar Primo de Rivera, la censura y el método ogino conviven hoy con lo lúbrico; el "hasta que la muerte nos separe", con el amancebamiento y el divorcio; los premios a las familias numerosas, con los métodos anticonceptivos y el aborto. La sexualidad ha cobrado una importancia enorme en la sociedad actual. La publicidad se basa en el llamado "estilo español": sensual, picante, a veces abiertamente lascivo. La cultura incluye machaconamente motivos eróticos para impactar en el público. La relajación de las costumbres y la moralidad han cobrado carta de naturaleza, y así los niños de hoy mezclan la banda sonora de *Instinto básico* con la melodía de *Barrio Sésamo*. En la televisión, en lugar de rombos hay recomendaciones. Nadie las hace caso. ***Javier Lorenzo***

Ecología

La defensa de la Naturaleza dejó de ser un misterio

Hace veinte años, el ecologismo era un perfecto misterio para la inmensa mayoría de los españoles. Todo quisque (constructoras, químicas, papeleras, particulares) daba coces a la Naturaleza con total desparpajo. Nadie decía nada. Ni siquiera estaba previsto que alguien dijera algo. Se construyó la autopista Bilbao-San Sebastián y todo el mundo -el mismo mundo que luego consideraría un disparate el proyecto de autovía de Leizarán- se quedó tan ancho, pese a que el destrozo causado en la costa vasca fue de los que hacen época. Estaban, eso sí, los que despectivamente algunos llamaban pajaritólogos, tipo Rodríguez de la Fuente -«un sapito, por favor, no lo piséis», que diría César Vallejo-, pero no ecologistas en el sentido amplio del término. Ahora, la conciencia ecologista está bastante extendida en España, y el que más y el que menos sabe de cefecés, reactores nada magníficos y lluvias perfectamente ácidas. Claro que, ahora también, la Naturaleza está infinitamente más deteriorada. Y es que la Humanidad sólo aprende de su propia maldad. ***Javier Ortiz***

Visa

Un invento diabólico para contentar los caprichos

El salto entre la vieja España de la boina y el azadón y el nuevo país de la jerga financiera que todo el mundo usa aunque no entienda mide menos de ocho centímetros y es de plástico. No es un avance genético, ni un plan estratégico de resultados milagrosos, ni tan siquiera el fruto de un esfuerzo colectivo y consciente. Al revés. Ese minúsculo objeto es un invento diabólico; un lavado de cerebro colectivo que en estos años ha pasado a formar parte de la vida de los españoles con el mismo desparpajo que los concursos de televisión o los ordenadores personales. Técnicamente se llama tarjeta de crédito, aunque aquí (tan aficionados como somos a tomar la parte por el todo) haya sido bautizada como "visa", con independencia de cuál sea su verdadera marca. Su irrupción nos ha transformado en dueños de un mundo prohibido de caprichos, compras inservibles, regalos inesperados y milagrosos clavos ardientes, capaces de poner el mundo a nuestro alcance aunque solamente sea por el breve espacio de tiempo que transcurre entre el milagro de comprar con una tarjeta mágica y el terrible despertar de cada fin de mes. ***Alberto Anaut***

Las tarjetas de crédito han pasado a formar parte de la vida cotidiana de los españoles.

Autovía

El progreso en el mapa de las comunicaciones

España ha sentido el cruzado mágico de autovías y autopistas para la alta velocidad, con más de un carril, vías de servicio, señales de diseño avanzado. La red viaria ha sido una exigencia de millones de europeos que llegan a tostarse el trasero al sol, y han ayudado a pagarla. Todas las civilizaciones mostraron su huella en las obras públicas. Los fenicios ya trazaron caminos en España. Los romanos dejaron las señales de su grandeza en acueductos y calzadas, cuya longitud pudo acercarse a los 30.000 kilómetros. Pero nunca como ahora ha progresado en el mapa de las comunicaciones. El franquismo hizo pantanos; la democracia, autovías. Cuando atravesamos España por autopistas estilo San Francisco pensamos cuántos metros de calzada habrán ido a los maletines. Vemos a unos jornaleros del PER cortando con parsimonia un cardo de la alcantarilla para justificar la peonada. Antes de la democracia España era aún de arrieros y caballos con doce cascabeles, y en este momento es un país comunicado. ***Raúl del Pozo***

CHÁNDAL

El uniforme de los parados y los reconvertidos

En aquel octubre glorioso de 1982 sonó la copla: «En Madrid tienen un Palas, y en el Palas una ventana, y en la ventana Felipe, que con Guerra se asomaba». Pero luego se vio la copla. No era lo que se temía. Un votante de derechas le preguntó a un compañero de trabajo, que era socialista de antes: "Oye, con los que tenemos una parcelita, ¿qué vais a hacer ahora? ¿Nos la vais a quitar?". "Nada -le dijo-, no te preocupes. A los que tenéis una parcelita os entregaremos un chándal para que os dediquéis a regar las plantas el fin de semana". Crearon la cultura del chándal, que fue el uniforme oficial del español en fin de semana. El chándal fue la etiqueta para la barbacoa, para la manguera de lavar el coche en el cobertizo, para que a trotecito lento emprendamos el paseo que llaman "footing". La España del chándal les dio mayorías absolutas, encantada de haberse conocido en la falsa prosperidad. Hasta que vinieron las vacas flacas de la crisis. Al tío del chándal lo jubilaron anticipadamente, o lo reconvirtieron, o le cerraron la empresa. La parcelita que no le quitaron los socialistas se la llevaron las deudas. Menos mal que, de todas formas, no había agua para regar. Sin casita de papel de hipoteca donde ir ya el fin de semana, el chándal es ahora mayormente el uniforme de los parados y de los reconvertidos. Se lava y se estrena otra vez la más absoluta desesperanza. *Antonio Burgos*

SIDA

La plaga del "ghetto" ya es cosa de todos

Crecimos bailando rock; había una traducción absurda: "Mis padres me dijeron ya no bailes más el rock / si te vemos con la plaga tu domingo se acabó". Nunca llegué a saber qué era "la plaga" hasta muchos años después, cuando maricones de mierda y "enganchaos" al caballo empezaron a caer en la muy puritana Norteamérica. Aquello era la plaga, la ira divina que acababa con la fiesta de la vida a quienes se lo merecían por su vida marginal y depravada. Nadie hubiera dado un solo duro si la plaga se hubiera quedado en el "ghetto". Pero un día el mundo dejó de respirar escuchando al galán de Doris Day, al bello Rock Hudson confesar su homosexualidad (a un mito no se le llama maricón de mierda) mientras languidecía víctima de la plaga. Luego vinieron más, dieron la cara rostros conocidos y anónimos moribundos que servían para la publicidad de un tal Benetton. Hoy el sida es cosa de todos aunque sigamos sin comprender que, a falta de una vacuna, un abrazo, una caricia, una palabra alivian el dolor y solo contagian esperanza.
Andrés Aberasturi

EUROPA

Dudas en torno a un sueño

Durante el régimen de Franco, Europa era tanto el obscuro deseo de unos gobernantes autoritarios, con complejo de culpabilidad, como sobre todo la meta ansiada de todos los demócratas españoles. De ahí que la petición que hizo el Gobierno franquista en 1962 referente a la adhesión de España a las Comunidades Europeas ni siquiera fue considerada. España únicamente podría entrar en el añorado club cuando dispusiese de un régimen democrático con instituciones auténticamente representativas.

De este modo, los demócratas españoles siguieron identificando Europa con democracia, con progreso, con cultura y con bienestar social. Cuando, por fin, en 1978, España se dio una Constitución democrática y progresista, la deseada utopía se podía hacer realidad.

Y, con muchas dificultades y sobresaltos, así sucedió en 1985, convirtiéndose entonces los españoles en los europeos más fervientes. Diez años después podemos afirmar que, sin duda, España ha entrado en Europa, pero cabe la duda de si realmente Europa ha entrado en España, al menos desde el punto de vista del sueño acariciado por varias generaciones de españoles.
Jorge de Esteban

ALMODÓVAR

Un soplo de aire fresco para el cine español

Los directores de cine suelen ser niños «bien educados», de familia con pudientes; ése era el caso de Fernando Trueba, pero no el de Pedro Almodóvar. El era de origen humilde; nació en una aldea manchega; sus padres emigraron a Badajoz; vino a Madrid y encontró trabajo en Telefónica.

El sentido de la vida, el valor de la familia, del éxito, del dinero eran muy distintos para Almodóvar que para el resto de los niños bonitos que dirigían: él sabía lo que dejaba atrás y huía hacia delante a una velocidad de vértigo. Cuando el triunfo le bunkerizó, unas ojeras de tristeza comenzaron a adornar el rostro del hombre más feliz de nuestro cine: sufría; le faltaba aire; él era un chico de la calle; necesitaba respirar lo imprevisto para contar historias.

Pocas personas tan transparentes como Almodóvar. Película tras película, su combate por crecer, por ser feliz y ser querido, es titánico.

¿Quién nos iba a decir que aquel chico tan alegre y desenvuelto se iba a convertir, tras un triunfo apoteósico, en la imagen de la angustia existencial, de la lucha por la felicidad?

El solo es un espejo de esta puta vida.
Javier Maqua

JOSÉ AYMA

• ANÁLISIS •

20 protagonistas de

Justino Sinova

La construcción de la democracia en España fue obra de un grupo de hombres con el pueblo al fondo y el Rey al frente. El triunfo de la tesis de la reforma, frente a la opción de la ruptura que proponía la izquierda, permitió que hombres procedentes del franquismo lograran un cambio tranquilo y eficaz. Esta es una nómina de los protagonistas, por supuesto no completa y discutible, pero todos los que están se ganaron el derecho a un reconocimiento público.

Interpretación gráfica de los protagonistas de la democracia por Toño Benavides

nuestra democracia

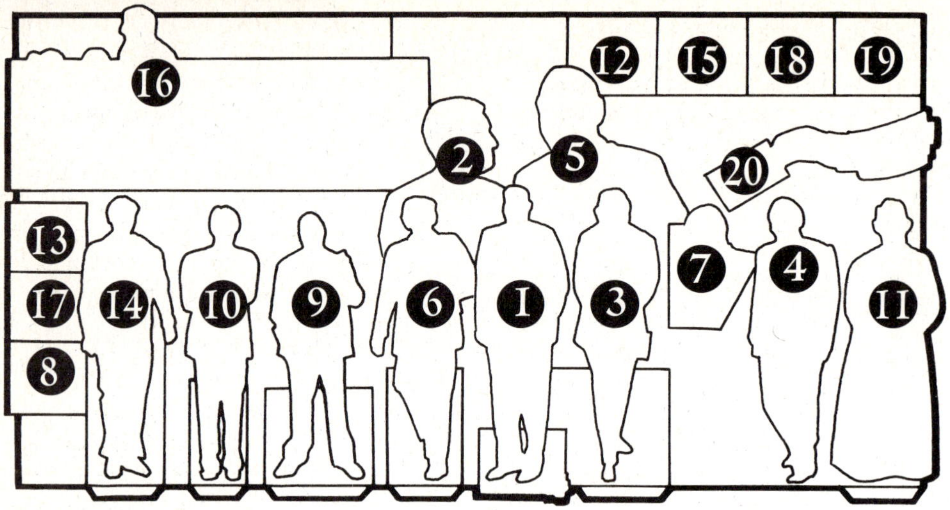

1. El Rey

La mejor descripción del papel que desempeñó Don Juan Carlos de Borbón la realizó José María de Areilza y ha quedado como uno de los tópicos de la Transición: el Rey fue "el motor del cambio". Con el ingenio de Torcuato Fernández-Miranda como apoyo, impulsó la reforma de las leyes franquistas que había jurado. No hubo contradicción en ello, pues utilizó el procedimiento previsto en las propias leyes para su derogación. Luego, sobre todo a partir del golpe del 23-F, que logró parar, se ganó el apoyo popular. Pocos -acaso ninguno- apostaban por el éxito que alcanzó la Corona, que es ahora un factor de estabilidad de la España democrática, tan baqueteada en otros frentes.

2. Adolfo Suárez

Fue el magistral ejecutor del cambio. El Rey dudaba de su capacidad de acción, pero en cuanto lo hubo nombrado presidente del Gobierno, esquivando hábilmente el corsé franquista Suárez demostró que era el hombre adecuado para cambiar la piel política de España. Tuvo arrojo, inteligencia y constancia. Supo controlar a los representantes de la reacción encerrados en el "búnker" franquista y superar la incomprensión -a veces inexplicable- de la izquierda. El vacío de sus dos últimos años en la Presidencia, una vez culminada la reforma, no empaña el éxito histórico de su mandato, que estuvo presidido por la generosidad y el diálogo.

3. T. Fernández-Miranda

Profesor del Príncipe, el catedrático Torcuato Fernández-Miranda se convirtió en el cerebro del cambio desde la Presidencia de las Cortes. Fue quien concibió la ley para la Reforma Política, extraordinario instrumento que abrió la puerta a la democracia. Era un hombre de aguda inteligencia y un tanto malencarado, que procedía de los campos del Movimiento. Dejó bien sentado que a nadie se debía -"el pasado no me ata"- y que todo era posible en política siempre que se cumpliera el trámite adecuado. Al final, dimitió en discrepancia con el rumbo de algunas cosas que escapaban a su control y murió durante un viaje a Londres en 1980.

4. S. Carrillo

El que fuera secretario general del Partido Comunista de España, la organización política a la que el franquismo hacía destinataria de todo el odio, realizó una tarea fundamental para el triunfo de la reforma. Santiago Carrillo pactó con Suárez su colaboración a cambio del reconocimiento para su partido. Carrillo cumplió su palabra. El PCE aceptó la bandera y la Corona y fue un factor de estabilidad. Todo lo contrario de lo que cabía suponer de acuerdo con la doctrina oficial imperante. Carrillo reconoció que se había equivocado con el Rey y con Suárez, a quienes no creía capaces de traer la democracia a España.

5. Don Juan

El padre del Rey, que había reaccionado con evidente disgusto a la aceptación por su hijo de la Corona que le ofreció Franco, se apresuró, cuando empezó a reinar, a prestarle todo su apoyo en forma de transmisión de los derechos dinásticos. Un enviado suyo se lo manifestó discretamente. El acto formal se celebraría año y medio después. El Rey supo desde el primer día que, pese a todo, contaba con el apoyo de su Padre.

6. M. Gutiérrez Mellado

Fue el militar fiel colaborador de Suárez desde la Presidencia del Gobierno, que tuvo que entendérselas con un Ejército en gran parte añorante del régimen que se clausuraba. Su enfrentamiento con Tejero en el Congreso fue una metáfora de su pulso al Ejército involucionista y el intento frustrado del golpista de tirarlo al suelo, la imagen de su fortaleza. Calladamente, hizo una gran labor.

7. J. Tarradellas

Líder histórico de la Generalitat, su regreso supuso, además de una recuperación de la normalidad, la llegada de grandes dosis de sentido común a la política. Colaboró desde el primer día en la construcción del nuevo Estado, aportando sabiduría y prudencia, cosa que no se puede decir de todos los líderes históricos ni de todos los líderes autonómicos.

8. L. Calvo-Sotelo

Fue un presidente de Gobierno de transición que, sin embargo, hizo una labor notable. Llegó al Gobierno en condiciones bien difíciles, tras el golpe de 1981, y tuvo que organizar la investigación del golpismo y el juicio a los golpistas sin que el país perdiera su frágil estabilidad. Decidió el ingreso de España en la OTAN, que luego condicionó toda la política exterior. La división de la UCD y la subida espectacular de la intención de voto socialista le indujeron a dejar paso al

1975-1995. Veinte años de nuestra vida

• HISTORIA DE LA DEMOCRACIA •

{CAPÍTULO 2}

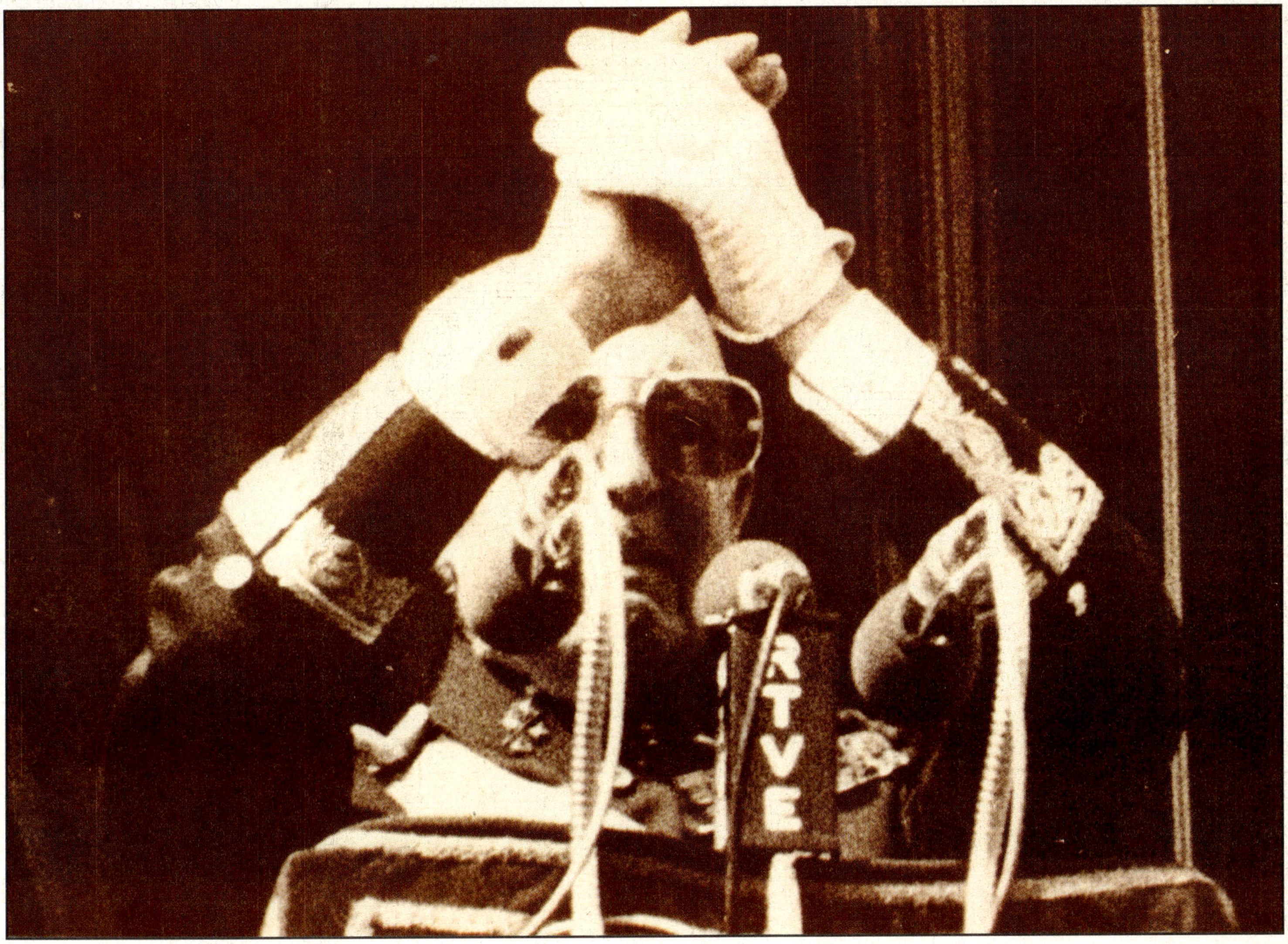

EUROPA PRESS

MUERE FRANCO, NACE LA ESPERANZA

Esta es una de las últimas fotos de Franco en vida. 1 de octubre de 1975. Desde un balcón del Palacio Real habló a una multitud que respondía a la protesta internacional por las ejecuciones de septiembre. Ya enfermo, con 82 años, no pudo contener el llanto. Quizá adivinaba su final. Se abría para España una puerta a la esperanza de un cambio.

• RELATO •

Crónica de una larguísima y cruel agonía

Franco se sintió morir el día 19 de octubre, un mes antes de su fallecimiento

España vivió pendiente durante un interminable mes del estado de salud de Francisco Franco, el hombre que había ejercido durante casi cuarenta años un poder omnímodo y cuya desaparición abriría una puerta hacia la libertad. El dictador sufrió una horrible agonía. Políticos falangistas tenían motivos para alargar su vida. Con él se extinguió también definitivamente, poco tiempo después, su régimen.

Luis Herrero. Periodista

Todo empezó el 12 de octubre de 1975. Franco asistió a un acto en el Instituto de Cultura Hispánica. El frío era intenso. El ministro de Información, León Herrera, le vio sacar un pañuelo un par de veces para remediar el goteo nasal. Se lo señaló, por lo bajo, a su compañero de Gabinete Cruz Martínez Esteruelas: "Mira, Cruz: el Caudillo se nos ha constipado". El doctor Vicente Pozuelo sólo pensaba en zambullir cuanto antes a Franco en una bañera de agua hirviendo.

A las tres de la madrugada del 15 de octubre, Franco empezó a quejarse de un fuerte dolor. Su nuevo ayuda de cámara, Maximino González, le preguntó:

- ¿Por qué se queja, Excelencia?
- Porque quiero.

Fuertes de Villavicencio, jefe de la Casa Civil, sacó al doctor Pozuelo de la cama. A Franco le dolían los hombros y el pecho. Todo hacía pensar en un infarto silente. El médico le aplicó el tratamiento correcto y consiguió que se durmiera. Por la mañana se encontraba bien.

El 17 de octubre, *Nuevo Diario* publicó que Franco sufría una leve afección gripal. El rotativo también informaba del anuncio de la Marcha Verde de Hassan II. Con esa noticia, la celebración del Consejo de Ministros se le antojaba a los médicos una locura. Entraron en el dormitorio de Franco para disuadirle de que asistiera al consejo. El doctor Vital Aza le dijo: "Si usted se levanta de la cama y preside el consejo, puede morir". Franco, imperturbable, respondió: "Gracias. Tráiganme el traje". Pozuelo, al menos, logró convencerle de que entrara a la sala con unos electrodos en el pecho discretamente conectados a un monitor. Después informó al presidente Arias de la situación. Arias se comprometió a ➛

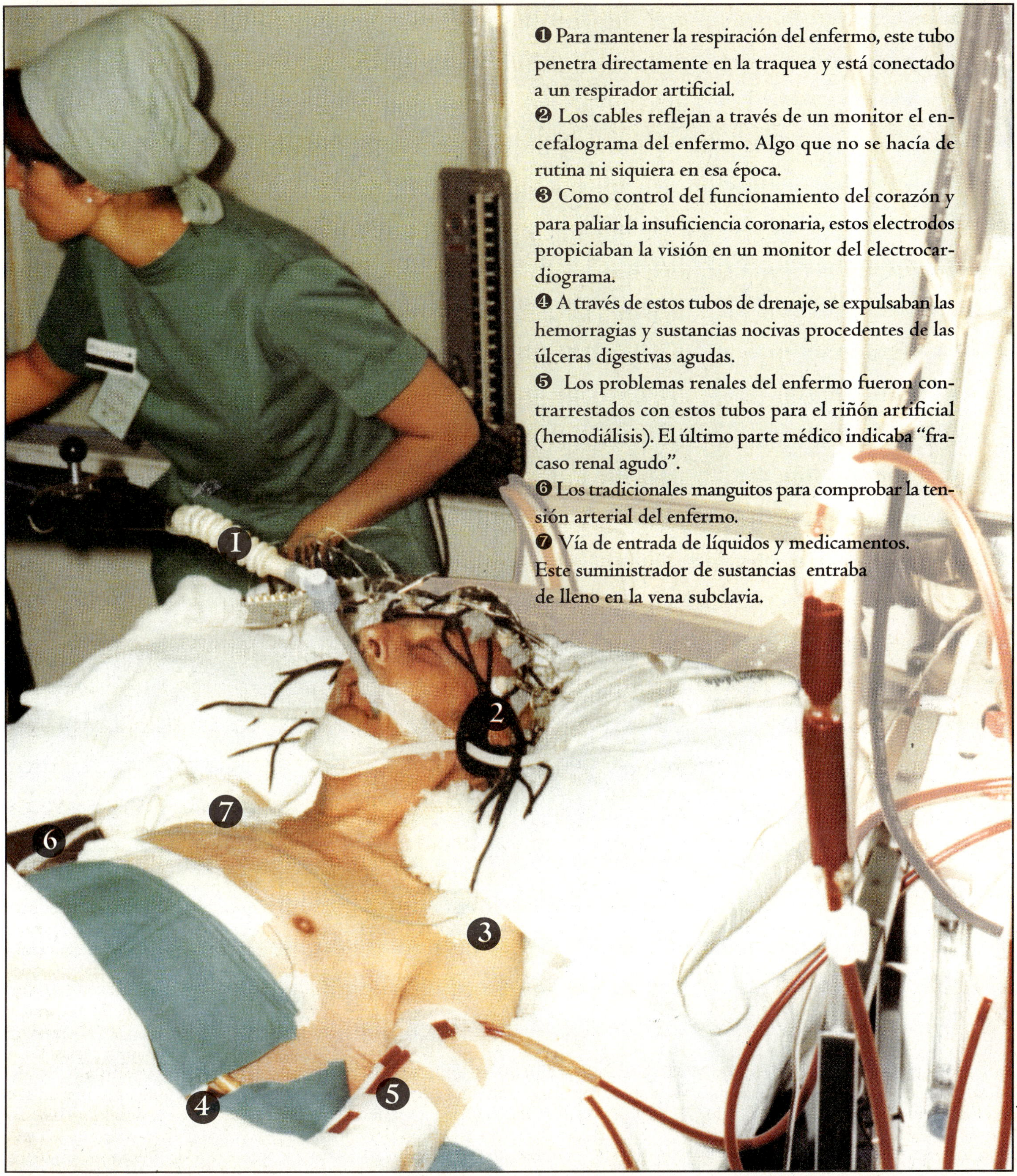

❶ Para mantener la respiración del enfermo, este tubo penetra directamente en la traquea y está conectado a un respirador artificial.
❷ Los cables reflejan a través de un monitor el encefalograma del enfermo. Algo que no se hacía de rutina ni siquiera en esa época.
❸ Como control del funcionamiento del corazón y para paliar la insuficiencia coronaria, estos electrodos propiciaban la visión en un monitor del electrocardiograma.
❹ A través de estos tubos de drenaje, se expulsaban las hemorragias y sustancias nocivas procedentes de las úlceras digestivas agudas.
❺ Los problemas renales del enfermo fueron contrarrestados con estos tubos para el riñón artificial (hemodiálisis). El último parte médico indicaba "fracaso renal agudo".
❻ Los tradicionales manguitos para comprobar la tensión arterial del enfermo.
❼ Vía de entrada de líquidos y medicamentos. Este suministrador de sustancias entraba de lleno en la vena subclavia.

JAIME PEÑAFIEL

Esta foto, tomada a Franco en su habitación de La Paz, es una prueba de los esfuerzos de los médicos por prolongar su vida y habla de su terrible agonía.

agilizar las intervenciones: "El consejo no durará más de veinte minutos". Y luego se santiguó. En un momento dado, el monitor conectado a los electrodos registró extrasístoles ventriculares y supraventriculares. En la sala contigua, los doctores Pozuelo y Mínguez estuvieron a punto de interrumpir la reunión. El pulso de Franco subió hasta 120 pulsaciones. A los poco segundos se normalizó.

A la mañana siguiente, el jefe del Estado se encerró pronto en su despacho. Fue la última vez que entró en él. El calendario de sobremesa, que ya nadie manipularía desde aquella fecha, quedó abierto -y así permanece aún- por la hoja correspondiente al 18 de octubre, sábado, santos Odón, Cosme y Domingo. El general sabía que iba a morir. De su puño y letra redactó el testamento político en dos cuartillas, con letra prácticamente impecable, sin rastro de temblores parkinsonianos.

"ESTO SE ACABA". El domingo 19 de octubre, a las seis de la mañana, Franco tuvo otra crisis. Se incorporó en la cama y musitó al oído de su ayuda de cámara: "Esto se acaba". El susto de aquel día fue intenso pero breve. El 20 de octubre, a las once de la noche, volvió a cundir la alarma. Franco, ya en la cama, empezó a quejarse de una fuerte opresión en el pecho y en los brazos. Se trataba, sin duda, de un nuevo infarto. Pozuelo decidió informar al presidente del Gobierno y a los jefes de la Casa del Generalísimo. Al día siguiente, el marqués de Villaverde habló con Arias y le dijo que había que forzar la transmisión de poderes. Arias sabía, sin embargo, que no sólo había que convencer a Franco para que los cediera: también había que convencer al Príncipe para que los aceptara. Y Don Juan Carlos, desde luego, no estaba por la labor. A Carlos Arias y a Alejandro Rodríguez de Valcárcel, presidente de las Cortes, les dijo sin rodeos: "No, esta vez no acepto. No podéis serviros de mí como del comodín de una baraja. No aceptaré ser por segunda vez jefe del Estado salvo si los médicos me dicen que la enfermedad es irreversible". A pesar de esta actitud, Arias se comprometió a plantearle a Franco, esa misma tarde en El Pardo, la necesidad del traspaso de poderes. El presidente le puso el ejemplo de un empresario que, tras crear una empresa y designar a su futuro sucesor, merece descansar. Franco no se inmutó.

El 21 de octubre, la Casa Civil difundió la primera noticia sobre la enfermedad: "En el curso de un proceso gripal, Su Excelencia el jefe del Estado ha sufrido una crisis de insuficiencia coronaria aguda que está evolucionando favorablemente, habiendo comenzado ya su rehabilitación y parte de sus actividades profesionales".

EUROPA PRESS

Detalle del féretro donde reposaba el cadáver de Francisco Franco.

La nota de la Casa Civil suavizaba un parte médico redactado por el doctor Pozuelo el día 15 que Franco se negó a difundir. Los periodistas se agolparon frente a El Pardo y España entera se inundó de rumores. El ministro de la Gobernación, José García Hernández, se vio obligado a comunicarse periódicamente por télex con todos los gobernadores civiles.

El día 22 de octubre fue una jornada tranquila, a pesar de que la BBC, a las cuatro de la tarde, anunció la muerte de Franco. Pero a la una y veinte minutos de la madrugada del día 23 la situación empeoró. Franco se quejaba de fuertes dolores en el hombro izquierdo y en la región lumbar. Era incapaz de conciliar el sueño. Los médicos detectaron una nueva insuficiencia cardiaca. El marqués de Villaverde sacó a Arias del consejo para contarle las malas noticias. Volvió a insistirle en la necesidad del traspaso de poderes. Arias afirmó: "Yo estoy cansado de suplicarle al Príncipe". Cuando Don Juan Carlos se vio cara a cara con el Caudillo le dijo: "Mi general, ni usted ni yo tenemos prisa. Esperemos a ver cómo evoluciona la enfermedad. Bien puede ocurrir que se recupere usted como ya hizo una primera vez. Debe comprender que eso me pondría en una situación imposible. Usted me ha nombrado su sucesor a título de Rey y no pienso que de momento haya ningún motivo para sucederle". Franco no respondió.

El día 24, Franco superó un episodio más de insuficiencia coronaria, y el domingo 26 empeoró notablemente. A las diez y media de la noche se dio a conocer un parte médico estremecedor: "La evolución clínica del jefe del Estado ha sufrido una nueva agravación secundaria, debida a una hemorragia gástrica e importantes trastornos del ritmo, con acentuación marcada de la insuficiencia cardiaca congestiva. La situación se considera crítica". Una hora después, todas las emisoras conectaron con Radio Nacional de España, que comenzó a emitir música clásica. Cantero Cuadrado, el arzobispo de Zaragoza, llegó al palacio de El Pardo con el manto de la Virgen del Pilar y lo depositó a los pies de la cama del enfermo. El día 27, los médicos le colocaron al enfermo una sonda gástrica y al momento comenzó a manar abundante sangre roja y negra. Ese mismo día, *The Washington Post* tituló en primera página: "Franco puede morir en cualquier momento". El martes 28 de octubre fue crítico. Al enfermo se le diagnosticó trombosis venosa mesentérica, con un pronóstico extraordinariamente grave. El Gobierno transmitió el siguiente telegrama a todos los gobiernos civiles: "Urgente y secreto: de vicepresidente primero del Gobierno y ministro de la Gobernación a gobernador civil: en el momento de conocerse noticia fallecimiento de S.E. el jefe del Estado dispondrá izar la bandera nacional a media asta en todos los edificios oficiales...".

El jueves 30 de octubre los médicos volvieron a explorarle. Franco les preguntó en voz alta: "¿Qué tengo?". Vicente Pozuelo, fiel a la promesa de ceñirse a la verdad, le dijo: "Se le ha producido a usted un infarto de miocardio y, además, una complicación intestinal grave". Franco se quedó en silencio algunos segundos y después, emocionadamente, ordenó: "Que se aplique el artículo 11".

Arias y Rodríguez de Valcárcel fueron al palacio de La Zarzuela y le expusieron al Príncipe la situación. Don Juan Carlos, muy indeciso, pidió unas horas para responder. Durante ese tiempo, telefoneó a su padre a Lausana, habló con la hija de Franco y, probablemente, le hizo un par de preguntas al doctor Pozuelo.

Don Juan le aconsejó que aceptara la interinidad "por el bien de España" y le deseó mucha suerte. Por su parte, Carmen Franco le garantizó que su padre no reasumiría el poder. El día 3 de noviembre los médicos tomaron la decisión de operar a Franco a vida o muerte. "Por la tarde -relata el doctor Pozuelo en su libro *Los últimos 476 días de Franco*- comienza a bostezar, la palidez se acentúa, tiene dolor interescupular y la hemorragia es ya masiva. Por la sonda sale sangre roja. Noto que me quiere decir algo. Me acerco. ¡Qué duro es esto, doctor! -me dice-. ¡Déjenme ya!".

A las siete y media de la tarde, Pozuelo explica la situación a la familia: "Vamos a tratar de operarle, pero las esperanzas son muy pequeñas. Apenas tenemos medios, sangra a borbotones y se ahoga con su propia sangre. No hay tiempo para trasladarle a un hospital. Están habilitando el botiquín del regimiento. Hemos convencido al doctor Hidalgo para que empuñe el bisturí y trate de lograr el milagro". Hidalgo había comentado poco antes a sus colegas: "Yo opero si vosotros decís que opere, pero de ninguna forma cargo solo con la responsabilidad". A las nueve y media, los camilleros cogieron en volandas la cama donde Franco se resistía a morir y comenzaron el recorrido hasta la ambulancia. La sangre de Franco goteaba hasta los peldaños de la escaleras, dejando un rastro indeleble de color rojo.

La sangre de Franco goteaba hasta los peldaños de las escaleras. El enfermo llegó al improvisado quirófano prácticamente muerto

PRÁCTICAMENTE MUERTO. El enfermo llegó al improvisado quirófano prácticamente muerto. Villaverde mandó llamar a Fuertes de Villavicencio y le dijo: "Ve y dile a Carmen que si quiere despedirse de su padre y darle un beso, que aproveche ahora que todavía está con vida". Hidalgo inició el corte sobre la piel de Franco a las diez menos cuarto. En el bar de oficiales, Rodríguez de Valcárcel y cuatro ministros que permanecían en el palacio escucharon en respetuoso silencio -y en directo- un pormenorizado relato de las vicisitudes quirúrgicas de la intervención. El comandante Manuel Llaneras había tenido la ocurrencia de situarse con un walkie-talkie en la sala contigua al botiquín y transmitir las incidencias del proceso operatorio hasta el receptor del bar. Mientras Hidalgo seguía operando, el marqués de Villaverde pidió una cámara con flash. El doctor Artero le preguntó: "Pero, Cristóbal, ¿para qué quieres ahora una máquina?". "Son fotos para la historia -contestó-. Esto es Historia de España". La intervención duró 2 horas y 20 minutos. Los médicos no se lo podían creer, pero Franco, tras superar dos paros cardiacos, seguía viviendo.

La relativa tranquilidad que siguió a la operación se quebró de golpe el 5 de noviembre. Ese día, Franco volvió a sangrar. Los médicos decidieron su traslado urgente a la Ciudad Sanitaria La Paz. El enfermo entró en el quirófano a las cuatro. La operación duró cuatro horas y media. El doctor Hidalgo extirpó las tres cuartas partes del estómago del pa- ➛

EUROPA PRESS

EUROPA PRESS

Maniobras para retrasar la muerte

La hora oficial de la muerte de Franco es las 5,25 de la madrugada del 20 de noviembre (ver pág. 39). En el relato de este capítulo (pág. 38) se dice que murió antes, a las 3,30. Joaquín Bardavío afirma en su libro "Las claves del Rey" (Espasa Calpe, 1995), basado en manifestaciones del forense, que murió en torno a las doce de la noche.

En cualquier caso, con el fallecimiento de Franco el día 20 fracasó una operación política dispuesta para perpetuar su régimen. Los franquistas más inmovilistas deseaban que estuviera vivo el 26 de noviembre, cuando el presidente de las Cortes, Alejandro Rodríguez de Valcárcel, tenía que empezar a renovar su mandato. Los falangistas, y con ellos el presidente del Gobierno, Carlos Arias, y el yerno, el marqués de Villaverde, sabían que perderían la oportunidad con el Rey. Con un falangista como Valcárcel en las Cortes, pensaba que podría controlar al Rey. No estaban equivocados porque una de las primeras acciones del Monarca, tras su coronación, fue colocar al frente de esa institución y del Consejo del Reino, ambas presididas por la misma persona, a Torcuato Fernández-Miranda, quien, desde esa atalaya, puso en marcha los instrumentos legales para la reforma política. El futuro pudo depender de sólo unos pocos días.

ciente, en donde se apreciaron once úlceras sangrantes. La tranquilidad volvió a imperar en la UVI 132 hasta el día 9 de noviembre, cuando Franco, presa de los nervios, indicó por señas a los médicos que no soportaba la intubación.

En la madrugada del día 15, comenzó a sangrar de nuevo. La hemorragia era masiva. Tenía hipotensión arterial y su abdomen se había abombado llamativamente. Los médicos convinieron enseguida que estaban ante un cuadro de peritonitis aguda y que la única solución pasaba por operarle por tercera vez. La intervención duró dos horas. El enfermo las soportó de nuevo con una fortaleza sorprendente. Al día siguiente se difundió un parte médico muy esperanzador. Sin embargo, el doctor Pozuelo llamó a las siete y media de la tarde a La Zarzuela. Al Príncipe le dijo la verdad:

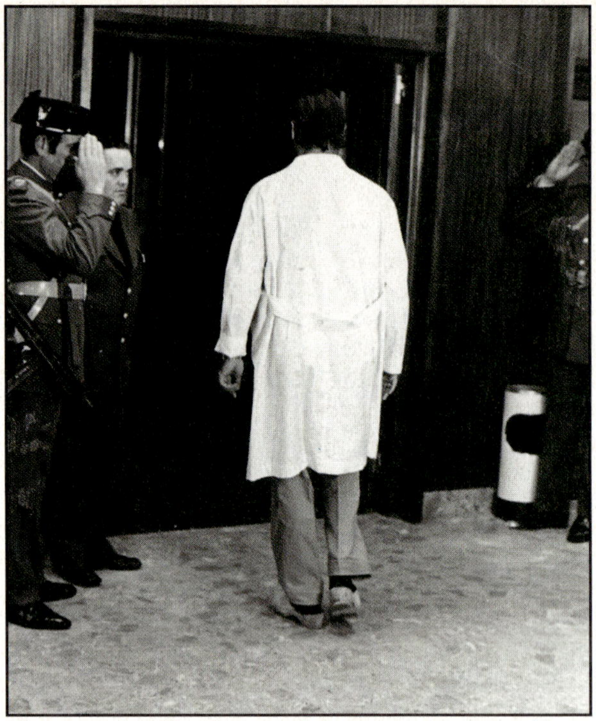

GUSTAVO CATALÁN

El marqués de Villaverde, yerno de Franco, participaba en el equipo médico que lo atendió. Los guardias civiles sabían dónde estaba el poder: se cuadraban ante él como ante la autoridad.

- Está en una situación muy mala.

- ¿Irreversible?- quiso saber Don Juan Carlos.

- A mi juicio, entramos en una etapa terminal. No creo que exista posibilidad alguna de recuperación.

El 18 de noviembre, ante la aparición de una hemorragia digestiva intermitente, Hidalgo Huerta se negó a intentar una cuarta operación quirúrgica. Al anochecer, todos parecían aceptar resignados la hora final. Incluso Carmen. La hija de Franco se acercó al general Gavilán y, con disimulo, le introdujo en la manga de su chaqueta un papel cuidadosamente doblado: "Tú verás qué haces con esto", le dijo. Era el testamento de su padre.

Desde primeras horas de la mañana del día 19, los médicos se afanaron en rebajar la temperatura de Franco con sábanas especiales y bolsas de hielo. Fue necesario sedarlo. La doctora Navarro, colaboradora del doctor Pozuelo, preguntó: "¿Es que queréis que muera el mismo día y a la misma hora que José Antonio Primo de Rivera?". Al fundador de la Falange lo fusilaron, en Alicante, en la madrugada de un 20 de noviembre. Pozuelo dijo: "No, eso es cosa de Dios".

A última hora, Carmen Franco entró en la habitación de su padre y le besó en la frente a sabiendas de que sería la última vez que lo viese con vida. Con lágrimas en los ojos, sólo comentó después de la despedida: "Tiene la frente muy fría".

TODO SUCEDIÓ DEPRISA. Pocos minutos después de las dos de la madrugada del día 20 de noviembre, aparecieron los primeros extrasístoles. Luego todo sucedió deprisa: empezó a alargarse el espacio P.R. del electrocardiograma y sobrevino un bloqueo de arborización.

El ayudante militar de guardia despertó al comandante Llaneras: "Oye, Llaneras, el Caudillo se está muriendo". Eran las dos y veinticinco. Llaneras sacó de la cama al doctor Pozuelo y al ayudante de campo, Antonio Galvis. Franco tenía un color cianótico de muerte.

El doctor Vital Aza le daba masaje en el corazón en medio de una emoción impresionante. En la UVI 132 lloraban hasta las piedras. Exactamente a las tres y media de la madrugada cesó la respiración y el latido.

El encefalograma era plano. Francisco Franco, tras dos meses y ocho días de enfermedad, había dejado de existir.

Y de fondo, cinco fusilados

Un mes y veintitrés días antes de su fallecimiento, Franco firmó cinco sentencias de muerte. Fue su último gran error, que en aquellos momentos de crisis puso al mundo contra España. El 27 de septiembre de 1975, cinco militantes de los grupos terroristas FRAP (José Luis Sánchez Bravo, Ramón García Sanz y José Humberto Baena) y ETA (Angel Otaegui y Juan Paredes Manot, "Txiqui") fueron fusilados tras la decisión del Consejo de Ministros. El Papa, Don Juan -por mediación de su hijo el futuro Rey- y hasta el hermano del dictador, Nicolás Franco, pidieron inútilmente clemencia. Franco y su Gobierno creyeron suficiente indultar a seis de los once condenados, pero dejaron una huella terrible e incontestable de aquel régimen.

● TESTAMENTO DE PUÑO Y LETRA. El 15 de octubre, un mes y cinco días antes de morir, Franco entendió que iniciaba la última recta de su camino porque se encerró en su despacho y escribió con pluma estilográfica su testamento político. Luego se lo entregó a la persona en quien más confiaba, su hija Carmen, que lo mecanografió. Franco pedía perdón "a todos" y perdonaba a cuantos se declararon sus enemigos, solicitaba lealtad para el futuro Rey y hacía referencias a los enemigos de España, a la justicia social, la cultura, la unidad y la paz.

● ESPAÑA PIERDE EL SAHARA. Aprovechando la agonía de Franco, Hassan II organizó una demagógica reivindicación popular del Sahara. Don Juan Carlos, en las horas difíciles de la sucesión, hizo las gestiones que el momento permitía. Pero ya se vio que aquello era la pérdida definitiva del territorio. (Ver cap. 5).

● EUROPA PRESS ADELANTÓ LA NOTICIA. La agencia privada Europa Press se adelantó a la oficial Efe en dar la noticia de la muerte. Los redactores Mariano González, en la calle, y Marcelino Martín, en la Redacción, con una magnífica fuente previamente contactada, lograron la exclusiva más importante de la agencia.

Vicente Pozuelo Escudero/ *Doctor endocrinólogo*

"En el equipo médico iba a acabar entrando el botones del Hispano"

Javier Lorenzo

Pregunta.- ¿Utilizó usted nuevas terapias con Franco?

Respuesta.- Sí, las que hoy se hacen en los geriátricos de todo el mundo. Por ejemplo, la terapia musical. Y Franco también fue el primero a quien se aplicó la hormona del crecimiento.

P.- Si hubiera contado con los avances médicos de hoy, ¿Franco se hubiera salvado?

R.- No. El resultado hubiese sido análogo, porque las suturas interiores no cicatrizaban.

P.- ¿Hubo problemas entre los médicos que le atendieron?

R.- Todos los médicos de España querían entrar en el equipo. Yo nunca me negué a que entrara uno u otro, pero llegó un momento en el que dije que ya estaba bien, porque ahí iba a acabar entrando el botones del Banco Hispano.

P.- ¿Usted estaba presente cuando Franco murió?

R.- Sí. Yo le quité los tubos.

P.- ¿Cuándo se le comunicó la noticia a la familia?

R.- Poco después. El servicio de seguridad bloqueó al marqués de Villaverde para que no saliera. La orden era que la noticia debía darla Arias Navarro.

P.- ¿Se cambió la hora de la muerte?

R.- No, en realidad se dijo una hora después, pero la hora exacta fue a las 5,21.

P.- ¿Se intentó comerciar con la muerte de Franco?

R.- A mí me ofrecieron el oro y el moro por una fotografía suya, y dije que no. Luego, en esas tres horas que no estuve, alguien entró y las hizo.

P.- ¿Quién?

R.- No lo sé, pero si usted está muerto y su hijo entra y le quiere hacer una serie de fotografías, ¿quién tiene autoridad para quitarle la máquina?

BEGOÑA RIVAS

Pozuelo, jefe del equipo médico.

Manuel Hidalgo Huerta/ *Cirujano digestivo*

"La primera operación se le hizo en un quirofanito lleno de trastos y de polvo"

JUAN LUIS JAÉN

Hidalgo operó tres veces a Franco.

Pregunta.- ¿Por qué le llamaron para operar a Franco?

Respuesta.- Yo era director del hospital Francisco Franco y ya le traté cuando le internaron en 1974. Lo curioso es que yo había sido oficial del Ejército rojo. No importó.

P.- Usted le operó el día 3.

R.- Sí. Tenía unas hemorragias tremendas; por boca, por recto... No tenía pulso. Yo propuse la operación porque no había modo de llevarle a un hospital. Se hubiera muerto por el camino. Así que lo llevamos a un quirofanito que estaba lleno de trastos y de polvo. Después le trajeron en una ambulancia desvencijada y le colocaron sobre la mesa de operaciones -por llamarla de alguna forma-. Un sacerdote rezó un responso, pero Franco se rehízo un poco. Se quitó la luz de todo el palacio y así, con lámparas en las manos, se le operó.

P.- ¿Se comunicó a alguien que se estaba muriendo?

R.- Yo se lo dije a Arias Navarro, quien salió inmediatamente. Al día siguiente me lo reprochó, pero es que nadie pensó que fuera a recuperarse.

P.- La hora oficial de la muerte se estimó a las 5,25 horas del día 20, pero ¿estaba clínicamente muerto el día 19?

R.- El día 19 me fui a mi casa. Serían las seis de la tarde y él aún tenía constantes vitales. A las tres de la mañana me llamaron y me dijeron que había muerto... No, más tarde. Me llamaron a las siete de la mañana. Fui y firmamos que había sido a las 5,25. Yo no estaba delante, pero no creo que tuviera mucho interés decir una hora más o una hora menos. Supongo que dijeron la verdad.

¿Qué era el fran

Un estilo de prudencia política

Gonzalo Fernández de la Mora
Ministro de Obras Públicas con Franco

NO existe propiamente el franquismo porque Francisco Franco no fue un pensador, ni siquiera un ideólogo. Hay filosofías como el platonismo, e ideologías como el marxismo; pero en la obra escrita de Franco es inútil buscar una original concepción del mundo o de la sociedad y del Estado.

Al lapso de casi cuarenta años en que el Generalísimo asumió la suprema magistratura, sus adversarios lo intentan bautizar como "franquismo", supino dislate gramatical porque ninguna etapa histórica es un "ismo". El medievalismo es algo muy distinto de la Edad Media, y el modernismo no caracteriza a la Edad Moderna. El periodo comprendido entre 1936 y 1975 puede denominarse, por ejemplo, era de Franco; pero en modo alguno incurrir en crimen de leso idioma.

¿Por qué ese barbarismo lingüístico? Quizás porque vinculando un extenso capítulo de nuestra historia a un nombre propio se pretende accidentalizarlo y minusvalorarlo. Empeño falsificador porque las realizaciones llevadas a término entre 1936 y 1975 fueron protagonizadas por millones de españoles, algunos incluso al alto precio de sus vidas. Esos eminentes y nobles esfuerzos masivos no se hicieron para Franco, sino para España. Hay, pues, falsificación de los hechos y, además, ofensa a millones de hombres y mujeres entregados no a una persona por eminente que fuera, sino al servicio de su patria.

No menos ruin es la minusvaloración de una era en la que se realizaron dos de las máximas hazañas del pueblo español, la transformación del proletariado en clases medias y la revolución industrial, es decir, la modernización ansiada desde finales del siglo ilustrado y sólo lograda a mediados del vigésimo. Bajo la jefatura de Franco, los españoles entramos en la modernidad. Nada menos. ¿Es eso lo que se quiere reducir a una anécdota en la biografía de un soldado? Pretensión masoquista y miserable.

El reduccionista mote de "franquismo" no es de recibo ni gramatical ni histórico. Es tan absurdo como denominar "periclismo" a la época áurea de los griegos o "colombianismo" a las centurias de nuestro Imperio. Pericles, como Colón o Franco, son figuras de primera magnitud, pero modestas comparadas con los ciclos que encabezaron. ¿A qué se reduciría la milenaria gesta hispánica si se fragmentara no en función de los tiempos y las formas, sino de las personas? ¿Recaredismo, cidismo, cisnerismo, cortesismo, pizarrismo, olivarismo, etc.? Sencillamente grotesco.

En la *Historia general de España* (ed. Rialp. vol. XIX-1, 1992) redacté el capítulo *Estructura conceptual del nuevo Estado* (págs. 444-486) que es una descripción de las corrientes de pensamiento que inspiraron la configuración de la vida colectiva desde el alzamiento hasta la II Restauración. En ninguna de ellas aparece Franco como doctrinario definidor. Esas corrientes fueron el regeneracionismo de Costa, la interpretación confesional de Menéndez Pelayo, el hispanismo de Maeztu y Acción Española, el organicismo social que culminó en Madariaga, la monarquía del Tradicionalismo, la revolución nacionalsindicalista de Falange y, sobre todo, la idea de la convivencia propuesta por las encíclicas. Ese fue el legado conceptual que recibió Franco y cuya aplicación consideró como un mandato al que fue siempre fiel.

> **"Se minusvalora una era en la que se realizaron dos de las máximas hazañas del pueblo español, la transformación del proletariado en clases medias y la revolución industrial"**

El llamado "franquismo" no es un periodo de la historia española, tampoco una doctrina; es, todo lo más, un personal estilo de ejercer la prudencia política, sin duda eficacísimo y, como todo lo estrictamente personal, intransferible.

Han surgido y continuarán surgiendo imitadores, como los hubo de Augusto, Carlomagno, Fernando el Católico, Metternich o De Gaulle. Y es prueba de talento seguir insignes modelos, aunque, por desgracia, hasta ahora los imitadores vernáculos no hayan pasado de mediocres copistas.

Era de Franco, época de Franco, Estado de las Leyes Fundamentales son denominaciones admisibles por su adecuación a la realidad y al idioma, y son las que utiliza todo historiador serio de los acontecimientos o de las instituciones. Lo de "franquismo" no rebasa el nivel de la octavilla o el mitin barriobajero.

Claro que todavía hay algo infinitamente más filisteo y, por añadidura, vil: que un presidente del Gobierno español llame públicamente a un jefe del Estado español "Paco el ranas". Jamás los modos de un magistrado europeo habían llegado a tal hondonada de bajeza. Y la televisión oficial, en vez de ocultarlo pudorosamente, lo ha jaleado. De rubor no ya celtíbero, sino occidental. Hasta aquí hemos llegado y deseo que ya sea el fondo.

...quismo?

Bajo la jefatura de Franco, España entró en la modernidad, dice Gonzalo Fernández de la Mora. Por contra, Juan Pablo Fusi sostiene que el régimen de Franco fue una ruptura en la historia de España.

Una dictadura personal y militar

Juan Pablo Fusi
Catedrático de Historia

FRANCO fue elevado en 1936 (1 de octubre) a la jefatura del Estado y del Gobierno por el acuerdo de nueve generales y dos coroneles, los principales responsables de la sublevación militar que había estallado el 18 de julio de ese año: su victoria en la guerra civil (1 de abril de 1939) le revistió de una autoridad indiscutible, que ejerció hasta su muerte el 20 de noviembre de 1975. Franco consideró en todo momento su jefatura como vitalicia y su régimen, como un régimen de mando personal. Su dictadura configuró el franquismo, institucionalizado a raíz de la unificación política decretada en abril de 1937, en virtud de la cual las fuerzas políticas que habían apoyado la sublevación del 18 de julio se integraban en un partido único, Falange Española Tradicionalista y de las JONS.

El régimen de Franco se percibió siempre a sí mismo como caudillista y "nacional", legitimado por su origen y por su ejercicio, y sostenido por un entramado jurídico e institucional que, según la propaganda oficial, lo convertía en una "democracia orgánica". Ello era ilusorio. Basado en las ideas nacionalistas y fascistas de la Falange, en el pensamiento social de la Iglesia y en los principios de orden, autoridad y unidad de los militares, fue una dictadura personal y militar, un régimen nacional-católico (más que fascista), el arquetipo de régimen autoritario con un limitado pluralismo de la derecha.

Franco, en efecto, ejerció un poder supremo e ilimitado. Era un hombre de ideas elementales, un militar que detestaba los partidos políticos y la democracia liberal, que identificaba pluralismo ideológico con subversión y conflictividad, obsesionado por el comunismo y la masonería, y que pensaba que España necesitaba unidad y estabilidad. El franquismo fue un régimen totalitario y filofascista hasta 1945; tuvo una significación inequívocamente católica desde 1945, y pro-occidental y pro-norteamericana desde 1947-50, al hilo de la guerra fría; y optó desde los años 1957-59 por una filosofía tecnocrática y desarrollista que contradecía las primeras ilusiones autárquicas. Franco usó durante su mandato gobiernos de concentración franquista: cabría hablar, con todo, de hegemonía falangista hasta 1945, católica entre 1945 y 1957, y "opusdeísta" entre ese año y el final del régimen. Lo que no cambió en todo ese tiempo fue ni la continuidad autocrática en la jefatura del Estado, ni la naturaleza anti-democrática de todo el ordenamiento político, sindical e informativo del régimen, ni su acción represiva permanente (ejemplificada en las ejecuciones de la posguerra, en los casos Grimau, Ruano y Puig Antich, en los procesos de Burgos y 1.001 y en las ejecuciones del 27 de septiembre de 1975).

El régimen de Franco no fue, con todo, un simple paréntesis en la historia de España sino una ruptura decisiva. En las dos primeras décadas, dominadas por la política de autarquía, suavizada desde 1951, estatalizó numerosos sectores, creó un fuerte sector público tras la creación en 1941 del Instituto Nacional de Industria, impulsó grandes obras públicas y fue creando un complejo sistema asistencial que desembocaría en la Seguridad Social. España, además,

> **"Franco era de ideas elementales, detestaba los partidos y la democracia liberal, identificaba pluralismo con subversión y estaba obsesionado por el comunismo y la masonería"**

cambió en la década de 1960. Los años del desarrollo (1961-1975) significaron una verdadera revolución que hizo de España un país industrial y urbano. Grandes migraciones transformaron su estructura demográfica. El turismo cambió la economía de muchas regiones. La sociedad se modernizó y secularizó espectacularmente. La producción industrial creció entre 1960 y 1973 a una media anual del 10 por 100. La renta per cápita que en 1960 era de 300 dólares llegaba en 1975 a 2.486 dólares.

Y, sin embargo, el franquismo tuvo un altísimo coste para España. El proceso de industrialización de la autarquía se hizo a costa de una inflación alta. Los años 1939-1942 fueron años de hambre. Pese al esfuerzo del Estado, la producción estuvo estancada hasta 1951. En 1960, España era todavía, junto a Portugal, el país más pobre de Europa. Cambió luego, pero sólo después de que el franquismo liquidase sus ideales autárquicos y procediese a una liberalización neocapitalista: el país había perdido veinte años. El desarrollo de los 60 tuvo, además, graves contrapartidas: desequilibrios regionales, abandono de la agricultura, emigración a Europa de casi dos millones de españoles, urbanización improvisada y desordenada, sistema fiscal regresivo.

Ultimo coletazo de los dictadores de los años 30, el régimen de Franco, pese a durar cuarenta años, pese a disponer de apoyo social, pese a haber logrado desde 1955 reconocimiento internacional, pese a su estabilidad que sólo se resquebrajó en los años 60, no sobrevivió a la muerte de Franco. No tenía posibilidades de supervivencia en una Europa definida por los principios de la democracia liberal: careció siempre -y los franquistas siempre lo supieron- de verdadera legitimidad moral.

•REPORTAJE•

Dónde están hoy los ministros de Franco

Javier Lorenzo/Fernando Bermejo

Hasta hace veinte años eran los hombres más poderosos de España. Hoy, los 36 supervivientes de los veinte Gobiernos de Franco deben sobreponerse cada día a dos cosas: al paso del tiempo y, también, al silencio al que fueron condenados en su mayor parte por la nueva sociedad que surgió de la Transición.

«SI EL GOBIERNO EQUILIBRA EL SENTIDO DE LA AUTORIDAD CON EL DE LA LIBERTAD, INICIARÁ UN CAMBIO SENSIBLE»

ÁNGEL CASAÑA

JOSÉ UTRERA MOLINA

Abogado, está escribiendo una segunda parte de sus memorias

"Discriminado y perseguido" por su "coherencia vital", Utrera Molina (69 años, ex ministro de Vivienda -1973- y secretario general del Movimiento, 1974/75) se dedicó a la abogacía y a narrar sus memorias (*Sin cambiar de bandera*, Planeta, 1989), labor que prosigue actualmente. Casado y con ocho hijos, es suegro de Alberto Ruiz-Gallardón. Frecuenta su casa de Nerja (Málaga), aunque es Sevilla la ciudad que le marcó políticamente. La actualidad disgusta a quien Umbral llama "el último mohicano de la Falange": "Si el Gobierno equilibra el sentido de autoridad con el de la libertad, iniciará un cambio sensible, aunque me temo que la componenda y el consenso defrauden una vez más la ilusión general".

«LO QUE MÁS ABUNDA ES EL INSULTO. HAY QUE DEPURAR, PERO DE UN MODO LIMPIO Y NO COMO SE HACE AHORA»

FERNANDO QUINTELA

RAMÓN SERRANO SUÑER

Dueño de Radio Intercontinental, es testigo vivo de la Historia

A sus 93 años, Serrano Suñer sigue recibiendo a historiadores y periodistas que buscan información de primera mano sobre la II Guerra Mundial y sobre "la hábil postura de España" para evitar el conflicto. Propietario de Radio Intercontinental, publica ocasionalmente en Prensa. Sumido en una "triste soledad" tras la muerte de su mujer, Serrano Suñer lamenta que su pasado impida a su hijo Fernando ser "ministro plenipotenciario". "Lo que sucede en España es muy estúpido, y se ha llegado ahí por ambición. En otras etapas había idealismo". El peor pecado es la demagogia: "Lo que más abunda ahora es el insulto. Hay que depurar, pero de un modo limpio y generoso y no como se está haciendo".

J. GUTIÉRREZ CANO

Vicepresidente de la Fundación Francisco Franco

"Yo nunca he sido político, sino servidor público, que es muy distinto". Joaquín Gutiérrez Cano -74 años, casado, 4 hijas, ex ministro de Planificación del Desarrollo, 1974/75- es consultor de empresas tras seis años como director ejecutivo del Fondo Monetario Internacional y el Banco Mundial. Es vicepresidente de la Fundación Francisco Franco. Desde ahí contempla "el lamentable circo en el que se ha convertido España. ¿Qué puesto ocupamos en el mundo? No lo puedo decir con exactitud, pero seguramente muy retrasados con respecto a 1970. Hay una falta de sentido de hacia dónde se camina, mientras que en nuestro tiempo logramos un avance considerable, y desde entonces no se ha hecho ni un kilómetro de autopista, ni una cama de hospital". No cree que la sociedad haya sido injusta con los partidarios de Franco, porque "la sociedad no existe, existe una suma de individuos, cada uno de los cuales detesta al resto y no desea que se inmiscuyan en sus asuntos".

BEGOÑA RIVAS

«LA POLÍTICA TURÍSTICA NO HA CAMBIADO EN LOS ÚLTIMOS VEINTICINCO AÑOS Y ADEMÁS SIGUE SIENDO DESPRECIADA»

BEGOÑA RIVAS

ALFREDO SÁNCHEZ BELLA

Consultor internacional y participante en diversos foros políticos

Como consultor internacional, Alfredo Sánchez Bella (ex ministro de Información y Turismo, 1969/73) ha influido en el desarrollo turístico de varios países. Además, participa en varias sociedades de estudios políticos. "Hay que tomar el pulso, estar al día de lo que pasa". Casado, con dos hijos y 79 años, Sánchez Bella se adjudica, sin olvidar a su antecesor en el ministerio, Manuel Fraga, el haber sentado las bases de la primera industria del país. "La política turística no ha cambiado en los últimos 25 años y sigue siendo despreciada cuando habría que darle una atención prioritaria. El turismo sólo tiene un secreto: paz y precios".

«La mala situación económica y la incertidumbre política debilitan a España»

Begoña Rivas

L. López Rodó

Es abogado y permanece soltero

En 1978 concluyó su carrera política tras 2 años en Alianza Popular. López Rodó (74 años, ex ministro comisario del Plan de Desarrollo, 1965/73, y de Asuntos Exteriores, 1973/74) se consagró después a la abogacía. Permanece soltero. "Nuestra economía crece menos que la media de los países comunitarios. Las principales causas -asegura- son el excesivo gasto público, los altos tipos de interés, la falta de competitividad y el déficit de nuestra balanza comercial y por cuenta corriente. La situación económica y la incertidumbre política debilitan a España en el exterior".

Todavía siguen vivos...

Alejandro Fernández Sordo. Abogado y profesor de Derecho en la Universidad Complutense, es además secretario del Consejo de Administración de Huarte.
Joaquín Ruiz-Giménez. Preside el Comité Español de UNICEF. Como abogado, fue el defensor de los afectados de la cooperativa PSV.
Rafael Cabello de Alba. Es presidente de Fiseat y Motovespa, además de pertenecer también a "dos o tres" consejos de administración. Está jubilado, pero mantiene el bufete que él mismo fundó.
José García Hernández. Es abogado del Estado, aunque se encuentra jubilado actualmente.
José María Sánchez Ventura. Jubilado, aunque ejerce como Defensor del Cliente en el BBV.
León Herrera y Esteban. Es general de división del cuerpo jurídico en situación de reserva. Es miembro de la Mesa del Turismo -un "lobby" empresarial-. También es presidente de la fundación Actilibre, organizadora de eventos como Expo Ocio.
Alfredo Santos Blanco. Realiza operaciones financieras que le obligan a continuos viajes entre Madrid y Montecarlo, su actual lugar de residencia.
José Luis Cerón. Es miembro destacado de la CEOE, al tiempo que presidente de Autopistas del Mare Nostrum (AUMAK).
José María López de Letona. Tras su paso por Banesto, entró a formar parte de la CEOE. Es consejero del Banco de Granada-Jerez y mantiene un bufete de abogados.
Federico Silva Muñoz. Jubilado como letrado del Consejo de Estado. Hace dos años publicó sus memorias.
José Luis Villar Palasí. Da clases de Derecho Administrativo en la Universidad San Pablo. Tiene un despacho de abogacía.
Antonio Valdés y González Roldán. Catedrático de la Escuela de Ingenieros de Caminos. Tiene intereses en el ramo de la Informática.
Manuel Lora Tamayo. Catedrático jubilado de Químicas. Presidente honorario de la Real Academia de Ciencias Exactas.
Alberto Ullastres. Fue Defensor del Cliente en el BBV. Catedrático de Historia Económica. Jubilado.
Mariano Navarro Rubio. Ha sido miembro del Consejo de Estado. Se encuentra retirado de la judicatura militar. Pertenece a la Real Academia de Ciencias Morales y Políticas.
Manuel Fraga Iribarne. Presidente de la Xunta de Galicia.
Faustino García Moncó. Abogado del Estado jubilado. Fue consejero del Banco Hispano Americano.
Jesús Romeo Gorría. Letrado del Consejo de Estado jubilado. Fue presidente de Iberia desde 1970 hasta 1976.
Antonio María de Oriol y Urquijo. Jubilado, mantiene un despacho de abogados.
Alberto Monreal Luque. Asesora a diferentes empresas. Colaboró con la editorial Anaya y participa en negocios del sector tabaquero. Asimismo, gestiona Albo, una empresa de conservas de pescado, propiedad de su mujer.
Licinio de la Fuente. Consejero de Dragados y Construcciones. Consejero del Banco de Granada-Jerez. Fue presidente del Banco de Crédito e Inversiones y del Banco Gallego, así como presidente del Banco Internacional de Comercio.
Gonzalo Fernández de la Mora. Dirige la revista *Razón Española*. Ha sido premio Espejo de España por su libro *Río arriba*. Consejero de Administración del Banco de Galicia y del Banco Popular.
Antonio Barrera de Irimo. Es consejero del Banco Central Hispano. Posee una empresa relacionada con los seguros.
Fernando de Liñán y Zofío. Presidente de Credit Lyonnais España.
Cruz Martínez Esteruelas. Letrado de las Cortes jubilado, imparte clases de Derecho Civil en la Fundación San Pablo. Mantiene además un bufete y participa en diversas actividades empresariales.
José María Gamazo. Técnico de la Administración Civil jubilado.
Nemesio Fernández Cuesta. Miembro del Consejo Editorial de *Abc*. Vicepresidente del Real Madrid.
Antonio Carro Martínez. Su última actividad fue la de letrado del Consejo de Estado. Sigue en el PP, aunque no ocupa ningún cargo. El Congreso le encarga estudios sobre legislaciones extranjeras y Derecho Constitucional Comparado.
Alfonso Alvarez Miranda. Fue presidente de Fos Bu-Craa, incluso durante la administración marroquí. En la actualidad es presidente del Forum Atómico Español.
Fernando Suárez. Ha sido diputado europeo por el PP, aunque continúa afiliado al partido. Es catedrático de Derecho del Trabajo en la UNED.
Fermín Sanz Orrio. Miembro numerario de la Real Academia de Jurisprudencia. Su última actividad, a principio de los años setenta, fue la de presidente del Consejo de Economía Nacional.

• ENSAYO •

El dictador de

La frenética adulación fabricada y repetida sin cesar por el propio engranaje propagandístico de Franco ha coloreado la visión que la posteridad tiene de él. Al mismo tiempo, influidos por el libro "Francisco Franco, historia de un mesianismo", los críticos liberales y de izquierda le consideran un tirano cruel y poco inteligente. En realidad, ni carecía de talento ni tuvo tanta suerte como reflejan los estereotipos.

Franco fue un soldado valeroso y notablemente competente en Marruecos entre 1912 y 1926, y un hábil líder militar entre 1936 y 1939, derrotando a la República en la Guerra Civil española. Fue un dictador brutal y efectivo que sobrevivió a la derrota de sus aliados Hitler y Mussolini en la Segunda Guerra Mundial y permaneció en el poder hasta 1975, experimentando España, durante ese tiempo, el masivo crecimiento económico de los años sesenta. La capacidad necesaria para conseguir tales éxitos contrasta con la asombrosa mediocridad intelectual de Franco y con una timidez que indujo a muchos que lo conocieron a comentar lo poco que se parecía en realidad a un dictador.

Nacido en 1892 en El Ferrol, Francisco Franco Bahamonde padeció una infancia profundamente insegura. Su gran experiencia formativa comenzó en 1907 al ingresar en la Academia de Infantería de Toledo. El ejército le proporcionó un marco de certezas basado en la jerarquía y el mando. Le satisfacían la disciplina y la posibilidad de perderse en un engranaje militar fundamentado en la obediencia y en una retórica compartida de patriotismo y honor. En 1912 fue a Marruecos, donde de los catorce años siguientes pasó diez y medio. Los inicios de su carrera tuvieron lugar en una salvaje guerra colonial en la que sus experiencias con los feroces mercenarios moros de los Regulares Indígenas y las tropas de asalto del despiadado Tercio Extranjero lo brutalizaron. Fue ferozmente disciplinado y extremadamente valeroso. Su frialdad bajo el fuego y su competencia como oficial de campo le granjeó una serie de rápidos ascensos que le hicieron el capitán más joven en 1916, el comandante más joven en 1917 y, en 1926, el general más joven de Europa.

EUROPA PRESS

Franco, a la izquierda, arengando a las tropas en Marruecos.

"Sus experiencias con los feroces mercenarios moros de los Regulares Indígenas y las tropas de asalto del despiadado Tercio Extranjero lo brutalizaron"

Franco se había escudado contra la infelicidad de su infancia volcándose en su carrera militar. La escala de sus primeros éxitos le había dejado una ambición sin límites. Era algo que podía transmitir a sus seguidores. Durante la Guerra Civil, levantaba las cabezas y los ánimos con afirmaciones categóricas de lo que denominaba su "fe ciega en la victoria". Su serenidad se revelaba repetidamente en una extraña habilidad para capear tormentas perjudiciales en los momentos más difíciles del aislamiento internacional al término de la Segunda Guerra Mundial y durante la Guerra Fría, manteniéndose firme cuando sus asesores estaban convencidos de que se divisaba ya el final.

Detrás de su valentía de soldado joven había una gélida sangre fría que le haría sobrellevar los días más oscuros de la Guerra Civil, de la Guerra Mundial y de la Guerra Fría y le permitiría presidir un engranaje de terror. No mostró sino indiferencia ante las quejas motivadas por las atrocidades que se cometían en las zonas que él controlaba durante la Guerra Civil. Su crueldad se vio facilitada por su falta de imaginación. En el poder, por ejemplo, no concebía que el descontento popular pudiera estar justificado y lo consideraba obra de agitadores comunistas extranjeros y siniestros masones. Ese alejamiento de la realidad infundió a Franco una confianza no socavada por la autocrí-

sconocido

Paul Preston

Historiador. Profesor de The London School of Economics and Political Science. Autor de "Franco"

tica. Estar convencido de llevar siempre la razón le proporcionó flexibilidad a la hora de afrontar las cambiantes circunstancias nacionales e internacionales.

Tampoco le restringía ninguna visión ideológica de altos vuelos, como les ocurría a Hitler y a Mussolini. Lo que él tenía era el concepto idealizado de una sociedad armoniosa en la que no existirían ni oposición ni subversión. Sería como una familia unida regida por un padre fuerte que todo lo viera. En la medida en que puede afirmarse que tuviera una filosofía política, ésta era enormemente estrecha, con frecuencia negativa y derivada de su formación militar. Como casi todos los oficiales del ejército de su generación, sentía un odio especial por el separatismo, el comunismo y la masonería. Al margen del coste humano, estaba resuelto a erradicar de España esas tres cosas junto con el socialismo y el liberalismo. Eso llegó a suponer el aniquilamiento de los legados de la Ilustración, de la Revolución Francesa y de la Revolución Industrial a fin de retornar a las glorias de la España medieval. Su objetivo más querido consistía en "redimir" con la sangre al pueblo español de la carga que suponían los siglos de fracaso transcurridos desde Felipe II.

Pese a la creación iconográfica de un Franco gran guerrero, hay todo un abismo entre las opiniones de sus hagiógrafos y sus críticos con respecto a su habilidad militar. Era comparado frecuentemente con Napoléon, pero su estilo como general no podía estar más alejado del que ostentaba el corso. Durante la Guerra Civil, su enfoque desesperaba a sus aliados del Eje, quienes condenaban su estrategia considerándola en exceso cautelosa. Al embajador de Mussolini, Roberto Cantalupo, le dijo que quería avanzar lentamente para llevar a cabo la "redención moral" y la "conquista espiritual" de las zonas ocupadas.

La misma calculada crueldad caracterizó la represión a que fue sometida la izquierda durante la guerra y después. Franco presidía desde lejos el proceso, aunque, dada su característica falta de percepción de sí mismo, estaba convencido de no ser un dictador. Podía verse de forma tan benévola con total sinceridad, convencido, en cierto modo, de que el estar dispuesto a dejar hablar a su ministros compensaba la existencia del estado unipartidista, de la censura, de los campos de concentración y del aparato del terror. Las interminables reuniones del gabinete reflejaban, más que nada, una mala presidencia. Es más, las decisiones que a él realmente le parecían importantes solían tomarse fuera del consejo de ministros. El entorno del régimen tenía libertad para todo menos para oponerse a Franco. Eran tan sólo los derrotados de la izquierda quienes sufrían el peso opresor de la dictadura. Y digo más, al estimar Franco que el poder político era afín a la autoridad militar, percibía su poder dictatorial como ejercicio del mando militar. Al tenerse por salvador de España, universalmente querido excepto por los siniestros agentes de las potencias ocultas, no tenía nada de sorprendente que Franco no se considerase un dictador.

EUROPA PRESS

El dictador Franco fue siempre muy aficionado a la caza y la pesca.

A partir de los últimos años cincuenta pudo abandonar muchas de las tareas de gobierno, dejando gran parte de la administración cotidiana en manos del almirante Luis Carrero Blanco y de su equipo de tecnócratas. Actuó entonces a modo de monarca concediendo audiencias, inaugurando obras públicas, presidiendo las reuniones del consejo de ministros y asistiendo a ceremonias religiosas.

Durante su ascenso al poder, Franco había mostrado una prodigiosa capacidad para el trabajo. En la Guerra Civil trabajaba horas y horas sin parar supervisando el esfuerzo bélico, manteniendo las relaciones militares y diplomáticas con las potencias del Eje y maniobrando entre las laberínticas luchas políticas del bando nacional. Tras la guerra, se volcó de lleno en su pasión por la caza, la pesca en aguas profundas y el golf. Posteriormente dedicó buena parte de su tiempo a jugar a las cartas y al dominó con su círculo de amigos militares. Le gustaba ver cine en su sala de proyección privada y partidos de fútbol en sus innumerables televisores. Las muchas horas que dedicó a ver el Mundial de Fútbol de 1974 fueron un factor que contribuyó a producirle el ataque de tromboflebitis con el que comenzó su larga agonía.

Aquella moda

En la revista Telva se podía ver a Pilar Primo de Rivera, mujer oficial de España, con chaqueta de punto y discreto collar de perlas; por esas fechas, los cómicos iban a la huelga: ellas, mucho pañuelo cíngaro, cuellos de cisne y grandes gafas de sol; ellos, barba, bufanda recia y chaquetón de oveja.

Víctor Manuel aparece con estas prendas típicas de la época: camisa estampada, pantalones de pana con [illegible] y calzado con sandalias. Un estereotipo de la imagen masculina de la España de 1975.

EUROPA PRESS

EUROPA PRESS

EUROPA PRESS

Una modelo de Francisco Delgado; a su derecha, Marisol con ropa vaquera.

EUROPA PRESS

EFE

Junto a estas líneas, un ejemplo de la moda ibicenca. La cantante Jeanette, a la derecha, con minifalda y botas altas.

Lourdes Fdez. Ventura

Eran dos estéticas contrapuestas e irreconciliables que, en nuestro país, a esas alturas de los 70, se hacían cada vez más antagónicas y excluyentes. Aquella misma temporada, en las pasarelas de París, las modelos flotaban con muselinas vaporosas, tonos pastel y miradas melancólicas, reminiscencias de la película *El gran Gatsby*, que se acababa de estrenar. En plena recesión económica, Pertegaz, Pedro Rovira, Carmen Mir y Herrera y Ollero hacían un último esfuerzo por ponerse al día. Pero en la calle, una nueva generación saltaba de la chica yeye y las camisas de Carnaby St. a los vaqueros revolucionarios y a la revista *Triunfo*, del Corte y Confección a las barricadas, del *No somos ni Romeo ni Julieta* a corear *Al vent* con los faldones indios y la esperanza mecidos por la brisa.

Con retraso respecto a la Europa democrática, los jóvenes españoles adoptaron una forma de vestir que servía como contrapunto ideológico. La condena a la sociedad consumista se manifestaba en la negación a vestirse a la

an peculiar

moda y en el rechazo de fórmulas tradicionales identificadas con lo más reaccionario. Entonces, en España se veían también pantalones acampanados y sandalias con cuña, monos con cinturón y corbatas anchísimas, maquillajes con mucho rímel y cortes de pelo a capas como los de Llongueras. Los devaneos con las modas internacionales por algunos considerados algo despectivamente como "modernos" eran admitidos con reservas por los izquierdistas más ortodoxos que parecían soñar con un mundo de Lois desgastados, barbas y camisas de cuadros. El caso es que, a final del 75, convivían las trencas con los tabardos de piel vuelta, las enaguas de Ibiza con la pana y los aires folk con el traje de "beatnik".

El vestido floreado de la cantante Cecilia, fallecida en accidente de tráfico poco después de realizarse esta fotografía, era una prenda común en la moda femenina de mediados de los años setenta. El toque ligeramente hippy concordaba con "Mi querida España, esa España mía, esa España nuestra", una de las estrofas con las que alcanzó la fama.

EUROPA PRESS

Felipe González, a la moda, con camisa de cuadros y chaqueta de solapa ancha.

EUROPA PRESS

Angel Nieto, a la derecha, luce un traje claro el día de su boda.

EUROPA PRESS

Con pantalones de campana, a la izquierda, Manolo Sanlúcar; debajo, una azafata del Salón del Automóvil de Barcelona.

El Madrid ganó a Johan Cruyff

Carlos Toro

El fútbol respondía a la muerte de Francisco Franco suspendiendo una jornada de la Liga. Era una decisión rutinaria de un deporte que, como el resto de las actividades, estaba sometido al Régimen.

Aparentemente, todo seguía igual en el fútbol de 1975. El Real Madrid, el equipo del Régimen, ganaba la Liga y la Copa; Santiago Bernabéu continuaba ocupando el sillón presidencial del segundo poder del país, el fútbol. Aparentemente, sí, todo estaba atado y bien atado en el fútbol. Pablo Porta, un franquista de vidrioso historial político en la Universidad, había sucedido en la presidencia de la Real Federación Española a José Luis Pérez Payá, destacado ex jugador y subdirector general de la Seguridad Social. Pero algunos signos hablaban de cambios.

El Real Madrid había adquirido esa temporada, la 74-75, a Paul Breitner, el lateral izquierdo de la selección alemana, flamante campeona del mundo. Breitner era maoísta confeso. Su fichaje años antes hubiera sido impensable. Con él llegó el goleador argentino Roberto Martínez, al que el club decidió no alinear en parte de la campaña 75-76 a causa del escándalo de los falsos oriundos. Un abogado catalán llamado Miquel Roca i Junyent había elaborado un informe en el que se demostraba que 46 de los 60 jugadores que llegaron a España con esa permisiva etiqueta no eran hijos de españoles. Johan Cruyff, mientras, era expulsado en La Rosaleda de Málaga el 9 de febrero con el consiguiente escándalo.

El año 1975 acabó con algo más que un signo. El 28 de diciembre -y no fue precisamente una inocentada- en las gradas del estadio del Barcelona, y por primera vez desde la República, ondearon a tela descubierta las banderas catalanas. El fútbol se democratizaba y después llegarían nuevos ejemplos. En la campaña 76-77, los jugadores de la Real Sociedad y el Athletic de Bilbao portaron la ikurriña, todavía ilegal, transformando un duelo fratricida en otro fraternal. No hubo la menor represalia. Bernabéu (y cuanto significaba) moriría en el 78. En el 79, los futbolistas fueron a la huelga en defensa de sus derechos. Etcétera. Todo eso y mucho más había empezado antes: en 1975. El año que vivimos jubilosamente.

El presidente Santiago Bernabéu recoge la copa de campeones de la Liga 74-75 de manos del jugador madridista Amancio. A la izquierda, una imagen de Johan Cruyff.

EUROPA PRESS

Haro, Ochoa y otras estrellas

Fernando Bermejo

En una etapa en la que el deporte no era especialmente cuidado, un elenco de estrellas despuntó en el panorama internacional.

En el deporte rey, el atletismo, Mariano Haro vivió una temporada grande. Tras ganar la Copa de Europa de Clubs de Cross con su equipo de Educación y Descanso de Palencia, se quedó a un paso del triunfo en el Cross de las Naciones al obtener en Rabat la medalla de plata en los 12.000 metros. También fue el campeón de España en Gran Fondo.

Mientras, dos clásicos del deporte español engalanaban su palmarés. Así, Angel Nieto se apuntó en 1975 su sexto Campeonato del Mundo de motociclismo, esta vez en 50 centímetros cúbicos. Y Manuel Orantes, en Nueva York, alcanzaba su cima internacional al derrotar a Connors en la final de Forest Hill.

Francisco Fernández Ochoa logró acabar entre los diez mejores esquiadores del mundo; por contra, Perico Fernández fue destronado del título de campeón de superligero en un patético combate celebrado en Bangkok (Tailandia) en el que fue abatido por el calor -48 grados- y la mala preparación física.

El Atlético de Madrid se hizo con la Copa Intercontinental de fútbol, el piragüismo español obtuvo el oro en K-4 y, en vela, también hubo oro en el Campeonato del Mundo de Snipe. Fueron los éxitos de los deportes colectivos.

EUROPA PRESS

Fue la gran sorpresa de la XXX Vuelta Ciclista a España. Agustín Tamames, del equipo Super-Ser, ganó la carrera por delante de Perurena, Lasa y Ocaña. En el Giro de Italia, Francisco Galdós rozó la hazaña al quedar segundo detrás de Bertoglio.

EUROPA PRESS

El deporte español tenía en Mariano Haro a uno de sus atletas más laureados. En la imagen de arriba, entra triunfador el 13 de abril en el Campeonato de España de Gran Fondo celebrado en Aranda; debajo, celebra ese primer puesto bebiendo de una bota .

EUROPA PRESS

Un sonriente Francisco Fernández Ochoa aparece en la imagen fotografiado en Navacerrada. Tres años después del oro en Sapporo, en 1975 logró acabar entre los 10 primeros esquiadores del mundo. El italiano Gustavo Thoeni fue el líder .

EUROPA PRESS

Perico Fernández se hizo tan famoso por ser campeón del mundo como por sus bravuconadas verbales. Sin embargo, el 15 de julio perdió en Bangkok el título de campeón de superligero. Con 48 grados, no fue capaz de llegar al octavo asalto .

Sexo, memorias y aventuras

Elvira Huelbes

Los aires de reforma que empezaron a soplar tibiamente en España a mediados de los setenta propiciaron el consumo de una literatura destinada a ponerse al día.

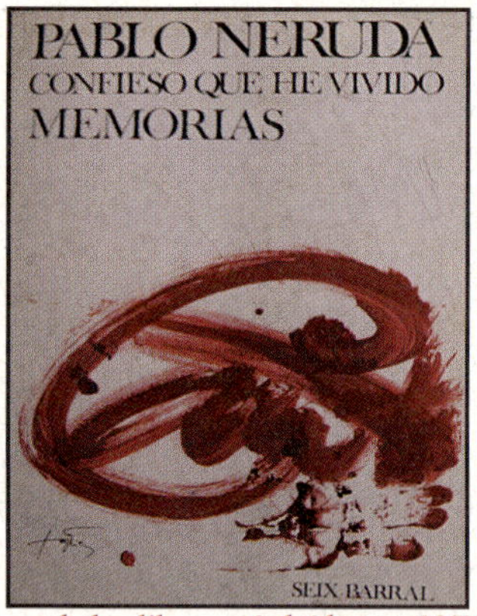

De izquierda a derecha, portadas de tres de los libros más leídos en 1975: el manual "Nuevas técnicas sexuales", "Confieso que he vivido", de Pablo Neruda, y "Esta noche, la libertad", de Lapierre y Collins.

En el llamado tardofranquismo, algunos de los libros que se leían no aparecían en las listas de ventas de *Abc*, divididas en "Creación" y "Pensamiento" con mayor acierto del que ahora se emplea con los términos ingleses de "Ficción" y "No ficción".

Los Angel Palomino, Vizcaíno Casas, Ricardo de la Cierva y algún otro nombre de la nomenclatura franquista hacían su agosto con títulos tan expresivos como *Madrid, Costa Fleming* (Palomino) o *Una larga y cálida meada* (Alvaro de Laiglesia), salvando distancias. Sorprenderá saber algunos títulos que figuraban en las listas de superventas: Neruda con *Confieso que he vivido*, García Márquez y *El otoño del patriarca*, Esther Vilar con *El varón domado*, Amando de Miguel y su *Sociología del franquismo*, Ramón J. Sender y *Réquiem por un campesino español*, Rafael Alberti y *La arboleda perdida*, y Vila-San Juan con su *García Lorca, asesinado. Toda la verdad*, por poner algunos ejemplos.

Arrasaban los documentos bélicos tipo *Esta noche, la libertad*, de Lapierre y Collins, un dúo que se infló a vender libros, o *Los perros de la guerra*, de Frederick Forsyth. "Best sellers" del tipo de *El pirata*, de Harold Robins, o *Arlequín*, de Morris West. Tampoco faltaban títulos políticos o históricos. El más vendido fue Tuñón, con sus tres tomos de *La España del siglo XX*; también Salvador de Madariaga, con *Españoles de mi tiempo*; Sánchez Albornoz, con *Mi testamento histórico político*, y Tamames con su *Proyecto de democracia para el futuro de España*.

No faltaban extravagancias como *Mi fantástica vida*, de Uri Geller, aquel doblacucharillas y romperrelojes de la tele; o *Nuevas técnicas sexuales*, ya que había que ponerse al día rápidamente en todo. El Planeta lo consiguió Mercedes Salisachs con *La gangrena*, y al menos tres libros españoles estaban prohibidos: *Reivindicación del conde don Julián* (Juan Goytisolo), *Si te dicen que caí* (Juan Marsé) y *Recuento* (Luis Goytisolo).

Sentado, Claudio Sánchez Albornoz; en la imagen superior, Rafael Alberti.

Paco Camino, el 22 de mayo en Las Ventas, somete con la mano derecha al sobrero del Jaral de la Mira.

La Fiesta pierde fuerza

El clasicismo de Paco Camino brilla en el declive de El Cordobés

Fernando Bermejo

A final de la campaña de 1975, el escalafón de matadores figuró encabezado por Niño de la Capea (92 festejos), Paco Alcalde (87 festejos) y Antonio José Galán (74 festejos). Luis Francisco Esplá lideró el de los novilleros y los hermanos Angel y Rafael Peralta arrasaron en el de rejoneadores.

Tras la revolución cordobesista, la Fiesta se movía en los terrenos de la confusión y la falta de mando. La integridad del toro era la bandera de aquellos quienes vieron en Manuel Benítez, El Cordobés, a la gran lacra de la tauromaquia. Como herederos de los Camino, Puerta, El Viti y el propio Cordobés surgió una generación que sufrió en sus carnes los más agrios improperios. Fueron los Paquirri, Palomo Linares, Teruel, Manzanares, Capea, Dámaso González, etc.

Con todo, las figuras más veteranas seguían en plena sazón. Así, Paco Camino realizó el 22 de mayo, en San Isidro, una de las faenas estelares de su carrera y de la época: la ya famosa al sobrero del Jaral de la Mira. La apuesta clásica y el conocimiento de Camino hicieron vibrar a Las Ventas.

Curro Romero y Rafael de Paula provocaban el escándalo en tarde para el olvido, y el segundo de ellos incluso fue sancionado con dureza en Barcelona por dejarse vivo un toro. La Fiesta, en conjunto, iniciaba su trayecto de decadencia ya que, si en 1975 se celebraron 613 corridas en España, el número decreció progresivamente hasta llegar a las 390 de 1981.

La muerte de Franco no cambió sus vidas

Los duques de Cádiz y Carmen Cervera con Espartaco Santoni, habituales de las revistas

Jaime Peñafiel

Con la muerte de Franco el 20 de noviembre de 1975 en España cambiaron muchas cosas, excepto ese grupo conocido por el nombre de jet-set que supo pasar de una a otra situación política sin romperse ni mancharse.

Si analizamos a la jet-set de 1975, observamos, con sorpresa, que los que poblaban las páginas de las revistas del corazón de entonces siguen siendo los mismos que lo han hecho a lo largo de estos veinte años. Con una sola salvedad: en algunos casos son los hijos de aquellos padres y aquellas madres los que han tomado el testigo.

Porque famosos, famosillos y populares eran **Paco Camino** y su esposa **María Angeles Sanz**, hoy divorciados, que incrementaban su hogar con un nuevo hijo, el tercero. **Marisol** daba a luz, en Mar de Plata (Argentina), a su hija, nacida de su matrimonio con **Antonio Gades**, hoy divorciados. **Geraldine Chaplin** hacía abuelo, por décima vez, al gran **Charlot** al dar a luz a su hijo **Shane Carlos**, nacido de su matrimonio con **Carlos Saura**. ¿Es necesario reseñar que este matrimonio, como los anteriores, tampoco existe ya?

En las páginas de las revistas se podía ver a una princesa **Sofía** estudiante de Ciencias Humanas Contemporáneas en la Facultad de Ciencias de Madrid.

Sara Montiel perdía al hijo que esperaba de **Pepe Tous**, el hijo que en principio no estaba muy segura de esperar.

FOTOS: EUROPA PRESS

Los duques de Cádiz, Alfonso de Borbón y María del Carmen Martínez Bordiú, nieta de Franco, una de las parejas más famosas de 1975. Eran habituales en los actos, ceremonias, fiestas y demás saraos de la época.

El príncipe **Alfonso de Hohenlohe** se casaba con la actriz **Jackie Lane** e inauguraba, en Kitzbühel (Austria), un nuevo Marbella Club con asistencia de la omnipresente **Gunilla** y su marido **Luis Ortiz** -hoy separados por conveniencias económicas- y el fallecido "play boy" marbellí **Antonio Arribas**, uno de los "choris".

El **marqués de Villaverde** era designado, por su suegro el General, embajador extraordinario a los actos con motivo de la independencia de Nepal siguiendo la costumbre de los dictadores de hacerse representar por sus familiares.

Los príncipes **Juan Carlos** y Sofía, que todavía no eran reyes, esquiaban, como todo hijo de Madrid, en las modestas pistas de Navacerrada.

La incombustible **Cuqui Fierro** era galardonada con la máxima distinción de aquel país garbancero, el Garbanzo de Plata, que se sigue concediendo aún hoy.

De izquierda a derecha y de arriba abajo, Gunilla, ya en 1975 clásica de la jet marbellí; la actriz Jackie Lane junto al barón Thyssen; la entonces princesa Sofía en la Facultad de Ciencias de Madrid; Espartaco Santoni abrazado a Carmen Cervera; Geraldine Chaplin y Carlos Saura, con una maleta, y Sara Montiel con Pepe Tous.

Testigos: las infantas **Pilar** y **Margarita**, que por aquel entonces no debían de tener nada mejor que hacer.

Un gran acontecimiento de amplia cobertura fue la boda en Nueva York de **Carmen Cervera** con el "play boy" **Espartaco Santoni**, pareja que hoy sigue figurando en el mundo de la jet, aunque cada uno por su lado. "Estoy harto de actrices. Tita sólo va a ser, de hoy en adelante, una mujer de su casa". No hay duda de que en los momentos de felicidad suelen decirse muchas tonterías.

Los duques de Cádiz, **Alfonso** y **María del Carmen** (él ya no vive y ella va por su tercera aventura sentimental), presidían una fiesta de fin de curso de la Facultad de Filosofía y Letras, rama de Arte.

La reina **Farida**, viuda de aquel soberano de Egipto histriónico, mujeriego y jugador llamado **Faruk** (derrocado en 1952 y fallecido en brazos de una cortesana en la Costa Azul en 1965), inauguraba una exposición de sus pinturas en la Galería Vandres ante la asistencia del "todo Madrid".

Pilar Franco, la hermanísima del General, era agasajada con motivo de su 85 cumpleaños por sus incondicionales amigos argentinos **José Rigoli**, **Susana Mayo** y **Carlos Acuña**. ¿Qué pintaba, por cierto, en aquella fiesta la **duquesa de Medinaceli**?

Esquela en primera página

Raúl del Pozo

He ahí la viuda, sin collares, como una vieja dolorosa. La reina de la camarilla, que compartió la dura cama del Generalísimo, le dice adiós en la Sala de Columnas del Palacio después de tan larga agonía, entre el parkinson y la tromboflebitis. Un mes antes sonaron cargas de fusilería en las últimas ejecuciones. Unos tenían preparada la botella de champán y otros daban brillo a la pistola. La noticia, la «esquela en primera página» tan esperada o temida, llegó y los teléfonos se rompieron. «Ya». «Por fin». Paul Preston lo cuenta así: «Su hija Nenuca insistió en que debía dejársele morir en paz. A las 11,15 de la noche del 19 de noviembre, los varios tubos que le conectaban a las máquinas fueron retirados». Su hija Carmen, con ella en la foto, dio a Arias el testamento que luego leería entre lágrimas. Ya viuda, la mujer que nombró ministros y hasta un primer ministro, dignamente enlutada, apareció ante el féretro, en una tétrica estampa española.

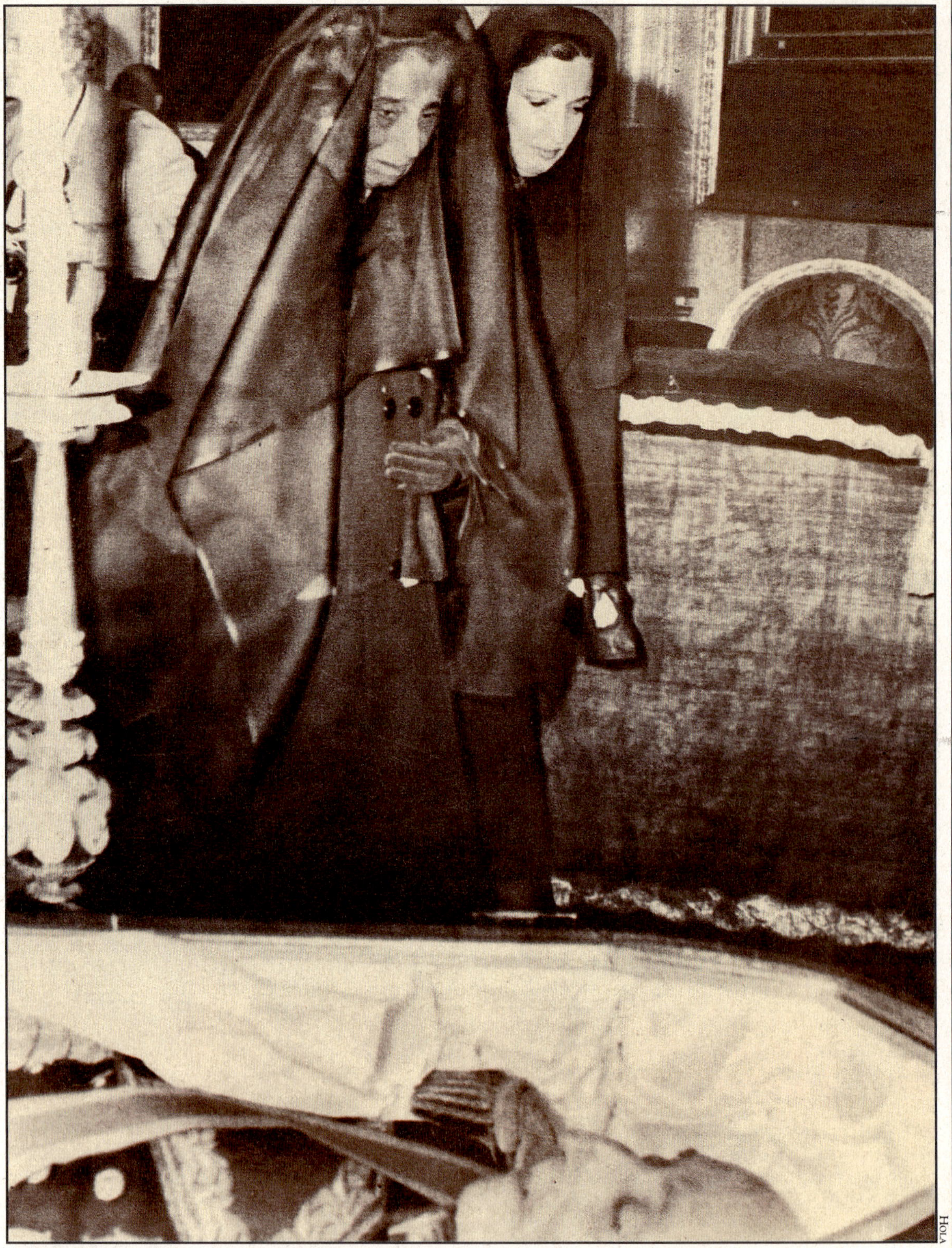

La viuda de Franco, Carmen Polo, y su hija Carmen pasan por delante del cadáver del general para darle su último adiós.

PRÓXIMO CAPÍTULO: LA VIDA COTIDIANA EN LA ESPAÑA DE 1975
ORANTES: "ME AMENAZARON TRAS FOTOGRAFIARME CON FRANCO". HISTORIAS DE LA JET. CINE, ENTRE LA CENSURA Y EL DESTAPE.
ESCRIBEN: AMANDO DE MIGUEL, STANLEY G. PAYNE, RAFAEL ABELLA, MANUEL HIDALGO Y JAVIER VILLÁN.

1975-1995. Veinte años de nuestra vida

• HISTORIA DE LA DEMOCRACIA •

{CAPÍTULO 3}

GUSTAVO CATALÁN

LA VIDA COTIDIANA EN LA ESPAÑA DE 1975

La España de 1975 vivía pendiente de la muerte del general Francisco Franco. Pocas veces en la historia, una sociedad ha estado más obsesionada por un hecho biológico. Los franquistas temían que la muerte de su líder acabara con su historia y con su tranquilidad; la oposición aguardaba a que la desaparición del fundador del régimen abriera la puerta a la libertad política, a otra etapa histórica. La palabra libertad era la palabra del momento. La vida cotidiana se desarrollaba presidida por esta aspiración mayoritaria en un país conmocionado por el futuro.

•RELATO•

La vida cotidiana de un país conmocionado

En 1975, los españoles se debatían ante la incógnita y la esperanza del futuro

España entera vivía pendiente de la salud del general Franco. En un país en el que el coste de la vida se había disparado un 14% el año anterior, en los mentideros y las tertulias el estado del Generalísimo acaparaba los comentarios. Los efectos de la recesión se notaron en el, por entonces, insólito hecho de las huelgas. El despertar de la libertad se vivía, mientras, con intensidad y cada vez más permisividad.

Rafael Abella. Escritor y periodista

Cuando alboreó el año 1975, sobre los españoles que llevaban más de treinta años bajo el régimen de Franco gravitaba la idea de si aquel año sería el último en la vida del general. Inevitablemente, se cernía la gran incógnita de lo que fuera a suceder al llegar el momento de la desaparición del hombre que se había hecho consustancial con la gobernación del país. En las tertulias, en los mentideros, la salud del general era tema cotidiano de conversación, y más teniendo reciente su última aparición televisiva en el tradicional mensaje de fin de año el 31 de diciembre de 1974, en la que eran perceptibles los esfuerzos por disimular el parkinsonismo, la inevitable decrepitud que conllevaban sus 82 años de edad.

El país estaba viviendo, en su economía, los resultados de la subida del precio de los crudos, con su ineludible repercusión sobre los transportes, las tarifas eléctricas y, en general, sobre el coste de la vida que, en 1974, se había disparado subiendo un 14%. El salario mínimo se había fijado en 280 pesetas diarias, pero los efectos de la recesión eran ostensibles. El ramo de la construcción acusaba una alarmante crisis: la factoría de Authi, en Pamplona, se había visto obligada al cierre. El mundo obrero registraba el insólito hecho de las huelgas, de la que era muestra destacada la que afectaba a la SEAT de Barcelona, y el fenómeno se extendía hasta llegar a los actores, en abierta confrontación con su sindicato.

El mundo social empezaba a ser auscultado por las encuestas destinadas a desvelar cuál era el estado de la opinión pública en un país hasta entonces sumergido en la aceptación del poder establecido. Una encuesta de Metraseis, en respuesta a la pregunta "Si es-

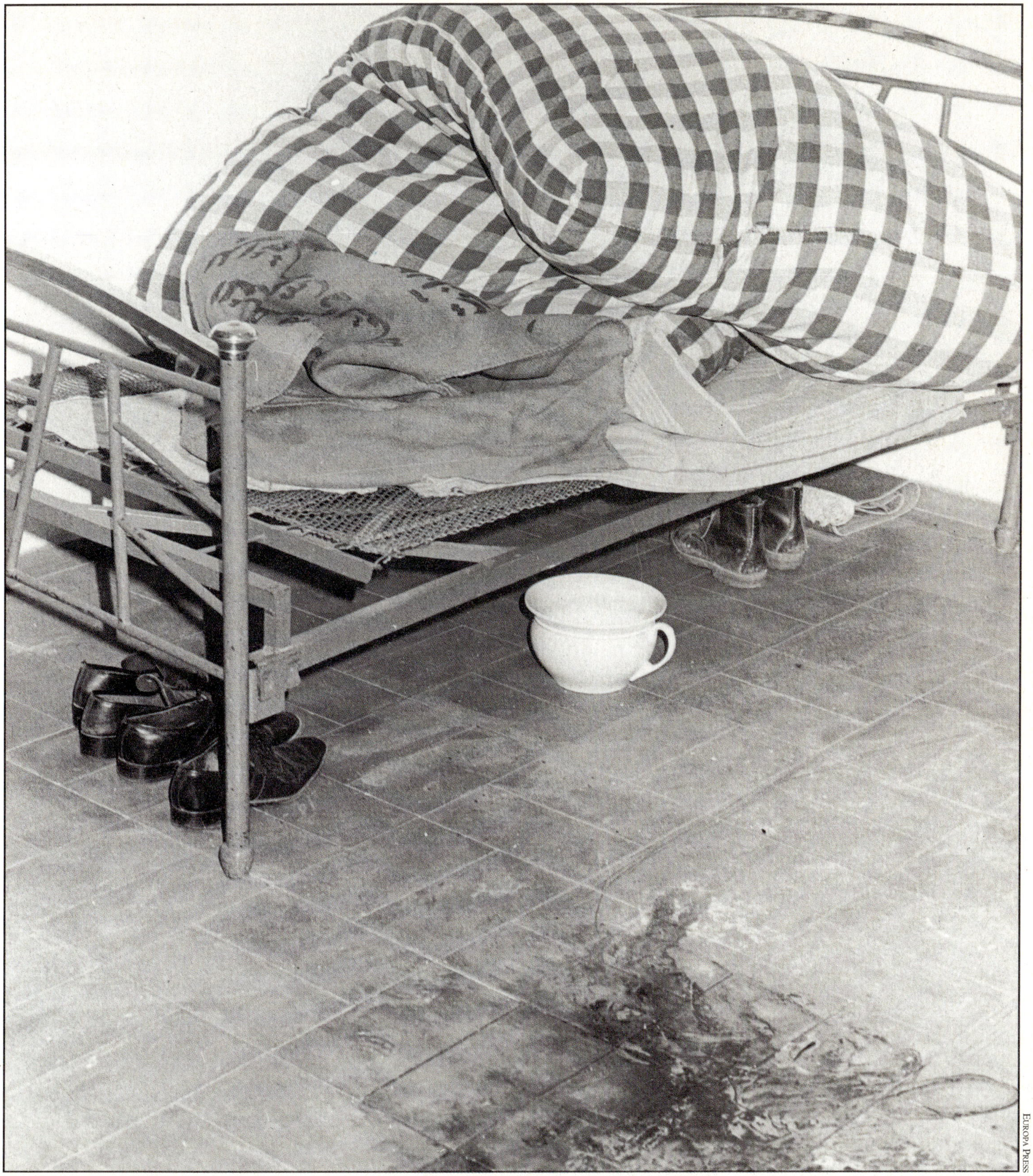

El verano de 1975 trajo un suceso atroz que se vio rodeado por el misterio: el crimen de Los Galindos. En la imagen, una habitación del cortijo con rastros de sangre.

tuvieran permitidos los partidos políticos, ¿por cuál se sentiría representado?", daba estos sorprendentes resultados: "Socialista, 37%; Democristiano, 34%; Monárquico, 19%; Comunista, 10%".

No obstante, el progreso que en la década anterior nos había hecho salir del subdesarrollo nos permitía disfrutar de una renta per cápita de 2.000 dólares. El paro, en abril de 1975, daba una tasa del 2,17%, lo que significaba que 285.000 españoles carecían de empleo. La gasolina súper estaba a 24 pesetas el litro, lo que permitía el tráfico de los modelos que entonces estaban al alcance del español medio: el Seat 127, el Renault-5, el Simca 1.200 o el más modesto, el Citroën 2 CV.

Los precios eran todavía módicos: se podía comer en un restaurante de cinco tenedores por dos mil pesetas y, en una tasca ilustrada, por menos de mil. Un libro de tapas duras y sobrecubierta costaba seiscientas pesetas. Hablando de libros, los más vendidos aquel año eran *Los perros de la guerra*, de F. Forsythe; *El exorcista*, de Blatty, y dos correspondientes a las memorias de otros tantos personajes largo tiempo proscritos en nuestras librerías: *Confieso que he vivido*, de Pablo Neruda, y *La arboleda perdida*, de Rafael Alberti.

El Mundo

Efe

El Mundo

Tres modelos de automóvil al alcance del español medio en 1975 (de arriba abajo): el Citroën 2 CV., el Seat 127 y el Renault-5.

Los periódicos costaban siete pesetas y, en Madrid, se publicaban siete. Los que registraban un auge evidente eran los semanarios: *Cambio 16, Destino, Sábado Gráfico, Posible, Cuadernos para el Diálogo, Triunfo, Gaceta Ilustrada, Actualidad Española...* Algunos, por su actitud crítica, caían en el secuestro, en el expediente y hasta en la suspensión. Párrafo aparte merece el capítulo de las revistas de humor, que conocían enorme expansión. Basta recordar *La Codorniz, Hermano Lobo* y *Por Favor*, donde brillaban Chumy Chúmez, Perich, Manuel Vicent, Summers, Forges, Máximo, Ops, Serafín, Pablo... Toda una gran generación de humoristas.

Los cines proyectaban *El coloso en llamas, Aeropuerto 75, El Gran Gatsby, Chinatown*, aunque la apertura tolerada permitía la contemplación de películas largo tiempo vedadas como *Cowboy de medianoche, Belle de jour* o *Blow-Up*. El teatro asistía a la representación de audacias como *El bebé furioso*, de Martínez Mediero, y mantenía éxitos como *La Cocina, La Sopera* o *Sé infiel y no mires con quién*. Fenómeno reconocido era la boga del café-teatro, que en Madrid se cultivaba en La Fontana, El Biombo Chino o La Boite del Pintor.

La televisión registraba la popularidad de una niña sueca protagonista de la serie *Pippi Calzaslargas* y, cuando nos visitó, al amparo del éxito, comprobamos que ya no era tan niña. Félix Rodríguez de la Fuente acaparaba audiencia con *El hombre y la Tierra* o *Fauna Ibérica*, mientras Plaza y Amestoy se atrevían a sondear el estado de nuestra sociedad con *35 millones de consumidores*. Por su parte, Fernando Fernán Gómez, con la serie *Los Pícaros*, entroncaba con la mejor tradición de un género muy nuestro. Y el maestro del "zoom", Valerio Lazarov, nos atormentaba con el espectáculo de *Señoras y señores*.

HACIA EL DESNUDO INTEGRAL. La permisividad hacia el exhibicionismo femenino permitía la visión de los senos de Victoria Vera en *¿Por qué corres, Ulisses?* y apuntaba al desnudo integral, mitigado por la imposición de un slip a la pareja protagonista de *Equus*. Desde otro punto de vista, *Jesucristo Superstar* provocaba reacciones ultras, lo mismo que *Los chicos de la banda*, una historia de homosexuales que dio paso a la aparición pública del primer movimiento "gay" que osaba decir su nombre.

Hecho evidente era que el "destape" ganaba terreno a ojos vista, y a esto sin duda obedeció una encuesta, llevada a cabo por una revista, entre nuestras más significadas actrices con la pregunta "¿Se desnudaría usted en escena?". Contestaron con un rotundo sí Agatha Lys, Pilar Velázquez, Emma Cohen, Carmen Maura, Concha Velasco y La Polaca. Tan sólo Massiel respondió con un "Depende". A cuenta de este desmadre destapista, la revista *Cambio 16* ironizaba mencionando las películas españolas que por su tono excesivamente subido no podían ser vistas más allá de nuestras fronteras, y entre ellas citaba: *Lo verde empieza en los Pirineos, Polvo eres..., Cuando el cuerno suena* y *Chicas de alquiler*.

Un fenómeno infracultural que hizo época fue el constituido por el serial radiofónico *Simplemente María*, nutrido por todos los tópicos del género. Del serial pasó a la fotonovela, al teatro, al cine, ha-

GUSTAVO CATALÁN

Los precios, vistos desde hoy, eran todavía módicos: se podía comer en un restaurante de cinco tenedores por dos mil pesetas y el litro de gasolina súper costaba 24 pesetas. Pero la carestía de la vida provocaba protestas, como ésta en que los ciudadanos piden que se ponga fin a la "guerra del pan".

ciendo la fama de su protagonista, la actriz María Salerno. *Informaciones* comentó a este respecto: "*Simplemente María* es el fenómeno subcultural más importante con el que nos hemos tropezado en este país. Cuando dos millones de españoles siguen atentos una emisión radiofónica durante dos años a lo largo de 400 capítulos y se venden hasta 170.000 ejemplares de la fotonovela en ochenta y una semanas… podemos afirmar con gravedad que un hecho tan inaudito exige un detenido estudio…".

En el despertar de unas nuevas actitudes sociales que entraban en lo contracultural, era de destacar la aparición de un argot o jerga que tuvo su pionero en el grupo musical Desmadre 75 que, con su canción *Saca el güisky, cheli*, bautizó de lenguaje "cheli" al que se prodigaba en "cubatas", "bocatas", "demasié" y "me mola", y que era germanía propia de "pubs" y de establecimientos donde se rendía culto al pollo frito por una juventud hecha de "jais" y de "julais" con uniforme de vaqueros, melenas al viento y devota del "rock duro". El fondo musical, que se alimentaba en radios y televisiones, nos repetía *Entre dos aguas, Agapimú, Mammy Blue* -éxito de los Pop Tops- y con verdaderas creaciones originales como *Tubular Bells*, de Mike Oldfield, o *Imagine*, de John Lennon.

El paro en abril de 1975 estaba en una tasa del 2,17%, lo que significaba que 285.000 españoles carecían de empleo

Aquel año se empezó a tomar conciencia de un grave problema, largo tiempo negligido, cual era el ecológico. Se empezó a clamar elegíacamente por la desaparición de los gorriones del cielo de Madrid, víctimas de una contaminación invasora. Se habló de que, en ciertos ríos, los cangrejos abandonaban sus sucias aguas para ir a morir en sus orillas. En el caso de Bilbao y los pueblos de la ría, la polución llegaba a extremos intolerables y dañinos para la salud pública. Pero las medidas para hacer frente a tamaña amenaza no bastaban para conjurarla.

La conflictividad estudiantil era plato del día y tuvo su culminación con el cierre de la Universidad de Valladolid, hecho justificado por el ministro de Educación, Cruz Martínez Esteruelas, ante "el permanente desorden que impedía toda actividad académica".

El fenómeno del terrorismo etarra era pesadilla a la que no se veía fin. En el mes de abril, hubo de decretarse el estado de excepción en el País Vasco,

GUSTAVO CATALÁN

EL MUNDO

La puesta en escena de la obra "Jesucristo Superstar", que fue todo un acontecimiento, provocó reacciones de protesta ultras. En cine, la apertura permitió la llegada de películas largo tiempo vedadas, como "Belle de Jour", "Blow-Up" o "Cowboy de medianoche" (derecha), con Dustin Hoffman y John Voight.

GUSTAVO CATALÁN

En aquel año se empezó a tomar conciencia de los problemas que atañían a la ecología.

tras el asesinato de dos agentes de la Policía. Desgraciadamente, la acción de los violentos se agrandaría con la aparición de una nueva organización terrorista, el FRAP, que daría muy pronto señales de su existencia asesinando a un teniente del Ejército.

Nuestra vida cotidiana asistía al empeño gubernativo por abrir la mano a su autoritarismo, frente a una sociedad cuyo pluralismo era patente. Un proyecto de Estatuto para tolerar las organizaciones políticas se estrechaba al no aceptar más que aquéllas que suscribieran los Principios del Movimiento. Como es obvio, los que propugnaban un régimen de partidos rechazaban acogerse al Estatuto en cuestión. Para el español medio, aquellos meses que veían el discurrir del año 1975 se vivían con el diario acoso de la llamada "sopa de letras", las siglas de unas entidades que brotaban como hongos: la UDPF de Adolfo Suárez, la UDE de Silva y Osorio, la RSE de Cantarero, la UPD de Villoria, etc. Todas ellas entraban en lo legalizable mientras que socialistas, democristianos de izquierda, comunistas, socialdemócratas y regionalistas optaban por permanecer en la ilegalidad.

SOCIEDADES DE ESTUDIO. Otros grupos elegían el subterfugio de presentarse como sociedades de estudios e investigación, como FEDISA y GODSA. Y estaba además el grupo TÁCITO, colectivo democristiano que en sus escritos se definía en pro de una apertura sin salirse de la legalidad vigente. Lo cierto es que, entre legalidad y clandestinidad, ahí estaba el ir y venir de los prohombres Fraga, Areilza, Silva, Fernández Ordóñez, Satrústegui, Cabanillas, Tierno, Morodo y otros menos notorios, prodigándose en contactos y reuniones que obedecían al empeño de configurar un mañana que nadie se atrevía a vaticinar.

En una entrevista publicada en la revista *Mundo* se dio a conocer un abogado laboralista sevillano llamado Felipe González que, al decir de los enterados, era cabeza visible del PSOE que quería resurgir de sus cenizas, tras la hibernación sufrida durante el franquismo.

Con el propósito de descubrir quiénes

EUROPA PRESS

EUROPA PRESS

En la nómina más habitual de las actrices se hallaban Pilar Velázquez, Concha Velasco, Carmen Maura y Agatha Lys (izquierda). María Salerno (derecha) era otra actriz en boga, pero por un especial fenómeno. Protagonizaba un serial radiofónico, luego convertido en fotonovela, de amplísima audiencia, "Simplemente María". La emisión radiofónica era seguida por dos millones de oyentes, mientras la fotonovela alcanzaba una difusión de 170.000 ejemplares.

debían ser para los españoles los gobernantes del mañana, la revista *Actualidad Española* hizo una encuesta entre sus lectores para que eligieran a los veinticinco políticos españoles para el futuro. El resultado fue el siguiente: 1º) Fraga Iribarne. 2º) Cantarero del Castillo. 3º) Pío Cabanillas. 4º) Fernández de la Mora. 5º) Silva Muñoz. 6º) Rodolfo Martín Villa. 7º) Marcelino Oreja. 8º) Gabriel Cisneros. 9º) Fernando Suárez. 10º) Luis María Anson. Seguían Fernández Ordóñez, Ruiz-Giménez, Joaquín Garrigues, Barrera de Irimo, Emilio Romero y Areilza.

La visita del presidente americano Ford permitió que los ojos de los españoles estuvieran pendientes del estado de Franco, quien, aparte de estar somnoliento en alguna reunión, aguantó el tipo gracias a los desvelos del doctor Pozuelo.

En el mes de junio, se produjo el fallecimiento del ministro secretario general del Movimiento Fernando Herrero Tejedor, víctima de accidente. Al antiguo fiscal del Tribunal Supremo se le atribuían dotes conciliadoras, muy necesarias para una transición. En el mismo mes desapareció Dionisio Ridruejo, y en multitudinario sepelio se reunieron las dos Españas que él se había propuesto fundir. Estaban Pilar Primo de Rivera y José Solís, así como Miguel Boyer y Jesús Prados Arrarte, pasando por Ramón Serrano Suñer, Pedro Laín, Julián Marías, el doctor Vega Díaz y tantas gentes como le admiraron. Junto a la tumba, Luis Rosales recitó unos versos del propio Dionisio exactos para la triste ocasión.

Los españoles del futuro eran, según una encuesta periodística, Fraga, Cantarero, Cabanillas, Fdez. de la Mora, Silva, Martín Villa...

Un hecho que registraba el pálpito de una sociedad, entre el cambio y el inmovilismo, era la proliferación de manifestaciones verbales prodigadas por conocidas personalidades. He aquí un muestrario del contraste de pareceres: José Mario Armero: "Libertad sindical y régimen de partidos son las premisas mínimas para considerar democrático un sistema". Luis González Seara: "Con las leyes fundamentales, tal y como están, no es posible nuestra integración en la Comunidad Económica Europea". José María Mohedano: "Es necesario un verdadero y pacífico cambio político, una reinstauración democrática y no una simple apertura".

DOS ESPAÑAS. En aquel año, las tensiones políticas estaban a flor de piel. A ambos lados de los reformistas, que deseaban arrancar las libertades mediante la evolución pacífica del régimen, se encontraban los inmovilistas de la derecha franquista radical y los líderes de la izquierda que había hecho la travesía del franquismo en el exterior. De entre los primeros destacaba el notario Blas Piñar (foto de la izquierda), quien pensaba que el régimen había perdido sus esencias. De entre los segundos comenzó a emerger la figura de un joven abogado laboralista sevillano, Felipe González (foto superior), que usaba el seudónimo de "Isidoro" y se dio a conocer en una entrevista publicada por la revista *Mundo*. Piñar y González eran dos representantes de la España del pasado y de la España del futuro.

Desde el continuismo y situándose en lo que se llamó el "bunker", se respondía así: Jesús Suevos: "Preferible es estar en un búnker que en una alcantarilla". Francisco Labadíe Otermín: "Defenderemos con uñas y dientes la legitimidad de nuestra victoria". Blas Piñar: "Se quiera o no se quiera, la guerra no ha terminado".

En el mes de julio, España se vio conmocionada por la noticia del múltiple crimen perpetrado en el cortijo de Los Galindos, en el término de Paradas: cinco personas asesinadas. Fue un suceso atroz sobre el que cayó el mayor misterio, ése que da pábulo a las más variadas y contradictorias hipótesis o conjeturas.

La entrada en la estación veraniega trajo la consabida irrupción turística que esta vez afectó a un país sumido en una palpable inquietud entre lo confuso del inmediato futuro y el deseo de defender el bienestar, que nos había conducido a la sociedad de consumo.

El Gobierno Arias, ante un nuevo atentado terrorista perpetrado en Madrid, promulgó un decreto-ley para la prevención del terrorismo, cuyo más inmediato resultado fue una ofensiva contra los medios informativos. Semanarios como *Cambio 16*, *Posible* y *Doblón* vieron sus ediciones secuestradas. *La Codorniz* fue multada y suspendida por tres meses; *Triunfo*, por cuatro, e igual suerte corrió *Sábado Gráfico*. Llegó a decirse que en España, aparte de la profesión de piloto de pruebas, la más arriesgada era la de periodista.

El general Franco, fiel a su rutinario programa veraniego, había iniciado su habitual estancia en Meirás. Pero sería a partir de septiembre cuando la vida cotidiana de los españoles se vería condicionada por acontecimientos que entraban en el rango de lo histórico. En aquel mes estaba prevista la celebración de unos consejos de guerra destinados a juzgar a militantes de ETA y del FRAP acusados de haber dado muerte a agentes del orden. Del juicio salió la condena a muerte de once inculpados, entre ellos dos mujeres. Llevadas las condenas ante el Consejo de Ministros, éste resolvió conmutar la pena a seis de los reos, manteniendo el cumplimiento de la sentencia de muerte para los cinco restantes.

ESPAÑA, EN VILO. Esta inapelable decisión puso en vilo a toda España, una España que, si reprobaba unánimemente las acciones terroristas, aspiraba a ver desterrada la pena capital, y así se había demostrado en una encuesta en este sentido. La noche del 28 de septiembre, miles de hogares españoles se mantuvieron en vela esperando el milagro de una conmutación que no llegó. El cumplimiento de las sentencias dejó al país conmocionado.

El día 1 de octubre, Fiesta del Caudillo, se organizó una gran manifestación en Madrid a modo de desagravio a Franco en respuesta a las campañas exteriores. Aquel mismo día, en diversos puntos de la capital, fueron asesinados tres guardias de la Policía Armada por una nueva organización terrorista, el GRAPO, que daba así sus primeras señales de criminalidad.

El día 12 de octubre circularon los primeros rumores acerca del estado de salud del Generalísimo, rumores que se confirmaron oficialmente al notificarse que padecía una afección gripal complicada con trastornos cardiorespiratorios. Los españoles vivieron 40 días pendientes de los partes médicos, adosados al transistor o atentos a la pantalla del televisor siguiendo las alternativas del proceso. Toda España tuvo conciencia de estar asistiendo al final de una etapa histórica.

Todavía, en aquel crucial mes de octubre, entre la noticia que era tema de primera plana se deslizaron otras que alimentaban nuestra cotidianeidad. Así fue con la boda de Manuel Benítez, El Cordobés, o el óbito de dos famosos lidiadores, Antonio Bienvenida y Domingo Dominguín. Como síntoma de la crisis, se vivían las consecuencias de la quiebra de SOFICO -la entidad promotora de viviendas- que afectó a veinte mil ahorradores.

Un campeón intercontinental

EUROPA PRESS

Adelardo, capitán del Atlético de Madrid, alza la Copa Intercontinental que el club del Manzanares consiguió el 10 de abril en disputa con el Independiente de Buenos Aires.

Fernando Bermejo

Pacheco, Melo, Heredia, Eusebio, Capón, Adelardo, Irureta, Alberto (Salcedo le sustituyó) , Aguilar, Gárate y Ayala. Esta fue la alineación que el Atlético de Madrid presentó en el Manzanares frente al Independiente de Buenos Aires en el partido de vuelta de la Copa Intercontinental. El equipo argentino, en la ida, venció por 1 a 0 (12 de marzo). El 10 de abril, el club colchonero se alzó con el título al ganar por 2 a 0. Los goleadores: Irureta y Ayala. El entrenador: Luis Aragonés. El capitán del Atlético de Madrid, Adelardo, recibió aquel día una placa conmemorativa de los 500 partidos disputados con el equipo.

El Manzanares se llenó, a pesar del frío serrano de la noche, y la hinchada del Atlético de Madrid, como ha venido siendo tradicional, se ocupó de no cejar en el ánimo a sus jugadores. "Han luchado como fieras y han ganado con toda justicia", dijo Luis Aragonés, en una pugna que Miguel Ors definió en *Pueblo* como "partido de músculo y tensión". Brilló en la lucha contra sus compatriotas Rubén Ayala, un jugador "correoso, herculino, batallador y bravo" que denunció a los rivales: "Se han pasado el partido insultándome y diciéndome que iban a matarme". Veinte años después, no es difícil revivir la intensidad del choque. Al final, en la vuelta de honor, y siempre según Miguel Ors, "el despiporre, como diría un castizo".

El Atlético era campeón de la Intercontinental, "o sea, campeón de Europa y América".

1975 fue un a

La clave sociológica para el entendimiento del carácter moderado y pacífico de la Transición española es la gran expansión de las clases medias. En 1975 tiene lugar el mayor número de matrimonios de toda la historia de nuestro país, lo que implica el mayor número de nacimientos y, en consecuencia, el amplio sector de jóvenes entre 20 y 24 años que observamos hoy en día en nuestra sociedad.

La línea de la historia no se dibuja con una trayectoria continua y suave, sino a saltos, con espasmos. La fecha de 1975 es punto de sutura de muchas tendencias en la secular evolución de la sociedad española. El más visible es el radical punto de inflexión que supuso el ocaso de la dictadura y el orto de la democracia. Pero hay otros cambios de tendencia no tan perceptibles, que actúan como corrientes subálveas de esa gran alteración política.

Tenemos, primero, la evolución de la población sobre la que se asientan los demás capítulos de la estructura social. En 1975 se celebra el mayor número de matrimonios de toda la historia española, antes y después de esa fecha. Culmina así un ciclo de extraordinario auge nupcial, que comprende el quinquenio 1971-75. Como consecuencia, el lustro 1972-76 es el de mayor número de nacidos de toda la historia española. Las consecuencias las vemos ahora: tenemos hoy la cohorte de jóvenes (20-24 años) más nutrida de toda nuestra evolución social. Todo lo anterior se refiere a números absolutos. Revela muy bien el punto de inflexión de 1975. A partir de esa fecha se produce la definitiva caída de la nupcialidad y la natalidad. De tal manera que veinte años después hemos llegado no sólo a la mínima fecundidad de toda nuestra historia, sino al escalón más bajo del mundo. Esa situación actual se precipitó en 1975. Es lo que se ha llamado, en parte, la "transición demográfica", que curiosamente ha ido a ser coincidente con el período de la "transición democrática". Se enuncia así: durante el periodo 1964-75 la población española crece vegetativamente más que nunca. Antes de que concluya el siglo nos aproximaremos al "crecimiento cero", esto es, la equivalencia entre el número de nacidos y de fallecidos. Todo eso ha sucedido en el espacio de una generación, la que logró la transición del franquismo a la democracia.

Cuadro nº 1

Fechas	% de mujeres casadas de 35 a 44 años con 5 o más hijos
1920	46
1950	32
1970	14
1977	12
1981	11
1985	8

"La Transición coincide con una formidable expansión de las clases medias. Esta es la clave sociológica para comprender el carácter pacífico y moderado de la Transición, que no era sólo cuestión de «platajuntas»: estaba en la calle"

Como es sabido, hacia 1973-74 tiene lugar en todo el mundo una aguda crisis económica, cuya expresión más llamativa es la brusca elevación de los precios del petróleo. Considérese este dato ilustrativo. En 1973 las importaciones españolas de petróleo representaron el 15% del PIB. Tres años después subieron al 41%. Los indicadores económicos de producción y consumo demuestran que los primeros años 70 fueron en España de inusitada bonanza. Es comparable a la de los primeros años 60 y en conjunto representa la etapa de mayor crecimiento económico de toda nuestra historia. La crisis económica no golpea de lleno más que en 1974-75, con un pequeño desfase de un año respecto al ciclo de los países centrales. Como tantas otras veces, esa crisis conlleva efectos demográficos: se manifiesta a través de la caída de la nupcialidad y de la natalidad, como queda dicho.

Más que las cifras brutas de natalidad, interesa ver la caída de la fecundidad, esto es, la descendencia que en cada fecha tenían las mujeres casadas de cierta edad. Anotemos esta evolución a largo plazo (ver cuadro nº 1).

Visto así el proceso, se entenderá mejor que se trata de una larga tendencia secular. Desde luego, el desplome de la fecundidad es anterior a la caída del franquismo.

ño crucial

Amando de Miguel
Catedrático de Sociología de la Universidad Complutense. Autor del informe “La sociedad española”

La media generación que va de 1960 a 1975 no es sólo el período de máximo crecimiento económico. Le acompaña la mayor movilidad (geográfica y social) de recursos humanos que hemos tenido nunca en España. Se calcula que durante ese período la población activa agraria perdió un saldo medio neto de 185.000 personas por año. Es lo que se llamó “éxodo rural”. Esta fue la principal inyección de capital que recibió por entonces la débil economía española. La crisis de 1975 lo es también porque se contiene el “éxodo rural”. Más aún, la fecha marca otro punto de inflexión. Hasta entonces, y desde los años 60, crecía bastante más la renta que la población ocupada. Desde 1975 ese crecimiento de los ingresos se aminora, es decir, empieza a encogerse la productividad. Y además se amplían cada vez más las cifras de paro, que ése va a ser el nuevo problema.

EUROPA PRESS

La Transición coincide con una formidable expansión de las clases medias, la clave sociológica para comprender el carácter moderado de ese período.

Otro punto de inflexión en 1975 es que esa fecha atestigua el máximo número de personas empleadas en el sector industrial (sin construcción) de toda nuestra historia: 3,6 millones. Durante el siguiente decenio, ese sector pierde un millón largo de empleos. Era el proceso subsiguiente al “éxodo rural”. Ahora recibía un nombre nada bíblico y sí tecnocrático: “Reconversión industrial”. Realmente se trataba del desmantelamiento fabril. Afecta más a algunas zonas de larga tradición industrial, como el País Vasco o Asturias.

Cuadro nº 2

Datos en tantos por ciento comparados con el total de la población activa

Fechas	Profesionales y clases medias	Obreros industriales	Campesinos
1950	25	26	49
1960	30	29	41
1970	40	35	24
1975	38	41	20
1981	44	40	15

Cuadro nº 3

Períodos	% de incremento, en valores absolutos, del número de:	
	Estudiantes universitarios	Licenciados universitarios
1970/73	31	36
1973/76	43	62

Estas transformaciones económicas y demográficas conducen a una sutil variación del perfil que puede darse a la pirámide ocupacional. Para facilitar las comparaciones, consideremos estos tres estratos: A) Profesionales y clases medias. B) Obreros industriales. C) Campesinos. El cuadro nº 2 refleja la evolución de la proporción que representan, del total de población activa.

CLASES MEDIAS. Es decir, a lo largo de esa generación (1950-81) desciende precipitadamente la proporción de campesinos y aumenta la de los otros estratos. El de obreros industriales llega precisamente a su máximo histórico en 1975, para estabilizarse luego y empezar después a descender. No deja de ser curiosa esa correspondencia entre el ápice histórico de los efectivos obreros y la caída del franquismo. La Transición democrática va a coincidir con una formidable expansión de las clases medias. Esta es la clave sociológica para comprender el carácter pacífico y moderado de la Transición.

La combinación de la reforma educativa de la “Ley Villar” (1970) con la acumulación económica de los años anteriores lleva en los primeros setenta a una inusitada expansión de la enseñanza, especialmente en el período 1973-76 de fuerte crisis internacional y luego nacional (ver cuadro nº 3).

Hay que imaginarse el carácter explosivo (en todos los sentidos) que podía tener ese crecimiento de la población universitaria. No había ningún indicador económico, ni de lejos, que creciera un 50% en tres años. Otro dato: en el curso 1968-69 parecía una enormidad que se matricularan 64.000 estudiantes en el primer curso universitario. Pero en el curso 1975-76 eran 117.000, una cifra nunca vista hasta entonces.

Realmente, los documentos oficiales no habían sabido anticipar tal eclosión estudiantil. El influyente "Proyecto Mediterráneo" de la OCDE, de 1963, preveía una matrícula universitaria de 189.000 alumnos para el curso 1974-75. Realmente, ese curso matriculó a 345.000. Modestia aparte, son los que calculó el Informe FOESSA de 1970 que íbamos a tener para el curso indicado.

Esto quiere decir que se podían haber previsto oficialmente. No se hizo así. La falta de previsión llevó a la masificación y a la pérdida de calidad. La amenaza del paro de licenciados empezó desde entonces a preocupar.

La plétora universitaria tuvo mucho que ver con el fenómeno de la intensa politización estudiantil de los años finales del franquismo. La universidad estaba formando en aquellos días (como alumnos o profesores jóvenes) los cuadros dirigentes del socialismo que iban a mandar pocos años después.

La venganza de la historia es que esos mismos dirigentes socialistas, en los años 90, van a perder el apoyo de los universitarios. Pero esa es otra historia.

El fuerte crecimiento económico del período 1960-75 lleva a la irrupción del fenómeno del "consumo masivo" de ciertos bienes que indican comodidad de los hogares (véase esta simple evolución en el cuadro nº 4).

Como es natural, se trata de promedios que esconden todavía una fuerte desigualdad social y geográfica. Un indicio de esta última en 1975 se puede ver en el cuadro nº 5.

Aun así, incluso para una región deprimida como Andalucía, el cambio resulta espectacular.

El aumento del bienestar material no se reducía a las regiones ricas ni a los estratos acomodados. Veamos el cambio de nivel de vida material experimentado por el estrato de los obreros en unos pocos años (cuadro nº 6).

Si no llega a ser por esa base de amplio consumo masivo, la sociedad española de 1976 no habría acometido el pacífico experimento de la Transición democrática.

No deja de ser irónico que el franquismo fenecía cuando empezaba a tener un apoyo legitimador por la vía del bienestar. La paradoja estaba en que, al ser testigos los españoles, de la transformación material, empezaron a preguntarse por qué no iba a ser posible también el cambio de las instituciones.

Mil dólares de renta per cápita. Hacia 1965, Laureano López Rodó vaticinaba que la reforma democrática llegaría cuando España alcanzara los mil dólares de renta per cápita. No iba a tardar mucho en cumplirse la condición, antes de que adviniera la democracia.

Hacia 1970, solía repetir Rafael Calvo Serer: "Decir que no va a haber en España partidos políticos es como asegurar que no va a haber televisión en color". Aunque pueda parecer mentira, por aquellas fechas ambos vaticinios se enunciaban de manera oficial. Los dos erraron, naturalmente.

Era imposible contener la marea democratizadora. Los diques se rompían continuamente. En 1975 se contabilizaban por docenas las multas, suspensiones y secuestros a las muchas publicaciones periódicas que ya florecían con indiscutibles aires de libertad.

La Transición democrática no era sólo una cuestión de "platajuntas" y "contubernios": estaba en la calle.

El verdadero motor del cambio fue el conjunto de transformaciones de la sociedad.

"No deja de ser irónico que el franquismo fenecía cuando empezaba a tener un apoyo legitimador por la vía del bienestar. Entonces los españoles empezaron a preguntarse por qué no iba a ser posible también el cambio de las instituciones"

Cuadro nº 4

Datos en tantos por ciento de hogares con...

Fechas	Televisión	Frigorífico	Automóvil	Teléfono
1960	1	4	4	12
1975	79	74	34	34

Cuadro nº 5

Datos tomados en regiones extremas (en 1975) de tantos por ciento de hogares con...

	Televisión	Frigorífico	Automóvil	Teléfono
Andalucía	77	65	25	20
Cataluña-Baleares	88	92	44	45

Cuadro nº 6

Tanto por ciento de hogares de obreros industriales y trabajadores de los servicios con...

Fechas	Televisión	Frigorífico	Automóvil	Teléfono
1968	34	30	4	10
1975	88	85	31	28

•ECONOMÍA•

Una familia vivía con lo que hoy cuesta ir al cine

634 ptas., presupuesto diario de un matrimonio con dos hijos

Javier Lorenzo

En febrero de 1976 un estudio de la revista *Ciudadano* calculó que el presupuesto mínimo de una familia madrileña con dos hijos era de 634 pesetas diarias. Una cantidad con la que hoy no se podría pagar ni una entrada de cine. No quiere esto decir que los tiempos fueran más fáciles entonces que ahora. Al fin y al cabo, un obrero especializado ganaba alrededor de las 350.000 pesetas brutas anuales, pero es inevitable que la comparación de aquellas cifras con las de hoy mueva a la sonrisa.

Poco duraron los últimos precios del franquismo. Ya en noviembre de 1975, con la que estaba cayendo, la mayor preocupación de los españoles era la inflación -la segunda más alta de Europa-; en el mismo mes del estudio antes reflejado la peseta se devaluó un 10%, España ocupaba el puesto 29 del mundo en renta per cápita y el programa de ahorro energético, vigente en el resto de los países desde hacía tres años, no se aplicó hasta noviembre de 1976 (mes en el que se alcanzó el 20% de inflación anual). Además, el *Wall Street Journal* auguraba un millón de parados para esas fechas, mientras que las primeras manifestaciones contra la carestía de la vida se plantaban en calles y plazas y las huelgas (en enero de 1976 se perdieron tantas horas como en todo 1975) y los rumores sobre evasiones de divisas estaban a la orden del día. La gasolina empezó a pedirse en pesetas y no en litros como hasta entonces.

Según la revista *Ciudadano*, el presupuesto mínimo diario de alimentación era entonces de 295 pesetas para un matrimonio de dos hijos, lo que suponía 107.000 al año. En vivienda, el gasto medio anual era de 26.000 pesetas, en vestimenta y aseo personal, de 58.000 y al apartado de varios se destinaban 34.500. El total aproximado era de 225.000 pesetas, cuando el salario mínimo anual estaba anclado en 122.400 pesetas.

MÓDICAS CANTIDADES. Estas cifras son modestas en comparación con las de hoy, ya que ahora nadie puede adquirir una lavadora nueva por 13.495 pts., pagaderas en cómodos plazos de 825 al mes, un frigorífico por 11.245, ni comprarse un tresillo por 9.888 o embarcarse en un crucero por la módica cantidad de 17.750. Un metro cuadrado de suelo en un "piso suntuoso" costaba 28.200. Por otra parte, aún no se había descubierto el truco de las 99, las 999 y las 9.999 pesetas.

Los titulares de la época eran muy sensibles a las subidas espectaculares que sufría el mercado. Las espinacas, que sobrepasaron las cincuenta pesetas, no llegaban a las tiendas. Se redujo el consumo de la gasolina, que había superado por primera vez las veinte pesetas. El kilo de pan a 32 pesetas causó problemas de abastecimiento. El teléfono y el transporte aumentaron sus tarifas, mientras que el café duplicaba su valor en febrero de 1977.

Nada pudo detener las subidas, y ni la aparición, el 5 de enero de 1976, de las primeras monedas con la efigie del Rey (fueron doce millones de duros los que se pusieron en circulación), ni la legalización del juego (el 26 de febrero de 1977) consolaron a una población que en su mayor parte iba a saber de nuevo lo que era apretarse el cinturón.

El "centinela de

La identidad de Francisco Franco desde el punto de vista político ha constituido un dilema para los estudiosos de su figura. Denunciado como "bestia fascista", se convirtió luego en "centinela de Occidente". La circunstancia por la que llegó al poder, una victoria militar, resultó definitiva para comprender el régimen que instauró.

Con el tiempo, el largo mandato de Franco llegó a convertirse en un problema desconcertante para los taxonomistas políticos. La dictadura española se mantuvo durante la Guerra Civil, la guerra mundial, la "era fascista", el ostracismo internacional, la guerra fría y, por último, la gran era de democracia y prosperidad europeas posterior a 1950, en la que España participó desde el punto de vista económico y social, pero no político.

Denunciado durante años como "bestia fascista" y "último dictador fascista superviviente", Franco se convirtió en presunto "centinela de Occidente" y, ya en sus años postreros, en la figura paterna aparentemente benévola que presidió la mayor prosperidad material que había tenido su pueblo en toda la historia de España. Tan prolongado período de desarrollo y cambio hizo que fuese cada vez más difícil "definir" políticamente a Franco y su régimen.

Hasta sus enemigos llegaban a reconocer a veces que Franco no era "un verdadero fascista", aunque eso dejaba abierta la confusa cuestión de qué era exactamente Franco desde el punto de vista político. No es de extrañar que muchos comentaristas llegasen a la conclusión de que Franco era, sencillamente, "un franquista" y de que no tenía más doctrina ni creencias políticas reales que las que pudieran serle útiles en cada momento para así mantener su poder político.

Para comprender a Franco y su régimen, es necesario partir de sus orígenes. A diferencia de la mayoría de los dictadores, Franco no llegó al poder mediante un proceso político ni tan siquiera a través de un golpe de Estado, sino obteniendo la victoria militar en una larga y sangrienta guerra civil.

En su calidad de Generalísimo de las fuerzas contrarrevolucionarias, se vio al frente de una gran coalición amorfa "ad hoc" en la que se integraban desde la extrema derecha y el fascismo radical hasta grandes masas de católicos y conservadores, así como no pocos moderados políticos que se adhirieron a la derecha por considerarla como el "mal menor".

Así pues, en 1936-37 Franco se enfrentó al problema de crear un nuevo régimen que tuviese la fuerza suficiente como para sobrevivir en la nueva era de la política europea radical, conservando al mismo tiempo el respaldo de los elementos tan distintos que apoyaban a los nacionales. A esa tarea Franco aportó determinadas convicciones políticas fundamentales que no sufrieron prácticamente variación durante su larga vida: el nacionalismo, el centralismo y la unidad de España, el autoritarismo político y el rechazo del sistema parlamentario liberal, un catolicismo muy conservador, la importancia del imperio y la necesidad de un regeneracionismo que modernizase la economía y la tecnología y convirtiese a España nuevamente en potencia europea.

"Aunque Franco admiraba el monarquismo católico tradicionalista de los carlistas, se mostraba convencido de que, en la nueva era de la ideología radical, España necesitaría una estructura institucional nueva y moderna"

Durante la crisis de 1930-31, Franco, a diferencia de la mayoría de los españoles, había seguido siendo inquebrantablemente monárquico. En la República, llegó a identificarse fundamentalmente con el conservadurismo católico de la CEDA, la mayor organización política de España. Evitó identificarse con el autoritarismo monárquico radical o con el falangismo y participó, como mucho, de forma marginal en la conspiración militar de 1936, no comprometiéndose firmemente con la rebelión hasta los días previos a su comienzo.

Su preocupación inicial al asumir el poder como Generalísimo y jefe del Estado fue, ante todo, evitar lo que él consideraba el "error de Primo de Rivera": no elaborar una alternativa viable al sistema liberal debido a su incapacidad para definir una ideología concreta o una estructura política institucionalizada.

Aunque Franco admiraba el monarquismo católico tradicionalista de los carlistas, se mostraba convencido de que, en la nueva era de la ideología radical, del autoritarismo y de la movilización política de las masas, España ne-

Occidente"

Stanley G. Payne
Historiador. Profesor en la Universidad de Wisconsin (EEUU). Autor de "El fascismo"

cesitaría una estructura institucional nueva y moderna, capaz de dar respuesta a esos desafíos. Esto significaba un sistema autoritario, con su propio partido único y su ideología nacionalista. El principal candidato para ese cometido era Falange Española, el movimiento fundado en 1933 básicamente sobre las doctrinas del fascismo italiano.

En abril de 1937 fundió la Falange -que ya era la mayor organización política de la zona nacional- con los carlistas, creando un nuevo híbrido denominado Falange Española Tradicionalista, como partido de Estado, y adoptando el programa oficial falangista como doctrina oficial del Estado.

EUROPA PRESS

Franco, que aparece en la imagen posando para un retrato militar, rechazaba el sistema parlamentario liberal y defendía la unidad de España y un catolicismo muy conservador.

Una medida provisional. Al mismo tiempo, Franco anunció el carácter provisional de tal medida, instando a cuantos apoyaban a los nacionales a unirse a la nueva organización y haciendo hincapié en que su ideología estaría sujeta a nuevos desarrollos y modificaciones en el futuro. El resultado fue la creación de un partido único oficial y de masas dentro de un sistema nacionalista autoritario que no tardaría en asemejarse cada vez más a la Italia fascista, lo más parecido a un modelo de que disponían Franco y sus principales colaboradores. Si no era "fascismo español", al menos parecía "semifascismo".

¿En qué medida fue Franco, por tanto, un verdadero "fascista" durante las últimas etapas de la Guerra Civil? No cabe duda de que creía que la nueva España nacional era aliada natural del "nuevo orden" de los asuntos europeos y que debía seguir el nuevo estilo de los regímenes de partido único. Al mismo tiempo, había factores compensatorios. El propio Franco era un mando militar y siempre se apoyaba primero en el Ejército y después, en el mejor de los casos, en la FET.

No dejó de tener plena conciencia de la heterogeneidad política de las fuerzas que lo apoyaban y, por tanto, aportó representación a todos los sectores o "familias" importantes que defendían su gobierno. Por último, era consciente de que la principal fuerza ideológica y espiritual de la zona nacional no era el fascismo sino el catolicismo.

El mayor período de "tentación fascista" lo constituyeron los años comprendidos entre 1940 y 1942. Aunque Franco se declaró neutral al comenzar la Segunda Guerra Mundial, desde el principio estuvo muy claro que las simpatías del nuevo régimen español se decantaban por el Eje. Después de las espectaculares victorias obtenidas por Hitler en el Oeste en mayo y junio de 1940, la política de Franco pasó a ser de "no beligerancia", inclinándose claramente hacia Alemania e Italia. En la segunda mitad de 1940 y, de ma- ⋙

FOTOS: EUROPA PRESS

La fotografía recoge una imagen de Francisco Franco, con bigote y muy delgado, cuando tenía 18 años.

Franco posa en esta ocasión ataviado con el uniforme de comandante en jefe de la primera bandera de la Legión.

Sonriente, sujetando unos papeles y apoyado en un bastón, Franco camina al frente de la tropa durante el desembarco de Alhucemas.

Fotografía histórica tomada el 12 de noviembre de 1941 en Bordighera: Franco aparece entre su cuñado Ramón Serrano Suñer y, a la derecha de la imagen, Benito Mussolini.

nera intermitente, durante parte de 1941, Franco manifestó claramente a Hitler que estaba dispuesto a que España entrase en la guerra del lado de Alemania, pero únicamente si Hitler le garantizaba cuantiosas ayudas militares y económicas y, lo que es todavía más importante, la ocupación permanente de la totalidad de Marruecos y otras grandes porciones del Africa occidental y noroccidental francesa.

Fue, por lo tanto, Hitler, que no deseaba enemistarse con la Francia de Vichy en un momento crucial de la guerra, quien no quiso pagar el precio que Franco exigía y quien decidió, en la práctica, que España no entrase en la guerra en ese momento.

AUGE DE LA FALANGE. Esos años de empuje del Eje coincidieron también con el mayor auge de la Falange en España, cuyos líderes consideraban natural suponer que una Europa dominada por los fascistas depararía de modo inevitable una España más plenamente fascista. Sin embargo, incluso durante esta fase de dominio fascista en Europa, Franco procuró mantener el equilibrio político interno de su régimen. Los monárquicos, los carlistas, los conservadores católicos y, sobre todo, los líderes de las Fuerzas Armadas se opusieron a una mayor falangización del régimen y Franco, en general, se mostró de acuerdo. En 1942, el período de mayor amenaza y tentación fascistas finalizaba ya y había comenzado en Madrid un lento proceso de "desfascistización" que se acentuaría en 1944-45.

La historia del régimen podría dividirse en tres períodos principales, aunque los valores políticos básicos y el poder personal del propio Franco no llegaron a cambiar nunca de forma fundamental. La primera fase fue la década inicial semifascista de 1936-45, seguida de la primera metamorfosis del régimen en 1945-47, que lo convirtió nominalmente en un sistema de "democracia orgánica" corporativo y católico a ultranza. La tercera fase se inició en 1957-59 a raíz de la necesidad de liberalizar, entre otras cosas, la política económica, aumentar la prosperidad y colaborar con las economías de mercado del ámbito occidental. Esto produjo la segunda y última metamorfosis del régimen, que lo fue despolitizando cada vez más hasta convertirlo en una "dictadura desarrollista" casi apolítica que buscaba su legitimación en un creciente bienestar económico.

> "Franco le dijo claramente a Hitler que España entraba en la guerra si le garantizaba cuantiosas ayudas militares y económicas"

Los orígenes de la primera metamorfosis pueden encontrarse en los primeros esfuerzos del régimen para obtener una institucionalización más amplia y técnicamente no fascista en los años 1942-43, introduciéndose unas nuevas Cortes corporativas que aportasen al régimen una apariencia de legitimidad representativa. Posteriormente llegarían el Fuero de los Españoles (o garantía de determinados derechos humanos) en 1945 y el plebiscito de 1947, que convirtió el Estado español en monarquía, siendo Franco regente vitalicio. Su gobierno se convirtió en prototipo de "régimen autoritario" no fascista con semipluralismo limitado, tal como lo definió Juan Linz en su clásico análisis de 1964.

El nuevo Gabinete de 1957 supuso el rechazo final de toda estructura semifascista que perdurase en el régimen. Al año siguiente estableció unos nuevos Principios del Movimiento definidos en términos vagos y anodinos de unidad, paz, religión y familia, aboliendo por completo el programa fascista original de la FET. A partir de entonces, las prácticas del régimen abandonaron en buena medida todo nuevo intento de movilización política, fomentándose un autoritarismo meramente "burocrático" centrado en el desarrollo material. No obstante, para aprovechar el desarrollo de la economía internacional, se necesitaba una política

Hendaya, 23 de octubre de 1949: Hitler y Franco desfilan revisando una formación militar. España no participó en la guerra mundial.

La fotografía de abajo recoge el momento en que Franco, con indumentaria de pescador, cruza pensativo un puente.

Franco, con brazalete negro en su antebrazo izquierdo, durante los funerales por la muerte del almirante Carrero Blanco en 1973.

económica más liberal y flexible, que acabó introduciéndose en el "plan de estabilización" de 1959, que dio paso a un crecimiento económico acelerado y a la fase final, relativamente apolítica, del régimen.

El auge de la "autarquía modificada" se produjo en la década de los 50, pero el sistema de estimulación del Gobierno y una industrialización basada fundamentalmente en la sustitución de las importaciones alcanzó un punto de agotamiento en 1958-59, con lo que se colocó al Estado español al borde de la bancarrota. Seguir creciendo rápidamente sólo era posible mediante la liberalización, la reducción de los controles estatales, las inversiones extranjeras, el aumento de las exportaciones y una mayor apertura al mercado internacional. Franco se dejó convencer a regañadientes por sus ministros en 1959 y el resultado fue el gran "boom" económico español de los años sesenta y setenta. El inevitable corolario de la liberalización económica y la apertura a las influencias internacionales fue un rápido proceso de cambio cultural y social, lo cual resultó mucho menos gratificante para Franco.

"Como todas las instituciones humanas, Franco y su sistema fueron fruto de su época así como de las generaciones precedentes"

Superficialmente, el régimen más tolerante y tecnócrata de los años sesenta parecía guardar muy escaso parecido con el régimen semifascista y muy represivo de 1939 o incluso con el régimen "católico nacional" corporativo de 1947, pero se trataba, sin embargo, de distintas fases de una misma dictadura que había evolucionado mucho. Su identidad se mantenía no sólo por la continua dictadura personal y política del propio Franco sino también porque, durante todas sus fases, el régimen permaneció fiel, si bien de distinta forma, a los valores políticos fundamentales de Franco. Fue siempre autoritario, antidemocrático y antiparlamentario y mantuvo invariables los principios nacionalistas de la unidad y la centralización, si bien de forma menos represiva a partir de 1959. El régimen siempre hizo hincapié en su fuerte identidad católica nacional, que empezaba a ser rechazada por el clero, pero a la que Franco y sus colaboradores jamás renunciaron.

EL INTERÉS POR EL SAHARA. La prioridad de una política de desarrollo nacional moderno se mantuvo constante desde el principio hasta el final y, aunque algunas políticas individuales se liberalizaron más tarde, se mantuvo vigente hasta el momento de morir Franco una estructura estatal y corporativa. El objetivo del imperio no llegó a hacerse realidad, pero Franco tardó en renunciar a los territorios africanos de España y su derrumbamiento físico final fue acelerado por su interés por mantener la soberanía sobre el Sahara.

Franco fue incapaz de crear un nuevo sistema autoritario permanente para España, pero durante su régimen pudieron superarse por fin algunos de los problemas de subdesarrollo e ignorancia que habían contribuido a causar los conflictos de la generación anterior.

El futuro estaría en una nueva estructura de libertad, desarrollo acelerado y descentralización que Franco rechazaba y a la cual seguramente no podría haber aportado nada. Franco y su sistema, como todas las instituciones humanas, fueron fruto de su época así como de raíces anteriores de las generaciones precedentes.

Aunque, en muchos aspectos, obtuvieron más éxito que la mayoría de las dictaduras, reflejaron una determinada fase de la historia que ya estaba terminándose antes incluso de que muriese Franco.

Manuel Orantes/ *Tenista*

“Recibí amenazas tras fotografiarme con Franco”

Fernando Bermejo

Hace veinte años, Manuel Orantes venció a Jimmy Connors en Forest Hill. Un hito en el tenis español que, a los dos meses, le proporcionó el único incidente político en su carrera.

PREGUNTA.- ¿Cómo recuerda la victoria en Forest Hill?

RESPUESTA.- Ganar un torneo del Grand Slam es siempre un bombazo, un espaldarazo. De alguna forma, es la señal de que has triunfado en tu profesión y has pasado a la historia. Es un reconocimiento popular. En mi caso, y aunque no me guste la palabra, yo había sido de alguna manera el “sucesor” o el “continuador” de Manolo Santana, que había ganado en París, en Londres, en Estados Unidos... Ya mí me faltaba eso. Forest Hill me valió para darme a conocer al gran público.

P.- ¿Qué supuso en la España de entonces el triunfo de Orantes en Nueva York?

R.- Los medios de comunicación no eran entonces tan importantes como ahora, pero también estaban mucho más concentrados en el sentido de que no éramos muchos los españoles que destacábamos en el extranjero. Y a quien lo conseguía se le consideraba una gloria nacional. Recuerdo que después de ganar el Open de Estados Unidos estuve veinte días en una nube. Me llevaron para arriba y para abajo con homenajes, recibimientos, audiencias... Prácticamente no podía dormir por la excitación nerviosa. Hasta que dije “basta” y decidí volver a jugar otra vez, aunque me costó dos meses recuperarme.

JOSÉ MARÍA CASAÑA

Manuel Orantes se dedica en la actualidad a la promoción de jóvenes promesas.

P.- ¿Cuántos periodistas españoles cubrieron su triunfo en Nueva York?

R.- Sólo recuerdo que había un español, y no era periodista.

P.- ¿Siente un poco de sana envidia por los despliegues informativos que, en la actualidad, merecen los éxitos de los tenistas españoles?

R.- No, porque soy consciente de que cada cosa tiene su tiempo y su historia. Yo estoy satisfecho de lo que he hecho, aunque ahora las cosas tengan más repercusión y se gane más dinero. Estoy seguro de que recibí más atención que otros grandes tenistas españoles que habían ganado con anterioridad, como Santana o Gimeno. Todo evoluciona.

P.- El triunfo llegó a comienzos de septiembre, dos meses antes de la muerte de Franco. ¿Puede considerarse que fue utilizado por el régimen?

R.- No, no. El deportista está inmerso y concentrado en su profesión. Aunque Franco me recibió en audiencia. Era casi octubre. Recuerdo la foto que tengo con él. Está muy mayor. Le regalé la raqueta con la que había jugado, y se emocionó mucho.

P.- ¿Cómo le felicitó Franco?

R.- Me dijo: "Orantes, siempre habíamos confiado en ti". Aunque, como se le notaba tan cansado, era muy difícil entenderle. Pero no por ello me sentí utilizado. Sí recuerdo tristemente que, a mediados de noviembre de ese mismo año, unas semanas antes de ir a jugar el Masters a Estocolmo, recibí una carta en casa en la que venía un recorte de un periódico español donde aparecíamos Franco y yo juntos. Nos habían pintado la esvástica en los ojos, me decían que era un enemigo del pueblo español y me amenazaban con hacerme un atentado en Estocolmo. Lógicamente allí pasé mucho miedo y estaba todo el día en tesión por ver lo que podía suceder. Esa fue la única vez en que me vi inmiscuido en la política y me sentí un poco manipulado.

P.- Y, ¿el entonces príncipe Juan Carlos?

R.- También me recibió y me felicitó. Era una persona mucho más cercana que lo que podía ser el Caudillo. Le conocía más porque habíamos estado juntos en los Juegos del Mediterráneo y le considerábamos un atleta más.

P.- ¿Qué se compró Orantes con lo que ganó en 1975 al quedar segundo del ránking del Grand Prix e ingresar 60.000 dólares?

R.- Pues nada. Entonces ahorraba mucho porque sabía que era una época pasajera ya que el deporte se acaba. Tampoco he sido una persona de necesidades extraordinarias. Siempre me ha gustado ir poco a poco y tener los pies en el suelo.

P.- ¿Fue su triunfo más difícil que el que ahora pueda conseguir cualquier tenista español?

R.- Creo que sí. Antes, la gente despuntaba por generación espontánea y talento natural. No había ninguna estructura ni medios ni profesores. Quien ponía empeño y tenía condiciones, podía salir. Hoy en día, resultado de la buena planificación, sale un campeón como Bruguera aparte de un plantel de muy buenos jugadores.

De la nada a la fama

Diego Armero

MANUEL Orantes transformó el fracaso en éxito a más de seis mil kilómetros de España, en Nueva York, y, hace veinte años, insertó su nombre en la gloria tenística al triunfar en uno de los "cuatro grandes", en uno de esos cuatro Grand Slams donde la victoria está restringida a la elite.

Orantes, que ganó el Abierto de Estados Unidos de 1975 tras derrotar en la final al ídolo estadounidense Jimmy Connors, descubrió en aquel verano de 1975, cuando España se disponía a experimentar uno de los episodios trascendentales de su historia contemporánea, que el tenis español había sobrevivido a los años dorados de los Santana, Gisbert o Gimeno y estaba perfectamente preparado para ofrecer nuevas emociones.

EUROPA PRESS

Orantes fue un hijo de la posguerra, uno de esos niños que recogía pelotas en un selecto club de Granada con vistas a poder pagarse los estudios y que se esforzaba por aprovechar hasta el último minuto libre para aprender a ser el gran campeón de sus sueños. Surgió de la nada y logró traspasar las selectivas barreras de acceso a la fama hasta llegar a ser el número dos del mundo.

Pero Orantes, reconvertido en su primera etapa tenística en un "Poulidor de la raqueta", se acostumbró a ser el mejor después del número uno, a alzar demasiadas copas de subcampeón, a acariciar el éxito pero no saborearlo.

En 1975, viajó a Nueva York dispuesto a revelar al mundo que él también podía triunfar: sobre la tierra batida de color verde de Forest Hill, un prestigioso club situado cerca del barrio neoyorquino de Queens y que en nada se parece al innovador escenario en el que, ahora, se disputa el Abierto estadounidense, Flushing Meadow.

Allí conquistó el primer y único Grand Slam que figura en su palmarés y asumió definitivamente su envidiada condición de gran campeón.

TREINTA Y DOS TÍTULOS

1971. WCT/ Barcelona.
1972. Caracas
Roma
Bruselas
Hamburgo
Bastad
1973. Valencia
Niza
Louisville
Indianápolis
1975. WCT/ Montecarlo
El Cairo
Bournemouth
Hamburgo
Bastad
Indianápolis
Toronto
Forest Hill
(Nueva York)
1976. Valencia
Múnich
Kitzbühel
Teherán
Madrid
Barcelona
Masters (Houston)
1977. Indianápolis
Boston
Tokio
1978. Boston
1979. Múnich
1981. Palermo
1982. Bournemouth

Entre la censura y

El cine de 1975 se refugió en la Guerra Civil y en Nadiuska

El régimen seguía influyendo en el cine, pero ni pudo evitar el auge de la comedia erótica ni que los nuevos cineastas ofrecieran, a través de obras de calidad , nuevos puntos de vista sobre nuestra historia reciente.

Manuel Hidalgo

"Ilustrísimos señores: La cinematografía, como medio de expresión cultural al servicio de la persona humana, debe gozar de la libertad inherente a toda creación artística, libertad que tiene por límite natural el respeto a los valores sociales compartidos y a cuya defensa el Estado viene obligado por razones de bien común, ya que la cinematografía es asimismo un medio de comunicación de gran audiencia dirigido, en consecuencia, a los sectores más diversos. Por otra parte, el cine es en muchos casos testimonio vivo de la realidad, de donde se deriva un análisis crítico que no debe coartarse, pero que tampoco debe ir más allá de las justas limitaciones que impone el respeto a la intimidad y la dignidad de la persona humana y a los principios constitucionales del Estado". Así comenzaba la Orden de 19 de febrero de 1975, firmada por León Herrera y Esteban, ministro de Información y Turismo, que establecía las nuevas normas de censura, superadoras, con cierto aliento aperturista, de las vigentes desde 1963.

EUROPA PRESS

Nadiuska, una actriz de origen polaco, fue el símbolo erótico de la España de la Transición. Nunca una mujer había enseñado tanto ante las cámaras. Intervino en películas como "Polvo eres..." o "Zorrita Martínez".

El cine español era, pues, un cine bajo censura gubernamental que, ahormada por los principios políticos, morales y religiosos del Régimen, se permitía "admitir" y "rechazar" películas, definir el "límite natural" de la libertad, conceptuar al "espectador normal", el "orden natural", el "bien común", la "conciencia colectiva" y los "valores sociales compartidos". Algo debía de tener, contra todo este "corpus" doctrinal, *Furtivos*, la película del año, puesto que, después de librar un largo combate contra los censores, se estrenó con cortes tras su victorioso paso por un Festival de Cine de San Sebastián boicoteado por las anunciadas ejecuciones de septiembre. El filme de José Luis Borau fue un gran éxi-

el destape

Fotos: Filmoteca Española

Concha Velasco y Fernando Fernán Gómez, arriba, en un fotograma de "Pim, pam, pum... fuego", la impactante película de Pedro Olea. A la derecha, la actriz Lola Gaos en una escena de "Furtivos", considerada la obra cumbre del director José Luis Borau.

to, y el paradigma de una tensión entre la realidad del país y la que imponía el franquismo, así como de la propia tensión interna del Régimen, atrapado, en su fase terminal, entre las concesiones liberalizadoras y su esencial instinto represivo.

Con Nadiuska como gran estrella de la comedia erótica, género nacional del momento, el destape era el fenómeno del tardofranquismo. Una pléyade de "starlettes", en su mayoría abocadas al olvido, se desnudaron dentro y fuera de las pantallas alentando una filmografía de la piel y la glándula que tuvo ese año en películas como *Zorrita Martínez*, *Polvo eres* y *Yo soy Fulana de Tal* sus títulos más ilustres y competitivos.

La supervivencia de un, inimaginable hoy, cultivo entusiasta de un "western" local americanizado y de un abundantísimo género de terror con incrustaciones eróticas, convivía con la creciente y dificultosa emergencia de películas y cineastas nuevos, o procedentes de la cosecha de principios de los sesenta, que pugnaban por hacer otra clase de películas. La Guerra Civil y sus consecuencias fue en 1975 el tema portaestandarte de esa corriente con títulos apreciables como *Pim, pam, pum, fuego*, de Pedro Olea; *Las largas vacaciones del 36*, de Jaime Camino, y *Jo, papá*, de Jaime de Armiñán, al tiempo que la llamada "tercera vía" seguía intentando, entre la pena y la gloria, fundir comercialidad con calidad con títulos como *Los nuevos españoles*, de Roberto Bodegas.

Fotograma de "Cómicos", uno de los filmes más prestigiosos de J.A. Bardem.

Los actores habían tenido una huelga a comienzos de año cantada por Víctor Manuel en *Cómicos* , y los directores habían protagonizado, con su abstención activa, unas tumultuosas elecciones en su agrupación sindical.

Una batalla se desarrollaba en todos los frentes como preludio de los tiras y aflojas de los primeros años de la Transición. El destape de la carne estaba muy bien, pero el personal quería, además, el destape de las ideas y de la conciencia.

Carmen Sevilla y Augusto Algueró, que en la fotografía posan felices con su bebé, se separaron en 1975, el año en el que el bailarín Antonio, en la imagen de la derecha, anunciaba que en sus memorias iba a publicar que una aristócrata tenía un hijo suyo fruto de una relación de cinco años.

Separaciones y bebés

La ruptura de Carmen Sevilla y Algueró conmocionó al país

Jaime Peñafiel

Como todavía no se había producido el atropello socialista de la reprivatización de Rumasa, la familia **Ruiz Mateos** en pleno era investida, en una gran ceremonia celebrada nada menos que en el templo de San Francisco el Grande de Madrid, como Caballeros del Santo Sepulcro. Y aquel día los armaron como tales y tomaron los hábitos **Zoilo, José María**, **Rafael**, el reverendo **Alfonso**, **Isidoro** y **María Dolores,** esta última como Dama.

Como prueba de que nada ha cambiado con el paso de los veinte años en este mundo de la jet, en 1975 se abre una nueva edición de El Rastrillo con los mismos nombres de ahora: **duquesa de Alba**, **duquesa de Badajoz** con su mandil, **Carmen Herrero**, **María Cuadra** (la única desaparecida de la circulación), la inefable **Pitita**, **Massiel**, **Cuqui Fierro**, **Helena Kyrby**, **Carmen Díez Llanos de Garrigues**, **Maritín March** y otras muchas damas de la alta sociedad que ya comenzaban a viajar a Casablanca para retocarse, estéticamente, por el doctor **Rachid Mizian** (hijo

FOTOS: EUROPA PRESS

En las fotografías superiores, tres de los personajes habituales en El Rastrillo: la duquesa de Alba, la duquesa de Badajoz y, en la imagen de la derecha, Cuqui Fierro. Debajo, el bautizo del tercer biznieto de Franco. Al lado, Julio Iglesias e Isabel Preysler.

del famoso general hispano-marroquí) de quien se decía había sido alumno del brasileño **Pitangui**, el rey de la cirugía estética y la silicona.

La boda de la hija de un ministro de **Franco** era todo un acontecimiento social. Así quedó demostrado cuando se casa en la iglesia de los Jesuitas de Serrano **Blanca Cabello de Alba Merino**, primogénita del titular de Hacienda. Todo el Gobierno en pleno con doña **Carmen** a la cabeza se da cita en el templo y en el guateque.

La separación de **Carmen Sevilla** de su esposo **Augusto Algueró** conmociona al país, que se consuela con la noticia del nacimiento del tercer hijo de **Julio Iglesias** e **Isabel Preysler**.

En la Semana Santa de aquel año de 1975, los **Príncipes de Mónaco** pasan sus vacaciones en Sotogrande con sus hijos **Alberto** y **Estefanía**.

En aquel 1975 es posible ver publicadas entrañables fotografías de actitudes cariñosas de don **Juan Carlos** y doña **Sofía**. Escenario: Palma de Mallorca. Motivo: el VII Trofeo Princesa Sofía -clase Dragón- que ganó el Príncipe.

Mientras el modisto **Elio Berhanyer** suspende pagos -"la alta costura ha dejado de interesar"-, otro gran "couturier", **Pedro Rodríguez**, celebra por todo lo alto su 80 cumpleaños acompañado por la alta sociedad catalana: **Mercedes Salisachs**, señora de **Samaranch**; señora de **Juncadella**, señora de **Condominas**, baronesa de **Albi**, condesa de **Godó**, señora de **Algarra**, señora de **Ensesa** y **Mary Sampere**.

En el Palacio de El Pardo tiene lugar el último acontecimiento social feliz: el bautizo del tercer biznieto del General, hijo de su nieta **Mariola**, casada con **Rafael Ardiz**.

En el mes de septiembre, y cuando se dirigía en coche al Pazo de Meirás donde veraneaba su abuelo, **Francis Franco** sufre un aparatoso accidente de circulación. Toda la familia, Gobierno y fuerzas vivas de la nación acuden a la clínica.

Mientras **Antonio**, el bailarín, anuncia que va a publicar en sus memorias que "una aristócrata tiene un hijo mío que además se parece mucho a mí y que fue fruto de una relación que duró cinco años".

El General da por finalizadas sus vacaciones en Galicia y regresa en avión a Madrid. La imagen descendiendo del aparato en Barajas resulta insólita.

El líder de Comisiones Obreras, Marcelino Camacho, es recibido efusivamente a su salida de la cárcel de Carabanchel. Al lado, sonriendo, Josefina, su mujer.

Los jerseys como barricadas

Javier Villán

Sonó el clarín y empezaron a salir los presos de las cárceles. No todos, pero salieron. Apenas se había extinguido el responsorio de una marcha fúnebre; clausurada la sepultura de Franco, se abrieron las prisiones. El abrazo de Marcelino Camacho era el reencuentro con la libertad. La amnistía de aquellos días funerales, aurorales, esenciales podía ser el borrón y cuenta nueva a dos bandas.

Salía a la calle el proceso 1.001 del sindicalismo insurgente; el obreraje de la Perkins, ilustrado de cárcel, de Marx y de revolución. El cuello alto de los jerseys de Marcelino era una barricada frente al franquismo residual. Y una floración otoñal de claveles tardíos, como los claveles abrileños de Portugal.

Lo malo fue pensar que allí, aquellos días, fenecían unas formas de oprobio y empezaba la edad de los prodigios. Prodigios sí ha habido, mas no los prometidos.

Libertad, libertad, cuántas maldades e ignominias se cometen en tu nombre.

PRÓXIMO CAPÍTULO: ¿CÓMO NEUTRALIZAR EL BÚNKER?
BLAS PIÑAR, EL ÚLTIMO SUPERVIVIENTE. URI GELLER: "REZO CADA DÍA PARA CONSERVAR MIS PODERES". DÓNDE ESTÁ LA FAMILIA FRANCO.
ESCRIBEN: JORGE DE ESTEBAN, PABLO CASTELLANO, JAIME MIRALLES, ABEL HERNÁNDEZ, CARMEN RIGALT, JAIME PEÑAFIEL.

1975-1995. Veinte años de nuestra vida

• HISTORIA DE LA DEMOCRACIA •

{CAPÍTULO 4}

GUSTAVO CATALÁN

José Antonio Girón de Velasco, firme defensor del régimen instaurado por Franco el 18 de julio de 1936, fue uno de los miembros más irreductibles del búnker.

¿CÓMO NEUTRALIZAR EL BÚNKER?

Era la gran pregunta unida al acontecimiento de la muerte de Franco. Una pregunta, en aquel momento, sin respuesta. El llamado búnker albergaba al inmovilismo franquista que se resistía a evolucionar una vez desaparecido su fundador. Fueron tiempos de incertidumbres y tensiones. Lo único cierto era que iba a costar desguazarlo.

Comienza el desguace del régimen de Franco

Paisaje político después del Movimiento: izquierdas y derechas pugnan por el poder

El desmantelamiento del régimen de Franco se dirimió con viva intensidad entre las fuerzas políticas. El pueblo, mientras, a los dos meses de la muerte del dictador, prefería los valores de la conformidad (paz, orden y tradición) sobre los de la disconformidad (justicia, libertad y democracia). El polémico proyecto de ley sobre el derecho de asociación política se debatió a la par que proliferaban los partidos.

Abel Hernández. Periodista

El 24 de enero de 1975 Manuel Fraga, embajador en Londres, volvió a almorzar en Presidencia del Gobierno. Llevaba bajo el brazo el programa de su asociación política. Aquel mes de enero había sido pródigo en reuniones de altura buscando una salida al régimen. El día 10 Fraga, Silva y Areilza se habían reunido a almorzar en casa de este último. El intento se conoció como la "Triple Alianza". Unos días después les dijo el presidente Arias Navarro: "Si los tres os ponéis de acuerdo y formáis una asociación, me comprometo a entregaros el poder en un plazo de seis meses".

Cuando entró el día 24 en la sede de Castellana, Fraga creía llevar lo que le habían pedido. En su *Memoria breve de una vida pública*, el propio Fraga ha calificado aquel almuerzo como "una de las reuniones más interesantes de mi vida pública". A sus interlocutores, el presidente Arias, los vicepresidentes García Hernández, Cabello de Alba y Licinio de la Fuente, y los ministros Carro y Utrera Molina, aquello les pareció fuera de lugar. Carro le dijo: "Manolo, es necesario que lo podes un poco". Fraga se negó y, al día siguiente, según cuenta Luis Herrero en *El ocaso del régimen*, entregó el proyecto a su amigo el almirante Nieto Antúnez para que lo hiciera llegar a Franco. Cuando Franco lo leyó, preguntó: "¿Para qué país están escritos estos papeles?". Así que Fraga desistió de formar una asociación política. Franco comentó al Príncipe Juan Carlos: "Alteza, no se pierde nada".

El que tenía prisa era Arias Navarro, al que los personajes más irreductibles del Movimiento -Girón, Piñar, Utrera…- consideraban un traidor y se lo habían dicho a Franco. Blas Piñar escribió un artículo en *Fuerza Nueva* titulado *Señor Pre-*

GUSTAVO CATALÁN

Un año después de la muerte de Franco, sus partidarios le recordaban con devoción y se enfrentaban a todo aquello que pudiera suponer apertura.

Las figuras de Franco y José Antonio eran veneradas en los actos de la extrema derecha.

sidente, en el que decía: "Nosotros no queremos ni obedecerle ni acompañarle".

Unos días después de la espantada de Fraga, Arias convocó en Presidencia a los políticos más relevantes de la asociación creada en el seno de Secretaría General -Unión del Pueblo Español (UDPE)-, de la que formaban parte Fernando Herrero Tejedor, Adolfo Suárez, Emilio Romero, José Solís y Jesús Fueyo, entre otros. Arias les dijo, según ha relatado López Rodó: "Contad conmigo. Estoy totalmente de acuerdo con el planteamiento que me habéis hecho. Hay que salvar lo esencial del régimen, con el que siempre he colaborado. El tiempo urge. Franco está mal: no contamos con meses, ni siquiera con semanas, sino sólo con días".

Manuel Fraga había indicado a Silva y Areilza que había tres salidas: "Continuar con el Movimiento Nacional monolítico (...), crear el asociacionismo de camisa blanca del Movimiento (...) o crear una pluralidad de asociaciones y, cuando apareciera el enemigo común -que él entendía que era el marxismo- nos encontraríamos todos juntos". Esta es la que Fraga prefería. El límite estaba, pues, en el marxismo. Lo que se barajaba en los cenáculos aperturistas del régimen era ir preparando una fuerza más o menos socialdemócrata -de hecho, la primera asociación inscrita en el Registro fue la de Cantarero del Castillo, un sucedáneo del socialismo- y otra, democristiana. Eran los diques previstos para impedir el asalto de la oposición democrática al alcázar del régimen.

CON CAMISA AZUL. El Estatuto de Asociaciones Políticas se debatió durante más de doce horas el día 16 de diciembre de 1974 en el Consejo Nacional del Movimiento y fue aprobado por 95 votos a favor y tres abstenciones. Sólo el teniente general García Rebull se atrevió a vestir aquel día camisa azul. Los inmovilistas como el propio García Rebull y el ministro secretario Utrera Molina se mostraron contrarios al proyecto, pero votaron a favor por disciplina. Los aperturistas más activos aquel día fueron Pío Cabanillas y Marcelino Oreja. Este, consejero por Guipúzcoa, rechazó el Estatuto por insuficiente.

Desde unos años antes de la muerte de Franco, las personalidades del régimen más abiertas y con visión de futuro eran conscientes de que la gran incertidumbre no se disipaba con el sofisma de Fueyo: "Después de Franco, ¿qué? Después de Franco, las instituciones". Ni servía aquello de que "todo está atado y bien atado". Se caminaba inexorablemente hacia la normalización política, con un sistema democrático homologable en Europa, pero se ignoraba cómo se alcanzaría ese objetivo. Parece que fue Adolfo Suárez, amigo y sucesor de Herrero Tejedor en la Secretaría General del Movimiento, uno de los pocos que tenía por entonces las ideas claras, y se las dijo al Príncipe por escrito.

Cuenta el hijo de Herrero Tejedor una anécdota significativa. Unos días después de ser elegido Suárez presidente de UDPE, a propuesta de don Juan Carlos, la directiva de la asociación política acudió a El Pardo a cumplimentar a Franco. Adolfo Suárez tomó la palabra y dijo: "Esta asociación política no es más que un embrión imperfecto e insuficiente del pluralismo político que será inevitable cuando se cumplan las previsiones sucesorias".

Fuertes de Villavicencio se llevó las manos a la cabeza. Franco no se inmutó. En la despedida, al llegar a Suárez, le dijo: "Quédese un momento". Ya a solas, según

GUSTAVO CATALÁN

Luis Herrero, Franco le preguntó por qué había mostrado tanto interés en hablar de la democracia. Adolfo Suárez le respondió: "Porque estoy convencido de que es así, Excelencia. La llegada de la democracia será inevitable porque lo exige la situación internacional. España es una isla. La gente respeta a Franco, pero no quiere esta situación. La gente quiere homologarse con lo que hay fuera, y cuando Franco falte, ese deseo de un futuro democrático para España será imparable". Franco guardó silencio, le miró de arriba abajo y dijo: "Entonces, Suárez, también habrá que ganar para España el futuro democrático".

Para entonces, el Movimiento había perdido virulencia ideológica y, como dice el historiador Robert Graham, se había convertido en "una gigantesca burocracia encargada de asegurar la lealtad al régimen". Y de satisfacer ambiciones personales.

Todos los intentos de democratización desde dentro, iniciados en 1968 con el Estatuto del Movimiento, resultaron inútiles o defraudantes. La llegada de Arias a la Presidencia, tras el asesinato de Carrero Blanco, con Franco ya decrépito, hizo concebir algunas esperanzas a los demócratas de dentro del sistema, pero la ley de asociaciones políticas de diciembre del 74 defraudó a casi todos. El aumento de la represión ante la actividad "subversiva" impidió hacerse ⋙

La izquierda quería la ruptura

Los dos sectores de la oposición naciente de mayoría de izquierdas (Junta Democrática, más radical, y Plataforma de Convergencia, más moderada) decidieron montar un organismo común que se conocería, a partir de marzo de 1976, como la Platajunta (Coordinación Democrática). Formaban parte de la misma Comisiones Obreras, la Confederación Socialista, Izquierda Democrática, Grupo Independiente, Justicia Democrática, Movimiento Comunista, Partido Carlista, PCE, PDP, PSOE, PSP, Partido del Trabajo, UGT y USDE (Unión Social Demócrata Española). En un documento muy duro, la Platajunta exigía la ruptura democrática "pactada" o "negociada". Aprovechando la conferencia de prensa convocada por Antonio García-Trevijano para dar cuenta de la Platajunta, fueron conducidos a la Dirección General de Seguridad, entre otros, el propio García-Trevijano, Raúl Morodo, Marcelino Camacho, Nazario Aguado y Alvarez Dorronsoro. Estos tres últimos fueron finalmente procesados.

El abogado Antonio García-Trevijano ejerció como portavoz de la Platajunta.

ilusiones. El enfrentamiento con la Iglesia era cada vez más agudo. El único avance consistía en el reconocimiento del carácter político de las asociaciones. Eran un sucedáneo de partidos políticos, en un momento en que los partidos verdaderos abandonaban la semiclandestinidad. Sólo el PCE, una de las fuerzas más activas, tomaba aún precauciones.

Fraga, al que acudían en peregrinación a Londres todo tipo de personajes -él estuvo, por ejemplo, detrás de la salida de *El País*- decidió, al fin, crear, fuera del cauce oficial del asociacionismo político, dos sociedades limitadas para la promoción de estudios políticos: Fedisa (a la que pertenecieron Pío Cabanillas, Areilza y Fernández Ordóñez) y Godsa, una plataforma para sus ambiciones políticas personales, como se vio más tarde.

Unos meses antes de la muerte de Franco, el 56 por ciento de los españoles creía en los partidos políticos y un 22 por ciento los rechazaba. Es decir, sólo un cuarto de la población ofrecía resistencia activa al cambio de régimen. El rechazo aumentó algo a raíz de la muerte del Caudillo, debido al impacto emocional del acontecimiento y al temor al futuro. Como indica López Pintor, "la democracia y la libertad como valores políticos suscitaban entre la gente menos entusiasmo que, por ejemplo, la paz o la justicia".

EUROPA PRESS

Asamblea de la Confederación de Combatientes (marzo de 1976): de izquierda a derecha, José Antonio Girón, Raimundo Fernández Cuesta (a su espalda, García Carrés), Blas Piñar y el general Iniesta Cano.

RESPALDO A LOS PARTIDOS. Sin embargo, en mayo de 1976, según una encuesta realizada en Madrid, Barcelona, Sevilla y Bilbao, sólo el 3 por ciento rechazaba los partidos, mientras el 67 por ciento de la población urbana se mostraba partidaria de ellos. El 30 por ciento no sabía o no contestaba. Prácticamente tres de cada cuatro españoles no había experimentado nunca la democracia.

En el puente de San José de ese año se reunía en el salón Turquesa del hotel Eurobuilding de Madrid la Asamblea de la Confederación de Combatientes, que duró tres días. "No estamos dispuestos a hacer dejación de la Victoria", dijo el marqués de la Florida, presidente de la Hermandad de Alféreces Provisionales. Junto a él en la mesa presidencial estaban José Antonio Girón de Velasco y Valero Bermejo. Entre los invitados especiales figuraban los ex ministros García Ramal, Oriol y Urquijo y Julio Rodríguez; el presidente de la Diputación de Madrid, Martínez Emperador, y el presidente de Fuerza Nueva, Blas Piñar. Eran los restos vivos del pasado. El sábado se fueron al Valle de los Caídos, con doña Carmen Polo, a rezar ante las tumbas de Franco y José Antonio.

Girón, con su retórica ardiente, advirtió ante la Asamblea: "Nadie tiene derecho a suponer que el primer Gobierno de la Corona, colegiadamente, se proponía o se propone el desmantelamiento del Régimen porque, entre otras cosas, implicaría una grave acusación de perjurio". Girón lo dejó claro: "El Régimen del 18 de julio es el único sistema político que aceptamos". El general Iniesta Cano puso mayor dramatismo en la reunión: "¡Todos estamos en una edad perfecta para dar la vida por la patria!". Y Blas Piñar, con su oratoria característica, comparó "la batalla que hemos de librar con la que libró el Cid después de muerto".

Blas Piñar, con su oratoria característica, comparó "la batalla que hemos de librar con la que libró el Cid después de muerto"

Justo aquellos días de marzo, cuatro meses después de la muerte del Generalísimo, el Gobierno Arias había enviado a las Cortes el nuevo proyecto de ley sobre el derecho de asociación política, continuador del frustrado "espíritu del 12 de febrero" del año anterior y que sería rechazado por toda la oposición. Para entonces, los partidos políticos de hecho, aunque no reconocidos oficialmente, proliferaban como hongos en primavera.

El semanario *Cuadernos para el Diálogo*, verdadero órgano de esa plural oposición, ofreció un exhaustivo informe que refleja con milimétrica exactitud el paisaje político del momento. He aquí algunas de las opiniones: Joaquín Garrigues Walker (PD-Partido Demócrata): "Esta especie de democracia otorgada es un error político". Ignacio Camuñas (PDP-Partido Demócrata Popular): "Es una homologación puramente semántica.". Joaquín Ruiz-Giménez (ID-Izquierda Democrática): "Podríamos estar ante una falsa solución". Enrique Tierno Galván (PSP-Partido Socialista Popular): "Siento desconfianza y escepticismo". Enrique Barón (FPS-Federación de Partidos Socialistas): "Una apariencia de juridicidad a una normativa de excepción". Manuel Turrión (PSOE-Partido Socialista Obrero Español, sector histórico): "No está el país para arcaísmos". Felipe González (PSOE-Partido Socialista Obrero Español): "No aceptamos una carta otorgada del Gobierno". José María de Zavala (PC-Partido Carlista): "Es preciso un Gobierno provisional formado exclusivamente por todos los partidos de la oposición democrática". Miquel Roca (CDC-Convergencia Democrática de Catalunya): "La ley confirma la plena repulsa que había merecido el anterior Estatuto de Asociaciones". Antón Cañellas (UDC-Unió Democrática de Catalunya): "Contemplamos con interés y atención esta iniciativa". Joan Raventós (CSC-Convergencia Socialista de Catalunya): "Es prácticamente imposible que sea democrático si ha de ser aprobado por las actuales Cortes". Joaquim Ferrer (RSDC-Reagrupament Socialista i Democràtic de Catalunya): "La mención a los derechos humanos es sólo un adorno". Miquel Núñez (PSUC-Partit Socialista Unificat de Catalunya): "Es política-ficción". Víctor Díaz Cardiel (PCE-Partido Comunista de España): "Proponemos un Gobierno transitorio que vaya desde la derecha hasta la izquierda". Manuel Guedán (ORT-Organización Revolucionaria de Trabajadores): "Va contra los que consideran necesaria la expropiación del poder político y económico de la oligarquía financiera y terrateniente y el imperialismo yanqui".

RAMÓN TAMAMES, DETENIDO. La realidad desbordaba al primer Gobierno de la Monarquía. Más de seiscientas personalidades, encabezadas por Ruiz-Giménez, y entre las que figuraban tres obispos (Echarren, Iniesta y Oliver), además de académicos como Cela y Laín, convocaron una manifestación en Madrid el día 4 de abril a favor de la amnistía. Fraga, ministro de la Gobernación, la prohibió. La desconvocatoria oficial no impidió que Madrid fuera un hervidero de gritos, enfrentamientos y detenciones de 7 a 9 de la tarde. A Ramón Tamames, por ejemplo, lo detuvieron -fue el primer detenido- el día 3 por la tarde en el bar del hotel Palace mientras hablaba con un corresponsal de la BBC. El grito más coreado por los manifestantes fue el de "¡Amnistía y libertad!".

La autoridad gubernativa prohibió también la contramanifestación organizada por la Confederación de Combatientes. El diario *El Alcázar* se pasó la semana arengando a los madrileños: "Defiende la paz de tu hogar y de nuestra Patria contra la tiranía roja y los imbéciles compañeros de viaje", "Contra los curas rojos y sus pastores"... Los del búnker llegaron a escribir en las paredes, además de "Tarancón, al paredón", la siguiente pintada: "Yo no lo hubiese prohibido. F. Franco".

La visita de Solzhenitsyn y su intervención en TVE fue también motivo de discordia. Las fuerzas del régimen, rabiosamente anticomunistas, acogieron al escritor ruso como a uno de los suyos, mientras desde la oposición le denigraban. Juan Benet, en *Cuadernos para el Diálogo*, llegó a escribir: "Yo creo firmemente que mientras existan gentes como Alexander Solzhenitsyn perdurarán y deben perdurar los campos de concentración. Tal vez deberían estar un poco mejor custodiados, a fin de que personas como Alexander Solzhenitsyn no puedan salir a la calle".

Cuadro nº 1

Tendencia de voto de los españoles en 1975 en % y según encuesta de Consulta S.A.:

Socialistas	17
Democristianos	16
Monárquicos	6
Falangistas	5
Movimiento	4
Regionalistas	3
Carlistas	2
Otros	10
N.S./N.C.	35

Cuadro nº 2

Tendencia de voto de los españoles en 1976 en % y según encuesta del Instituto de Opinión Pública:

Movimiento	13
Democristianos	11
Socialistas	8
Socialdemócratas	8
Comunistas	1
N.S./N.C.	60

Cuadro nº 3

Preferencias de los españoles en enero de 1976 y en %:

Paz	36
Justicia	27
Libertad	7
Desarrollo	7
Orden	6
Democracia	6
Tradición	4
Estabilidad	3

Mientras tanto, Blas Piñar, de Fuerza Nueva, lograba reunir a cerca de 4.000 seguidores en el cine Morasol para conmemorar el 36 aniversario de la entrada de las tropas nacionales en Madrid. En su vibrante discurso, Blas Piñar dijo: "Como españoles y cristianos, preferimos el búnker a la alcantarilla". Los asistentes acogieron la frase con gritos de "¡búnker, búnker, búnker!". La tesis del notario madrileño fue que Franco había muerto, pero no el franquismo, y amenazó con "salir a la calle" a defender la legalidad.

En 1975, según una serie de encuestas de Consulta, S.A., el voto de los españoles aparecía muy disperso (ver cuadro nº1). La casilla más abultada (el 35 por ciento) era la de los que no sabían o no contestaban. La fuerza más apreciada era la Socialista (17 por ciento), seguida muy de cerca por la Democracia Cristiana (16 por ciento). Conseguían un cierto aprecio Monárquicos (6), Falange (5), Movimiento (4), Regionalistas (3), Carlistas (2) y otros (10). Aparecen a cero liberales, socialdemócratas y comunistas. En este último caso, el sondeo refleja acaso el temor a manifestarse tras la insistente campaña anticomunista del régimen y, sobre todo, el temor a represalias.

Un año más tarde, en 1976, según una encuesta del Instituto de Opinión Pública, el 60 por ciento de los españoles no sabía o no contestaba (cuadro nº2). Los que lo hacían se repartían así: Movimiento, 13 por ciento; Democracia Cristiana, 11; Socialdemócratas y Socialistas, 8 cada uno, y un 1 por ciento para los Comunistas.

En enero de 1976, dos meses después de la muerte de Franco, los españoles querían, por este orden (cuadro nº3), paz (36 por ciento), justicia (27), libertad (7), desarrollo (7), orden (6), democracia (6), tradición (4) y estabilidad (3). La conformidad (paz, orden, tradición: 46 por ciento) prevalecía aún sobre la disconformidad (justicia, libertad, democracia: 40 por ciento). Los españoles no querían riesgos: preferían la reforma a la ruptura. Suárez llevaría más razón que García-Trevijano.

Izquierdas y de

Ni tantos ni tan firmes

Pablo Castellano
Presidente del PASOC. Miembro de la Ejecutiva de Izquierda Unida.

DEJANDO de lado las inevitables tentaciones de autosatisfacción con las que enaltecer lo que algunos pudieren pensar que fue sencillamente una "rendición con condiciones", es evidente que, si no prosperaron las tesis de la ruptura democrática, fue pura y sencillamente porque sus efectivos y fuerzas eran bastante menores que las que poseía, y puso en juego, el frente de los defensores de la pacífica reforma, que ciertamente fue pactada con y entre las fuerzas procedentes del propio sistema amenazado de profundas inseguridades a la muerte del dictador, y con algún que otro personaje que, como tantas veces se ha dicho, podía estar contra el Gobierno y contra el régimen, pero no lo estaba contra el sistema, al que simplemente había que revocarle la fachada. Por aquello de la imagen facha.

Reforma política que, una vez aprobada en referéndum la ley Suárez, que llevaba ese nombre, se convirtió sencillamente en la reforma impuesta. Y por cuyas ventanillas acabaron pasando hasta los más irreconductibles. Reforma que asumió imagen de cierto rupturismo, cuando se decidió dar a las primeras cámaras democráticamente elegidas, y a su primera legislatura, el carácter de constituyente. Ese sí fue el día en que podía hablarse con rigor, con propiedad y pleno sentido de una reforma pactada: el pacto constitucional.

La izquierda hubo de pasar del anhelado modelo "14 de abril del 31", o del cercano modelo portugués con clavelitos en la boca de los fusiles, al modelo de institucional transmisión de la Corona, desde el usurpador del trono al legítimo heredero.

No cabe duda que también contribuyó a facilitar este trayecto la actitud de los máximos responsables políticos de las diversas formaciones que se englobaban en ese maremágnum magmático, la oposición democrática, a la que la muerte del dictador sumió en el marasmo. Sin el pragmatismo de los que ya habían demostrado su acuciosidad en llegar a tocar moqueta, y mostrado su proclividad a la autocalificada sensatez, las llamadas bases hubieran seguido creyendo que había que defender con garras y dientes las plataformas rupturistas y sus condiciones inexcusables. Recuérdese que se coincidía en la necesidad de un gobierno provisional sin signo institucional alguno, en unas elecciones democráticas sin limitación en la participación de cualquier fuerza política, en la disolución de los cuerpos represivos, la amnistía y total liberación de los presos políticos, en el referéndum sobre monarquía o república, y hasta en la necesaria exigencia de responsabilidades políticas.

A la muerte de D. Francisco Franco, Caudillo de España por la gracia de Dios, la izquierda tenía la ventaja de que no se la había podido censar. Se presumía que, tras los nombres más conocidos de hombres y mujeres que con mayor o menor tolerancia eran signos de su activismo, debía haber unos contingentes importantes. Pero lo que realmente había era unos miles de cuadros políticos, de resistentes, que suscitaban sin duda la admiración de los descontentos, pero no privaban del sueño y del dulce descanso a los encargados de su represión, bien fuere ésta policiaca o judicial.

> **"En el Congreso del Partido Socialista de 1976, el mayor porcentaje era de universitarios. No había llegado la hora de la avalancha de carreristas. Era aún la hora de los luchadores"**

El Partido Socialista Obrero Español había celebrado su famoso Congreso de Suresnes en la primera quincena de octubre de 1974 con la presencia de un centenar de militantes del interior en representación de dos millares de afiliados. En el siguiente Congreso de 1976, su representación no rebasaba los seis mil militantes. Y, de todos ellos, el mayor porcentaje era de universitarios. No era llegada la hora de la avalancha de carreristas. Era aún la hora de los luchadores. Pronto vendría la de los políticos. Y la de los corruptos.

Del Partido Comunista se ignoraba casi todo. Se sabía de su dirección en el exilio, de su plataforma de intelectuales y profesionales plagada de nombres destacados, y de su activismo sindical a través del instrumento de Comisiones Obreras, pero se carecía de índice alguno fiable, y ello creaba la imagen de que era una poderosísima organización. El tiempo desveló que no era así, y que mientras crecía hasta lo insospechado el número de afiliados a la socialdemocracia, que había sabido unificar sus muy diferentes núcleos, descendía la militancia del sector comunista, pues ni lo eran todos lo que estaban ni estaban todos los que eran, razón por la cual, cuando ya no tenía sentido eso del antifranquismo, los que únicamente se basaban en esta concepción acabaron yendo a parar a su casa, o a la casa común, donde precisamente no reforzaron las magras huestes de la

➳ *Sigue en la página 90*

echas

A la muerte de Franco, la izquierda era raquítica y estaba dividida, afirma Pablo Castellano, mientras Jaime Miralles elogia la opción final de las fuerzas de la derecha al sumarse a la apertura democrática.

Una inteligente actuación final

Jaime Miralles
Abogado. Vicepte. del Consejo Español del Movimiento Europeo.

MIENTRAS Franco ejerció el "mando" -así le gustaba designarlo, con insuperable precisión terminológica- cifró su principal aspiración en conservarlo vitaliciamente. Y lo consiguió, empleando un método tan simplista y elemental como infalible: consolidó la titularidad de todos los poderes del Estado usándolos con intensidad; y, gradualmente, pero sin perder un solo día, halagó y garantizó los intereses de ese inmenso sector que puede designarse como la gran derecha, en que, aparte de los grupos políticos que obviamente la integran, se comprenden esos sectores sociales de máxima influencia que son la Propiedad, la Banca, la Iglesia.

En tanto que, por un lado, servía "pro domo sua" los intereses de esas fuerzas, por otro utilizaba fraudulentamente las motivaciones del 18 de julio para construir su autocracia vitalicia. Y ha de reconocérsele que, para conseguir lo propuesto, le sobró no sólo astucia, sino también talento. Así lo demuestra el hecho de que entre el 1° de octubre de 1936, en que alcanzó el poder, y el 20 de noviembre de 1975, en que murió en el poder, se había mantenido en él durante 39 años.

Para considerar lo acontecido en la Transición, convendrá tener en cuenta lo hasta aquí dicho.

Todas las fuerzas integrantes de eso que hemos designado como la derecha no tuvieron una conducta homogénea durante los treinta y nueve años que duró el régimen de Franco. Tengamos en cuenta que en ese gran sector se comprenden no solamente el gran número de los indiferentes en cuanto a formas de gobierno, sino los partidarios de distintas ideologías, integrantes de partidos políticos y asociaciones sociales más o menos afines, como los monárquicos alfonsinos, los tradicionalistas, la CEDA, los hombres de la Asociación Católica Nacional de Propagandistas, los pequeños partidos que eran también derecha y, por último, los no integrados en ninguna de esas agrupaciones, que entonces se designaban como «gentes de orden»: importantes núcleos procedentes o integrantes del republicanismo de derecha, realidad política rigurosamente cierta.

Creo que me es lícito recordar que una de las fuerzas políticas que primeramente se apartó del régimen de Franco fue un importante sector del monarquismo, que comenzó a hacerlo ya en los años cuarenta. La esperanza perdida de una restauración monárquica más o menos próxima al final de la Guerra Civil; la utilización fraudulenta, por el general Franco, de las motivaciones del 18 de julio para constituirse en autócrata vitalicio -finalidad que ni siquiera podía contemplarse al iniciarse el Movimiento en julio de 1936-, y, todo ello, en contraste con el proyecto de una Monarquía nacional e integradora que, desde 1941, representaba el nuevo rey de derecho, don Juan III -legítimo heredero de la dinastía histórica- fue causa de que una buena parte de los monárquicos que, como tales, habíamos luchado en las mismas filas que Franco y a sus órdenes, comenzáramos primero a discrepar y, después, a ser abiertos oponentes de un sistema dictatorial que negaba los derechos y las libertades más elementales.

> **"Todas las fuerzas integrantes de eso que hemos designado como la derecha no tuvieron una conducta homogénea durante los treinta y nueve años que duró el régimen de Franco"**

La punta de lanza de ese sector monárquico, demócrata y liberal, después de los Manifiestos del Rey don Juan III en 1945 y 1947, bien puede decirse que fue aquel vínculo moral que, en 1957, concretamos con el nombre de Unión Española.

La tendencia de algunos prelados, propicia al reconocimiento de los derechos fundamentales, inicialmente aislada, se extendió muy pronto entre el clero y el episcopado, sobre todo con el advenimiento de Juan XXIII al Pontificado, seguido muy de cerca por la publicación de la *Pacem in Terris* y la convocatoria del Concilio Vaticano II, todo lo cual produjo un apartamiento de la Iglesia respecto al régimen de Franco que, en muchos casos, llegó al enfrentamiento en los 60.

Con un criterio histórico y político muy aceptable, cabe decir que la Transición no comenzó con la muerte del general Franco, sino que había empezado ya dos años antes cuando, el 20 de diciembre de 1973, ETA asesinó al almirante Carrero, primer hombre a quien Franco había confiado la Presidencia del Gobierno. Ese fue el momento en que el régimen de Franco comenzó a dar, ya sin recato posible, ostensibles muestras de descomposición interna, con las intrigas que, a la vista de todos, se desataron en el círculo íntimo de Franco. Una de ellas, después del asesinato de Carrero, llevó a la Presidencia del Gobierno a Carlos Arias, venciendo el de-

Sigue en la página 90

Ni tantos ni tan firmes

➼ *Viene de la página 88*

izquierda socialista sino todo lo contrario, y donde se valoró en su justa medida una envidiable práctica aparato-burocrática.

Esa izquierda raquítica que suplía con lo cualitativo y lo enfervorizado su escasa implantación estaba además bien dividida.

EUROPA PRESS

Carrillo y Fraga se saludan: una imagen de la reconciliación en 1977.

La unidad de acción, y no siempre fácilmente alcanzada, era fruto de una inevitable solidaridad de perseguidos, de covíctimas de la represión más que de un sereno planteamiento, pues la suspicacia y el recelo aleteaban sobre estas formaciones cada vez que habían de sentarse a una mesa, por aquello de ser legítimas herederas y transmisoras de todos los agravios que recíprocamente se lanzaban sus antecesores como consecuencia de la pérdida de la Guerra Civil. Antecesores y supervivientes que inculcaban en los recién llegados a sus filas el respectivo odio o menosprecio, que en los que fueron al exilio era ya patológico. Al comunista con tentación socialdemócrata veíasele en sus filas con toda reserva, y al socialista incómodo que discrepaba internamente bastaba para desacreditarle con colocarle la etiqueta de filocomunista o negrinista, para advertencia de sus compañeros.

> **"Al comunista con tentación socialdemócrata veíasele con toda reserva, y al socialista que discrepaba internamente bastaba para desacreditarle la etiqueta de filocomunista"**

Y todos ellos, porque había aún los vocacionalmente extraparlamentarios, y ávidos de marginalidad, eran tachados de revisionistas por los purísimos revolucionarios, que habían saltado en la mayoría de las ocasiones desde las encíclicas papales al libro rojo de Mao Tse-Tung. Estos acabaron casi todos de subsecretarios.

Esto a lo mejor explica por qué había de ocurrir lo que ha ocurrido y por qué es absurdo andar con especulaciones sobre qué habría pasado de no haber pasado lo que nos ha pasado, o de haber pasado lo que no ha pasado. Que tanto da.

Una inteligente actuación final

➼ *Viene de la página 89*

seo del propio Franco y por influencia de su mujer, eficazmente secundada por su yerno, el marqués de Villaverde, portavoces ambos -o, al menos, intérpretes fidelísimos- de la extrema derecha del país, refugiada en las instituciones del régimen, que, más o menos desde entonces, se llamó con indudable acierto la ultraderecha.

Es la etapa en que las intrigas familiares de El Pardo intentaron dar un segundo golpe a la línea de sucesión en la dinastía, con el "ingenuo" deseo de que la Corona recayera un día en alguien de la familia Franco, mediante la designación de sucesor de éste, a título de Rey, a favor del duque de Cádiz, nieto político del dictador. Todo esto, que parece tomado del argumento no sé si de una tragedia de Shakespeare o de una opereta de fines del siglo pasado, sucedía al final de nuestra última dictadura, en los más íntimos aledaños del titular de todos los poderes del Estado, según así nos lo refieren serios y prestigiosos historiadores de ese período.

> **"La derecha que se conservó partidaria del régimen no sólo apoyó a Franco hasta el final, sino que trató de mantener las características esenciales del sistema tanto como fue posible"**

La derecha que se conservó partidaria del régimen, tanto la implicada en las instituciones como la de extramuros del poder, no solamente apoyó al régimen de Franco hasta el final, sino que trató de mantener las características esenciales del sistema tanto cuanto le fue posible.

Sucedió que la realidad de la situación política y social de España imponía el cambio a una situación democrática de libertades y derechos. Y, ante eso, que era una realidad sociopolítica inevitable, fue cediendo tan poco a poco como pudo, solamente lo que no pudo conservar.

Muerto ya Franco, las propias instituciones que había creado para conservar su régimen intentaron cumplir el encargo institucionalmente recibido, resistiéndose a una mínima posibilidad de apertura e incluso obstaculizando la aprobación de la Ley de Reforma Política. Pero, al fin y al cabo, aquellas Leyes Fundamentales establecían un sistema de poder tan inexpugnablemente cerrado que, prácticamente (éste era, sin duda, el adjetivo preferido de Franco), sólo al propio autócrata le era posible decidir e inspirar las decisiones de los demás. Y así sucedió que, muerto el autócrata Franco, todas las omnímodas facultades autocráticas transmitidas a su sucesor a título de Rey hicieron posible que éste, anulando en realidad la independencia de las instituciones fundamentales del Estado autocrático, les inspirara a sus miembros la adopción de los acuerdos y la aprobación de las ternas que hicieron posible tomar el camino de la Transición.

A partir de ahí, toda la derecha (virtualmente toda) actuó del modo más inteligente en función de su lógico interés, sirviendo abiertamente al embrionario sistema democrático e incorporándose, en el orden político, a las dos grandes formaciones nacientes: Unión de Centro Democrático y Alianza Popular.

•DOCUMENTO•

La famosa "sopa de letras"

Decenas de partidos políticos brotaron tras morir Franco

De izquierdas, de derechas, de centro; radicales y moderados; de ámbito nacional o regionales; fuertemente apoyados o anecdóticos. He aquí una lista, lo más completa posible, de los partidos que brotaron tras la muerte de Franco y que se presentaron, a solas o en coalición, a las elecciones de 1977.

- ACREX Acción Regional Extremeña
- ADT Alianza del Trabajo
- AL Acción Laborista
- ANV Acción Nacionalista Vasca
- AP Alianza Popular
- API Alianza Popular de Izquierdas
- APP Asociación Política Proverista
- APR Acción Pública de Regionalismo
- ASA Alianza Socialista de Andalucía
- ASC-SIC Alianza Socialista de Castilla-Socialista Independiente de Castilla
- ASD Acción Social Demócrata
- ASP Acción Social Popular
- ASU Agrupación Socialista Universitaria (integrada en PSOE renovado 1972)
- CD Cambio Democrático
- CDC Convergencia Democrática de Cataluña
- CDJ Comando Dieciocho de Julio
- CDJA Círculos Doctrinales J. Antonio
- CEDADE Club de Amigos de Europa
- CI Cruz Ibérica
- CNEC Confederación Nacional de Ex Combatientes
- CNEXCA Confederación Nacional de Ex Cautivos
- CNT Confederación Nacional del Trabajo
- CSC Convergencia Socialista Catalana
- CT Comunión Tradicionalista
- DL Derecha Liberal - UE: Unión Española
- DS Democracia Socialista
- DYC Discusión y Convivencia
- EDC Esquerra Democrática de Cataluña
- ERC Esquerra Republicana de Cataluña
- ES Eusko Sozialistak
- FE Falange Española
- FEI Falange Española Independiente
- FENS Frente Nacional Sindicalista
- FES Falange Española Sindicalista
- FET Falange Española Tradicionalista
- FI Frente Institucional
- FID Federación de Independientes Demócratas
- FN Fuerza Nueva
- FNC Front Nacional Catalá
- FNE Frente Nacional Español
- FPD Federación Popular Democrática
- FTNS Frente de Trabajadores Nacional Sindicalista
- GAC Grupo de Acción Catalá
- GARI Grupo de Acción Revolucionaria Internacional
- GAS Grupo de Acción Sindicalista
- GASC Grupo al Servicio de Cataluña
- GCR Guerrilleros de Cristo Rey
- HDM Hermandad del Maestrazgo
- HNC Hermandad Nacional de Combatientes
- ICIS Independientes con Inclinación Socialista
- ID (C) Izquierda Democrática (Cristiana)
- ILDE Independientes Liberal Demócratas
- ISDE Izquierda Social Demócrata
- JC Junta de Comandantes
- JCAN Junta Coordinadora de Afirmación Nacional
- JONS Juntas de Ofensiva Nacional Sindicalista
- LCR Liga Comunista Revolucionaria
- MCE Movimiento Comunista de España
- MLD Monárquicos Liberal-Demócratas
- MPAIAC Movimiento Popular para la Liberación del Archipiélago Canario
- NAAC No Alineados de Asamblea de Cataluña
- NSR Nueva Sociedad Rural
- OCE-BR Organización Comunista de España-Bandera Roja
- OLLA Organización Lucha Armada de Liberación

Siete logotipos de partidos políticos, de todas las ideologías, existentes en 1977.

- OMLE Organizaciones Marxistas Leninistas
- ORT Organización Revolucionaria de Trabajadores
- PASC Partido Socialista Autonomista de Canarias
- PC Partido Carlista
- PCE Partido Comunista de España
- PCE (ml) Partido Comunista Marxista Leninista
- PCOE Partido Comunista Obrero Español
- PDC Partido Demócrata Cristiano
- PDL Partido Demócrata Liberal
- PDP Partido Demócrata Popular
- PENS Partido Español Nacional Socialista (junto con el MSE -Movimiento Socialista Español- y el MNR -Movimiento Nacional Revolucionario- forman ORDEN NUEVO)
- PG Partido Galleguista
- PGI Partido Galleguista de Izquierdas
- PLE Partido Liberal
- PNV Partido Nacionalista Vasco
- PP Partido Popular
- PPD Partido Popular Democrático
- PSA Partido Socialista de Andalucía
- PSD Partido Social Demócrata.
- PSDE Partido Socialista Demócratico Español
- PSG Partido Socialista Gallego
- PSOE Partido Socialista Obrero Español
- PSP Partido Socialista Popular
- PSPG Partido Socialista do Pobo Galego
- PSPV Partido Socialista del País Valenciá
- PSUC Partido Socialista Unificado de Cataluña
- PTE Partido del Trabajo de España
- RDC-RSDC Reagrupament Social-Democratic Catalá
- RS Reconstrucción Socialista
- RSE Reforma Social Española
- TUC Trabajadores Unidos a Convergencia
- UC Unión Canaria
- UCCN Unidad y Convivencia Cívica Nacional
- UCD Unión de Centro Democrático
- UDC Unión Democrática de Cataluña
- UDE Unión Democrática Española
- UDPE Unión del Pueblo Español
- UDPV Unión Democrática del País Valenciano
- UNE Unión Nacional Española
- UPG Unión do Pobo Galego
- USDE Unión Social Demócrata Española
- UT Unión Tradicionalista

- Partidos de izquierda
- Partidos de centro
- Partidos de derecha

Blas Piñar / *Dirigente de Fuerza Nueva*

"El PSOE nos ha respetado más que la derecha"

Javier Lorenzo

Las urnas le dieron la espalda, pero él confía en que la Historia no haga lo mismo. A punto de terminar un libro sobre sus vivencias, Blas Piñar es hoy el último de los supervivientes franquistas.

PREGUNTA.- En Europa resurge la ultraderecha tras cuarenta años, pero en España sus expectativas de voto siguen siendo escasas. ¿Es cuestión de tiempo?

RESPUESTA.- Sí. Es una cuestión de los cuarenta años. Lo que sucede es que no tenemos acceso a los medios de comunicación. Hoy, porque se sigue una política de silencio. No hay censura oficial, pero sí de hecho. Y con UCD fue peor. Hubo difamaciones, calumnias, multas... El socialismo ha sido más respetuoso.

P.- ¿Les han tratado mejor?

R.- Bueno, no nos han atacado tan violentamente como entonces. Han sido más inteligentes. Por otra parte, el voto de lo que Fraga llamó "franquismo sociológico" se fue a la derecha conservadora, pactista, entreguista y cómplice. De los siete fundadores de Alianza Popular, seis habían sido ministros de Franco.

P.- ¿Qué piensa usted de Fraga?

R.- Es un hombre inteligente que se entrega de manera total a la causa que defiende, que es la causa del fraguismo.

P.- ¿Ve a algún Le Pen en España?

R.- Las situaciones no son iguales. Le Pen no está en contra del sistema. Nosotros, sí. Ha utilizado el tema de la inmigración, que en España no es tan grave. La inmigración es enriquecedora, pero una cosa es eso y otra la invasión. Si algún día se produce aquí una reacción no será por los ideales, sino por el interés y por el instinto. Y yo confío en que esa reacción se produzca, y a no mucho tardar.

P.- ¿Qué plazo da? ¿Cinco años, diez?

R.- Creo que antes.

P.- Si están en contra del sistema, eso incluirá a la Monarquía Parlamentaria.

R.- En España no hay Monarquía. Hay Corona, que es lo menos importante.

P.- ¿Y usted es monárquico?

R.- Sí, monárquico como unidad de poder. Que el Rey reine y gobierne. Aquí ni reina ni gobierna, salvo para bodas y bautizos, y, bueno, para el 23-F. En la Monarquía Parlamentaria al jefe del Gobierno lo escoge el Parlamento. El Rey sólo mete la carta en un sobre y pone el sello. Nada más.

P.- ¿Qué papel asigna usted al Ejército?

R.- Hoy no hay Ejército. Hay militares.

P.- ¿Pero debería, según usted, jugar un papel más activo en la política española?

R.- En todas las políticas.

P.- ¿Es ya imposible que pueda haber un nuevo golpe?

R.- Había que eliminar el operativo militar en España. Y se ha conseguido. El punto final fue el 23-F. Ahí terminó la posibilidad de una intervención del Ejército en la política española.

"La noche del 23-F la viví con cierta tranquilidad. Sabía que no nos iban a asesinar. Llegó un momento que me eché a dormir"

P.- Lo dice como si el Gobierno, la Monarquía y el Ejército se hubieran puesto de acuerdo para llevar a cabo el 23-F.

R.- Es que fue dirigido desde arriba.

P.- ¿Ha habido alguna intentona más al margen de las tres conocidas ("Operación Galaxia", 23-F y la del 27 de octubre de 1982)?

R.- No he tenido contactos con los planes y la organización de cualquier tipo de acción operativa del Ejército. Pero han intentado vincularme.

P.- ¿Cómo se encuentra su amigo Luis Muñoz (coronel involucrado en el golpe del 27-O)?

R.- Perfectamente. Salió del Ejército.

P.- ¿Y Milans del Bosch y Tejero?

R.- A Tejero le veo en alguna ocasión. Mire, del 23-F se habla del golpe aparente: la entrada, sin oposición, de un grupo armado en el Parlamento. Lo importante es cuando llega el general Armada con un Gobierno de coalición nacional y Tejero responde que él no se ha jugado la vida, la carrera y la libertad para que haya un Gobierno que incluye también a los comunistas. Ese es el verdadero golpe.

P.- ¿Cómo vivió aquella noche?

R.- Con cierta tranquilidad. Sabía que estaba en manos de personas que no nos iban a asesinar. Llegó un momento que me eché a dormir. Al día siguiente, vi que Tejero le dijo a Fraga: "Don Manuel; usted, peor que Carrillo".

P.- ¿Qué sabe de la trama civil? Sólo hubo una persona implicada.

R.- Lo que le puedo decir sobre nuestra imaginaria vinculación con el 23-F es un testimonio del propio Juanito Ca-

Blas Piñar, en su despacho de la sede de Fuerza Nueva. Tras él, una imagen del Alcázar de Toledo envuelto en llamas y una bandera con el águila preconstitucional.

BERNARDO DÍAZ

rrés. Asistió a una reunión de quienes participaron en el golpe en la que se habló de conseguir más apoyos. Quien presidía la reunión -cuyo nombre voy a ocultar-, pegó un puñetazo en la mesa y exclamó: "¡Ni con Blas Piñar!". Más. Si hubiera triunfado el golpe, yo hubiera ido a un campo de concentración.

P.- Es una imagen difícil de suponer.

R.- Pues es explicable, porque era conveniente que se viera que la ultraderecha no estaba detrás. Más. La noche del golpe, en Valencia, el primer tanque que salió fue directo a la puerta de nuestra sede.

P.- ¿Qué imagen cree usted que tiene hoy Franco entre los españoles?

R.- Su figura está hoy manipulada. Se le ha querido presentar como un monstruo. Ahora bien, ¿qué es mejor? ¿Tener una legislación en la que hay pena de muerte o decir que no hay pena de muerte y aplicarla por los GAL a cuenta de los fondos reservados?

P.- ¿Qué opina del general Manglano, ex director del CESID y responsable de que el 27-O no tuviera lugar?

R.- Es que yo no sé qué es el 27-O. No sé, ni Luis Muñoz tampoco, en qué consistía esa trama ni qué pretendía. ¿Usted lo sabe?

P.- Decían que iban a bombardear La Zarzuela y La Moncloa y la JUJEM.

R.- ¿Pero usted ha visto los documentos? También se dice que Felipe González fue un protegido de Carlos Arias, y que viajó a Suresnes con un pasaporte que le dio él, y que cuando viajaba por España la Guardia Civil le daba protección por parte de Carlos Arias.

P.- ¿González, un protegido de Arias?

R.- Hombre, claro. A ver. ¿O cómo se explica su ascenso al PSOE, un partido ineficaz entonces, no como el PCE? No hay que ser un Nobel para darse cuenta de cómo se ha hecho la Transición.

P.- A usted le acusan de nostálgico.

R.- Yo entiendo que la nostalgia es un sentimiento muy noble. Pero una cosa es anclarse en el pasado y otra enraizarse en él. Y con los países pasa lo mismo. La única forma de que el adversario noble, que lo hay, te respete, es siendo congruente.

P.- ¿Y cuáles han sido más nobles?

R.- Los socialistas.

P.- ¿Y los del PP?

R.- Yo prefiero tratar con el hombre que va a disparar sobre mí porque cree que soy su enemigo que con el otro que está en mi trinchera dándome navajazos.

P.- El PP.

R.- Yo no diría el PP como partido.

P.- Entonces, el 80% de sus dirigentes.

R.- Acaba usted de dar con la frase.

Era un Estado "

Unanimidad, mediocridad y uniformismo, recetas franquistas para suprimir la libertad

España era "una unidad de destino en lo universal" y esta definición presidió la configuración del Estado y toda su política. Más que "fascista", "sindicalista", "nacional-católico", "autoritario", "militar", "totalitario" o "dictatorial", el Estado de Franco era "unanimista". La unanimidad fue su fórmula eficaz.

Aldous Huxley, en su famosa novela *Un mundo feliz*, describe el régimen de una sociedad dirigida donde unos fonógrafos cerca de las cunas de los recién nacidos les susurran las razones para ser felices en el mejor de los regímenes y bajo el mejor de los gobiernos. Logrando que todos, desde su más tierna infancia, pensaran igual, el régimen se aseguraría la unanimidad necesaria para su permanencia ilimitada.

No creo que Franco ni sus adlátares supieran ni siquiera quién era este escritor, pero el Estado que fundaron, tras una cruenta guerra civil, respondía profundamente a esta estrategia. De ahí que la mejor definición del mismo no sea la de Estado "fascista", "sindicalista", "nacional-católico", "autoritario", "militar", "totalitario", "dictatorial", etc. etc. Sin negar que poseía notas caracteriológicas de todos los conceptos anteriores, me parece que la noción que mejor le define, cuando lo contemplamos a los veinte años de la desaparición de su fundador, es la de Estado "unanimista".

Por supuesto, los elementos que contribuyeron a su formación eran de orden histórico, religioso, sociológico, internacional, político y económico. Pero, a mi juicio, por encima de todos ellos, sobresale un elemento puramente psicológico, magistralmente explicado por Erich Fromm en su famosa obra *El miedo a la libertad*. En efecto, la última justificación de ese Estado era acabar con la libertad en todas sus presentaciones y, por consiguiente, la mejor forma de suprimirla era implantar la unanimidad, el uniformismo y la mediocridad, mediante la coerción. No habría, en todo el ámbito del Estado, más que unas instituciones únicas, negándose así todo pluralismo.

En consecuencia, el régimen franquista es obra de los vencedores de una guerra civil y nace para evitar la modernización de España. Ciertamente, no todas las fuerzas políticas que lo integraban eran fascistas, pero todas coincidían en la nostalgia del pasado como eficaz freno a la modernización y a sus peligros de "libertinaje". Sea lo que fuere, desde sus primeros pasos se buscó la ansiada "unanimidad" y, por consiguiente, se aniquila toda oposición o discrepancia.

En primer lugar, se reconoce al general Franco, vencedor de la "Cruzada",

"El régimen franquista es obra de los vencederes de una guerra civil y nace para evitar la modernización de España"

como jefe del Estado, jefe del Gobierno, jefe del Movimiento Nacional, jefe de los Ejércitos y, consecuentemente, se le denomina "Caudillo" y "Generalísimo". Dicho de otra forma, las leyes de 1938 y 1939, confirmadas por la Disposición Transitoria II de la Ley Orgánica del Estado de 1967, confieren de forma vitalicia todos los poderes del nuevo Estado al general Franco. Lo cual significaba no sólo la atribución de poder dictar normas de carácter general y reglamentario, sino además la potestad de personificar el poder constituyente originario y derivado, el cual incluía la posibilidad de nombrar a su sucesor e incluso, en su caso, de revocarlo.

De acuerdo con tal circunstancia era necesario también unificar las diferentes fuerzas políticas vencedoras en el Alzamiento y, en virtud del Decreto de Unificación de 19 de abril de 1937 se crea el Movimiento Nacional, partido único, "para integrarlas por vías de superación, en una sola entidad política nacional, enlace entre el Estado y la sociedad, garantía de continuidad política y de adhesión viva del pueblo al Estado". A partir de entonces, se declaran ilícitos todos los demás partidos o asociaciones políticas, a fin de garantizar la unanimidad anhelada.

Del mismo modo, se actúa en el terreno sindical, aboliendo el pluralismo

unanimista”

Jorge de Esteban
Catedrático de Derecho Constitucional. Ex embajador en Roma.

existente durante la II República y creando un sindicato único, en el que se hallaban integrados de forma obligatoria, inspirándose en la cuadratura del círculo, todos los obreros y empresarios, “puesto que todos los factores que en la producción intervienen quedan subordinados a su supremo interés de la Nación”.

El clásico corporativismo fascista fue también adoptado en el terreno institucional-político y, de esta manera, se crea una cámara única, las Cortes Españolas, con la siguiente justificación: “Continuando en la Jefatura del Estado la suprema potestad de dictar normas jurídicas de carácter general, el órgano que se crea significará, a la vez que eficaz instrumento de colaboración en aquella función, principio de autolimitación para una institución más sistemática del Poder”. Se aseguraba así también la unanimidad en un “antiparlamento” en el que no se reconocía oposición alguna y en el que la regla de la toma de las decisiones era fundamentalmente la aclamación.

Como era lógico, la unanimidad debía también afectar a algo tan trascendental como “la salvación de las almas de los españoles” y, en consecuencia, la religión católica era la oficial del Estado y, por tanto, la de todos los españoles. Los cuales debían bautizarse, casarse, morirse y enterrarse según los cánones de la Santa Madre Iglesia. Todas las demás religiones no eran reconocidas y, a veces, hasta eran perseguidas como si fuesen el diablo. Además la religión católica era asignatura no sólo obligatoria en todas las escuelas y colegios, sino hasta en la propia Universidad.

España, por supuesto, era “una unidad de destino en lo universal” y, por consiguiente, no era más que una sola nación con una sola lengua, la del Imperio, no permitiéndose más variedades regionales que las propias de los “coros y danzas”. En definitiva, la lista de los criterios utilizados para implantar el Estado “unanimista” podría alargarse hasta el infinito, pero los mencionados hasta aquí son suficientes para que los españoles que no vivieron en esa ominosa época se pregunten si esta descripción no parece ciertamente muy exagerada y se acerca más bien a la ciencia ficción.

Que ése era el profundo deseo de los que gobernaron España durante casi cuarenta años no creo que nadie lo dude, pero sería faltar a la verdad si no se reconociera también que afortunadamente el régimen fue evolucionando, porque, en definitiva, no se pueden poner puertas al campo. La situación internacional, la influencia del Vaticano II, las necesidades de la economía, la emigración española a Europa, el turismo extranjero y una creciente oposición interior fueron obligando a la evolución del régimen, porque si lo hacía así era precisamente para durar. Y, a trancas y barrancas, no duró más que su fundador, pues el 20 de noviembre de 1975 no sólo desaparecía el general Franco, sino un utópico y mediocre Estado “unanimista” que era imposible que perdurase.

El pluralismo, en todas sus facetas, la fértil discrepancia en cualquier terreno, se han impuesto por fin en España, porque, como dice Savater, “buscar ante todo la unanimidad parece tan lóbrego como desear que siempre sea martes y trece”.

EUROPA PRESS

En 1939, fecha de este acto en torno a Franco (de espaldas), se vivía la plena exaltación del jefe, simbólica y real.

MIGUEL ARANA

Uri Geller, en su mansión de las cercanías de Londres, apoyado en un coche repleto de cubiertos doblados por él y que tiene inscrito su nombre en la matrícula.

Uri Geller / *Parapsicólogo*

"Rezo todos los días para conservar mis poderes"

Toda España quedó conmocionada viendo por la televisión a Uri Geller doblando cucharillas con la fuerza de su mente. Nadie desveló el truco. Nacido en Tel Aviv, visitó nuestro país en septiembre de 1975 para la promoción del libro *Mi fantástica vida*. Ahora, multimillonario, vive con su familia cerca de Londres y sigue siendo muy popular: British Telecom le ha utilizado para promocionar sus servicios.

Cristina Frade

Pregunta.- En España, todo el que tuviera una televisión en su casa en 1975 se acuerda todavía de Uri Geller. ¿Guarda usted algún recuerdo de nosotros?

Respuesta.- Nunca olvidaré dos cosas: *Directísimo*, el programa de aquel hombre con bigote, José María Iñigo, y la cola que se formó alrededor de El Corte Inglés cuando presenté mi primer libro. Varios miles de personas esperaban para que se lo firmara.

P.- ¿Eso es todo?

R.- No, no, claro; tengo muchos buenos recuerdos. España es un país mágico, un pueblo de gente que cree, es muy espiritual y eso me gusta. Además, tuve la suerte de conocer a Salvador Dalí.

P.- ¿Quién buscó a quién?

R.- Me pidió que me reuniera con él en un hotel de Barcelona, creo que era el Ritz. Le hice una demostración de mis poderes y se quedó tan impresionado que corrió a encerrarse en su habitación. Cuando salió, varias horas después, me regaló una bola de cristal de roca.

P.- ¿Se entendieron bien?

R.- Muy bien. En cierto modo, teníamos mucho en común. ¿Se ha fijado en los relojes y los cubiertos que aparecen en sus cuadros, doblados, retorcidos, como si estuvieran derritiéndose? Lo que él hacía con el pincel, yo lo hacía con mi mente. Trabajamos mucho juntos, aunque él no quería que se supiera.

P.- ¿Por qué desapareció de repente?

R.- Me cansé de recorrer el mundo haciendo programas de televisión. Quería hacer algo más constructivo que doblar cucharas y utilicé mis poderes para buscar oro y petróleo.

P.- Pero también se cansó de eso.

R.- Gané millones de libras, pero no soy un hombre avaricioso. Mi meta no es ganar cada vez más dinero. Quiero ser creativo, divertirme, ayudar a otra gente y disfrutar de la vida, que es muy corta, al menos en este mundo.

P.- ¿Hay otra?

R.- Por supuesto, no tengo duda de que existe la reencarnación.

P.- Y esta vida, ¿cómo la aprovecha ahora?

R.- Procuro estar el mayor tiempo posible con mi familia. Hago muchas cosas desde casa. Una empresa británica de moda va a lanzar mis diseños y también he colaborado con una cadena de joyería. Y el año que viene se estrena precisamente la película sobre mi vida que ha dirigido Ken Russell.

EFE / Miguel Arana

Dos imágenes de Uri Geller concentrado en el poder de su mente: a la izquierda, en un instante de la visita a nuestro país en septiembre de 1975; a la derecha, una fotografía reciente en su casa de Inglaterra.

P.- ¿Pero no decía que quería ayudar a la gente?

R.- Y lo hago. Estoy preparando un gran viaje para recaudar fondos para los huérfanos de la guerra, árabes y judíos, y trabajo con médicos para la curación del sida y del cáncer. Uno puede fortalecer su sistema inmunológico con la mente, ¿sabe? Algún día la gente será capaz de curarse sola.

P.- ¿Se ha lamentado alguna de vez de no ser como el común de los mortales?

R.- Al contrario, mis poderes sólo me han traído cosas buenas en la vida. Rezo todos los días para conservarlos.

...Y le salieron imitadores

Fernando Bermejo

El 6 de septiembre de 1975 interviene Uri Geller en el programa de Televisión Española *Directísimo*, de José María Iñigo. Sólo seis días después, los periódicos desvelaban que los poderes mentales que ejercitaba este simpático israelí no eran tan exclusivos. Así, el diario *Ya* ilustraba su portada del 12 de septiembre con una foto de Miren Ansoleaga, vecina de Plencia (Vizcaya), que se atribuía los mismos poderes -unos "poderes" harto discutibles- que Uri Geller a la hora de doblar la cubertería. Sin duda, en España hubo, y de qué forma, "urigellermanía". Los periódicos rápidamente se llenaron de fotografías suyas en plena acción: deteniendo un ferrocarril aéreo en Alemania, concentrado en una escalera mecánica de Múnich para detener su funcionamiento, delante de una asombrada Bárbara Scheid que veía completamente doblada toda su cubertería de plata... Durante la emisión de *Directísimo*, las líneas telefónicas de Televisión quedaron colapsadas y la carretera de Prado del Rey que conducía a TVE "sufrió una súbita congestión", según informaron los periódicos.

Ya se hacía entonce

En los anuncios de 1975 coincidían las marcas más hispanas -como el "celtas"- con los últimos avances del consumo

Javier Lorenzo

En España ya se hacía buena publicidad desde antes que muriera Franco. Y sin necesidad de que aparecieran señoritas o mensajes insinuantes, lo que aguzaba por fuerza el ingenio de sus creadores. Pese a todo, aún pervivían en algunos anuncios las reminiscencias más casposas del acervo popular. Véase, por ejemplo, el correspondiente al "Celtas", el tabaco negro más barato y de más amplio consumo. Otros, en cambio, podrían ser firmados hoy sin rubor por los mejores creativos de una multinacional. En cualquier caso, el progreso y el lujo incipientes -un gran coche por 750.000 pesetas- comenzaron a percibirse no sólo en la sociedad sino a través de esa fábrica de sueños que siempre ha sido la publicidad.

CARTELES CEDIDOS POR LA REVISTA 'CONTROL DE PUBLICIDAD'. FOTOS: JULIÁN JAÉN

Viejas marcas ahora desaparecidas. Logotipos con otra estética. Nuevos caminos para el consumo: las tarjetas de crédito, la informática. Y siempre, al menos, una apuesta por la imaginación.

s buena publicidad

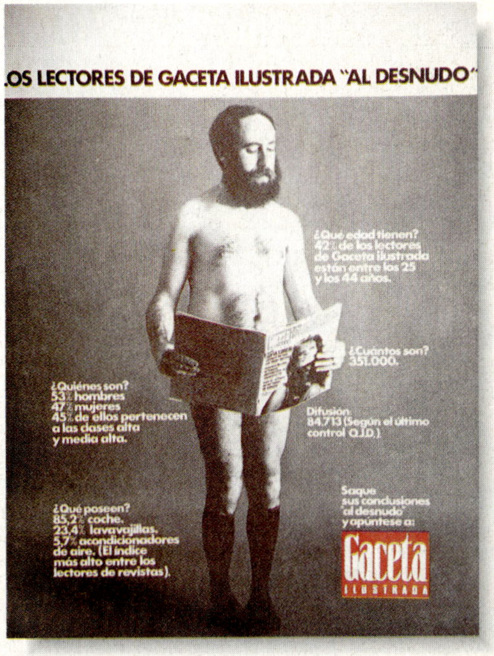

La familia del General

La familia del General, la tropa del General, que así los hubiera calificado el conde de Romanones de haber conocido a la hija, al yerno y a los nietos de Franco, ha preferido volver a la masa de la humanidad oscura, olvidarlo todo y ser olvidados. Con todo, siguen acaparando las miradas de los más curiosos.

Jaime Peñafiel

Pero olvidan que los recuerdos son como una esperanza invertida: se mira el fondo del pozo como antes se miraba a la cima de la torre de ese palacio que, como patrimonio nacional, pertenecía y pertenece a todos los españoles. Y en este palacio el General vio cómo se incrementaba su tropa tras la boda de su única hija Carmencita con el joven médico y señorito andaluz Cristóbal Martínez Bordiú, el 10 de abril de 1950.

A lo largo de catorce años, la residencia oficial del jefe del Estado se convertía periódicamente en un palaciego paritorio mientras que la princesa Sofía, hoy Reina de España, paría a sus tres hijos en una clínica situada en el populoso barrio de Cuatro Caminos. Y así fue aumentando la tropa: el 26 de febrero de 1951, nace en el Palacio de El Pardo el primer nieto del General. Es una niña y se llamará María del Carmen.

19 de noviembre de 1952: nace en el Palacio de El Pardo el segundo nieto del General. Es otra niña y se llamará María de la O.

9 de diciembre de 1954: nace en el Palacio de El Pardo el tercer nieto del General. Es el primer varón y se llamará Francisco.

6 de julio de 1956: nace en el Palacio de El Pardo el cuarto nieto del General. Es una niña y se llamará María del Mar.

10 de febrero de 1958: nace en el Palacio de El Pardo el quinto nieto del General. Es un varón y se llamará José Cristóbal.

16 de septiembre de 1962: nace en el Palacio de El Pardo el sexto nieto del General. Es una niña y se llamará María Aránzazu.

8 de julio de 1964: nace en el Palacio de El Pardo el séptimo nieto del General. Es un niño y se llamará Jaime.

Mientras vivió el General, la tropa, sobre la que pesaba mucho su figura, se mantuvo, más o menos, dentro de un orden, representando cada uno el papel que se les había asignado en la película. Pero, cuando el 20 de noviembre de 1975 Franco muere, la tropa deja de ser intocable, aunque se cree protegida o con derecho a estarlo: "Los Franco vivimos bajo la Corona, amparados y defendidos por el Monarca que mi hermano Paco escogió libremente para que nos rigiera", escribe Pilar Franco Bahamonde, la hermana del General.

Uno de los nietos, José Cristóbal, se defiende con el tópico de que "la ola de rumores y escándalos sobre nosotros no deja de ser una manera de atacar al abuelo" mientras la hermana Pilar llegó a decir: "El milagro es la discreción y la dignidad con la que la familia de mi hermano ha soportado el cese, casi radical, de su protagonismo".

A lo largo de catorce años, la residencia oficial del jefe del Estado se convertía periódicamente en un palaciego paritorio

"Ninguno de los siete nietos de Franco ha cumplido las previsiones de la estirpe, con su tradición militar y sus sueños de grandeza", escribe Mariano Sánchez Soler en su documentadísimo libro *Villaverde, fortuna y caída de la casa Franco* (Planeta, 1990). Y lleva razón ya que esta familia, tras décadas de omnipotencia en la que tuvieron de todo, son hoy sólo luminosas para las revistas del corazón y las secciones de sucesos y tribunales. Aunque Carmen Franco Polo lo justifica todo diciendo: "Somos una familia tan normal como lo puede ser cualquier familia media española, con la sola diferencia de que, desgraciadamente, estamos sometidos a la interpretación personal de cada observador en cada momento". Cristóbal, el yerno, va más lejos: "Somos una familia que quiere disfrutar de su vida privada porque ya no somos personajes públicos y queremos ser respetados totalmente".

CARMEN FRANCO POLO. Es la única persona a quien el General quiso por encima de todo. Y a quien se sentía más unido. Y con quien tuvo más confianza. Ella le correspondía, adorándole. Su muerte fue un golpe muy duro. Hoy, a sus 68 años, sin meterse muy de lleno en política, acude junto a un reducidísimo grupo de nostálgicos franquistas a todos los actos en recuerdo del General. Vive dedicada a su bridge, sus "liftings" que la han convertido en "hija" de sus hijas, y a sus viajes.

EL MARQUÉS. "Mi padre fue educado como señorito andaluz en sus fincas de Jaén, paseando a caballo entre los vareadores. Y esa educación se le metió muy en la sangre. Y verdaderamente, ¿qué busca un señorito andaluz? Pues eso, pegar un buen braguetazo y vivir lo mejor posible. Bajo ese punto de vista, creo que mi padre ha sido perfectamente consecuente con la educación que ha recibido. Y en ese camino de vida creo que ha llegado a unas cotas altísimas, con lo cual está supersatisfecho de sí mismo, aunque un señorito andaluz, hoy día,

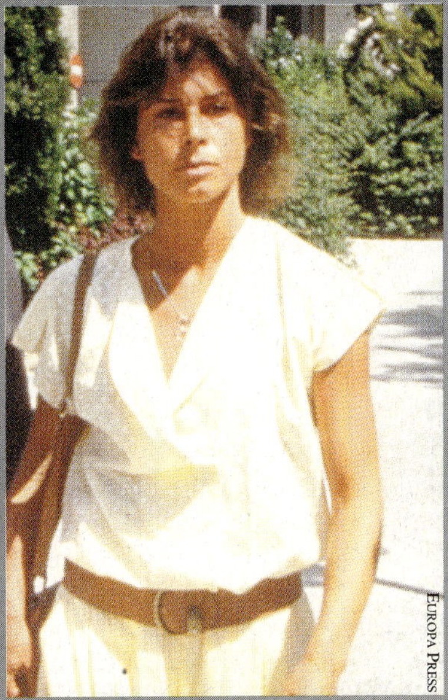

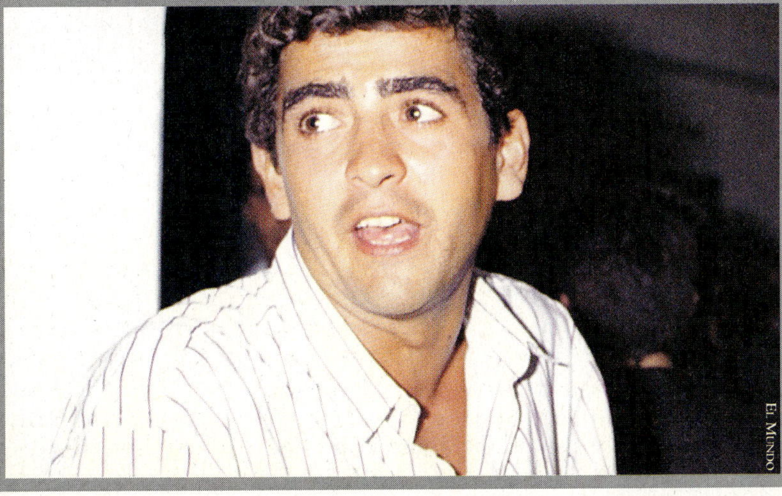

De izquierda a derecha y de arriba abajo: Carmen Franco Polo, hija del General; su marido, el marqués de Villaverde, y sus siete hijos, Carmen, Francis, Mariola, Merry, José Cristóbal, Arancha y Jaime. Los descendientes de Francisco Franco son presa continua de los fotógrafos de las revistas del corazón. Todos los nietos del dictador nacieron en el Palacio de El Pardo entre 1951 y 1964.

Carmen Martínez Bordiú, junto a los compañeros sentimentales de su vida: de izqda. a dcha., su marido Alfonso de Borbón, Jean Marie Rossi y Roberto Federici.

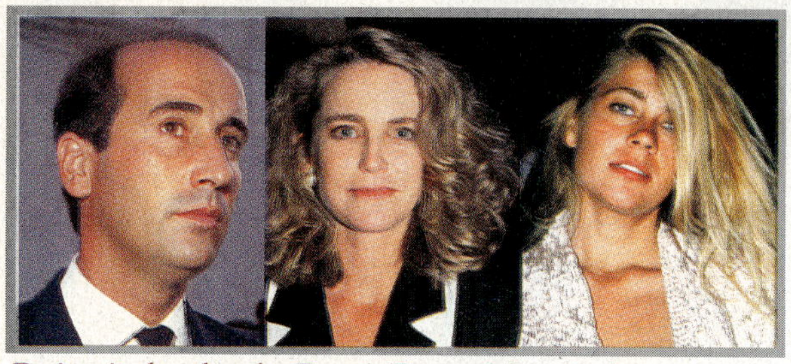

De izquierda a derecha, Francis Franco, María Suelves -su primera mujer- y su actual compañera, Míriam Guisasola.

Mariola Martínez Bordiú y, al lado, su marido, el abogado Rafael Ardiz.

Merry Martínez Bordiú, Jimmy Giménez Arnau -en el centro, sonriéndose- y el norteamericano Greg Tamler.

José Cristóbal Martínez Bordiú y su mujer, la modelo María José Toledo.

está muy mal visto". Su hijo José Cristóbal ignora que su padre, el marqués, no está sólo por eso sino por todo lo que hizo. En 1984, y por presuntas anomalías económicas, la juez Manuela Carmena del Juzgado de Instrucción número 19 de Madrid ordenó su arresto domiciliario. En junio de 1994,a los 78 años, un derrame cerebral le llevó al quirófano.

CARMEN MARTÍNEZ BORDIÚ FRANCO. Fue la nietísima más amada del General. Y de la Generalísima. Formó parte de la oligarquía femenina de las Cármenes. Y, como tal, fue elegida para ser reina de España con una boda, la de la conspiración, amañada en la Corte de El Pardo. El matrimonio entre la nietísima y Alfonso de Borbón, el conspirador, celebrado el 8 de marzo de 1972 -21 años ella, 35 él- duró lo que tenía que durar. Y duró demasiado. Un viejo anticuario francés, Jean Marie Rossi, sustituyó al Borbón sin futuro al casarse civilmente en 1984 cuando la nietísima ya estaba embarazada. Al anticuario francés le sustituye un arquitecto italiano, Roberto Federici.

FRANCIS FRANCO MARTÍNEZ BORDIÚ. Quisieron en él perpetuar al General, alterando el orden natural de los apellidos. Y sólo consiguieron con aquel decreto aprobado con entusiasta unanimidad en las Cortes franquistas convertir al muchacho en "hijo" del abuelo, "hermano" de la madre, "tío" de sus hermanos y en el cachondeo nacional de los españoles.

Médico no ejerciente, cazador furtivo y nocturno y hombre de negocios inmobiliarios poco claros. De Chile tuvo que salir por piernas acusado de presunta estafa a miles de personas. En España dos juzgados tramitan, desde 1990, sendas demandas por presuntas irregularidades como administrador de Montecopal, S.A. Casado primero con María Suelves -de cuyo matrimonio, por todo lo alto, nacieron dos hijos-, actualmente comparte su vida sentimental con Míriam Guisasola, de la que tiene un hijo.

MARIOLA MARTÍNEZ BORDIÚ FRANCO. Es la más discreta, sensata y realista de toda la familia. No sólo ahora sino también cuando todavía vivía el General. Y también la más inteligente. Es arquitecto, aunque no ejerce. Lo suyo parece ser que era realizarse como esposa y madre casándose en 1974 con el abogado Rafael Ardiz, un hombre serio con el que tiene dos hijos.

Mª DEL MAR MARTÍNEZ BORDIÚ FRANCO, "MERRY". "Si Paco viviera, no se habrían separado sus nietas. La democracia ha perjudicado a algunos matrimonios de los Franco", justificaba Pilar Franco. En el caso de Merry, la culpa la tuvieron ella y Joaquín Giménez Arnau, el joven con el que se casaba para los lectores de *Hola*, que pagó un millón por la exclusiva en 1977. El nacimiento de una hija no impide que el matrimonio se divorcie en 1983. Y la hija se convierte en un motivo de pleitos y continuos enfrentamientos de la pareja, que saca sus buenos dineros con la venta de los reportajes. En 1986, Merry se empareja con un americano llamado Greg Tamler, de quien también se separó. Actualmente vive fuera de España.

JOSÉ CRISTÓBAL MARTÍNEZ BORDIÚ FRANCO. Lo que no pudieron conseguir con Francis lo logran con el segundo nieto varón del General: hacer de José Cristóbal un militar. Sin vocación para ello, el joven ingresa en 1976 en la Academia General Militar de Zaragoza. En 1979 recibe el despacho de teniente de Infantería. Pero la felicidad dura lo que un espejismo ya que, en 1982, José Cristóbal deja el Ejército. "Sí, me separo de una querida, que es el Ejército, para seguir amándola desde fuera. Dejo el Ejército por idealismo", anunciaba en *Interviú*. Dos años después se casa civilmente, el 23 de noviembre de 1984, con la modelo María José Toledo. Tienen un hijo y se dedican a la explotación de la finca familiar de Valdefuentes.

MARÍA ARÁNZAZU Y JAIME MARTÍNEZ BORDIÚ FRANCO. Arancha y Jaime son los dos benjamines de la saga, aunque la chica ha cumplido ya los 33 años y el chico los 31. Carecen de biografía digna de mención. Se trata de dos jóvenes en vísperas de casarse: ella, que se dedica a la restauración de muebles, con su primo Alejo Martínez Bordiú Basso, y Jaime, abogado especializado en temas mercantiles, con la modelo Nuria March.

1 9 7 5

SEPTIEMBRE

Juicios y últimas ejecuciones. Tras los consejos de guerra de los días 11 y 17, se dictan ocho penas de muerte y tres condenas de 20 a 30 años. Los acusados son miembros de ETA y del FRAP. El día 26, el ministro de Información y Turismo, León Herrera y Esteban, informa que el Gobierno se da por "enterado" de 5 penas de muerte: Angel Otaegui, "Cara Quemada"; Juan Paredes, "Txiki"; José Humberto Baena, Ramón García Sanz y José Luis Sánchez-Bravo, que fueron "pasados por las armas" el día 27 en Madrid, Barcelona y Burgos.

OCTUBRE

Muere Antonio Bienvenida. El torero Antonio Bienvenida muere el día 7 a consecuencia de la voltereta que le da una vaquilla en un tentadero en El Escorial.

Sajarov, Nobel de la Paz. El científico y disidente soviético Andrei Sajarov es declarado Premio Nobel de la Paz el día 9, en una decisión que suscita gran controversia. Su esposa Elena recogerá el galardón en Oslo.

Boda de El Cordobés. Ante una multitud que le aclama, Manuel Benítez, El Cordobés, se casó el día 11 con Martina Fraysse en Palma del Río (Córdoba).

Éxito de Gisbert y Orantes. La pareja de dobles española Gisbert y Orantes se proclaman campeones del Masters de dobles.

Ábrete, Sésamo. La fórmula "televisión-educación-niño" llega a España de la mano de *Abrete, Sésamo*, el programa infantil que empieza a emitirse el día 27. Personajes como Epi y Blas o la rana Gustavo comienzan a ser familiares como sucedió en otros veinte países a imitación de *Sesamo Street*, espacio pionero calificado en 1970 como mejor programa infantil del mundo.

NOVIEMBRE

La Marcha Verde. La descolonización del Sahara tiene como precedente más inmediato un impactante golpe de efecto: la Marcha Verde (Hassan prometió convertir la zona en un próspero vergel) que ideó el rey de Marruecos para reclamar dicho territorio. Hassan ordena el día 6 la salida a 350.000 voluntarios concentrados en la ciudad limítrofe de Tarfaya. El día 9 se inicia la desmovilización.

Muerte de Franco. El día 20, tras una larga agonía, muere Francisco Franco en Madrid.

Tip y Coll, cogidos de la mano, en un gesto característico de sus actuaciones.

DICIEMBRE

Tip y Coll. Luis Sánchez Polak y José Luis Coll se encumbran con su muletilla *Dame la manita, Pepe Luí.* El ingenio que ofrecen les convertirán en los reyes del Especial de Nochevieja de TVE, al que acuden repitiendo el lema de "todo el mundo es joven".

•Y TAMBIÉN•

- **Orantes triunfa en Nueva York.** Manuel Orantes se adjudicó el torneo de Forest Hill, celebrado en Nueva York, el 8 de septiembre.
- **"Furtivos" trajo el escándalo.** La película *Furtivos*, dirigida por José Luis Borau, ganó el 24 de septiembre la Concha de Oro del Festival de Cine de San Sebastián.
- **El petróleo, más caro.** El precio del petróleo se incrementó en un 10% a finales de septiembre.
- **Aumenta la violencia.** En la primera semana de octubre, se recrudecen las acciones terroristas: tres policías asesinados en Madrid, tres guardias civiles muertos en Oñate, aparte de atentados en París y en Barcelona.
- **Aparece el cadáver de Pasolini.** El cadáver del director de cine Pier Paolo Pasolini se descubrió en Roma el 2 de noviembre.
- **Independencia de Angola.** La República Popular de Angola se proclama independiente de Portugal el 11 de noviembre.
- **Relaciones diplomáticas con México.** El 18 de diciembre, México reanuda las relaciones diplomáticas con España, interrumpidas desde la Guerra Civil.

El cascarón abierto del fascismo

Carmen Rigalt

No habían salido aún del cascarón y se creían ya herederos de una historia que les venía grande. Se apropiaron del nombre de España como quien se apropia de una tableta de chocolate en el supermercado, y a ella le dedicaron clamores, brazos en alto, algaradas, sueños en rojo y gualda, leches, leñes, contraseñas y ademanes nada impasibles. Gastaban una épica de zurriagazos y hostias, y sus campos de batalla eran las aceras, por donde bajaban formando ríos de fanatismo imberbe, arrimando candela y exigiendo patria con las cadenas en la mano. Franco hacía el milagrito de inspirarles desde el más allá y ellos ponían el resto en el más acá, imbuidos de doctrina y sentimentalismo baratos. Fueron los figurantes de la primera transición, pero el ímpetu de su eyaculación precoz se diluyó pronto entre el bulto de las crónicas. Justo en ese momento, otros jóvenes, desoyendo la historia, inventaban la litrona.

GUSTAVO CATALÁN

Varios jóvenes con camisa azul y boina requeté exhiben símbolos y gestos franquistas para expresar su rechazo a la democracia.

PRÓXIMO CAPÍTULO: **UNA CORONACIÓN ENTRE DUDAS.**
LAS RELACIONES DEL REY CON SU PADRE. ESPAÑA ABANDONA EL SAHARA. LA MÚSICA DE LOS 70. LA BODA DE EL CORDOBÉS.
ESCRIBEN: JOAQUÍN BARDAVÍO, SABINO FERNÁNDEZ CAMPO, CHARLES POWELL, INOCENCIO ARIAS Y FELIPE SAHAGÚN.

1975-1995. Veinte años de nuestra vida

• Historia de la Democracia •

{Capítulo 5}

Una Coronación entre dudas

Don Juan Carlos de Borbón comenzó a reinar en condiciones muy desfavorables. Por una parte, su origen le negaba credibilidad entre las fuerzas de la izquierda y de la derecha llamada "civilizada". Por otra, los franquistas desconfiaban de él porque sospechaban que pretendía construir la Monarquía sobre valores distintos a los que había legado el general fallecido. La naciente oposición le juzgaba incapaz de conducir el país hacia la democracia y el franquismo empezaba a construir su acusación de perjurio. Su Coronación se celebró en medio de un mar de dudas.

Nadie confiaba en el Rey Juan Carlos

No pudo empezar a reinar en peores condiciones: ni la derecha ni la izquierda creían en él

El único arma que el Rey guardaba bajo la piel, ante el futuro que se le avecinaba, era su propia intuición en el sentido común de los españoles. Sólo el instinto del pueblo permitiría a España homologarse en su espacio natural del Occidente democrático. Don Juan Carlos contó el día de su Coronación, el 27 de noviembre de 1975, con personalidades como Giscard d'Estaing o Nelson Rockefeller.

***Joaquín Bardavío**.* Periodista

Allí estaban altamente representadas las cuatro grandes potencias económicas y políticas de Occidente. No era una presencia simbólica, sino que obedecía a razones de Estado. Los Estados Unidos, Gran Bretaña, Alemania y Francia respaldaban de manera consciente y expectante a don Juan Carlos de Borbón, que allí, en la iglesia de Los Jerónimos, iba a ser coronado como nuevo Rey de España. Era el 27 de noviembre de 1975. Franco había fallecido una semana antes, y en aquellos momentos el respaldo adquiría un enorme valor que rebasaba ampliamente el protocolo para calar en la atenta y desconcertada sociedad española.

El vicepresidente de los Estados Unidos, Nelson Rockefeller, el príncipe Felipe de Edimburgo -enviado de la Reina de Inglaterra-, el presidente de la República Federal Alemana, Walter Scheel, y el de la francesa, Giscard d´Estaing, suponían como cuatro columnas que venían a apuntalar, al menos de momento, el que muchos suponían un tinglado testamentario de muy dudosa consistencia y otros tantos se preparaban para derribarlo.

Porque la soledad del Rey era ancha. Durante pocas semanas antes había sentido la indiferencia de los pretorianos y políticos más cercanos a Franco, pese a ser su heredero y el jefe del Estado en funciones. Había oído y leído lo que decían de él los comunistas y los socialistas, que iban de la ironía, en el mejor de los casos, hasta el sarcasmo y el vituperio. No digamos los grupos radicales que montaban pistolas asesinas y almacenaban goma 2 o amonal. Por la derecha, buena parte de los hombres del Movimiento lo miraban con desdén, vigilantes de las esencias del Estado del 18 de julio. Sólo algunos monárquicos de siempre y corrientes de-

Fotos: Europa Press

Arriba, don Juan Carlos sonríe frente a Giscard d'Estaing. Debajo, Nelson Rockefeller; a la derecha, el príncipe de Edimburgo. Ilustres invitados a la Coronación.

mocristianas, liberales y tecnocráticas tenían confianza en él. Poca base en la que apoyarse. La gran plataforma reformista en la que podía pensar el pueblo español era entonces una incógnita. Respetuosas, silenciosas, preocupadas sin estridencias, las gentes de España habían clavado sus ojos en la persona del Rey, en la confianza de que su Gobierno, que había heredado los inmensos poderes de Franco, mantuviera el preciado y elemental bien de la paz. En aquellos momentos desorientadores por novedosos en la Historia de España, el pueblo sólo pensaba en la convivencia pacífica, en los bienes primarios de la familia y la economía. Y para mantenerlos sin enfrentamientos solamente podía confiar en el hombre que había heredado los resortes del Poder. Aunque, para ello, tendría irremediablemente que cambiar los modos y el espíritu del vivir social de los españoles. Ese era su reto y su compromiso.

DISPUESTO A LA REFORMA. Don Juan Carlos, desde poco después de ser designado Príncipe de España en julio de 1969, intentó llevar a todos los sectores políticos de oposición al régimen de Franco y a las clases dirigentes occidentales el mensaje de que el franquismo sin Franco sería absolutamente inviable y que él estaba dispuesto a reformar políticamente la sociedad española. Para ello utilizó muy diversos conductos y personas.

Ya sabía, por una encuesta confidencial que encargó a su amigo de la infancia Nicolás Franco, el parecer de los jefes más cualificados del espectro político español, desde el Movimiento hasta el comunismo encarnado por Carrillo. El hecho de utilizar al sobrino del jefe del Estado, hombre que se había comprometido con el diario *Madrid* y del que se conocían sus ideas liberales, le dio al trabajo un carácter muy fiable. Al ir a iniciar sus conversaciones con los sectores marxistas -Tierno Galván, Felipe González, Santiago Carrillo-, Nicolás sospechó que su apellido pudiera ser un inconveniente y pidió ayuda al abogado José Mario Armero, quien se la prestó con entusiasmo; por su mediación y con su presencia, llegaría a reunirse separadamente con los tres jefes de la izquierda.

No se pudieron mantener en secreto las entrevistas por indiscreciones ajenas y Nicolás tuvo que pasar un interrogatorio por dos oficiales del CESID interesados por su conversación con Santiago Carrillo, y recibió una llamada telefónica del ministro secretario general del Movimiento, José Utrera Molina, interesándose por el mismo motivo. El sobrino del Generalísimo, juramentado con el Príncipe, "lo negó todo airada y cínicamente", según el ministro. Aunque no es cínico quien está comprometido en un secreto ni puede ser airado quien ve asaltada su intimidad por conductas impertinentemente policiales.

El de Nicolás Franco fue el único contacto que el Príncipe mantuvo con Santiago Carrillo, quien, aun cuando entonces recibió el mensaje con satisfacción y buenas palabras, poco después en Roma haría una de sus esporádicas declaraciones arremetiendo contra don Juan Carlos de forma

El Rey estuvo acompañado por su familia el día de la Coronación en la iglesia de Los Jerónimos de Madrid. Entre don Juan Carlos y doña Sofía, aparecen sus tres hijos: Felipe, Elena y Cristina. Era el 27 de noviembre de 1975.

virulenta al considerarlo como literal sucesor del régimen.

Con Felipe González intentaría el contacto directo en varias ocasiones, pero el líder socialista rehuyó cualquier encuentro con el Príncipe. El empresario Antonio Eraso y el dirigente del PSOE Leopoldo Torres se empeñaron sin éxito en reunirles. González se escudaba en que para conversar con el Príncipe, aunque tenía que ser en la más absoluta clandestinidad, necesitaba tener el permiso del Comité Ejecutivo de su partido, cuya mayor parte no quería saber nada del "heredero de Franco". Lo más probable es que él tampoco, porque nunca intentó imponer su criterio en ese sentido y ni siquiera plantearlo formalmente. Para el PSOE, como para los comunistas, el Príncipe también estaba destinado a ser Juan Carlos "el Breve". (Ver texto *Violentas críticas al futuro Rey* en pág. 111).

La izquierda, por tanto, no creía en el Príncipe. No es que fuera escéptica, sino adversaria e incluso dialécticamente beligerante. En los sectores juveniles más combativos se situaba la FUDE (Federación Universitaria Democrática Española), que editaba no sólo octavillas, sino pasquines y hasta folletos ridiculizando al Príncipe. Sobre todo en los años 1972 y 1973, la campaña fue especialmente agresiva con cartelería que gritaba "¡Muera el Rey fascista!".

OBJETO DE BURLA PÚBLICA. Por la derecha, las cosas no andaban mejor. Antes de la designación como Príncipe, don Juan Carlos era objeto de burla pública por sectores falangistas del SEU (el obligado sindicato estudiantil del Movimiento), que aprovecharon los desfiles militares en los que participaba don Juan Carlos para chillar "¡No queremos reyes idiotas!", insultos que se repitieron una vez que fuera Príncipe de España. El Movimiento como organización fue muy combativo en líneas generales frente a la idea de un sucesor a título de Rey. Con la indiferencia de Franco, ayudó a las candidaturas de don Carlos Hugo de Borbón, por la rama carlista, y a la de don Alfonso de Borbón Dampierre, por la alfonsina, con el objeto de crear confusión entre la opinión pública. Ambos candidatos fueron jaleados públicamente con el evidente permiso en una España de rígida censura.

Tras la boda de don Alfonso de Borbón, primo de don Juan Carlos, con una nieta de Franco, Carmen Martínez Bordiú Franco, arreciaron intentos familiares, con la complacencia de personajes políticos, para rectificar la voluntad de Franco y sustituir a don Juan Carlos por su primo como heredero. El Príncipe no sólo percibió la maniobra por su mismo pariente, sino también por un enfriamiento en sus relaciones con el entorno del Generalísimo. La alfonsista fue una conspiración palaciega carente de bases pero con momentos preocupantes y perturbadores.

Además de la oposición de la Fa-

• RELATO •

La polémica del perjurio

La ultraderecha tachó al Rey de perjuro por la derogación de las Leyes Fundamentales del franquismo que había jurado. Para el franquismo, los Principios del Movimiento, una de las Leyes Fundamentales, eran "permanentes e inalterables", tenían que durar toda la vida.

Este problema preocupó seriamente al Monarca, hasta el punto de que en julio de 1969, en vísperas de prestar juramento ante las Cortes como sucesor, se lo planteó a Torcuato Fernández-Miranda, su principal asesor y consejero, quien le resolvió todas las dudas. De ello dejó testimonio el propio Fernández-Miranda en una larga nota manuscrita que reproducen en el libro *Lo que el Rey me ha pedido* (Plaza Janés, 1995) sus autores Pilar y Alfonso Fernández-Miranda, hija y sobrino.

"La cuestión fundamental -escribió en sus notas- se planteó en relación a una pregunta del Príncipe, que no era la primera vez que me la hacía: «Tú sabes que con toda sinceridad acepto las Leyes Fundamentales que voy a jurar. ¿Cuál es la exacta responsabilidad que asumo con ello? Está claro que la Monarquía tendría que plantear las cosas de otro modo. No podrá ser sin más el régimen actual, desde el que parto. ¿Quedo encadenado por la situación actual que acepto como punto de partida?»". La respuesta de Fernández-Miranda despejó toda preocupación: "Al jurar las Leyes Fundamentales, las juráis en su totalidad; por lo tanto, también juráis el artículo 10 de la Ley de Sucesión, que dice que las leyes pueden ser derogadas y reformadas. Luego aceptáis desde ellas mismas esa posibilidad de reforma". "Pero los Principios se declaran permanentes e inalterables", comentó el Príncipe. "Es un artículo de esa ley -contesté- el que lo establece, y ese artículo es también reformable, pues la cláusula de reforma no establece excepciones. «¿Estás seguro de eso?» «Lo estoy»".

Algo más de seis años después, el Rey impulsó la reforma "desde la ley a la ley", es decir, respetando el trámite previsto en las propias leyes. Fue un proceso delicado, para el que hubo que lograr el concurso de las Cortes franquistas, pero plenamente respetuoso con la legalidad, sin rupturas violentas, y sin perjurio.

lange, don Juan Carlos también había sufrido el recelo de buena parte de la sociedad dirigente de las finanzas y la empresa. Visitar al Príncipe en La Zarzuela -y no digamos frecuentarle en la vida social- se temía que pudiera ser malinterpretado por la clase política y sufrir las consecuencias de perder algunos favores oficiales. A partir de la designación, las cosas cambiaron notablemente. Gran número de cuadros jóvenes del Movimiento, y dentro de él de Falange, se convirtieron a la fe monárquica, algunos con cierto sorprendente fanatismo. Y se salvaron las suspicacias de otros políticos y empresarios. Pero quedaba un espeso fondo de desconfianza respecto al futuro. No se acababa de ver en el Príncipe un hombre sólido capaz de dirigir los destinos de una España posfranquista. El grueso del Movimiento continuó alineado en un frente hostil, aunque oficialmente callado por disciplina al mando del Generalísimo.

Alfonso de Borbón fue el candidato a Rey de algunos franquistas tras su boda con la nieta del general.

Las que entonces eran potentes organizaciones en teoría como la Vieja Guardia, la Hermandad de Ex Combatientes o la de Alféreces Provisionales, se presentaban con excepciones notorias, en contra de la solución monárquica. A ellos habría que sumarles una Comunión Tradicionalista muy mermada y compuesta por gentes nobles que habían perdido la batalla de su controvertido candidato carlista.

Visitar al Príncipe Juan Carlos en La Zarzuela se temía que pudiera ser malinterpretado por la clase política instalada

Así, don Juan Carlos tenía encaradas el día de su coronación a las organizaciones políticas estructuradas con cuadros, bases y dinero, bien fueran de izquierdas o de derechas. El PCE, el PSOE y la maquinaria del Movimiento componían el cuadro de organizaciones verdaderamente potentes que se pensaba que iban a entrar en juego de inmediato con medios y estructura suficientes. Los monárquicos, que eran pocos, estaban aliados con los "juancarlistas", que procedían de los mandos jóvenes del mismo Movimiento representados por hombres clave en la transición que se avecinaba, como Adolfo Suárez o Rodolfo Martín Villa, los cuadros de la democracia cristiana pertenecientes a la Acción Católica Nacional de Propagandistas y los llamados tecnócratas, muchos de ellos miembros del Opus Dei, liderados por Laureano López Rodó y Gregorio López Bravo. Por otra parte, aparecía Manuel Fraga Iribarne convertido en un líder centrista, que entonces se había convertido en una gran esperanza para muchos intelectuales, políticos y ejecutivos empresariales. En líneas generales, éste era el panorama. Los partidarios de don Juan Carlos, sin embargo, con Alianza Popular al margen, carecían de la organización y economía de la que gozaban sus adversarios y, además, no constituían ni de lejos un partido, sino una suma de fragmentos distantes entre sí de la que nacería UCD.

Los militares, muchos de ellos críticos con don Juan Carlos, habían heredado de Franco, afortunadamente, un estricto sentido de la disciplina y acataron su testamento en primer tiempo de saludo. Cuando enseguida vieron en la bocamanga de la guerrera del Rey las cuatro estrellas de capitán general, le considerarían su jefe supremo y, mayoritariamente, le confiarían el arbitraje político. La Iglesia, representada en la homilía del cardenal Vicente Enrique y Tarancón aquella jornada en Los Jerónimos, le prestaba inicialmente su apoyo.

En el mundo occidental, don Juan Carlos se había movido con exquisita diplomacia y adquirido su confianza. Para su sorpresa, los proyectos de democratización que había desvelado parcial y confidencialmente fueron bien acogidos, pero con la advertencia de que la transición debería ser muy cuidadosa, casi de puntillas.

HONDURA PREOCUPADA. Los ánimos que le habían dado, particularmente Henry Kissinger y Valery Giscard d'Estaing, envolvían un temor no disimulado. Le alentaban pero le prevenían. Una ambigüedad que tuvo que sumarle en la inquietud. Por eso, aquel día en Los Jerónimos, en ceremonia que, minuto más o menos, fue transmitida a todo el mundo, la aparente serenidad de don Juan Carlos escondía una hondura preocupada en la enorme responsabilidad que contraía. Tenía sus planes elaborados pacientemente con Torcuato Fernández-Miranda, el hombre al que iba a encargar la arquitectura legal de la gran reforma. De haber conocido el diseño que guardaba en su mente, la izquierda no le hubiera creído y la llamada derecha de entonces lo hubiera aplastado.

La única baza que tendría que jugar, y en un plazo de tiempo mínimo, era la de la astucia en los desplazamientos y el saber transmitir la noble convicción en sus objetivos. Su apoyo sería el "centro", concepto impreciso e invertebrado entonces y por el que después lucharían los dos partidos mayoritarios para alzarse con el poder. En aquellos momentos, había una "mayoría silenciosa" que luego iba a decantarse por un todavía desconocido centro o por la comodidad de la abstención.

El arma que el Rey guardaba entonces debajo de la piel era su propia intuición en el sentido común de los españoles. Sólo podía aferrarse al instinto del pueblo que, percibido y compartido por los políticos, haría posible la transición necesaria para homologarse en su espacio natural del Occidente democrático.

Nicolás Franco, sobrino del Caudillo, puso en contacto a Carrillo con el Príncipe Juan Carlos.

El abogado José Mario Armero, hombre clave en los contactos del Príncipe y las fuerzas de izquierda.

Violentas críticas al futuro Rey

Alfonso Guerra (PSOE) veía en don Juan Carlos al "régimen decadente".

La izquierda se mostró hasta violenta con el Rey en las vísperas de la muerte de Franco. Pensaba que no podría mantener el régimen sobre sus hombros y no sospechaba siquiera que su intención era traer la democracia.

Carrillo declaró a Oriana Fallaci en *El Europeo* (octubre de 1975) que el Príncipe era "una marioneta que Franco mueve como quiere, un pobre hombre incapaz de toda dignidad y sentido político, un tontín que está metido hasta el cuello en una aventura que le costará cara. ¿Qué posibilidades tiene? Todo lo más, ser rey durante unos meses. Si hubiera roto desde hace tiempo con Franco, habría podido encontrar una base de apoyo. Ahora ya no tiene ni ésa, y es despreciado por todos. Yo preferiría que hiciese las maletas y se marchara junto a su padre diciendo: «Remito la Monarquía al pueblo». Si no lo hace, acabará mal".

Guerra, en *Le Nouvel Observateur*, estuvo también demoledor: "No es posible decir que Juan Carlos es un rehén del franquismo. De hecho, su personalidad se confunde con la del régimen decadente". Los críticos tendrían que cambiar de opinión poco después. Carrillo rectificó públicamente y luego se sumó con entusiasmo y eficacia a la reforma.

Santiago Carrillo (PCE) pronosticaba que el Rey duraría "unos meses".

El mensaje de la Corona

"Quiero ser Rey de todos"

El Monarca insistió en la importancia de permanecer unidos

El Rey pronunció su primer mensaje tras jurar en las Cortes. En él traza un conjunto de objetivos de la Corona.

"En esta hora cargada de emoción y esperanza, llena de dolor por los acontecimientos que acabamos de vivir, asumo la Corona del Reino con pleno sentido de mi responsabilidad ante el pueblo español.

(...) Una figura excepcional entra en la historia. El nombre de Francisco Franco será ya un jalón del acontecer español y un hito al que será imposible dejar de referirse para entender la clave de nuestra vida política contemporánea. Con respeto y gratitud quiero recordar la figura de quien durante tantos años asumió la pesada responsabilidad de conducir la gobernación del Estado. Su recuerdo constituirá para mí una exigencia de comportamiento y de lealtad para con las funciones que asumo al servicio de la Patria. Es de pueblos grandes y nobles el saber recordar a quienes dedicaron su vida al servicio de un ideal. España nunca podrá olvidar a quien como soldado y estadista ha consagrado toda la existencia a su servicio.

(...) Hoy comienza una nueva etapa de la historia de España. Esta etapa que hemos de recorrer juntos se inicia en la paz, el trabajo y la prosperidad, fruto del esfuerzo común y de la decidida voluntad colectiva. La Monarquía será fiel guardián de esa herencia y procurará en todo momento mantener la más estrecha relación con el pueblo.

(...) Pido a Dios ayuda para acertar siempre en las difíciles decisiones que, sin duda, el destino alzará entre nosotros. Con su gracia y con el ejemplo de tantos predecesores que unificaron, pacificaron y engrandecieron a todos los pueblos de España, deseo ser capaz de actuar como moderador, como guardián del sistema constitucional y como promotor de la justicia. Que nadie tema que su causa sea olvidada; que nadie espere una ventaja o un privilegio. Juntos podremos hacerlo todo si a todos damos su justa oportunidad. Guardaré y haré guardar las leyes teniendo por norte la justicia y sabiendo que el servicio del pueblo es el fin que justifica toda mi función.

Soy plenamente consciente de que un gran pueblo como el nuestro, en pleno período de desarrollo cultural, de cambio generacional y de crecimiento material pide perfeccionamientos profundos. Escuchar, canalizar y estimular estas demandas es para mí un deber que acepto con decisión.

EUROPA PRESS

El Rey don Juan Carlos de Borbón.

(...) Las naciones más grandes y prósperas, donde el orden, la libertad y la justicia han resplandecido mejor, son aquellas que más profundamente han sabido respetar su propia historia. La justicia es el supuesto para la libertad con dignidad, con prosperidad y con grandeza. Insistamos en la creación de un orden justo. (...) Un orden justo, igual para todos, permite reconocer dentro de la unidad del Reino y del Estado las peculiaridades regionales, como expresión de la diversidad de pueblos que constituyen la sagrada realidad de España. El Rey quiere serlo de todos a un tiempo y de cada uno en su cultura, en su historia y en su tradición.

(...) Como primer soldado de la nación, me dedicaré con ahínco a que las Fuerzas Armadas de España, ejemplo de patriotismo y disciplina, tengan la eficacia y la potencia que requiere nuestro pueblo. (...) La Corona entiende también como deber fundamental el reconocimiento de los derechos sociales y económicos, cuyo fin es asegurar a todos los españoles las condiciones de carácter material que les permitan el efectivo ejercicio de todas sus libertades. (...)Una sociedad libre y moderna requiere la aparición de todos en los foros de decisión, en los medios de comunicación, en los diversos niveles educativos y en el control de la riqueza nacional.

(...) El Rey, que es y se siente profundamente católico, expresa su más respetuosa consideración para la Iglesia. (...)

No sería fiel a la tradición de mi sangre si ahora no recordase que durante generaciones los españoles hemos luchado por restaurar la integridad territorial de nuestro solar patrio. El Rey asume este objetivo con la más plena de las convicciones.

(...) Os prometo firmeza y prudencia. Confío en que todos sabremos cumplir la misión en la que estamos comprometidos. Si todos permanecemos unidos, habremos ganado el futuro".

El mensaje de la Iglesia

"Que reine la verdad ..."

El cardenal Tarancón pidió libertad y ofreció colaboración

La homilía de Tarancón en la misa de la Coronación de Los Jerónimos contenía todo un programa de actuación.

(...) "Ese mensaje de Cristo, que el Concilio Vaticano II actualizó y que recientes documentos del Episcopado español han adaptado a nuestro país, no patrocina ni impone un determinado modelo de sociedad. La fe cristiana no es una ideología política ni puede ser identificada con ninguna de ellas, dado que ningún sistema social o político puede agotar toda la riqueza del Evangelio ni pertenece a la misión de la Iglesia presentar opciones o soluciones concretas de Gobierno en los campos temporales de las ciencias sociales, económicas o políticas. La Iglesia no patrocina ninguna forma ni ideología política y si alguien utiliza su nombre para cubrir sus banderías, está usurpándolo manifiestamente.

La Iglesia, en cambio, sí debe proyectar la palabra de Dios sobre la sociedad, especialmente cuando se trata de promover los derechos humanos, fortalecer las libertades justas o ayudar a promover las causas de la paz y de la justicia con medios siempre conformes al Evangelio. La Iglesia nunca determinará qué autoridades deben gobernarnos, pero sí exigirá a todas que estén al servicio de la comunidad entera; que respeten sin discriminaciones ni privilegios los derechos de la persona; que protejan y promuevan el ejercicio de la adecuada libertad de todos y la necesaria participación común en los problemas comunes y en las decisiones del Gobierno; que tengan la justicia como meta y como norma, y que caminen decididamente hacia una equitativa distribución de los bienes de la Tierra. Todo esto, que es consecuencia del Evangelio, la Iglesia lo predicará, y lo gritará si es necesario, por fidelidad a ese mismo Evangelio y por fidelidad a la patria en la que realiza su misión. (...)

EUROPA PRESS
Cardenal Vicente Enrique y Tarancón.

Para cumplir su misión, Señor, la Iglesia no pide ningún tipo de privilegio. Pide que se le reconozca la libertad que proclama para todos. (...)

(...) Pido para vos, Señor, un amor entrañable y apasionado a España. Pido que seáis el Rey de todos los españoles, de todos los que se sienten hijos de la Madre Patria, de todos cuantos desean convivir, sin privilegios ni distinciones, en el mutuo respeto y amor. Amor que, como nos enseñó el Concilio, debe extenderse a quienes piensen de manera distinta a la nuestra, pues "nos urge la obligación de hacernos prójimos de todo hombre. (...)

Pido para vos acierto y discreción para abrir caminos del futuro de la Patria, para que, de acuerdo con la naturaleza humana y la voluntad de Dios, las estructuras jurídico-políticas ofrezcan a todos los ciudadanos la posibilidad de participar libre y activamente en la vida del país, en las medidas concretas de gobierno que nos conduzcan, a través de un proceso de madurez creciente, hacia una Patria plenamente justa en lo social y equilibrada en lo económico. (...)

Que reine la verdad en nuestra España, que la mentira no invada nunca nuestras instituciones, que la adulación no entre en vuestra casa, que la hipocresía no manche nuestras relaciones humanas.

Que sea vuestro Reino un Reino de vida, que ningún modo de muerte y violencia lo sacuda, que ninguna forma de opresión esclavice a nadie, que todos conozcan y compartan la libre alegría de vivir.

Que sea el vuestro un Reino de justicia en el que quepan todos, sin discriminaciones, sin favoritismos, sometidos todos al imperio de la ley, puesta siempre la ley al servicio verdadero de la comunidad.

Que sea el vuestro un Reino de amor donde la fraternidad sea la respiración de las almas; fraternidad que acoja las diferencias y, respetándolas, las ponga todas al servicio de la comunidad.

Que, sobre todo, sea el vuestro un Reino de auténtica paz, una paz libre y justa, una paz ancha y fecunda, una paz en la que todos puedan creer, progresar y realizarse como seres humanos y como hijos de Dios.

Esta es la oración, Señor, que a través de mi boca eleva hoy la Iglesia por vos y por España. Es una oración transida de alegre esperanza. Porque estamos seguros de los altos designios de Dios y de la fe inquebrantable que anida en vuestro joven corazón para emprender ese camino. (...) Así sea."

Las difíciles relacio

Resulta imposible comprender de forma cabal el proceso que condujo a la restauración de la Monarquía en 1975 sin situar en su debido contexto las relaciones existentes entre don Juan de Borbón, el conde de Barcelona, y su hijo el Rey don Juan Carlos, que han sido objeto de todo tipo de tergiversaciones.

El tópico más extendido sobre las relaciones entre don Juan y su hijo sostiene que existió un "pacto de familia" entre padre e hijo, mediante el cual el primero defendió la idea de una Monarquía parlamentaria de corte occidental con el propósito de atraerse a la opinión democrática, mientras el segundo fingía jurar fidelidad al régimen franquista para, una vez muerto el dictador, restaurar una Monarquía similar a la postulada por don Juan. El proceso fue más complejo, a la vez que menos maquiavélico.

Tras entrevistarse con Franco en el Azor (1948), don Juan acordó enviar a estudiar a España a su hijo. En vista de la hostilidad que habían suscitado sus declaraciones, ya entonces muchos pensaron que Franco planeaba saltarse al padre y nombrar al hijo, posibilidad que don Juan se negaría tozudamente a contemplar. Como reconocería ante Luis María Anson en 1979, de haberlo sabido, no habría enviado a su hijo a España.

Durante su infancia y adolescencia, don Juan Carlos se mostró siempre fiel y obediente. En la Academia Militar de Zaragoza, la defensa del buen nombre de su padre se saldó en más de una ocasión con peleas nocturnas en el picadero del centro, de las cuales salió con algún que otro ojo morado. Las cosas empezaron a cambiar en mayo de 1962, a raíz de su boda con doña Sofía. En vista de que Franco se negaba a hacer concesiones de importancia, don Juan pretendía que, una vez casado, su hijo regresase a Estoril. Sin embargo, don Juan Carlos, presionado en parte por su mujer y su suegra (la temible Reina Federica), optó por instalarse en La Zarzuela a costa del Estado español, tal y como deseaba Franco.

Una vez en Madrid, don Juan Carlos pudo comprobar que la realidad poco tenía que ver con los estereotipos manejados en Estoril. A raíz del Plan de Estabilización, España empezaba a experimentar un desarrollo socioeconómico sin precedentes. Cuando el Príncipe hablaba de la nueva España que surgía ante sus ojos en sus visitas a Estoril, su padre exclamaba a veces: "¡Demonios, me hablas desde el punto de vista de Franco!". Como le explicaría a Vilallonga años después, lo que sucedía era que "yo vivía en la España de Franco, y cuando Franco me hablaba de España, hablaba de un país que yo conocía y cuya existencia mi padre admitía sólo con dificultad".

> "Si don Juan no fue llamado a desempeñar un papel oficial bajo la Monarquía parlamentaria se debió a que don Juan Carlos no lo estimó conveniente para la consolidación de la institución que encarnaba"

Con el paso del tiempo, don Juan Carlos se fue afianzando en el convencimiento de que Franco jamás haría Rey a don Juan, y que por lo tanto la continuidad de la institución y de la dinastía le obligarían a ocupar su puesto. Logró evitar el enfrentamiento con su padre hasta marzo de 1966, fecha en la que se negó a acudir a un acto de afirmación juanista en Estoril. Tras este incidente, don Juan reunió a sus consejeros para informarles: "El Príncipe ha salido hoy de mi autoridad y ha desobedecido una orden mía... Tiene 28 años y en muchas cosas su criterio no coincide con el que yo tengo".

Don Juan Carlos se esforzó por llegar a un acuerdo con su padre para que, en el caso de producirse el ofrecimiento de Franco, actuasen coordinadamente. En mayo de 1968, el Príncipe se hizo acompañar del secretario de su Casa, Alfonso Armada, para que éste le hiciera ver a don Juan que carecía de posibilidades como sucesor. A solas con su padre, don Juan Carlos le recordaría que "tú has jugado a una carta, yo a otra, por tu mandato. Sigue tú con la tuya y yo con la mía. Si gana tu carta, me descubro, chapeau, pero no lo veo probable. Hemos de pensar en España y en la dinastía". Don Juan se mantuvo en sus trece.

Poco después, el Príncipe pronunció un discurso durante la semana naval de Santander que hizo pensar a su padre que "estaba decidido a pasarse al otro lado". Presionado por sus consejeros, en octubre de 1969 don Juan le envió una carta recordándole sus obligaciones como hijo y reafirmando el principio hereditario. La contestación del Príncipe, jamás publicada, confirmaba su pragmatismo anterior. Al poco tiempo, *Point de Vue* publicó un reportaje apócrifo en el cual se le atribuía a don Juan Carlos la frase "nunca, nunca reinaré en España mientras viva mi padre". Para contrarrestar su impacto, en enero de 1969 el Príncipe hizo unas declaraciones a la *Agencia Efe* en las que venía a aceptar la necesidad de sacrificar a su padre por

nes padre-hijo

Charles Powell

Historiador. Research Fellow, St. Antony´s College, Oxford. Profesor-investigador del Inst. Ortega y Gasset.

el bien de la dinastía, a la vez que se declaraba políticamente compatible con el régimen. Profundamente herido, don Juan tuvo un enfrentamiento con su hijo cuando se vieron en Lausana en el entierro de la Reina Victoria Eugenia (abril de 1969).

Fue así que, cuando don Juan Carlos salió para Estoril el 18 de junio de 1969, tenía motivos fundados para sospechar que Franco estaba a punto de nombrarle sucesor. Su padre se negó a creerle, e incluso le apostó 500 pesetas a que no sucedería nada. A pesar de todo, su hijo le advirtió que si él no la aceptaba, Franco le ofrecería la corona a su primo Alfonso de Borbón-Dampierre, posibilidad que don Juan siempre se negó a tomar en serio.

EFE

Don Juan se negó a tomar en serio que Alfonso de Borbón (izquierda) heredara el trono en lugar de don Juan Carlos.

Franco informó a don Juan Carlos que pretendía nombrarle sucesor el 12 de julio de 1969, pero éste no comunicó a su padre la noticia hasta el día 16, mediante una carta que llevó en mano a Estoril el marqués de Mondéjar. Durante varios días, don Juan se negó a hablar con su hijo por teléfono y, cuando lo hizo, le acusó de haberle ocultado la verdad durante su reciente visita a Portugal. El conde de Barcelona lamentaría después ante sus consejeros que su hijo le había traicionado, y no dudó en retirarle la placa de heredero al trono. El Príncipe sintió profundamente la decepción sufrida por su padre, que tan sólo recibió 50 telegramas y 83 llamadas telefónicas a raíz de su designación como sucesor "a título de rey", en contraste con los miles de mensajes de felicitación recibidos en La Zarzuela.

A partir de 1969, don Juan Carlos procuró que su padre le cediera los derechos al trono, lo cual le hubiese permitido añadir la legitimidad dinástica a la franquista. Animado por sus consejeros, don Juan prefirió cultivar a la oposición al régimen con el vano propósito de ofrecer al país un "recambio" por si la Monarquía de su hijo resultaba inviable. Influido por la revolución portuguesa, en 1974 don Juan vio la posibilidad de liderar una amplia coalición antifranquista, proyecto que alarmó a su hijo. En contra de lo que se ha dicho, éste apenas tuvo en cuenta a su padre a la hora de prepararse para reinar, como demuestra el hecho de que ni siquiera le presentara a Torcuato Fernández-Miranda, su fiel consejero desde 1960 hasta 1977.

Tras la muerte de Franco, don Juan reconoció finalmente que era poco probable que pudiese hacer algo por la Monarquía si su hijo fracasaba, en vista de lo cual pidió a Antonio Fontán que le comunicara que, a partir de entonces, podía considerarse jefe de la dinastía y legítimo Rey de España. Si la renuncia formal de su derecho al trono no se produjo hasta mayo de 1977, se debió fundamentalmente al escaso interés de Adolfo Suárez y Fernández-Miranda, y en última instancia, del propio don Juan Carlos.

A raíz de la muerte de don Juan en 1993, algunos juanistas se lamentaron de lo poco que se había hecho por dar a conocer la figura del finado, con lo cual parecían olvidar que desde 1975 era su hijo quien ocupaba la jefatura del Estado, y no Franco. Si don Juan no fue llamado a desempeñar papel oficial alguno bajo la Monarquía parlamentaria institucionalizada en 1978, ello se debió, en parte al menos, a que don Juan Carlos no lo estimó conveniente para la consolidación de la institución que encarnaba.

•TESTIMONIO•

La Monarquía en

Desde aquel "atado y bien atado" de Franco h

Fotos: Gustavo Catalán

"Sin la Guerra Civil y el triunfo de Franco, la Monarquía no habría tenido muchas posibilidades en España".

Nadie podrá poner en duda que la Monarquía ha sido una pieza clave en la transición española. Ha de reconocerse también que su restablecimiento tuvo algo de extraordinario e incluso de prodigioso, puesto que vino a ser quizá el único de los extremos que el vencedor de la Guerra Civil dejó «atado y bien atado».

Si es evidente la secular tradición monárquica de España, también lo es que en los tiempos inmediatamente anteriores al 14 de abril de 1931, la institución venía deteriorándose y adquirían cada vez más vigor las tendencias republicanas. Aparte de otras variadas causas de descontento, algunas de las cuales se remontaban ya a la guerra de Marruecos, las circunstancias derivadas de la dictadura del general Primo de Rivera constituyeron la culminación de un lento e ininterrumpido proceso de descrédito.

Con la renuncia al trono de Don Alfonso XIII y la proclamación de la República, consecuencia anormal de unas elecciones municipales, se inicia un nuevo régimen que hasta cierto punto sor-

la Transición

Sabino Fernández Campo

Teniente general. Ex jefe de la Casa del Rey. Académico de Ciencias Morales y Políticas

ta el papel cotidiano del Monarca

prendió incluso a quienes súbitamente se hicieron cargo de un poder desmoronado. Pero los acontecimientos se veían venir.

La frase del almirante Aznar, «España se acostó monárquica y se levantó republicana», puede ser simbólica, pero no exacta. La evolución fue más prolongada. Es triste leer ahora, pasados los años, el mensaje de despedida del Rey, y estremece un poco recordar el largo debate de las Cortes republicanas que dio lugar al acta de acusación contra aquél. La valiente, pero significativamente aislada, defensa del conde de Romanones, no pudo evitar la sentencia de culpabilidad contra el monarca, redactada en los términos más duros y vejatorios.

Podía tener razón Cambó cuando decía que «las monarquías no caen por los ataques de los republicanos, sino por sus propios errores». Pero la misma frase puede ser aplicada después a la República. Las equivocaciones de sus hombres y su sectarismo en algunos aspectos, como el religioso o el militar, si bien provocaron múltiples rechazos, no hicieron, sin embargo, evocar con convicción el retorno de la Monarquía, que cayó en un olvido sólo roto tímidamente por reducidos grupos de fieles partidarios, pues en realidad los grandes partidos de la derecha procuraron incluirse en el nuevo sistema establecido, que muchos sectores veían con esperanza.

El cambio de régimen permitió una mayor decisión y radicalidad en las medidas. Pero el entonces ministro de la Guerra fue más rotundo e hiriente en sus palabras que en sus obras. La referencia que hizo públicamente a la «trituración» del Ejército, dejó una huella imborrable que constituyó la causa de muchos acontecimientos posteriores.

El general Sanjurjo, que en abril de 1931, siendo director general de la Guardia Civil, no garantizó la defensa de la Monarquía, se sublevó en Sevilla el 10 de agosto de 1932. Pero su intento fue más bien una manifestación testimonial de rechazo a la República que de entusiasta resurgimiento monárquico. Y, en todo caso, carecía de un respaldo importante.

Durante la celebración del consejo de guerra, no sé si el fiscal o el presidente del tribunal, preguntó a Sanjurjo:

«¿Y con quién contaba Vd. para la sublevación?».

«Si hubiera triunfado, con todos, incluido Vd. Como he fracasado, con nadie», fue la respuesta del general.

Cuando al fracasar el golpe de Estado militar del 18 de julio de 1936, se convirtió en una cruenta y prolongada guerra civil, se despertaron algunas esperanzas monárquicas, pero la duración de la contienda centró la atención, por parte de cada bando, en vencer al adversario, más que en pensar en futuras fórmulas políticas definitivas, si bien fueron notables las influencias respectivas de los sistemas totalitarios de Berlín y Roma, por un lado, y de Moscú por otro.

> "No se aprovecharon las circunstancias para establecer la Monarquía, sino que se confiaba en la Monarquía para condicionar las circunstancias"

No puede, pues, decirse que la guerra civil española se produjo con el fin de restaurar la Monarquía; pero también es indudable que sin la guerra civil española y el triunfo de las fuerzas de Franco, la Monarquía no hubiera tenido demasiadas posibilidades de volver a instaurarse en nuestro país, donde sólo quedaban reminiscencias nostálgicas.

La Ley de Sucesión de 1947, la Orgánica del Estado de 1966 y la de 1969 por la que se designa sucesor a título de Rey a Don Juan Carlos de Borbón, van marcando claramente el retorno a la Monarquía, en el ámbito de una transición que, en frase de Torcuato Fernández-Miranda, había que realizarse «desde la Ley a la Ley, a través de la Ley».

Una de las personas que contribuyeron con tesón a la aplicación práctica de las disposiciones legales, Laureano López Rodó, describe en su esclarecedor libro *La larga marcha hacia la Monarquía* el camino seguido y los esfuerzos realizados a tal fin.

En 1975, a la muerte de Franco, el Príncipe de España es elevado al trono y la Constitución de 1978, aprobada en referéndum, reafirma la Institución incluida en el texto fundamental. Pero, ¿cómo se había conseguido ese resultado?

Lo cierto es que no se aprovecharon las circunstancias para establecer la Monarquía, sino que se confiaba en la Monarquía para condicionar las circunstancias.

Al fin y al cabo, en el posfranquismo la legalidad era monárquica y los partidarios de aquel régimen fundaban la esperanza en la conservación de sus instituciones a través del reinado de Don Juan Carlos, de la misma manera que los deseosos de las reformas confiaban en que también por medio del nuevo Rey se establecería un sistema democrático.

Frente a unos y otros, la izquierda era profundamente republicana y había olvidado ya los compromisos concertados con Don Juan de Borbón a finales de los años 40.

"La existencia de la Institución se justifica para lograr el equilibrio nacional, más importante que lo que hace o lo que dice". En las fotos, el Rey con el pueblo y con el Ejército

Pero la situación era delicada. Los cambios demasiado radicales engendran más desgracias que la que pretenden erradicar. Permanecía vivo el recuerdo de una lamentable guerra civil y el temor de que pudieran renovarse los enfrentamientos a los que, por desgracia, es a veces propicio el pueblo español. Había que evitar la ruptura, y en la democratización pacífica y civilizada resultaba imprescindible contar con la Corona, que podía convertirse en lo que después se denominó «el motor del cambio».

> "Duro es el papel del Rey. Ha de ser en todo momento un modelo para los ciudadanos. Ha de ostentar la más elevada autoridad moral"

A estos efectos, resulta de gran interés recordar el discurso que el Grupo Parlamentario Socialista del Congreso elaboró para mantener su voto particular al párrafo tercero del artículo 1º del Anteproyecto de Constitución, y que leyó el señor Gómez Llorente ante la Comisión de Asuntos Constitucionales. La cuidadosamente construida exposición en favor de la República terminaba, no obstante, con estas conciliadoras palabras:

«Finalmente, señoras y señores diputados, una afirmación que es un serio compromiso. Nosotros aceptamos como válido lo que resulte en este punto del Parlamento constituyente. No vamos a cuestionar el conjunto de la Constitución por esto. Acatamos democráticamente la ley de la mayoría. Si democráticamente se establece la Monarquía, en tanto sea constitucional, nos consideraremos compatibles con ella».

Se ha dicho que la Corona fue un arma de negociación de todos. Como afirma José Manuel Otero Novas en su libro *Nuestra democracia puede morir*, una de las labores más importantes de aquellos tiempos fue la de convencer a las fuerzas políticas entonces surgidas a la vida pública para que se legalizaran sin cuestionar a la Monarquía, en la cual podría apoyarse la democracia. A su vez, aquellas fuerzas negociaron su reconocimiento aportando la admisión de la Corona.

Todos hubieron de ceder: los vencedores y los vencidos de la contienda; los que permanecían en el poder o podían ejercer la violencia para sostenerlo y los que por su juventud sólo tenían ideas lejanas, aunque muy vivas, de una tragedia que trastornó la vida española.

Se incluyó la Monarquía en la Constitución en virtud del acuerdo producido por encima de las tendencias republicanas de algunos y de la desconfianza de otros. Y en el número tres del artículo 1º se proclama: "La forma política del Estado español es la monarquía parlamentaria».

Con acierto y sutileza se consiguió superar la cuestión de si la Monarquía se restauraba o se instauraba. La opción restauradora podía significar un repudio del pasado, tanto franquista como republicano. La instauración suponía privar a la Corona de uno de sus valores fundamentales, que es la continuidad. Se adoptó la fórmula: «La Corona de España es hereditaria en los sucesores de S.M. Don Juan Carlos I de Borbón, legítimo heredero de la dinastía histórica».

La Constitución de 1978 estableció un sistema limitado de facultades reales, como último intento de basar la unidad estatal sobre el principio monárquico.

No es posible en la limitada extensión de este artículo, pasar revista y analizar las funciones que al Rey señala nuestra vigente Constitución. Tal vez en un exceso de generalización pudiéramos decir que son muy reducidas las que dependen de su exclusiva voluntad y decisión. Lo cual no es precisamente un inconveniente. Pero en la dificultad de definir lo que es reinar sin gobernar, porque la monarquía parlamentaria es algo extraordinariamente ambiguo e indeterminado, existe el riesgo, que señalaba Cánovas, de que si nos limitamos a ensalzarla y enaltecerla corramos el riesgo de que la Institución se pierda entre las nubes.

Decía Montesquieu que los textos fundamentales han de tocarse lo menos posible y con «manos temblorosas». No se trata, pues, de pensar en modificaciones que puntualicen o amplíen la misión del Rey.

El profesor Paul Orianne distingue en la función pública tres componentes: ser, decir y hacer. La función del Rey es esencialmente la de ser. La existencia de la Institución se justifica para lograr el equili-

La actividad de los reyes es, en frase de Montaigne, "la más áspera y difícil del mundo". Don Juan Carlos, en tres momentos de su presencia pública.

brio nacional, más importante que lo que hace o lo que dice.

La indeterminación convierte en dura la actividad de los reyes, en frase de Montaigne, «la más áspera y difícil del mundo». En este sentido Herman Finer se refiere a la necesidad de que los gobernados se identifiquen míticamente con valores como virtud y justicia. Y dice así: «Tienen el sentimiento instintivo de que la vida debe vivirse con estilo elegante o no vale la pena de ser vivida. Un Rey puede servir de ejemplo y de ayuda para que la sociedad adquiera ese estilo. Representa la imagen por la que suspiran y están dispuestos a aceptar el mito viviente».

Las competencias del Monarca corresponden más a su ser que a su hacer. Es un símbolo que procura la integración política y social de la comunidad, y esta integración supone también una capacidad de guía, tanto de la vida social como de la política, lo mismo en el campo de las relaciones internacionales que en el de la vida interna del propio país. De esta manera, la escasez de «potestad» del Rey se compensa con el crecimiento de la «auctoritas».

> "El papel del Rey y la eficacia de la Monarquía han de juzgarse a largo plazo. La labor del Rey se ejerce cada día pero con vistas al futuro"

Y esta «auctoritas» es la base que permite al Rey ejercer ese poder de moderar y velar por el regular funcionamiento de las instituciones, que en la Constitución se señala, aunque no se desarrolle. Tal vez precisamente por eso es más importante que cualquier otra facultad.

No deja de ser paradójico que en la única ocasión en que se conoció su ejercicio, fue en la que se produjo con carácter excepcional el 23 de febrero de 1981, cuando precisamente las instituciones como el Parlamento y el Gobierno se encontraban incapaces de actuar, en el Congreso de los Diputados. El Rey, que constitucionalmente es irresponsable, afrontó directamente su responsabilidad, sin que sus actos pudieran ser refrendados, y tomó disposiciones militares decisivas, amparadas en todo caso en el amplio e indefinido concepto constitucional de ostentar el mando supremo de las Fuerzas Armadas, pero sin observar las más detalladas prescripciones de la Ley Orgánica de la Defensa Nacional y de la Organización Militar.

Aquella tarde-noche, está claro que S.M. actuó excepcionalmente para «guardar y hacer guardar la Constitución y las Leyes», en unas circunstancias extraordinarias e imprevistas. Más difícil es concretar en qué consiste, normalmente, ese poder moderador, así como cuándo y de qué manera puede ser ejercido por el Rey. Caben dudas en cuanto a quién corresponde definir que las instituciones no funcionan regularmente y hasta se ignora si las actuaciones del Monarca en este sentido exigirían un refrendo que tal vez, extrañamente, habría de ser dado por una institución que no funcione de modo regular.

Será necesario contestar a algunas preguntas, pero sobre todo mediante las disposiciones complementarias adecuadas o la incorporación de usos o normas que al ir creándose y desarrollándose colmen los huecos existentes, se reforzará una institución que ha producido tan excelentes resultados.

En definitiva, la Monarquía tiene el objetivo general de colocar a la política en un plano de dignidad y elevación de miras que esté lejos, muy lejos, de la descomposición.

Duro es el papel del Rey. Ha de constituir en todo momento un modelo para los ciudadanos. Ha de ostentar la más elevada autoridad moral y servir de franco contraste a las conductas que carecen de ella.

Además, el papel del Rey y la eficacia de la Monarquía han de juzgarse a largo plazo. No se trata tan sólo de salir del paso en un momento determinado o lograr un acierto coyuntural. No es su objetivo obtener el triunfo en unas elecciones. La labor del Rey se ejerce cada día, pero con vistas a un futuro lejano.

España abandona e

La Marcha Verde forzó la entrega de la colonia a Marruecos

El último vestigio del colonialismo español se derrumbó ante la inoperancia de un régimen que agonizaba, los intereses particulares de algunos miembros del Gobierno y el oportunismo político de Hassan II.

Javier Lorenzo

Los legionarios la llamaban "la romería", pero para el resto del planeta fue "la Marcha Verde": una impresionante caravana de 350.000 voluntarios (la mayoría, indigentes y desempleados) con la que Marruecos presionó a España entre el 21 de octubre de 1975 y el 9 de noviembre del mismo año. La iniciativa, planificada cuidadosamente, consumió en ese tiempo 17 millones de kilos en víveres y 23 millones de litros de agua y sólo se detuvo cuando el rey alauita anunció que los objetivos políticos se habían cumplido.

En España, Franco sufría los primeros síntomas de la enfermedad que le llevaría a la muerte, mientras que la Administración se debatía entre el entreguismo y la asunción del plan para la autodeterminación, anunciado el 20 de julio de 1974. El Ejército estaba a favor del primer supuesto, Asuntos Exteriores se mostraba dispuesto a "arriar la bandera en cualquier momento" y el Gobierno (que tenía en su seno a personas con intereses en Marruecos, como José Solís) no quería problemas con el vecino del sur. Además, se pensó que el Polisario podría apoyar al MPAIAC de Cubillo y que no sería bueno instaurar un régimen de ideología contraria a la de la metrópoli.

Sólo unas pocas voces se alzaron pidiendo el cumplimiento de los compromisos asumidos por España con el pueblo saharaui. Entre ellas la del embajador en la ONU, Jaime de Piniés, y la de Rodríguez de Viguri, último secretario general del Sahara. El día 2 de noviembre, el príncipe Juan Carlos aterrizaba en El Aaiún en contra de la opinión del Gobierno, pero ya nada podía hacerse.

El 23 de mayo de 1975, el Consejo de Ministros, en un documento conocido como el "sálvese quien pueda", hablaba de "las legítimas aspiraciones de los países interesados en la zona". Al tiempo, Francia y Estados Unidos no ocultaban sus simpatías hacia Hassan. Consejeros de este último país avanzaban junto a la marcha amparados por un telegrama que Henry Kissinger envió en agosto desde Beirut a Rabat y que rezaba: "Laissa podrá andar perfectamente dentro de dos meses; él la ayudará en todo". De nada sirvió que los saharauis fueran españoles a todos los efectos -tenían DNI-, que su vo-

EUROPA PRESS

La Marcha Verde estaba compuesta por indigentes y desempleados de todo Marruecos que viajaron portando banderas alauitas y retratos de Hassan II.

Sahara

luntad fuera la de acceder a la independencia o que la ONU y el Tribunal de La Haya abogaran por la celebración de un referéndum.

El 6 de noviembre, los primeros de los 7.813 camiones sobre los que avanzaba la Marcha Verde rebasan la frontera. Las minas y alambradas están a diez kilómetros. Ese es el límite. El día 8, el ministro de Gobernación, Antonio Carro, se entrevista con Hassan II, el 9 la marcha regresa a Marruecos, el 12 comienzan los llamados "Acuerdos de Madrid", y el día 20, el mismo día en que Franco fallece, se publica la Ley de Descolonización del Sahara, votada por las Cortes sin que éstas tuvieran conocimiento de los acuerdos ya firmados y con la ausencia de más de cien procuradores, entre ellos todos los canarios y los seis saharauis. Por otra parte, la "Operación Golondrina", pensada para evacuar a la población civil se pone en marcha el día 10 cuando desde el día 30 de octubre hay combates entre el Polisario y las tropas marroquíes.

La incuria del Gobierno español, que había firmado el 27 de octubre un acuerdo militar secreto con Marruecos y Mauritania, y que ya tenía decidida la claudicación desde el último Consejo de Ministros presidido por Franco (17 de octubre), llegó al extremo de no hacer valer las ventajas económicas que se acordaron con el reino alauita, el cual, con su habitual forma de interpretar los tratados, nunca pagó las indemnizaciones establecidas, anuló el permiso de pesca que había concedido durante 20 años a 800 barcos, no reconoció los bienes inmuebles de España, soslayó los previstos contratos de cooperación y pagó un precio ridículo (5.850 millones de pesetas) por la cesión de las minas de fosfatos en Fosbucrá. El 28 de mayo de 1976, el teniente coronel Rafael de Valdés arriaba, en mitad de una tormenta de siroco, la última bandera española en el Sahara. La ignominia se había consumado.

Una angustiosa página de la historia

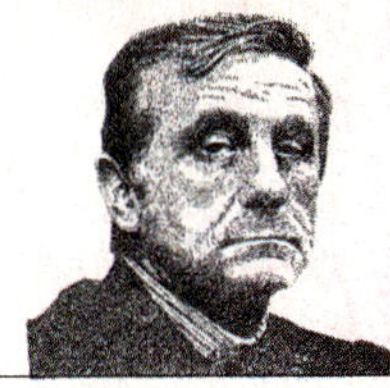

Inocencio F. Arias

Diplomático.
Ex secretario de Estado.

La muerte del almirante Carrero Blanco, la revolución portuguesa con sus fulminantes efectos sobre la descolonización africana y la campaña anexionista marroquí habían sacado al Gobierno español de su inmovilismo. Se decidió abandonar el Sahara. En Nota de Mayo a la ONU, el Gobierno indicaba taxativamente que si "las partes interesadas (¿Marruecos, Mauritania y Argelia?) no armonizaban sus aspiraciones, España transferiría los poderes". La Nota no especificaba a quién se haría la transferencia -la ONU, los países interesados, la población- pero nuestra diplomacia pregonó en adelante que España honraría la autodeterminación.

> "Con la Marcha Verde, el Sahara había dejado de ser un engorro diplomático para convertirse en una bomba de relojería para el régimen mientras Franco agonizaba"

Franco, incluso, se había pronunciado en privado en contra de entregar el Sahara a Marruecos.

Un dictamen del Tribunal Internacional de Justicia no alteró la situación al no establecer un nexo claro entre el territorio y Marruecos. Meses más tarde, sin embargo, la Marcha Verde cambiaría totalmente el panorama.

En noviembre, sin consulta a la población, dábamos el Sahara a Marruecos y Mauritania. ¿Por qué?

Con la Marcha Verde, el Sahara había dejado de ser un engorro diplomático para convertirse en una bomba de relojería para el régimen. Franco agonizaba y el Gobierno Arias vislumbró un altísimo coste del enfrentamiento con Marruecos: enormes dificultades logísticas y ominosa impopularidad de una guerra por unas arenas sin significado para los españoles.

En el exterior, tras las ejecuciones de septiembre, el Gobierno estaba contra la pared. Marruecos, de su lado, tenía menos partidarios que Argelia pero más significados: Francia, con apoyo de la ONU; Estados Unidos, los árabes moderados. Preferían un Sahara en manos de un fiel aliado prooccidental a otro independiente influenciado por una tercermundista y belicosa Argelia con extrañas conexiones con la URSS.

Argel, por venir estúpidamente apoyando el independentismo canario de Cubillo, era mirado con suspicacia en Madrid y no pudo sacar partido aquí de la animosidad hacia Marruecos.

La astuta jugada de Hassan colocó al Gobierno ante una sima interna y un aislamiento internacional en el que hasta Argelia se rasgaría las vestiduras si se paraba con sangre a los marroquíes desarmados.

Acuciado, aceptó la mayor parte de las peticiones marroquíes ("que no venga Exteriores, estoy harto de que me engañen"). En Agadir, primero, y en Madrid, después, España cerraba una de las páginas más angustiosas y menos brillantes de su historia reciente.

El verano que se a

Desmadre 75 animó el año del "sonido discoteca"

De tanto sacarlo, se agotó el güisky. El año en que Julio Iglesias comenzó a conquistar los públicos internacionales, continente a continente, y en el que la música discotequera inundó las salas españolas, el grupo Desmadre 75 dejó para el recuerdo su "Saca el güisky, cheli", canción pegadiza donde las haya y que se convirtió en estandarte de una época.

Fernando Bermejo

Los intérpretes de canción melódica, en término muy al uso entonces, eran una especie harto desarrollada. Los herederos de Raphael, mito de los sesenta, y los seguidores de la estela que Nino Bravo se dejó en la carretera (muerto en accidente de tráfico el 16 de abril de 1973) compitieron por copar el mercado. A la cabeza, un arrasador Camilo Sesto, que no pudo poner la "x" a su apodo por estar ya registrado ese nombre. Camilo Blanes, tal y como aparecía en su carné de identidad, triunfó en las Américas con *Jamás* y *Melina* -esta última canción, dedicada a la actriz griega Melina Mercouri, obtuvo el récord del año al encabezar seis semanas consecutivas la lista de *Los 40 Principales*-, aunque la revelación del año fue su papel de Mesías en *Jesucristo Superstar*, la ópera rock de Tim Rice y Andrew Lloyd-Weber que se pudo estrenar a final de año en Madrid para enojo de algunos grupúsculos de extrema derecha que dejaron oír sus protestas a las puertas del teatro Alcalá Palace. Junto a Camilo Sesto, las actuaciones de Angela Carrasco (María Magdalena) y Teddy Bautista (Judas) también fueron elogiadas.

En la misma línea de Camilo Sesto se situaban Manolo Otero, con *¿Qué he de hacer para olvidarte?*, y Juan Camacho, que ganó el XVII Festival de la Canción de Benidorm interpretando *A ti, mujer*. Este descubrimiento de Juan Pardo, al igual que Camilo Sesto, popularizó aquel año *Júrame*. Juan Bau (*Penas*), Miguel Gallardo (*Quédate*) y Braulio (*Déjalo volver*) apostaban por lo mismo: canciones de amor, sensibleras y muy, muy comerciales.

Entre los hoy en día plenamente consolidados, Julio Iglesias vendía medio millón de ejemplares en Francia de su *Manuela* -inmediato Disco de Oro en el país vecino- y lanzaba a la fama otros temas como *Abrázame* o *Dicen*; José Luis Perales arrasaba con *Y te vas*, y Víctor Manuel conseguía uno de los Long Play de Oro del año con *Todos tenemos un precio*. Intentando romper moldes, Danny Daniel, el cantante de Gijón que llegó a compartir alineación con los futbolistas Castro y Quini, lanzaba *Niña, no te pintes tanto*, mientras que el *Bimbo* de Georgie Dann se convertía en uno de los ritmos más bai-

El carácter absolutamente desenfadado y dicharachero del grupo Desmadre 75 tuvo su máxima expresión en la canción "Saca el güisky, cheli". Su pegadizo estribillo fue muy pronto aprendido de memoria.

abó el güisky, cheli

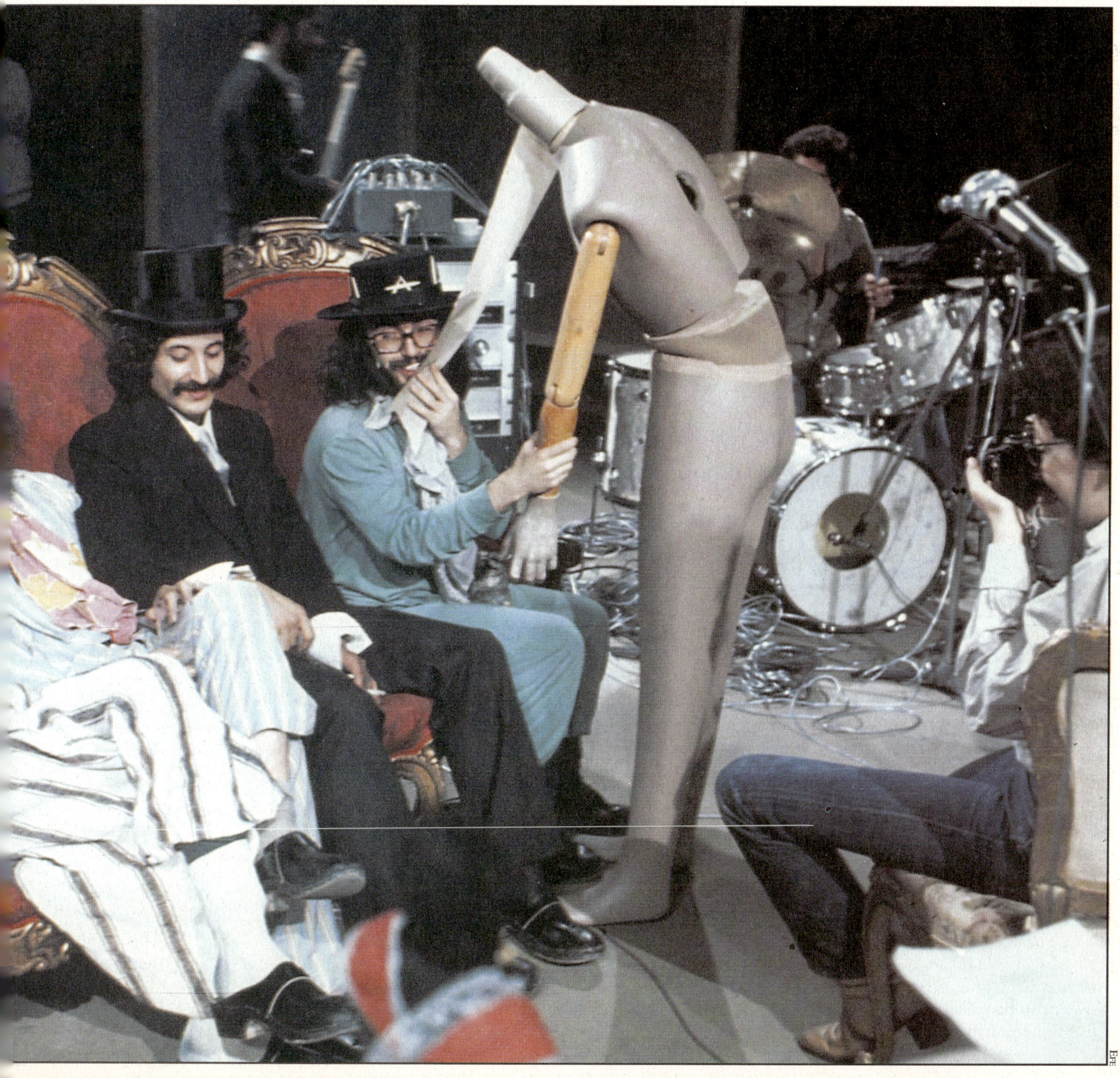

EFE

José Luis Perales

Manolo Escobar

Julio Iglesias

Braulio

Las Grecas

Danny Daniel

Silver Convention

lados de la temporada. Y Pepe Domingo Castaño ponía a *Neniña* en lo más alto de *Los 40 Principales* en febrero de 1975.

Cecilia, en su último año completo como profesional antes de que el 2 de agosto de 1976 perdiera la vida en el asfalto cerca de Benavente (Zamora), alcanzó el segundo puesto en el Festival de la OTI con *Amor de medianoche*, si bien *Mi querida España* y *Un ramito de violetas* fueron las canciones que la encumbraron después de su gran éxito anterior, *Dama, dama*. Mocedades, Sergio y Estíbaliz, Demis Roussos, Rafaela Carrá, Roberto Carlos y Mari Trini fueron otros de los artistas destacados de esa etapa.

1975 fue también un año de asentamiento de los sonidos flamencos, bien en puridad, bien en el empeño de mezclarlos con ritmos pop. El disco de Paco de Lucía grabado en directo en el Teatro Real de Madrid y el *Caballo Negro* de Manolo Sanlúcar lograron cotas altísimas de popularidad.

El son fresco y "bailongo" de Las Grecas (*Yo no quiero pensar*) así como los temas estelares de Los Chorbos (*Vuelvo a casa*) y Rumba Tres (*Quiero ser feliz*) abanderaron una nueva corriente que caló en el gran público. Tras recibir el Disco de Oro número 19 de su carrera, Manolo Escobar atacaba con *Qué guapa estás*. Lolita, a finales del año en que Rocío Jurado volvió a cantar en Madrid un lustro después, despuntaba con su *Amor, amor*. En esas semanas, según se podía leer en el diario *Ya*,

Los tres estribillos más tatareados del año

Saca el güisky, cheli
Desmadre 75
Bajando mismamente por la calle mayor
dejando al personal como un pasmo
íbamo aquí lo amiguete y yo
jalando con la moto a to trapo (...).
Saca el güisky cheli para el personal
y vamo a hacer un guateque,
llévate el cassette pa poder bailar
como en una discoteque.

Jamás
Camilo Sesto
Jamás, jamás, he dejado de ser tuyo,
lo digo con orgullo, tuyo nada más.
Jamás, jamás, mis manos han sentido
más piel que tu piel porque hasta en
sueños te he sido fiel.
No dejaré de quererte jamás, jamás.
A un amor sin cadenas ni edad
que no me falte jamás.

Mi querida España
Cecilia
Mi querida España
esta España mía, esta España nuestra,
de tu santa siesta ahora te despiertan
versos de poeta,dónde están tus ojos,
dónde están tus manos, dónde tu cabeza,
mi querida España,
esta España mía, esta España nuestra, ay, ay
mi querida España, esta España mía...

Sergio y Estíbaliz

Lolita

Demis Roussos

FOTOS: EUROPA PRESS

la cubana Elsa Baeza "después de un largo silencio, felicita las Navidades con *El Cristo de Palacagüina*", tema de Carlos Mejía Godoy.

Bebiendo en las fuentes del "sonido Filadelfia" (creado por la firma PIR, Philadelphia International Records), el "disco sound" o "sonido discoteca" se presenta con fuerza en España de la mano, fundamentalmente, de Barry White (número uno de *Los 40 Principales* durante todo el mes de abril con *You're the first, the last and everything*), Gloria Gaynor, imparable con *Never can say goodbye*, y Silver Convention (*Save me* y *Fly Robin Fly*). Con la famosa estrofa *Voulez-vous coucher avec moi, ce soir?*, Patti Labelle también hizo mover, y no poco, los cuerpos en las discotecas españolas. *Que no soy yo*, de Juan Bautista Humet, último número uno de *Los 40* en el año de marras, y *Para que no me olvides*, de Lorenzo Santamaría, hicieron la transición musical hacia 1976. Cada cual, a su manera, intentó acoplarse a los nuevos aires que soplaban en España.

Camilo Sesto

La música andaba huérfana

Xabier Rekalde

FUE UN AÑO de sonrisas congeladas, el de los últimos fusilamientos y la muerte lenta de un dictador de poca estatura. La música de la época tenía que ver con esos asuntos porque andaba un poco huérfana y buscando una señal en un horizonte lleno de falsas luminarias. Fue entonces cuando Gonzalo García Pelayo creó el sello Gong y nacieron proyectos de síntesis como Triana y Lole y Manuel, y los cantautores salieron a la superficie. Pablo Guerrero está preparando, ese año, su mejor disco de la década, *Porque amamos el fuego*; Luis Pastor se presenta de largo en el mercado con *Fidelidad*; Lluís Llach graba *Viatge a Itaca*, y el Nuevo Mester, *El romance del Pernales*.

Se forma la Companyia Elèctrica Dharma, e Iceberg fabrica la propuesta jazz eléctrico más sólida de los 70. Sisa publica su mejor obra, *Qualsevol nit pot sortir el sol*. Luis Marín buscaba el compromiso flamenco desde el Pozo con los materiales de su *Cantata de Andalucía*, y Antonio Resines y Antonio Gómez fabricaban otra, muy sugestiva, dedicada a Ho Chi Minh. Aute escribió *Al alba* después de que el Régimen agónico disparara sus tiros de despedida.

En el capítulo del rock sucedieron cosas importantes, como el Canet Rock o el Festival de la Cochambre de Burgos. Y el Mariscal Romero alumbró la primera entrega de *Viva el Rollo*, en el que los Burning afilaban sus primeras uñas. Las ideas eran muchas y suculentas, pero no se había dejado fraguar el cimiento y, como se abandonó el cuidado de la sementera, el fruto se agostó a los pocos años. Y 20 después, algunos tienen la tentación de reiniciar aquel camino.

El Cordobés se casa ante tres mil curiosos

El último otoño de la dictadura tuvo malos augurios

Jaime Peñafiel

El día 20 de septiembre de 1975, **Cary Lapique** se casa en Marbella con **Carlos Goyanes**, ex marido de **Marisol**, que ese mismo mes presenta a su hija, la niña que nació en Argentina. A la boda asisten más de 600 invitados y es portada de todas las revistas, en las que aparecen los **marqueses de Villaverde**, la familia **Flores** al completo, los **Banús**, los **duques de Feria**, los **condes de Villapadierna**, los **marqueses de Saltillo**, los **duques de Aliaga**, **Curro Romero** y su esposa **Concha Márquez Piquer**, **Jaime Mora**, **Alfonso Hohenlohe**… Precisamente, la ex esposa de este último, la princesa **Ira de Furstenberg**, que se ha metido a artista, rueda en Madrid su primera película, *Cuando los maridos iban a la guerra*, con **Arturo Fernández** y **Claudine Auger**. Un bodrio.

El otoño, el último de la dictadura, no comienza a rodar con buenos augurios. El 9 de octubre, el marqués de Villaverde recibe una paliza por parte de unos turistas, se dijo que holandeses, a los que recriminó que insultaran a España y a Franco, cuando se encontraban en un restaurante de Marbella. Se dijo entonces, pero no se publicó, que el motivo de la agresión se debió al coqueteo del marqués con las jóvenes que acompañaban a los extranjeros. Razones al margen, lo cierto es que el yerno de **Franco** sufrió fractura total de los huesos de la nariz, fisura de la zona orbital izquierda y otras lesiones que necesitaron dos meses de recuperación. Por la clínica de La Paloma desfilaron la esposa, los hijos, doña **Carmen** y todo el Gobierno.

También en octubre, boda "real", la de **Leka de Albania**, un mocetón de 2,10 de altura, exiliado en España, que se casa con una millonaria norteamericana, **Susan Barbara**, en el complejo turístico de José Luis en Illescas, donde años antes se había casado **Julio Iglesias**. Asisten todos los reyes en el exilio que bajo la protección de Franco vivían en Madrid: los de **Bulgaria**, los **grandes duques de Rusia**, los **príncipes de Rumania** y **Fadia de Egipto**, aparte de los **duques de Cádiz**.

La boda de El Cordobés con Martina Fraysse en Palma del Río desató la curiosidad: tres mil personas asistieron a la ceremonia. A la derecha, el marqués de Villaverde y Alfonso Fierro, de cacería.

Esta boda "real" quedó empañada por otra boda de enorme impacto popular: la de **Manuel Benítez, El Cordobés**,

La boda de Cary Lapique y Carlos Goyanes, en las tres imágenes de la izquierda, concitó a más de 600 invitados. Sentadas, la madre de la novia y las marquesas de Córdoba, en el centro, y Villaverde.

con la francesa **Martina Fraysse**, con la que llevaba conviviendo desde 1968 y que ese día se encontraba embarazadísima y casi salida de cuentas. La pareja tenía ya dos hijos: **Maribel**, nacida en 1969, y **Manolo**, en 1972. El motivo de casarse no se debió mayormente a este embarazo de Martina, sino al veto que la Iglesia de entonces había impuesto a El Cordobés y a su compañera cuando quisieron apadrinar al segundo de los hijos de **Natalia Figueroa** y **Raphael**. "No me asusta casarme, lo que me aterra es tener que descasarme", sentenció filosóficamente el senequista torero de Palma del Río, donde se celebró la ceremonia. Tres mil personas asistieron a la misma.

El 20 de octubre tiene lugar la que sería última cacería del franquismo. Sorprendentemente, la organiza el marqués de Villaverde en honor de su amigo el doctor **Barnard** y su esposa, la bellísima **Bárbara**. Asisten los de siempre: los **Barreiros**, **Arburúa**, **Fierro**... y la marquesa de Villaverde.

Al día siguiente de esta cacería, el General sufre su primer gran infarto y se hace público el primer comunicado médico nada tranquilizante. Los Barreiros, los Arburúa y los Fierro telefonean a quien esto escribe, y que había asistido a aquella cacería como periodista, suplicando que les borre de la lista del reportaje: "No está bien que todo el mundo vea que mientras el Generalísimo se estaba muriendo, nosotros, de cacería".

A lo peor, también temían que el General saliera de ésta y se enterara. De todas formas, el reportaje se publicó en *Hola*, revista de la que yo era redactor-jefe. Pero cualquier parecido con la realidad de lo que había sido aquella cacería era mera coincidencia. Porque en el reportaje en cuestión sólo aparecía un solitario Dr. Barnard posando ante miles de perdices muertas. El, que no había pegado un tiro en su vida... Y es que así se escribía la historia en aquella época. Hasta la historia de la jet.

Tres imágenes de la boda real entre Leka de Albania, con uniforme azul a la izquierda, y Susan Barbara, en el centro. Asistieron los príncipes de Rumania y, debajo, los grandes duques de Rusia.

FOTOIMPACTO

La gran bufonada

Felipe Sahagún

Ni fue marcha ni fue verde. Fue una operación militar en toda regla y los únicos colores fueron el rojo de las banderas marroquíes, el gris del desierto y el negro de la página que España escribió mientras agonizaba el régimen de Franco. Hassan II aprovechó ese aislamiento. Kissinger y Giscard d'Estaing le ayudaron. El "lobby" marroquí se impuso. José Solís y Antonio Carro hicieron de Judas. Arias Navarro bendijo la traición. Cortina Mauri, desde Exteriores, tuvo que tragar. Nuestros diplomáticos y militares fueron los primeros engañados. El príncipe Juan Carlos, jefe de Estado en funciones, fue hasta El Aaiún y prometió lo que no debía aquel 2 de noviembre. Doscientos mil marroquíes rezaron a Alá y fumaron hasta hartarse a cuenta de su Rey durante 3 semanas. El 14 de noviembre, con la firma de los Acuerdos de Madrid, se acabó la fiesta. España entregaba el Sahara, quebraba un proceso de descolonización y violaba todas sus promesas de autodeterminación a los saharauis.

EUROPA PRESS

PRÓXIMO CAPÍTULO: MEMORIAS DEL HOMBRE QUE NUNCA HABLÓ

"DE LA SOLEDAD Y LOS PROBLEMAS DEL PRÍNCIPE", POR MANUEL DE PRADO. LOS ARTISTAS, EN HUELGA. LA BODA DE ROCÍO JURADO.

ESCRIBEN: CARLOS SECO SERRANO, JOAQUÍN BARDAVÍO, JAVIER VILLÁN, FELIPE SAHAGÚN, JUSTINO SINOVA.

1975-1995. Veinte años de nuestra vida

• HISTORIA DE LA DEMOCRACIA •

{CAPÍTULO 6}

Manuel Prado y Colón de Carvajal, el hombre que nunca habló de estos temas, relata aquí los acontecimientos políticos de los que fue protagonista.

MEMORIAS POLÍTICAS DE MANUEL PRADO

Manuel Prado y Colón de Carvajal asistió al Príncipe en momentos políticos muy delicados durante los últimos años del franquismo y el comienzo de su reinado, y realizó para España numerosas misiones en el extranjero. Ahora rompe su silencio y ofrece la extensión de su recuerdo, que es parte importante de la historia de estos años.

•MEMORIAS•

De la soledad y los problemas del Príncipe

Manuel Prado y Colón de Carvajal relata la verdadera historia del comienzo de un reinado

Por primera vez, Manuel Prado y Colón de Carvajal, el hombre que nunca habló de sus gestiones políticas, describe la soledad y los problemas del Príncipe cuando comenzó a conectar con sectores ajenos al franquismo y a ejercer sus funciones tras la muerte de Franco. Este relato excepcional es el resultado de largas conversaciones del protagonista con el escritor y periodista **Joaquín Bardavío**.

Le esperaba en la linde de la finca de El Pardo. Mi familia tenía un chalé en la urbanización de Casaquemada, en la frontera con La Florida, y hasta allí iba el Príncipe don Juan Carlos en un modesto "todo terreno". Dejaba el coche y a través de un ágil salto de la tapia se presentaba en la clandestinidad ingenua y libre de mi mundo. Aquella casa era como un botellón de oxígeno para una vida encorsetada y vigilada en el entonces palacete de La Zarzuela, donde su augusto inquilino se sentía por temporadas huésped o rehén de la Historia, pero nunca como señor de su casa.

Eran tiempos difíciles. Don Juan Carlos había sido enviado a estudiar a España por su padre el Conde de Barcelona, de acuerdo con Franco, para mantener viva la raíz de la Monarquía en España. Y ya en los años cincuenta Franco había decidido que fuera el mismo don Juan Carlos su sucesor en la Jefatura del Estado.

El Príncipe había terminado sus estudios militares en las Academias de los tres Ejércitos cuando lo conocí por medio de su primo el Infante don Carlos de Borbón Dos Sicilias, duque de Calabria, del que casi puedo decir que nos criamos juntos. Tras una larguísima conversación de diez horas conectamos en una simpatía que se iría acrecentando en poco tiempo hasta alcanzar una relación intensa en la frecuencia y honda en la afectividad.

Don Juan Carlos iba al chalé de Casaquemada para hablar de política y del mañana y a contrastar ideas, planear relaciones y buscar salidas a la incómoda encrucijada en que se encontraba entre El Pardo y Estoril. Quienes presentían que Franco jamás dejaría paso a don Juan de Borbón como Rey de España, presionaban al hijo para que aflojara o desistiera de conexiones con los consejeros de su padre y se insertara en la vía sucesoria abierta por ➛

EUROPA PRESS

Manuel Prado y Colón de Carvajal -casado en primeras nupcias con Paloma Eulate-, en una imagen reciente acompañado por su actual mujer, Celia García Corona.

EUROPA PRESS

El entonces Príncipe Juan Carlos jura ante Franco, en 1969, los Principios Fundamentales como sucesor a título de Rey en la Jefatura del Estado.

la única persona que podría reponer la Monarquía en España. Quienes estaban al lado de su padre, le incitaban a posturas de independencia y desapego de Franco. Para entonces, don Juan Carlos había optado por una doble política: mantenerse a bien con el jefe del Estado en silencio y sin sumisión para preservar la Monarquía y seguir manteniendo los lazos con Estoril guardando el sitio a su padre por si las circunstancias le fueran favorables. En cualquiera de los casos, el cariño familiar estaba por encima de todo.

FRANCO-DON JUAN

"El Príncipe optó por una doble política: mantenerse a bien con Franco para preservar la Monarquía y conservar los lazos con Estoril"

LAS LÍNEAS DE ACTUACIÓN DEL PRÍNCIPE. En nuestros frecuentes encuentros hablamos sobre la hipótesis de que Francisco Franco le designara a él como sucesor en lugar de a su padre, porque en este último supuesto holgaban especulaciones. Don Juan de Borbón, a través de su Secretariado Político y su Consejo Privado, tenía eficaz asesoramiento. El Príncipe, en la soledad de La Zarzuela, sólo contaba con la ayuda de un puñado de amigos para discutir ideas. Uno de los esquemas, el más importante que se planteaba, era el de las líneas de actuación que el Príncipe debería cuidar, por vocación y estrategia, para preparar su reinado. Yo las resumía en cuatro puntos: iento y atención al mundo intelectual, tan descuidado en el pasado no sólo por Franco sino por Alfonso XIII; aproximación, aunque fuera difícil, a las organizaciones de trabajadores en España y fuera de ella; contacto con los empresarios; y establecimiento de relaciones con Hispanoamérica, porque nunca un Rey de España había visitado aquel continente lejano pero familiar y fundamental para mejor comprender nuestra propia realidad.

ENTREVISTAS

"Algunas personalidades aceptaron reunirse con el Príncipe, aunque a condición de que no trascendiera el encuentro..."

REPARTO DE PAPELES. Para que don Juan Carlos pudiera acercarse a esos objetivos, nos repartimos papeles algunos de sus amigos. Por ejemplo, Gonzalo Fernández de Córdoba, duque de Arión, se ocuparía de que se entrevistase con el líder sindicalista norteamericano Meany. Jaime Carvajal le acercó a empresarios y líderes socialistas. Yo mismo me moví en diversas esferas con éxito amargo: personalidades políticas y económicas aceptaron reunirse con el Príncipe aunque con la condición de que no trascendiera el encuentro para no comprometer su situación. A eso la sabiduría popular le llama nadar y guardar la ropa. Porque don Juan Carlos, respaldado por Franco, estaba mal visto por buena parte de los hombres del Movimiento que copaban la más ancha franja de la Administración del Estado. A mí me era triste comprobar un doble juego que evito recordar aunque podría dar una larga y estremecedora lista de jugadores a dos paños.

En las relaciones con el mundo sindical le ayudó mucho un funcionario español en la OIT (Organización Internacional del Trabajo), Angel Losada, que visitaba con alguna frecuencia al Príncipe y le hacía importantes conexiones con el exterior.

Por mi parte, también aprovechaba mis frecuentes viajes de negocios por Hispanoamérica y los Estados Unidos para ir anudando relaciones políticas a las que trataba de convencer sobre el pensamiento político del Príncipe y que serían muy útiles en el futuro.

"¡AHORA NO TE PUEDES MORIR!". El 9 de junio de 1974, el Príncipe se encontraba en el palacete de La Quinta, que utilizaba para recibir audiencias protocolarias, cuando recibe la noticia de que Franco va a ser inmediatamente hospitalizado. Una tromboflebitis le causa la que sería conocida como su "primera enfermedad" y que provoca un impacto anunciador de que el padre del Régimen puede estar entrando en el tramo final de su vida.

Don Juan Carlos se inquieta y me busca dificultosamente. Necesita un hombre leal cerca en esos momentos. Sin embargo, le cuesta encontrarme hasta que da conmigo en la clínica de Loreto donde me encontraba con una hemorragia provocada por una úlcera de duodeno. Al saber que no era asunto grave, el Príncipe me dijo: "¡Pero bueno, ahora no te puedes morir! ¡Ahora tenemos todos que trabajar!". A los pocos días me repuse y pude observar que don Juan Carlos aceptó las funciones de jefe de Estado con tristeza por las circunstancias en que lo hizo pero, al mismo tiempo, con la ilusión de saber que asumía una responsabilidad histórica. Y vi que el Príncipe caminó por esa delicada situación con pasos muy medidos, muy delicados y muy atento a cualquier acontecer. Presidió su primer Consejo de Ministros con curiosidad y en la convicción de que era un ensayo para el mañana. Pero también se da cuenta de que la mayoría de los titulares de cartera no le ven como un verdadero jefe de Estado que embrida todas sus funciones.

Desde que se atisba que Franco puede reponerse pasado algún tiempo, al final de los Consejos son varios los ministros que se apresuran a visitarle en el hospital para, con la excusa de interesarse por su salud, informarle de cómo ha ido la sesión y de los asuntos más importantes que se han tratado.

Don Juan Carlos llegaba a su cita con Franco sin prisas y sabedor del veloz adelantamiento de algunos de los que entonces eran sus subordinados en el Gobierno. Cuando el Príncipe le hizo observación a Franco de tan inquieto proceder, el Generalísimo le quitó importancia al decirle que lo que verdaderamente le interesaba era lo que el mismo Príncipe iba a decirle.

También observé una relativa frustración en don Juan Carlos cuando Franco reasume súbitamente sus poderes el último día de agosto de aquel año, cuando veinticuatro horas antes había presidido un Consejo de Ministros en el Pazo de Meirás, había estado charlando con el Generalísimo y éste ni le había dicho nada, ni dejó traslucir el más mínimo gesto que denotara su inmediato y brusco cambio de actitud. Aunque sabía que no estaba en su momento definitivo, pensó que la experiencia que pudo adquirir en la interinidad le hubiera sido valiosa y se la retiraron prematuramente y de un telefonazo.

Fui testigo de su amargura y de su decisión de no volver a asumir los poderes en esas condiciones si no tenía la constancia de que sería de manera definitiva. De ahí que en la "segunda enfermedad" de Franco, que sería la definitiva, tardó en aceptar la interinidad y sólo lo hizo cuando tuvo prácticamente la certeza de que esa vez, por muerte o incapacidad del Generalísimo, accedería a la Jefatura del Estado de forma definitiva.

CONTACTOS CON LA IZQUIERDA. Tras el grave episodio vascular de Franco, el Príncipe acelera su preparación para acceder al Trono. Ve cercano el momento en que la ancianidad del jefe del Estado, en salud precaria, llegue a un desenlace irremediable. Mi tarea, como la de otros hombres cercanos al Príncipe, fue facilitar contactos con algunos jóvenes relevantes de la izquierda como Luis Solana o Enrique Múgica como medio de conocer y acercarse a un Partido Socialista Obrero Español ➳

ANGEL LOSADA

"Un funcionario español en la OIT, Angel Losada, le visitaba con alguna frecuencia y le hacía importantes conexiones con el exterior"

JULIÁN JAÉN

"Alejandro Fernández Sordo fue un hombre generoso que nunca pidió nada".

EUROPA PRESS

JAIME CARVAJAL

"Nos repartimos papeles entre algunos. Jaime Carvajal acercó al Príncipe a empresarios y líderes socialistas"

SOLEDAD DEL REY

"Don Juan Carlos ha estado solo mucho en su infancia y juventud, y así se ahonda en uno mismo, se robustece la conciencia"

que se adivinaba como importante en una futura convivencia. También aproveché el paso por Madrid de personajes hispanoamericanos para llevarlos a La Zarzuela y que conocieran directamente al Príncipe, e incidí en su aproximación al mundo intelectual de la literatura y de la ciencia. Así, tuvo conversaciones con Antonio Tovar, con Martín de Riquer, con Camilo José Cela, con Rumeu de Armas y varios otros; entre los científicos, especialmente con Severo Ochoa o el doctor Trueta, muy amigo mío. Además, intensificó sus relaciones con el mundo sindical y con los empresarios.

EUROPA PRESS

EUROPA PRESS

Enrique Múgica y Luis Solana, con gafas, dos de los líderes del Partido Socialista con quienes don Juan Carlos contactó a través de la mediación de Manuel Prado.

PROBLEMAS DE CONCIENCIA. La gran preocupación que había tenido el Príncipe ya se le había disipado. Conozco muy bien los problemas de conciencia que tuvo antes de jurar las Leyes Fundamentales como sucesor a la Jefatura del Estado en julio de 1969 y cómo Fernández-Miranda le convenció con clarísimos razonamientos jurídicos de que podía despreocuparse y abordar la reforma en el momento oportuno. Yo siempre insisto en decir que el Rey es un hombre de conciencia por su educación, por sus convicciones y por sus soledades. Don Juan Carlos ha estado mucho solo en su infancia y juventud, y en esa circunstancia se ahonda en uno mismo, hay un trato muy frecuente con la propia conciencia y eso la robustece.

Cuando llega la enfermedad definitiva de Franco, el Príncipe se siente seguro ante la eventual sucesión. Aunque no quiere tomar nuevamente los poderes interinamente. Siente muy fuertes presiones para que acceda otra vez a la Jefatura del Estado y, al principio, se niega con rotundidad. Sólo ante la evidencia de que Franco no le podrá revocar, accede a situarse a la cabeza del Estado. Aunque deja bien clara su intención de asumir el cargo de forma definitiva.

Estuve muy cerca de él cuando tuvo que afrontar los graves problemas que tenía planteados España y los que se le presentaban para una sucesión presentida. El más acuciante, la agresión "pacífica" de Marruecos al territorio español del Sahara con la Marcha Verde. Y el más personal, comenzar a transmitir su proyecto de futuro -el que tenía en la cabeza y en los sentimientos- en el plano internacional. Dentro de España, todavía era muy prematuro el dar alguna pista sobre sus intenciones de devolver las libertades al pueblo. Por otra parte, tuvo que plantearse la sustitución del presidente del Gobierno, Carlos Arias Navarro, y algunas personas cercanas al Príncipe aportamos varios nombres, nunca con la pretensión de resaltar a un amigo.

CANDIDATOS A JEFE DE GOBIERNO. Prueba de ello es que la persona que sería elegida "in pectore", aunque después su nominación fallara, fue José María López de Letona, que no tenía una relación significativa, que yo sepa, con las pocas personas que intervinimos en la que se conoció como "Operación Lolita". No recuerdo bien todos los nombres que se pusieron sobre la mesa, aunque se habló de José María de Areilza, Gregorio López Bravo, Antonio Barre-

EUROPA PRESS

"Don Juan Carlos llegaba a su cita con Franco (en el hospital) sin prisas y sabedor del veloz adelantamiento de algunos de los que entonces eran sus subordinados en el Gobierno".

LA SUCESIÓN

"Cuando llega la enfermedad definitiva de Franco, se siente seguro. El problema más personal, comenzar a transmitir su proyecto"

ra de Irimo, también al principio de Carlos Pérez Bricio y, al final, don Juan Carlos se quedó con López de Letona porque respondía mejor al perfil que se hubiera necesitado en el momento inmediato tras la muerte de Franco. Posiblemente, el empujón definitivo a esta persona lo dio el entonces presidente francés Giscard d'Estaing, aunque no la conocía. En una conversación que tuve con Giscard, y a la que luego me referiré, surgió lateralmente el asunto de la sustitución de Arias. Y me habló de "los Lópeces". Quedé un tanto sorprendido y me preguntó: "¿López de Letona?". Le contesté que era posible. Quizá analistas de El Elíseo supieron que ese nombre se barajaba y en un informe sobre la situación española se lo incluyeran a Giscard. El caso es que cuando vine a Madrid a dar cuenta al Príncipe del resultado de la misión que me había encomendado, le comenté que el presidente de Francia me había mencionado a Letona como probable sucesor de Arias. ¿Fue ése el toque que decidió al Príncipe a adelantarle en la lista entre los tres o cuatro finalistas que pudieran quedar? Es algo que puede resultar verosímil.

J. M. de Areilza

"En aquellos momentos estaba seguro de que sería presidente, pero era muy mal visto por los sectores más influyentes del Régimen"

Europa Press

IGNORANDO A DON JUAN CARLOS. En aquellos momentos, el hombre que estaba seguro de que ocuparía la Presidencia del Gobierno era José María de Areilza. Sin embargo, la oportunidad de su nombramiento se consideró como negativa cuando su figura estaba muy mal vista por los sectores más influyentes del Régimen. El Príncipe me envió para hablar con él a su despacho de Madrid, en la plaza de la Lealtad, y razonarle la dificultad de que su candidatura prosperase en el Consejo del Reino.

Europa Press

López de Letona

"El presidente «in pectore» sería José María López de Letona. Me sorprendió que Giscard me hablara de él como sustituto de Arias"

El Príncipe se apercibió enseguida, y lo mismo quienes estábamos cercanos a él, que Carlos Arias quería continuar el franquismo con pequeñas modificaciones. Sabíamos que tenía reuniones y conciliábulos con algunos de sus ministros, ex ministros y otros políticos para lograr ese objetivo ignorando a don Juan Carlos y dejándole como una figura prácticamente decorativa tras la muerte de Franco. Es cierto que Arias sabía que el Príncipe iba a heredar todos los poderes que las leyes conferían al Generalísimo, pero no le valoraba al pensar, según mi opinión, que no se los merecía porque Franco había accedido al Poder tras ganar una guerra y don Juan Carlos era un simple sucesor sin méritos.

Es muy posible que Arias creyera que el poder, en el futuro, debería recaer en las instituciones franquistas, representativas de la victoria militar de 1939. Quizá lo consideraba un extraño incrustado en el Estado. Y de esa opinión era buena parte de la poderosa clase política establecida.

Durante las semanas previas a la muerte de Franco, además de las misiones en el extranjero a las que luego me referiré, me reuní en distintas casas con muy diversas personas relevantes, jóvenes entonces en su mayoría, para darle vueltas a lo que habría que hacer ante la obstinación de los hombres del Movimiento en que todo continuase como estaba. Y al mismo tiempo permanecía en contacto con personas de la Administración que conocía o había trabajado con ellas, como Pérez Bricio o Alejandro Fernández Sordo, entre otros, para marcar a Arias, saber lo que pensaba o los pasos que daba. Creo que fue por este último o por otro ministro por el que conocí la famosa comida de Jockey a la que hizo referencia Bardavío en *Los silencios del Rey*, que fue como unos diez días antes de la muerte de Franco. Los comensales eran Arias y algunos de sus ministros, y se habló del Príncipe en tonos despectivos. Alguno le llamaba "el rubio", "el señorito" o "el niño". Es cierto que esa conversación fue grabada, pero puedo asegurar que el micrófono o el magnetofón no fue puesto por ningún amigo o servicio del Príncipe, sino por uno de los comensales. He oído decir que por el propio Arias, que quería tener enganchados a sus ministros por si acaso. Pero no puedo asegurarlo. No puedo cargar una acusación así a una persona fallecida.

CONVERSACIONES EN WASHINGTON. Para entonces, yo ya había realizado algunas misiones en el extranjero que me encomendó don Juan Carlos y que son conocidas por el mencionado libro *Los silencios del Rey*. Fui a Washington el día 1 de noviembre de aquel año 1975 para entrevistarme con el secretario de Estado Henry Kissinger. No llevaba ninguna credencial oficial u oficiosa de La Zarzuela. El acceso me lo facilitó Arnaud de Borchgrave, relevante "senior editor" de *Newsweek*. Es de suponer que Borchgrave mencionara mi cercanía al Príncipe para facilitar mi entrevista, pero lo haría subrayando su carácter absolutamente privado. Kissinger estuvo muy amable conmigo. El primer asunto que tenía que tratar con él era el problema de la Marcha Verde. Los Estados Unidos no sólo tenían una gran influencia sobre ⋙

CARLOS ARIAS

"Quería la continuidad del franquismo. Sabíamos que tenía reuniones y conciliábulos con ese objetivo ignorando a don Juan Carlos"

Don Juan Carlos y el presidente del Gobierno, en marzo de 1976. Arias no cesaría hasta julio del mismo año.

Marruecos, sino que sospechábamos que estaban de algún modo involucrados en ella porque querían saltarse las resoluciones de la ONU y que el desierto fuera a integrar el territorio de su gran aliado magrebí. Las conversaciones duraron seis horas en dos días. Me dio confianza en que se evitarían por parte marroquí actuaciones violentas. Después le transmití las ideas del Príncipe respecto al futuro político de España. Ya tenía noticia de ellas, pero le agradó que se las reiterara y aproveché para hacerlo con gran énfasis. Finalmente, me entrevisté con el subsecretario Hartmann para resumir las conversaciones y me dio una carta para don Juan Carlos.

La gran colaboración que obtuve de Arnaud de Borchgrave no fue la única ni mucho menos. Unas dos semanas antes de la muerte de Franco, se creyó que su óbito era inmediato. Arnaud tenía preparada para entrar en máquinas la portada con una fotografía de don Juan Carlos y una entrevista con él. No se produjo el desenlace y tuvo que sustituir el trabajo por otro sobre el Príncipe. Nadie supo que aquella entrevista que quedó inédita había sido preparada con bastante antelación. El asesoramiento de Arnaud de Borchgrave fue muy importante para transmitir los mensajes de reforma a los políticos y a la sociedad americana. Y luego serviría de gran ayuda para, también a través de *Newsweek* como se verá más adelante, dar un severo toque de atención a Carlos Arias que sería previo a su cese. Asimismo, me ayudó a contactar con algunos líderes norteamericanos a los que yo no podía acceder por otras vías.

GISCARD, PREOCUPADO POR ESPAÑA. Regresé a Madrid para informar al Príncipe, quien inmediatamente me envió a París para hablar con Giscard, también de forma privada. Este viaje, al igual que el que realicé a los Estados Unidos, permaneció secreto durante años. El presidente francés estaba muy preocupado por la situación española. Creía que los militares podrían impedir reformas y que el Partido Comunista y la oposición en general podrían revolverse. Yo le desarrollé con entusiasmo el ideario del Príncipe, aunque en aquellos momentos no podía saberse la programación en el tiempo para aplicarlo. Y le rogué que asistiera a la Coronación. Dudó muy seriamente. Me dijo que no veía las cosas claras y que ése era un compromiso importante para Francia y para él. Le insistí y le expuse que, según la fecha en que muriera Franco, se habían comprometido a venir el presidente Ford de los Estados Unidos o el vicepresidente Rockefeller, el presidente Schmidt de Alemania, el marido de la Reina de Inglaterra, Príncipe de Edimburgo, y me referí a otras asistencias probables. Por fin aceptó y fue entonces cuando me insistió en que quería que se tuviera con él una deferencia especial. Me quedé un tanto perplejo porque supo-

GRABACIÓN

"Conocí la comida de Arias con algunos ministros en la que se habló despectivamente del Príncipe. Fue grabada por un comensal"

Henry Kissinger

"Lo vi por encargo del Príncipe para hablar de la Marcha Verde. Me aseguró que los marroquíes evitarían actuaciones violentas"

Kissinger, en calidad de secretario de Estado de los EEUU, fue recibido en La Zarzuela el 24 de enero de 1976.

EFE

nía que habría un protocolo establecido imposible de alterar. Y entonces se me ocurrió ofrecerle un desayuno privado con don Juan Carlos. Le gustó la idea.

Volví a Madrid y fui directamente desde el aeropuerto en un taxi al palacio de La Zarzuela. Me sentía muy preocupado por haber "cerrado" el desayuno con el presidente francés sin el permiso del Príncipe. Cuando me encontré ante él, tras contarle la conversación, me dijo algo así: "¿Y qué quiere para desayunar? ¿Huevos, migas, chocolate?". Y me dio un abrazo.

El Rey se transforma. Muerto Franco, el Rey se transforma. Abandona esa apariencia algo apocada y comienza a asomar su verdadera personalidad. Deja de ser el sujeto pasivo del escenario del Régimen. Inmediatamente, se le vienen encima los graves problemas que hasta entonces sólo había contemplado y tiene que entrar en acción. Ha recibido de Franco todos los poderes, lo que significa que es un dictador, al menos legalmente. Pero pronto se da cuenta en la realidad de algo que ya sabía: él no era, ni muchísimo menos, el Generalísimo.

Decide no prorrogar el mandato de Alejandro Rodríguez de Valcárcel como presidente de las Cortes y del Consejo del Reino, pero se encuentra con tremendas dificultades en el hecho de que los consejeros de ese alto organismo le propongan una terna con el nombre de la persona que él quería en ese lugar. El Rey estaba empeñado en que ese puesto lo ocupara Torcuato Fernández-Miranda y tuvo que utilizar con dificultad toda su influencia para conseguir su propósito.

Yo le noté muy tenso en aquellos últimos días de noviembre de 1975 porque se jugaba nada menos que la posibilidad de comenzar la reforma de manera inmediata. Tenía algunos consejeros del Reino muy leales y recuerdo que le ayudaron mucho Miguel Primo de Rivera, falangista por tradición familiar pero monárquico visceral, y Alejandro Fernández Sordo que, como ministro de Relaciones Sindicales, tenía influencia en dos consejeros procedentes de la organización sindical y en algún otro amigo.

Curiosamente, la importancia del trabajo de Fernández Sordo en aquellos días previos a la muerte de Franco y posteriores sólo la he visto reflejada en algún libro de Joaquín Bardavío. Fue un hombre generoso que no pidió nada, que cesaría encantado del Gobierno y que desapareció de la escena política.

El costo de la operación para conseguir que Torcuato Fernández-Miranda se convirtiera en presidente de las Cortes y del Consejo del Reino fue alto para el Rey porque tuvo que confirmar a Carlos Arias. Era imposible realizar las dos operaciones de recambio al mismo tiempo.

Franco, de haber querido, lo hubiera hecho dando una orden con cuatro palabras. Y la oposición seguía pensando que don Juan Carlos era un continuista.

El Rey manifestaba en privado su tristeza porque, pese a haber enviado mensajes muy directos de sus propósitos, seguía siendo atacado duramente. Por fortuna, eso duraría poco.

(Continúa en el próximo capítulo)

Europa Press

Torcuato Fernández-Miranda, a la izquierda, escucha atento la intervención de Carlos Arias Navarro.

Fdez-Miranda

"El Rey tuvo que utilizar con dificultad toda su influencia para conseguir nombrar a Torcuato. Le noté muy tenso aquellos días"

• ENSAYO •

De don Juan a don

El trasfondo histórico de la recuperación para

La Guerra Civil dividió, fatalmente, a España en dos bloques. Ni personas ni instituciones pudieron escapar al encuadramiento en uno u otro: piénsese en el caso de la Iglesia. Tampoco podían hacerlo los representantes de la Monarquía derrocada en 1931: conocido es el intento de don Juan de enrolarse en los ejércitos nacionales en solidaridad con el sacrificio de los fieles a su causa.

"La divergencia con Franco se hizo ruptura cuando don Juan (en la foto con su esposa), ante la inminencia del fin de la guerra mundial, exhortó a Franco para que se retirara dando paso a la Restauración, como camino insoslayable si quería alejar de su país los posibles riesgos de un 'ajuste de cuentas' o de un revanchismo republicano apoyado por los aliados, que no podían olvidar la identificación del régimen español con las potencias del Eje".

FOTOS: EUROPA PRESS

Pero en 1939 se abrió el problema de la paz. La Institución forjada en una milenaria tradición integradora sólo podía concebirla como reconciliación capaz de superar el cainismo que había enfrentado, durante tres años trágicos, a hermano contra hermano. Tal sería la misión que hizo suya en 1951 ante los restos mortales de su padre, Alfonso XIII, el nuevo Rey "de derecho"; el llamado, por lo pronto, Conde de Barcelona.

Ahora bien, esa posición de la Corona resultaba incompatible con la pretensión triunfalista de los "vencedores" de 1939: la exclusión, para siempre, de la España vencida; la contraposición de los conceptos "España" y "anti-España", no sólo como fórmula actual, sino como asunción o entendimiento del pasado que en el franquismo puro suponía ignorar o condenar siglos enteros de nuestra Historia, para conectar "limpiamente" con la España imperial -parcialmente interpretada, por lo demás- y como condicionante del futuro. Tal disparidad de criterios -el de Franco, que, amparado en "su" victoria, pretendía trazar un camino irreversible basado precisamente en la perpetuación de la guerra civil, y el de don Juan, que aspiraba a cerrarla reinando algún día sobre todos los españoles- abrió un foso, entre uno y otro, que ensanchándose poco a poco acabó por imposibilitar el acceso al trono del hijo y heredero de Alfonso XIII, cada vez más

Juan Carlos

Carlos Seco Serrano
Miembro de la Real Academia de la Historia.
Catedrático de Historia Contemporánea

spaña de la institución monárquica

El obligado juramento de las Leyes Fundamentales creaba en don Juan Carlos (en la foto con la Reina) una dificultad muy grave, si quería, y tal era su voluntad, abrir su reinado "a todos los españoles". Su máximo consejero político, Fernández-Miranda, le tranquilizó cuando le expresó su preocupación: "No sé hasta qué punto estas leyes que juro hacen inviable la Constitución democrática". "Señor, las leyes le obligan, pero no le encadenan".

identificado con el horizonte democrático que en la Europa en guerra se abría como alternativa salvadora frente al "nuevo orden mundial" proyectado por Hitler; precisamente cuando el franquismo, orientado por Serrano Suñer, se mostraba más identificado con el ideario fascista. De aquí que don Juan acabase encarnando, para los exiliados, y quizá más aún para los exiliados del interior, el único punto de referencia en que cabía cifrar la reconciliación efectiva, el "reencuentro" de las dos Españas.

La definición de su papel histórico quedó definitivamente plasmada por don Juan en sus declaraciones al *Journal de Genève* (noviembre de 1942): "Mi ambición suprema es la de ser rey de una España en la que todos los españoles, definitivamente reconciliados, podrán vivir en común..."; al paso que su correspondencia de esta misma época con Franco implicaba el rechazo de la "Monarquía totalitaria" que éste le brindaba. Pero la divergencia se hizo ruptura cuando don Juan, ante la inminencia del fin de la guerra mundial, exhortó a Franco para que se retirara dando paso a la Restauración, si quería alejar de su país los posibles riesgos de un "ajuste de cuentas" o de un revanchismo republicano apoyado por los aliados, que no podían olvidar la identificación del régimen español con las potencias del Eje. Como el mismo don Juan recordaría, andando los años, en una de sus cartas al omnipotente Generalísimo, "cuando... se presentaron momentos de gravísima dificultad internacional para la Patria, consideré que tenía el sagrado deber de salir al paso de estos peligros exteriores, declarando la existencia de una solución política legítima frente al apoyo internacional a la República exiliada...". Pero la réplica del Caudillo a esos "peligros exteriores" fue encastillarse en un numantismo del que serían víctimas los españoles; y sólo el comienzo de la guerra fría y la amenaza de un posible enfrentamiento de los dos mundos -el de la democracia revitalizada y el del comunismo triunfalista- hizo posible la pervivencia del franquismo, tolerado por los Estados Unidos y sus aliados europeos. A Franco le bastó "maquillar" su régimen bajo la fórmula de la "democracia orgánica" y la acentuación de su definición católica -que siempre había sido, en verdad, efectivo contraste con el nazismo- para intentar homologarse con las "democracias cristianas" alumbradas en la Europa en ruinas. Y, en fin, procedió a "coronar" su sistema político con la famosa Ley Sucesoria (1947).

El príncipe Juan Carlos, fotografiado mientras jugaba en el patio del Instituto San Isidro.

Una instantánea de la boda entre el príncipe don Juan Carlos y doña Sofía, en Atenas.

Don Juan y Franco conversan durante uno de sus escasos encuentros. Sus relaciones nunca fueron buenas.

Ahora bien, la Ley Sucesoria significaba ya el desahucio de don Juan como futuro rey: esa Ley introducía el principio -vinculado al miguelismo portugués, e incorporado por el carlismo español- de la doble legitimidad (que antepone la legitimidad de ejercicio a la legitimidad de origen), sin más propósito que excluir a don Juan de la futura Restauración. Quedaba, sin embargo, la posibilidad de que ésta tuviera efecto en un futuro muy lejano porque Franco, considerándose instrumento de la Providencia divina, había decidido ya mantenerse en el poder hasta su muerte.

Franco no perdonó nunca al que él llamaba "infante" y "pretendiente" por su actitud de 1945, que entendió como una traición; y se planteó la posibilidad de "acuñar" un futuro rey en la tierna persona del príncipe Juan Carlos: la instalación de éste en España -tras la famosa entrevista del Azor- para cursar estudios en la tierra de sus mayores, abría decididamente ese camino.

Franco no perdonó a don Juan su actitud de 1945 y se planteó el "acuñar" un futuro rey en la tierna persona de Juan Carlos

Para los que pensaban en la Restauración como medio de lograr, al fin, la reconciliación de las dos Españas -la clausura de la Guerra Civil- era, en el fondo, una doble realidad venturosa la identificación del príncipe niño con su augusto padre y su aclimatación en la patria española. En la única ocasión en que me fue dado mantener una extensa entrevista privada con el Rey en La Zarzuela, pregunté abruptamente a don Juan Carlos por el momento preciso en que entendió como insoslayable la recuperación democrática. Me contestó, sin vacilar, que siempre, desde sus años de adolescente, había tenido muy claras dos ideas: una, que la Monarquía debía suponer la paz -la reconciliación entre los españoles-; otra, que la reconciliación sólo sería posible en el seno de la democracia. Y me añadió que ésa había sido, desde siempre, una doble idea heredada, compartida con su padre. A tal identificación con el criterio paterno, él pudo añadir, desde muy pronto, su vivencia directa de la realidad española, no siempre ajustada al "cliché" a que se atenían los exiliados -el propio don Juan-. Por ejemplo, fue suya -contra lo que se creela decisión de seguir en España la carrera de las armas, frente a la idea de don Juan -que cursara estudios universitarios en centros europeos del máximo prestigio-. Se daba cuenta don Juan Carlos de la importancia que tenía contar con el Ejército (estar dentro de él) en un régimen de base, jefatura y orientación eminentemente militares. Aunque pudiera parecer paradójico, sólo un "rey soldado" -y jefe de los ejércitos- podría superar, en el futuro, los obstáculos previsibles que habrían de oponerse al logro de una auténtica democracia civilista. La primera "entrevista de Las Cabezas" no supuso, pues, una imposición de Franco, sino la adopción del camino ya decidido entre el Rey y su hijo. En cambio, la segunda (marzo de 1960), que programó, ya ultimada la formación del Príncipe en las tres Academias, sus posteriores estudios en la Universidad de Madrid, sí obedeció a una clara determinación de Franco: sería el tramo final en la preparación del que él miraba ya como Delfín de su Régimen.

Pienso -estoy convencido de ello- que Franco no abandonó, desde 1945, su actitud condenatoria y excluyente en relación con don Juan; pese a que éste, ya lejos el momento crítico que tuvo su expresión en el famoso manifiesto de Estoril, seguía esforzándose en una apertura a dos bandas; porque la reconciliación nacional no podía consistir en excluir nuevamente a una España -ahora, la de los vencedores de 1939- para sustituirla por la de los vencidos, sino en integrar a ambas bajo una Monarquía abierta; y tal sentido tiene su relación con Franco durante este tiempo, que a algunos ha podido parecer, cuando menos, desconcertante. Por lo demás, la prudencia de don Juan Carlos y el hecho de que, concluidos sus estudios y casado con la princesa Sofía de Grecia -máximo acierto de su vida-, fijase definitivamente su residencia en el palacete de La Zarzuela, le presentaban, de manera inequívoca, como una clara reserva del Régimen.

Hubo por entonces (1963-1965) un inteligente esfuerzo encaminado a superar los malentendidos entre Franco y don Juan, mediante una hábil coordinación del triángulo Estoril, La Zarzuela, El Pardo. Tal fue el intento del profesor Pabón, al hacerse cargo de la Delegación de don Juan en España. Para Pabón se trataría de rectificar la imagen negativa que sus antiguas declaraciones -y la personalidad de alguno de sus consejeros íntimos, como Pedro Sainz Rodríguez- habían creado a don Juan en el ánimo de Franco. Los recelos de los asesores destacados en el "círculo de Estoril", que temían verse desplazados de su posición cerca del Rey si se abría camino la táctica del delegado, junto con la alarma provocada en don Juan por los primeros "avances" prácticos de alguno de los políticos más caracterizados del franquismo, en el sentido de una solución juancarlista como cosa ya decidida, provocaron la supresión de la Delegación. Pero el "cese" de Pabón alejó aún más las expectativas del Conde de Barcelona.

El bautizo del príncipe Felipe resultó clave para confirmar a don Juan Carlos como futuro rey de España. Franco admitió tal posibilidad tras una emotiva entrevista que mantuvo con la Reina Victoria Eugenia.

Fue decisiva para la actitud favorable de las FF.AA. al Príncipe su iniciativa de respaldar al Ejército con su presencia en Africa

Tanto el almirante Carrero Blanco -alter ego y consejero máximo de Franco- como los tecnócratas que por entonces dominaban las claves del Gobierno -y de los cuales era Laureano López Rodó la figura más caracterizada- inclinaron decididamente la balanza a favor de la "operación Príncipe": la edad de Franco aconsejaba ultimar cuanto antes la configuración institucional del Estado a través de la Ley Orgánica que estaba en el telar; López Rodó ha evocado en sus memorias los esfuerzos que hubo de desplegar cerca del Generalísimo para que éste diese paso, simultáneamente, a la Ley Orgánica y a la designación del futuro rey: en su ánimo, como en el de Carrero, ambos objetivos tendían a perpetuar el Régimen; resultaba un motivo de inquietud, de una parte, la opción -nunca favorecida por Franco- de don Hugo de Borbón Parma -apoyado por un sector carlista-, y, de otra, la pretensión de evitar la solución monárquica pese a la Ley Sucesoria, mediante una Regencia -idea de un sector del falangismo refractario-.

El desenlace se produciría en 1969, favorecido por tres circunstancias decisivas. En primer lugar, el hecho de que don Juan Carlos, en enero del año anterior, había alcanzado la edad requerida por la Ley Sucesoria. En segundo, el nacimiento, en ese mismo mes, de su hijo varón, don Felipe. Por último, la venida a Madrid, días más tarde, de la Reina Victoria Eugenia, madrina del recién nacido, y su entrevista privada, en el palacio de La Zarzuela, con el general Franco, presente en la ceremonia del bautizo. La entrevista, de que la Reina dio cuenta al duque de Alba -en cuyo palacio de Liria ella se hospedaba-, y que el duque, a su vez, refirió al profesor Pabón, fue recogida fielmente por éste en el epílogo de sus memorias. Doña Victoria planteó una nítida disyuntiva a Franco; una disyuntiva que pretendía asegurar la sucesión en la línea legítima -la de su hijo Juan- aunque fuera preciso el sacrificio de la persona. Porque a sus ojos no se ocultaba la realidad que don Juan no quería ver, esto es, que Franco no decidiría jamás a su favor.

Las palabras de doña Victoria fueron inequívocas: "General, esta es la última vez que nos veremos en vida. Quiero pedirle una cosa. Usted, que tanto ha hecho por España, termine la obra: designe Rey de España. Ya son tres. Elija. Hágalo en vida. Si no, no habrá Rey. Esta es la única y última petición que le hace su Reina". Franco contestó: "Serán cumplidos los deseos de Vuestra Majestad".

"Yo he pensado siempre -apostilla Pabón- que de ese día arranca lo hecho por Franco en la Sucesión. Por primera vez se comprometió y decidió". Sin duda, fue así; aunque, dada la lentitud con que el General maduraba sus decisiones fundamentales, hasta el mes de julio de 1969 no se produciría la designación solemne del príncipe Juan Carlos como futuro rey. Que don Juan tenía previsto ese posible "salto generacional" -por lo menos desde 1947- lo pondría de manifiesto, tiempo después, en unas declaraciones a Víctor Salmador: "Ni tampoco ignoré yo mismo, a partir de ese ➳

instante (primera entrevista de Las Cabezas), que la Restauración y la consolidación de la Monarquía podían exigirme a mí un precio, el de mi marginación. Ni yo me engañé a mí mismo ni nadie me engañó. Recordé entonces, y recuerdo siempre, las ideas que mi padre me inculcó sobre estos puntos, que yo creo son ideas consustanciales con la realeza misma: que los reyes se excluyen a sí mismos cuando el servicio a su país así lo exige". Pero lo que resultó especialmente doloroso, tanto para el hijo como para el padre, puestos ante una disyuntiva sin vuelta de hoja -"o tomarlo, o dejarlo"- fue la unilateralidad, la rudeza de la imposición. Porque el pleito sucesorio hubiera debido resolverse en el seno de la Institución -como ocurriría finalmente en mayo de 1977, aunque supusiera una transacción con la legalidad vigente. Como Pabón comentaría en una nota íntima: "Aquel hombre (Franco), con el rostro parado, el paso vacilante y las manos temblorosas, lo había hecho todo sin oír consejo, ni obtener un consentimiento -ni el del Rey-, sin sentir duda alguna sobre la autoridad y el poder que empleaba, sin dar margen a la flexión o a la reflexión de los seres humanos puestos en movimiento. El, y nadie más en realidad, designaba al Príncipe como futuro jefe del Estado... Estaba seguro de que, por él, reinaría el Príncipe".

Así pues, lo que era "solución final" se presentaba de nuevo como "problema". Pero además, el obligado juramento de las Leyes Fundamentales (en todo caso, también acatadas por don Juan en repetidas declaraciones anteriores) creaba a don Juan Carlos una dificultad muy grave, si quería, y tal era su voluntad, abrir su reinado "a todos los españoles" y, en definitiva, a la soberanía nacional (lo que Marías llamó, acertadamente, "la devolución de España a los españoles"). El que era ya su máximo consejero político -Torcuato Fernández-Miranda- tranquilizó a don Juan Carlos cuando éste le expresó su preocupación: "No sé hasta qué punto estas leyes que juro hacen inviable la Constitución democrática del futuro". "Señor, las leyes le obligan, pero no le encadenan, y además, en ellas está legal y legítimamente establecido el principio de la Reforma: de Ley a Ley". En todo caso, el Conde de Barcelona se erigió desde ese momento en "vigía" y en reserva democrática, para condicionar el futuro.

GUSTAVO CATALÁN

Don Juan Carlos, recién coronado, saluda rodeado de Carlos Arias (izquierda) y los ministros militares.

Y por lo demás, tardía y todo, la decisión del omnipotente Caudillo se produjo muy a tiempo para neutralizar otra opción: la del príncipe don Alfonso de Borbón Dampierre, convertido en marido de su nieta Carmen en 1972. Cabe pensar lo que pudo ocurrir de haberse efectuado la boda tres años antes o la designación tres años después.

Los seis que separan la proclamación del "Príncipe de España" de su acceso al trono -muerto el general Franco en noviembre de 1975- presenciaron dos crisis de decisiva importancia para configurar el derrotero de la Monarquía. En noviembre de 1973, la eliminación del almirante Carrero: él era el único dique opuesto a la apertura que traería consigo el "sucesor de Franco a título de Rey". En abril de 1974, la portuguesa "revolución de los claveles" se tradujo en estímulo para los demócratas españoles, y luego, en punto de referencia para evitar rebasamientos peligrosos. Otra crisis -la energética, provocada por la tensa situación del Oriente Medio- acabaría abruptamente con el sueño del "milagro económico español", poniendo en entredicho los supuestos del "Estado de obras" en cuyas realizaciones se apoyaban los políticos de la tecnocracia, valedores de la continuidad del Régimen, y muy afectados ya por el famoso escándalo Matesa.

En cuanto a las Fuerzas Armadas, fue decisiva para su actitud favorable al Príncipe la espontánea iniciativa de éste, ya en vísperas de la muerte de Franco, para respaldar con su presencia la difícil situación del Ejército de Africa, ante la oportunista "Marcha Verde" desencadenada por Hassan II.

Pocas semanas después, y en la solemne proclamación del Rey en el Palacio de las Cortes, el "discurso de la Corona" desplegó, ante los procuradores de Franco y ante la ciudadanía, un programa esperanzador, que condensaba todas las claves de una transición de insospechable éxito: "El Rey quiere serlo de todos a un tiempo y de cada uno en su cultura, en su historia y en su tradición...". "Una sociedad libre y moderna requiere la participación de todos en los foros de decisión, en los medios de información, en los diversos niveles educativos y en el control de la riqueza nacional. Hacer cada día más cierta y eficaz esta participación debe ser una empresa comunitaria y una tarea de gobierno".

Entonces parecía un bello sueño. Nadie podrá negar hoy que el sueño se ha convertido en una efectiva realidad.

• PERFIL •

El segundo padre del Rey

El marqués de Mondéjar, un hombre de confianza del Monarca

Joaquín Bardavío

En principio no estaba destinado a ser el segundo padre del Rey, sino solamente su profesor de equitación y deportes. Perteneciente a la rancia aristocracia balear, Nicolás Cotoner y Cotoner, conocido primero como conde de Tendilla y luego, tras herencia, como marqués de Mondéjar, es un hombre encantador, mundano en el sentido noble del concepto, de casta arquetípica y de alta educación. Héroe de guerra, Medalla Militar Individual, la segunda más importante al valor tras la Laureada, se retiró como teniente coronel, pero por su alta condecoración ascendió automáticamente a coronel, y don Juan Carlos consiguió que fuera nombrado general de brigada honorífico de Caballería. Era un premio merecido, como lo fue la grandeza de España y el Toisón de Oro, quizá la distinción con más raigambre en el mundo.

CÓMPLICE DEL REY. No es un hombre de sofisticaciones intelectuales. Educado hasta los tuétanos, ante el Príncipe primero y después Rey se cuadra, mantiene las formas militares o civilmente protocolarias y no las descompone cuando don Juan Carlos le corresponde con un beso en la mejilla o en la calva. Aunque no se cohíbe y su trato conversacional es fluido, distendido y en ocasiones hasta pícaro. Han sido muchos años de complicidad. Cuando el preceptor teniente general duque de la Torre, severo hasta la extenuación, acosaba positivamente al Príncipe en sus estudios militares, el comandante Nicolás Cotoner era el cómplice de don Juan Carlos, quien le tapaba pequeños fallos o aventurillas. Una diferencia de casi treinta y tres años de edad consolidaron una relación paterno-filial a lo largo de casi siete lustros. Y el Rey apreció siempre sus definiciones fáciles, su experiencia, su observación sagaz. Nunca se anduvo con sutilezas. Personalmente recuerdo dibujos de personas que me hizo. Por ejemplo, de Alfonso Armada: "Alfonso siempre fue un niño modelo. Yo le he dicho muchas veces: a ti lo que te hubiera hecho falta es que alguien, algún compañero, te hubiera dado una patada en el culo, como a casi todo el mundo". Sobre Gonzalo Fernández de la Mora: "Una cabeza privilegiada, pero siempre ha sido un antiguo. Se ha creído que vive en los tiempos de Maeztu y hasta de Menéndez Pelayo". Obsérvese que no hay matiz peyorativo en sus apreciaciones. Sobre Milans del Bosch: "No reflexionaba lo suficiente. Toda su vida ha sido un legionario". Refiriéndose al presidente Arias Navarro: "Le gustaba demostrar que tenía carácter fuerte. Mucho ruido y pocas nueces. Yo le amansé sin problemas dos o tres veces que le dimitió al Rey". Hay que concluir en que la diplomacia de Mondéjar no quita un ápice de su agudeza. Como lo demostró con Josep Tarradellas la primera vez que visitó al Rey. En su libro *Ja soc aquí*, lo cuenta el viejo republicano pronto converso en monárquico o al menos en juancarlista.

"Al llegar al palacio de La Zarzuela me encontré con la agradable sorpresa de ser recibido por alguien que me hablaba en catalán: «Bon día, senyor president, com està?» Era Nicolau de Cotoner i Cotoner, marqués de Mondéjar y de Ariany, de antiguo linaje mallorquín, Grande de España y jefe de la Casa Real. Aumentaban las señales de buen augurio".

PAPEL RELEVANTE EN EL 23-F. Dos matices: unas palabras en lengua vernácula y un tratamiento legalmente indebido aunque oportuno, hacen entrar a Tarradellas más abierto y dispuesto a su encuentro primero con el Rey. Nada de grandes frases. Clase con sencillez y puntería.

Jubilado a los 82 años, siempre fue el punto de referencia último y próximo a la persona de don Juan Carlos. Su extrema cercanía afectiva a la Familia Real, le convirtió en muchas ocasiones en un "primum inter pares". La noche triste del 23-F tuvo un papel relevante en sus contactos con los altos mandos militares.

E.J. DALMAU

Nicolás Cotoner y Cotoner, un hombre educado, sencillo y agudo.

• INFORME •

Siete días de noviembr

Un manifiesto crítico, un mensaje secreto y una ceremonia íntima

Javier Lorenzo

Dos comunicados de don Juan aparentemente contradictorios jalonaron la semana más intensa de 1975. Don Juan Carlos estuvo a punto de volar a Portugal para evitar la difusión del primero de ellos. Carlos Arias se lo impidió.

Entre la muerte de Franco y la coronación de don Juan Carlos como Rey de España, don Juan tuvo que tomar una de las decisiones más duras de su vida: la de abdicar en su hijo y dejar constancia de su apoyo al nuevo monarca, heredero no sólo de la casa Borbón, sino también del hombre cuyo cadáver estaba siendo sepultado en una cripta del Valle de los Caídos.

Muchos pensaron que no lo haría de buen grado. Un manifiesto hecho público por su gabinete de información con fecha del 21 de noviembre -aunque se redactó en la madrugada del día 23, don Juan corrigió a mano la fecha argumentando que él no podía hacer declaraciones cuando su hijo ya era rey- le presentaba como "depositario de un tesoro secular cuyos deberes considera irrenunciables", lo que dio pie a sesgadas interpretaciones. Más cuando el mismo documento afirmaba que "la Monarquía, para ser útil a España, debe ser un poder arbitral independiente que facilite la superación de la Guerra Civil; el establecimiento de una profunda justicia social que elimine la corrupción; la consolidación de una verdadera democracia pluralista; nuestra plena integración en la Comunidad Europea, y el pacífico acceso del pueblo español a la soberanía nacional". Y terminaba: "Objetivos todos ellos que deben ser primordiales para su hijo y heredero don Juan Carlos".

Este comunicado no se improvisó. Ya en octubre don Juan avanzó a sus colaboradores que la muerte del dictador debía ir acompañada de algún manifiesto suyo en el que se recordara el papel que debía jugar la Corona. Tal manifiesto se hizo, pero a don Juan no le gustó -era bastante duro con la Monarquía "del 18 de julio"-, se lo metió en un bolsillo y se lo llevó con él a Estoril. Cuando Franco falleció, su gabinete recuperó algunas ideas de aquel manifiesto para pergeñar, con un tono más constructivo hacia don Juan Carlos, el que luego sería definitivo.

en la vida de don Juan

Don Juan y el Rey, en la ceremonia en que éste le impuso el fajín de almirante, 16 de julio de 1978.

EUROPA PRESS

La noticia de que existía un comunicado para cuando Franco muriera llegó rápidamente al Príncipe, quien, preocupado por las consecuencias políticas del mismo, envió durante los meses de octubre y noviembre numerosos emisarios a Portugal con el fin de evitar su publicación. A todos ellos, entre los que se encontraba el general Díez Alegría, don Juan les reiteró que quedaran tranquilos, que por lo que a él respectaba tal comunicado jamás vería la luz (aunque luego se publicó en el libro *Franco y don Juan*, de José María Toquero. Plaza y Janés. Cambio 16, 1990).

Con todo, don Juan Carlos no debió quedarse tranquilo con la respuesta, ya que, según afirma Luis María Anson -y es sorprendente que no lo haya reflejado en su minucioso libro sobre don Juan-, el todavía Príncipe propuso al conde de Gaitanes, que se encontraba por esas fechas en Madrid, viajar juntos a Lisboa en su propio avión. Con él como piloto. "Nos vamos a ver a mi padre", le dijo. Una cuestión técnica retrasó por unas horas el vuelo, las suficientes para que don Juan Carlos comentara su iniciativa a Carlos Arias -quien todavía no le había jugado ninguna mala pasada-. El presidente del Gobierno se alarmó con la idea. Un encuentro entre don Juan y su hijo en Estoril, con Franco ingresado en un hospital, era como mínimo inconveniente, y si llegara a saberse tal vez acarrearía graves consecuencias políticas y hasta sucesorias. Así pues, a la mañana siguiente, don Juan Carlos llamó de nuevo al conde de Gaitanes para comunicarle que el viaje quedaba definitivamente anulado.

La noticia del comunicado preocupó tanto a don Juan Carlos, que envió a su padre numerosos emisarios

Padre e hijo ya habían tenido algunos roces desde que don Juan Carlos regresara a España, pero su relación no se rompió nunca. Un debe que hay que apuntar sobre todo a doña María de las Mercedes, quien también influyó determinantemente en su esposo para que tomara la decisión de abdicar, un hecho que se produjo realmente cuando, dos días más tarde de la coronación de los Reyes en la iglesia de Los Jerónimos, don Juan dio a conocer otro comunicado en el que constaba sin ningún género de dudas su apoyo a su hijo y la institución que representaba, aunque en puridad el acto oficial de renuncia al trono no tuvo lugar hasta el 14 de mayo de 1977. Ese segundo comunicado llegó a don Juan Carlos a través de Antonio Fontán, futuro presidente del Senado, quien en esa ocasión hizo de correo secreto de don Juan.

La televisión había sido durante años el cordón umbilical de don Juan con los actos políticos en los que don Juan Carlos intervenía. En 1969, Figueiredo, un pueblecito cercano a Coimbra, vio cómo don Juan buscaba un televisor en el que contemplar el juramento del Príncipe ante las Cortes franquistas como sucesor "a título de Rey". Seis años más tarde, durante la cacería a la que había sido invitado en el norte de Francia, le sorprendió la muerte de Franco, la proclamación de don Juan Carlos ante las Cortes y la Coronación -"qué vestido verde tan bonito llevaba Sofía", dicen que comentó-, actos que vio seguramente en el televisor de la finca en la que descansaba. Quizá por eso, una vez en España, quiso que la ceremonia oficial de abdicación -con Carlos Arias ya defenestrado y el referéndum sobre la Reforma Política aprobado- tuviera un destacado tratamiento informativo.

Como buen marino, su ilusión era realizar el acto en la cubierta del portahelicópteros "Dédalo", pero no todos veían con buenos ojos la idea. Temían que su figura recobrara un protagonismo que no deseaban. Las pegas convirtieron esos meses en muy desagradables para don Juan. No obstante, el marqués de Cáceres convenció a don Juan Carlos de la conveniencia de una ceremonia solemne: "Majestad, es algo que hay que hacer, y no va a ser por carta". Finalmente, el salón del trono de La Zarzuela fue el escenario -con la ausencia, eso sí, de los políticos más relevantes de la época- del íntimo y sencillo acto en el que la cuestión dinástica quedaba finalmente resuelta. Al fin y al cabo, don Juan Carlos estaba llevando adelante la idea de Monarquía que desde siempre había defendido su padre.

Portugal, un espejo revolucionario

El golpe de Saraiva fue, para España, una llamada a la cautela

FOTOS: EUROPA PRESS

El estado de vértigo en el que vivió Portugal en 1975 desembocó en el golpe del 25 de noviembre.

Si la "revolución de los claveles" que puso fin en 1974 a la dictadura de Salazar se vivió con entusiasmo por los demócratas españoles, el golpe frustrado de Saraiva un año después fue una llamada a la moderación.

Felipe Sahagún

Portugal ha sido siempre un espejo para España, aunque los españoles sólo se hayan mirado en él en sus momentos más críticos.

Al final de la Guerra Civil, Franco buscó y consiguió acuerdos con Salazar. En plena Guerra Mundial, entre el 18 y el 22 de diciembre de 1942, los dos dictadores formaron el mal llamado "Bloque Ibérico" como garantía de ayuda mutua en caso de que alguno de los dos países viese amenazada su neutralidad.

Los demócratas españoles contemplaron con entusiasmo y esperanza la "revolución de los claveles" que puso fin, en la madrugada del 25 de abril de 1974, a la dictadura portuguesa y a su imperio africano -gangrena insoportable desde hacía muchos años- sin un solo tiro. Lo sucedido no fue una revolución sino un golpe militar puro, pero blando. Que sólo murieran tres civiles en manos de la PIDE se debió, más que nada, a la astucia de Marcello Caetano para disfrazar su estrepitoso fracaso como una transferencia constitucional de poderes al general Antonio de Spínola.

Durante los últimos meses de la dictadura de Franco y el año siguiente a su fallecimiento, Portugal vivió en un estado permanente de vértigo. Dio cobijo a casi un millón de refugiados procedentes de las colonias africanas. Regresaron los líderes del exilio. Se legalizaron los partidos. Se nacionalizaron tierras y empresas. Se celebraron, asimismo, elecciones constituyentes y legislativas.

CRISIS DE GOBIERNO. Las crisis de gobierno se sucedieron cada pocas semanas en un pulso permanente entre los demócratas prooccidentales, muy influenciados por la CIA, la OTAN y la Comunidad Europea, y los filomarxistas utópicos, muy influenciados por la Unión Soviética.

La tensión no amainó hasta el fallido golpe del 25 de noviembre de 1975, dirigido por Otelo Saraiva de Carvalho con la ayuda del Partido Comunista, su sindicato -la Intersindical- y una minoría de oficiales del Movimiento de las Fuerzas Armadas.

Paracaidistas de extrema izquierda ocuparon cuatro bases aéreas en Lisboa y sus alrededores con la esperanza de imponer un "Gobierno popular" que aplicase el programa del 25 de abril, programa que había sido descafeinado primero por Spínola y luego por su sucesor, Costa Gomes.

El aplastamiento de la rebelión permitió al presidente Costa Gomes desmantelar los focos más activos de resistencia en las Fuerzas Armadas. Los 150 cabecillas más próximos al Partido Comunista fueron detenidos. Ramalho Eanes, brazo ejecutor de la limpieza, es elevado de teniente coronel a general.

Una imagen de Otelo Saraiva de Carvalho, cabecilla del fallido golpe del 25 de noviembre de 1975, en el que paracaidistas de extrema izquierda (foto superior) ocuparon cuatro bases aéreas en Lisboa.

El 27 de junio de 1976, Eanes gana las primeras elecciones presidenciales libres de Portugal. Cuatro meses antes, los partidos políticos y las Fuerzas Armadas habían firmado un nuevo Pacto Constitucional que desmilitarizaba la política y encarrilaba al país por la senda democrática.

PRIMERAS ELECCIONES LEGISLATIVAS. El peligro de una guerra civil se aleja y la democracia se consolida definitivamente. El 2 de abril de 1976, la Asamblea Constituyente aprueba por 250 votos contra 15 una nueva Constitución, y el 25 del mismo mes, a pesar de varios incidentes violentos que a punto estuvieron de dar al traste con el proceso, los portugueses disfrutan de la oportunidad de celebrar sus primeras elecciones legislativas en libertad.

Si la "revolución sin tiros" del 25 de abril de 1974 fue un auténtico incentivo para los demócratas españoles, la inestabilidad siguiente fue una llamada a la cautela y a la moderación en la Transición a punto de iniciarse dentro de España.

Huelgas y renova

Los grupos independientes emergieron en los escenarios en 1975

Javier Villán

La profusión de grupos independientes en salas alternativas fue el hecho más destacado en el teatro de la Transición, marcado por la huelga de actores en 1975.

En teatro, la Transición tiene como fecha clave febrero de 1975, cuando tiene lugar la primera huelga de actores seguida, salvo contadísimas excepciones, por la totalidad de la profesión. En el transcurso de asambleas, discusiones y forcejeos con el Sindicato del Espectáculo fueron detenidos, entre otros, Tina Sáiz, Rocío Dúrcal, Enriqueta Carballeira, Alberto Alonso y Pedro Mari Sánchez. Cuando salieron de la Dirección General de Seguridad, todos eran conscientes de que algo había empezado a cambiar en el mundo de la farándula. Este es un hecho decisivo para entender las pequeñas transformaciones y algunos cambios estructurales que de 1976 a 1982, primera fase transicional, experimenta el teatro; sobre todo, como colectivo de artistas sujeto a una normativa laboral.

En 1976 ocurren muchas cosas. En Fuentevaqueros, por ejemplo, se rinde un gran homenaje a Federico García Lorca. El poeta granadino era un autor fusilado por el franquismo, pero no era un autor clandestino. Era un muerto que algunos falangistas desenterraban a veces para arrojarlo a la cara y a la memoria histórica de la CEDA, cuyo militante, el diputado Alonso, había sido el máximo instigador de la

EUROPA PRESS

Un grupo de artistas en 1975: Mónica Rándall, Alberto Alonso, Rocío Dúrcal, Víctor Manuel (con micrófono) y Tina Sáiz. Varios de ellos fueron detenidos.

ón

detención de Lorca. En esta primera fase de la Transición se intensifica, quizás, la presencia lorquiana. Y hay una insólita *Bernarda Alba* interpretada por Ismael Merlo. Pero el referente seguía siendo la *Yerma* de Víctor García y Nuria Espert a finales de los sesenta.

En el 76, la Asamblea de Actores y Directores y la Asamblea de Trabajadores del Espectáculo protagonizaron en Barcelona unos hechos de honda repercusión. Ricard Salvat no ha dudado en decir que "1976 pasará a la historia importante de nuestro teatro" y que "lo conseguido en el Teatre Grec de Montjuich es un hito de tal magnitud que, a nivel político, será imposible superarlo".

Adolfo Marsillach con el *Marat-Sade* (1969), y poco después con el *Tartufo*, había dado el do de pecho frente a la censura. Aquel, el *Marat*, fue descabalgado de la cartelera, y se armó un escándalo internacional. A *Tartufo* se le atribuyeron ciertos maniqueismos contra el Opus Dei, triunfador frente a la Falange en las querellas internas del franquismo.

El movimiento verdaderamente vivo de teatro emanaba de los grupos independientes, que unían a su carácter resistente sus inquietudes formales. Esto informó en buena medida la vida teatral de aquellos años. La censura se suavizó, aunque no desapareciera con la rapidez deseada. *La Torna*, de Els Joglars fue suspendida, acusada de apología del terrorismo y la Sala Cadarso, un lugar de marginalidad, experimentación y vanguardia sufrió tres cierres gubernativos y dos atentados atribuidos a grupos descontrolados de la extrema derecha. Aquello se interpretaba como síntoma de vitalidad, y el crítico Juan Emilio Aragonés así llegó a escribirlo en tono incuestionablemente laudatorio. Pero esa vitalidad era demasiado arriesgada y la Cadarso acabó cerrando.

Vitalismo creador y político mostró también el Gayo Vallecano, que aguantó también la transición, y el TEI de la calle Magallanes en Madrid, verdadero santuario para los amantes del teatro en aquellos años. Parece que esta fuerza emergente y resistente llevaba en sí un principio de destrucción, pues el Teatro Magallanes se vio obligado a cerrar aproximadamente en 1978.

En teatro, como en lo demás, la transición es un entramado complejo de fuerzas encontradas, de armonización de tendencias, de cesiones y de pactos más o menos vergonzantes. A la luz de aquellos años hay que analizar frustraciones y contrasentidos. Cuando en 1982 se saludó el "nuevo orden" socialista, se saludaba también la regeneración del teatro, el imperio de la razón, la libertad creadora y la construcción de mecanismos y entidades del Estado al servicio de un teatro ejemplar. Una mirada sobre el teatro español descubre un campo de cenizas.

EUROPA PRESS

Varios actores en huelga, reunidos en una habitación con crucifijo y el retrato de Franco.

Una boda con gancho

Pedro Carrasco y Rocío Jurado se casaron en Chipiona

Jaime Peñafiel

En enero de 1976, una familia española -todavía feliz ella- viajaba a un país lejano y asiático, Filipinas. Se trataba de **Julito Iglesias** que, con su esposa e hijos, había decidido conocer la patria de la inefable niña **Isabel**.

Los **duques de Cádiz**, Alfonso y María del Carmen, ya huérfanos de la protección del **General**, iban y venían de Madrid a París. Y **Nini Montian** continuaba ejerciendo de gran celestina nacional.

En febrero, el gran modisto **Pedro Rodríguez**, el más ilustre "couturier" de la época, criticaba la lista de las diez mujeres españolas "peor vestidas" que, más o menos, siguen siendo las mismas de hoy: **Duquesa de Alba**, **Sara Montiel**, **Karina**, **Natalia Figueroa**, **Massiel**, **Estíbaliz**, **Marujita Díaz**, **Rosa Morena**, **Nuria Feliú** y **Cecilia**.

Pero la gran noticia de aquel mes sería la salida definitiva de doña **Carmen Polo**, la viudísima del General, del Palacio de El Pardo, su hogar durante 40 años. Llegó a darse la paradoja de que, durante casi tres meses, en España hubiera dos primeras damas: doña Carmen, la viuda en El Pardo, y **doña Sofía**, la Reina, en La Zarzuela... ¡Una situación de lo más surrealista! Casi coincidiendo con el cierre, sólo aparente, del anterior régimen, los Reyes realizan su primera visita oficial a Cataluña.

ESPARTACO SANTONI, A LA CÁRCEL. El mes se despide con una de esas noticias bomba protagonizada por dos figuras de la jet: **Espartaco Santoni**, esposo de **Carmen Cervera**, ingresa en la cárcel madrileña de Carabanchel acusado de estafa. El querellante, don **Luis Renedo Sinovas**, testigo que había sido de la boda de la pareja, había adquirido a Espartaco los de-

EUROPA PRESS

El boxeador Pedro Carrasco, rey del gancho, y la cantante Rocío Jurado, en el altar de la iglesia de la Virgen de la Regla en Chipiona. Era junio de 1976.

EUROPA PRESS

EFE

En mayo de 1976 se casaron Patxi Andión y Amparo Muñoz (a la izquierda); dos meses antes fue la boda del torero Angel Teruel y Lidia Dominguín.

rechos de exhibición de las películas *Infamia* y *Espectros* por 11 millones de pesetas sin saber que el marido de Carmen Cervera ya había vendido estas mismas películas a Madrid Films. El ingreso en prisión de Espartaco se produce el mismo día del primer aniversario de su boda con Carmen, que pensaba celebrar por todo lo alto.

En la cárcel, Santoni tendría tiempo de pensar en su primera esposa -la farmacéutica venezolana-, en Marujita Díaz -que fue la segunda-, en **Teresa Velázquez** -que sería la tercera-, en Massiel, en **Blanca Estrada**, en **Analía Gadé**, en **Marisa Mell** y, sobre todo, en la cuarta, Carmen Cervera, ex miss y adinerada viuda de **Lex Baxter**.

En marzo se casa **Lidia Dominguín**, hija de **Pochola** -la hermana del torero **Luis Miguel**-, con el también matador de toros **Angel Teruel**. Y, en abril, Espartaco Santoni es puesto en libertad. A la puerta de la cárcel y a bordo de un lujoso automóvil le espera la enamoradísima Carmen Cervera, su todavía esposa.

En mayo tiene lugar en Madrid la boda de la hija de uno de los prohombres del franquismo puro y duro: **Eduardo Barreiros**. Su hija **Mari Luz** se casa con **Alberto Comenge Sánchez-Real** en el templo de Los Jerónimos.

LO MÁS FLORIDO DEL RÉGIMEN. La ceremonia congrega a lo más florido del Régimen, todavía muy vivo: **Arias Navarro**, **Fraga**, **Solís**, **García Ramal**, **Mortes**, **Fontana Codina**, la **duquesa viuda de Carrero**, la **duquesa de Franco**... Pero el matrimonio duró más bien poco. Aquella novia, tan blanca y radiante entonces, es hoy la esposa del todopoderoso e influyente **Jesús de Polanco.** Del novio, jamás se supo.

Mes de mayo, mes de bodas y flores, se cerraría con la del entonces famoso cantante **Patxi Andión** y la mundialmente conocida **Amparo Muñoz**. Los dos de blanco y en la ermita navarra del Señorío de Andión. Hoy, la novia aún conserva algo de aquella belleza; el novio es ahora un riquísimo profesor de universidad por su matrimonio con **Gloria Monis**, la hija mayor de **Ana Castor**, eterna compañera de **Alfonso Fierro**.

Si Amparo Muñoz y Patxi Andión se habían casado de blanco, **Pedro Carrasco** -el boxeador, rey del gancho-, lo hace de gris para su boda con la folclórica **Rocío Jurado** en junio, en la iglesia de la Virgen de la Regla de Chipiona, en presencia de todos sus paisanos amén de **Juanita Reina**, **Paquita Rico**, **La Polaca**,los **Goyanes**...

Ni blanco ni gris, sino negro y de terciopelo, es el traje elegido por el autor de *Soledad*, el artista cordobés **Emilio José**, para casarse en Montserrat con **Maite Calvo Pérez**.

De estos tres matrimonios, solamente este último permanece unido en la felicidad, en la enfermedad y en la riqueza que le ha dado la citada canción.

EUROPA PRESS

GUSTAVO CATALÁN

Durante casi tres meses, en España hubo dos primeras damas: doña Carmen Polo y doña Sofía.

Una alegría pasajera

Justino Sinova

Días después de la Coronación, Carlos Arias iba a mostrar sus intenciones. El Rey había lanzado el mensaje de la reconciliación de todos los españoles y el Gobierno, último de Franco confirmado en la nueva Monarquía por la fuerza de las circunstancias (es decir, de los franquistas), lo había interpretado con un tímido indulto. De las cárceles salieron algunos presos políticos y bastantes más comunes. La sonrisa de los presos en la calle no se contagió a la sociedad esperanzada en un cambio, que pedía una medida de gracia completa en favor de la concordia. En consecuencia, la reclamación de la amnistía arreció otra vez. Por toda España se repitieron protestas exigiendo la libertad de los presos del franquismo, único hecho que podía responder al mensaje de la Corona. Arias ofreció un problema en vez de una solución. El Rey empezaba a cargarse de razones para destituirlo, lo que logró unos meses después.

EFE

PRÓXIMO CAPÍTULO: CÓMO FUE LA "OPERACIÓN LOLITA"
LETONA IBA A SER EL PRIMER PRESIDENTE. MEMORIAS POLÍTICAS DE MANUEL PRADO (II). ADIÓS A BIENVENIDA. "EL GRAN DICTADOR".
ESCRIBEN: J. M. LÓPEZ DE LETONA, RAMÓN TAMAMES, NICOLÁS FRANCO PASQUAL DEL POBIL, JOAQUÍN BARDAVÍO, FERNANDO BERMEJO.

1975-1995. Veinte años de nuestra vida

• HISTORIA DE LA DEMOCRACIA •

{CAPÍTULO 7}

CARLOS MIRALLES

CÓMO FUE LA "OPERACIÓN LOLITA"

José María López de Letona, ministro de Industria entre los años 1969 y 1975, pudo haber sido el primer presidente de Gobierno de la Democracia en lugar de Adolfo Suárez. Era el candidato preferido del Rey, pero la presión del franquismo más radical hizo inevitable que la Historia tomara otro camino. En este capítulo, Manuel Prado continúa relatando sus memorias políticas. Recuerda sus gestiones con Nicolae Ceaucescu y Arnaud de Borchgrave, entre otros, y pone en duda que el nombramiento de Adolfo Suárez fuera obra de Fernández-Miranda.

López de Letona iba a ser el primer presidente

El Rey pensó en él para pilotar la reforma pero la reacción de los franquistas lo impidió

España pudo haber tenido un presidente distinto a Adolfo Suárez para pilotar la Transición. Pero la designación de Fernández-Miranda como presidente de las Cortes poco después de morir Franco causó tal indignación en el franquismo que el Rey desestimó la opción de López de Letona para el Gobierno. Esta es la historia de esa fallida operación relatada por primera vez por el propio protagonista.

José María López de Letona

"En los primeros días de noviembre de 1975 me llamó a la oficina un buen amigo mío diciéndome que tenía que verme con urgencia. Se presentó a los pocos momentos y me dijo que sabía de muy buena tinta que yo iba a ser el presidente del primer Gobierno del Rey; me aseguró que la información le llegaba de una fuente absolutamente fiable y me pidió guardara todo lo que me decía en el mayor de los secretos.

Ante mi reacción de asombro, se refirió a que don Juan Carlos llevaba ya mucho tiempo pensando en lo que se le venía encima. La muerte de Franco, decía, se puede producir en cualquier momento y, para cuando eso suceda, quiere tener decidido quién va a ser el presidente de su primer Gobierno, responsable de hacer frente a la necesaria reforma política.

Un grupo muy reducido de personas de la máxima confianza del Príncipe, me dijo, ha diseñado un retrato robot con las características que convendría tuviera la persona elegida: ser independiente, y no adscrito a ninguna familia política; tener conocimiento de los altos niveles de la Administración Pública y poseer una buena experiencia en materia económica, que es uno de los aspectos que más preocupa a don Juan Carlos. Con estas características, se ha seleccionado un grupo de personas y, entre ellas, tú has sido el definitivamente elegido. Yo creo que cualquier día de éstos te llamará Torcuato Fernández-Miranda para hablar contigo.

La mención de Torcuato parecía dar más credibilidad a lo que se me contaba. El papel que éste jugaba cerca del Príncipe era bien conocido por mí. Nuestra común participación en el Gobierno de octubre de 1969 y los muchos con- ➳

Don Juan Carlos, cuando aún era Príncipe, y José María López de Letona conversan mientras caminan por una pista del aeropuerto de Barajas.

EUROPA PRESS

Alvarez Rendueles (izq.) fue nombrado gobernador del Banco de España. A su lado (de izq. a dcha.), López de Letona, Mariano Rubio, Fuentes Quintana y Villar Mir.

tactos que durante cuatro años tuvimos, al estar sentados uno junto a otro en los Consejos de Ministros, habían establecido entre nosotros una buena relación que mejoraba día a día al comprobar mutuamente la coincidencia de nuestros puntos de vista en gran parte de los temas tratados en el Consejo.

Pero, con todo, yo no salía de mi sorpresa. Mi amigo me daba tantos detalles y me contaba la historia del retrato robot con tal seguridad que empecé a pensar en que aquello pudiera ser posible. Para acabar de remachar el clavo, añadió que la "operación" seguía sus pasos y que me mantendría informado sobre todas las novedades que se fueran produciendo. Y, finalmente, se despidió, dejándome sumido en un mar de perplejidades.

"Empezaba a haber indicios de que algo estaba pasando. Gente que habitualmente no hablaba conmigo empezó a llamarme y consultarme"

Pocos días más tarde, mi amigo volvió a visitarme para decirme que la operación seguía su curso. Me dijo que el Príncipe estaba mandando emisarios a los dirigentes de los países que más podían interesarnos para sondear sus reacciones ante sus planes, y que podía asegurarme que a Giscard le había parecido muy bien mi nombre. ¿Te ha llamado ya Torcuato?, me preguntó. Creo que tienes que empezar a pensar seriamente en este asunto. Y se despidió, dejándome estupefacto con la referencia al presidente francés pues demostraba hasta qué punto la "operación" en marcha había cuidado todos los detalles (*).

(*) Años más tarde, Joaquín Bardavío, en su libro *Los silencios del Rey,* se refería a este contacto de esta manera:

"Al regresar a Madrid de su visita al Sahara el Príncipe dio nuevas instrucciones a su comisionado: «Ahora te vas a París», le dijo. El comisionado del Príncipe explicó al primer mandatario francés, con gran entusiasmo, los proyectos de don Juan Carlos sobre las líneas de una evolución pacífica pero firmísima hacia la democracia. Quizá Giscard fue más sensible al énfasis que al realismo (...), pero se decidió a prestar su apoyo personal a la Monarquía, al menos al principio".

"(...) Antes de que el comisionado abandonara el despacho presidencial de El Elíseo, Giscard volvió a dar vueltas a la situación española (...) y comienza a preguntar en concreto. Especialmente, por el jefe de Gobierno tras la muerte de Franco: «Arias no puede seguir. Tendrán ustedes preparado un sustituto de inmediato...".

"El comisionado le habla de un hombre que reúne especiales características de formación económica, progresismo político, no adscripción a ideo-

La información que iba recibiendo empezaba a encontrarla, por momentos, más y más consistente. Que el Príncipe se preocupara de tener todo previsto para el momento clave de la sucesión parecía de sentido común. Incluso la historia del retrato robot, que inicialmente me había parecido un tanto novelesca, tomaba tintes más lógicos.

Pero, además, empezaban a aparecer indicios que podrían tomarse como señales indicadoras de que algo estaba pasando. Por ejemplo, gente que habitualmente no se ponía en contacto conmigo me llamaba o me visitaba para cambiar impresiones sobre lo que podría ocurrir a la muerte de Franco. Este fue el caso de José Solís, Luis María Anson y Paco Lozano, que sería después ministro de la Vivienda. Cuando ya estaba casi convencido de la exactitud de la información que mi amigo me proporcionaba, fui convocado a una cena en casa de Manuel Prado y Colón de Carvajal. Cuando llegué, el anfitrión estaba acompañado por Carlos Pérez de Bricio y Adolfo Suárez. La conversación giró sobre el tema de siempre. Y en la mesita auxiliar que se encontraba junto a la butaca en que me había instalado, había un retrato de Giscard d'Estaing con una dedicatoria a Prado. Todo estaba ya claro.

El 20 de noviembre moría Franco. Al día siguiente, los ex ministros acudimos al Palacio de Oriente, donde tenía lugar un interminable desfile ante el cadáver del jefe del Estado. Allí me encontré por primera vez en varios meses con Fernández-Miranda que me saludó al estrecharme la mano diciéndome: "Hola, hombre importante". Inmediatamente me di cuenta de que la famosa "operación", que me habían anticipado, se ponía en marcha. Seguí la corriente a Torcuato como si yo no supiera nada, en tono de broma, hasta que me dijo que tendríamos que hablar en los próximos días. (La visita del 5 de noviembre a que se refiere el libro *Lo que el Rey me ha pedido* (pág. 101) -de Pilar y Alfonso Fernández-Miranda (Plaza Janés, 1995- nunca existió. Y tampoco visité al Príncipe en La Zarzuela).

EUROPA PRESS

Torcuato Fernández-Miranda informó finalmente a López de Letona acerca de la "operación".

Terminado el acto en palacio, me encontré con Gregorio López Bravo y bajamos juntos las escaleras. Faltaban pocos días para que finalizara el mandato de Alejandro Rodríguez de Valcárcel como presidente del Consejo del Reino, tema político entonces de la mayor importancia, y Gregorio me preguntó cuál era mi opinión sobre su posible sustitución. Le dije que no sabía nada. Gregorio insistió en que, según su información, el mandato de Alejandro iba a ser renovado.

Días más tarde, a las doce de la noche, tocaba el timbre en casa de Fernández-Miranda. Me abrió Carmen, su mujer, y me pasó al salón, donde se encontraba Torcuato, que inició la conversación comunicándome el deseo del Rey de que yo fuera el presidente de su primer Gobierno.

Ante esas palabras mostré asombro y extrañeza, que no sé si resultaron convincentes porque yo miento muy mal. Al cabo de unos momentos le dije que no era posible, que yo estaba ya dedicado a mis empresas y que no me parecía ser el hombre más adecuado. Seguramente habría otros mucho más capacitados que yo.

No te puedes negar, me dijo. Es una decisión del Rey, muy meditada, y no le puedes fallar. Si no te viene bien no tendrás más remedio que sacrificarte. Piénsalo bien y volveremos a hablar.

Sin hacer mención de la "operación robot" en la que, según mi información, él no había participado, me explicó cómo se había llegado a esa decisión que parecía compartir plenamente y que me dio como absolutamente firme, al mismo tiempo que me confirmaba que sustituiría a Rodríguez de Valcárcel en la Presidencia de las Cortes y del Consejo del Reino. Trabajaremos juntos, me dijo. La única duda que está todavía por resolver es cuál de estos dos nombramientos irá primero. Hay ventajas e inconvenientes en ambas alternativas.

Nos reunimos un par de veces más. Torcuato me explicó en líneas generales los planes que existían para abordar la reforma política y sentar las bases de un régimen democrático. Nada me sonó a nuevo porque conocía muy bien su pensamiento y la seguridad que tenía en la posibilidad de cambiar los Principios del Movimiento y demás Leyes Fundamentales en un proceso legal. Me preguntó a su vez cuál era mi visión sobre la situación política y cuáles ⋙

"Torcuato comenzó la conversación comunicándome el deseo del Rey de que yo fuera el presidente de su primer Gobierno"

---

logía singular, aunque derechista...".

"Giscard pregunta: «¿Un tecnócrata?». «Más bien sí», responde el comisionado".

"Y sorprendentemente, Giscard acierta el nombre:"

«¿Un López de Letona?»

"¿Por qué no dijo un López Bravo o un López Rodó, que eran nombres que entonces sonaban más? A los tres Lópeces los conocía bien, porque los tres habían asistido en los últimos años a los Consejos de Ministros de la OCDE, en París, cuando Giscard, como ministro de Finanzas, presidía la delegación francesa".

"(...) He comentado el asunto con alguna personalidad francesa y he sacado la conclusión de que, dentro del carácter de «independiente» con que se había definido al posible sustituto de Arias, Giscard entendía que no debería pertenecer tampoco a entidad religiosa alguna como el Opus Dei y que, de los tres llamados «tecnócratas» que el presidente francés había conocido, López de Letona era el que no pertenecía a esa Institución".

EUROPA PRESS

Don Juan Carlos saluda a José María López de Letona durante una recepción en el palacio de La Zarzuela.

eran los problemas que más podrían preocuparme al iniciar una acción de gobierno. El encaje de las autonomías históricas, la lucha contra el terrorismo y la difícil situación económica ocuparon durante un buen rato nuestra charla.

Torcuato sacó también el tema de la composición del futuro Gobierno y me dijo que tendría las manos libres para la elección de las personas que considerara más adecuadas. Salieron un buen número de nombres, diciéndome que, seguramente, al Rey le gustaría ver en el nuevo Gobierno a personalidades con gran peso político como Areilza, Fraga y Garrigues. Finalmente, me comunicó la decisión ya tomada de que su nombramiento fuera el primero y que después se abordaría el mío como presidente del Gobierno.

Pasados unos días, Fernández-Miranda me empezó a hablar de las dificultades que habían surgido en el Consejo del Reino para sacar adelante su nombramiento y de las gestiones que se habían tenido que hacer cerca de muchos consejeros para que incluyeran su nombre en la terna. Pero una vez que esto ya se había conseguido, José Antonio Girón se había lanzado a la palestra para defender la continuidad de Arias y la presentaba como la necesaria contrapartida de haber transigido con el deseo del Rey de situarle a él, Torcuato, al frente del Consejo del Reino.

Veinticuatro horas más tarde me comunicó que el desgaste que se había sufrido para conseguirlo había sido tremendo, y don Juan Carlos no creía prudente forzar las cosas con mi nombramiento, pues el suyo había provocado que los oponentes cerraran filas en favor de Arias. Es mejor dejar las cosas así, de momento, y después ya veremos, me dijo. En consecuencia, la "Operación Lolita" dejaba de existir tan silenciosamente como había nacido. El domingo 7 de diciembre sonó el teléfono en mi casa. En una breve conversación, el Rey me dio las gracias por mi actitud en los días pasados y me dijo: "Mañana te llamará Carlos Arias para ofrecerte la cartera de Obras Públicas". Le di, a mi vez, las gracias por su llamada y quedé, como siempre, a su disposición. Arias, que habría de conocer la "Operación Lolita", no llamó.

En estos últimos años he vuelto a hablar con Su Majestad el Rey en bastantes ocasiones. Nunca, jamás, se hizo la más mínima de las alusiones al episodio que acabo de relatar. ”

> "El Rey me dio las gracias por mi actitud y dijo que Arias me ofrecería la cartera de Obras Públicas. Nunca llamó"

Letona: ministro, banquero y ejecutivo

DENTRO del grupo de "los Lópeces", identificado durante la última etapa del régimen franquista con la línea reformista, se encontraba José María López de Letona, que representaba una de las posibilidades más claras de evolución.

Ingeniero de Caminos nacido en Burgos en 1922, ha sido alto directivo y promotor de varias empresas privadas relacionadas con el mundo industrial, lo que le llevaría a ser nombrado, en 1966, subcomisario del Plan de Desarrollo Económico con la misión fundamental de reordenar la industria española en coordinación con el Ministerio correspondiente.

En octubre de 1969 fue nombrado ministro de Industria y en 1973 ocuparía la presidencia de la Empresa Nacional del Petróleo (Empetrol).

En 1976, tras la fallida "Operación Lolita", el Rey le nombró procurador en Cortes por el cupo de designación directa que entonces correspondía al Monarca, heredado de Franco al no haber sido promulgada todavía la ley de Reforma Política.

Fue presidente de Rank Xerox en el área nacional y, con UCD, terminado el franquismo y ya en la Transición, fue nombrado gobernador del Banco de España.

Posteriormente se convertiría en vicepresidente y consejero-delegado del Banco Español de Crédito, el hombre fuerte de la entidad, bajo una teórica presidencia de Pablo Garnica. Con el desembarco de Mario Conde en el banco, cesó en sus cargos.

Desde entonces se ocupa en actividades empresariales privadas.

EUROPA PRESS

Manuel Prado y Colón de Carvajal posa en un jardín junto a uno de sus hijos.

Misiones especiales al servicio de España

Memorias Políticas de Manuel Prado, segunda parte

Manuel Prado y Colón de Carvajal continúa exponiendo sus recuerdos. En esta segunda parte, evoca la "Operación Lolita", los esfuerzos del Rey para sustituir a Carlos Arias por Adolfo Suárez y sus propias misiones internacionales. El texto procede de varias y extensas entrevistas con **Joaquín Bardavío.**

A Torcuato Fernández-Miranda yo lo conocía poco. Jamás he sido un político. Mi misión cerca del Rey ha consistido en estar a sus órdenes para lo que me mandase. He sido una especie de "líbero" o "medio volante". En muchas ocasiones he hecho contactos; por ejemplo, para Adolfo Suárez cuando fue presidente del Gobierno, sin saber para qué. Nunca me ha importado el contenido de las conversaciones que yo he propiciado. Sólo, naturalmente, de aquéllas en las que yo tenía que ser forzosamente el interlocutor o acompañante.

Aprovecho para decir que no conocí a Adolfo Suárez hasta poco antes de la muerte de Franco. Era un hombre prometedor y le convidé a cenar en mi casa precisamente con López de Letona, a quien yo tenía interés en tantear dentro de la ya mencionada "Operación Lolita", en la que Suárez ni participaba ni era candidato remoto. Después, ciertamente, nos hicimos grandes amigos.

A. DE BORCHGRAVE

"En marzo de 1976, el Rey me dijo que llamara a Arnaud de Borchgrave para lanzar a Arias una andanada a través de «Newsweek»"

UNA GRAN HABILIDAD DEL REY. Volviendo a Fernández-Miranda, tuve poco trato con él antes y después de ser presidente de las Cortes y del Consejo del Reino. Prueba de ello es que en el libro que sobre sus notas ha escrito su hija Pilar, ni se me menciona, lo cual me parece lógico. Eso sí: Torcuato conocía mis andanzas de aquí para allá, aunque no sabía muy bien lo que yo hacía. Porque una de las grandes habilidades del Rey ha sido siempre la de tener abiertos canales de comunicación distintos y que, a su vez, no se comunicaban entre sí. De esta forma, podía contrastar diversas informaciones u opiniones sin que unas influyeran sobre las otras para tomar finalmente las decisiones personalmente. El Rey nunca se ha quedado, ni se queda, con lo primero que le ha dicho alguien, sino que eso que alguien le ha dicho lo analiza, compara, desecha o enriquece con lo que le ha dicho otro. Y siempre ha utilizado fuentes dispares en diferentes tipos de personas.

Yo desarrollaba mi trabajo, lo que me ordenaba, e ignoraba lo que hacían otros u otro. El Rey hacía compartimentos estancos para después tomar decisiones. Por eso, yo creo que se ha equivocado pocas veces y, en lo fundamental, nunca. Yo sabía al principio, pero sólo en líneas generales, el papel de Torcuato. Y él no sabía, por poner un ejemplo, de mis gestiones en Estados Unidos o en Francia. Se enteró bastante más tarde.

En fin, que España "fue tirando" con Arias y con gran nerviosismo por parte del Rey, que se sentía bloqueado. En marzo de 1976 me dijo que llamara al periodista Arnaud de Borchgrave, que se encontraba en Londres, para lanzarle a Carlos Arias una andanada por la vía de un gran medio de comunicación internacional. Vino a Madrid y habló con don Juan Carlos. En abril salió el artículo en *Newsweek*, donde, de manera un tanto sibilina, se ponía en boca del Rey la famosa frase de que Arias "es un desastre sin paliativos".

Como no era una declaración directa, don Juan Carlos pudo escudarse con Arias en que era una interpretación libérrima de sus palabras y capeó el temporal. El presidente prohibió la distribución de la revista en España, pero entró por suscripciones a través del correo y funcionaron muy bien las fotocopiadoras. El ministro de Información, entonces Adolfo Martín Gamero, difundió un desmentido. Pero lo publicado, publicado estaba. Y el presidente Arias quedaba tocado en su línea de flotación.

VIAJE SECRETO A BUCAREST. El Rey, en lo que podía, caminaba por su cuenta. Por eso, me encomendó la misión de visitar a Ceaucescu en Bucarest de manera secreta y sin la más mínima credencial. Carrillo estaba muy belicoso, y los comunistas, muy inquietos. Había declaraciones despectivas hacia don Juan Carlos y la agresividad verbal de los comunistas en el extranjero era grande; además, con potentes cajas de resonancia.

El Rey me encomendó que hablase con el dictador rumano, sabiendo que tenía cierto ascendiente sobre el jefe comunista español, aunque sólo fuera por el apoyo económico al partido. Me puse en contacto con el embajador rumano en París y le insinué la naturaleza de mi misión. Hombre bien informado, el diplomático me allanó el camino. Con el enorme secretismo propio de aquel país y aquella época, me llevaron hasta Bucarest como si de un superespía se tratara.Incluso, el trayecto París-Bucarest lo hice en un gran avión comercial fletado para mí exclusivamente con la compañía de cinco o seis policías. Tras dos días de misterio, me encontré frente a Ceaucescu y le expliqué la misión que me llevaba ante su persona. En síntesis, le dije que informase a Carrillo, de parte del Rey, que tuviera paciencia, que la reforma se iba a producir a un ritmo

EUROPA PRESS

PRIMO DE RIVERA

"Miguel Primo de Rivera fue un hombre muy importante para convencer a muchos de que era necesario aprobar la ley de Reforma"

Carrillo-Ceaucescu

"El Rey me encargó visitar en secreto a Ceaucescu en Bucarest. Carrillo estaba muy belicoso y los comunistas, muy inquietos"

EFE

Nicolae Ceaucescu, presidente entonces de Rumania, y Santiago Carrillo, secretario general del Partido Comunista, se saludan el 22 de mayo de 1979 en el Palacio de Aranjuez.

vivo y que evitara intentos desestabilizadores en la convivencia española. Que le transmitiera que su voluntad era la de que entrarían a funcionar cuanto antes los mecanismos democráticos que permitieran el acceso de los comunistas a ser votados. Creo que su mediación fue eficaz.

A partir de ahí se desencadena, definitivamente, la operación de buscar, con urgencia, un sustituto presidencial. La "Operación Lolita", con López de Letona, estaba pensada para el momento de la muerte de Franco pero no se pudo realizar. Surge el nombre de Adolfo Suárez, y ha quedado como definitivo que fue por obra de Fernández-Miranda. Yo no quiero entrar en polémica, pero tengo para mí que el Rey había realizado un seguimiento de Suárez desde que fue ministro. Le gustó cómo se fajó con los terribles sucesos laborales de Vitoria a primeros de marzo de 1976 cuando, en ausencia de Fraga por un viaje al extranjero, ocupó interinamente la cartera de Gobernación. Le gustó también el discurso que pronunció ante las Cortes el 9 de junio de ese mismo año para presentar la Ley de Asociaciones Políticas, un tímido paso que meses después abriría la decisiva ley para la Reforma que estaba preparando Torcuato.

Vio en él a un hombre joven, abierto, de buena oratoria, con gancho, que no chocaría a la guardia pretoriana del Movimiento. Repito que no quiero entrar en polémicas. Sólo digo que el Rey tenía muy presente a Suárez como un valor de futuro. Y desde hacía tiempo preguntaba por él. A mí me pidió opinión y se la di. Huelga decir que positiva.

Magnífica relación con Suárez. Sé que también le pidió información a Miguel Primo de Rivera, que luego fue un hombre muy importante para convencer a muchos de que era necesario aprobar la Ley de Reforma Política y que fue ponente en las Cortes. Y dicho esto no pretendo variar doctas versiones con las que no coincido pero respeto.

Cuando es nombrado Adolfo Suárez

Suárez-Torcuato

"Surge el nombre de Suárez y ha quedado como definitivo que fue por obra de Fernández-Miranda. Pero el Rey lo seguía de cerca y preguntaba mucho por él"

Europa Press

Cuando Adolfo Suárez accedió al poder, Manuel Prado y Colón de Carvajal estaba al frente de la compañía Iberia, lo que hizo aumentar el número de contactos entre ambos personajes.

presidente del Gobierno, yo ya estaba en la presidencia de Iberia. Tuvimos, y tenemos, una magnífica relación. Le puse al corriente de las misiones que yo había realizado y no recuerdo si de alguna que entonces llevaba entre manos. Por otra parte, en aquella época todos los viajes del Rey o del presidente se hacían por Iberia en aviones fletados especialmente. Y de ahí que mi contacto con Adolfo fuera aún más frecuente. Me convidaba a comer de vez en cuando a Moncloa. Y como tenía absoluto convencimiento de que yo era, y soy, un perro del Rey -dicho sea en metafórica expresión de fidelidad y lealtad- comenzó a encargarme algunas misiones en cuantos asuntos él sabía que yo tenía contactos o que podía ser útil con discreción, a veces fuera de los canales diplomáticos habituales.

Por ejemplo, en una ocasión me envió a hablar con el rey Fahed de Arabia, porque España estaba en un enorme apuro energético. Tenía reservas de petróleo para menos de un mes. El Monarca saudí, a título personal, nos concedió cien mil barriles diarios a condición de que en la operación no hubiera ningún intermediario. Entonces, el mercado era absolutamente del vendedor, por su escasez, y no quería que nadie se aprovechara de un favor hecho a España. Pero la operación se complicó porque, al intentar unos ejecutivos del INI que la cuota fuera mayor, lo que tenía graves dificultades, apareció un comisionista ➳

Palacio de La Moncloa, 1 de junio de 1977: el presidente Adolfo Suárez conversa con el príncipe heredero de Arabia Saudí Fahed Ben Abdel-Asiz, a la izquierda.

saudí que pretendía una participación económica importante por resolver el aumento de barriles. Hubo líos, porque me lo comunicaron, y volví a hablar otra vez con el rey Fahed, quien se encolerizó. Finalmente, España tuvo su petróleo, que era de lo que se trataba, al mejor precio y sin desviar un solo dólar a bolsillos avispados. Así queda constancia en un documento ológrafo del entonces embajador de España en Riad, Alfonso Acebal.

EL REY FAHED

"Suárez me envió a hablar con el rey Fahed de Arabia. España estaba en un enorme apuro. Tenía petróleo para menos de un mes"

QUEJAS DE GISCARD. Hice otras gestiones para Suárez, como una cerca de Giscard d'Estaing. Aunque bien mirado fue al revés: hice una gestión de Giscard cerca de Suárez. La verdad es que no se llevaban bien. El francés le había hecho algunos feos al español, y Adolfo procuraba devolverle la pelota. Así, cuando el presidente de Francia se dispuso a realizar una visita a España, se complicaron las cosas. Me llamó Giscard para quejarse y fui a París a hablar con él. El Gobierno de Madrid le había puesto una serie de condiciones para recibirle, que no quería aceptar por principio, y estaba muy molesto. Me recordó su relación con el Rey, lo que había hecho por él, y no entendía cómo Suárez dificultaba su viaje. Como ya dije, yo no soy un político, sino un hombre de acción y un mandado. Por eso no entré en los problemas de fondo que había. Me limité a regresar y decirle al presidente español -mi misión era como siempre confidencial- que podía prepararle una reunión con el ministro secretario general de la Presidencia de Francia para que arreglasen sus asuntos y evitar que Giscard suspendiera la visita. Yo no tenía por qué meterme en más. Suárez se sorprendió muchísimo de que pudiera hacer venir a tan alto personaje para una entrevista confidencial. Lo conseguí. Hablaron a resguardo de indiscreciones y se aflojó la tirantez.

LÓPEZ PORTILLO

"Y López Portillo, recién terminado el almuerzo de celebración, tuvo la gran deferencia de recibirme en privado. Nadie lo supo"

Con Francia también hice gestiones para un acercamiento en la cooperación en materia de terrorismo. Era buen amigo del célebre conde de Desmaranges, sobre el que se ha escrito un libro de gran éxito en Francia, y que era el equivalente allí al director general del CESID. Un hombre tan importante e imprescindible que desempeñó el cargo con De Gaulle, con Pompidou y con Giscard. El presidente Suárez, como es natural, aprovechó esa relación mía.

Con Hispanoamérica, donde estoy unido familiarmente por vía

Efe

El presidente mexicano López Portillo y el Rey brindan en un momento del viaje de don Juan Carlos al país azteca en 1978. Prado acudió en calidad de presidente del Instituto de Cooperación Iberoamericana.

de mi padre -chileno aunque hizo la guerra en España con los llamados nacionales- y donde he volcado desde siempre la mayor parte de mi relación profesional, realicé varias misiones encomendadas por el Gobierno. Cuando López Portillo tomó posesión como presidente de México, España todavía no había reestablecido relaciones diplomáticas con aquel país y, por tanto, ninguna autoridad española iba a estar presente en la ceremonia, aunque se presentía un acercamiento tras la muerte de Franco.

Entonces yo fui invitado como presidente de la IATA, cargo al que había accedido desde la presidencia de Iberia votado por todas las compañías del mundo de aviación comercial. Mi invitación era algo convenido. Disfrazado bajo mi cargo internacional, era en realidad un representante del Rey y del Gobierno español. Y López Portillo, recién terminado el almuerzo de celebración en el Palacio Presidencial, tuvo la gran deferencia de recibirme el primero en audiencia privada. Por delante de jefes de Estado

Regalo del Rey

"El Rey envió a López Portillo un juego de ajedrez, sin tarjeta, en simpática broma por no haber relaciones México-España"

y presidentes de Gobierno. Nadie lo supo. Recuerdo que fue a las cuatro y veinte de la tarde. Me introdujeron tras unas cortinas que había en una pared del comedor y me llevaron a su presencia, supongo que unos edecanes o secretarios.

En México había una misión oficiosa española que presidía el diplomático Amaro González de Meza, quien ignoraba mi verdadera significación en la ceremonia suponiendo, como era lógico, que yo estaba allí como presidente de la IATA. Tras mi conversación con López Portillo, el ministro de Exteriores español, Marcelino Oreja, articuló el acercamiento oficial.

Detalle divertido. Esto sucedía en los primeros días de diciembre de 1977, y por Navidades el Rey obsequió al presidente mexicano con un juego de ajedrez, de ébano y marfil, cuyas piezas de un lado representaban a los aztecas y de otro lado a los conquistadores. Curiosamente, el regalo llegó sin tarjeta, por supuesto que a propósito. Eso creó confusión en la Presidencia y en el Ministerio de Exteriores mexicano, aunque yo le había advertido a López Portillo que el Rey había procedido así, en simpática broma, porque al no haber relaciones diplomáticas entre ambos países no debería enviarle ningún obsequio. Este detalle le divirtió y le gustó mucho al presidente. Creo que fue una vía para distender tensiones pasadas con el Régimen anterior.

También en México, estando de

Europa Press

Manuel Prado, rodeado de azafatas de Iberia, en una imagen tomada en 1976 durante su estancia al frente de la compañía aérea, que por entonces fletaba todos los aviones que utilizaban el Rey y Suárez.

Eta en México

"También Adolfo Suárez me envió a México para ver cómo se podía evitar que López Portillo recibiera a una delegación de etarras"

Viuda de Azaña

"Era una señora bajita vestida de negro. El Rey le besó las dos manos y ella le dijo: «¡Ay, si esto lo viera don Manuel!»"

presidente López Portillo y de embajador residente Peña Abizanda, Adolfo Suárez me dijo que el mandatario mexicano iba a recibir a una delegación de etarras encubierta como una asociación; entonces todavía no estaba organizada Herri Batasuna, y aquel grupo representaba lo que hoy es ese partido político. Y me envió para ver qué se podía hacer para evitar ese encuentro.

Marché a México y supe que en el puerto de Veracruz se encontraban las fragatas españolas "Diana" y "Descubierta". El embajador y yo le propusimos ir a esa ciudad y que visitara los dos buques. López Portillo aceptó y, desde uno de ellos, provocamos una conversación con el Rey por radio. Quedó un tanto sensibilizado y aprovechamos la oportunidad para disuadirle de que recibiera a aquella delegación, lo que hubiera creado problemas entre ambos países.

Y continuando con México, recuerdo una anécdota que sucedió en el primer viaje oficial que hizo el Rey a ese país. Yo había cesado como presidente de Iberia y le acompañé por primera vez en razón de mi nuevo cargo como presidente del Instituto de Cooperación Iberoamericana, cargo del que había tomado posesión días antes, y embajador en misión extraordinaria permanente, nombramientos que fueron prácticamente simultáneos. Me acuerdo perfectamente de la fecha en que volamos hacia la capital azteca, porque era el día de mi cumpleaños. Fue el 17 de noviembre de 1978. El Rey sabía que a López Portillo le encantaban los caballos y quería darle la sorpresa de regalarle uno. (Debo aclarar que este tipo de obsequios son usuales entre jefes de Estado y que, normalmente, y así sucede en el caso español, pasan a ser propiedad del Patrimonio Nacional). Pues bien, para que el regalo fuera verdaderamente sorpresivo, Alvarito Domecq se contrató en México como rejoneador y como representante de la Real Escuela Andaluza de Arte Ecuestre, y llevó un caballo de más. El día del espectáculo, al que asistía el presidente, éste se fijó con atención en el caballo que le iba a ser destinado. El Rey se lo obsequió. Se llamaba "Dudoso". Y López Portillo sentenció: "Desde ahora se llamará «Seguro»".

EFE

El 20 de noviembre de 1978, los Reyes visitaron en México a María Dolores Rivas, viuda de Manuel Azaña.

Y tuve la ocasión de asistir al muy emotivo encuentro de los Reyes con la viuda de Azaña. Era una señora bajita que iba vestida de negro y se tocaba con un sombrero con un pequeño velo. El Rey se adelantó, le besó las dos manos y ella le dijo: "¡Ay, si esto lo viera don Manuel!", porque al parecer lo llamaba así cuando se refería a su marido.

Apoteósica recepción. La recepción en la embajada fue apoteósica. Se calculaba la asistencia de dos o tres mil personas, y pasaron de siete mil. Fue emocionante y delicado, porque los Reyes llegaron a sufrir los efectos de alguna avalancha y

En Argentina

"El Rey tuvo que pasear, por protocolo, con los tres copresidentes por separado. Luego, obviamente, desentonó pues habló de democracia y libertad"

EFE

El presidente argentino Videla presenta al Rey a los miembros de la Junta Militar: los comandantes en jefe Viola, Lambroschini y Agosti. La recepción tuvo lugar en Buenos Aires el 27 de noviembre de 1978.

MENSAJERO DEL REY

"Yo he sido un mensajero del Rey don Juan Carlos y de los distintos gobiernos. O sea, un mensajero de España"

hubo que cerrar un cinturón de seguridad. Se me quedó grabado de aquel viaje que don Juan Carlos fue tratado como "el Rey" y no como "el Rey de España".

Dejamos México y fuimos a Perú, donde se había acabado, al menos por el momento, la dictadura militar y habían regresado los líderes demócratas en el exilio. Allí las cosas fueron bien. No hubo los problemas que tuvimos en nuestro último destino de aquel periplo: Argentina. En diversos e influyentes sectores políticos españoles había una gran disconformidad con que el Rey visitara un país, por muy hermano que fuera, regido por un triunvirato militar dictador.

Yo había estado antes en Buenos Aires preparando el viaje. Me había enviado Marcelino Oreja, entonces ministro de Exteriores, para que negociara la liberación de presos políticos españoles y la identificación de algunos desaparecidos, lo que conseguí con las dificultades que pueden suponerse. Me ayudaron mucho dos altos oficiales del Ejército que estaban a las órdenes directas de Videla. Uno de ellos, que creo recordar que se apellidaba Cerdá, había sido compañero de estudios del Rey en la Universidad Complutense. Me ayudaron mucho.

En la primera reunión que tuvo el Rey con los tres copresidentes militares, y hablándoles en un tono de compañerismo militar, les dijo que iba a pronunciar un discurso que seguramente no sería de su agrado. Les advirtió que defendía las libertades, la democracia y que, sustancialmente, iba a girar sobre esos dos temas. Previamente, se había negociado cómo iba a ser ofrecida la recepción de los tres jefes de Estado, y yo asistí a esa reunión. Se convino que no se celebraría una cena porque, al ser tres los cojefes de Estado argentinos, el protocolo era muy complicado ya que los tres tenían el mismo rango, aunque se rotaran en la Presidencia, y el poder siempre lo ejercía el triunvirato colegiadamente.

EUROPA PRESS

El Rey, en vuelo a México en 1978, felicita a Prado, a quien los empleados de Iberia obsequiaron con una tarta por su cumpleaños.

Entonces se planteó una recepción donde el Rey paseaba primero con un copresidente, luego con otro y después con el tercero. Finalmente, el general Videla, en nombre del triunvirato, pronunció su discurso. Obviamente el Rey desentonó porque habló de democracia y libertad.

VIAJES POR HISPANOAMÉRICA. Después acompañé a los Reyes en varios viajes por Hispanoamérica y Estados Unidos a una reunión de la OEA. Y también al presidente Suárez. Siempre en razón de mi cargo como presidente del Instituto de Cooperación Iberoamericana y embajador en misión permanente. También fui con Marcelino Oreja en visitas internacionales de importancia. E, individualmente, entre otras varias, se me encomendó el intento de ingreso de España en la CEPAL (Consejo Económico para América Latina). Fui a La Paz (Bolivia) como jefe de la misión española a una de sus reuniones. España ha- ⋙

FELIPE GONZÁLEZ

"Con González colaboré una sola vez. Me llamó para que le preparara su viaje a Arabia Saudita en mi calidad de embajador permanente"

EFE

A comienzos de su mandato presidencial, Felipe González (en la imagen, junto al rey Fahed) realizó un viaje oficial a Arabia Saudita que fue preparado, en calidad de embajador permanente, por Manuel Prado.

La Reina preside una reunión en la que están presentes, a la derecha de doña Sofía, Manuel Prado y, a la izquierda, Agustín Rodríguez Sahagún.

DALDA

bía sido rechazada en tres ocasiones. Y entonces ingresó. No sé si sirvió para algo mi relación de amistad con el que era su secretario general, Enrique Iglesias, y otra serie de conexiones importantes que yo tenía en ese continente.

SERVICIO A ESPAÑA

"Serví en misiones internacionales al Rey mientras tuvo todos los poderes. Y a Suárez. Y serviré cuando se me demande"

Cuando cae el dictador Somoza en Nicaragua en el verano de 1979, el ministro de Exteriores Marcelino Oreja me envió al frente de una misión diplomática y humanitaria. Recuerdo que formaban parte de ella, entre otros, Pedro Solbes y Apolonio Ruiz Ligero. Aterrizamos en Managua al día siguiente del suceso en un avión en el que llevábamos medicinas y material médico. Allí estaba de embajador Pedro Arístegui.

En el natural desorden de Managua se había constituido una comisión presidencial de más de cuarenta miembros, entre ellos los hermanos Ortega y Violeta Chamorro. Nos invitaron a comer al búnker de Somoza, pero apenas cabíamos y las provisiones escaseaban. Así que nos dijeron de reunirnos en la sede diplomática española, donde existía el problema de que se encontraban en ella algunos refugiados del régimen somocista acogidos por humanitarismo. Arístegui hizo una especie de milagro en la multiplicación de los panes y los peces para alimentarnos a todos. El ambiente fue muy distendido y ayudó a resolver problemas pendientes entre las dos naciones por subvenciones españolas al régimen derrocado que habían irritado a la oposición vencedora. Estuve varios días recorriendo el país con el embajador Pedro Arístegui, hombre aventurero, que me llevó a zonas peligrosas del interior donde proseguían tiroteos que a veces nos fueron excesivamente próximos.

COLABORACIÓN CON ARMERO. Sería prolijo enumerar toda la actividad que desarrollé durante la Transición y en los primeros años de la democracia. Participé en diversas misiones en Estados Unidos y en el establecimiento de relaciones con Israel haciendo de puente entre árabes y judíos. Creo que presté una colaboración estimable a José Mario Armero, que llevaba el peso en el asunto israelí. He sido un mandadero del Rey y de sus gobiernos. O sea, de España.

Con Felipe González colaboré una sola vez. En el viaje que hizo a Arabia Saudita al principio de su mandato, me llamó para que fuera a Riad y preparara la visita en mi condición de embajador en misión permanente. Proporcioné toda la información de que disponía y supongo que mis servicios fueron satisfactorios.

Fue la única misión que realicé para el Gobierno socialista. No han querido, como Adolfo Suárez, por cualesquiera razones que respeto, aprovechar mis relaciones y conocimientos de tantos años por el mundo. No es que me alegre, pero me siento cómodo en la ignorancia.

Serví en misiones internacionales al Rey mientras tuvo todos los poderes. Y serví al Gobierno de Adolfo Suárez siempre que fueron demandados mis servicios. Y serviré, como el primer español, cuando se me demande. El servir a España es la idea primordial que he inculcado a mis hijos.

•TESTIMONIO•

El "atado y bien atado"

Franco pensaba en una Monarquía sólida y en un Ejército fiel

Nicolás Franco Pasqual del Pobil

Economista. Empresario. Sobrino de Francisco Franco

Como modestísimo actor-partícipe en la Transición política del régimen de Franco a la Monarquía puedo aportar mi reflexión particular sobre una frase que vi recogida en el capítulo III de la espléndida serie *La Transición* de Victoria Prego, emitida por Televisión Española. Es aquélla que Franco le dice al entonces Príncipe de España, don Juan Carlos: "Alteza, no es necesario que entre nosotros hablemos de política porque la que le corresponderá desarrollar a Vuestra Alteza nada tendrá que ver con mis planteamientos políticos".

Similares palabras sobre el futuro me las dijo mi tío Francisco Franco en una de las visitas que, como consejero nacional y procurador en Cortes -por La Coruña-, le hice en el Pazo de Meirás.

Desde la cima del poder absoluto que Franco ostentaba, su visión era como desde la cumbre de una montaña: se vislumbran los valles y el horizonte en lontananza; un panorama que no permite advertir los detalles pero que manifiesta la fortaleza del macizo de montañas y sus nieves, que condicionan el curso de los ríos y los alimentan. Para mí, así Franco percibía el "atado y bien atado". Una institución, la Monarquía, y un sólido Rey, bien formado, en la Jefatura del Estado; un Ejército dispuesto a obedecerle, aunque algunos no compartieran sus decisiones, y una economía en desarrollo, si bien sus frutos no llegaran a todos. Lo demás, la visión del perfil exacto del valle y a qué tierras debería regar el río, sería obra de otros hombres y otras generaciones.

Franco sabía de las grandes obras, como los pantanos, que cambian los cursos del agua y su flujo y la almacenan y distribuyen. Como supo cambiar sus alianzas: de Hitler a Eisenhower, de Perón a De Gaulle, de falangistas a tecnócratas pasando por democratacristianos. Por eso, conocedor de la Historia, sabía que las erosiones aquí y allá cambian el curso del río, pero no la solidez de las montañas.

Franco creía en la nación y en los grandes colectivos humanos corporativamente estructurados más que en las prerrogativas del individuo. Por eso, difícilmente podía desear una constitución con partidos políticos, pero sabía que las generaciones futuras harían los cambios que consideraran oportunos y, por lo menos, contarían en la cúspide con una institución sólida -la Monarquía- apuntalada por dos elementos esenciales: el Ejército y una economía aceptablemente fuerte.

La Transición habría sido otra, más incierta, llena de imprevisibles avatares o acaso de confrontaciones de dimensión incalculable, de no haber contado con una Monarquía sólida que impulsó y controló el proceso hacia la democracia.

El gran papel de paraguas institucional ejercido por la Monarquía de don Juan Carlos cobijó a la mayoría de los españoles que deseaban un régimen de libertades sin renunciar a la estabilidad y la paz, contra la intransigencia de recalcitrantes del búnker y de rupturistas revolucionarios.

Don Juan Carlos encargó a Torcuato Fernández-Miranda el diseño jurídico-constitucional de una Transición cuya meta era la democracia plena para todos los españoles, equiparando así a nuestro país al resto de las naciones europeas, pero a partir de decidir nuestro futuro sin cuestionar de dónde venía cada uno y sin revanchismos estériles.

Como es sabido, las Cortes franquistas asumieron su autoliquidación, hecho singular en la historia de cualquier país. El pueblo español aprobó en referéndum una nueva Constitución consensuada entre las diferentes fuerzas políticas y de las primeras elecciones salió un Gobierno democrático presidido por Adolfo Suárez. Se articularon sindicatos plenamente representativos y la Prensa libre fue una realidad.

El paraguas institucional pudo así cerrarse, dejando ya a la intemperie el juego democrático, sometido a sus naturales avatares.

Solamente en una ocasión, el 23 de febrero de 1981, el paraguas protector tuvo que abrirse de nuevo, afortunadamente de manera breve, revalidando la institución monárquica su solidez, el Rey don Juan Carlos su sabiduría y el Ejército su apoyo.

EUROPA PRESS

El Rey, el Ejército y una economía en desarrollo: el "atado y bien atado" de Franco.

El talismán de la

La lucha por la libertad entre 1975 y 1977 fue básica para que llegara la democracia

Desde 1975, y sobre todo tras la muerte de Franco, y hasta bien mediado 1977, cientos de miles de ciudadanos clamaron en España por la amnistía. Tan hermosa palabra se convirtió en una especie de talismán resumen de multitud de aspiraciones. El pueblo, tras el período de la dictadura, ansiaba la libertad.

Los actores de ese clamor sabían muy bien lo que con esa invocación estaban exigiendo -muchas veces, es cierto, intuitivamente-, aunque no conociesen el significado preciso del término en el Diccionario de la Real Academia de la Lengua: "Olvido de los delitos políticos, otorgado por la ley, ordinariamente a cuantos reos tengan responsabilidades análogas entre sí". La Junta Democrática de España (JDE) hizo suya esa aspiración y la difundió a los cuatro vientos.

En la referencia académica al Diccionario se basaban algunos -principalmente desde la Plataforma Democrática- para considerar que la amnistía no era la mejor expresión, puesto que era un "acto de otorgar" a fin de "olvidar delitos". Y, por ello, pretendieron sustituir la palabra "amnistía" por la fórmula "liberación de los presos políticos y vuelta de los exiliados". Así se pretendía no reconocer ningún poder otorgante del previsible olvido y no considerar como delitos lo que en un pasado histórico, o en los países democráticos, era una parte normal del ejercicio de los derechos civiles. En el fondo, lo que sucedía es que a la Plataforma no le gustaba emplear el término ya consagrado plenamente por la Junta.

Podría haberse estado de acuerdo con la distinción que estamos comentando. Pero era evidente que, en la práctica, para la generalidad de la gente, la palabra "amnistía" significaba liberación de los presos políticos y vuelta de los exiliados. Y algo más todavía: recuperación de todas las libertades públicas y, por tanto, de la propia base para organizar la democracia.

En definitiva, en la semántica popular, que siempre acaba imponiéndose sobre la académica, la amnistía era un concepto mucho más amplio y reivindicativo que su simple etimología, o que su definición. Para mayor claridad, el grito en calles y plazas era el de "¡¡amnistía, libertad!!".

Pero aparte de las cuestiones terminológicas, siempre convenía diferenciar claramente lo que significaba amnistiar, una acción que había de ir mucho más allá de "prescripción de las penas", que en el Código entonces vigente se producía a los 30 años para los delitos más graves.

Con esa "prescripción", teóricamente, todos los exiliados políticos a causa de la Guerra Civil podrían haber retornado a España, en 1969 a más tardar. Sin embargo, no sucedió tal cosa, por toda una serie de interpretaciones restrictivas de los jurisconsultos del régimen de Franco (delito continuado, etc.). Así, de haber retornado, habrían ido a parar a la cárcel, o incluso al patíbulo. O, en el mejor de los casos, habrían seguido afectados por las leyes de persecución y depuración. En otras palabras, habrían seguido acosados por sus "antecedentes". Un panorama, pues, completamente distinto del de la amnistía, que había de borrar el pasado histórico considerado punible por tirios y troyanos. Porque no hay que olvidar que la amnistía también habría de proteger definitivamente a los jerarcas del régimen de la dictadura, que durante casi cuatro decenios hicieron y deshicieron.

"Sin la amnistía, que «de facto» puso en marcha Suárez y que después consagraron las Cortes, no habría llegado la democracia"

El derecho de gracia. La amnistía también era radicalmente distinta del indulto, el ejercicio del derecho de gracia. Y ahí radicó una de las grandes contradicciones de Arias Navarro mientras fue presidente del Gobierno en los últimos estertores del franquismo cuando ya muchos pedíamos la amnistía; lo que de inmediato, muerto Franco, se concedió en noviembre de 1975 fue un simple indulto; muy restringido, por la persistencia del decreto-ley de Represión del Terrorismo de agosto de 1975, que permitía embolsar en ese con-

amnistía

Ramón Tamames

Catedrático de Estructura Económica y ex diputado. Autor de "La economía española. 1975-1995"

Algo más de un mes después de ser detenido en el bar del hotel Palace de Madrid por gestar una manifestación pro-amnistía, Ramón Tamames, autor de este ensayo, abandona la cárcel de Carabanchel el 8 de mayo de 1976 (a la dcha., su hijo Moncho).

GUSTAVO CATALÁN

cepto a cualquier político exiliado. No es extraño, pues, que con tal indulto se favoreciera, sobre todo, a los delincuentes comunes, de los cuales fueron puestos en libertad unos 5.000 (siendo centenares los que casi de inmediato volvieron a ser recluidos por su inercia a reincidir).

De las aversiones oficiales a la reconciliación que se estaba pidiendo a voces, da idea cabal que Arias Navarro manifestase, en enero de 1976, su punto de vista de que la amnistía sería "el resultado de la culminación del proceso de democratización". Una declaración contradictoria, ya que por un lado hablaba de democratización y, del otro, mantenía leyes que castigaban a quienes más hacían para que viniese la democracia.

Nuestro punto de vista desde la JDE era precisamente el contrario: la amnistía había de marcar el arranque del proceso democratizador. Un punto de vista que supieron compartir, aunque fuera muy tardíamente, instituciones como el Parlamento Europeo, el Consejo de Europa, y la Comisión de las Comunidades, al subrayar, repetidamente, que los pretendidos proyectos de liberalización y democratización del Gobierno español sólo comenzarían a ser apreciados como tales cuando se adoptaran medidas concretas sobre liberación de presos políticos, vuelta de exiliados, libertades públicas y elecciones libres.

En suma, en el sentido con que nosotros mismos empleábamos el término, estaba claro que la amnistía no significaba simplemente el olvido de un pasado político, sino también la conquista de la plenitud de derechos por quienes, al retornar a la vida pública, aspirasen a organizarse libremente en partidos políticos y en sindicatos de trabajadores. No dejaba de ser un sarcasmo "olvidar el pasado", liberar presos y aceptar el retorno de exiliados para de inmediato volver a sancionar a los amnistiados por el simple hecho de plantear sus vindicaciones en el escenario político.

RECONCILIACIÓN. Sin la amnistía, que "de facto" puso en marcha Adolfo Suárez y que después consagraron las Cortes Constituyentes, no habría llegado la democracia. El viejo problema de la reconciliación de los hermanos separados por la Guerra Civil entró, con ella, en vías de definitiva resolución. Cosa muy distinta serían los grupos como ETA y otras organizaciones que se beneficiaron de la amnistía y que después volvieron a las andadas.

Los dos años largos de lucha por la amnistía fueron muy hermosos, políticamente hablando, para quienes participamos en ella. Es un recuerdo que nunca podrá borrarse en nuestras mentes, en las manifestaciones, en las convocatorias ante la cárcel de Carabanchel, en los manifiestos. Estábamos cargados de razón y, al final, casi siempre la razón acaba venciendo a la fuerza y a la violencia.

Un "Papa" sevillano

El Vaticano excomulga a Clemente y su orden del Palmar

El 15 de enero de 1976, el pontífice Pablo VI excomulgaba al "Papa" Clemente y cuatro obispos de su congregación, cansado ya de su heterodoxia fascista y sus insólitas canonizaciones.

Pedro de Tena

El 30 de marzo de 1968, cuatro niñas llamadas Josefa, Ana, Rafaela y Ana María dijeron en sus casas que habían visto a una señora sobre unos lentiscos de la finca "La Alcaparrosa", proxima a El Palmar de Troya. Pronto se corrió la voz de la presencia de un milagro. La Virgen, con hábito carmelita, se había aparecido.

La Iglesia mantuvo una actitud escéptica, pero los videntes fueron cada vez más. Se celebraron misas y comenzaron a venderse estampas, escapularios y recuerdos religiosos. Pronto cristalizaron dos grupos de videntes. El más compacto fue el formado por el administrativo Clemente Domínguez y Manuel Alonso Corral, abogado extremeño empleado en las oficinas del Arzobispado de Sevilla, quienes finalmente se hicieron con el control de lo que ya era un movimiento que interesó hasta al mismo fundador del Opus Dei, José María Escrivá de Balaguer, quien citó en la residencia de Pozoalbero a la vidente María Luisa Vila.

Los mensajes de la Virgen supuestamente aparecida hacían referencia a catástrofes venideras. También solía materializarse el famoso Padre Pío de Pietrelcina. El 15 de abril de 1970 tuvo lugar una concentración de 30.000 personas -muchas de ellas minusválidas y enfermas-, en El Palmar de Troya. A la llamada de lo sobrenatural acudieron también religiosas y monjas de toda España.

EFE

El "Papa" Clemente es llevado en andas por algunos de sus acólitos en El Palmar de Troya.

Ese mismo mes la vidente María Luisa Vila aparecía estigmatizada en ambas manos. Poco después, Clemente Domínguez mostraba los orificios llagados de sus manos y anunciaba que la Virgen le había pedido que dijera misa en los lentiscos originarios. Pero aún no era sacerdote. Estas misas debían ajustarse al rito tridentino. Otro mensaje de diciembre de 1974 condujo a Clemente a fundar una nueva orden religiosa, que luego será la Orden de los Carmelitas de la Santa Faz. En diciembre de 1975, ya contaba con un nutrido número de religiosos. El problema de las ordenaciones sacerdotales fue resuelto por la presencia ungidora del arzobispo vietnamita Ngo Dinh Thue, anticomunista y ultraconservador.

La Iglesia católica trató de anular el movimiento, pero sus delegados fueron rechazados. Los responsables de la nueva Orden fueron excomulgados, pero ya habían sido consagrados como obispos por Ngo Dinh Thue. Todas las ordenaciones fueron suspendidas "a divinis". Algunas monjas, como la clarisa Sor Ramona, denunciaron la apropiación de dinero por parte de Clemente Domínguez y el Juzgado de Instrucción de Utrera dictaba auto de procesamiento contra él por usurpación de funciones. En 1976 corrían rumores de presuntos embarazos de religiosas en El Palmar de Troya.

Una vez elegido "Papa", Clemente Domínguez tuvo que huir a Europa e Hispanoamérica donde consiguió una financiación oscura que sirvió para la expansión de su "Iglesia". Un accidente en una autopista vizcaína lo dejó ciego en mayo de 1976. Ello contribuyó aún más a la extensión de su influencia.

Una vez de regreso a España, elevaron a los altares a Franco, Calvo Sotelo, Hitler y Mussolini. Excomulgaron a *Jesucristo Superstar*. Tras una cruenta batalla legal, consiguieron reconocimiento jurídico en 1987. Su presencia fue motivo de hilaridad para los sevillanos durante años.

Actualmente, Clemente no vive en El Palmar sino en los pisos de Sevilla. Se cree que está gravemente enfermo. Los donativos internacionales parecen haber menguado aunque las grúas que construyen la basílica de su "Vaticano" siguen funcionando. No recibe visitas. Su época de religiosidad agraria e ingenua parece haber pasado definitivamente.

Adiós a don Antonio

Una vaquilla trunca la vida de Bienvenida al año de retirarse

Una vaquilla tuvo que ser. La embestida por la espalda del torero truncó la vida de Antonio Bienvenida a sus 53 años, uno solo después de su retirada en Vista Alegre el 5 de octubre de 1974. Tras más de treinta años de alternativa, el maestro sufrió la cogida definitiva en una finca de El Escorial.

Fernando Bermejo

Antonio Bienvenida había ido el 1 de octubre a la que sería última concentración de Franco en la Plaza de Oriente. El torero, que cumplía su primer año lejos de los ruedos (aunque a lo largo de 1975 toreó varios festivales), hacía una vida familiar y muy ligada a los amigos. Era tratado como don Antonio, pues el señorío fue virtud reconocida en su sencilla personalidad. El día 4 se cumplían once años de la muerte de su padre, Manuel Mejías Rapela, el Papa Negro. Tras escuchar misa y comer en su casa de Madrid, toma rumbo hacia la finca "Puerta Verde", propiedad de Amelia Pérez-Tabernero, en El Escorial. Antonio acude con su esposa, con sus hijas, con toda la familia de su hermano Angel Luis -también matador de toros y último apoderado de Antonio- y con el ganadero peruano Fernando Graña. Sería su último viaje de torero, porque Antonio empezó a toparse con la muerte toreando.

Una vaquilla, una erala, tuvo que ser la que truncara la vida del cuarto de los hijos toreros del Papa Negro. Se llamaba "Conocida" y era hermana del toro más bravo de la Feria de San Isidro de 1973. Irrumpió inesperadamente, como una bala, desde el cercado donde estaba tras ser toreada por el propio Antonio. "Déjame que dé el último pase", dijo Antonio -ensimismado en su faena a otra vaquilla- a su hermano Angel Luis antes que "Conocida", por la espalda, le propinara la voltereta definitiva. La cabeza del torero golpeó directamente contra el suelo. La lesión en la médula cervical, con fractura de las vértebras quinta y sexta, resultó fatal. Tras una media hora agónica, fue trasladado en ambulancia desde El Escorial al Centro Sanitario La Paz. Las constantes vitales se mantuvieron hasta las cuatro del día 7.

BOTÁN

Antonio Bienvenida, en su última tarde en Madrid.

EFE

El féretro de Bienvenida es portado por sus hermanos Juan y Angel Luis, a la derecha, al llegar a Las Ventas.

La manifestación de dolor por la muerte de Antonio Bienvenida es impresionante. Cuando llega el féretro a la célebre casa de General Mola, 3, la ovación es interminable. Toreros, políticos, artistas y gentes anónimas acompañan al cadáver de Bienvenida en su última vuelta al ruedo de Las Ventas. "¡Olé, los toreros!", fue el grito de despedida.

Un dictador llam

Después de 36 años de espera, por fin se estrena en España "El gra

Javier Lorenzo

El 30 de abril de 1976, en la XXI Semana de Cine de Valladolid, una ovación rubricó la proyección de "El gran dictador", una de las obras emblemáticas de Chaplin y una genial muestra de ironía que el franquismo no podía permitir.

FOTOS: FILMOTECA ESPAÑOLA

Charlie Chaplin, caracterizado como Adenoid Hynkel, dictador de Tomania.

Si en 1975 un español hubiera dicho que acababa de ver *El gran dictador*, no sólo estaría dando a entender su oposición al régimen, sino también el destino de su último viaje, posiblemente Perpignan. Al fin y al cabo, el mayor éxito de taquilla jamás cosechado por Charles Chaplin era al mismo tiempo la crítica más acerba contra Hitler -antiguo aliado de Franco- en particular y el resto de las dictaduras en general.

Las crónicas señalan que el "estreno" de la película, que registró un lleno "hasta la bandera", se vio salpicado continuamente por aplausos y risas. Un hecho que se extendió un día después al resto de los cines en que fue exhibida la cinta: uno en Barcelona -el Alcázar-, y tres en Madrid -Benlliure, Cartago y Novedades-. El filme estaba recomendado para mayores de dieciocho años y de catorce acompañados.

El gran dictador coincidió en las

do Chaplin

ictador", una crítica del totalitarismo

carteleras con películas de muy diferente signo como *Tiburón*, *La naranja mecánica* o *Cría cuervos*. Grandes títulos que obtuvieron más atención publicitaria y crítica que la obra de Chaplin, la cual dejó de promocionarse nada más comenzar su singladura española. De hecho, en algunos periódicos se dedicó más atención a un ciclo de cine polaco que a una película que había estado censurada durante 36 años. Quizás fuera que *El gran dictador* no obtuvo un Oscar, a pesar de que fue nominada para cinco estatuillas. En cualquier caso, las peripecias del tirano Adenoid Hynkel y de su sosias, el barbero judío, así como la interpretación de Paulette Goddard hicieron las delicias de los espectadores, que acudieron en masa durante los meses que se mantuvo la película en cartel, aunque en sitios como Mataró secuestraron a un operador y las copias de la película.

El gran dictador, que comenzó a rodarse en 1937, supuso un alarde de valentía, ya que Chaplin tuvo que soportar grandes presiones para hacerla. Entonces, nadie quería enemistarse con Hitler. Pese a todo, Chaplin siguió adelante. Los últimos planos se montaron a la vez que las tropas nazis desfilaban por los Campos Elíseos. El emocionante discurso final a favor de la democracia, la libertad y la tolerancia -pronunciado por el barbero, a quien todos han confundido con Hynkel-, llegó a una España efervescente y con una creciente ambición materialista. Así, el "estreno" coincidió con el atentado contra la librería Alberti de Madrid y con un libro sobre la vida política de Ruiz-Giménez, pero también con una Heidi que anunciaba urbanizaciones. Demasiado contraste hasta para el propio Charles Chaplin.

Arriba, cartel publicitario de "El gran dictador". Los otros fotogramas pertenecen a diversos instantes de la película, estrenada en 1940.

Fiesta en Palacio

Primera gran recepción por la onomástica de don Juan Carlos

Jaime Peñafiel

En junio de 1976 don **Juan Carlos** y doña **Sofía** realizan su primer viaje a América como Reyes. La República Dominicana de **Joaquín Balaguer** y los Estados Unidos de **Gerald Ford** son los países elegidos.

El color gris vuelve a ser el del traje de otro novio, **Joaquín Krémel**, cuando se casa con **Elsa Baeza** en El Paular (16 de junio). Hoy ya no son marido y mujer.

El día 24, y en los Jardines del Campo del Moro del Palacio Real, el Rey don Juan Carlos ofrece, con motivo de su onomástica, su primera gran recepción de Corte a la que asisten nada menos que 1.500 invitados, entre éstos casi todos los franquistas que todavía permanecían en el poder o a la sombra del poder. Como intendente de la Casa de Su Majestad, sigue el servidor más servicial de todos cuantos tuvo el Caudillo: don **Fernando Fuertes de Villavicencio**. Este fue uno de los muchos que, cuando a las nueve en punto de la noche, Dios, el diablo o el fantasma de **Franco** dijo "¡Agua va!" sonrieron felices al tiempo que comentaban: "¡Es la venganza del Generalísimo!". Venganza o simplemente "la tormenta de las 9" que desde hacía una semana descargaba sobre Madrid, lo cierto es que el Rey, que estrenaba uniforme de gran gala, la soportó con humor y divertido de ver a todos los invitados buscando cobijo bajo los gigantescos castaños del jardín, mientras él rechazaba hasta el paraguas que alguien le ofrecía: "No, gracias. A mí los paraguas me traen mala suerte". Mientras, su padre, **don Juan**, el Conde de Barcelona, celebraba su santo sometiéndose a una intervención quirúrgica en la clínica Barraquer de Barcelona por un desprendimiento de retina.

FOTOS: EUROPA PRESS

El 24 de junio de 1976, don Juan Carlos celebra por primera vez su onomástica en el Campo del Moro.

En julio, **Espartaco Santoni** vuelve a ser detenido e ingresado en Carabanchel. La detención se produce en plena calle de Alfonso XII cuando se dirige al despacho de su abogado, señor **Garríguez López-Chicherri**, donde le espera su esposa, **Carmen Cervera**. "¡Avisen a mis abogados!", grita a quien quiere oírle cuando la Policía que le está esperando le echa el guante, le esposa y le introduce en un coche camino de la cárcel. El motivo: otra estafa. Esta vez, por la película *Pepita Jiménez*.

En el hospital Carlos Haya de Málaga muere de cáncer, a los 47 años, el famoso actor **Stanley Baker**. De repente. La noche anterior había estado cenando en el Puerto Banús con **Sean Connery**.

Adolfo Suárez y su esposa, Amparo Illana, en los lados opuestos de la imagen. Numerosos vecinos de Madrid, a la derecha, observan el paso del féretro de Cecilia.

Joaquín Krémel y Elsa Baeza se casaron en junio del 76. A la derecha, Espartaco Santoni y Carmen Cervera.

En un ya muy caluroso mes de julio el pobre **duque de Cádiz** recibe una de las más "importantes" distinciones madrileñas: el Garbanzo de Plata que desde hace muchos años se viene imponiendo en Torres Bermejas. El Duque estuvo bien acompañado por su todavía esposa, don **Manuel Arburúa**, **Maritín March**, **Luis Miguel Dominguín**…

El nombramiento del ex secretario general del Movimiento y ministro de lo mismo, **Adolfo Suárez**, como nuevo presidente del Gobierno deja al país sin resuello. "¡No puede ser! ¡No me lo puedo creer!", exclama el personal ansioso de cambio. Y también el **conde de Motrico**, que ya tenía las botellas de champán preparadas para cuando recibiera el nombramiento. Quien no sé si también dijo lo mismo fue **Amparo Illana**, la esposa cabreada y distanciada del marido, hasta el extremo de poner no tierra sino agua de por medio, ya que aquel día -precisamente aquél- se encontraba de vacaciones en Ibiza mientras que Adolfo permanecía en Madrid con sus cinco hijos. Al contrario que otras parejas de aquella época, Amparo y Adolfo han recorrido el camino, pero a la inversa. No sé si será el poder que tuvo, la ambición que aunque no lo parezca siempre tiene, las tragedias que también las ha habido o los años, pero lo cierto es que, hoy, Adolfo y Amparo son un matrimonio dignamente bien avenido.

Espartaco Santoni vuelve a ser, de nuevo noticia, en este mes de julio cuando el día 16 es puesto en libertad, precisamente el día de Nuestra Señora del Carmen, que era el santo de su no tan santa pero sí sufrida esposa. Aquella noche celebrarían los dos acontecimientos con una gran fiesta en la discoteca Carrusel.

El día 25 de julio, don Juan Carlos y doña Sofía se dirigen a Motril, esa bella localidad granadina del chirimoyo y el aguacate para almorzar con sus colegas belgas, los reyes **Fabiola** y **Balduino**. Y al siguiente, los Soberanos españoles inician un viaje oficial a Galicia.

Ignoro si sería del agrado, pero no tuvieron más remedio que realizar una visita de cortesía al Pazo de Meirás donde **doña Carmen**, la señora de lo mismo, pasaba sus primeras vacaciones sin Paco. Eso sí, acompañada por los **marqueses de Villaverde**. Un muy diferente marqués al que don Juan Carlos tanto tuvo que aguantar en otras épocas actuó de anfitrión. La visita duró una hora. Ya no se necesitaba más…

En el mes de agosto se inaugura en Marbella la discoteca Mau-Mau. Es todo un acontecimiento social de primer orden. La categoría de los invitados así lo demuestra. Porque entre éstos estaban el marqués de Villaverde, sin la marquesa, **Carmen Hohenlohe**, **Tessa de Baviera**, **Mel Ferrer**, **Deborah Kerr** y su marido **Peter Viertel**, **Gunilla** -que todavía no había encontrado al primo que le pagara el divorcio, por dinero, de su esposo **Luis Ortiz**-, **Jaime de Mora**, **Antonio Arribas**, **condesa Laris**, **Maicuca Villanueva** y su esposo **José Lataliste**, un argentino muy listo y siempre bajo sospecha que ya había inaugurado otro Mau-Mau en Madrid y otro en Buenos Aires.

Un brutal accidente de carretera acaba con la vida de una de las intérpretes más importantes de aquella década, **Cecilia**. El escenario, Benavente. El entierro congregó en Madrid a **Julio Iglesias**, **Massiel**, **Luciana Wolf**, **Donna Haightower**, **Encarnita Polo**… La muerte de la cantante sumió a su padre, el diplomático **José Ramón Sobredo**, en una tristeza sin límites que le llevó a enfermar de una dolencia degenerativa.

• FOTOIMPACTO •

A palos con la Prensa

Fernando Bermejo

La cara molida a palos y el miedo en el cuerpo. En marzo de 1976, el periodista José Antonio Martínez Soler estaba al frente de la revista *Doblón*. Cuando en la mañana del día 2 salía en coche desde su casa en Las Matas (Madrid), fue asaltado por cinco individuos que le rociaron la cara de spray y le apuntaron con sendas pistolas en el costado y en el cuello. En un lugar cercano al Alto de Los Leones sufrió todo tipo de golpes y torturas. La amenaza era clara: debía dejar la revista y abandonar España junto a su esposa. Casi 20 años después, todavía se desconoce la identidad de los autores. La "línea izquierdista y antipatriótica" de *Doblón* era la causa esgrimida por los agresores para su acción. Fue una triste consecuencia de la política contra la Prensa (más "canallesca" que nunca) encauzada por el Gobierno Arias. Una estrategia, sin duda, alejada de los aires aperturistas que el Rey se encargaba de promocionar dentro y fuera de España.

GUSTAVO CATALÁN

José Antonio Martínez Soler, actual corresponsal de Televisión Española en Estados Unidos, después de la agresión en 1976.

PRÓXIMO CAPÍTULO: **EL DESASTRE DEL GOBIERNO ARIAS**
TRAGEDIAS EN VITORIA Y MONTEJURRA. DÓNDE ESTABAN LOS MINISTROS DE FELIPE. MEMORIAS DE N. REDONDO.COMANECI, LA NIÑA 10
ESCRIBEN: ALFONSO OSORIO, JOAQUÍN BARDAVÍO, MANUEL ANTONIO RICO, SUSANA MENDIZÁBAL, RAÚL HERAS

1975-1995. Veinte años de nuestra vida

• HISTORIA DE LA DEMOCRACIA •

{CAPÍTULO 8}

Carlos Arias Navarro, sentado, fué un presidente heredado por el Rey. Al fondo de la imagen, José García Hernández y Alejandro Rodríguez de Valcárcel.

EL DESASTRE DEL GOBIERNO ARIAS

Cuando Don Juan Carlos comenzó a reinar se encontró con una dificultad no esperada: el ritmo del presidente Carlos Arias, quien se consideraba albacea de Franco y no sintonizaba con los deseos de avance y reforma del Rey. El Gobierno Arias, compuesto de personalidades muy diversas, tuvo que hacer frente a graves conflictos, como los que paralizaron la tradicionalmente tranquila ciudad de Vitoria y llevaron la tragedia hasta la cima de Montejurra. El Rey no tenía otra salida que prescindir de Arias, "un verdadero desastre", como dijo en *Newsweek*.

• RELATO •

Por qué el Rey destituyó a Carlos Arias

El presidente del Gobierno que se encontró don Juan Carlos era incapaz de pilotar la reforma

Carlos Arias, último presidente de Franco y primer presidente de la Corona, tenía un proyecto imposible, el de gobernar el futuro sin abdicar un ápice del pasado. Sus ministros, algunos de los cuales despachaban directamente con el Rey, no le tenían mucho respeto y él, por otro lado, no se enteraba de las maniobras realizadas a su alrededor. El Monarca no tuvo más remedio que destituirlo.

Joaquín Bardavío. Periodista y escritor

"¡La calle es mía!" le gritó con destemplanza y convicción Manuel Fraga Iribarne a Ramón Tamames. El vicepresidente del Gobierno y ministro de Gobernación contestaba así al catedrático cuando este último le ratificaba que iba a manifestarse con otros disidentes ante el Ministerio de Justicia para pedir amnistía y libertad para los presos políticos. Era diciembre de 1975, Franco había muerto menos de un mes antes y Fraga apenas llevaba una semana en el cargo. La frase alusiva a la propiedad de la vía pública se hizo célebre. Muy acorde con el impulsivo talante de quien entonces era la gran esperanza del centrismo en España, respondía mucho más allá de un intento posesivo meramente municipal. No sólo reivindicaba la calle, sino el "centro" político y la presidencia del Gobierno. España era suya, en metafórico entendimiento, porque así se lo habían comunicado -y él lo había percibido- los más caracterizados líderes reformistas del Movimiento Nacional y una buena parte de la oposición moderada. Era el hombre del futuro, de la transformación desde dentro.

En tanto, el presidente Carlos Arias estaba seguro de poder conducir su histórica misión imposible: mantener a los españoles dentro de las coordenadas políticas del espíritu del 18 de julio brindándoles, a modo de concesión graciable, una estructura de asociaciones para contrastar pareceres y concurrir criterios con el fin de perfeccionar el régimen vigente que permitiera una evolución futura y tímida hacia formas de convivencia más occidentales. Arias estaba convencido de que, con la muerte de Franco, el pueblo español había quedado huérfano y que su papel era de albacea -muy en consonancia con su profesión de notario- y de tutoría ➳

EUROPA PRESS

Arias se propuso una misión imposible: mantener a los españoles dentro de las coordenadas políticas del espíritu del 18 de julio e intentar una tímida evolución.

ante el desamparo. Por eso no se le pasó por la cabeza el dimitir ante el Rey al morir el Generalísimo. Ni siquiera por cortesía. Y por ello tendría que pagar un precio muy alto porque hubo de sacrificar a su equipo de Gobierno y dejar que el Rey, en directo o a través de segundos o terceros, le confeccionara un Gabinete con la excusa de dar una imagen renovada. En realidad, era un explosivo levemente retardado en sus políticas posaderas.

Pronto sus nuevos "colaboradores" comenzarían a dar cuenta de él. Manuel Fraga había demostrado su fuerza al rechazar de plano la sugerencia de que ocupara la cartera de Educación y exigió Gobernación más una Vicepresidencia inherente. José María de Areilza, hombre a quien Franco y los franquistas detestaban por haber evolucionado desde el régimen hasta la causa de don Juan de Borbón, se sentó en el sitial de Exteriores con el fundado objetivo de presidir el Gobierno en una próxima oportunidad que se presentía. Antonio Garrigues, al igual que Areilza, ex embajador en Washington y abogado de gran prestigio, se hizo cargo de Justicia. A un joven como Adolfo Suárez le tocó bailar con la más fea, la Secretaría General del Movimiento, teórico bastión continuista. No se le otorgaba más entidad que la de su entusiasmo y, cuando Fraga se enteró de que sería con él con quien tendrían que discutir los nombramientos de gobernadores civiles -al tiempo jefes provinciales del Movimiento-, se alivió: "Es un peso ligero. No me dura ni dos rounds". El Rey quiso marcar a Carlos Arias situándole a Alfonso Osorio de ministro de la Presidencia. Arias aceptó el nombramiento aunque dispuso que el nuevo ministro fuera a un despacho en edificio distinto y no mostró interés por su trabajo. El resto de los miembros del Gobierno, excepto el de Obras Públicas, tampoco le debían agradecimiento al presidente por sus cargos. Arias estaba solo y, además, rodeado.

Pronto se le apreció inmerso en el desprecio de la ignorancia por parte de buena parte de los miembros de su Gabinete. Pero él parecía no darse por enterado. Areilza pregonaba que su presidente, además de lego, no tenía ideas ni siquiera comunes de política exterior. Fraga no despachaba con Arias en el sentido estricto del término, sino que visitaba su despacho y, en ocasiones, sin siquiera sentarse, le daba una teórica sobre los problemas de Interior con algunos ribetes de información para guardar un mínimo de formas y, a veces, ni eso. Los dos pesos pesados del Gobierno, responsables de las dos áreas con más sustancia, iban por libre, y el jefe de oyente. El ministro de la Presidencia, olvidado a cuarenta metros de la sede presidencial, aprovechaba su cargo de responsable del Patrimonio Nacional para despachar con el Rey sin levantar recelos. Podía pensarse que hablaban de inmuebles, hectáreas o ciervos, aunque lo hacían de política. Adolfo Suárez iba haciendo méritos al conseguir ser elegido consejero nacional "vitalicio" del Movimiento en pugna con el yerno de Franco, marqués de Villaverde, al hacer frente como interino de Gobernación -por viaje al extranjero de Fraga- a la crisis de los gravísimos disturbios de Vitoria y, fundamentalmente, al presentar ante las Cortes el proyecto de Ley de Asociaciones Políticas.

Entre reformistas e inmovilistas, Arias estaba atrapado. Intentó un término medio que estaba más cerca del pasado que del porvenir

El presidente Arias recibía mensajes del Rey -frontales o elípticos-, de sus ministros y del presidente de las Cortes, Torcuato Fernández-Miranda, para que afrontase una reforma en profundidad. Simultáneamente, el núcleo duro del Movimiento, al mando de José Antonio Girón de Velasco, le asaltaba sin éxito. Entre reformistas e inmovilistas, Arias se encontraba atrapado. Franquista hasta la médula, aunque no falangista, intentó un término medio que en realidad estaba mucho más cerca del pasado que del porvenir natural de la convivencia española. Estaba dispuesto a llegar a las asociaciones políticas. El liberalismo, los partidos, las elecciones generales, le horrorizaban. Hay que reconocerle su coherencia. Era hombre consecuente con la doctrina nutricia de la que se había alimentado desde el vigor de su juventud. Ya sus sesenta y siete años, en 1976, era tarde para variar. No se reca-

EFE

El Rey quiso marcar a Carlos Arias situándole a Alfonso Osorio (en la foto subiendo las escaleras de La Moncloa años después) de ministro de la Presidencia. Arias aceptó el nombramiento y no mostró interés por su trabajo.

taba en comentar en su círculo de amigos que le era difícil soportar al Rey aunque, no obstante, no daba la impresión de abandonar.

Estaba convencido de que tenía una misión contenedora que cumplir como vigilante, dique o "detente" de la integridad franquista sólo maquillada por el asociacionismo. Creía, en conciencia, que para eso le había nombrado Franco, y su deber era cumplir el mandato. No contemplaba la avalancha sociológica, la imposibilidad palmaria del franquismo sin Franco, ni la vocación de convivencia occidental de los españoles una vez disparado el tapón del Generalísimo. Hombre religioso con algún matiz de superstición, consultaba en oración al espíritu vivo de su jefe natural y le tranquilizaba la "lucecita de El Pardo", la del fallecido "centinela de Occidente", donde buscaba inútilmente claridad. Arias divagaba en la vacilación y el aturdimiento.

Madrid era una conspiración. Es difícil entender cómo un ex director general de Seguridad, aficionado exquisito a lo policial, morboso en las escuchas telefónicas aunque en aquellos tiempos fueran relativamente rudimentarias, podía estar ajeno, o despreciativo, a las formidables intrigas, tramas o confabulaciones respecto a su persona. Porque, además, no se montaban en la clandestinidad y ni siquiera en la confidencia, sino en almuerzos visualizados por cualquiera o en cenas en domicilios particulares donde la abundancia de reunidos hacía muy complicado el sigilo. Se especulaba abiertamente sobre su sucesión, y los dos candidatos destacados ante la opinión pública y la más cualificada, Fraga y Areilza, jugaban sus bazas abiertamente. Fraga menos, porque su seguridad en sí mismo le asentaba en la confianza. Areilza más, porque tenía y temía el lastre de su pasado reciente -conciliador con la izquierda prohibida- y su reconocida fama de negociador florentino. Areilza llegó, en el despacho de Fernández-Miranda, poco menos que a fijar el plazo de su incorporación a la Presidencia de Gobierno, ante el "abrirse de capa" de un presidente de las ⋙

Fraga (en la foto en una cacería años antes con el ministro Romeo Gorría) no despachaba con Arias en el sentido estricto del término, sino que le visitaba y, a veces, sin siquiera sentarse le daba una teórica sobre los problemas de Interior.

GUSTAVO CATALÁN

Fernández-Miranda previó que el cese no alarmara.

Cortes que ya sabía quién sucedería a Carlos Arias. Fraga depositaba su seguridad en los apoyos recibidos en Londres, durante los dos años en que fue embajador ante la Corte de Saint James, adonde viajaban en jubileo docenas y docenas de políticos y empresarios a ofrecerle asistencia y a rendirle su reconocimiento como líder. Y mientras Fraga y Areilza sólo recibían adhesiones, Arias únicamente aguantaba apremios de fuerzas distantes. E, indeciso, optaba por su instinto conservador, en el peor sentido de enlatar el pasado para provisionar el mañana. El presidente no era capaz de insuflar una tenue brisa a la vela del barco. España estaba parada en la calma chicha. Sin Franco y sin futuro. Y el Rey, con los nervios de punta.

España estaba parada en la calma chicha. Sin Franco y sin futuro. Y el Rey, mientras tanto, con los nervios de punta

Torcuato Fernández-Miranda, como presidente de las Cortes, sugirió al ministro Adolfo Suárez resucitar la comisión mixta Gobierno-Consejo Nacional para, en esta ocasión, plantear un instrumento que debatiera cuestiones políticas de cara a la reforma. Suárez aceptó encantado la idea del hombre que le había propiciado su ascenso. La primera reunión se celebró el 11 de febrero de 1976 y acudió el presidente Arias para dejar advertida su postura política.

Hizo un emocionado canto al franquismo recordando las movilizaciones masivas para visitar su capilla ardiente, el fervor que suscitaba en las gentes y la necesidad de respetar su obra y testamento. Los progresistas de la reunión, el mismo Fernández-Miranda, Fraga y Suárez, entre otros, quedaron en principio un tanto atónitos para inmediatamente resolver que lo escuchado era rumor de lluvia y que había que seguir en el empeño con Arias al margen. Aunque ahí quedó una bandera clavada. El presidente seguía considerando a Franco su jefe y no había leído con la debida atención el testamento en que dejaba todos sus poderes al Rey. Don Juan Carlos, en

Un Gobierno muy heterogéneo

El primer Gobierno de la Monarquía, formado por Carlos Arias (1), que fue el último presidente de Franco, era realmente heterogéneo. Fue formado con sugerencias del Rey (2), que contrastaban con el inmovilismo de Arias. Además, Fraga y Areilza constituían, con su fuerte personalidad, puntos de referencia y de autoridad inevitables.

Estos eran los integrantes de aquel Gobierno: Vicepresidente para Asuntos de la Defensa: Tte. general Fernando de Santiago (3). Dimitiría al saber que podían ser legalizados los sindicatos UGT y CCOO. Vicepresidente segundo y ministro de la Gobernación: Manuel Fraga Iribarne (4), procedente del Movimiento. Reformista y pionero del centro político. Vicepresidente tercero para Asuntos Económicos: Juan Miguel Villar Mir (5), técnico. Asuntos Exteriores: José María de Areilza (6), primero franquista, pasó a la oposición y fue secretario general del Secretariado Político de don Juan de Borbón. Justicia: Antonio Garrigues (7), abogado independiente. Había sido embajador en Washington y El Vaticano. Ministros militares: Tte. general Félix Alvarez-Arenas (8), Ejército; almirante Gabriel Pita da Veiga en Marina (9), que dimitiría del siguiente Gobierno cuando se legalizó el Partido

aquellos momentos y hasta que la Constitución fue aprobada en 1978, había heredado todos los enormes poderes del anterior jefe del Estado, incluido el de convocar referéndum para las reformas oportunas. Todos los errores de Arias partían de uno primigenio como el de aferrarse a Franco, que le había nombrado y que estaba muerto, e ignorar al Rey, el depositario del poder y cuyo vigor tenía educadamente embridado hasta un justo y breve límite de paciencia.

Fernández-Miranda había previsto que el cese de Arias debería hacerse sin llamar la atención. Cuando el Rey le pidiera que dejase el cargo debería reunirse el Consejo del Reino para recibir el "oído", y la convocatoria de tan alto organismo siempre sobresaltaba a los medios de comunicación. De ahí que su presidente, con la excusa de dinamizar el órgano consultivo, lo reuniera con periodicidad quincenal, lo que provocaría el desinterés de la Prensa. Y así fue.

Entre los errores de Arias estaba el de ignorar al Rey, cuyo vigor tenía educadamente embridado hasta un justo y breve límite de paciencia

Cierto que el Consejo tuvo más trabajo, aunque no relevante. Y el día que el Rey iba a pedir la dimisión de Arias, "casualmente" estaban citados sus miembros rutinariamente, por lo que la reunión no suscitó la más mínima curiosidad. Fue el 1 de julio de aquel año 1976, a poco más de siete meses de la muerte de Franco. Don Juan Carlos le citó en el Palacio Real tras recibir credenciales de algunos embajadores. Arias acudió sin saber el motivo. Cuando el Rey comenzó a razonarle que dimitiera, le ahorró el trago de alargarse en sus argumentos. Se despidió con cortesía y comprensión. Quizá encontró alivio en marcharse porque, al menos, habían terminado sus tensiones en la vacilación. En aquel momento, posiblemente por primera vez, se dio cuenta de quién mandaba en España y se vio liberado de un compromiso que, si sus espaldas no lo aguantaban, el peso de los españoles estaba a punto de romperlas. El franquismo sin Franco no podía ser aguantado por las viejas instituciones. Y mucho menos por un quijote. El Rey era consciente de que el pueblo, encarnado en "sanchopanza", sabía que España era un molino de viento.

EUROPA PRESS

Adolfo Suárez, el sucesor de Arias en la Presidencia

EUROPA PRESS

Comunista, y Tte. general Carlos Franco Iribarnegaray (10), Aire. Industria: Carlos Pérez de Bricio (11), técnico. Comercio: Leopoldo Calvo-Sotelo (12), monárquico militante desde la juventud. Agricultura: Virgilio Oñate (13), democratacristiano. Trabajo: José Solís (14), falangista. Educación: Carlos Robles Piquer (15), del Movimiento. Cuñado de Fraga e indicado por él. Obras Públicas: Antonio Valdés (16), franquista, cuñado de Arias. Relaciones Sindicales: Rodolfo Martín Villa (17), procedente del Movimiento. Ministro secretario general del Movimiento: Adolfo Suárez (18), procedente de la misma organización. Información y Turismo: Adolfo Martín Gamero (19), técnico, indicado por Fraga. Vivienda: Francisco Lozano (20), democratacristiano. Ministro de la Presidencia: Alfonso Osorio (21), democratacristiano.

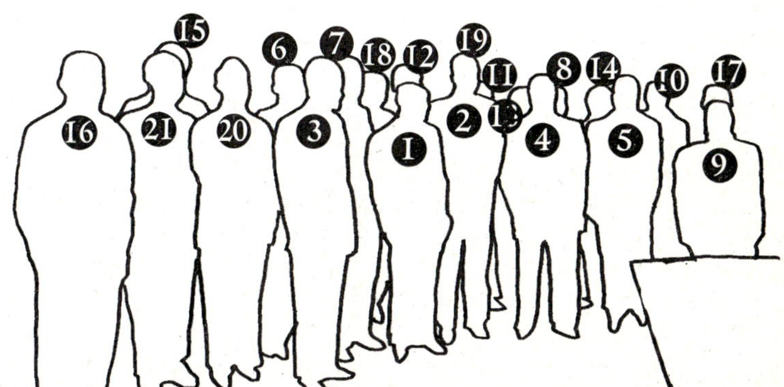

•TRAGEDIA•

Disparos a la multitud

Negro miércoles de ceniza en Vitoria con cinco víctimas

Manuel Antonio Rico

Básicamente, el tópico es cierto y la Transición se hizo de forma pacífica. Sin embargo, los sangrientos sucesos de Vitoria y Montejurra, marzo y mayo del 76, demostraron hasta qué punto el país se movía en el filo de la navaja.

Cinco muertos y decenas de heridos fue el trágico balance de la actuación policial en Vitoria contra los trabajadores participantes en una asamblea multitudinaria que tenía lugar dentro y fuera de la iglesia de San Francisco de Asís, el 3 de marzo de 1976, siendo presidente del Gobierno Carlos Arias Navarro.

Manuel Fraga, ministro de la Gobernación, siempre eludió su responsabilidad en la tragedia, arguyendo que se encontraba en Alemania, adonde había acudido a pronunciar una conferencia, y ha señalado al entonces ministro secretario general del Movimiento Adolfo Suárez, que le sustituía en funciones, pero es un hecho que la forma en que Suárez dirigió la crisis desde Madrid, negándose a la declaración del "estado de excepción", le valió el aprecio del Rey, y es otro hecho que se entiende mal la ausencia de Fraga por tan leve motivo, sabiéndose como se sabía que la situación social en Vitoria era explosiva desde hacía semanas, con barricadas en las calles, asambleas permanentes, protestas continuas, "lock-outs" y huelgas generalizadas.

El ensayo revolucionario de grupos de la extrema izquierda se saldó en sangre aquel 3 de marzo, miércoles de ceniza, cuando las escasas fuerzas de la Policía Armada recibieron orden de desalojar la iglesia. El desalojo se consiguió mediante el lanzamiento de botes de humo al interior del templo, pero la avalancha humana que siguió a continuación, unida a la presión de las miles de personas concentradas en el exterior, generó una situación a la que la Policía respondió abriendo fuego sobre la multitud. Murieron en el acto Pedro María Martínez, 37 años, de Forjas, y Francisco Aznar Clemente, 17 años, de Panificadora Vitoriana. Al día siguiente, falleció Romualdo Barroso Chaparro, 19 años, de Agrator. Los otros dos morirían en días posteriores. Ante los cuerpos presentes de los tres primeros, se ofició el viernes un impresionante funeral en la catedral, con la presencia de todo el clero vitoriano y la lectura de una homilía en la que se denunciaba muy crudamente la entrada de la Policía en el recinto sagrado y la profanación del derecho a la vida de unos pacíficos trabajadores, sin justificación alguna. En medio de enorme tensión, los féretros fueron paseados a hombros, durante horas, por las calles de Vitoria.

Los enfrentamientos con la Policía continuarían y se reproducirían por otros lugares de España, pero ya sin las consecuencias del aquel miércoles de ceniza y sangre. Manuel Fraga no llegó a Vitoria hasta el sábado.

Respalda la actuación de las Fuerzas del Orden, ofrece una rueda de prensa, visita a algunos heridos e invita a todos a aprender de la "dramática lección" de Vitoria.

EFE

Una imagen de Vitoria en los días de los trágicos sucesos, tras un enfrentamiento de trabajadores y Policía.

CARLOS CORCHO/INTERVIÚ

José Luis Martín García, el "hombre de la gabardina", dispara en la explanada de Irache (Montejurra) contra los seguidores de Carlos Hugo de Borbón.

El fascismo contraataca

Dos muertos en Montejurra ante la indiferencia policial

Dos meses después de la tragedia de Vitoria, es la extrema derecha la que atenta contra la convivencia, amparada en los aparatos del Estado y utilizando Montejurra, la montaña sagrada del carlismo, en Navarra, donde la concentración carlista anual llevaba años convirtiéndose en un gran acto de la izquierda antifranquista, merced a la transformación del partido del pretendiente Carlos Hugo de Borbón en una formación federalista, socialista y autogestionaria, muy alejada de sus orígenes.

El domingo 9 de mayo de 1976, una vez más, el ministro de la Gobernación, Fraga, se encontraba fuera de España. Extraña ausencia, puesto que se venía barruntando que aquél no iba a ser un Montejurra como los demás. Ya en las fechas previas habían empezado a llegar elementos fascistas de vario pelaje, a impulsos de lo que secretamente se conocía como "operación Reconquista", o no tan secretamente puesto que, en una concentración falangista de aquella misma jornada en la sierra de Alcubierre, se llegó a anunciar que se estaba "reconquistando Montejurra".

La operación se había montado alrededor del dirigente carlista tradicional Sixto de Borbón, hermano de Carlos Hugo y enfrentado a él. Tomaron parte activa miembros de Fuerza Nueva y de la Confederación de Combatientes de Girón, funcionarios del Movimiento, ultras venidos de Italia y Argentina y jerarcas como Antonio María de Oriol y Juan María Araluce, además del siempre inevitable Mariano Sánchez Covisa. Con fondos privados y oficiales se pagaron dietas y desplazamientos y hasta se distribuyeron bolsas de comida entre los centenares de participantes.

Las pistolas abundaban entre los seguidores de don Sixto, pero la Guardia Civil y la Policía, presentes en la explanada de Irache, hicieron la vista gorda y no procedieron a cacheo o registro alguno. La fuerza pública tampoco intervino cuando brotaron las primeras provocaciones y enfrentamientos, en medio de los cuales se produjeron las tremendas secuencias que luego publicaría toda la Prensa: el "hombre de la gabardina", José Luis Martín García, comandante retirado del Ejército, blandiendo su pistola y disparando contra un seguidor de Carlos Hugo, Aniano Jiménez Santos, que moriría unos días después.

Ya arriba, en la cumbre, que había sido tomada por los ultras el sábado, los partidarios de don Sixto la emprendieron nuevamente a tiros contra los carlistas, que hubieron de interrumpir el vía crucis. Entre la niebla y la lluvia se escucharon abundantes disparos de pistola y varias ráfagas de metralleta. Hubo dos heridos y un joven de 18 años, vecino de Estella, resultó muerto. Entre la maleza se recogió un paquete de pirotecnia militar.

Con la publicación de las fotos y la alarma consiguiente, el "hombre de la gabardina" se entrega en Huelva. En Madrid la Policía detiene a Sixto de Borbón pero, en lugar de ponerle a disposición del juez que lo había requerido, se le expulsa del territorio nacional.

De nuevo Fraga dijo "asumir toda la responsabilidad", pero la amnistía de 1977 y la práctica desaparición posterior del Partido Carlista hicieron que el crimen de Montejurra quedara sin clarificación alguna.

TESTIMONIO

Las causas del frac

El último presidente de Franco y primero de la Corona no tuvo energía para afrontar el futuro

El 13 de diciembre de 1975 juró ante el Rey el primer Gobierno de la Monarquía. Los propósitos del Gabinete comandado por Carlos Arias no llegaron a buen puerto. El hombre elegido para la apertura de la vida política fue, por cuestión de talante, Adolfo Suárez. **Alfonso Osorio** explica los porqués del fracaso de Arias.

Cuando en 1980 publiqué, más o menos por estas fechas, un libro de memorias sobre la Transición política, escribí estos párrafos: "El Rey quería la reforma política, Carlos Arias aceptaba una reforma política. El Rey quería la democracia, Carlos Arias Navarro pasaba por una democracia «a la española». El Rey hablaba sinceramente de ser el Rey de todos los españoles; Carlos Arias, acaso sin saberlo, le veía como el Rey de unos españoles. El Rey pensaba en D. Felipe rey, Carlos Arias no podía olvidar el pasado inmediato".

Quince años después, sigo pensando que en las líneas transcritas se resume perfectamente lo que sucedió durante el mandato del primer Gobierno de la Monarquía y por qué sus propósitos y proyectos, aunque limitados, no llegaron a buen puerto. Pero me explicaré algo más.

El Gobierno que, presidido por Carlos Arias, juró ante el Rey el 13 de diciembre de 1975, estaba compuesto en su totalidad por hombres que, a distintos niveles, habían ocupado cargos de responsabilidad en el régimen de Franco. Algunos se habían manifestado sincera y claramente por la evolución, dentro de la Ley, hacia la apertura de la vida política y la reforma democrática de las instituciones; otros, comprendiendo los nuevos tiempos, lo aceptaban. Mas en verdad nadie se oponía. Ocurrió, sin embargo, que el camino y el procedimiento que unos proponían y otros deseaban no eran idénticos, y las dudas y el respeto de Carlos Arias hacia sus antiguas lealtades hacían imposible la unidad de acción y de criterio.

LIBERALIZAR LA VIDA PÚBLICA. Antonio Garrigues, a mi juicio con razón, quería antes que nada liberalizar la vida pública. De aquí su empeño por reformar rápidamente el Código Penal.

José María de Areilza, con la vista puesta en las cancillerías, deseaba ir deprisa y ofrecer como una realidad el propósito y la voluntad reformista.

Manuel Fraga, que se había incorporado al Gobierno con un proyecto casi completo de reforma de leyes políticas e instituciones bajo el brazo, anhelaba que el resto de sus compañeros de Gabinete se lo aceptasen sin rechistar para hacerlo realidad pronto y ofrecérselo -no quiero llegar a decir que imponérselo- a los españoles.

> "Cuando Arias aceptó presentar su dimisión al Rey lo hizo porque había llegado a la conclusión de que su tiempo había pasado y no se sentía con fuerzas para componer el complicado puzzle nacional"

Torcuato Fernández-Miranda desde la Presidencia de las Cortes y algunos ministros desde el Gobierno -Adolfo Suárez, Rodolfo Martín Villa y yo mismo, entre otros- se habían dado cuenta de lo peligroso que era tratar de imponer una reforma política sin contar ni con los de dentro del sistema que tenían que aprobarla, ni con los de fuera del mismo que podían hacer al Rey, Rey de todos los españoles.

Por supuesto, esto sí es lo que quería el Rey. Pero no deseaba hacerlo imponiendo sino convenciendo; no quería violar la ley sino cambiarla; no quería romper, porque era leal a sus compromisos, sino sustituir desde la legalidad, porque se sentía comprometido con su destino histórico.

Así las cosas, el problema o los problemas fueron que Carlos Arias quería pactar con los de dentro pero no quería ni hablar con los de afuera; que Manuel Fraga daba por supuesta la aceptación de aquéllos y quería hablar, pero no negociar, con éstos; y que ni unos ni otros parecía que estaban dispuestos a apearse de sus posturas.

Cuando Carlos Arias Navarro aceptó presentar su dimisión al Rey lo hizo, a mi juicio, debido a que había llegado a la conclusión de que su tiempo había pa-

so de Arias

Alfonso Osorio

Ministro de la Presidencia con Arias y vicepresidente segundo y también ministro de la Presidencia con Suárez

EUROPA PRESS

Fernández-Miranda preparó durante la Presidencia de Suárez -en la foto, a ambos lados de Arias- un proyecto de Ley para la Reforma más ligero que el de Fraga.

sado, porque no se sentía con fuerzas para componer el complicado puzzle nacional.

Las ideas sobre lo que había que hacer para componerlo estaban bastante claras. Lo más difícil era cómo hacerlo, y esto era un problema de talante y temperamento más que de erudición política. Al fin y a la postre, cualquier catedrático redacta una Constitución, a su gusto, en una noche.

Esto del talante y la erudición tiene más importancia de lo que parece en la historia de la Transición política.

Cuando el Rey nombró a Adolfo Suárez para presidir el segundo Gobierno de la Monarquía, buscaba un talante. Torcuato Fernández-Miranda entregó a Adolfo Suárez un proyecto de Ley de Reforma política distinto y más ligero al que había preparado Manuel Fraga. Pero Adolfo Suárez y su Gobierno al cambiar, entre otras cosas, una palabra variaron, con un nuevo talante, el sentido de la marcha. La ley pasó a ser Ley para la Reforma. De impuesta a pactada. Mas esto es otra historia.

Dónde estaban entonces los ministros de Felipe

F. Bermejo / J. Lorenzo

Para la mayoría de los 52 ministros habidos hasta hoy en los once gobiernos socialistas, el final del franquismo tuvo unas circunstancias similares. Todos luchaban por la caída de la dictadura, mientras labraban su futuro profesional en el terreno de la abogacía o en el de la docencia universitaria. Una época efervescente y llena de ilusiones que recuerdan con añoranza.

«Desde 1965 hasta 1975 viajé por toda España junto a Nicolás Redondo reorganizando el PSOE»

Enrique Múgica (izquierda) junto a José María Benegas, en los Picos de Europa en agosto de 1975.

Enrique Múgica

Ministro de Justicia (1988-1992)

"En aquel «año glorioso» estaba en la dirección del partido en Madrid, y allí me sorprendió el 20-N. Habíamos creado la Plataforma de Convergencia Democrática, en la que estaban los democristianos, los nacionalistas vascos y algunos grupos de extrema izquierda, pero antes viajé por toda España con Nicolás Redondo reorganizando las estructuras del PSOE. En Madrid nos reuníamos cada 15 días, en un pequeño local que tenía el partido en la calle Jacometrezo. Yo vivía en San Sebastián y Redondo en Portugalete, así que le recogía allí y luego emprendíamos el viaje. Esto lo hacíamos con cierta frecuencia desde 1965. También me ocupaba del despacho de abogados que monté a finales de los años cincuenta".

Alfredo Pérez Rubalcaba, en el laboratorio del Departamento de Química Orgánica de la Universidad Complutense de Madrid.

ALFREDO PÉREZ RUBALCABA

Ministro de Educación y Ciencia (1992-1993) y de la Presidencia desde 1993

"En aquella época, tenía yo 25 años, ejercía como tantos de mis compañeros de Profesor no Numerario (PNN) en el Departamento de Química Orgánica de la Universidad Complutense de Madrid. Al mismo tiempo, trabajaba en mi tesis doctoral sobre Química Orgánica, que presenté y leí en 1978, y por la que obtuve, dicho sea de paso, el Premio Extraordinario. Asimismo, desarrollé diversos trabajos en el campo de la Bioquímica. También dedicaba muchas horas a la actividad política dentro y fuera de la Universidad. Pertenecía a Convergencia Socialista de Madrid, partido -ilegal entonces, por supuesto- que por esas fechas se integraría en la Federación de Partidos Socialistas y, posteriormente, en el PSOE.

Recuerdo que en esa etapa coincidí en el partido con muchos de los que ahora son mis compañeros: Joaquín Leguina, Joaquín Arango, Miguel Satrústegui, Miguel Angel Fernández Ordóñez, Alvaro Espina y Jaime Lissavetzky, entre muchos otros.

Simultaneé mi actividad científica con el deporte, y concretamente el atletismo. Corría los 100 metros lisos, distancia en la que alcancé una marca de 10 segundos y 9 décimas".

«SIMULTANEÉ MI ACTIVIDAD CIENTÍFICA CON LA PRÁCTICA DEPORTIVA. CORRÍA LOS 100 METROS EN 10" 9 DÉCIMAS»

José Barrionuevo, con una cesta al hombro, participa en una fiesta popular.

«Medié en una huelga de Metro, por lo que me llamaron "el hombre bueno" y "el tapado"»

José Barrionuevo

Ministro de Interior (1982-1988). Ministro de Transportes (1988-1992)

"En aquel año era inspector de Trabajo en Madrid, profesor ayudante de Derecho del Trabajo en una cátedra y también estaba en un «partidito» de la Federación de Partidos Socialistas y en el sindicato USO. Por aquella época se hizo un manifiesto de funcionarios -el manifiesto de los 500-, que se dirigió a Arias Navarro, solicitándole algunas reformas. En esa época ya pensábamos en lo que podía llegar a cambiar España. A principios de 1976, hubo una huelga de metro en Madrid que terminó con una mediación que hice, por lo que en todas partes se me conoció como el «hombre bueno» y como «el tapado». Fue la primera huelga tras la muerte de Franco. Aquella era otra época más efervescente, aunque ésta tampoco es muy tranquila, y tenía la ventaja de que todo se vivía muy intensamente. Ahora nuestros problemas son los propios de una democracia".

Cristina Alberdi

Ministra de Asuntos Sociales desde 1993

"Se celebraba el Año Internacional de la Mujer y en abril de ese año se constituyó el Colectivo Jurídico Feminista y el Colectivo Feminista. Luego, acudimos a Bruselas, al Tribunal de Crímenes contra la Mujer. Queríamos modificar las leyes que discriminaban a las mujeres. Se organizó un turno de oficio para defender gratuitamente a las que carecían de recursos. Pusieron una denuncia ante el Colegio de Abogados por competencia desleal y el decano, Pedrol Rius, defendió nuestra postura. Así se lograron la tipificación y despenalización del adulterio y del amancebamiento o la despenalización de la difusión y venta de anticonceptivos".

«Con el Colectivo Feminista, fui al Tribunal de Crímenes contra la Mujer»

Cristina Alberdi, en 1975, ya era una activa feminista.

José Vicente Rodríguez

Carmen Alborch, en Valencia, el 9 de octubre de 1977.

«Pertenecía al movimiento feminista, preparaba publicaciones y daba clases»

Carmen Alborch

Ministra de Cultura desde 1993

"Recibí la noticia de la muerte de Franco en mi casa. En esa época estaba casada, era profesora de Derecho Mercantil en la Facultad de Derecho de Valencia, y el director de mi departamento era Manuel Broseta, que después sería asesinado por ETA. Mi actividad en esos años estuvo centrada en la vida académica, investigando, preparando publicaciones (mi tesis entre otras) y dando clases. Pertenecía al movimiento feminista y a un grupo de profesores no numerarios de Económicas y de Derecho que nos reuníamos a comer con regularidad. Todos esperábamos el fin de la dictadura. La muerte del General abrió un mundo de esperanza y de posibilidades no sólo políticas, sino también culturales. Significaba el fin de las salidas al extranjero para ver cine, el fin de la prohibición de los conciertos de música y la apertura hacia nuevas corrientes estéticas y de vanguardia".

Jordi Solé Tura

Ministro de Cultura (1992-1993)

Jordi Solé Tura, en una imagen tomada hace veinte años.

«Lloré con los últimos fusilamientos como nunca lo había hecho antes ni después»

"En 1975 vivía con mi mujer en un piso de 60 metros cuadrados en el mismo barrio de Barcelona donde vivimos actualmente. Me ganaba la vida como profesor adjunto de la Universidad de Barcelona -unas 30.000 pesetas al mes- y con traducciones y artículos de prensa. Los intentos de obtener una agregaduría o una cátedra habían fracasado y había sido eliminado en las oposiciones a que me había presentado. En 1976, gané por unanimidad una agregaduría de Derecho Político en la primera oposición que preparé. Hacía un año que, después de la experiencia del grupo Bandera Roja, me había reincorporado al PSUC-PCE, de donde había sido expulsado diez años antes por estar a favor de las tesis de Fernando Claudín. Tenía las mismas aficiones que ahora, aunque no había descubierto todavía el esquí de fondo. Nos entusiasmaba la montaña y realizábamos agotadores viajes en coche y con tienda de campaña. Leía, veía mucho cine, escuchaba música -¡las óperas de Mozart!- y jugaba al fútbol. Esta era la parte buena. En septiembre libré con otros muchos amigos una batalla desesperada contra las últimas penas de muerte impuestas por Franco. Perdimos y, de madrugada, tras los fusilamientos, cuando llegué a casa, lloré ante mi mujer y mi hijo como hacía tiempo que no lloraba y como no he vuelto a llorar después. La noche en que murió Franco no dormimos en casa. A las ocho de la mañana ya estaba con mis compañeros de partido. Así empezó la fase más decisiva, más creadora y, hasta ahora, más feliz de mi vida".

FERNANDO QUINTELA

Nicolás Redondo -en la imagen, en un despacho de Madrid- confiesa que UGT aceptó con más renuencia que el Partido Comunista la Monarquía de don Juan Carlos.

"En el mundo sindical hubo ruptura, no reforma"

Nicolás Redondo hace un crítico repaso a los años del cambio

El líder histórico de la Unión General de Trabajadores (UGT) recuerda el inicio del proceso democrático que tuvo, en el plano sindical, un suceso notable en el semiclandestino XXX congreso del sindicato, celebrado en abril de 1976 en Madrid. El texto que sigue procede de una larga conversación con **Carlos Sánchez**.

"Los días anteriores a la muerte de Franco estábamos en Madrid todos los dirigentes socialistas. Nos preocupaban, sobre todo, las consecuencias que podía originar su fallecimiento. A la vez, se mezclaban una preocupación y un alto grado de esperanza porque estábamos más cerca de recuperar las libertades.

Nos reunimos a nivel de la UGT y del PSOE, y ya en aquel momento el debate se centró en si la transición debía estar marcada por una reforma o por una ruptura democrática. También nos preocupaba que pudieran iniciarse campañas contra la oposición democrática que culminaran en un aumento de la represión.

En aquellas reuniones estaban Txiki Benegas, Alfonso Guerra, Felipe González, yo y alguno más. Vivíamos con muy pocos medios. A mí, por ejemplo, cuando me despidieron de los astilleros de La Naval, en Sestao, estuve durante tiempo y tiempo sin trabajo y sin ningún derecho a la Seguridad Social.

Nos reuníamos en un local que era de Enrique Sarasola, y también en otro que estaba en la calle de Jacometrezo, en Madrid, que era del Partido Socialista. Temíamos la represión, pero hay que decir al mismo tiempo que estábamos asistiendo otra vez a las dos Españas: la real y la oficial, con un divorcio absoluto.

Desconocíamos la reacción que podía haber de esos grupos que en aquellos años se denominaban los ultras; pero no nos parecía que pudiera haber mayor involución. En este sentido, nos preocuparon mucho los sucesos de Montejurra. Eran días increíbles. Recuerdo que cuando España cortó las escasas relaciones que mantenía con México (1975), yo entré en México con un pasaporte de la República española que me dieron en Madrid. El responsable de las relaciones internacionales del partido era Pablo Castellano.

Para las libertades democráticas, el símbolo fue la celebración del XXX Congreso Confederal de UGT, en Madrid, en el mes de abril de 1976. Había muerto Franco, pero seguía el franquismo. Gobernaba Arias Navarro y nos costó lo indecible la celebración de lo que fue un Congreso que tuvimos que enmascararlo diciendo que se trataba de unas «Jornadas Sindicales». Recuerdo cómo un día antes del Congreso, a eso de las ocho o las diez de la noche, nos llamó a la Dirección General de Seguridad -yo iba acompañado por Pablo Castellano- un funcionario que luego fue agregado en Ankara (Turquía). Tenía un despacho grandísimo y una mesa enorme. Nos dijo que el Congreso no se podía celebrar. Finalmente, lo pudimos llevar adelante por la presión internacional y porque iban a venir dirigentes sindicales de todo el mundo.

EFE

"El XXX Congreso de UGT -asegura Nicolás Redondo- fue decisivo y determinante en la Transición". El líder sindical aparece, con cazadora clara, el segundo por la izquierda.

Aquello fue tremendo. Centenares de personas cantaban *La Internacional* con el puño en alto y rodeados por la Policía Armada. Permanentemente me decían que iban a anular el acto, que aquello era intolerable. Las fuerzas más ultras aprovecharon también la ocasión para protestar.

Ese acto fue decisivo en lo que ha sido la Transición, en la que hubo dos modelos: uno político, la Reforma, con mantenimiento de los aparatos del Estado (Fuerzas Armadas, fuerzas coercitivas, etc.), y otro la Transición sindical, con el desmantelamiento total de lo que fue la organización sindical vertical.

"He tenido mejores relaciones con varios ministros de UCD, como Fernando Abril Martorell o Rafael Calvo Ortega, que con los socialistas"

Para realizar aquel acto en el restaurante Biarritz, de Madrid, negociamos con el subsecretario de Gobernación. Nos aprovechamos del ministro de Asuntos Exteriores, José María de Areilza, que quería dar una imagen distinta de la nueva España después de Franco. El era partidario de que aquellas Jornadas se celebraran, mientras que había otra parte, en que la pudo estar Fraga -entonces ministro de la Gobernación-, algunos generales y el propio presidente del Gobierno, que ponía muchas reservas.

Nosotros les decíamos: «Miren ustedes, ¿cómo van a explicar fuera de España la prohibición de un acto sindical?». Al mismo tiempo, los invitados, entre los que se encontraban Mitterand o Willy Brandt, nos preguntaban: «Pero, oye, ¿eso está seguro?». Y nosotros les decíamos: «Sí, sí, seguro». Les decíamos esto para que vinieran, mientras que aquí a las autoridades les decíamos que venían los dirigentes sindicales de medio mundo, y a ver si se atrevían a impedirlo.

Ese acto obligó a los empresarios a crear sus propias confederaciones. Agustín Rodríguez Sahagún, Carlos Ferrer Salat y Luis Olarra jugaron un papel fundamental. También supuso un debate entre UGT y CCOO, que quería heredar lo que era el aparato vertical, como sucedió en Portugal. En 1976 se constituye la COS, Coordinadora de Organizaciones Sindicales, de la que formaban parte UGT, CCOO y USO, que convocó una huelga general el 12 de noviembre de 1976 con un seguimiento tremendo.

Yo creo que la Transición se hizo improvisando, sobre la marcha. Dentro de UGT y PSOE se produjeron debates sobre monarquía o república, pero creo que el debate era entre dictadura o democracia. Ahora bien, hay que reconocer que entre nosotros todos éramos republicanos. Muchos habían vivido la Guerra Civil. Nosotros aceptamos la Monarquía por un sentido de responsabilidad. No quisiera ser impertinente, pero recuerdo que cuando una delegación del PSOE fue a visitar al Rey por primera vez, aquello provocó un debate formidable en el seno de la Ejecutiva. Hubo compañeros que defendían no acudir. Recuerdo que quien tuvo una posición más favorable a acudir fue Luis Gómez Llorente.

En la Transición no hubo marginación de las fuerzas progresistas. En la llamada Comisión de los Diez estaban Santiago Carrillo, Felipe González y Enrique Tierno, pero también estaban representados los sindicatos: Marcelino Camacho, por CCOO; José María Zufiaur, por USO, y yo mismo, por UGT. Entre nosotros había siempre un debate que fue en última instancia el que llevó a la escisión del Partido Socialista en 1972: las relaciones con el PCE. Desde UGT desbrozamos el camino para que el partido pudiera llegar a acuerdos con otras fuerzas democráticas, incluidos los comunistas, que estaban representados por Comisiones Obreras.

En aquellos años se hablaba de hacer un congreso constituyente de unidad sindical, como lo llegó a proponer Marcelino Camacho. Pero nosotros, después de 40 años de dictadura, queríamos saber primero qué pensaban los trabajadores, y de ahí que nos opusiéramos. No creo que hubiera un debate entre el PSOE y la UGT, sino más bien entre la dirección del interior y sólo una parte del exilio. Esas diferencias nacían en que nosotros creíamos que había que consolidar aquí el partido y la UGT, y dar alternativas «in situ», pegados a la realidad social y política del país. Eso dio lugar a unas ciertas diferencias y tensiones en el seno del partido. En el Congreso de 1971, dimos un paso adelante en las relaciones con los comunistas, que se acentuó en 1973.

En aquellos momentos, PSOE y UGT eran prácticamente la misma cosa. Las mismas personas dirigían ambas organizaciones, tanto aquí como en Francia, lo que respondía a una tradición que estaba presente en nuestros estatutos.

Se convocaron grandes manifestaciones y huelgas, lo que facilitó la Transición democrática. También se nos ayudó mucho desde el exterior. Había una especie de memoria histórica de la II República. Yo recuerdo haber acudido a muchas manifestaciones en las que gente joven me decía que estaba allí porque sus padres habían ido a las manifestaciones en apoyo de la República durante la Guerra Civil. Nosotros, al contrario que el PCE, aceptamos con más renuencia la Monarquía. Dirigentes como Olof Palme, Willy Brandt o Bruno Kreitsky jugaron un papel importante: eran líderes que no ha tenido el sur de Europa. En el interior, también jugó un papel importante en la aceleración de los hechos la muerte de Carrero Blanco.

GUSTAVO CATALÁN

Felipe González se apoya en su entonces amigo Nicolás Redondo durante el concierto del cantante valenciano Raimon en el Pabellón de Deportes del Real Madrid el 5 de febrero de 1976.

Mi primer contacto con los empresarios fue con Rodríguez Sahagún, presidente de la COPYME. Posteriormente se unió Carlos Ferrer Salat (primer presidente de CEOE) y también el empresario vasco Luis Olarra. Ferrer Salat tenía una obsesión con nosotros y siempre nos preguntaba que si íbamos a colectivizar todo. Y nosotros le decíamos: «Que no hay ningún problema, hombre». La Iglesia, con Tarancón al frente, también coadyuvó al regreso de las libertades. La Banca, en cuanto se le pasó la preocupación inicial, no fue una rémora a la Transición, sobre todo cuando se dio cuenta de que sus intereses estaban seguros.

Por otro lado, creo que se fue injusto con Adolfo Suárez. Yo, por ejemplo, he tenido mejores relaciones con algunos de sus ministros que con otros del Partido Socialista. Con Fernando Abril Martorell y con Rafael Calvo Ortega las relaciones fueron buenas. Pero a Adolfo Suárez no se lo cargó la oposición, sino las fuerzas internas. Cuando se negociaron los Pactos de La Moncloa (1977), el PCE y Comisiones Obreras eran mucho más favorables a firmarlos. El PSOE era menos, y nosotros lo éramos todavía menos. UGT no aceptó jamás los acuerdos de La Moncloa.

La Transición se acabó, por los elementos de irreversibilidad que ello conllevaba, cuando llegó al Gobierno el Partido Socialista. Lo que pasa es que aquí hemos despreciado lo que fue la lucha de mucha gente humilde. La Transición se hizo desde arriba. Ahora, a un chaval le preguntas sobre la Transición y se cree que estás hablando de los reyes godos.

Del 23-F lo que más recuerdo es el miedo que pasé. Yo, que he sufrido momentos delicados, como cuando cruzábamos a Francia por el río, no recuerdo nada igual. Al día siguiente, nada más salir del Congreso, nos reunimos Santiago Carrillo, Felipe González, Alfonso Guerra y yo, y de ahí salió la necesidad de firmar un acuerdo social. Acuerdo que, por cierto, nunca se cumplió. Como tantos otros".

Marea negra en Galicia

El "Urquiola" anegó en petróleo la costa coruñesa

El día 12 de mayo de 1976, a las ocho y media de la mañana, comenzó uno de los peores desastres ecológicos que hayan azotado el litoral español. El petrolero "Urquiola" vertió 110.000 toneladas de crudo al mar, tras hacer explosión y hundirse. El turismo y la pesca de Galicia pagaron las consecuencias.

Javier Lorenzo

Y el día se hizo noche. Y como si de un eclipse se tratara, las farolas alumbraron las calles y se encendieron los faros de los coches. La Coruña estaba sepultada por el humo que había dejado tras de sí, exactamente a las 13'53 horas, la aterradora explosión que surgió de las entrañas del petrolero "Urquiola" mientras se hundía junto a las Islas Yacentes.

EFE

Las 110.000 toneladas de crudo que el buque transportaba tenían como destino la refinería de Petrolíber, incrustada en pleno puerto de La Coruña, pero una roca, un humilde promontorio de piedra semisumergido que no constaba en ninguna carta de navegación, resquebrajó el casco del barco cuando éste, tras un primer choque, quiso salir de la bocana retrocediendo. Esa última maniobra fue su perdición. Poco antes del estallido, con la tripulación ya a salvo, sólo permanecían en el puente el práctico del puerto y el capitán del petrolero, Francisco Rodríguez. Los dos hombres se arrojaron al agua, pero sólo el práctico, tras cuatro horas de lucha contra las olas y dos millas recorridas, alcanzó la orilla.

Las consecuencias para el turismo y sobre todo la pesca fueron nefastas (se usaron cantidades ingentes de detergente para combatir la marea negra). Sin embargo, poco se hizo para prever otra desgracia. El 3 de diciembre de 1992, cerca de donde reposan los restos del "Urquiola", el "Mar Egeo" también dejaba su viscosa carga en las playas coruñesas.

EUROPA PRESS

La costa coruñesa se tiñó de crudo por el hundimiento, en el recuadro, del petrolero "Urquiola" el 12 de mayo de 1976.

FOTOS: EUROPA PRESS

Nadia Co

Susana Mendizábal Albizu

La gimnasia internacional, y por supuesto la española, quedó conmocionada con la irrupción en Montreal'76 de Nadia Comaneci. Un año antes, Susana Mendizábal convivió con la niña 10 en Canadá en los Juegos Preolímpicos.

En la fotografía de la izquierda, Nadia Comaneci, por entonces con 14 años, alza los brazos celebrando una de las siete medallas de oro que consiguió en los Juegos Olímpicos de Montreal 1976. Abajo, una imagen reciente de la gimnasta rumana.

Canadá, Juegos Preolímpicos de Montreal, año 1975. Tres gimnastas españolas buscábamos allí la clasificación de España para los JJOO del 76. Elísabet Cabello, Eloísa Marcos y yo misma. Regresamos a Madrid con el objetivo deportivo cumplido: España estuvo representada en la especialidad de Gimnasia Artística (entonces llamada Deportiva) un año más tarde en Montreal 76.

Pero no, no voy a escribir sobre aquella competición, porque de aquel largo viaje, de aquella estancia en Montreal, brotan otras vivencias. Recuerdos que como un tesoro he guardado en mi memoria. Hoy, 19 años después, una cajita con un pequeño

maneci, la niña 10

papel en su interior envuelto en algodón con dos nombres escritos me dice que todo aquello fue realidad. En el papel, dos autógrafos: Nadia Comaneci y Teodora Ungureanu, Rumania. Las cuatro (Nadia, Teodora, Eloísa y yo misma) teníamos la misma edad, 13 años. Ocupábamos habitaciones contiguas en la Villa Olímpica y nos divertíamos juntas jugando al billar. No hablábamos el mismo idioma, pero chapurreábamos algo de inglés. En caso de dudas, el lenguaje de los signos nos sacaba de cualquier aprieto.

Eramos niñas todavía, pero la total dedicación a la gimnasia nos había hecho madurar antes de tiempo. En aquel lugar, el destino y la gimnasia me dieron la oportunidad de conocer y tratar a la gimnasta que un año después se convertiría en la novia de Montreal, la gimnasta 10. Aquella Nadia Comaneci que yo conocí era alegre y divertida y nada tenía que ver con la imagen que un año más tarde se dio a conocer a través de la televisión.

En aquellos días, todavía no era la reina de la gimnasia, no gozaba de la fama mundial. No era esclava del éxito. Nadia, que había comenzado su andadura en la gimnasia a los 6 años, llegó de la mano de Bella Karoli con apenas 14 a lo más alto del podio. Por siete veces tocó la perfección en los JJOO de Montreal de 1976. Nunca antes una gimnasta había merecido tal honor. Siete dieces o, mejor dicho, siete "1.00" deslumbraron en los marcadores del estadio, que no estaban preparados para reflejar 4 dígitos. En Montreal había nacido realmente una reina. Un nuevo estilo, una refrescante, dinámica y perfecta forma de hacer gimnasia. Abrió una época de innovaciones como nunca antes se había vivido.

A partir de ese momento, la novia de Montreal, acumuló todo tipo de galardones. Sólo se le resistió por dos veces el título de campeona del mundo: en el 74, cuando aún no tenía la edad reglamentaria para participar en un Mundial, y 4 años más tarde, al fracasar en el Campeonato del Mundo de Texas. El exceso de peso y una septicemia la apartaron de los puestos de honor. El quirófano le pasó factura.

El cambio de niña a mujer le llegó poco antes de los JJOO de Moscú de 1980. Lo que debería haber sido algo natural para una adolescente se convirtió, para Nadia, en un desafío a la gravedad. Su cuerpo con formas onduladas dejó de volar. La técnica no perdonó aquella nueva figura y el resultado no fue el esperado. Tampoco el jurado internacional estuvo de su parte.

Tres años después, en 1983, Nadia se despedía como gimnasta en la Universidad de Edmonton. Abandonaba la única forma de vida conocida hasta ese momento. La novia de Montreal decía adiós a muchos años de gran sacrificio y entrega. La gimnasia, además de aportarle éxitos y alegrías, sin querer, sin darse cuenta, le había robado la sonrisa y la niñez. El mito daba paso a otra realidad.

Como héroe nacional y con los privilegios que ello suponía, Nadia, convertida en una bella mujer, comenzó a disfrutar de la vida, del tenis, la natación, la lectura y el cine. Ejerció como juez y entrenadora y estudió la especialidad de educación física. Pero también se convirtió en el capricho de un abusador. De Nicolae Ceaucescu, el hijo menor del dictador rumano. La fama le había llevado a relacionarse con el círculo íntimo de la familia que gobernaba Rumania sin piedad.

Sus relaciones con Nicu no se conocieron en aquel instante, pero fueron reveladas años después por su madre, Alexandra Comaneci. Cuando la dictadura cayó y el matrimonio Ceaucescu había sido ejecutado y su hijo Nicu encarcelado, Alexandra reveló que su hija había sido convertida en capricho de Nicu, violada e incluso violentamente golpeada.

Pero esto no se conoció hasta varios años después. Hasta entonces, la vida de Nadia parecía idílica: un apartamento, un coche, entrenaba a jóvenes gimnastas, tenía el reconocimiento de las autoridades, podía acceder a las tiendas de extranjeros… pero no podía atravesar la frontera.

La Securitate la vigilaba día y noche para impedir que el capricho de Nicu se escapase. Nadia estaba asfixiada por la falta de libertad y la implacable tiranía del hijo del dictador.

Recibió ofertas de trabajo de países extranjeros, pero el Gobierno contestaba en su nombre que era imposible que viajase al exterior. La idea de fugarse era cada vez más fuerte y, en la madrugada del 28 de noviembre de 1989, huyó de su país para pedir asilo político junto a otros seis atletas, cruzando la frontera entre Rumania y Hungría con dirección a este último. Días más tarde, saldría con destino a Florida (Estados Unidos), donde actualmente reside. Vivió entonces un intenso romance con el hombre que planificó su huida, pero al poco tiempo el idilio definitivamente se quebró. Casi cinco años después de su marcha, volvió a Rumania junto a su actual acompañante, el gimnasta estadounidense Burt Conner. En Bucarest fue recibida de nuevo como una reina, igual que 18 años antes cuando vino cargada de medallas y dieces de los Juegos Olímpicos de Montreal.

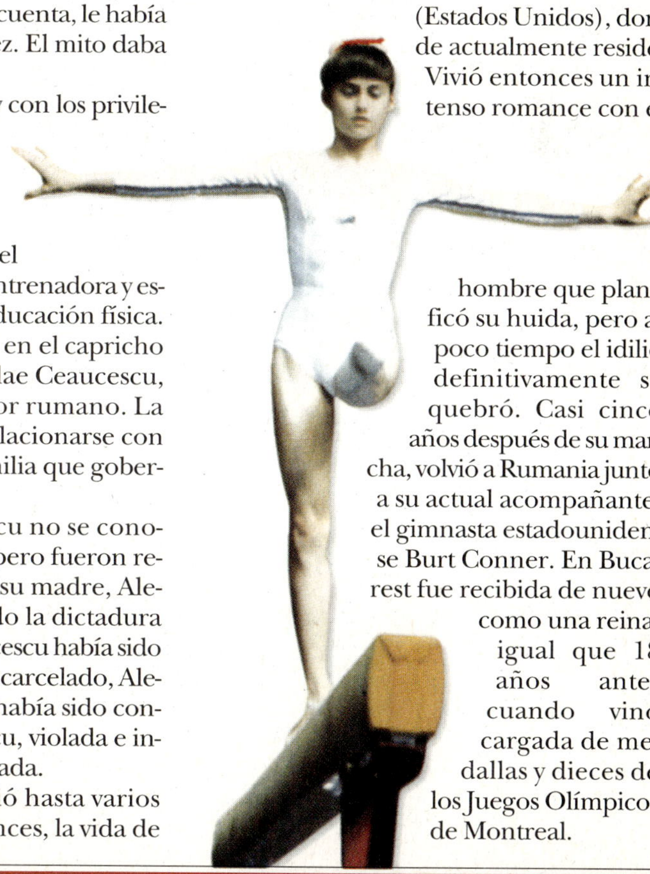

•CALENDARIO•

1976

El calendario anterior, de 1975, fue publicado en el fascículo nª 4

ENERO

Muere Agatha Christie. El día 11, en su casa de campo de Wallingford (Inglaterra), muere a los 85 años Agatha Christie. Sus novelas, con 300 millones de ejemplares vendidos, ya estaban traducidas a 28 idiomas.

La Renfe, militarizada. Según orden del Ministerio de Gobernación, el personal laboral mayor de 18 años de Renfe quedaba militarizado a partir del día 19. Los paros en la empresa determinaron esta decisión.

Tratado hispanoamericano. La firma del Tratado de Amistad y Cooperación entre España y Estados Unidos tuvo lugar el día 24. El acuerdo "en asuntos de interés común" fue ratificado por Kissinger y Areilza.

FEBRERO

Concierto de Raimon. El recital de Raimon, el día 5, en el Pabellón de Deportes del Real Madrid se convirtió en un acto reivindicativo de carácter político. La Dirección General de Seguridad prohibió la celebración de dos conciertos más del cantante valenciano.

MARZO

Patricia Hearst, culpable. Un jurado de 12 personas declaró culpable en San Francisco a Patricia Hearst, el día 20, por el delito de asalto a un banco. La nieta del Ciudadano Kane se alió con quienes fueron sus secuestradores, miembros del Ejército Simbiótico de Liberación. Fue detenida el 18 de septiembre de 1975.

EFE

Varios niños rodean el féretro de su ídolo, el payaso Fofó.

EFE

Patricia Hearst.

ABRIL

Secuestro y asesinato del industrial Angel Berazadi. ETA político militar asesina al industrial vasco Angel Berazadi el día 8 tras estar secuestrado desde el 18 de marzo anterior. Era el quinto secuestro perpetrado por la banda terrorista y el primero en acabar en muerte.

MAYO

Adiós a Heidegger. El día 26, el filósofo alemán Martín Heidegger murió a los 86 años. El autor de *Ser y tiempo* y creador de la filosofía existencial falleció en su localidad natal, Messkirch.

El cine español entusiasma en Cannes. El Festival de Cannes de 1976 supuso un reconocimiento al cine español. *Cría cuervos*, de Carlos Saura, mereció el Gran Premio Especial del jurado. José Luis Gómez, por su papel en *Pascual Duarte* (Ricardo Franco) fue distinguido con el premio al mejor intérprete. Por primera vez un español recibía este galardón.

JUNIO

Los niños lloran a Fofó. Alfonso Aragón Bermúdez (Fofó), diez días después de entrar en coma hepático, falleció en la clínica de la Concepción de Madrid. "Quiero decirles a todos los niños españoles que Fofó no ha muerto, quien ha muerto ha sido Alfonso Aragón". Había muerto el hombre, no el mito, fue lo que quiso decir Gaby, integrante también de la dinastía de payasos fundada por Pompof y Teddy. 25.000 personas dieron el último adiós a Fofó el día 23 en el cementerio de Vallecas.

JULIO

Marte, en fotografías. El día 21, los periódicos muestran por primera vez fotografías tomadas en el planeta Marte. La nave espacial

EFE

El filósofo alemán Martín Heidegger.

• Y TAMBIÉN •

● ABANDONO DEL SAHARA. El Ejército español abandona el Sahara el 12 de enero. El 29 de febrero se pone fin a toda presencia española.

● EXCOMULGADO CLEMENTE DOMÍNGUEZ. El Papa Pablo VI excomulga a Clemente Domínguez y a otros cuatro obispos de El Palmar de Troya a mediados de enero.

● TERREMOTO EN GUATEMALA. El 4 de febrero, un violento terremoto provoca cientos de miles de muertos en Guatemala.

● EXITO DE CARMEN VALERO. La atleta Carmen Valero gana el cross femenino de las Naciones celebrado en el País de Gales el 28 de febrero.

● TRAGEDIA EN VITORIA. 5 muertos y más de 80 heridos es el balance de la dramática jornada de huelga general en Vitoria el 3 de marzo.

● CONDENADOS LOS MIEMBROS DE LA UMD. Los nueve oficiales de la UMD (Unión Militar Democrática) fueron condenados a penas de entre dos y medio y ocho años de prisión.

● MUERE LUCHINO VISCONTI. El director de *Muerte en Venecia* falleció en Roma a los 70 años de edad el 17 de marzo.

● GOLPE DE VIDELA. El golpe militar del general Videla en Argentina contra María Estela de

Viking 1 llegó a las dos horas, doce minutos y siete segundos de la jornada anterior, tras once meses de periplo espacial. El coste: alrededor de setenta mil millones de pesetas.

Llega la amnistía. El Rey concedió el día 30 la amnistía para los delitos de intencionalidad política y de opinión. Alrededor de 500 personas se veían gratificadas por esta decisión que, según el entonces ministro de Justicia, Landelino Lavilla, perseguía "cancelar las secuelas de la Guerra Civil".

AGOSTO

Matanza en Soweto. Agosto fue un mes especialmente sangriento en Suráfrica. La convocatoria de una huelga general en todo el país prendió la mecha para los disturbios raciales en Soweto. El día 31, el trágico balance era de doscientos cincuenta muertos, más de mil trescientos heridos y más de mil detenidos.

SEPTIEMBRE

Muere El Gran Timonel. Mao Tse-tung, el líder chino, falleció el día 9 en Pekín a los 82 años de edad. La muerte de El Gran Timonel, que proclamó el 1 de octubre de 1949 el nacimiento de la República Popular China, cerró un año negro para aquel país, ya que también fallecieron el teórico Chu En-lai y Chu Teh, compañero de Mao en la Larga Marcha de 1934.

EFE

Mao Tse-tung, El Gran Timonel, falleció en Pekín el 9 de septiembre de 1976 a los 82 años de edad.

Autorizada la ikurriña. El ministro de Gobernación, Rodolfo Martín Villa, dio orden el día 19 para que se "despenalizara" el uso de la ikurriña. A partir de entonces se exhibió oficialmente.

OCTUBRE

Tierno y Aranguren vuelven a sus cátedras. Enrique Tierno Galván y José Luis Aranguren, tras once años de ausencia, volvieron el día 18 a sus cátedras de Derecho Político en Salamanca y de Etica y Sociología en Madrid, respectivamente.

NOVIEMBRE

Carter alcanza el poder. Jimmy Carter derrotó por estrecho margen a Gerald Ford en las elecciones presidenciales celebradas en Estados Unidos el día 2.

DICIEMBRE

Desaparece el TOP. Trece años pervivió el Tribunal de Orden Público (TOP), que fue suprimido el día 30. Los delitos de terrorismo pasaron de la jurisdicción militar a la ordinaria.

EUROPA PRESS

Jimmy Carter jura su cargo de presidente de Estados Unidos.

Perón se produce el 24 de marzo.

- **NUEVAS MONEDAS.** La efigie del Rey don Juan Carlos aparece desde abril en las nuevas monedas de 25, 50 y 100 pesetas.
- **NICOLÁS REDONDO COMANDA LA UGT.** El XXX Congreso de la Unión General de Trabajadores (UGT) concluye el 19 de abril con la aclamación de Nicolás Redondo como nuevo secretario general del sindicato.
- **VIOLENCIA EN MONTEJURRA.** Dos muertos y decenas de heridos es el saldo de los enfrentamientos en Montejurra entre los seguidores de Carlos Hugo de Borbón y los de su hermano, Sixto de Borbón.
- **SUÁREZ, PRESIDENTE.** Tras la dimisión de Arias Navarro, Adolfo Suárez es designado presidente del Gobierno el 3 de julio.
- **CASTIGO A LEFÈBVRE.** Pablo VI suspende "a divinis" a Monseñor Lefèbvre el 24 de julio.
- **ETA SE ESCINDE.** A finales de septiembre, en un lugar no precisado del sur de Francia, se anuncia la escisión de ETA-V Asamblea.
- **SECUESTRO DE ORIOL.** El presidente del Consejo de Estado, Antonio María de Oriol, fue secuestrado el 11 de septiembre.
- **APROBADA LA REFORMA.** El 94% de los electores apoya en referéndum la reforma.

La muerte civil del carlismo

Raúl Heras

Si bien fueron las primeras elecciones democráticas de 1977 las que certificaron la muerte política del carlismo en España, su "muerte civil" se produjo en su propio santuario de peregrinación, en Montejurra, un año antes, y el mejor testimonio de la misma está en ese cuerpo herido de Ricardo García Pellejero, que es bajado de la montaña entre boinas rojas.

Al jefe de la rama borbónica del carlismo, Carlos Hugo, podía encuadrársele en la oposición socialdemócrata, mientras que su hermano Sixto profesaba el integrismo y la violencia, aliado con los defensores del régimen franquista, desde Blas Piñar y Girón -apoyados por las tramas negras de Italia y Argentina- a las áreas gubernamentales que luego cristalizaron en lo que se llamó los "siete magníficos", bajo la batuta de Fraga. En Montejurra, la división política del carlismo se transformó en sangre, y envió a los españoles una imagen sacada de la historia que la gran mayoría ansiaba olvidar y enterrar para siempre.

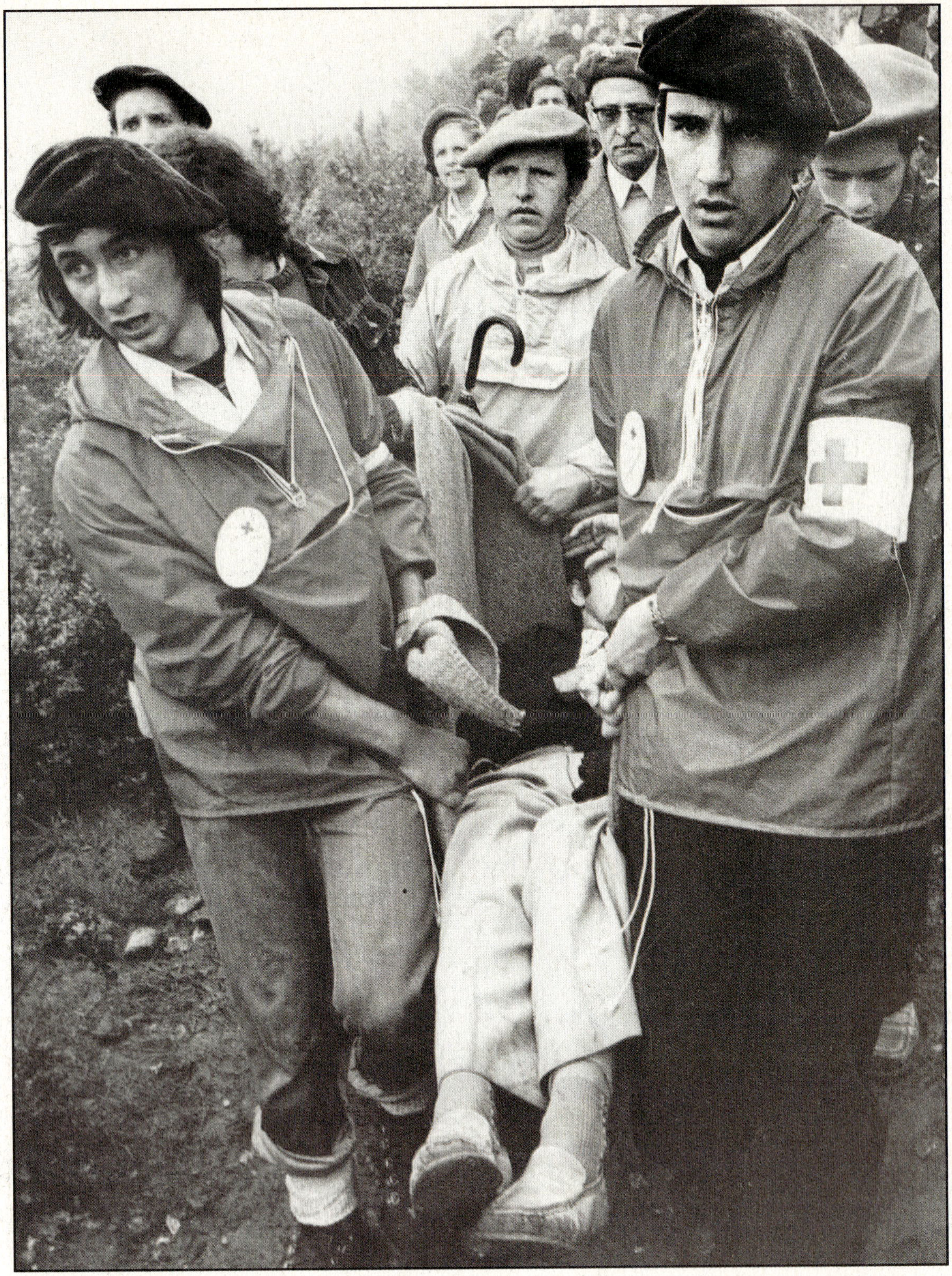

GUSTAVO CATALÁN

PRÓXIMO CAPÍTULO: **LA CONQUISTA DE LA LIBERTAD**

ADOLFO SUÁREZ ESCRIBE SOBRE LOS SECRETOS, LOS PROBLEMAS Y LOS LOGROS DE LA TRANSICIÓN QUE ÉL DIRIGIÓ.
LA TRAGEDIA DE LOS RODEOS. LA BROMA DE LOS FUTBOLISTAS ORIUNDOS. **ESCRIBEN TAMBIÉN:** FERNANDO ÓNEGA Y PILAR URBANO.

1975-1995. Veinte años de nuestra vida

• HISTORIA DE LA DEMOCRACIA •

{CAPÍTULO 9}

EUROPA PRESS

ESCRIBE ADOLFO SUÁREZ

LA CONQUISTA DE LA LIBERTAD

Adolfo Suárez, presidente del Gobierno nombrado por el Rey para dirigir la construcción de un régimen democrático partiendo del franquismo, escribe aquí una larga reflexión sobre aquella aventura política que concluyó felizmente. La Transición consistió en la conquista de la libertad para España, que se dotó de un sistema plenamente democrático. La operación no contó en un principio con el apoyo de toda la oposición pero acabó asombrando al mundo. El éxito final radicó en la habilidad del hombre que expone aquí sus memorias.

Los secretos de la Transición a la Democracia

Adolfo Suárez relata aquella espectacular operación que devolvió la libertad a España

El hombre que condujo la Transición a la Democracia, **Adolfo Suárez**, describe en estas páginas los secretos, los objetivos y los problemas de aquella espectacular operación. Quien fuera el primer jefe de Gobierno de la Monarquía explica cómo el fin era la devolución de la soberanía al pueblo, para lo que había que cambiar la legalidad desde la propia legalidad, un laberinto del que se supo salir hábilmente.

INDICE

“Justino Sinova, con quien me une un mutuo y antiguo conocimiento y afecto, me solicita una contribución escrita sobre la Transición política española a la Democracia. El relato de la Transición parece haberse puesto de moda. Es lógico. De alguna manera, los cimientos de nuestra convivencia democrática se pusieron entonces. Si se quiere desentrañar el porqué de nuestras instituciones y de nuestras prácticas políticas actuales, hay que acudir al estudio de aquel período his- ➳

Adolfo Suárez

Presidente del Gobierno entre 1976 y 1981. Fundador de UCD y CDS

ALVARO RUIZ

Adolfo Suárez, flanqueado por los Reyes, recibe el Premio Internacional Alfonso X el Sabio (teatro Rojas de Toledo, 17 de enero de 1995).

tórico, del que nos separan casi 20 años. Las jóvenes generaciones españolas -que no lo vivieron- acogen, con interés no exento de simpatía, su relato.

El tiempo, sin embargo, ha contribuido a olvidar los perfiles netos de la Transición, hasta el punto de que se desconocen algunos de sus hechos principales y buena parte de sus protagonistas. Otros, por el contrario, al socaire de "memorias" y narraciones, no siempre objetivas, han alcanzado dimensiones que no son del todo exactas.

FÓRMULA EFICAZ

"El aliento de libertad y el impulso democratizador que hicieron posible nuestra Transición pueden predicarse a cualquier país"

Cuando escribo sobre la Transición española no sólo relato un período histórico y una importante operación política. Escribo sobre una experiencia concreta que he tenido, al dirigirla desde 1976, como presidente del Gobierno español.

Algunos ven en ella el esfuerzo ejemplar de un pueblo que marcha de la dictadura a la democracia en paz y solidaridad y desde el respeto a la Ley. Otros creen que la Transición española obedece a una serie de peculiaridades que se dieron en España, en la segunda mitad de los años 70 y que, por ende, no es trasladable a cualquier otro lugar y tiempo.

No faltan, por último, quienes pretenden negar todo valor a la Transición y sólo ven en ella un reparto del Poder del Estado entre grupos políticos -unos procedentes del Régimen autoritario, otros que accedían entonces a la libertad desde la clandestinidad- o una operación puramente destructiva, obra -en lenguaje de Spengler- "de la plebe sacerdotal y de las masas abisales". Creo que la pura narración de los hechos desmiente estas concepciones.

I.- EL VALOR POLÍTICO DE LA TRANSICIÓN

La experiencia española de "transitar" en paz y en orden de un Estado autoritario, centralista y profesional a una democracia plena, un estado autonómico y un régimen de libertades, basado en el respeto a los derechos humanos, constituye un activo de singular importancia en nuestra historia moderna.

Mucho es ya lo que, sobre ella, se ha escrito. Es cierto que la Transición española se plantea desde los elementos concretos que entonces se daban en España y desde las características propias del pueblo español, pero el aliento de libertad y el impulso democratizador que la hicieron posible pueden predicarse a cualquier país que intente salir de la noche oscura de la dictadura para alcanzar la plenitud democrática.

II.- LOS PROTAGONISTAS

El proyecto político de cambio de un sistema autoritario de casi cuarenta años a una democracia plena, un régimen de libertades y un estado autonómico, su articulación y su desarrollo durante el trienio 1976-1978, constituyó una operación de gran calado, arriesgada y difícil, que tuvo protagonistas responsables. No puede desconocerse la tarea que -con el constante amparo de la Corona- debimos asumir quienes entonces ocupábamos los más altos puestos del Gobierno, ni la colabora-

M.H. DE LEÓN/EFE

Adolfo Suárez, acompañado por su esposa Amparo (derecha) y su hija Mariam, el 17 de enero de 1995.

Adolfo Suárez

Presidente del Gobierno entre 1976 y 1981. Fundador de UCD y CDS

CARLOS MIRALLES

El ex presidente del Gobierno, ante la mesa de trabajo de su despacho en Madrid.

ción de personalidades y grupos del Régimen anterior que hicieron posible la reforma desde la legalidad vigente, ni la actitud positiva que -desde la aprobación de la Ley para la Reforma Política- adoptó la oposición. Tampoco puede olvidarse la colaboración de la mayoría de los medios de comunicación social, ni, sobre todo, el respaldo mayoritario del pueblo español.

La Transición política fue el resultado de un diálogo entre el Gobierno y la Oposición. El Gobierno supo reconocer y dialogar con los grupos de la Oposición. Fue un proceso difícil en el que hubo que ir eliminando, por ambas partes, recelos e incomprensiones acumuladas o heredadas pero, al final, se llegó a la convicción de que el proyecto del Gobierno era el mejor entre todos los posibles. Entre otras razones, porque no se planteó, con seriedad y validez política ningún otro.

Al proyecto político de la Transición hay que reconocerle solidez y generosidad. Quienes lo dirigimos fuimos siempre conscientes de que nuestra misión no consistía en permanecer en el poder sino en transformar esencialmente -desde la expresión libre y auténtica de la voluntad popular- ese poder.

GENEROSIDAD

"Quienes dirigimos la Transición fuimos conscientes de que nuestra misión no era permanecer en el poder sino transformar ese poder"

Por ello, al establecer las bases del Régimen electoral que debía encauzar la representación política, elegimos para el Congreso de los Diputados el sistema proporcional -con las correcciones que evitan el fraccionamiento excesivo de la representación- en lugar del mayoritario. Queríamos obtener la fotografía más exacta posible del pluralismo político existente en la sociedad española. Sólo así podíamos elaborar, entre todos, una Constitución que organizase nuestra convivencia civil bajo el imperio de los derechos humanos y las libertades públicas y lograse, en definitiva, la reconciliación de todos los españoles. Creo que cumplimos escrupulosamente nuestra tarea.

III.- LA SITUACIÓN DE ESPAÑA ANTE LA TRANSICIÓN

Sobre España pesaba una reciente historia plagada de desaciertos políticos, económicos y sociales que nos había conducido a dramáticos enfrentamientos civiles. Nuestro siglo XIX es buena prueba de ello. La guerra civil de 1936 no sólo había desgarrado en profundidad las vidas sino también las conciencias de muchos españoles. El dilema de las dos Españas, siempre excluyentes y permanentemente enfrentadas, había fabricado en nuestra conciencia colectiva un extraño complejo de miedo a la libertad, susceptible de ser políticamente manipulado. Los españoles -se decía- no éramos capaces de una convivencia democrática, pacífica y fecunda.

Arrojar por la borda tal lastre constituía nuestro primer deber. Era necesario, ante todo, que los españoles nos convenciéramos de que nuestra aptitud para la convivencia en libertad no era menor que la de cualquier otro país que viviera una democracia plena. Eramos, a pesar de nuestra larga historia, un pueblo joven. Las generaciones que no habían conocido la Guerra Civil estaban construyendo una realidad económica y social abierta al mundo y a los nuevos tiempos y exigían un cambio político. El desarrollo económico de los años 60 había originado unas demandas políticas y sociales para las que no existían cauces adecuados. La misma Iglesia española, que tanto había influido en nuestra historia, bajo el impulso del Concilio Vaticano II, se mostraba -en sus sectores más jóvenes y mayoritarios- partidaria de una apertura y una democratización de la vida nacional.

Había que conectar con la nueva realidad de la sociedad española y hacerlo sin saltos en el vacío ni enfrentamientos de ningún tipo, para lograr que el pueblo español expresase libremente su voluntad y acatando, después, fielmente esa voluntad. Aceptar, en toda su integridad, la nueva realidad de la sociedad española implicaba aceptar también -con sus aciertos y sus errores- toda la historia inmediata. Un conflicto armado y sangriento como el que tuvo lugar en España en 1936 no puede imputarse a sólo una parte de la sociedad. Difícilmente se quiebra la legalidad constitucional si no hay errores y radicalizaciones de las que todos somos responsables. ➳

EUROPA PRESS

De derecha a izquierda, el Rey, Adolfo Suárez y el almirante Pita da Veiga -entonces ministro de la Marina- en el portahelicópteros Dédalo (10-XII-1976).

Había que tener el valor de no buscar culpables ni volver a caer en una interpretación maniquea de la Historia. Lo importante no era remover las cenizas del pasado, sino colocar los cimientos del futuro. La verdadera grandeza no consiste en señalar a los presuntos culpables de la impotencia colectiva sino en permitir que los artífices del salto hacia adelante puedan llevarlo a cabo sin ataduras ni hipotecas. Sólo así era posible la reconciliación nacional.

IV.- EL PROYECTO POLÍTICO DE LA TRANSICIÓN

Esto no era, sin embargo, fácil de articular. Un sector importante de la minoría dirigente deseaba la pura continuidad del sistema existente admitiendo, a lo sumo, un revoco de fachada.

Otro, por el contrario, pretendía partir de cero y hacer tabla rasa de todo el pasado y del mismo dato fáctico de nuestra convivencia. Entre ambos términos había que encontrar un tercer camino -el esperado por la mayor parte del pueblo español- que nos llevase a una nueva legitimidad política y social que pudiera suscitar creencias sólidas en la mayoría de los españoles, sin crear un vacío político que nos pudiese precipitar en el caos.

Era necesario, en primer lugar, plantear el protagonismo político de la sociedad civil. En el Régimen anterior, las Fuerzas Armadas, consideradas vencedoras en la Guerra Civil, constituían la "columna vertebral" del sistema y asumían el papel de vigilantes de la actividad pública y garantes de los Principios Fundamentales. Había que reinstalar el carácter civil de la política. Los Ejércitos debían asumir la misión que les corresponde en una democracia moderna. Era preciso también iniciar la reforma que modernizase su organización, formación y armamento. El fracaso del intento de golpe de Estado del 23 de febrero de 1981 prueba el acierto de la actuación seguida. Las Fuerzas Armadas permanecieron leales a la Monarquía constitucional y al servicio del Estado democrático.

FUERZAS ARMADAS

"Había que reinstalar el carácter civil de la política. El Ejército debía asumir la misión que le corresponde en una democracia moderna"

Algunos de los que, hace 20 años, nos ocupábamos en la política -y, sobre todo, nos preocupábamos por ella- teníamos un diseño claro de lo que convenía hacer en España a la muerte de Franco. Era una pequeña aportación a la pregunta "Después de Franco, ¿qué?", que entonces angustiaba a los españoles. Unos actuábamos, con ánimo de reforma, en el propio Régimen -era el sector conocido como "los reformistas"-. Otros lo hacían desde la Oposición que aún se movía en la clandestinidad. Unos y otros estábamos de acuerdo en los fines -llegar a la libre expresión de la voluntad soberana del pueblo-, pero diferíamos en el punto de partida. Quienes estábamos en el Régimen queríamos partir de la legalidad vigente -fundamental y ordinaria-; quienes estaban en la Oposición al mismo pretendían partir de cero.

Algunos de los reformistas del Régimen pudimos expresar, aún en vida de Franco, públicamente nuestros objetivos. Yo lo hice especialmente en el discurso que pronuncié

Adolfo Suárez

Presidente del Gobierno entre 1976 y 1981. Fundador de UCD y CDS

el 3 de julio de 1975, al cesar como vicesecretario general del Movimiento, después de la muerte en un desgraciado accidente de tráfico de Fernando Herrero Tejedor, ministro-secretario del Movimiento, que era quien me había propuesto como subsecretario. Entre otras cosas dije:

-"Fernando Herrero, en estos cien días (como ministro), no se ha permitido ni un gesto excesivo ni una palabra ociosa. Ha trabajado con toda su energía, desde el respeto a la libertad, por la constitución de una democracia libre y apacible. El, como el centinela de Isaías, vio venir la mañana en la noche".

-"Creo en la innovación y no en la nostalgia, en la comprensión y no en la exclusión, en la seriedad del servicio y no en el extremismo romántico".

-"El esfuerzo de modernidad es aunar voluntades para la libertad, para el respeto a los derechos individuales, para la consideración a las opiniones distintas y ajenas".

-"El esfuerzo de modernidad es la construcción de una democracia que traduzca el pluralismo que se da en la sociedad y la implantación de una justicia social que es el fundamento de toda democracia real".

-"Queremos democracia, que es participación del pueblo, y la queremos en todos los ámbitos de la nación, en la política, en la cultura, en la riqueza. No admitimos oligarquía privilegiada en ningún aspecto. Nuestro tiempo es tiempo de participación y de mayorías".

-"La Monarquía de D. Juan Carlos de Borbón es el futuro de una España moderna, democrática y justa, que no nos ha de caer como un regalo del cielo, sino que ha de ser el resultado del esfuerzo de todos, ganándola a pulso, día a día, sin extremismos, con rigor y seriedad".

-"Vine con estas ideas y me voy con ellas reafirmadas. Estos cien días al lado de Fernando me han ratificado mis lealtades de siempre al pueblo español, que es el verdadero protagonista de su destino".

En España la Corona constituyó, efectivamente, el punto de apoyo imprescindible para llevar a cabo la reforma política. A la legalidad que ya poseía debía unir la legitimidad dinástica y la democrática, convirtiéndose así en referencia común a todos los españoles.

Había que utilizar los poderes que las Leyes Fundamentales -entonces vigentes- atribuían al Rey para, renunciando a ellos, establecer una Monarquía parlamentaria y moderna. Bajo la Corona se introdujo como principio legitimador básico el principio democrático de la soberanía nacional.

El proyecto político de la Transición tenía, en efecto, un gran objetivo que, el 17 de julio de 1976, al presentar el programa de mi primer Gobierno, definí como "la devolución de la soberanía al pueblo español". Ello pasaba necesariamente por la implantación de las libertades de expresión e información y la regulación democrática de los derechos de asociación y reunión, cuya despenalización acababa de ser aprobada -por escaso margen- en las Cortes Orgánicas; por la legalización de todos los partidos políticos, la amnistía de todos los llamados delitos políticos y la vuelta a España de los exiliados de 1939; la celebración de unas elecciones generales libres antes de un año y la implantación de un sistema electoral que permitiera la presencia en el Parlamento de todas las fuerzas políticas que tuvieran apoyo significativo en el electorado.

Constituido el Parlamento, las Cámaras surgidas de esas elecciones debían elaborar libremente una Constitución que tuviera el respaldo de la inmensa mayoría de los españoles.

EL PAPEL DEL REY

"La Corona constituyó el punto de apoyo imprescindible para la reforma. A la legalidad debía unir la legitimidad dinástica y democrática"

EL OBJETIVO

"El proyecto de la Transición tenía un gran objetivo que, el 17 de julio de 1976, definí como «la devolución de la soberanía al pueblo español»"

V.- DIFICULTADES DE LA TRANSICIÓN

La realización del proyecto implicaba una dificultad formal importante: la reforma tenía que hacerse a partir de la legalidad y para cambiar la propia legalidad. El conjunto de decisiones políticas que instauraban la democracia, convertido en

EUROPA PRESS

EUROPA PRESS

Dos imágenes de Adolfo Suárez: llevando el féretro de Fernando Herrero Tejedor y, a la derecha, en el acto de jura como presidente del Gobierno en julio de 1976.

proyectos de Ley, debía ser tramitado y aprobado por las Cortes Orgánicas del Régimen anterior y, si implicaba modificación de las Leyes Fundamentales vigentes -lo que, en este caso, resultaba inevitable- informado por el Consejo Nacional del Movimiento o Partido Unico y ratificado por referéndum nacional. Era previsible que Cortes y Consejo reaccionaran de forma contraria ante un proyecto que implicaba su disolución. Esto es lo que había que evitar y eso es lo que, por la actuación del entonces presidente de las Cortes Torcuato Fernández-Miranda y de una buena parte de los consejeros y procuradores, fue posible.

Quiero detenerme en este punto y dedicar unos párrafos a la figura política de Torcuato Fernández-Miranda. La publicación del libro *Lo que el Rey me ha pedido,* cuyos autores son Pilar y Alfonso Fernández-Miranda -hija y sobrino, respectivamente, de Torcuato-, me obligan a ello, aunque esto suponga adelantar acontecimientos en mi relato de la Transición.

Torcuato Fernández-Miranda fue un gran hombre y un gran político. De él he recibido importantes estímulos, consejos y sugerencias. De su persona emanaba una singular ironía intelectual que traducía su acerada inteligencia y su hombría de bien que algunos sólo consideraban como "un carácter difícil".

Sus servicios a España son evidentes. El acierto de su gestión, como presidente de las Cortes orgánicas y del Consejo del Reino, desde 1975 a 1977, fue decisivo para la buena marcha de la reforma política que inició la Transición. A él se deben las Normas de Urgencia que encauzaron la tramitación en las Cortes de los proyectos de Ley de carácter reformista y, especialmente, la del proyecto de Ley Fundamental para la Reforma Política.

Su palabra y su consejo se hizo ver en todas y cada una de las sesiones de la Comisión Mixta Gobierno-Consejo Nacional que, en el primer Gobierno de la Monarquía, preparó los primeros proyectos de Ley sobre la libertad de reunión y manifestación, y el derecho de asociación política.

Torcuato Fernández-Miranda aceptó y gestionó ante el entonces presidente del Gobierno, Carlos Arias Navarro, la sugerencia del Rey de que yo fuera nombrado ministro en el último Gobierno de aquél -primero de la Monarquía-. El aceptó y gestionó, en dificilísimas circunstancias, la sugerencia real de que mi nombre figurara en la terna que, al cese de Carlos Arias, el Consejo del Reino proponía al Rey para que éste designara presidente del Gobierno.

Nunca me faltaron -en mi primera etapa como presidente- sus consejos, sus observaciones e incluso sus críticas. En muchas ocasiones, nuestras opiniones coincidían; en otras, no. Pero, en la discrepancia, nunca me faltó su más exquisito respeto.

En aquellos momentos era tarea urgente articular legalmente la devolución de la soberanía al pueblo español para que éste, desde la expresión libre de su voluntad, pudiera elegir un Congreso y un Senado plenamente democráticos. Las Cámaras debían recoger la representación de todas las fuerzas políticas españolas -que había que legalizar- y elaborar una Constitución. La reforma de las Leyes Fundamentales había fracasado en el Consejo Nacional.

Hacía falta una ley puente, breve, clara y sencilla. Encargué el diseño de ese proyecto a un reducido número de personas, y el propio Torcuato Fernández-Miranda y yo, personalmente, nos pusimos a trabajar sobre el mismo. Torcuato elaboró una propuesta absolutamente válida que coincidía con otras y, por supuesto, con el diseño propuesto. El Gobierno pudo, sobre todas ellas, elaborar el proyecto de Ley para la Reforma Política. El proyecto debía ser aceptado por los grupos políticos del Régimen y los de la Oposición y ser informado por el Consejo Nacional del Movimiento y aprobado por las Cortes Orgánicas, aunque supusiera la extinción de ambos órganos. La tarea no era fácil.

Los extraordinarios servicios prestados a España por Torcuato Fernández-Miranda fueron reconocidos por todos y especialmente por S.M. el Rey, que le concedió el título de duque de Fernández-Miranda y el Toisón de Oro que, como presidente del

EUROPA PRESS

Suárez y Fernández-Miranda en el funeral por Alfonso XIII (28-II-1977).

LAS RELACIONES ADOLFO SUÁR

"Torcuato fue un gran hombre y un gran político. De él he recibido importantes estímulos y consejos. De su persona emanaba una singular ironía intelectual"

"Hacía falta una ley puente. Encargué el diseño de ese proyecto a un reducido número de personas y el propio Torcuato y yo, personalmente, nos pusimos a trabajar"

EUROPA PRESS

Amparo Illana, la esposa de Adolfo Suárez, lleva de la mano a una de sus nietas.

Gobierno, tuve el honor de proponer. Su memoria es honrada por todos los españoles de buena voluntad. Nada tiene de extraño que su hija y sobrino quieran exaltar su figura y su obra.

Fernández-Miranda conocía y valoraba, con extraordinaria penetración, a todos los políticos de entonces, viejos y jóvenes. Era perfectamente consciente de que ninguno de ellos -de nosotros- podía ser reducido a "marioneta" o utilizado como "instrumento" ciego, y yo, menos que nadie. Sabía muy bien, por su formación cristiana y humanista, que nadie es "irrelevante". Por eso me ha causado una cierta tristeza la lectura de *Lo que el Rey me ha pedido.*(*)

Un lector desavisado o mal intencionado puede sacar otra conclusión de esa lectura. Puede incluso pensar que Torcuato me consideraba de esa humillante manera. Nunca lo demostró.

ORCUATO FERNÁNDEZ-MIRANDA

"Torcuato dejó de llamarme y, ante mis requerimientos, afirmó que nunca vendría a verme ni se reuniría conmigo. Nunca obtuve otra respuesta"

"Fernández-Miranda conocía a todos los políticos de entonces y era consciente de que ninguno podía ser reducido a 'marioneta' y yo, menos que nadie"

Adolfo Suárez

Presidente del Gobierno entre 1976 y 1981. Fundador de UCD y CDS

Todo lo contrario. Con gran frecuencia me llamaba por teléfono para felicitarme y expresar su acuerdo con los diferentes pasos de la Transición. Pienso que Torcuato sabía muy bien que a nadie se puede imponer la ejecución mecánica de un proyecto político en el que no ha participado también como autor.

Un día Torcuato presentó su dimisión con carácter irrevocable. Su único argumento se basaba en las declaraciones de un diputado de UCD que públicamente afirmó la imposibilidad de la democracia en España si Torcuato seguía como presidente de las Cortes. Sin duda, Torcuato sentía que su labor estaba realizada con éxito y que, de forma inmediata, no tenía otra. En un momento dado, dejó de llamarme y, ante mis requerimientos, afirmó que nunca vendría a verme, ni se reuniría conmigo. Nunca obtuve otra respuesta.

Torcuato Fernández-Miranda era un intelectual lúcido. Como todo intelectual, sus decisiones, sus actos iban precedidos de una profunda reflexión. La verdadera expresión de sus pensamientos fueron sus actos.

Es posible que Torcuato dudara sobre si lo que a mí me movía era la legítima ambición política de servir a mi país o la codicia del poder. Me causa profunda pena que no haya podido ser testigo vivo de mi dimisión como presidente del Gobierno en 1981. Tal vez ese acto hubiera disipado sus dudas.

En todo caso, sus actos fueron: la gestión exitosa de la sugerencia real de que yo fuera nombrado ministro en el último Gobierno de Carlos Arias -primero de la Monarquía- y la más importante de que mi nombre se incluyera como candidato a presidente del Gobierno en la terna del Consejo del Reino, gracias a lo cual S.M. el Rey pudo designarme como tal.

VI.- UN PLANTEAMIENTO POLÍTICO DE SÍNTESIS

En alguna ocasión he señalado que frente a los planteamientos de antítesis que pretendían bipolarizar la vida española, opté por la síntesis que implica el concepto real y profundo de reforma política.

Frente al dilema conservadurismo-radicalismo, se inició un proceso de modernización de la economía en el que, junto a otras medidas, se favoreció la creación de un sistema libre y democrático de relaciones industriales que, articulado en torno a los interlocutores sociales (sindicatos y empresarios), permitiese el arraigo de la democracia. Frente a la disyuntiva centralismo- federalismo se diseñó una nueva estructura del Estado: el Estado de las Autonomías, que pretendía resolver el contencioso del autogobierno de las nacionalidades y regiones que integran España. Frente al vaivén histórico Derecha-Izquierda, sin negar el valor y la legitimidad de esas posiciones, se apostó por el Centro político.

Hoy, desde la perspectiva de 18 años de régimen democrático estable, es fácil decir que el camino elegido fue el correcto y que los resultados han sido positivos. En aquel mo- ⋙

(*) Libro del que son autores Pilar y Alfonso Fernández-Miranda, hija y sobrino del político fallecido. Plaza Janés, 1995.

mento se trató, sin duda, de una apuesta arriesgada. Teníamos serias dificultades interiores: desórdenes y pretensiones involucionistas, que actuaban como excitación constante de los más implacables enemigos del cambio político -secuestros de personalidades civiles y militares del régimen, asesinato de los abogados laboralistas de la calle de Atocha que pertenecían al PCE, atentados terroristas, actuación de bandas paramilitares de carácter neofascista-.

VII.- LA ESTRATEGIA DE LA REFORMA POLÍTICA

La estrategia de la reforma política implicaba dos tácticas y dos tratamientos distintos: uno para los grupos que pretendían la continuidad del Régimen anterior, otro para las fuerzas políticas de la entonces llamada Oposición. Ambos caminos debían converger en la aprobación de una Constitución elaborada entre todos que para todos sirviera.

Los primeros tenían que aceptar la dialéctica de la reforma política, y ello suponía tres órdenes de decisiones: la amnistía más completa que permitiera la reconciliación de todos los españoles, la legalización de todos los partidos políticos y de todos los sindicatos y la aceptación de la convocatoria de unas elecciones generales libres, único medio para que el pueblo español recobrase su soberanía y expresase libremente su voluntad.

7.1. Las amnistías. La amnistía se articuló a través de tres textos legales de similar rango normativo que se sucedieron a lo largo de los años 1976 y 1977: el Real Decreto Ley de 30 de julio de 1976, que amnistiaba todos los delitos y faltas de intencionalidad política y de opinión que no hubieran puesto en peligro o lesionado la vida o la integridad de las personas o el patrimonio económico de la nación con anterioridad al 30 de julio de 1976; el Real Decreto Ley de 14 de marzo de 1977 que extiende la amnistía a los delitos exceptuados de la misma por el anterior Decreto Ley, y la Ley de 15 de octubre de 1977, aprobada ya por el nuevo Parlamento democrático, que amnistiaba todos los actos de intencionalidad política, cualquiera que fueran los resultados, tipificados como delitos o faltas y cometidos con anterioridad al 15 de diciembre de 1976; todos los actos de la misma naturaleza realizados entre el 15 de diciembre de 1976 y el 15 de julio de 1977, cuando se apreciara en ellos un móvil de restablecimiento de las libertades públicas o reivindicación de las autonomías, y todos los actos cometidos hasta el 6 de octubre de 1977 siempre que no hubieran supuesto violencia grave contra la vida o la integridad de las personas.

Paralelamente al desarrollo de las tres normas citadas, los exiliados vuelven a España y son repuestos en sus cátedras los profesores represaliados por el Régimen anterior. La reconciliación de todos los españoles bajo la Corona entra en el terreno de la realidad.

7.2. La legalización de los partidos políticos. La legalización de todos los partidos políticos y los sindicatos chocaba frontalmente con la ortodoxia del Régimen que consideraba a los partidos "intrínsecamente perversos", pero era indispensable para la definición válida de los interlocutores políticos.El discurso en defensa del proyecto de Ley regulador del derecho de asociación política que pronuncié el 9 de junio de 1976 ante las Cortes Orgánicas, siendo ministro del primer Gobierno de la Monarquía, definió, en mi opinión, el nuevo talante con que debía plantearse el cambio político.

Carlos Miralles

"La democracia debe ser obra de todos y nunca obsequio, concesión o imposición".

En la sociedad española -señalé- existía una realidad que la política no podía ignorar por más tiempo; había que elevar a la categoría política de normal lo que, en la calle, era normal: el pluralismo político, religioso, cultural, el debate libre, la crítica. El discurso había sido acogido con entusiasmo por los procuradores más jóvenes y aperturistas y había calado en la opinión pública.

LA ESTRATEGIA

"La estrategia de la reforma implicaba dos tratamientos: uno para los defensores de la continuidad y otro para las fuerzas de la Oposición"

Con aquella ley se abrió el primer resquicio, aunque pequeño, para que los partidos que funcionaban en la clandestinidad pudieran ser reconocidos legalmente.

Lo que sucedió es que más de cuatrocientos partidos -la mayoría, meros grupúsculos testimoniales- aspiraron a reflejar el pluralismo político de la sociedad. La Junta Democrática, auspiciada por el PCE, y la Plataforma, dirigida por el PSOE, intentaban clarificar la confusión resultante de muchos años de exilio, silencio y persecución. Sólo el pueblo español, expresando libremente su voluntad, podía clarificar este panorama.

7.3. Una ley para la reforma política. La devolución al pueblo español de su soberanía se consiguió con la aprobación por las Cortes Orgánicas, el 18 de noviembre de 1976, de la Ley para la Reforma Política, ratificada el 15 de diciembre por referéndum nacional.

En su breve articulado se establecía que, en el Estado español, la democracia se basaba en la supremacía de la Ley, expresión de la voluntad soberana del pueblo, y se consagraban

Adolfo Suárez

Presidente del Gobierno entre 1976 y 1981. Fundador de UCD y CDS

mentales para la aprobación de una nueva Ley Fundamental que derogara o modificara las demás.

Eso implicaba que el proyecto debía ser informado favorablemente por el Consejo Nacional del Movimiento -a cuya elite Franco había otorgado titularidad vitalicia y capacidad para elegir por cooptación a quienes debían cubrir las vacantes de los miembros fallecidos-, aprobado por las Cortes Orgánicas y ratificado por referéndum nacional.

Nada de esto hubiera sido posible sin el sentido de la responsabilidad del primer Gobierno que presidí hasta el 19 de junio de 1977 y sin la asistencia de un número muy cualificado de personas en aquellas instituciones -Cortes y Consejo- que ya

La aspiración

"Había que elevar a la categoría política de normal lo que, en la calle, era normal: el pluralismo político, religioso, el debate libre..."

La soberanía

"La devolución al pueblo de su soberanía se consiguió con la aprobación por las Cortes Orgánicas de la Ley para la Reforma Política"

El Mundo

Efe

El deporte siempre ha estado presente en la vida de Suárez: a la izquierda, con Santana; a la derecha., jugando al golf.

los derechos fundamentales de la persona como inviolables y vinculantes para todos los órganos del Estado; se creaba un Congreso y un Senado elegidos por sufragio universal y se atribuía al Congreso la iniciativa para la reforma constitucional.

En la presentación del proyecto de Ley para la Reforma Política, en intervención televisada el 10 de septiembre de 1976, señalé que "la democracia debe ser obra de todos los ciudadanos y nunca obsequio, concesión o imposición, cualquiera que sea el origen de ésta".

"Por eso -añadí- estamos convencidos que para su logro es preciso el concurso de cuantas fuerzas articulen el cuerpo nacional". "Tenemos confianza de que nada de lo que espera el pueblo español en el futuro puede ser más difícil de superar que lo que ya ha sido resuelto en el pasado". "No hay por qué tener miedo a nada. El único miedo racional que nos debe asaltar es el miedo al miedo mismo".

La tramitación del proyecto de Ley para la Reforma Política se ajustó jurídicamente a lo establecido en las Leyes Fundamentales

habían luchado anteriormente por la modernización del sistema político y eran capaces de entender lo que la nueva realidad exigía y de anteponer su patriotismo y su convicción cívica a cualquier otro privilegio inmediato. En su día habré de hacer justicia a unos y otros.

Si tales instituciones se hubieran obstinado en mantener la herencia ideológica recibida, sin modificaciones sustanciales, posiblemente se hubiera producido una crisis de régimen de incalculables efectos.

Mucho se ha hablado de aquella histórica sesión de las Cortes que se ha calificado como una "autoruptura controlada". En ocasiones se ha aludido a habilidades políticas de persuasión para explicar el comportamiento de la Cámara. Las que se desarrollaron sólo sirvieron para alentar en los procuradores la conciencia de la necesidad de la Ley.

En el referéndum del 15 de diciembre -preceptivo según las Leyes Fundamentales-, la izquierda pudo llevar a cabo una activa campaña legal a favor del NO o de la abstención, sin trabas de ninguna especie. Llegó a participar en el referéndum el 77,6% del censo electoral. Los votos a favor alcanzaron el 94% de los emitidos.

7.4. EL DIÁLOGO CON LA OPOSICIÓN DEMOCRÁTICA. Aprobada la Reforma, era preciso aplicar la segunda táctica: entablar un diálogo constructivo con las fuerzas políticas que emergían de una clandestinidad de cuarenta años. En todo momento me esforcé en comprender los puntos de vista de sus líderes, aun cuando estos interrumpieran las conversaciones o plantearan posiciones maximalistas.

Resultado de ese diálogo con la Oposición fue el Real Decreto de 8 de febrero de 1977 que judicializaba el proceso de legalización de los partidos y atribuía al Tribunal Supremo la última palabra en la materia.

La clave de la credibilidad interna y externa del proceso político era el reconocimiento del PCE. El régimen de Francisco Franco se había caracterizado, en todo momento, como profundamente anticomunista. La Guerra Civil, incluso, había sido calificada como "cruzada antibolchevique". Su recuerdo y la propaganda anticomunista habían conseguido que amplios sectores del régimen, y sobre todo del conjunto de las Fuerzas Armadas, vieran con enorme recelo su posible reconocimiento.

Pero era necesario averiguar el peso real del PCE en la sociedad española, que yo intuía mucho menor del que entonces se le atribuía ante la aureola, justa por otra parte, de haber protagonizado la lucha clandestina contra el Régimen. Ante la inhibición del Tribunal Supremo, asumí toda la responsabilidad del mismo el 9 de abril de 1977.

Las conversaciones mantenidas con sus líderes -y, de forma especial, con Santiago Carrillo- aseguraban su aceptación de la Monarquía parlamentaria y su integración en el proceso democrático.

Reconocidas todas las fuerzas políticas, el Gobierno acordó, en Decreto Ley de 18 de mayo de 1977, las bases del régimen electoral recogiendo las garantías y aspiraciones de la Oposición -que, en su mayor parte, han quedado constitucionalizadas- y convocó las primeras elecciones generales libres después de cuarenta años.

El 1 de abril de ese mismo año se promulgó la ley que decretaba la libertad de sindicación de empresarios y trabajadores, completada después por el Decreto Ley de 2 de junio que dejaba sin efecto la sindicación obligatoria.

Con la misma fecha se decretaba la supresión de la Secretaría General del Movimiento, pasando al Estado su patrimonio y sus funcionarios como cuerpos a extinguir.

El 30 de abril y el 11 de mayo de 1977 se ratifican los pactos internacionales de derechos civiles y políticos, los de derechos económicos y sociales, el de la libertad sindical y protección al derecho de sindicación, así como el de aplicación de los principios del derecho de sindicación y de negociación colectiva.

COLABORACIÓN

"Si las Cortes y el Consejo se hubieran obstinado en mantener la herencia ideológica recibida, se hubiera producido una crisis de régimen"

PARTIDOS POLÍTICOS

"Era necesario averiguar el peso real del PCE en la sociedad, que yo intuía mucho menor del que se le atribuía por la lucha clandestina"

INDICE DEL PRÓXIMO CAPÍTULO

EUROPA PRESS

EUROPA PRESS

En la imagen de la izquierda, Suárez (al lado de Torcuato Fernández-Miranda) atiende a unos militares; a la derecha, bromeando con Santiago Carrillo.

•ENCUESTA•

Suárez es el político más popular de España

Adolfo Suárez es, a los quince años de su dimisión, el político más popular de España. Así lo pone de relieve la encuesta realizada por Sigma Dos para *Historia de la Democracia*.

El dato no significa exactamente que un partido liderado por el primer presidente de la democracia fuera a ganar las elecciones, pero habría un elevado número de posibilidades de que así fuera.

Suárez se sitúa en primer lugar a gran distancia de sus seguidores, Julio Anguita (Izquierda Unida, IU) y José María Aznar (Partido Popular, PP), quienes se hallan prácticamente empatados y a los que supera por más de un punto.

Es significativo que a Aznar, su más directo sucesor por cuanto se ha declarado heredero de la política ofrecida por la Unión de Centro Democrático (UCD), Suárez le aventaje por 1,23 puntos.

Lo más notable, con todo, es la enorme distancia que lo separa de Felipe González (Partido Socialista, PSOE), cuarto político en el *ranking* de la popularidad, a casi punto y medio (1,42).

Suárez conserva su predicamento entre los votantes de todas las formaciones políticas, que lo valoran muy positivamente después de su líder respectivo.

Así, los votantes del PSOE lo califican con un 5,95, mientras que a González le dan un 6,79. Los votantes del PP valoran a Suárez con un 6,59 y a Aznar con un 7,60. Y los votantes de IU dan a Suárez un 4,88 y a Anguita, un 6,50.

Llama la atención la corta distancia entre líderes que se registra en el PSOE (menos de un punto, 0,84). Cuenta en ello, sin duda, la caída de González y el recuerdo de la imagen de Suárez como figura de centro izquierda.

Los líderes políticos más populares

En una escala de 1 a 10, ¿podría valorar a cada uno de estos líderes políticos?

Ficha técnica

Universo: personas mayores de 18 años
Ambito: nacional
Muestra: 1.000 entrevistas, con un error posible de +/- 3,16% para un nivel de confianza de 95,5%(dos sigma) y p/q=50/50.
Selección: polietápica, estratificada, aleatoria.
Entrevista: personal
Fecha de trabajo de campo: del 13 al 15 de noviembre de 1995.
Realización: SIGMA DOS. Miembro de ADEMEO, TECNIBERIAMANAGEMENT, ESOMAR, WAPOR.
Dirección: Carlos Malo de Molina

Francisco J. Alvarez

El Adolfo Suárez q

Instalado en la desconfianza de los militares, de los banqueros y de sus compañeros de partido, la UCD, Adolfo Suárez fue un encantador seductor que hacía la política a brazo, artesanalmente, hombre a hombre. En una pequeña mesa redonda de La Moncloa se sentaron a comer todos los españoles que tenían algo que decir.

El Domingo de Ramos sería. Olía a emociones, y empezaba a oler a primavera. Despachaba casi siempre caminando, despacho arriba, despacho abajo. Por el jardín, algunas veces. También por el salón de columnas. La primera vez, no. La primera vez le vi sentado, detrás de la mesa, en aquel viejo santuario de la calle de Alcalá, y me hablaba mucho de un país construido sobre la paz social. Nadie sabía que iba a ser presidente.

Pero ahora sería Domingo de Ramos, y paseaba por el jardín. Tenía la decisión tomada, pero me cogió del brazo, como siempre a la hora de las confidencias: "¿Qué crees que haré? ¿Crees que voy a legalizar el Partido Comunista?". Era como una tumba. No te lo contaba; te preguntaba. La mitad de su sangre es gallega, de raíces de Coruña, y esperaba una respuesta para confirmar o negar. Cuando trajo a Tarradellas, hizo lo mismo: 24 horas antes, además de los negociadores, sólo dos ministros lo sabían.

Le gustaba jugar a la sorpresa, o quizá no le quedaba más remedio que actuar sobre hechos consumados. Estaba instalado en la desconfianza. De los militares, porque todos los días se hablaba de ruido de sables. De los banqueros, porque no era su hombre. De sus compañeros de partido, porque unos se extasiaban ante los discursos de Fraga, y alguno llamaba a Felipe a contarle cómo iba un proyecto de ley.

Por lo demás, era como os lo han pintado: el mismo del café con leche y la tortilla francesa. El encantador. El fumador de Ducados. El político tímido, con extrañas mezclas de ambición. El hombre que no quería hablar en público, a pesar de saberse un seductor. El gobernante que no quería hacer ruedas de prensa ni concedía entrevistas para no personalizar la política. Y siempre, la sorpresa: a Otero Novas lo nombró ministro en la escalera del palacio. Le dijo: "Hasta la tarde, ministro".

No era austero; era franciscano. El presidente de la entonces décima potencia industrial del mundo tenía cuatro personas en su secretaría; dos y una secretaria en su gabinete técnico; dos periodistas y otro a tiempo parcial en su oficina de Prensa. Ese era todo el aparato de poder de la ya entonces mítica Moncloa.

Hacía la política a brazo, de forma artesanal, hombre a hombre y voluntad a voluntad. En una pequeña mesa redonda, de quita y pon, se sentaron a comer todos los españoles que tenían algo que decir. Allí convenció a Carrillo de sus intenciones, a Felipe de sus hechos, a sindicalistas, a financieros, a pocos curas y a algunos militares. Siempre había alguien esperando en un sillón del salón de columnas. Recuerdo a Torcuato Fernández-Miranda. La Transición, en su parte menos visible, sólo se entiende sobre horas y horas de conversaciones, confesiones íntimas y seducciones.

> "No era austero; era franciscano. Suárez tenía cuatro personas en su secretaría, tres en su gabinete técnico y tres en su oficina de Prensa. Ese era todo el aparato de poder de la ya entonces mítica Moncloa"

¿Su ideología? ¡Qué importa! Se sentaba ante un grupo de universitarios rebeldes, los que tenían quince años en el 68, y los asombraba al confesar su orgullo de haber trabajado en el régimen anterior. Se sentía biológicamente de izquierda. Llevaba dentro, aunque sólo Felipe se lo haya descubierto, el "síndrome del desclasado".

La práctica del consenso. Era una combinación de pragmatismo y ensoñaciones. Soñó, desde el principio, con "asombrar al mundo", y lo consiguió. Llegó a creer, en sus momentos de esplendor, que UCD iba a gobernar 107 años. Pero sabía que su misión era gobernar el camino hacia la democracia, y no se dedicó a otra cosa. Hombre a hombre. Persona a persona. Pacientemente. Así nació la práctica del consenso. Así llegó su expresión máxima: los Pactos de La Moncloa.

La "chulería" atribuida nunca fue cierta. Su gran clave fue, posiblemente, la contraria: la generosidad. Ganó el referéndum de la Reforma política por un casi franquista 80 por ciento. Muchas voces le decían: "Nadie te puede imponer condiciones desde un veinte por ciento", pero ni una sola vez utilizó ese respaldo popular contra nadie. Dirigía desde la sombra la redacción de la Constitución, y supo ceder hasta hacerla aceptable por todos.

En sus últimas entrevistas, las que acaban de romper su largo silencio, reveló aquella vieja obsesión que compartía con el Rey : que "todos los españoles tengan

e he conocido

Fernando Onega

Periodista. Presentador de "Las Noticias", de Tele 5. Fue director de Prensa de la Presidencia con A. Suárez

CARLOS MIRALLES

Adolfo Suárez, "el gobernante que no quería hacer ruedas de prensa ni concedía entrevistas para no personalizar la política".

un sitio bajo el sol". Hablaba mucho con el Rey. Directamente y por teléfono. Pero nadie puede transcribir una conversación: si el presidente decía "buenas tardes, Señor", la instrucción era salir del despacho. Tampoco le faltó nunca el apoyo real. Ninguno de los miembros del Gobierno olvidará nunca aquella mañana de tensión terrorista en que Su Majestad se presentó sin aviso previo en el Consejo a decirles, más o menos: "Vengo a daros ánimos, hay que seguir adelante".

Gozaba de enorme aprecio periodístico. La incredulidad con que fue recibido se transformó rápidamente en elogio. ¿Cuándo le perdió el respeto la Prensa? Creo que hay un momento clave: cuando decide pasar unas vacaciones en el yate del discutido financiero Van de Valle. Ahí empezaron las críticas, algunas crueles. Y ahí fue donde he visto la gran contradicción del hombre: el presidente pragmático anteponía una relación de amistad a su imagen pública.

COMIENZA LA CACERÍA. Lo pagó muy caro. Abiertas las compuertas de la crítica, comenzó la cacería; la carrera del "más duro, que se le puede dar". No se respetó ni al Suárez paciente: aquél que se tenía que someter a largas y penosas sesiones de dentista. Sus problemas bucales inspiraron titulares y comentarios demoledores. Coincidían ya en el tiempo con el cerco que había empezado el PSOE. Con el desarrollo del germen de la autodestrucción que anidaba en UCD.

Tuvieron que ser momentos muy duros. Duros para el hombre público, que se vio obligado a la dimisión. Muy duros para la persona, que tenía que censurar él mismo los periódicos que subían a su casa. "Si mis hijos -recuerda ahora- hubieran leído todo aquello, ¿qué hubieran pensado de su padre?".

No supe nada de él durante años. Del reencuentro conservo, enmarcada, una carta impresionante: otra vez la generosidad. La última etapa de su vida está siendo atormentada. Se ha refugiado en su familia. Le he preguntado si podía hacer algo por Mariam, y me dijo: "Si puedes, reza". Políticamente, intuyo que lo más doloroso ha sido que le hayan intentado arrebatar su protagonismo en la construcción de la democracia. Pero ya no tiene que cortar ninguna página de periódico. Los mismos que le embistieron se han encargado de devolverle la justicia de su papel ante la Historia.

Tragedia en las Is

Javier Lorenzo

El aeropuerto tinerfeño de Los Rodeos fue escenario del accidente más siniestro de la aeronáutica española cuando dos "Jumbos" chocaron en la pista de despegue un 28 de marzo de 1977. El resultado: 575 muertos.

"Ahí están de nuevo". Desde la torre de control del aeropuerto de Los Rodeos se veía llegar desde el norte a uno más de los muchos bancos de nubes que se descolgaban de las cumbres cercanas para terminar acariciando la pista de 3.400 metros de longitud que comunicaba a Tenerife con el mundo.

Eran las cinco y cinco de la tarde y la visibilidad, aunque escasa, seguía siendo lo suficientemente buena como para no interrumpir las operaciones de despegue y aterrizaje. Además, pese a ser considerado como uno de los tres aeropuertos más peligrosos de España -junto a La Coruña y Bilbao-, contaba con los instrumentos necesarios para hacer frente a este tipo de contingencias.

Ese día el tráfico era superior al de costumbre. El MPAIAC de Antonio Cubillo había hecho estallar una bomba en el aeropuerto de Gando, en Las Palmas, de modo que sus vuelos fueron desviados a Los Rodeos. Entre ellos, dos "Jumbos" -Boeing 747, serie 100-. Uno de la compañía KLM, procedente de Amsterdam, y otro de la Pan Am, que cubría la línea entre Los Angeles y Madagascar.

Dispuestos para el despegue, ambas aeronaves se dirigieron una tras otra a la cabecera sur de la pista. El avión holandés debía salir primero, pero algunas de las instrucciones que mantenía la torre con ambos vuelos se entremezclaron, impidiendo escuchar con nitidez los mensajes. A esto se añadió que el comandante de KLM, Velthuyzen Van Zauten, decidiera iniciar la maniobra de despegue sin contar con la autorización del controlador y sin atender al mensaje del avión de Pan Am, indicando que aún se encontraba en la pista.

El choque fue espeluznante. El aparato holandés partió literalmente en dos al americano y tras arrastrarlo unos 300 metros hizo explosión. Tan sólo se salvaron del impacto y de las llamas la tripulación y las primeras filas del Boeing de la Pan Am. El resto de los ocupantes, así como la totalidad de quienes estaban en el avión de KLM, perecieron carbonizados. La tragedia se esparcía en un radio de quinientos metros.

Poco pudieron hacer los miembros de los equipos de rescate, testigos de imágenes tan dantescas como las de los cadáveres abrazados de una mujer y su hijo, así como el de esa mujer que fue hallada con el ademán inútil de romper la ventanilla junto a la que se había sentado. "Ardía hasta el cemento", se dijo y, de hecho, el incendio no pudo sofocarse hasta bien entrada la noche.

El accidente de Los Rodeos, el más grave hasta hoy en la historia de la aeronáutica española, aceleró la construcción del aeropuerto del Sur y condenó a aquél a ser el receptor de vuelos domésticos. La imagen de "aeropuerto de pesadilla" se mantendría ya para siempre.

EFE

EFE

El Boeing de la KLM llevaba 229 pasajeros a bordo, mientras que el de Pan Am trasladaba a 373. Tan sólo unas decenas pudieron salir por su propio pie.

s Afortunadas

•SOCIEDAD•

La leyenda de "El Rubio"

Angel Cabrera, condenado por la muerte de Eufemiano Fuentes

Salvador Lachica

El 15 de noviembre de 1991, la Sala Segunda del Tribunal Supremo daba carpetazo jurídico a uno de los sucesos más célebres en Canarias a finales de los 70: el secuestro y posterior asesinato del industrial Eufemiano Fuentes. Sin embargo, el fallo del tribunal dejaba en el aire las circunstancias que rodearon la muerte del industrial ya que, aunque se condenó a 15 años de prisión a Angel Cabrera, "El Rubio", el Supremo recordó que "probabilidad no es equivalente a certeza jurídica y, menos aún, a certeza jurídico-penal".

Los hechos se remontan a la madrugada del 2 de junio de 1976, cuando Eufemiano Fuentes fue secuestrado. El presunto secuestrador se identificó como miembro del independentista MPAIAC de Cubillo. El sobre con las reivindicaciones exigía un rescate de alrededor de 70 millones de pesetas. El yerno de Eufemiano fue el encargado de entregar el rescate en unas "bolsas-señuelo". Siguiendo a su coche, iban dos inspectores que resultaron heridos en las piernas.

Según se afirma en la sentencia, "sin que conste acreditado el modo, lugar y fecha, pero antes del 12 de agosto de 1976, el procesado Angel Cabrera dio muerte a Eufemiano Fuentes Díaz, cuyo cadáver, mutilado e incompleto, arrojó a un pozo (...), comunicándolo a su padre, Juan Cabrera García, quien sin indicación del lugar exacto lo manifestó a la Policía, lográndose por ello el 5 de octubre hallar los restos de un cuerpo humano que fueron identificados como los del fallecido".

Angel Cabrera se entregó voluntariamente el 13 de agosto de 1989 en un Juzgado de Guardia de Las Palmas. La sentencia del Supremo cerró la leyenda de "El Rubio" mediante una condena de 34 años de prisión: 7 por detención ilegal, 15 por el homicidio de Eufemiano Fuentes y doce años y un día por el homicidio del subinspector Rey Mariño.

EUROPA PRESS

Los restos de Eufemiano Fuentes -arriba, en el recuadro- fueron descubiertos el 5 de octubre de 1976.

•FÚTBOL•

"Mi padre es de Celta"

Los falsos oriundos invadieron las plantillas de los clubes

Carlos Toro

Durante los años 70 la palabra "oriundo" fue de las más escritas y pronunciadas en el fútbol español. Resultó una plaga. "Oriundo: Que trae su origen de algún lugar", define la Academia. De algún lugar, desde luego, venían aquellos llamados oriundos, pero no todos de donde aseguraban proceder.

El mito de los oriundos fue también el timo de los oriundos. Gozaba de esta condición aquel jugador latinoamericano descendiente directo de españoles y que estuviera inscrito en el consulado correspondiente. Semejante particularidad permitía al jugador no ocupar plaza de extranjero; y el mero hecho de serlo parecía otorgar virtudes balompédicas extraordinarias. Los ojos se volvieron hacia Sudamérica, donde sus habitantes eran tan "guiris" (entonces no se decía así) como cualquiera, pero con la particularidad de apellidarse como nosotros y de hablar una lengua bastante parecida. La ley permitía que los hijos de españoles fueran tan españoles como sus padres.

Y los hijos de sus padres empezaron a llegar. No se les daba mal manejar la bola y, a los efectos federativos, era como si hubieran nacido a orillas del Manzanares, el Ebro, el Turia o el Guadalquivir. Mejor del Miño, para expresarnos con mayor propiedad estadística. Los equipos estaban encantados. A alguien, probablemente un intermediario despierto y con ganas de enriquecerse rápidamente, se le ocurrió que las partidas de nacimiento eran un documento de materia frágil en burocracias no precisamente de hierro. Se empezaron a falsificar a mansalva y con toda la facilidad del mundo.

Todos los días aterrizaban "acá" legiones de argentinos, uruguayos, paraguayos, buenos, regulares, malos, rubios, morenos, mestizos, defensas, medios, delanteros, altos, bajos, guapos, feos... El Athletic de Bilbao y la Real Sociedad, directamente perjudicados por su concepción autárquica del fútbol, no aguantaron más lo que ya era un clamor popular y una rechifla generalizada contra la farsa (un oriundo aportó novedades de legitimidad patria asegurando que sus padres habían nacido en "Celta"). Pusieron el grito en el cielo y el caso pasó al abogado José María Gil Robles y Gil Delgado.

Los juicios demostraron la estafa y desmantelaron el negocio. Varios jugadores de los más afamados (Roberto Martínez, Cos, Adorno, Vilanova, Ovejero, Anzarda, Valdez, etcétera), algunos incluso internacionales, sufrieron diversas sanciones como la anulación de su inscripción como españoles en los registros correspondientes. En general, se enterró el asunto y todos salvaron más o menos el tipo. El veredicto popular los consideró más pícaros que delincuentes.

Ovejero.

Valdez.

Fotos: Europa Press

Roberto Martínez, el espigado delantero del Real Madrid, a la derecha, estuvo involucrado en el caso de los "falsos oriundos".

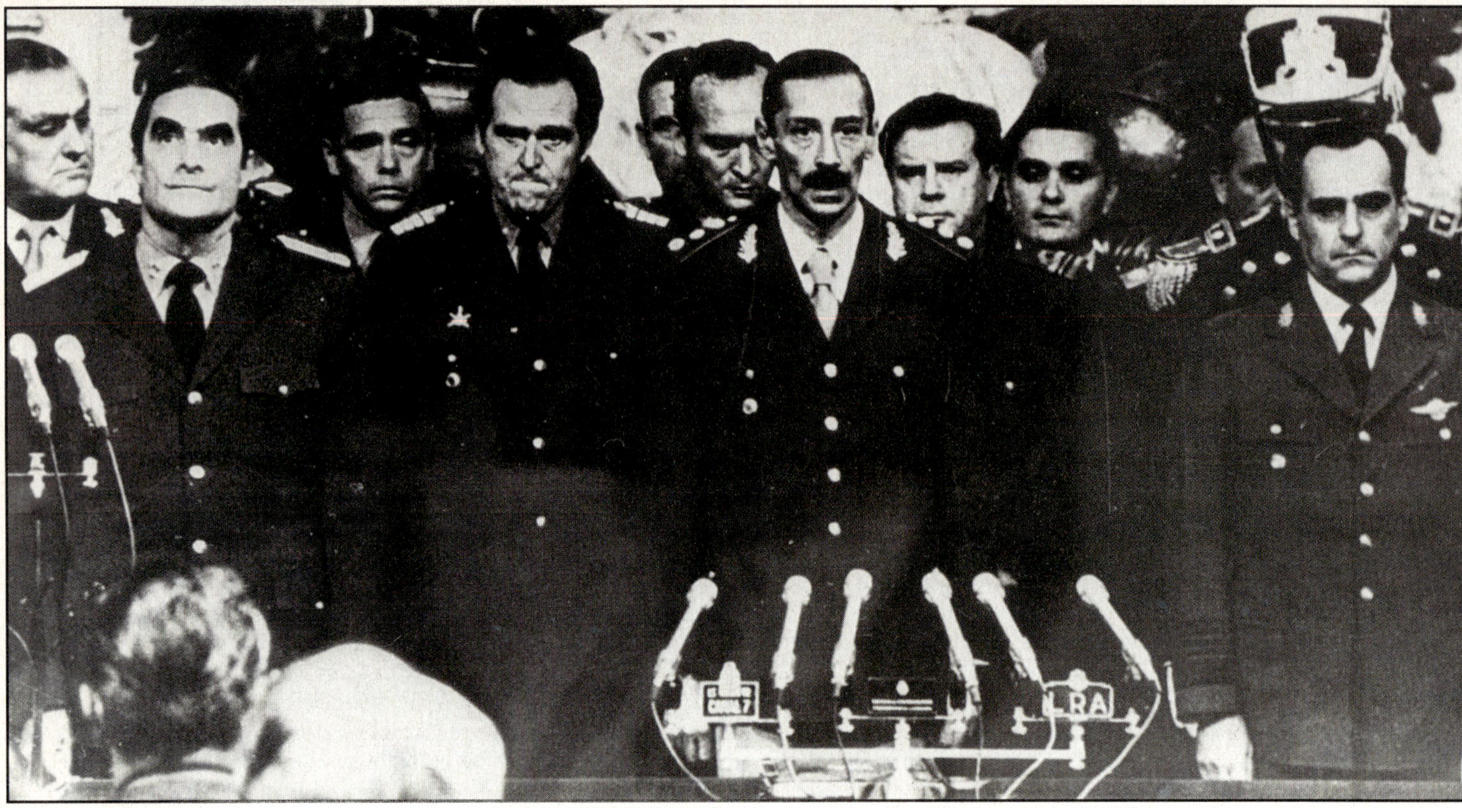

EFE

El general Videla (en el centro, con bigote) tomó el poder por las armas el 24 de marzo de 1976. Argentina pasaba a ser comandada por un triunvirato militar.

El golpe de Videla, un freno a la esperanza

Argentina quedó en manos de una Junta Militar en 1976

Felipe Sahagún

América Latina no estaba entre las prioridades más urgentes de la política exterior española en 1975. Como ha escrito Roberto Mesa, esas prioridades eran, por este orden, los Estados Unidos y Europa. La coincidencia de la democratización española con el comienzo de un nuevo ciclo de dictaduras militares en la mayor parte de Iberoamérica sin duda influyó en ello.

El golpe militar de Pinochet en Chile, en septiembre del 73, y el de Jorge Rafael Videla en Argentina el 24 de marzo del 76 alejaron políticamente durante casi un decenio a España del continente que más ayudó internacionalmente, en particular Argentina, a mantener en pie la dictadura de Franco en sus momentos más críticos.

Los estertores del franquismo coinciden con una desestabilización creciente en Argentina a causa de los escándalos de corrupción, una actividad guerrillera muy intensa (unos 1.000 muertos en el 75) y un verdadero caos económico.

La presidenta Isabel Perón había fracasado estrepitosamente en un vano intento de emular a Evita. Militares y civiles, dirigidos por el movimiento Peronista y su brazo sindical, la CGT, suplicaron inútilmente a la presidenta durante meses que se fuera voluntariamente.

El 18 de diciembre del 75, un grupo de oficiales del Aire de extrema derecha, dirigidos por el general Orlando Jesús Capellini, secuestró al jefe de la Fuerza Aérea y exigió la sustitución de Isabel Perón por un Gobierno militar presidido por Videla, jefe del Ejército desde agosto del mismo año.

La rebelión acabó en tablas. Isabel no se fue, pero los golpistas apenas fueron sancionados. La presidenta perdió el escaso poder que le quedaba y Videla reforzó su influencia sobre las Fuerzas Armadas y siguió presionando para que la viuda de Perón dimitiera.

En la madrugada del 24 de marzo del 76, unidades del Ejército, por orden de Videla, ocuparon las sedes del Gobierno y de los sindicatos en Buenos Aires, detuvieron a la presidenta y nombraron una Junta Militar, formada por los jefes de las tres armas.

Argentina seguía los pasos de Chile. Se abría una década negra, de dictaduras militares, en el continente. Esta veta autoritaria chocaba de lleno con el ideario universalista y democrático que, desde el primer Gobierno de Adolfo Suárez, quiso imprimir a la política exterior española -con su doctrina de los tres ejes (el europeo, el iberoamericano y el árabe)- el ministro Marcelino Oreja.

La divergencia política creciente impidió que la admiración de los demócratas iberoamericanos hacia el proceso de Transición en España, hacia el Rey Juan Carlos y hacia el presidente Suárez se concretara en unos vínculos políticos y económicos sólidos. La crisis económica que golpeó a España y a América Latina tras el embargo de petróleo por la OPEP en el 73 eran dificultades añadidas.

Si los gobiernos de Suárez, como señala en sus libros Celestino del Arenal, se esforzaron por eliminar la retórica, modificar la imagen y defender los derechos humanos en Iberoamérica, la mejora sustancial en las relaciones quedó aplazada hasta mediados de los 80.

Las tres condiciones que facilitaron esa mejora son el fracaso de las dictaduras latinoamericanas y su sustitución paulatina por gobiernos salidos de elecciones libres; el contenido económico dado por los gobiernos del PSOE a las relaciones mediante créditos bilaterales y el programa del V Centenario, y el esfuerzo español ante la Comunidad Europea desde el ingreso de España, el 1 de enero del 86, para compensar el efecto negativo que tuvo en América Latina.

Una apasionada cobertura informativa

Inocencio F. Arias
Diplomático.
Ex secretario de Estado

ESPAÑA siguió con apasionamiento el discurrir político de Argentina durante su régimen militar (1976-83). La salida argentina de la democracia, en el momento histórico en que nosotros entrábamos en ella, tuvo un sostenido eco en prensa y opinión pública al tratarse de un país con el que existen lazos sentimentales de todo tipo, e incluso imbricaciones en el juego político español.

Buen ejemplo es el inicialmente controvertido viaje de los Reyes en noviembre de 1978 durante el Gobierno Suárez. ¿Podían nuestros Monarcas respaldar con su presencia a los dirigentes de un país iberoamericano en proceso creciente de privación de las libertades, con la sospecha ya de la lastimosa existencia de los desaparecidos, o podrían el desplazamiento y las palabras de un rey demócrata aportar un mensaje de libertad beneficioso a medio plazo para los argentinos? PSOE y partidos de izquierda cuestionaron abiertamente el viaje (pocos años más tarde, con el cambio de Gobierno, se invitaría oficialmente a España a ese "paladín" de los derechos humanos que era el alemán oriental Honecker y hasta se le haría doctor "honoris causa" por Madrid, pero eso sólo prueba la ceguera nuestra y de los demócratas europeos hacia los totalitarismos de izquierda) y la actuación de los Reyes en Argentina -unos 55 periodistas se desplazaron- fue examinada con lupa. Don Juan Carlos estuvo impecable: estrechó sonriente la mano de Videla, evitando los afectuosos abrazos prodigados al mexicano López Portillo tres días antes; habló con multitud de argentinos y pronunció discursos como el de la Universidad, cuyo contenido y factura democrática emocionaron ampliamente a los asistentes. Creo que el pueblo argentino agradeció claramente la visita real.

La invasión argentina de las Malvinas (abril de 1982) sería otro acontecimiento sonado entre nosotros y que acarreó un divorcio viable entre la Prensa y el Gobierno. Nuestro Ejecutivo venía apoyando, en el fondo, la soberanía de las islas -la causa argentina-, pero no podía mostrarse partidario de la utilización de la fuerza -la invasión- para solucionar una disputa internacional. Nuestros medios de información no supieron o no quisieron -la opinión pública era proargentina- ver este matiz y se lanzaron a una descripción simplista y demagógica de la postura oficial española: "Se ha hundido la dimensión latinoamericana de España", "La posición española ha sido bastante hipócrita", etc.

Realizada su matización de principio, el Gobierno se lanzó decididamente en los foros internacionales a sostener la tesis argentina, calificó de "error histórico y gravísima responsabilidad" la actuación británica, y el ministro Pérez-Llorca hizo llegar a nuestros flamantes aliados de la OTAN que España no vacilaría en debutar en la inminente Cumbre de Bonn vetando cualquier texto de condena a Argentina.

En los días en que el canciller argentino se despedía del cargo manifestando su "particular reconocimiento por el apoyo de España a la causa latinoamericana de las islas Malvinas", aquí, sin embargo, se titulaba: "Calvo-Sotelo se plegó a los yanquis". Paradojas de la cobertura de la política internacional.

EUROPA PRESS

El actor indio Kadir Bebi (Sandokan) apareció en todas las portadas de las revistas del corazón por su visita a nuestro país a finales de 1976.

La fiebre Sandokan

La visita del actor indio Kadir Bebi copó las portadas

Jaime Peñafiel

En agosto de 1976, los Reyes don **Juan Carlos** y doña **Sofía** comienzan a disfrutar de los beneficios del cargo: una residencia de verano en Palma de Mallorca (el Palacio de Marivent).

En la clínica del Rosario de Madrid nace la segunda hija de **Marisol**. La primera nació en la localidad argentina de Mar de Plata en enero de 1975. Aquélla se llama **María**. Esta, **Tamara**.

Con la democracia comienzan a venir a España colegas y familiares de nuestros Reyes. A Formentor lo hace la princesa **Margarita** de Inglaterra. Aprovechando que el personal está de vacaciones, el Palacio de El Pardo se convierte en museo. Y por vez primera los españoles que lo desean, que no son tantos como se creía, pueden ver hasta el dormitorio del General con sus dos camitas, su flexo, la mesita donde tenía el brazo incorrupto de **Santa Teresa**...

En septiembre muere uno de los cascarrabias más queridos del país: el actor **Valentín Tornos**, que se había hecho famoso a sus 75 años interpretando a Don Cicuta en el programa de televisión *Un, dos, tres.*

¡Quién lo diría! Aquella muchacha simpática y regordeta que se casa el día 22 de septiembre en la iglesia ortodoxa rusa de Madrid es hoy, casi, casi, la nueva Zarina de la nueva Rusia. Se trataba de la **Gran Duquesa María**, hija de los **Grandes Duques Wladimiro** y **Leonida de Rusia** (aquél fue uno de los muchos ex, y algunos incluso nunca habían sido nada, que el general Franco acogió como exiliados; sobre todo, por ser anticomunistas, como **Simeón de Bulgaria**, **Leka de Albania** y **Miguel de Rumania**). A la boda de esta duquesita con el príncipe **Franz Wilheim** de Prusia asistieron nuestros Reyes, los de Bulgaria, las infantas **Pilar** y **Margarita**, los **duques de Cádiz**, los **príncipes de Bragation**. La joven, que cuando se divorcia de este marido trabaja como relaciones públicas de la famosa peletera **Nelsy Chelala**, es hoy la madre del futuro zar. Al menos, de eso vive en Moscú.

En octubre se casa **Luis Aguilé** con la valenciana **Ana Rodríguez Ruiz**. Y también lo hace de gris y con chistera.

Los Reyes visitan oficialmente la Francia de **Giscard**, personaje con el que don Juan Carlos siempre ha congeniado mucho. Hablando de los Monarcas, en enero de este 1976 pudo haberse ido al traste, si no la recién nacida democracia, sí la Monarquía, que es otra cosa bien distinta. La culpa la hubiera tenido un imprevisto viaje de la reina doña Sofía a la India junto a sus tres hijos para buscar en Madrás el consuelo de su madre, la **reina Federica**. Posiblemente, en lo más íntimo de su dolorido corazón anidaba, junto a otros sentimientos, el deseo de no volver; lo que en aquel primer año de Monarquía y Democracia a nadie le hubiera importado demasiado. La Casa Real no era, precisamente, una institución por la que los españoles sintieran una especial devoción. Ya se había encargado el General de desprestigiarla durante 40 años.

Aquel viaje por motivos exclusivamente familiares, de haberse producido años más tarde, hubiera necesitado la autorización del Parlamento por afectar a la persona del heredero. Pero, por aquel entonces, a las Cortes les preocupaban otros asuntos más importantes que el viaje real a causa de "la enfermedad de la reina Federica". Esa fue la versión oficial. Para dar una mayor credibilidad a la nota oficial se intentó que quien esto escribe viajara a la India para realizar un reportaje de doña Sofía con su madre, "enferma" para la revista *Hola*. Pero la Reina, siempre tan digna, se negó a ello.

Cuando la convencieron o se convenció, regresó a España. Un temeroso don Juan Carlos acudió a recibirles a pie de escalerilla del avión de Iberia discretamente aparcado lejos de la curiosidad informativa. ¡Aquel día la Reina salvó la Institución pero perdió su batalla sentimental! ¡Cuánto podría contar sobre esto José Joaquín Puig de la Bellacasa, entonces secretario general de la Casa de Su Majestad!

EUROPA PRESS

En noviembre de 1976, y siguiendo la tradición, se inauguró la temporada del Liceo de Barcelona; en el centro destaca la presencia del que años después sería presidente del Gobierno, Leopoldo Calvo Sotelo.

EUROPA PRESS

La Gran Duquesa María de Rusia y Franz Wilheim de Prusia: boda sonada en Madrid.

EUROPA PRESS

El pintor Elmyr de Hory se suicidó en Ibiza en el mes de diciembre de 1976.

Retomando el relato cronológico, el 27 de octubre de 1976, **Mariola**, la más discreta de las nietas del General, bautiza en su chalé de La Florida de Madrid a su segundo hijo. Asistieron, junto a la bisabuela -doña **Carmen**-, los abuelos, los **Villaverde**, los duques de Cádiz, los **Barreiros**...

En noviembre, y siguiendo la tradición, se inaugura en Barcelona la temporada en el Gran Teatro del Liceo. Asisten a la gala el entonces ministro de Obras Públicas **Leopoldo Calvo Sotelo** (años más tarde jefe de Gobierno); el capitán general de Cataluña, **Francisco Coloma Gallegos** (que sería ministro del Ejército); el incombustible **Juan Antonio Samaranch**, entonces presidente de la Diputación. Y, junto a ellos, los grandes apellidos de la burguesía catalana: los **Lacambra**, los **Viladomiú**, **Andreu**, **Reus**, **Sentmenat**, **Gari**, **Fontanals**, **Moragas**, **Salvat**, **Trías de Bes**, **Codina**, **Godó**, **Ensesa**, **Gil Vernet**, **Nadal**, **Güell**, **Muiños**...

En diciembre de aquel 1976, en las portadas de todas las publicaciones del corazón aparece **Sandokan**, personaje de **Salgari**, encarnado por la hermosa imagen física del actor indio **Kadir Bebi**, que recorre España en olor de multitud por su éxito en las pantallas de la televisión única junto a **Bonanza**, **El Santo**, **El Fugitivo**, **Pipi Calzaslargas**, **Ironside**, **Heidi** y **Kung Fu**. Fue tal el éxito de Sandokan que incluso su intérprete Kadir Bebi fue invitado al Palacio de Liria por la **duquesa de Alba** para que le conocieran sus hijos.

El año de 1976 finaliza con la muerte, por suicidio, del pintor **Elmyr de Hory** en Ibiza.

• FOTOIMPACTO •

Un abrazo, un toisón

Pilar Urbano

Noviembre, 22. 1995. Juan Carlos I celebra los 20 años transcurridos desde aquella jura, fría y seca, ante las Cortes franquistas con una austera recepción de muy pocos -los imprescindibles- en La Zarzuela. Transcurre, rutinario y manso, el ritual del saludo, hasta que le llega el turno a Adolfo Suárez, el presidente del Gobierno que roturó los caminos inciertos de la Transición. Al tenerle delante, el Rey rompe el protocolo: tira con fuerza de la mano derecha que Suárez le tiende. Lo atrae hacia sí. Y *se lo echa al pecho* en un abrazo prieto, largo, sin palabras. Se conocieron siendo él Príncipe de España, y Suárez gobernador civil de Segovia. Ya allí se le ofreció: "Cuando Vuestra Alteza tenga que hacer la democracia, llámeme: podrá contar conmigo". Desde entonces, ¡cuántas arriesgadas cosas han vivido y han callado, juntos!, ¡cuántos costurones bravos, escondidos por el revés del tapiz de la Historia! Los brazos del Rey rodeando a Suárez son un homenaje mudo a su saber hacer y a su saber desaparecer... Hay abrazos que valen mucho más que un toisón.

POOL/EFE

El Rey abraza a Adolfo Suárez en la recepción con motivo del vigésimo aniversario de la Coronación de don Juan Carlos.

PRÓXIMO CAPÍTULO: **ADOLFO SUÁREZ EXPLICA SU DIMISIÓN**

EL LÍDER DE LA TRANSICIÓN **ESCRIBE** SOBRE LAS RAZONES QUE LO LLEVARON A DEJAR LA PRESIDENCIA. LOS COLABORADORES DE SUÁREZ. EL NOBEL DE ALEIXANDRE Y EL PLANETA DE SEMPRÚN. **ESCRIBEN TAMBIÉN:** MARTÍN PRIETO, CARLOS BOUSOÑO Y EDUARDO CHAMORRO.

1975-1995. Veinte años de nuestra vida

• HISTORIA DE LA DEMOCRACIA •

{CAPÍTULO 10}

EUROPA PRESS

Adolfo Suárez anuncia su dimisión ante las cámaras de Televisión Española, tras cuatro años y medio de mandato, el 29 de enero de 1981.

ADOLFO SUÁREZ EXPLICA SU DIMISIÓN

Adolfo Suárez dimitió como presidente del Gobierno a consecuencia de la feroz oposición que realizó contra él el Partido Socialista de Felipe González y de la contestación que encontraba en su propia casa, la coalición Unión de Centro Democrático. Tras haber pilotado con éxito la Transición, ofreció ese rasgo ético que, tal como se ve años después, no fue valorado como se merecía. En este texto escrito expresamente para la *Historia de la Democracia*, Suárez se refiere también a las primeras elecciones, los pactos de La Moncloa, las autonomías y la Constitución.

Las causas de una dimisión que conmocionó a España

Adolfo Suárez escribe sobre su renuncia a la Presidencia del Gobierno tras la Transición

En la segunda parte de las memorias que ha redactado para la *Historia de la Democracia,* **Adolfo Suárez** explica su dimisión. El "acoso y derribo" a que lo sometió el PSOE y la "división y encono" de su propio partido le indujeron a plantear una "lección de ética política" que, lamentablemente, no fue atendida. Las primeras elecciones, los Pactos de La Moncloa y la Constitución son también temas de su relato.

INDICE

VIII.- LAS PRIMERAS ELECCIONES GENERALES LIBRES

"El 15 de junio de 1977 los españoles pudieron expresar libremente sus preferencias políticas. A estas elecciones yo concurrí con la creación de una nueva oferta política de Centro que, a mi juicio, respondía a las necesidades de la moderna sociedad española y constituía una firme garantía para el establecimiento de nuestra joven democracia.

El Centro político consiguió, en las elecciones de 1977,

Adolfo Suárez

Presidente del Gobierno entre 1976 y 1981. Fundador de UCD y CDS

Europa Press

Adolfo Suárez recibe el cariño popular durante la campaña electoral de 1977 para las primeras elecciones en libertad tras el régimen franquista.

EUROPA PRESS

EUROPA PRESS

Adolfo Suárez, junto a su esposa Amparo, vota en los comicios del 15 de junio de 1977. En la imagen de la derecha, durante la firma de los Pactos de la Moncloa.

el 34, 7% de los votos y, en 1979, ya aprobada la Constitución, el 35,2%. Obtuvo así los resultados precisos que le permitieron gobernar, dirigir el proceso político y articular -en los Pactos de la Moncloa- la política de "consenso".

La constitución de las Cortes democráticas -días después de las elecciones- vertebró la vida pública española a través de los partidos políticos y normalizó las relaciones Gobierno-Oposición en el marco de una nueva legalidad. La misión fundamental de las nuevas Cortes consistía en elaborar una Constitución desde el mayor acuerdo posible entre los partidos que habían alcanzado representación parlamentaria.

No era la dialéctica del enfrentamiento político, que siempre se resuelve por la imposición de la mayoría, sino la práctica del "consenso", del común acuerdo en las cuestiones fundamentales del Estado, lo que, en mi opinión, podía sentar con firmeza las bases de una democracia moderna y, por tanto, la elaboración de nuestra norma fundamental.

En la Constitución, los representantes del pueblo, libremente elegidos, debían encauzar las grandes cuestiones nacionales, algunas tradicionalmente irresueltas:

- La organización de la convivencia española en un moderno Estado social y democrático.
- La forma del Estado.
- El carácter no confesional del Estado.
- El autogobierno de las nacionalidades o regiones históricas que integran España.

IX.- LOS COMIENZOS DE LA VIDA DEMOCRÁTICA: UNA NUEVA POLÍTICA

La apoteosis democrática del 15 de junio debía ser el inicio de una larga convivencia en libertad.

A partir de ese día, era necesario, además de elaborar una Constitución, hacer frente con éxito a la crisis económica, concluir nuestra apertura al exterior e iniciar nuestra incorporación a los organismos e instituciones que agrupan a los países democráticos, acometer toda una serie de reformas de nuestras estructuras, largamente esperadas, y organizar nuestra convivencia en un Estado social y democrático de Derecho.

La oportunidad del cambio político había llegado en medio de una grave crisis económica mundial abierta en 1973 y agudizada en 1977.

Parecía repetirse la secuencia de la II República española, a la que acompañó la Gran Depresión. Debíamos aprender de nuestra propia Historia para no incurrir en los errores del pasado. En tan difícil momento, era necesario guardar el equilibrio entre la presión social, las exigencias del cambio político y la propia responsabilidad del Gobierno.

La crisis económica reclamaba de los nuevos protagonistas políticos (partidos, Parlamento, Gobierno) su comprensión más rigurosa y su tratamiento prioritario. De lo contrario, terminaría por hacer imposible la vida del régimen que nacía comprometido en su solución.

9.1. Los Pactos de La Moncloa.

El tratamiento de la crisis exigía una nueva y firme solidaridad política, una política de Estado que integrara a todas las fuerzas del arco parlamentario y las hiciera corresponsables de la situación y de su superación.

Para ello había que instaurar una política de profundas reformas sociales y económicas que permitieran no sólo sanear nuestra economía sino resolver también las más graves e injustas desigualdades que aquejaban a la sociedad española. Era necesario plantear una Reforma Fiscal, en virtud de la cual contribuyesen en mayor medida a las cargas del Estado quienes más tuvieran; había que posibilitar la organización representativa de empresarios y sindicatos y estimular un amplio diálogo entre ellos que llevase a la concertación social; había que cambiar estructuras y procedimientos y alentar a los agentes

EL CONSENSO

"La política de «consenso», por la vía del acuerdo y el pacto, debía ofrecer las respuestas eficaces que la gravedad de la situación reclamaba"

sociales para que asumieran la propia dirección y responsabilidad del cambio socio- económico.

Con estos objetivos, entre otros, se formuló la política de "consenso" que, por la vía del acuerdo y el pacto, debía ofrecer las respuestas eficaces que la gravedad de la situación reclamaba.

Los Pactos de la Moncloa, firmados por todos los partidos con representación parlamentaria el 25 de octubre de 1977 -con excepción de AP en cuanto al Acuerdo Político-, se ordenaron en torno a dos ejes fundamentales, uno económico y otro político. El Acuerdo Económico incluía una política de saneamiento, tendente a reducir la inflación y mejorar el equilibrio exterior, y una política de reformas, para la modernización de nuestras estructuras, que se centraban esencialmente en la reforma fiscal, la del sistema financiero y la corrección del cuadro de relaciones laborales.

El Acuerdo Político suponía la regulación plenamente democrática de los derechos de reunión y asociación, de las libertades de expresión e información, y la reorganización de las Fuerzas y Cuerpos de Seguridad del Estado.

Los efectos de los Pactos no se hicieron esperar. La tendencia a la inflación se rompió y, al iniciarse 1978, se consiguieron tasas que reducían a menos de la mitad la inflación vigente en los meses centrales de 1977. Con ello se evitó el caos económico y político y los actores sociales demostraron sentido de la responsabilidad ante el proceso económico. El déficit previsto en la balanza de pagos para 1977 se redujo a la mitad.

Adolfo Suárez

Presidente del Gobierno entre 1976 y 1981. Fundador de UCD y CDS

Los pactos permitieron, sobre todo, llegar sin dificultades económicas insuperables a la Constitución de 1978, iniciar unas reformas que el país había reclamado durante años y demostrar la eficacia de la política de consenso para encauzar las grandes cuestiones de Estado.

Los Pactos

"Los Pactos de La Moncloa permitieron, sobre todo, llegar sin dificultades económicas insuperables a la Constitución de 1978"

9.2. La nueva política internacional.

Con independencia del grave problema de la crisis económica, había que atender, con carácter prioritario, dos cuestiones fundamentales: la necesidad de una nue- ➳

El líder palestino Yasser Arafat recibe el saludo del presidente del Gobierno español en el palacio de La Moncloa.

F.GARCÍA/STAFF

Sonsoles Suárez, el día de su boda, en compañía de su padre .

va política internacional que rompiera los restos del pasado aislamiento español, y la conveniencia de organizar la estructura básica del Estado democrático de forma que permitiera el autogobierno de las regiones o nacionalidades históricas que, en el pasado, lo habían ejercido, e, incluso, la generalización de la posibilidad de autogobierno a todas las regiones de España.

A partir de 1977, España establece relaciones diplomáticas plenas con todos los países del Este (Unión Soviética, Hungría, Checoslovaquia, Rumania, Polonia, Yugoslavia, Bulgaria) y con México; se convierte en miembro de pleno derecho en el Consejo de Europa y solicita de la Comunidad Europea que se inicien las negociaciones para su plena integración en la misma. La CEE acepta la solicitud.

9.3. EL AUTOGOBIERNO DE NACIONALIDADES Y REGIONES.

En ese mismo año se dan los primeros pasos para el autogobierno de las nacionalidades históricas; se procede a la restauración de las Juntas Generales de Vizcaya y Guipúzcoa y al restablecimiento de la Generalitat de Cataluña. Se generaliza, con carácter provisional, el sistema de preautonomías que anticipa el diseño constitucional que quedó recogido en el Título VIII.

El restablecimiento de la Generalitat y el retorno del presidente Tarradellas tuvo, en Cataluña y en toda España, una resonancia especial.

Para organizar el autogobierno de la Comunidad catalana había que conectar con el pasado que lo representaba, personificado en Tarradellas, exiliado en Francia, y conseguir que asumiera la constitución del nuevo proyecto de Autonomías para Cataluña. La personalidad de Josep Tarradellas contribuyó, en buena medida, al éxito de la operación.

X.- LA CONSTITUCIÓN DE 1978

La elaboración de la Constitución se planteó desde el acuerdo de todas las fuerzas políticas del arco parlamentario. Nuestra convulsa historia constitucional nos había dado numerosos ejemplos de Constituciones que representaban la imposición de unos españoles sobre otros como consecuencia de una revolución, una guerra civil o un mero pronunciamiento.

Esta vez no podía suceder lo mismo. La democracia era el resultado de un entendimiento común y la Constitución que la consagraba debía ser resultado de un consenso generalizado. El acuerdo final con las minorías nacionalistas que se articuló en los Estatutos de Sau y Guernica en 1979, y la aceptación de la Monarquía parlamentaria como forma política del Estado fueron, entre otros, frutos de ese consenso.

Nuestra Carta fundamental ha cumplido 17 años de vigencia, período suficiente para comprobar su eficacia como norma fundamental de nuestra convivencia. Pese a las ambigüedades e imperfecciones que se han imputado a su texto, puede afirmarse que ha cumplido satisfactoriamente su función y sigue representando el compromiso público de todos los españoles para ordenar la convivencia nacional desde los valores de la libertad, la igualdad, la justicia y el pluralismo político.

Con ella ha gobernado el Centro y la Izquierda. Con ella ha sido posible la transformación de una estructura estatal centralista en un Estado de las Autonomías. Con ella se ha organizado la convivencia española en un moderno Estado social y Democrático de Derecho, y se ha ingresado como miembro de pleno derecho en la Comunidad Económica Europea.

Algunos han acusado a la Constitución de ser, deliberadamente o no, ambigua e imprecisa. Es posible que técnicamente la Constitución tenga algunos defectos. Pero nuestra historia está repleta de Constituciones con vocación científica de perfección, algunas de las cuales ni siquiera llegaron a tener vigencia. Nuestra historia constitucional ha sido convulsa y tormentosa. Para nosotros, era fundamental que la adaptación de las ideologías a la coyuntura política se realizara dentro del sistema y no a su costa. Por eso, necesitábamos una Constitución con la que pudiera gobernar por igual la Derecha y la Izquierda. Y esto, para nosotros, implicaba la necesidad de que fuera el Centro político quien la hiciera aceptar a las dos mitades antagónicas que antaño se habían desconocido

LA CARTA MAGNA

"Era necesario que el Centro político hiciera aceptar la Constitución a las dos mitades antagónicas que antaño habían combatido sin piedad"

y combatido sin piedad. Como principal responsable político de este proceso puedo decir -y con enorme satisfacción- que la Transición se planteó de tal manera que ningún español en virtud de supuestas, eventuales o pasadas responsabilidades políticas sufrió perjuicio, cargo o acusación alguna.

Todos pudieron agruparse libremente conforme a sus preferencias políticas, concurrir a las elecciones y actuar, sin discriminación alguna desde sus resultados electorales, en defensa de sus ideas.

XI.- A PARTIR DE LA CONSTITUCION

A partir de la Constitución era necesario sustituir un Estado centralista por un sistema autonómico de regionalización profunda de las instituciones públicas y del Estado mismo, llegando a un auténtico reparto de poder político entre las nacionalidades y regiones que integran España; era necesario pasar del dirigismo y la intervención pública a una economía de mercado más liberal y auténtica; modificar el sistema de relaciones sociales; organizar un Poder Judicial independiente más eficaz y rápido; modernizar las Fuerzas Armadas y las Fuerzas de Seguridad del Estado, adaptándolas a un sistema de libertades; estructurar un nuevo sistema educativo a todos sus niveles; vencer el temor de los inversores; sujetar las agallas de la crisis económica y tratar de embridar un caballo desbocado que hacía coincidir una etapa de recesión e incertidumbre con el tiempo lógico de la democratización -lo que se logró en los Pactos de la Moncloa de 1977- y, en definitiva, conseguir que toda la sociedad española hiciera de la libertad el valor humano y político más transcendente.

Todo esto, como es natural, no iba a resultar nada fácil. Es ilusorio creer que a los pueblos se les regalan las victorias. No hay meta ni objetivo colectivo que no deba ser alcanzado a base de sacrificios y dificultades. Y es posible que los españoles aún no hayamos aprendido por completo que solo una mayor exigencia, un mayor énfasis en la expresión de los deberes, y no solo de los derechos, una moral de trabajo y productividad son las únicas armas con las que lograr el bienestar y el arraigo profundo de la democracia.

Adolfo Suárez

Presidente del Gobierno entre 1976 y 1981. Fundador de UCD y CDS

Por mi parte, puedo afirmar que, en conciencia, creo haber realizado cuantos sacrificios me imponía la situación hasta llegar a mi propia dimisión como presidente del Gobierno en enero de 1981.

Se ha escrito mucho sobre las causas y motivos de mi dimisión. Hace pocos meses se ha publicado un libro, *El Quinto Poder*, cuyo autor es Abel Hernández, sobre el que no tengo más remedio que plantear serias rectificaciones y precisiones.

Ignoro cuál es la fuente de la que se ha servido el Sr. Hernández, pero afirmo rotundamente que los hechos que describe simplemente no existieron y carecen del más mínimo fundamento de veracidad. Es imposible, por tanto, que en las Memorias del difunto cardenal Tarancón se encuentren "detalles" de lo que nunca existió. Ese es también el parecer de los colaboradores más íntimos que entonces tenían tanto el cardenal como S.M. el Rey -que esas son las altas personalidades que, junto a mí y a los altos mandos militares de la época, se involucran en ese relato-. Según el Sr. Hernández, un día que no se concreta pero que se sitúa "pocos días antes de la dimisión de Suárez", hice una llamada personal al cardenal Tarancón pidiendo verle inmediatamente. Una vez concertada la entrevista, me trasladé "sin pérdida de tiempo al Palacio Arzobispal, en la calle de la Pasa" y una vez allí conté al cardenal un despacho que tuve -parece que días antes, aunque no se precisa la fecha- con S.M. el Rey, que, en un momento dado, me pidió que me quedara a almorzar con él porque tenía una comida con altos mandos militares que -hay que suponer- yo ignoraba y quería que yo participase en ella. En esa comida el Rey se ausentó unos momentos y -afirma el Sr. ⋙

SACRIFICIOS

"Puedo afirmar que, en conciencia, creo haber realizado cuantos sacrificios me imponía la situación, hasta llegar a mi dimisión"

Efe

Suárez conversa con el ex presidente de la Generalitat, Josep Tarradellas.

Gustavo Catalán

Los dos hombres clave de la Transición, sonrientes: el Rey y Suárez.

EFE

CARLOS MIRALLES

Adolfo Suárez, en el inicio de la campaña electoral de 1986 como líder del CDS y, a la derecha, en las Cortes como diputado de la formación política que él creó.

Hernández- me quedé sólo con los generales, quienes me exigieron mi dimisión como presidente del Gobierno. A esa exigencia -según el autor- contesté que "yo he recibido el poder del pueblo" y en ese momento uno de los jefes militares echó mano a la pistola y la puso sobre la mesa mientras declaraba: "Esto vale más que los votos del pueblo". A la vuelta del Rey -sigo citando textualmente- "todos disimularon como si nada hubiera pasado". Todo el relato, de arriba abajo, es falso. Esa comida nunca existió y nunca ningún mando militar puso su pistola sobre la mesa ni pronunció frases de ese tono en mi presencia.

Ya es difícil pensar que el Rey tuviera una comida de esa índole, en el Palacio de la Zarzuela, sin conocimiento del presidente del Gobierno. Más difícil es aún imaginar conductas tan detestables como las descritas: la de S.M. el Rey, que abandona al presidente de su Gobierno para que los altos mandos militares puedan intimidarle; la de éstos, que exigen, contra toda disciplina y sentido de la autoridad, lo que no tienen derecho a pedir, y la mía propia, que no reacciono ante una intimidación casi delictiva de esa gravedad.

Tampoco queda especialmente bien en esta narración el cardenal, cuya hombría de bien y extraordinaria personalidad era incompatible con la propagación de semejante falsedad.

La dimisión

"Los motivos de mi dimisión hay que encontrarlos en el acoso del PSOE y la división y encono de mi propio partido, la UCD"

Hace un año, el Sr. Martínez Inglés, en su libro *La Transición vigilada*, recogía un relato similar "de los panfletos que corrieron por la mayoría de las guarniciones después del 23-F" (pág. 127: *¿Suárez encañonado?*) claramente difamatorias respecto a mi persona. Pero el citado autor no le reconoce verosimilitud alguna y afirma (pág. 126) que "nunca los tenientes generales en activo, ni personal ni colectivamente, plantearon directamente (al presidente Suárez) sus exigencias". Esa es la verdad, aunque esta vez D. Abel Hernández preste credibilidad a la narración panfletaria, amparándose en lo que le ha contado un amigo del cardenal Tarancón. Quienes me conocen saben bien que esa no es mi forma habitual de reaccionar ante las intimidaciones. He dado pruebas de ello. El relato, sin embargo, puede ser creído de buena fe o ser utilizado en evidente descrédito a mi imagen pública, desde la hostilidad política o personal.

Por ello quiero dejar clara la absoluta falsedad de los hechos que se intentan describir. Así no se escribe la Historia.

La realidad de los motivos y causas de mi dimisión como presidente hay que encontrarla en el acoso y derribo al que me sometió el PSOE, que logró erosionarme fuertemente, y la división y encono de mi propio partido -la Unión de Centro Democrático- en el que se provocó -probablemente también

Europa Press

El ex presidente del Gobierno y su esposa, Amparo Illana.

Adolfo Suárez

Presidente del Gobierno entre 1976 y 1981. Fundador de UCD y CDS

incitada por el PSOE- una feroz contestación hacia mí. Los "barones" de UCD discutían todas y cada una de las medidas que adoptaba, y el Grupo parlamentario centrista mantenía una hostilidad permanente a cualquiera de mis decisiones.

La reunión de los "barones" en la "Casa de la Pradera" planteó, casi directamente, la necesidad de mi dimisión. Pensé entonces que si yo era el obstáculo para el buen entendimiento de los centristas y el funcionamiento normal de las instituciones, mi deber era dejar los cargos de presidente del Gobierno y presidente de la UCD. Pensaba -ingenuamente- que esta lección de ética política haría a los centristas reflexionar sobre su actitud y cambiar de conducta, y a los socialistas considerar que una oposición sin límites, en la que todo era válido con tal de lograr el deterioro de la persona del presidente del Gobierno, podía hacer peligrar la propia democracia recién instaurada. Me equivoqué.

Sólo el intento de golpe de Estado del 23 de febrero de 1981 logró la reconsideración de los socialistas de su postura. La división de los centristas continuó hasta su desaparición como partido, después de las elecciones de 1982, con el triunfo absoluto del PSOE en las urnas. UCD sólo consiguió 12 diputados. La opción de centro -Centro Democrático y Social- que yo propuse al país, en julio de 1982, obtuvo dos escaños. Se iniciaba, para mí y para el CDS, una larga marcha que se calificó como "travesía del desierto" y que terminó en 1991 con mi dimisión como presidente del Partido, después de haber conseguido en 1986 un grupo relativamente importante de diputados.

Para el país se abría un nuevo horizonte.

Se había impuesto, por la fuerza de los votos, el Gobierno del PSOE, con mayoría absoluta no sólo en el Parlamento nacional sino en la mayoría de las Comunidades Autonómas y los Ayuntamientos. Se iniciaba una larga década -ya van 13 años- de Gobiernos socialistas. Pero eso es ya otra narración.

XII.- CONSIDERACIÓN FINAL

La construcción de un Estado democrático, que tiene que imponerse a muchas inercias históricas que juegan en contra de la libertad, debe seguir siendo un quehacer común de todas las fuerzas políticas, sociales y económicas.

El aprendizaje de los valores de la convivencia requiere tiempo. Los españoles sabemos por experiencia, sin embargo, que, si queremos, podemos vencer la adversidad y que debemos eliminar de nuestra convivencia la intolerancia, el dogmatismo excluyente, la insolidaridad, el particularismo y el aislamiento orgulloso y suicida. Desde la Transición que he intentado narrar hasta la España de hoy, hemos recorrido un gran trecho. El que en nuestro horizonte haya dificultades es algo que no nos debe acomplejar: sabemos cómo afrontarlas.

Pienso que la democracia es un sistema de gobierno pero, sobre todo, es un modo de vida. No bastan, aunque son indispensables, la Constitución y las Leyes que la desarrollan. No es suficiente, aunque es mucho, lo conseguido hasta ahora. Es preciso que la norma se haga vida, que lo que las Leyes señalan se convierta en algo real y palpitante en la sociedad. El Estado social y democrático de Derecho debe ser, ante todo, vida auténtica en los hombres y mujeres concretos que hoy constituyen el pueblo español, en el futuro de esos hombres, en su vida familiar, en su quehacer diario, en sus reivindicaciones y en la justa satisfacción de las mismas.

El Estado social y democrático de Derecho es una creación de la razón y una construcción de la voluntad que entre todos, día a día, hay que arraigar y perfeccionar. Es el único camino para lograr la libertad, la igualdad, la justicia y la solidaridad, y para conseguir que los sentimientos y los intereses legítimos de todos los sectores del pueblo alcancen plena y armoniosa satisfacción. Ese camino es el que los españoles hemos recorrido en la Transición. Ese camino y el impulso de la libertad y justicia que nos hizo andar es el que debemos mostrar a quienes puedan encontrarse hoy en una situación parecida a la que nosotros teníamos hace años. No se trata de dar lecciones a nadie, pero sí de compartir una experiencia arriesgada y difícil, que nos condujo al puerto de la democracia. Eso es lo que he pretendido en este relato.

CONCLUSIÓN

"No se trata de dar lecciones a nadie, pero sí de compartir una experiencia arriesgada y difícil que nos condujo al puerto de la democracia"

"El gran protagonis

Adolfo Suárez, figura máxima de la Transición para sus ex ministros

El papel de Adolfo Suárez en el cambio de régimen fue decisivo. Esta es la tesis compartida por nueve de sus ministros que EL MUNDO reunió para pulsar el estado de opinión sobre el ex jefe del Gobierno.

F. Bermejo / J. Lorenzo

"Adolfo Suárez es un hombre de unas características absolutamente fuera de lo común: muy inteligente, muy hábil, con una enorme generosidad y con un gran instinto político". Este retrato robot del ex presidente del Gobierno -lo fue entre julio de 1976 y febrero de 1981- corre a cargo de Jaime Lamo de Espinosa, uno de los ex ministros que más tiempo estuvo, siempre desde la cartera de Agricultura, al lado de Suárez; en concreto, desde el 24 de febrero de 1978 al 26 de febrero de 1981. Un retrato, por tanto, de una persona gran conocedora de quien, según los nueve ex ministros convocados por la *Historia de la Democracia*, es considerado el verdadero protagonista de la Transición.

Lamo de Espinosa incide en otra cualidad destacada por sus antiguos compañeros de gabinete: la lealtad de Suárez. "Una lealtad excepcional hacia sus amigos y, por supuesto, hacia el Rey". Al hablar de Suárez, surge una palabra: milagro. "El milagro -detalla Jaime Lamo- de dejar, después de cinco años en el poder, una sociedad integrada". En comparación con "otras actitudes que se ven en estos momentos", ha habido un "proceso de arrepentimiento y una clara manifestación de afecto" hacia un Adolfo Suárez que, "cuando fue eliminado de la vida política en las urnas no era el Adolfo Suárez real; era una persona extraña, atípica, muy lejos de la que conozco", subraya Lamo de Espinosa, que concluye con rotundidad: "Nada de lo ocurrido de 1983 para acá es comparable con lo ocurrido entre 1975 y 1982; y desgraciadamente porque ha sido peor".

El cuarto ministro que más tiempo perteneció a los gabinetes de Suárez fue Iñigo Cavero: algo más de tres años y siete meses al frente de Educación, Justicia y Cultura. 15 años después, su opinión no deja un resquicio a la duda: "Suárez ha sido el personaje clave de la Transición porque fue el hombre que, bajo las directrices del Rey, realizó el paso de un régimen autoritario a una democracia". "En este país de olvidos e ingratitudes -destaca Cavero-, todo lo que sea recordar la extraordinaria tarea de Suárez es un acto de justicia".

Luis Gámir, ministro de Comercio y Turismo entre mayo y septiembre de 1980, recuerda cómo conoció a su antiguo jefe de Gobierno: jugando al mus y a las siete y media. "Y ahí me di cuenta de las virtudes de Suárez: el arrojo y, a la vez, la prudencia; era un jugador prudentemente arriesgado". No quiere dejar de ensalzar el pa- ➳

De pie, de izquierda a derecha: Jaime Lamo de Espinosa, Iñigo Cavero, Ignacio Camuñas, Luis Ortiz y Rafael Calvo Ortega. Sentados, de izquierda a derecha: Salvador Sánchez-Terán, Luis Gámir, Enrique Sánchez de León y Rodolfo Martín Villa.

a de la democracia"

Fotos: Luis de las Alas

Jaime Lamo de Espinosa.

Iñigo Cavero.

Luis Gámir.

pel de Fernando Abril Martorell (Luis Gámir fue secretario general técnico del ex vicepresidente de Suárez), "porque fue amigo personal de Adolfo y le ayudó a resolver multitud de problemas complicados".

Tras la desaparición de la Unión de Centro Democrático (UCD) en 1982, Suárez fundó el Centro Democrático y Social (CDS), y allí contó con la colaboración de su ex ministro de Trabajo -entre 1978 y 1980- Rafael Calvo Ortega. Ahora, el "discípulo" no ahorra elogios: "La opinión de Adolfo Suárez siempre cuenta y es bueno que participe de la vida política aunque sea desde su perspectiva de la observación y el consejo. La gran mayoría de los ciudadanos tiene un gran concepto de su figura, y está claro que si hubiera un referéndum, el resultado sería abrumador en reconocimiento del mérito, el trabajo y el esfuerzo realizado por Suárez".

Calvo Ortega, con todo, quiere precisar que la Transición supuso mucho más que el paso de una dictadura a una democracia: "Se hicieron muchas más cosas. La reforma del ordenamiento jurídico, la creación de instituciones públicas, la reforma fiscal, la reforma laboral... Toda una serie de leyes que rigen actualmente y que buena parte de sus méritos corresponde, como presidente del Gobierno, a Adolfo Suárez".

No se puede entender la etapa política de la Transición sin tener presente el juicio de Rodolfo Martín Villa, el célebre ministro de Gobernación (luego, de Interior) entre 1976 y 1979, así como de Administración Territorial desde septiembre de 1980 hasta febrero del siguiente año. "El hecho de que Adolfo Suárez haya vuelto a la actualidad política es un acto de reconocimiento y de justicia", empieza diciendo antes de sorprender comentando que

Dónde están los mi

- Abril Martorell, Fernando. 59 años. Pte. Unión Naval de Levante. Vicepresidente del Banco Central Hispano. Presidente de Aguas de Valencia y de Omnium Ibérico. Vocal de Cepsa. Consejero de Ertoil SA Medió con éxito en la huelga de médicos del Insalud en 1995.
- Oreja Aguirre, Marcelino. 60 años. Miembro del PP. Pte. Sociedad Española de Distribución de Equipos de Telecomunicación. Comisario europeo de Asuntos Institucionales, Información y Cultura.
- Cavero Lataillade, Iñigo. 66 años. Pte. de Robert Bosch y de Scott Ibérica. Vpte. Compañía Urbanizadora del Coto. Catedrático de Derecho Constitucional, director del Dpto. de Derecho Público y Vpte. del Patronato de la Universidad San Pablo. Militante de base del Partido Popular.
- García Díez, Juan Antonio. 55 años. Comparte bufete con el también ex ministro Carlos Bustelo. Pte. de Uralita, de Yamaha Motor España, de Asea Brown Boveri y del Comité de Política Económica del Círculo de Empresarios. Consejero de SEAT, de IBM, de Plus Ultra SA y de Ferrovial.
- Martín Villa, Rodolfo. 61 años. Miembro del Comité Ejecutivo del PP. Presidente de la Comisión de Control de Cajamadrid.
- Otero Novas, José Manuel. 55 años. Letrado asesor de AGF-Unión Fénix Español. Abogado del Estado en la Audiencia Nacional. Mantiene un bufete.
- Lamo de Espinosa, Jaime. 54 años. Catedrático de Economía en la Univ. Politécnica de Madrid. Pte. de Bossard Consultants. Militante de base del PP.
- Lavilla Alsina, Landelino. 61 años. Miembro del Consejo de Estado.
- Sánchez-Terán, Salvador. 61 años. Doctor Ingeniero de Caminos. Presidente de la Cadena COPE y de Nissho Motor España. Consultor de empresas.
- Clavero Arévalo, Manuel. 69 años. Ejerce como abogado en Sevilla. Consejero del BBV.
- Calvo Ortega, Rafael. 62 años. Miembro de Unión Centrista. Catedrático de Derecho Financiero de la Universidad de Alcalá de Henares.
- Calvo-Sotelo, Leopoldo. 69 años. Consejero del BCH y de Ferrovial. Pte. de Gobierno tras Suárez.
- Arias Salgado, Rafael. 53 años. Diputado del PP y portavoz en la Comisión mixta Congreso-Senado para las Comunidades Europeas.
- García Añoveros, Jaime. 63 años. Catedrático de Derecho. Consejero de Abengoa. Pte. Estudios

Rafael Calvo Ortega.

Rodolfo Martín Villa.

Luis Ortiz.

"el verdadero Gobierno de UCD, antes de que la propia UCD existiera jurídicamente como partido, fue el primer Gobierno de Suárez (7 de julio de 1976). Es el Gobierno irrepetible de un presidente irrepetible en una situación irrepetible". Y Martín Villa da explicaciones: "Ese Gobierno, en menos de un año, plantea y resuelve el pluralismo político, el pluralismo sindical, un Parlamento elegido por sufragio universal, la libertad de los presos políticos y la supresión del exilio político. No se puede hacer más en ese corto espacio de tiempo".

Luis Ortiz fue ministro durante dos meses y doce días, a partir del 23 de marzo de 1977, al frente de la cartera de Obras Públicas. Insiste en la tesis de Suárez como "gran protagonista de la Transición, que tuvo muchos hombres de segundo, tercer y cuarto nivel, pero en el primero sólo estuvieron el Rey y Suárez".

Como Lamo de Espinosa, Ortiz también hace referencia al "milagro que fue, al hilo de la frase «de la ley a la ley», lograr el tránsito de un sistema autoritario a otro con partidos". Sugiere, al tiempo, que "no debemos olvidarnos del protagonista de la Ley para la Reforma Política, Torcuato Fernández-Miranda, aunque fue Suárez quien logró que las Cortes franquistas votaran su autoeliminación". "Revalorar su protagonismo -resume Luis Ortiz- es un acto de justicia histórica".

Desde una cartera "sui generis" -Relaciones con las Cortes-, Ignacio Camuñas sirvió a la causa suarista entre julio y septiembre de 1977, tiempo suficiente para sentirse ahora "profundamente agradecido a quien nos dio la oportunidad de compartir responsabilidades de gobierno en años decisivos para la vida política es- ⋙

os de Adolfo Suárez

Técnicos e Industriales. Consejero de Instalaciones de Control, Europea de Construcciones Metálicas, y de Agua y Estructuras. Vocal de El País SA.

- González Seara, Luis. 59 años. Catedrático de Sociología. Colabora habitualmente en Prensa. Ha publicado recientemente *El poder y la palabra*.
- Pérez-Llorca, José Pedro. 55 años. Pte. Urquijo Leasing. Bufete de asesoramiento de empresas. Consejero At&t Global Information Solutions.
- Sancho Rof, Jesús. 55 años. Miembro del PP. Profesor de Optica y Estructura de la Materia. Consejero-delegado Difusora de Información Periódica. Consejero de Inmomed.
- Sánchez de León, Enrique. 61 años. Asesoramiento de empresas. Letrado de la Federación de Asociaciones de la Prensa de España (FAPE). Consejero secretario de Altamira.
- Lladó y Fernández-Urrutia, José. 61 años. Pte. Técnicas Reunidas Internacional. Consejero de BBV, Acerinox y Sevillana de Electricidad. Forma parte del Patronato de la Fundación Príncipe de Asturias y de la Univ. Pontificia de Salamanca. Fundador del Colegio Libre de Eméritos. Miembro del Consejo Asesor Europeo de General Motors.
- Leal Maldonado, José Luis. 56 años. Pte. Asociación Española de Banca Privada (AEB), de Cristalería Española, de Diálogo (Asociación de Amistad Hispano-Francesa) y del Consejo Social de la Universidad de Alcalá de Henares.
- Oliart Saussol, Alberto. 67 años. Abogado del Estado. Consejero del BCH y Autopistas del Mare Nostrum. Pte. Diana Viaji.
- Bustelo, Carlos. 59 años. Presidente de Oscar Mayer. Consejero de Mercedes Benz España. Tiene despacho de abogados con J.A. García Díez.
- Fontán Pérez, Antonio. 72 años. Pte. *Nueva Revista*. Catedrático Emérito de Filología Latina. Pertenece a diversos Patronatos y Fundaciones.
- Ibáñez Freire, Antonio. 82 años. Teniente general retirado.
- García López, Ignacio. 72 años. Licenciado en Políticas. Jubilado.
- Carriles Galarraga, Eduardo. 72 años. Pte. de Verificación y Gestión Industrial e Inmobiliaria. Pte. de la sociedad de estudios Inteseca.
- Lozano Vicente, Francisco. 73 años. Jubilado, aunque mantiene la empresa Minicentrales Eléctricas. Diseña aparcamientos subterráneos.
- Menéndez y Menéndez, Aurelio. 68 años. Abogado, socio de la firma Uría y Menéndez. Catedrático de Derecho ⋙

Enrique Sánchez de León.

Ignacio Camuñas.

Salvador Sánchez-Terán.

pañola". Junto a la gratitud, Camuñas agrega un sentimiento de lealtad hacia Suárez, "de quien me considero amigo personal y a quien sigo tratando con la misma libertad y claridad de las que él nos ha dado muestras durante muchísimo tiempo". "Sin llegar a tener que valorar por encima o por debajo de quién, que eso solamente la Historia lo decidirá -concluye-, Suárez es un baluarte de la recuperación de la libertad perdida. Su papel fue inmenso, y el pueblo español le debe una gratitud altísima".

Enrique Sánchez de León (ministro de Sanidad desde julio de 1977 hasta abril de 1979) se cuestiona si "no llega un poquitín tarde -teniendo en cuenta la ignorancia por parte de los más jóvenes del significado de aquella etapa- el reconocimiento a la labor de Suárez", a quien señala como "el auténtico protagonista de la democracia, con el respaldo de la Corona. Y con actuaciones complementarias de otras personalidades también relevantes y quizás importantes en un momento determinado, pero no a lo largo de todo el período". Sánchez de León afirma que esa etapa "ha sido postergada, a veces interesadamente, por opciones partidistas".

Para Salvador Sánchez-Terán, responsable de Transportes y Comunicaciones y de Trabajo entre 1978 y 1980, "el político que realiza la Transición de forma magistral es, sin duda, Adolfo Suárez. Eso ya está inamovible en la Historia". Su juicio resume el sentir de sus ex compañeros: "En la Transición, la voluntad política está en el Rey, y la ejecución impecable de las acciones corresponde a Suárez".

Coincide con Sánchez de León en que la vuelta a la palestra de Suárez es "tardía" y se atreve a lanzar una recomendación: "Por su prestigio en la vida española, debía hablar más. Pero, por supuesto, respeto sus decisiones absolutamente".

...Dónde están los ministros de Suárez

Mercantil. Consejero de Estado. Miembro del Comité Marítimo Internacional. Académico de Jurisprudencia y Legislación.

- OSORIO GARCÍA, ALFONSO. 71 años. Miembro del Patronato de la Universidad San Pablo. Militante de base del PP.
- PÉREZ DE BRICIO, CARLOS. 68 años. Pte. de Confemetal. Consejero de Carburos Metálicos. Vpte. CEOE. Pte. CEPSA Estaciones de Servicio.
- REGUERA GUAJARDO, ANDRÉS. Abogado del Estado. Consejero de Prensa Española, Ibérica de Autopistas y Altamira. Vocal secretario de Inmuebles en Renta.
- RENGIFO CALDERÓN, ALVARO. 63 años. Jubilado.
- ALVAREZ ALVAREZ, JOSÉ LUIS. 65 años. Mantiene bufete como abogado y como notario.
- BAYÓN MARINE, IGNACIO. 51 años. Doctor en Derecho. Letrado del Consejo de Estado. Pte. Citroën Hispania. Pte. ejecutivo de Grucycsa, FCC Inmobiliaria. Consejero de Nestlé.
- MARTÍN RETORTILLO, SEBASTIÁN. 64 años. Catedrático de Derecho Administrativo de la Universidad Complutense. Consejero de Cajamadrid. Vocal de la Junta Electoral Central. Abogado en ejercicio.
- ORTEGA Y DÍAZ-AMBRONA, JUAN ANTONIO. 56 años. Letrado del Consejo de Estado. Miembro del PP. Secretario general de Repsol. Consejero de Campsa, Gas Natural y Constructora Extremeña. Vocal de Composan Distribución.
- DE LA CIERVA Y HOCES, RICARDO. 69 años. Historiador.
- JIMÉNEZ DE PARGA, MANUEL. Catedrático de Derecho Político. Magistrado del Tribunal Constitucional.
- MARTÍNEZ GENIQUE, JOSÉ ENRIQUE. Abogado e inspector de Hacienda.
- FUENTES QUINTANA, ENRIQUE. 71 años. Pte. Real Academia de Ciencias Morales y Políticas. Miembro del Consejo de Estado. Pte. de Honor de la Fundación FIDES (Cajas de Ahorros).
- PÉREZ MILLARES, FÉLIX. 59 años. Letrado asesor técnico del MOPTMA.
- PUNSET CASALS, EDUARDO. 59 años. Dirige *Grandes temas de nuestro tiempo* (Círculo de Lectores). Prepara un programa de TV de divulgación científica. Consejero de Instalaciones de Control.
- GÁMIR CASARES, LUIS. 53 años. Pte. Sociedad de Estudios y Explotación de Material Auxiliar de Transportes. Diputado del PP.
- CAMUÑAS SOLÍS, IGNACIO. 55 años. Diplomático. Consejero del secretario general de la UNESCO. Vpte. ejecutivo de la Fundación Antonio Camuñas.
- ORTIZ GONZÁLEZ, LUIS. 63 años. Diputado del PP y responsable de Vivienda, Urbanismo y Suelo. Abogado e inspector de Finanzas.

El gabinete de Suárez

Los distintos caminos de los colaboradores del presidente

Eran sus personas de confianza. Algunas aún lo siguen siendo. Eduardo Navarro, por ejemplo, quien continúa hombro con hombro con Adolfo Suárez en su bufete de abogados. La mayoría, sin embargo, ha seguido caminos muy diferentes al del ex presidente.

De entre quienes han permanecido en la política hay que mencionar a Carmen Díez de Rivera, que tenía el sobrenombre en aquellos años de "musa de la democracia", y hoy es eurodiputada por el PSOE y a Rosa Posada, actual consejera de Sanidad de la Comunidad Autónoma de Madrid con Alberto Ruiz-Gallardón.

Otros se han labrado su presente en la diplomacia. Es el caso de Alberto Aza, que sustituyó a Carmen Díez de Rivera al frente del gabinete, y que es actualmente embajador en Londres, Eugenio Bregolat, que cumplió con brillantez su función de director de estudios del gabinete y hoy es embajador en Moscú, y Josep Coderch, el más joven de los colaboradores y un organizador nato de quien se cuenta que empujó a Suárez a la práctica del tenis, y que hoy dedica su tiempo a dirigir la Escuela Diplomática.

El ámbito de la relaciones públicas y los medios de comunicación lo llevaron en su día Aurelio Delgado -casado con María del Carmen Suárez González, hermana del ex presidente- y Fernando Onega. Ambos siguen hoy ligados a ese mundo, ya que el primero es el actual propietario del periódico *Ya* y de la editorial ICAL, mientras que el segundo dirige el informativo de mediodía en Tele 5, *Las Noticias*.

Por último, otros estrechos colaboradores de Suárez, como fueron Alberto Recarte, Josep Meliá o Manuel Ortiz continúan sus vidas y sus carreras -economista y abogados, respectivamente- alejados por completo de la actualidad política nacional.

BERNARDO DÍAZ

JULIÁN JAÉN

Carmen Díez de Rivera, actual eurodiputada por el PSOE, fue la primera directora del gabinete de Suárez. Se la conoció en aquella época como "la musa de la democracia". Rosa Posada, la primera mujer que se sentó en la mesa del Consejo de Ministros, es hoy consejera de Sanidad de la Comunidad Autónoma de Madrid.

Por la pintada a la

El spray y los rotuladores se convirtieron en armas políticas que llegaron a ser usadas por el Ministerio de Gobernación

Javier Lorenzo

Durante la campaña del referéndum para la Reforma Política, la oposición de izquierdas, que ya entonces estaba liderada por el PSOE y el PCE, propuso la abstención. Sus seguidores recorrieron las calles de todo el país embadurnándolas con el siguiente mensaje: "No votes". Rodolfo Martín Villa, entonces ministro de Gobernación, organizó a su vez un equipo de personas que tenía como misión el de añadir a la leyenda de los comunistas la palabra "no", de modo que el resultado final quedaba de la siguiente manera: "No votes no". Este pequeño ejemplo es indicativo de la importancia que las pintadas tuvieron en el proceso democrático español, bien como espita juvenil y contestataria, bien como única vía de expresión de las organizaciones políticas que seguían sin ser reconocidas. Quien no manchó una pared es que no vivió de verdad la Transición, aunque sólo fuera en esa incruenta batalla diaria en la que diferentes manos anónimas borraban las consignas ajenas como si de ello dependiera el futuro de la nación.

FOTOS: LUCHO POIROT

Transición

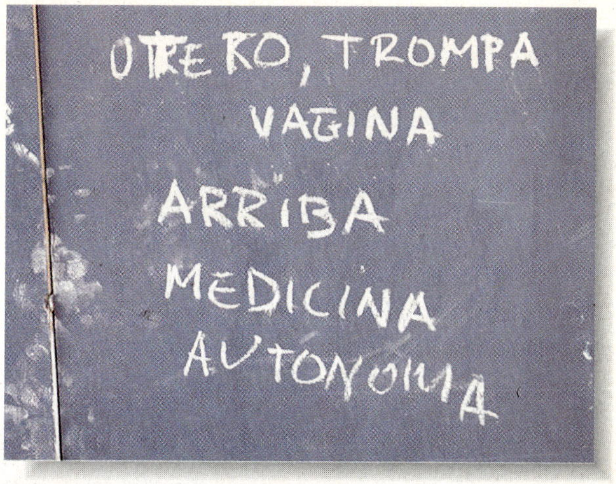

JACINTO RAMOS

•LITERATURA•

El Nobel sorprende a Vicente Aleixandre

El poeta no acudió a recoger el premio por problemas de salud

El 16 de octubre de 1977, la Academia Sueca concedió el galardón al escritor "por su obra poética creativa que ilumina la condición del hombre en el cosmos".

Carlos Bousoño

A Vicente Aleixandre le dieron el Premio Nobel de hecho dos veces. La primera vez coincidió con el famoso proceso de Burgos. Los académicos suecos tuvieron por ello que, provisionalmente, retrasar la decisión ya tomada hasta años después ya que, aunque era conocida por el grupo de los intelectuales la posición política de Aleixandre partidario acérrimo de la democracia, hubiera resultado un escándalo en el mundo otorgar el famoso premio a un poeta que vivía en nuestro país. La votación hubo de ser rectificada en favor del poeta italiano Eugenio Montale. Por tanto, sólo después, en 1977, Aleixandre llegó a ser Nobel.

Pienso que en España este premio contribuyó en gran medida a sanear las conciencias de nuestros compatriotas, tan afectados por el declive del país desde hacía tres siglos, pese a la gloriosa recuperación de la cultura española, no sólo a partir del 98, sino a partir de la poesía becqueriana y de la generación de Menéndez Pelayo, Galdós, la Pardo Bazán y Clarín y luego el surgimiento de la poesía de Juan Ramón y de la generación del 27. Aunque ese gran premio lo recibieron Echegaray y después Benavente y el propio Juan Ramón, el largo período de oscurecimiento internacional de la cultura española a causa de la Dictadura, hizo que el éxito mundial de Aleixandre afectase hondamente en sentido positivo a la juventud española, que veía abrirse una nueva época de interés por nuestra cultura.

¿Importa esto para la trayectoria de un país? Creo que importa muchísimo pues la creatividad, individual y colectivamente, se halla en relación muy directa con la seguridad que tengamos en nosotros mismos. En términos generales puede afirmarse que la capacidad de crear disminuye claramente con el desánimo. Cuando una tendencia literaria no tiene éxito a pesar de su valía, esa tendencia suele apagarse pronto.

Piénsese en el grupo de Cántico, al que esterilizó por completo en su conjunto la atención exclusiva hacia la poesía social. Estuvieron todos sus miembros sin escribir durante nada menos que veinte años, y sólo cuando de nuevo los ojos se volvieron hacia lo que éstos habían hecho hacía tanto tiempo, el grupo en su totalidad recuperó la escritura. El Premio Nobel otorgado a Aleixandre fue un maravilloso balón de oxígeno para la conciencia de nuestra patria. Tengo bastante confianza en que, pese a los duros acontecimientos de los últimos tiempos, España recupere pronto el puesto al que su historia y la vitalidad evidente de nuestra raza debe obligarla. Todos hemos de contribuir a ello, con el máximo de nuestras fuerzas.

La estampa antigua

Vicente Aleixandre

Vagamente cansado el día insiste.
La misma flor, la misma fuente,
la misma, la misma sombra del cerezo.
¿Qué preguntas? El mar tan lejos gesticula
inútilmente. Sus espumas ruedan,
ansia de amor proclaman sin sonido,
lejos, lejos, lejísimos, sin bulto,
vago telón de sedas amarillas.

Poema del libro "Nacimiento último" (1952)

EFE

Semprún gana el Planeta

Polémica en 1977 con la "Autobiografía de Federico Sánchez"

Eduardo Chamorro

Cabe preguntarse -a estas alturas en las que casi lo único que cabe es preguntarse- qué personaje habría conseguido Sommerset Maugham o Graham Greene o John Le Carre de una persona como Jorge Semprún. La pregunta puede ser o, al menos, puede parecer a algunos (entre los que no ha de contarse Javier Pradera) inútil. Y quizá lo sea. Esta es una época de preguntas mayormente inútiles. Lo que no creo que sea es baladí, sobre todo si se considera que quien más juego obtuvo y obtiene de la persona Jorge Semprún es el escritor Jorge Semprún. Y no sólo el juego habitual extraído de sí mismo por un autor realista. En el planteamiento de dicho realismo, Semprún obtuvo de su escritura lo más parecido a un oportuno ajuste de cuentas en el irremediablemente escueto terreno de la microhistoria, en el lacónico dominio de la infrahistoria. Solamente Eduardo Haro Tecglen parece aspirar a más con un material mucho menos relevante.

La *Autobiografía de Federico Sánchez* puso los puntos sobre las íes en una vendimia de rencores. El Premio Planeta hizo de ella un libro de cabecera incluso para aquellos que jamas habían sufrido la mínima jaqueca con lo que en ella se contaba. Ambos resultados tienen no poco que ver con lo que el autor espera de lo que escribe.

EUROPA PRESS

Jorge Semprún, a la derecha, recibe el Planeta de manos de José Manuel Lara, director de la editorial.

Dejó bien claro, por ejemplo, que aquel "cabeza de chorlito" que fue Semprún en boca de Pasionaria -cuando aquella mujer le expulsó del Partido Comunista de España por inventarse el eurocomunismo- era el "Pájaro" que en Madrid se había jugado la vida con singular desenvoltura y muy buenos resultados durante el período más arriesgado del franquismo militante.

Aportó también -incluso involuntariamente en ocasiones- los suficientes indicios como para pensar que ese mismo "eurocomunismo" puesto en juego por Santiago Carrillo a su regreso a España no era un invento de éste sino de aquél, de Jorge Semprún, y aún más pues nunca fue el novelista un teórico de fuste, como Fernando Claudín, que fue de gran fuste en casi todo.

Un tercer punto aclarado por la *Autobiografía* es que algunos ejercicios de submarinismo político inducen fenómenos similares al llamado "síndrome de Estocolmo". Tanto Claudín, como Carrillo, como Semprún acabaron en el pan y la sopa del PSOE.

Los caminos del Señor son verdaderamente inescrutables, mucho más inescrutables que la rectitud de sus líneas torcidas, o viceversa.

Los quince asaltos que aguantó Evangelista

Se enfrentó a Mohamed Alí por el título de los pesos pesados

Jaime Ugarte

Cuando los ojos de lince del entrenador cubano Kid Tunero observaron en el viejo Luna Park bonaerense a un espigado uruguayo plantarle cara en las duras sesiones de guanteo al campeonísimo argentino Víctor Galíndez, doce veces monarca universal semipesado, sin duda que por su mente pasaron los momentos en que anteriormente decidiera apadrinar en España al que fuera el más aventajado de sus pupilos: José Legrá.

Aquel espigado muchacho se llamaba Alfredo Evangelista, y de la mano de Tunero hizo las maletas rumbo a las Españas, en busca de gloria y dinero, las dos constantes habituales por las que se mueven los gladiadores del cuadrilátero.

Los pesos pesados en nuestro país habían vivido una época dorada marcada por la figura de un mocetón vasco, José Manuel Ibar Aspiazu, Urtain. "El Morrosco de Cestona" había revolucionado el mundo del boxeo profesional en España: logró la paralización total del país la noche del 3 de abril de 1970 cuando se proclamó campeón de Europa de los pesos pesados al derrotar por K.O. en siete asaltos al germano Peter Weiland.

Con Alfredo Evangelista, llegaba el relevo del púgil guipuzcoano. Bien pronto, el hispanouruguayo comenzó a imponer la ley del más fuerte. Joven, rápido y agresivo, Evangelista se hizo dueño y señor de los rings españoles. Sus adversarios caían fulminados, incluido el mito vasco, noqueado sin piedad por la nueva promesa.

Un Alfredo Evangelista en su mejor momento obtuvo la mejor de las recompensas: la disputa del Campeonato Mundial de los pesos pesados. Por si esto no fuera suficiente, el rival de Alfredo Evangelista sería «El Más Grande». Cassius Clay, rebautizado como Mohamed Alí, le concedía el honor de encerrarse en su cuadrilátero con él. En Landover, el 16 de mayo de 1977, Alfredo Evangelista aguantó en pie los quince asaltos. Una digna derrota ante «El Loco de Louisville» era una victoria moral.

EFE

Alfredo Evangelista golpea en el rostro de Cassius Clay durante la pelea celebrada en Landover el 16 de mayo de 1977.

Revalorizado por ello, Alfredo Evangelista se convertía en el rey europeo de los pesados la noche del 9 de septiembre de 1977 al derrotar antes del límite, en 11 asaltos, al francés Lucien Rodríguez.

Revalidó su título ante el belga Coopman, el inglés Aird, el italiano Cane y de nuevo ante el galo Lucien Rodríguez. Dos años de triunfos continentales y el comienzo de sus grandes fracasos personales.

Todavía le quedaron fuerzas para recuperar el título europeo ¡diez años después! cuando venció por fuera de combate en Bilbao al holandés Andrè Van Der Otelaar.

Siguió, en cambio, sin superar su mala vida. Su coqueteo constante con el mundo de la droga le ha llevado finalmente a la cárcel. Un destino muy lejano del que, sin duda, él se había marcado.

JULIO PALOMAR

Lolo García -22 años-, en su casa de Madrid. Detrás, una fotografía de "Quico", el niño que él interpretaba en "La guerra de papá", película de Antonio Mercero.

El niño de todos

Lolo García deslumbró a los españoles en "La guerra de papá"

Blanca Gordon

Lolo García fue "El Príncipe Destronado". Con tres años y medio, en 1977, su espontaneidad, su desparpajo y su carisma en todo cuanto hacía ante la cámara deslumbraron a una España que estaba preparada para el cambio.

La guerra de papá, la película inspirada en la novela de Miguel Delibes *El príncipe destronado* que fue protagonizada por Lolo García y dirigida por Antonio Mercero, rompió los hábitos preestablecidos y abrió un camino nuevo y reivindicativo en la historia del cine español. Ahora, Lolo García, con 22 años y a medio camino entre aquel niño maleducado e irreverente que anhelaba fuertes emociones y un aplicado estudiante de Económicas madrileño, sigue viviendo bajo los recuerdos de "Quico", el famoso niño de la pantalla, el niño de todos por aquel entonces.

"Habré visto la película como mínimo treinta veces; siempre que viene alguien a casa la ponemos", apunta Lolo, cuyas remotas incursiones en el mundo del espectáculo desde 1977 se concretan en esporádicas intervenciones en obras de teatro.

"La película era un reflejo de la típica familia española de aquella época, en la que el padre, normalmente promilitar, exhibía su autoritarismo, y la madre siempre estaba en contra. Ahora, con la distancia que da el tiempo, me siento muy orgulloso de haber protagonizado una película que incidió decisivamente en la mentalidad española", concluye Lolo.

Bodas y percances

Varios famosos eligieron febrero de 1977 para casarse

Jaime Peñafiel

En enero de 1977, segundo año «triunfal» de la democracia, un torero es noticia fuera de la temporada: **Paquirri**. Su esposa, **Carmen Ordóñez**, que todavía andaba por su primer matrimonio, da a luz a su segundo hijo, **Cayetano**, hermano del actual matador de toros, **Francisco Rivera Ordóñez**.

En Londres contrae matrimonio una de esas personas que no aparecen en las listas de la Familia Real, sino en esa zona denominada «familiares». Se trata de un primo hermano de **don Juan Carlos**, el príncipe **Adan Czartoryski**, de 34 años, hijo único de la **princesa Dolores**, hermana de la **Condesa de Barcelona**. Que nuestro Rey también tiene familiares pobres. Como aquel primo hermano, **Carlos Zamoyski Borbón**, hijo de la **infanta Isabel Alfonsa**, que se ganaba la vida como conductor de camiones de la base norteamericana de Torrejón. A la boda de Adan con la italiana **Nora de Picciotto**, de 32 años, asisten los **Baviera**, el **duque de Huéscar** y los actores **Gina Lollobrigida** y **Helmut Berger**.

Aunque febrero no es un mes de bodas, en este de 1977 se celebran tres. En la ermita de la Virgen del Rocío en Almonte lo hace el rejoneador **Rafael Peralta**, uno de los "playboys" de la época -los otros son su hermano **Angel** y **Luis Miguel Dominguín**- con la joven **Mamen Revuelta**. Los novios acuden a la iglesia a caballo. Ella, a la grupa, como está mandado. En Alicante lo hace **José María Manzanares** con **Yeyes Semper**. Entre los invitados, Paquirri, Carmen Ordóñez, **Antoñete**... Y en Amsterdam se casa el guitarrista **Paco de Lucía** con **Casilda Varela**, hija del **capitán general Varela**, el único con dos grandes Laureadas de San Fernando.

FOTOS: EUROPA PRESS

Los príncipes de Mónaco, Grace y Rainiero, en su visita al Gran Teatro del Liceo de Barcelona.

Don Juan Carlos y **doña Sofía** son protagonistas porque realizan su primer viaje oficial a Roma. Lo más destacado de esta visita fue la audiencia con **Pablo VI**, audiencia a la que la reina acudió, como es preceptivo y excepcional en toda reina española, vestida de blanco como una novia y tocada, igualmente, con mantilla blanca. El traje largo, elegantísimo por cierto, había sido confeccionado por las **hermanas Molinero** de Madrid. Sobre el pecho, doña Sofía lucía la banda de la Orden de María Luisa con broche de perlas. Y en el cuello, un collar de perlas de una sola vuelta. También lucía la Cruz Pro-Eclesia

Paco de Lucía y Casilda Varela, en Amsterdam.

Los Reyes de España fueron recibidos en audiencia por el Papa Pablo VI en febrero de 1977.

José María Manzanares y Yeyes Semper.

et Pontifice, concedida por el Papa y que **monseñor Benelli** le había impuesto la víspera en un solemne acto celebrado en la Embajada de España.

Los príncipes de Mónaco, **Grace** y **Rainiero**, visitan en Barcelona el Salón Náutico y asisten a una gala en el Liceo con toda la sociedad catalana enjoyada. Y en Barcelona tiene lugar una nueva edición de la entrega de los premios Mundo con asistencia de **Carmen Díez de Rivera**, jefe del gabinete del presidente **Suárez**, la mujer con más clase y "glamour" de España. Hasta con unos simples vaqueros y una camiseta estaba elegante. No es extraño que Adolfo Suárez la tuviera en tan altísima y amorosa estima. Y ya que hablamos de Suárez, en el mes de marzo su hija **Sonsoles**, esa joven mal casada y por ende separada, es nombrada, por ser hija de su padre, Fallera Infantil. Como antes se había hecho con las nietas de **Franco**.

Sonsoles, hija de Adolfo Suárez, fue nombrada Fallera Infantil.

Lola Flores es la protagonista del mes de marzo por un incidente que tiene lugar en el Club Internacional de Prensa, donde se entregan los premios Naranja y Limón a Suárez y a **Fraga**. La víspera, **Umbral** había escrito en *El País* un artículo atacando duramente a Lola. Y al encontrarse la Faraona a la esposa del escritor, la fotógrafo **España**, la increpó así: "¡Qué pena de marido tienes! ¡Qué desgracia la tuya!".

El mundo artístico y social se sorprende al publicarse en este mes de marzo que **Nadiuska**, la famosa actriz musa de **Damián Rabal**, se había casado el 23 de junio de 1973 en la iglesia de San Pedro Belarmino de Madrid con **Fernando Montalbán**, de profesión barrendero. Una boda "sin derecho a nada". Y lo había hecho para conseguir la nacionalidad española -ella era apátrida- y tras pagarle 30.000 pesetas. Nadiuska se llamaba en realidad **Rojnitha Bertha Honzar**. "Yo te quería pero no lo sabía", declaró el pobre hombre.

Cuando este mes finaliza, la reina Sofía sufre un percance durante un viaje por Extremadura que a punto está de costarle el dedo anular de la mano derecha. La culpa la tuvo un escolta que, al cerrar la portezuela, le cogió el dedo y se lo aplastó. El lugar, Mérida, donde acababa de ser nombrada Alcaldesa Honoraria. El entonces director propietario de *Hola*, **Antonio Sánchez Gómez**, le dedicó y publicó el muy sentido, aunque cursi, poema: *Por tierras de Extremadura/Cruzó la gracia de su sonrisa/Y haciendo flor/De su dolor/Ofreció a España/Su mano herida/Señora/En tierra guadalupana/De arado y quilla/Se ha hecho encanto/Y lágrima/Vuestra sonrisa.*

Cuando el Centro era esto

Martín Prieto

En 1977, chicas como esta, de un blanco níveo, por estrenar, con los pantalones untados a las caderas, festejaban el triunfo de la UCD de Adolfo Suárez en las primeras elecciones democráticas. Ni entonces ni ahora existía razón para que comunistas y socialistas dejaran de aborrecerse, la derecha añorante del franquismo retrocedía, la sopa de letras ultraizquierdista había sido engullida por las urnas y el Centro podía festejar su primera mayoría con tan exultante juventud. La opinión ahora de esta moza victoriosa merece un reportaje sobre cómo aquella ilusión se desflecó por el camino en los últimos 18 años. ¿A quién votará en marzo aquella flor morena a la que he de suponer ya feliz madre de familia? No puedo imaginarla ni en el PP ni en el PSOE. ¿Qué se hizo de aquel viento de juventud meleneante y bien ceñido? Aunque sólo sea por esta foto, nunca lamentaremos bastante haberle hecho la política imposible a Suárez hasta el punto de hacerle duque.

EFE

Una simpatizante de la Unión de Centro Democrático de Suárez celebra la victoria en las elecciones del 15 de junio de 1977.

PRÓXIMO CAPÍTULO: LA TELEVISIÓN QUE VEÍAMOS EN 1975

LA ÉPOCA DORADA DE LA "MEJOR TV DE ESPAÑA". ENTREVISTAS A CHICHO IBÁÑEZ SERRADOR, VALERIO LAZAROV, FLORENCIO SOLCHAGA, ISABEL TENAILLE... ADOLFO SUÁREZ Y LOS MILITARES. ESCRIBEN: ANTONIO BURGOS, GABRIEL CARDONA, J.LUIS OROSA.

1975-1995. Veinte años de nuestra vida

• HISTORIA DE LA DEMOCRACIA •

{CAPÍTULO II}

EUROPA PRESS

José María Iñigo entrevista a la actriz italiana Ornella Mutti en el programa estrella de la televisión de la época, "Directísimo".

LA TELEVISIÓN QUE VEÍAMOS ENTONCES

José María Iñigo era el hombre más conocido de la televisión en los inicios de la Transición política, que actuaba en monopolio y, como siempre, era utilizada por el Gobierno de turno. Muchos recuerdan con nostalgia "la mejor televisión de España", que decían Tip y Coll, una televisión que, pese a todo, también ofrecía cosas muy buenas.

• RELATO •

La época dorada de "la mejor TV de España"

El papel jugado por el monopolio de Televisión Española durante la Transición

El valor de la televisión como instrumento de control es una faceta de la que han sido conscientes todos los políticos, ya fueran franquistas, centristas o socialistas. Este es el relato de los avatares que durante la Transición ha experimentado el Ente a través de sus diferentes directores generales: Rosón, Rafael Ansón, Arias Salgado, Suárez, Sancho Rof, Robles Piquer, Nasarre, Peña Aranda, Castedo o Calviño.

José Luis Orosa. Periodista

Mirando hacia atrás con nostalgia, pero sin ira, y repasando los durísimos días que alumbran nuestra reciente historia democrática se observan algunas cosas que quizá el lector pueda corroborar, sobre todo si ha sido testigo: una, que no es posible reconstruir el rompecabezas de nuestra historia próxima sin el referente de la Televisión Española. Casi todo está allí de forma evidente o solapada, por las presencias o las ausencias. De aquí, puede perfectamente concluirse que la época dorada de la televisión en régimen de monopolio (cuando era sencillamente un organismo oficial, ni siquiera estatal y mucho menos una televisión pública) y de la televisión como instrumento esencial de entretenimiento, finaliza precisamente en los albores de la Transición. A partir de ese momento, por razones más o menos justificadas (para traer la Monarquía, para traer la democracia, para ganar unas elecciones, para mantenerse en el poder...), la televisión se convierte en un instrumento progresivamente formidable de control y poder que alcanza el paroxismo con la llegada del Partido Socialista Obrero Español al Gobierno de la nación.

Podría objetarse que en el régimen de Franco ocurrió lo mismo, si no fuese porque ni los recursos ni los medios técnicos ni la cobertura de la red ni el "parque" de televisores lo permitieron: conviene recordar que el "parque" de aparatos a principio de la década de los 70 ascendía a casi cuatro millones (blanco y negro) y a 30.000 receptores en color. Hoy en día, el número de televisores alcanza los 20 millones y la cobertura es total vía superficie o satélite. No era, en fin, la televisión en el franquismo un instrumento de poder sino, a lo sumo, de control, de censura de la sociedad.

FOTOS: EUROPA PRESS

La aparición de la cantante Rocío Jurado en las pantallas de televisión con un traje demasiado transparente para la época fue la excusa para relevar a Juan José Rosón.

Desde la muerte de Carrero Blanco (diciembre de 1973) hasta, por ejemplo, el advenimiento de la televisión privada (1990) o los Juegos Olímpicos de Barcelona (1992), el desarrollo de las telecomunicaciones y la electrónica es tal que no es posible comparar la televisión de entonces con la TVE de ahora. Baste recordar que, en aquella época, los servicios informativos trabajaban con película de 16 mm. que, con frecuencia, ni se positivaba, mientras el vídeo era un soporte caro y poco manejable reservado para los grandes "shows". Hoy el contenido de una cinta de vídeo puede transmitirse desde cualquier parte del mundo con un instrumental que cabe en una pequeña maleta.

Tres directores de Televisión: Rafael Ansón, arriba en el centro; Jesús Sancho Rof, abajo a la izquierda, y Juan José Rosón, a la derecha.

La "doble financiación". Paulatinamente desde el poder se fue dotando, mediante la llamada "doble financiación" (ingresos por publicidad y partida en presupuestos públicos), el crecimiento de Televisión Española y su red. Fue, quizá, el director general Rafael Ansón (1976-1977) el primero que vio con claridad meridiana el poder inmenso de la televisión. Lo debieron ver también, y a fondo, los socialistas [José Mª Calviño, el primer director general de la época socialista, fue secretario de Gabinete (1969-1970) del entonces responsable de la televisión, Adolfo Suárez (1969-1973)]. Había ya por entonces 800.000 aparatos en color y más de 8 millones en blanco y negro, buenas razones para "reflexionar".

Es en esa época y, sobre todo, con Fernando Castedo (1981) cuando el PSOE, candidato al poder, toma posiciones en TVE. No tienen desperdicio, en este sentido, las declaraciones de Calviño que recoge Lorenzo Díaz en *La Televisión en España, 1949-1995* (Alianza Editorial, 1994. Cfr. pág. 550 y sigs.), acerca de hechos, intenciones y objetivos: queda especialmente claro el pacto socialista con Castedo.

También puede ilustrarse este asalto al poder no sólo con la condición sino con el número de directores generales de Televisión desde la muerte de Carrero hasta nuestros días. La fragilidad del poder en la Transición y con UCD (ocho años) dio ocho máximos responsables del medio. En los 13 años, hasta ahora, del mandato socialista (1982-1995) han gobernado RTVE cuatro directores generales.

¿O fue, posiblemente, Fernández Sordo, ministro de Relaciones Sindicales, quien habló por primera vez, refiriéndose a la televisión, de "misiles"? Tras el reajuste ministerial provocado por la dimisión forzada de Pío Cabanillas y la voluntaria de Barrera de Irimo (finales de 1974), Jesús Sancho Rof fue "invitado", ante sus vacilaciones, a que aceptase el ofrecimiento de León Herrera, nuevo ministro de Información y Turismo, para hacerse cargo de la Televisión (que desde octubre del 73 era ya RTVE como servicio público centralizado, es decir, ni siquiera alcanzaba el rango de organismo autónomo). Los motivos fueron contundentes: "Mira, Jesús, tienes que aceptar por razones políticas y estratégicas: estamos en los últimos días de Franco. La muerte de Franco está próxima. Cuando se muera tenemos que tener en nuestras manos (los reformistas "azules") la Televisión y la Radio públicas, que son los misiles, antes de que se queden con ellos los de la vieja guardia, los inmovilistas... No podemos arriesgar el futuro..." (según recoge Pedro Muñoz en *RTVE. La sombra del escándalo.* Ed. Temas de Hoy, 1990).

La llegada de Rosón. El principio fue una mañana gris, creo que lluviosa, de diciembre de 1973. El entonces presidente del Gobierno, Carrero Blanco, fue lanzado por los aires y ya nada fue igual, nada paró, hasta las elecciones generales de 1977. Otros dicen que hasta 1982, en que el PSOE alcanzó el poder efectivo. E incluso hay quienes opinan que la Transición quedará cerrada cuando la derecha democrática (PP) llegue al Gobierno. El caso es que aquel atentado de ETA, que tampoco paró en su violencia, desencadenó una serie de acontecimientos imprevisibles.

Para empezar, Arias Navarro se hizo cargo del Gobierno y fueron desalojados los tecnócratas que a su vez habían descabalgado a los "azules" en 1969. Fue destituido el director general de Televisión, Orbe Cano, y nombrado por el nuevo ministro de Información, Pío Cabanillas, otro director general, llamado Juan José Rosón, conocedor de la Casa, muy querido. Era el "espíritu -volátil, nunca mejor dicho- del

12 de febrero". Rosón se trajo a excelentes hombres de la Casa de siempre: Pepe Casas, Miguel Angel Toledano, Victoriano Fernández Asís... Chicho Ibáñez Serrador por primera vez acepta un cargo, jefe de Programas, que pronto cedería a José Joaquín Marroquí. Y llegan de fuera de la Casa Fernando Gutiérrez, diplomático, que viene de París y es un hombre del Príncipe. Y Juan Luis Cebrián para hacerse cargo de los Servicios Informativos.

La exuberante Raquel Welch fue uno más de los "inocentes goles" que el director general Gabriel Peña Aranda coló al presidente Arias Navarro en "su" Televisión.

FIN DE UNA ETAPA. Pero aquello no duró: las contradicciones del "espíritu del 12 de febrero"; las conspiraciones desde dentro, y en las que Emilio Romero tuvo un papel importante; la "Revolución de los claveles" en Portugal (abril 74) y la primera enfermedad de Franco (julio) precipitaron el fin de una "primavera" que dio paso al más crudo invierno. No creo que las exuberancias de Rocío Jurado al descubierto en el programa *Cambie su suerte* provocasen las inclemencias.

Con la enfermedad de Franco -sobre todo, en su primera recaída-, en Televisión todo eran fantasmas y precauciones. Cuenta Juan Felipe Vila-San Juan -quien, por cierto, escribió la necrológica de Franco para Televisión muchos meses antes de que se emitiera- en *La "trastienda" de TVE* (Ed. Plaza & Janés, 1981) que, visionando rollos para ajustar tiempos ("colchones") en el programa *Todo es posible en domingo,* se encontró con un "cómic en el que aparecía un viejo coronel británico, con toda la pierna vendada hasta la ingle, que en un momento determinado retiraba la pierna del taburete en que la tenía apoyada y provocaba el derrumbamiento de todo el edificio". Nada tan inocente, por su inoportunidad, hubiese podido producir graves conflictos si se hubiese emitido.

Al parecer, a Carlos Arias Navarro la "Revolución de los claveles" le impresionó. Hasta el punto de que pidió visionar, junto a seis ministros, el extraordinario reportaje, íntegro (más de dos horas), del llorado Manolo Alcalá, que se emitió censurado y mutilado. Aquellas imágenes de militares dando caza implacable a la PIDE (policía salazarista) no sólo afectó a los ministros sino, naturalmente, a los policías de escolta allí presentes.

Pero el coronel, en este caso Generalísimo, comenzó a retirar la pierna del taburete un año después de creerse curado y no se derrumbó el edificio en noviembre de 1975 porque, como había dicho Alejandro Fernández Sordo, se veía venir. Antes, León Herrera (noviembre del 74) había sustituido a Pío Cabanillas, y Sancho Rof a Rosón al frente de RTVE. Sancho Rof, catedrático de Optica y Estructura de la Materia, tuvo, en una etapa durísima, que aguzar los sentidos y ajustar la óptica para que los tremendos atentados terroristas, los fusilamientos de integrantes de ETA y FRAP, el conflicto con la Santa Sede (obispo Añoveros), la Marcha Verde, etc., no acabasen con el proyecto democrático, con el país y con la televisión.

Arias Navarro pidió ver, con seis ministros, el reportaje sobre la "Revolución de los claveles". Sus escenas afectaron a todos los presentes

Sería ilustrativo saber cuánto tiempo le costó al bueno de Sancho Rof ajustar también su óptica a la Monarquía, porque no había estado, precisamente, entre los entusiastas. Era un joven directivo "azul" cuando el entonces Príncipe había visitado en 1964 los estudios de -parecía una premonición- Prado del Rey (o "Casa de la Pradera" como se la llamó posteriormente en homenaje nostálgico a la famosa serie que triunfó en las pantallas por los años 75-76).

LA TELEVISIÓN Y EL REY. Serían cosas de juventud. Porque, luego, Sancho Rof hizo un despliegue extraordinario, tras la muerte y los funerales de Franco y con ocasión de la Coronación del Rey (noviembre 1975) gracias a la ayuda de las televisiones públicas alemana e italiana. Era una televisión volcada con el Rey. Entonces, por ejemplo, la segunda cadena sólo cubría el 60% del territorio.

Adolfo Suárez llegó a la Presidencia del Gobierno en julio de 1976 tras ser elegido por el Rey de una terna en la que figuraban además Silva Muñoz y López Bravo. Ni el propio Consejo del Reino, que se reunió pocas horas después de la dimisión de Arias de acuerdo con un calendario maquiavélico de Torcuato Fernández- ➳

Miranda, hubiese podido imaginar, resignado, que un "candidato del Movimiento" no sólo estaba para hacer bulto sino para salir. Fue la segunda sorpresa de Suárez. Quedaba la tercera, la de su dimisión el 29 de enero de 1981. Pero hasta entonces ocurrieron muchas cosas. Magistrales algunas de ellas, como que un hombre que inspirase confianza al sistema le ayudase a beber la cicuta con una sonrisa ("harakiri" de las Cortes franquistas, en noviembre de 1976).

Victoriano F. Asís fue una de las apuestas de Juan José Rosón cuando éste fue director general de TVE. Con él llegaron otros profesionales como Chicho Ibáñez Serrador.

SUÁREZ, SIN CORBATA. Suárez apareció en Televisión veraniego, sin corbata, sonriente... pero no fue bien recibido por la opinión pública. Se esperaba un Areilza y llegó "El apagón" (*Cuadernos*), el "Estado de decepción" (*Posible*) y, sobre todo, el "¡Qué error! ¡Qué inmenso error!" (*El País*) con que Ricardo de la Cierva , luego ministro con Suárez, pasará también a la Historia. En Televisión se volvieron un poco locos limando biografías, eliminando fotos para que no se "colase" ninguna chaqueta blanca sobre camisa azul. En fin, la cosa fue tremenda... hasta que pasó el tiempo, a velocidades increíbles, porque estaba todo por hacerse. Y se hizo: la reforma del Código Penal, la renuncia del Rey a la presentación de obispos, la firma del Concordato, la amnistía para delitos políticos y de opinión. En tres semanas. Pero también bombas, secuestros (Antonio María Oriol), asesinatos (Juan María Araluce)... Había ya libertad, pero con mucha ira por parte de los extremos.

Fue a todo eso a lo que tuvieron que enfrentarse Suárez y Rafael Ansón, nuevo director general de RTVE (24 de julio de 1976). "Rafansón" que instaló su despacho, por primera vez, en Prado del Rey y su hermano Luis María, en la Agencia Efe, fueron las dos columnas de comunicación e imagen en que se apoyó, con perfecta sintonía, el presidente del Gobierno para que la canción de Vino Tinto ("jingle" musical difundido por

Un rey en Nueva York

José Luis Orosa

Sancho Rof dejó de ser director general de Televisión en el primer Gobierno de la Monarquía, que seguía encabezando Arias. Atrás quedaban los "partes médicos" de Florencio Solchaga, la información comedida de Alberto Delgado en días atroces y hasta la anécdota de la película *Satán nunca duerme*, programada para el mismo día de la muerte de Franco y que se emitió algún tiempo después.

El nuevo Gobierno había tomado posesión el 11 de diciembre de 1975 (Martín Gamero, ministro de Información) y el "tácito" Gabriel Peña Aranda fue el nuevo director general de RTVE (22 de diciembre). La sorpresa de aquel Gobierno, incluso en Televisión, fue la "reaparición" de Adolfo Suárez como ministro-secretario general del Movimiento. Su amigo y protector, Fernando Herrero Tejedor, ya había muerto (junio de 1975) en accidente de automóvil. Desde ahí, Suárez vivió, y hasta se vio polémicamente involucrado en alguna, diversas cuestiones: los sucesos de Vitoria, Montejurra, el asesinato de Berazadi, la Platajunta, multitud de huelgas...

La Televisión respiró, por decirlo en palabras de sus profesionales, con "medio año de vacaciones". Peña Aranda, primer director general monárquico en RTVE, se preocupó en dar todo por el nuevo Rey, cuya procedencia sucediendo a Franco no era aún bien entendida ni dentro ni, sobre todo, fuera. Más que la reforma de RTVE, y a las órdenes de su ministro-diplomático, trató de cuidar especialmente la figura del Rey y de "democratizar" su imagen, sobre todo en el extranjero, sorteando y "puenteando" los miedos y la obsesión por el sosiego de Arias Navarro, que no recibía más que inocentes "goles" en "su" pantalla: la entrevista con el intelectual Salvador de Madariaga, la "medio desnuda" Raquel Welch... Al menos, pudo parar las declaraciones que el propio Areilza se preparó en Televisión poniendo a caldo a su propio Gobierno...

En esa línea, Gabriel Peña Aranda protagonizó (marzo 76) un suceso menos conocido, una pequeña película de espías para evitar que su iniciativa fuese interceptada por Arias, aunque no logró que Manuel Fraga, a la sazón ministro de Gobernación, se mantuviese al margen: ante la actitud de la BBC, que había recibido mal al nuevo Rey, Peña Aranda se entrevistó con Sir Charles Carran, "governor" de la televisión pública británica, para explicarle los planes de la nueva Monarquía democrática y española, y facilitarle una cita personal con don Juan Carlos. La entrevista tuvo lugar y no parece, como se vio, que las cosas fueran mal desde entonces (Pedro Muñoz: Ibid. Cfr. pág. 297 y siguientes).

No anduvo tan rápido el "intrépido" Peña Aranda cuando, con ocasión del primer viaje de los Reyes a Nueva York (mayo 1976), quiso advertir al Monarca de la televisión y radio en el referéndum de la Reforma Política) fuese eficaz en la calle, para "vender democracia".

Rafael Ansón, que había conocido a Suárez años atrás en la Presidencia del Gobierno de Carrero ("Castellana tres") y que mantenía con el presidente -como todos los Ansón- estrechas relaciones, logró un éxito espectacular con "su" Televisión y "sus" muchachos: Lalo Azcona, Eduardo Sotillos, Pedro Maciá, Miguel Angel Gozalo... El director de Televisión era Ramos Losada.

-¿Pero te fías de ése (del que fuera)?- decía Suárez.

-Quien se tiene que fiar es él de mí- parece que decía Ansón.

El referéndum de la Reforma Política se ganó desde Televisión: 78% de participación, 95% de voto afirmativo. Reguera Guajardo, el ministro de Información, podía estar contento, pero el quicio de aquella campaña fue el director general Rafael Ansón... Y Suárez, que en la noche del 14 de diciembre desplegó sus conocidos encantos en las pantallas de España para pedir el "sí" al primer escalón, fundamental, de "su" Reforma: "Buenas noches, señoras y señores. A los dos días de jurar mi cargo de presidente del Gobierno ante Su Majestad el Rey, prometí dedicar mi esfuerzo a un objetivo, que es justamente el de la Monarquía a la que he servido: darle al pueblo el protagonismo que le corresponde. Han pasado cinco meses, yo diría que cinco meses importantes, y ha llegado la hora. Mañana son convocados a las urnas más de 22 millones de españoles para decidir su futuro político...".

Pilar Miró destacó como realizadora en Televisión Española. Años después dirigiría el Ente.

Hasta las elecciones del 15 de junio de 1977, la Televisión refleja un interminable camino de obstáculos, dificultades y de éxitos: la dimisión del vicepresidente de Defensa, teniente general Fernando de Santiago; la nueva Ley Sindical; el secuestro del teniente general Villaescusa; los terribles sucesos de Atocha; la autorización de la ikurriña (Tejero ya es arrestado entonces por preguntar qué clase de honores militares se le debía rendir); detención de Carrillo y legalización del Partido Comunista; dimisión, por ende, del almirante Pita da Veiga, ministro de Marina. Bombas y atentados, y víctimas sin ➳

Alberto Delgado (izq.) era una de las caras del Telediario. Daba los partes de la enfermedad de Franco. Manuel Alcalá (junto a estas líneas) realizó muchos reportajes que le fueron censurados.

portada de *Cambio 16*, una cabecera emblemática en aquella época, en la que se veía un dibujo que representaba a don Juan Carlos ejecutando un paso de ballet, estilo Fred Astaire, sobre los rascacielos neoyorquinos.

Era una caricatura y fueron varios los que se apresuraron también a mostrar su preocupación al Rey, inclusive Areilza, que aspiraba -él creía que con fundamento- a ser el próximo presidente del Gobierno.

"Sí, ya lo sé -dijo el Monarca-. No tiene importancia".

Todos se preguntaron quién habría "madrugado" tanto para informar directamente al Rey, que no perteneciese ni al Ministerio de Exteriores ni al de Información (Martín Gamero e Ignacio Aguirre), ni a RTVE ni al Ministerio de Gobernación (Manuel Fraga Iribarne).

Más tarde se supo que Adolfo Suárez estaba "al loro", tenía agenda... y reflejos. El "camisa azul, pero no muy azul, que no contaba en las quinielas, estaba a dos meses de ser nombrado presidente del Gobierno.

Por supuesto, la portada de *Cambio 16* no tuvo eco en Televisión.

Y Carlos Arias dimitió, definitivamente, a sugerencia del Rey, en julio de 1976.

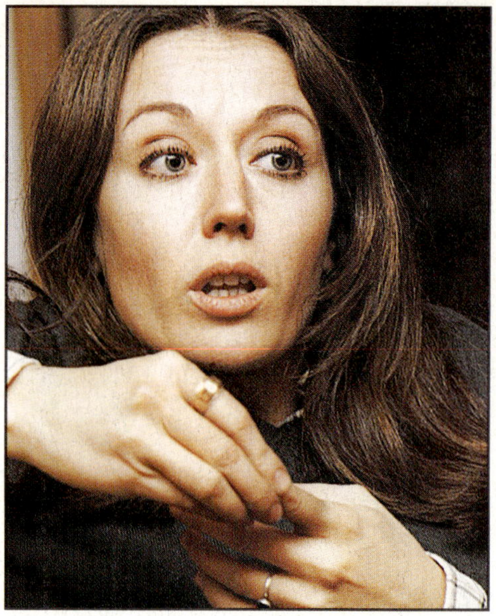

Miguel Angel Gozalo, Elena Martí y Alfredo Amestoy (a la izquierda, de arriba abajo) fueron algunos de los rostros más populares de la época. Rosa María Mateos (izq.) comenzaba en los informativos y Mercedes Milá (sobre estas líneas) sacudía al país con sus primeros debates.

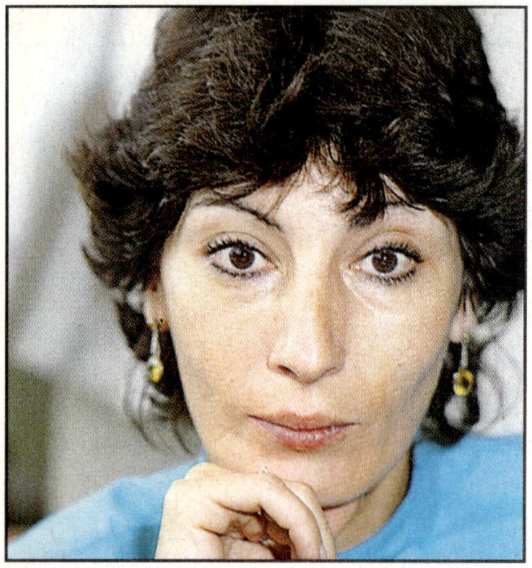

cuento. Cualquier Gobierno de estos días no habría podido soportar tal vértigo y tales dificultades. No es de extrañar que a Adolfo Suárez, en 1981, no le quedasen fuerzas para pelear, en esa etapa, contra su propio partido.

DECISIÓN "TRASCENDENTAL". Rafael Ansón vuelve a ser hombre-clave en las elecciones de 1977, que gana UCD (entonces no era todavía un partido político como tal) con el 34% del voto y correspondencia en escaños de 165. Una victoria en minoría que incita a la reflexión sobre el uso distinto de la Televisión desde el poder. Poco antes había dimitido como presidente de las Cortes Torcuato Fernández-Miranda, que no pudo ser, en dos ocasiones, presidente del Gobierno. Su sucesor, Antonio Hernández Gil, toma en un momento trascendental de la vida política otra decisión "trascendental": ordenar que desaparezca el crucifijo de su despacho.

Y, luego, el regreso de Tarradellas, la Reforma Fiscal, una nueva amnistía... Y los Pactos de La Moncloa que tanta cola traerán en años posteriores.

Dentro de Televisión tampoco nada fue fácil para Rafael Ansón. La nueva Ley Sindical (primeros del 77) trae a la Casa, lógicamente, libertad sindical, es decir, comités de empresa, asambleas, huelgas... A partir de ese momento, RTVE estará, a su vez, en los periódicos por otras razones; sobre todo, por las actividades del llamado Comité Anticorrupción, que comienza a funcionar y denunciar públicamente en septiembre de 1977.

El citado comité estaba elegido en una asamblea de trabajadores y dominado por militantes del PCE y Comisiones Obreras. Se autodisolvió en mayo de 1978. Fue el último disgusto de Ansón, que tenía a gala haberse mostrado generoso con los trabajadores. De hecho, pactó con sus representantes la todavía vigente Ordenanza Laboral, que consagró "situaciones de privilegiado régimen laboral" ya que la normativa "significaría con el tiempo un grave inconveniente para la modernización y racionalización empresarial del Medio" (según se lee en *Historia de los Medios de Comunicación en España 1900-1990*. Jesús Timoteo Alvarez y otros. Ed. Ariel Comunicación, 1989).

El director general siempre se había vanagloriado de que, durante su mandato, no hubiese "listas negras": "No hubo nadie en los pasillos desde que entré en julio de 1976. Todo el mundo tuvo trabajo: desde Pilar Miró a Mercedes Milá, Elena Martí..." (Lorenzo Díaz: Ibid. Cfr. pág. 491).

La nueva Ley Sindical en RTVE llevó el Ente a las portadas de los periódicos debido a la gran cantidad de huelgas que hubo

Como siempre, se oyen, sin embargo, voces discrepantes. Pero es curioso cómo el propio Rafael Ansón aconseja a Adolfo Suárez una "limpieza": "Presidente, para hacer que

Pedro Maciá y Lalo Azcona, dos de los profesionales estrellas de la televisión de Rafael Ansón, que por entonces contaba con la dirección de Ramos Losada.

desde RTVE se contribuya a traer la democracia, que es lo que se pretende, hay que empezar por dar a la Casa una imagen democrática. Es inevitable la limpieza. Quitar a todos aquéllos que, de alguna forma, encarnen el totalitarismo, la dictadura, el cesarismo, la grandilocuencia, y sustituirlos por gente que encarne la democracia. Esto es lo más importante y lo que tenemos que hacer..." (Pedro Muñoz: Ibid. Cfr. pág. 244).

Bajo el mandato de Ansón, y por Real Decreto de 28 de octubre de 1977, se hizo de RTVE un "Organismo Autónomo de carácter comercial". Habían pasado 21 años desde la fundación de Televisión Española. También se creó el Consejo Rector Provisional de RTVE (noviembre 77), primer órgano democrático de control.

Rafael Ansón dijo a Suárez: "Presidente, si se quiere que RTVE ayude a traer la democracia, es inevitable que haya una limpieza"

En noviembre, precisamente, cesó el primer director general de Televisión de la democracia. Es justo reconocer que hizo, como su hermano en la presidencia de Efe, un trabajo delicado pero durísimo, difícilmente sustituible; al compás de lo que realizó en su terreno el propio Adolfo Suárez: desmontar el "antiguo régimen" y traer la democracia. Aunque quizá no pudo con los problemas de una Casa que tomaba ya formas elefantiásicas, pero sin que desapareciesen viejos defectos. Esto último lo volvería a intentar Calviño en 1982.

En el mismo noviembre de 1977, fue nombrado director general Fernando Arias Salgado, hijo del ministro que, con Franco, inauguró TVE. Fue una gestión introvertida, pero borrascosa, en un escenario interno de conflictos laborales y, externo, de confrontación política entre Gobierno y oposición social-comunista.

Durante su mandato, RTVE se convirtió en Ente Público como consecuencia del Estatuto (Ley 4/1980, de 10 de enero). Antes, naturalmente, se había aprobado la Constitución (diciembre 1978). Todo lo cual no impidió, según le confesó a José Luis Balbín el propio Arias Salgado, que Gutiérrez Mellado pidiese y lograse la desaparición de *La Clave*.

Los siguientes directores generales proceden ya del Estatuto. Con Fernando Castedo se produce la dimisión de Adolfo Suárez (29 de enero de 1981) y, a continuación, el 23-F: él mismo dimitiría, forzado, poco tiempo después. Robles Piquer (octubre 81) dirige RTVE en medio de la descomposición del partido centrista y es acusado de favorecer a la derecha. Pocos meses después dimitirá, presionado, y le sucedería (julio 1982) Eugenio Nasarre, que trata de apaciguar los ánimos en el medio y gestiona neutralmente las elecciones de octubre.

Cerrada la Transición. Tras la victoria del PSOE, José María Calviño (diciembre 1982) se hace cargo de RTVE y la convierte en un instrumento claramente político y beligerante. En la práctica, se ha cerrado la Transición, que formalmente había finalizado con las elecciones generales de 1977. Una Transición que costó sangre, sudor y lágrimas a muchos españoles. Para traer la democracia, que venía anudada a la Monarquía. Años después, José María Calviño declaraba esto:

"Es cierto que el Rey no aparecía suficientemente. Nunca renuncié a mis convicciones republicanas, pero nunca fui fundamentalista. He sido accidentalista, he participado de la izquierda más responsable y de más izquierda, aunque me cuesta trabajo hoy en día entender la plenitud de la soberanía popular. (...) Este país es monárquico y yo sabía que el Rey se ganaría el respeto y la autoridad con el ejercicio recto de su función, y eso se vería en las relaciones externas" (L. Díaz: Ibid. Cfr. pág. 554). Pero no en "su" Televisión.

•REPORTAJE•

Estrellas de la pe

Esteban Hernández

Desde delante o detrás de las cámaras, dieron alma a la televisión que se hacía en 1975. Una televisión única -TVE- escrutada por millones de telespectadores y, todavía, por los censores. José María Iñigo, José Luis Balbín, Victoria Prego y Eduardo Sotillos daban la cara; entre bastidores, Valerio Lazarov, Enrique de las Casas y Juan Manuel Martín de Blas se las ingeniaban para dar entretenimiento.

José María Iñigo

Su programa "Estudio Abierto" fue líder de audiencia con 22 millones de espectadores

La estrella indiscutible de aquellos años fue el presentador de *Estudio Abierto*, el programa que más tiempo se mantuvo como número uno de audiencia. Y eso significaba que alrededor de 22 millones de personas se sentaban frente al televisor. Su fórmula: "Preguntar aquéllo que nadie se atrevía a preguntar". Siempre dentro de un orden, por supuesto.

"Luis Ortiz, un señor correctísimo, era el encargado de supervisar quién iba a aparecer en el programa. Por ejemplo, si venía un cantante, revisaba el vestuario, las letras de las canciones, incluso su manera de moverse. Todo dependía de su aprobación". José María Iñigo recuerda que la única prohibición explícita fue la aparición en la pequeña pantalla de un doctor "que defendía la tesis de que los niños ricos eran más guapos e inteligentes que los pobres". Por lo demás, simplemente atenerse a las normas previas impuestas por los censores . Y algunas presiones que excedían lo político. Por ejemplo, "cuando un ministro tenía un sobrino cantante y quería que apareciese por la televisión".

FOTOS: EUROPA PRESS

Exceptuando tales imposiciones, Iñigo imponía su criterio: "No podías ir de enterado. La clave estaba en dar a la gente lo que le interesaba de verdad. Tenías que preguntar por cosas curiosas e ignoradas". Recuerda las apariciones de Tarzán (Johnny Weissmuller) y Rita Hayworth como las más sonadas: "Ella vino borracha, y él, a sus 75 años, quiso gritar como en sus películas y, claro, le salió un alarido espantoso".

queña pantalla

Enrique de las Casas

Cesó al aparecer banderas republicanas en un programa

Subdirector de espacios musicales en 1974, trabajó en dicho cargo hasta que, dos años después, se emite un programa sobre Luis Pastor en el que aparecen banderas republicanas. A consecuencia de ello, llegó su cese. Distingue De las Casas dos periodos. El primero, de 1975 hasta 1982, cuando "se produce una pérdida anunciada del poder en TVE de los tardofranquistas : las posiciones se defienden a ultranza, y seguía existiendo una lista negra". La segunda, tras el triunfo del PSOE, cuando la censura se ejerce "a posteriori".

J.M. Martín de Blas

La Transición vista desde la dirección en Cataluña

Director de programas regionales en Cataluña, Juan Manuel Martín de Blas afirma que en Barcelona la Transición , en lo televisivo, fue distinta, "en tanto no participábamos del estilo editorial. Nuestra aportación era sólo para un territorio específico, como el catalán". Asegura, además, que "en el mandato de Arias Salgado fue cuando se comenzó a notar la liberalización. Una tendencia que se acentúa con la llegada de Rafael Anson, más acorde con los tiempos".

Valerio Lazarov

El realizador más famoso de los últimos veinte años

El realizador más famoso de los últimos veinte años, Valerio Lazarov, fue otro de los personajes indiscutibles de la Transición televisiva. Sus rápidos movimientos de cámara y el uso y abuso del "zoom" le distinguieron rápidamente entre sus compañeros.

Lazarov gozaba de una permisividad especial. "Se vivían los últimos coletazos de la censura, pero los realizadores con más personalidad, quienes habían dado éxitos a TVE, como Chicho Ibáñez Serrador, Juan Guerrero Zamora, Claudio Guerín o yo mismo teníamos una mayor libertad para la realización y elaboración del producto".

Tuvo sus problemas con la censura; por ejemplo, en un especial protagonizado por Carmen Sevilla. "Se me ocurrió rodar un seudo «strip tease» en el que Carmen se desabrochaba un botón, luego otro e, inmediatamente, la cámara enfocaba a los árboles". Una secuencia que no pudo verse nunca.

Señala el realizador que "entre los cantantes, coreógrafos, compositores y bailarines de aquel tiempo los había buenos, pero sólo unos cuantos. En concreto, en el campo coreográfico, el ballet español tenía buena calidad, pero el ballet moderno estaba en unas condiciones deplorables".

Asegura que en este terreno "la apertura se notó porque hizo florecer un notable movimiento de cantautores. Las canciones pasan de hablar del amor y la tristeza a tratar temas de contenido social. La libertad es la protagonista. Y enfrente estaba un público que respondió muy positivamente a estos planteamientos porque tenía hambre de ellos".

José Luis Balbín

"En el tardofranquismo había mejores programas que hoy"

Si hubo algún programa emblemático en los años de la Transición, ése fue *La Clave*. Su director, José Luis Balbín, llevaba 15 años en el periodismo antes de emprender la aventura televisiva que suponía el primer debate en directo que se hacía en el medio. Obviamente, tuvo problemas para llevar adelante la idea, "como cuando decidimos hacer un programa sobre los espías y el Alto Estado Mayor nos llamó a declarar. Tuvimos que contestar todo tipo de preguntas, pero el espacio salió a antena". Insiste especialmente Balbín en que "en el tardofranquismo había más programas que salvar que hoy. Que apareciesen en pantalla, por aquel entonces, Enrique Líster o Santiago Carrillo era muy fuerte y, sin embargo, había personas que se atrevían a llevarles. Hoy en día no encuentras más que mujeres desnudas tirándose a la piscina".

Alaba el director de *La Clave* la actitud de algunos directivos, como Miguel Angel Toledano, "quien se la jugó repetidamente para salvar aquellos espacios que valían la pena".

Victoria Prego

"Gozábamos de un alto grado de libertad"

"En TVE, una vez muerto Franco, había mucho reformista del régimen, poco ultra y una base progresista con una gran capacidad de presión". Una situación que, especialmente en los informativos, brindó oportunidades impensables. Según asegura Victoria Prego, "teníamos una cancha real que jamás se ha recuperado". Una anécdota: "Cuando las tropas americanas se retiraron de Vietnam, abrí el *Telediario* de la Segunda Cadena marcándome un editorial anti imperialista. La única consecuencia fue un rapapolvo de mis jefes". Todo ello ocurría porque "la legitimidad moral y democrática descansaba en la base. Y los directores nos respetaban y protegían. Daban la cara por nosotros". En parte, "porque los que teníamos pocos años éramos vistos como el futuro, algo que ahora es impensable". Y hay un hecho que no olvida la presentadora: "En aquel tiempo, y por imposible que pueda parecer, gozábamos de un alto grado de libertad en nuestro trabajo".

Eduardo Sotillos

Un "Telediario" para asegurar la democracia

Cuando Eduardo Sotillos es llamado por Rafael Anson para que se haga cargo de un nuevo *Telediario*, sabe que existen determinados objetivos básicos: "Asegurar la democracia y la Monarquía, y conseguir que se alcanzase la Constitución".

En cierto aspecto, Sotillos fue la punta de lanza de la apertura informativa preconizada por Anson. Junto a él entran en TVE Lalo Azcona, Tom Martín Benítez y Julio de Benito, por ejemplo. La idea era empezar a acostumbrar al público a la presencia del pluralismo político, también en la pequeña pantalla. Algo que se hizo "con mucha prudencia y con sentido de la responsabilidad. Además, Anson nos dio una autonomía insospechada; solamente responderíamos ante él, sin mandos intermedios".

•ENTREVISTA•

"A González le avisé sobre las TV privadas"

Chicho Ibáñez Serrador recuerda su paso como directivo de TVE

Javier Lorenzo

"A comienzos de 1974, Juan José Rosón, una persona clave en aquella época, me dijo un día: «Yo no soy director de TVE si tú no eres director de Programas». Así fue como acepté aquel cargo desde el que luché durante tres meses por eliminar la cerrazón de TVE. Ya lo había hecho antes con don Cicuta, que era una caricatura de la represión, pero ahí empezó a bocetarse lo que sería la Transición. Y puedo vanagloriarme de ser el único español que ha cesado a un censor. Fue lo primero que hice. También me comprometí con Marsillach, Armiñán y otros guionistas a que sus guiones no serían censurados. Fue cuando propuse a Mingote la serie *Ese señor de negro.* El me dijo que no me hiciera ilusiones, que esa apertura iba a cerrarse pronto. Me atreví a suprimir algunos espacios religiosos y un día, en la segunda planta, me encontré con la plana mayor de los sacerdotes inmovilistas. Me sentí Juana de Arco.

Era tanto el trabajo que me llevé una maleta al despacho, donde estuve viviendo cinco semanas. Y al final tuvo razón Mingote: el censor volvió y se sometieron otra vez los guiones a censura, así que dimití. Cogí un avión y volví a Argentina. No podía estar en un país donde no se podía escuchar *La Marsellesa* o a Kachaturian porque era soviético.

Me han vuelto a tentar con un cargo, pero he dicho que no. Si entonces dije que sí fue porque era una etapa muy especial. Hoy, en cambio, con la aparición de las privadas ha llegado otro tipo de dictadura: la de conseguir audiencia como sea. No sé si hemos tocado fondo o no, pero la televisión de hoy tiene menos calidad que la de la Transición. Un verano coincidí con Felipe González, quien me invitó a cenar varias veces. Nuestras conversaciones -los dos fumamos puros- duraban hasta la madrugada y ahí le dije que cuidado, que la democracia exigía más canales, pero que la calidad se iba a ir a pique. Y creo que ha sido así. La televisión exige una normativa. Tiene la misión de informar, formar y entretener, pero en lugar de formar, hoy está deformando. No por el sexo o la violencia, sino por algo más sutil que es el mal gusto.

Actualmente, el *1, 2, 3* se emite en Portugal, se va a reponer en Inglaterra y se exportó a muchos otros países. Las razones de que no vuelva a verse en España no es el exceso de concursos, moda que ya ha pasado, sino que el éxito es muy peligroso. En TVE me decían que necesitaban el *1, 2, 3.* Hoy miro hacia atrás y pienso: qué barbaridad, qué cantidad de años he perdido haciendo el *1, 2, 3.* No por la calidad, sino porque ya estaba bien. No digo que no vuelva. Puede ser, pero por supuesto yo no lo haré. No podía más. Me aburría."

JULIÁN JAÉN

Chicho Ibáñez Serrador posa junto a "Ruperta", la mascota del primer "1, 2, 3", programa que nunca más volverá a dirigir.

Kojak contra los dos ro

Una época en la que aún abundaban los televisores en blanco y negro

Kojak, Pippi Calzaslargas y Heidi desfilaban por las pantallas de los televisores españoles, muchos de ellos todavía en blanco y negro, en un período en el que tenían vigencia los rombos y en el que la producción propia era mejor que la actual.

Javier Maqua

EUROPA PRESS

El malencarado calvo Kojak (Telly Savallas) saborea junto a dos niños uno de sus inseparables chupa-chups.

En la pantallita, antes de comenzar cada programa, aparecían rombos morales para que los padres pudieran mandar temprano a la cama a sus hijitos. En los infantiles, *Pippi Calzaslargas* alcanzó un éxito muy contestado, pues la pelirroja de tiesas trenzas no era muy dada a respetar los deberes familiares. Junto a ella, los niños gozaban con Epi, Blas y la rana Gustavo en *Abrete Sésamo*; dirigía ese departamento Milagros Valdés que, como lo hacía bien, tuvo que dimitir.

En 1975 comenzó la invasión de los dibujos animados "made in Japan", con *Heidi*. Pero, para llorar la familia entera a moco tendido en sobremesa, bastaba y sobraba *La casa de la pradera*. Había series durísimas como la de *Kojak*, cuyo protagonista era el malencarado calvo Telly Savallas, que popularizó la chulería: "¿Me lo dices o me lo cuentas?". Y el doctor Rosado daba "consejos médicos" para combatir la esterilidad.

Era tan serio aquello de la prometida apertura que Iñigo -considerado entonces como el colmo de la impertinencia entrevistadora- subió a la primera cadena con el programa *Directísimo*; no le dejaron entrevistar a Patty Hearts ni al ajedrecista Karpov por obvias razones (la nieta del magnate de la prensa era terrorista, y el jugador, soviético), pero sí al barbudo Nobel Solzhenitsyn.

Fue el año del estreno de *La clave*, y el de *35 millones de españoles*, de Amestoy y Plaza. En *Informe Semanal*, Rosa María Mateo sustituyó a Pedro Erquicia. Los informativos, durante poquito tiempo, fueron dirigidos nada menos que por Juan Luis Cebrián. Los telediarios volvieron a llamarse telediarios. Alberto Delgado dirigía y presentaba un programa muy serio, muy político y muy aburrido que se llamaba *Las instituciones*. La Segunda Cadena todavía era terreno casi salvaje, casi sin anuncios; por allí aparecían gentes progresistas o raras, como Moncho Alpuente y García Pelayo, que tenían un espacio llamado *Mundo pop* donde lograron salir los cantautores Raimon y Lluís Llach.

TELEDIARIO EN COLOR. El primer telediario a todo color fue *Noticias en la Segunda*, de aspecto galáctico, dirigido brevemente por Luis Tomás Melgar, un señor raro -y, por tanto, interesante dada la mediocridad ambiental- al que le gustaban los alardes técnicos.

Porque todavía abundaban los televisores en blanco y negro, y en los informbos

Una secuencia de "La casa de la pradera".

mativos no diarios no todo era en colorines. Nada menos que 1.143 horas se emitieron ya en color aquel año. Y 28.029 anuncios, el 34% menos que en 1974, pero con una recaudación mucho mayor pues se había subido el pase el 100%.

Había más y mejor producción propia que ahora, al menos en lo que se refiere a dramáticos. J. Antonio Páramo hizo la serie de terror *El quinto jinete.* Comenzó *Cuentos y Leyendas.* Armiñán rodaba *Suspiros de España.* Y Fernando Fernán Gómez, a pesar de lo que se había cebado la censura con su producción anterior -*Juan Soldado*-, realizó *El pícaro*... Pero, en términos cinéfilos, lo mejor, sin duda, fue el ciclo dedicado a la figura de Buster Keaton.

No fueron días de vino y rosas

José Fernández-Cormenzana
Periodista, ex realizador y ex programador de películas en Televisión Española

Sabes que has podido matar al director?". El director general, por supuesto, era Adolfo Suárez. Quien me planteaba la sorprendente y dramática interrogante, el director de Televisión Española. El detonante del asunto, la emisión de *Sed de mal*, el prodigioso "thriller" de Orson Welles sobre un policía prevaricador. Suárez habría sufrido un par de preocupantes lipotimias, desasosegado por el filme de la noche anterior. Yo no entendía a qué tanto revuelo, a cuenta de un polizonte yanqui que falseaba pruebas para salvar su vacilante carrera. Me ilustraron sobre lo que ignoraba. Aunque celosamente ocultado al público, se sabía que la Policía franquista había abatido a tiros a Pedro Patiño, un activista de Comisiones Obreras; que, poco después, mataron a otro trabajador, al irrumpir los agentes, también a tiro limpio, en los talleres en huelga de la Seat barcelonesa, y que finalmente estaban aún calientes otros tres muertos obreros al disolver una manifestación en la Bazán de El Ferrol. Docenas de detenidos estarían siendo maltratados y torturados. Un grupo de prestigiosos abajo firmantes hacía circular un escrito denunciando los hechos. La Prensa extranjera ponía el grito en el cielo. "Así que puedes imaginar -me dijeron- cómo ha caído la peliculita en las alturas". Estábamos en junio de 1972. Había comenzado la Transición.

Me llevaba bien con Suárez. Entramos el mismo día en Prado del Rey, él como secretario de las comisiones asesoras y yo como responsable de los programas cinematográficos. Nada, pues, más lejos de mí que aumentarle las dificultades con su ministro, el furibundo Sánchez Bella, encarnizado en taponar, a toda costa, las rendijas de libertad abiertas por su antecesor, Manuel Fraga. Pero el incidente era una piedra involuntaria en el azaroso camino de Suárez hacia su espectacular futuro. Personalmente, pagué con el brutal cercenamiento de mi carrera profesional y con seis inacabables años de ostracismo laboral.

Aproveché a fondo la forzosa inactividad. Con Franco aún vivo, organizamos la Junta Democrática de TVE: doce células, de diez personas cada una, dedicadas valerosamente a agitar la charca. Sería ilustrativo analizar la lista de comprometidos y, más aún, la de descomprometidos que hoy, a izquierda y a derecha, se presentan impúdicamente como peones del paso a la democracia. Entonces, ni siquiera se atrevían a poner su firma en un manifiesto.

Siempre en la clandestinidad, abordábamos la organización del PCE en Radiotelevisión. Un centenar largo de militantes llegó a tener la agrupación que, junto con el millar de afiliados a CC.OO., nos daba una fuerza incontestable contra los modos dictatoriales de la dirección, el sectarismo informativo, la baja calidad de los programas, los abusos económicos y todo lo que contribuyese a socavar el berroqueño y fundamental búnker televisivo. Los directores generales de la Transición: Anson el marrullero; el avieso y feroz Arias-Salgado; y, tras el paréntesis luminoso de Fernando Castedo, Robles Piquer, el último mohicano. A Castedo, héroe televisivo en la noche del 23-F, lo echó a los pocos días Calvo-Sotelo con no muy buenas mañas.

Las cosas de la vida se vienen y se van, decía una escéptica tonadilla de los tenebrosos años cuarenta. Pues eso: total, ¿para qué? Menos mal que, a trancas y barrancas, nos quedó la Transición. Pero, ¡qué engañifa!

Aquellos rostros c

Isabel Tenaille, Santiago Vázquez y Florencio Solchaga prestaron sus caras a la primera televisión de la democracia

Javier Lorenzo

Aún hay quien gira la cabeza cuando los ve pasar, quienes los saludan en un cruce porque su rostro les suena no saben bien de qué, y quienes se acercan para revivir durante un instante junto a ellos las horas añejas de su fama. Isabel Tenaille, Santiago Vázquez y Florencio Solchaga se hicieron familiares a los españoles en los años de la Transición para después desaparecer. Sólo Isabel Tenaille, que se hizo popular a los dos años de desembarcar en el Ente con el programa *Gente,* sigue en el medio, a través del Canal Internacional de TVE, en el que presenta el magazine *Cita con la tele,* un espacio que avanza los contenidos televisivos de los siete días siguientes.

Por su parte, Santiago Vázquez y Florencio Solchaga están desde hace años completamente al margen de las cámaras, aunque el primero, que dejó TVE en 1993, está pensando en reeditar *Un mundo para ellos,* el programa de corte familiar con el que alcanzó el último éxito de su carrera tras haber sido durante catorce años presentador del Telediario. "Es que ese programa, que terminó en 1984, se quedó vivo. Seguro que hoy conseguiría con él entre tres y cuatro millones de espectadores como media. Yo creo que sigo teniendo mi público", remacha. Mientras tanto, ocupa su tiempo escribiendo novelas.

Solchaga no siente, en cambio, la mí-

CARLOS BARAJAS

ue ya no se ven

nima atracción por volver a los platós, a pesar de que reconozca guardar un buen recuerdo de aquella etapa. "Tengo nostalgia, pero ningún deseo de volver". A pesar de la crisis y el fútbol, sus negocios de restauración -tiene varios restaurantes de lujo en Madrid- captan una cuidada clientela que exige toda su atención.

En lo que los tres coinciden es que aquella época era mucho más divertida y emocionante que la actual. "Los informativos de ahora -recuerda Solchaga- han mejorado muchísimo: tienen «auto-cue» y no deben andar con un mamotreto de folios. Entonces era todo más arcaico, no había cuotas de audiencia y echábamos muchas horas, pero se hacían las cosas con más cariño". Tenaille confirma esta versión: "Nos lo pasábamos realmente bien. Era como estar en familia; no como ahora que voy por los pasillos y no conozco a nadie". La frescura es lo que Santiago Vázquez echa más en falta. "Es que todo se hacía antes en directo. Era una televisión más próxima, más cercana".

La calidad de las programaciones actuales es un tema que surge de forma inevitable. En general, todos poseen una mirada bastante crítica al respecto. Como asegura Tenaille, "se decía que TVE era un desastre, pero la privadas no han demostrado que lo hagan mejor. Por eso, apenas veo la televisión. Si acaso alguna película. Hay mucho concurso y mucho «reality», lo que no me hace ninguna gracia. Por otra parte, echo de menos producciones propias. Se encargan demasiadas cosas a gente de fuera". El problema, sostiene Vázquez, es que no hay guionistas. "A la gente no se le dan cosas que estén relacionadas con su vida, no se le muestran problemas reales y cotidianos. Es una televisión que no ha hecho un gran avance desde el punto de vista humano. Nos han inundado con series, pero salvo dos o tres el resto no valen la pena. Las privadas lo único que han aportado ha sido más puestos de trabajo y el

MATÍAS COSTA

Isabel Tenaille (en la página de la izquierda), Santiago Vázquez y Florencio Solchaga (arriba) ya no muestran sus rostros al gran público. A pesar de pertenecer a tres generaciones televisivas, desaparecieron con los albores de la democracia.

«zapping». Y además, los informativos de ahora son iguales a los que se hacían en la década de los años setenta. Solchaga se muestra también reacio ante la nueva televisión: "Se hacen muchas cosas flojas. La calidad no ha mejorado y se ha perdido la ética con respecto a los espectadores. Se hurga demasiado en las miserias humanas. La televisión pública tiene otra misión que competir con las privadas. Hay que coger a la audiencia por elevación. Yo compito con buenos lenguados, no con comida basura".

A pesar de pertenecer a tres generaciones diferentes, la llegada de la democracia supuso cierto ostracismo para ellos. En algunos casos, sus rostros desaparecieron paulatinamente de las pantallas, en otros lo hicieron de golpe. Cada uno expone sus razones. Para Tenaille es más una cuestión de jefes que de política: "Llega uno nuevo y escoge a la gente que cree más apropiada. No creo que hayan hecho limpieza, aunque hay compañeros que están ahora por los pasillos muertos de risa". Vázquez lo achaca, entre otras cosas, al intrusismo que ha vivido la profesión. "Como no hay una escuela oficial de televisión...". Pese a todo, se reafirma en que nunca supo de presiones hacia los periodistas, aunque sí de compañeros perjudicados con algunas oscilaciones políticas. Es Solchaga quien más descontento se muestra con los cambios. "Han desasistido a mucha gente que estaba habituada a esos rostros. A los de 50 años les han dejado sin anclajes. ¿Por qué no compaginaron lo nuevo con lo viejo? No hacerlo fue una equivocación".

•ENSAYO•

Adolfo Suárez y lo

La presión de los sectores ultras del Ejército a

Los aires que trajo la reforma política no sentaron bien en el Ejército, muchos de cuyos mandos tenían una larga trayectoria franquista. Sus maniobras, que desembocarían en el 23-F, no fueron cortadas a tiempo ni con contundencia por un Gobierno débil y temeroso.

La Guerra Civil, la larga dictadura, el aislamiento social, los malos sueldos, la disciplina y la ideología hicieron del cuerpo de oficiales una sociedad de caballeros pobres, con tres diablos domésticos: el separatismo, el comunismo y el desorden. Desde los años 60, el Ejército perdió protagonismo político y, en los años 70, se jubilaron por edad la mayor parte de los hombres de la Guerra Civil. No obstante, todos los generales de la Transición habían participado en ella y, algunos, en la División Azul.

Franquistas de corazón pero acostumbrados a la disciplina de la dictadura, los militares solían ser políticamente inertes. El activismo se concretaba en el grupo, bastante amplio, de los ultras, los miembros de los servicios de información y algunos antiguos beneficiarios de la burocracia falangista. Desde 1970 intoxicaron los cuarteles con bravatas golpistas y, contra ellos, se formó la Unión Militar Democrática (UMD), organización clandestina de oficiales demócratas, algunos de los cuales permanecían encarcelados a la muerte del dictador.

Después de ella, la estabilidad emocional del Ejército navegó difícilmente, agitada por el hundimiento del régimen, el resurgir de la izquierda y los asesinatos terroristas. Los militares sabían que la democracia era inevitable, pero les sorprendió la diferencia entre sus conceptos y las realidades de la Transición.

El terrorismo prestaba argumentos a los ultras para reclamar amparo gubernamental a una "guerra sucia", como la argentina. Ciertamente, el panorama era angustioso. ETA cometió 65 asesinatos en 1978, 78 en 1979, 96 en 1980 y, en el verano de 1978, inició una campaña contra el Ejército que costó la vida a numerosos militares, entre ellos, un general en 1978, tres en 1979 y dos en 1980. Por su parte, el GRAPO asesinó 31 personas en 1979 y 96 en 1980. Sin embargo, fueron poco mortíferos el MPAIAC, Terra Lliure, el Exército Guerrilleiro do Pobo Galego Ceibe y el terrorismo de extrema derecha, disgregado en grupos y grupúsculos como Guerrilleros de Cristo Rey, en Madrid; PENS, en Barcelona; ATE y Batallón Vasco Español, en Euskadi.

La marcha hacia la democracia tenía en los cuarteles su mayor dificultad, y Suárez intentó seducir al Ejército. Su primer Gobierno conservó los ministros militares de Arias: tenientes generales De Santiago, Alvarez-Arenas, Franco Iribardegaray y almirante Pita da Veiga. Era un pesado equipaje para una política militar contraria a cualquier actitud enérgica, que pudiera parecer provocadora, con lo cual cedía iniciativas a la extrema derecha y no intentaba sustituir la ideología militar franquista por otra democrática. La voluntad de tranquilizar a la derecha militar se explicitó cuando el Gobierno publicó su primer decreto de amnistía, recortándolo para los militares que habían sido condenados por pertenecer a la UMD o por ser republicanos en la lejana Guerra Civil. El pactismo culminó el 8 de septiembre de 1976, cuando Suárez convocó a los altos mandos para exponerles su plan de reforma política. En un sencillo y amable parlamento, explicó que la democracia resultaba inevitable y que era preferible hacerla llegar por su mano a que la impusieran las gentes de la izquierda. El sanedrín militar quedó conquistado por la simpatía del joven presidente y su promesa de no legalizar el PCE.

Sin embargo, antes de que transcurrieran dos semanas, el vicepresidente del Gobierno, general De Santiago, dimitió y publicó una carta a los militares, comunicándoles su protesta por la legalización de los partidos y sindicatos de izquierda que preparaba el Gobierno. Le secundó el general Iniesta Cano, presidente de una asociación de antiguos legionarios vinculada a Girón de Velasco. El Gobierno respondió a la provocación con titubeos sobre su capacidad legal para pasar a los protestones a la reserva.

> "La marcha hacia la democracia tenía en los cuarteles su mayor dificultad, y el presidente Adolfo Suárez intentó seducir al Ejército"

Para sustituir a De Santiago, Suárez nombró al teniente general Manuel Gutiérrez Mellado, que fue muy bien recibido por la oposición democrática. En

s militares

Gabriel Cardona

Profesor de Historia Contemporánea de la Universidad de Barcelona

nazó el éxito de la joven democracia española

cambio, los periódicos ultras le llamaban "señor Gutiérrez". En otros tiempos, los círculos exaltados apodaban "El Cejas" a Carrero Blanco y "Mantequilla" a Arias. Con Gutiérrez Mellado fueron más crueles al acusarle de masón y de inspirador de la UMD, con la que no había tenido relación. El general remitió un informe al Ejército, que defendía la reforma, pedía disciplina y negaba el reingreso de los oficiales de la UMD. Fue un exorcismo que no le dio resultado.

Los Gobiernos de la UCD lo utilizaron como parapeto; más de una vez, lo dejaron solo ante los ultras y claudicaron demasiado frente al poder de los sables. Permitieron el ensañamiento franquista contra la UMD, mutilaron la amnistía militar y cerraron los ojos cuando los ultras promovieron disturbios en los entierros de víctimas del terrorismo. Nadie pareció enterarse de que grandes retratos de Franco presidían los despachos de los cuarteles, eclipsando a las fotografías del Rey, colocadas en lugares secundarios. Cuando se ordenó que, en la onomástica de Juan Carlos I, los oficiales vestidos de gala tomaran una copa por el Rey, los ultras acudieron vestidos de campaña y brindaron con agua. En la mayorí de cuarteles, los halcones impedían la entrada de *El País* y *Cambio 16*, pero protegían la presencia de su prensa afín: *El Alcázar*, *El Imparcial*, *El Heraldo Español*, *Fuerza Nueva*, *Servicio* y *Reconquista*; con el escándalo de que esta última se publicara con fondos públicos y bajo la dirección de dos militares en activo: el teniente coronel Eduardo Fuentes de Salazar y el comandante Ricardo Pardo Zancada.

En diciembre de 1976, la extrema derecha repetía impunemente su apelación al Ejército, férreamente mandado por el general Vega Rodríguez, a quien se atribuían intenciones contradictorias. En busca de un teniente general para dirigir la Guardia Civil, el Gobierno promovió al general de División Ibáñez Freire, duro gobernador civil de Barcelona durante el franquismo, que ahora parecía comprometido con la reforma. El ascenso ofendió a su colega más antiguo, Jaime Milans del Bosch, que amenazó con dimitir. Cargado de condecoraciones y prestigio, veterano de la Guerra Civil y de la División Azul, medalla militar y defensor del Alcázar de Toledo, mandaba la división acorazada Brunete, la unidad más poderosa del Ejército, acuartelada cerca de Madrid. Un enfado suyo era inquietante.

Pero como el referéndum para la Reforma Política estaba convocado para el 15 de diciembre, la atención de los españoles puso un ojo en las urnas y otro en los cuarteles. Pasada la consulta, la atención se concentró, de nuevo, en los cuarteles. El día 29, en el hospital militar Gómez Ulla, de Madrid, Gutiérrez Mellado y Martín Villa presidían el funeral por un guardia civil y dos policías asesinados por el GRAPO. Cuando aparecieron los féretros, el público de militares, guardias y policías comenzó a gritar: "¡Gobierno, asesino!" y "¡Ejército al poder!". Martín Villa aguantó el tipo. Los ultras pro- ➳

FOTOS: EUROPA PRESS

La visita del Rey a la división Brunete tranquilizó al general Milans del Bosch (a la derecha), molesto por el ascenso de Ibáñez Freire al mando de la Guardia Civil.

El general De Santiago dimitió como vicepresidente del Gobierno por la legalización de las centrales sindicales

Manuel Gutiérrez Mellado, muy bien recibido por la oposición democrática, sustituyó al general De Santiago.

EFE

La legalización del PCE provocó la dimisión como ministro de Marina del almirante Pita da Veiga.

El capitán general de Barcelona, Coloma Gallegos, procesó a Albert Boadella y a Els Joglars.

El general Ibáñez Freire relevó en Barcelona como capitán general a Coloma Gallegos.

movían su habitual tumulto en los entierros; en una ocasión, siendo gobernador civil de Barcelona, los guardias y policías llegaron a zarandear su coche oficial. En cambio, Gutiérrez Mellado intentó poner firmes a los uniformados, y un marino se le insolentó gritando: "¡Antes que la disciplina está el honor!". Era el capitán de navío Menéndez Vives, consuegro de Blas Piñar y sobrino de Menéndez Tolosa, ministro del Ejército en época de Franco. Dos días después, don Juan Carlos visitó la división Brunete. Milans del Bosch, heredero de una estirpe de generales monárquicos, pareció tranquilizarse. En las portadas de prensa se vio después al Rey y al general, sonrientes, vestidos de uniforme y en trance de comer el bocadillo mañanero del Ejército. El país superaba un nuevo susto.

Con las elecciones previstas para junio, era imposible mantener la promesa de Suárez a los generales. Si no legalizaba a los comunistas, la oposición democrática no acudiría a las urnas y su proyecto quedaría desprestigiado. Tras muchas dilaciones, el 9 de abril de 1977, sábado de Ramos, el PCE fue legalizado por sorpresa. Los ministros militares reaccionaron airados y dimitió el de Marina, almirante Pita da Veiga. Para controlar la tensión, Gutiérrez Mellado regresó desde Canarias, donde acababan de abroncarlo esposas de militares. Todo quedó en una nota de disgusto del Consejo Superior del Ejército y en la dificultad de nombrar un nuevo ministro de Marina, porque ningún almirante se prestaba. Hasta que aceptó Pascual Pery, almirante en la reserva y enemistado con Pita da Veiga.

El resultado de los comicios fue un triunfo de la reforma política: duchó en frío a la ultraderecha, que no logró ni un escaño, y dio la victoria a Suárez, que formó un Gobierno sin más generales que Gutiérrez Mellado, nombrado vicepresidente y ministro de Defensa.

Tres meses después, se reunió clandestinamente en Játiva un grupo de altos mandos. De Santiago, Barroso, Alvarez-Arenas, Coloma Gallegos, Pita da Veiga, Campano, Prada Canillas, Iniesta Cano y Milans del Bosch trataron de un golpe militar. En otras convocatorias, la vertiente civil corrió a cargo de Iniesta Cano y los prohombres del búnker: Blas Piñar, Girón, Tomás de Carranza, García Carrés, Utrera Molina, José Mª de Oriol y Fernández de la Mora.

"Gutiérrez Mellado intentó poner firmes a los uniformados, y un marino se le insolentó gritando: «"¡Antes que la disciplina está el honor!»"

Un golpe no necesita mayorías sino fusiles, y los continuos atentados crispaban la moral de los cuarteles. Cuando la Prensa publicó que un comandante había sido procesado por fabricar bolígrafos-pistola, muchos lectores pensaron que aquélla era sólo una punta del enorme iceberg.

Con las elecciones se disolvió la UMD. Sin embargo, no desapareció el odio recurrente hacia el único colectivo militar que se había opuesto al franquismo. Cuando se preparó una ley de amnistía, los generales, a través de Gutiérrez Mellado, hicieron llegar su veto a la comisión parlamentaria. Efectivamente, la ley de 15 de octubre, aprobada por las Cortes, negó nuevamente el perdón a los militares condenados por defender la democracia.

A comienzos de 1978, la política de apaciguamiento maduraba sus frutos insípidos. El Gobierno ascendió al general Milans del Bosch y lo nombró capitán general de Valencia. Su colega de Barcelona, Coloma Gallegos, no contento con generar continuas fricciones con la Generalitat, procesó a Albert Boadella y a Els Joglars que, en su obra *La Torna*, satirizaban dos ejecuciones realizadas durante el franquismo. Las manifestaciones por la libertad de expresión no impidieron que un consejo de guerra condenara a los cómicos, acusados de injurias

El jefe de Estado Mayor, Vega Rodríguez, dimitió en 1978.

GUSTAVO CATALÁN

El comandante Félix Antolín se negó a estrechar la mano de Adolfo Suárez en la toma de posesión del teniente general Ignacio Alfaro como jefe del Alto Estado Mayor. "Cada día amanecía con un disgusto".

al Ejército. Sólo el tiempo resolvió las tensiones militares en Barcelona; cuando Coloma Gallegos cesó por edad y fue sustituido por Ibáñez Freire. Tarradellas asistió, encantado, a su toma de posesión.

Para eliminar el franquista Desfile de la Victoria, Gutiérrez Mellado lo transformó en el Día de las Fuerzas Armadas, cuya primera edición debía celebrarse en Madrid. Pero sus cautas reformas no impedían los sobresaltos. Dimitió el jefe de Estado Mayor, Vega Rodríguez. Una bandera de la Legión, desplazada a la capital para el Día de las Fuerzas Armadas, rindió por su cuenta un homenaje a Franco en el Valle de los Caídos. Una sección de la Policía Armada promovió un tremendo desorden en la plaza de toros de Pamplona y otra compañía asaltó Rentería. Mientras las Cortes discutían el proyecto de Constitución, ETA asesinó a "su" primer general.

Poco después era nombrado jefe del Alto Estado Mayor el teniente general Ignacio Alfaro, conocido partidario del ingreso de España en la OTAN. En su toma de posesión, el comandante Félix Antolín se negó a estrechar la mano de Suárez. Los mentideros madrileños daban el golpe por seguro. Cada día amanecía con un disgusto. Cuando la Constitución fue votada por el Senado, no la apoyaron los tres senadores militares de designación real: el almirante Gamboa votó "no", los tenientes generales Luis Díez Alegría y Angel Salas Larrazábal se abstuvieron. Gutiérrez Mellado inició una gira por las guarniciones para comentar la futura Constitución. Las reuniones se desarrollaron sin escándalos hasta llegar a Cartagena, donde el capitán de corbeta Gonzalo Casado espetó una soflama antidemocrática y Atarés, un general de brigada de la Guardia Civil, llamó "cerdo" y "masón" al ministro de Defensa. Aquella misma noche se descubrió en Madrid la llamada "operación Galaxia", tramada por el teniente coronel de la Guardia Civil Antonio Tejero y el capitán de la Policía Armada Ricardo Sáenz de Ynestrillas, para secuestrar al Gobierno. Este restó importancia a la conspiración y Milans amparó moralmente a Atarés, quien acabó absuelto por un tribunal militar. Cuando un segundo tribunal impuso penas ridículas a los autores de la "operación Galaxia", el capitán general de Madrid consideró demasiado suave la sentencia y la elevó al Consejo Supremo de Justicia Militar. Según la Prensa, Torres Rojas, nuevo general de la división acorazada Brunete, encabezaba los preparativos de un golpe en beneficio de Vega Rodríguez. El Gobierno sustituyó a Rojas por Justo Fernández, pero le concedió un destino en La Coruña.

"Cada día amanecía con un disgusto. Cuando la Constitución fue votada por el Senado, no la apoyaron los tres senadores militares"

En enero de 1979, ETA asesinó al general de división Constantino Ortín, gobernador militar de Madrid. En su entierro, algunos militares exaltados increparon a Gutiérrez Mellado y hasta le golpearon en la espalda. Sin consecuencias disciplinarias. En mayo, ETA asesinó al teniente general Gómez Hortigüela y, en la tensión de los meses siguientes, el Consejo Supremo de Justicia Militar ratificó la suave sentencia pendiente contra los autores de la "operación Galaxia". Paralelamente, la Junta de Jefes de Estado Mayor se declaró contraria a conceder la amnistía a los miembros de la UMD.

En la tarde del 29 de enero de 1981, el presidente Adolfo Suárez apareció en la televisión para anunciar que dimitía: "Yo no quiero que el sistema democrático de convivencia sea, una vez más, un paréntesis en la Historia de España". Muchos creyeron que su decisión se debía a las presiones militares. La verdad, sin embargo, era más compleja.

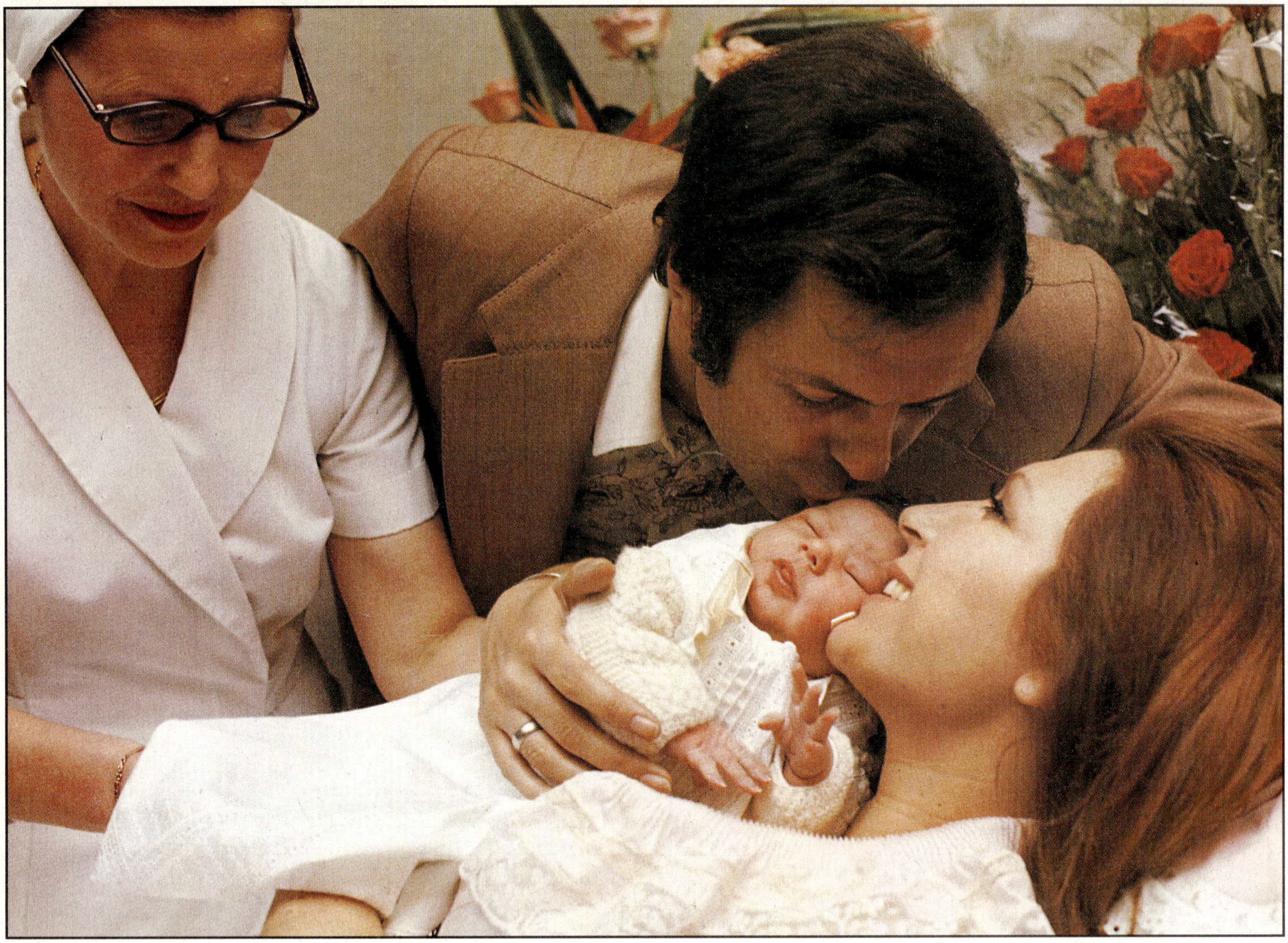

Pedro Carrasco se inclina sobre su hija recién nacida, Rociíto, para darle un beso ante la sonriente mirada de Rocío Jurado. Este alumbramiento, acaecido en abril de 1977, coincidió en el tiempo con algunos de los enlaces más sonados, como el de Palomo Linares y Marina Danko o el de Concha Velasco y Paco Marsó.

El nacimiento de Rociíto

La primavera de 1977 estuvo repleta de felices nupcias

Jaime Peñafiel

Abril de 1977 nos trajo un poco de todo lo que conforma la vida: bodas, nacimientos y muertes. Aunque parezca extraño, los protagonistas de las tres bodas celebradas en este mes, o a caballo de otro, siguen todavía casados, y no digo felizmente porque, a lo peor, sería mucho decir. Pero unidos, lo están, **Palomo Linares** y **Marina Danko**; **Teresa Rabal** y **Eduardo Rodrigo**; **Concha Velasco** y **Paco Marsó**, esta última pareja con alguna que otra crisis superada.

El escenario de la boda de Palomo Linares con la bella y derrochadora sudamericana Marina Danko, hija del famoso entrenador húngaro del mismo apellido, fue en Los Jerónimos. Como **Celia Gámez** y como los **Reyes**. Palomo lo era entonces del toreo. Por eso, a su boda asistieron **Domingo Ortega**, **Luis Miguel Dominguín**, **Antonio Ordóñez**, **Jaime Ostos**, **Paquirri**, **Niño de la Capea**, **Rafael Ortega** y **El Cordobés** que, por vez primera, vestía el ceremonioso chaqué.

Teresa Rabal y Eduardo Rodrigo se ca-

De izquierda a derecha, Lucía y Miguel Bosé, un aspecto de la boda deTeresa Rabal y Eduardo Rodrigo, y Concha Velasco junto a Paco Marsó y sus dos hijos. Debajo, la boda de Marina Danko y Palomo Linares, y El Cordobés, durante la fiesta posterior.

saron en la ermita de la Cuesta de Gos, en Aguilas, y Concha Velasco ni me acuerdo. Pero todos, eso sí, por la Iglesia como Dios manda.

En este mes de abril y en la clínica de Nuestra Señora de Loreto de Madrid, donde también habían nacido el **príncipe Felipe** y las **infantas Elena** y **Cristina**, **Rocío Jurado** da a luz a su hija, la hoy famosa y rebelde **Rociíto**. ¡Ay de los hijos de aquellos padres! Otro hijo de famoso, aunque en este caso la fama de sus padres le ha servido para labrarse, personalmente, un porvenir propio, se presenta, vestido de encaje, como cantante ante la televisión. Su nombre, **Miguel Bosé**. Con tan gozoso motivo, su madre, **Lucía Bosé**, le organiza una fiesta por todo lo alto en su casa de Somosaguas a la que asisten **Rafaela Carrá**, **Dewi Sukarno** -el amor del agente del Gobierno **Francisco Paesa**-, **James Hunt**, **Niki Lauda** y **Ronnie Peterson**.

Dos hombres, uno joven y otro muy viejo, se mueren en este mes de abril. El primero de ellos, el compositor y director de orquesta **Waldo de los Ríos**, en su casa madrileña del parque del Conde de Orgaz, en "extrañas circunstancias", eufemística manera de tapar un presunto suicidio. A su esposa, **Isabel Pisano**, convertida hoy en la sucesora de **Oriana Fallaci** a lo bestia, le sorprende la muerte de su marido en Roma. La muerte del segundo de esos hombres pasa sin pena ni gloria. Primero, porque se trata de **Nicolás Franco**, el hermanísimo del general, que iba ya camino de dos años que estaba muerto. Segundo, porque tenía 85 años. De todos los hermanos Franco, **Paco**, **Ramón** y Nicolás, este último fue el que mejor vivió. En Portugal, donde fue embajador de España "por la gracia del Generalísimo", todavía le recuerdan rodeado, siempre, de hermosas y jóvenes mujeres. Famosa fue aquella fotografía, publicada en la prensa lisboeta, en la que aparecía en la playa de Estoril rodeado de bellísimas muchachas en bañador. Cuando alguien, con aviesas intenciones, le hizo llegar la fotografía al general, Paco pareció no inmutarse y sólo hizo este comentario: "Tendré que decirle a Nicolás que se ponga a régimen".

Para los que admiraron la trayectoria política y humana de **don Juan**, el Conde de Barcelona, ése mes de mayo será, siempre, de triste memoria. Porque triste fue la ceremonia de renuncia de sus derechos dinásticos, que tan dignamente había ostentado, en su hijo el **Rey don Juan Carlos**.

La Prensa calificó el acto como "sencillo, familiar y emotivo", cuando fue desconsiderado y humillante para el Conde de Barcelona.

EUROPA PRESS

Una actuación del programa "Señoras y señores" en Televisión Española. De derecha a izquierda: Victoria Vera, Didi Sherman, María José Cantudo y Teresa Rabal. A la izquierda de la imagen, Angela Carrasco. Todas ellas vivían los primeros pasos de sus respectivas carreras, que luego tomarían caminos muy distintos.

Con bota de plataforma (democrática)

Antonio Burgos

Los de la Junta Democrática teníamos justa envidia a los de la Plataforma (Democrática también; de golpe todo se volvió democrático). Las señoras importantes iban con botas de plataforma, doradas. De modo que nos iban a ganar la Transición, por haber abrazado el reformismo; nos teníamos que comer los papeles donde pedíamos la ruptura y todas aquellas utopías tan lindas que queríamos, y encima las tías iban con plataformas. Aquí las tienen. Ay, cuántos telediarios de Lalo Azcona y de Sotillos (entonces con Motrico, que era Areilza) encima. De izquierda a derecha y por orden de identificación en la rueda de reconocimiento sentimental de aquella España que ya no la conoce ni el Borbón que la parió, ahí tienen a: Angela Carrasco, entre herencia de Cultura Hispánica y exotismo pre-Expo; dos señoritas que, como Cantarero del Castillo, no llegaron a mayores; Teresa Rabal, rescatada del circo donde le crecieron los enanos a Arias Navarro; María José Cantudo, plaza de soberanía africana con mucha Marcha Verde; Didi Sherman, que vino con su abuelo el almirante cuando Eisenhower le puso las bases a Franco, y a quien Valerio Lazarov le puso un "zoom" para ella sola; y Victoria Vera, que es ya la frontera con la dominga de Susana Estrada, aunque eso es ya otra foto. Adviertan cómo en los musicales de TVE ha desaparecido el chal del franquismo. Y es que la plataforma (democrática, naturalmente) venía pisando fuerte.

PRÓXIMO CAPÍTULO: EL MÁS EFICAZ CONSEJERO DEL REY
TORCUATO FERNÁNDEZ-MIRANDA, EL HOMBRE QUE RESOLVIÓ LOS ENIGMAS DE LA TRANSICIÓN. LOS ESTRENOS DE "EL ACORAZADO POTEMKIN" Y "LA NARANJA MECÁNICA". ESCRIBEN: MANUEL A. RICO, PEDRO CALVO HERNANDO, MIGUEL PLATÓN Y J. CARLOS LAVIANA.

1975-1995. Veinte años de nuestra vida

• Historia de la Democracia •

{Capítulo 12}

Torcuato Fernández-Miranda estrecha la mano del Rey, a quien organizó inteligentemente el sustento legal de la Transición.

El más eficaz consejero del Rey

Era un hombre distante e irónico que a veces se hacía desagradable. Pero tenía una inteligencia fuera de lo común, que puso a disposición del Rey para organizar el sustento legal de la Transición. Lo mejor de esta operación política es que se hizo partiendo de la legalidad franquista para desembocar sin rupturas en la legalidad democrática. Torcuato Fernández-Miranda fue consejero del Rey desde sus tiempos de profesor. Pero acabó mal. La dureza de la política y su discrepancia con algunas decisiones amargaron sus últimos días.

•RELATO•

El hombre que resolvió el enigma de la Transición

"Un principio jurídico es inmutable hasta que deja de serlo" (Fernández-Miranda)

Manuel Antonio Rico. Periodista

Planea, pero no aterrices", le decía el Príncipe, y Torcuato se pasó años planeando sin aterrizar alrededor del asociacionismo franquista: primero, los cuatro que, en vida de Franco, estuvo pilotando como ministro el Movimiento, y más adelante, los siete meses en que, muerto el todopoderoso, permaneció a los mandos de las Cortes esperando que Arias arrojara de una vez la toalla de albacea testamentario.

Fue un ejercicio combinado de sabiduría académica y paciencia aldeana, uno de cuyos vuelos más sonados tuvo por escenario aquella sesión de las Cortes de noviembre de 1972 cuando, en calidad de ministro-secretario general, se atrevió con una de sus piruetas dialécticas más arriesgadas y casi vuelve tarumbas a los procuradores que le inquirían, afirmando que "decir sí o no a las asociaciones políticas es una trampa saducea, y no caeré en ella aunque así no se esclarezca el tema".

Aquel reinvento bíblico de la "trampa saducea" y aquella maniobra de vuelo rasante sobre la nada convirtieron en casi legendaria la imagen de un Fernández-Miranda hermeneuta y de rostro político impenetrable, un orgulloso displicente y solitario que, conforme navegaba hacia ninguna parte (eso quería él dar a entender), iba dejando tras de sí una estela revuelta, hecha de admiración, de temor, de incredulidad y también de risas escondidas. Cosas de "El Tato", decían los que no entendían, que eran la inmensa mayoría. Y todos porfiaban en las cábalas por si descifraban la enigmática trampa. Por dentro, Torcuato se lo pasaba en grande contemplando cómo los paniaguados de la situación entretenían inútilmente el tiempo de un franquismo agonizante. Aunque también sufría.

El jeroglífico de la "trampa saducea" intrigó incluso al joven Príncipe, que comentó con el criptoministro: "Torcuato, estuviste genial, pero, ¿qué pretendías exactamente?", y la respuesta del antiguo preceptor fue inmediata: "Exactamente, lo que Vuestra Alteza me dijo: planear ➳

FOTOS EUROPA PRESS

El Rey presta atención a Torcuato Fernández-Miranda, su consejero de máxima confianza, del que dijo que "hasta su muerte fue de una lealtad total, perfecta".

Torcuato Fernández-Miranda (a la derecha) apostó como presidente del Gobierno por Adolfo Suárez , que le señala en presencia del general De Santiago.

sin aterrizar". Era como para echarse a reír, o a llorar, dependiendo desde qué ángulo se mirara la postración política de una España sin horizonte, con los restos ideológicos del glorioso Movimiento Nacional convertidos en un magma, en una metáfora nebulosa y en una tragicomedia de enredo por donde Torcuato se movía como pez en el agua, burlándose de sí mismo y burlándose de los demás jerarcas que, tranquilamente sentados sobre la ruina, eran capaces de darse a la borrachera mental discutiendo entre ellos dónde empezaba el Movimiento-Organización y dónde acababa el Movimiento-Comunión. Todo ello con mayúsculas y tan surrealista como una corte de Bizancio que se apasiona con el sexo de los ángeles mientras fuera los turcos preparan el asalto.

Tanto "delirium tremens" no acabaría hasta que Torcuato, siempre impulsado por el Rey y apoyado entonces en Suárez, dio el zarpazo al hacer aprobar de un tajo la Ley para la Reforma Política el 18 de noviembre de 1976. Fue el momento de dejar de marear la perdiz y de plantear acertijos. Ya no más vueltas inútiles alrededor del asociacionismo ni más señuelos.

Las asociaciones eran un remedo para incautos, un alimento ridículamente bajo en calorías democráticas y, encima, demasiado indigesto para los pesados estómagos de los franquistas.

Torcuato, siempre impulsado por el Rey y apoyado entonces en Suárez, dio el zarpazo al hacer aprobar la Ley para la Reforma Política

Obediencia perruna. El vuelo en picado llegó de repente y con la ley en la mano. Preso de sí mismo y fiel a su inercia de obediencia perruna, el Régimen aprobó en un espasmo su propia voladura y, además, entre aplausos: 425 votos a favor, 59 en contra y 13 abstenciones eran el mejor reflejo de aquel espectacular golpe de mano. Adolfo Suárez tenía motivos para sentirse emocionado. (Y aquí la Historia podría abrir un paréntesis para recoger el par de segundos que Suárez aplaudió mirando a la presidencia del hemiciclo, en uno de sus escasos gestos de reconocimiento público, y discreto, hacia Torcuato). Desde la altura, Fernández-Miranda celebraba consigo mismo el remate de su operación jurídico-política, aparentemente impertérrito, y acaso evocaba las dificultades que había tenido que ir salvando por el camino.

Don Juan Carlos de Borbón y Torcuato Fernández-Miranda anduvieron siempre juntos ese camino. El futuro rey le tuvo de guía y de bálsamo desde que, sabiendo que Francisco Franco le iba a nombrar sucesor pero haciéndole jurar fidelidad a los Principios Fundamentales del sistema, el catedrático de Derecho Político le liberó de sus angustias y sus escrúpulos de conciencia explicándole cómo todo es posible con la ley por delante y cómo, vía Cortes y referéndum, cualquier ley era susceptible de modificación por muy fundamental o inmutable que se autoproclamara. "Un principio jurídico es inmutable hasta que deja de serlo", declararía posteriormente Torcuato con la seguridad cínica que le daba su dominio de la legalidad existente y su visión de la que se acercaba.

PRUDENTES COMO LAS SERPIENTES. "Torcuato estuvo a mi lado prácticamente desde los años sesenta. Yo puse toda mi confianza en él. Era un hombre excepcionalmente inteligente. Hasta su muerte fue de una lealtad total, perfecta", confiesa el Rey en sus conversaciones con Vilallonga, pero ambos estaban obligados a ser tan prudentes como las serpientes para que los guardianes de la ortodoxia no se enteraran de lo que estaban tramando y el mismo Franco no se volviera atrás a la hora de confirmar su nombramiento, como parece estuvo tentado a hacer en el 74, un año antes de su muerte, por causa de alguna conversación con Estoril insidiosamente filtrada hasta El Pardo.

Don Juan Carlos de Borbón y Torcuato ("un hombre excepcionalmente inteligente") anduvieron siempre juntos un largo camino

Tan simple y complejo como el huevo de Colón, el tándem urdía una operación consistente en saltar desde la dictadura a una Monarquía de todos, sin exclusiones de ninguna clase. Por eso había que planear y planear, esperando el momento para el zarpazo. Y es el caso que el dúo fue maniobrando con tanto acierto que todos tomaron a Torcuato por un lobo perdido en la meseta y, dentro y fuera de España, todos creyeron que aquel príncipe tan silencioso, tan triste, con aires de autista, acabaría siendo como un Franco bobito y coronado, cuyo reinado podría durar lo que el canto de un gallo.

De los errores tremebundos de su abuelo y de las máximas continuas de su padre -el Conde-, don Juan Carlos había deducido que, para que la nueva restauración cuajara en un país que no era monárquico, no había más remedio que vincular la Corona a las libertades y nivelar a España con las democracias occidentales.

Quizás el futuro rey era demócrata por intuición, fruto de su borbónica nariz, y más por instinto de supervivencia que por convencimiento. O la España por venir se reconciliaba -y la Monarquía empujaba esa reconciliación en la libertad-, o los españoles acabarían arrojándolo todo por la borda, empezando por los más significados lastres del pasado.

Pero al margen de intuiciones o de convencimientos estaba el objetivo final, lo verdaderamente importante. Además, ¿no era el propio Torcuato un monárquico por accidente, un ecléctico en cuanto a formas de Estado? "Pero si yo no soy falangista", le dijo Fernández-Miranda a Carrero Blanco cuando, en el año 69, Franco le puso al frente del Movimiento, y tuvo después el valor cívico de jurar con camisa blanca entre el escándalo clueco de la vieja guardia. ¿Es que alguien sabía quién era "El Tato"?

El almirante Carrero sí tenía una idea de su identidad próxima al Príncipe y de sus lealtades para con el futuro. Por eso y porque también el Opus cuidaba el porvenir, Carrero le elevó hasta la Vicepresidencia del Gobierno. (La Historia podría hacer aquí un segundo paréntesis para recordar que fue en ese tiempo cuando Suárez buscó desesperadamente que Torcuato le hiciera vicesecretario del Movimiento. Inasequible al desaliento, volvería a intentarlo con Fernando Herrero Tejedor, que sí accedió porque "si no le nombro, se muere", dijo Herrero según recoge Gregorio Morán en su crónica de *Una ambición* que probablemente Torcuato hubiera titulado *Una codicia*).

El 20 de diciembre del 73 ETA hizo volar hasta los cielos al almirante. La extrema perfección de aquel atentado aún hoy suscita preguntas sobre la serie de circunstancias que lo hicieron posible, igual que sigue provocando hilaridad aquella misteriosa frase de Franco, en su mensaje de fin de año, cuando con los penúltimos residuos de su voz atiplada soltó un "no hay mal que por bien no venga". Al viejo general le habían reventado el eslabón de la cadena con la que creía tener todo atado y bien atado, y a él no se le ocurría más que agarrarse al escopetazo de un refrán extraño. Sentado en el sillón del ⋙

El ingenio de Torcuato

El más eficaz consejero político del Rey, Torcuato Fernández-Miranda, destacó por su capacidad para sorprender con sus interpretaciones. He aquí una muestra de su ingenio.

"Decir sí o no a las asociaciones políticas es una trampa saducea y no caeré en ella"

(En las Cortes, noviembre de 1972)

"Nuestro dolor no turba nuestra serenidad. La serenidad es la mejor expresión de nuestra fortaleza"

(En TVE, como presidente de Gobierno en funciones, la noche del día en que asesinaron a Carrero. 20 de diciembre de 1973)

"Hemos olvidado la guerra pero no olvidaremos la victoria"

(Del mismo mensaje televisado)

"Se ha dicho que soy un hombre sin corazón, frío y sin nervios. No es verdad. Lo que pasa es que soy asturiano"

(En enero de 1974, al ceder la presidencia a Carlos Arias)

"Tengo el honor de haber servido al Estado, encarnación de la soberanía del pueblo. Tengo y tendré el orgullo de la ética del Estado"

(Del mismo acto de despedida)

"Soy fiel a mi pasado, pero no me ata"

(En diciembre de 1975, al asumir la presidencia de las Cortes)

"Estoy en condiciones de llevar al Rey lo que me ha pedido"

(Julio de 1976, tras la elección de terna para presidente del Gobierno, en el Consejo del Reino)

"Queda aprobado el proyecto de Ley para la Reforma Política"

(Ante el pleno de las Cortes, en noviembre de 1976. No fue su frase más ingeniosa pero sí la más decisiva) cuarto de estar, contemplando en familia la televisión, a Torcuato se le mudó aquella noche la cara por un gesto impresionado. Tampoco él entendía ni el sentido "ad hoc" de aquella campanada refranera ni cómo era que el entorno de Franco había acabado por colocar en el puesto presidencial de Carrero a Carlos Arias, responsable directo de la seguridad del almirante en cuanto ministro de la Gobernación.

Presidente en funciones. Tampoco el escalafón había corrido militarmente a su favor, pero él se iría a la oscuridad remunerada del Banco de Crédito Local con la conciencia muy tranquila y satisfecho de haber abortado las reacciones desmadradas que, a la muerte de Carrero, algunos en el búnker quisieron que impusiera como presidente de Gobierno. Lo fue en funciones durante once días, un tiempo de gran tensión pero también de calma, gracias a que Torcuato supo sujetar fuertemente las bridas.

Y el 20 de noviembre del 75 Franco muere entre grandes tormentos. Algunos de los que deberían haberle querido prefirieron exprimirle y ejercer de torturadores médicos, soñando con que en un instante de resurrección imposible les firmara la prórroga de Rodríguez de Valcárcel como presidente de las Cortes y del Consejo del Reino más allá del 26 del mismo mes, cuando finiquitaba su mandato. Santa Teresa se negó a hacer también ese otro milagro y el puesto quedó libre para que don Juan Carlos, convertido en jefe del Estado, pudiera echar a andar los planes tan largamente preparados.

Cierto que el Rey hubiera preferido, en primera instancia, que Fernández-Miranda sucediera a Arias en la Presidencia de Gobierno, pero Torcuato vio las dificultades del intento y optó por el sillón de Valcárcel, cuya consecución, por otro lado, no resultó sencilla en absoluto: el Rey en persona hubo de rogar a Arias que presionara para que se le hiciera figurar en la terna preceptiva del Consejo del Reino. Arias aceptó encantado. Haciéndole un favor al novato de La Zarzuela, iba a demostrarle de paso cuánto mandaba él y cómo todo el mundo le obedecía. "Lo que yo digo, se hace", llegó a manifestarle ufanamente al Monarca, cual otro Víctor Quintanar exhibiendo ante los amigotes del casino de Vetusta la realidad de su poder ante la díscola Regenta.

Controlar el Consejo del Reino era clave para el salto mortal que se avecinaba. Por ese arco habría de pasar la terna de candidatos a presidente de Gobierno, y a allanar tan estrecha senda empezó a aplicarse Torcuato, pero a su manera, con su personal estilo, sin llamar la atención y sin liarse con compromisos, convocando cada quince días a aquel órgano mortecino y decisivo, mientras Carlos Arias terminaba de cavar su fosa política con una gestión que el Rey adjetivaría como "un desastre sin paliativos".

Torcuato Fernández-Miranda consiguió que los miembros del Consejo del Reino eligieran a Adolfo Suárez (en el centro) entre los candidatos a presidente del Gobierno. La terna estaba completada por Gregorio López Bravo (a la izquierda) y Federico Silva Muñoz (a la derecha).

Y llegó julio del 76. El día 1, el presidente Arias acude al Palacio de Oriente. La cita parece no tener mayor importancia y, sin embargo, sería la definitiva. Arias tuvo la elegancia de dimitir sin que el Rey le retorciera con argumentos. Era jueves y tocaba Consejo del Reino.

Torcuato comunica el suceso a los consejeros y algo extraño ocurre ante los ojos de tan ilustres mandados: el presidente ni les mete prisas ni les propone candidatos. Es en ese atemporal y casi intrascendente clima en el que se suceden tres jornadas de reuniones cansinas. El sábado, el Consejo adopta como sistema de votación un proceso eliminatorio al modo futbolístico, cuidadosamente pensado por Torcuato, que divide a los candidatos en tres grupos.

Arias tuvo la elegancia de dimitir como presidente sin que el Rey le retorciera con argumentos. Era jueves y tocaba Consejo del Reino

Puede que, gracias a alguna discreta indicación que el presidente traslada a Miguel Primo de Rivera, los consejeros incluyen en su terna, desde un principio, al ministro-secretario general del Movimiento, Adolfo Suárez, un "apparatik" emergente pero de escaso relieve ante los verdaderos pesos pesados. Su nombre, sin embargo, fue aguantando el fatigoso laberinto de las eliminaciones.

De entre treinta y dos nombres, la purga respetó finalmente a Gregorio López Bravo, Federico Silva Muñoz y Adolfo Suárez González. "Estoy en condiciones de llevarle al Rey lo que me ha pedido". Los periodistas que en las Cortes esperábamos aquel 3 de julio sabatino vimos en el rostro de Fernández-Miranda una expresión abierta de satisfacción, a la que no estábamos acostumbrados. Torcuato, siempre irónico, tenía la terna deseada y ello sin haberse dejado pelo alguno en la gatera, ni reales ni suyos. Únicamente los hechos futuros, hasta la aprobación de la Reforma Política (o la ruptura pactada), su ratificación en el Referéndum nacional del 15 de diciembre del mismo 76 y las elecciones generales y libres del 15 de junio del 77 avalarían el acierto de una decisión recibida con oleadas de disgusto y decepción.

Derecho a la impertinencia. Con Adolfo Suárez en la Presidencia del Gobierno se ahogaban las presiones extenuantes de Alejandro Fernández Sordo a favor de López de Letona, en la "Operación Lolita". Sucumbían también las ambiciones del general Alfonso Armada, años antes de sus peores desafueros e intrigas, contra las cuales ya Torcuato se había permitido ejercer ante el Rey su "derecho a la impertinencia", silenciosamente concedido por el Monarca. Y se ahogaron las posibilidades de Areilza, que sí las tuvo un tiempo, y las del impetuoso Fraga. "A Adolfo sabes que le quiero mucho, pero está todavía muy verde", le había comentado el Rey a Torcuato. Finalmente, le señaló con el dedo y Adolfo fue el ungido, porque Fernández-Miranda no dejó de insistir en su tesis de un Suárez coincidente con el retrato del "presidente abierto y disponible".

(Y aquí la Historia podría abrir un tercer paréntesis donde recordar, a lo Neruda, que el amor es corto y el olvido largo; que, pasado el rubicón del Referéndum, Adolfo Suárez se fue creciendo y se fue distanciando de su padrino, y que se permitió dejar clamorosamente vacío el reclinatorio asignado al presidente de Gobierno en el funeral organizado por don Juan Carlos en el Palacio Real, a la muerte de Torcuato, ocurrida en Londres en junio de 1980. Se le esperó durante unos minutos, pero no acudió. Suárez ni fue a ese funeral en memoria del que fuera su mentor ni dio el pésame a la viuda. Se limitó a enviar una corona de flores).

"A Adolfo sabes que le quiero mucho, pero está todavía muy verde", le dijo el Rey a Torcuato. Finalmente, Suárez fue el ungido

Casi en vísperas de las primeras elecciones democráticas, Fernández-Miranda estimó que su misión estaba conclusa y que unas nuevas Cortes demandaban unas caras nuevas.

Sin resentimientos, quiso hacer mutis cuando se acabó el libreto de la obra que él mismo había ido escribiendo. Su cese se produjo el 1 de julio del 77. Para tan buen y leal vasallo, el Rey dispuso la concesión del ducado de Fernández-Miranda y el Toisón de oro, gracia sólo otorgada privadamente a Nicolás Cotoner, fiel servidor en palacio.

Como político, a Torcuato aún le restarían los años de senador por designación real. No pudo hacer ni poco ni mucho y tuvo que oír a Fernando Abril Martorell abroncándole con un "o te callas o te vas del grupo" centrista, en el que se había integrado.

Antes de fallecer, su figura era una sombra medio olvidada y arrumbada por los vientos entonces dominantes. Torcuato se fue sin el homenaje que se hubiera merecido. A su muerte, no hubo proporción alguna entre el tamaño de su talla y el de las necrológicas que se le dedicaron. Casi parece que Torcuato Fernández-Miranda se hubiera marchado sin despedirse él mismo.

Fue una pena que no pronunciara uno de sus cachazudos y contundentes discursos al abandonar la Presidencia de las Cortes. No dijo adiós. El tiempo ha de ir reivindicándole porque, como una noche dijo en el palacio de La Zarzuela Adolfo Suárez, gritando ante el Rey, "yo no sería un bien nacido si no le estuviera agradecido a Torcuato".

Irónico y distante

Manuel Antonio Rico

NACIDO Escorpión el 10 de noviembre de 1915 en Gijón, en la villa asturiana de Jovellanos, Torcuato Fernández-Miranda era hijo de un empleado del ferrocarril de Langreo y de una maestra. Diez hermanos. Nunca olvidó las llamas en que los revolucionarios del 34 encendieron la vieja Universidad de Oviedo, donde estudió Derecho y donde sería catedrático de Derecho Político y también rector. Gana la misma cátedra en Madrid -los otros opositores prefirieron no presentarse- y empieza su andar político por varias direcciones generales: Enseñanza Media, Enseñanza Universitaria, Promoción Social, Delegación Nacional de Cultura.

Cuando la crisis de Matesa, Franco le nombra ministro secretario general del Movimiento. A comienzos del 73, el almirante Carrero Blanco le asciende a vicepresidente del Gobierno. Ocupó durante once días la presidencia misma del Gobierno y la desempeñó con gran serenidad y eficacia, tras el asesinato del almirante. A la muerte de Franco y como presidente de las Cortes, su actividad en penumbra fue clave para la botadura y primera navegación de la Transición, con el impulso decisivo del Rey Juan Carlos y la brillante ejecución de Adolfo Suárez en Presidencia.

Murió en Londres, adonde había ido para estar con su hijo mayor, Enrique, que seguía allí un curso de especialidad quirúrgica. Enrique ha heredado el ducado otorgado por el Rey a su padre y es el único de los siete hermanos que se dedica a la política. Tras unos días en coma, Torcuato Fernández-Miranda falleció el 19 de junio de 1980 como consecuencia de una insuficiencia cardiaca. Está enterrado en Navacerrada. De joven había cogido unas fiebres reumáticas durante la batalla del Ebro, en la Guerra Civil española, a la que se incorporó voluntariamente como alférez provisional.

Amigo de la ironía y cultivador de la paradoja, Fernández-Miranda aparecía como un personaje distante y más bien desagradable. Orteguiano de intelecto, ni entendía actitudes intransigentes como la de Gonzalo Fernández de la Mora ni era capaz siempre de callarse. Por eso llegó a decirle: "No puedo entender, Gonzalo, cómo tú que lees a Zubiri, y me consta que lo entiendes, eres capaz de ser tan carca". El Rey siempre le ha considerado como uno de sus servidores más fieles e inteligentes.

Torcuato Fernández-Miranda y su esposa, en un acto oficial.

Una herramienta llam

Carácter y anécdotas de quien fue presidente de las Cortes

Alguna vez Torcuato Fernández-Miranda llegó a ser un demócrata convencido, o a desear el establecimiento de un régimen de democracia plena en España? En ningún momento. Pero sí fue una útil herramienta, en manos del Rey Juan Carlos, para lograr ese objetivo.

El profundo enraizamiento de Fernández-Miranda en el régimen franquista y sus calidades intelectuales y jurídicas lo convertían en un personaje idóneo para ese juego de sutilezas y de cabildeos necesario para moverse en aquellos años.

El escaso entusiasmo democrático de nuestro hombre se palpa en las memorias de López Rodó. En el verano de 1976, un día le dijo al ex ministro del Plan que el Partido Comunista no sería legalizado porque era incompatible con la Monarquía. Dos semanas después, le espeta que si los grupos de la oposición no aceptan la Ley de Asociaciones y la inscripción en el registro, no se debería seguir consintiendo que ejercieran los derechos de reunión, manifestación, expresión, etc. Y todavía más: si después de dialogar con el Gobierno, la oposición no entrara en el juego político, habría que aplicarle el rigor de la ley, pues lo contrario denotaría debilidad en el Gobierno.

En el franquismo no abundaban las estrellas. Por eso Torcuato brilló con luz propia. Era un tipo deslumbrante, con una extraña capacidad para la ironía, a pesar de ser una persona antipática, solitaria y distante, lo que le hacía imposible formar equipos o incluso integrarse en alguno de los grupos o familias del Régimen. Son clásicas sus frases y definiciones surrealistas. En 1973, siendo vicepresidente con Carrero, proclama un día que se va a emprender con decisión una ofensiva institucional en busca de otorgar al pueblo la nacionalización real del poder a través de la realización plena de la participación política... Nunca se supo qué quería decir y nunca se hizo nada, como siempre ocurría. El mismo empezó por cargarse el timidísimo primer proyecto de asociaciones políticas, pese a que había sido aprobado por el Consejo Nacional.

Angel Sánchez de la Fuente, en su reciente y estupendo libro-nomenclátor *Quién es quién en la democracia española*, en el capítulo de Fernández-Miranda, exhuma una joya parlamentaria de 1972, en respuesta al apremio de un aperturista sobre la eterna demora de las asociaciones. Veámosla: "Si algo niego, lo hago porque lo que afirmo previamente me lleva a las negaciones circunstanciales que configuran la afirmación que mantengo". Gloriosa anécdota, que revela su profundo desprecio por la clase política de la dictadura.

El antiguo preceptor de don Juan Carlos ya en 1969 se había atrevido a tomar posesión de la Secretaría General del Movimiento con camisa blanca, en el santuario de las camisas azules que era Alcalá, 44. Lo hizo, como siempre, para epatar. Pero también porque no venía ni de Falange ni de ninguna de las otras familias del Régimen, lo mismo que Carrero Blanco, que tal vez por eso le hizo vicepresidente de su Gobierno, o por los valores compartidos de religiosidad y amor a la familia. Tan creyente era que se interesaba por la teología y se sabía las Sagradas Escrituras. Igual que le apasionaba la cultura clásica. Muy conservador, aunque estudioso de Maquiavelo, lo que debió servirle para moverse en aquellos ámbitos. Contradictorio, porque al tiempo era hombre de preocupaciones sociales, con más sentido del Estado que del poder, pese a lo cual se sentía muy asturiano y muy gijonés.

> "Era un tipo deslumbrante, con una extraña capacidad para la ironía, a pesar de ser una persona antipática, solitaria y distante"

Y como el almirante, era incapaz de hacer vida social y sufría una carencia permanente de recursos económicos, hasta el punto de que murió en la pobreza y su familia salió adelante gracias al estanco concedido a su esposa, Carmen. Cuando dejó la política, no aceptó puestos en consejos de administración de empresas privadas y Suárez no se los ofreció en empresas públicas. Y nuestro hombre llevaba la honradez hasta detalles tan inusuales como observar el juramento de respeto al secreto de las deliberaciones del Consejo de Ministros incluso con sus más íntimos colaboradores. Así, Ortí Bordás y Gabriel Cisneros, altos cargos en Secretaría General, tenían que llamar a los subsecretarios de otros ministerios para enterarse.

Un franquista austero, honrado, inteligente y con sentido del Estado y del humor... Que sí, que se lo juro. En los últimos años de la dictadura, este profesor de Derecho Político y de gran vocación universitaria era un talismán para el Príncipe, al que a veces evitaba caer en las trampas saduceas que le tendían los del franquismo, en un tiempo en que don Juan Carlos no podía andarse con demasiados remilgos democráticos en la selección de sus amigos y consejeros.

Este hombre nunca fue capaz de entender que el haber ayudado al Rey en el nombra-

da Torcuato

Pedro Calvo Hernando

Periodista y escritor. Comentarista político de EL MUNDO.

EUROPA PRESS

Fernández-Miranda, en primer término, durante una reunión del Consejo Nacional del Movimiento, sentado circunstancialmente en el lugar del jefe del Gobierno.

miento de Suárez -momento estelar de su carrera política- o el haber ayudado a Suárez en la travesía del proceloso mar de la reforma política, no le daba derecho a ejercer una tutela permanente ni sobre el Monarca ni sobre el presidente del Gobierno. Tras la aprobación de la Ley para la Reforma Política (noviembre 1976), quiebra su relación con Suárez, que ya se sentía muy incómodo con la tutela que Torcuato quería seguir imponiéndole. En ese momento, el Rey apoya a Adolfo porque le es más útil, en ejercicio de la técnica regia del usar y tirar que tan buenos resultados le dio a don Juan Carlos hasta el momento mismo del cambio democrático. Suárez, por ejemplo, legalizó el PCE sin contar con Torcuato, contrario a esa medida, lo mismo que deseaba un Senado corporativo con senadores vitalicios, entre ellos los que hubieran sido vicepresidentes del Gobierno, que era su caso. Lo único que Suárez dejó de esa propuesta en la Ley para la Reforma Política fueron los senadores reales. Uno de ellos, claro, sería Torcuato.

> "Nunca entendió que el haber ayudado al Rey y a Suárez no le daba derecho a ejercer una tutela permanente sobre ellos"

Fernández-Miranda era estupendo -eso lo sabían el Rey y Suárez- para caciquear a los procuradores y demás supervivientes del Régimen, porque los conocía demasiado bien. Pero nada que hacer en la democracia. Torcuato dimite quince días antes de las primeras elecciones porque se da cuenta de ello. Parece que aspiraba a presidir un Gobierno de coalición de UCD y AP, pero el Rey no aceptó la idea. Se había quedado sin sitio y, como persona inteligente, se quitó de en medio. Cuando mataron a Carrero, tampoco había conseguido ser presidente del Gobierno. En El Pardo prefirieron a Carlos Arias, en la toma de posesión de cuyo Gobierno, Torcuato, el hasta entonces presidente en funciones, pronunció aquel famoso discurso de las nieblas asturianas entre las que cabalgan las brujas. Nunca hubo una historia de mayores frustraciones y nunca se expresó tan bella y poéticamente una amarga decepción política.

Fue magistral su gestión para conseguir que Adolfo Suárez entrase en la terna del Consejo del Reino, como lo fue su habilidad para torear a las Cortes de Franco, con el famoso hara-kiri que supuso la Ley para la Reforma Política. Obsesionado por el respeto a la legalidad, trabajó eficazmente por cambiar de la ley a la ley, de la ley franquista a la ley democrática, sin ruptura. Una colaboración inapreciable con los grandes protagonistas del cambio de régimen: el Rey Juan Carlos y el presidente Adolfo Suárez. Solamente por eso ya merecería un lugar de respeto en la historia de la democracia.

•INFORME•

Historia de un div

La relación entre Fernández-Miranda y Suárez

Cuando Martín Villa tuvo que explicar quiénes habían sido los protagonistas de la Transición y cuál su función, utilizó una fórmula acertada: fue como una obra de teatro en la que el Rey había sido el empresario, Fernández-Miranda el autor, y Suárez, el actor protagonista.

Miguel Platón

Los tres hombres actuaron en armonía durante el año clave de 1976: el que empezó con el fracaso durante enero de la estrategia de ruptura de la izquierda (momento en el que el actor principal fue el ministro de la Gobernación Manuel Fraga); el que asistió al golpe de timón del 1 de julio cuando el Rey logró la dimisión del presidente Carlos Arias Navarro, para sustituirle por Suárez, y el que culminó en noviembre-diciembre con la aprobación de la Ley de Reforma Política, primero por las Cortes y luego en referéndum con una participación masiva.

La culminación del éxito habría de coincidir, no obstante, con un acusado enfriamiento de las relaciones personales y políticas entre Adolfo Suárez y Fernández-Miranda. Un episodio mal conocido en su momento y actualizado en el otoño de 1995 con la publicación del libro *Lo que el Rey me ha pedido* (Pilar y Alfonso Fernández-Miranda. Plaza & Janés Editores), escrito por una hija y un sobrino del que fuera presidente de las Cortes, quienes utilizaron parte de las memorias y documentación que había dejado Fernández-Miranda tras morir en 1980.

Los testimonios coinciden en que Fernández-Miranda, tras haber promovido a Suárez a la Presidencia, se sintió maltratado por el primer presidente de la democracia, tanto desde el punto de vista político como económico. Este último, a su vez, percibió una frialdad de trato a medida que la Reforma se transformaba en su éxito personal y el nuevo régimen consolidaba un Estado y una clase política sustancialmente distintas.

La primera diferencia que contribuyó a distanciarlos fue de generación y biografía. Torcuato Fernández-Miranda había nacido en 1915 en Gijón. Fue testigo del final de la Monarquía de Alfonso XIII, de la Segunda República y combatiente en la Guerra Civil, lo que le otorgó una perspectiva sensiblemente diferente a la de Adolfo Suárez, nacido en 1932. El primero fue, además, buen estudiante y alcanzó la cima intelectual al obtener la cátedra de Derecho Político. Protagonizó una brillante carrera en el régimen de Franco, que le convirtió en ministro-secretario general del Movimiento en octubre de 1969, a los 54 años de edad. En esa misma crisis, un Adolfo Suárez de 37 años fue nombrado director general de Radiodifusión y Televisión. La superioridad del primero sobre el segundo era, tanto por el cargo como por la obra intelectual, abrumadora. Aumentó todavía más cuando, en junio de 1973 y en el Gobierno presidido por Luis Carrero Blanco, Fernández-Miranda se convirtió en el primer civil que alcanzaba la vicepresidencia del Gobierno desde el final de la guerra.

Esa considerable distancia se consolidó cuando, a finales de noviembre de 1975, el primer nombramiento político del nuevo Rey de España fue el de Torcuato Fernández-Miranda como presidente de las Cortes. La obligada continuidad política de Carlos Arias Navarro en la Presidencia del Gobierno buscó ser contrarrestada, tanto por don Juan Carlos como por Fernández-Miranda, con la inclusión de hombres de confianza en el nuevo Gabinete. Fue el recién nombrado presidente de las Cortes quien propuso y obtuvo de Arias el nombramiento de Adolfo Suárez como ministro-secretario general del Movimiento. Este último pertenecía a la llamada "generación del Príncipe", título del libro publicado a comienzos de los años 70 por el periodista José Luis Navas, y tanto por su edad como por su biografía política y temperamento respondía al retrato-robot del joven político reformista dispuesto a modificar el sistema desde dentro, sin traumas legales. Es decir, al procedimiento de cambio sugerido al Rey por Fernández-Miranda.

> **Torcuato Fernández-Miranda se sintió maltratado por Adolfo Suárez , tanto desde el punto de vista político como económico**

Cuatro meses antes del relevo de Arias Navarro, durante una cena de matrimonios celebrada en casa de los Suárez el 8 de marzo de 1976, Fernández-Miranda le sugirió por vez primera la posibilidad de que el siguiente presidente del Gobierno fuese él. "Su reacción me impresionó -escribiría después el entonces presidente

rcio político

só de una extrema cordialidad a la ruptura

FOTOS: EUROPA PRESS

Adolfo Suárez escucha atento a Torcuato Fernández-Miranda, sentado en la presidencia del Congreso (14 de julio de 1976).

de las Cortes-, pues no dijo, ni por cortesía, «hombre, no». Se calló, lo aceptó como posible, o se hizo rápidamente a esa idea. Pero lo que me impresionó fue su mirada, como si en el fondo de ella estallara el sueño de una ambición. Pensé mucho en su reacción y me acordé de aquella vieja frase de Laín: «Dios te dé sobra de ambición y falta de codicia». Es como si el fondo de aquella mirada fuera turbio y hubiera en ella algo así como una desmesurada codicia de poder". Las dudas que le suscitó en el episodio, sin embargo, no afectaban a las "sobresalientes cualidades personales de capacidad de diálogo y de energía política" del ministro-secretario general, como tampoco a su baza más importante: "La versatilidad, pues ésta facilitaba su lealtad a un proyecto ajeno, el de la Corona". (Pilar y Alfonso Fdez.-Miranda. Op. cit. Pgs. 200-201).

"ME CONSULTABA HASTA LAS COMAS". En aquella primavera decisiva, en todo caso, Torcuato Fernández-Miranda no encontró un candidato mejor: "Cuando el Rey me pidió opinión acerca de los diferentes programas para el cambio que él había solicitado de varios políticos, el programa que mereció mi entusiasmo fue el de Adolfo Suárez. ¡Pues claro, como que lo había hecho yo mismo! En aquella etapa, Adolfo me consultaba hasta las comas de sus discursos y declaraciones. Era el actor que yo necesitaba para representar mi obra. Aprendía el papel con mucha rapidez, pero ignoraba las elementales nociones del Derecho Político. No pensé que ambicionaría algún día la manumisión". (Jaime Campmany. *Aquella cena del 77. Epoca*, nº 556, pg. 5; 23-X-1995).

Con toda probabilidad, la opinión de Fernández-Miranda debió ser la que más pesó a la hora de decidir la voluntad de don Juan Carlos. "En junio de 1976, tras numerosas conversaciones y reflexiones, el Rey convino en que quien más se aproximaba al retrato-robot del futuro presidente del Gobierno era Adolfo Suárez. Para entonces, los mecanismos institucionales estaban debidamente engrasados. El Consejo del Reino estaba preparado" (Pilar y Alfonso Fdez.-Miranda. Op. cit. Pg. 202). La intervención del presidente de las Cortes sería asimismo decisiva en los debates del Consejo para elaborar la terna.

Durante sus primeros meses como jefe del Gobierno, la colaboración entre Fernández-Miranda y Suárez continuó. El 23 de agosto de 1976, el presidente de las Cortes le entregó un borrador de la Ley de Reforma Política, que sería aceptada sin modificaciones sustanciales. La preparación del debate y votación en la cámara legislativa se llevó a cabo en el mismo espíritu de estrecha cooperación, culminado de forma triunfante en el referéndum del 15 de diciembre. Fue ahí cuando Adolfo Suárez se transformó en un líder político, lo que condicionaría de forma sustancial los siguientes pasos de la Reforma. A partir de ese momento, el protagonista desbordó al autor en decisiones cruciales como la legalización del Partido Comunista, la formación de Unión de Centro Democrático y la victoria en las primeras elecciones democráticas, el 15 de junio de 1977. En esta última fecha, Torcuato Fernández-Miranda había dejado de ser presidente de las Cortes por voluntad propia.

La dimisión había tenido lugar en los últimos días de mayo, cuando ya había comenzado la campaña electoral. Hacía meses que Fernández-Miranda meditaba ese paso, debido fundamentalmente a consideraciones de oportunidad. Terminaba un ciclo histórico. Una nueva clase política, y en buena medida una nueva generación, se disponían a tomar el relevo, y la misión que el Rey le encomendó en noviembre de 1975 estaba a punto de culminarse con éxito. No lo hizo en protesta por la legalización del PCE: sólo se había manifestado contrario a que Suárez negociase en persona con Santiago Carrillo, así como a que esas negociaciones se celebrasen en España. Tampoco estaba convencido de que la legalización debiese tener lugar antes de las elecciones. Su clara apuesta en la izquierda había sido el Partido Socialista de Felipe González. En todo caso, el anuncio de la dimisión pudo adelantarse unos días por la herida que le causaron unas declaraciones de Francisco Fernández Ordóñez, quien dijo que, mientras personas como Fernández-Miranda estuviesen en la política, no habría democracia en España.

UN DURO EDITORIAL. Era una opinión extendida en el ámbito de una izquierda en la que menudeaban las manifestaciones de sectarismo. El editorial sobre la dimisión publicado por *El País* el 1 de junio de 1977 era una descalificación en toda regla de Fernández-Miranda, hasta el punto de poner en cuestión su retirada voluntaria, "demasiado hermosa para ser genuina". "El señor Fernández-Miranda - añadía el editorial- patrocinaba doctrinalmente una Monarquía distinta de la que las normas de la democracia exigen. Ahora esperamos poder decir que las Cortes de Franco no volverán a reunirse jamás".

De acuerdo con las previsiones de la Ley de Reforma Política, el Rey nombró a Torcuato Fernández-Miranda como uno de los 40 senadores de designación real. También le concedió un Ducado -el de Fernández-Miranda- y le premió con la condecoración más alta del Reino de España: el Toisón de Oro. El ex presidente de las Cortes se integró en el grupo parlamentario de UCD en el Senado y llevó a cabo una actividad discreta, al mismo tiempo que la relación personal con Suárez se deterioró más y más.

Fernández-Miranda, junto a su sucesor en la Presidencia de las Cortes, Antonio Hernández Gil (izquierda).

Según su testimonio, las discrepancias políticas y la falta de un puesto que complementase sus ingresos económicos de catedrático fueron los hitos de tal deterioro. "Las consultas, que antes eran constantes, cesaron. Adolfo Suárez pasó de ignorarlo todo y no tener seguridad en nada a estar en posesión de la verdad. Parecía un muñeco al que hubiera entrado la ciencia infusa, o tal vez fuese un milagro de la gracia de Estado, o se le habría parado sobre la cabeza esculpida la llama del Espíritu Santo. El trato fue también menos frecuente cada vez. Cuando cesé en la Presidencia de las Cortes ni siquiera se interesó por mi situación, no ya política, sino tampoco económica. La verdad es que yo quedé en una situación profesional reducida a mi cátedra en la Universidad y en una situación económica exclusivamente sustentada en mi modesto sueldo de profesor. Un día le comenté esto al Rey. Su Majestad me dijo que hablaría de ello con Adolfo Suárez y me adelantó su creencia de que Suárez resolvería el problema... Adolfo Suárez me llamó para mostrarse amistosamente dispuesto a facilitar una solución al problema. Al poco tiempo, me nombró consejero de una empresa del INI. Tendría que acudir a un consejo de administración una vez al mes y recibiría por ello una dieta de tres mil pesetas. Naturalmente, jamás tomé posesión de aquel cargo ni percibí nunca aquellos pingües emolumentos". (Jaime Campmany. *Café, copa y rinoceronte. Epoca*, nº 557; pg. 5. 30-X-1995).

Fernández Ordóñez dijo que, mientras personas como Fernández-Miranda estuvieran en la política, no habría democracia en España

Es posible que semejante descripción fuese exagerada. Como senador, Fernández-Miranda disponía de un segundo sueldo, aunque fuera igualmente modesto. Los ex ministros también recibían una cantidad y por esa época apenas si se habían desarrollado las incompatibilidades. La situación económica de su familia numerosa continuaba siendo, en todo caso, "justita", según uno de sus hijos. Fernández-Miranda terminó por incorporarse a un despacho jurídico con dos antiguos colaboradores en la Secretaría General del Movimiento: Rafael Ruiz Gallardón y Juan Gich y Bech de Careda.

Desde el punto de vista de Suárez, el antiguo presidente quedó sorprendido cuando en el mismo año de 1977 el matrimonio Fernández-Miranda rechazó una invitación a cenar en el Palacio de la Moncloa efectuada por el matrimonio Suárez. El ex presidente ha comentado en alguna ocasión que Torcuato Fernández-Miranda nunca le pidió un puesto con una retribución económica y que, de haber sido así, él hubiera podido hacer cualquier cosa. Adolfo Suárez se consideró herido por el libro de Pilar y Alfonso Fernández-Miranda, que a su juicio restaba importancia al papel que había desempeñado en la Reforma como presidente del Gobierno. Siempre pensó, además, que el desgaste de la relación personal no llegó a determinados extremos y tuvo noticias de que el ex presidente de las Cortes no admitió barbaridades respecto a Adolfo.

De izquierda a derecha, Adolfo Suárez, los Reyes y Torcuato Fernández-Miranda en Barajas.

LOS MOTIVOS DE LA DISCREPANCIA. La discrepancia política estuvo centrada en la regulación constitucional de las autonomías -empezando por el término "nacionalidades"- y la orientación de centroizquierda que Suárez quiso imprimir a su Gobierno y a UCD. "En materia de descentralización territorial del poder, Torcuato Fernández-Miranda era radicalmente contrario al café para todos y sostenía que había que dar solución política a los problemas históricos reales, y que era una imprudencia sin sentido diluir el problema facilitando el nacimiento de peculiaridades históricamente irreales. Era, en suma, partidario del reconocimiento de hechos diferenciales reales y contrario a la fabricación política de hechos diferenciales. La segunda discrepancia política estaba referida al sistema de partidos. Torcuato Fernández-Miranda veía a Suárez integrando y liderando la derecha mientras Felipe González lideraba la izquierda. Suárez se veía a sí mismo segando la hierba a los socialistas debajo de los pies y haciendo una política progresista y de centroizquierda". (Pilar y Alfonso Fernández-Miranda. Op. Cit. Pg. 221). Lo cierto es que esto último fue lo que hizo cuando dejó UCD para fundar el Centro Democrático y Social en 1982.

La regulación de las autonomías y la orientación de centroizquierda que Suárez quiso imprimir al Gobierno motivaron la discrepancia

A mediados de 1978, cuando se debatió en el Senado el proyecto de Constitución, Fernández-Miranda hizo notar su discrepancia con algunos aspectos, sobre todo los referidos a las autonomías. El vicepresidente del Gobierno Fernando Abril Martorell, por entonces el más estrecho colaborador de Suárez, comentó: "Que se calle o que se vaya". Torcuato Fernández-Miranda eligió lo segundo. Abandonó el grupo parlamentario de UCD y se integró en el Mixto. En declaraciones efectuadas a Pilar Urbano y publicadas en el diario *Abc* el 20 de agosto, el ex presidente de las Cortes matizó el alcance de su discrepancia política con Adolfo Suárez: "Estoy en creciente desacuerdo con el modo de hacer las cosas de Adolfo Suárez. Sigo creyendo que tiene cualidades nada comunes para hacer la política, pero creo que los éxitos, que indudablemente ha tenido, le han desorientado; creo que no ha sabido resolver la pugna con que todo político se encuentra entre la lógica del éxito y la lógica de la verdad".

En la misma entrevista, Fernández-Miranda manifestó su voluntad de "contribuir a la reconstrucción de una derecha democrática de fuerte contenido social y con un vigoroso entendimiento de España como patria común de todos los españoles". Cinco meses después, tras la convocatoria de elecciones, Manuel Fraga le propuso encabezar la lista de Coalición Democrática por Asturias. Respondió que estaría dispuesto a ser el número uno en Madrid, y la aproximación terminó nada más empezar.

Fue su adiós a la política. El 19 de julio de 1980 murió en Londres. El cuerpo fue trasladado a Madrid y el Rey presidió un funeral por su alma en el Palacio Real, al que Adolfo Suárez no acudió. Fue el último y poco feliz episodio de una relación política que en muy poco tiempo pasó de la cordialidad más extrema a la ruptura. Esta secuela amarga no podría empañar, sin embargo, aquellos meses en que los dos hombres en sintonía estrecha con el Rey dirigieron una reforma que introdujo un giro decisivo en la historia de España y provocó la admiración del mundo. Esa es la realidad que les unirá para siempre en la memoria.

Los secretos de la

Cómo Fernández-Miranda condujo con discre

Torcuato Fernández-Miranda, eficaz consejero del Rey, puso las bases jurídicas de la Reforma que abrió paso a la democracia. Una hija y un sobrino de este inteligente político, cuya obra han estudiado extensamente, explican aquí su labor discreta y fundamental.

En la Reforma Política se pueden distinguir, de un lado, una firme voluntad política que desea, impulsa y dirige el proceso, y de otro, tres elementos que lo configuran y lo definen. La voluntad política es la del gran protagonista del cambio, un rey que persigue una Monarquía integradora, apartidista, capaz de simbolizar un marco común de convivencia confortable para todos o, al menos, en el que nadie se sienta excesivamente incómodo: "La Monarquía de todos los españoles".

En la forja de esta voluntad y en la progresiva definición de sus objetivos influyeron, sin duda, numerosas personas, en general quienes asumieron la educación del Príncipe desde su infancia y, singularmente, sus augustos padres. Pero, también sin duda, en la definición y concreción política de estos objetivos influyó de forma decisiva uno de sus profesores y de sus más próximos consejeros, Torcuato Fernández-Miranda (a quien Su Majestad honró con los más altos honores), cuya influencia fue igualmente decisiva en el diseño y ejecución del concreto proceso de reforma.

Por otra parte, los tres elementos que pueden definir la Reforma son: los presupuestos, el método y la ejecución.

Los presupuestos. Torcuato Fernández-Miranda explicó obsesivamente a su joven discípulo, desde las primeras entrevistas, que la Historia se hace desde la realidad política y no desde los sueños, y que la eficacia de la acción política radica en asumir los supuestos históricos, por ingratos que resulten, para transformarlos desde sí mismos. Asumirlos no es necesariamente aprobarlos, sino contar con ellos y partir de ellos. En este orden de ideas, los sueños eran las posiciones legitimistas en una España mayoritariamente republicana (radicalmente republicana en la izquierda y en la extrema derecha) o, en el mejor de los casos, puramente accidentalista en materia de formas de gobierno. La realidad política, el surco nuevo que araba la Historia, era una Corona que estaba amparada por la legalidad vigente. Una Corona que nacía vinculada al franquismo pero, a la par, desvinculada de todo partido monárquico, de toda camarilla histórica y de toda tradición cortesana. Tiempo habría de romper el vínculo puramente coyuntural con un régimen esencialmente irrepetible sin caer en las lamentables hipotecas tradicionales. Así, don Juan Carlos acepta ser un rey legal a la búsqueda de legitimidad, y no sólo dinástica sino sobre todo democrática porque, frente a esta situación política que deparaba la realidad histórica, la mera legitimidad dinástica no garantizaba, ni de lejos, la legitimidad democrática y, mucho menos, el poder.

> **"Fernández-Miranda explicó al Rey que la eficacia radica «en asumir los supuestos históricos para transformarlos desde sí mismos»"**

El método. El método de la Reforma vino, a su vez, condicionado por dos factores: el supuesto del que partía y la finalidad perseguida.

A) Toda situación política tiene su lógica interna. Aceptar la situación implica, si se pretende el éxito, asumir sus consecuencias. La aceptación por don Juan Carlos de la Corona que Franco ponía en sus manos implicaba el juramento de lealtad a la legalidad franquista y la asunción de esa legalidad, incluida la Ley de Principios Fundamentales del Movimiento. Pero, al tiempo, si se aceptaba la oferta era con la intención de transformar esa legalidad para superar el Régimen, para abrir la Monarquía a toda la sociedad, para impulsar un proceso de integración política... ¿No eran contradictorios el presupuesto y el objetivo?

Don Juan Carlos solicitó, una y otra vez, a Torcuato Fernández-Miranda que le convenciese de que el juramento de las Leyes Fundamentales no le encadenaba para el futuro o le enfrentaba a un perjurio moralmente inaceptable. Y Fernández-Miranda le convenció, de modo terminante, de que las Leyes Fundamentales eran reformables desde sí mismas, todas ellas, incluida la de Principios. Le convenció de que el Derecho es una realidad histórica y no una esencia metafísica y que, por ello, las cláusulas de in-

Reforma

n el cambio político

Pilar Fernández-Miranda Lozana

Doctora en Derecho de la Universidad Complutense. Coautora de "Lo que el Rey me ha pedido" (Plaza & Janés)

Alfonso Fernández-Miranda Campoamor

Catedrático de Derecho Constitucional en la Univ. Complutense. Coautor de "Lo que el Rey me ha pedido"

mutabilidad no expresan más que el deseo de un poder histórico. Le convenció, en fin, de que las normas jurídicas, en sí mismas, carecen de toda legitimidad y eficacia para dotar de validez a los juicios morales, políticos, científicos o metafísicos.

Como es obvio, la superación de la contradicción aparente entre presupuestos y objetivos, y entre legalidad radicalmente inmutable y cambio, determinaba el método de la Reforma: el escrupuloso respeto a la legalidad vigente, el tránsito ordenado "de la Ley a la Ley". Pero, además, Torcuato Fernández-Miranda trató de inculcar a su ilustre discípulo una segunda idea: el respeto a la legalidad como método del cambio no era sólo una inevitable consecuencia del juramento y del punto de partida, era además un bien en sí mismo si se lograba un efectivo proceso de integración, es decir, unas reglas del juego político aceptables para todos. En ese caso se lograría quebrar la tradición española de procesos revolucionarios o contrarrevolucionarios como método de conquista del poder y se abriría una posibilidad real, por primera vez en nuestra historia, de acceder a un orden jurídico-político sin grandes vencedores ni grandes derrotados y, por ello, sin grandes enemigos.

B) Si el presupuesto de la Reforma impone el respeto a la legalidad, la finalidad perseguida impone su contenido. Siendo el objetivo instaurar un sistema fundado en el principio democrático como principio legitimador, integrando al mayor número de fuerzas políticas en el proceso, el contenido de la Reforma no podía ser sustantivo, como se pretendió durante el Gobierno Arias, sino meramente procedimental. La Ley de Reforma no podía contener en sí misma una regulación materialmente constituyente, sustantiva y otorgada por un poder al que se le negaba legitimidad democrática. Fernández-Miranda creía que tales proyectos ni hubieran pasado el trámite de aprobación por las Cortes orgánicas ni hubieran servido para integrar a la izquierda. Por ello, concebía la Reforma como una mera ordenación procesal: un texto escueto que tocase todo y sólo lo imprescindible para romper el nudo gordiano, para desencadenar un proceso electoral libre en el que aceptasen concurrir todas las fuerzas políticas. Después, la voz le correspondería al pueblo.

La ejecución. La voluntad democratizadora y esa intención de desencadenar el cambio "de la Ley a la Ley" encontraron su oportunidad de eje-

"Don Juan Carlos solicitó, una y otra vez, a Torcuato Fernández-Miranda que le convenciese de que el juramento de las Leyes Fundamentales no le encadenaba para el futuro".

cución con la plataforma política que le brindó a don Juan Carlos el fallecimiento de Franco y su acceso a la Jefatura del Estado como Rey de España.

No obstante, el escenario político en el que el Rey tuvo que desenvolverse distaba de ser ideal. Don Juan Carlos no heredaba de Franco ni sus competencias jurídicas ni su poder político, y el Estado se hallaba sustancialmente controlado por un presidente del Gobierno, Carlos Arias, que se sentía albacea del franquismo, que no comprendía el sentido del cambio histórico, que estaba dispuesto a encastillarse en el poder y que no simpatizaba en absoluto con don Juan Carlos ni con sus proyectos. En el fondo, Arias pretendió negarle al Rey toda autonomía política fuera de las competencias tasadas (importantes pero insuficientes) que le confería la Ley Orgánica del Estado.

Semejante escenario obligaba al Rey a la prudencia y a la paciencia. Antes de reformar el Estado tenía que conquistarlo y para ello no podía contar con el presidente del Gobierno. La estrategia se desplegó tenazmente: si no pudo cesar a Arias, sí pudo condicionar "su" Gobierno imponiendo ministros afectos a la Corona y a sus proyectos. Sí pudo situar a su profesor y consejero en la Presidencia de las Cortes y del Consejo del Reino, instituciones clave para una reforma desde la legalidad y para dirigir en un futuro próximo la sucesión de un Carlos Arias insostenible. Primero había que controlar Cortes y Consejo del Reino, después nombrar un primer Gobierno de la Corona capaz de ejecutar con valentía el proyecto elaborado por el Rey.

Torcuato Fernández-Miranda, desde su puesto institucional, va dando los pasos con la máxima discreción: se hace con el Consejo del Reino e institucionaliza sus sesiones de forma periódica para que el nombramiento del sucesor de Arias se resuelva de un solo golpe, sin espacio para la presión ni la conspiración. Prepara la sucesión de Arias con el Rey y le convence de la idoneidad de Adolfo Suárez. Y redacta el proyecto de Ley de Reforma Política que entrega a Adolfo Suárez el 23 de agosto de 1976.

> **"Arias pretendió negarle al Rey toda autonomía política fuera de las competencias que le confería la Ley Orgánica del Estado"**

Paralelamente, intenta hacerse con las Cortes y dejarlas "aptas" para aprobar la Reforma. En esta tarea destacan dos medidas que en su momento no fueron comprendidas ni estimadas por todos, pero que supusieron una profunda alteración de la estructura de poder interno en la Cámara: la autorización de los grupos parlamentarios y la introducción del procedimiento de urgencia.

La autorización y la constitución de grupos parlamentarios en el seno de aquellas Cortes orgánicas perseguían dos objetivos contradictorios sólo en apariencia: dividir e integrar. Dividir los centros tradicionales de poder y dar nacimiento a otros nuevos; dividir para debilitar y reagrupar, para integrar y fortalecer. Por su parte, en el procedimiento de urgencia lo de menos era la "urgencia" y, lo de más, el traslado de las competencias legislativas al Pleno destruyendo por completo el poder de la Comisión de Leyes Fundamentales en la que se sentaba lo más aguerrido de la ortodoxia franquista.

El 18 de noviembre de 1976 las Cortes aprobaban la Ley para la Reforma Política. El 15 de diciembre, el pueblo español la refrendaba, y el 15 de junio de 1977 se celebraban las primeras elecciones generales libres. La Reforma había concluido. La Transición continuaba.

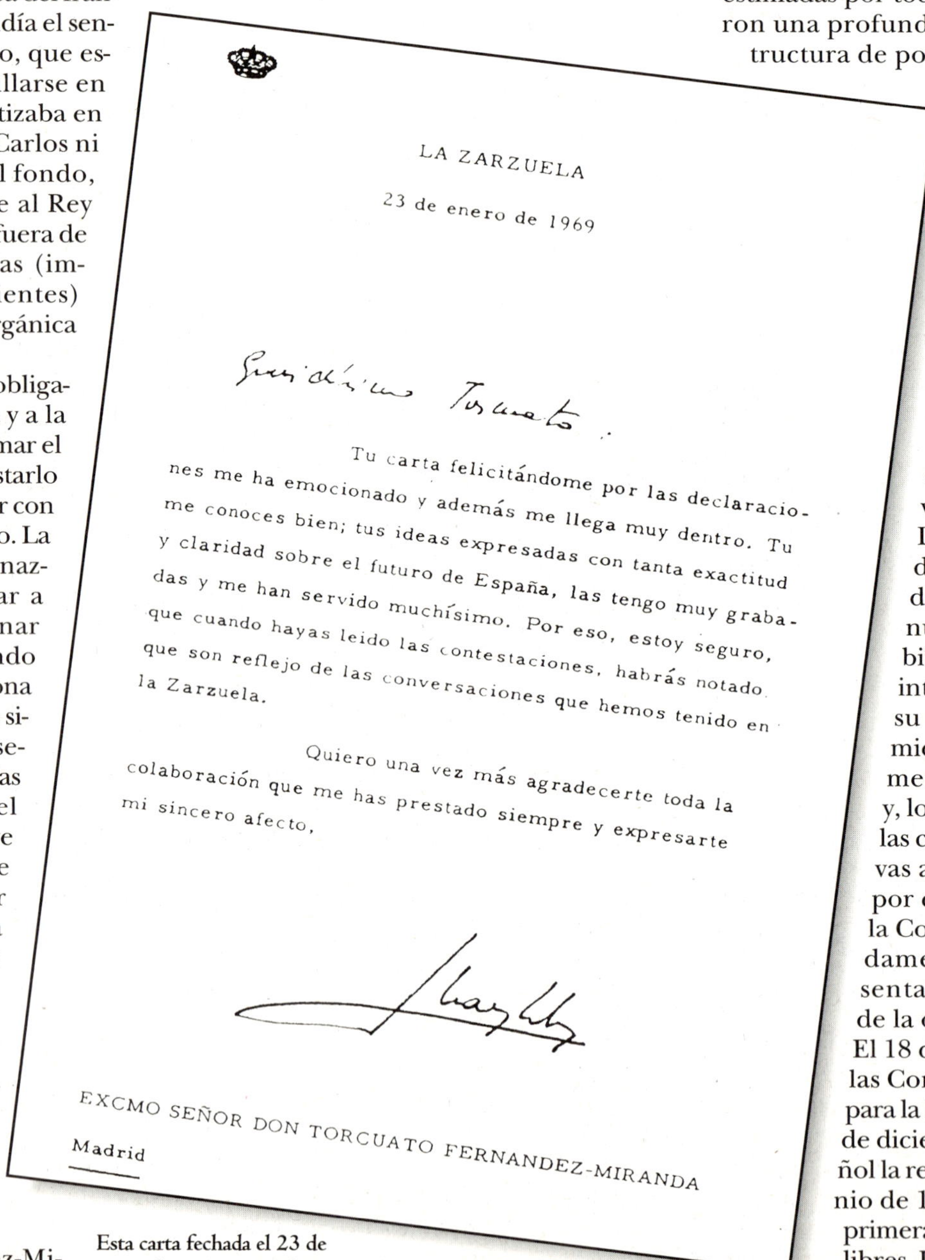

LA ZARZUELA

23 de enero de 1969

Queridísimo Torcuato.

Tu carta felicitándome por las declaraciones me ha emocionado y además me llega muy dentro. Tu me conoces bien; tus ideas expresadas con tanta exactitud y claridad sobre el futuro de España, las tengo muy grabadas y me han servido muchísimo. Por eso, estoy seguro, que cuando hayas leido las contestaciones, habrás notado que son reflejo de las conversaciones que hemos tenido en la Zarzuela.

Quiero una vez más agradecerte toda la colaboración que me has prestado siempre y expresarte mi sincero afecto,

EXCMO SEÑOR DON TORCUATO FERNANDEZ-MIRANDA

Madrid

Esta carta fechada el 23 de enero de 1969 y que el entonces Príncipe Juan Carlos remitió a Torcuato Fernández-Miranda da idea de la excelente relación que mantuvieron el maestro y el discípulo. Partiendo de esa plena colaboración se pudo forjar con posterioridad el proceso de reforma.

El terrorismo catalán mata a Bultó y Viola

En ambos atentados se usó el método de la bomba en el pecho

Javier Lorenzo

El 9 de mayo de 1977, José María Bultó Marqués -presidente de la empresa química Cros- moría al querer desprenderse de la bomba que unas horas antes cuatro personas habían colocado en su pecho. Ocho meses después, el 25 de enero de 1978, en una operación similar fallecían el ex alcalde de Barcelona Joaquín Viola Sauret y su esposa, Montserrat Tarragona. La autoría de ambos atentados se atribuyó al hasta entonces desconocido Exèrcit Popular Catala, varios de cuyos miembros fueron detenidos en fechas posteriores a los asesinatos.

La amnistía de octubre de 1977 supuso la libertad para los implicados en el asesinato de Bultó, quienes, según la Policía, intervinieron posteriormente en el crimen del matrimonio Viola. El entonces gobernador civil de Barcelona, Rodolfo Martín Villa, obtuvo entonces una sentencia del Tribunal Supremo por la que se revocaba la amnistía para los presuntos asesinos, los cuales ya habían puesto tierra de por medio. Con todo, la Policía detuvo poco después a nuevos sospechosos, que fueron juzgados y condenados en 1982 a severas penas de cárcel.

Las defensas de los principales acusados -Xavier Barberá, Ferrán Jabardo y Antoni Messegué- acudieron al Tribunal Europeo de Derechos Humanos, donde argumentaron que se había juzgado a sus clientes sin pruebas concluyentes que demostraran su culpabilidad y vulnerando además sus garantías jurídicas como procesados, extremo este último que fue aceptado por la sala europea en 1988, por lo que remitió de nuevo el caso a la justicia española.

EUROPA PRESS

EFE

Arriba, el duelo que se vivió en Barcelona por la muerte de José María Bultó. Debajo, Joaquín Viola recibe un premio de manos de Pilar Trenas.

Tras otro largo periplo de cinco años, la Audiencia Nacional dictaminó en noviembre de 1993 la absolución definitiva de los condenados, quienes se apresuraron a exigir 68 millones de pesetas de indemnización al Estado español. La causa de esa absolución fue la misma que esgrimió el Tribunal Europeo: las pruebas en su contra fueron conseguidas ilegalmente, incluso -si hay que hacer caso a los inculpados- bajo tortura.

No existe la certeza, sin embargo, de que no fueran ellos los culpables de ambos crímenes, cometidos en una época de suma inestabilidad para el país y que tuvieron unas características tan atroces que aún hoy pueden seguir considerándose como unos de los más espeluznantes de la democracia española.

La huella de Franc

El General y su régimen se perpetúan en monumentos, publicaciones, carteles, monedas y calles del paisaje urbano

Fernando Bermejo

Veinte años después de la muerte de Francisco Franco, su huella sigue formando parte del paisaje urbano. Si en la pasada década se intentó borrar todo vestigio del General en la geografía española, algunas ciudades continúan exhibiendo monumentos del Caudillo (la imagen inferior, tomada en Santander, da fe de ello). En la capital cántabra se mantienen calles y plazas en recuerdo de personajes allegados al régimen, como Pilar Primo de Rivera y Camilo Alonso Vega, tal y como se observa en la página de la derecha, donde aparecen otras huellas de Franco. Por ejemplo, las banderas con el águila preconstitucional entre el público del fondo sur del estadio Santiago Bernabéu, el pasquín de la ultraderecha *La Voz de España*, un cartel convocando a un acto fascista y varias monedas con la efigie de Franco y el escudo del régimen, que aún acompañaba a las primeras monedas de curso legal con la imagen del Rey don Juan Carlos.

Un puñado de ejemplos de una realidad pasada pero que convive con nosotros como si tal cosa.

JAVIER LORENZO

o por todas partes

Larry Mangino

Alberto Cuéllar

Javier Lorenzo

La Voz de España
AUN
Periódico Mural de la Alianza por la unidad Nacional JUNIO 1995 Nº 29
Director: José Luis Corral
Evangelium Vitae
El Papa defiende la cultura de la vida frente a la cultura de la muerte

Alberto Cuéllar

José María Casaña

Banderas, nombres de calles, monedas, emblemas... La huella de Franco y su régimen continúa presente en el paisaje actual

Javier Lorenzo

Los españoles pueden ver p

"La naranja mecánica": ansiedad y estupor ante el estreno del filme siete días después de la muerte de Francisco Franco

Juan Carlos Laviana

La ansiedad se había apoderado de los cinéfilos. Entonces todos éramos cinéfilos. La pantalla se había convertido en la rendija por donde se colaba en nuestro cuarto oscuro el resplandor del exterior. Siete días después de la muerte del dictador, se estrenaba en nuestros cines una de las obras más esperadas en aquella España que había pasado décadas esperando películas, entre otros muchos sueños, alimentando la ansiedad y la imaginación sobre títulos míticos. Uno de ellos era aquél que se estrenaba en versión original y nada menos que en cuatro sesiones diarias, en el Cid Campeador de Madrid. A las 11 de la mañana de aquel 27 de noviembre, *La naranja mecánica* comenzó a funcionar mientras se movía la bobina en la sala de proyección.

Habían pasado cuatro años de su estreno mundial, cuatro años de comentarios en los cenáculos clandestinos, cuatro años especulando sobre una película insólita, llena de sexo y de violencia. Una película de Kubrick, un hombre misterioso y mítico. Aquella España que salía de la ley y el orden, donde la delincuencia común no preocupaba, donde todavía no había llegado el miedo a salir de noche, estaba mucho más preocupada por el sexo que por la violencia.

Así que la previsión de altercados tras el estreno no estaba demasiado justificada. Pero ellos qué sabían. Era una película prohibida y punto. Se hacía cola en el Cid Campeador -corazón de la zona nacional- con gesto triunfalista y desafiante, pero mirando por el rabillo del ojo no fueran a irrumpir los Guerrilleros de Cristo Rey a dar su merecido a aquellos pecadores que veían el cine prohibido.

Leíamos los carteles de publicidad mientras la cola avanzaba lentamente: "La decisiva obra maestra del director más visionario de nuestro tiempo", "¡El film que mayor impacto ha causado en toda la historia del cine!". Incluso una sentencia de Luis Buñuel estaba incluida en carteles; Malcolm MacDowell nos amenazaba con la mirada y un gran cuchillo que ilustraba las palabras del maestro de Calanda: "La única película sobre lo que el mundo moderno significa realmente".

El célebre crítico Alfonso Sánchez describió la película como "un revulsivo contra la violencia, el sadismo y la sexualidad que infectan con sus excesos el cine actual". Incluso facilitaba el parte de incidencias. En aquel momento, cualquier incidente era posible hasta en las pacíficas salas de cine: "Todas las proyecciones transcurrieron con normalidad".

Como bien decía Buñuel, había llegado el momento. A la salida del cine comprendimos que siete días después del 20-N habíamos entrado en un nuevo mundo, sobre todo democrático, pero también unido a los destinos del resto de la humanidad. Aún no habíamos visto *El crimen de Cuenca*, apenas habíamos abierto los armarios donde estaban escondidos los cadáveres, ni tampoco habíamos discutido sobre *Asesinos natos*, ni sabíamos que algún día los salvajes quemarían vivos a los mendigos y que algunos niños imitarían las películas para matar a otros niños.

La naranja mecánica nos dejó fuera de combate, abobados ante un mundo que entonces nos parecía de ciencia-ficción. Pensábamos que la única violencia era la de la represión. Estábamos demasiado ocupados para pensar en otra violencia que hoy ya hemos sufrido en nuestras carnes. Ya nos lo advirtió Kubrick hace muchos años.

r fin dos películas históricas

"El acorazado Potemkin": tuvieron que pasar 51 años para que en 1977 fuera exhibida en las salas de nuestro país

Alberto Bermejo

Habían pasado cincuenta y un años desde que *El acorazado Potemkin* se exhibió por primera vez en público. Fue el 1 de enero de 1926, y la sala: el Teatro Bolshoi de Moscú. Sólo entonces los españoles pudieron tener acceso a una de las películas más emblemáticas de la historia del cine.

La obra de Einsestein, que contaba un histórico motín a bordo de un barco de guerra en 1905, dio la vuelta al mundo. Del mismo modo, las dramáticas imágenes que marcaron la evolución del lenguaje cinematográfico en similar medida que las de Griffith u Orson Welles; la indignación de los marineros al descubrir la carne agusanada; el lanzamiento de un oficial por la borda o el imperturbable avance de los soldados reprimiendo el entusiasmo popular en las escaleras de Odessa se habían convertido en todo un símbolo genérico de la lucha por la libertad.

El estreno en salas comerciales en España, tras su remota autorización en el idílico interludio de la República, no se produjo hasta después de la muerte de Franco.

En concreto, fue el 24 de agosto de 1977 en el cine Bellas Artes de Madrid. Más que una celebración o un verdadero acontecimiento, fue un gesto reivindicativo, una especie de trámite burocrático que certificaba la defunción de un paranoico régimen de censura que había velado a sus anchas por la higiene ideológica y sexual de los españoles a lo largo de cuarenta años.

Lo cierto es que para entonces los ardores reprimidos se saciaban, cinematográficamente hablando, con libertades más carnales y, por otra parte, casi todos los que habían estado interesados en la lírica propagandística de Eisenstein ya habían tenido la oportunidad de venerarla en las concienciadas catacumbas de la cinefilia franquista.

Las copias clandestinas habían convocado de hecho a cientos de espectadores empapados de sudor revolucionario en cine-clubs, facultades y salones parroquiales.

Suerte parecida corrieron tanto la mayor parte de los clásicos proscritos que salieron a la luz en esos primeros momentos de voracidad democrática, como otros títulos más recientes que solían figurar en los programas de los festivales reservados para el fin de semana que se celebraban ritualmente en varias ciudades del sur de Francia, hasta donde se habían desplazado -también casi de forma ritual- en romería los españoles más enterados durante los últimos años de la dictadura.

Filmoteca Española

Una escena de "El acorazado Potemkin", que pudo estrenarse en España el 24 de agosto de 1977.

•CALENDARIO•

1977

El calendario anterior, de 1976, fue publicado en el fascículo nº 8

EUROPA PRESS

Varios jóvenes portan pancartas y banderas en una manifestación en contra del divorcio.

ENERO

Rumasa compra las Torres de Colón. El año económico tiene como primera noticia la compra por parte de Rumasa de las Torres de Colón. El grupo de José María Ruiz Mateos adquiría uno de los edificios más emblemáticos de Madrid. Sin embargo, ocho meses después, el Gobierno de UCD imponía una multa a dos empresas del "holding" por evadir divisas en una cuantía aproximada de 200 millones de pesetas.

FEBRERO

España vuelve a mirar al Este. Con sendos actos en Madrid y en Moscú quedaron selladas el 9 de febrero las relaciones diplomáticas entre la Unión Soviética y España. Ya se había realizado un acuerdo similar con el resto de las naciones del este de Europa.

MARZO

El eurocomunismo respalda a Santiago Carrillo. Georges Marchais y Enrico Berlinguer, secretarios generales del Partido Comunista de Francia e Italia, respectivamente, dieron un explícito respaldo a Santiago Carrillo el día 2 en un encuentro mantenido en Madrid.

ABRIL

Se disuelve el Movimiento. El mes comenzaba con la desaparición de la Secretaría General del Movimiento, uno de los elementos más característicos del régimen franquista. Sus miembros pasaron a formar parte, como funcionarios, de la Administración Pública. **Regulada la libertad de expresión.** El día 12, entró en vigor el real decreto que regulaba la libertad de expresión. Quedaban derogadas, entre muchas otras, las limitaciones sobre el acatamiento a los Principios y Leyes Fundamentales. **Comienza la polémica del divorcio y el aborto.** En medio de un clima de reivindicaciones sociales y políticas, los espinosos asuntos del divorcio y el aborto comienzan a crear controversia. Las manifestaciones en las calles en pro o en contra se generalizan por doquier. La sociedad española demanda con urgencia nuevos aires.

MAYO

El gesto histórico de don Juan. Don Juan de Borbón cedió los derechos dinásticos a su hijo Juan Carlos el día 14 en un acto que se celebró en el Palacio de La Zarzuela y que coincidió con el decimoquinto aniversario de la boda en Atenas de los Reyes de España.

JUNIO

Breznev toma los máximos poderes. Leonidas Breznev asume los máximos poderes de la Unión Soviética el día 15. El secretario general del Partido Comunista de la URSS fue elegido presidente del Soviet Supremo en lugar de Nikolai Podgorni.

EUROPA PRESS

Groucho Marx, con el Oscar.

•Y TAMBIÉN•

● **SE SUPRIME EL TOP.** Una de las instituciones más denostadas del franquismo, el Tribunal de Orden Público, desaparece el día de Reyes.
● **DON FELIPE, NOMBRADO PRÍNCIPE DE ASTURIAS.** El hijo menor de los Reyes asume, el 21 de enero, el título de heredero al trono español.
● **CRIMEN DE ATOCHA.** Dos pistoleros ultraderechistas asesinan a cinco abogados laboralistas en su despacho de la calle Atocha el 24 de enero.
● **LIBERADOS ORIOL Y VILLAESCUSA.** El 11 de febrero concluyen los dos secuestros más desestabilizadores del momento.
● **PRIMER CONGRESO DE AP.** Manuel Fraga se erige en el líder de la derecha española tras el Congreso de Alianza Popular, el 5 de marzo.
● **DECRETO LEY SOBRE LA AMNISTÍA.** Ante la presión popular, el Gobierno decide el 17 de marzo promulgar un decreto sobre la amnistía. Cuatro días después, saldrán de las cárceles los primeros presos políticos.
● **EL PCE ES LEGALIZADO.** La conmoción política que causó la legalización del PCE, el 9 de abril, se saldó, dos días más tarde, con una grave crisis de Gobierno al dimitir el ministro de Marina, almirante Pita da Veiga.

Julio

Primeras Cortes democráticas. Una gran emotividad se vivió en el Congreso cuando los primeros diputados de la democracia ocuparon sus escaños el día 13. Aunque la sesión inaugural no tendría lugar hasta nueve días más tarde, en esta jornada Dolores Ibarruri y Rafael Alberti ocuparon las vicepresidencias de edad; Fernando Alvarez de Miranda y Antonio Fontán fueron elegidos, respectivamente, presidentes del Congreso y del Senado.

Agosto

Adiós a tres mitos: Machín, Elvis Presley y Groucho Marx. Tres mitos de las artes desaparecen en el mes de agosto: Antonio Machín, Elvis Presley y Groucho Marx. El inolvidable intérprete de *Angelitos negros* o *Dos gardenias* falleció el día 4, a los 74 años, en su domicilio de Madrid a consecuencia de una enfermedad pulmonar. Un fallo en el aparato respiratorio, unido a los barbitúricos y el alcohol, dio al traste con la vida del rey del rock, Elvis Presley, el día 16 en Memphis (Tennessee). Cuatro jornadas después, en un hospital de Los Angeles muere el inimitable Groucho Marx. Tenía 86 años.

Septiembre

Acuerdo Carter-Torrijos sobre el Canal de Panamá. El presidente de Estados Unidos, Jimmy Carter, y el primer ministro panameño, el general Omar Torrijos, sellaron el día 8 el nuevo tratado del Canal de Panamá, en virtud del cual el estado centroamericano asumirá la soberanía en la zona a partir del año 2000. La presencia en Washington, con tal motivo, de algunos de los máximos dirigentes de aquel continente hizo que se conociera la reunión como la "cumbre de los dictadores".

EUROPA PRESS

Una de las últimas imágenes en vida de Charles Chaplin.

Octubre

Los Pactos de La Moncloa, contra la crisis. Todas las fuerzas parlamentarias acordaron, tras dos semanas de negociaciones, apoyar las medidas económicas que iba a emprender en breve el Gobierno para superar la crisis. El plan incluía, entre otros puntos, una política de saneamiento económico, la reforma fiscal, una nueva política de urbanismo y la reorganización de la política agraria y pesquera.

EFE

Carter y Torrijos saludan tras acordar la devolución del Canal de Panamá.

Noviembre

Sadat llega a Israel. Anuar el Sadat, presidente egipcio y primer mandatario árabe que viajaba a Israel, estaba lejos de suponer que el paso hacia la paz que emprendió el día 19 iba a costarle la vida meses después. Los países árabes criticaron duramente su intervención ante el Parlamento judío y su encuentro con Beguin. Siria llegó a declarar el día en que Sadat viajó a Jerusalén como de luto nacional.

Diciembre

Charlot emprende su último viaje. Charles Chaplin, el gran Charlot, murió mientras dormía en la noche de Navidad, cuando contaba con 88 años de edad. El genial artista llevaba apartado del espectáculo desde 1966, pero su fallecimiento supuso una auténtica conmoción. En Gran Bretaña, con todo, su muerte pasó casi desapercibida ya que nunca le perdonaron que viviera 65 años fuera de su país natal.

- **Los sindicatos son legalizados.** El 28 de abril el Gobierno legaliza a los sindicatos, pero les prohíbe celebrar el 1 de mayo.
- **La Pasionaria vuelve a casa.** Tras Guillén, Alberti y muchos más, Dolores Ibarruri regresa a Madrid desde Moscú el 13 de mayo.
- **Torcuato Fernández-Miranda dimite.** El principal valedor de la democracia española y mentor de don Juan Carlos dimite de todos sus cargos el 31 de mayo, al parecer por el modo en que se ha abordado la cuestión autonómica.
- **Elecciones Generales.** El 15 de junio, UCD consigue mayoría relativa. El 4 de julio, Suárez forma el que se considera como primer Gobierno democrático de la Transición.
- **España pide el ingreso en la CEE.** Marcelino Oreja, ministro de Exteriores, fue quien hizo la petición oficial el 28 de julio.
- **Aleixandre, Nobel de Literatura.** El poeta recibió el máximo galardón de las Letras un 6 de octubre. No pudo recogerlo en persona.
- **Tarradellas, en Cataluña.** El 24 de octubre, la plaza de Sant Jaume escucha el célebre "ja sóc aquí" del presidente de la Generalitat.
- **Se aprueba la preautonomía para Euskadi.** Tras cuarenta años, se da el primer paso para que el País Vasco recupere sus instituciones.

Pigmalión superado

Consuelo A. de Toledo

Sus vidas, hasta aquel julio del 76, tenían un destino confluyente. Pero a partir del instante en que don Juan Carlos nombró a Adolfo Suárez presidente del Gobierno, gracias a la habilidad política y personal de Torcuato Fernández-Miranda, se convirtieron en "vidas-vías" paralelas, que son las que ya no se tocarán jamás. Fernández-Miranda quizá no conocía la verdadera personalidad de aquel joven cuyo nombre había podido "ofrecer" al Rey. El lo confesaría: "Estoy en condiciones de ofrecer al Rey lo que me ha pedido". Confesión fatal porque Suárez supo que era a don Juan Carlos a quien debería el nombramiento. Quizá pudo pensar el asturiano que, con Suárez, podría ser un Pigmalión creador del personaje a su voluntad. ¡Qué error, qué inmenso error! Llegaba el joven presidente a las cumbres del poder y de la gloria cuando el veterano presidente de las Cortes creía estar en la cima más alta. Grave fue la decepción del maestro. Fdez.-Miranda y Suárez vivieron desde entonces en el desencuentro de la incomprensión.

EFE

Suárez y Fernández-Miranda (izquierda), el día en que se anunció la dimisión de éste como presidente de las Cortes (31-V-1977).

PRÓXIMO CAPÍTULO: **EL REGRESO DE LOS EXILIADOS**

ENTREVISTA CON **RAFAEL ALBERTI**: "NO PODÍA CREERME QUE VOLVÍA A ESPAÑA". EL DECRETO DE LIBERTAD DE EXPRESIÓN Y EL "BOOM" DE LA RADIO. **ESCRIBEN:** LORENZO DÍAZ, JESÚS TORBADO, INOCENCIO ARIAS, JUSTINO SINOVA Y JAVIER LORENZO.

{CAPÍTULO 13}

GUSTAVO CATALÁN

Una nube de fotógrafos se arremolina disparando sus cámaras sobre el lehendakari Jesús María de Leizaola, quien regresaba a España tras un exilio de 38 años.

EL REGRESO DE LOS EXILIADOS

Jamás en su Historia España se había visto tan desgarrada, rota e incompleta. El conflicto civil causó pérdidas humanas y económicas y también horadó un profundo y oscuro agujero por el que desaparecieron los ideales y las esperanzas de muchos. La política pasó a ser cosa de unos pocos, y la ciencia y el arte se vieron privadas del concurso de numerosas inteligencias. Con la llegada de la libertad, el regreso de los exiliados recompuso un tanto esa situación. Para muchos ya era demasiado tarde, pero el país asistió con entusiasmo a esta recuperación.

•RELATO•

España celebra el final de un largo exilio

La mayor parte de quienes huyeron del franquismo volvió entre 1976 y 1979

A todos les dolía España, pero no dudaron ni un instante en regresar a la tierra que les vio nacer en cuanto percibieron los primeros aires de libertad. Intelectuales, políticos y artistas, ya fueran jóvenes o ancianos, comunistas o liberales, y ya hubieran pasado meses o decenios desde su marcha, acudieron con emoción y sin condiciones previas a la llamada de un país que sin ellos se sentía incompleto.

Javier Lorenzo

"Un día dije que, al pisar España, vendría llorando, y llorando estoy. No tengo más que una palabra: paz". Las lágrimas que el 23 de abril de 1976, tras una ausencia de cuarenta años, surcaban el rostro del historiador Claudio Sánchez Albornoz nada más llegar a Madrid en el DC-8 de Iberia *Claudio Coello*, eran las mismas lágrimas que fueron incapaces de evitar los miles de exiliados que regresaron a la patria una vez fallecido Franco. La última batalla de los antiguos vencidos se ganó sólo a base de paciencia.

Ningún revanchismo animaba a los que llegaban. Su sufrimiento les había servido para descubrir que cualquier calamidad era preferible a la guerra civil. El propio Sánchez Albornoz, concluyó: "Nos hemos matado ya demasiado. Es hora de que tendamos la mano a nuestro adversario de otro tiempo para discutir y dialogar juntos en unas nuevas Cortes la suerte de España. Y, señores, yo no tengo de rojo más que la corbata".

Los resquemores habían pasado a un segundo plano. El escritor Salvador de Madariaga, llegado a Zaragoza el 3 de abril de 1976 en un reactor privado, había dicho unos meses antes de su regreso que nunca le perdonaría a Franco el que le impidiera pasar los últimos años de su vida a las orillas de la ría de Arosa "para, por fin, trenzar un diálogo con los pescadores y labradores gallegos". Todo esto se le olvidó nada más pisar suelo español, donde rechazó la palabra exilio por parecerle "extremadamente cursi", propuso que se le negaran las libertades políticas al PCE, "ya que él no las concede", y defendió la Monarquía porque "en España tenemos tendencia al personalismo. Aquí no hay republicanos, sólo hay monárquicos porque a la ➳

FOTOS EUROPA PRESS

Un momento histórico: el presidente de la Generalitat en el exilio, Josep Tarradellas, saluda instantes antes de pisar suelo español tras casi cuarenta años de ausencia.

Jorge Guillén llegó a España cuando contaba casi 84 años y tras recibir el premio Miguel de Cervantes. Ya había venido en otras ocasiones, quizás debido a que nunca se había referido a principios eternos "como hacía el régimen".

Con una elegancia propia de otros tiempos, Claudio Sánchez Albornoz se abre camino entre la multitud que le recibió. El anciano historiador, que no pudo reprimir unas lágrimas de emoción, aseguró que en sus labios sólo estaba la palabra paz.

gente le preocupa más qué es lo que hace el Gobierno que quién es el que está en el Gobierno. Si la Monarquía no la salvan los españoles, que Dios salve a España".

Por esas fechas, la primera actriz de la *Comedie Française,* María Casares -hija de Santiago Casares, presidente que fue de la República Española- afirmaba que no sabía si su corazón podría soportar "el pisar tierra española". Pudo comprobarlo el 20 de julio cuando llegó a Madrid en el tren *Puerta del Sol*, procedente de París. La artista, que en el momento de pisar la estación no sabía muy bien si reir o llorar, vino a representar *El adefesio*, la primera obra de Rafael Alberti que pudo ver la luz en España. Alberti no regresó hasta el 27 de abril de 1977, momento que aprovechó para afirmar: "Salí con el puño cerrado porque era tiempo de guerra, y vuelvo con la mano abierta para la fraternidad".

Nada más pisar suelo español, Madariaga defendió a la Monarquía: "Si la Monarquía no la salvan los españoles, que Dios salve a España"

El poeta gaditano, que viajó con su esposa María Teresa León y su hija Aitana, fue recibido por numerosos militantes del PCE que corearon eslóganes como "se ve, se siente, Alberti está presente", todo ello aderezado con los acordes de *La Internacional.* Rafael Alberti, visiblemente conmovido, aseguró: "Estoy en España para seguir siendo español, pues nunca he dejado de serlo".

El recibimiento más multitudinario de que fue objeto cualquiera de los exiliados españoles correspondió al presidente de la Generalitat, Josep Tarradellas. Aunque ya había viajado en ocasiones anteriores a Madrid para preparar su vuelta en connivencia con el entonces presidente del Gobierno, en los libros de Historia figurará el 24 de octubre de 1977 como la fecha de su regreso. Ese día, en el palacio de la Generalitat, tras ser aclamado durante el recorrido, jurar posteriormente lealtad a don Juan Carlos y recibir de Adolfo Suárez la insignia y el bastón inherentes a su cargo, Tarradellas pronunció ante varias decenas de miles de personas congregadas en la Plaza de Sant Jaume su célebre y sencilla sentencia: "Ja sóc aquí". Sus últimas palabras desde el balcón del palacio fueron un viva a Cataluña, masivamente coreado, y un viva al resto de los pueblos de España, que no lo fue tanto.

Para Jesús María de Leizaola, lehendakari en el exilio, el regreso también tuvo tanto de obligación como de añoranza. Recibido por miles de vascos en el aeropuerto de Sondica -pertenecientes al PNV y a Euskadiko Ezkerra-, sus primeras palabras no pudieron ser más claras: "Con mi llegada hoy a Euskadi cumplo y doy fin a una misión que se me encomendó. Tengo la enorme satisfacción de que he llevado la palabra que di hasta el fin. Pido a los vascos la reconciliación y la paz".

A otra carismática y simbólica exiliada, Dolores Ibarruri, "la Pasionaria", fueron a recibirla el 14 de mayo de 1977 unas doscientas personas, la mayoría enarbolando banderas rojas. La presidenta del PCE, agotada tras 38 horas de vuelo en un avión de las líneas aéreas soviéticas, apenas pudo esbozar más que sonrisas ante sus seguidores, a los que se impidió en todo momento que se acercaran a ella. Mientras, en el PCE seguían afirmando que no estaba prevista su llegada a Madrid hasta el día 22. Si fue un error o algo premeditado es una cuestión que todavía permanece en el misterio.

Más discreto fue su compañero y secretario general del PCE, Santiago Carrillo, quien no esperó al "placet" del Gobierno para salvar la frontera hispanofrancesa un 7 de febrero de 1976. Tocado con una peluca y sin gafas, aunque con unas lentillas que se ponía por primera vez en su vida, el dirigente comunista llegó a Madrid y viajó posteriormente por toda España poniéndose en contacto con gente de su partido, así como con líderes de otras fuerzas políticas. Además, salió en la televisión francesa por las calles de la capital y poco después, en diciembre, dio una rueda de prensa que colmó la paciencia de la Policía. Tras su detención y posterior puesta en libertad, Carrillo adoptó una postura muy moderada, llegando a no levantar el puño en los mítines: "Creo que no sería malo para este país que unos dejaran de saludar a la romana y otros con el puño cerrado".

Rafael Alberti, junto a su esposa María Teresa, no pueden reprimir una expresión de gozo tras su viaje desde Italia después de 37 años de exilio. "Nunca he dejado de ser español", recalcó el poeta gaditano.

La excusa fue representar la obra de Alberti "El adefesio", pero para María Casares, hija del presidente republicano Santiago Casares, el verdadero motivo fue el de regresar a la tierra que la vio nacer.

Otros, en cambio, parecían no haber cambiado ni olvidado. Fue el caso de Enrique Líster, secretario general del Partido Comunista Obrero Español y alto mando republicano durante la guerra, quien nada más pisar Barajas -el 7 de noviembre de 1977-, calificó a Carrillo de "gángster de la política", al tiempo que dedicaba un recuerdo a todos aquellos que quedaron en los campos de concentración y de batalla europeos. Líster declaró que venía dispuesto a luchar por "la sociedad comunista" y que de todos dependía, "y especialmente de los jóvenes", que no hubiera otro conflicto civil.

Casi tan combativa como Líster se mostró Victoria Kent cuando llegó a Madrid procedente de Nueva York un 11 de octubre de 1977. La que fuera directora de Prisiones durante la República, exigió nada más bajarse del avión la amnistía total y el restablecimiento de las autonomías, además de considerar que las últimas elecciones no tenían validez y que a la nueva democracia le faltaba libertad. No obstante, reconoció que "no se puede andar recordando el pasado: hay que restaurar España con el trabajo de todos".

Con el mismo espíritu que reflejan esas palabras desembarcaron en Es- ➳

paña los miembros de la diáspora republicana. Algunos, incluso, visitaron más de una vez su lugar de origen antes de la muerte de Franco. El poeta Jorge Guillén, por ejemplo, que se autocalificaba como "profesional de la esperanza", mencionaba que nunca había dejado de ser "español de pasaporte", a pesar de ser un "modesto adversario del régimen". Guillén, que había realizado su primer viaje a España en 1949, y que acababa de recibir el premio Cervantes pocos días antes de llegar a Málaga un 7 de enero de 1977, afirmó que el proceso democrático era irreversible. Y en otro alarde de optimismo, concluyó: "Yo creo que las cosas se van arreglando", una aseveración que contrastaba con los frecuentes asesinatos y secuestros terroristas, los cinco atracos a bancos que se producían diariamente en Madrid o la prohibición de múltiples manifestaciones, incluyendo el 1º de mayo. Claro, que El Corte Inglés ya hablaba de lo grande que era ser joven, comenzaba la serie *Curro Jiménez* y Secundino Gallego, el hombre de los pájaros, triunfaba en cada una de sus exhibiciones. Además, "según un reciente inventario", había en el mundo 2.653 problemas sin resolver. El que no se consolaba era porque no quería.

EFE

Por fin se hizo realidad el grito que atronó durante años las calles y plazas españolas: "Sí, sí, sí, Dolores a Madrid". La Pasionaria llegó muy cansada de su viaje desde Moscú y sus simpatizantes apenas pudieron acercarse a la presidenta del Partido Comunista.

La imagen recoge uno de los momentos de la rueda de prensa clandestina que Santiago Carrillo, llegado a España desde hacía meses, ofreció en Madrid poco antes de que la Policía le detuviera.

Victoria Kent, feminista y ex directora general de Prisiones durante la República, regresó a España advirtiendo que "no se puede andar recordando el pasado".

Así, el 29 de octubre de 1977, cuando Carlos Hugo de Borbón-Parma llegó al aeropuerto de Barajas tras nueve años de exilio, lo primero que salió de sus labios es que no iba a plantear ningún pleito dinástico. El era un político. Y, además, su acento no era todo lo pulcro y académico que podría esperarse del heredero de la rama carlista y presidente del mismo partido. Con todo, su origen aristocrático no impidió que sus simpatizantes lo recibieran al muy castizo grito de: "Ya era hora".

Algo similar debió exclamar el dramaturgo Fernando Arrabal cuando supo que el último de los presos políticos había sido liberado, condición "sine qua non" que él se había autoimpuesto para su vuelta a España, donde previamente dos de sus montajes habían provocado lo que hoy se denominaría como "alarma social". Arrabal, cuya llegada a su país de origen sólo fue recogida por las cámaras

Joan Manuel Serrat baja del avión que le devolvía a España tras su exilio de once meses motivado por las declaraciones que realizó contra el régimen a raíz de los fusilamientos del 27 de septiembre de 1975.

Los aromas de la clandestinidad y lo prohibido caminaron juntos a través de los conciertos que Paco Ibáñez realizó en su primera gira por España.

La llegada de Enrique Líster causó un tumulto que se prolongaría al llamar a Santiago Carrillo "gángster de la política".

Sólo los militantes del PNV y Euskadiko Ezquerra fueron autorizados a recibir al lehendakari Jesús María de Leizaola.

Con la máxima humildad se presentó en Madrid Carlos Hugo, quien aseguró que no iba a plantear la cuestión dinástica.

de las televisiones sueca, inglesa y alemana, dedicó sus primeras declaraciones tanto a defender sus obras como a equiparar a Fuerza Nueva con el Partido Comunista, lo que atrajo sobre sí más enemistades de las que ya tenía, que no eran precisamente pocas.

Los aires de la libertad rolaban hacia España. Con ellos volvieron cantantes como Serrat, Paco Ibáñez -este último emprendió una gira por todo el país, encarnando así las canciones del Olympia que tanto furor causaron en su día-, o Joaquín Sabina -exiliado por lanzar un "cóctel Molotov" en un banco de Granada-, políticos casi desconocidos como Manuel Muiño, amigo de Pablo Iglesias, y Víctor Salazar, secretario general del PSOE histórico, y también cuantos tuvieron que huir por enfrentarse a la dictadura y padecer, como diría Madariaga, la "pesada carga" de pertenecer a un pueblo al que "le sobra natural volcánico y personalidad fuerte".

•ENTREVISTA•

“No podía creerm

El poeta Rafael Alberti rememora los diferentes trances y sentimientos que surgen en un exiliado

Escapó por muy poco de una muerte como la que tuvo Lorca, pero la suerte le sonrió y pudo encontrar refugio en Argentina e Italia, países en los que transcurrió su exilio. Su vuelta fue un símbolo de la reconciliación de todos los españoles. Fue diputado del PCE, pero renunció al escaño pocos meses después de ser elegido.

Javier Lorenzo

PREGUNTA.- ¿Cuál es el sentimiento, o mezcla de sentimientos, que domina la existencia de un exiliado?

RESPUESTA.- El amor por todo lo que se ha visto obligado a abandonar y que, casi sin querer, ve reflejado en los paisajes, calles y personas que lo rodean. Pero hay algo que predomina sobre todos tus sentimientos y es el deseo de volver a tu país.

P.- ¿Esa sensación aumenta o decrece con el tiempo?

R.- Aumenta, va cobrando cada día más fuerza en tu interior, pero no con el desasosiego de los primeros tiempos. Diríamos que con el paso del tiempo se ha convertido en una meta por la que estás dispuesto a luchar hasta el último momento de tu vida.

P.- Su patria también era su literatura, pero en cuanto al lenguaje oral, ¿perdió algo de contacto con él después de tantos años en Italia?

R.- No, no perdí el contacto con mi idioma jamás, yo podía hablar italiano, pero pensaba en mi lengua y además en casa hablábamos español. Para mí perder el idioma hubiera sido la peor catástrofe que me hubiera podido suceder. Yo daba mis recitales en castellano, a veces alguien los traducía, y otras yo los leía en italiano que es una lengua en la que algunos de mis poemas cobran una gracia especial.

> “No perdí el contacto con mi idioma jamás, yo podía hablar italiano, pero pensaba en mi lengua y además en casa hablábamos español”

P.- ¿El exiliado se vuelve gregario? ¿Busca siempre la compañía de compañeros en la misma situación?

R.- Sí, claro, es algo natural, al menos en mí, que siempre he sido una persona a la que le ha gustado mucho la gente. En Argentina, los exiliados españoles estábamos en continuo contacto, no importaba que fueran anarquistas, socialistas, republicanos o comunistas. Todos luchábamos por la misma causa: derribar a Franco.

> “Las preguntas se agolpaban dentro de mí: ¿Cómo iban a recibirme? ¿Quién quedaría de todos aquellos con los que compartí tantas cosas?”

P.- Cuando se reúnen varios exiliados, ¿qué es lo que siempre acaba sucediendo?

R.- Que se siguen haciendo proyectos como si el regreso estuviera muy cercano.

P.- ¿Cómo recuerda los instantes en que decidió regresar?

R.- De desconcierto total, no acababa de creérmelo. Piense que me pasé 39 años soñando con ese día que nunca llegaba. Y, de pronto, te llaman y te dicen: “Ya puedes volver”. Entonces te entra un miedo terrible a enfrentarte con todo aquello que dejaste, porque en tu interior sabes muy bien que nada podrá ser igual ya. En Italia tenía mi vida hecha, de nuevo había que enfrentarse... ¿A qué? Las preguntas se agolpaban dentro de mí: ¿Cómo iban a recibirme? ¿Quién quedaría de todos aquellos con los que compartí tantas cosas? Yo tenía 75 años cuando volví a España, casi toda una vida de tierra intocada...

P.- Salvador de Madariaga dijo a su regreso que nunca le perdonaría a Franco que le hubiera impedido vivir junto a la ría de Arosa y “trenzar largos diálogos con los pescadores”. ¿Le sucedía a usted algo similar?

R.- Entre las muchas cosas que no se le pueden perdonar a Franco, creo que destacaría las duras represalias que tomó una vez acabada la guerra. La pérdida y la añoranza de mi mar, de mis paisajes gaditanos, siendo para mí tan im-

e que regresaba"

Ángel Casaña

El poeta gaditano Rafael Alberti, en una instantánea tomada hace tres años en su casa de Madrid.

portantes, quedarían siempre relegados ante una crueldad como esa.

P.- ¿Llegó usted a pensar que nunca volvería a España?

R.- No sabría contestarle con certeza, ya que dependía del estado de ánimo en que me encontrara en cada momento. Cuando salí de España pensé, al igual que la mayoría de exiliados, que el régimen franquista iba a durar muy poco... Y fíjese. Pero le mentiría si no dijera que la esperanza de volver es lo que nos mantenía firmes para seguir viviendo y luchando por todo aquello que siempre habíamos defendido...

P.- ¿Y creyó que la reconciliación sería algún día posible?

R.- Sí, cómo no iba a pensarlo cuando éste era el deseo más grande que teníamos tantos españoles. Pero para que esa reconciliación llegara, muchas cosas que parecían imposibles cambiar tenían que hacerlo.

P.- ¿Le sorprendió que los que eran hasta entonces pilares del franquismo soportaran de más o menos buen grado el advenimiento de la democracia?

R.- Sorprender... No es la palabra. Pero no les quedaba ya más remedio si realmente querían cambiar la imagen de España, su apertura en el mundo. ¿No le parece que ya habían mal gobernado durante suficientes años?

GUSTAVO CATALÁN

Alberti pronuncia un discurso en el barrio madrileño de San Blas, primer mitin en el que participó a su regreso.

El poeta, a petición de "Historia de la Democracia", buscó entre toda su obra algunos versos representativos del exilio y los exiliados.

«Hoy las nubes me trajeron / volando el mapa de España / qué pequeño sobre el río / y qué grande sobre el pasto / la sombra que proyectaba...» o *«Un barco al pasar me trajo / las ventanas de mi colegio...»*

P.- ¿Qué es lo que más recuerda de su viaje de regreso, del momento en el que estaba preparando las maletas?

R.- El no poder imaginar cómo se me iba a recibir en España y mi temor a defraudar a muchos de los que me esperaban sin conocerme.

P.- ¿Y qué recuerda de su primer día en España?

R.- La sensación de que no era posible lo que me estaba sucediendo. No podía creerme que, por fin, había llegado a España, que por fin iba a existir una pluralidad política, que los ciudadanos españoles nuevamente podían elegir su destino. Y también, la inmensa tristeza de que María Teresa no tuviera la consciencia de lo que estaba sucediendo a su alrededor, que no viera cumplido su largo sueño de casi cuarenta años. Ella, que tanto había luchado.

P.- ¿El exiliado es un "marinero en tierra"? ¿Fue aquel libro una premonición?

R.- A través de mi vida, que tengo que reconocer ha sido muy plena a pesar de tanta catástrofe, me he sentido muy a menudo un marinero en tierra. La primera vez, cuando mis padres me llevaron a vivir a Madrid y "me desenterraron del mar", y después esa sensación se repitió cuando inicié mis dos posteriores exilios, el argentino y el italiano. Pero siempre tuve capacidad para adaptarme a las circunstancias históricas que me tocó vivir y gracias a mi vocación literaria y pictórica supe sublimar con mi obra todo aquello que para tantos otros hubiera sido una frustración.

Rafael Alberti

"A través de mi vida me he sentido muy a menudo un marinero en tierra. Pero siempre tuve capacidad para adaptarme a las situaciones históricas"

Rafael Alberti observa una medalla que le enseña su actual esposa, María Asunción Mateo.

•ENTREVISTA•

Joan Manuel Serrat/ *Cantante*

"El exilio siempre es amargo porque es injusto"

Fernando Bermejo

Joan Manuel Serrat, en el centro, conversa con los periodistas nada más llegar de su exilio de once meses como respuesta a las cinco últimas ejecuciones del régimen de Franco.

PREGUNTA.- ¿Cómo recuerda, veinte años después, sus 11 meses de exilio tras las cinco últimas ejecuciones del régimen de Franco? ¿Lo hubiera hecho de nuevo?

RESPUESTA.- Lo recuerdo con nitidez. No sé si a pesar de o gracias al tiempo transcurrido. A distancia, las cosas se serenan y hay más luz y menos distorsión. Lo veo sin "mala leche" pero sí con amargura. El exilio siempre es amargo porque es injusto. Estuve en México, pasé por París, volví a América (esta vez a Nueva York) y de vez en cuando me acercaba a Perpiñán, donde me encontraba con mis padres y algún amigo. De todos los lugares donde me recogieron, tengo una deuda de gratitud con México; allí encontré casa y cobijo cuando más lo necesitaba. El pueblo mexicano me abrió las puertas de sus casas y de sus corazones, y allí coincidí y aprendí con los Taibo, con don Luis Buñuel -aquel entrañable y maravilloso baturro sordo-, con Max Aub, Juan Rejano, Rulfo, Alcoriza... Todos ellos fueron unas muletas de lujo para caminar aquel penoso trayecto.

Me pregunta usted si lo haría de nuevo. Evidentemente. Cuando lo hice, medí las consecuencias y sabía lo que podía ocurrir. Si las cosas se repitiesen, volvería a hacerlo, a no ser que alguien o algo "se me tragase el discernir", como diría "El Forges".

P.- ¿Cómo valora la respuesta a aquellas ejecuciones por parte de los intelectuales y artistas?

R.- Cada uno vive fatalmente encerrado en su piel, pero me consta que la gente de la cultura y el mundo artístico tuvo, como buena parte del pueblo español, una actitud no sólo crítica, sino valiente; y, dadas las circunstancias que concurrían, podríamos decir que heroica.

P.- Cuando regresa del exilio, declara su apego a Convergència Socialista de Catalunya (CSC) y afirma que "hemos de impedir que el capitalismo catalán traicione a nuestro pueblo, como tantas veces ha hecho". Veinte años después, ¿qué opinión le merecen estos dos postulados?

R.- Mire usted. Por mis orígenes, por lo que uno ha leído y le han contado sus mayores y por intuición, a mí me ha gustado siempre más Macià que Cambó, y los precedentes habidos en la historia de Cataluña me han hecho ser precavido en este sentido y alinearme con quienes defendían el socialismo como una herramienta de justicia social y de recuperación de las libertades nacionales al mismo tiempo. Veinte años después, sigo estando de acuerdo con ambos postulados, aunque hay que reconocer que, en paralelo, hay otra verdad que es que nadie, absolutamente nadie, es perfecto. Algunos, excesivamente imperfectos.

P.- De vez en cuando, y al día de hoy, ¿no le entran ganas de exiliarse de nuevo, aunque sea un poquito?

R.- Hombre... A mí me gusta viajar, conocer lugares y gente nueva... Pero me gusta hacerlo sin que me empujen. Al día de hoy, a pesar de la plaga de chapuceros que nos invade, más que la necesidad de abandonar mi país, me gustaría ayudar a mejorarlo. Más que exiliarme, me gustaría colaborar a desterrar de aquí la mediocridad, la memez, la envidia, la traición, la malversación y algunas cosas más que nos hacen pequeños y mezquinos.

• ENSAYO •

Hacia la libertad de

El Gobierno Suárez derogó por decreto-ley pa

Un problema que había que solucionar para conducir hacia buen puerto la Transición era el tratamiento político de la información. La Prensa, que venía de sufrir un fuerte control administrativo, colaboraba decididamente a favor del cambio. Pero la afectaban todavía algunas normas con voluntad restrictiva. El Gobierno de Adolfo Suárez dio un paso adelante, aunque aún no el definitivo.

A primeros de abril de 1977, los periódicos informaban prácticamente de todo. Eran ya una fuente historiográfica en la que se podía confiar, no como unos años antes, en que las circunstancias políticas obligaban a disimular la realidad. En esas fechas, Adolfo Suárez, presidente del Gobierno, estaba en uno de sus mejores momentos políticos: planeaba en secreto la legalización del Partido Comunista y preparaba la convocatoria de las primeras elecciones libres a celebrar bajo la Monarquía parlamentaria.

Los periódicos, sin ir más lejos, habían dado cuenta meses atrás de que Santiago Carrillo, el más feroz enemigo del régimen que estaba siendo desmontado, vivía en Madrid tras haber cruzado clandestinamente la frontera. Luego, ya había sido detenido y dejado en libertad. En menos de año y medio, la Prensa había abandonado el lenguaje cauteloso del final del franquismo, que debía usar para tratar de llevar la actualidad a sus páginas. Felipe González era el "supuesto" secretario de un "llamado" Partido Socialista. Comisiones Obreras era un sindicato que debía ser siempre calificado como "ilegal" o "clandestino".

Una incursión desnuda en la realidad podía acarrear serias e inesperadas consecuencias. En octubre de 1974, Pío Cabanillas fue destituido como ministro de Información y Turismo porque *El Correo de Andalucía* había publicado unas declaraciones de González tras ser elegido secretario general en el congreso de Suresnes. El cese del ministro se acordó en el despacho que Carlos Arias, entonces presidente del Gobierno, mantuvo con el general Franco el 24 de octubre (lo cuenta Laureano López Rodó en su libro *Claves de la Transición. Memorias IV.* Plaza Janés, Barcelona, 1993). Con la información no se jugaba.

Pero en abril de 1977 habían cambiado mucho las cosas, España estaba entrando en un proceso de normalidad y el desarrollo político que se estaba logrando exigía una información abierta y completa. Fue entonces cuando el Gobierno de Suárez, con Andrés Reguera como ministro de Información, elaboró una norma para reconocer formalmente la libertad de expresión y la libertad de información. Fue una de las medidas que Suárez tomó para realizar uno de los objetivos de la Transición: hacer legal lo que en la calle era normal.

> **"En abril de 1977, habían cambiado mucho las cosas, España estaba entrando en un proceso de normalidad y el desarrollo político exigía una información abierta y completa"**

CONTROL EFICAZ DE LA INFORMACIÓN. El real decreto-ley 24/1977, de 1 de abril, sobre Libertad de Expresión, que así se llamaba y que apareció publicado en el Boletín Oficial del Estado el día 12 para entrar en vigor al día siguiente, tuvo como finalidad normalizar la actividad de los medios impresos. Entonces continuaba vigente la Ley de Prensa e Imprenta de 1966, una norma dictada en pleno franquismo que había derogado la práctica de la censura pero que controlaba eficazmente la actividad informativa por otros procedimientos. Pero no se aplicaba; si se hubiera usado habría causado estragos en muchos medios y en muchas vidas profesionales. Y había que normalizar la situación.

Eso es lo que se pretendió con tal decreto-ley, que fue una norma que presentaba todos los rasgos típicos de la provisionalidad.

información

de los controles sobre la Prensa

Justino Sinova

Periodista. Editor de *Historia de la Democracia*. Profesor de Teoría de la Comunicación en la Universidad San Pablo

1 Derogaba, en primer lugar, las disposiciones más anacrónicas de la ley de Prensa, como el artículo 2º, en el que se contemplaba como limitación a la difusión de informaciones "el acatamiento a la Ley de Principios del Movimiento Nacional y demás Leyes Fundamentales", ya abolidas por la Ley de Reforma Política, y derogaba también el artículo 165 bis b) del Código Penal que establecía penas para la transgresión de los límites previstos en aquella ley.

2 Pero, en segundo lugar, no franqueaba de manera definitiva la puerta a la libertad de expresión y de información, para lo que habría que esperar todavía año y medio, hasta la llegada de la Constitución. El decreto-ley limitaba la competencia de la Administración sobre los medios, pero seguía reservando para las autoridades políticas la capacidad de ordenar secuestros de "impresos gráficos o sonoros" en determinadas circunstancias. Aquellas competencias fueron el gran recurso de la ley de 1966 y la fuente del control ejercido sobre la Prensa -secuestros de periódicos, suspensión de publicaciones, sanciones, aplicados por el director general de Prensa, el ministro de Información o el Consejo de Ministros, según la gravedad apreciada- y con el decreto-ley quedaban mitigadas pero no desaparecían. Se reservaba la posibilidad de secuestro administrativo para defender tres valores que en aquel momento se pensaba había que proteger especialmente (la unidad de España, la Corona y las Fuerzas Armadas) y para evitar la pornografía. Con este propósito, el artículo 3 facultaba a la ⋙

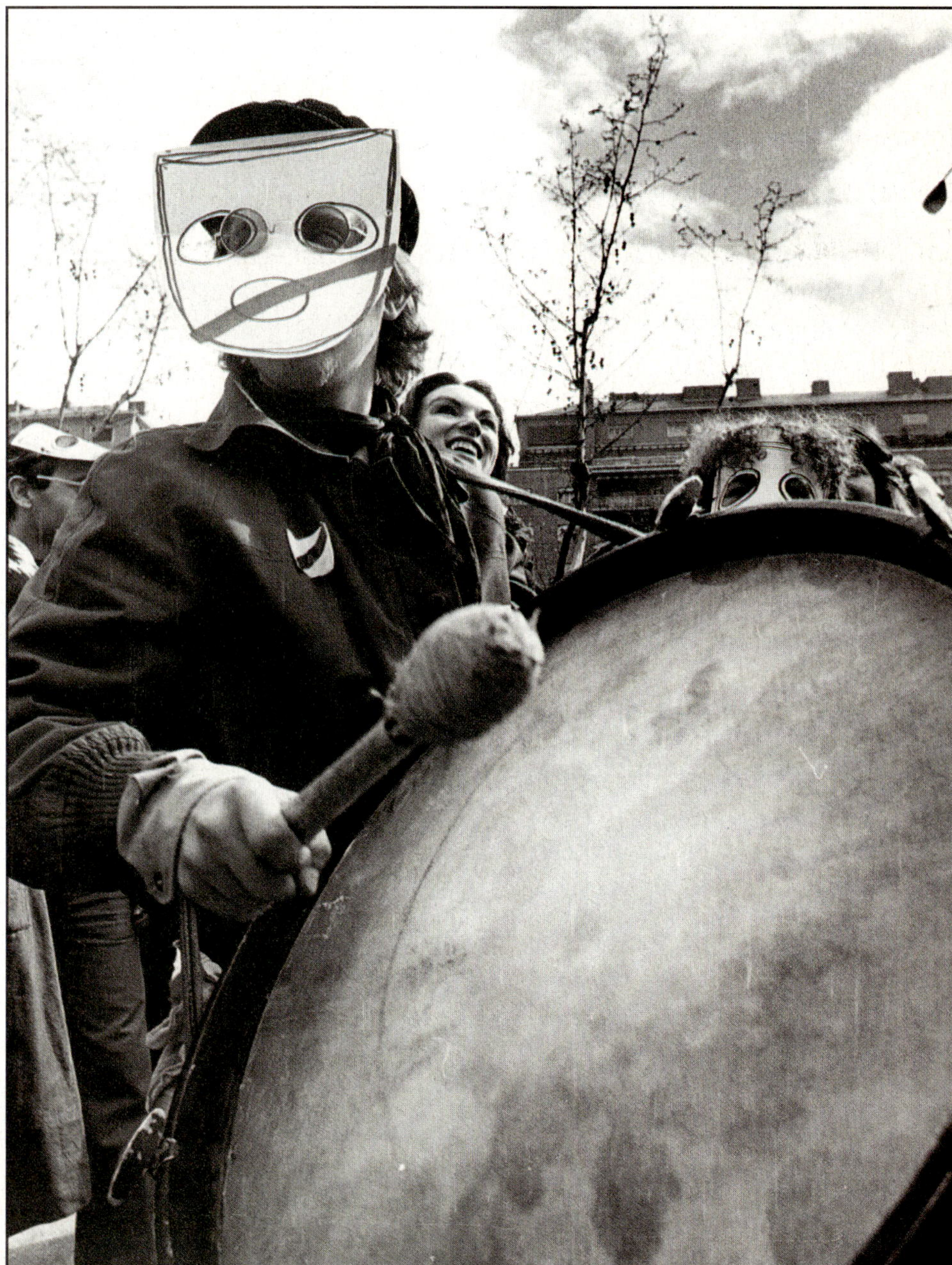

Fotos: Gustavo Catalán

Aspecto de una de las numerosas manifestaciones que hubo en toda España por la libertad de expresión.

Administración para secuestrar los medios que contuvieran "noticias, comentarios o informaciones:

a) Que sean contrarios a la unidad de España. b) Que constituyan demérito o menoscabo de la Institución Monárquica o de las personas de la Familia Real. c) Que de cualquier forma atenten al prestigio institucional y al respeto, ante la opinión pública, de las Fuerzas Armadas". Y añadía: "Igualmente podrá decretarse el secuestro administrativo de los impresos gráficos o sonoros obscenos o pornográficos".

Según informaciones fidedignas de aquellos tiempos, la proliferación de publicaciones pornográficas era uno de los motivos de preocupación que más frecuentemente aducían los altos mandos militares.

3 En tercer lugar, el decreto-ley mostraba el miedo de las autoridades políticas a un uso abusivo de la información e insistía en la protección del "honor y fama de los particulares", especialmente en campaña electoral. El propósito de lograr una confrontación electoral sin golpes bajos y con el respeto adecuado a las personas estaba en el origen de la norma. Era lógico. España iba a celebrar pocas semanas después las primeras elecciones libres en casi medio siglo y es comprensible que se tomaran cautelas de este tipo.

"El decreto-ley fue un paso adelante con algunos titubeos en favor del reconocimiento del derecho a la información, que se dio en firme con la Constitución"

4 No es igualmente comprensible, por el contrario, que se estableciera una responsabilidad en cascada por los posibles delitos cometidos mediante la Prensa. Se hacía responsable penal también al director de la publicación y además, cuando se hallare fuera de España o estuviere exento de responsabilidad criminal, al editor e incluso al impresor. Esta era una herencia de la ley del 66, que había establecido un cerco de responsabilidad en torno al director para asegurarse el control de la publicación.

El decreto-ley estuvo vigente algo más de año y medio, hasta la promulgación de la Constitución, en diciembre de 1978. Bajo su amparo no se produjeron especiales conflictos entre el Poder y la Prensa. Estaba animado por un declarado respeto a la libertad de expresión y a la que llamaba "indeclinable" libertad de información. El preámbulo de la norma comenzaba con estas palabras: "El derecho de todos los ciudadanos tanto a la libre información como al respeto de su honor y de los demás derechos inherentes a la persona es principio fundamental de todo Estado de Derecho".

Fue un paso adelante, con algunos titubeos comprensibles, en favor de un pleno reconocimiento del derecho a la información de cada ciudadano, paso que se dio definitivamente después con la Constitución.

Un grupo de periodistas prepara una pancarta. A la izquierda, con jersey a rayas, se ve a Rosa Montero.

La radio en la Transición

Reivindicación de un medio que fue vital en el cambio

Considerada durante años como la hermana pobre de los medios de comunicación, la radio ha cumplido sin embargo un papel de primera magnitud en las transformaciones sociales que ha vivido España. En este ensayo se analiza su trayectoria y la influencia que ha tenido durante la República, el franquismo y la Transición.

Lorenzo Díaz

Sociólogo y periodista. Autor de *La Radio en España (1923-1995)*. Subdirector de"Noches de Radio" de Onda Cero

Un falso estereotipo acuñado por los periodistas de letra impresa confiere a la radio un papel subsidiario en los procesos históricos más recientes. Así, las ondas serían el tam-tam del lumpen, el territorio de las marujas anticonstitucionales o el bálsamo reparador de jubilados y taxistas nostálgicos del Antiguo Régimen. La realidad es muy distinta a este discurso devaluado sobre nuestra radio. 70 años de historia la han colocado en el medio de comunicación con más credibilidad para nuestra opinión pública porque siempre se colocó en primera línea de fuego en nuestra historia más reciente. Estuvo en la Puerta del Sol en la proclamación de la República, sirvió de caja de resonancia para los grandes comunicadores republicanos. Pasionaria utilizó los micrófonos de Unión Radio para lanzar un eslogan político que se hizo célebre: "No pasarán", y el general parlanchín Queipo de Llano nos lanzó a través de los micrófonos sus soflamas patrióticas y demagógicas que provocaban pavor y dejaban la moral hecha unos zorros en el llamado bando republicano.

Se ha dado el efecto Queipo de Llano en los columnistas de periódicos. Aplicado a la cultura mediática es algo así como engañar al contrario sobre la fuerza real que se tiene y hay una lectura interesada en mostrar una visión de la radio como el patito feo de nuestros mass-media, correspondiéndole a la letra impresa un papel sobresaliente en la consolidación de nuestra democracia.

Si echamos un vistazo a la evolución del medio, detectamos que pasó de ser un producto elitista en sus orígenes a un medio vivo, creíble, a pie de calle, que transmitía corridas de toros y mítines de Azaña, Calvo Sotelo o Pasionaria.

La radio se dio un baño de legitimidad en la II República, se convirtió en un instrumento de información de primer orden en nuestra Guerra Civil y fue nuestro mester de fantasía, nuestra particular fábrica de sueños en aquella España color sepia, que olía a boniatos, sardinas y queso americano. La radio desde los felices años veinte, cuando nace, siempre estuvo en la calle y cuando la patria está en peligro la llamada "ordinary people", poderes fácticos, profesores y toda la sociedad en general enchufa el aparato, bien "el parte" de las dos, la Pirenaica en el franquismo puro y duro y *Hora 25* en los primeros años de la democracia. A la radio le sientan bien las libertades y sus etapas más gloriosas fueron la republicana y la de la transición: todo el país se enteró del estallido del Alzamiento por la radio porque aquel dieciocho de julio cayó en domingo y no había periódicos.

El periodista Iñaki Gabilondo lleva a cabo una entrevista ataviado con un casco protector.

La radio española ha conocido sus records históricos de oyentes en graves acontecimientos políticos como el 23-F, la guerra del Golfo o la agonía del felipismo y es que no hay nada como el que la Patria esté en peligro para escuchar a Queipo de Llano, Azaña, Luis del Olmo o Gabilondo.

Si hasta 1975 la radio fue sobre todo espectáculo, concursos, dramatizaciones y radionovelas interminables y lacrimógenas, desde los últimos años del franquismo y coincidiendo con la transición democrática ha reflejado lo que es la vida cotidiana de los españoles, tanto en sus programas como en el lenguaje utilizado.

La radio había perdido "punch" con el franquismo y su prestigio social como medio de información era realmente muy bajo. Sujeta aún a seria vigilancia y censura, no había podido desarrollar su potencial gracias a la ley Fraga. Radio Nacional de España disfrutaba del monopolio informativo y todas las emisoras tenían que conectar obligatoriamente con la radio pú- ➳

FOTOS CEDIDAS POR LORENZO DÍAZ

blica para emitir "el parte", ese informativo rígidamente censurado que leían aquellas inolvidables voces imperiales de Matías Prats y Paco Cantalejo en una primera etapa. Y Luis del Olmo y Eduardo Sotillos en los 70.

Aquella sintonía de fanfarrias y timbales que anunciaba el diario hablado de Radio Nacional forma parte de la cultura sentimental de muchos españoles y hemos constatado que muchos ciudadanos salivaban cuando sonaba porque les recordaba la hora de la comida. Esta situación persistió hasta el 6 de octubre de 1977, fecha en que un Real Decreto eliminó dicha obligación, dando así el pistoletazo de salida a los informativos libres y plurales de la radiodifusión española. Pero antes de esta fecha histórica en la radiodifusión española se habían producido acontecimientos de gran relevancia que habían trastocado el único papel que la dictadura le había conferido: el ser un instrumento de entretenimiento para sectores no excesivamente cultos de nuestra sociedad.

La radio pública estaba agonizando y sólo Luis del Olmo con *Protagonistas* se había adelantado con lucidez a lo que tenía que ser una radio democrática. Del Olmo, la SER con *Hora 25* y Eduardo Sotillos y Lalo Azcona, en la radio pública, recogían el bullir emergente de una sociedad civil que demandaba libertades. La noticia de la muerte de Carrero había estado secuestrada toda una mañana por los directivos de la radio pública y a la muerte del General todas las radios tuvieron que conectar obligatoriamente con RNE durante tres días.

Antes del decreto del 6 de octubre de 1977 que acaba con el monopolio informativo de la radio pública se atisban ciertos movimientos de tierra que provocan que tímidamente se difundieran informaciones locales donde tenían cabida cuestiones políticas y sociales. Por ejemplo, en la COPE emitían informaciones poniendo al obispo como garante de la noticia: "El obispo de Huelva declaró que en la provincia había descontento social"...

Pero fue la SER la cadena que antes se adelantó a las medidas de liberación que posibilitaron que la información libre y plural se expresara por las ondas.

Hora 25 fue un producto exótico en nuestro mercado radiofónico que se escuchaba con la pasión con que antes se oía la BBC o Radio España Independiente. Un programa con una paternidad plural: Antonio Calderón, Martín Ferrand -que construyó el producto radiofónico-, Gabilondo, Ferrari, Rogado y Bocos que le dieron esplendor y oyentes a lo largo de una década. También en *Matinal* se emitía información de matute.

En Radio Nacional de España en las postrimerías del tardofranquismo nace *Ultima Edición*, dirigido por Eduardo Sotillos, donde van apareciendo todos los personajes que trae la nueva sociedad democrática: desde Carlos Hugo a su hermana la princesa roja pasando por los cuadros de CCOO y el PCE: Carrillo, Camacho, Tamames, etc. Allí se hizo por primera vez una entrevista a un socialista: Luis Gómez Llorente. RNE traía oxígeno del exterior en aquellas mañanas tan radiofónicas que nos brindaban Victoriano Fernández de Asís y todo el equipo de colaboradores como Cirilo Rodríguez, Asunción Valdés, Pedro Wender, López del Pecho, Carlos Castillo, etc. También destaca en estos últimos años del franquismo *Los Reporteros* con Paco Ojeda, Juan Ramón de la Cuadra y Antonio Martín Benítez. Otra aportación interesante fue la creación de los llamados "Servicios Informativos Especiales" que Francisco Ruiz de Elvira confió a José Luis Echarri. Programas como *Será noticia, Temas, Siete Días, Testigo Directo.* Estos especiales y *Ultima Edición* se adelantaron en el lenguaje, las ideas, al gran acontecimiento histórico que se avecinaba: la muerte de Franco y el comienzo de la Transición. Lalo Azcona fue uno de los grandes de la "perestroika" de la radio pública. Destacó como conductor de *España a las ocho, Debate Europa* y *Contante y sonante. Debate Europa* fue un excelente campo experimental para la recién inaugurada democracia. Por primera vez empezó a hablarse en la radio pública sobre terrorismo, feminismo, aborto, divorcio, etc.

La gran noticia de la Transición: la legalización del PCE, la dio Alejo García a través de los micrófonos de RNE. Estábamos en la primavera de 1977 y todavía se seguía conectando con la pública. "Sábado Santo, suena el teléfono -nos cuenta Alejo García-, lo cojo y era Martín Villa que preguntaba por el director general. Le dije que no estaba. Preguntó por el director de Radio Nacional. «Tampoco está». «¿El director de Informativos?». «Tampoco». «¿Quién manda en esa casa?». «Pues mire usted, yo, que soy el director del informativo de las diez de la noche». Y entonces me contó que el PCE había sido legalizado. Faltaban tres minutos, o dos. Y cogí el teletipo y salió corriendo la sintonía de "el parte". El diario estaba grabado. Entro corriendo y con la voz entrecortada porque no tengo resuello. De pronto se oye una pequeña sintonía y entro yo diciendo: «Hace unos momentos, fuentes autorizadas del Ministerio de Gobernación han confirmado que el PCE... ha quedado (silencio interminable)... y por fin, solté, autorizado»". Emoción y carrera le habían dejado sin voz.

Protagonistas, este gran "magazine" de la radio española que dirige Luis del Olmo nace hace veinte años y se convierte en la gran escuela de la radio democrática de nuestro país. "Todavía tengo una carta de Felipe González, preciosa -nos cuenta Luis del Olmo-, agradeciéndome lo que estoy haciendo desde mi programa por la democracia. Cuando entrevisté a Salvador Espriú, aquel maldito del franquismo y tuvieron que tragar y allí no pasó nada. Incluso hay algo que no recuerdan: a mí me echó Adolfo Suárez de *Protagonistas.* La historia fue así. En uno de mis programas el escritor y periodista Josep Martí puso a parir a Suárez que era el presidente del Gobierno y cuando termina el programa llega el jefe de emisiones de Barcelona y dice: «Me ha llegado una orden de Madrid que dice que estás cesado como presentador, realizador y director». Pero se produjo toda una respuesta de la Prensa pidiendo mi vuelta y al final me llamaron y me dieron una hora más".

En la página izquierda, Azaña arenga por radio. A su derecha, Guillermo Sautier Casaseca y debajo, Luis del Olmo. Sobre estas líneas, Alejo García con Gutiérrez Mellado y Martín Ferrand.

La radio informativa salvó del "crack" a la radio española atorada por seriales y goles. No desaprovechó la oportunidad que le brindó la democracia. El crecimiento de audiencia fue espectacular: en 1975 la cifra de oyentes rondaba los siete millones; en la noche del 23-F alcanzó los dieciocho, llegando en la actualidad a los veinte millones y medio. No era un producto consumido sólo por la España que no estaba en la pomada, la España castiza o folclórica, sino que la radio se convirtió en un medio creíble que marcaba el ritmo informativo del día y que resultaba casi imprescindible para enterarse de lo que sucedía en unos años claves en la historia de España.

Años posteriores la radio alcanzaría un "status" de hegemonía frente a otros medios como ocurrió en la famosa noche del 23-F cuando los micrófonos abiertos de la cadena SER y la voz de Rafael Luis Díaz (a pesar de que un guardia civil le apuntaba con un cetme y que le soltó un amenazante ¡Corta eso o te mato!) alertaron al radioyente de lo que se cocía en el Congreso.

Estos primeros años contemplaron el inicio, desde el punto de vista legal, de la expansión de la frecuencia modulada (FM), que hasta entonces había desempeñado un papel subsidiario como radio dirigida casi en exclusiva al mundo musical. Fecha clave en este desarrollo fue el 27 de octubre de 1978, día en que un Real Decreto daba luz verde al Plan Técnico Nacional de Radiodifusión Sonora, que ordenaba la onda media (OM) y abría la puerta a la multiplicación de nuevas emisoras de FM.

Luego vendría el nacimiento de Antena 3, el desembarco de Prisa en la SER, el nacimiento de programas como *Directo, directo,* el surgimiento de comunicadores como José María García y Jesús Quintero y la marcha de la radio pública de líderes de opinión como Luis del Olmo dejando a la misma, desde entonces, en rigor mortis. Como un poderosísimo flautista de Hamelin, este periodista ha provocado con su marcha a otras cadenas auténticas migraciones de oyentes que lo siguen con gran fidelidad.

"Los estudios de audiencia son el enemigo de la radio"

Manuel Lorenzo, el abuelo Porretas, lleva 40 años en las ondas

Fernando Bermejo

Lleva cuatro décadas haciendo radio y, por eso, su opinión es la de una autoridad en el medio. Manuel Lorenzo (madrileño de 63 años) dio voz a uno de los personajes más entrañables de la radio: el abuelo Porretas, de la famosa saga que estuvo divirtiendo a los españoles durante casi catorce años hasta el 1 de julio de 1988. "Era un programa de un humor extraordinario -recuerda ahora- y, en audiencia, barría. Lo escuchaba hasta el Rey. Se acabó porque, a raíz de la muerte de Fernando Dicenta (que hacía de mi hijo, Avelino), aquello empezó a dar coletazos. Coincidió, además, con la llegada del grupo Prisa a la Cadena Ser, y empezaron a ponerlo a las cuatro de la tarde, frente a la serie *Dallas* en televisión, y luego a las tres de la madrugada...".

Precisamente, en la batalla de las audiencias es donde Manuel Lorenzo establece la diferencia entre la radio que se hacía hace veinte años, por ejemplo, con la actual: "El cambio ha sido brutal. Ahora lo que hay es una guerra a muerte con el Estudio General de Medios, que es el verdadero enemigo de la radio y contra el que antes no teníamos que luchar. Trabajar con esa espada de Damocles encima es espantoso". Cuando habla de la radio de entonces, fija la mirada y empieza a soñar en alto: "Era una maravilla, daba gusto empezar a oírla desde por la mañana. Era una radio de humor y de AMOR, con mayúsculas, como me gusta decirlo. Tenía la gran fantasía de que cada uno adecuaba el escenario a su medida". Y, sobre todo, el mayor de los Porretas incide en un aspecto, la cultura. "Era una radio muy cultural, a pesar de los seriales. Había muchos teatros del aire que desgraciadamente han desaparecido. Se retransmitían obras de teatro en directo y, como estaba encima la censura, había que sacar mucha inteligencia y estrujarse las meninges para sacar gracia a todas las cosas. Cuando grabábamos los Porretas, a mí me han obligado a quitar palabras como «puñetas» y «leches». Incluso, me sancionaron con 15 días de empleo y sueldo, en septiembre de 1979, por llamar «animal» -se me olvidó «racional»- al entonces presidente del Barça Agustín Montal".

Según este hombre -que actualmente trabaja en Radio Voz y que, entre otras actividades, ha sido locutor oficial de la Vuelta Ciclista a España durante 15 años- en la radio actual no hay actores, sobran muchas tertulias ("y muchos cantamañanas", precisa), la publicidad es poca "y mal hecha", aunque, eso sí, en el lado positivo, elogia a los grandes comunicadores (Gabilondo, Del Olmo, Onega...): "Con esa gente, me apunto a un bombardeo".

BERNARDO DÍAZ

Manuel Lorenzo, la entrañable voz del abuelo Porretas, en su domicilio de Madrid rodeado de objetos alusivos a la radio.

El Estado acepta de nuevo a la masonería

Perseguida 40 años, es la única organización secreta autorizada

El 29 de noviembre de 1977 se presentó en público la masonería española después de 40 años de persecución. Casi veinte años más tarde, sigue siendo la única organización secreta que está autorizada.

Javier Lorenzo

No tenían un rabo terminado en punta, no se comían a los niños y, al menos en apariencia, tampoco estaban a favor de ningún contubernio junto a elementos judíos y subversivos. Muy al contrario, el Grande Oriente Español -único reconocido por los Grandes Comendadores del Grado 33- defendía la Monarquía, el Estado de Derecho, la unidad de España y la rápida integración en la Comunidad Europea.

Cinco meses antes, habían obtenido del ministro Martín Villa, una autorización provisional para desarrollar sus actividades, al tiempo que enviaban misivas a las autoridades religiosas para tratar de convencerlas de que no eran anticlericales. "Deseamos integrarnos plenamente en la sociedad española", aseguraron, pese a lo cual siguieron definiéndose como "una organización de elite, no de masas".

Su objetivo inmediato en una sociedad aún recelosa tras tantos años de propaganda antimasónica era el de romper con su mala imagen popular. Apolíticos y aconfesionales, los masones no obtuvieron su legalización definitiva hasta 1979, gracias a una sentencia del Tribunal Supremo. Pocos días después, en octubre de ese mismo año, ya tenían un local -en la calle Montera de Madrid- para su primera logia.

EUROPA PRESS

Aspecto de la presentación en sociedad de una de las primeras logias masónicas.

En la actualidad existen diecisiete logias en toda España que siguen en su mayor parte el "rito escocés" o rito antiguo. Todas creen en el "sumo arquitecto", no admiten entre sus miembros a mujeres y buscan el perfeccionamiento del individuo, aunque nunca a través del esoterismo o el ocultismo. "No somos una sociedad secreta, sino discreta", declaran con insistencia.

Sin embargo, a pesar de sus protestas de patriotismo y la corriente de simpatía inicial que creyeron percibir, la masonería no ha tenido mucho predicamento en España. Los mandiles (delantales que señalan el grado de quien lo lleva), los landmarks (normas de conducta tan inmemoriales como inmutables), la pólvora (bebida que se sirve en los banquetes de la logia) o el pasaporte (documento con el que darse a conocer a otros masones en el extranjero) están muy lejos de la sensibilidad al uso. Pocos están dispuestos a "recibir la luz".

Como es lógico en una sociedad de estas características, los masones nunca han informado sobre la participación de militares o políticos en su organización, aunque aseguran preferir a ciudadanos normales antes que a personas con responsabilidades dentro del Estado.

•EXTERIOR•

El escaso apoyo del "amigo americano"

Estados Unidos vivió con indiferencia la transición española

Felipe Sahagún

La victoria de Jimmy Carter el 2 de noviembre del 76 en las presidenciales estadounidenses coincide con los primeros pasos de la transición política real española, pero apenas incide en su evolución. Carter llegaba a la Casa Blanca con el apoyo de la "Trilateral" de los Rockefeller. Su mensaje globalista, su defensa activa de los derechos humanos y su apoyo firme a la ONU y a la distensión internacional, aunque no repercutieron de forma directa e inmediata sobre la transición española, transformaron positivamente el contexto internacional en el que la Transición se produjo.

Marcelino Oreja llevaba al frente de Exteriores sólo cinco meses y las relaciones hispano-estadounidenses habían quedado definidas por un nuevo Tratado de Amistad y Cooperación, firmado el 24 de enero de aquel año en Madrid por José María de Areilza y Henry Kissinger, y por el viaje oficial de los Reyes a los EEUU del 1 al 5 de junio.

Ante una sesión conjunta del Congreso, don Juan Carlos adquirió dos compromisos: "mantener en España los principios de la democracia, la paz social y la estabilidad política", y asegurar "el acceso ordenado al poder de distintas alternativas políticas de acuerdo con la voluntad libremente expresada del pueblo". A cambio, pidió el apoyo político y económico, firme y explícito, de los EEUU al nuevo régimen.

El valor principal de España para los Estados Unidos de la posguerra siempre fue estratégico. Para asegurar ese va-

EUROPA PRESS

Jimmy Carter y Adolfo Suárez durante la visita que el presidente del Gobierno español hizo a EEUU.

lor, en forma de bases militares, Washington ayudó a legitimar la dictadura de Franco con un Pacto firmado en 1953 y renovado hasta hoy. El vigente en la actualidad -de nuevo con categoría de acuerdo y no de tratado- se firmó en diciembre del 88 y, aunque caduca a finales del 96, se renovará automáticamente por periodos de un año mientras alguna de las partes no lo denuncie.

Entre los protagonistas y estudiosos de las relaciones hispano-estadounidenses tras la muerte de Franco hay dos posiciones. Por un lado están los convencidos de que los EEUU "no hicieron nada que pudiese ser considerado como un gesto de respaldo efectivo a la naciente democracia española". Es la tesis mantenida por Carlos Alonso Zaldívar y Manuel Castells en la "biblia" felipista *España fin de siglo*. Desde esa misma posición, muy extendida en la izquierda española, se resaltan los enfrentamientos históricos, los desencuentros permanentes en Iberoamérica y, ya en fechas más recientes, las desafortunadas palabras de Alexander Haig, como secretario de Estado, tras el "tejerazo" del 23-F: "Un asunto interno de los españoles".

Desde una posición menos partidista, el profesor Francisco Aldecoa reconoce que "la renegociación de los acuerdos (del 76) supondrá un incremento considerable en las contrapartidas económicas, lo cual significará la rentabilidad exterior máxima que se podía conseguir por pasar del franquismo con Franco al franquismo sin Franco". Se consiguió también el compromiso de retirada de los misiles Polaris de Rota.

El apoyo solapado de Washington a Hassan II en la descolonización del Sahara no había facilitado las relaciones. El objetivo prioritario de Suárez era consolidar la democracia. Con ese fin, se aceleró la universalización de relaciones y las gestiones a favor de la estabilidad en el norte de Africa, se dio preferencia a la opción europea y a las llamadas "relaciones especiales" con Iberoamérica y el mundo árabe. Asuntos como la presencia militar estadounidense en España o la incorporación en la OTAN rompían el consenso y, por ello, fueron aparcados y congelados hasta después de la consolidación de las reformas democráticas.

El momento dulce del presidente Carter

Inocencio F. Arias

Diplomático.
Ex secretario de Estado

CARTER no tuvo buena prensa en España. Primero, por una razón crónica: los presidentes estadounidenses, con la excepción de Kennedy, no vienen siendo aquí muy populares y, aunque resulte paradójico, no deja de ser cierto que nuestros medios de información han venido dando una imagen de ellos teñida de una agresividad y matonismo que no aplicaban a los inquilinos del Kremlim. Hay una segunda causa coyuntural; el mandato de Carter coincide (se inicia en las fechas en que el Congreso del PSOE propugna en política exterior "una neutralidad activa" para España) con los años calientes en que el fantasma de la OTAN, entonces una bestia negra para muchos, llamaba a nuestra puerta. El líder de la potencia que, se presumía, intrigaba y presionaba para meternos con calzador en aquel antro no podía ser admirado. En bastantes medios políticos simultáneamente se veía al presidente como un político ingenuo, vacilante y excesivamente idealista. (Algo más tarde, Reagan sería criticado por lo contrario). Areilza comentaría acertadamente que "hay siempre una secreta fruición en debelar verbalmente al poderoso".

Con un Tratado hispano-norteamericano, ratificado antes de su elección, que colocaba a España en una posición más digna, Carter recibió al presidente Suárez y tuvo expresiones de aliento para nuestra democracia. En 1979, como pactado, los últimos submarinos nucleares dejaban nuestro país y Carter se apuntaba el histórico tanto de Camp David. Fue su momento dulce entre nosotros que se esfumó más abruptamente que en otros pagos con el abortado intento de rescatar, en 1980, a los rehenes estadounidenses apresados por Irán en la Embajada yanqui. En Europa hubo toda clase de reacciones oficiales: crítica en Italia, de simpatía en Noruega y Holanda, laudatoria de la Thatcher y hasta de clara justificación nada menos que de Mitterrand ("un país tiene el derecho de intentar liberar a sus ciudadanos utilizados como rehenes"). Aquí, *El País* titulaba: "Sorpresa, irritación y disgusto en Europa por la fracasada intervención americana en Irán".

La secuela iraní y el síndrome OTAN planearon sobre la visita oficial de Carter en 1980. Las reticencias otánicas afloraban en la sorprendente aclaración de un conocido socialista: "Todo representante de un país democrático invitado a visitar España debe ser, en principio, digno del respeto del pueblo español" para concluir: "Carter debe saber que nuestro ingreso en la OTAN va en contra de nuestros intereses y también de los del mundo occidental al negar a un país democrático el margen de que puede disponer fuera de la Organización". Un periódico serio llegaba a cuestionar la capacidad mental y emocional de Carter para dirigir a Occidente y había un consenso general de que en la relación bilateral, a la que se aferraban bastantes antiotánicos, España debía mejorar su posición. No es raro que Carter, "el manisero", subrayara en su discurso oficial que en el tema de la OTAN "la decisión compete única y exclusivamente a España, a su tiempo y manera". Más le valía.

El cantante Julio Iglesias, rodeado de bellezas, durante una de las numerosas galas televisivas que ofreció en 1977. Aún seguía casado con Isabel Preysler.

El mes glorioso de Julio

El célebre cantante cimenta su éxito en las galas veraniegas

Jaime Peñafiel

Para **Julio Iglesias**, su mes sería el de junio, en el que inicia sus galas veraniegas en Madrid. Allí estaban **Isabel Preysler**, todavía su esposa, infiel pero esposa; la **duquesa de Cádiz**, ídem de **Alfonso de Borbón** en todos los aspectos como la otra; **Cuqui Fierro**; **María José Cantudo** y su entonces marido **Manolo Otero**; **Lola Flores** y **Miguel Bosé**.

Rocío Jurado era ya entonces tan popular y famosa que, en su pueblo, Chipiona, le dan su nombre a una calle. Lo único que ha cambiado a lo largo de todos estos años es que «su Pedro» de entonces se llama hoy «mi José».

Aunque viven juntos desde hace años, por vez primera en este mes de junio de 1977, se fotografía a la pareja formada por **Fernando Fernán Gómez** y **Emma Cohen**. Y también en junio y no en mayo como es tradicional, **Eugenia Martínez de Irujo**, la hija de la duquesa **Cayetana** y con ocho años recién cumplidos, recibe la Primera Comunión en la capilla del Palacio de Liria de Madrid.

La prensa del corazón se vuelca en la primera visita, de incógnito, eso sí, de **Adolfo Suárez** a su pueblo, Cebreros, donde había nacido el 25 de septiembre de 1932. Allí asiste a la procesión del Santísimo, acompañado por una corte de suaristas entre las que figuraban **Perla Cristal**, **Bárbara Rey**, **Gemma Cuervo**, **Marcia Bell**, **Paula Pattier** y **Pilar Velázquez**.

Hola sorprende a los lectores con una entrevista, la primera que se hace en la conservadora publicación, a una mujer de izquierdas: **Carmen Romero**, la esposa del secretario general del PSOE y líder de la oposición al primer Gobierno constitucional de la democracia.

De todo lo que se ha dicho estos días de su marido, ¿qué es lo que más le ha molestado?, le preguntaba quien esto escribe, entonces redactor-jefe de *Hola*.

La respuesta de Carmen Romero no tenía desperdicio:

Que es pariente de **González Byass**; que tiene un chalé en la playa de quince millones; un Mercedes y una querida, que es una aristócrata sevillana. Desde luego, lo de González Byass es mentira así como lo del chalet y lo del Mercedes. Lo de la querida, pregúntaselo a él.

Camilo José Cela se convierte en noticia este mes de junio porque el Rey **don Juan Carlos** le ha llamado, personalmente, por teléfono a su casa, "La Bonanova", en Palma de Mallorca, para comunicarle que ha decidido hacerle senador real. "En sesenta y un años, era la primera vez que hablaba con un rey", explicó el hoy premio Nobel.

El 24 de junio de aquel 1977, don Juan Carlos celebra, por segunda vez, como Rey, su onomástica. Pero como gato escaldado del agua huye, no podía olvidarse aquel primer San Juan que más parecía el entierro de Zafra por lo que llovió, de modo que se toman las previsiones oportunas y la recepción se celebra en el interior del Palacio.

El mes de mayo de 1977, se cierra con un solemne acto institucional y castrense que tiene una gran repercusión en la llamada prensa del corazón y que hace exclamar, enternecidamente, al marujerío: "¡Pero si todavía es un niño y ya le están dando caña! ¡Si parece un soldadito de plomo!". Y es que ese día 28 de un florido mayo en el que España estaba a punto de elegir a su primer presidente democrático en la persona de Adolfo Suárez, al príncipe **Felipe** me lo vestían de "sorchi" para cumplir con una de las tradiciones de la Casa Real española: sentar plaza como soldado de honor y no efectivo por la edad mínima que el príncipe no tenía entonces, del Regimiento Inmemorial del Rey, el más antiguo de los del Arma, como habían hecho Alfonso XII y Alfonso XIII. Y para que todo fuese como tenía que ser, no sólo le vistieron de uniforme sino que hasta le cortaron el pelo como a cualquier recluta. Fue portada en todos los medios.

Camilo José Cela saluda a don Juan Carlos en una recepción de senadores reales. Debajo, Adolfo Suárez pasea por las calles de su pueblo natal, Cebreros. A pesar de su carácter privado, no pasó desapercibido.

• FOTOIMPACTO •

Venganza y miedo

Jesús Torbado

Se ha citado el "exilio interior" como sustancia de supervivencia para miles de españoles vencidos en la guerra o derrotados por principio sin haber tenido nada que ver en la lucha. Pero una cosa es ese prudente retiro y otra el miedo verdadero, indomable, largo y todopoderoso. Treinta y ocho años había permanecido oculto Protasio Montalvo, antiguo alcalde de Cercedilla al que su propio hijo retuvo en su escondite hasta ocho años después de la última amnistía de Franco (1º de abril de 1969). Como él, ese puñado de personas aparece hoy como un ejemplo no de la guerra en sí sino de la voracidad de los vencedores; de una parte de ellos y de quienes los habían dirigido. No fueron culpables de su miedo, sino de una crueldad que no se había visto en anteriores guerras civiles españolas. Ejemplos y prototipos del más trágico de los exilios, desmentían también la leyenda de un pueblo con coraje y valor, pues estaba permitiendo que murieran en su lecho los grandes asesinos. También cada cual es responsable de su propio miedo.

Protasio Montalvo, antiguo alcalde de Cercedilla, mira a su mujer tras salir del escondite en el que estuvo recluído 38 largos años.

PRÓXIMO CAPÍTULO: LA LEY QUE ABRIÓ LA PUERTA A LA DEMOCRACIA
EMPIEZA EL CAMBIO EN ESPAÑA "DESDE LA LEGALIDAD" DE FRANCO. MEMORIAS DE MIGUEL PRIMO DE RIVERA
ESCRIBEN: MANUEL ANTONIO RICO, FERNANDO SUÁREZ, JUAN MARÍA LABOA Y JOAQUÍN BARDAVÍO

1975-1995. Veinte años de nuestra vida

• HISTORIA DE LA DEMOCRACIA •

{CAPÍTULO 14}

EUROPA PRESS

LA LEY QUE ABRIÓ LA PUERTA A LA DEMOCRACIA

La foto refleja la tensión contenida de aquella sesión en que las Cortes de Franco votaron "sí" a la que se llamó Ley para la Reforma Política y firmaron, con ello, su propia desaparición. En realidad, aquellas Cortes abrieron paso a la democracia. Fue una paradoja cuidadosamente planificada por Torcuato Fernández-Miranda (en la mesa presidencial) y hábilmente ejecutada por Adolfo Suárez (abajo a la izquierda) con la colaboración de, entre otros, Miguel Primo de Rivera (en la tribuna). La izquierda, ajena a la maniobra, tardó en enterarse y en colaborar.

A la democracia "desde la legalidad" de Franco

Pillada por sorpresa, incrédula, la oposición democrática no supo qué hacer ni qué decir

Fue una gestión difícil, pero necesaria. Se trataba de abrir la puerta a la operación reformista que llevara el país a la democracia sin partir de una ruptura con el sistema franquista. Para ello, Torcuato Fernández-Miranda planeó la Ley para la Reforma Política, que las Cortes de Franco, con la gestión de Adolfo Suárez, aceptaron entre la sorpresa general. La oposición no se lo creía. Y tardó mucho en reaccionar.

Manuel Antonio Rico. Periodista

En agosto de 1976, Adolfo Suárez estaba nervioso. Acababa de tener su primera entrevista secreta con Felipe González; sentía sobre sí la presión rupturista de la oposición democrática, clandestina aún, y necesitaba -también frente a la oposición interior y al escepticismo general- dar la primera prueba de que sus promesas de "elevar a la categoría de normal lo que a nivel de calle era normal" iban en serio.

A sus nervios respondió Torcuato Fernández-Miranda interrumpiendo las vacaciones en Asturias, yéndose a Madrid y poniendo blanco sobre negro el documento jurídico de la reforma. Básicamente, ése sería el proyecto de ley que el Gobierno, en Consejo de Ministros, aprobaría en la reunión del 10 de septiembre. Como contratista del edificio de la democracia, Suárez tenía ya en su poder los planos elaborados por el arquitecto Fernández-Miranda, a impulsos del promotor de las obras, el Rey Juan Carlos. Con ellos en la mano, el presidente del Gobierno hizo en la noche de aquel mismo día una de sus muy eficaces salidas a la televisión.

"No hay que tener miedo a nada. El único miedo racional es el miedo al miedo mismo", dijo a los españoles Adolfo Suárez, conocedor como nadie de los peligros que aguardaban en los pantanos del franquismo, donde él había nacido. Pero había que ser respetuoso con las obsesiones legalistas de Torcuato, de modo que el Gobierno remitió el proyecto de Reforma Política al Consejo Nacional del Movimiento. El Pleno de aquella pseudocámara de los lores del sistema franquista se celebró en la mañana del 8 de octubre.

Escasamente amigo de los trámites engorrosos (y aquél lo era de forma especial, puesto que el informe que debía emitir no era vinculante), Suárez compareció ante el Consejo pero sólo para abrir ➻

FOTOS: EUROPA PRESS

El 18 de noviembre de 1976, las Cortes aprueban la ley para la Reforma Política. Suárez, junto a Osorio y el general Gutiérrez Mellado, aplaude a los procuradores.

la sesión con un discurso de compromiso, de cinco minutos de duración, que apenas sí cosechó un conato de aplausos. El presidente fue telegráfico: se trataba de "actuar desde la legalidad para acelerar la evolución democrática". Ningún calor en sus palabras. Ni siquiera la migaja compasiva de una referencia a Franco. Y fuese a continuación con un bíblico desprecio, alegando que las tareas de la gobernación le estaban requiriendo, y dejando en la bancada azul a Martín Villa, Marcelino Oreja y el almirante Pita, consejeros además de ministros.

En la presidencia, el ministro secretario general, García López, cumpliría con su papel sin gran entusiasmo.

En el momento del aperitivo y de la votación, Fernández de la Mora fue uno de los consejeros que no se creyeron que el proyecto pudiera inscribirse "dentro del proceso político iniciado el 18 de julio" (del 36, se entiende), conforme había asegurado Abella.

Ochenta de los barones votaron a favor del texto, trece lo hicieron en contra y seis se abstuvieron. Los votos contrarios de Blas Piñar, de Girón de Velasco o de Carlos Iniesta habrían de repetirse poco después, en el pleno de las Cortes. No así el de Fernández de la Mora que, en una curiosa y rápida mutación, terminaría por decir "sí". Claro, que para entonces se había constituido ya la Alianza Popular de Manuel Fraga y los otros "seis magníficos", dispuestos a arrasar con el voto del "franquismo sociológico".

TRES MARATONIANAS JORNADAS. En las Cortes, el Pleno que se inició el 16 de noviembre no era de trámite, en absoluto. El ser o no ser de la reforma habría de jugarse definitivamente en aquellas aguas de aquel rubicón histórico. En tres maratonianas y extenuantes jornadas habría de operarse el prodigioso alumbramiento de un principio de democracia, a cargo de una dictadura de cuarenta años, pero ya privada de dictador.

A las cinco y cinco minutos de la tarde del 16, el siempre distante, orgulloso y antipático presidente Fernández-Miranda declaró abierta la monotemática sesión, dedicada al proyecto de ley para la Reforma Política, que debería debatirse mediante el procedimiento sumario de la urgencia. Lo del "para" y lo de la ⋙

Los protagonistas de la sesión

Fernando Suárez y Miguel Primo de Rivera defendieron ante el Pleno el proyecto de ley para la Reforma.

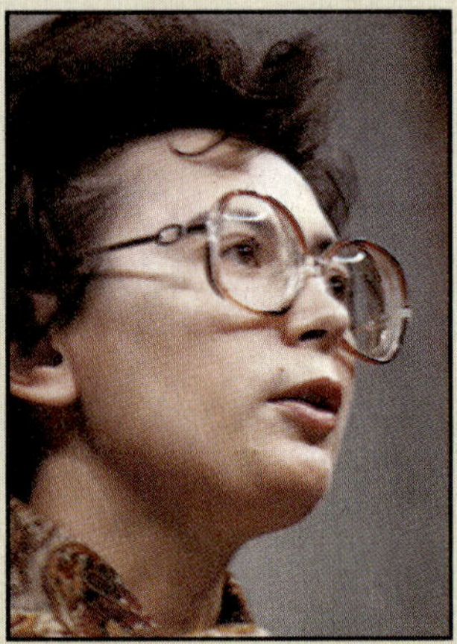

Lorenzo Olarte, Belén Landáburu y Noel Zapico formaban con los anteriores la ponencia que estudió la ley.

GUSTAVO CATALÁN

Dos de los más significativos representantes del búnker: Raimundo Fernández Cuesta y Blas Piñar.

"urgencia" tenían su trascendencia: el "para", porque la ley era el instrumento de la metamorfosis; la "urgencia", porque con ese envoltorio hacía posible su oculta teoría del "zarpazo" jurídico-político y se liberaba del campo minado de las comisiones.

Los viejos caimanes carecían de experiencia en los plenos. Durante décadas habían acudido a ellos, pero a mover la cabeza de arriba hacia abajo y a ejercitar la adhesión incondicional. Era en las comisiones donde se permitían ejercitar el florete.

Una rareza de semejante tamaño en un presunto Parlamento europeo era tan cruelmente cierta que muchos de los que habrían de intervenir, desde Blas Piñar a Fernando Suárez, comenzarían haciendo humilde confesión de primerizos en el hemiciclo.

Para más inri y ventaja, la defensa del texto la iba a llevar una ponencia impoluta y de probados servicios. El "pedigrí" respectivo de Fernando Suárez, vicepresidente en el último Gobierno de Franco; de Belén Landáburu, en la Sección Femenina; de Noel Zapico, entrañable vertical-sindicalista; de Lorenzo Olarte, abanderado del poder local, y de Miguel Primo de Rivera, por obvias razones de apellido, no se prestaba a la sospecha. Y fue definitivamente el sobrino del fundador de Falange, y confeso albacea de Franco en cuanto miembro de "los cuarenta de Ayete", quien actuó de mascarón de proa.

Los viejos caimanes carecían de experiencia en los plenos. Muchos de los que habrían de intervenir comenzarían confesando su bisoñez

Primo de Rivera abrió el fuego argumental rechazando por anticipado las acusaciones de perjuro o traidor y pidiendo el voto para el proyecto "desde la emoción en el recuerdo a Franco", según la expresión del ya para entonces fallecido Añejandro Rodríguez de Valcárcel, acuñada con ocasión de la solemne jura de don Juan Carlos de Borbón como sucesor en la Jefatura del Estado, hacía menos de un año.

Aquel juramento real ("cumplir y hacer cumplir las Leyes Fundamentales del Reino y guardar lealtad a los Principios que informan el Movimiento Nacional") jugó su específico papel en el debate y era, en el fondo, una verdadera cuestión nuclear para el famoso dogma del "atado y bien atado".

En esa posición se atrincheró Blas Piñar, la verdadera estrella de la primera jornada: si los Principios son "inmutables por su propia naturaleza" y así se autoconsagraban, no se podía aprobar una ley que, al introducir el sufragio universal y directo, violaba las esencias juradas y "la filosofía política del Estado que surgió de la Cruzada".

Con menos finura, ahí se encastilló también el segundo enmendante a la totalidad, José María Fernández de la Vega, mientras que el tercero y último, Manuel Escudero Rueda, prefirió callarse "para no entorpecer el camino" de las reformas por las que, cual caballo de Troya, venía luchando.

FERNANDO SUÁREZ, BRILLANTE. En su respuesta, Fernando Suárez estuvo particularmente brillante: con la simpleza de un maestro de escuela, explicó que, si los Principios eran inalterables, entonces Piñar y cuantos como él pensaran podían estar tranquilos porque ninguna ley conseguiría nunca modificarlos, igual que ninguna ley logrará nunca suprimir los Pirineos, que ésos sí son verdaderamente inmutables. "No hay metafísico en el mundo decidido a sostener que una ley humana pueda ser inalterable por su propia naturaleza", dijo Suárez.

Blas Piñar tomó la palabra para afirmar que "no se nos invita a una ruptura desde la legalidad, sino a una ruptura de la propia legalidad", "lo que nó podemos hacer es destruir la obra dc Franco y volver a las andadas" y "la derogación de los Principios sólo pueden realizarla aquellos que no los juraron".

Para Suárez, todas las Leyes Fundamentales son modificables, también la de los Principios; "quien tenga confianza en que sus deseos coinciden con los del pueblo no debe poner reparos a que el pueblo se manifieste" en referéndum, y "porque somos fieles al último mensaje del Caudillo tenemos que prestar al Rey idéntico apoyo y no podemos ser ➳

El error de proponer la abstención

EL referéndum de la Ley para la Reforma Política mostró a las claras el error histórico cometido por la izquierda, que tradujo su desconfianza hacia el Gobierno de Adolfo Suárez en una campaña por la abstención.

Por todo el país aparecieron pintadas que decían "No votes", cuando la ley que se sometía a referéndum, aprobada por las Cortes franquistas en una operación inverosímil, abría definitivamente la puerta a la democracia.

Realmente, en aquel final de 1976, la alternativa era o sacar adelante la Ley para la Reforma o una inquietante incógnita. El 19 de noviembre, *Diario 16* había informado sobre la aprobación de la ley en las Cortes con un gran título que decía: "Adiós dictadura adiós".

La izquierda, especialmente el Partido Socialista, no explicaba cuál era el camino si no se aceptaba la ley en el referéndum o se aprobaba con una participación ínfima. Simplemente, se oponía de esa manera a la iniciativa planeada y diseñada por Torcuato Fernández-Miranda y llevada a cabo magistralmente por Adolfo Suárez con la colaboración especial de Miguel Primo de Rivera y Fernando Suárez, entre otros.

La gente, por fortuna, no hizo serio caso de los mensajes abstencionistas y, finalmente, el 15 de diciembre de 1976 acudió a votar en un alto porcentaje. La participación fue del 77,4 por 100 y el apoyo a la ley fue de una contundencia sorprendente: el 94,2 por 100 de los votantes dijo "sí".

La izquierda se atribuyó parte del 22,6 por 100 de abstención mientras que el búnker franquista, que pedía el "no", se apuntaba el 2,6.

Se coronaba de esta manera el primer gran éxito del proceso de Transición en nuestro país.

obstáculo para que el Rey consulte a todo su pueblo". La tierra pertenece siempre a la generación viviente, añadió Suárez, tomando la frase de Jefferson, una de las siete citas de autoridad que adujo.

La mejor pólvora se gastó en la primera jornada. En la segunda, con sesiones de mañana y tarde y mucho movimiento de pasillos, el "pathos" fue sustituido por la minucia, y el número de intervenciones hasta veinte dispersó la tensión inicial.

Algunos propusieron una representación parlamentaria específica para "los trabajadores natos"; otros profetizaron el fin de la democracia liberal europea para antes de final de siglo y a manos del desarrollo económico de Rusia.

El histórico falangista Raimundo Fernández Cuesta se autoconsideró en la obligación de avisar sobre la llegada del comunismo, "el verdadero peligro".

Pero el mayor peso y protagonismo correspondieron a Cruz Martínez Esteruelas, con su defensa del sistema mayoritario y muy en sintonía con la anglofilia de su ausente jefe, Manuel Fraga.

Para Torcuato Fernández-Miranda, todo había salido a pedir de boca. Adolfo Suárez y el general Gutiérrez Mellado aplauden una de sus intervenciones.

VOTOS NOMINALES. Fue la única concesión relevante que el Gobierno y la ponencia hicieron, al aceptar la introducción de "elementos correctores" al sistema proporcional, y así quedó expresado en la tercera y última sesión, de parecidas características a la segunda, salvo en el momento supremo de la votación final. Entonces volvió a subir la temperatura y fueron levantándose, uno a uno, los 497 procuradores presentes, llamados por orden alfabético y nominalmente, "porque el pueblo tiene derecho a conocer la opción de sus representantes", había manifestado Fernández-Miranda con antelación al Pleno. El secretario Romojaro proclamó el resultado: votos afirmativos, 425; votos negativos, 59; abstenciones, 13. La sesión se levantó a las 9,35 minutos de la noche del 18 de noviembre, que era jueves.

El éxito había rebasado todos los miedos y las previsiones más optimistas. Hubo largos y prolongados aplausos para el presidente del Gobierno, Adolfo Suárez, que los agradeció puesto en pie, conteniendo la emoción y dirigiendo parte

El secretario Romojaro proclamó el resultado: votos afirmativos, 425; votos negativos, 59; abstenciones, 13. La sesión se levantó a las 21,35 del 18 de noviembre

de sus aplausos propios a la presidencia de las Cortes, donde Torcuato disimulaba su enorme satisfacción porque todo había salido a pedir de boca y aquellas señorías habían preferido no resistirse a los vientos de la Historia o a la esperanza de regresar al escaño por la vía del sufragio universal contenido dentro de la Ley para la Reforma Política que acababa de ser tan aplastantemente aprobada. Ya únicamente faltaba el referéndum.

Pillada por sorpresa, incrédula ante tamaño ejemplo de eutanasia colectiva, la oposición democrática no supo qué hacer ni apenas qué decir. Mientras la propaganda del Gobierno machacaba con el eslogan de "Habla, pueblo, habla" y permitía la celebración en Madrid del 27º Congreso del PSOE, el conjunto de los partidos democráticos se situó en una "abstención activa" que careció de fuerza y que, privada de voz, encontró su justificación en alguna que otra pintada, como aquellas del "No votes", que funcionarios del Ministerio de Interior -entonces de Gobernación-, a las órdenes de Rodolfo Martín Villa, fueron completando, brocha en mano, mediante otro "no" que transformaba la frase en un kafkiano "No votes no". Fueron las pequeñas anécdotas de una gran categoría: con una participación del 77,4 por ciento, dijeron "sí" a la Reforma el 94,2 de los votantes, y sólamente el 2,6 lo hicieron negativamente. A esa mínima expresión quedaba reducido el tan famoso como temido búnker.

El país se abría a las libertades; Fernández-Miranda emprendía poco después el camino de la retirada, cumplida su misión; la oposición tragaba y Adolfo Suárez se agigantaba. Entre otras cosas, quedaba demostrado que era su Gobierno quien llevaba la manija de los acontecimientos.

•DOCUMENTO•

Esta era la Ley de Reforma

"Los derechos fundamentales de la persona son inviolables", decía

La Ley para la Reforma Política, aprobada por las Cortes franquistas el 18 de noviembre de 1976 (lo que suponía su autodesaparición) y en referéndum el 15 de diciembre, iba a permitir construir una democracia. Este era su texto.

Art. 1º.- 1. La democracia en el Estado español se basa en la supremacía de la ley, expresión de la voluntad soberana del pueblo. Los derechos fundamentales de la persona son inviolables y vinculan a todos los órganos del Estado. 2. La potestad de elaborar y aprobar las leyes reside en las Cortes. El Rey sanciona y promulga las leyes.

Art. 2º.- 1. Las Cortes se componen del Congreso de Diputados y del Senado. 2. Los diputados del Congreso serán elegidos por sufragio universal, directo y secreto de los españoles mayores de edad. 3. Los senadores serán elegidos en representación de las entidades territoriales. El Rey podrá designar para cada legislatura senadores en número no superior a la quinta parte del de los elegidos. 4. La duración del mandato (...) será de cuatro años. 5. El Congreso y el Senado establecerán sus propios Reglamentos y elegirán sus respectivos presidentes. 6. El presidente de las Cortes y del Consejo del Reino será nombrado por el Rey.

Art. 3º.- 1. La iniciativa de reforma constitucional corresponderá: a) Al Gobierno. b) Al Congreso de Diputados.

2. Cualquier reforma constitucional requerirá la aprobación por la mayoría absoluta (...) del Congreso y del Senado. El Senado deliberará sobre el texto (...) aprobado por el Congreso y si éste no fuera aceptado en sus términos, las discrepancias se someterán a una Comisión Mixta, bajo la presidencia de quien ostentara la de las Cortes y de la que formarán parte los presidentes del Congreso y del Senado, cuatro diputados y cuatro senadores (...). Si esta Comisión no llegara a un acuerdo o (...)no mereciera la aprobación de una y otra Cámara, la decisión se adoptará por mayoría absoluta de los componentes de las Cortes en reunión conjunta de ambas Cámaras.

3. El Rey, antes de sancionar una ley de Reforma Constitucional, deberá someter el proyecto a referéndum de la Nación.

Art. 4º.- En (...) los proyectos de ley ordinaria, el Senado deliberará sobre el texto (...) aprobado por el Congreso. En caso de que éste no fuera aceptado (...), las discrepancias se someterán a una Comisión Mixta, compuesta de la misma forma que se establece en el artículo anterior.

Si esta Comisión no llegara a un acuerdo o los términos del mismo no merecieran la aprobación, por mayoría simple, de una y otra Cámara, el Gobierno podrá pedir al Congreso (...) que resuelva (...) por mayoría absoluta de sus miembros.

Art. 5º.- El Rey podrá someter directamente al pueblo una opción política de interés nacional, sea o no de carácter constitucional, para que decida mediante referéndum, cuyos resultados se impondrán a todos los órganos del Estado.

Si el objeto de la consulta se refiriera a materia de competencia de las Cortes y éstas no tomaran la decisión correspondiente de acuerdo con el resultado del referéndum, quedarán disueltas, procediéndose a (...) nuevas elecciones.

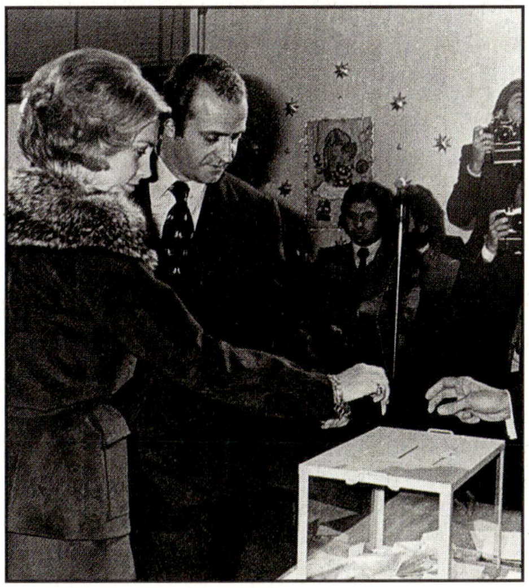
EUROPA PRESS

Los Reyes votan en el Referéndum del 15-XII-76.

DISPOSICIONES TRANSITORIAS

PRIMERA. El Gobierno regulará las primeras elecciones a Cortes para constituir un Congreso de 350 diputados y elegir 207 senadores (...). Los senadores serán elegidos por sufragio universal, directo y secreto de los españoles mayores de edad (...). Las elecciones al Congreso se inspirarán en criterios de representación proporcional, conforme a las siguientes bases: 1ª Se aplicarán dispositivos correctores para evitar fragmentaciones inconvenientes de la Cámara, a cuyo efecto se fijarán porcentajes mínimos de sufragios para acceder al Congreso. 2ª La circunscripción electoral será la provincia, fijándose un número mínimo inicial de diputados para cada una (...). Las elecciones al Senado se inspirarán en criterios de escrutinio mayoritario.

(...)

TERCERA. Desde la constitución de las nuevas Cortes y hasta que cada Cámara establezca su propio Reglamento, se regirán por el de las actuales Cortes en lo que no esté en contradicción con la presente ley (...).

DISPOSICIÓN FINAL. La presente ley tendrá rango de ley Fundamental.

Dada en Madrid, a 4 de enero de 1977. JUAN CARLOS. El presidente de las Cortes Españolas, TORCUATO FERNÁNDEZ-MIRANDA Y HEVIA.

"Así hicimos la refo

Los entresijos de una de las páginas más limpi

Muy pocas semanas después de mi cese en el Ministerio de Trabajo -que comportaba entonces la simultánea pérdida del escaño en las Cortes para quien lo tenía por razón de su cargo-, Su Majestad el Rey tuvo a bien nombrarme procurador en Cortes de su libre designación. Aquél fue el inicio de un proceso que culminó con la aprobación de la Ley para la Reforma Política.

De acuerdo con la Ley en aquel tiempo vigente, el Jefe del Estado tenía la facultad de efectuar directamente 25 designaciones y, en el momento del fallecimiento de Franco, existían tres vacantes. El Rey hizo uso de sus iniciales atribuciones y nombró a José María López de Letona, a Alberto Monreal y a mí mismo, haciéndome así un honor, por el que guardo aún la mayor gratitud. Nadie me hizo la menor indicación previa de que fuera a adoptarse tal decisión y aunque me consta, por noticias posteriores, que Torcuato Fernández-Miranda, presidente de las Cortes, y Carlos Arias Navarro, presidente del Gobierno, conocieron el propósito regio, o lo sugirieron acaso, la primera noticia que yo recibí fue la comunicación telefónica directa del Rey. A los pocos días juré mi cargo y, como procurador en Cortes de libre designación, fui convocado al despacho del presidente de la Cámara una mañana de octubre de aquel 1976.

Durante aquellos meses se habían producido acontecimientos bien conocidos: la renuncia de Arias Navarro, no sin haber anunciado ya una tímida reforma de las Leyes Fundamentales; el nombramiento de Adolfo Suárez y de su primer Gobierno, y la noticia de que el Consejo de Ministros, el día 10 de septiembre, había aprobado un proyecto de ley de Reforma Política en el que se cifraba el propósito esencial de la etapa que el cambio de Gobierno inauguraba. El proyecto "era sin lugar a dudas obra del presidente de las Cortes, Torcuato Fernández-Miranda". Así lo reconoce Rodolfo Martín Villa, en aquel momento ministro de la Gobernación, en su libro *Al servicio del Estado*.

ADMIRACIÓN POR FERNÁNDEZ-MIRANDA. Inmediatamente después de aprobado el proyecto por el Consejo de Ministros, fui, como digo, convocado por el presidente de las Cortes. Recuerdo aquella entrevista con la mayor nitidez. Fernández-Miranda, con quien había mantenido ocasionales pero firmes discrepancias en algunos momentos de nuestra respectiva vida política, gozaba, y lo sabía, del mayor ascendiente que ningún político español haya ejercido sobre mí. Alumno suyo en Oviedo veinticinco años antes, conservaba y conservo aún la máxima admiración a su claridad didáctica, su impecable rigor dialéctico, su honestidad personal, su patriotismo ejemplar y su confianza en el pueblo de España. A él se debió, en exclusiva, mi nombramiento como director del Colegio Mayor Diego de Covarrubias, y quienes saben lo mucho que yo debo a aquella experiencia inolvidable, pueden también imaginar que a la admiración se uniera una no pequeña gratitud. Jugaba, pues, con alguna ventaja el presidente de las Cortes, que sabía bien lo difícil que hubiera resultado para mí negarme a un requerimiento suyo, aunque fuera tan inquietante como el que en aquel momento me hacía: se trataba de nombrar la Ponencia encargada de defender ante el Pleno de las Cortes el proyecto de ley para la Reforma Política, y deseaba que yo formase parte de ella. Fernández-Miranda evocó brevemente el dramático pasado de España, me recordó cuánto habíamos hablado en otras ocasiones sobre la Monarquía de todos, aludió a la responsabilidad que nos incumbía en aquellos decisivos momentos y reavivó nuestra antigua ilusión por un futuro pacífico en convivencia plural y democrática.

> **"Fernández-Miranda aludió a la responsabilidad que nos incumbía en aquellos decisivos momentos y reavivó nuestra antigua ilusión por un futuro pacífico"**

Confieso que el encargo me resultaba abrumador, pero pensaba como él que merecía la pena. Acepté, pues, y hablamos brevemente de los restantes miembros de la Ponencia. Parecía formalmente que se

ma política"

de la Historia de España

Fernando Suárez

Catedrático de Derecho del Trabajo de la Universidad Nacional de Educación a Distancia (UNED). Ex ministro de Trabajo en el Gabinete de Carlos Arias Navarro

trataba de que los escogiéramos de común acuerdo, y tal impresión trataba de darme. Pero no contaría toda la verdad si no dijera que él había pensado muy bien en la distribución del encargo y que mi participación se redujo a expresar mi conformidad más absoluta: Miguel Primo de Rivera, por los consejeros nacionales y porque tenía, en todos los sentidos, grandeza de España; Noel Zapico, un claro reformista del mundo sindical; Belén Landáburu, entonces procurador familiar y colaboradora muy directa del propio Fernández-Miranda, y Lorenzo Olarte, presidente del Cabildo insular de Gran Canaria y representante de la Administración local. Ninguno de nosotros había hecho la Guerra Civil y todos teníamos entre 42 y 44 años, que entre la clase política de entonces no podía considerarse una edad avanzada.

Elaboramos nuestro dictamen con la impagable asistencia del letrado Fernando Garrido Falla -a quien no he visto citado ni una sola vez en las miles de páginas que he leído sobre la reforma política, cuando a mi juicio tuvo un señalado papel en la misma- y el presidente de las Cortes convocó la sesión plenaria para las cinco de la tarde del 16 de noviembre.

La presentación del proyecto corrió a cargo de Miguel Primo de Rivera y Urquijo, que planteó el problema en su más exacto alcance: se intentaba hacer una nueva Constitución, basada en la legalidad de la Constitución vigente, "hecho desconocido -dijo- que se produce por primera vez en la Historia de España".

Obstinación de algunos políticos. La dificultad estaba de una parte en la obstinación de algunos miembros de la clase política, que tachaban a cualquier solución que se propusiera de rupturismo y de traición al pasado y, de otra, en quienes, negando la legalidad entonces vigente, lo que exigían era la ruptura y empezar a hablar. Propugnó, naturalmente, la postura intermedia, que era la de consultar al pueblo español. Resultaba admirable y emocionante oír de labios del duque de Primo de Rivera -nieto de D. Miguel y sobrino de José Antonio- que debíamos entrar en el futuro sin renegar de nuestra lealtad al pasado, pero no olvidando que también teníamos una obligada lealtad al presente y al futuro.

Subieron a continuación a la tribuna los enmendantes a la totalidad. Escudero Rueda no quería entorpecer la reforma y así lo declaró, retirando sus reservas en aras de su objetivo de que el pueblo hablara cuanto antes. La actitud de Blas Piñar y de Fernández de la Vega era bien distinta. Utilizó el primero argumentos políticos, morales y jurídicos que en síntesis partían de la inalterabilidad de los Principios Fundamentales y, entre ellos, de la democracia orgánica, lo que convertía al proyecto en una violación flagrante del entonces orden constitucional, supuesto que sustituía la representación orgánica por el sufragio universal. Habiendo jurado fidelidad a unos Principios no era posible modificarlos en una votación, sin gravar la conciencia y sin escándalo (y tal era su argumento moral). Por fin, y en términos estrictamente jurídicos, Piñar sostenía que la Ley era nula y, como tal, susceptible de recurso de contrafuero. La indudable brillantez del orador no podía dejar de causar impacto en amplios sectores de aquel auditorio. Fernández de la Vega estuvo más hiriente y menos afortunado. Hizo in- ➵

Fotos: Europa Press

Carlos Arias felicita a Fernando Suárez (dcha.) al sustituir en el ministerio de Trabajo a Licinio de la Fuente (izqda.).

directos reproches a muchos de nosotros; acusó de desviacionismo a los gobernantes de la etapa anterior, incluso desde 1957; habló de la traición a España de los seculares egoísmos que la minan, y de la "misérrima oposición que, con su resentimiento a cuestas, había recorrido durante cuarenta años el camino de las cancillerías europeas, denunciando el pecado de la paz y del progreso de España"; criticó agriamente la democracia liberal; declaró a Donoso Cortés el pensador político más avanzado de Europa y reclamó del Rey una conducta distinta. Era evidente que, con su radicalismo, nos estaba haciendo un favor.

Al responder a ambos discursos, en nombre de la Ponencia, acepté de entrada que el proyecto de Ley no concordaba con el ordenamiento constitucional vigente, pues lo que pretendía era cabalmente modificarlo para el futuro. El problema, por tanto, se centraba en demostrar que, siguiendo un determinado procedimiento -justamente el que se estaba siguiendo- era modificable todo, incluso lo declarado permanente e inalterable por su propia naturaleza.

Ayuda de dos personalidades. Fue para mí una gran ayuda que dos personalidades tan poco sospechosas del anterior Régimen como Adolfo Muñoz Alonso y Fernando Herrero Tejedor -por entonces ya lamentablemente desaparecidos- hubieran hecho interpretaciones sumamente abiertas de esa pretendida inmutabilidad, asegurando que lo único que significaba era que la modificación requería el inevitable recurso a la consulta popular. Como fue también una gran fortuna contar con la colaboración del entonces catedrático de Metafísica de la Universidad Complutense, mi amigo el profesor Angel González Alvarez, gracias a cuyo asesoramiento pude entonces decir que no hay metafísico en el mundo decidido a sostener el hecho de que una ley humana pueda ser inalterable por su propia naturaleza. Es, justamente, la propia naturaleza del hombre la que exige inexcusablemente la libertad y, consiguientemente, el no sometimiento a leyes positivas inmutables. Por lo demás -y éste fue un argumento supremo-, para las Cortes que analizaban aquel problema resultaba inútil efectuar pronunciamientos sobre cuestiones de naturaleza ontológica porque cuanto de verdad fuera permanente e inalterable por su propia naturaleza, no podía depender, precisamente por ello, de sus pronunciamientos. Por mucho que se declarase en una ley que quedaban suprimidos los montes Pirineos, la realidad demostraría que las decisiones no bastan para alterar la naturaleza de las cosas. El silogismo era tan convincente como impecable: si los Principios eran inmutables por su propia naturaleza, ninguna ley nueva conseguiría su

"Guardo aún la mayor gratitud al Rey por nombrarme procurador en Cortes".

alteración, pero si el pueblo español decidía introducir modificaciones en ellos y lo conseguía con su sola declaración de voluntad, quedaría demostrado que su permanencia e inalterabilidad no procedían de su naturaleza. Ese era el sentido que había que dar a la repetidísima frase de Franco del "atado y bien atado". Lo había dicho de otro modo cuando pidió que se ratificara la Ley Orgánica del Estado, en 1967: "En bien del futuro, creo necesario que os responsabilicéis en su refrendo, recogiendo y reteniendo en vuestras manos la seguridad de vuestro futuro y que para modificarla o alterarla en el porvenir, haya que acudir nuevamente a vuestro refrendo (...) Las leyes contemplan y aseguran el más allá, entregando a los españoles las garantías de su porvenir".

De estas consideraciones procedía también la trascendental consecuencia de que los juramentos de fidelidad a las Leyes Fundamentales que todos habíamos formulado para acceder a nuestros cargos -incluyendo, claro es, al Rey- contenían la fidelidad al procedimiento de modificarlas, y el procedimiento se estaba siguiendo con rigurosa escrupulosidad: para saber lo que pensaba el pueblo español de todos estos problemas, no había nada como preguntárselo.

"Si el pueblo desea el tránsito pacífico de la presente situación a una situación nueva -fueron mis palabras finales en aquella ocasión- ésta será la primera vez que una Constitución española se reforma por los procedimientos previstos en la misma y sin «romper un plato», como se ha dicho también con buen humor. Este hecho, que sin duda ha de quedar consignado entre las páginas decisivas de la vida española será -por mucho que se intente falsearlo- uno de los mayores méritos de la etapa histórica que estamos culminando. Y sería empequeñecer ese mérito resistirse a que el Régimen pase a la Historia como el primero que logra situar a los españoles en el nivel social, cultural, económico y político que hace posible la consolidación de una plena democracia".

Después de que Noel Zapico, Belén Landáburu y Lorenzo Olarte respondieran eficaz y acertadamente a las diversas objeciones a detalles distintos del proyecto, entró el Pleno en el otro gran punto del debate: el sistema electoral de las futuras Cámaras. En el proyecto del Gobierno se decía simplemente "las elecciones al Congreso se inspirarán en criterios de representación proporcional" y "las elecciones al Senado se inspirarán en criterios de escrutinio mayoritario", y esas dos sencillas frases suscitaron una reacción contraria de enorme intensidad.

Tanto el informe del Consejo Nacional como una docena de significados enmendantes postulaban un sistema mayoritario para ambas Cámaras, con objeto de evitar que el número de opciones políticas resultara excesivo. Pero la Ponencia se encontraba entre la espada y la pared, porque la proporcionalidad del Congreso era uno de los temas que el Gobierno había prometido ya a sus interlocutores de la oposición, y mantenerla a ultranza arriesgaba el voto favorable de sectores muy amplios de la Cámara. Este tema motivó las mayores negociaciones fuera del hemiciclo, y el que me obligó a un aprendizaje verdaderamente intensivo, pues debo confesar que entonces no era muy experto en sistemas electorales. Pero también aquí conté con espléndidas ayudas. Mis inolvidables amigos Fernando Alberto Gotor y Diego Ignacio Mateo del Peral dominaban esta materia y pusieron en mis manos toda la documentación y la criteriología para quedar convencido de que, en aquella difícil opción, la postura mantenida por Gobierno era inicialmente más razonable, si bien era susceptible de matizaciones que evitaran los riesgos denunciados por los defensores del sistema mayoritario.

La Ponencia, de acuerdo con el Gobierno, incluyó en su dictamen una adición al precepto que pretendía suavizar los términos de aquel duro contraste: "Las elecciones al Congreso -decía ahora el artículo- se inspirarán en criterios de representación proporcional, aplicándose dispositivos correctores para evitar la excesiva fragmentación de la Cámara". Esto era cuanto el Gobierno parecía dispuesto a conceder, pero no resultó satisfactorio para los enmendantes, cuyo representante más brillante fue Cruz Martínez Esteruelas, que advirtió de modo expreso que sus propuestas no eran personales, sino de Alianza Popular, formación a la que pertenecía.

Tengo la convicción de que Martínez Esteruelas y quienes se sentían representados por él expresaban sus hondas convicciones en el afán de buscar lo mejor para la futura estabilidad de la democracia que estábamos elaborando. "La opción es clara -dijo-: O queremos pocos, pero fuertes grupos políticos, aptos para gobernar la nación conforme a la voluntad popular, o, por el contrario, queremos muchos y débiles partidos, que reflejen con precisión todas las diferencias y divisiones sociales, pero que sean impotentes para hacer marchar la nación hacia adelante. Con el sistema mayoritario se hace, pues, política de Estado y de Gobierno; con la representación proporcional, se hace política de partido".

"Hago público el documento que recoge estos acuerdos como testimonio del afán de concordia con que la clase política del anterior Régimen abría las puertas al futuro"

El extraordinario discurso de Martínez Esteruelas produjo en la Cámara un impacto enorme, y el Gobierno temió seriamente que, si no cedía, arriesgaba el sentido de la votación final. Pero no podía ceder, precisamente por la necesidad de que la reforma fuera aceptada por quienes estaban extramuros del sistema. De ahí las intensísimas negociaciones que hubimos de celebrar. El Gobierno flexibilizó su postura cuanto pudo, pero fue Alianza Popular la más sacrificada para desbloquear la situación. En efecto, se estableció un porcentaje mínimo de votos para acceder al Congreso, se estableció que la provincia sería circunscripción electoral y que cada una de ellas tendría un número mínimo de diputados, pero el principio se mantuvo: el sistema electoral sería proporcional. El documento que recoge estos acuerdos, con la firma de Esteruelas, de Licinio de la Fuente, de Thomas de Carranza, de Fernández de la Mora y de López Rodó, entre otros, obra en mi poder y lo hago público por primera vez (a la izquierda) como testimonio del afán de concordia con que la clase política del anterior Régimen abría las puertas al futuro.

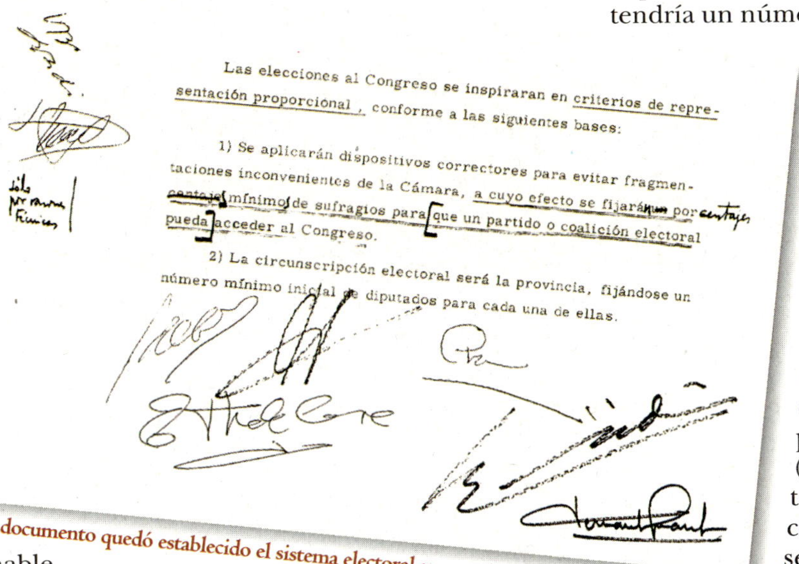
Las elecciones al Congreso se inspirarán en criterios de representación proporcional, conforme a las siguientes bases:

1) Se aplicarán dispositivos correctores para evitar fragmentaciones inconvenientes de la Cámara, a cuyo efecto se fijarán por centaje mínimo de sufragios para que un partido o coalición electoral pueda acceder al Congreso.

2) La circunscripción electoral será la provincia, fijándose un número mínimo inicial de diputados para cada una de ellas.

En este documento quedó establecido el sistema electoral proporcional.

Con un discurso de Landelino Lavilla, ministro de Justicia, que Alfonso Osorio calificó de "aséptico", concluyó aquel trascendental debate y se pasó a la votación, que requería la conformidad de dos tercios de los presentes: 330 procuradores. Votaron a favor 425; en contra, 59, y se abstuvieron 13. "El proyecto de ley -dijo Fernández-Miranda- ha sido aprobado".

Fernández-Miranda, que había concebido con enorme talento tan compleja operación y que condujo con mano maestra y con habilidad imponderable el difícil debate; Suárez, sin cuya audacia nada hubiera resultado posible; su Gobierno, que actuó con una coordinación admirable, y la inmensa mayoría de los políticos del Régimen anterior habían escrito, con la generosidad y altura de miras que había pedido el Rey, una de las páginas más limpias y grandiosas de la Historia de España.

"Fernández-Miranda, Suárez, su Gobierno y la inmensa mayoría de los políticos del Régimen anterior habían escrito una de las páginas más limpias de nuestra Historia"

El salto histórico desde Franco a la democracia

Miguel Primo de Rivera cuenta su vivencia de la Transición

Sobrino de José Antonio, fundador de Falange; hombre de confianza tanto de Franco como de don Juan Carlos, y miembro del Consejo del Reino que propuso la terna de presidentes al Rey, Miguel Primo de Rivera relata a **Manuel Antonio Rico** sus recuerdos sobre lo que califica como "salto histórico a la democracia".

"Ahora que han transcurrido veinte años y que sobran dedos de una mano para contar a los que sobrevivimos del Consejo del Reino, seguramente es llegado el momento de que yo también aporte algo de mis experiencias pasadas y, sin dejación del sentido de la responsabilidad, evoque por ejemplo cómo alumbramos legalmente el nombramiento de Adolfo Suárez para la presidencia del Gobierno, cómo se hizo en las Cortes el tránsito de la reforma política y cómo desde el franquismo se dio el salto histórico a la democracia.

En el intento, que no tiene ni más ni menos que el valor de mi personal conocimiento, debería empezar diciendo que el origen de la Transición habría que situarlo en los años sesenta, con la llegada de los primeros tecnócratas al Gobierno de Franco. Fue entonces cuando se asentaron las bases del cambio social y económico de España, y cuando los reformistas de dentro -a quienes nos llamaban "rojos"- comenzamos a preparar la respuesta a la gran pregunta del "después de Franco, ¿qué?", que tanto nos hacíamos los jóvenes. Pasar de la teoría a la práctica y del papel a la realidad fue posible a la muerte de Franco porque, como decía Fernando Suárez ante las Cortes, el régimen no nos había legado una Constitución pétrea sino modificable y que permitía, en expresión de Torcuato Fernández-Miranda, ir "de la ley a la ley", si se tenía el coraje suficiente para hacerlo y sin que tuviéramos que cargar con el peso del perjurio quienes habíamos jurado los Principios del Movimiento, que éramos todos los del régimen, empezando por el Rey.

Don Juan Carlos me decía, antes de designarme senador y como argumento para que aceptara, "¡Hombre, Miguel! Teniendo un árbol genealógico como el tuyo, tan roto a hachazos que casi sólo quedas tú, pocos habrá en unas condiciones como las tuyas para terminar con las dos Españas", y muy probablemente era cierto, aunque debo aclarar que, en vida de Franco, nunca dejé que se me convirtiera en la reencarnación de nadie, y creo que fui el único alcalde (en Jerez) que no ostentó al mismo tiempo el cargo de jefe local del Movimiento. Es verdad que con siete años de edad yo llevé en mis manos el arca con los restos de mi tío José Antonio, el fundador de Falange, para su entierro definitivo, pero también es verdad que en el año 64 fui al Palacio de El Pardo -recuerdo que iba en el coche con mi tía Pilar- rezando el rosario y que, una vez delante de Franco, le dije: "Mi general, yo no me creo en posesión de ninguna herencia histórica". El lo comprendió, me parece, y gracias a todo ello mantuvimos una relación muy especial y muy estrecha, respetuosa por ambas partes y cargada de sinceridad. El fundador de Falange era simplemente José Antonio, no "tío José Antonio", fuera de casa y también dentro: a mis propios hijos, que ahora lógicamente son mayores y tienen cada uno su formación, siempre quise mantenerlos al margen de las presiones del pasado, mientras me mantenía a mí mismo en los límites de mi propia personalidad.

> **"«¡Hombre, Miguel! Pocos habrá en unas condiciones como las tuyas para terminar con las dos Españas», me decía don Juan Carlos"**

En otra ocasión fui a El Pardo para hablar con Franco de las asociaciones políticas, a propósito de una ley que estábamos discutiendo en el Consejo Nacional y de la que yo era ponente, con Fernández-Miranda, con Gregorio Marañón, con Emilio Romero... aún en los sesenta. Y le dije: "Mi general, lo que hay que hacer ya es plantearse una España distinta, con partidos políticos". Se lo dije descaradamente, con todas las palabras, "partidos políticos", y él me contestó, tuteándome y llamándome por mi nombre, como siempre, y señalándome con el dedo, levantando el tono de la voz: "A mí no puedes pedirme eso, Miguel. A mí, no. No me puedes pedir que yo sea traidor a toda mi historia. Pero tú... vosotros, las generaciones jóvenes... sois quienes tenéis que hacerlo". Y yo me levanté, le di un abrazo y le dije: "Muchas gracias, mi general". Estaba claro que estaba transmitiéndome a su manera algo que me parecía maravilloso, algo que me daba fuerzas para seguir adelante y seguir luchando, en medio de aquella situación especial en que me encontraba, siempre yendo de El Pardo a La Zarzuela, siempre de Franco a Juanito, como llamábamos a don Juan Carlos.

UNA ESPAÑA NUEVA. Franco, con el que tenía unas conversaciones del todo abiertas; que gustaba de abroncarme y que, sin exagerar, pienso que sentía adoración por mí, quizá porque me percibía como el hijo que nunca había podido tener, me incitaba a mí y a las generaciones jóvenes a que fuéramos preparando una España nueva, porque él no podía hacerlo sin traicionarse a sí mismo. Es algo parecido a lo que le sucedía a don Juan Carlos cuando le mostraba a Franco su extrañeza porque no le diera consejo alguno y Franco le contestaba que no merecía la pena. Le servirían de poco para cuando hubiera de reinar. De hecho y como es sabido, lo único que Franco le pide al Príncipe, poco antes de morir y apretándole la mano, es que mantenga la unidad de España. Probablemente, ni los más franquistas ni las crónicas periodísticas han valorado nunca de forma suficiente aspectos de la visión de Francisco Franco como éstos que estoy recordando.

Si se trata ahora de evocar las reuniones del Consejo del Reino, de donde salió la designación de Adolfo Suárez como presidente de Gobierno, pienso en primer lugar en el periodista Gregorio Morán, que tiene escrito un excelente libro, elaborado no mucho después de los acontecimientos y sobre la base de más de ciento sesenta entrevistas, según me contó cuando vino a verme.

Yo fui la última persona a la que consultó, según me dijo, y me confesó que había estado antes con Fernández-Miranda. Por causa del secreto obligado, le planteé que no podía hacerle revelaciones aunque sí le aseguré que, si me apuntaba lo que sabía, yo le rectificaría los posibles errores. Resultó que no había errores y que se lo habían contado todo, o prácticamente todo. Para sorpresa mía.

Puedo, sin embargo, añadir a lo ya conocido, y tantos años después de aquellos tres primeros días de julio del 76, que Adolfo Suárez era un candidato consensuado, a partir de la voluntad de Su Majestad el Rey, de forma que su inclusión en la terna fue una operación bastante menos milagrosa de lo que se ha pretendido hacer ver. La habilidad de Torcuato estuvo en la invención de un ingenioso procedimiento de eliminaciones sucesivas, por votación; una especie de juego, raro y divertido, que arrancó cuando el presidente del Consejo nos propuso que cada uno de los dieciséis consejeros escribiéramos en un papel los nombres de tres candidatos; y ello, según nos explicó, en función de las tres familias políticas entonces existentes: los democristianos, los tecnócratas y los del Movimiento.

Asimismo, previo un tranquilo debate sobre el retrato-robot del candidato ideal, del que emergió como una cualidad importante la de la juventud, se abrió el baile de las eliminaciones, que no concluiría hasta llegar a la terna formada por Federico Silva, Gregorio López Bravo y Adolfo Suárez. Es claro que si el nombre de Suárez apareció ya en la primera lista de treinta y dos candidatos y se mantuvo hasta el final no fue por alguna extraña casualidad o fruto de la inspiración divina. De no ser por el deseo del Rey, Suárez hubiera tenido muy pocas posibilidades en aquel Consejo, donde se sentaba la flor y nata del Régimen, pero ocurrieron algunas cosas antes de las votaciones, entre ellas que Torcuato me llama y me pide que le ayude. Yo lo hago, naturalmente, y entre los dos montamos una cadena de contactos, de diálogos y de convencimientos, todo lo eficaz que los hechos demostraron. El habla con el presidente del Supremo, Silva Mele-

LARRY MANGINO

Miguel Primo de Rivera, que cuenta en la actualidad con 61 años, posa en su despacho del madrileño Paseo de la Castellana.

EUROPA PRESS

Miguel Primo de Rivera, acompañado a la derecha por su esposa, afirma que "guste o no guste, Adolfo Suárez fue un hombre muy importante en nuestra Transición, y el tiempo así lo ha demostrado".

4 de junio de 1967: Miguel Primo de Rivera toma la palabra durante un acto falangista en Mota del Cuervo.

ro; con el arzobispo Cantero, con el rector Lora Tamayo, con los consejeros militares, con Enrique de la Mata... y yo me dedico a mi suegro Antonio María de Oriol, a mi primo Iñigo, a Joaquín Viola, a Araluce y también a los tres falangistas-sindicalistas, Girón, Molina y Martín Sanz. Torcuato logró los votos institucionales, y yo casi todos los restantes, pero fracasé con los falangistas. Girón, a quien Dios tenga en su gloria y al que por otro lado yo apreciaba, no aceptó nunca como suyo a Suárez y se negó a apoyarle desde el primer momento, pero se quedó en minoría.

ROMPER LA UNANIMIDAD DE SILVA. Respecto a mi propia terna final, añado que yo no voté a favor de Federico Silva y puse en su lugar a Alvarez Miranda, y el motivo fue evidente en el último momento: alguien tenía que romper la unanimidad alrededor de Silva y que no se daba con los otros dos candidatos. Y debía ser así para que nadie interpretara nunca que el Consejo había trasladado al Rey algún tipo de presión moral, por aquello de la unanimidad, aunque no estuviera escrito en ningún reglamento. Por eso llegué al acuerdo con Torcuato, ya "in extremis", para votar a otra persona. Por eso y porque el presidente, a la vista de lo que se avecinaba, paró la reunión, hizo una interrupción y en un aparte me dijo: "Miguel, ven aquí... Has de cambiar tu voto a Silva". Le dije: "¿Y por qué no cambias tú el tuyo?", pero lógicamente hube de hacerlo yo. Silva quedó con quince votos, López Bravo con trece y Adolfo con doce.

Y éstas fueron las claves de aquellas reuniones y de aquel juego de nombres, en el que todos los consejeros secretamente, pero como en un secreto a voces, jugamos con las cartas marcadas: las marcas de Fernández-Miranda y del Rey. No hubo más misterio. ¿Por qué me eligió a mí Torcuato para esta tarea? Supongo que porque conocía mi lealtad a Su Majestad y mis servicios de muchos años, y sabía de mis pensamientos y de mi forma de ser.

> "Con Franco tenía unas conversaciones del todo abiertas; gustaba de abroncarme pero, sin exagerar, creo que sentía adoración por mí"

Con Torcuato me ocurrió lo contrario de lo que le sucedió a Suárez: él empezó muy bien y acabó fatal. Yo empecé mal, distante, y acabé muy bien, admirándole y gozando de su confianza. Después de las trascendentales decisiones del Consejo, llegó el momento de la reforma, y Fernández-Miranda me dice que me prepare porque quiere que esté en la Ponencia del proyecto de ley para defenderlo ante el Pleno. Yo me consideraba como cualquier español de mi generación, mirando más hacia adelante que hacia atrás, pero seguro que él quiso aprovechar el significado de mi apellido ante aquellas Cortes para que aceptaran su defunción política y el paso a la democracia. Tampoco en esa ocasión me pude negar. Sólo le puse una condición: que fuera yo personalmente quien presentara la ley y la defendiera en primer lugar. Aceptó, y eso fue lo que ocurrió. De otra manera, yo no hubiera entrado en la Ponencia. Si quería estar dentro era para dar la cara y decir ante todos los españoles: "Aquí estoy, aquí estamos. Somos una generación que, respetando a Franco, quiere mirar hacia adelante y hacer lo más conveniente para el país".

Lo hice, según consta en el diario de sesiones, y estoy muy orgulloso de ello, muy satisfecho del trabajo realizado con los demás ponentes, sobre todo junto a Fernando Suárez. Los dos llevamos el mayor peso de la ponencia, juntos nos pe-

Europa Press

gamos unas palizas enormes repasando el Derecho Constitucional comparado y nunca dejamos de mantener vías exteriores de contacto, con gentes de fuera, como Miguel Herrero, Landelino Lavilla o Martínez Esteruelas, para asegurarnos el acierto y el éxito.

La elegancia del voto en blanco. El trabajo llegó a buen puerto y la votación que requería de los dos tercios fue todo lo favorable que registran los anales, gracias a la seriedad y la responsabilidad de la gran mayoría de los procuradores. Y desde aquí elevo una señal de profundo reconocimiento a personas como mi tía Pilar o Antonio María de Oriol. Conforme le sucedía a Franco, ellos tampoco podían apuntarse al cambio, porque se hubieran traicionado a sí mismos. No votaron a favor, pero tampoco en contra. Lo hicieron en blanco, sin oponerse a que nosotros actuáramos como estábamos actuando, y hasta entendiéndolo. Con enorme elegancia.

Lamento muchísimo la situación actual de las relaciones personales entre Adolfo Suárez y la familia de Fernández-Miranda, o mejor dicho, la inexistencia de relaciones, porque no se hablan una familia con la otra. Mi mejor aprecio para todos ellos. Ni defiendo al uno ni ataco al otro, pero estimo lógico que Adolfo, aun debiéndole la Presidencia en buena medida a Torcuato, no actuara luego como un mandado. No quiso serlo y, a partir de algún momento, ya no lo fue. Supongo que por eso llegaron al rompimiento total en lo personal, mientras Adolfo volaba triunfalmente por sí mismo y Torcuato se veía relegado a un penoso olvido, hasta morir prematuramente allá lejos, en Londres, y morir de amor a España, o por causa del desamor, habiéndole entregado lo mejor de su vida, como le sucediera a mi abuelo, que también murió lejos, en París, y de la misma enfermedad de amor a España.

Fernández-Miranda no fue tampoco justo con Suárez. No lo es la valoración que se desprende del libro con sus cuasi memorias, recién publicado. Adolfo tiene razones para sentirse dolido por lo escrito, pero honestamente estoy por pensar que, si Torcuato escribiera ahora el libro, el resultado no sería ni mucho menos tan duro. Guste o no guste, Suárez fue un personaje muy importante en nuestra Transición, y el tiempo así lo ha demostrado, igual que ahora podemos calibrar toda la enorme importancia del papel desempeñado por Torcuato, pero creo que la inmediatez del momento le privó de perspectiva; que unos cuantos árboles personales no le dejaron ver el bosque.

> “A Torcuato le advertí repetidamente que se equivocaba prefiriendo la presidencia de las Cortes a la del Gobierno. Pero no me hizo caso”

De otras reuniones importantes del Consejo del Reino, en las que participé, guardo naturalmente recuerdos, aunque ya no tan precisos como los de la elección de Suárez. De acuerdo con la lógica de los tiempos y todavía en vida de Franco, no hubo problemas para la elección de Carrero Blanco como candidato a presidente de Gobierno, un cargo que, por inexistente, nunca hasta entonces había pasado por nuestras manos. La verdad es que votamos únicamente para poner algún nombre que acompañara al del almirante, y la reunión no duró más de veinticinco minutos. Rapidísima. Al contrario, el Consejo dedicado a Carlos Arias, tras el asesinato de Carrero, se vio complicado por algunos planteamientos que incluían a Nieto Antúnez. Resultó tan duro que el presidente Rodríguez Valcárcel suspendió la sesión, para irse a El Pardo conmigo. Los dos nos fuimos a ver a Franco. El presidente mostró sus preocupaciones porque el plazo legal de tiempo se estaba agotando, y Franco, llamándole por su segundo apellido, como acostumbraba a hacer y hacía de hecho con Alonso Vega o Fernández Cuesta, le contestó: “Pues nada, Valcárcel, alargamos ese plazo”, y hubo que explicarle que estirar ese tiempo requería nada menos que un referéndum.

Terna para presidente de las Cortes. La reunión en diciembre del 75, cuando se eligió terna para presidente de las Cortes, duró unas cuantas horas y fue muy complicada porque, de entrada, Torcuato no contaba con apoyos suficientes. El Rey hubo de emplearse con Carlos Arias, Arias con algunos consejeros y éstos con otros, hasta vencer la fuerte resistencia interior existente. De mí mismo puedo señalar que, aunque mis relaciones con Torcuato no estaban entonces en su mejor momento, le advertí repetidamente que se equivocaba prefiriendo la presidencia de las Cortes a la del Gobierno, porque el ejecutivo es siempre el ejecutivo, y entendía yo que desde la Jefatura del Gobierno era más fácil impulsar los cambios. Se lo dije muchísimas veces, pero no me hizo caso. Su nombre quedó el primero en la terna, con catorce votos; Licinio de la Fuente tuvo doce, y para Emilio Lamo de Espinosa fueron siete.

Y todo esto es cuanto quería evocar, en una memoria apresurada sobre los orígenes de la Transición. Concluyo afirmando que la Transición aún sigue y que no terminará mientras no se cumplan estas tres condiciones: que la alternancia en el poder sea algo completamente normal; que no se discuta la unidad de España y que las instituciones y la sociedad, ya maduras, se den la mano y no la espalda.

La Iglesia durante

Fue importante la aportación eclesial al clima

Al estudiar la Transición podemos reducirla a unos cuantos personajes que consideramos clave o podemos centrar nuestra atención en la participación del pueblo español y de algunas instituciones intermedias. Otro tanto sucede si hablamos de la Iglesia y pensamos que no debemos reducirnos a la actuación del cardenal Tarancón y a la Conferencia Episcopal por importantes que hayan sido.

En efecto, el catolicismo español respondió antes y después de la Guerra Civil a un modelo integrista, muy cerrado en sí mismo, con un componente político anacrónico, muy antiliberal, alejado de las corrientes teológicas más renovadoras y muy monolítico. Sin embargo, a lo largo de los años cincuenta, a pesar del nacionalcatolicismo imperante y de la indudable compenetración con el régimen de Franco, nos encontramos con numerosos sacerdotes que acuden a estudiar a las universidades francesas, alemanas e italianas y que vuelven con experiencias e ideas que van a chocar con las dominantes en España. A esto tenemos que añadir lo que supuso en los seminarios españoles la presencia de la JOC y de la HOAC, de sus métodos de análisis de la realidad y de su presencia en fábricas y talleres.

En este sentido, el Concilio Vaticano supuso un catalizador de energías e ideas en parte existentes, aunque no se puede minimizar su enorme impacto en capas más amplias y, sobre todo, su efecto de legitimación de actitudes y acciones antes consideradas como peligrosas. El cambio de mentalidad y talante de los españoles ha sido adecuadamente estudiado en sus causas, pero no estoy seguro de que se haya valorado suficientemente el impacto, primero, y el lento influjo, después, en este cambio de actitudes y posturas, de colegios, grupos apostólicos y parroquias en los que se encuadraban buena parte de los españoles.

En 1971 se celebró una reunión de sacerdotes representantes de todas las diócesis españolas con sus obispos en la que se demostró nítidamente que la Iglesia caminaba en una dirección que no correspondía a la del régimen político. En enero de 1974 los obispos publicaron un documento en el que claramente defendían el sistema democrático, las libertades, los sindicatos y los partidos. No se puede olvidar, de hecho, el apoyo de organizaciones católicas al nacimiento de Comisiones Obreras.

Es en este marco en el que hay que situar la homilía del cardenal Vicente Enrique y Tarancón en Los Jerónimos el 27 de noviembre de 1975. Cinco días después del juramento del Rey ante las Cortes franquistas y con algunos invitados tan significados como el general Pinochet, se celebró una ceremonia religiosa con participación de los representantes más cualificados de Francia, Alemania, Gran Bretaña, Estados Unidos y otros países democráticos. En esta "toma de posesión democrática" se produce la famosa homilía que en realidad era un programa de gobernante cristiano demócrata.

> **"Pablo VI había apostado por una Iglesia más libre en una España democrática y para ello se sirvió del nuncio Dadaglio y del cardenal Tarancón"**

No se trató de un acto oportunista ni de un panfleto seudopolítico sino de la manifestación de lo que se pensaba en buena parte del mundo católico. Tarancón, una vez más, demostró su sentido político no por imponer una línea concreta sino porque siguió o coincidió con el parecer de los exponentes más cualificados del clero y de los movimientos de Acción Católica.

La elaboración de esta homilía resulta significativa y creo que no ha sido contada hasta ahora. En previsión de la muerte de Franco existía la "operación Lucero" que detallaba los actos que se celebrarían en tal ocasión. Según esta "operación" el juramento del Rey se celebraría antes del funeral de Franco que, de tal manera, se convertía en el acto central y significativo. En tal ceremonia concelebrarían todos los obispos españoles.

El cardenal Tarancón llamó junto a sí a los teólogos Fernando Sebastián y Olegario González de Cardedal, a los periodistas Martín Descalzo y Luis Apostua y a su secretario Martín Patino con el fin de preparar los actos eclesiásticos. Esta pequeña comisión pensó desde el primer momento que era conveniente proponer dos actos distintos, uno el funeral y otro centrado en la persona del Rey. Dieron como

a Transición

Juan María Laboa
Catedrático de Historia de la Iglesia

convivencia y de reconciliación nacional

razón que de la otra manera resultaría difícil que acudiesen representantes de los países democráticos. Quienes dirigían la "operación Lucero" aceptaron la propuesta y sus razones.

En ese momento Tarancón fue consciente de que sus palabras en la misa se convertían en el eje de la celebración y les pidió ideas. Fernando Sebastián fue el último en hablar, fue tomando notas de las diversas intervenciones y, cuando le tocó su turno, fue capaz de exponer un esquema suficientemente completo y sugerente. "Esa es la homilía", afirmó Tarancón y le pidió que la redactase. Por la noche, en una vieja máquina, fue elaborando los párrafos de la homilía más leída y escuchada en la historia de nuestro país.

EUROPA PRESS

La homilía del cardenal Tarancón fue "la manifestación de lo que se pensaba en buena parte del mundo católico".

No cabe duda de que se debe reconocer la importante aportación de la Iglesia al clima de convivencia y de reconciliación nacional. A la muerte de Franco, y a pesar del indudable cambio acaecido, muchas espadas estaban en alto y tantos temores y reticencias operaban todavía en buen número de ciudadanos españoles. La actitud del clero y de los movimientos de Acción Católica fue decisiva para la consecución de un clima no sólo de normalidad, sino también de fraternidad y convivencia. Desaparecieron buena parte de los miedos y las reticencias, de los fantasmas del pasado y del futuro, gracias a este talante que constituyó, indudablemente, una novedad en la historia de la Iglesia española.

Esta actitud se correspondía con lo que pensaba el Papa. Desde Roma, años antes, Pablo VI había apostado por una Iglesia más libre en una España democrática, y para cumplir su propósito se sirvió del nuncio Dadaglio y del cardenal Tarancón. Se lo dijo claramente a Tarancón cuando le trasladó de Toledo a Madrid en contra de toda tradición: "Pronto habrá cambios importantes en España y para ese momento de la transición yo necesito un hombre de plena confianza en Madrid".

Roma respaldó las opciones de la Iglesia española pese a la incomprensión de numerosos sacerdotes y de muchos católicos que no acababan de entender el vuelco espectacular del catolicismo. Carrero Blanco y el mismo Franco pensaron que se trataba de una traición. En realidad, los católicos habían evolucionado mientras que el régimen quedó empantanado.

Tal vez el momento más tenso de la Transición en el ámbito político-eclesial se produjo con motivo de la elaboración de la Constitución. El borrador del proyecto constitucional despachaba el tema religioso con un escueto "el Estado español no es confesional" que recordaba demasiado el artículo 3 de la Constitución de 1931. Tarancón reaccionó con rapidez: "Hay realidades sociales, entre ellas la Iglesia, que la Constitución no puede ignorar". En realidad, nadie pretendía que el Estado fuese confesional, pero no se consideraban satisfechos con el mero reconocimiento de la libertad religiosa, porque la experiencia de otros países y de la misma España indicaba que no era suficiente.

Para monseñor Yanes, arzobispo de Zaragoza, por su parte, "no tendría sentido que en nuestra Constitución se mencionaran expresamente los partidos políticos, los sindicatos o cualquier otro tipo de asociaciones o instituciones y que en cambio se desconociera a la Iglesia católica, al menos como un hecho social con autonomía específica, con la que el diálogo en nuestro país es ineludible". Los socialistas reaccionaron con acritud, UCD apoyó la sugerencia eclesial y el Partido Comunista mostró su comprensión. El art. 16 señala que "ninguna confesión tendrá carácter estatal. Los poderes públicos tendrán en cuenta las creencias religiosas de la sociedad española y mantendrán las consiguientes relaciones de cooperación con la Iglesia católica y las demás confesiones". Solé Tura (PCE) afirmó que votaban a favor del proyecto por el notable progreso que suponía la libertad de cultos, la no confesionalidad del Estado y la superación de los términos "clericalismo" y "anticlericalismo" que tantas luchas habían causado. Esta reacción era debida no solamente a una actitud posibilista sino también a la cooperación que se había establecido entre católicos y comunistas en la oposición al régimen.

Hablar de la Transición es hablar también de la decisión de los obispos de no apoyar en las elecciones un partido determinado y sobre todo de no aceptar que un partido usara la palabra "cristiano". En España no había existido una tradición demócrata cristiana, pero no cabe duda que entre los pocos grupos activos de la oposición los democratacristianos habían estado presentes.

Es verdad que los diferentes grupos de la Acción Católica estaban decididos a no repetir la historia de una Iglesia demasiado identificada con una política determinada, pero es verdad, también, que muchos católicos y no pocos movimientos, como la HOAC, se sentían y actuaban en connivencia con los socialistas o con los comunistas. Para algunos, como López Aranguren, la Iglesia no apoyó a la Democracia Cristiana porque prefería a UCD. Desde la perspectiva de los veinte años transcurridos, podemos decir que la decisión de Tarancón había sido tomada mucho antes de que UCD fuera realidad y respondía, una vez más, a un deseo compartido. De hecho, el partido Izquierda Demócrata de Gil Robles y Ruiz Giménez no consiguió ningún diputado, pero creo que debe tenerse en cuenta, también, el inconsciente influjo del integrismo español que abominó desde principios de siglo de toda alusión a la Democracia Cristiana.

"En la Transición, los obispos decidieron «no apoyar en las elecciones un partido determinado y no aceptar que uno usara la palabra cristiano»"

El Rey presentó en 1976 su renuncia espontánea al derecho de presentación de obispos, dando así fin a una práctica milenaria. En realidad, en la historia española tanto medieval como moderna y contemporánea, la elección de los obispos había permanecido mediatizada por los intereses políticos y la voluntad real. Esta renuncia representaba el deseo de mayor autonomía y libertad mutuas y, también, el deseo de iniciar nuevos modos de relación, en realidad inéditos en nuestro país.

EFE

Los acuerdos con la Santa Sede "han respondido al pluralismo democrático".

En el mismo año se iniciaron las negociaciones del Gobierno con la Santa Sede con el fin de revisar el concordato partiendo de la renuncia de los privilegios mutuos. Un año más tarde los Reyes visitaron a Pablo VI en un clima que revelaba un nuevo estilo. Finalmente, el 3 de enero de 1979, tras una negociación no siempre fácil, con el consenso tácito de los cuatro partidos -UCD, PSOE, PCE y AP- fueron firmados los Acuerdos Parciales entre el Estado español y la Santa Sede, que representaban la supresión del Concordato de 1953 y que trataban de asuntos jurídicos, económicos y de educación.

Tanto fuera como dentro de la Iglesia, muchos pensaban que no eran necesarios tales acuerdos, dado que los creyentes debían actuar dentro de la legislación general del Estado. En realidad, no sólo no han sido una manifestación de confesionalidad larvada sino que han respondido adecuadamente al pluralismo democrático. Por el contrario, otros muchos consideraron que los nuevos acuerdos no salvaguardaban suficientemente los derechos de la Iglesia. Los años de la Transición han enseñado a la Iglesia a convivir y actuar en una sociedad muy plural y bastante más secularizada de lo que se pensaba, confiando más en la coherencia de sus miembros que en la protección externa.

El viaje de Juan Pablo II a España a finales de 1982 coincidió con el triunfo en las urnas del PSOE. No puede decirse que el mundo católico acogiese con rechazo la llegada al poder de los socialistas, sino más bien con una preocupación esperanzada, ya que consideraba que si resultaba bien esta experiencia podía darse por lograda la convivencia de los españoles. En realidad, una gran parte de los votantes al Partido Socialista eran católicos practicantes. Es más, el PSOE era el único partido que había presentado candidatos que o bien eran sacerdotes o bien lo habían sido. Algunos consideraron que el triunfo era la culminación de la Transición; en cualquier caso para la Iglesia representaba la prueba de fuego de su evolución y de su capacidad de convivencia con una fuerza que históricamente había sido hostil. Iba a resultar también un test de su cohesión interna, de su presencia activa y democrática en la sociedad, de su libertad ante las opciones políticas, de su capacidad de liderazgo y formación. Esos retos forman parte de su historia, pero van más allá de la Transición.

Carmen Conde, una mujer en la Academia

La poetisa se impuso a Rosa Chacel y Carmen Guirado

Javier Lorenzo

Nunca antes se había visto a una mujer en la Real Academia Española. Bueno, sí. Fue en 1784, cuando Carlos III impuso con calzador a Isidra Guzmán, pero desde entonces ni siquiera Concepción Arenal, Rosalía de Castro o Fernán Caballero (seudónimo de Cecilia Böhl de Faber) habían podido lograrlo, una circunstancia que explicaba no sólo la asistencia de los Reyes a la ceremonia de ingreso de Carmen Conde -"yo también escribo versos desde joven", le dijo don Juan Carlos- sino la de un público mucho más numeroso que de costumbre.

La elección de la nueva académica, que sustituía en el sillón "K" a Miguel Mihura y que venció por catorce votos a siete a Rosa Chacel, se llevó a cabo un 9 de febrero de 1978, pero el discurso de ingreso, que llevaba por título *Poesía ante el tiempo y la inmortalidad*, no se escuchó hasta el 29 de enero de 1979.

Antes de sentarse entre Gonzalo Torrente Ballester y Manuel Terán, Carmen Conde se dirigió a todos sus colegas de la siguiente guisa: "Vuestra noble decisión pone fin a una tan injusta como vetusta discriminación literaria", una forma diferente de decir que se había terminado, tal y como comentó Concepción Arenal, la época en que la mujer sólo podía ser estanquera, reina o puta. Durante su discurso, la autora de *Ansia de la gracia* aludió a cuantas la precedieron en el campo literario, así como a las que luchan cada día contra el papel en blanco. Vecina de Vicente Aleixandre, quien no pudo asistir a la ceremonia por encontrarse enfermo, Carmen Conde tuvo como padrinos de su candidatura a Alfonso García Valdecasas, Antonio Buero Vallejo y Guillermo Díaz-Plaja. Este último fue el encargado de leer la réplica a la escritora, aludiendo no sólo a su obra -"de un decir barroco"-, sino al hecho de que las sirenas emplumadas que sostienen en el techo el lema de la Academia ya no fueran las únicas mujeres en la sala. Fue el reconocimiento a la labor honesta de esta cartagenera, fallecida el 8 de enero de 1996, que se distinguió siempre por su base autodidacta y por ocuparse de las mujeres que nunca llegaron hasta el lugar que ella había alcanzado.

La Reina Sofía felicita a Carmen Conde poco después de ingresar en la Real Academia Española (izq.). Debajo, la poetisa en el instante de pronunciar su discurso ante el resto de los académicos.

FOTOS: EUROPA PRESS

•REPORTAJE•

El atentado a la redacción de "El Papus" -en la imagen pueden apreciarse los desperfectos en la fachada- causó un muerto y doce heridos (20 de septiembre de 1977).

A bombazo limpio para atemorizar a la Prensa

La revista "El Papus" y los periódicos "Diario 16" y "El País" sufrieron atentados por parte de grupos radicales

Matar al mensajero no fue una frase hecha en el proceso de Transición. Las redacciones de varios medios de comunicación (*El Papus, Diario 16, El País...*) y periodistas a título particular se vieron dañados por los golpes del terrorismo. La Prensa padeció de lleno, y pagó con sangre, esta época de convulsiones.

Fernando Bermejo

Era madrugada de domingo. Un domingo de junio -día 26- de 1977. La tranquilidad de un periódico jovencísimo como *Diario 16* -en su octavo mes de vida- se vio sacudida por una detonación de goma-2. El GRAPO reivindicó este primer atentado contra un periódico de ámbito nacional. Se registraron daños materiales en el edificio y en la maquinaria de Rotoprés. De noche y domingo de comienzos del verano, ésas fueron las claves para que no se produjeran afortunadamente víctimas mortales.

Con todo, los grupos más radicales ya habían dado sobradas muestras de su ira hacia el soplo de aire nuevo en los medios. Cócteles molotov contra *El Ideal de Granada*, *El Ideal Gallego* y *Radio España*, asalto a la revista sevillana *Torneo* e incendio provocado en los bajos de la redacción de la revista vasca *Berriak* en San Sebastián fueron algunos precedentes. Pocos días después del atentado a *Diario 16*, la Policía pudo desconectar un mecanismo de relojería conectado a un paquete de nueve kilos de goma-2 que el GRAPO había dejado en los estudios de *Radio Madrid* tras secuestrar a un técnico de la emisora.

La primera víctima no tardó en llegar. Fue Juan Peñalver Sandoval, de 60 años, el portero del edificio donde se encontraba la revista *El Papus*, aparte de otros locales de su empresa editora -Ediciones Amaika- como *El Cuervo* y *Party*. El semanario *El Papus* había sido cerrado dos veces por un total de siete meses y fue objeto de 150 expedientes. El 20 de septiembre de 1977, una bomba de mediana potencia mató a una persona e hirió a 16. La Triple A (Alianza Apostólica Anticomunista) se atribuyó el atentado, al que siguió una protesta general entre los periódicos de Barcelona, que decidieron no sacar sus ediciones correspondientes al 22 de septiembre. Hubo manifestaciones en la Ciudad Condal y en Madrid, ante la sede del Ministerio de Interior.

Los profesionales catalanes redactaron el periódico *Premsa en Lluita*, con una tirada de 30.000 ejemplares destinada a la viuda del conserje de *El Papus*. Las muestras de solidaridad quedaron reflejadas en un editorial conjunto, publicado el día 22, en el que se afirmaba con claridad que "los atentados de derecha e izquierda hoy en día tienen el objetivo común de cerrar el paso al proceso democrático que se ha iniciado en nuestro país".

Pero todavía quedaban por llegar dos de los golpes más duros. El 28 de junio de 1978, a la puerta de su domicilio en Bilbao, caía abatido por un comando de ETA militar José María Portell, director de *La Hoja del Lunes* y redactor-jefe de *La Gaceta del Norte*, de Bilbao. Era considerado presunto intermediario en los contactos entre el Gobierno y la banda terrorista. Dos días antes de su muerte, Portell había escrito un artículo en el que advertía de los peligros que entrañaba una posible negociación con ETA.

Pero la Prensa pronto volvería a ser blanco del ataque de la extrema derecha (como en el caso de *El Papus*). Dos trabajadores de *El País* (Andrés Fraguas y Juan Antonio Sampedro) fallecían a raíz de un paquete-bomba enviado a la redacción del diario el 30 de octubre de 1978, precisamente la víspera de la aprobación de la Constitución por parte del Congreso y el Senado.

Sampedro -jefe de servicios- y Fraguas -ordenanza- fueron las víctimas de una carta-bomba dirigida a Julián García Candau, redactor-jefe del periódico. Al día siguiente del atentado, los trabajadores de Prensa se manifestaron por las calles de Madrid y Barcelona.

EFE

SOLIDARIDAD CON LAS VÍCTIMAS DE "EL PAÍS". La calle de Alfonso XII de Madrid escuchó el clamor de miles de personas contra el terrorismo el 31 de octubre de 1978, un día después del atentado en la sede del diario "El País" que costó la vida a dos trabajadores. Los editores y directores de los principales periódicos unieron su grito de dolor al de los compañeros de las víctimas bajo una clara consigna: "Aislar, combatir y derrotar al terrorismo".

Un cura 'rojo' casa al hijo de la duquesa de Alba

Ochocientos invitados en la boda de Alfonso en Marbella

Pilar Medina obtuvo en Tokio el entorchado de Miss Internacional gracias a sus equilibradas medidas: 89-60-89. La belleza española volvía a pisar la cumbre.

EUROPA PRESS

Jaime Peñafiel

El mes de julio de 1977 se inicia con una boda de tronío. Se trata de la primera de un hijo de la duquesa **Cayetana de Alba**, **Alfonso**, duque de Aliaga, con **María de Hohenlohe**.

Como es verano y toda la jet está de vacaciones, el lugar no podía ser otro que Marbella. El escenario: la iglesia de la Virgen Madre de Andalucía la Nueva, de la que es párroco el sacerdote don **Manuel Torres**, al que todo el mundo conoce por el "Padre Manolo". Se da la circunstancia que el tal párroco es un cura de izquierda militante del PSOE y muy coherente con sus ideas. Tan coherente es que, cuando el día de la boda alguien quiso colocar en el altar los guiones de las casas ducales de Alba y Hohenlohe, el padre Manolo lo prohibió "porque aquí sólo se casan María y Alfonso". Peor fue cuando la víspera del acontecimiento se presentó ante él un sacerdote, el padre **Alonso,** que pretendía oficiar la ceremonia porque "soy el capellán de la duquesa". "¡Pero, hombre! ¿todavía existe eso? Lo siento por usted -le replicó- porque aquí el que los va a casar soy yo, que soy el párroco".

Esta boda también originó un pequeño rifirrafe entre la duquesa y la novia, su futura nuera, que pretendía lucir el día de autos la tiara ducal de Cayetana. "¡Pero hija, si es verano, estamos en Marbella y te casas en la parroquia de Andalucía La Nueva...!". Ycomo la duquesa se negó a ceder, la novia se tuvo que contentar con una diadema de la casa de Hijar.

Fue el primer roce. Incluso entre madre e hijo. Luego habría otros hasta el rompimiento total del matrimonio que hoy ya no existe.

Una imagen reciente de Alfonso Martínez de Irujo, duque de Aliaga, que fue el primer hijo de la duquesa de Alba (detrás, junto a su marido) que contrajo matrimonio. El enlace nupcial de Alfonso con María de Hohenlohe se celebró en Marbella en el mes de julio de 1977 en presencia de más de ochocientos invitados.

SCORPIO

Pero aquel día, como todos los de una boda, fue feliz. Y más de ochocientos los invitados: **Alfonso de Hohenlohe**, tío de la novia; su esposa de entonces, **Jackie Lane,** y su primera ex, **Ira de Furstemberg** (actualmente va ya por la tercera); los **duques de Cádiz**; los **duques de Sevilla**; los **duques de Arión**; los **marqueses de Griñón**; los señores **Iglesias** (**Julio** e **Isabel**); los señores de **Beca Belmonte** (**Carlos** y **Belén Ordóñez**). Entre tanto invitado, alguno que otro matrimonio más o menos bien avenido como los **marqueses de Villaverde** y los **condes de Romanones**.

También había figuras populares como **Natalia Figueroa**, **Raphael**, **Antonio**, **Camilo Sesto** y **Luis Miguel Dominguín**. Y hasta don **José Solís**, "la sonrisa del Régimen".

Por otro lado, las medidas vitales (89-60-89) convierten, en Tokio, a la española **Pilar Medina** en Miss Internacional.

Durán, el famoso peluquero que peinaba las más importantes cabezas femeninas del Madrid de los 70 y que no sólo ha pasado a la pequeña historia social de la capital de España por ser el número 1 en su especialidad, sino por ser el primer famoso en morir presuntamente de sida, inaugura su elegante salón con asistencia de los duques de Cádiz, por entonces salsa para todos los guisos, la señora de **Barreiros**, tan franquistas ellos, y la de **Arias Navarro**, más de lo mismo.

CURIOSA CEREMONIA. El 22 de este mes de julio y coincidiendo con el VIII Aniversario de la designación de **don Juan Carlos** como heredero de **Franco** a título de Rey (¡también eran ganas de recordar lo que mejor era olvidar!) se inaugura la primera legislatura de las Cortes cuasi democráticas elegidas en las elecciones del 15 de junio. La ceremonia fue de lo más surrealista en el hemiciclo y socialmente curiosa en los palcos de invitados.

En el hemiciclo podía verse a un **Xirinacs** en marrón claro y sandalias; a un **Nicolás Redondo** y a un **Letamendía** sin corbata; a **Solé Tura** con jersey de cuello cisne; a **Herrero de Miñón** con un clavel rojo en la solapa; a **La Pasionaria** de negro; a **Rafael Alberti** de vaqueros azul eléctrico; a **Pilar Brabo** con modelo "jardinera", chaleco tela vaquera, zapatillas de lona, cuña de esparto y cintas negras anudadas en torno a los tobillos (ignoro si ese día no llevaba sostén bajo la blusa al igual que el de la jornada de la constitución de las Cortes); y **Juan de Dios Ramírez Heredia** con chaqueta blanca.

El único uniforme militar era el del teniente general **Gutiérrez Mellado**. Pero hasta tan ilustre personaje quiso aportar su nota progre en aquella ceremonia: ni fajín ni condecoraciones como era obligado por tratarse de un acto solemne presidido por el jefe del Estado.

La reina **doña Sofía**, de organza bordada con cenefas caladas y zapatos de raso, quiso, también, estar a la altura de las circunstancias acudiendo a tan solemnísimo acto sin joyas. A ella, que tanto le gustan. En los palcos de invitados: las infantas **Pilar** y **Margarita** con sus respectivos maridos; los duques de Cádiz (el conspirador tragando quina); **Amparo Illana** y **Carmen Díez de Rivera** (todavía amigas) y hasta **Massiel**. ¡Viva la Pepa!

Los mandos militares saludan al Príncipe Felipe el 28 de mayo de 1977, cuando fue designado soldado de honor del Regimiento Inmemorial del Rey.

El Príncipe soldado

Joaquín Bardavío

El Príncipe soldado. Una tradición monárquica interrumpida en su padre, don Juan Carlos, por una República, una guerra y una larga época de autocracia.

Don Felipe retoma, antes de cumplir los diez años, la fusión íntima y temprana entre la dinastía y la milicia. Cabo gastador de una generación de infantes, tenientillo de una promoción joven y futuro capitán general de los Ejércitos en una granada madurez democrática. El Rey-soldado, raíz memorable de España. Hoy, vocación y símbolo, audacia y equilibrio, cualidades demostradas por su padre en ocasión histórica resumida en la modernidad de síntesis de unas siglas de triste recuerdo: 23-F-81. Soldado y niño, crecer desde abajo, con el uniforme humilde y bravo de las vanguardias sin siquiera el distintivo modesto de un solo galón aislado estampado sobre la guerrera. Soldado y Príncipe de Asturias, esperanza cuajada en nervios templados, olor de presuntos mañanas tranquilos.

PRÓXIMO CAPÍTULO: Y LOS PARTIDOS VOLVIERON A ESCENA
LA PRESIÓN DE LOS COMUNISTAS, POR **PAUL PRESTON**. EL PSOE EN LA HISTORIA DE ESPAÑA, POR **CHARLES T. POWELL**. DOCUMENTO PÓSTUMO DEL ALMIRANTE **PASCUAL PERY**. **TAMBIÉN ESCRIBEN:** SABINO FERNÁNDEZ CAMPO, GABRIEL ALBIAC, J. BARDAVÍO Y J. PEÑAFIEL

1975-1995. Veinte años de nuestra vida

• HISTORIA DE LA DEMOCRACIA •

{CAPÍTULO 15}

EUROPA PRESS

Y LOS PARTIDOS VOLVIERON A ESCENA

Para ir a la democracia era imprescindible dar entrada en la legalidad a los partidos políticos. Y la legalización no tenía que excluir a nadie. Adolfo Suárez y Felipe González (en la foto) sintonizaron pronto. El caso del PSOE no planteaba un riesgo grave. El problema era la introducción en sociedad del PCE. Suárez tuvo que emplearse a fondo.

•RELATO•

España da el sí a los perseguidos partidos políticos

Año y medio después de la muerte de Franco ya eran legales distintas opciones ideológicas

La carrera para la normalización de la vida política española fue tan breve como intensa y en ella hubo grandes sorpresas. La mayor fue la legalización del PCE, pero tampoco pudo considerarse como esperado el abandono del centro por parte de Fraga -a la búsqueda del "franquismo sociológico"-, una estrategia que permitió a Suárez ocupar con la UCD el espacio más deseado por las recientes formaciones políticas.

Joaquín Bardavío

La recuperación de Adolfo Suárez es espectacular en el ritmo y la profundidad. Todo el enorme desencanto que ha producido su nombramiento se torna en esperanza a poco de un mes en el cargo. Bajo la atenta y complacida mirada del Rey y de su mentor Torcuato Fernández-Miranda, el presidente, eficazmente secundado por su segundo en el Gobierno, Alfonso Osorio, inicia una batería de contactos con la oposición y con las fuerzas progresistas durante los meses de julio y agosto de 1976 para convencerles de la firmeza y rapidez del proceso democrático.

Los partidos van a ser legalizados, lo que significa que se entiende que lo están de hecho. Los que disfrutaban de asentamiento histórico se fortalecen y los en constitución o proyectados galopan. La Policía recibe instrucciones en el sentido de que sea tolerante con reuniones o mítines que, aún en la marginalidad de la normativa entonces en vigor, gozarían de especial privilegio. La excepción intolerante era para el Partido Comunista y radicales a su izquierda.

El problema venía para la derecha y el centro, donde no había partidos organizados. Salvo islas de oposición antifranquista, esos dos grandes espacios tendrían que cubrirse con electores que habían sido leales o que habían estado acomodados al Régimen todavía en vigor, porque hay que recordar que el Estado de Franco no cambia hasta la Constitución, aunque es herido de muerte con la Ley de Reforma Política en diciembre de 1976.

Suárez quiere ocupar el centro, lo que en principio podía pensarse difícil porque, en teoría, era zona acotada por Manuel Fraga, un disidente del Mo- ➛

CARLOS MIRALLES

El 9 de abril de 1977, Sábado Santo, el Partido Comunista fue legalizado. La alegría de los seguidores del PCE contrastó con el estupor de la opinión pública.

GUSTAVO CATALÁN

La UCD de Adolfo Suárez aglutinó a democristianos, socialdemócratas, liberales, jóvenes "azules" del Movimiento y personalidades independientes.

vimiento desde seis años atrás y que se había ganado a pulso ese hábitat político. Con su lugarteniente durante mucho tiempo, Pío Cabanillas, y con José María de Areilza, tenían pensado un Partido Popular centrista.

Pero Fraga desbarató el invento el 13 de septiembre de ese año en el transcurso de un almuerzo. Consustancial con su carácter, dejó a sus comensales petrificados al anunciarles su inmediato proyecto de una Alianza Popular para recoger los votos del franquismo sociológico.

> Fraga dejó a sus comensales petrificados al anunciarles su proyecto de una Alianza Popular para recoger los votos del franquismo sociológico

Por mucho que en tiempos de Franco se hincharan los votos afirmativos de los referendums, y eso lo sabía él muy bien, la realidad había sido que las mayorías fueron abrumadoras. Con esa bandera y con honestos ex ministros del Régimen, pensaba en barrer.

Fraga era la escalera del esbozo centrista, y Areilza y Cabanillas se quedaron colgados de la brocha. Suárez saltó sobre el espacio graciosamente cedido por la gran esperanza centrista y se aposentó en él con la autoridad que le daba su preeminencia de ejecutivo director de la orquesta transitiva.

El grueso de los democristianos, los jóvenes "azules" provenientes del Movimiento así como los grupitos de liberales y de socialdemócratas se le fueron uniendo junto con personalidades independientes en reñida rivalidad por engancharse a su poderosa locomotora. La lucha era por la situación en el convoy y por la clase: si vagón de primera, de segunda o de mercancías. El primario Partido Popular, con Areilza y Cabanillas, se le unió. El centro estaba dispuesto.

A la derecha se alineó Fraga capitaneando a sus ex compañeros de Gobierno con Franco: por los tecnócratas, López Rodó; por los democristianos, Federico Silva; por los radicales del Movimiento, Gonzalo Fernández de la Mora, Cruz Martínez Esteruelas y Licinio de la Fuente, a los que hay que añadir al diplomático Thomas de Carranza. Fueron bautizados como "Los siete magníficos", que lo eran por inteligencia e historial académico, aunque las urnas no entienden de filigranas.

UN PARTIDO HOMOGÉNEO. A la izquierda, las históricas siglas del PSOE y el carisma de Felipe González, su joven líder respaldado por los pesos pesados del socialismo europeo, conformaban un partido homogéneo, con alguna picadura de mosquito por parte de los "históricos", viejos socialistas del exilio derrotados en el Congreso de Suresnes por los cachorros del interior. Y una "heterodoxia" intelectual y pasajera: el PSP (Partido Socialista Popular) liderado por el profesor Tierno Galván. A la izquierda de ellos, el todavía clandestino Partido Comunista con su legendaria historia en la Guerra Civil, en el maquis, en la oposición mártir, en las cárceles y, en aquel año, confinado en la leprosería de la convivencia española. Más allá aflorarían más tarde los maoístas PTE y ORT y la LCR y el MC. Estos últimos, en un margen sin apenas bases.

Como residual pero preocupante quedaría una ultraderechista y amenazadora Fuerza Nueva comandada por el verbo encendido de Blas Piñar y una secuela de grupos de significación testimonial pertenencientes a Falange.

En la periferia, el histórico Partido Nacionalista Vasco, conservador de raíces carlistas, nacionalista y de pureza democristiana. Y un presentido y sentido nacionalismo catalán que terminaría aglutinándose en Convergència i Unió durante el proceso constituyente, con evidentes raíces en la derecha y, como el PNV, también nacionalista. Y un sinfín de partidos que llegan a ser incluso uniprovinciales y que rebasarían ampliamente el centenar.

Nos encontramos así en los umbrales de la Ley de Reforma Política y, sobre todo, en las primeras elecciones libres de junio de 1977, con estas formaciones arquetípicas, aunque todavía no perfiladas en su totalidad, dentro de un concepto de definición convencional: por la ultraderecha, Fuerza Nueva; por la derecha, AP; por el centro, la que sería UCD; por la izquierda, PSOE, PSP y PCE. Por la ultraizquierda, aparte de los grupos testimoniales indicados anteriormente, la inquietante Herri Batasuna no será legalizada todavía, pero late.

Este es el panorama en la primavera de 1977. En Cataluña se presentaría, como antecedente de Convèrgencia, el Pacte Democràtic per Catalunya. La UCD todavía no está perfilada, si bien se percibe en el ambiente que la personalidad de su jefe, Adolfo Suárez, terminará por ganar en una confrontación limpia, aunque entonces se dudara de una completa claridad electoral. Para ello habría que confeccionar la cesta donde depositar el programa, y los mimbres eran de diversa procedencia y consistencia. "Azules" o progresistas del Movimiento junto con democristianos constituyeron finalmente el núcleo fundamental, mientras que otros grupos sin tradición y cuantitativamente mínimos -aunque comandados en líneas generales por personalidades de prestigio- rentabilizaron extraordinariamente sus etiquetas.

UCD, LA ÚLTIMA COALICIÓN EN REGISTRARSE. Tras aprobarse la ley de Reforma Política en diciembre del 76, se abre plazo para la inscripción de las coaliciones que terminaría el 3 de mayo. UCD sería la última coalición en registrarse por los pactos de última hora. Pero antes fue necesario el arrojo personal del presidente Suárez y una virguería jurídica para legalizar al Partido Comunista de España. Encogido de hombros el Tribunal Supremo respecto a decidir si cumplía los requisitos para ser registrado, una astuta argucia legal permitió que la Junta de Fiscales dictaminara que sus estatutos no estaban incursos en penalización. Y el día 9 de abril de aquel 1977, Sábado Santo, el PCE fue legalizado ante el estupor de la opinión pública y política de España, incluida la de la mayor parte del Gobierno y el disciplinado aunque enérgico rechazo militar. Registra-

GUSTAVO CATALÁN

La petición de registro de partidos fue muy abundante en 1977.

Estados Unidos, Alemania y Francia pensaban que la legalización del PCE debía ser consensuada por todos los partidos tras las elecciones

Falló el pronóstico de Franco

En los años sesenta, antes de que su régimen empezara a mostrar síntomas de serio desgaste, el general Francisco Franco hizo un rotundo pronóstico para consumo interno; en uno de sus discursos manifestó: "Los partidos políticos jamás vendrán". La predicción iba destinada a tranquilizar a las fuerzas vivas del franquismo.

Franco había construido un régimen asentado en el partido único, el Movimiento Nacional, levantado a su vez sobre la Falange. El pluripartidismo no sólo representaba una realidad odiosa para el sistema sino que significaría la derrota del régimen. El franquismo sostenía que los partidos habían sido los causantes de la ruina del país contra la que se levantó en armas. Así que luchar contra ellos y tomar las cautelas necesarias para evitar su vuelta era, ni más ni menos, que velar por la persistencia del sistema.

Pero Franco no pudo llevar su convencimiento a la sociedad. En los finales sesenta ya manifestaba la opinión pública el deseo de la existencia de partidos. El régimen, consciente de la necesidad de ofrecer una salida a esa aspiración, intentó articular un movimiento asociativo dentro del Movimiento, el partido único. Pero el sucedáneo tampoco cuajó.

Nacieron algunos proyectos de asociaciones al tiempo que los periódicos, ya no sometidos a feroz censura, empezaban a dar noticia de los partidos, unos con residencia fuera del territorio, como el comunista, el PCE, y otros reorganizándose en el interior, como los socialistas, el PSOE entre ellos.

Los "siete magníficos" de Alianza Popular el día de la presentación a la prensa del grupo.

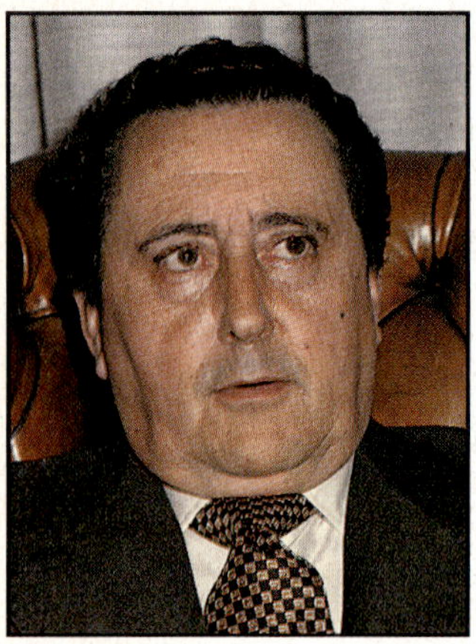

De izquierda a derecha, Pío Cabanillas, Jesús María Leizaola y Jordi Pujol.

do ese mismo día con el número 126, tras el Movimiento Socialista de Menorca, en el tomo I y folio número 56 del Registro, el arco parlamentario español queda completo. Algunos radicales de actitud violenta fueron admitidos después.

PROBLEMÁTICO RECONOCIMIENTO. El reconocimiento de los comunistas fue problemático por un compromiso anterior del presidente Suárez ante la cúpula de las Fuerzas Armadas, el 8 de septiembre de 1976, de no legalizarlos. Y por los consejos en contrario de los Estados Unidos, Alemania y Francia, principalmente, que pensaban que su legalización debería ser consensuada por todos los partidos tras las primeras elecciones.

Dejándose llevar por su intuición y análisis, Suárez actuó en solitario con el respaldo del Rey. Fue una jugada arriesgada y, a la postre, lúcida. Salvado el único escollo en la inscripción de partidos, la vía democrática quedaba expedita. Sin el PCE sobre el tapete electoral, el sistema hubiera quedado cojo. Y, además, el pueblo español tenía derecho a saber cuántos eran aquellos apestados por Franco y qué querían. Entonces eran un 9,26 por ciento de los votantes, según dijeron las urnas, e irían menguando en el futuro; y no querían hacer el bestia, sino tener un lugar al sol en la convivencia española. Como el resto, excepción hecha de la marginación salvaje.

Culminadas las legalizaciones y cerrado provisionalmente el libro de registro para las primeras elecciones democráticas, España estrenaba una nueva era para cerrar el siglo XX y encarar el XXI.

El problema jurídico del PCE

LA LEGALIZACIÓN del Partido Comunista de España recorrió un largo camino. Cuando el Ministerio de la Gobernación recibió los documentos del PCE para obtener la inscripción en el llamado Registro de Asociaciones Políticas, que en ello consistía la legalización, lo que hizo fue remitirlos al Tribunal Supremo "por presumir la concurrencia de supuestos de ilicitud penal", con la esperanza de que le echara una mano en cuestión tan espinosa.

El Supremo, sin embargo, dictó una resolución que fue interpretada por el Gobierno como un inconveniente en su propósito de dar entrada legal al PCE. El Supremo se declaró incompetente sin pronunciarse sobre el fondo del asunto. El problema volvía a Gobernación.

Pero tras algunos titubeos, el Ministerio, alertado por el magistrado Jerónimo Arozamena, descubrió en la resolución del Supremo la vía para llegar hasta la legalización.

El Alto Tribunal había dicho en uno de sus considerandos que la "competencia formal" del órgano administrativo, es decir, del Ministerio, conllevaba "la competencia sustantiva para resolver sobre la procedencia o improcedencia de la inscripción" del PCE. Gobernación podía definitivamente decidir por su cuenta si no se encontraba un ilícito penal en los documentos del partido.

Quedaba sólo asegurarse de ello y es lo que hizo el Ministerio al pedir dictamen al fiscal del Reino y su junta de fiscales, los cuales fallaron que nada determinaba "la incriminación del PCE en cualquiera de las formas de asociación ilícita" que define y castiga el Código Penal. Despejado el camino, el Ministerio sólo tuvo que aceptar la inscripción del PCE en el Registro.

Así lo hizo el ya célebre Sábado Santo 9 de abril de 1977.

Santiago Carrillo, al fondo, se dirige a los periodistas en la conferencia de prensa clandestina que ofreció en un piso de Madrid el 10 de diciembre de 1976.

Clandestino en Madrid

Santiago Carrillo convocó a más de 50 periodistas en secreto

Fue como una aparición. De pronto, en aquella sala fría de un piso vacío de la calle Alameda, 5, de Madrid, cerca del museo del Prado, se presentó ¡Santiago Carrillo! El político más odiado durante años en España, a quien se hacía responsable de las más graves fechorías, había tenido la osadía de entrar clandestinamente en España, de conversar en Madrid con la televisión francesa (fotos del reportaje, con Carrillo circulando en coche junto al estadio Bernabéu, se habían publicado en la Prensa española) y ahora de comparecer en una rueda de prensa un año después de morir su gran enemigo, Francisco Franco.

Los más de cincuenta periodistas españoles y extranjeros seleccionados por el PCE para la sorpresa habían sido conducidos en grupos y por militantes del partido, que tomaron todas las cautelas, en el mejor estilo clandestino, para no ser seguidos por nadie. Una vez reunidos, hizo su entrada Carrillo en compañía de notables camaradas. Un peine que asomaba del bolsillo superior de su chaqueta daba al protagonista un aire singular. Los asistentes ignoraban que, segundos antes de entrar en el piso, Carrillo se había quitado la peluca gris que le servía de disfraz. El peine era su aliado para no levantar sospechas.

Lo que Carrillo dijo en la ocasión tuvo menos importancia, lógicamente, que el hecho de la confirmación de su estancia en nuestro país. Y causó un buen revuelo. Aunque el Gobierno ya sabía de su presencia en España, el Consejo de Ministros, que se hallaba reunido, llegó a interrumpir la sesión para recabar detalles. Carrillo iba a lograr con estos gestos allanar el camino de la legalización del PCE.

La presión de lo

El devenir histórico del PCE resultó clave en la consecución de la democracia

El principal peso de la presión en pos del cambio democrático en España recayó en el PCE. Los comunistas lograron ese papel tan destacado en la Transición tras un arduo proceso que tuvo su origen en 1954, cuando la dirección del partido perdió su carácter estalinista y apostó por la renovación del aparato.

El relativo eclipsamiento del PCE a partir de 1977 no debería oscurecer el hecho de que, hasta mediados de 1976, el principal peso de la presión por el cambio democrático en España recayó en el PCE, sin que con ello pretendamos negar la contribución hecha a la lucha antifranquista por toda una amplia gama de grupos políticos. Cuando la presión espontánea de las masas en defensa de la amnistía y el cambio político se convirtió en un elemento crucial en 1976, el PCE se encontraba en una situación especialmente buena para dirigirla. Debido a su ininterrumpida tradición de oposición a la dictadura y a la creciente influencia que ejercía sobre la clase obrera organizada a través de Comisiones Obreras y de su red nacional clandestina, el PCE estaba capacitado para desempeñar un papel importante a la hora de orquestar la acción de las masas. En 1976, los activistas no alineados, salvo en Euskadi, tendían a dejarse guiar por la estrategia de los comunistas. Así pues, pese a sus propias dificultades y a los problemas de conseguir una amplia unidad en la oposición, el PCE se convirtió en la influencia mediadora crucial en los planes elaborados por los capitalistas españoles y estadounidenses para dirigir una transición que no perjudicase sus intereses.

"En 1976, los activistas no alineados, salvo en Euskadi, tendían a dejarse guiar por la estrategia del Partido Comunista"

El arduo proceso que llevó al Partido Comunista de España a desarrollarse de tal forma que le otorgase ese papel destacado en la Transición fue largo y complejo. Sus orígenes se remontan a 1954 y, a pesar de algunas interrupciones y orientaciones equivocadas, a principios de los setenta se había hecho ya prácticamente irrevocable. Al depender de la Unión Soviética en cuanto a financiación y hospitalidad y al estar sus bases implicadas en una lucha clandestina contra una dictadura ferozmente reaccionaria, no es de extrañar que la dirección del PCE fuese estalinista, tanto en sus ideas como en sus métodos de organización, durante los quince años posteriores a la Guerra Civil española. Tras la muerte de Stalin, se realizó, bien que a regañadientes, un lento esfuerzo para desestalinizarlo. En el V Congreso del PCE, que tuvo lugar en Praga en septiembre de 1954, el secretario de organización del partido, Santiago Carrillo, preocupado por la rigidez y la avanzada edad de la dirección del partido en el exilio, abogó por la renovación del aparato dentro de España. De ahí que se incorporaran al comité central diversas figuras procedentes de la clandestinidad, entre ellas Jorge Semprún y Simón Sánchez Montero. El gran salto hacia adelante se produjo casi a finales de 1955, al conocerse la noticia de que las Naciones Unidas, incluida la Unión Soviética, habían votado a favor del ingreso de 16 nuevos miembros, entre ellos España. La vieja guardia se sintió decepcionada al ver que Moscú reconocía la realidad de la estabilidad del régimen de Franco, pero Carrillo consideraba que el final del aislamiento internacional favorecería la difusión de las ideas democráticas en España. Escribió un artículo entusiasta sobre la votación de la ONU en el que decía que dicha votación impedía a Franco presentar el aislamiento internacional como resultado de una conspiración comunista.

La vieja guardia estaba furiosa, pero en el XX Congreso del PCUS, celebrado en febrero de 1956, después de haber examinado previamente el informe secreto en el que Jruschov denunciaba el estalinismo, la secretaria general del PCE, Dolores Ibarruri, decidió que las opiniones de Fernando Claudín y de Carrillo esta-

comunistas

Paul Preston

Historiador. Profesor de The London School of Economics and Political Science. Autor de "Franco"

ban en la línea de las nuevas corrientes de liberalismo del Kremlin. Resultaba ya posible buscar un nuevo terreno común con la nueva oposición a Franco que surgía entre los estudiantes y los católicos. La nueva política de Reconciliación Nacional adoptada en agosto de 1956 no sólo manifestó la disposición de los comunistas a unirse con monárquicos y católicos en un futuro régimen parlamentario, sino que indicó también su compromiso con un cambio pacífico. En comparación con los socialistas y los anarquistas, el PCE era relativamente fuerte, estaba unido y podía presumir de contar con vínculos importantes entre sus líderes del interior y del exilio. Sin embargo, el partido reaccionó con rigidez ante el hecho de que la política de Reconciliación Nacional no consiguiese el derrocamiento inmediato de la dictadura. El PCE en general y Carrillo en particular mantuvieron alta la moral utilizando profusamente un optimismo subjetivo. Cuando resultó evidente que la dictadura no se tambaleaba ante una oposición de carácter nacional, la dirección reaccionó intensificando el optimismo y la hostilidad hacia aquellos cuadros que fueron tan temerarios como para señalar la irrealidad de la línea del partido.

En 1957, en respuesta a las duras circunstancias creadas por el plan de estabilización del Gobierno, se produjo en el norte de España una serie de huelgas. Los comunistas vieron llegado el momento de organizar un gran movimiento nacional contra la dictadura, que se conocería con el nombre de Huelga Nacional Pacífica (HNP) y se fijaría para el 18 de junio de 1959. Al aumentar el paro y no estar los trabajadores dispuestos a poner en peligro sus puestos de trabajo, la HNP fue un fracaso, aunque Carrillo se la presentó al PCE como un éxito. Este triunfalismo fue considerado perjudicial por Fernando Claudín y Jorge Semprún, que empezaron a poner en tela de juicio la democracia interna en el PCE. Entretanto, en el VI Congreso, que tuvo lugar en Praga del 28 al 31 de enero de 1960, Carrillo pasó a ocupar la Secretaría General en sustitución de Dolores Ibarruri y confirmó la Huelga Nacional Pacífica como estrategia del partido para derrocar a Franco. El VI Congreso reconoció que la política de reconciliación y la huelga nacional implicarían abrir el PCE a la clase media y a los profesionales. Con objeto de posibilitar la transición de partido de cuadros a partido de masas, se cambiaron los Estatutos del PCE para admitir condiciones de militancia más amplias y se intensificaron los esfuerzos para captar miembros. La Reconciliación Nacional, la Huelga Nacional Pacífica y el partido de masas eran conceptos sustancialmente correctos, si bien algo prematuros, que afianzaron al PCE en la lucha antifranquista, pero que también constituyeron pasos irreversibles hacia la apertura del partido.

GUSTAVO CATALÁN

Santiago Carrillo, con la nueva política de Reconciliación Nacional del PCE adoptada en 1956, hizo gala de un fuerte optimismo en su labor de oposición.

Sin embargo, no tardaron en surgir discrepancias entre la liberalización retórica y la verdadera falta de democracia interna. Carrillo creía con optimismo que el final de la dictadura era inminente. En cambio, Claudín y Semprún veían señales de que comenzaba un importante proceso de industrialización y abogaron por el correspondiente reajuste de los análisis del partido. Una serie de huelgas que tuvo lugar en el norte de España en la primavera de 1962 provocó importantes aumentos salariales. Carrillo consideró que eso confirmaba lo acertado de la ➳

EUROPA PRESS

Jorge Semprún, arriba, y Fernando Claudín, a la derecha, fueron expulsados del PCE por Carrillo en abril de 1965 al poner en tela de juicio la democracia interna en el partido.

política de la Huelga Nacional Pacífica, no comprendiendo que las huelgas se habían producido por motivos económicos y que su éxito reflejaba el deseo de los industriales de mantener la producción durante un "boom" incipiente. En lugar de amoldarse a la nueva situación, el comité ejecutivo apostó por defender la línea que seguía el partido. Claudín y Semprún argumentaron, en cambio, entre 1962 y 1964, que realmente se estaban produciendo cambios en el capitalismo español que modificarían la naturaleza del descontento obrero y, en definitiva, del propio régimen.

Carrillo era hostil a la posición de Claudín y Semprún pues, de tener ellos razón, la política de Reconciliación Nacional tardaría mucho tiempo en madurar. Al divisarse el desarrollo económico, era difícil que la burguesía se uniese al PCE para luchar contra Franco. Como decía implícitamente Claudín, y como lo demostrarían los hechos, la política del partido sólo sería relevante cuando una nueva burguesía industrial en ciernes considerase los mecanismos políticos del franquismo un estorbo para su prosperidad. Por tanto, en abril del 65, Carrillo expulsó a Claudín y a Semprún.

> "A raíz de la invasión soviética de Checoslovaquia, Carrillo comenzó a eliminar más elementos estalinistas y a independizarse del PCUS"

Los hechos demostraron que el análisis del capitalismo español expresado por Claudín era acertado. Carrillo temía que el aceptar opiniones pesimistas en las que iba implícito que el régimen de Franco podría durar otros quince o veinte años pudiera tener efectos desmoralizadores entre unos militantes que ya habían padecido veinticinco años de franquismo. Carrillo consideraba que necesitaban grandes dosis de optimismo subjetivo para mantener la larga, deprimente y desigual lucha contra la dictadura. Sin embargo, Carrillo llegó a adoptar poco a poco la postura de Claudín y Semprún. Al mismo tiempo, al exigir la Reconciliación Nacional para que los posibles aliados se convencieran de que el partido no compartía los rasgos dictatoriales del PCUS, Santiago Carrillo empezó a intentar establecer diferencias con Moscú. Por consiguiente, la invasión de Checoslovaquia por las tropas soviéticas el 21 de agosto de 1968 supuso un grave perjuicio para la estrategia de Reconciliación Nacional del PCE. El PCE condenó la invasión y, por tanto, un brote de actividad fraccional fomentado por los soviéticos impulsó a Carrillo a eliminar todavía más elementos estalinistas y a independizarse del PCUS. El PCE se acercó más a los comunistas italianos, lo que aceleró su liberalización.

El PCE cambiaba de tal forma que hacía difícil retornar al pasado. Durante toda la década de los sesenta, el partido amplió su militancia en las universidades y en las fábricas. La presencia de estudiantes y el crecimiento de Comisiones Obreras impusieron al PCE una visión realista y flexible de las circunstancias de la sociedad española. El crecimiento de los movimientos estudiantiles y de poderosos sindicatos semiclandestinos reflejó, en buena medida, el vertiginoso crecimiento económico experimentado por España en los años sesenta. Sin embargo, ningún otro grupo de oposición reaccionó ante los cambios de forma tan eficaz como el PCE.

FRENTE A LA REPRESIÓN, HUELGAS. A medida que los comunistas se implicaban cada vez más en la lucha de las masas contra el régimen, Carrillo empezó a hablar de conquistar "zonas de libertad" y "bases para la lucha democrática". En 1968, esas "zonas" habían de buscarse en la creciente frecuencia de las huelgas, manifestaciones y asambleas que se celebraban frente a una continua represión policial. Con la Reconciliación Nacional, rebautizada en 1969 como Pacto para la Libertad, el PCE había lanzado una masiva iniciativa de captación denominada Promoción Lenin que consiguió engrosar sus filas. Al mismo tiempo, en un proceso de salida a la superficie, los militantes del PCE se implicaron más en asociaciones legales -de amas de casa, de consumidores, de padres y alumnos, de vecinos- y los abogados del

En los sesenta, Carrillo, a la izquierda, empezó a hablar de "bases para la lucha democrática" y "zonas de libertad".

Dolores Ibárruri, a la derecha, dejó la Secretaría General del PCE a Carrillo en el Congreso de Praga de 1960.

Antonio Catalán

Efe

partido destacaron en la defensa de sindicalistas enjuiciados. Todo esto constituyó, dentro de los límites de la dictadura, un intento de emular el éxito de los comunistas italianos en el gobierno municipal, y la demostración de que los comunistas eran gente eficiente y fiable.

En 1973 comenzó la crisis definitiva del régimen de Franco. La crisis energética empezó a socavar esa prosperidad que constituía la principal baza del dictador para obtener la lealtad de los industriales y banqueros. Asimismo, al avanzar la clase obrera hacia el tipo de actuación de masas que el PCE vaticinaba desde tiempo atrás, la elite franquista quedó destrozada por el asesinato del almirante Carrero Blanco. El Pacto para la Libertad cobró de pronto enorme relevancia. Espoleada por el ejemplo de la caída de los coroneles en Grecia, la revolución de Portugal y la derrota de Fanfani en Italia, buena parte de la elite económica de España empezó a considerar que llegar a un entendimiento con los comunistas podía influir en su propia estrategia de supervivencia. La liberalización experimentada por el PCE durante los veinte años anteriores y su bien difundido alejamiento de la URSS pagaban por fin sus dividendos. Sin embargo, más crucial, quizá, que las negociaciones entre los líderes de los partidos y los representantes de los grupos capitalistas progresistas, fue la tremenda presión popular favorable a la democracia. Surgieron por toda España juntas y mesas redondas democráticas, en todas las cuales participaron los comunistas de manera activa. La más poderosa fue la Assemblea de Catalunya, que contaba con un amplio espectro de apoyo popular y una dirección en la que figuraban banqueros y comunistas. Cuando la dirección del partido anunció la formación de la Junta Democrática el 30 de julio de 1974, fue la existencia de las organizaciones locales la que otorgó sentido a lo que, de otro modo, habría sido un gesto hueco. De igual modo, fueron las huelgas masivas y las manifestaciones de 1975 y 1976, en las que los comunistas destacaron especialmente, las que facilitaron, en abril de 1976, la unificación de la Junta Democrática con la Plataforma de Convergencia Democrática dominada por los socialistas. De ese modo, quedó asegurada para el PCE su participación en las largas negociaciones que tendrían lugar entre el Gobierno y la oposición a finales de 1976 y principios de 1977 y que allanaron el camino para las elecciones democráticas del 15 de junio de 1977.

Europa Press

Simón Sánchez Montero, en el PCE desde 1954.

Fuerza masiva y razonabilidad. Hasta finales de 1976, la iniciativa de la lucha para moldear el régimen posfranquista en España correspondió a los comunistas. Después de las elecciones de junio de 1977 y del traslado del escenario político de la calle a las Cortes, la importancia de los comunistas mermó considerablemente. En todo caso, es un hecho que la combinación de fuerza masiva y razonabilidad por parte de los comunistas constituyó un elemento central que hizo posible la democracia española en su forma actual. Aunque se considere que, a fin de cuentas, Suárez consiguió maniobrar para apartar a Carrillo y recuperar la iniciativa en el proceso de transición, no cabe duda de que el líder de UCD no habría avanzado lo que avanzó por la vía democrática de no haber sido por la presión orquestada por el PCE.

El PSOE en la Hist

Crónica de la irregular trayectoria del partido

El socialismo español se ha transformado radicalmente desde que Pablo Iglesias fundara el PSOE en una humilde fonda madrileña hasta que llegó al poder con la instauración de la democracia. Sus avatares incluyen la victoria en las elecciones generales de 1931, la crisis ideológica durante la República y la Guerra Civil, el ostracismo interior en la posguerra y el resurgimiento en los albores de la Transición.

El partido político en torno al cual ha girado en gran medida la historia de la izquierda española nació un 2 de mayo de 1879, en una fonda de la madrileña calle Tetuán, en torno a la figura del tipógrafo autodidacta Pablo Iglesias. El PSOE no celebró su primer congreso hasta 1888, año en que nació una UGT surgida de la Asociación del Arte de Imprimir, y que tardaría varias décadas en implantarse en Asturias y Vizcaya además de Madrid. Durante las primeras décadas de su existencia el partido fue radicalmente obrerista, lo cual explica la escasísima presencia de intelectuales en sus filas y la pobreza teórica de sus planteamientos marxistas, pobremente copiados del guedismo francés.

Ya en el siglo XX, el PSOE cultivó con ahínco esa mezcla de discurso radical y praxis reformista que habría de caracterizar al pablismo. A pesar de lograr una cierta presencia municipal en algunas grandes ciudades, el crecimiento del partido fue lento hasta que optó por la alianza con los republicanos en 1910 en respuesta a la Semana Trágica de Barcelona, lo cual permitió al fundador obtener un escaño en las Cortes en 1910. En aquellos momentos se defendía la vía parlamentaria no porque se tuviese gran confianza en las reformas que pudiesen emanar de las Cortes, sino porque podía contribuir a fortalecer y dar a conocer a un partido que llegaría a tener 60.000 militantes en 1921. Aunque el PSOE se mostró partidario de la revolución bolchevique de 1917, su negativa a integrarse en la Tercera Internacional (Leninista) se saldó con una costosa escisión de la que nacería el PCE en 1921.

Por su parte, la UGT, dirigida por Francisco Largo Caballero a partir de 1918, se mantuvo fiel a su tradicional gradualismo, negándose a colaborar con sus principales rivales, los anarquistas.

En plena consonancia con su pragmatismo histórico, tras el golpe de Estado de Primo de Rivera en 1923, la familia socialista formada por la UGT y el PSOE a excepción del "centrista" Indalecio Prieto y sus seguidores accedió a colaborar con la dictadura. Largo Caballero pretendía garantizar así la supervivencia de las estructuras organizativas que tanto había costado levantar, así como afianzar las conquistas económicas y sociales logradas por sus afiliados. La presencia de la UGT en las estructuras corporativistas de la dictadura contribuyó sin duda a la consolidación del sindicato, que contrasta con la práctica desaparición de una CNT implacablemente perseguida por la dictadura.

> **"La negativa del PSOE a integrarse en la Tercera Internacional (Leninista) se saldó con una costosa escisión de la que nacería el PCE en 1921"**

Cuando la dictadura entró en declive a finales de los años veinte, Largo Caballero que había sido miembro del Consejo de Estado, en representación del Consejo del Trabajo, no dudó en decretar el fin de la colaboración. A raíz de ello los socialistas se unieron por segunda vez a los republicanos para derribar a la Monarquía, y a excepción de la facción liderada por Julián Besteiro suscribieron, aunque con algunas reticencias motivadas por las concesiones obtenidas por los nacionalistas catalanes, el Pacto de San Sebastián de 1930. El PSOE obtuvo buenos resultados en las elecciones municipales de abril de 1931, y fue el partido más votado en las generales de ese año, aunque sin alcanzar el 25% de los escaños. Por primera vez en su historia, ello permitió a sus prohombres participar en las tareas de gobierno durante el bienio 1931-33. Prieto, el más entusiasta partidario de la conjunción republicano-socialista, deseaba que el PSOE aprovechase la joven República para llevar a

ria de España

hegemónico de la izquierda

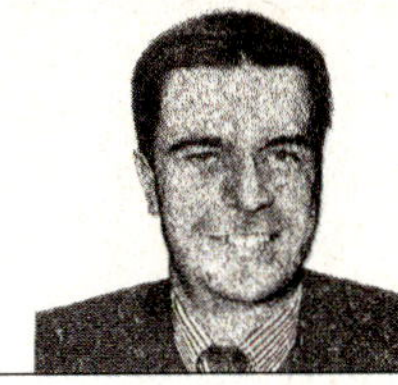

Charles T. Powell

Historiador. Profesor en Oxford.
Autor de "El motor del cambio",
premio Espejo de España

cabo la modernización de España, incorporando a su proyecto a las clases medias progresistas. En otras palabras, se trataba de hacer la revolución burguesa que la burguesía había sido históricamente incapaz de realizar por sí misma, interpretación que increíblemente volvería a cobrar actualidad en 1982. Por lo general, la gestión de los ministros del PSOE fue acertada, aunque se cometieron graves errores en la reforma agraria y la política religiosa y educativa.

Fotos: Gustavo Catalán

Felipe González canta "La Internacional" para cerrar un mitin celebrado en el estadio Ramón Valero. Corría el año 1977.

En opinión de Salvador de Madariaga, "la circunstancia que hizo inevitable la guerra civil en España fue la guerra civil dentro del partido socialista". A lo largo del bienio azañista, Besteiro, un marxista supuestamente reformista que había defendido la colaboración con la dictadura, se opuso a la colaboración con los republicanos por temor a que sus bases rechazaran las políticas "burguesas" del Gobierno.

En respuesta a dicha postura, a lo largo de 1933 un Largo Caballero obsesionado por la necesidad de rebasar por la izquierda a su rival fue radicalizando su postura de forma demagógica e irresponsable hasta dar por concluida la colaboración del PSOE con los republicanos, facilitando así el triunfo de Lerroux y de la CEDA en las elecciones generales de junio. Dicha radicalización propició la participación entusiasta del PSOE y de la UGT en la revolución de octubre de 1934, y muy especialmente en Asturias, donde los socialistas fueron los grandes protagonistas. Como ya se había demostrado en 1917 y en 1930, los socialistas, acostumbrados a una existencia legal, estaban realmente poco preparados para la acción revolucionaria, y pagaron cara la aventura.

Fracasada la revolución, los sectores más moderados del PSOE, liderados por Prieto desde el exilio, comprendieron que para hacer frente a la derecha era necesario unirse una vez más a sus antiguos aliados republicanos. Dicha estrategia fue aceptada por Largo Caballero cada vez más decidido a ser el Lenin español, como le habían apodado los soviéticos a condición de que también participaran los comunistas en el futuro Frente Popular, como así sería. Sin embargo, el acercamiento de los caballeristas al PCE se saldaría con la fusión de las juventudes socialistas y comunistas, que supuso en realidad la absorción de las primeras por las segundas, con catastróficas consecuencias generacionales para el PSOE de la posguerra.

Creciente influencia comunista. Al poco tiempo del alzamiento del 18 de julio de 1936, Largo Caballero se convirtió en el primer jefe de Gobierno socialista de la Historia de España. Las distintas facciones de la familia socialista convivieron incómodamente bajo su mandato hasta que en mayo de 1937 los comunistas, cuya influencia crecía pareja a la sovié- ➳

Aspecto de un mitin celebrado en Andalucía durante las primeras elecciones generales. A la derecha, Carlos Ferrer Salat, entonces presidente de la CEOE, y Nicolás Redondo en una reunión entre empresarios y la UGT.

tica, lograron sustituirle por el también socialista Juan Negrín. Al igual que los comunistas, Negrín opinaba que para hacer la revolución era necesario ganar antes la guerra, y que en vista de la pasividad de las democracias occidentales, ello sólo podía lograrse con el apoyo de la Unión Soviética. Este "Gobierno de guerra" fue en realidad un invento comunista, lo cual explica el cese de Prieto como ministro de Defensa en marzo de 1938. Negrín se mostraría partidario de la resistencia numantina, pero muchos socialistas apoyaron el "golpe" de Casado de marzo de 1939, de marcado carácter anticomunista e inspirado en gran medida por Besteiro, que pretendía negociar una paz honrosa que pronto se convertiría en rendición incondicional. La crisis final de la República tendría importantes consecuencias para el futuro, ya que no sólo enfrentó a los comunistas con los socialistas, sino también a éstos entre sí.

Al igual que las demás organizaciones de izquierda que habían actuado bajo la República, la UGT y el PSOE fueron proscritas y perseguidas con saña por las nuevas autoridades franquistas. En los primeros días de la posguerra, el PSOE pudo sobrevivir gracias a la salida de España de unos 10.000 militantes, tanto de base como dirigentes, que se concentraron en dos o tres puntos geográficos, concretamente en la capital de México y la zona de Toulouse, en el sur de Francia. El conflicto entre prietistas y negrinistas fue de una virulencia tal que el partido no pudo dotarse de una dirección única en el exterior hasta 1946. En este proceso jugó un papel determinante el reconocimiento de los primeros, liderados por Rodolfo Llopis, por los partidos socialistas que pronto resucitarían la Segunda Internacional, al constatar que la facción negrinista apenas tenía presencia en el interior. A partir de 1954 Llopis impuso una dirección única tanto para el interior como para el exterior, cuya preocupación primordial fue la supervivencia organizativa del partido y de la UGT.

En la inmediata posguerra los socialistas quisieron creer que Franco sería derribado por las democracias occidentales vencedoras de la Segunda Guerra Mundial. Hasta 1947, el PSOE fue partidario del restablecimiento de la República, pero posteriormente entabló negociaciones con los juanistas que culminaron en el Pacto de San Juan de Luz de 1948, acuerdo que pronto vaciaron de contenido los monárquicos proclives a un entendimiento con Franco. A partir de entonces, el PSOE se mostró partidario de la creación de un Gobierno provisional sin signo institucional definido que convocase elecciones a una asamblea constituyente (en la que el partido optaría por la fórmula republicana), aunque careciese de medios para lograrlo.

> "En opinión de Salvador de Madariaga la circunstancia que hizo posible la guerra civil en España fue la guerra civil en el partido socialista"

Temor a legitimar el régimen. Durante los años cincuenta y sesenta, la presencia del socialismo en el interior de España aumentó de forma lenta e irregular. El crecimiento de la UGT se vio mermado sin duda por su reticencia a participar en las estructuras del sindicalismo oficial, a pesar de lo beneficiosa que había resultado la estrategia colaboracionista en los años veinte. Este temor a legitimar al régimen con su participación en ámbitos no democráticos permitió a las Comisiones Obreras (dominadas por el PCE) beneficiarse en exclusiva de las ventajas que reportaba el entrismo sindical. Obsesionado por los conflictos fratricidas de la Guerra Civil, Llopis impuso asimismo un veto total a la colaboración con el PCE, lo cual limitó la presencia del socialismo en huelgas y manifestaciones.

El autoritarismo y la cautela que caracterizaron el liderazgo de Llopis pronto entraron en conflicto con el activismo de los nuevos núcleos socialistas que iban sur-

Delante de un retrato de Pablo Iglesias y una bandera del PSOE, Felipe González y Alfonso Guerra comparten mesa y mantel con el entonces primer ministro alemán Willy Brandt.

giendo en España, tanto en el ámbito estudiantil como en el obrero, al compás de los dramáticos cambios socioeconómicos de los años del desarrollismo. En contra de lo que a menudo se ha dicho, la ruptura interna del PSOE-UGT no fue una cuestión meramente generacional, ni geográfica, ni tampoco ideológica. También hubo renovadores en el exilio que pertenecían a la generación de Llopis y compartían sus postulados socialdemócratas y atlantistas. En última instancia, los renovadores que se hicieron con el control de las Juventudes en 1970, con el de la UGT en 1971, y con el del PSOE en 1972 deseaban ante todo que la dirección de sus organizaciones estuviese en el interior, facilitando así un "aggiornamento" estratégico y un mayor esfuerzo organizativo, sin los cuales no podrían competir en igualdad de condiciones con otras fuerzas de izquierda. Al igual que en los años cuarenta, al escindirse en dos el partido en 1972, resultó decisivo el reconocimiento externo de la facción mayoritaria por parte de la Internacional Socialista en enero de 1974, que pronto se tradujo en abundante ayuda, tanto política como económica.

EUROPA PRESS

Niceto Alcalá Zamora (izq.) y Julián Besteiro durante una sesión de las Cortes.

En cierto sentido, la renovación del PSOE ya estaba hecha cuando, contra todo pronóstico, Felipe González fue elegido primer secretario en el Congreso de Suresnes de octubre de 1974, al inhibirse Nicolás Redondo. Por aquel entonces los dirigentes sevillanos a excepción del propio González, que nunca permitió que la ideología se interpusiera en su camino, cultivaban una imagen radical que reflejaba su complejo de inferioridad frente a un PCE mucho más activo. Sin embargo, el contacto frecuente con dirigentes extranjeros, la superación de la clandestinidad y sobre todo la necesidad de prepararse para unas futuras elecciones pronto acabaron con sus ímpetus revolucionarios.

González tuvo la fortuna de hacerse con el partido a un año de la muerte de Franco, con lo cual nunca se le pudo acusar de pasividad frente al régimen. Con enorme habilidad, aprovechó las "parcelas de libertad" existentes para impulsar el crecimiento del partido a la vez que se negaba a ingresar en una Junta Democrática dominada por el PCE, creando a continuación su propia Plataforma de Convergencia Democrática en alianza con los democristianos, a pesar de haber criticado a la Junta en Suresnes por considerarla excesivamente "burguesa" y entreguista.

Fue también en Suresnes donde se adoptó un programa de ruptura democrática tan voluntarista como el del PCE, que pretendía la creación de un Gobierno provisional sin signo institucional definido que convocaría unas Cortes constituyentes. A diferencia de los comunistas, los socialistas apenas fingieron creer que dicho programa podría llevarse a la práctica mediante la movilización popular, terreno en el que malamente podían competir con sus grandes rivales, y pronto se adaptaron a la estrategia reformista impuesta por Suárez, aunque no sin antes celebrar un congreso semitolerado en diciembre de 1976 donde aprobaron las resoluciones más radicales de la larga historia del partido, que pronto quedarían aparcadas.

El disgusto de los

La legalización del Partido Comunista causó i

El autor expone aquí sus recuerdos sobre el efecto que causó entre los militares la legalización del Partido Comunista. El presente texto es una adaptación de su conferencia "Las Fuerzas Armadas en la Transición".

Instaurada de nuevo la Monarquía, las Fuerzas Armadas la aceptan y la apoyan de buen grado. Quizá pudiera decirse que no se desató la Guerra Civil para restablecer la Monarquía, pero sí que hubiera sido muy difícil restaurarla de no desatarse la Guerra Civil y de obtenerse el resultado que se obtuvo.

En 1976 había pasado yo a ocupar la Subsecretaría del Ministerio de Información y Turismo. Y recuerdo que paseando por delante del Palacio de Congresos y Exposiciones, Alfonso Osorio, Andrés Reguera y yo analizamos y comentamos los propósitos de que el presidente Adolfo Suárez se reuniera con los ministros militares y altos cargos de la milicia para explicarles sus objetivos, descubrirles sus planes de transformación política y recabar su comprensión y ayuda en momentos delicados de la vida nacional, cuando era necesario evolucionar hacia un nuevo sistema democrático, con la colaboración de los españoles.

Suárez y Osorio habían ya cambiado impresiones sobre estos propósitos, y tanto Reguera como yo coincidimos en la conveniencia de actuar, lo que no suponía dar muestras de subordinación a las Fuerzas Armadas, ni considerarlas como poder fáctico, sino un gesto de buena voluntad que habría de dar los mejores resultados.

La reunión fue convocada en la Presidencia del Gobierno. Mi tiempo de servicio en el Ministerio del Ejército en diferentes destinos me permitía conocer y tratar a varios militares importantes de los que iban a acudir a la convocatoria. El ambiente entre ellos era de expectación y de recelo a la vez. Como dice en un libro Julio Merino, "allí están los generales de Franco, con sus canas, sus ilusiones perdidas y sus medallas ganadas frente al marxismo". Veinticinco generales y almirantes que veían tal vez al presidente Suárez como un joven arriesgado y dispuesto a una liquidación del pasado y una transformación profunda de la situación, que por fuerza había de originar cierta inquietud a los aún vencedores de la guerra.

"Este muchacho nos va a oír", me dijo uno de los citados, con quien había tenido una relación próxima como subordinado. En general, el clima era tenso y el que más y el que menos observaba una actitud recalcitrante, con el desconcierto del cambio y el reconocimiento de que había de realizarse. Pero la reunión fue un éxito. Por el mismo conducto anterior pude enterarme de la brillantez, naturalidad y acierto con que Adolfo Suárez les había explicado clara y sinceramente la situación, la necesidad de abordar una abierta transición hacia la democracia y la obligación que a todos afectaba de colaborar en esta difícil empresa de la reforma política. De tal manera entusiasmó a los reunidos que algunos de ellos profirieron expresivos y sonoros juicios de elogio sobre el presidente del Gobierno y sus ideas, que habían de ayudarse con verdadero entusiasmo.

> "Parece que Suárez fue rotundo o así lo entendieron los militares: «Partidos políticos, sí; pero no PCE». Gutiérrez Mellado dice que no se expresó así y el PCE acomodó después sus estatutos"

Pero, a partir de ese momento, los acontecimientos se desarrollaron de una forma que resultó decisiva para el futuro de la participación de las Fuerzas Armadas en el proceso de la transición política.

Reforma desde la legalidad. Es cierto que, a veces, por una parte se dice más de lo que se quiere decir, y por otra parte se entiende más de lo que se dice, porque más es lo que se desea oír. El caso es que los ministros militares y las superiores autoridades de la Milicia, después de la afortunada reunión, cursaron informaciones y circulares a los generales, jefes, oficiales y suboficiales a sus órdenes con los resultados que se derivaban de aquella especie de acuerdo no escrito, para general conocimiento de los Ejércitos.

Por supuesto, la reforma se haría partiendo de la legalidad vigente y a través de los procedimientos previstos en las Leyes Fundamentales. En cuanto a los partidos políticos, el presidente Suárez parece que fue rotundo, o al menos así lo entendieron los presentes: "Estaos tranquilos, que en ese punto yo pienso como seguramente pensáis vosotros: partidos políticos, sí; pero no Partido Comunista". Y, al parecer, así se lo dijo también a Alfonso Osorio, pues desde el primer momento se había dado por supuesto que las modificaciones introducidas en el Código Pe-

militares

gnación en las Fuerzas Armadas

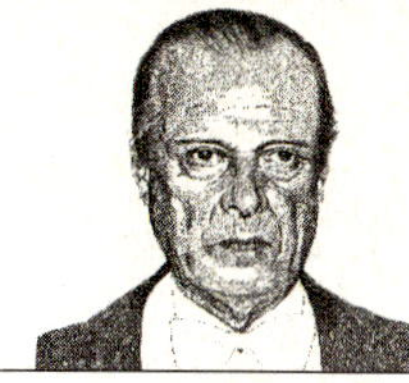

Sabino Fernández Campo

Teniente general. Ex jefe de la Casa del Rey. Académico de Ciencias Morales y Políticas

EUROPA PRESS

Adolfo Suárez, el teniente general Gutiérrez Mellado, el general Alvarez Arenas y el almirante Pita da Veiga, en un acto en la base naval de Rota.

nal no autorizaban la legalización del Partido Comunista.

Surgen dudas en cuanto a la rotundidad de esta afirmación. El difunto capitán general Gutiérrez Mellado afirma que nunca se expresó tan taxativamente y que, en todo caso, la posterior acomodación de los Estatutos del Partido Comunista permitió que quedaran comprendidos en la legislación vigente. Es posible que ante esta nueva situación se informara a algunos ministros militares o se hicieran advertencias parciales.

Pero lo cierto es que no se celebró una nueva reunión para aclarar este extremo a los mismos que habían creído entender lo contrario. Continuaban en todo su valor las circulares cursadas por los ministros y altos jefes militares y, si se les dio individualmente alguna explicación más o menos convincente, no volvió a repetirse, como digo, el cambio de impresiones colectivo.

Junto a la ilegalidad del Partido Comunista, los militares confiaban en la promesa de defender a ultranza la indisoluble unidad de la Patria, el respeto a las Fuerzas Armadas y la lucha decidida contra el terrorismo. Era un pacto no escrito, un compromiso formal y respetable.

¿Fueron tan firmes, rotundas e incondicionales las promesas? Por mi parte, no puedo inclinarme en uno u otro sentido y me limitaré a recoger lo que en las Fuerzas Armadas se interpretó.

Se produjo en ellas una sensación de alivio, en medio de las naturales preocupaciones y dificultades de adaptación, de superación de nostalgias y de ➳

EUROPA PRESS

Rodolfo Martín Villa dio órdenes a Sabino para el anuncio de la legalización del PCE.

transformaciones de mentalidad. Pero, después, también un profundo disgusto al entender que no se había contado con ellas para cambiar de actitud.

De esas consecuencias lamentables de lo que los militares consideraron una falta de atención y hasta un engaño, también me correspondió ser testigo de lo que voy a relatar, siguiendo el sistema de revelar hechos generales a través de impresiones subjetivas.

Era yo entonces subsecretario del Ministerio de Información y Turismo, cuya cartera ostentaba Andrés Reguera Guajardo. El día 9 de abril de 1977, Sábado Santo, recibí una llamada del ministro indicándome que aquella tarde debía trasladarme al Ministerio de la Gobernación para asistir a una reunión en sustitución suya, y que después le informara de lo tratado. Pensé que íbamos a acudir representantes de varios departamentos, pero sin sospechar siquiera con qué objeto.

Martín Villa me recibió enseguida en un despacho. Estábamos solos, sin el resto de asistentes que yo había imaginado. El ministro me dijo: "Te hemos llamado para que en vuestro Ministerio se instrumente con rapidez la forma de dar la noticia del reconocimiento del Partido Comunista".

Mi sorpresa fue grande. El hecho de haber estado destinado en la Secretaría de seis ministros del Ejército durante 20 años, había dado lugar a que continuara manteniendo el contacto de amigos y compañeros militares con los que cambiaba frecuentemente impresiones en aquellos momentos delicados de la Transición. Ellos me habían proporcionado copias de las cartas, escritos y circulares que se habían cursado después de la importante reunión ya comentada. De esos documentos se deducía claramente la certeza de que aquel reconocimiento no iba a tener lugar. Por eso, me permití preguntar a Martín Villa: "Y ¿los militares? ¿Se les ha dicho que cambiaron los planes y las promesas?" En realidad, la reunión de Suárez con los militares no había sido obligada, aunque resultara tan conveniente y tranquilizadora. Pero al haberse celebrado y de ser ciertas las impresiones recogidas, parecía ineludible informarles también del cambio de proyectos y de la decisión contraria.

"Los militares hubieran comprendido perfectamente los cambios de planes. No sólo por la habilidad de Suárez, sino porque la explicación era lógica"

Una sencilla explicación. Estoy seguro de que lo hubieran comprendido perfectamente. No sólo por la habilidad de Suárez y su indudable poder para ser convincente, sino porque la explicación era sencilla y lógica. Frente a la impresión de rechazo que instintivamente dominaba a los militares con respecto al comunismo -al que habían combatido y creído vencer en los frentes de combate como una obsesión-, se tenía que imponer la realidad de que la democracia no podía hacer excepciones y exigía el reconocimiento de todos los partidos políticos de cualquier signo, que tuvieran sus Estatutos adaptados a la legalidad vigente y se comprometieran a aceptar el juego democrático. Además, era preferible conocer el número de sus afiliados, su fuerza y sus propósitos, que dejarlos en la ignorancia, actuando de forma clandestina y llevando a cabo en la sombra una lucha sorda.

Los militares se hubieran convencido de esa necesidad, razonablemente explicada, y quedarían de nuevo agradecidos de que se les comunicara y advirtiera de ese cambio de actitud, justificado y conveniente. Habría continuado el entusiasmo que, para entregarse plenamente en la empresa de la Transición, les inspiró la primera reunión mantenida con el presidente del Gobierno.

¿Qué había sucedido? Al parecer, y según se deducía de una nota preparada en el Ministerio de la Gobernación como base para la difusión de la noticia del reconocimiento, la Fiscalía había informado favorablemente de los Estatutos del Partido Comunista Español y no existían obstáculos legales para incluirlo entre los oficialmente reconocidos.

Pero hube de insistir: "Si no se le ha dicho a la cúpula militar, ¿será procedente que se enteren por los medios de comunicación? ¿No es grave que llegue a su conocimiento como un hecho consumado?". Rodolfo Martín Villa se quedó pensativo. Me pidió que esperara un momento y dejó el despacho durante un rato.

Cuando volvió se limitó a decirme: "Ese tema ya está solucionado". No voy a detenerme ahora para intentar descubrir cómo, por quién y cuándo se pensó que estaba solucionado.

Se ha escrito bastante sobre este extremo y entre las distintas versiones no deja de producirse una evidente contradicción. Pero lo cierto es que se trata de un episodio clave de la Transición, visto desde la participación que en ella tuvieron las Fuerzas Armadas. Un episodio decisivo del que se derivaron importantes consecuencias.

Hay ocasiones en que alguien tiene que sacrificarse y tomar decisiones que en definitiva pueden resultar útiles, pero que arrastran la crítica y la censura. Es posible que en este caso existiera un sacrificado.

Alfonso Osorio manifiesta en un interesante libro la preocupación que le embargaba y cómo había insistido en que legalizar el PCE sin contar con la comprensión del Ejército podía ser gravísimo. Las incidencias de la determinación fueron numerosas y grande el malestar de quienes se consideraban engañados.

Estoy seguro de que no fue lo que se pretendió, pero el resultado fue deplorable y, realmente, de una trascendencia extraordinaria.

"Fue un deber aceptar ser ministro de Marina"

Documento póstumo. Por qué el almirante Pery sustituyó a Pita da Veiga, que dimitió por la legalización del PCE

La legalización del PCE provocó la reacción de las fuerzas franquistas. Pita da Veiga, ministro de Marina, dimitió. El almirante Pery, que lo sustituyó, escribió en 1980 este documento que ahora ve la luz por primera vez. Pery impulsó la formación del Grupo de Combate de la Armada en su paso por el Gobierno. Fallecido en 1989, explicó así las razones por las que aceptó el cargo en tan difíciles circunstancias.

Pascual Pery Junquera
Almirante de la Armada
y ex ministro de Marina

Cuanto se ha venido publicando hasta el presente, en relación con la legalización del Partido Comunista, al tratar de la dimisión del almirante Gabriel Pita da Veiga como ministro de Marina el 11 de abril de 1977, coincide en dar por sentado que "no existió ningún almirante en activo que aceptase el cargo", y que por ello hubo de acudir el presidente Suárez al almirante Pery Junquera que se encontraba en la reserva. (...) Al ser nuestro punto de vista totalmente distinto, estimamos un deber dejar nuestra opinión por escrito.

(...) Al llegar Alfonso Osorio a Madrid en la mañana del lunes 11 de abril, e ir con toda urgencia a La Moncloa a reunirse con Suárez, al darle éste la noticia de la forma en que le había presentado la dimisión Pita da Veiga, le dice que alega "el no haberle comunicado a su debido tiempo la legalización del PCE y que le hace presente que la Marina entera está profundamente disgustada". A continuación el presidente le expone lo que era sin duda su gran preocupación, "el problema ahora es que va a ser difícil encontrar un almirante en activo para sustituir a Pita". Es decir, que antes de saber si había o no algún almirante en activo ya se formó una impresión de gran dificultad. (...) Por la tarde de ese mismo día, repite Osorio en su diario, "no hay ni un solo almirante en activo que acepte". ¿Quién o quiénes le han hecho creer eso, cuando ningún almirante ha sido aún contactado? ¿Quién actuó en caso contrario de intermediario en esa gestión, que no ha trascendido ni entonces ni hasta ahora? Sin embargo, a renglón seguido, comenta que Gutiérrez Mellado le ha sugerido al presidente el nombre de Pascual Pery, que está en la reserva, pero él cuando es requerido para que lo llame y lo sondee para ver si está dispuesto a ser ministro de Marina, le ha contestado: "No, Adolfo, lo siento, no puedo, eso es pedirme demasiado".

Muy interesante sería conocer si esa "petición de sondeo" fue la primera que quiso hacer el presidente con alguien de Marina. (...) Lo que sí podemos decir, es que no era ningún plato de gusto el entrar a formar parte del Gobierno en aquellas circunstancias, y al que lo hiciese "le costaría jirones de prestigio", como me pronosticó Suárez al aceptar yo el cargo. Ahora bien, de esto a hacer un axioma de que nadie aceptaría, hay un abismo.

(...) En el caso de la Marina, (...) la necesidad de encontrar la forma de cubrir el cargo era apremiante. Es natural que al haber surgido una dificultad política no usual se recurriese a quien por sus antecedentes se consideraba pudiera estar más obligado hacia la Corona, como era el almirante González López, que había permanecido durante diez años al lado de Su Majestad en su época de estudiante. (...) Ha sido costumbre inveterada (...) que siempre que se producía una crisis ministerial (...) fuese el almiran- ➳

te que desempeñaba en ese momento la Jefatura del Estado Mayor de la Armada, el designado para ocupar la cartera de Marina. (...) No dudamos que análogamente hubiese ocurrido en este caso (...) de no existir un motivo especial con el almirante Buhigas, que indujo sin duda al presidente Suárez a no acudir a él.

En los días en que se estaba considerando por el Gobierno la posible legalización del PCE, en dos ocasiones distintas fue visto Buhigas en una cafetería de Madrid, en compañía de Ramón Tamames. (...) Aunque Buhigas alegó que solamente se trató de entrevistas intrascendentes pedidas por su hijo, que había sido alumno de Tamames, no es de extrañar que el presidente, después de esta "pifia", no lo considerase el más indicado para pedirle lo que en verdad encerraba mucho de favor personal. (...) El que no le fue ofrecido el cargo podemos asegurarlo rotundamente, pues así me lo manifestó Buhigas, sin la menor reserva a pregunta mía. (...) También en aquella ocasión me dijo Buhigas que al comunicar Pita da Veiga su dimisión al alto personal de la Armada (...) les hizo presente que por su parte no vería mal que a quien le ofreciesen el cargo, si lo creía oportuno, lo aceptase. Otra razón más que viene en apoyo de nuestra tesis. (...) Es más, en la costa, hubo quien estuvo preparado para un posible desplazamiento urgente, si hubiese sido sondeado. La falta de "intermediario" Suárez/Marina, y la imaginada "dificultad", fueron los creadores del bulo.

(...) El que se tuviese la esperanza de encontrar en González López la comprensión y el espíritu de sacrificio que permitiera llegar a una solución rápida, era razonable. (...) No fue su negativa tajante. Consintió, después de mucho hacerse de rogar y de alegar que había de cuidar su prestigio, el ir a ver al presidente, siempre que estuviese claro que lo hacía sin compromiso previo. (...) Si no llegó a desempeñar la cartera de Marina el almirante González López fue debido a que tampoco en esta entrevista llegó a una aceptación definitiva. (...) Es muy posible que si hubiese sabido que había otro candidato, su respuesta hubiese sido más rápida y sin dejar lugar a dudas. Otro grano de arena en apoyo de mi tesis. La realidad es que en el ámbito del Ministerio, y creemos que hasta para él mismo, fue una sorpresa el no haber sido designado. Más que la indignación por el reconocimiento ya sancionado oficialmente del PCE, fue esta demora de González López la que dio pie para que se haya mantenido la idea de repulsa de todos los almirantes en activo a aceptar el cargo.

El almirante Pascual Pery, junto a don Juan Carlos, en una visita a la base de la Armada, en Cartagena.

"No era ningún plato de buen gusto el entrar a formar parte del Gobierno en aquellas circunstancias, y al que lo hiciese «le costaría jirones de prestigio», tal como me pronosticó el propio Suárez"

(...) En cuanto a mí, que no podía imaginar ni remotamente que se barajase mi nombre como un posible factor para resolver la crisis, me vi sorprendido el miércoles día 13 a la una y media de la tarde, por una llamada telefónica de Gutiérrez Mellado, pidiéndome que fuese a hablar con él, lo que hicimos durante toda la tarde en su casa de La Moncloa y donde sólo llegué a aceptar ver al presidente, sin ningún compromiso previo por mi parte, pues yo sostenía que me pedía aceptase un cargo que había perdido cuanto tenía de importancia militar, para convertirse en político. Mi ruptura con los mandos de la Marina, prácticamente total desde mi pase a la reserva, venía a sumar una dificultad más.

En esta entrevista con Suárez, de cerca de una hora, que tuvo lugar en el despacho del presidente a las nueve y media de la noche del miércoles 13 de abril de 1977, en presencia de Gutiérrez Mellado, el almirante Pascual Pery Junquera, encontrándose alejado del servicio activo, y aun lamentando que no hubiese existido otra solución para tratar de encontrar la unidad de todos los españoles que legalizar el PCE, aceptó sin reserva de ningún tipo el desempeñar el cargo de ministro de Marina, porque llegó a la convicción de que era un deber que como militar debía prestar en aquellos momentos a la Armada y a la Corona.

Los días más amargos de Albert Boadella

El líder de Els Joglars, perseguido en 1978 por la obra "La Torna"

Alex Salmon

El mes de enero de 1978, Albert Boadella, director del grupo teatral Els Joglars, fue detenido a causa de una denuncia realizada por el poder militar. Se le acusaba, a él y a su compañía, de insultos a las Fuerzas Armadas.

La obra teatral de la polémica llevaba por título *La Torna*. Era un homenaje a Heinz Chez, un francés condenado a muerte por un tribunal militar el mismo día que a Salvador Puig Antic. Se le acusaba de haber asesinado a un miembro de la Guardia Civil.

La denuncia llevó a Boadella al Juzgado. El mismo día de su comparecencia fue detenido. En un principio, la compañía entendió que todo quedaría solucionado en pocas horas. A principios de febrero, el director teatral empieza a tramar su escapada. Para ser llevado a la enfermería, alude a una gastroenteritis por estrés. El director de la cárcel Modelo de Barcelona no quiere problemas. Decide enviarlo al Hospital Clínico, donde ingresa el 9 de febrero. Su juicio queda previsto para el día 28 de aquel mes.

Un día antes aprovecha una visita al lavabo para escaparse por la ventana. Dentro de una cisterna, los compañeros le esconden el tiempo imprescindible para marcharse a Francia.

A partir de ese momento, el resto de la compañía es declarado en "búsqueda y captura". Cuatro de ellos -Andreu Solsona, Gabi Renom, Míriam de Maeztu y Arnau Vilardebó- deciden entregarse a la Policía. Los también miembros de la compañía Ferrán Rañé y su mujer (que había dado a luz hacía poco) escapan a Francia.

El 6 de marzo de 1978, los cuatro actores de Els Joglars son juzgados. Al día siguiente se lee el veredicto: culpables. Se les condena a dos años de cárcel. Pasan en la Modelo ocho interminables meses. El último mes de aquel año 1978, el Consejo de Ministros firma el indulto especial para los cuatro actores que habían representado *La Torna*: una obra que contaba la historia de un juicio militar visto desde la puerta. Pero los artistas vivieron la historia en sus carnes. Más tarde, Albert Boadella volvió del exilio.

FOTOS: EUROPA PRESS

En la imagen de arriba, Albert Boadella el día que recuperó la libertad tras el escándalo que supuso la obra "La Torna" de su compañía Els Joglars, cuatro de cuyos miembros fueron condenados a dos años de cárcel. Las peticiones de amnistía (izquierda) se sucedieron en Barcelona.

José Luis Perales, 19 años de felicidad

El cantante del amor se casó en 1977 con su actual mujer

Jaime Peñafiel

De las tres bodas que se celebran entre los últimos días de julio y los primeros de agosto de 1977, sólo los protagonistas de una de ellas siguen "matrimoniados". Como tenía que ser, ya que el novio, **José Luis Perales**, ha hecho del amor su vida. Por ello, no tiene nada de extraño que él y **Manuela** sigan siendo una pareja feliz, todo lo feliz que una pareja puede serlo después de diecinueve años de convivencia.

Los otros acabaron como tenían que acabar: como el rosario de la aurora. Y mucho duró la primera de ellas, la de la modelo **Nati Abascal**, desnudada y vestida por ciento y un artistas de la alta costura y de la otra, y **Rafael Medina y Fernández de Córdoba**, duque de Feria, que luego se vio también gustaba desnudarlas, pero más jóvenes que su esposa. La ceremonia se celebró en la ermita de Nuestra Señora del Rocío, en Almonte. ¡Menuda feria!

La segunda de esta feria de bodas y de vanidades franquistas, el último acontecimiento feliz de la familia **Franco**, se celebraría en el Pazo de Meirás y constituiría realmente el último acontecimiento feliz de la saga. Luego todo serían escándalos y adulterios.

Los protagonistas: la tercera nieta del general, **María del Mar Martínez Bordiú Franco**, "Merry" para los de casa, y **Joaquín Giménez Arnau**, "Jimmy" para los suyos. En vísperas del acontecimiento, los novios negociaron con *Hola* la venta de la exclusiva y, a pesar de las numerosas conversaciones, sólo lograron un millón de pesetas.

El novio, en su libro *Yo, Jimmy*, culpa a quien esto escribe, entonces redactor-jefe de *Hola*, de no haber obtenido más ➳

FOTOS: EUROPA PRESS

María José Cantudo y Manolo Otero, en un baile acaramelado: una de las parejas más famosas de entonces.

El cantante José Luis Perales y su actual esposa, Manuela, en el altar. En la imagen de la derecha, Lucero Tena y el doctor Carlos Mendoza cortan la tarta nupcial.

dinero. Lo que él ignoraba entonces es que **Antonio Sánchez Gómez**, propietario y director de la revista, era enemigo de negociar con los famosos sus exclusivas como gusta hacer hoy su heredero, el hijo de Sánchez, actual director. "Yo cometí el error de adelantarme a mi tiempo", reconoce el propio Jimmy.

De todas formas, los Franco, afortunadamente, ya no eran lo que habían sido y estaban bastante devaluados. Pero un millón de entonces, por tan poco, era dinero. Que el propio marqués le echó la negra, nada más terminar la ceremonia, cuando se decidió a decir: "A ver cuánto dura esto".

CONFLICTO EN EL AYUNTAMIENTO. Un mes después de esta boda, cuatro concejales del Ayuntamiento de La Coruña se negaron a pagar de su bolsillo el regalo de bodas del Ayuntamiento a la nieta de Franco: una ostrera de plata. Parece que el alcalde, **José Manuel Liaño**, asistente a la boda a título privado, quiso que al regalo contribuyera toda la Corporación.

Algo parecido a lo que se llevó a cabo cuando se le regaló al general el entonces célebre Pazo de Meirás: a todo funcionario se le descontó de la nómina durante mucho tiempo el dinero que hubo que pagarle a la **Pardo Bazán**. Estos cuatro magníficos rebeldes fueron los siguientes: **Ripoll García**, **Meilán Gil**, **Serrano González** y **Suevos Orduña**.

En este mes de agosto fallece el más grande intérprete de boleros de todos los tiempos: **Antonio Machín**. Tenía tan sólo 64 años.

Por vez primera, el **Rey** se deja crecer la barba, por lo que algunos españoles, muy chuscos ellos, le llaman "Juan Carlos de Barbón y Barbón". A Su Majestad, la broma le hace gracia.

A quien no le hizo maldita la gracia de que su matrimonio con el bello **Manolo Otero** diera más de sí fue a **María José Cantudo**. Tras una intensa relación (de la que nació un hijo) que les llevó a ser la pareja de moda no sólo de este 1977 sino de años anteriores, decidieron separarse. Ella se convirtió en anticuaria; de él jamás se supo.

El mes de septiembre, los Franco vuelven a ser noticia cuando el benjamín de la familia, **Cristóbal Martínez Bordiú**, se convierte en caballero cadete de la Academia Militar de Zaragoza. Un cadete a la fuerza. ¿Del destino?

Teodoro Martín no es cadete. Ni falta que le hace. Es simple y sencillamente un soldado madrileño de fortuna ya que entre él y un modesto propietario de un bar de Conil (Cádiz), **José Caravaca**, se reparten 67 millones de pesetas al acertar, al alimón, los 14 resultados de las quinielas. El recluta había invertido 405 pesetas. El tabernero, sólo 15.

El mes de septiembre finaliza con otra boda, ésta cien veces anunciada: la de **Lucero Tena** y el doctor **Carlos Mendoza** que, miren ustedes por dónde, todavía siguen felizmente casados. Posiblemente porque supieron tocar... los palillos.

"NUESTRA UNIÓN ES INDESTRUCTIBLE". En la portada del *Hola* número 1.728 de 8 de octubre, aparecen **Julio Iglesias** y su esposa, la **Preysler**, de vacaciones en Marbella a causa de un cólico nefrítico del cantante que le había obligado a interrumpir sus actuaciones por el extranjero.

Sobre la fotografía, el siguiente titular: "No hay crisis en nuestro matrimonio", asegura Isabel. "Nuestra unión es indestructible". Declaraciones que iban como anillo al dedo con el pensamiento de **Jacinto Benavente**: "Cuando no se piensa lo que se dice es cuando se dice lo que se piensa". Porque meses después, el 20 de febrero, la pareja "celebraba", con más cuernos que en una montería y en plena crisis, su séptimo aniversario de boda.

• FOTOIMPACTO •

El escultor de sí mismo

Gabriel Albiac

El viejo tenía estilo. Se sabía listo y culto. Y el contraste con los semianalfabetos trileros sevillanos que iban a dominar el socialismo español era apabullante. Los despreciaba, el viejo, más aún de cuanto los detestaba, que era mucho. Cuando comprendió que había perdido, porque las elecciones se ganan con dinero y, el dinero, los alemanes de Flick ya habían decidido que era más seguro dárselo a aquellos mangantes exentos de la mácula roja de la lucha antifranquista, Tierno optó por blindarse. Dentro de su personaje, que era lo único que le quedó tras la quiebra del PSP y su compra por los que él llamó "los Botejaras": Guerra, González y otros perros callejeros con mucha hambre atrasada. Se rió de ellos siempre que pudo. Era un perdedor. Le quedaba sólo esa risa que da la inteligencia. También el tono indolente de saberse incapaz de hacer lo que ellos tan bien hacían: GAL, Filesa, robo y muerte.

GUSTAVO CATALÁN

Próximo capítulo: **La semana en que pudo morir la democracia**

Del secuestro de Villaescusa a la matanza de Atocha: Habla Dolores González Ruiz, una de las supervivientes del crimen. Martín Villa: "En la semana negra vi peligrar todo el proceso". **Escriben:** Manuel Antonio Rico, José Bono, Cándido.

EUROPA PRESS

Miércoles, 26 de enero de 1977: la capilla ardiente por las víctimas de la matanza de Atocha quedó instalada en el Palacio de Justicia de Madrid.

LA SEMANA EN QUE PUDO MORIR LA DEMOCRACIA

Fueron unos días llenos de miedo y riesgo. Distintos actos de violencia coincidieron para sembrar, además de la muerte irreparable, el temor por el futuro. La democracia había empezado a caminar y aún no disponía de la base suficiente para confiar en su fortaleza. La Constitución estaba todavía muy lejos: faltaban casi dos años para que fuera aprobada por los españoles en referéndum. Así que todo se podía ir abajo de un plumazo. Aquellos sucesos obligaron a Adolfo Suárez, que se sinceró ante los ciudadanos por televisión, a dar uno de sus golpes de efecto.

RELATO

La violencia, una seria amenaza a la Transición

Ola de atentados en Madrid: del secuestro del general Villaescusa a la matanza de Atocha

Enero de 1977. Entre el domingo 23 y el sábado 29 cayeron sobre Madrid y sobre toda España siete días como siete plagas de sangre y caos, un tiempo que el país vivió sin respiración, atenazado por el miedo y con la sensación de que, desde la más siniestra oscuridad, alguien estaba moviendo una maquinaria de muerte para acabar con la Transición recién iniciada, por la vía calculada de la "argentinización".

Manuel Antonio Rico. Periodista

Celebrado el referéndum sobre la Reforma y a la espera de las primeras elecciones libres, aquélla fue la semana en que, antes de nacer, pudo morir la democracia.

El domingo 23 de enero la Policía tenía órdenes claras de reprimir la manifestación pro-amnistía convocada por la izquierda para el mediodía en el centro de Madrid y expresamente prohibida por Juan José Rosón, el gobernador civil, tanto por el miedo a una demostración de fuerza de los comunistas como por el temor a la ultraderecha que, por aquel entonces, se dedicaba a la "caza del rojo". Y la Policía se empleó a fondo, dispersando a cuantos, a saltos, trataban de concentrarse en la Gran Vía. Cada salto se resolvía de la misma forma: los "grises" de la Policía Armada lanzaban sus botes de humo y sus pelotas de goma y luego, a porrazo limpio, obligaban a los manifestantes a buscar atropelladamente las calles aledañas para refugiarse, reagruparse y volver a empezar.

En una de esas huidas, el joven Arturo Ruiz tuvo la desgracia de tropezarse con los fascistas. Siguió corriendo pero unos pasos más allá recibió por la espalda el disparo de pistola que hizo José Ignacio Fernández Guazo, un "guerrillero de Cristo Rey" que estaba acompañado por el argentino Jorge Cesarsky. La Policía les dejó marchar, sin molestarles y sin proceder a su detención. El disparo fue mortal de necesidad para Arturo Ruiz García, de 19 años, trabajador de la construcción, estudiante de BUP y militante de Comisiones Obreras. Su cuerpo quedó tendido en la calle de La Estrella junto a la de Silva. Era poco después del mediodía. La hora y la sangre marcaban el arranque de la "semana negra".

ANTONIO COUTO

1977
DOMINGO
23
ENERO

- 12,00h: El estudiante de 19 años Arturo Ruiz, que se manifestaba en el centro de Madrid a favor de la amnistía, cae abatido de un disparo en la espalda.
- El argentino Jorge Cesarsky, vinculado a la ultraderecha, es detenido por la Policía. Entre el resto de extremistas que lograron escapar sin resistencia policial se encontraba José Ignacio Fernández Guazo, alias "El Posturas".

En la tarde del 26 de enero, con un impresionante silencio, se despidió en el centro de Madrid a las víctimas de la matanza de Atocha.

Al día siguiente hubo desde primera hora asambleas en las facultades universitarias y las clases se vaciaron como protesta por el asesinato de Arturo Ruiz. La izquierda había convocado una nueva manifestación el lunes para responder al crimen. Tristemente, una muerte trajo a otra. Cuando eran las doce y media, un bote de humo impactaba brutalmente en la cabeza de Mari Luz Nájera, 21 años, estudiante de tercero de Sociología y sin adscripción política. En realidad, la joven pasaba por allí, o simplemente había pensado conocer de cerca una manifestación. Junto a la plaza de Callao, un policía la alcanzó con un lanzamiento pie a tierra y a una mínima distancia. A las cuatro y media de la tarde, los médicos de la clínica La Concepción certificaron su muerte, a consecuencia de un traumatismo craneoencefálico. En la misma manifestación resultó herido el estudiante de Políticas Francisco José Galera, de 21 años, pero superaría la gravedad y salvaría la vida.

Horas antes, a las diez menos veinte de la mañana del mismo lunes 24, era secuestrado a la salida de su domicilio el teniente general Villaescusa Quilis, presidente del Consejo Supremo de Justicia Militar, por la organización terrorista GRAPO, un grupo de iluminados de ultraizquierda que querían hacer la revolución por su cuenta y liberar al proletariado practicando la más extrema violencia.

El teniente general Villaescusa Quilis, acompañado a la izquierda de la imagen por Gutiérrez Mellado.

EUROPA PRESS

1977
LUNES
24
ENERO

- 9,40h: El teniente general Villaescusa, presidente del Consejo Supremo de Justicia Militar, es secuestrado por un comando del GRAPO.
- 12,30h: Mari Luz Nájera, estudiante de Sociología de 21 años, cae mortalmente herida por un bote de humo.
- 22,45h: Cinco muertos y cuatro heridos en un despacho laboralista de la calle Atocha a manos de un grupo ultra.

Vestidos para la ocasión con uniformes militares, los grapos Hierro Chomón, Cerdán Calixto y Abelardo Collazo no tropezaron con problema alguno, salvo los excesivos nervios del chófer del general que hicieron que el Mercedes oficial se calara en plena calle de O'Donnell. El episodio se convirtió en chusco cuando los propios secuestradores se vieron obligados a empujar con su coche al de Villaescusa, sin que nadie alrededor captara el dramatismo de la escena.

EN COMPAÑÍA DE ORIOL. El teniente general fue enviado a hacer compañía a Antonio María de Oriol, presidente del Consejo de Estado, que llevaba entonces 41 días secuestrado. El GRAPO creía que, acumulando secuestros, el Gobierno de Adolfo Suárez iba a liberar a los "presos patriotas". No era una cuestión de dinero, sino de asalto al Estado, simplemente.

Y mientras el país crujía y se estremecía, el presidente Adolfo Suárez seguía tirando del carro de la reforma política. En aquel lunes de tensión recibió en su despacho a Manuel Fraga y Cruz Martínez Esteruelas, de Alianza Popular; luego, a Joaquín Garrigues, Fernando Alvarez de Miranda, Pío Cabanillas e Iñigo Cavero, del Centro Democrático, y finalmente, y por vez primera, a la oposición democrática integrada en la "comisión de los nueve", con Felipe González, Raúl Morodo, Jordi Pujol, Francisco Fernández Ordóñez...

Con todos ellos habló sobre el proceso político en marcha y sobre las normas para las primeras elecciones generales, previstas para junio, que era el horizonte de libertad soñado. Suárez apenas si había dormido la noche anterior y a los visitantes no les ocultó su preocupación por la inestabilidad de la situación. Pero lo peor aún estaba por llegar. Antes de que el día acabara, la bestia iba a hacer su aparición más salvaje.

Calle Atocha, número 55. Pasadas las diez y media de la noche, tres individuos suben por las escaleras, hasta la planta tercera, para ejecutar el macabro plan ultimado en la misma tarde del lunes con Francisco Albadalejo, dirigente del sindicato vertical del

Los secuestradores tuvieron que empujar con su coche al de Villaescusa, sin que nadie alrededor captara el dramatismo de la escena

Antonio Couto

La ausencia de incidentes en los funerales por los muertos de Atocha influyó en la legalización del PCE.

Transporte de Madrid. Se trata de José Fernández Cerrá, Carlos García Juliá y Fernando Lerdo de Tejada. Todos ellos tienen relaciones directas y personales con Fuerza Nueva, Blas Piñar y la policía política franquista, y comparten la idea de que es preciso golpear duramente a la izquierda. Concluyen que el despacho de abogados laboralistas del PCE y de Comisiones Obreras, en la calle de Atocha, es un buen objetivo. Allí se cuece el movimiento vecinal de las barriadas, se organizan huelgas y acuden líderes sindicales como Joaquín Navarro, de destacado protagonismo en la huelga del transporte privado de viajeros, recién finalizada.

Los tres individuos que llevan pistolas proporcionadas por Jiménez Caravaca y Fernández Palacios han de esperar unos escalones más arriba a que se haga la calma en el despacho y se diluya el trasiego humano. A las once menos cuarto de la noche, deciden actuar y llaman a la puerta. Dentro, el grupo de abogados había comenzado una reunión. Es Luis Javier Benavides quien se levanta de la mesa y deja pasar a los asesinos.

Cerrá pregunta por Navarro, pero no está. No importa. Antes de que Benavides reaccione, Cerrá y Juliá le están encañonando. Lerdo de Tejada se queda junto a la entrada. Juliá esconde el rostro con un pasamontañas y va recorriendo las habitaciones. Serafín Holgado, estudiante de Derecho, y Angel Elías Rodríguez, auxiliar y estudiante de Económicas, ➳

Escaleras abajo, uno comentó que le parecía haber visto a alguien en el montón moverse y si no sería conveniente regresar para matarlo

❖ 1977 ❖
MARTES
25
ENERO

- De madrugada, tras conocerce la matanza de Atocha, se suceden los incidentes en distintos puntos de Madrid.
- Los periódicos confirman el fallecimiento de ka quinta víctima de Atocha: Serafín Holgado.
- 16,30h: Tres mil personas acompañan al féretro de Mari Luz Nájera hasta el cementerio de Barajas: "Mari Luz, tus compañeros de facultad no te olvidan".

EUROPA PRESS

ANTONIO COUTO

Los días y las horas posteriores al crimen de Atocha serían los más largos de la España predemocrática: a la izquierda, uno de los numerosos incidentes callejeros que se sucedieron en Madrid. A la derecha, el presidente del Colegio de Abogados, Antonio Pedrol Rius (con micrófono) se dirige a la asamblea de abogados.

son conducidos hasta el vestíbulo donde se apiñan los abogados de la reunión: Francisco Javier Sauquillo del Arco, Enrique Valdelvira Ibáñez, María Dolores González Ruiz, Alejandro Ruiz Huerta, Luis Ramos Pardo y Miguel Angel Sarabia Gil, además de Benavides. Nueve personas en total, de entre 25 y 30 años de edad, como nueve corderos para el matadero.

Ninguno sospecha lo que va a pasar. Ninguno ofrece resistencia ni piensa en escapar. Obedecen las órdenes secas de Cerrá, sus cortantes indicaciones a punta de pistola y cuando decía fríamente "las manitas, arriba". Juliá regresa al vestíbulo y, entonces, los dos individuos empiezan a apretar los gatillos, disparando fuego a mansalva.

ACTUANDO COMO ROBOTS. En un instante aquello fue el infierno, el apocalipsis desencadenado por dos matones que actuaron como robots y que no cesaron de disparar hasta que los corderos estuvieron en el suelo, cada uno con varios proyectiles en el cuerpo. Escaleras abajo, uno comentó que le parecía haber visto a alguien en el montón moverse y si no sería conveniente regresar para rematarlo pero, quizás porque habían agotado sus cargadores, los tres siguieron hacia el portal y salieron a la noche, sin correr, tan tranquilamente.

El martes, la prensa de la mañana abría, espeluznada, con la matanza aunque refería sólo tres muertos: Benavides, Valdelvira y Angel Elías. Los tres habían sido recogidos ya cadáveres de entre el espeso charco de sangre, pero dos más fallecerían enseguida: en la madrugada inmediata, Sauquillo (Javi para sus amigos y familiares, como su hermana Francisca), y, al anochecer del martes, Serafín Holgado, ambos en el hospital Primero de Octubre. Cinco serían definitivamente los muertos y cuatro los supervivientes de la masacre. De ellos fue María Dolores, Lola, esposa de Sauquillo, la que estuvo más cerca de la muerte, con un disparo en la boca y la tráquea que le costaría varios años de operaciones continuas. El empujón de Javi, que la cubrió con su cuerpo, hizo el primer milagro. A Alejandro Ruiz le salvaron el cuerpo de Valdelvira y un bolígrafo. Sarabia evitó que un tiro en la barriga le desangrara arrugándose en el suelo. A Ramos pudieron darle por muerto porque instintivamente se dejó caer imitando la postura de un compañero.

Las horas y los días posteriores serían los más largos de la España predemocrática. Temiendo los cuchillos largos, muchos durmieron en casas ajenas. La negra sombra del miedo envolvió al país y hasta en el Primero de Octubre tuvieron que desmentir formalmente que alguno de los heridos de Atocha hubiera sido rematado en la cama del hospital por los incontrolados. Hubo tiros aislados por Madrid y asaltos a establecimientos como el pub Santa Bárbara y la cafetería California, de Goya, donde los clientes fueron obligados

1977
MIERCOLES
26
ENERO

- 13,00 h: La capilla ardiente de tres de las víctimas de Atocha queda instalada en el Palacio de Justicia, adonde se acercan numerosas personalidades.
- 16,00 h: Decenas de miles de personas dan el último adiós a las víctimas de Atocha. La marcha desde el Palacio de Justicia se hace en silencio.
- 23,30 h: El Gobierno anuncia medidas cautelares contra el terrorismo.

a cantar el *Cara al sol* brazo en alto. El Colegio de Abogados de Madrid se convirtió en centro espontáneo de reunión y su decano, Antonio Pedrol Rius, en el motor de unas intensas negociaciones con el Gobierno, en las que participaron Joaquín Ruiz-Giménez, Antonio Garrigues, Jaime Miralles y José María Mohedano. Este último y Francisca Sauquillo habían salvado la vida porque, debiendo haberse reunido en el despacho atacado, prefirieron hacerlo en el que el PCE tenía en el número 49. Pedrol se mantuvo firme en la exigencia de instalar la capilla ardiente en el Colegio.

El martes por la tarde, los vecinos de la Alameda de Osuna acompañamos a los padres de Mari Luz Nájera para el entierro de la joven en el cementerio de Barajas. El féretro fue llevado a hombros a lo largo de un desértico kilómetro bajo vigilancia policial. La presencia de numerosos estudiantes transformó el sepelio en una notable manifestación silenciosa, precedida de una pancarta. Junto a la tumba se cantó *La Internacional* y se rezó un Padrenuestro. Los periódicos publicarían páginas enteras con esquelas que fueron sumando el nombre de Mari Luz y el de Arturo Ruiz, enterrado el lunes en la intimidad, a los de las víctimas de Atocha y, por último, en un trágico "crescendo", a los dos policías y el guardia civil que el GRAPO asesinaría el viernes.

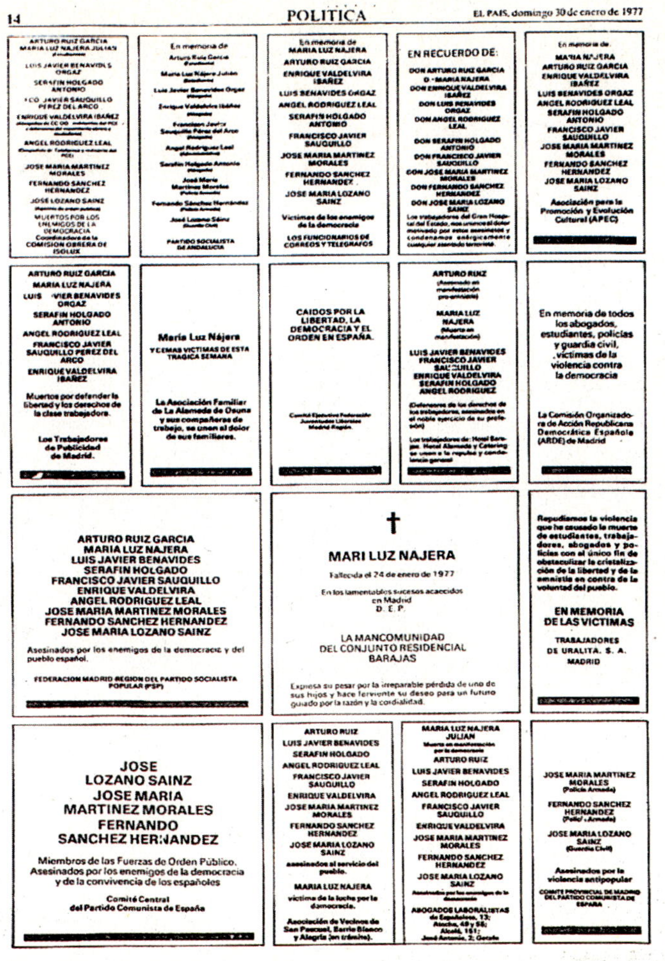
14 POLITICA EL PAIS, domingo 30 de enero de 1977

ARTURO RUIZ GARCIA
MARIA LUZ NAJERA JULIAN
LUIS JAVIER BENAVIDES ORGAZ
SERAFIN HOLGADO ANTONIO
FCO. JAVIER SAUQUILLO PEREZ DEL ARCO
ENRIQUE VALDELVIRA IBAÑEZ
ANGEL RODRIGUEZ LEAL
JOSE MARIA MARTINEZ MORALES
FERNANDO SANCHEZ HERNANDEZ
JOSE LOZANO SAINZ
MUERTOS POR LOS ENEMIGOS DE LA DEMOCRACIA
Coordinadora de la COMISION OBRERA DE ISOLUX

En memoria de
Arturo Ruiz Garcia
Maria Luz Nájera Julián
Luis Javier Benavides Orgaz
Enrique Valdelvira Ibáñez
Francisco Javier Sauquillo Pérez del Arco
Angel Rodríguez Leal
Serafín Holgado Antonio
José María Martínez Morales
Fernando Sánchez Hernández
José Lozano Sáinz
PARTIDO SOCIALISTA DE ANDALUCIA

En memoria de
MARIA LUZ NAJERA
ARTURO RUIZ GARCIA
ENRIQUE VALDELVIRA IBAÑEZ
LUIS BENAVIDES ORGAZ
ANGEL RODRIGUEZ LEAL
SERAFIN HOLGADO ANTONIO
FRANCISCO JAVIER SAUQUILLO
JOSE MARIA MARTINEZ MORALES
FERNANDO SANCHEZ HERNANDEZ
JOSE MARIA LOZANO SAINZ
Víctimas de los enemigos de la democracia
LOS FUNCIONARIOS DE CORREOS Y TELEGRAFOS

EN RECUERDO DE:
DON ARTURO RUIZ GARCIA
D. MARIA NAJERA
DON ENRIQUE VALDELVIRA IBAÑEZ
DON LUIS BENAVIDES ORGAZ
DON ANGEL RODRIGUEZ LEAL
DON SERAFIN HOLGADO ANTONIO
DON FRANCISCO JAVIER SAUQUILLO
DON JOSE MARIA MARTINEZ MORALES
DON FERNANDO SANCHEZ HERNANDEZ
DON JOSE MARIA LOZANO SAINZ
Los trabajadores del Gran Hospital del Estado, nos unimos al dolor motivado por estos asesinatos y condenamos enérgicamente cualquier atentado terrorista.

En memoria de
MARIA NAJERA
ARTURO RUIZ GARCIA
ENRIQUE VALDELVIRA IBAÑEZ
LUIS BENAVIDES ORGAZ
ANGEL RODRIGUEZ LEAL
SERAFIN HOLGADO ANTONIO
FRANCISCO JAVIER SAUQUILLO
JOSE MARIA MARTINEZ MORALES
FERNANDO SANCHEZ HERNANDEZ
JOSE MARIA LOZANO SAINZ
Asociación para la Promoción y Evolución Cultural (APEC)

ARTURO RUIZ GARCIA
MARIA LUZ NAJERA
LUIS JAVIER BENAVIDES ORGAZ
SERAFIN HOLGADO ANTONIO
ANGEL RODRIGUEZ LEAL
FRANCISCO JAVIER SAUQUILLO PEREZ DEL ARCO
ENRIQUE VALDELVIRA IBAÑEZ
Muertos por defender la libertad y los derechos de la clase trabajadora.
Los Trabajadores de Publicidad de Madrid.

María Luz Nájera
Y DEMAS VICTIMAS DE ESTA TRAGICA SEMANA
La Asociación Familiar de La Alameda de Osuna y sus compañeros de trabajo, se unen al dolor de sus familiares.

CAIDOS POR LA LIBERTAD, LA DEMOCRACIA Y EL ORDEN EN ESPAÑA.
Comité Ejecutivo Federación Juventudes Liberales Madrid Región.

ARTURO RUIZ
(Asesinado en manifestación pro-amnistía)
MARIA LUZ NAJERA
(Muerta en manifestación)
LUIS JAVIER BENAVIDES
FRANCISCO JAVIER SAUQUILLO
ENRIQUE VALDELVIRA
SERAFIN HOLGADO
ANGEL RODRIGUEZ
(Defensores de los derechos de los trabajadores, asesinados en el noble ejercicio de su profesión)
Los trabajadores de: Hotel Barajas, Hotel Alameda y Catering se unen a la repulsa y condolencia general

En memoria de todos los abogados, estudiantes, policías y guardia civil, víctimas de la violencia contra la democracia
La Comisión Organizadora de Acción Republicana Democrática Española (ARDE) de Madrid

ARTURO RUIZ GARCIA
MARIA LUZ NAJERA
LUIS JAVIER BENAVIDES
SERAFIN HOLGADO
FRANCISCO JAVIER SAUQUILLO
ENRIQUE VALDELVIRA
ANGEL RODRIGUEZ LEAL
JOSE MARIA MARTINEZ MORALES
FERNANDO SANCHEZ HERNANDEZ
JOSE MARIA LOZANO SAINZ
Asesinados por los enemigos de la democracia y del pueblo español.
FEDERACION MADRID REGION DEL PARTIDO SOCIALISTA POPULAR (PSP)

†
MARI LUZ NAJERA
Fallecida el 24 de enero de 1977
En los lamentables sucesos acaecidos en Madrid
D. E. P.
LA MANCOMUNIDAD DEL CONJUNTO RESIDENCIAL BARAJAS
Expresa su pesar por la irreparable pérdida de uno de sus hijos y hace ferviente su deseo para un futuro guiado por la razón y la cordialidad.

Repudiamos la violencia que ha causado la muerte de estudiantes, trabajadores, abogados y policías con el único fin de obstaculizar la cristalización de la libertad y de la amnistía en contra de la voluntad del pueblo.
EN MEMORIA DE LAS VICTIMAS
TRABAJADORES DE URALITA, S. A. MADRID

JOSE LOZANO SAINZ
JOSE MARIA MARTINEZ MORALES
FERNANDO SANCHEZ HERNANDEZ
Miembros de las Fuerzas de Orden Público. Asesinados por los enemigos de la democracia y de la convivencia de los españoles
Comité Central del Partido Comunista de España

ARTURO RUIZ
LUIS JAVIER BENAVIDES
SERAFIN HOLGADO
ANGEL RODRIGUEZ LEAL
FRANCISCO JAVIER SAUQUILLO
ENRIQUE VALDELVIRA
JOSE MARIA MARTINEZ MORALES
FERNANDO SANCHEZ HERNANDEZ
JOSE MARIA LOZANO SAINZ
asesinados al servicio del pueblo.
MARIA LUZ NAJERA
víctima de la lucha por la democracia.
Asociación de Vecinos de San Pascual, Barrio Blanco y Alegría (en trámite).

MARIA LUZ NAJERA JULIAN
ARTURO RUIZ
LUIS JAVIER BENAVIDES
SERAFIN HOLGADO
ANGEL RODRIGUEZ LEAL
FRANCISCO JAVIER SAUQUILLO
ENRIQUE VALDELVIRA
JOSE MARIA MARTINEZ MORALES
FERNANDO SANCHEZ HERNANDEZ
JOSE MARIA LOZANO SAINZ
ABOGADOS LABORALISTAS de Españoleto, 13; Atocha, 49 y 55; Alcalá, 151; José Antonio, 2; Getafe

JOSE MARIA MARTINEZ MORALES
(Policía Armada)
FERNANDO SANCHEZ HERNANDEZ
(Policía Armada)
JOSE MARIA LOZANO SAINZ
(Guardia Civil)
Asesinados por la violencia antipopular
COMITE PROVINCIAL DE MADRID DEL PARTIDO COMUNISTA DE ESPAÑA

El reflejo de la gravedad de la situación en España durante la "semana negra" (enero de 1977) pudo verse en los periódicos. Las esquelas llenaban las páginas de los diarios. Las muertes de los jóvenes Arturo Ruiz y Mari Luz Nájera, de los abogados del despacho laboralista de Atocha y de varios miembros del orden público causaron hondo impacto en la sociedad española. La democracia se tambaleaba por culpa de los grupos radicales.

GOBIERNO DE RECONCILIACIÓN NACIONAL. Entre el ruido sordo de sables y la agitación de los cuartos de banderas, el diario *El País* del miércoles publicó un editorial proponiendo a Adolfo Suárez la formación de un Gobierno amplio, de reconciliación nacional, para hacer frente a las fuerzas ocultas que, desde la violencia, estaban tan descaradamente aplicando las técnicas del golpe de Estado. Pese al desastre general, la propuesta no tuvo eco y se diluyó en la nada.

Ese mismo miércoles, 26 de enero, quedaría para siempre en la memoria colectiva como el día del entierro de los abogados de Atocha. Sobre Madrid soplaba una brisa helada procedente de la sierra, con medio metro de nieve. A las cuatro y media de la tarde, más de cien mil personas colmaban las anchuras de la plaza de Colón, la calle de Génova y las inmediaciones del Palacio de Justicia, donde por fin, a la una de la tarde, habían sido depositados los féretros entreabiertos de Sauquillo, Valdelvira y Angel Elías. Los familiares de Benavides prefirieron una ceremonia privada, en la sacramental de San Justo, y Serafín Holgado fue despedido en Salamanca por la Universidad en bloque.

Pedrol y el Colegio de Abogados habían conseguido doblegar la dura resistencia del ministro de Interior, Rodolfo Martín Villa. El ministro temía seriamente que una concentración masiva del PCE, aún en la ilegalidad, fuera interpretada por la ultraderecha como una provocación y hubiera nuevos derramamientos de ➳

José María Mohedano y Francisca Sauquillo habían salvado la vida porque se reunieron en otro despacho del PCE en Atocha, 49

1977
JUEVES
27
ENERO

- 13,00 h: Alrededor de quince mil personas acuden al entierro en Salamanca de Serafín Holgado, víctima del crimen de Atocha. La comitiva recorre la parte antigua de la ciudad.
- Jornada de paro y protesta en numerosas localidades españolas por la ola de asesinatos vivida en Madrid. Se registran incidentes, sin víctimas, en Barcelona y en San Sebastián.

Gustavo Catalán

Antonio Pedrol, a la derecha, desfiló a la cabeza del cortejo fúnebre de las víctimas de Atocha.

1977
VIERNES
28
ENERO

- 11,30h: Dos miembros de la Policía Armada, asesinados por el GRAPO en una sucursal de la Caja Postal de Ahorro de Campamento (Madrid).
- 13,30h: Un guardia civil muerto y tres gravemente heridos en otro atentado del GRAPO en una Caja Postal de Oroquieta (Madrid).
- El Gobierno suspende las garantías sobre detención y registro domiciliario.

sangre. Tal era la debilidad del Estado.

Cuantos acudieron al entierro de los abogados asumieron instintiva y calladamente el riesgo, empezando por el propio Pedrol: revestido con su toga, el decano encabezó en solitario el duelo, en un valeroso gesto de grandísima dignidad. Santiago Carrillo visitó la capilla ardiente y luego desapareció, en manos de la prudencia, pero la ausencia total de desórdenes, la forma en que miles y miles de concentrados contuvieron la rabia y las lágrimas, su impresionante silencio, el mar de puños levantados al paso de los furgones mortuorios y los muchos símbolos enflorecidos con la hoz y el martillo abrieron solemnemente un camino por el que, solamente tres meses después, llegaría la legalización del Partido Comunista (PCE).

Para redondear aquella semana siniestra, faltaba que otra vez el GRAPO entrara en escena asesinando el viernes a los policías Martínez Morales y Sánchez Hernández, en dos atentados casi simultáneos por el extrarradio de Madrid.

En la despedida de los agentes asesinados, Gutiérrez Mellado gritó más que el "ultra" Camilo Menéndez, capitán de navío, y ordenó su arresto

Suspendidos dos artículos del fuero. Entonces, y al menos para dar la sensación de que algo hacía, el Consejo de Ministros suspendió los artículos 15 y 18 del Fuero de los Españoles franquista, sobre inviolabilidad del domicilio y detenciones. El sábado, en la despedida de los agentes asesinados, el vicepresidente del Gobierno, teniente general Gutiérrez Mellado, gritó más que el "ultra" Camilo Menéndez, capitán de navío, y ordenó su arresto.

EUROPA PRESS

Traslado de los restos mortales de uno de los policías asesinados el 28 de enero por el GRAPO.

1977

SÁBADO

29

ENERO

- El teniente general Gutiérrez Mellado, vpte. del Gobierno, se enfrenta al capitán de navío Camilo Menéndez, que profería gritos contra el Gobierno en el funeral de los policías asesinados.
- Editorial común en la Prensa española: "Por la unidad de todos".
- 22,00 h: El presidente Suárez, en mensaje radiotelevisado, afirma que el terrorismo no vencerá al proceso de reforma.

También el sábado 29, la Prensa cerraba filas frente a la desestabilización y todos los periódicos publicaban el mismo editorial (ver la columna de la derecha). En la lucha por el ser o no ser de la democracia, había que mantener la unidad y la serenidad. Ese era su mensaje y fue también, básicamente, el del presidente del Gobierno Adolfo Suárez en su intervención televisada de aquel día (ver página siguiente), a las diez de la noche y durante nueve minutos, pero con un añadido desconcertante y realista: "No tenemos la solución inmediata a los problemas, porque no existe".

Bajo la mesa del plató, Suárez ocultaba unas muletas. Las precisaba para caminar. Los médicos le habían inmovilizado el pie derecho, inflamado. Y la tragedia nacional acababa de obligarle a suspender lo que iba a ser su primer viaje oficial al Oriente Medio.

Por la unidad de todos

Este editorial del 29 de enero de 1977 fue publicado en todos los diarios. Por primera vez en el periodismo español ocurría una cosa así.

EN ESTOS momentos de crisis nacional, cuando fuerzas poderosas amenazan a la esencia misma del Estado y tratan de usurpar por la violencia el mandato popular en favor de la democracia y la paz, la prensa considera que es su obligación hacer un llamamiento a la unidad de todos, sin exclusiones.

El derecho de un pueblo a decidir libremente su destino colectivo no puede ser impedido por la violencia y el crimen organizado. Sólo la confrontación pública de las diversas posiciones, la clarificación y transparencia de las realidades sociales y, en última instancia, la expresión de la voluntad de los ciudadanos a través del sufragio tienen legitimidad para configurar la nueva sociedad española.

El terror no tiene ideología. El desenmascaramiento de cuantos intentan beneficiarse de esta estrategia es exigencia unánime de los españoles a su Gobierno. Servidores del orden y otros ciudadanos son víctimas hoy de una misma violencia que trata de sumir en la discordia civil a nuestro país.

Quienes han puesto en marcha esta maquinación son los enemigos de todos, son los enemigos del pueblo español. Su designio es patente: tratan de impedir que se establezcan las fórmulas civiles de convivencia libre y ordenada a que los españoles tienen derecho. Ante este reto, todas las fuerzas políticas y sociales están obligadas a hacer un frente común y, dejando a un lado sus diferencias, proclamar su decisión de continuar hasta el final el camino hacia la democracia a través de unas elecciones libres. Es necesario que el Gobierno y el resto de las fuerzas políticas se pongan rápidamente de acuerdo, y que se adopten enérgicas medidas para salvaguardar la paz sin menoscabo de las libertades públicas. Está en juego el ser o no ser de la democracia en España y el futuro de nuestro país como sociedad pluralista y libre.

•DOCUMENTO•

El mensaje de Suárez

"De predisposición al diálogo pacífico, todo"

La "semana negra" obligó al presidente a hablar por televisión

Adolfo Suárez tuvo que tranquilizar a los españoles tras los avatares de la "semana negra". Habló por TVE el sábado 29 de enero de 1977.

"Señoras, señores:

Jamás pensé que la tarea que se propone realizar el pueblo español, y consiguientemente su Gobierno y todas las fuerzas políticas, pudiera ser fácil o exenta de peligros. Un mes y medio después de que ustedes hayan decidido con su voto, libremente emitido, su destino como nación, me veo en el deber de comparecer ante ustedes para comunicarles cuál es la actitud del Gobierno ante unos actos criminales cuya gravedad no quiero ocultar porque, en definitiva, se proponen anular la voz de nuestra sociedad. Somos conscientes de la importancia del desafío. Se trata de hacer inviable nuestro camino hacia una convivencia civilizada. Y se trata de la acción de pequeños grupos, totalmente marginados, pero profesionales del crimen.

(...) En nombre del Gobierno quiero decirles que no existen medidas milagrosas que resuelvan inmediatamente estos problemas. Es duro y difícil decirlo pero, a pesar de todo, repito, no hay medidas infalibles que puedan garantizar que estos hechos no se produzcan. No podemos afirmar que tenemos la solución inmediata, sencillamente porque no existe, pero también porque no queremos ni podemos engañar al pueblo español. Y esa misma sinceridad nos hace reconocer que no estamos ante un problema de autoridad, porque allí donde hay un criminal dispuesto a matar, existe la posibilidad de que se cometa un crimen.

EUROPA PRESS

Adolfo Suárez se dirige a los españoles.

Deseo, sin embargo, que quede una cosa muy clara: de entreguismo a la subversión, nada; de actitudes tibias hacia las provocaciones, nada; de despreocuparnos ante los grandes temas que puedan rozar la unidad nacional, la independencia o la seguridad de la Patria, nada. Pero, en cambio, sí decimos que de actitud y predisposición al diálogo pacífico, todo; de abrir el juego político para normalizar la vida ciudadana, todo; del reconocimiento a la peculiaridad y personalidad de las regiones, todo; de hacer posible que las diversas opciones políticas puedan desarrollar sus legítimas aspiraciones al poder, absolutamente todo.

(...) Sé que todos ustedes están pidiendo soluciones urgentes. Pero si es cierto que no bastan los métodos represivos, también lo es que debemos aprestarnos, colectivamente, a las respuestas sociales: a demostrar el valor que siempre hemos tenido los españoles para hacer una vida normal cuando los momentos son difíciles (...).

FE EN LAS FUERZAS ARMADAS. Nos encontramos frente a dificultades y problemas y no lo negamos; pero no nos asustan ni nos harán torcer nuestro rumbo, porque sentimos la confianza que nos dan nuestras Fuerzas Armadas, garantía del orden institucional; porque sabemos que a las fuerzas de orden público no les va a faltar el aliento y el respaldo de los hombres y mujeres cuya defensa les está encomendada, y porque nos estimula el patriotismo demostrado por los grupos políticos, fuerzas sociales y medios de comunicación que han unido su voz frente a la agresión que a todos nos afecta.

Señoras y señores, estén absolutamente seguros de que, pese a todas las dificultades y con su ayuda, vamos a seguir por el camino que ustedes mismos nos han marcado, y que es, en definitiva, el camino de toda España.

Muchas gracias a todos".

•REPORTAJE•

El amargo recuerdo de la matanza de Atocha

Dolores González, una de las víctimas, denuncia que los asesinos incumplen los requisitos de la libertad condicional

El caso Atocha aún no puede darse por concluido. La Justicia no ha podido encontrar a Fernando Lerdo de Tejada, a quien en febrero de 1997 le prescribirá su delito. Además, los asesinos no han pagado ni un duro a sus víctimas y tampoco se ha hecho un seguimiento sobre sus actividades. El proceso sigue incompleto.

Javier Lorenzo

El último disparo que escuchó iba dirigido a ella. Habían pasado unos segundos desde que el plomo y el revuelo de los cuerpos de sus compañeros la empujaron al sofá en el que permanecía tendida. Hasta entonces seguía ilesa. Las balas la habían respetado, pero los asesinos no estaban dispuestos a hacer lo mismo. De nuevo se escuchó un roce metálico y más tarde la detonación. Después, nada. Su mandíbula y su tráquea habían sido seccionadas por ese último y absurdo rapto de odio y sangre fría.

María Dolores González Ruiz sonríe amargamente cuando afirma que su vida es una tragedia. No le falta razón. Además de las secuelas físicas que le dejó el atentado -sufrió tres intervenciones quirúrgicas y aún no puede comer con normalidad-, el fanatismo le privó en dos ocasiones de las personas a las que amaba. El 20 de enero de 1969, su novio, Enrique Ruano Casanova, fallecía por los malos tratos recibidos en dependencias policiales, mientras que en la matanza del despacho, acaecida el 24 de enero de 1977, caía su marido, Javier Sauquillo. Difícilmente se puede tener tanta mala suerte. "Todos los años lo único que deseo es que llegue cuanto antes la primavera". ➛

BEGOÑA RIVAS

Dolores González Ruiz, en el bufete donde colabora actualmente. Una bala seccionó su mandíbula y tráquea.

Actualmente, Dolores González -que no ha vuelto a contraer matrimonio- colabora en otro bufete de abogados, aunque no como ejerciente, ya que no acude a las vistas. En cualquier caso, su objetivo primordial hoy por hoy es conseguir que la Justicia encuentre a los asesinos y sus cómplices para que hagan frente a las indemnizaciones a las que fueron condenados. Las que correspondían al Estado ya se pagaron, aunque hicieron falta varios recursos y también varios años para conseguirlo.

Decepcionada, entre otras cosas, por el modelo de sociedad imperante, Dolores González señala la contradicción de que no se haya hecho un seguimiento de las libertades condicionales de que gozan José Fernández Cerrá y Carlos García Juliá, autores de los asesinatos. "Objetivamente, es cierto, cumplían con todas las condiciones para obtener ese beneficio -que les fue concedido respectiva y curiosamente por dos jueces que estaban integrados en la asociación Jueces para la Democracia-, pero por otra parte la Ley también exige que se conozca tanto su paradero como los medios de vida de que disponen para que afronten su responsabilidad económica y eso no se ha llevado a cabo".

Hace dos años, Dolores González envió un escrito al fiscal de la Audiencia Nacional Ignacio Gordillo solicitando que

JULIO PALOMAR

Una placa en Atocha, 55 recuerda el atentado. El antiguo despacho está ahora mismo en alquiler.

se investigaran estos extremos, pero hasta ahora las pesquisas no han dado ningún resultado. El propio Gordillo reconoce que no hay pistas sobre estos sujetos, aunque "se está en ello". Sus nombres, al parecer, no figuran en ningún registro ni tampoco en los archivos de la Seguridad Social. Gordillo, quien recuerda que las libertades condicionales se concedieron en contra del criterio de la fiscalía, espera confirmar si alguna de estas personas ha salido del país -como así parece en el caso de García Juliá- para revocar la medida de gracia y conseguir su reingreso en prisión.

MINUTOS ATROCES. A veces, el peor enemigo que tienen las víctimas es el sueño. Las pesadillas atacan sin que haya medios para defenderse. Dolores González asegura no haber soñado tanto porque tampoco ha tratado de olvidar "de un plumazo". Sin embargo, durante varios años vivió en Santander porque Madrid era una inmensa montaña de recuerdos difíciles de soportar. "Mi vida cambió totalmente. Aprendes, por ejemplo, a vivir sola. A asumir que lo que ha sucedido ya forma parte de tu vida y que las cosas son como son". Finalmente, gracias también a un tratamiento psicológico que, asegura, le vino muy bien, pudo regresar a Madrid donde tantos amigos había dejado.

Pese a todo, sus hermosos ojos verdes rememoran de vez en cuando, por su cuenta y sin que ella lo desee, aquellos interminables y atroces minutos que no sólo segaron la vida de cinco de sus compañeros, sino que además pusieron en juego la pervivencia de la joven democra-

Un juicio rápido y unos asesinos que se ocultan

EL JUICIO por el atentado de la calle Atocha duró once días. Desde que se inició la vista hasta que se dictó sentencia. La vista, presidida por Gonzalo de la Concha, fue un tarro de emociones contenidas que a punto estuvo de destaparse en varias ocasiones. Sólo la firmeza del tribunal pudo evitar los altercados.

El momento más emocionante del juicio correspondió a la identificación de los asesinos por parte de las víctimas, especialmente Dolores González Ruiz, a quien se le advertía con nitidez el efecto de los disparos. Su aplomo y firmeza impresionaron a la corte. Lejos de cualquier exaltación, señaló con mano firme a Fernández Cerrá. "Que además tuvo la caradura de presentarse con camisa azul", recuerda.

Meses antes, según rememoran Jaime Miralles y José María Mohedano, dos de los acusadores, las identificaciones previas también habían causado instantes de tensión. Mohedano menciona por ejemplo la personalidad fría de Cerrá, quien no mostró "el menor viso de arrepentimiento" hasta el punto de que "daba miedo", mientras que Miralles afirma que era de carácter fiero y agresivo: "Era un hombre realmente frío y duro. Por el contrario, Francisco Albadalejo (ya fallecido), a quien se puede considerar el inductor de la matanza, era una persona que cedía mucho".

La sala, en eso coinciden todos, llevó el juicio con exquisitez. Gonzalo de la Concha evitó que los acusados se transformaran, cual era su intención, en acusadores. El público estaba compuesto en su mayoría por familiares de las víctimas y en todo momento se portó con corrección, aunque no puede decirse lo mismo de la parte contraria, ya que la acusación tuvo que soportar múltiples amenazas, además de verse obligada en alguna ocasión a salir de la sala escoltada por la Policía.

Nunca se pudo demostrar la implicación de organizaciones de extrema derecha en el atentado. Miralles asegura que nunca en su carrera había tenido una sensación tan clara de que "algo se escapaba". "Así -concluye-, a Gloria Herguedas, novia de Cerrá, conseguí sacarle que había recibido la visita de algunos policías. Uno de ellos era Gómez Pacheco,

cia. Así, surgen en primer lugar las armas empuñadas por los asesinos con su efecto hipnótico. "Ninguno de nosotros podía imaginar que iban a disparar. Nos quedamos alucinados cuando escuchamos un disparo por detrás. Era Carlos García Juliá, al que se le había escapado un tiro. Entonces fue el sobresalto, y a continuación ni media palabra".

¿Mostraron nerviosismo en algún momento los criminales? Dolores lo niega con rotundidad. "No estaban nerviosos en absoluto. Yo diría que estaban encantados, incluso. Parecía como si se dijeran a sí mismos que estaban en «la caza del rojo»". ¿Y por qué cree que Fernández Cerrá se presentó en el despacho a cara descubierta? "Porque es un chulo y, quizás, porque no pensaba que fuera a haber supervivientes. No recuerdo en qué momento del juicio dijo que si hubieran querido tirar a matar no hubiéramos sobrevivido ninguno, pero no era cierto".

EUROPA PRESS
Marcelino Camacho se personó en la sala donde se celebró el juicio.

LA EXTREMA DERECHA. Nunca se pudo demostrar que el quíntuple asesinato fuera planificado por alguna organización de extrema derecha. La labor del juez instructor, Rafael Gómez Chaparro -quien posteriormente concedería a Lerdo de Tejada el permiso que le permitió huir de la Justicia-, pudo influir en este resultado, ya que fue él quien no citó a declarar a Blas Piñar, así como a otros miembros de Fuerza Nueva, organización en la que militaban algunos de los implicados. Dolores González opina que este fleco de la investigación no llegará a descubrirse nunca. "Es un asunto que no interesa que salga a la luz de nuevo. Pero parece que algo tuvo que ver la Policía. Hay que tener en cuenta que se encontraron balas del Ejército especialmente preparadas. Yo creo que hubo alguien, o un grupo de álguienes, que dio la orden, pero eso no se sabrá jamás".

El resto de los supervivientes se encuentra en una situación similar a la de Dolores. Luis Ramos Pardo, Miguel Sarabia Gil y Alejandro Ruiz Huerta sobrellevan como pueden aquella tragedia. Todos -salvo Alejandro Ruiz, que reside cerca de la Sierra de Gredos- siguen en Madrid desempeñando su trabajo como abogados e intentando olvidar el rostro de la barbarie que se ensañó con ellos.

Quedan muchos cabos sueltos en esta historia. El más sangrante, sin duda, es la fuga de Fernando Lerdo de Tejada. En febrero de 1997 el delito que cometió habrá prescrito y podrá volver a España sin que la Justicia pueda procesarle. Una posibilidad que indigna a Dolores, quien dice hallarse en "un renuncio" cuando se le obliga a confrontar su conciencia política y profesional con sus sentimientos personales. "El cumplimiento íntegro de las penas va contra mis principios pero, como víctima, por mí podrían estar encerrados de por vida. Hay amigos que me dicen que hago bien; otros me dicen que me olvide. Lo único que sé es que me parece que no se está haciendo lo suficiente".

De izquierda a derecha y de arriba abajo, Carlos García Juliá, José Fernández Cerrá, Fernando Lerdo de Tejada, Leocadio Jiménez Caravaca, Francisco Albadalejo Corredera, Gloria Herguedas Herrando y Simón Fernández Palacios (este último no fue procesado). Debajo, el armamento que les fue incautado por la Policía.

más conocido como «Billy el Niño», quien también visitó al resto de implicados. Una visita muy sospechosa".
Los acusadores denunciaron posteriormente al juez instructor Gómez Chaparro, de marcada ideología ultra, por no haberles avisado del permiso que concedió a Lerdo de Tejada. El juez no pudo ser expedientado, pero las altas instancias de la Judicatura vieron en este hecho motivos suficientes para sustituirle. El relevo lo cogió Alfonso Barcala, a quien se debe -en opinión de Miralles- que el proceso se agilizara.

Tras cumplir sus penas, los condenados han desaparecido de la faz de la tierra. Al margen de Lerdo de Tejada, se sospecha que Carlos García Juliá -a quien se concedió la libertad condicional en Valladolid el 23 de septiembre de 1991- se encuentra ahora mismo en Paraguay. Por su parte, José Fernández Cerrá vive en España -probablemente en Cantabria, aunque su abogado, Marcos Ruiloba, quien conoce su paradero, se niega a dar cualquier tipo de información: "No quiero que este asunto se reproduzca, sino todo lo contrario". Fernández Cerrá aprovechó los quince años de prisión para estudiar Derecho y Teología, y es posible que colabore en algún bufete, aunque no esté dado de alta en el Colegio de Abogados. El resto de implicados o ha muerto -caso de Albadalejo o Leocadio Jiménez- o se ha esfumado. La única de la que se puede decir algo es de Gloria Herguedas, que reside -aunque ilocalizable- en Madrid.

Muchos españoles t

Siete días de enero. Siete días dramáticos que Bardem llevaría luego al cine. Fueron desde el domingo 23 de enero de 1977 al sábado 29 del mismo mes. En aquella semana fatídica tuvo lugar en España una conspiración para desestabilizar la frágil democracia y provocar una intervención militar. Muchos españoles temblamos... y no precisamente de frío.

El lunes 24 por la noche yo estaba en casa. Una compañera que trabajaba en el juzgado de Guardia me dio la noticia: acababan de asesinar a sangre fría a un grupo de abogados en el despacho laboralista que los comunistas tenían en la calle Atocha de Madrid, número 55. "¿YLuis Javier? ¿Está vivo?", pregunté. "Está muy mal pero todavía vive". Era una manera suave de decirme lo peor. Luis Javier Benavides Orgaz había recibido un tiro por la espalda que le destrozó el corazón y le produjo la muerte instantánea. Junto a él, otros cuatro compañeros fueron vilmente asesinados.

Los asesinos quisieron hacer creer que todo había sido una confusión lamentable. Sin embargo, hay cosas que no ocurren por azar. No era casual que, en aquella semana el general Villaescusa y el presidente del Consejo de Estado, Antonio María de Oriol, estuviesen secuestrados. Como tampoco que el estudiante Arturo Ruiz cayese abatido de un tiro del ultraderechista argentino Jorge Cesarsky. Ni que Mari Luz Nájera perdiese la vida golpeada por un bote de humo de la Policía cuando participaba en una manifestación contra la violencia de la extrema derecha.

Recuerdo que había miedo y preocupación en el ambiente. Mucha gente no dormía en su casa por temor a represalias. Un miedo que las bandas fascistas se encargaban de alimentar recorriendo provocativamente las calles, las facultades universitarias, las cafeterías. De aquellas hordas podía esperarse cualquier cosa. Por ello me impresionó escuchar el testimonio de quien abrió la puerta del despacho a la Policía tras el asesinato. Estaba aterrado y, al ver entrar a la Policía, pensó que volvían a rematarlo. Todo era posible...

Aquella noche hice acopio de fuerzas y valor. Acompañé a los hermanos de Luis Javier al depósito de cadáveres. Reconocimos su cuerpo y lloramos. Luis Javier era comunista y era cristiano. Supo y pudo compatibilizar su militancia y sus creencias. Su abuelo materno, el general Orgaz, había luchado con Franco y había sido un importante militar en la División Azul. Luis Javier había elegido el camino de la entrega personal y desinteresada a una causa digna: era abogado laboralista y dedicaba su tiempo a la gente menos favorecida. Luis Javier perteneció a un partido, el PCE de Carrillo, que tiene en su haber un motivo de orgullo: trabajar por la libertad y la reconciliación en España.

Todos los demócratas, y el PCE en particular, supimos anteponer los intereses de España sobre los partidistas. En aquel mes, cuando estaban sonando tantas maniobras orquestadas en la oscuridad, los comunistas se ganaron la justa admiración de muchos españoles. En aquel entierro supo contener la rabia, supo respetar al adversario... En aquel entierro el silencio fue más elocuente que todas las voces.

Al redactar estas líneas que evocan una tragedia humana y un drama político, lo que mueve mi ánimo es el afán de aportar un testimonio. Intervine como abogado de la acusación particular y no pude evitar hablar, en mi informe final ante la Sala, de la personalidad de mi amigo asesinado: un hombre con ilusión, lleno de ganas de vivir, nacido en una familia acomodada había encauzado su actividad en favor de los trabajadores y de las libertades democráticas. Recuerdo que al terminar, mirando al banquillo de los acusados, sin explicarme aún tanta insania, les pregunté: "¿Por qué matásteis a mis compañeros?". Los asesinos, encerrados en un torvo silencio, no me respondieron.

El juicio fue para mí el más importante de los pleitos en que tuve que intervenir como abogado y el primero en el que actuaba como acusador. Los procesados eran fruto del odio infundido desde el poder para dividir a los españoles: eran la sucia herencia de un régimen caduco que había creado demasiados intransigentes. Demasiados fanáticos que podían llegar a creer que la muerte del adversario era la solución de España. Uno de los criminales, con afán autoexculpatorio, declaró que le habían enseñado en su infancia que los comunistas eran asesinos a los que había que eliminar por bien de la patria. Era una visión tan negra y sectaria como los propósitos que la inspiraban. ¡Cómo iban a responder a mi pregunta!

"Los abogados condenamos la violencia y la muerte. Aunque hubiera estado vigente la pena de muerte no la hubiéramos pedido para los procesados"

Algunos medios dijeron que fue el primer proceso contra un grupo fascista

mblamos...

José Bono
Presidente de la Junta de Castilla-La Mancha

que actuó con propósitos criminales de amedrentación política. La sentencia lo confirmó: "Actuaron con propósito claro y evidente de realizar venganzas y represalias de carácter social y político".

Cuando el 18 de febrero comenzó el juicio oral habían transcurrido ya tres años desde la matanza. Mientras, los españoles habíamos aprobado la Constitución, que abolió la pena de muerte. El juicio duró diez días que estremecieron la conciencia de quienes queríamos una España en paz y libertad. La sentencia fue "el final jurídico de la crisis de enero", es decir, de aquel dramático enero de 1977, momento clave en la historia de la Transición. Pero la condena a los asesinos no fue el punto final de las intentonas para acabar con nuestra reciente democracia.

No está de más recordar hoy el mérito de los miembros del Tribunal, cuya independencia y valor personal se elogiaron con creces porque supieron dictar justicia. La Justicia funcionó, aunque sabíamos que los inductores morales evitaron sus responsabilidades, y que no pocas complicidades quedaron en las sombras. Tampoco está de más recordar que no fue ajena a esa suerte la negligente actividad del juez instructor cuya responsabilidad instamos desde la acusación particular. Y, aunque la sentencia consideró que no existían motivos suficientes para decretar medida disciplinaria contra el instructor, también señaló que ello no implicaba que la Sala compartiera ni se identificara con la forma en que dirigió y orientó la instrucción sumarial aquel juez, otrora tan activo y diligente en el Tribunal de Orden Público que perseguía a los que luchaban por la libertad.

De la acusación particular se destacó, y así lo sigo sintiendo hoy al hacer memoria, que actuamos irreprochablemente en una línea coherente de condena de la violencia y de la muerte como opción política y jurídica. Aunque hubiera estado vigente la pena de muerte no la hubiéramos pedido para los procesados. Así lo dijimos entonces los abogados de la acusación particular: José María Mohedano, Cristina Almeida, Jaime Miralles, Antonio Rato, José Luis Núñez, Jaime Sartorius y yo mismo, en defensa de las víctimas y de sus familias; y José María Stampa por el Colegio de Abogados. El sentido de nuestros informes finales puso el acento, junto al castigo debido a los criminales, en el respeto a la vida y en el valor de la convivencia.

EUROPA PRESS

El entierro de las víctimas de Atocha tuvo un masivo y pacífico respaldo popular.

El juicio fue aprovechado por la ultraderecha para dar una batalla política que tuvo como escenario la calle y también la sala de audiencias. El día de su comienzo lo habían declarado vergonzosamente "jornada de la caza del rojo". A su sinrazón política sumaban unos rasgos de crueldad que hacía a su crimen parecer más desnudo, despiadado y peligroso: infectaban de odio el ambiente para provocar violencia y guerra. No reproduciré los insultos y las provocaciones de que fuimos objeto los abogados de la defensa. Sólo los evoco para decir que, si supimos conservar la calma, fue porque nos ayudó nuestro convencimiento de que España necesitaba sosiego para que fueran posibles la libertad y la paz.

Cuando transcurrió un año exacto desde el juicio, tuvo lugar aquel intento criminal del golpe de Estado del 23-F. Yo asistí muy cerca a los sucesos. Vi el mismo odio y el mismo afán de asesinar las libertades. Desde mi escaño del Congreso, rememoré muchas veces la noche sangrienta de Atocha. Me pareció que, como si de un macabro juego de la oca se tratara, otra vez estábamos en el pozo de la dictadura. Pero no fue así: los enemigos de la democracia no se salieron con la suya.

Ganamos el envite la inmensa mayoría, la gente que como Javier, Serafín, Francisco Javier, Angel y Enrique creíamos y creemos que la libertad es el más preciado valor que tenemos las personas. Muchos hemos vivido para verlo. A otros ,los fanáticos les quitaron la vida. Pero no lograron borrar su recuerdo ni sofocar sus ideales. Nadie muere del todo mientras no se le olvida. Y ellos, desde aquel fatídico lunes 24 de enero de 1977, están siempre presentes en el corazón de cuantos les quisimos y de quienes les lloraron. ¡Ahora y siempre!

Veinte preguntas a Rodolfo Martín Villa

"En la semana negra todo pudo acabar"

"Vi peligrar el proceso hacia la democracia, pero se trató de una trágica coincidencia", afirma el ex responsable de la seguridad

Ministro de Relaciones Sindicales en el primer Gobierno de la Monarquía, presidido por Arias; ministro de la Gobernación en el primer Gobierno de Suárez, y luego de Administración Territorial con Calvo Sotelo, Rodolfo Martín Villa es un referente indispensable para los estudiosos de la Transición. En sus respuestas a estas veinte preguntas están algunas de las claves de aquel apasionante proceso.

Manuel Antonio Rico

PREGUNTA.- ¿Quién hizo la Transición?

RESPUESTA.- La hicimos todos, y unos más que otros. Fundamentalmente, la hizo una empresa, la UCD, que consigue su objetivo social y a continuación es disuelta como tal sociedad por la junta general de los españoles, el 28 de octubre del 82. La etapa más brillante de su gestión fue el primer Gobierno Suárez, un Gobierno previo al nacimiento de UCD como partido político, y un Gobierno no democrático pero que es el que trae la democracia.

P.- ¿Cómo fue posible una operación de ese calibre?

R.- Frente a lo que a veces se piensa, no hubo en ella nada insondable, ni misterioso, ni milagroso. Tampoco fue una operación en la que todo estuviera milimétricamente previsto ni, yéndonos al otro extremo de las interpretaciones, estuvimos inventándonos el camino cada día. Teníamos un origen, un punto de salida, y sabíamos muy bien nuestro destino, el punto de llegada.

P.- ¿No era cierto, entonces, que Franco lo tuviera todo atado y bien atado?

R.- La expresión era, más que nada, un acto de voluntarismo, que en parte resultó cierto, por cuanto el cambio fue un proceso de reforma y no de ruptura, a partir de la legalidad del régimen anterior. Tengo además dudas sobre la interpretación de Franco al "atado y bien atado", porque en la primavera del 76, siendo yo ministro para las Relaciones Sindicales, el presidente Arias Navarro me contó su último despacho con Franco y de lo único que le habló, en línea con el testamento, fue de la unidad de la nación y del apoyo al Rey; pienso que conocedor Franco de que, muerto él, las cosas iban a cambiar.

"Frente a lo que a veces se piensa, en el proceso de transición no hubo nada insondable, ni misterioso ni milagroso"

P.- ¿Hubiera podido hacerse la Transición de haber vivido Carrero Blanco?

R.- Sin duda. El país estaba preparado. El desarrollo iniciado en los sesenta había hecho de España una sociedad nueva y plenamente apta para la democracia política. Eramos la décima potencia industrial del mundo, la mayor parte de la gente vivía en las ciudades, las mujeres se incorporaban al mercado del trabajo y las aulas universitarias estaban ya pobladas de jóvenes. Nuestros índices de sanidad y de educación podían compararse con ventaja con los de algunos países de la Europa comunitaria y, en el año 75, teníamos una renta que era el ochenta por ciento de la media europea. Entonces, nuestra convergencia con Europa fue mayor, y no hemos recuperado aún ese nivel de aproximación.

P.- ¿Fue tan decisivo el papel de Torcuato Fernández-Miranda, en cuanto estratega y diseñador de la Transición, como se sostiene en el libro *Lo que el Rey me ha pedido*?

R.- Si se refiere a la tesis según la cual el Rey era el empresario de la obra, Torcuato el autor y Suárez simplemente el actor... Esa simplificación tuvo poco que ver con la realidad. Torcuato es el autor de un texto fundamental, el de la Ley para la Reforma Política, pero Adolfo Suárez no se limitó a interpretar un papel. El infundió a la obra su propio talante, y por eso llegaron las desavenencias con Torcuato.

P.- ¿Cuándo conoció usted a Suárez y supo que él iba a ser el hombre de la reforma?

R.- A Adolfo le conocí por los años sesenta, cuando era colaborador de He-

"De haber vivido Carrero, hubiera podido hacerse la Transición. El país estaba preparado. Había una sociedad nueva y plenamente apta para la democracia política"

rrero Tejedor, y había tenido contactos habituales pero no muy cercanos. Fue cuando coincidimos en el Consejo de Ministros en el primer Gobierno de la Monarquía el momento en que percibí en él una altura de miras y una perspectiva que no era realmente la habitual en aquellos tiempos, pero faltaría a la verdad si dijera que preví su candidatura a la Presidencia. Más bien pensaba yo en una solución más tradicional, con gente de más edad, como Areilza, Fraga, Garrigues padre...

P.- ¿Usted sabía, al reunirse el Consejo del Reino, que iba a estar en el Gabinete que Suárez formara, como parece que lo sabía Enrique de la Mata?

R.- No, y tengo dudas de que nadie lo supiera, aunque a toro pasado sea más fácil buscar congruencias. La candidatura de Suárez no empezó a fraguarse sino hasta el segundo trimestre del 76, después de los sucesos de Vitoria, en los que tuvo una positiva actuación, y luego hubo mucho nerviosismo a la hora de la formación del Gobierno, que se hace con una colaboración extraordinaria de Alfonso Osorio. Al día siguiente de la reunión del Consejo, felicité a Suárez y él me dijo algo así como que contaba conmigo, pero tomé sus palabras como un detalle amable. Nunca me planteé que iba a ser el ministro de la Gobernación.

P.- ¿Qué me dice del gobierno Arias al que usted perteneció y del que se

ÁNGEL CASAÑA

Rodolfo Martín Villa, en imagen reciente, se dirige al interior del Congreso de los Diputados.

EUROPA PRESS

El ex presidente Adolfo Suárez, sentado entre Martín Villa y Juan Antonio Samaranch, de pie (20-XII-76).

decía que era en realidad un Gobierno Fraga?

R.- Se comentó que era un Gobierno Arias-Fraga, pero yo creo que lo era más bien Arias-Rey, en el que don Juan Carlos puso sus manos para la designación de ciertas personas, sobre todo las más jóvenes -entonces, porque ahora han pasado todos de los sesenta- y eso introdujo el factor generacional. Una de las razones del éxito de la Transición fue el entendimiento entre los jóvenes reformistas del régimen anterior y los veteranos líderes de la oposición antifranquista. Pero a Carlos Arias el corazón y su misma biografía le negaban los cambios que seguramente la inteligencia le pedía. No era la persona adecuada, a pesar de sus valores, para liderar la situación, como se fue viendo a lo largo de aquellos meses.

P.- ¿Cuáles fueron los grandes aciertos de la era Suárez?

R.-Creo que están sobre todo en el primer Gobierno, el de la pre-UCD, que acaba su gestión con un sobresaliente alto: al principio del mandato, no había partidos políticos, y al final sí; no había sindicalismo plural, y al final sí; no había un Parlamento elegido por sufragio universal, y al final había unas Cámaras impecablemente representativas, desde las que se hace la Constitución. Y se consiguieron otras dos cosas muy importantes: que no hubiera presos políticos y que regresaran los exiliados.

P.- ¿Cuáles fueron los grandes errores?

R.- Lamentablemente, no supimos movernos en la vida partidaria con la misma soltura que en la gobernación del país, y eso se notó mucho después del 77, sobre todo con la aparición de los líderes de las corrientes ideológicas en UCD, como la democracia cristiana, el mundo liberal o el socialdemócrata. No tenían esas corrientes fuerza por sí mismas, según se demostró con el tiempo, pero esas corrientes y sus respectivos líderes plantearon notables dificultades, algunas de ellas graves.

> "En el momento de la Transición químicamente pura, de julio del 76 a junio del 77, Felipe González no está en ese proceso, si acaso sólo como acompañante"

P.- La dimisión de Adolfo Suárez, con frases como aquella de que "no quiero que la democracia sea un paréntesis", ¿está suficientemente explicada para la Historia?

R.- Alguna frase misteriosa y el inmediato golpe del 23-F pueden abonar la idea de que Suárez se fue por causa de los militares, pero en aquellos mismos días y en una reunión restringida en la que nos cuenta su dimisión, al referirse a los "poderes fácticos", Adolfo es crítico con algunas actitudes eclesiásticas y de la Banca, pero nos dice con toda claridad que al único de esos poderes que ha podido de verdad dominar y poner en su sitio ha sido al Ejército. Y comentando los chistes de si hacía juegos malabares y sacaba conejos de la chistera, añadió: "Ya no tengo ningún conejo y ni siquiera tengo chistera". Me parece que, tras dimitir, Suárez se sintió como el opositor que, después de intentarlo una y otra vez, abandona porque ya no aguanta más. Se sintió libre y así nos lo dijo en aquella conversación.

P.- ¿Fue en "la casa de la pradera" donde, ante las críticas de los suyos, se quiebra definitivamente la resistencia de Adolfo Suárez?

R.- No lo creo. No creo que allí se produjera ninguna operación de acoso y derribo, pese a que las críticas fueran grandes. Lo que ocurre es que a Suárez le pasa como a todos: hay cosas que sabemos hacer bien y otras que las hacemos peor, y nosotros no sabíamos movernos con desenvoltura en la vida partidaria y en la vida parlamentaria. Suárez trae la democracia pero en ella se mueve con dificultades.

P.- ¿Quién movió los hilos de aquella sacudida terrible, desde los dos extremos, que fueron los trágicos acontecimientos de "los siete días de enero", cuando la matanza de Atocha, etcétera?

R.-Como se demostró con posterioridad, no hubo en ellos una dirección única. Ciertamente, aquel fue un momento en que vi peligrar el proceso hacia la democracia -el único, junto con el 23-F-, pero se trató de una trágica coincidencia, entre la matanza de los abogados laboralistas, por causa del mundo "ultra" y de unos problemas laborales en el transporte, y el terrorismo de los GRAPO, que ahí siguen, aunque entonces se llegó a decir que los habíamos creado el comisario Conesa y yo.

P.- ¿Están delimitadas las responsabilidades por los sucesos de Vitoria y Montejurra?

R.- En cuanto ministro de Relaciones Sindicales que yo era, conozco mejor Vitoria que Montejurra. Vitoria tiene su raíz en los problemas laborales de Forjas Alavesas, en coincidencia con un tiempo en que Alava estuvo sin gobernador y tanto el alcalde como el presidente de la Diputación tuvieron que cesar para presentarse a las elecciones. Hubo una cierta dejación de autoridad y el movimiento de huelga se hizo dueño de la ciudad. Finalmente, tuvimos la desgracia de unos policías acorralados, escasos en número y mal dirigidos, como años después sucedería en Reinosa. Las raíces de Montejurra son, en cambio, políticas por la ingeniosa ocurrencia de algunos miembros de la seguridad del Estado y de la Guardia Civil de convertirlo en un acto de adhesión del carlismo al Rey. Algo demasiado ingenuo y tonto.

P.- La rocambolesca historia de la legalización del PCE, que usted firmó y que llevó a la dimisión a Pita da Veiga, ¿tuvo efectos tan desestabilizadores como la matanza de Atocha?

R.- La historia no fue nada rocambolesca, y la semana de Atocha fue el único momento en que todo el proceso de la Transición pudo venirse abajo. Luego, el Gobierno entra en una situación bastante llevadera y tiene la suficiente autoridad para legalizar al PCE sin especiales preocupaciones. En cuanto a la dimisión de Pita da Veiga como ministro de Marina, tengo mis razones para pensar que, siendo él mi vecino en los Consejos de Ministros, no se produjo por esa legalización, a la que él no dejaba de animarme. Dimitió porque, dándose cuenta de que se iba a crear el Ministerio de Defensa, Suárez no pensaba en él como titular de un cargo para el que se creía con más méritos que Gutiérrez Mellado. Y aunque tengo una alta opinión de Pita, me parece moralmente más que discutible que hiciera coincidir su dimisión con la legalización del PCE.

Rodolfo Martín Villa conversa con el Rey en el Palacio de La Zarzuela el 11 de mayo de 1977.

EUROPA PRESS

P.-¿Cómo pudieron ustedes estar tan ciegos ante lo que se venía encima el 23 de febrero del 81?

R.- Suárez y Gutiérrez Mellado siempre pensaron que podía haber reacciones del mundo militar, pero yo no creía en ese tipo de conjura, quizá porque mi responsabilidad era entonces el Ministerio de Administración Territorial. De todas formas, conviene no olvidar que, técnicamente hablando, el golpe fue una chapuza y que toda aquella abigarrada tropa se improvisó el fin de semana de la investidura de Calvo Sotelo. Si el golpe hubiera tenido una organización más seria, hubiera sido más peligroso, pero también hubiera habido más posibilidades de detectarlo previamente.

P.- ¿Era el general Díaz de Mendívil el "elefante blanco", el de "la autoridad, militar por supuesto"?

R.- No tengo ni idea, y creo que no lo sabe nadie. Además, ¿qué importa? A lo mejor no hubo ni elefante ni autoridad militar. Supongo que lo que hubo fueron distintas cabezas y posiblemente disputándose la jefatura entre ellas.

P.- ¿No fue una victoria de los golpistas la LOAPA que promovió Calvo Sotelo?

R.- Tampoco eso es verdad. El Gobierno presidido por Adolfo Suárez planteó, dos meses antes del golpe, unas iniciativas de armonización para poner algo de orden en el proceso autonómico. No fue, por tanto, la LOAPA una reacción causa-efecto en relación con el golpe militar.

P.- ¿Cuál fue realmente la participación de la oposición, de líderes como Felipe González o Santiago Carrillo, en el proceso de la Transición?

R.- En el momento de la Transición químicamente pura, la de julio del 76 a junio del 77, el protagonismo tiene dos polos: el Gobierno de Suárez, en su inmensa mayoría jóvenes reformistas del franquismo, y la oposición liderada por Comisiones Obreras y el Partido Comunista. Posiblemente costará explicar a las nuevas generaciones cómo es que la democracia llegó gracias a los esfuerzos de dos grupos no demócratas de origen, los jóvenes reformistas y los veteranos comunistas. Felipe González no está en ese primer proceso, si acaso sólo como acompañante. Al final, sin embargo, tanto el PCE como la UCD correrían suertes, o desgracias, bastante parejas.

P.- ¿No cree usted que existiera verdaderamente la famosa "pizarra" de Suresnes?

R.- Creo que no hubo pizarras por ninguna parte. Ni en política ni en la Transición valieron los dos extremos. Nosotros no improvisábamos cada día, porque sabíamos hacia dónde teníamos que ir, pero tampoco fue cierto que entre el Rey, Torcuato Fernández-Miranda y Adolfo Suárez hubieran diseñado un engranaje perfecto con pizarras en las que estuviera previsto que yo tuviera que firmar la legalización del PCE un Sábado Santo. Tampoco en Suresnes, como se ha demostrado con los años de gobernación del Partido Socialista.

Arde el pazo de Meirás

La residencia de Franco se incendió el 18 de febrero de 1978

Fernando Bermejo

La residencia de verano de los Franco, el pazo de Meirás, fue pasto de las llamas el 18 de febrero de 1978. El incendio destruía parcialmente uno de los símbolos más conocidos del dictador, adquirido en 1938 a los herederos de Emilia Pardo Bazán tras una cuestación pública como gesto de gratitud al general Franco.

Los periódicos ofrecieron dos imágenes emblemáticas del suceso: las correspondientes al dormitorio del matrimonio Franco y a la sala donde se celebraban los Consejos de Ministros parcialmente calcinados. Aunque el hermetismo de la familia fue absoluto, los medios de comunicación supieron que Carmen Polo, viuda de Franco, su hermana Isabel y los marqueses de Villaverde permanecieron en todo momento dentro de Meirás dirigiendo las labores de recuperación del material. Muebles y piezas de gran valor artístico así como documentos reservados de Franco desaparecieron a raíz del cortocircuito que destruyó el pazo, un inmueble rodeado por diez hectáreas y valorado por entonces en 150 millones de pesetas.

El industrial Antonio Fernández, íntimo amigo de los Franco, reveló que la familia estaba realizando los trámites, antes del suceso, para que el pazo pasase a manos de la Fundación Franco, con la condición de que Carmen Polo pudiese pasar allí anualmente una temporada de descanso.

FOTOS: EUROPA PRESS

La misma torre del pazo de Meirás que aparece detrás de la familia Franco (izquierda) es la que resultó pasto de las llamas en el incendio del 18 de febrero de 1978.

La muerte de Aldo Moro

El líder democristiano fue abandonado por su propio partido

Italia asistió atónita durante casi dos meses al "proceso" que las Brigadas Rojas emprendieron contra Aldo Moro, quien finalmente apareció con varios disparos en el corazón un 9 de mayo de 1978.

Javier Lorenzo

Era el político más prestigioso de Italia, pero eso no le salvó la vida. Comprendió que la Democracia Cristiana (DC) debía aliarse con el Partido Comunista, pero fue una organización de izquierdas quien le asesinó. Era el último recurso en situaciones parlamentarias extremas, pero durante su secuestro ninguno de sus compañeros de partido abogó por él. Estas fueron las paradojas de Aldo Moro.

El 16 de marzo de 1978 fue secuestrado en el centro de Roma. Sus cuatro guardaespaldas y el chófer fueron limpiamente acribillados, mientras él comenzaba su periplo en una "cárcel del pueblo". Dos días después, las Brigadas Rojas (BR) enviaban el primero de sus nueve comunicados. Todos ellos, con el político entristecido bajo la estrella de cinco puntas, dieron la vuelta al mundo.

La suerte del ex primer ministro italiano se jugó en dos frentes. Por un lado, en el Parlamento, que se negó repetidamente a negociar con los terroristas, y por otro en Turín, donde se estaba juzgando en esos días a la cúpula de las BR, incluyendo a su fundador, Renato Curcio. Sólo el dirigente socialista Bettino Craxi defendió el diálogo para conservar con vida a Aldo Moro, mientras que éste enviaba misivas desesperadas a la Prensa y a su familia acusando a sus antiguos compañeros de abandonarle a su suerte. "Actuad pronto -escribió-; si no, mi muerte pesará sobre vuestras conciencias".

El 22 de abril, la dirección de la Democracia Cristiana rechazó el ultimátum de las BR, que pretendían canjearle por los procesados de Turín, quienes tampoco deseaban la muerte de Moro. El 1 de mayo, su familia rompía definitivamente con el partido.

FOTOS: EUROPA PRESS

Arriba, el cadáver de Aldo Moro, maniatado, tal y como se descubrió en el centro de Roma. Abajo, un momento del funeral.

Su cuerpo apareció, atado de pies y manos y con una ráfaga de metralleta en el pecho, entre las sedes de la DC y el PCI, en una de las calles más concurridas de Roma. Inmediatamente, la DC llenó las paredes con su foto y una leyenda que rezaba: "Aldo Moro ha sido asesinado. Vive en nuestros corazones su fe en la libertad". No fue suficiente para su familia, que rechazó, siguiendo la voluntad del fallecido, la presencia de políticos en su funeral. Aún hoy quedan muchos puntos oscuros en esta historia. Al día siguiente del hallazgo del cadáver, dimitía Francesco Cossiga, ministro del Interior. Un mes después lo haría, por corrupción, el presidente de la República, Giovanni Leone.

1 9 7 8

El calendario anterior, de 1977, fue publicado en el fascículo nº12

E N E R O

Atentado contra la sala de fiestas Scala de Barcelona. Un grupo de jóvenes llevan a cabo un atentado, la mañana del domingo 15, en la sala de fiestas Scala de Barcelona en el que perecen cuatro trabajadores víctimas del incendio provocado.

España se incorpora al Parlamento Europeo. Marcelino Oreja, ministro de Asuntos Exteriores, asiste el día 23 en Bruselas a la sesión en que España se incorpora, como miembro número 20 de pleno derecho, al Parlamento Europeo.

F E B R E R O

Crisis del Gobierno de Suárez. La primera crisis grave del Gabinete Suárez se solventó el día 24 con la dimisión del vicepresidente económico, Enrique Fuentes Quintana, y el cambio de otros cuatro ministros -Industria, Transportes, Trabajo y Agricultura-. A Fuentes Quintana le sustituyó Fernando Abril Martorell, que siguió también como vicepresidente segundo, mientras que los nuevos ministros fueron Agustín Rodríguez Sahagún, Salvador Sánchez-Terán, Jaime Lamo de Espinosa y Rafael Calvo Ortega.

FOTOS EFE

El grito más deseado en el estadio: "¡Argentina, campeón!".

Maribel Atiénzar, brindando al público en Las Ventas.

M A R Z O

Muere Agustín Rueda. Los malos tratos fueron la causa del fallecimiento en la cárcel de Carabanchel del anarquista Agustín Rueda y de las contusiones de otros siete presos más, ocurridas el día 13. Así lo estimó la Dirección General de Instituciones Penitenciarias, que destituyó al director, a un subdirector y a un jefe de servicios de aquel centro penitenciario.

Primer "Aberri Eguna" en libertad. Cerca de 200.000 personas se congregaron el día 26 para celebrar en Bilbao el día de la Patria Vasca ("Aberri Eguna"). En la manifestación, que fue autorizada por primera vez, participaron todos los partidos políticos excepto AP y UCD.

A B R I L

Largo Caballero, por fin en Madrid. Los restos mortales de Francisco Largo Caballero (jefe de Gobierno en la II República muerto en 1946) reposan en el cementerio civil de Madrid desde el día 8. Decenas de miles de personas acompañan al cortejo fúnebre.

M A Y O

Primer 1º de Mayo en libertad. Lo más destacado de la jornada dedicada al trabajo fue la normalidad ciudadana en todo el país. Sólo en Valencia, Bilbao, Pamplona y Valladolid se produjeron incidentes aislados. UGT y Comisiones Obreras llevaron a cabo manifestaciones unitarias y multitudinarias tras 40 años en los que el Primero de Mayo estuvo prohibido.

Llega Núñez al Barça, muere Santiago Bernabéu. El día 5, el constructor José Luis Núñez se hace con las riendas del Barça tras una dura campaña en la que contó con el apoyo del entonces jugador Johan Cruyff. Algo menos de un mes después, el otro grande del fútbol español, el Real Madrid, pierde a su presidente por excelencia, Santiago Bernabéu, que pasó 35 de sus 83 años al frente del club.

•Y TAMBIÉN•

- **Despenalizado el adulterio.** La Comisión de Justicia del Congreso aprueba el proyecto de ley que despenaliza el adulterio y el amancebamiento (día 18 de enero).
- **Carmen Conde, académica.** La escritora Carmen Conde es elegida miembro de la Real Academia de la Lengua el 9 de febrero.
- **Asesinato de Jesús Haddad.** El GRAPO asesina el 22 de marzo a Jesús Haddad, director general de Instituciones Penitenciarias.
- **Atentado a Antonio Cubillo.** El secretario general del partido independentista canario MPAIAC Antonio Cubillo fue apuñalado a la puerta de su domicilio en Argel (5 de abril).
- **Llega la "fiebre Travolta".** En abril se estrena la película *Fiebre del sábado noche* que, protagonizada por John Travolta, revitaliza el fenómeno de los bailones de discoteca.
- **Despenalización de los anticonceptivos.** El 26 de abril, el Congreso de los Diputados aprueba la despenalización de los anticonceptivos.
- **Aparece el cadáver de Aldo Moro.** Tras un secuestro de 55 días a manos de las Brigadas Rojas, el cadáver del líder democristiano Aldo Moro aparece en Roma el 9 de mayo.

JUNIO

Los Reyes viajan a China. El día 16, don Juan Carlos y doña Sofía iniciaron la primera visita oficial de un monarca europeo a la República Popular China, siendo a la vez el primer viaje oficial de los Reyes a un país comunista. La espectacularidad del recibimiento se prolongó a lo largo de todo el viaje.

Argentina gana su Mundial. Argentina, la organizadora del Mundial, derrotó por 3 a 1 a Holanda en la final. Ese marcador constituyó no sólo un acontecimiento deportivo, sino también una inestimable ayuda para la Junta militar del general Videla, que gobernaba en el país sudamericano desde el golpe de marzo de 1976. Los españoles se grabaron en la retina el fallo en la boca del gol de Julio Cardeñosa frente a Brasil.

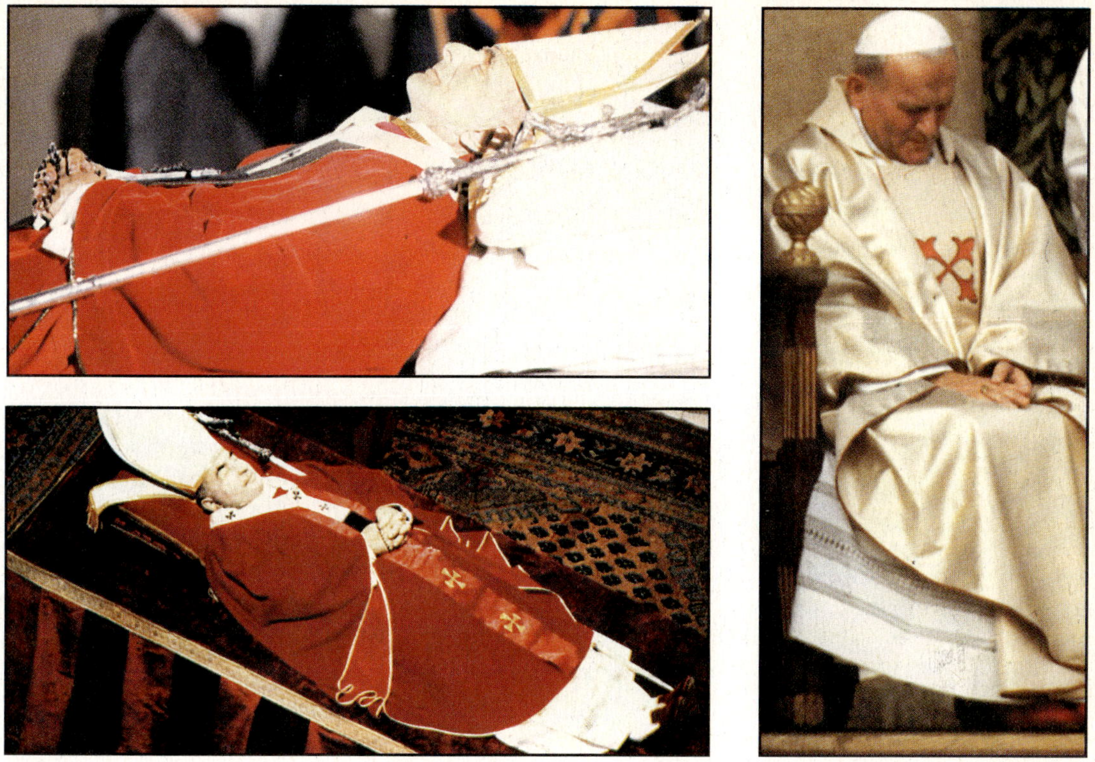

Pablo VI (arriba) murió el 6 de agosto de 1978; menos de dos meses después, fallecía de forma inesperada su sucesor, Juan Pablo I (abajo), que ejerció su mandato sólo durante 34 días. El actual Pontífice, Juan Pablo II (dcha.) le relevaría.

JULIO

Maribel Atiénzar, torera. Cuarenta años después de la última vez, Maribel Atiénzar se convierte en la primera mujer que torea en la plaza de Las Ventas de Madrid. Y lo hace con éxito: una oreja y una vuelta al ruedo.

El último mutis de Alfonso Paso. El popular autor teatral Alfonso Paso (*Cuarenta y ocho horas de felicidad, Los pobrecitos, La boda de la chica...*) falleció el día 10 a los 52 años en una clínica madrileña a consecuencia de un cáncer de hígado.

AGOSTO

Tres Papas en tres meses. El día 6 moría en su residencia de Castelgandolfo el Papa Pablo VI (80 años). Veinte días después, fumata blanca: Albino Luciani, Juan Pablo I. Treinta y cuatro días después, el 29 de septiembre, el Pontífice fallece. Karol Wojtyla, Juan Pablo II, es elegido sucesor. En tres meses, tres Papas .

SEPTIEMBRE

García Lorca, en escena. *Así que pasen cinco años*, drama surrealista de Federico García Lorca escrito en 1931, se representa el día 19 por primera vez en España (Teatro Eslava de Madrid).

OCTUBRE

Suárez, proclamado presidente en el I Congreso de UCD. Adolfo Suárez fue elegido el día 21 presidente -por 1.460 votos de los 1.700 compromisarios asistentes- de UCD en el primer Congreso de la formación.

NOVIEMBRE

Descubierta la "Operación Galaxia". El nombre de la cafetería Galaxia de Madrid sirvió para identificar la primera conspiración militar que atentó contra la democracia española. En ella se vieron envueltos el teniente coronel de la Guardia Civil Antonio Tejero y el capitán de la Policía Armada Ricardo Sáenz de Ynestrillas.

DICIEMBRE

Aprobada la Constitución. El pueblo español respalda mayoritariamente el texto de la Constitución (con un total del 59,40% de los votos) en el Referéndum que se celebra el día 6.

- **Legalizados los casinos.** El 10 de junio se inaugura el casino de San Sebastián tras 44 años de prohibición del juego en España.
- **Violentos Sanfermines.** Germán Rodríguez, de 27 años, fallece en los incidentes que tienen lugar en Pamplona durante los Sanfermines.
- **Tragedia de Los Alfaques.** 151 muertos y 100 heridos es el balance del incendio en el cámping de Los Alfaques el 11 de julio.
- **Nuevo billete de 5.000.** En julio entra en circulación el nuevo billete de 5.000 pesetas tras un siglo de supremacía del "verde" de mil.

- **Nace el primer bebé probeta.** Tras 20 años de investigación, el primer bebé probeta nació en un hospital de Birmingham (Gran Bretaña).
- **Acuerdos de Camp David.** El 17 de septiembre, Carter, Sadat y Begin (estos dos recibirían el Nobel de la Paz el 27 de octubre) firman los acuerdos de Camp David.
- **Fallece Salvador de Madariaga.** El 14 de diciembre, víctima de un infarto, fallece a los 92 años en Locarno (Suiza) Salvador de Madariaga.
- **Una bomba mata a Argala.** El etarra José Miguel Beñarán, Argala, muere en Anglet (Francia) al estallar un artefacto en su coche (21-XII).

El entonces vicepresidente Manuel Gutiérrez Mellado ordena callar los gritos, contra el Gobierno, del capitán de navío Camilo Menéndez (29 de enero de 1977).

Honra al hombre vertical

Cándido

Honremos, en la medida de nuestras fuerzas, al hombre vertical". Estos versos de W.H.Auden reflejan a la perfección el sentimiento de gratitud nacional al general Gutiérrez Mellado y de veneración a su memoria. Integro sin exhibicionismo, prudente sin cortedad, valeroso sin presunción, paciente sin laxitud. Esas fueron las virtudes del gran soldado a quien los españoles recuerdan y no desaparecerá de su memoria personal e histórica. La escena aquí reflejada, ese "episodio nacional" realmente dramático de la Transición da bien a las claras el talante de un hombre entre la tempestad. Quien entre el obedecer y el mandar construyó su vida muestra aquí -tal como lo hizo en el Congreso de los Diputados ante las pistolas- un arrojo sereno y una voluntad inflexible. Sin temor opone ahí el grado de su jerarquía a quienes, arrebatados por una ira comprensible, quieren hacer almoneda en un momento de las libertades y la democracia, y sienten la nostalgia del Estado autoritario.

PRÓXIMO CAPÍTULO: **EL FIN DE LA CENSURA CINEMATOGRÁFICA**

EL CINE Y LOS "CORTES". RECUERDOS POLÍTICOS DE **MANUEL FRAGA**: "EN LA LEGALIZACIÓN DEL PCE HUBO «NOCTURNIDAD» PERO RECONOZCO QUE SALIÓ BIEN". **ESCRIBEN:** TEODORO G. BALLESTEROS, ALBERTO BERMEJO, PILAR MIRÓ, JOAQUÍN BARDAVÍO, JAVIER VILLÁN

1975-1995. Veinte años de nuestra vida

• HISTORIA DE LA DEMOCRACIA •

{CAPÍTULO 17}

Uno de los reclamos publicitarios de "El crimen de Cuenca", película dirigida por Pilar Miró y estrenada en 1981 tras una viva polémica con la censura.

EL FIN DE LA CENSURA CINEMATOGRÁFICA

La libertad que se iba implantando en España no podía ser completa con la prolongación de la censura de cine. Por ello, en 1977 se dispuso su derogación, aunque permanecieron ciertos hábitos que prolongaron esta práctica durante algún tiempo. Pero el camino no tenía retorno, como fue confirmado al año siguiente por la Constitución.

La larga y tortuosa carrera hacia la libertad en el cine

La censura cinematográfica no desapareció oficialmente hasta el 11 de noviembre de 1977

El proceso fue largo y tortuoso. Los mecanismos de represión del franquismo persistieron a la muerte del dictador y, aunque a comienzos de los setenta ya había desaparecido la mojigatería que suprimía los besos a golpes de tijera, el fin oficial de la censura en el cine no se produjo hasta el 11 de noviembre de 1977. Con todo, los grupos ultras más beligerantes no se resignaron a la nueva situación.

Alberto Bermejo

Buena parte de los mecanismos de represión del franquismo se mantuvieron con brutal intensidad hasta el último estertor de la dictadura, incluso hasta más allá de que una losa de gran tonelaje reposara definitivamente sobre los restos del dictador en su faraónico panteón del Valle de los Caídos.

Las restricciones en el terreno de la libertad de expresión siempre fueron caballo de batalla capital para el antiguo régimen, y el cine en particular llegó a ser un tema verdaderamente obsesivo, sobre el que los encargados de velar por la salud moral de los españoles volcaron un celo enfermizo, con frecuencia grotesco y en ocasiones surrealista. De hecho, la censura cinematográfica no desapareció oficialmente hasta el 11 de noviembre de 1977 mediante el decreto 3071, que entró en vigor con su publicación en el Boletín Oficial del Estado el 1 de diciembre del mismo año.

En cualquier caso, el salto del antes al después no se dio de un solo golpe, como cuando se enciende una luz o se abre una puerta. Tal y como sucedió en casi todos los aspectos de la vida de este país, su desaparición se venía fraguando desde lejos y no se terminó de materializar hasta algunos años más tarde, con la conquista paulatina de las garantías democráticas. Por las mismas razones, resulta casi imposible fijar en el tiempo el principio del fin de este largo proceso, que además afectó de maneras paralelas, pero distintas, al cine que se permitía ver a los espectadores y al que se consentía hacer a los integrantes de la industria cinematográfica española.

En la primera mitad de los años setenta parecía ya muy lejana la mojigatería que había prohibido películas completas en nombre de la pureza ideológica, su- ➳

FILMOTECA ESPAÑOLA. FOTOS: MARINA DEL MAR

Sylvia Kristel era "Emmanuelle", la primera película (dirigida por Just Jaeckin) que en España se estrenó con la clasificación "S".

"Mogambo", protagonizada por Ava Gardner y Clark Gable, sufrió las restricciones de los censores.

primiendo tantos besos a golpe de tijera o convirtiendo, mediante el doblaje, el adulterio de Grace Kelly en flagrante incesto ante el acoso de Clark Gable en *Mogambo*, para pasmo de espectadores desprevenidos. Sin embargo, al igual que el pulso del dictador se mantuvo firme incluso a las puertas de su agonía para firmar las tristemente famosas sentencias de muerte de septiembre de 1975, a sólo dos meses de su muerte la avidez de los censores fue también incontestable hasta el final, como demostraron las incontables mutilaciones o manipulaciones con las que las películas llegaban a las pantallas comerciales. Entre los casos más llamativos de esa época ya tardía se cuentan, por ejemplo, *La huida*, que en su estreno en 1973 apareció con una sofisticada modificación en su final, en el que mediante rótulos, voces en "off" y duplicados de imágenes correspondientes a otros momentos de la película, los protagonistas -Steve McQueen y Ali McGraw, una pareja de delincuentes que huían a México con un suculento botín- eran devueltos a la cárcel para cumplir una condena ejemplar, contradiciendo los designios del director Sam Peckinpah, del guionista Walter Hill y del autor de la novela original, Jim Thompson, que los dejaban escapar impunemente. El mismo Peckinpah tuvo encontronazos sistemáticos con la censura española, empeñada en corregirle la plana, como ya había ocurrido en 1971 con *Perros de paja*, que resultaba poco menos que incomprensible con la desaparición de la violación que sufría Susan George, o, ya en 1976, con el recorte abrumador de la violencia de *Quiero la cabeza de Alfredo García*.

La censura convertía, mediante el doblaje, el adulterio de Grace Kelly en flagrante incesto ante el acoso de Clark Gable en "Mogambo"

Menos conocido, pero suficientemente ilustrativo de los métodos y las fijaciones de aquellos postreros censores, fue el caso de la película de Claude Sautet *Ella, yo y el otro*, en la que Rommy Schneider, pareja estable de Yves Montand en la ficción -Rosalie y César, respectivamente-, se alejaba de él, sentimentalmente confusa, cuando reaparecía en su vida un antiguo novio interpretado por Samy Frey; a su regreso a la casa que entonces compartían los dos hombres, convertidos en amigos unidos en el infortunio amoroso, el doblaje español colocaba un "César, ha vuelto por ti" en la boca de Samy Frey, que no despegaba los labios, para descartar la sombra de un hipotético triángulo.

Desaguisados. La lista de desaguisados sería interminable, pero no menor que el de los títulos que por distintas razones no conseguían superar, ni siquiera parcialmente, los estrictos controles de aquellas Juntas de Calificación y Censura, hasta el punto de que desde finales de los años sesenta se hicieron habituales en las revistas especializadas españolas secciones del tipo *El cine que nunca veremos*, por las que iban desfilando buena parte de las producciones internacionales que los españoles más voluntariosos y enterados sólo podían contemplar pasando al otro lado de la frontera, en los maratones de fin de semana que a tal fin se organizaban sistemáticamente en el sur de Francia, principalmente en Perpignan.

En lo que se refiere al cine que se hacía dentro de España, el primer síntoma de aclimatación a los nuevos tiempos, aunque puramente superficial, no surgió hasta febrero de 1975, cuando se dictaron unas nuevas "Normas de calificación cinematográfica", que venían a sustituir a las anteriores, fechadas en 1963. El cambio más llamativo fue el de la sustitución de la palabra "censura" por la denominación de "calificación cinematográfica". En otros terrenos, la supuesta permisividad sólo alcanzó a propiciar la puesta al descubierto de mayores porciones de anatomía, especialmente femenina. Se autorizaba así el desnudo en la pantalla, pero con una serie de arbitrarios condicionantes que popularizaron la frase de "siempre que lo exija el guión", lo que legalmente quedó redactado como "siempre que esté exigido por la unidad total del film, rechazándose cuando se presente con intención de despertar pasiones en el espectador normal o incida en la pornografía". Lo que no quedó definido fue cuándo puede exigir algo un guión, la normalidad del espectador o la pornografía.

En lo que se refiere a dimensiones menos físicas, las cosas siguieron más o menos como antes y, así, se inauguró la que fue denominada, con regocijo por unos y ademanes escandalizados por otros, la "era del destape". Dos casos significativos de la predisposición restrictiva del momento los protagonizaron las películas españolas *Ya soy mujer*, de Manuel Summers, y *Furia española*, de Francisco Betriu. Las dos sufrieron considerables agresiones al principio pero sólo la primera, quizá por su talante de transgresión puramente sexual, consiguió llegar a las pantallas con casi la totalidad de sus imágenes. Otra que tuvo serios problemas para pasar las trabas de la censura fue *Furtivos*, de José Luis Borau, que finalmente se convertiría en la gran triunfadora del cine español de 1975.

SECUESTRO DE "FOTOGRAMAS". Por aquellas mismas fechas, la revista *Fotogramas* veía cómo era secuestrado su número de enero a causa, precisamente, de un artículo titulado *Quién es quién en la censura española*, que describía claramente, aunque sin dar ningún nombre, a cada uno de los componentes de aquella diabólica institución, que ya en esos últimos tiempos procuraban mantenerse en un hermético anonimato. En el Ministerio de Información y Turismo, Adolfo Martín Gamero sucedió a León Herrera Esteban, quien a su vez había sustituido a Pío Cabanillas, mientras que en la Dirección General de Cinematografía se mantenía en el cargo Rogelio Díez, aferrado también a un esperado proyecto de ley del Cine que nunca llegó a ver la luz.

El paso siguiente en la tortuosa carrera hacia la liberalización de las posibilidades expresivas del cine vino dado por la supresión de la censura previa de guiones en febrero de 1976, una medida que, lejos de facilitar las cosas, sólo sirvió para crear un clima de profunda confusión y de verdadero desastre entre los productores españoles. Tal vez sonara bien, vista desde fuera, una decisión como ésa, pero lo cierto es que colocaba en una situación de verdadera indefensión a los inversores, que debían arriesgarse a desembolsar el capital necesario para enfrentarse después a que la película fuera mutilada o prohibida totalmente.

Arriba, una secuencia de la película "Ya soy mujer", de Manuel Summers. Abajo, Steve McQueen y Ali McGraw en "La huida".

Martín Gamero fue el último ministro del ramo del Gobierno de Arias Navarro y Pío Cabanillas, de nuevo, el primero del de Adolfo Suárez. Bajo su mandato comenzó a notarse una amplitud de criterios, impensable poco antes, a la hora de autorizar la exhibición de numerosas películas.

Así empezaron a gotear en las pantallas españolas títulos recientes y no tan recientes que por razones fundamentalmente políticas, sexuales o religiosas habían engrosado la lista de películas prohibidas con marchamo de escandalosas. En ese primer aluvión se pudieron recuperar para la exhibición comercial, entre otras, *La guerra ha terminado* (1966), de Alain Resnais; *More* (1968), de Barbet Schroeder; *If...* (1968), de Lindsay Anderson; *Conocimiento carnal* (1971), de Mike Nichols; *Portero de noche* (1973), de Liliana Cavani; *Sacco e Vanzetti* (1973), de Luciano Montaldo; la emblemática e insustituible en los "week-ends" de Perpignan *El último tango en París* (1972), de Bernardo Bertolucci; *Tamaño natural* (1973), de Luis García Berlanga, rodada en Francia en su forzoso exilio profesional; la histórica *El acorazado Potemkin* (1925), de Serguei M. Eisenstein; o *Viridiana* (1961), de Luis Buñuel, película que se había rodado con nacionalidad española y que ganó la Palma de Oro en el Festival de Cannes exclusivamente como mexicana, después de una serie de sonados incidentes que propiciaron conflictos diplomáticos y algunas dimisiones.

No todas consiguieron llegar intactas, pero la fuerza de la costumbre despertaba reticencias entre los espectadores, como ilustra anecdóticamente la reacción de muchos en el estreno madrileño de *El último tango en París*, ya en diciembre de 1977, que se preguntaban a la salida por la secuencia en la que Marlon Brando y María Schneider se untaban mantequilla, magnificada desproporcionadamente por el boca a boca de los que decían haberla visto, y que en realidad pasaba prácticamente desapercibida.

Lo más sonado en cuanto a cine español, y síntoma inequívoco de que las cosas estaban cambiando de verdad, fue el estreno en septiembre de 1976 de *Canciones para después de una guerra*, de Basilio Martín Patino, que llevaba prohibida desde 1972 por orden expresa, al parecer, de Carrero Blanco en persona, después de que la Junta de Calificación y Censura del momento la declarara "apta para todos los públicos" y de que en alguna ocasión se negara oficialmente su existencia, cuando, al parecer, la propia Academia de Hollywood la solicitó para visionarla.

"Viridiana", uno de los filmes que se empezó a exhibir con Pío Cabanillas en el Ministerio de Información a partir de 1976.

Los acontecimientos se sucedían con vertiginosa celeridad en la España que ya empezaba a llamarse "de la Transición". Los movimientos en los cargos de responsabilidad propiciaron la sustitución de Rogelio Díez como director general de Cine por Félix Benítez de Lugo en mayo de 1977, y la de éste por José García-Moreno en octubre, así como la de algún otro incombustible de la Administración como Marciano de la Fuente. En un orden puramente estético, cabe recordar que en julio de 1977 el Ministerio de Información y Turismo, continuando con su espíritu de abstracción y heterodoxia, pasó a denominarse Ministerio de Cultura y Bienestar, aunque este último calificativo sólo tardó un mes en desaparecer.

Finalmente, el decreto que suprimía definitivamente la censura venía a regular además algunas actividades cinematográficas que comportaban también la desaparición de otros controles, menos evidentes pero igualmente decisivos, como la solicitud del "permiso de rodaje" que se sustituía por una simple notificación.

Así como la presión de la realidad había jugado un papel irremplazable en el largo proceso, los restos nostálgicos del pasado, que no se resignaban a la nueva situación, intentaban reinstaurar por su cuenta lo que la evolución de la sociedad española había abolido. Los grupos ultraderechistas más beligerantes, siguiendo la tradición que muchos años atrás habían inaugurado con *Gilda* (1946) o ya en tiempos menos remotos habían continuado con *La prima Angélica* (1973), de Carlos Saura, intentaron boicotear sobre el terreno la exhibición de numerosas películas españolas, atentando contra los cines que las proyectaban o amedrentando a los espectadores que acudían a verlas. Entre otras, resultaron especialmente notorias las amenazas o las agresiones que sufrieron títulos como *Camada negra* (1977), de Manuel Gutiérrez Aragón; *La vieja memoria* (1977), de Jaime Camino; *La ciutat cremada* (1976), de Antoni Ribas; *La portentosa vida del padre Vicente* (1978), de Carles Mira, y *Operación Ogro* (1979), de Gillo Pontecorvo. Fue una actitud que resurgió todavía en años posteriores con *Dolores* (1981), de José Luis García Sánchez y Andrés Linares, sentido retrato biográfico de Dolores Ibarruri, La Pasionaria, o el estreno de la francesa *Je vous salue, Marie* (1984), de Jean-Luc Godard.

"El último tango en París" fue estrenada en diciembre de 1977.

De todos modos, descartada la prohibición, aún surgieron otros medios de control que ponían en duda la mayoría de edad del espectador español, como las clasificaciones según criterios morales, a la sombra de las que surgieron las denominadas películas "S" y "X", en las que podían incluirse las que "por su temática o contenido puedan herir la sensibilidad del espectador medio"; parcela reservada principalmente a los abusos de sexo y violencia, pero no excluía otras posibilidades, como demostraron algunas experiencias posteriores. Comportaban además una serie de restricciones en su exhibición y severos castigos fiscales, como el de la pérdida de todo tipo de protecciones y ayudas económicas oficiales en el caso de las producciones españolas. La primera película que se estrenó como "S" fue *Emmanuelle* (1974), de Just Jaeckin. De las consecuencias sociológicas que esta "apertura" tuvo sobre el público y los medios de producción españoles podrían escribirse numerosos ensayos.

EFE

"Operación Ogro" (izquierda) y "Camada negra" fueron blanco de los ataques de los grupos ultraderechistas más beligerantes.

Apelar al Código Penal. Además quedaba abierta la posibilidad de dificultar o impedir la difusión de las películas apelando al Código Penal u otras ordenanzas legales en vigor, por iniciativa privada o institucional, mediante el simple trámite de una denuncia en el Juzgado. Un uso relativamente frecuente en otros países -Italia en concreto-, que aquí sumaba el agravante de que la mayor parte de las leyes siguieron siendo durante bastante tiempo las mismas que habían surgido durante la época franquista.

Ese mecanismo, conocido como "Secuestro judicial", ya había sido utilizado en 1976 con la película *La querida*, de Fernando Fernán Gómez, que fue objeto de la retirada de una copia a raíz de una denuncia de una Asociación de Padres de Familia Numerosa -que se sintió escandalizada por un diálogo de Rocío Jurado en el que generalizaba sobre la sexualidad de las adolescentes andaluzas-, aunque felizmente no prosperó. Pero, sin duda, los casos más espectaculares, además de dos números del *Noticiari de Barcelona*, fueron los de *El crimen de Cuenca* (1979), de Pilar Miró, y *Rocío* (1980), de Fernando Ruiz. La primera estuvo a punto de quedar estigmatizada con la calificación "S", pero la propia Administración tomó la iniciativa de solicitar su secuestro judicial. La fiscalía militar se personó en el asunto por entender que las Fuerzas Armadas podían sentirse especialmente injuriadas y solicitó la confiscación del negativo y el procesamiento de Pilar Miró. Por suerte, se produjo un oportuno cambio legislativo que impedía a los militares interesarse en asuntos civiles y, así, los cargos contra la directora fueron sobreseídos y la película autorizada. La licencia de exhibición fue concedida en 1981 y, tras su estreno, se convirtió en uno de los grandes éxitos del cine español. *Rocío*, por su parte, tuvo mucha menos repercusión, porque de hecho era un documental sobre la romería del Rocío. Sus problemas surgieron cuando un individuo presentó una denuncia contra ella por entender que ciertos comentarios que le relacionaban con prácticas represivas durante la Guerra Civil resultaban injuriosos contra su persona. Se estrenó con escasa repercusión después de que los planos correspondientes fueran suprimidos.

Otro dato imprescindible para situar el fenómeno de la liquidación de la censura es el de la desaparición definitiva del NO-DO

Por su condición de documentales también tuvieron problemas, aunque por vías más sibilinas, *El proceso de Burgos* (1979), de Imanol Uribe, y *Después de...* (1981), de Cecilia y José J. Bartolomé, que perdieron las protecciones económicas oficiales al considerarse que buena parte de su metraje estaba constituido por material de archivo.

Otro dato imprescindible para situar el fenómeno de la liquidación de la censura es el de la desaparición definitiva del NO-DO -la auténtica imagen informativa del franquismo- en mayo de 1978, después de haber dejado de ser obligatorio algún tiempo antes. Se cerraba de esta manera un oscuro capítulo de mezquindades y miserias mentales y se abría un nuevo mundo en el que casi todos los sueños eran posibles, un territorio nunca suficientemente conquistado.

La manipulación soc

España fue el tercer país europeo en regular la

Para varias generaciones de españoles es difícil hoy acostumbrarse a vivir en libertad y democracia debido, entre otras cosas, a la férrea censura cinematográfica que impuso el régimen político anterior. Actualmente, la Constitución ha suprimido cualquier tipo de censura previa, pero el auge del cine y de los medios de comunicación hace imposible en nuestros días establecer ningún tipo de control sobre ellos.

La censura ha supuesto, en el siglo que termina, la forma más evidente de manipulación social por parte de los poderes gubernamentales, sobre todo frente a los aires de libertad que los medios de comunicación derramaban sobre la sociedad. La palabra censura procede del vocablo romano censor, magistrado de la república que tenía la competencia de formar el censo, velar por las buenas costumbres de los ciudadanos y castigar a los viciosos. La censura, en nuestra reciente historia, no es otra cosa que una forma de actuación que se atribuyen los gobernantes, en distintas épocas y etapas, para proteger a los ciudadanos de influencias externas y perniciosas.

Ya en la antigüedad los atenienses inventaron el término "parrhesía" para definir la posibilidad de ejercitar el natural impulso de expresar con sinceridad absoluta y sin inhibición alguna los juicios personales, aunque inmediatamente a este sentido de la libertad de expresión se le opuso la "asoboía", que procedía del campo religioso, y que en su origen significaba impiedad, y se utilizaba para ponerle límites a la libertad de expresión.

La censura está estrechamente unida al desarrollo y evolución de los medios de comunicación. En España la imprenta aparece por primera vez en Valencia, en 1473, y la censura con la Pragmática de 8 de julio de 1502, sobre la Imprenta, promulgada por los Reyes Católicos a consecuencia de la encíclica sobre la imprenta a cargo del Papa Alejandro VI en el año 1501.

En el medio cinematográfico la censura comienza a regularse en el año 1912. Una Real Orden de 27 de diciembre reglamenta las exhibiciones cinematográficas. Nuestro país fue el tercero en Europa que reguló la censura; primero lo hizo Gran Bretaña en 1909, y después Suecia en 1911. También la Iglesia se pronunció sobre el medio de comunicación naciente. El Papa Pío X publicó el 10 de diciembre de 1912, el Decreto de la Sagrada Congregación Consistorial sobre cine y teatro. Después sería Pío XI quien expondría los peligros de la cinematografía en su encíclica *Vigilanti Cura*, y más recientemente Pío XII en su encíclica *Miranda Prorsus* señalaría: "La cinematografía es un vehículo apto para promover el bien, pero al mismo tiempo para difundir el mal".

"El cine nos fue diciendo que la libertad era la destrucción del hombre. La censura en el cine ha conseguido que para generaciones de españoles sea difícil acostumbrarse a vivir en libertad"

La permanente justificación de la censura, ya procediera del poder político o el eclesiástico, ha sido la de proteger al ciudadano. Estos poderes, en el ámbito de su competencia e influencia, determinaban qué se podía leer, ver o escuchar. Situación que es mantenida sin excesivas protestas hasta la implantación masiva de los medios de comunicación, el desarrollo de la vida social y política, y sobre todo lo que en Europa se llamó "la mayoría de edad de los ciudadanos", que hay que centrarla en el período de entreguerras y específicamente después de la última Gran Guerra con la promulgación de la Declaración Universal de los Derechos Humanos en 1948.

En España no hay, como en los principales países de Europa, una posguerra revolucionaria. El régimen del general Franco no está dispuesto a admitir "las teorías disolventes que corrompen el continente". Y se produce, sobre todo a partir de los años cincuenta, una férrea censura, tanto en cine como en prensa, que manipula a los ciudadanos, amordazando los más elementales derechos fundamentales y las libertades públicas, y que provoca un atraso con respecto a la evolución de otras sociedades europeas, de las que quedamos desen-

al más evidente

xhibiciones cinematográficas

Teodoro González Ballesteros

Catedrático de Derecho de la Información de la Universidad Complutense de Madrid

ganchados tanto intelectual como políticamente.

Dentro de la anomalía que supone la censura cinematográfica, en España, desde 1912 se comienzan a publicar disposiciones de todo tipo sobre los órganos censores, Juntas o Comisiones, su composición, procedimiento de actuación, régimen de sanciones, etc. Pero lo que no dice ningún texto jurídico es lo que debe censurarse, el objeto específico o contenido de la censura. Se aplica la censura pero al amparo de la arbitrariedad de los censores. No hay pues, hasta 1963, una disposición que diga qué es lo censurable.

Sería el ministro de Información y Turismo Fraga Iribarne, quien promulgase las primeras Normas de Censura Cinematográfica, mediante una Orden de 9 de febrero de 1963. A partir de ahí supimos lo que no podía aparecer ante nuestra vista. Desde el suicidio, el divorcio, las relaciones sexuales ilícitas, el alcoholismo y la toxicomanía, "las escenas que puedan producir bajas pasiones", las ofensas al amor conyugal, actos de brutalidad y terror, expresiones coloquiales de mal gusto, presentación irrespetuosa de creencias religiosas, crítica a personajes públicos, a los principios fundamentales del Estado, o imágenes groseras y morbosas. Nuestro cine pivota, durante un larguísimo período de tiempo, sobre las gestas del descubrimiento de América, el folclore andaluz y las vidas de santos.

EFE

Una escena de "Portero de noche", película censurada en el franquismo.

El auge del cine europeo llega tarde y mal a España. Cuando los poderes dominantes descubren que la cinematografía es un medio masivo de influencia, aceptado por los españoles como el vehículo de distracción y cultura más importante, aparte de los toros y el fútbol, las medidas censoriales se agravan, y la formación intelectual, política, e incluso humana de los ciudadanos también se deteriora. Los censores nos levantan una barrera que empequeñece los Pirineos y nos iguala al continente africano. El cine nos fue diciendo, en nuestros años trágicos, que la libertad era la destrucción del hombre y la democracia el más perverso y disolvente de los regímenes posibles. La censura en el cine, y luego en la televisión, han conseguido que para generaciones de españoles sea difícil acostumbrarse a vivir en libertad.

En 1977, mediante un Real Decreto de 11 de noviembre, la censura, tal y como la veníamos entendiendo, desaparece. Después, la Constitución de 1978 (artículo 20.2) suprimiría cualquier tipo de censura previa. Pero para entonces el auge de la cinematografía como medio de comunicación de ideas, vehículo cultural o divertimento de masas, había pasado. Estábamos ya en la época de la televisión, en donde más que en ningún otro sitio, el medio es el mensaje.

Ya no es posible establecer ningún tipo de control sobre las películas, porque el visionarlas o no depende del sujeto receptor que manda sobre su aparato de televisión. Y surge un problema distinto, el de la protección de la juventud y la infancia frente a la pornografía y a la violencia gratuita. La pregunta es: ¿A quién le corresponde velar por la formación integral de los menores?, ¿a los poderes públicos?, ¿a la sociedad?, ¿a la familia?, o ¿a las empresas de televisión? Lo real es que la ausencia durante muchos años de una cultura de convivencia democrática debido a la negación de las libertades, nos aboca, otra vez, a la inexorable ley del péndulo, y el miedo al pasado nos impide asumir con valor el presente y programar con esperanza el futuro.

•REPORTAJE•

Viaje al oscuro y agrio entorno de la censura

Bardem, Patino y Uribe recuerdan los ataques a sus obras

JAVI MARTÍNEZ

"Canciones para después de una guerra", de Basilio Martín Patino, fue censurada entre 1972 y 1976.

El absurdo de la censura azotó en diferentes épocas, y de diferentes formas, a Juan Antonio Bardem, Basilio Martín Patino e Imanol Uribe. Tres directores que siempre se han distinguido por su afán de libertad.

Javier Lorenzo

A ningún artista le gusta, en expresión de Imanol Uribe, "sacar del desván de la memoria" los instantes en que su obra estaba amenazada, cuando no directamente postergada y hasta crucificada. Y al que menos le gusta es a Basilio Martín Patino, autor entre otras películas de *Canciones para después de una guerra*, quien formó parte de la primera generación que se enfrentó con "la barbarie" de la censura. Una generación que cristalizó en unas conversaciones de directores en Salamanca, a partir de las cuales el Estado comenzó a preocuparse, más aún cuando Berlanga triunfó en Cannes y Bardem hizo *Calle Mayor*, una obra tan peligrosa que mostraba lo que menos interesaba al régimen: la realidad.

Martín Patino repasa con cierta amargura, no exenta de ironía, algunas de las anécdotas de la época. Como aquella vez que le censuraron su primer corto

Imanol Uribe, durante un rodaje.

Juan Antonio Bardem fue uno de los directores más perseguidos por la censura franquista.

porque en él pasaba un tren echando humo. "El tren puede pasar -decía el censor-, pero no echando humo porque ensucia el ya de por sí feo paisaje de Castilla". Para un enamorado de la meseta y Azorín eso era demasiado.

Algo similar le ocurrió a Juan Antonio Bardem, quien rememora aquella ocasión en que le censuraron el instante en que el protagonista de *La huida* -un perseguido inocente- escapaba de la Guardia Civil que le estaba acribillando. La respuesta fue concluyente: "La situación es inadmisible. La Guardia Civil queda malparada". Y es que la Guardia Civil no podía tener tan mala puntería. La película nunca llegó a rodarse.

Hoy todo esto puede mover a risa, pero entonces era algo mucho más serio. Hasta el punto de que el propio Bardem fue detenido en Palencia en mitad del rodaje de *Calle Mayor* o que Patino se vio en la necesidad de acudir a una asociación de ex combatientes para que éstos, tras aplaudir su primera película *Nueve cartas a Berta*, le firmaran una carta defendiéndola. "Cuando le llevé la carta al entonces director de Cinematografía, García Escudero, éste no se creyó que la carta fuera auténtica. Creía que la había falsificado, pero por fin la película salió adelante gracias a esa iniciativa.

La hipocresía de las autoridades franquistas era manifiesta y escandalosa. Así, fue Carrero Blanco quien prohibió personalmente *Canciones para después de una guerra*, pero eso no le privó de acudir junto a su esposa a una sesión privada junto a otros ministros. Patino cree, aunque no puede asegurarlo con certeza, que la vio hasta el mismísimo Franco. Mientras tanto, a él le impedían ver su propia película al tiempo que enviaron a la Policía a su laboratorio para destruir todas las copias que se encontraran. Afortunadamente, Patino pudo rescatar y esconder una de ellas. El propio Príncipe Juan Carlos pudo verla y su comentario, según Patino, fue muy concreto: "Se me han puesto los cojones aquí", dijo cogiéndose la nuez.

Carrero Blanco prohibió "Canciones para después de una guerra", pero acudió a verla en pase privado junto a su señora y otros ministros

Otro aspecto curioso de la censura era que los encargados de hacerla cumplir no eran precisamente unos intelectuales. Bardem recuerda que en *Muerte de un ciclista* lo que les preocupó fue más el adulterio de los protagonistas que la carga política que estaba implícita en el filme. "Estaban preparados para dar hostias a los obreros, pero no para discutir sobre Kafka. En cierta ocasión, antes de ser puesto en libertad, el comisario me leyó la encíclica *Rerum Novarum*".

Uribe vivió los últimos coletazos de la censura. *El proceso de Burgos* pudo hacerlo libremente, pero le retiraron la subvención y además presionaron a los organizadores del Festival de San Sebastián, donde se presentaba, para que la obra fuera rechazada. Eso y las amenazas de bomba recibidas por las salas donde se exhibió - hasta veinte en un día- eran lugar común. "Nos negaron el pan y la sal", afirma.

Las vejaciones intelectuales a que estaban sometidos los creadores truncó o ralentizó muchas carreras. Patino, por ejemplo, comenzó a hacer películas como *Caudillo* o *Queridísimos verdugos* en el sótano de su casa. Más como protesta que como proyecto artístico y comercial. Bardem, por su parte, también se negó a hacer ciertos encargos, lo que le costó la inquina del régimen. No fueron tantos los que se enfrentaron a lo que Patino llama "la moralina zarzuelera". Otros muchos doblegaron la testuz. "No todo es culpa de la censura", dice Bardem. "La censura es un juego de dos: del que censura y del que se deja censurar", dice Patino. Ellos no se rindieron, pero hoy contemplan otra censura: la comercial, impuesta por las multinacionales estadounidenses. Un cambio que, a su parecer, ha devuelto al cine español la triste carga de la resignación.

La última película c

Pilar Miró revive los problemas que le deparó

Si pudiera rodar un guión de semejantes características, volvería a hacerlo. Esta es la tesis de Pilar Miró, directora de "El crimen de Cuenca". Sólo tras la reforma del Código de Justicia Militar, la película pudo estrenarse: el 17 de agosto de 1981. Detrás quedaba más de un año "intentando convivir con una situación devastadora".

Conservo una carta fechada en París, el 24 de mayo de 1980: "...Con respecto a ti aquí las cosas marchan muy bien. Siempre con profundo sentido de comedimiento, por todo lo que hemos hablado, por todo lo que sin hablar intuimos. Te reitero mi entrega afectuosa, amistosa. De eso que no quepa la menor duda. En Santo Domingo tienes una casa, que no es mía, que es tuya, con una clara ventana para conversar con el mar, cada mañana, en su calma matutina. Está de más que te explique, está de más que me expliques. Trata de ver a Paco, es importante. Vencer el miedo y sus tizones, la vieja herencia que no termina. La posibilidad del comité es real y sólo se espera tu aprobación en función de cómo tú lo consideres, hay nacionalidades representativas y contactos de prensa internacional. Espero que no te deprimas tanto como para que sientas que estás sola, el que da primero gana...".

El caso es que Franco había muerto hacía cinco años, que teníamos una Constitución hacía casi dos, que vivíamos la época que quizá ahora más añoremos. En 1976 había rodado mi primera película, *La Petición*, y en el verano del 79 la segunda. En Osa de la Vega, en Tresjuncos, a más de 40 grados, con un presupuesto poco más allá de los treinta millones, en seis semanas. Su estreno estaba previsto, en Madrid y Barcelona, en el mes de diciembre. Pero no fue así. La Junta de Censura del Ministerio de Cultura había dejado de existir; la Licencia de Exhibición, sin la que no se puede estrenar, dependía del director general de Cinematografía previo informe de la Comisión de Visado que se componía de la Subcomisión de Valoración Técnica y la Subcomisión de Clasificación, quienes la concedían de forma prácticamente automática.

Quince días después de la presentación de la correspondiente solicitud de licencia y copia de *El crimen de Cuenca*, el 12 de diciembre, el director general, Luis Escobar de la Serna, comunicó a la productora que, por estimar que la película podía contener escenas constitutivas de delito, había dado traslado del asunto al Ministerio Fiscal, que disponía de dos meses para pronunciarse al respecto. Sin embargo, con fecha de 7 de diciembre, el subdirector general de Política Interior, del Ministerio del Interior, hace el siguiente informe: "Las escenas de violencia protagonizadas por miembros de la Guardia Civil que aparecen en esta película son absolutamente intolerables. En la primera escena cuatro guardias civiles de uniforme se dedican a pegar por turno a uno de los detenidos. En otra de ellas, un guardia civil, también de uniforme, procede a arrancar el bigote del detenido con unas tenazas. En una tercera escena, se ve al detenido colgado de una barra horizontalmente, sosteniéndose con las manos y los pies, teniendo atado un cordel al miembro, de modo que cuando se produzca el agotamiento y se suelte de las manos o de los pies le produzca las consecuencias que son previsibles. Esta escena parece tener claras connotaciones de las torturas que se dice están aplicándose en Chile, Argentina y Uruguay. En otra escena, un guardia civil provisto de un hierro procede a desdentar a uno de los detenidos, saliéndole sangre a borbotones, prácticamente en primer plano. Todas las escenas descritas son de un sadismo acusado y no ya por ser protagonista la Guardia Civil sino por la misma violencia de las mismas, es criterio del que suscribe que sería absolutamente intolerable que esta película con tales escenas se proyecte comercialmente. Según el director general de Cinematografía, el fiscal no ha apreciado indicios de delito en las escenas que se describen".

> **"Nunca pudimos sospechar en nuestras salas oscuras que la legal y hermosa pasión por el cine y por la vida acarreara tantos problemas, tantas angustias"**

En la Dirección General de la Guardia Civil no piensan como el Ministerio Fiscal, y con fecha 10 de diciembre emiten un informe, firmado por un teniente coronel, de más de cuatro folios, en los que se analiza el contenido de los rollos 3 y 4, "que

nsurada

odaje de “El crimen de Cuenca”

Pilar Miró

Cineasta. Ex directora general de RTVE. Directora de “El crimen de Cuenca” (1981)

contienen escenas de tortura, cuya duración es de 25 minutos, y de los 7, 8 y 9 que son los finales donde se ve el desenlace y consecuencias finales”. El informe termina de esta manera: “Ante lo anteriormente expuesto, el jefe que suscribe considera que su proyección debía ser prohibida totalmente ya que tanto por el planteamiento, duración de las escenas de tortura núcleo central de la película, así como la crudeza de las mismas, unido a la campaña actual que sobre las torturas se está llevando a cabo, constituye una vejación al Cuerpo, de todo punto intolerable”.

El 15 de abril del 80, después de que *El crimen de Cuenca* se hubiera presentado en la sección oficial del Festival Internacional de Berlín, y después de comparecer ante el Juzgado Militar número 5, conocí el Auto en el que se considera “pertinente decretar el procesamiento de aquélla (referido a mi persona) de conformidad con lo prevenido en el art. 553 del Código de Justicia Militar. Considerando que en atención a que la pena en su día pudiera corresponder no excede de seis años de prisión militar y no concurriendo... se está en el caso de acordar la libertad provisional de la encartada”. El Ministerio de Cultura había cambiado de titular, Ricardo de la Cierva había sustituido a Manuel Clavero Arévalo, y mi compañero de curso en la Escuela Oficial de Cinematografía, Carlos Gortari, era en ese momento el director general. Ambos se cuadraron ante la Guardia Civil, en palabras del señor De la Cierva.

Decía Manolo Summers que una película dura más tiempo que un censor y que, por tanto, todas acaban por estrenarse. En muchos casos, sin embargo, es a costa de un desgaste personal y legal abrumador. Nunca pudimos sospechar en nuestras salas oscuras que la legal y hermosa pasión por el cine y por la vida acarreara tantos problemas, tantas angustias; me pasé más de un año intentando convivir con una situación devastadora. Hacía declaraciones como estas: “No me preocupa tanto si me van a meter o no seis años de cárcel. Eso es igual, porque dentro de seis años se encontrarán de nuevo con la película. Mi miedo es que ya la han destrozado, que todo el mundo irá a verla con los ojos manipulados, irán a ver la película del escándalo, la película de las torturas...”. Y así fue. Después de aprobarse en el Congreso la reforma del Código de Justicia Militar, por la que los presuntos delitos cometidos por un civil contra las Fuerzas Armadas pasaban a la jurisdicción ordinaria, y el posterior sobreseimiento de la causa, *El crimen de Cuenca* obtuvo la licencia de exhibición. Se estrenó, en Madrid, el 17 de agosto de 1981.

En la revista *Casablanca*, Pachín Marinero escribió: “*El crimen de Cuenca* se ha convertido en una película emblemática, en un objeto, a su pesar, de noticia recurrente en los periódicos, en un objeto de persecución (...). Es tal vez la película española de la que más se ha hablado o escrito en los últimos años, y prácticamente no se ha dicho nada de ella como tal película: siempre se ha dicho todo de ella como tal emblema”.

EFE

Fernando Rey (con sombrero) y Pilar Miró charlan en un descanso del rodaje de “El crimen de Cuenca”.

Si ahora me ofrecieran la posibilidad de rodar un guión reivindicando la inocencia de dos hombres que se antoinculparon de la muerte de un tercero, que no había muerto, y que ha pasado a la historia de la España profunda como un error judicial, lo volvería a rodar. Al menos sirvió para acabar, de hecho, con la censura franquista. Nunca más se ha vuelto a cortar, secuestrar o prohibir una película, nunca más.

"Hago regionalism

Manuel Fraga repasa sus 35 años de vida pública "siempre sirviendo a la gran causa nacional"

Es el de siempre. Los años le han dejado una huella ligera en su talante, pero es una levedad que no merma su bravura. A lo largo de esos años le han llamado ministro, embajador y presidente, pero desde hace tiempo en política todos saben quien responde al nombre de "Don Manuel". Llegar a eso es lo más difícil. Manuel Fraga, el presidente de la Xunta gallega, recuerda aquí lo vivido.

Joaquín Bardavío

PREGUNTA.- 10 de julio de 1962. Ministro de Información y Turismo. España supera el trauma quirúrgico de un plan de estabilización y comienza su despegue económico. El consumo se dispara. El automóvil empieza a dejar de ser un lujo para privilegiados. Manuel Fraga sienta las bases para la invasión turística y prepara una Ley de Prensa que anule la vigente, que es, literalmente, una disposición de tiempos de guerra. ¿Es el despuntar de la apertura?

RESPUESTA.- Siempre defendí, junto con otros varios naturalmente, que el cambio en España debería producirse por la vía de la reforma paulatina para evitar el encontronazo con una rotura súbita. Y eso desde los años sesenta, que es cuando tuve responsabilidades de gobierno, empecé a practicarlo como un conservador renovador o un reformista conservador o como quiera llamarse. Tras la muerte de Franco estuve en la aceleración del proceso que sería maravillosamente conducido con prudencia por el Rey.

Y ciertamente, en el desempeño de mi cartera ministerial en tiempos de Franco, utilicé las dos vías de mi departamento para aplicar esas ideas de reforma. En apariencia, la información, tal como se entendía entonces, y el turismo no tenían gran cosa que ver. La Ley de Prensa que impulsé, dígase lo que se quiera, fue un paso importante para una nueva convivencia política de los españoles. Se llegó más allá de lo que muchos pensaron que se podía llegar, aunque también a muchos les pareció tímida. En aquellas circunstancias, se hizo incluso demasiado y se sentaron unas bases que se aprovecharon progresivamente para alcanzar nuevas cotas de libertad.

La apertura al turismo, además de que fuera un factor decisorio en la economía nacional, lo fue también en lo sociológico. Cuando oigo hablar del bloqueo turístico a Cuba por parte de los Estados Unidos, creo que es un enorme error. Si durante años hubieran entrado millones de turistas, habría menos argumentos para ignorar necesarias reformas internas y, por otra parte, se produciría una comunicación automática que allanaría muchas dificultades de entendimiento entre los pueblos. Indudablemente, el turismo tuvo un efecto muy positivo en la mentalización de los españoles para lo que se llamaba la apertura.

> "Yo defendí la Ley de Asociaciones Políticas que fue rechazada por el Consejo Nacional del Movimiento. Molestaba y me despidieron"

P.- Octubre de 1969. Manuel Fraga es destituido como ministro pese a su eficacia. ¿Razones?

R.- Confluyeron al mismo tiempo tres factores. Primero, porque yo sostenía la tesis de que España no podía esperar al final para entrar en el proceso de descolonización. El inmovilismo en ese asunto le costó a Portugal una revolución que afortunadamente se pudo moderar. Mis presiones en ese sentido molestaron profundamente en Presidencia del Gobierno. Segundo, porque, ya que se había promulgado la Ley de Prensa, yo exigí que se cumpliera hasta los límites que contemplaba y, cuando surgió el célebre "caso Matesa", se me culpó de no haber embridado a los periódicos. Y tercero, y éste es el asunto más importante con gran diferencia, es que yo defendí la Ley de Asociaciones Políticas que fue rechazada por el Consejo Nacional del Movimiento. Molestaba y, por eso, me despidieron.

P.- Y desde entonces pasa a lo que po-

, no nacionalismo"

dría denominarse una oposición moderada.

R.- No, no. Yo no cambié en absoluto. Lo que ocurrió es que, liberado de las restricciones que pudiera tener al estar en el Gobierno, me dediqué con más intensidad a proponer la reforma a partir de las Leyes Fundamentales. Se dijo que Franco había comentado que eso que yo proponía era la revolución. Mis ideas quedaron en tres libros que entonces tuvieron fuerte eco: *El desarrollo político, Legitimidad y representación* y otro que leído ahora -y es el que quizá tiene más interés, porque en aquella época en España no se hacía referencia al tema- que se titula *Sociedad, Región, Europa.*

Por lo tanto, yo seguí haciendo desde fuera del Gobierno lo que había intentado hacer desde dentro sin conseguirlo. Aunque tuviera éxito al sacar adelante la Ley de Prensa, que, a mi modo de ver, fue decisiva para la mentalización de los españoles de cara a la muerte de Franco. Cuando este hecho sucede, ya se habían debatido públicamente muchos temas que hicieron madurar a la sociedad y clarificaron el futuro.

P.- Pero el Régimen no dejaba a sus ex ministros sin alguna canonjía.

R.- A mí me dieron, como a todos los que dejábamos el Gobierno, la Gran Cruz de Carlos III y me ofrecieron, como creo que a todos, un puesto en una empresa pública. Pero lo rechacé. Me fui al sector privado como director general de la que entonces era la mayor cervecera de España, El Aguila, y fue una buena experiencia. Allí aprendí a hacer un balance y a trabajar de cara a los accionistas, lo cual, por cierto, es muy bueno. Yo había trabajado siempre en la Administración del Estado y, dentro de ella, tuve oportunidad de fomentar la riqueza del sector turístico, lo cual tiene una evidente conformación empresarial. Pero no es lo mismo tirar, como se dice, "con pólvora del Rey", que tener que ➳

FERNANDO QUINTELA

Manuel Fraga, que fue ministro con Franco y con el Rey, actualmente preside la Xunta de Galicia.

presentar un balance, unos resultados en números concretos.

P.- 1973. Luis Carrero Blanco es ascendido a la Presidencia del Gobierno. Todo parece indicar que será el último Gobierno de Franco. Parece que acaban las aspiraciones de la clase política que se encuentra al margen del entorno del almirante. Excelente momento para marchar al extranjero y esperar.

R.- A mí me llamó Carrero para ofrecerme el ser procurador en Cortes por designación directa del Jefe del Estado. Y naturalmente yo decliné el ofrecimiento porque le dije que yo ya había presentado mis propuestas políticas en su momento y me habían sido rechazadas. Y entonces se me ofreció la Embajada de España en Londres. Me pareció que era un buen observatorio y un sitio idóneo para mí. Las relaciones con Gran Bretaña no eran buenas por el contencioso de Gibraltar y por allí no solían ir ministros ni subsecretarios; por ello, el puesto ofrecía una gran libertad de movimientos. Acepté a sabiendas de dónde iba y, en efecto, vinieron a verme muchísimos españoles, entre ellos relevantes miembros de la oposición, como por ejemplo Enrique Tierno Galván o Ramón Tamames. Y el primer contacto de alto nivel que hizo España con un mandatario portugués después de la "revolución de los claveles" lo tuve yo en casa de Fernando Morán, que era el cónsul general en la capital británica. Allí me reuní con Mario Soares, que era entonces ministro de Asuntos Exteriores.

P.- 1975. Noviembre. El general Franco agoniza. Manuel Fraga aterriza en España tras finalizar su misión en la Embajada de Londres. ¿Una casualidad?

R.- Sí. Yo me había comprometido a desempeñar mi puesto de embajador durante dos años, y lo cumplí. El que el término del plazo que me había marcado coincidiera casi exactamente con la muerte de Franco fue algo casual. No aceleré mi regreso por la enfermedad del jefe del Estado. Ante tal quiebro de la Historia, yo estaba en disposición de prestar los servicios públicos que se me pidieran. Nada más llegar fui a ver al Rey y le entregué un documento sobre lo que yo creía que debía hacerse. Pero no tengo por costumbre el referirme a mis conversaciones con don Juan Carlos ni a enjuiciar sus decisiones.

GUSTAVO CATALÁN

"En 1975, nada más llegar de Londres fui a ver al Rey y le entregué un documento sobre lo que creía debía hacerse".

"Yo nunca enjuicio las decisiones del Rey, pero hubiera sido mejor sustituir a Carlos Arias por Rodríguez de Valcárcel, que estaba absolutamente por la reforma"

P.- Diciembre de 1975. El Rey quiere verle en su primer Gobierno y, pese a que lo preside Carlos Arias, lo consigue.

R.- Es cierto. Aunque yo creo que se hubiera debido cambiar al presidente del Gobierno y prorrogar el mandato del de las Cortes. Pero se prefirió actuar como se actuó. En cualquier caso, Arias tuvo muy en cuenta los deseos de que yo formara parte relevante del Gobierno y, por eso, me nombró vicepresidente y ministro de la Gobernación, que luego se llamaría Interior.

P.- Sin embargo, era fundamental un relevo en la Presidencia de las Cortes para hacer la reforma, y con Rodríguez de Valcárcel hubiera sido muy difícil.

R.- Insisto en que yo no enjuicio las decisiones del Rey. Pero hubiera sido mejor, en mi criterio, sustituir a Carlos Arias. Alejandro Rodríguez de Valcárcel estaba absolutamente por la reforma y con él hubiera sido más fácil tramitar las leyes para realizarla. Pero, en fin, ésa es una cuestión, como dice el tango, "que pudo haber sido y no fue". Aunque es asunto que no tiene excesiva importancia discutirlo ahora.

P.- (Me sorprendo y transcribo su opinión). Julio de 1976. Adolfo Suárez, ante el asombro de casi todos, es nombrado presidente del Gobierno. Se hubiera acogido mejor, en aquel momento, el nombre de Manuel Fraga.

R.- Se prefirió una persona que no tuviese una personalidad ya acreditada y muy susceptible de recibir instrucciones. Todos los testimonios coinciden en que Torcuato Fernández-Miranda prefirió a Suárez por la pretensión de utilizarlo, aunque luego, como es natural, Suárez no aceptó ese planteamiento. Pero tal como se definió quién, qué perfil, debería ocupar la Presidencia, ni yo ni otras personas podríamos ser las elegidas. Por otra parte, Torcuato dirigió hábilmente las negociaciones en el Consejo del Reino, apoyado por algunos consejeros, para que fuera el nombre de Adolfo. Y me consta absolutamente que uno de los componentes militares del alto organismo dijo allí que mi nombre no podía figurar ni en la terna porque yo legalizaría el Partido Comunista.

P.- Pero se le pide que siga participando en el Gobierno. Al menos, el Rey así lo quería y también, en principio, Adolfo Suárez.

R.- Sin embargo, pensé que yo no debía participar en ese Gobierno. Y no lo hice porque me parecía que no era mi sitio en aquel momento, y hay que recordar cómo terminó la época Suárez: con una espantada, y hay que ver cómo está ahora España. Podrían haberse previsto ciertos problemas. Yo conocía bien a las personas que participaban en aquel proyecto y no estaba dispuesto a unirme a ellas. Y el sentido del humor de la Historia hizo que el señor Suárez, en compensación por mi salida voluntaria del Gobierno, me ofreciera la Presidencia del Tribunal de Defensa de la Competencia.

P.- ¿Y...?

R.- Me dediqué a lo que tenía que hacer. La reforma fue hacia adelante con más concesiones de las necesarias. Y, en consecuencia, preveía una etapa gubernamental de izquierdas que afortunadamente no ha dejado a España, porque es algo muy serio, como para que no la conociera ni la madre que la parió, pero que no hay más que echar un vistazo para saber cómo ha quedado. Y había que trabajar en una alternativa, que es a lo que me dediqué. Mi papel suelo compararlo con el de la tripulación de los veleros pequeños, de los balandros que, a pesar de la orza, cuando se toma el viento muy de costado, para evitar el vuelco, se echa del lado de donde sopla. Y a mí me tocó hacer eso en el Régimen anterior volcándome del lado de la reforma y después lo mismo para intentar frenar ciertos excesos. Y lo cierto es que yo he contribuido primero a la apertura, hasta donde pude, y después a la creación de una alternativa que ahí está y que hoy una brillante nueva generación -encabezada por José María Aznar- lleva adelante. Esa ha sido mi tarea de tantos años.

P.- Uno de los grandes méritos que se le atribuyen es que, con su enérgica actitud, consiguió moderar o diluir la extrema derecha que despuntaba en España.

R.- Es cierto que en España no hay extrema derecha. Siempre hay personas, naturalmente, que tienen esa ideología. Pero no existe un Le Pen con un partido numeroso detrás como en Francia, ni sufrimos la importancia de ciertos movimientos como en Alemania o en Italia, por ejemplo. Y eso se debe a varios factores a los que, verdaderamente, no soy ajeno. Porque una vez que yo quedé, no excluido, sino liberado por mi decisión de no participar en el Gobierno Suárez, me di cuenta de que alguien tenía que agrupar a la derecha española porque el mismo Suárez iba a desplazar a los partidos de centro. Crearía UCD, que subsistió mientras tuvo el apoyo del Gobierno y después se vino abajo con estrépito. Y eso que han llamado, a veces peyorativamente, "franquismo sociológico" necesitaba un cauce ordenado, porque se componía de gentes que aceptaban como menos mala la reforma pero que temían a los partidos de izquierda. Y ese movimiento había que aglutinarlo en un centro derecha. Se consiguió, y tengo parte de responsabilidad en ello.

P.- Abril de 1977. Se legaliza por sorpresa el Partido Comunista de España. Antes, hay dos caras de un Manuel Fraga vicepresidente y ministro de la Gobernación. Una, la que da en declaraciones a Cyrus Sulzberger para el *New York Times* a finales de junio de 1976 en las que dice que más tarde o más pronto habrá que legalizar a los comunistas. Otra, la que da a la opinión pública española al decir que no puede permitir que Carrillo o La Pasionaria regresen a España porque no tendría Policía suficiente para protegerlos.

R.- Las declaraciones a Sulzberger levantaron ampollas. Tuve que concertar una comida con los tres ministros militares para explicarles el alcance de mis palabras. Dije, además, que ese partido tenía que dar pruebas de integrar- ➛

"Suárez, en compensación por mi salida voluntaria del Gobierno, me ofreció la Presidencia del Tribunal de Defensa de la Competencia"

Antonio Couto

Manuel Fraga, exultante, saluda en un mitin de Alianza Popular para las elecciones generales de 1977.

Laureano López Rodó, Licinio de la Fuente, Fraga y Gonzalo Fernández de la Mora, cuatro de los "siete magníficos".

EUROPA PRESS

se en un sistema democrático. También es verdad que yo pensaba que unas primeras elecciones libres podrían hacerse sin los comunistas, y había precedentes, como el caso de Alemania, por ejemplo. Pero di pruebas inequívocas de que mi opinión era que había que contar con ellos. Ahora bien, también es cierto que hice unas declaraciones en el sentido de que no se podían precipitar las cosas porque se podría correr un grave riesgo para ciertas personas.

P.- ¿Y estuvo de acuerdo en cómo se legalizó el Partido Comunista?

R.- No. Yo no estuve de acuerdo con el sistema y, por eso, critiqué la decisión en el fondo y en la forma. Hubo cierta "nocturnidad", aunque debo reconocer que, afortunadamente, la operación salió bien.

P.- Considera, por tanto, que Santiago Carrillo fue un hombre decisorio en conseguir una transición con orden.

R.- Sí, él rectificó. Había expulsado del partido a los eurocomunistas y más tarde se convirtió a esa tendencia. Y hay que recordar que yo le presenté en una conferencia que dio en el Club Siglo XXI.

P.- 15 de junio de 1977. Primeras elecciones libres. Alianza Popular, el partido de los "siete magníficos" que representan al franquismo sociológico, con grandes expectativas y liderado por Manuel Fraga, sufre un tremendo revés.

R.- Así fue. Por errores míos y quizá de otros. Pero ahí están los votos. En aquel momento hubo una muy fuerte ofensiva contra mi imagen a la que se apuntaron todos, desde UCD hasta el Partido Comunista. Carrillo llegó a decir que, si no le daban el voto, que se lo dieran a cualquiera menos a Fraga. Y UCD, que pisaba un terreno electoral similar al nuestro, se volcó, incluso en la utilización de los medios públicos de comunicación, en contra de Alianza Popular. Y, dicho esto, entiendo que en la UCD había gente dignísima y los resultados fueron claros, aunque los medios para desplazarnos del centro fueran realmente ventajistas. Pero, en fin, yo no escurro el bulto ante mi responsabilidad. Como tampoco lo escurro en las elecciones generales de 1989, en las que nos fue peor.

"En la legalización del Partido Comunista hubo cierta «nocturnidad», aunque debo reconocer que, afortunadamente, la operación salió bien"

P.- 23 de febrero de 1981. En el ambiente de conspiración que rodeó aquella fecha, ¿estaba tan comprometida la izquierda como la derecha?

R.- Que hubo unos contactos determinados, como los de Lérida, que evidentemente fueron equivocados, es cierto. Hasta qué punto representaban el llegar a cualquier cosa con tal de que cayera Suárez, yo no sabría decirlo. Lo que es verdad es que estuvieron muy mezclados unos con otros, porque no se hablaba en serio, sino en medias palabras; cada uno decía una cosa, yo no lo sé muy bien. Pasó lo que pasó, que fue una desgracia y, gracias al Rey, se resolvió favorablemente. Yo no tomo más posición y no tengo más que decir. Pero que en ese asunto hubo errores de mucha gente es verdad.

P.- Entrada de España en la OTAN.

R.- Yo siempre la defendí y critiqué al PSOE por no hacerlo, pero yo presidía una coalición y los dos partidos menores integrados en ella, comandados por los señores Alzaga y Segurado, me sorprendieron pidiendo el voto en contra. En esas circunstancias, aunque no podía negarme a la integración, yo abogué por la abstención para que los socialistas tuvieran que mojarse. Y eso fue lo que se hizo.

P.- Octubre de 1982. Ganan por mayoría absoluta los socialistas. UCD se despedaza. Alianza Popular alcanza el grado de segunda fuerza. ¿Qué ha sucedido?

R.- En primer lugar, un trabajo parlamentario muy serio. En la moción de censura al Gobierno se pudo ver que Suárez no soportaba un debate y que otros sí que lo soportábamos. Los debates en las Cortes nos remontaron mucho. Y también porque, desde entonces hasta ahora, hemos vivido en una época de promesas incumplidas, y la gente se ha ido dando cuenta de la diferencia que hay entre lo pintado y lo real.

P.- España se integra en la Comunidad Económica Europea. ¿Un acierto?

R.- Una necesidad. Por razones de realismo económico, aunque supusiera un sacrificio para algunos sectores. Todos los partidos estuvimos de acuerdo en la integración, aunque por las prisas de última hora del Partido Socialista el precio que hemos pagado haya sido superior al previsto inicialmente porque las negociaciones, en especial las de agricultura y pesca, se llevaron mal y las consecuencias todavía colean gravemente. Y también había razones de realismo político para integrarnos, porque España había asistido muy recientemente a la revolución portuguesa y, aunque Portugal entonces no era miembro de la CEE, sí lo era de la OTAN, y fue una ventaja en una crisis política como la que sufrieron al estar arropados por socios. En todo caso, España dio un paso irreversible.

P.- Reconocido como jefe de la oposición, opta por replegarse a Galicia donde, efectivamente, barre en las elecciones autonómicas primero por mayoría absoluta, según la ley D`Hont, y luego por mayoría absoluta de matemáticas más elementales. ¿Por qué ese cambio de lo nacional por lo autonómico? ¿Por el tan manoseado "techo de Fraga" en las elecciones generales?

R.- No había tal techo. Los techos duran lo que duran. En 1979 bajamos a nueve diputados, en 1982 conseguimos más de cien y desde entonces no hemos hecho más que subir. Lo que sucedió es que me di cuenta de que en la vida de toda persona hay un momento para retirarse o cambiar de opción y hay que saber asumirlo. Que hay que renovar y abrir el paso a nuevas generaciones. Hay gente que prefiere morir en la cama con el cargo puesto, y ése no es mi caso. Refundé el partido convirtiendo una coalición en el Partido Popular; en ese momento me pidieron que fuese al Parlamento Europeo en las primeras elecciones a las que podíamos presentarnos los españoles y, tras resultar elegido, allí me fui. Estuve dos años enriquecedores. Después pensé que donde podía ser más útil era en Galicia y he demostrado que tenía razón porque creo que los gobiernos autonómicos deben tener personal experimentado.

BENITO ROMÁN

"En Galicia espero dejar un buen recuerdo en los ocho años de mandato que yo mismo me he asignado", asegura Manuel Fraga.

Espero dejar buen recuerdo en los ocho años de mandato que yo mismo me he asignado tras ser elegido, porque creo firmemente en lo que, en este sentido, pensaba Washington respecto a que ése es un plazo razonable y suficiente y, en tanto, desde Galicia sigo sirviendo a la gran causa nacional que he servido siempre. Porque yo hago regionalismo y no nacionalismo, como es natural.

"En la moción de censura al Gobierno se pudo ver que Suárez no soportaba un debate y que otros sí que los soportábamos. Los debates nos remontaron mucho"

P.- 1995. ¿Quién es Manuel Fraga en el Partido Popular? ¿El padre?

R.- Soy el presidente-fundador, según la reforma de estatuto que se hizo en el congreso de Sevilla. ¿Padre? Quizá sirva esa figura de quien pasa la empresa a los hijos y está a su disposición para cualquier consejo que le pidan. Y eso es todo.

P.- Algo quizá tópico. ¿La Transición política ha terminado en España?

R.- Yo creo que ha sido acertada la frase de José María Aznar sobre una segunda Transición en el sentido de que la primera ha cumplido sus fines esenciales de evitar un choque violento entre españoles y asentar la democracia. Y ahora hace falta un perfeccionamiento, una revista, un retoque, una puesta al día, y de ahí que cabe una segunda etapa que resultará obviamente más fácil que la primera.

P.- Y la Monarquía, ¿está consolidada?

R.- Las instituciones son como los icebergs, sólo se les ve una parte pequeña. La parte importante está sumergida, y ésa es la que se hace en los grandes momentos históricos. Y el pueblo español sabe, aunque no haya leído mucho Derecho Político o Historia, que la Monarquía ayudó de manera muy importante al proceso democrático y se ha fijado, supongo, en qué países europeos de gran estabilidad y desarrollo están regidos por la institución monárquica.

Aparte de eso, hemos tenido mucha suerte con el primer rey de esta etapa histórica y con la primera reina, y parece que la tenemos con el Príncipe de Asturias. En mi opinión, la Institución como tal creo que está perfectamente establecida.

(Son las once en punto de un soleado día otoñal en Santiago de Compostela. El reloj de don Manuel marca inexorablemente su vida al minuto. "Mi querido amigo, ha pasado el tiempo". Una hora estricta. Una hora para hablar de casi treinta y cinco años).

La lucha política

Todas las corrientes ideológicas, las ambiciones autonómicas y las luchas por la libertad tuvieron su reflejo en las pegatinas

Javier Lorenzo

No había opción política o social que se preciase que no plasmara sus postulados en una pegatina que después se repartía entre afiliados y simpatizantes. Al contrario de lo que sucede hoy, ese humilde pedazo de papel con pegamento solía ser exhibido durante varios días, adhiriéndose a jerseys, camisas y cazadoras hasta que las normas de higiene se imponían. Más que nada, la pegatina era verdaderamente una muestra del nivel de compromiso que se tenía con respecto a un partido, una seña de identidad común que arropaba a las multitudes durante manifestaciones, saltos y mítines. Las peticiones más dispares, los mensajes más radicales, las consignas más novedosas eran reproducidas con la máxima celeridad para que entraran a formar parte cuanto antes del paisaje urbano.

¿Qué pensarán hoy quienes lucieron algunas de estas pegatinas? ¿Cuánto habrán cambiado? ¿Qué recordará la propia Francisca Sauquillo al verse de nuevo en su época de dirigente de la ORT? Las imágenes del pasado surgen inevitablemente, como el vaho denso y ácido que sale de una habitación que hubiera estado cerrada durante demasiado tiempo.

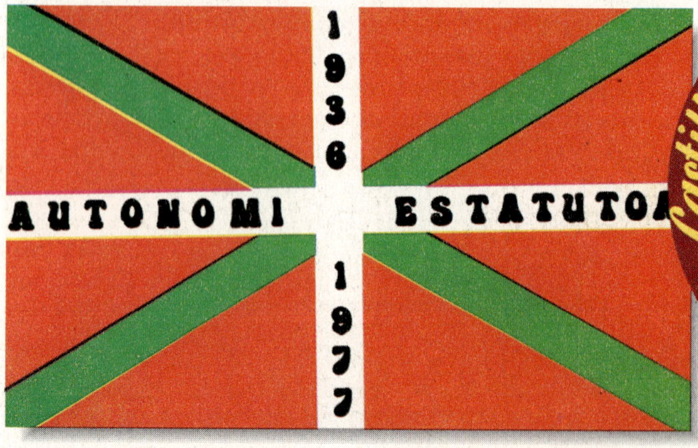

traslada al papel

España se pone de moda en el extranjero

La democracia atrajo a mandatarios de todo el mundo

Jaime Peñafiel

El último trimestre de 1977 es un vademécum de noticias sociales de lo más variopintas y sorprendentes y en la que, como en botica, hay de todo y para todos los gustos.

Sara Montiel, por fin, obtiene la nulidad de su matrimonio con **José Vicente Ramírez Olalla**, ese vasco noble, bueno y generoso a quien todo el mundo conoce por **Chente**. "En primavera, me casaré con **Pepe Tous** pero sólo ante los hombres", declara la manchega universal, una de las mujeres que bien puede decir que más muertos han pasado por su cama.

Desde que España ha estrenado democracia, todos los presidentes y jefes de Estado del mundo quieren visitarnos. Algunos de ellos, como el de México, **López Portillo**, lo hace en compañía de su esposa, la espectacular **Carmen Romero**, aquella primera dama que se hacía colocar un piano de cola en las habitaciones del Ritz y de todos los hoteles de las ciudades españolas que visitaba porque necesitaba tocar una hora antes de dormir.

FOTOS: EUROPA PRESS

El entonces presidente de México, López Portillo, y su mujer (dcha.), junto a los Reyes en su visita a España.

Tan caprichosa y exigente era la señora López Portillo que, incluso, hubo que enviar un avión especial desde Madrid para recoger un sujetador, de la talla 110, que se había dejado olvidado en la habitación del hotel de Las Palmas, ciudad también visitada por el mandatario mexicano y su numerosa familia.

Porque el presidente no vino solo. Ni mucho menos. Lo hizo acompañado también de su madre, **doña Cuca**, de sus hijos, **José Ramón**, **Paulina** y **Carmen Beatriz** y sus novios respectivos; sus hermanas, **Margarita** y **Alicia**. Y hasta la mismísima suegra. ¡Y aquí nos rasgamos las vestiduras porque en el viaje oficial del presidente **Felipe González** a Japón llevó a su hijo **Pablo**!

En este mes de octubre de 1977, el Premio Nobel de Literatura, dotado por entonces con once millones de pesetas, (hoy son ciento veinte) recae, por tercera vez, en un español. Luego habría un cuarto. Galardonado lo fue el poeta **Vicente Aleixandre**, de ochenta años. Antes lo recibieron **José Echegaray** (1904), **Jacinto Benavente** (1920) y **Juan Ramón Jiménez** (1956).

"Que no me molesten hasta las ocho", dijo a las cinco de la tarde de ese día antes de retirarse para dormir la siesta el modesto poeta Aleixandre.

INGESTIÓN DE BARBITÚRICOS. Un suceso afecta al mundo taurino y a los lectores de *El Caso*. La madre del famoso torero **José María Manzanares** es encontrada muerta, en un apartamento de la familia, por una fuerte ingestión de barbitúricos mientras su hijo toreaba en Caracas.

El actor y cantante Bing Crosby, jugando al golf.

El torero Palomo Linares y su mujer, Marina Danko, durante la ceremonia del bautizo de su primer hijo.

Y, mientras toreaba en Zaragoza, en la feria del Pilar, **Palomo Linares** sufre la más grave cogida de su carrera que le coloca al borde de la muerte. Por aquellos días, la esposa del torero, **Marina Danko**, se encuentra embarazadísima de su primer hijo. Tanto que el niño nace en los primeros días de diciembre.

Massiel y **Carlos Zayas** bautizan a su hijo, nacido en Londres, imponiéndole el nombre de **Aitor**. Padrinos de la ceremonia son **Mariví Calleja** y **Juan Garrigues Walker**.

VIAJE A LAS ISLAS CANARIAS. Todavía octubre, **don Juan Carlos** y **doña Sofía** visitan oficialmente las Islas Canarias. Hacía setenta y un años que un rey no ponía los pies en el archipiélago.

El día 14 de este mes otoñal y en el hoyo número 17 del campo de golf de La Moraleja (Madrid), se desploma, fulminado por un infarto, el famosísimo actor y cantante norteamericano **Bing Crosby**, cuando formaba pareja en la partida con el golfista español **Miguel Piñeiro**. Tenía 73 años.

DALDA

Manuel Prado, en su época de presidente de Iberia.

En el mes de noviembre de este segundo año democrático, un acontecimiento casi institucional, que pudo haber sido incluso solemne, quedó en una improvisada chapuza por falta de previsión y de información de la Casa Real. El protagonista: el **Príncipe Felipe**. El motivo: la entrega de los atributos del Principado de Asturias del que es titular. Escenario: el sitio de Covadonga, cuna de la Reconquista.

Pero los partidos políticos democráticos asturianos consideraron que la investidura del Príncipe de Asturias la debía protagonizar el organismo autónomo. El presidente **Suárez** que había anunciado su presencia, oliéndose la tostada y ante la carencia de trascendentalidad del acto, ni se presentó. Todo se redujo a un improvisado y simpático homenaje del pueblo asturiano al muchacho.

En aquel mes de diciembre de 1977, **Manuel Prado y Colón de Carvajal** comienza a crear su capitalito, brochazo a brochazo. Como presidente de la compañía Iberia que es, decide dar un nuevo aspecto a los aviones que componen la flota comercial del Estado español. Repintando, por dos veces, de blanco y colocando la corona real en el fuselaje. También visitó a las azafatas de **Elio Berhanyer**. ¿Fue el negocio del embajador real?

Destape y libertad

Javier Villán

Santo Dios, qué tiempos en los que, por carecer de todo, todo parecía subversivo. El destape. Dichosos altozanos gemelos, dichosas insurgencias, primorosas, de aquellas desnudeces aurorales. Desnudo vaporoso de la Vera (Victoria, a la derecha) en *Por qué corres, Ulises*(1975); en *Equus* (1974) María José Goyanes en bragas; Marisol encuerada en la portada de *Interviú* (1976). Tres hitos de la libertad, tras el destape en crudo del cine ibérico y turístico. Fue gozoso comprobar que eran así, que las delicias del paraíso, cumbres de metáforas y ensoñación carnal de los poetas, eran así. Tal cual. Pequeñitos pero firmes; apenas promontorio pero enhiestas. También era triste comprobar que tal avidez liberatoria era el signo oscuro de carencias acumuladas. Estos cataclismos de la libertad descubrían los infiernos de la censura. No corras, Nausica, en pos de Ulises; aquellas líquidas sinuosidades, albas y calientes, apenas dan hoy la temperatura, tibia, de nuestra nostalgia.

GUSTAVO CATALÁN

PRÓXIMO CAPÍTULO: **ELECCIONES LIBRES POR FIN**
LAS ELECCIONES DE 1977, GANADAS POR ADOLFO SUÁREZ. EL INVENTO DE LA UCD.
ESCRIBEN: IÑIGO CAVERO, ANTXÓN SARASQUETA, MANUEL ANTONIO RICO, JAVIER ORTIZ, JOSÉ SANROMA.

1975-1995. Veinte años de nuestra vida

• HISTORIA DE LA DEMOCRACIA •

{CAPÍTULO 18}

Adolfo Suárez y su esposa, Amparo Illana, votan en las primeras elecciones democráticas, el 15 de junio de 1977. Suárez, líder de la UCD, se alzaría con el triunfo.

ELECCIONES LIBRES POR FIN

El proceso imprescindible para la democracia, las elecciones, se cumple en junio de 1977, cuando había pasado sólo año y medio de la muerte del general Franco. Las elecciones fueron un estreno ilusionado. Ganó el centro político, liderado por Adolfo Suárez, pero sobre todo ganó la sociedad, que obtuvo el derecho a vivir en libertad y en paz.

1977, un año símbolo de la Transición española

Las primeras elecciones consolidan el modelo de partidos y abren la puerta a la Constitución

El año 1977 aparece hoy en las pantallas del ordenador como una fórmula política de futuro. Con las primeras elecciones generales del 15 de junio, nació entonces en España el nuevo modelo político de transición democrática. De nuevo, nuestro país actuaba como un laboratorio político y sociológico. La Unión de Centro Democrático (UCD) de Adolfo Suárez triunfó en aquellos primeros comicios.

Antxón Sarasqueta. Periodista

Las imágenes de aquel año pueden representar pura nostalgia o recuerdo histórico, pero sus contenidos políticos son pura ciencia que ya navegaron por Internet años antes de que esta autopista de la información se popularizase.

De nuevo España actuaba como un laboratorio político y sociológico. Si en 1936 nuestro país fue un campo de pruebas para la Segunda Guerra Mundial, en 1977 se convirtió en el laboratorio de un nuevo modelo político de transición democrática: de la dictadura a la democracia sin rupturas violentas. Desarrollando una fórmula que luego ha servido con éxito a los cambios políticos de Chile, Polonia, China y otras partes del mundo. Hoy mismo, 20 años después, es la fórmula más aplicada en las transiciones democráticas de las antiguas dictaduras de Europa del Este. Con versiones de adaptación a cada realidad nacional.

1977 fue un año que simbolizó la transición democrática española porque acumuló los principales acontecimientos de la agenda del cambio político: primeras elecciones democráticas, preparación de la nueva Constitución para el régimen de Monarquía parlamentaria, primeros pactos sociales (llamados de La Moncloa), legalización de los partidos y sindicatos prohibidos durante la dictadura... España se movía hacia el bloque de democracias capitalistas.

LAS CONFESIONES DE WILLY BRANDT. El canciller alemán Willy Brandt, líder del SPD (partido socialdemócrata) y de la Internacional Socialista, era el principal valedor de lo que estaba destinado a ser la nueva maquinaria socialdemócrata en España. Su modelo de transición política para España no incluía la legalización inmediata ➸

Gustavo Catalán

Una imagen emblemática para un día histórico: preparando las urnas en las que fueron depositados los votos en las elecciones del 15 de junio de 1977.

del Partido Comunista, según la propia experiencia alemana, donde no fue legalizado hasta disponer de una estructura socialista de corte occidental. Por el contrario, era objetivo prioritario el fortalecimiento inmediato del liderazgo de Felipe González y del PSOE. En el diseño, España figuraba como puente de futuro de las relaciones europeas con América Latina.

"Ayer estuvo aquí Felipe, y le he dicho todo esto. Creo que será el mejor camino", dijo Brandt a quien esto firma, en una larga entrevista en su despacho de Bonn durante las Navidades de 1976. Semanas antes, había sido recibido en Madrid por el Rey Juan Carlos y por el presidente Suárez.

Colocar al PSOE como fuerza dominante de la izquierda y desplazar a los comunistas era primordial en los planes de la Internacional socialdemócrata, y para el conjunto de los poderes occidentales. Porque el mundo de entonces era diferente. Era un mundo de bloques y de Guerra Fría. Era una realidad de películas de espías, que hoy se han convertido en nostálgicos historiadores o en aburridos profesores. Un mundo de confrontación entre sistemas ideológicos que pasaba por el "Charlie Point" de Berlín, entre las luces de neón capitalistas de una parte, y los barrios pobres y sin luz de la zona comunista. España -toda la Península Ibérica- tenía que caer del lado de las luces de neón, después del susto que había provocado en las cancillerías occidentales la Revolución de los claveles en Portugal.

Pero mientras Brandt y los socialistas españoles pensaban en frenar a los comunistas retrasando su legalización, su líder español, Santiago Carrillo, movió las piezas para forzarla. Aquellas mismas Navidades de la entrevista con Brandt en Bonn, Carrillo fue conducido a la cárcel en Madrid. Había abandonado su clandestinidad y apareció públicamente; provocaba así una decisión del Gobierno Suárez que no podía ser otra: su puesta en libertad conduciría a la legalización del PCE.

Colocar al PSOE como fuerza dominante de la izquierda y desplazar a los comunistas era primordial para la Internacional socialdemócrata

LAS MANIOBRAS DE SUÁREZ Y CARRILLO. Precisamente, el curso (1976-1977) muere y nace con una reunión de los dirigentes del PCE tras la salida de Carrillo de la cárcel, donde concluyen que el proceso de legalización es "imparable". "La salida de Santiago Carrillo de la cárcel consideran que es el reconocimiento del partido. De momento, de hecho. Pronto de derecho", recuerda el periodista Joaquín Bardavío en su libro *Sábado Santo Rojo*, donde se describe todo el proceso hasta la legalización de los comunistas españoles.

Suárez ha añadido una visión táctica y otra trascendente: la legalización del PCE divide a la izquierda, y, además, sin ella la transición democrática carecería de credibilidad. Es decir, la operación del cambio de una dictadura militar a una monarquía democrática podía fracasar si no decide legalizar por completo a todos los partidos, del signo que fueran.

La legalización del PCE en la Semana Santa de 1977 y el realce de la figura de González con instrucciones expresas a TVE para ello cuando el líder socialista dimite para deshacerse del marxismo son dos jugadas del jefe de Gobierno de UCD que consiguen lo increíble: dar credibilidad a un proceso de transición democrática que se vende como reformista y no como rupturista.

Es una transición reformista, porque sus

Clara pero no arrolladora vict

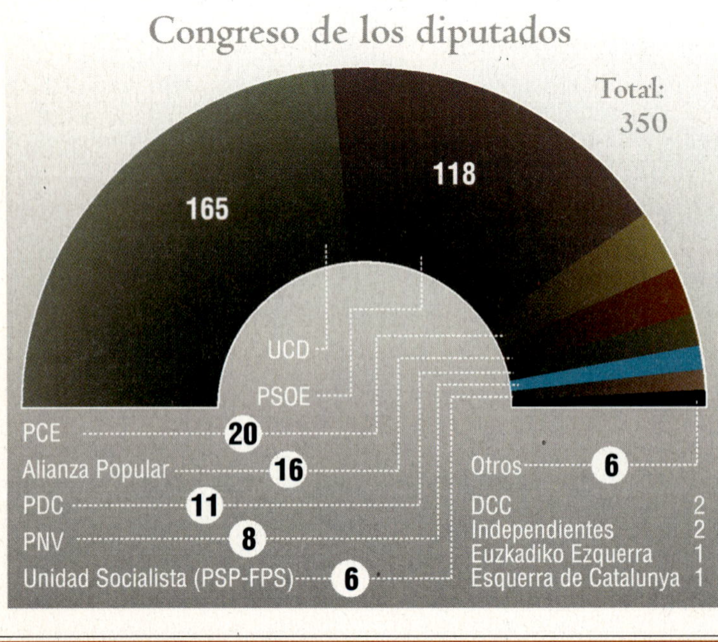

La coalición liderada por Adolfo Suárez, la Unión de Centro Democrático (UCD), se alzó con una clara victoria en las primeras elecciones; una clara victoria, pero no arrolladora, porque se quedó a once diputados de la mayoría absoluta y tuvo que gobernar ejerciendo continuamente el pacto. De ahí surgió la política del consenso que presidió la democracia en los primeros años y que fue abandonada desde 1982, cuando el Partido Socialista Obrero Español (PSOE) alcanzó una abrumadora mayoría.

UCD obtuvo un millón de votos más que el PSOE, que se destacó como la segunda fuerza, la primera indiscutible de la izquierda. Su resultado habría sido espectacular si hubiera concurrido con el Partido Socialista Popular (PSP) de Enrique Tierno, que sumó casi 800.000 votos. El Partido Comunista de España (PCE), que había sido líder en la lucha antifranquista y al que se le atribuían enormes posibilidades, tuvo que conformarse con menos del 10 % de los votos, la tercera parte de la cuota del PSOE.

El chasco de los comunistas fue similar al que sufrió Alianza Popular, una federación formada a la sombra de Manuel Fraga, que, no ostante, si no consiguió alzarse con mejores frutos, realizó una operación fundamental para el futuro, que fue el encauzamiento

Europa Press

De derecha a izquierda, Alfonso Guerra, Felipe González y Javier Solana, en una rueda de prensa del PSOE.

principales hacedores vienen del franquismo, pero es rupturista porque para conseguir el primer objetivo se procede a un cambio formal de sistema político.

Con todos estos hechos sobre la mesa, decir -como trató de lucir el número dos del PSOE, Alfonso Guerra, años más tarde- que tenían previsto todo el diseño de la Transición en una pizarra desde 1974 sonaba a cretinismo.

Suárez conseguía así celebrar el 15 de junio de 1977 las primeras elecciones generales en España desde la época de la Segunda República. Y ganarlas, después de haber creado la Unión de Centro Democrático, que aglutinó a las familias reformistas del viejo régimen y a las democráticas del centro-derecha.

Fue una jornada típica de lo nuevo y de las expectativas de cambio que se agitaban en los ambientes políticos y periodísticos. Con un anecdotario muy amplio de las experiencias humanas en las urnas y con una quincena de explosiones y otras muchas bombas desactivadas, atribuidas a la extrema derecha.

"La jornada de hoy tiene una honda significación. De un lado, ha quedado patente la total inexperiencia del pueblo español en estos menesteres", decía la crónica del día, que contaba cómo había votantes que "querían votar por el desaparecido general Franco o votaban lo que les habían dicho que tenían que votar".

Lo cierto es que Suárez "el reformista" ganó a los "rojos" y, previamente, a la derecha conservadora y tradicionalista, que quiso ser representada por Manuel Fraga a través del nuevo partido Alianza Popular. Suárez había conseguido descubrir el centro sociológico que garantizaba la mayoría en las urnas (y que posteriormente González se lo arrebató previa destrucción de la UCD). La ecuación electoral era ➳

de UCD y 41 senadores reales

en la democracia de la mayoría de los herederos del franquismo. Los franquistas radicales que rechazaron a Fraga acabaron como extraparlamentarios.

En las primeras elecciones ya mostraron su fuerza los partidos nacionalistas, aunque en las posteriores habrían de crecer notablemente.

En el Senado, UCD obtuvo una clara mayoría. Pero el Senado pronto mostró su debilidad como segunda cámara con escasa influencia en la política nacional.

En esta ocasión, el Rey usó una prerrogativa que heredó de Franco y nombró, por primera y última vez, 41 senadores. Estos: F. Abril Martorell, Luis Angulo, J. de Arespacochaga, Justino de Azcárate, Gloria Begué, J. Carvajal, C. J. Cela, L. Díez Alegría, Alfonso Escámez, T. Fernández-Miranda, E. Fuentes Quintana, Marcial Gamboa, I. García López, D. García Sabell, A. González y González, Julio Gutiérrez Rubio, A. Hernández Gil, Belén Landáburu, Landelino Lavilla, G. Luca de Tena, Julián Marías, R. Martín Villa, Luis Olarra, C. Ollero, Marcelino Oreja, J. Ortega Spottorno, A. Osorio, A. Pedrol Rius, M. Prado y Colón de Carvajal, Miguel Primo de Rivera, A. Ribera Rovira, Martín de Riquer, A. Salas Larrazábal, J.L. Sampedro, L. Sánchez Agesta, M. Serrahima, Víctor de la Serna, V. Silva Melero, J.M. Socías Humbert, J. Ignacio Uría y Fermín Zelada.

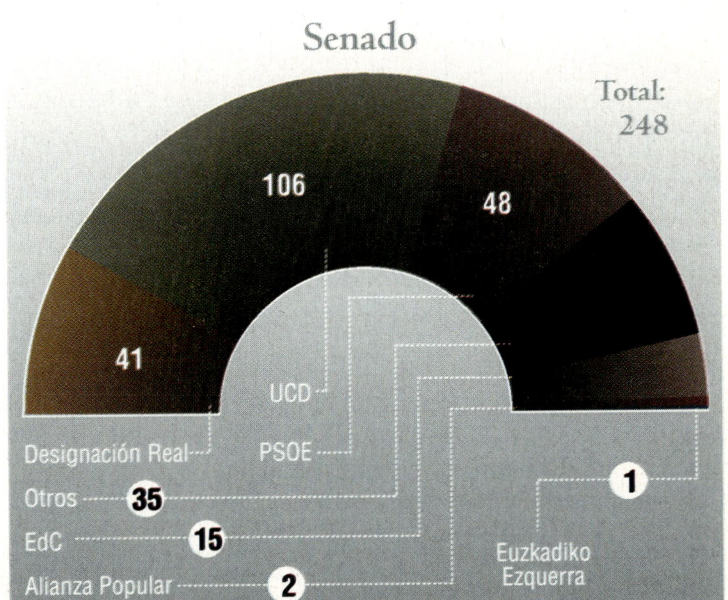

L. POIROT

EUROPA PRESS

Al lado de la imagen de una pintada anticomunista de la época, Santiago Carrillo, abordado por los periodistas, se dispone a votar en las elecciones del 15-J.

tan elemental como difícil de desarrollar: el centro-derecha sólo conseguiría la mayoría en España con una izquierda dividida. Con la legalización previa del PCE, Suárez había evitado lo que la Internacional socialdemócrata trató de conseguir: la hegemonía del PSOE en la izquierda.

Aquel 15-J fue el fracaso de los comunistas y de los franquistas nostálgicos, que resultaron desplazados. Pero los veinte escaños comunistas impidieron un ascenso fulgurante de los socialistas, que se quedaron con 118 frente a los 165 de UCD.

Desde entonces, la estrategia electoral siempre ha sido la misma: dominar la hegemonía del centro y dividir al adversario (por la izquierda o por la derecha). Resulta infalible.

LOS SÍMBOLOS QUE HACEN EL CAMBIO. Ese mismo año 1977 se firman los Pactos de La Moncloa, que resultan ser unos acuerdos sociales suscritos por los partidos parlamentarios ¡con ausencia de los sindicatos! Lo que demostraba el dominio político del PSOE y el PCE sobre los respectivos sindicatos socialista (Unión General de Trabajadores) y comunista (Comisiones Obreras).

Y con la llegada de Josep Tarradellas del exilio se inicia ese mismo año el proceso de entendimiento con los nacionalistas. El propio Tarradellas confesaría al autor de este trabajo años más tarde en su domicilio, siendo presidente de la Generalitat de Cataluña, que durante años se había preparado para aquel momento: fue una apuesta de pragmatismo y moderación frente a los fantasmas del tormentoso pasado español. Aquel día de su regreso, ante la multitud que le esperaba, Tarradellas proclamó el "Ja sóc aquí". Los símbolos en política resultan decisivos.

Ante tantos acontecimientos políticos y sociales, España vive aquel año un clima de gran intensidad y expectación, y se produce una auténtica revolución en los medios de comunicación. Junto a los periódicos nacionalistas *Avui* y *Deia*, en 1976 habían aparecido en el mercado *El País* y *Diario 16* , mientras que la revista *Cambio 16* había abierto brecha entre las publicaciones del cambio político en los últimos años del franquismo. Se produjo, además, otro hecho histórico: se derogó la Ley de Prensa y se disolvió el Movimiento Nacional. El desmontaje del franquismo se mezclaba en la vida cotidiana con la creación del nuevo sistema.

Tan sólo habían pasado unos meses desde que Carrillo proclamara en un mitin en Londres que a Juan Carlos, ni agua

Pío Cabanillas, pieza clave en aquel proceso, tanto en el reformismo liberal de la última etapa franquista como en el núcleo centrista -a través del Partido Popular de entonces junto a José María de Areilza- quiso explicar con detalle aquella etapa: "Había que apostar por Adolfo (Suárez) porque aquello garantizaba el cambio, aunque algunos no se daban cuenta... No lo vieron. Adolfo iba en serio".

Las reuniones políticas de salón todavía se recuerdan entre los "actores" del momento, aunque algunos, como Cabanillas, han fallecido. Sin embargo, sus memorias no publicadas, escritas a mano en cuadernos de tapas rojas, siguen teniendo un alto valor histórico.

El cambio de régimen político sólo se podía hacer "desde la legalidad", según el término utilizado por uno de los periodistas que trabajó con Suárez en la época, Federico Ysart. "El cambio no podía llegar a ser realidad ni tan siquiera sobre la base exclusiva de las fuerzas moderadas, que acabarían dirigiéndolo tras las elecciones del 77, pero cuya falta de representatividad y fuerza eran notorias meses antes", escribió Ysart en su libro *Quién hizo el cambio*. Todo formaba parte de aquel magnífico laboratorio que supo conseguir la fórmula de la transición democrática frente a la ruptura revolucionaria que propugnaban las fuerzas de oposición de la izquierda.

Tan sólo habían pasado unos meses desde que habíamos visto a Carrillo, en un histórico salón de Whitehall en el centro político de Londres, proclamar que a Juan Carlos, ni agua. "¡Es un hijo del franquismo!", gritaba el líder comunista ante el alborozo de los asistentes al mitin.

EUROPA PRESS

BLAS ÁLVAREZ

Gonzalo Fernández de la Mora y Manuel Fraga (increpado a la derecha en una pintada sobre un cartel electoral de Alianza Popular) durante un mitin de AP.

En 1977, el líder del PCE entraba por primera vez en el Palacio Real saludando al "denostado" Rey el día de su cumpleaños. Era, sin duda, un año de cambios veloces y profundos.

LA EXPORTACIÓN DEL MODELO ESPAÑOL. El fenómeno de la Transición democrática española simbolizado en aquel 1977 ha sido objeto de estudio y análisis en la mayoría de las universidades del mundo y en los centros políticos más decisivos. "Primero es necesario el desarrollo económico, para poder llevar a cabo un cambio democrático", oí decir al Rey un día en el Palacio de La Zarzuela, vinculando la experiencia española a las que luego se han desarrollado o lo están haciendo en otros países.

Por mis libros y artículos donde he abordado la Transición democrática española, he comprobado el interés de su estudio y la aplicación de sus fórmulas. Cuando la Academia de Ciencias Sociales de la República Popular de China me pidió autorización para publicar en su lengua uno de estos libros, comprobé que las reformas y apertura del régimen chino no irían en otra dirección, aunque adaptándolas a sus propias circunstancias.

La actual generación de nuevos políticos es crítica con muchas aplicaciones que han llegado a desvirtuar el propio modelo de 1977

En 1977 España produce un modelo de transición democrática que tiene un éxito sin precedentes en la moderna historia política. Son numerosos los protagonistas principales que intervienen en la obra además de los ya citados y que, con independencia de los cargos que van ocupando -todos ellos elevados-, ejercen una influencia en el proceso. Sus nombres aparecen en los diferentes capítulos de esta *Historia de la Democracia*: Leopoldo Calvo Sotelo, Antonio Fontán, José Pedro Pérez-Llorca, Miguel Herrero, Arias Salgado, Iñigo Cavero, Fernández Ordóñez, Martín Villa, Joaquín Garrigues, Abril Martorell, Marcelino Oreja, Clavero...). Pero el rumbo ya estaba apuntado. En realidad, a 1977 se llega en la vida política española con un objetivo marcado: consumar el cambio de régimen que había iniciado don Juan Carlos en su coronación.

Desde aquel momento, también, se vincula el cambio a la entrada de España en la OTAN y la Comunidad Económica Europea. De la misma manera que Suárez legalizó a los comunistas a pesar de la oposición socialista, el mismo proceso -con Calvo Sotelo en la Jefatura del Gobierno- llevó a España a la OTAN.

Sin embargo, la clave menos o nada reseñada del cambio político que se consolidó con las elecciones de 1977 fue el carácter "pasivo" del apoyo de la sociedad a una operación diseñada y ejecutada desde el poder político.

La sociedad española sí participaba en lo que el sociólogo Ronald Inglehart definió como "revolución silenciosa". Cambios culturales y de actitudes producidos a raíz del desarrollo económico de las sociedades industriales. Pero entre la zozobra de un cambio donde se seguía hablando del "ruido de sables" y la incertidumbre de lo desconocido, la actitud más generalizada de la sociedad española fue la de respaldar los cambios diseñados desde el poder. Excepto los elementos sociales más militantes (de la izquierda), la sociedad no protagonizó la iniciativa del cambio. La iniciativa siempre fue política... y de los medios de comunicación.

La pantalla del ordenador nos muestra hoy cómo en 1977 se consolida en España un modelo de partidos y de estructura institucional que sigue vigente dos décadas después. Los cambios sociales que otorgan un mayor protagonismo a la sociedad germinarían más tarde, en un proceso que nace con la apertura internacional de España y una implicación cotidiana en las corrientes y tendencias de carácter global.

La actual generación de nuevos políticos españoles es hija de aquellas primeras elecciones. Defienden la fórmula de aquella operación, pero son más críticos con muchas aplicaciones posteriores que han llegado a desvirtuar y falsear el propio modelo creado en el 77. Puede ser una buena garantía, porque está en la naturaleza de los jóvenes con espíritu de futuro someter a revisión crítica lo hecho antes.

Las elecciones para Cor

Un razonable sentido de la moderación presidió l

La convocatoria, por sufragio universal, de unas Cortes bicamerales que asumieran por mayoría absoluta "la iniciación de la reforma constitucional" puede considerarse la principal consecuencia de la Ley para la Reforma Política.

1. La convocatoria. Recogiendo los principios de la Ley de Reforma Política, el Gobierno Suárez, previo acuerdo con las fuerzas políticas emergentes, plasmó en un Decreto-Ley de 23 de marzo de 1977 uno de los instrumentos básicos del proceso constituyente, que reguló tres elecciones a Cortes (1977, 1979 y 1982) y que en lo sustancial quedó "canonizado" por la Ley Orgánica Electoral 5/1985, aún vigente.

El primer Gobierno Suárez completó la norma electoral con un Decreto de 15 de abril de 1977 por el que convocó elecciones generales para el 15 de junio. El Real Decreto no concretaba que las elecciones tuvieran como función la de seleccionar a los representantes de "la voluntad soberana del pueblo", en expresión de la Ley para la Reforma Política, es decir, que eran llamados a cumplir la función de elaborar una Constitución democrática, que es lo que contenía la ambigua mención de "reforma democrática".

Se procedió a estructurar la elección de 350 diputados -por un modelo de escrutinio proporcional, siguiendo el método D'Hondt ,que no se intuía suficientemente hasta qué punto primaría a las mayorías- y de 207 senadores, por un procedimiento mayoritario con voto restringido.

El temor a que se produjera una excesiva fragmentación partidista que impidiera articular mayorías estables se confiaba que quedara paliado para el Congreso con la exigencia de un mínimo de un 3 % para entrar en el reparto de escaños, unido a la potenciación de las candidaturas mayoritarias que se esperaba resultara del modelo D'Hondt, sobre todo teniendo en cuenta las espectaculares diferencias de población que existían entre las cincuenta y dos circunscripciones electorales.

2. La campaña electoral. La preparación de las "plataformas electorales" y la elaboración de listas de candidatos movilizó inmediatamente a partidos y coaliciones. Las ofertas programáticas resultaban notoriamente desequilibradas, con propuestas muy concretas junto a otras genéricas, imprecisas, retóricas y hasta utópicas.

El programa del Partido Socialista acusaba los planteamientos radicales de su XXVII Congreso: republicano, autodeterminista, autogestionario, nacionalizante e intervencionista. El programa de UCD, que se presentaba como síntesis de las principales ideologías europeas (democristiana, liberal y social-demócrata), incluía, además, un diseño de Estado bastante aproximado al que prevaleció en el texto constitucional.

> "Partiendo de un modelo de sistema de sociedad, que se mantenía en lo sustancial, se procedía a un cambio de régimen político por la vía de una reforma"

Además de ofertas antagónicas como las de AP y el PCE, y las radicales, situadas en los extremos, desorientaba al electorado la presencia de 589 listas para 52 circunscripciones electorales en las que iban a competir 5.343 candidatos al Congreso.

Las tensiones que podría relatar fueron significativas entre los "dirigentes" de los partidos de la coalición UCD, hasta que el "arcángel" (como llamábamos los promotores del Centro Democrático al preanunciado presidente Suárez, cuyo descenso a la arena electoral se esperaba que determinara apoyo y arbitraje) impuso una amplia relación de "independientes", procedentes del "reformismo", pero dejando, no obstante, bien situados electoralmente a los promotores de los minipartidos incorporados a la operación centrista.

La campaña resultó excesivamente larga con sus 21 días de duración. Como tuve la fortuna de quedar colocado en buen lugar en la lista de Madrid, me enviaron a apoyar candidaturas de UCD en otras circunscripciones que necesitaran "mitineros". Recuerdo un intento de boicot de un mitin en un teatro de La Laguna hasta que conseguí convencer a algunos estudiantes tinerfeños para que nos dejaran terminar las intervenciones.

En un mitin de Carlos Zayas al que me asomé como curioso, vi que, al acompañar Massiel al candidato del PSOE por Teruel, los asistentes estaban empeñados en que "cantara la artista". En otro mitin en Canillas (Madrid) tuve que enfrentarme a unos jóvenes y explicarles que no tenía antecedentes "franquistas" para que se retiraran y dejaran de obstaculizar.

Se derrochó mucho dinero en carteles, publicidad innecesaria en gran parte de los casos y en la organización de actos sin la menor repercusión pública, reflejo de una explicable inexperiencia, a pesar de la pre-

es Constituyentes

imera campaña electoral en 40 años

Iñigo Cavero

Ex ministro de Educación, Justicia y Cultura con Adolfo Suárez. Catedrático de Derecho Constitucional y vicepresidente del Patronato de la Universidad San Pablo

sencia de algunos sedicentes "expertos".

A pesar de que UCD contaba con un discreto apoyo de la estructura gubernamental -aunque algunos gobernadores civiles tuve la sensación que simpatizaban más con AP-, resultaban más espectaculares, por la movilización de asistencias, algunos mítines del PSOE, del PCE o incluso el de AP en Las Ventas. Objetivamente puede decirse que prevaleció un razonable sentido de moderación y que las intervenciones en los mítines, especialmente del PSOE, rebajaron notablemente ciertos radicalismos programáticos. Los incidentes fueron mínimos, después de un ayuno electoral de más de 40 años.

3. Los resultados. La jornada electoral del miércoles 15 de junio se desarrolló con bastante tranquilidad. Hacia las diez de la noche me acerqué al hotel Eurobuilding, donde empezaban a llegar buenas impresiones para UCD, que superaban los temores e incertidumbres de la última semana que tanto preocupaban en Moncloa, pero mis compañeros de candidatura Joaquín Garrigues e Ignacio Camuñas se apresuraron a subir a un podio y a hacer gestos victoriosos, que me permití señalarles como precipitados, al basarse en resultados favorables de mesas electorales de áreas de Madrid de composición sociológica burguesa, sin que el "rodolfómetro" (Martín Villa) avanzara resultados ya más fiables.

Con todo, a medianoche se confirmó que había votado un 78% del censo, con una distribución de escaños que tardó cerca de tres días en acabarse de concretar, pero que situaba a UCD con mayoría absoluta en el Senado (salvo senadores reales) y con 166 escaños en el Congreso, con una importante prima resultante del sistema electoral, pues con un 34,6% de los votos se consiguió un 46,85% de los escaños del Congreso de los Diputados.

Como segundo partido quedaba el PSOE con 118 escaños (29,3%) y, ya más lejano, el PCE con 20 escaños, con una infraadjudicación de escaños del 4%, y AP con sólo 16 escaños y castigo reductor de escaños de un 50%.

El ex alcalde y ex presidente Carlos Arias quedó a 400.000 de un escaño de senador por Madrid y la Federación Democristiana no consiguió un solo escaño, pese al apoyo de significados democristianos italianos durante la campaña; no lograron ser diputados personalidades tan notorias como don José María Gil-Robles (Salamanca) y don Joaquín Ruiz Jiménez (Madrid).

Datos destacables fueron las abstenciones seculares gallegas (36% La Coruña; 43% Lugo; 47% Orense y 35% Pontevedra) y, por otras motivaciones, las que se dieron en Guipúzcoa (23%) y en Vizcaya (14%), con contraste de sólo un 2,24% en Zamora, así como que en Andalucía el PSOE sólo aventajara en un escaño a UCD.

La campaña electoral y el resultado, además de legitimar democráticamente la tarea constituyente, facilitó, indudablemente, el consenso en la elaboración de la Constitución por la distribución de escaños; dicha Constitución debería ser suficientemente integradora de la diversidad de posiciones en la sociedad.

EUROPA PRESS

Joaquín Garrigues e Iñigo Cavero (con un cartel de Adolfo Suárez al fondo), en un acto de UCD.

Partiendo de un modelo de sistema de sociedad, que se mantenía en lo sustancial, se procedía a un cambio de régimen político, por la vía de una reforma, que implicaría una ruptura material de estructuras políticas autocráticas para sustituirlas por unas democráticas.

Cómo se gestó el invento de la UCD

La coalición centrista fue desde su fundación una bomba, aunque de efecto retardado

La Unión de Centro Democrático (UCD), fundada por Adolfo Suárez el 3 de mayo de 1977, sumó dos triunfos electorales hasta su definitiva desaparición a comienzos de 1983.

Manuel Antonio Rico. Periodista

3 de mayo de 1977. Al borde mismo del plazo legalmente establecido, Adolfo Suárez anuncia que se presenta como candidato a la Presidencia del Gobierno por la Unión de Centro Democrático, una coalición de partidos recién constituida y con casi tantas siglas como militantes, con más líderes que bases, pero que, ungida y lanzada desde el poder, iba a ser capaz de presentar candidatos por todas las circunscripciones, salvo Guipúzcoa, y de ganar las primeras elecciones libres en cuarenta años de Historia española. Tan fulgurante éxito se repitió dos años después, en 1979, y, sin embargo, de aquella UCD nacida para triunfar no quedaría piedra sobre piedra a comienzos del 83.

La coalición -reconvertida en partido unitario, que no unido- cubrió en sólo un lustro el trecho que separa a la nada de la más absoluta de las miserias, y se borró a sí misma del mapa, dejando atrás un recorrido apasionante por todas las grandezas y las bajezas de la política, por sus generosas entregas y sus egoísmos imposibles, que fueron los que consiguieron que el invento se autodestruyera espectacularmente: los egoísmos, las múltiples heridas de las contradicciones internas y sus graves pecados de origen, en un aquelarre incesante. No hubo lamentos ni epitafios, pese a la ingente tarea de Estado realizada. Quienes encendieron en ella la hoguera de sus vanidades parecían disfrutar bastante mientras la pira de UCD ardía con ellos dentro. El entierro fue de tercera. Pero aquel 3 de mayo ni olía a chamusquina ni era tiempo de cenizas, todavía.

Fraga. Areilza. Con su anuncio por la televisión única, que tanto supo utilizar, Suárez daba cuerpo a la escena presentida del jinete aupándose a un caballo preparado de antemano para hacerlo ganador; un caballo con la sangre entremezclada de franquismo y de democracia, y revestido de un centro multicolor, muy chillón, como forma de disimular la marca de la derecha, de inquietante memoria. Por definición, el centro habría de limitar a la izquierda con la pana socialista de Felipe González y, cuando en el 79 el PSOE amenazaba los linderos, Suárez sacó por televisión el espantajo del marxismo. En la "foto-finish", setecientos mil indecisos le dieron la victoria. Del centro a la derecha, hubo de aplicarse Suárez a la tarea de arrinconar a dos competidores peligrosos y madrugadores: Manuel Fraga, que era como un jinete del Apocalipsis, y José María de Areilza, con su porte de "jockey" elegante en una tarde de Ascott.

Al "león de Villalba", a Fraga, nunca le gustó pasar desapercibido. No se lo permitían sus genes, y tanto su capacidad de llamar la atención como su ancho currículum de ministro con Franco y con Arias le hacían aparecer inevitablemente como líder natural de cualquier reformismo. Llevaba con esa bandera izada desde meses antes de que Franco muriera. Era una máquina de fabricar documentos y siempre estaba pateándose España, con un pelotón de forofos tratando de seguirle al paso. Las exageraciones propias y el cerco sistemático del poder le empujaron a la cuneta.

En cuanto al señor conde, a Areilza, verdadero descubridor del centro, su ingenuidad y su timidez le dejaron pronto sin cabalgadura. Perdedor consumado, se quedó enseguida sin la patente. Un movimiento rápido de Fraga y un par de indica-

Quienes encendieron la hoguera de sus vanidades parecían disfrutar mientras la pira de UCD ardía con ellos dentro. El entierro fue de tercera

ciones serias de Suárez le hicieron desistir de la competición. Tenía vocación de protomártir.

Verano del 76. Verano de maniobras. Desplazados ambos del Gobierno por el nombramiento de Suárez, Fraga se reúne en la retaguardia de Perbes con Areilza -también con Pío Cabanillas- y le convence de que es preciso poner a calentar la olla del futuro electoral, en lugar de seguir llorando sobre el fracaso de aquella frustrante designación real. El olor gallego de la reunión llegó rápido a Madrid, donde el vicepresidente Osorio cocinaba ya el guiso de "un partido para el presidente", con todo el tiempo libre y la excelente información de que siempre han dispuesto los vicepresidentes. Dividir para vencer. No hizo falta. El mismo Fraga acabó con los planes de Perbes, en el famoso almuerzo de El Bodegón, cuando inopinadamente entregó a Areilza y a Pío los estatutos de un nuevo partido que iba a llamarse Alianza Popular y que, con la bendición de otros ilustres ex ministros de Franco, se llevaría de calle, según él, todo el voto profundo del "franquismo sociológico". Eran lentejas.

GUSTAVO CATALÁN

Areilza (izqda.), Pío Cabanillas (de pie) y Emilio Attard, en el congreso del Partido Popular, uno de los embriones de la UCD.

Areilza se fue cabizbajo, sorprendido en su ingenuidad, y no acudiría llegado el otoño a la ruidosa presentación en el hotel Mindanao de "los siete magníficos" (Fraga, por supuesto, con su otrora enemigo López Rodó, y Federico Silva, Fernández de la Mora, Licinio de la Fuente, Martínez Esteruelas y Thomas de Carranza. Las mejores cabezas del régimen, camino de la guillotina). En noviembre, sacudiéndose la soledad y los fracasos, Areilza funda el Partido Popular y acude más tarde a la llamada de Suárez, que le asegura que "el Gobierno, como tal, no tomará parte en la contienda electoral". Era un engaño, pero el conde sale encantado.

Cuando en febrero del 77 el Partido Popular celebra su congreso constituyente -y el único-, los valientes "papos" se arrugan ante las presiones gubernamentales, definidas como fortísimas, y dejan que sea Pío el presidente. Cuando en marzo vuelve Areilza a La Moncloa, lo que se consuma es una seria operación de sofronización y amedrantamiento, hábilmente trufada de cariño, que priva al conde, de por sí escasamente combativo, de las tímidas tentaciones de lucha. Luz de gas. Con Areilza, Suárez no tuvo siquiera el detalle de ofrecerle la Presidencia del Tribunal de la Competencia, como había hecho con Fraga. Cabía quizás el peligro de que aceptara la migaja, aunque sólo fuera por cortesía.

En la recta final. Antes de que la criatura se quedara huérfana, el Partido Popular crea el Centro Democrático con los liberales de Joaquín Garrigues -yerno de Areilza, al fin y al cabo- y de Ignacio Camuñas. En abril llegó Paco Fernández Ordóñez, con el cuño socialdemócrata tan apreciado, y a continuación Fernando Alvarez de Miranda, con sus fieles demócratacristianos, los cismáticos separados de Ruiz-Giménez, el hermano que iba a su aire y despistado, creyendo que España era Italia. Ya estaba todo el espectro ideológico alemán del Bundestag reunido en un punto, el del centro, pero faltaban los hombres de Suárez, los independientes o "azules", que disponían en silencio de la larga mano administrativa del Estado y presumían, con razón, de haber hecho la Reforma Política aprobada en referéndum. Con los "regionalistas" -los Olarte, Clavero o Sánchez de León, que tampoco eran unos pardillos- el cuadro fundacional de UCD estaba completo.

A finales de abril, Calvo Sotelo abandona el Gobierno por indicación de Suárez, deja la cartera de Obras Públicas y se pone manos a la otra obra, la de las listas electorales, recluido en su despacho de Explosivos Río Tinto, nombre premonitorio porque el invento no estuvo lejos de saltar ya entonces por los aires. La UCD fue desde el principio una bomba, aunque, como escribió el buen amigo Carmelo Cabellos, "una bomba de efecto retardado".

Cuenta incluso la leyenda que Suárez, al límite de la paciencia, pensó seriamente en prescindir de los liberales, los cristianos y los socialdemócratas, sobre todo éstos, siempre insatisfechos. La imaginación se desparrama en la contemplación de tal hipótesis, pero los agujeros se fueron tapando y, entre empujones e improvisaciones, las listas se cerraron, a la espera del aterrizaje de Suárez, que se produjo el 3 de mayo.

No todos los partic

La legalización del Partido Comunista no contr

Habían participado en todos los organismos unitarios de la oposición democrática y su influencia había sido creciente en las postrimerías del franquismo. Sin embargo, el Gobierno de Suárez no legalizó los partidos situados a la izquierda del PCE hasta que no se celebraron las elecciones generales de 1977.

La historia de la Transición es distinta a la historia de la lucha contra la dictadura franquista y contra los intentos de su continuidad más allá de la muerte del dictador. Quizás una diera comienzo donde la otra terminó. Pero ni una ni otra pueden encontrar explicación sin establecer la relación entre ambas. Uno de los elementos en que se expresó fue el espinoso asunto de la legalización de algunos partidos.

Transcurridos casi veinte años puede circular la idea de que las primeras elecciones, junio 1977, tuvieron lugar siendo legales todo los partidos democráticos. Esto no fue así. El ex presidente Suárez dice ahora que él legalizó a todos, olvidando un matiz que debió tener su importancia: no lo hizo hasta después de celebradas las elecciones. El olvido es comprensible en su caso. Hoy ni existen los partidos que él no legalizó, ni tiene por qué rendir tributo a quienes lucharon contra el franquismo pero no pactaron con él; y, sobre todo, porque legalizó al PCE.

Ese hecho sigue presentándose como la clave de la Transición. ¿Por qué alcanzó ese significado? Por varias razones. Una: que no estaba previsto en la Reforma. Dos: que en el seno de la oposición democrática el centro del debate estaba desplazado ya hacia la cuestión de la previa legalización de todos los partidos. Tres: que el PCE podía reclamar su inmediata legalización como prueba de que la Transición conduciría a un régimen democrático.

El PCE fue legalizado el 9 de abril. No lo fueron ni el MCE ni el PTE, ni la ORT, ni el Partido Carlista (éste último por específicas causas). Las razones del Gobierno de UCD para mantenerlos en la ilegalidad no podían fundarse en la acusación de extremismo adverso a la democratización, ni mucho menos, en ningún tipo de asimilación al fenómeno terrorista. Esos partidos no sólo participaron en la creación de todos los organismos unitarios de la oposición (Junta, Plataforma de Convergencia, Coordinación Democrática y Plataforma de Organismos Democráticos) sino también dieron muestra de un mayor respeto al programa común que el mostrado por quienes, al margen de los órganos unitarios, constituyeron la Comisión Negociadora.

> **"Si para el PCE su legalización era cuestión «de vida o muerte», no menos importancia podía tener para los partidos que estaban a su izquierda"**

La POD en su declaración programática del 26-10-1976 había planteado la "legalización simultánea de los partidos políticos y organizaciones sindicales sin exclusiones". En la práctica se fue aceptando la legalización sucesiva, convirtiéndose la del PCE, por las circunstancias dramáticas que la precedieron y por el peso del pasado, en el símbolo del tránsito a la democracia. En teoría y en la práctica muchas libertades aún estaban por lograr y por ser reconocidas. Incluso la libertad de expresión según exponía el entonces ministro de Información, Andrés Reguera, tenía sus límites políticos: la Corona, las Fuerzas Armadas y la unidad nacional. No todos estaban en disposición de aceptar lo que se quería imponer al nombrar esos límites.

En el mes de marzo, me entrevisté con Santiago Carrillo en la sede del PCE en Madrid, para transmitirle mi convencimiento de que ORT no sería legalizada por el Gobierno de Suárez. Por su parte tenía ya conocimiento de que el PCE sí lo sería; y recuerdo que me dijo, más soberbio que tranquilizador: "Por el hueco que se abra en la puerta para que pase el Partido Comunista, que es muy grande, podréis pasar sin dificultad todos los pequeños".

¿Quiénes eran esos pequeños? Se refería a ORT, PTE y MCE, sus aliados en Coordinación Democrática, pero adversarios ideológicos por la confrontación internacional existente entonces en el comunismo. Su papel en la Transición quizá ahora pueda ser borrado e ignorado. El que jugaron en la lucha contra la dictadura, difícilmente. Ni el que consiguieron al romper el monopolio que se arrogaba el PCE en aquel tiempo en que desde sus filas no se consentía que se le nombrara sino

...os eran legales

...yó a la del MCE, la ORT y el PTE

José Sanroma
Ex secretario general de la Organización Revolucionaria de Trabajadores (ORT).

como "el Partido". Estas organizaciones surgieron al final de los años sesenta y su influencia no sólo arraigó en los movimientos estudiantiles y profesionales, sino que cobró fuerza entre los sectores más activos y politizados de la clase obrera. No sólo, pero sí fundamentalmente, estaban integrados por gente joven, que no tenía nada que ver con la pasada Guerra Civil, que no tenía ningún peaje que pagar ni que cobrar y, sobre todo, que no estaba dispuesta de ningún modo, a vivir sin libertades. Su afán estuvo puesto en vincular la democracia política a una transformación social radical. Y es cierto, y comprobable, que su influencia en la última etapa del franquismo (y de los intentos de su continuidad reformada) era creciente, no sólo en términos absolutos sino, incluso, en términos comparativos, medida con la del PCE. Busquen también en este hecho explicación a su mantenimiento en la ilegalidad hasta pasado junio de 1977. Si para el PCE su legalización era en los términos usados por su secretario general "cuestión de vida o muerte", no menos importancia podía tener para los partidos que estaban a su izquierda.

Duverger en su obra clásica sobre los partidos políticos, distinguía entre los de "creación exterior" y los de "creación electoral". Ni el PCE, ni ORT, ni PTE, ni MCE eran de esa segunda clase. Habían crecido en las condiciones de lucha contra la dictadura, y sus desventajas de partida para la competencia "ex novo" entre opciones electorales eran claras. Incluso la legalización dramatizada del PCE constituyó para este mismo un grave hándicap.

Pertenecer a estos partidos sobre ilegal había sido peligroso. Votarles parecía serlo también. El crédito acumulado durante el franquismo ante unos centenares de miles de personas, podía convertirse en un inconveniente cuando la participación política se abría a millones de personas en forma de voto. Además, por ejemplo, en el caso de la ORT, apenas tres meses antes de las elecciones, en una sola semana del mes de marzo la Policía detuvo a más de 200 de sus militantes y el día 25, con gran aparato policial, invadió su sede central en Madrid, deteniendo a los que allá se encontraban, so pretexto de investigación antiterrorista; tan infundada, que el juez decretó su puesta en libertad. Por cierto que la dirección del PCE se negó a suscribir el manifiesto de protesta que emitieron aquella noche conjuntamente los partidos democráticos.

La ley electoral impidió a ORT, PTE, MCE y LCR, concurrir en junio de 1977 con sus nombres de partido; aunque su "presentación en sociedad" fue con los mismos ropajes, símbolos y terminología que habían adoptado años antes, en su nacimiento: más propios de otras épocas y latitudes que de la España en libertad que contribuyeron a alumbrar. Préstamo hipotecario con hueso para jóvenes revolucionarios.

Hace unos años cuando ya no existían aquellos pequeños partidos, y aquél grande, que ya no lo es, se ha vuelto innombrable ante quien fue su líder, visité a Santiago Carrillo, le comenté lo que me había dicho en la entrevista que antes he referido. Me preguntó, "¿eso te dije?". "Sí", le contesté, y concluyó: "No lo recuerdo".

Me sorprende que ahora mismo don Santiago pretenda explicar la influencia que ORT tuvo inventándole un "estatuto de tolerancia"; pero me ayuda a entender por qué la soledad, entre los propios, es casi inevitable cuando se conserva más fresco el veneno que la memoria.

¿Recordar? No para reivindicar siglas sino a las gentes diversas de un tiempo en que la lucha por la libertad tuvo su valor y se cobró su precio. Memoria contra olvido.

EUROPA PRESS

De izq. a dcha., Camacho, Carrillo, Tamames, el autor de este artículo -José Sanroma- y F. Sauquillo.

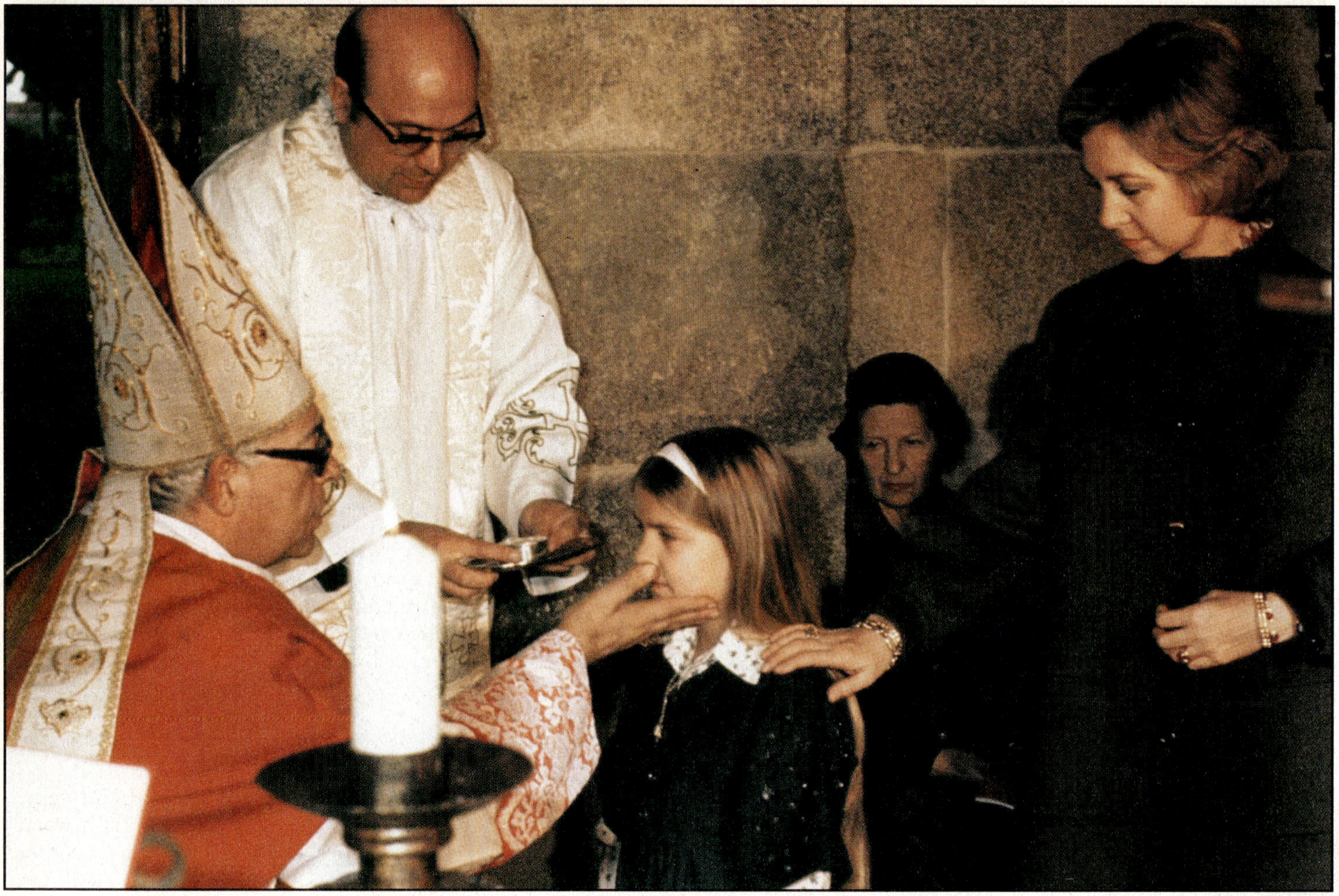

El cardenal primado de Toledo, don Marcelo González, da el cachete a la infanta Cristina en la ceremonia de Confirmación de los hijos de los Reyes (enero de 1978).

Los tres cachetes del cardenal don Marcelo

Los hijos de los Reyes recibieron en enero de 1978 la Confirmación

Jaime Peñafiel

En este año de 1978, el tercero de la democracia, un lío sentimental, de los muchos que luego jalonarían la vida española, ocupa las portadas y las páginas interiores de la prensa de evasión. El cantante **Joan Manuel Serrat**, hasta entonces pareja de **Mercedes Domenech**, madre de **Queco**, parece haberse casado ¿por lo civil? ¿en Francia? -un misterio- con una bella modelo llamada **Candelaria Tiffon**. El padre de la joven, un acomodado empresario catalán, declara públicamente que había autorizado a su hija, menor de edad, a contraer matrimonio con el famoso cantautor. Y que la boda, a la que no asistieron, se había celebrado la víspera de la Navidad.

Mientras el cantante se casa, la bailaora de los pies descalzos **Mikaela Flores**,

La Chunga, se separa. "Me arrepiento de haberme casado", declara públicamente la hasta entonces señora de **Gonzalvo**. Como todo el mundo que se separa.

Ignoro realmente si todavía se sigue impartiendo el sacramento de la Confirmación. Pero, por entonces, hasta el príncipe **Felipe** y sus hermanas **Elena** y **Cristina**, lo recibieron en el transcurso de una ceremonia privada celebrada en la capilla del Palacio de La Zarzuela y que fue oficiada por el cardenal primado de Toledo, don **Marcelo González Martín**.

El prelado puede tener a gala haber sido el único español, aparte de sus padres, si es que lo han hecho, de haber dado a los hijos de nuestros **Reyes** tres cachetes, uno para cada, como es tradición, simple y sencillamente "para que te acuerdes del obispo de Roma... ¡toma!".

Nuestro país empieza a ser algo, internacionalmente hablando, en este mes de enero de 1978 cuando la bandera española ondea, por vez primera, en el Consejo de Europa con sede en Bruselas. Para celebrarlo, es invitada la Prensa nacional y también la famosa actriz francesa **Brigitte Bardot,** que ofrece una rueda de prensa para hablar de lo de siempre, del peñazo de las focas.

El prelado puede tener a gala ser el único español, aparte de sus padres, si es que lo han hecho, de haber dado a los hijos de los Reyes tres cachetes

A finales de este mes, toda Europa puede contemplar por televisión -y más tarde en las páginas de los reportajes periodísticos- a los Reyes don Juan Carlos y doña Sofía bailando el vals *El Danubio Azul* en la Opera de Viena. La Prensa destacó fundamentalmente que parecían dos enamorados.

Pero lo cierto es que este acto socialmente festivo figuraba en el programa de la visita oficial que los soberanos españoles realizaban a Austria, viaje que se desarrolló entre el 31 de enero y el 3 de febrero.

En lo que fue un momento crítico de esta incipiente, joven y débil democracia de "taca-taca", con sus cambios de estructuras encaminadas a la consolidación del sistema, se produce una gran conmoción con el asesinato en Barcelona del matrimonio **Viola**: don **Joaquín**, ex alcalde de la Ciudad Condal, y su esposa doña **Montserrat Tarragona**. El sistema empleado por los asesinos fue similar al que costó la vida al empresario señor **Bultó**: una bomba adherida al pecho.

Brigitte Bardot acudió a Bruselas en enero de 1978, cuando se colocó la bandera de España.

Una dama de la intelectualidad es la gran protagonista del mes de febrero. Su nombre, **Carmen Conde**, de 70 años. Se trata de la primera mujer -elegida de una terna en la que figuraban **Rosa Chacel** y **Carmen Guirao**- que ingresa como "inmortal" en la Real Academia de la Lengua desde su fundación en 1713.

Solamente hubo una excepción, **Isidra Guzmán**, que en 1784 es designada académica por una cacicada del monarca **Carlos III**.

España empieza a pisar con fuerza en el mundo de la televisión. En el XVIII Festival Internacional de Montecarlo, el gran **Chicho Ibáñez Serrador** recibe el premio al mejor realizador del año; **Joaquín Soler Serrano** lo es como mejor presentador; **Alvaro de Luna**, como mejor actor, y **Nuria Espert**, mejor actriz.

UN GRITO DE MUCHAS LECTURAS. El 18 de febrero España es un grito de muchas lecturas: ¡Arde Meirás! ¿Accidente fortuito? ¿Incendio provocado? ¿Atentado? Nunca se sabrá. Pero lo cierto es que la residencia estival del general **Franco** y centro político de verano del anterior jefe del Estado arde por los cuatro costados.

Aquel día, muchos españoles se enteraron que antes de ser propiedad de Franco, este pazo del siglo XVI lo fue, desde el siglo XIX, de la gran escritora gallega doña **Emilia Pardo Bazán** hasta que, en 1938, el Ayuntamiento de La Coruña se lo compra a los herederos por 400.000 pesetas para regalárselo al Generalísimo. "Lo acepto, exclusivamente, por tratarse de un obsequio de mis paisanos", declaró el General sin saber, a lo peor, que era un obsequio "a la fuerza". Porque, quisieran o no, a los funcionarios se les estuvo descontando durante meses de la nómina la parte "alícuota" del importe. Por este motivo y otros, la impopularidad del pazo era manifiesta. Del incendio sólo se salvó la biblioteca de la Pardo Bazán. Posiblemente lo único que merecía la pena.

GUSTAVO CATALÁN

Campaña electoral de junio de 1977: el líder del PSOE Felipe González prepara minuciosamente en un avión un próximo mitin.

Ya entonces

Javier Ortiz

Vísperas del 15 de junio de 1977. Las urnas, a un paso. Felipe González -"Felipe" sin más, por entonces, para todos- vuela febrilmente de capital en capital, tronando mítines, lanzando rosas, besando niños, prometiendo futuro. La tentación es ahora imaginarlo otro: ¡ah, aquel Felipe! Bendición del de entonces, abominación del de ahora.

Pero aquel FG era el embrión de este FG. Hoy ya lo sabemos. Sabemos que ese hombre joven que aparece en la fotografía puro en mano leyendo notas ya se había envilecido esforzándose por impedir la legalización del Partido Comunista de España, para obtener ventaja desleal ante su principal competidor en la izquierda. Sabemos que había montado esa campaña electoral con dinero -mucho dinero- venido del extranjero en maletines tristemente premonitorios. Hasta es posible que ese avión alquilado en el que viajaba fuera manejado ya por quien pronto sería su piloto favorito: Miguel Molledo.

¿No les dice nada ese nombre? Quizá les suene entonces más el de su mujer. Se llama Aida Alvarez.

PRÓXIMO CAPÍTULO: **EL PAPEL DE CARRILLO EN LA TRANSICIÓN**

EL EX LÍDER DEL PCE DECLARA: "LA TRANSICIÓN FUE UNA VERDADERA RUPTURA PACTADA". DOCUMENTO PÓSTUMO DE **ENRIQUE LÍSTER** SOBRE EL EUROCOMUNISMO. **ESCRIBEN:** FRANCISCO UMBRAL, JUSTINO SINOVA, JOAQUÍN BARDAVÍO, JAIME PEÑAFIEL, LUIS M. DOMÍNGUEZ

1975-1995. Veinte años de nuestra vida

• Historia de la Democracia •

{Capítulo 19}

Pedro Carrero

El papel de Carrillo en la Transición

Contra todo pronóstico, Santiago Carrillo fue un hombre clave en la Transición española a la democracia. El secretario general del Partido Comunista, líder de la oposición exterior a Franco, tenía una imagen terrible labrada por el franquismo. Se temía incluso su regreso a España. Y, sin embargo, fue un factor de pacificación del proceso y hasta una vitola de legitimidad, pues la democracia no se mantendría sin la integración de la izquierda comunista en el sistema. Hoy Carrillo sostiene que la reforma fue posible porque en realidad se trató de una "ruptura pactada".

"La Transición fue una verdadera ruptura pactada"

Santiago Carrillo analiza el papel de los comunistas en los albores de la democracia

En 1975 el primer partido de la oposición era el PCE. Dos años más tarde, apenas conseguía el diez por ciento de los votos en las primeras elecciones democráticas. Desde entonces, el comunismo español no ha recuperado su antiguo vigor. Bien por luchas internas o por presiones externas, su papel en la sociedad ha disminuido. Un hecho cuya causa principal reside, según Carrillo, en la división de la izquierda.

Joaquín Bardavío

En 1974, con el aviso de la llamada "primera enfermedad de Franco", la oposición comienza sus últimos preparativos para participar en el futuro político inmediato.

Pregunta.- ¿Cuál era entonces la postura del Partido Comunista de España?

Respuesta.- Estábamos persuadidos de que la solución al problema español sólo podría encontrarse a través de un acuerdo entre fuerzas de la derecha y de la izquierda para establecer un sistema democrático que diera juego a todos. Y ésta era una vieja orientación comunista y no un planteamiento de última hora. Por eso nos esforzamos en llegar a acuerdos con las fuerzas de la oposición democrática y también con los que entonces llamábamos nosotros "evolucionistas del Régimen", con quienes ya habíamos hablado desde años atrás.

P.- ¿Con quiénes, por ejemplo?

R.- Yo había tenido relación con José María de Areilza y, desde 1969, venía entrevistándome con él en París de vez en cuando. Y tú descubriste en *Los silencios del Rey* la entrevista que tuve, también en la capital francesa, con Nicolás Franco Pasqual del Pobil, sobrino del dictador, y que estaba haciendo una encuesta política para el entonces Príncipe don Juan Carlos. Y durante ese año 1974 por mi despacho de París desfilaron muchas personas. Desde Jesús de Polanco y Mariano Rubio hasta Joaquim Molins, que hoy está en Convergencia.

P.- ¿Y qué buscaban?

R.- Buscaban saber cuál era la posición de los comunistas tras la muerte de Franco, lo que nos proponíamos hacer. Porque yo creo que nadie se tomaba en serio que cuando hablábamos de reconciliación nacional, de un sis- ➛

GUSTAVO CATALÁN

Santiago Carrillo se dirige a la multitud que abarrota el pabellón deportivo de Valladolid en plena campaña electoral para los comicios del 15 de junio de 1977.

tema democrático de corte occidental, lo hiciéramos sinceramente. Eramos la fuerza hegemónica de la oposición, sin ninguna duda. Aunque de una oposición minoritaria y que nunca había tenido fuerza suficiente para acabar con el franquismo. Esto fue así y no porque los españoles fueran muy mayoritariamente franquistas, sino porque hacer resistencia al franquismo era un riesgo que sólo corría una minoría de los españoles.

P.- Por otra parte, la posibilidad de que el Príncipe don Juan Carlos encabezara la marcha democrática parecía impensable a los comunistas.

R.- Entonces, totalmente. Lo que nosotros buscábamos con verdadera ansiedad era un hombre que pudiera ser la bisagra entre pasado y futuro. Y no exclusivamente a una república. Teníamos una opinión muy firme y matizada y la forma de gobierno no era de lo que se trataba, sino que lo fundamental era salir de la dictadura. No descartábamos la posibilidad de una Monarquía, aunque don Juan Carlos había sido designado por Franco y no sólo los comunistas, sino casi toda la oposición, teníamos la idea de que se trataba de prolongar el franquismo en la figura del Príncipe. Lo que nosotros buscábamos era un general que, posiblemente con la Monarquía, encabezara la reforma democrática.

> "Yo creo que nadie se tomaba en serio que, cuando los comunistas hablábamos de reconciliación nacional, lo hiciéramos sinceramente"

P.- Y el retrato robot coincidía con el teniente general Manuel Díez Alegría.

R.- Era una posibilidad. En aquella época visitó Rumania y fue recibido por Ceaucescu. Yo me desplacé a Bucarest para intentar conectar con él. Conocía a su hermano, el jesuita, con quien hablé algunas veces en Roma. El presidente rumano intenta contactarnos, pero Díez Alegría le dice que no está autorizado para hablar conmigo. Al día siguiente coincidimos en el mismo avión pero, al no conocernos, ni siquiera pensé en abordarle. Otro general con el que intentamos tomar contacto desde la Junta Democrática fue Vega Rodríguez, aunque no lo conseguimos. No aparecía ese militar que podría hacer de puente o de transición entre un sistema y otro. Al final, quien asumió ese papel fue quien menos lo imaginábamos.

P.- Ante esas dificultades para encontrar el hombre adecuado, ¿pasó por la cabeza del partido la posibilidad de recurrir a la violencia en algún momento?

R.- Nunca. Nosotros habíamos desechado cualquier posibilidad de violencia desde el año 1956. Antes, a raíz de la Segunda Guerra mundial, habíamos mantenido una fuerte acción de guerrillas con los llamados "maquis" y terminamos suspendiéndola porque nos dimos cuenta de que aquello no nos llevaba a ninguna parte. Después, en el 56, coincidiendo con las primeras muestras de resistencia estudiantil en la Universidad de Madrid, donde fueron encarcelados Javier Pradera, Enrique Múgica, Ramón Tamames y otros que pertenecían a una célula comunista y algunos que nada tenían que ver con nosotros como José María Ruiz-Gallardón, comprendimos que había ya una generación de hijos de los vencedores de la guerra con los que podríamos llegar a entendernos, y que el único camino era la reconciliación, el acuerdo entre derechas e izquierdas para establecer un régimen que permitiera un juego político en el que todos pudiéramos defender nuestras ideas. En aquel año pronuncié un discurso en un comité central en el que describía el tipo de sistema al que queríamos llegar y que era el que alcanzamos veinte años después.

P.- Muere Franco, Arias permanece al frente del Gobierno y el horizonte parece negro. ¿Qué piensan los comunistas?

R.- Nosotros estamos convencidos de que es una situación transitoria que no puede durar mucho tiempo y que, aunque no está clara todavía la posición de don Juan Carlos, España tiene que abrirse a la democracia. Lo que hacemos es intervenir pacíficamente, aunque con presiones fuertes, para acelerar el proceso. Por eso vengo yo a Madrid a vivir en la clandestinidad. En ese momento nosotros estamos hablando de ruptura democrática, como toda la oposición en general. Curiosamente, hay personas que al cabo de veinte años, todavía se imaginan la ruptura que preconizábamos como un hecho revolucionario contra el pasado. La verdad es que la idea del Partido Comunista antes y tras la muerte de Franco era la de romper con una serie de leyes que conformaban una convivencia política y social, pero eso no significaba, ni mucho menos, que pretendiéramos una revolución. Hasta tal punto esto es así que, revisando papeles, he encontrado una intervención mía a finales de 1974 en la que digo cuál puede ser la misión de un Gobierno provisional: la amnistía, la legalización de todos los partidos, las libertades políticas y la convocatoria de Cortes Constituyentes. Eso es ruptura, y en realidad se produjo porque es verdad que no hubo Gobierno provisional tal como lo concebíamos, pero el Gobierno de Suárez hizo lo que tenía que haber hecho un Gobierno de esas características. El programa de ruptura que habíamos previsto desde la izquierda lo realizó Suárez. Y al final, aunque ese proceso comenzara con la Ley de Reforma Política, lo que resultó en último término, aprobada la Constitución, fue la ruptura pactada con el sistema pasado.

> "Aunque la iniciación del proceso comenzara con la Ley de Reforma Política, lo que resultó en último término fue 'la ruptura pactada"

P.- La legalización del PCE contaba con muchos enemigos en España, aunque después prácticamente todo el mundo reconoció que fue un acierto en tiempo y forma: antes de las primeras elecciones y por sorpresa para evitar posibles enfrentamientos. Sin embargo, muchos pensaban que la legalización correspondía a las Cortes Constituyentes, idea a la que no era ajeno el PSOE porque así podría capitalizar los votos comunistas en las primeras generales.

R.- Es un asunto que arranca de muchos años atrás. Yo le he oído decir a Enrique de Francisco en 1946, cuando ambos estábamos en el Gobierno republicano exiliado en París, que habría que legalizar al PSOE -que él representaba entonces en aquel Gabinete- unos años antes que al Partido Comunista para recuperar la falta de implantación política socialista en España. Y esa misma idea la tenían destacados dirigentes del PSOE tras la muerte de Franco. Al final, la legalización de ambos partidos se produjo simultáneamente gracias a que nosotros salimos a la superficie dentro de la ilegalidad con la distribución de nuestra prensa, reparto de carnés, reuniones abiertas que acaban con detenciones. Y mostramos que éramos una realidad que estaba ahí. Mi encarcelamiento y puesta en libertad a finales de 1976 fue un hito importante en este proceso. Pero lo que quizá resultó definitivo fue el comportamiento de los comunistas en la tragedia de la tristemente célebre matanza de Atocha. Aquel entierro multitudinario puso de relieve que el PCE era una fuerza muy bien organizada y responsable.

P.- ¿Hubo algún enfrentamiento con Felipe González por la legalización comunista?

R.- No. La única diferencia, si se puede llamar así, fue dentro de la Junta Democrática. Ocurrió que Adolfo Suárez iba a recibir a representantes de la Junta, aunque puso como condición que no asistiera yo. Varios de los componentes sostienen la idea de rechazar ese veto y González dijo que, si la comisión no aceptaba negociar por causa del veto a mi persona, entonces el PSOE negociaría con el Gobierno independientemente. Yo intervengo para dejar claro que no quiero interferir en ese encuentro porque tengo la seguridad de que en reuniones posteriores el Gobierno tendrá que aceptarme. No quise provocar enfrentamientos dentro de la Junta. Al final, las negociaciones con la oposición terminaron el día en que me entrevisté durante seis horas con Suárez en casa de José Mario Armero en Pozuelo. En resumen, no hubo choque entre González y yo porque puse mi empeño en evitarlo al tener la absoluta seguridad de que el Gobierno tendría que contar con nosotros más bien temprano que tarde.

P.- Junio 1977. ¿Los resultados de las elecciones cubrieron las esperanzas comunistas?

R.- En el partido en general se pensaba en unos resultados mejores para nosotros. Obtuvimos un nueve y pico de los sufragios; aunque yo no esperaba más porque la reacción de algunas fuerzas sociales a nuestra legalización fue muy fuerte. La declaración del Consejo Superior del Ejército fue particularmente dura. Y asustó a mucha gente. De no haber existido esa postura tan firme de rechazo, tengo para mí que hubiéramos conseguido una representación parlamentaria más nutrida. Poco después del comunicado del Ejército, Claudín y Regis Debré me preguntaron por las expectativas que teníamos en nuestra primera comparecencia ante las urnas y recuerdo que les dije: "Si obtenemos un diez por ciento, me doy por contento". Sin embargo, es cierto que en el Partido Comunista se pensaba en un resultado más abultado porque habíamos llevado el peso de la oposición de la izquierda durante muchos años. Aunque insisto en que el Ejército quiso perjudicarnos y lo consiguió.

EUROPA PRESS

Rueda de prensa del PCE tras la legalización en 1977; a la derecha, según lo acordado con Suárez, cuelga la enseña nacional.

P.- El estamento militar parece reiterativo en la andadura democrática comunista.

R.- Así es. Para mí fue decisiva la declaración a la que acabo de aludir en la resta de votos que tuvimos en 1977. Y el desplome de 1982 se debió, indudablemente, al intento de golpe militar del 23-F del año anterior. Para mucha gente fue una advertencia clara en el sentido de que el Ejército, aunque en su inmensa mayoría se abstuvo en el golpe gracias a la intervención del Rey, no veía con buenos ojos a una izquierda radical. Y muchos votos se dirigieron a otra fuerza más equívoca, más tolerada nacional e internacionalmente como es el Partido Socialista. Muchos pensaron que así se salvarguardaban mejor en el futuro las libertades conquistadas.

P.- Sin embargo, el Partido Comunista aceptó, incluso antes que el PSOE, la bandera bicolor y la Monarquía. ¿Costó mucho tomar esa decisión?

R.- No. Y además lo hicimos con mucha rapidez inmediatamente después de la legalización. Tardamos veinte minutos en resolver la cuestión. Pensábamos que el PSOE era un partido muy ➳

inmaduro, de aluvión, que entonces tenía posiciones muy izquierdizantes, pero estábamos seguros de que aceptarían la bandera y la forma del Estado. Hay que repetir que en aquellos momentos la vanguardia de la izquierda y su prestigio lo teníamos los comunistas. Si nos hubiéramos pronunciado por la República, el PSOE no hubiera tenido otro remedio que seguirnos. Los dirigentes socialistas no tenían en aquellos momentos una autoridad firme sobre sus militantes capaz de hacerles aceptar la Monarquía de la noche a la mañana. El nuestro, sin embargo, era un partido muy disciplinado y daba por bueno lo que la dirección considerase positivo. Por otra parte, nosotros habíamos condicionado el dilema Monarquía o República al voto popular. Nuestros militantes estaban mentalizados en ese sentido. Hubo algún problema en algún lugar aislado, particularmente en el País Vasco. Pero en los mítines electorales actuamos ya con la bandera nacional junto a la del partido.

P.- Los comunistas ya están en las Cortes Constituyentes. ¿Qué líneas básicas adoptan ante la Constitución?

R.- En primer lugar, que quedara muy claro el carácter parlamentario y constitucional de la Monarquía; el Rey reina pero no gobierna. Como dije en mi discurso en la primera reunión de la Comisión Constitucional, la izquierda no podía incurrir en el error de que la Monarquía parlamentaria, inevitable, viniera como un triunfo de la derecha, pues eso abriría ya el conflicto entre la izquierda y la forma de Estado y redundaría en favor de la hegemonía política de la derecha en el nuevo sistema. Por eso discrepábamos del voto particular republicano del PSOE, que incluso apoyado por los comunistas no hubiera pasado. De otra parte, ni siquiera los socialistas pensaban seriamente en mantenerlo; era un gesto para la galería. En el asunto de la religión católica creo que fuimos más abiertos que el PSOE al reconocer que la Iglesia tenía una implantación mucho más importante que cualquier otra confesión en España y no pusimos ninguna dificultad a que de alguna manera, como así se hizo, se reconociera esa realidad. Aunque bien es cierto que después, en la práctica, los socialistas nos adelantaron porque en este momento, a pesar de que tenemos un Estado aconfesional, no hay ninguna diferencia entre el comportamiento del Gobierno con la Iglesia y el que tuvo el régimen de Franco. No hay más que ver cómo las autoridades gubernativas y locales del PSOE van a los actos públicos religiosos.

> “El comunismo está en caída. Yo veo la solución en la unidad de comunistas y socialistas. España necesita una nueva fuerza de izquierdas”

P.- Es lugar frecuente, referirse a Santiago Carrillo y a los comunistas como factores importantes en la transición política con orden. ¿Cómo se explica el posterior declive comunista y la dimisión de su dirigente más carismático?

> “El entierro multitudinario de las víctimas de Atocha puso de relieve que el PCE era una fuerza muy bien organizada y responsable”

R.- Ya he aludido antes a la influencia de la intentona golpista del 23-F en las elecciones de 1982 en lo que a los comunistas concierne. Ciertamente, tuvimos una pérdida estrepitosa de votos. Nos quedamos con cuatro diputados y ni siquiera pudimos formar grupo parlamentario. En ese momento comienza un proceso de crisis del partido que termina coincidiendo con la crisis de todo el movimiento comunista internacional.

P.- Y el problema personal, ¿cómo se produce?

R.- En un momento dado, toda una serie de camaradas que llegaron al partido procedentes del antifranquismo y que son demócratas, al darse cuenta de que la formación comunista está muy reducida y sin perspectivas de poder, van evolucionando hacia el PSOE. Y se llaman a sí mismos renovadores dentro del partido. Ocurre además que los dirigentes del partido en Euskadi deciden entrar en bloque en Euskadiko Ezkerra, quizá porque ahí ven más posibilidades. Nosotros nos oponemos a ese ingreso porque somos partidarios de una fusión con Euskadiko a condición de que acepte lo que entonces se llamaba eurocomunismo. Proponemos también la convocatoria de un congreso para debatir el asunto. Pero la mayoría de nuestros dirigentes del País Vasco no acepta esas condiciones. En tanto, en Madrid un grupo de concejales apoya a estos dirigentes vascos, con lo que la minoría comunista en el municipio deja de representar al partido, que había propiciado su elección. Para evitar medidas más drásticas se pidió a los dirigentes que dimitieran de las concejalías, con lo que correrían los nombres de las candidaturas y serían sustituidos por personas coincidentes con la política del partido. Al negarse a dimitir, nos forzaron al único recurso que nos dejaba la ley entonces para sustituirlos, que era su expulsión, lo que hicimos sintiéndolo mucho. Al final, aquel desembarco en Euskadiko Ezkerra dividió al partido sin salvar a EE, que terminó ingresando en el PSOE. Ambos hechos nos condujeron a un proceso muy serio y muy rápido de crisis. Además, hay que sumar el hecho de que el llamado sector renovador del partido se une con el que llamábamos “prosoviético” por razones tácticas y se creó un clima que me llevó a dimitir. De otro modo, hubiera tenido que expulsar a muchísimas personas, y eso posiblemente no iba a resolver nada.

P.- ¿Y cómo se explica el pacto de renovadores y prosoviéticos que se antoja “contra natura”?

R.- Fue para eliminar la dirección eurocomunista. Luego cada uno se marchó por su lado. Los renovadores, al PSOE, y los prosoviéticos fundaron un partido que se llamó Partido Comunista de los Pueblos de España.

P.- Y aparece Gerardo Iglesias como sucesor.

R.- Sí. Fue propuesto por mí porque yo pensaba que tras el desastre del 82 podría contribuir a pacificar el partido y a crear las condiciones para preparar un nuevo equipo de dirección. Pensé en Gerardo porque era un hombre que había estado en mis posiciones, e incluso un poco más radicalizado. Aunque a la semana de ser elegido secretario general se pasa a los renovadores y se enfrenta conmigo. Al cabo de los años ha termi-

EUROPA PRESS

Santiago Carrillo, de incógnito, presencia el paso del cortejo fúnebre de las víctimas de la matanza de Atocha.

nado montando un negocio de hostelería.

P.- Ya fuera de la política de partido ¿cuál ha venido siendo la posición de Carrillo?

R.- Sigo tratando de conseguir la unidad de los comunistas, pero pensando que debe dirigirse a una unidad más amplia con el socialismo. Llegué a la conclusión de que el PCE en solitario no puede llegar a pesar realmente en la izquierda porque hay una situación mundial en la que el comunismo está en caída. Yo veo la solución en la unidad de comunistas y socialistas. España necesita una nueva fuerza de izquierdas. Es preciso conseguir que el PSOE, que tiene dos almas, la liberal y la socialista, y que están ahí contrapesándose aunque con ventaja para el alma liberal, termine definitivamente con una hegemonía del alma socialista.

El nombre de Carrillo en la pared: una constante al inicio de la Transición.

P.- Eso quiere decir que ha terminado para Santiago Carrillo la rivalidad, a veces enconada aunque con disfraz, entre socialismo y comunismo.

R.- La polémica histórica entre comunistas y socialistas, que era revolución o reforma, ha perdido su sentido histórico. Hoy no hay otro camino hacia el socialismo que la reforma, y no hay razones para la militancia en partidos diferentes. Alenté a mis amigos del Partido de los Trabajadores a que ingresaran en el PSOE, y yo me he quedado fuera. Soy un independiente porque pienso que con mi historia no puedo desempeñar un papel en el PSOE.

P.- Pero, dentro de los socialistas, más cercano a las tesis del "guerrismo".

R.- Con respecto a las tendencias existentes en el PSOE, yo me encuentro más próximo al sector que lidera Alfonso Guerra. Estoy con la reconstrucción de una izquierda que ha quedado maltrecha a lo largo de la Transición. Me esfuerzo en reunificar y, en cierto modo, refundar la izquierda en este país. Es un objetivo a largo plazo, pero yo estoy acostumbrado a tener razón veinte años después de desplegar mis planteamientos, como me ocurrió con mi teoría de la reconciliación de los españoles. Y en lo que yo estoy trabajando ahora quizá sea una realidad dentro de diez o quince años. Pero, en todo caso, mi preocupación no se centra en unas próximas elecciones. Mi preocupación es qué va a ser la izquierda en España y en el mundo en el futuro.

P.- Parece una preocupación más intelectual que práctica.

R.- Es más intelectual y hasta si quieres más profética. Algunas de las ideas que yo tengo todavía no se ven ni siquiera proyectadas a realizarse, aunque estoy convencido de que el filósofo italiano Norberto Bobbio tiene razón: el comunismo ha desaparecido, pero no han desaparecido los problemas que el comunismo pretendía resolver.

P.- Entonces, para Santiago Carrillo, el comunismo ha muerto.

R.- Sí. El comunismo en su forma histórica está superado y no hay razón para que socialistas y comunistas estén separados, aunque existen problemas de viejas heridas producidas por rivalidades pasadas, y otros derivados de que la socialdemocracia está impregnada de connotaciones liberales muy fuertes. Pero el mundo necesita una izquierda vigorosa. Desaparecido el "peligro comunista", el sistema capitalista trata peor a la socialdemocracia. El comunismo suponía un freno. Pero, desaparecido, el capitalismo avanza en sus posiciones y corroe el Estado del Bienestar. Y los socialdemócratas tienen hoy una disyuntiva clarísima: o se convierten en un partido liberal o recuperan las ideas socialistas y reformistas de la sociedad. Si optan por la primera posibilidad, surgirá un nuevo partido socialista de los restos del comunismo y de una buena parte de los actuales socialdemócratas.

•PERFIL•

Un hombre con más v

A Santiago Carrillo se le considera ya un clásic

Carrillo se ganó pronto la simpatía de muchos españoles". Con esta premisa, el autor inicia su brillante semblanza del histórico líder del Partido Comunista. Las relaciones con Adolfo Suárez y el "trío místico" que Carrillo formaba con Dolores Ibarruri y Rafael Alberti, son algunos de los asuntos que Umbral aborda.

Cuando volvió Santiago Carrillo los españoles se quedaron un poco desconcertados. Aquel señor que fumaba largos, hablaba fino y cedía el paso a las señoras, no era el endriago verde y sangriento que nos había explicado el franquismo. Carrillo se ganó pronto la simpatía de muchos españoles en general y muchos madrileños en particular.

Carrillo quería muchas cosas, pero sólo quería, de momento, saludar al gentío, tomar el vermú en las marisquerías de Fuencarral y que los nacionales leyesen su libro *Eurocomunismo y Estado*, que no era sino una doctrina socialdemócrata de izquierdas, y que había nacido de su profundo conocimiento de Moscú y el poco porvenir que tenía el comunismo ruso. Entre Berlinguer y él se habían sacado un comunismo europeo, democrático, independiente de la momia de Lenin.

Un propósito hábil y sincero. Yo con Santiago Carrillo iba al fiestón de la Casa de Campo, al pabellón de los hexágonos, a tomar un whisquicito y probar el marisco. Por lo mucho que me contaba de la URSS, yo veía que Carrillo estaba de vuelta y que su propósito de crear un eurocomunismo español era hábil y sincero al mismo tiempo. Se entendió muy bien con Suárez, cuando llegaron a la amistad personal.

La verdad es que son dos políticos de mucho tirón humano. Para Suárez era fascinante la intimidad de aquel dragón de fuego que nos habían explicado a todos, y que resultó ser un político europeo, incluso afrancesado, con mucha experiencia, mucha sabiduría y una picardía de ala larga para llegar lejos en la previsión de las cosas. Suárez aprendía izquierda con Carrillo, cursaba su asignatura pendiente. Para él era como pasearse con la Historia de España hablando de pasados y futuros, de la guerra y de la otra guerra.

Carrillo, por su parte, descubrió, no sin simpatía, a un joven falangista que estaba empezando a padecer y gozar las fiebres de la revolución y la izquierda, que estaba haciendo una España nueva al mismo tiempo que aprendía de verdad lo que era, había sido y es España. El viejo y el joven se entendieron porque las dos Españas venían a resumirse en ellos como una amistad entre hombres, un intercambio de ideas, un descubrimiento jubiloso y sobrio de que podían trabajar juntos.

Por eso fueron posibles los Pactos de La Moncloa.

> "Suárez aprendía izquierda con Carrillo, cursaba su asignatura pendiente. Era como pasearse con la Historia de España hablando de pasados y futuros"

Carrillo traía consigo a la Inmaculada Concepción del PCE, o sea Dolores Ibarruri, y al arcángel San Rafael Alberti. Toda la teología comunista y lírica resumida en una mujer/mito y un poeta resplandeciente como los ángeles curiosos de la bahía. Nadie, pues, tenía mejor escolta que Santiago Carrillo. Y encima venía a verle Berlinguer.

Pasionaria, sin perder su virulencia política, volvía a ser lo que había sido siempre: una mujer del pueblo español, una madre que seguía hablando de su hijo Rubén, el que perdiera en Stalingrado. Se sabía los versos de Neruda:

Aunque no he combatido en tu cintura,
hoy levanto por ti esta rosa oscura,
este canto de amor a Stalingrado.

Rafael Alberti no vino haciendo poesía de guerra, sino estrenando teatro, dando recitales líricos, sacando libros. Aquel trío místico y excelso tenía poco que ver con las imágenes espantables y hasta graciosas que de ellos nos había dado el franquismo.

Carrillo era algo así como el capellán de aquella Virgen comunista y el espónsor de aquel poeta con melena blanca y mambos de palmeras. La Revolución de Asturias y la Generación del 27, cogidos del brazo de Carrillo. Otra vez el eterno trío de

da que biografía

e la Historia contemporánea

Francisco Umbral

Escritor y periodista. Autor, entre otras obras, de "La leyenda del César Visionario", "Mortal y rosa", "Las señoritas de Aviñón" y "Madrid 650"

El poeta Rafael Alberti y Santiago Carrillo comparten sitio en la tribuna durante un mitin celebrado en los albores de la democracia en España tras morir Franco.

La verbena de la Paloma yéndose a lucirse y a ver la verbena y a los toros de Carabanchel. Carrillo ganó mucha España, pero perdió el PCE, su partido, por esas cosas que pasan. La aljubarrota vino después de las elecciones, cuando los votos se quedaron muy por debajo del plebiscito popular de la calle.

No, España no votaba comunista.

No soy nada partidario de refranes, pero dice un dicho castellano que donde no hay harina todo es mohína. Donde no había votos el culpable era Santiago Carrillo. Así que echaron a Carrillo y luego les ha ido peor.

Biografía política terminada. Carrillo es un hombre con más vida que biografía. A veces ceno con él en Lucio, o en el estudio del pintor Pepe Díaz, entre cuadros que nos miran, un perro que nos lame y un olor a amistad y aguarrás que luego se enternece con el guiso, el tabaco y el alcohol. Su biografía política ha terminado, pero es ya un clásico de la Historia contemporánea y sabe que hizo lo que pudo por ayudar a traer la democracia y la paz.

De Felipe González hasta nos cuenta chistes verdes.

Crítica del "euroco

Documento póstumo. Para Líster, el PCE de Carrill

Líster criticaba severamente la opción del PCE hacia el "eurocomunismo", línea propugnada por Carrillo a fines de los 70. Quien fuera secretario general del Partido Comunista Obrero Español (PCOE), se hallaba enfrentado a Carrillo, a quien acusaba de aguar el comunismo. He aquí sus argumentos en un documento inédito.

La transformación del "pecé" arranca de lejos y ha discurrido por diferentes etapas, en las que se han conjugado el heroismo sin límite de los comunistas, en los cuales se cebó el terror fascista, y la ubicación de la dirección de ese partido y de buena parte de sus cuadros fuera de España, dispersos por diferentes países.

A lo largo del penoso y prolongado periodo de clandestinidad del PCE, se fue acentuando la contradicción entre una militancia combativa y revolucionaria y una dirección autoritaria, separada cada vez más de su base, imbuida fuertemente por el subjetivismo y el triunfalismo y fuera del alcance de toda crítica a su gestión. De este modo, la dirección fue asumiendo poderes cada vez más grandes y arrogándose la infalibilidad de todos sus criterios, análisis y conclusiones.

La despersonalización del "Partido Comunista", como partido obrero revolucionario, erosiona a éste y da lugar a que se desprendan de él grupos y sectores que van formando diversos destacamentos marxista-leninistas, lo cual está en el origen del actual fraccionamiento del movimiento comunista español.

En tales circunstancias ha jugado importante papel la personalidad de Santiago Carrillo, de voluble ideología y principios. En su juventud, miembro del Partido Socialista, muy influido por el trotskismo, militante del ala izquierda de dicho partido; ingresa en el Partido Comunista (...). Aprovechándose de la situación del "pecé", Carrillo margina a lo más revolucionario y consciente de éste, doblega a la "vieja guardia", coloca a lo ancho y a lo largo del mismo a sus hombres clave y, sin reparar en medios, se encarama en la más alta dirección del partido, lo que explica las causas de la implantación de aquél en el "Partido Comunista" y del poder acumulado por una sola persona en ese partido, acentuado en el último Congreso.

El "eurocomunismo", instituido como ideología oficial del "pecé", no es una tercera vía entre el marxismo-leninismo y la socialdemocracia, como se ha afirmado, y no es tampoco un producto de la realidad sociopolítica de la moderna sociedad capitalista.

> **"El abandono del leninismo es la castración del marxismo, caer en el socialdemocratismo. El PCE «eurocomunista» no es recuperable para el marxismo-leninismo"**

(...) El "eurocomunismo" no aparece aún como una doctrina coherente. Más bien es un cuerpo de ideas, reflexiones y máximas sobre problemas socioeconómicos y sociopolíticos, nacionales e internacionales, así como también sobre problemas concernientes al movimiento comunista internacional. No obstante, se perfila ya una tendencia muy acentuada a convertirse en doctrina, como es el caso de España, contrapuesta en sus dimensiones fundamentales a la teoría del marxismo-leninismo y en eje policentrista contra la unidad del movimiento comunista internacional.

(...) Las ideas más importantes del "eurocomunismo", que constituyen su médula son: la completa negación de la vigencia de las leyes generales de la revolución socialista y de las profundas transformaciones socioeconómicas y culturales que requiere la edificación de la nueva sociedad; la apología de la doctrina sobre la pluralidad de modelos de socialismo, haciendo hincapié en la variante de "socialismo en la libertad"; el total abandono de la doctrina marxista-leninista sobre la instauración del poder de los trabajadores para la transición del capitalismo al socialismo y la construcción del comunismo; la renuncia al principio del internacionalismo proletario, como premisa para concertar compromisos con sectores de la gran burguesía monopolista y sus correspondientes partidos; el enfoque pluralista del marxismo-leninismo, que conduce a su desvirtuación teórica y desvalorización práctica. Todo ello constituye, pues, la base del "modelo eurocomunista" de socialismo.

En definitiva, el "eurocomunismo" aleja de hecho la perspectiva de la revolución

unismo”

abía dejado de ser comunista

Enrique Líster

Ex secretario general del Partido Comunista Obrero Español (PCOE), fallecido el 7 de diciembre de 1994

socialista en la Europa capitalista y desfigura ante los trabajadores la fisonomía de las fuerzas clásicas de la izquierda, dando ventaja a la derecha para que ésta pueda prolongar aún largo tiempo el sistema de dominación del capital monopolista de Estado.

(...) De un lado, el “pecé” desecha oficialmente la “fórmula tradicional del marxismo-leninismo” y la sustituye por otra sui generis llamada “marxismo democrático revolucionario” por considerar “superadas por la Historia” las tesis principales de Lenin; mientras que, de otro lado, los máximos dirigentes de ese partido, Dolores Ibarruri y Santiago Carrillo se rompen las vestiduras negando el abandono del leninismo por el PCE y declarando solemnemente que son los depositarios de la herencia leninista y llegan a decir que si éste viviera en nuestros días, cosa que entra ya en el campo de la cienciaficción, habría roto con sus propios esquemas. Embalados ya en esa dirección podríamos firmar algo así como que hoy Vladimir Ilich habría sostenido los Pactos de La Moncloa y al Gobierno Suárez, bajo el rótulo de “política de consensos”. Insistiendo en tales manifestaciones equívocas, Simón Sánchez Montero declara a la Prensa que “somos fieles a los principios revolucionarios de Lenin”. Y para acabar de trastocar las cosas, a los militantes contrarios al abandono del leninismo se les considera que tienen una interpretación socialdemócrata de la política del PCE, en tanto que a quienes se pronuncian por el abandonismo se les atribuye una interpretación marxista de esa política.

En realidad, el IX Congreso del “pecé” no ha abandonado el leninismo, pues no se puede abandonar lo que el partido carrillista hacía ya tiempo que había echado por la borda.

(...) Lo mismo que en las ciencias naturales es imposible suprimir de un plumazo un periodo de su historia como, por ejemplo, en la física no se pueden asimilar las teorías de Einstein sin conocer las leyes de Newton, tampoco puede desengancharse el marxismo del leninismo y crear un vacío teórico-político entre nuestra época y la que vivieron Marx y Engels.

El marxismo es inseparable de su continuación, el leninismo, que desarrolló todas las partes componentes del primero, la filosofía, la economía política, el comunismo científico, en consonancia con las condiciones de nuestra época, la del imperialismo, la de la transición del capitalismo al socialismo.

(...) El abandono del leninismo es, en nuestra opinión, la castración del marxismo, caer en el socialdemocratismo. Se puede o no estar de acuerdo con la doctrina del socialismo científico, declararlo inaplicable, falso, eso es cuestión de los ideólogos de la burguesía; lo que no se puede es desnaturalizarlo y declararse a la vez “marxista revolucionario”.

La transformación del PCE en partido “eurocomunista”, o sea, de corte socialdemócrata, es irreversible. Y no puede esperarse que ese partido sea recuperable para el marxismo-leninismo.

Madrid, 4 de mayo de 1978

GUSTAVO CATALÁN

Georges Marchais, Santiago Carrillo y Enrico Berlinguer, líderes del “eurocomunismo”, en una “cumbre” en Madrid, 1977.

•ECOLOGÍA•

Greenpeace inicia su lucha en España

La primera batalla fue contra los balleneros gallegos

Luis Miguel Domínguez. Naturalista

Las ballenas fueron las primeras españolas que conocieron la existencia de un grupo de valientes ecologistas capaces de jugarse la vida por ellas y por el mar de todos. Fue en el verano de 1978, en el mes de agosto, cuando un día más un barco gallego de nombre "Carrumeiro" y de intenciones biocidas se disponía a arponear a una familia de estas inmensas criaturas. Pero la maniobra ballenera de este buque, perteneciente a la empresa española Massó, se truncó gracias a la acción sorprendente de otro barco en el que a lo largo de su eslora de acero mojado podía leerse un novedoso y pacifista "grito de guerra": Greenpeace.

La labor eficazmente llevada a cabo tanto por el propio navío ecologista como por los dos jóvenes que echaron su lancha neumática al agua para ponerse entre los cetáceos y el arponero, evidentemente respondía a una planificación organizada y no a la actuación puntual y espontánea de cuatro locos amigos de los animales.

Ese día desde luego no se dio muerte a ninguna ballena en las costas españolas pero también los activistas de la paz verde consiguieron introducir en las líneas maestras de la sensibilización española el deterioro del medio ambiente y un nuevo término: ecotaje o lo que es lo mismo, interrumpir con acciones directas cualquier atentado contra la naturaleza.

La acción en defensa de las ballenas del "Rainbow Warrior" (guerrero del arcoiris) se dilató durante cuatro años más, actuando en alta mar y extendiendo su mensaje en tierra para calar hondo en la opinión pública española y como la historia demostraría más tarde en el propio Gobierno, que el 23 de julio de 1982 con su voto decisivo en la Comisión Ballenera Internacional consiguió parar de forma histórica la caza de estos mamíferos marinos en todos los mares del planeta. Paralelamente el ciclón ecologista Greenpeace ya se había hecho un hueco de honor en el movimiento ecologista español, desarrollando campañas sobre la contaminación de las aguas continentales y los vertidos nucleares en el océano Atlántico frente a Vigo.

FOTOS: GREENPEACE

Una lancha ante una patrullera española, en 1978. Abajo, junto a un ballenero en el Estrecho de Gibraltar.

Desde que en 1971 en la ciudad canadiense de Vancouver se fundara esta organización, algo esencial sí han conseguido sus activistas y es el demostrar que la causa ecologista no es una entelequia de espejismo y panfleto sino algo por lo que merece la pena luchar desde la proa de un barco, a cincuenta metros del suelo en la boca de una chimenea contaminante o boicoteando reuniones a alto nivel como la celebrada en Madrid por el Fondo Monetario Internacional. Desde su primera aparición en España a hoy, Greenpeace no sólo ha conseguido ganar credibilidad en sus protestas y en su visión conservacionista del desarrollo, sino miles de socios que con sus cuotas apoyan a la organización. Y ése es el verdadero motor que mueve a los Guerreros del Arcoiris.

• CINE •

“La escopeta nacional”, denuncia de la corrupción

Berlanga se recreó en una cacería típica del régimen franquista

Cuando Luis G. Berlanga declaró en 1978, ante el estreno de “La escopeta nacional”, que “quiero denunciar la corrupción del poder” no podía ni imaginarse el grado alcanzado años después.

Alberto Bermejo

Habían pasado casi diez años desde la última vez que Luis García Berlanga había conseguido rodar en España -entremedias había salido a Francia para dar rienda suelta a sus solitarias obsesiones eróticas en *Tamaño natural*-, y el país cambiaba a marchas forzadas.

La bulliciosa descripción de una cacería como las que se celebraban en los tiempos de Franco pareció en el momento del estreno de la película *La escopeta nacional* (14-IX-1978), un divertido, aunque tardío y condescendiente, ajuste de cuentas del director con el régimen que había malogrado, al menos parcialmente, una carrera en la que, como poco, se cuentan media docena de los mejores títulos de todo el cine español.

Al parecer, la idea había surgido unos cuantos años antes a raíz de una sonada anécdota, tal vez exagerada, según la cual Manuel Fraga Iribarne, entonces ministro de Información y Turismo, habría descargado -accidentalmente, claro- una perdigonada sobre las posaderas de la hija del anfitrión durante uno de aquellos paseos cinegéticos en los que se trapicheaba con el poder.

La bufonesca algarabía de marqueses perversos, ministros de nueva hornada, ex ministros, militares en activo, viejas glorias de la sacrosanta cruzada, curas más franquistas que Franco, aspirantes a cacique, vistosas mantenidas, rancios procuradores en Cortes por el tercio familiar, avispados accionistas y ambiciosos industriales reunidos para una montería convocada por un fabricante de porteros automáticos catalán era, en la superficie, un tumultuoso vodevil en el que Berlanga recuperaba su gusto por la puesta en escena coral pero no la ácida comprensión con la que había retratado a los desvalidos de *Plácido* o la rabia macabra que destilaba *El verdugo*. El público agradeció el guiño voluntarioso y lo convirtió en un gran éxito de taquilla, predispuesto de antemano a ser fiel al prolongado retrato de la España imperecedera, familiar y provinciana, al que Berlanga fue añadiendo capítulos hasta configurar lo que ya se conoce como su serie *Nacional*.

Entretanto, el cine español preparaba esperanzado su Primer Congreso Democrático, la crítica se dividía en torno a *La escopeta...*, los medios decidían canonizar al director por lo que nunca volvería a ser y también por su erotomanía enciclopédica.

Y el propio Berlanga, en fin, confesaba, en la clásica entrevista previa al estreno de la película, que lo que había pretendido era “denunciar la corrupción del poder”.

Todos miraron al pasado, pero el tiempo ha confirmado la clarividencia genérica de su sentencia.

FOTOS: EUROPA PRESS

Jesús Aguirre, en el momento de poner la alianza a Cayetana de Alba. El antiguo sacerdote y la duquesa se habían conocido hacía apenas cinco meses.

Se anuncia la boda de la duquesa y el cura

El enlace causó algunos recelos en la familia de Cayetana de Alba

Jaime Peñafiel

Después del incendio del Pazo de Meirás que marcó el mes de febrero y que sumió a la señora de lo mismo en una profunda depresión -"¡Ay si **Paco** viviera!"-, la vida siguió su marcha imparable hacia la democracia. *Pueblo*, el periódico que lo fuera de los sindicatos verticales, perdón por pluralizar, acepta que el cambio ya no tiene vuelta. Para curarse en salud y reconciliarse con todos los frentes políticos, decide nombrar "Populares" a **Adolfo Suárez** y a **Manuel Fraga**, algo muy normal en el periódico sindical. Pero también al profesor **Tierno Galván**, a **Nicolás Redondo**, a **Marcelino Camacho**, a **Felipe González** y hasta a **Santiago Carrillo**, que ya no era tan normal. Para que los lectores puedan digerir la lista de tanto rojo entre los "Populares" de 1978, se coloca el florero de **Isabel Te-**

Curro Romero y Conchita Márquez Piquer posan para los fotógrafos poco después de su enlace.

Antonio "el bailarín" anunció su retirada artística.

naille, una popular de la "tele" única.

En marzo, **Antonio** "el bailarín", como popularmente se le conocía, anuncia su retirada artística. Más como consecuencia del vacío social a causa de sus memorias: "Yo tengo un hijo con la duquesa" (en la Diputación de la Grandeza hay algo así como trescientas), que por la pérdida de facultades.

En estos últimos días de marzo, **Mari Carmen Izquierdo**, la primera mujer especializada en el fútbol, como comentarista de televisión, es la protagonista de una triste historia de desamor. El personal se indigna y se conmueve porque se trata de un personaje admirado y muy querido por los telespectadores. Un presunto canalla, de nacionalidad italiana, llamado **Roberto Faggiani**, autotitulado hombre de negocios, contrae matrimonio con la buenaza de Mari Carmen, quien ve en plena luna de miel, con dolorido asombro, cómo su marido legal es detenido, acusado de no sé cuántos delitos. No era ni el ejecutivo ni el hombre con quien ella había pensado que se casaba. Se trataba de un vulgar estafador. El país entero sufrió con la Izquierdo y fue solidario con su dolor.

Dolorosa, como todas las separaciones, la de **Conchita Márquez Piquer**, la bellísima hija de **doña Concha**, y el torero **Curro Romero**. Habían contraído matrimonio en octubre de 1962. Tenían dos hijas.

Madrid estrena alcalde en la persona del notario **José Luis Alvarez**, 47 años y cinco hijos de su matrimonio con **Mercedes Royo Villanova**.

La noticia más grande, sorprendente e increíble del año 1978, y de muchos años y de todos los años, se produce en esta primavera democrática de 1978. La duquesa **Cayetana de Alba**, la más duquesa de todas las duquesas y la mujer con más títulos nobiliarios en el mundo entero, anuncia su boda con un cura.

"¿Con el padre espiritual de la señora duquesa?"

¡No, hombre! Se trata de un sacerdote apartado del ministerio eclesiástico desde 1969.

Su nombre: **Jesús Aguirre**, director general de Música, intelectual, políglota y lleno de malicioso encanto.

Se habían conocido "no más de cuatro meses y veintitantos días" aclara el novio en la rueda de prensa de su presentación.

"Ah, sí, sí, en diciembre", titubea la novia.

"Más", recalca Jesús.

"No, qué va, el 2 de diciembre que fui al Ministerio para una gestión de la ópera", intenta aclarar Cayetana.

"Recuerda que nos habíamos conocido hace dos años", respondió él intentando disimular la contrariedad que la discusión le producía.

"Sí, pero sólo nos saludamos, así, de paso. Pero conocernos, así, mejor, desde diciembre último", insiste la duquesa.

"Yo les ruego que se lo imaginen ustedes", respondió Jesús en un intento de que en aquel pugilato verbal no hubiera, cuando menos, vencedores ni vencidos. Aunque a él le hubiera gustado vencer. Ya habría tiempo...

Por entonces, Cayetana era mucha duquesa y Jesús un advenedizo, sobre todo, en la familia. Posiblemente, para acallar algunos conatos de protesta en el seno de la Casa Ducal, ella, la futura señora Aguirre, dejó bien claro, públicamente, qué papel iba a tener el ex cura no sólo en su vida sino también en la familia: "Toda persona que se case conmigo, utilizará el título de duque. Lo siento pero es así".

¡Y vive Dios que así ha sido! Jesús es el duque de Alba de toda la vida. "Nosotros los Alba". Y, además, el hombre que ha puesto orden en la familia y en orden la vida de Cayetana.

Santiago Carrillo, en un mitin del PCE con la bandera nacional bien visible. Adolfo Suárez le pidió el gesto de su aceptación. Y los beneficios políticos fueron notables.

El mayor éxito de Carrillo

Justino Sinova

Se puede discrepar de Santiago Carrillo, se puede rechazar su serpenteante biografía, pero no se puede ignorar, por respeto a la Historia y a su persona, que facilitó de manera impagable el tránsito de España a la democracia. Cuando muere Franco, una de las mayores incógnitas es Carrillo. Poco después, sería una de las más resonantes sorpresas. Hizo, entre muchas otras cosas, dos principales: la primera, aceptar la Monarquía, lo que le obligó a rectificar venenosos comentarios sobre don Juan Carlos; la segunda, aceptar la bandera bicolor. Hay que retroceder veinte años para calibrar el mérito de estas conversiones. La Corona era una herencia de Franco, cosa que él había subrayado, y la bandera había sido secuestrada por grupos ultras (todavía hoy queda algo de eso). En el Partido Comunista abundaron los síncopes por esta "desviación" del jefe (y luego acabarían pasándole factura), pero el país entero salió beneficiado. Ironías de la Historia: quien había sido presentado como enemigo de la patria hizo lo necesario para sacarla a flote. Fue su mayor éxito. Y la Historia debe reconocérselo.

PRÓXIMO CAPÍTULO: **TERRORISMO CONTRA DEMOCRACIA**

ENTREVISTA CON JOSÉ JAVIER URANGA: "SI HUBIESE ABANDONADO PAMPLONA, ETA HABRÍA CUMPLIDO SU OBJETIVO DE ELIMINARME".
TESTIMONIO DE IRENE VILLA. FELIPE GONZÁLEZ, EN FAMILIA. **ESCRIBEN:** FRANCISCO LETAMENDÍA, PEDRO IBARRA, FERNANDO GAREA

1975-1995. Veinte años de nuestra vida

• HISTORIA DE LA DEMOCRACIA •

{CAPÍTULO 20}

Casa cuartel de Vic. La crudeza de la imagen denota el horror que se vivió el 29 de mayo de 1991 en la casa cuartel de la Guardia Civil de Vic (Barcelona). Un coche bomba de ETA segó la vida de nueve personas; entre ellas, cuatro niñas que jugaban en el patio del edificio.

TERRORISMO CONTRA DEMOCRACIA

La banda terrorista ETA continuó su escalada de atentados como si nada hubiera ocurrido, es decir, como si España no hubiera iniciado en firme el camino de la democracia. Cada día estaba más claro que la conquista de la libertad para el país era un serio inconveniente para ETA. La consolidación de la democracia, en cuanto suponía la estabilidad del sistema, jugaba en contra de sus intereses. Los terroristas siguieron asesinando en busca de una pretendida liberación de Euskadi, en medio del rechazo de la inmensa mayoría y con el apoyo político de HB.

Historia de ETA y nacionalismo en Euskadi

El objetivo constante de la lucha armada ha sido forzar al Estado a una negociación

La proximidad intuida de la muerte del general Franco provocó en 1974 la escisión en el seno de ETA. Por un lado, se situaban los "militares", muchos de ellos exiliados y que decidieron separar la actividad armada de la política; por otro, los "político-militares", integrados por la nueva hornada de militantes del interior. Desde estos dos frentes, ETA abordaba el proceso de transición en España.

Francisco Letamendía. Profesor titular de Ciencia Política y ex diputado de Euskadiko Ezkerra

La ETA "militar" de los primeros años setenta fue hija del juicio de Burgos: quedó impregnada del carácter radical y utópico del nuevo nacionalismo que aquél había cristalizado, el cual empezaba a conquistar la calle contra la represión franquista y vivía un deseo de libertad hecho de mil debates y transgresiones; y se dejó alucinar por el espejismo proyectado por Burgos que marcaría a fuego a toda una generación de jóvenes vascos, según el cual el movimiento obrero se había fundido ya con la lucha nacional. Ideológicamente fue fruto de dos tendencias: imitó los movimientos anticolonialistas armados, que gozaban aquellos años de gran prestigio (los de Cuba, Argelia y Vietnam primero, más tarde los de Brasil, Uruguay, Irlanda y Palestina); e hizo suyo el lenguaje duro marxista-leninista que se extendió por los grupúsculos políticos de Occidente a raíz de la resaca del mayo francés del 68.

El debate sobre si la lucha armada debía ser el complemento de la lucha de masas, tesis del Frente Obrero, o si debía gozar de autonomía total, como sostenía el Frente Militar, se había saldado a favor de este último tras el atentado contra el almirante Carrero Blanco en diciembre de 1973. Pero la proximidad intuida de la muerte del dictador provocó en 1974 una nueva escisión entre los miembros más veteranos, los "militares", muchos de ellos exiliados hacía años en Iparralde (la zona vasca del Departamento francés de los Pirineos Atlánticos) y la nueva hornada de militantes del interior, los "políticos-militares"; los "milis" decidieron, contra la opinión de los segundos, separar la actividad armada de la política, e hicieron un llamamiento en un manifiesto redactado por José María Beñaran Ordenaña, Ar- ➳

EFE

Casa cuartel de Zaragoza. Doce personas -cinco guardias civiles y familiares de tres de ellos- perecieron en la masacre que ETA causó en la casa cuartel de Zaragoza el 11 de diciembre de 1987. El atentado, en vísperas de las fiestas navideñas, causó una profunda conmoción.

gala, en pro de la formación de un frente civil que actuara en el marco de la próxima legalidad "burguesa". Los términos de la separación no fueron amables: un Kemen "poli-mili" -publicación interna de carácter confidencial que significa "Fuerza"- de la época que describe los hechos pinta a los "milis" como gente que "pasaba la frontera y volvía a descansar a Euskadi Norte, para una vez allí contar y cachondearse de las acciones que habían hecho". Estos no tenían a su vez en alta estima a sus oponentes; según el mismo Kemen, a la hora "de definirse como políticos o como militares para continuar en la asamblea", entre los "milis" comenzaron los comentarios más o menos graciosos: "Si yo hubiera sabido eso antes, hubiera traído a mi tía y a mi hermana".

Los "poli-milis", tras una fase de fuerte radicalización, diferenciaron dos programas: uno máximo, independentista y socialista, y otro mínimo, consistente en una alternativa para el fin del franquismo que reclamaba para Euskadi la unidad territorial y el derecho de autodeterminación, y cuyo carácter moderado hizo problemática su aceptación por la KAS (Coordinadora Abertzale Socialista), formada a raíz de la ejecución de los jóvenes militantes "poli-milis" Juan Paredes Manot, Txiki, y Angel Otaegui. Había ya una diferencia radical con la oposición española al franquismo, que había aceptado transformar la "ruptura" con el Régimen por la "reforma" del mismo. El punto de la autodeterminación se había caído de los programas de la Junta y de la Plataforma Democráticas, que se proponían pactar la reforma con un aparato de Estado dispuesto a aceptar la legalización de los comunistas, pero totalmente intransigente en lo que tocaba a la unidad de España.

Así, a mediados de 1976, poco después de que los "poli-milis" decidieran desdoblarse en un partido de vanguardia -EIA (Euskal Iraultzarako Alderdia, Partido para la Revolución Vasca), el embrión de la futura Euskadiko Ezkerra-, y ETA político-militar, los "milis" aprobaron su programa mínimo, que sería conocido desde entonces como la alternativa KAS. (De los grupos que no aceptaron esta alternativa por "interclasista", tales como LAIA-ez [Langile Abertzale Iraultzaleen Alderdia, Partido de los Trabajadores Patriotas y Revolucionarios], se alimentaron más tarde los Comandos Autónomos). Las diferencias entre las concepciones de las dos organizaciones armadas seguían siendo grandes: para ETA (p-m), el papel de vanguardia correspondía al partido revolucionario; la lucha armada debía ser de retaguardia, y limitarse a cumplir la doble función de "garantizar" las conquistas populares y "disuadir" a la burguesía. Para ETA (m), en cambio, tenía que haber no un partido de vanguardia, sino un bloque dirigente, el KAS, formado por organismos como el sindicato LAB (Langile Abertzaleen Batzoerdea, Comisión de Trabajadores Patriotas) y los partidos EIA y EHAS-HASI (Euskal Herriko Alderdi Sozialista-Herriko Alderdi Sozialista Iraultzailea, Partido Socialista y Revolucionario del Pueblo), que se había formado en respuesta al llamamiento de los "milis"; ETA debía seguir siendo la vanguardia, por ser el único núcleo "inasimilable por la oligarquía".

Para ETA (p-m), el papel de vanguardia correspondía al partido revolucionario; para ETA (m), tenía que haber un bloque dirigente, el KAS

Pero estas divergencias pasaron desapercibidas durante algún tiempo, pues en esos meses estaban cristalizando dos culturas políticas incompatibles entre sí. La aceptación por el Partido Comunista de la Monarquía, la bandera y la unidad de España, así como la emergencia del histórico PSOE en su XXVII Congreso como partido moderado y "nuevo", estaban haciendo triunfar en España el centrismo y la moderación. Mientras, una acumulación de sucesos violentos se sumaba en 1976 al proceso antes descrito para configurar una "izquierda abertzale" en Euskadi, que quedaba así dramáticamente fuera del nuevo consenso del Estado.

Tras las elecciones del 77, la izquierda abertzale radical se enfrentó con los parlamentarios al grito de "el pueblo unido se rige sin partidos"

En el medio año que transcurrió entre el referéndum de la Ley de Reforma Política hasta las elecciones generales de junio de 1977, el KAS se convirtió en el campo de batalla entre ETA (pm), partidaria de la participación -la cual debía poner las bases del "poder popular"-, y ETA (m), frontalmente opuesta a una reforma que definía como la continuación de la dictadura. Con motivo de las conversaciones entre el Gobierno y los "polis-milis", que desembocarían en el extrañamiento de los presos de Burgos, se escindieron los Comandos Bereziak (especiales) de ETA (p-m), dirigidos por Miguel Angel Apalategui Ayerbe, Apala, y Eugenio Etxebeste Arizcuren, Antxón, acusando a la dirección p-m de haber caído "en las redes de la traición", y fusionándose unos meses más tarde con ETA militar. La coalición Euskadiko Ezkerra, formada en el fragor de las manifestaciones de mayo en cuyo transcurso murieron siete vascos, y reducida a EIA y al Movimiento Comunista (MK) tras la retirada de los candidatos del KAS, obtuvo en junio un diputado y un senador.

Tras las elecciones, que dieron el triunfo en Euskadi al PNV y al PSOE, tuvieron lugar gigantescas movilizaciones en pro de la amnistía convocadas por unas gestoras de personalidades de la sociedad civil vasca, como el escultor Eduardo Chillida. Pero este movimiento pronto se bifurcó: la Asamblea de Parlamentarios Vascos había puesto sus esperanzas en la ley tramitada en Cortes, cuyo espíritu lo resumía un editorial de *El País* del mes de julio: la amnistía debía aplicarse a "conductas condenables, que la historia y los españoles hemos condonado, pero que no deben ser tratadas como conductas heroicas o revolucionarias". La izquierda abertzale radical hizo suya la consigna "amnistia ez da negoziatzen" ("la amnistía no se negocia") reivindicándola como un reconocimiento de la legitimidad de la lucha realizada en Euskadi, y se enfrentó en la manifestación del 8 de septiembre con los parlamentarios al grito de "el pueblo unido se rige sin partidos".

La Asamblea de Parlamentarios Vascos había sido contestada en 1977 por la Mesa de Alsasua; cuando aquélla coronó a principios de 1988 el régimen preautonómico con la formación del Consejo General Vasco, cuatro partidos de la Mesa de Alsasua (de la que EIA se había ausentado), entre ellos dos del KAS, fundaron en abril Herri Batasuna. Diversos factores contribuyeron a lo largo del año a hacer de HB un poderoso Frente de Rechazo anti-ins-

Carrero Blanco. El enorme boquete de la madrileña calle de Claudio Coello fue la aparatosa consecuencia del atentado que costó la vida al almirante Carrero Blanco, entonces presidente del Gobierno con Franco, y a sus dos acompañantes a primeras horas del 20 de diciembre de 1973.

titucional. Uno de ellos fue la conversión en sociedad de paro de un País Vasco que había hecho de la siderurgia y la construcción naval su monocultivo industrial, y que generó un fuerte movimiento asambleario que quedó bruscamente enfrentado a la sindicalización del mundo obrero. Otro nació a raíz de la eclosión en 1977 de los movimientos alternativos (ecologistas, antinucleares, antimilitaristas, feministas, defensores de las minorías sexuales), que debían su radicalidad al cierre de horizontes de la sociedad industrial vasca.

Los debates constitucionales provocaron asimismo una intensa decepción en todas las corrientes del nacionalismo vasco, la histórica y la radical. La Ponencia Constitucional no se abrió para dar cabida a ningún parlamentario vasco; y las reivindicaciones de éstos se vieron rechazadas: agresivamente las formuladas por el representante de Euskadiko Ezkerra en defensa del derecho de autodeterminación, con guante blanco las del Partido Nacionalista presentadas bajo la doble fórmula del Pacto con la Corona y de la reintegración de los Derechos Históricos.

Falta de competencias. El Consejo General Vasco no pudo capitalizar el descontento general. Cuando el Gobierno de la UCD perdió el control, en los Sanfermines de 1978, sobre las Fuerzas de Seguridad, y una vez que la onda expansiva llegó a las poblaciones guipuzcoanas de Donosti y Rentería, la falta de competencias del Consejo presidido por el socialista Ramón Rubial le incapacitaron para hacer frente a la situación. A ello se sumaron las constantes agresiones en estos años de los eufemísticamente llamados "incontrolados", frecuentes sobre todo en las fiestas de los pueblos, que fueron denunciadas, entre otros, por el entonces consejero socialista del Interior Txiki Benegas.

Todo ello reforzó a Herri Batasuna a costa de Euskadiko Ezkerra. La formación posterior, en octubre -vísperas del referéndum constitucional-, de una Junta de Apoyo a los cuatro partidos de HB compuesta por doce independientes (entre ellos, Monzón, Idígoras, Iríbar, Elkoro, Zabaleta, Gorostidi y yo mismo), que se convertirían en la imagen popular -si bien no en el centro de poder- de la coalición, fue la respuesta del KAS a ese intenso sentimiento anti-partidos. (El proceso de supeditación de HB al KAS vía HASI no se cerró sin embargo -y ello no sin depuraciones de algunos independientes como yo que creían en su autonomía- hasta los años 1980/82, cuando el KAS impuso su estatus de bloque dirigente a una HB definida como Unidad Popular y limitada a funciones solo ejecutivas en el terreno de "la lucha de masas y la lucha institucional").

Todas las fuerzas nacionalistas vascas rechazaron la Constitución, mediante la abstención sobre todo, muy por encima de la media del Estado. Pero el PNV, dispuesto a aprovechar la gestión autonómica que le ofrecía el Estado de las Autonomías, ➳

y queriendo diferenciar su estrategia de la del rechazo radical anti-institucional, convocó previamente en octubre una manifestación contra el terrorismo que fue contestada por HB con otra que tenía como lema "por los gudaris de ayer y de hoy", la cual fue reprimida por las Fuerzas del Orden. A partir de ese momento, el nacionalismo radical vasco asumió una actitud de resistencia, no sólo contra el consenso constitucional español, sino también contra el consenso autonómico vasco en gestación.

El descenso en el número de víctimas a partir de 1981 cabe atribuirlo, más que a la voluntad de ETA, a un aumento de la eficacia policial

En Euskadi existen en los años de la primera Transición cuatro organizaciones armadas, tres nacionalistas vascas y una española. El grupo Anti-Terrorismo ETA (ATE), que actúa desde abril de 1975 hasta principios de 1977, enlaza con el Batallón Vasco-Español, el cual desaparecerá, al menos con ese nombre, a fines de 1980. La información sobre esas tramas publicada en diversos medios informativos españoles en los años 1985-87, escasa y basada sobre todo en atestados abiertos por jueces italianos, relaciona estos grupos con refugiados extranjeros pertenecientes a diversas organizaciones de extrema derecha, como la italiana Ordine Nuovo, que actuarían a las órdenes de distintos servicios españoles. Según tales informaciones, uno de estos grupos, dirigido por Chérid y Vanolli, habría matado el 21 de diciembre de 1978 al dirigente de ETA militar Argala.

ETA político-militar, cuyos atentados, escasos en 1977, se harán más frecuentes en los años 1978-80, pretende hacer 'pedagogía armada': los tiros a las rodillas de los empresarios son presentados en sus "Hautsi" -publicación que significa "Romper"-, con un cierto aire doctoral, como "intervenciones armadas en apoyo al movimiento obrero, contra el paro y la descapitalización de Euskadi"; el secuestro del delegado de Educación y Ciencia y las bombas colocadas en las delegaciones de este Ministerio integrarían el "campo cultural".

Según la revista *Tribuna Policial*, la dirección de ETA (p-m) está formada en estos años por José Abaitua, Jesús Abrisketa, José Aulestia y José María Lara Fernández, miembros del comité ejecutivo; junto con José María Larretxea, Luis Buenaventura y Martín Otaño. Del comité ejecutivo dependen el aparato regular que dirige los comandos legales, cuyo responsable es Martín Otaño; los comandos operacionales, al mando de José Aulestia, Zotxa; la logística, a cargo de José María Lara Fernández; y la oficina pública, cuyo responsable es Jesús Abrisketa, dependiendo de ella el aparato de propaganda al mando de José Antonio Mújica Arregui. El aparato internacional está a cargo de José Ignacio Abaitua. (ETA pm se autodisolverá en 1982; los "octavos", que no habían aceptado la disolución, cesarán toda actividad en 1985, recuperados muchos de ellos por ETA militar). Los Comandos Autónomos, para quienes las acciones armadas deben ser el resultado de una "guerra civil", dejarán de actuar en 1985, habiendo causado 20 muertos y realizado cuatro secuestros.

ETA militar emprende desde octubre de 1977 una ofensiva de atentados mortales de una intensidad desconocida anteriormente, que liquida de hecho la teoría de la espiral "acción-represión" que había guiado su actividad en los diez últimos años (por la cual la ofensiva de ETA debía desencadenar una represión del Estado sobre el pueblo vasco que le permitiera responder con acciones cada vez más potentes en forma de espiral siempre ascendente). ETA reconoce implícitamente que la espiral se ha estancado al no actuar ya sobre el conjunto de la comunidad nacionalista vasca; y aunque la violencia sube de grado, su función se reconduce a transformar a los sectores radicales del nacionalismo en una contracomunidad que le sea absolutamente fiel. (Se verifica así la hipótesis que presenta el terrorismo como el resultado de una frustración relativa, producto en este caso de la degradación de las esperanzas concitadas por la Transición).

ETA militar emprende desde octubre de 1977 una ofensiva de atentados mortales que liquida la teoría de la espiral "acción-represión"

Las teorizaciones hechas por ETA (m) en 1978 sobre la negociación completan un esqueleto teórico que en lo esencial permanece inalterable hasta hoy: dada la imposibilidad de una victoria militar, la lucha armada debe forzar una negociación con el Estado sobre la puesta en práctica de la alternativa KAS, por lo que deberá tener un carácter de guerra de desgaste.

El aumento de la violencia se refleja en el número de víctimas mortales causadas por las distintas ramas de ETA -sobre todo ETA militar- en estos años: de 9 en 1977, se pasa a 67 en 1978, 72 en 1979 y 88 en 1980. El descenso en el número de víctimas a partir de 1981 cabe atribuirlo, más que a la voluntad de ETA, a un aumento de la eficacia policial.

ETA militar se estructura mediante tres categorías de comandos: comandos de liberados, cuyos miembros, no fichados por la Policía, son los que llevan a cabo las acciones de más envergadura; comandos legales, compuestos por miembros desconocidos por la Policía, que comprenden a su vez varias subcategorías (los enlaces, los buzones, los comandos de información); y comandos de apoyo, que proporcionan lo necesario a los liberados.

Según el organigrama proporcionado por el responsable policial Manuel Ballesteros en 1981, habría en estos años un directorio de ETA formado por entre 25 a 40 miembros que vivirían en Iparralde; a la cabeza del directorio existiría un comité ejecutivo de 7 miembros, cuyo jefe, en 1980, sería Domingo Iturbe, Txomin. Los máximos responsables de los aparatos de la organización serían Juan Ramón Aranburu, responsable de propaganda; José Luis Ansola, Pello el viejo, responsable de información; "Antxón" Etxebeste, responsable de la oficina política; Juan Lorenzo Lasa, Txikierdi, responsable de los comandos ilegales; Francisco Mújica Garmendia, Artapalo, responsable de los comandos legales; y Juan Angel Urrutikoetxea, Yosu Ternera, responsable de las relaciones internacionales. A las órdenes de Antxón se encontraría Eloy Uriarte, responsable de la prensa; a las de Artapalo, Otxoantesana "Kyrru"; y a las de Yosu Ternera, Larreategui "Atxulo". Del máximo dirigente, Txomin, dependerían Carlos Ibarguren, Nervios, responsable de finanzas; Tomás Goikoetxea, "Txapela", Lujua, responsable de las operaciones de frontera, e Isidro Garalde, Mamarru, responsable

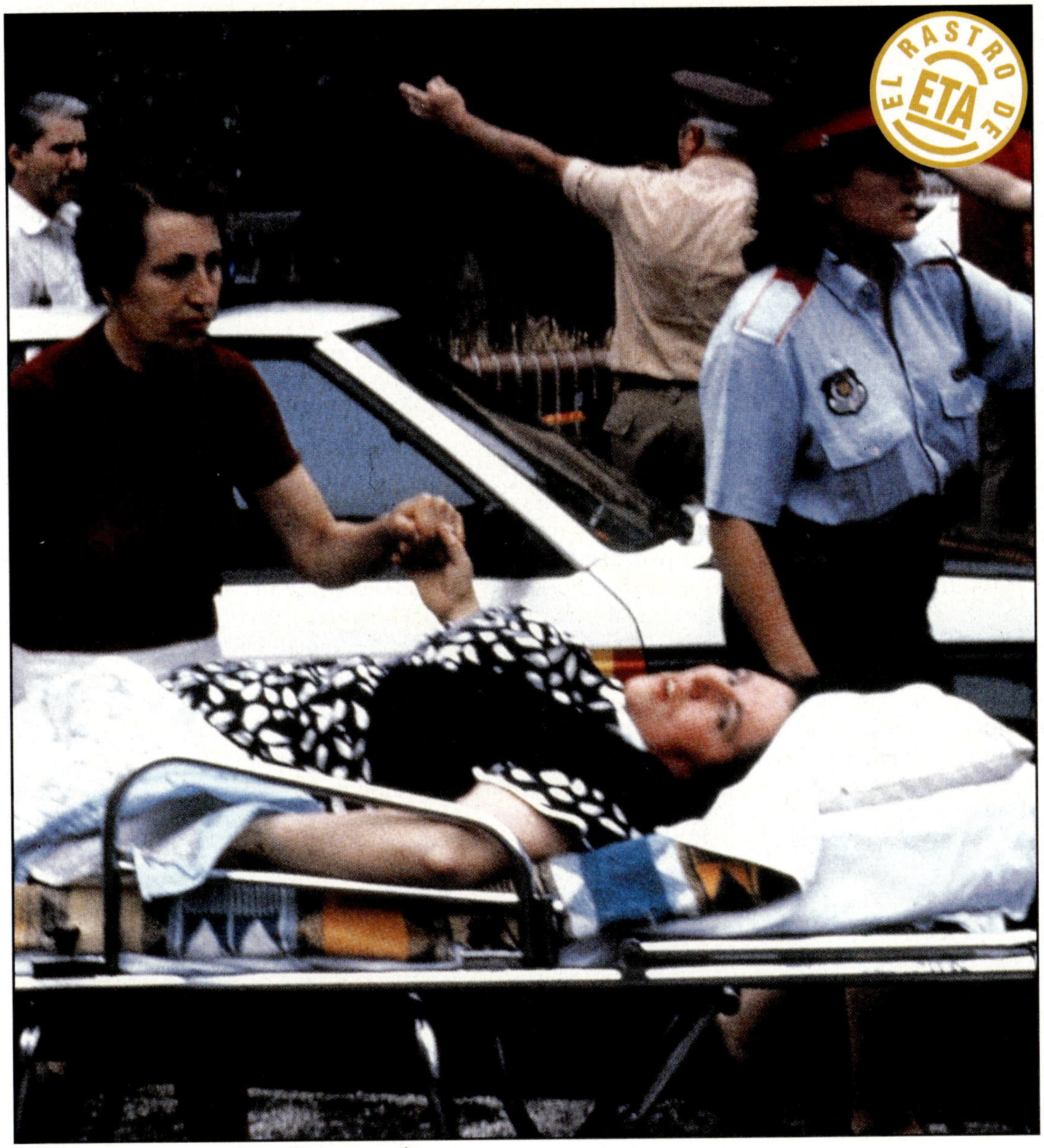

EFE

Hipercor de Barcelona. La población civil (21 muertos) fue el blanco de ETA en el atentado contra el centro Hipercor de Barcelona (19-VI-1987). La imagen corresponde a los primeros auxilios.

de logística y de los entrenamientos. Los comandos operativos estarían al mando de Txomin y Txikierdi.

Según Robert Clark, desde principios de los años 70 se imparten en Francia cursos de instrucción de dos semanas a los miembros de ETA sobre armas, técnicas de combate, explosivos, comunicaciones... A los militantes se les proporciona instrucción ideológica, pero no información sobre la situación organizativa. Encontrar armas, según R. Clark, no habría sido problema para ETA, dado que el mercado internacional de armas ilegales es un mercado abierto. Las rutas atravesarían Bélgica, Suiza, Alemania y Holanda, y los puntos focales serían Bruselas y París. Estas armas viajarían en falsos "containers", siendo entregadas a los líderes de ETA en Francia. Pero, añade Clark, lo que ETA no compra en el extranjero, lo consigue en los arsenales españoles.

El general Casinello calcula los efectivos de la organización en unos 500: 200 hombres armados divididos entre unos 20 a 30 comandos de plena dedicación (ilegales) y el resto de dedicación ocasional (legales). Casinello compara las conclusiones de dos investigaciones realizadas por las fuerzas policiales, la primera sobre 329 presos "históricos" detenidos con anterioridad a 1976, y la segunda sobre 239 detenidos entre 1980 y 1981 (a principios de 1979 existen ya 111 presos vascos, lejos aún de los casi 600 de los años 90; Clark calcula el tiempo medio de permanencia de un miembro de ETA en libertad en unos tres años).

El elemento "étnico". Un dato salta a la vista: la disminución de la importancia del elemento "étnico" en la militancia de ETA. Mientras que en el grupo de los históricos el 72,6% de los militantes tenían ambos padres vascos, este porcentaje desciende en los detenidos de los últimos años al 58,5%. Por el contrario, el porcentaje de militantes con ningún progenitor vasco asciende del 14,6% entre los "históricos" al 23,1% entre los detenidos recientes. Igualmente aumenta el porcentaje de mujeres militantes, pasando del 12% entre las "históricas" al 17% entre las nuevas. Respecto a la edad de los militantes, la incidencia de los más jóvenes declina. En cuanto al origen social, el 20% de los militantes pertenece a la clase alta, el 24% a la clase media y el 56% a la clase trabajadora, procedente de las áreas industriales.

ETA militar define a finales de los 70 como blancos de su lucha armada a las Fuerzas de Seguridad, los militares y la central nuclear de Lemóniz (a los que en 1980 añadirá la droga). A las dos primeras categorías pertenecen, sobre todo en estos años, la mayoría de sus víctimas mortales. A estos apartados deben sumarse otros tres más: los llamados "impuestos revolucionarios", práctica iniciada a mediados de 1975; los secuestros de personas a liberar previo pago de rescate; y unos atentados "internos": contra antiguos militantes o colaboradores que ETA llama "traidores".

Evolución de ETA e

Ha acabado desgajada de la sociedad vasca

ETA nace en 1959. Por ello, la ETA que a partir de 1975 reajusta su estrategia y su discurso a la Transición no es, evidentemente, la misma ETA de 15 años antes. Pero tampoco es muy distinta. Al fin y al cabo, siguen vigentes sus dos ejes ideológicos/estratégicos: la independencia como fin y la violencia como medio.

En una primera etapa -que podríamos fechar hasta las primeras elecciones de 1977-, ETA mantenía una posición dura en su propuesta estratégica, rechazando, o al menos no planteando decididamente, una tregua tras la consecución de la alternativa KAS. Su capital político acumulado en años anteriores y, sobre todo, desde el proceso de Burgos (liderazgo en la lucha antirrepresiva, "heroísmo" de sus militantes, impulso de movilizaciones generales, etc.) le hacían aparecer como la única organización nacionalista realmente existente. Para ETA, en 1975 el PNV prácticamente no existía. Por otro lado, el estilo rupturista de la oposición frente a los titubeantes primeros momentos de la Transición hacen creer a ETA que su estrategia radical tiene futuro. Fortaleza estratégica y también una específica coyuntura favorable. Veamos esta última.

La propuesta lanzada en 1977 de crear un frente o movimiento abertzale y socialista de carácter político ha cristalizado en la alternativa KAS. Si ésta no coincide exactamente con lo previsto y deseado por ETA, en cualquier caso la misma cubre todo el espectro de la izquierda abertzale, incluida la misma ETA (p-m).

Fuerte ascenso, por otro lado, de luchas obreras y populares contra el régimen postfranquista: huelga general de Vitoria (marzo de 1976), huelga general en las primeras semanas de septiembre por la muerte de J. M. Zabala en Fuenterrabía, huelga general pro-amnistía de 17 de septiembre, procesos de autoorganización obrera asamblearia como la Coordinadora de Fábricas de Vizcaya, etc.

Desde la perspectiva de ETA, existe todavía en noviembre de 1976 una correlación de fuerzas adecuada como para forzar una ruptura, como para obtener en poco tiempo un marco radicalmente distinto: el propuesto en la alternativa KAS. Por ello, cree que no es necesario ofrecer nada en cambio para conseguir tal marco: ni tregua ni alto el fuego.

Desde otra perspectiva, en el inicio de la transición política ETA formula un principio que, aunque quizás hoy expresado de forma menos contundente, sigue teniendo operatividad. La afirmación del "garantismo".

> **"ETA sigue con la misma estrategia de 1978: acumular muertos para conseguir negociar la alternativa KAS; probablemente porque ya es lo único que sabe hacer"**

ETA se autoadjudica el papel de garantizar la consecución de los objetivos finales, es decir, "la constitución de un Estado socialista vasco". ETA ve con temor que el juego político democrático -pactos, compromisos, alianzas, etc.- integre, absorba y desnaturalice los objetivos independentistas y socialistas del movimiento o alternativa "civil". Considera que el carácter inasimilable de su violencia sustrae a ETA de dicha posibilidad "reformista". Su lucha armada garantiza la permanencia de los objetivos finales.

Dicha teoría lleva implícita una cierta desconfianza hacia la capacidad y persistencia revolucionaria de una organización de combate civil. Afirma, de forma más o menos expresa, que una organización civil no sólo no puede técnicamente hacer la revolución (no puede derribar al poder establecido) sino que, además, en una situación democrática, antes o después, abandonará el proyecto revolucionario. Sólo la militancia armada es capaz de mantener las creencias revolucionarias. Y por ello debe mantenerse la organización armada.

A partir de 1978, se abre una segunda fase. A ETA se le presenta un panorama más sombrío. Aun con resistencias, en la Transición ha triunfado, no la ruptura, sino la reforma política... y los partidos de la reforma. Los resultados de las elecciones de junio de 1977 (en los que ETA, además, se queda prácticamente sola en su propuesta abstencionista) demuestran que las fuerzas políticas dominantes en el Estado español, y en Euskadi, son partidos de centro o izquierda moderada. Las previsiones de ETA en 1974 sobre la posibilidad de que el PNV y las fuerzas estatales no "recogie-

n la Transición

Pedro Ibarra

Profesor de Historia de las Ideas en la UPV. Del Consejo Editorial de EL MUNDO DEL PAÍS VASCO

sen" los anhelos populares despertados por ETA no se han visto confirmadas: nacionalistas moderados (PNV) y partidos "estatalistas" (PSOE, UCD, AP, PCE) recogen cerca de 830.000 votos en las elecciones de junio de 1977; y Euskadiko Ezkerra, la fuerza nacionalista "rupturista" en esos momentos, obtiene tan sólo 64.000 votos (todo ello, además, con una abstención muy baja, cercana al 20%).

Si el resultado electoral supone un severo revés para ETA, es el hecho de la participación electoral el que pone en cuestión su estrategia, y el mismo sentido de la lucha armada. Efectivamente, a partir de las elecciones el sistema político emergente adquiere un elevado grado de legitimación, de reconocimiento popular. Amplísimos sectores populares del Estado, y mayoritarios en Euskadi, adquieren en las elecciones de 1977 la convicción de ser ciudadanos o súbditos de un poder político democrático. Critican con mayor o menor acritud acciones o ciertas instituciones del Estado, pero el poder político como tal, en su esencia más profunda -como monopolizador de la violencia y de la titularidad de emitir órdenes y leyes- es aceptado, es obedecido, y no por su capacidad coactiva, sino por su origen electivo.

Si el nuevo panorama político no es bueno para ETA, tampoco la coyuntura específica le resulta favorable. Desciende notablemente el nivel de conflictividad social (especialmente la obrera, frenada por los Pactos de La Moncloa), y además la izquierda abertzale rupturista se ha dividido: ETA (p-m) y EIA han salido de KAS; esta última se ha presentado a las elecciones y empieza, desde la perspectiva de ETA, a presentar actitudes cada vez más conciliadoras, menos rupturistas.

La posición de ETA es débil, lo acabamos de ver. Está en condiciones técnicas y logísticas para presionar militarmente en exigencia de sus reivindicaciones. Pero no está en condiciones políticas -no está la situación política para ello- como para no dar nada a cambio. Algo tiene que ofrecer. En febrero de 1978 ETA propone públicamente, por primera vez, una tregua, un alto el fuego.

Si a comienzos de 1978 ETA se hallaba en un punto muy bajo de su trayectoria histórica, durante el transcurso del año y primeros meses de 1979 se abre una tercera etapa con dos acontecimientos que permitirán a ETA afrontar el futuro en unas condiciones más favorables: la constitución de HB como alianza electoral en abril de 1978, junto a su brillante resultado electoral en marzo de 1979 (151.000 votos en la Comunidad Autónoma Vasca), y el rechazo en Euskadi a la Constitución en diciembre de 1978.

Lo primero supone la implantación de un amplio movimiento popular, que desborda espectacularmente los combativos, pero reducidos, grupos militantes originales y que se presenta además apoyando las reivindicaciones básicas de ETA, y expresamente su práctica armada. Al tiempo, ETA adquiere un estatus simbólico útil para el mantenimiento de su opción armada: el representar la vía de rechazo frente al nuevo sistema político, sistema que ya ha generado un primer e importante nivel de frustración en Euskadi, expresado en el rechazo a la Constitución.

A inicios de la década de los 80, y cerrada la transición política en sus dimensiones institucionales, se abre una nueva etapa que dura hasta hoy. La evolución estratégica de ETA y su entorno civil en estos últimos quince años transcurre en dos ejes simultáneos: consolidación y aislamiento. ETA y su entorno son cada vez más una compacta e impermeable comunidad. Y, al tiempo, esta comunidad está cada vez más aislada. Está ya irremediablemente desgajada de la sociedad vasca. A pesar de ello, ETA sigue aplicando la misma estrategia de 1978: acumular muertos para conseguir negociar la alternativa KAS; probablemente porque ya es lo único que sabe hacer.

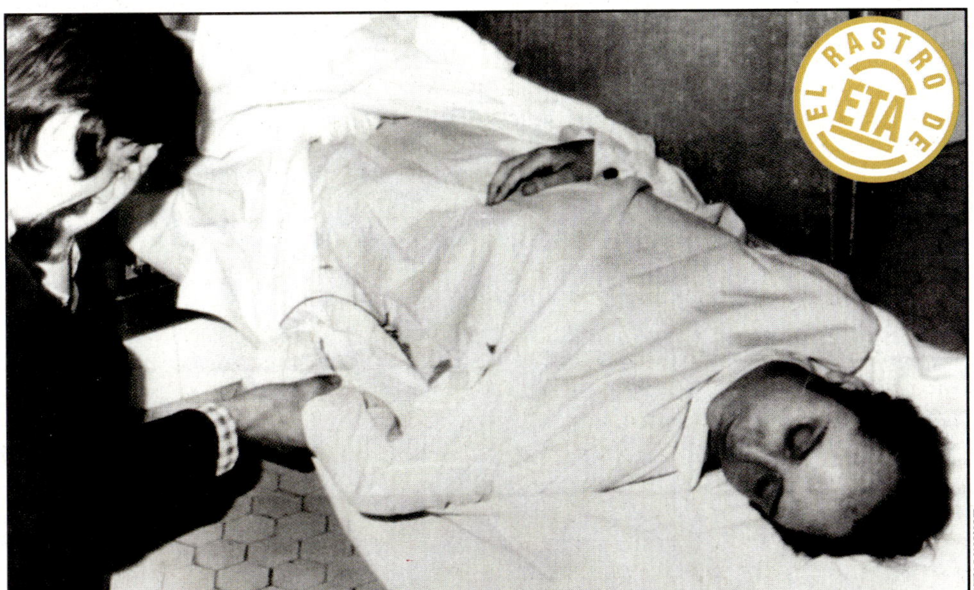

EUROPA PRESS

José María Portell. Un compañero llora ante el cadáver del que fuera director de "La Hoja del Lunes" de Bilbao, asesinado el 28 de junio de 1978 a la puerta de su domicilio.

Las 788 víctimas mortales de ETA

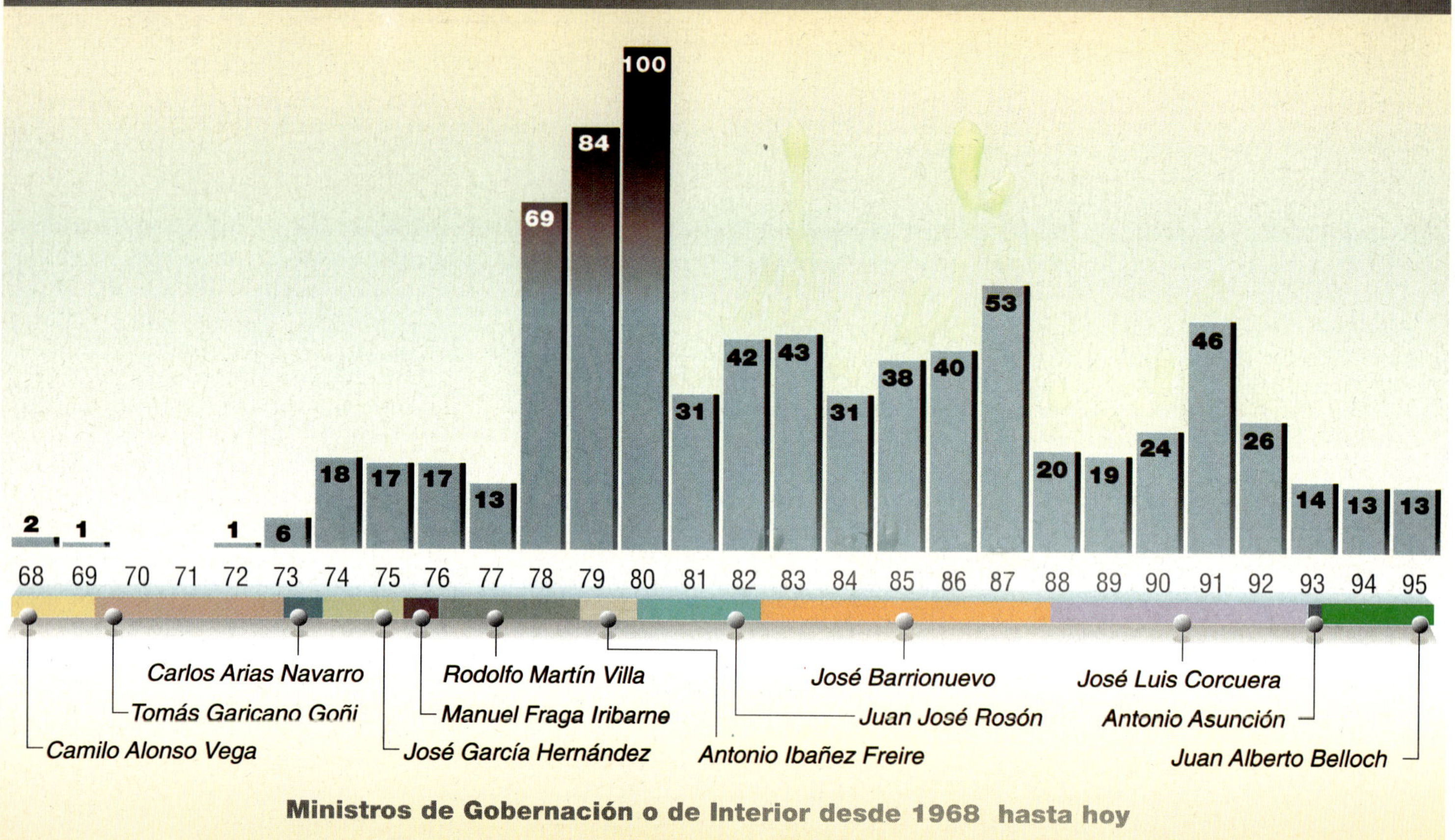

La historia interminable

Fernando Garea

Primero mataron a lo que ellos llamaban agentes de la represión, y lo justificaban hablando de la persecución que sufrieron los vascos durante la dictadura y la falta de unas instituciones que garantizaran su autogobierno. Y muchos vieron en aquellos que disparaban la reencarnación de los "gudaris" y les miraron con simpatía.

Luego hubo un Gobierno vasco, un estatuto de autonomía y hasta una policía autonómica, pero siguieron matando hasta llegar a casi 800 víctimas mortales. Mataron niños y acostumbraron a la sociedad española a asistir a funerales, a escuchar casi sin atención el nombre y los datos de los muertos. Y entonces se convirtieron en asesinos, però ya era demasiado tarde.

Solo entonces se consiguió que Francia empezara a colaborar y dejara a un lado sus recelos al sistema democrático español. Y se consiguió estabilizar a partir de 1983 el número de víctimas mortales de ETA.

Hubo quien tuvo la tentación de crear un grupo antiterrorista que combatiera a ETA con sus mismas armas, pero fracasó y sólo se logró dar armas a ETA en su lucha contra el Estado de Derecho.

Y los ministros de Interior que se sucedieron intentaron concentrar todos los esfuerzos de la Policía en desarticular comandos, detener terroristas y prevenir atentados. Sólo disminuyó significativamente el número de víctimas a partir del 92 cuando la colaboración francesa permitió la desarticulación de la cúpula etarra.

Pero el mundo de ETA demostró una asombrosa capacidad de regeneración y surgieron terroristas jóvenes que siguieron matando. Por ejemplo, Jon Bienzobas, asesino de Francisco Tomás y Valiente, mataba en el 96 para combatir la represión a la que fue sometido el pueblo vasco en el franquismo, pese a que sólo contaba 5 años cuando murió el dictador. Hasta se abrieron conversaciones entre el Gobierno y ETA en 1989 en Argel, pero fracasó el intento. Al menos, la tregua declarada por los terroristas dejó en "solo" 19 el número de muertos de ese año.

Además, en 1990 los partidos democráticos se agruparon en torno a los pactos de Madrid y de Ajuria Enea para aislar a los violentos y a quienes les apoyan. Pero en 1991 hubo más de cuarenta muertos.

Y ahora, a los 20 años del inicio de la transición, aunque se está lejos de las cifras de víctimas anuales de los 80, aún no se ve el momento en que la cifra sea cero.

José Javier Uranga, en su domicilio de Pamplona, la ciudad donde sufrió un gravísimo atentado el 22 de agosto de 1980 cuando dirigía el "Diario de Navarra".

"Me he acostumbrado a andar como los párvulos"

José Javier Uranga sufrió un grave atentado en 1980

Tenía 54 años y era entonces director del "Diario de Navarra". En el aparcamiento del periódico, precisamente, José Javier Uranga fue brutalmente ametrallado por un comando de ETA militar el 22 de agosto de 1980. Un suceso al que no le gusta referirse y que le produjo un grado de minusvalía del 46%.

Fernando Bermejo

PREGUNTA.-¿Cómo ha evolucionado, con respecto al difícil período 1976-1980, el compromiso político de los medios de comunicación?

RESPUESTA.-La mayoría de los medios de comunicación y, concretamente, la Prensa contribuyeron decisivamente a la democratización del país, apoyando la reforma política cuando los partidos de la oposición propiciaron la ruptura, lo que hubiese sido un riesgo. Salvada la Transición, otra vez la Prensa y la radio, a partir del 23-F, han sido el único intento para frenar el rodillo socialista de los últimos años, portavoces de los no representados o de los que no podían expresarse en el Parlamento; y, sobre todo, los que han descubierto y denunciado la corrupción política. Gracias a los medios de comunicación independientes podrá cambiar este país.

P.- Bajo el seudónimo "Ollarra", usted firmó artículos de opinión muy comprometidos. La tensión que se vivía en esos años, ¿se notaba también a la hora de ponerse a la máquina de escribir?

R.- A partir de la Ley de Prensa de Fraga, que fue como un toro ensogado cuya cuerda soltaba o tensaba el ministro al capricho de su política o de los que la dictaban, se produjeron fuertes tensiones en las empresas informativas. No olvidemos que los periódicos que se editaban en los años 70 eran prácticamente los mismos que en 1936 habían subsistido precisamente por ser de derechas. Los otros se integraron en la Prensa del Movimiento. Dentro de las empresas, entre los propios accionistas y gestores había tensiones. El llamado búnker tenía mucha fuerza y se produjo una lucha interna. Hubo periódicos sólidos y tradicionales que no supieron hacer la Transición y, como consecuencia, tuvieron que cerrar.

Las tensiones estaban dentro pero también venían de fuera. La Ley de Prensa no sabíamos hasta qué punto seguía en vigor e incluso los políticos de izquierda, cuando les interesaba, apelaban a ella. Seguían funcionando los delegados de Información y Turismo, presionaban los gobernadores civiles y estaba vivo el aparato franquista. La verdad es que el Ministerio ya no expedientaba como en tiempos de Fraga, que batió todos los records; simplemente, insinuaba.

También fueron grandes las tensiones con los nuevos partidos que iban improvisándose entre la clandestinidad y la tolerancia. Eran los años de la proliferación de los partidos marxistas: LKI, MC, ORT y una variedad de letras que protagonizaron en Pamplona largas huelgas bastante salvajes. Había gente, especialmente empresarios y sindicalistas, amenazada. Y también apedreaban los periódicos.

P.- Navarra, entonces, era un problema político. ¿En qué medida lo considera solucionado?

R.- El llamado contencioso Navarra-Euskadi era y sigue siendo un problema añadido a los comunes de otras regiones españolas. Los años de la Transición fueron muy arduos, decisivos para nuestro futuro. A las pequeñas minorías nacionalistas tradicionales se unieron el fenómeno nuevo de la izquierda abertzale y radical, y, lo que resultaba más extraño y preocupante, el PSOE. Tanto Felipe González como Alfonso Guerra eran decididos partidarios de la integración de Navarra en Euskadi. Recuerdo una comida con ellos en un restaurante madrileño -a la que asistieron los directores de periódicos de Colpisa- en que se mostraron irreductibles. El PSOE se alió con el PNV en las primeras

CARLOS MALLAGARAY

Fernando Múgica. El presidente del Gobierno, Felipe González, en la capilla ardiente de su compañero Fernando Múgica, asesinado por ETA el 6 de febrero de 1996.

elecciones y gracias a su colaboración resultó elegido senador Manuel Irujo. Fueron las bases del socialismo histórico de la Ribera navarra las que hicieron cambiar de idea a sus dirigentes, improvisados en la Transición. Desde entonces, el PSOE, que pertenecía al PSE, se transformó en PSN y ha seguido una línea clara de diferenciación de nuestra personalidad. La dialéctica sigue viva pero más atenuada que entonces.

P.- ¿Cómo superó, física y moralmente, el atentado que sufrió el 22 de agosto de 1980?

R.- Es un asunto del que no me gusta hablar. Diré sencillamente que lo superé. Físicamente me quedaron algunas secuelas -un grado de minusvalía del 46%- que no me han impedido hacer una vida normal. Tras la recuperación -once meses de clínica- me reintegré a la dirección del periódico, donde he permanecido hasta la jubilación hace ya cinco años. No me faltaron ofertas para abandonar la profesión o incluso para ejercerla en otro lugar. Me insistieron en que dejase Pamplona y cambiase de residencia. No podía aceptarlo porque entonces ETA hubiese cumplido su objetivo de eliminarme. Sinceramente, creo que todo ha ido bien. Hasta me he acostumbrado, y va ya para dieciséis años, a andar por la calle siempre acompañado, como los párvulos.

“Tras el atentado me insistieron en dejar Pamplona. No podía aceptarlo porque entonces ETA hubiese cumplido su objetivo de eliminarme”

P.- ¿Guarda rencor a los autores del atentado? ¿Qué le puede recomendar a quien sufra una situación semejante?

R.- No creo que guarde rencor a nadie. De lo contrario, no podría rezar el Padrenuestro. Soy beligerante -ideológicamente, se entiende- con la doctrina, la organización y los métodos de los terroristas. Creo que hay que ser contundente y claro. Es intolerable que esta gente, siempre gratuita y casi siempre indiscriminadamente -aunque no es ése mi caso-, siembren la muerte y el terror. Yo he asistido a reuniones -incluso fui a Roma con ellos- de la Asociación de Víctimas del Terrorismo. Impresionan los mutilados, las viudas y los cientos de huérfanos sacrificados no sabemos por qué ideal político; ni tampoco sospechamos la rentabilidad de tanto dolor físico y moral. Toda esta buena gente recibe testimonios de pésame y solidaridad mientras la noticia está en los periódicos. Luego caen en el olvido, incluso del Gobierno socialista, que ha mostrado muy poca sensibilidad con los que no ha sabido antes proteger. Las víctimas del terrorismo deberían estar más presentes en la sociedad española tenien-

JUAN CARLOS RUIZ

Gregorio Ordóñez. El presidente del Partido Popular, José María Aznar, ante el féretro que contiene los restos de Gregorio Ordóñez, asesinado por ETA el 23 de enero de 1995.

do en cuenta que la mayoría de ellas, familiares de guardias civiles y policías, son gentes modestas de un poder adquisitivo bajo. Los que han quedado sin padre o sin madre -que también los hay- en un acto de servicio a la comunidad tienen derecho a que el Gobierno les considere y les promocione.

P.- ¿Qué recuerdos o anécdotas de la Transición le vienen de inmediato a la memoria?

R.- Los recuerdos de la Transición son muchos y de signos encontrados. Había una gran desorientación. Contaré tres sucedidos de índole distinta. Poco antes de sufrir los atentados de ETA -que también lanzó explosivos contra las instalaciones del periódico- la Policía descubrió en Valencia -así, al menos, nos informó el gobernador civil de turno- una trama de la ultraderecha para volar *Diario de Navarra*. Nos consideraban rojos y tenían las bombas preparadas, pero que yo sepa no hubo detenciones.

En aquellos días, quizá un poco después, me llamó Pío Cabanillas, entonces subsecretario de Prensa, para decirme que el Ministerio nos iba a cerrar el periódico. Extrañado, le pregunté los motivos y me dijo que la concesión, en su día, fue para una publicación en castellano. Habíamos iniciado poco antes una página semanal, más literaria que informativa, en vascuence, y precisamente el responsable de ella era el secretario de la Delegación de Información y Turismo. Le dije a Pío que suprimiríamos la sección pero dando una explicación a los lectores el domingo en primera página y aduciendo sus razones. La resolución quedó aplazada y la página, primera en vascuence en la Prensa española, salió y sigue saliendo.

Un enfrentamiento menos duro lo tuve con Arzalluz. No recuerdo qué se había publicado sobre su persona y me envió una carta de rectificación acogiéndose a la Ley de Prensa del 66, la de Fraga. Naturalmente, no la publiqué, cosa que hubiese hecho si me lo pide por las buenas. Recurrió a la Delegación y luego al ministro de Información y Turismo. Ambos fallaron a su favor, pero yo seguí en mis trece. Me pareció inmoral que para sus intereses se acogiese a una ley no derogada pero que ni él ni yo la cumplíamos y la combatimos. Eran tiempos de confusión...

P.- ¿Qué valoración hace de la situación actual del problema terrorista?

R.- Concretamente en Navarra el terrorismo ha descendido en acciones espectaculares, aunque nunca se puede vivir tranquilo porque cuando y donde menos se espera surge el atentado.

No hay duda de que las víctimas mortales son menos con respecto a los años 80 pero, cuando parece que la violencia terrorista está cediendo, resurge de nuevo. ETA tiene el apoyo y su cantera de activistas en un montón de asociaciones y colectivos con distintas siglas y la misma batuta; hasta los comunicados se escriben en la misma máquina. Siguen, y va para más de veinte años, monopolizando, dictando su ley en las calles que quieren y los días que les apetece. Rompen escaparates, contenedores de basuras, papeleras, registros de agua, cajeros automáticos... Vuelcan automóviles y atemorizan a los ciudadanos. Nadie se atreve a denunciar y las autoridades se echan la pelota caliente: el delegado al presidente, el presidente al alcalde. Al final, se reúnen todos para no aclararnos de quién son las competencias del orden público. Los alborotadores son minoría, cada vez más jóvenes, pero nadie acaba con el problema y ellos siguen cobrando el peaje.

El terrorismo debería solucionarse con la aplicación estricta de la ley. Va a ser difícil, pero la negociación como principio no puede solucionar mucho. En las guerras no hay conversaciones hasta que no se entregan las armas. El armisticio supone la rendición previa. Entonces es cuando se puede dialogar y así ha sido siempre en la Historia.

P.- ¿Cree que los medios de comunicación deberían variar la forma con la que afrontan este problema?

R.- Esa es una cuestión debatida e insoluble. Los medios de comunicación, por una parte, tienen la obligación de informar, y por otra, sabemos que se está haciendo la publicidad al terrorismo que busca precisamente su presencia a poder ser atemorizadora en la sociedad. No hay fórmulas. Aquí juega la prudencia y la sensibilidad de cada profesional. Es fundamental discernir y separar el hecho puramente noticioso, dándole el relieve que tenga pero cuidando el lenguaje, de lo que puede suponer propaganda del terrorismo. No se puede acusar a los periodistas de sensacionalistas porque las noticias de terrorismo suelen ser sensacionales. Lo malo es que los editoriales no tienen la fuerza del mazazo que supone el atentado para la conciencia ciudadana.

"No creo que guarde rencor a nadie. De lo contrario, no podría rezar el Padrenuestro. Soy ideológicamente beligerante con los terroristas"

González antes de

Escenas de su vida familiar cuando se trasladó a vivir a Madrid

FOTOS: GUSTAVO CATALÁN

Gustavo Catalán Deus

Finales de 1976. El secretario general del PSOE, Felipe González, abandona definitivamente su residencia en Sevilla y alquila un piso en la calle Pez Volador del barrio de La Estrella de Madrid. Vive junto con su esposa Carmen Romero y sus dos pequeños hijos Pablo y David. Desarrolla una frenética actividad política para situar al PSOE en un buen lugar cuando se celebren las elecciones generales. Las fotos que ilustran esta doble página fueron tomadas un día laborable, en el que el propio Felipe González preparó unos huevos fritos para él y su familia durante la comida del mediodía. La pareja bebía entonces vino común.

La Moncloa

Diversas escenas hogareñas de Felipe González a finales de 1976 en su piso alquilado del barrio de La Estrella (Madrid). En la otra página, preparando unos huevos fritos. En esta página, González se divierte junto a sus hijos jugando con un globo; en el almuerzo acompañado por su familia; viendo la televisión, fumando en el dormitorio y, a la derecha, vestido con un traje de verano.

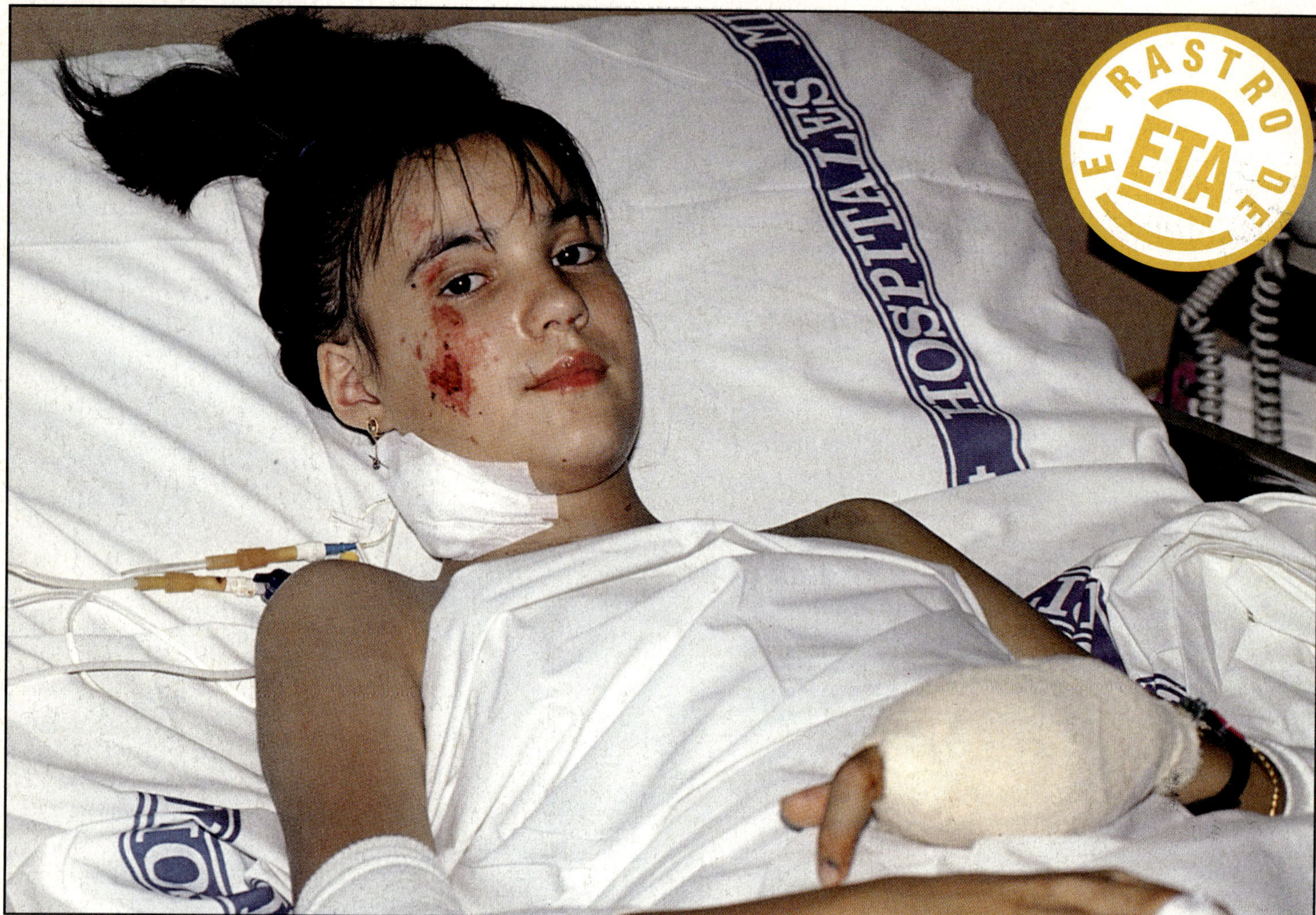

FERNANDO MÚGICA

Irene Villa. El 17 de octubre de 1991, todo cambió para Irene Villa. A sus doce años, se veía inmersa en el atentado que acabó con la vida del teniente Francisco Carballar Muñoz. Irene, que fue atendida en el hospital Gómez Ulla, perdió las dos piernas y tres dedos de la mano izquierda.

Toda una vida por delante

Irene Villa

El tiempo ha pasado rápido. Aun así, lo he disfrutado. Ahora tengo diecisiete años y toda una vida por delante; entonces tan sólo tenía doce: doce inocentes e inmaduros años.

Excelentes médicos y excepcionales compañeros de planta fueron mi familia durante casi seis meses; éramos todo un equipo; los ánimos, el amor, el apoyo, las visitas eran interminables. ¡Qué recuerdos!... Desde chicas y chicos de mi edad hasta ¡la Infanta!, todos querían aportar su válido y agradecido ¡ánimo, Irene!

La rehabilitación fue dura, pero los homenajes, viajes, actos sociales (que significaron infinitas muestras de solidaridad) y sobre todo los geniales "fisios" hicieron de aquella niña que tanto revoloteaba con su veloz silla de ruedas por todo el Gózmez Ulla una perfecta caminante.

Actualmente vivo para ser feliz, razón que me motiva para valorar al máximo las pequeñas cosas de la vida, así como para labrarme un útil y digno futuro.

He aprendido a caminar, ahora sólo espero que todos juntos construyamos un camino sin obstáculos hacia la añorada paz.

PRÓXIMO CAPÍTULO: **UNA CONSTITUCIÓN LIBERAL**

GABRIEL CISNEROS, PONENTE CONSTITUCIONAL, EXPONE SUS RECUERDOS SOBRE LA ELABORACIÓN DEL TEXTO. LA TRAGEDIA DE LOS ALFAQUES. **ESCRIBEN TAMBIÉN:** MANUEL ARAGÓN, CONSUELO ALVAREZ DE TOLEDO, JAIME PEÑAFIEL

1975-1995. Veinte años de nuestra vida

• HISTORIA DE LA DEMOCRACIA •

{CAPÍTULO 21}

Los ponentes de la Constitución: Manuel Fraga, Gabriel Cisneros, Gregorio Peces-Barba, José Pedro Pérez Llorca, Jordi Solé Tura, Miguel Herrero y Miguel Roca.

UNA CONSTITUCIÓN LIBERAL

Las elecciones de junio de 1977 iniciaron el camino hacia la redacción de una Constitución que presidiera las relaciones entre los españoles y estableciera el código de derechos y obligaciones de la nueva etapa de recuperación de la libertad. La ley fue una gran obra de consenso, preparada por una Ponencia de siete miembros y discutida luego en el Congreso y en el Senado. En este capítulo, uno de los ponentes, Gabriel Cisneros, recrea el clima de aquellos trabajos que condujeron a una Constitución liberal y progresista, que fue apoyada por la inmensa mayoría.

"Resultó mejor que la izquierda se saliera con la suya"

Gabriel Cisneros, ponente constitucional por UCD, recuerda cómo se gestó la carta magna

El origen parlamentario del anteproyecto constitucional fue una buena solución, aunque con cualquier otra fórmula se hubiera terminado antes. En cualquier caso, el proyecto nunca dejará de ser tributario histórica, política y jurídicamente de la reforma política que llevaron a cabo don Juan Carlos, Suárez y Fernández-Miranda.

Gabriel Cisneros

Luego llegan el Fusi o el Tusell de turno y te demuestran documentalmente, con su erudito aparato probatorio, que no es verdad; que las cosas no fueron como uno las cuenta, aunque uno estuviera allí. Y, por supuesto, ellos, los historiadores, tienen razón. Porque ellos contrastan, verifican. Mientras que el autor aunque su papel no revista mayor importancia que la propia de lo que llaman en el teatro "figurante con frase" puede permitirse el lujo de desbarrar por los atrabiliarios derroteros de la memoria personal. Y, como Cela, el entonces senador real, nos advierte, "la memoria no es plana como el culo de una sartén, sino que va haciendo vueltas y revueltas, vientres y nodos, altos y bajos, cumbres altaneras e incluso simas espantables, a veces. La memoria es un mansísimo tamiz que quita aspereza a los sucesos y los pule, a lo mejor lo que hace es cocerlos hasta convertirlos en pura anécdota".

A la luz filtrada de aquel tamiz, juraría que era lunes, aquel día primero de agosto, festividad de San Alfonso María de Ligorio, en el que quedó constituida la flamante Comisión Constitucional del Congreso de los Diputados, elegido mes y medio antes en la jornada mágica del 15 de junio.

En el camino se habían quedado algunas propuestas o tentativas más o menos felices, mejor o peor intencionadas como la de aceptar la existencia de un anteproyecto gubernamental; o la de que los partidos se hubiesen puesto de acuerdo para designar un grupo de profesores y expertos que acometieran la tarea; o la de que no hubiera un cuerpo constitucional unitario, sino un elenco de leyes de rango constitucional y promulgación sucesiva. Probablemente, cualquiera de estas fórmulas hubiera permitido contar con una Constitución de mejor empaque técnico y literariamente más tersa. Y, sin duda, el proceso constituyente no se hubiera dilatado tanto.

FOTOS: EUROPA PRESS

Gregorio Peces-Barba, junto a Luis Gómez Llorente (izq.) y Javier Solana, tras abandonar la Ponencia por diferencias con otros grupos el 6 de marzo de 1978.

Los Reyes ante la urna donde depositaron su voto.

Pero bien mirado, resultó mejor que la izquierda se saliera con la suya. El origen estrictamente parlamentario del anteproyecto subrayó el perfil fundacional del momento constituyente, aunque éste nunca dejaría de ser tributario histórica, política y hasta jurídicamente del proceso de la reforma política, ideado, impulsado y conducido por la trinidad laica don Juan Carlos, Suárez, Fernández-Miranda a través de una pista con más minas que el desierto de Kuwait, más obstáculos que el Grand National y más revueltas y virajes que un eslalon gigante. ¡Dios se lo pague!

También me parece recordar que aquella reunión constituyente tuvo lugar en la Sala de Comisiones de la primera planta, que en las antiguas Cortes se conocía como "Sala del Cristo", porque la presidía una hermosa talla en marfil del Crucificado -¿qué habrá sido de ella?- montada sobre un doscl de terciopelo rojo. Hablo, naturalmente, del viejo palacio isabelino, pues al Congreso aún no le habían nacido sus sucesivas y urbanísticamente dudosísimas ampliaciones-excreciones que lo prolongan hacia el oeste. Para que se sitúen los conocedores de la Casa, el espacio de aquella sala viene a estar actualmente ocupado por las dependencias de prensa del Grupo Parlamentario Popular y los despachos del vicepresidente segundo.

"No es que funcionáramos en régimen asambleario, pero sí avanzábamos un poco a tientas, con unas normas provisionales"

El lector tendrá que olvidar las pautas rutinarias e inevitablemente aburridas de la vida parlamentaria de ahora, con reglamentos y usos cristalizados, para evocar los modos y la atmósfera de aquel momento. No es que funcionáramos en régimen asambleario, pero sí avanzábamos un poco a tientas, con unas normas provisionales y una invencible reluctancia de la oposición a aceptar el papel supletorio del Reglamento de las viejas Cortes Orgánicas. La consecuencia más ostensible de aquella indecisión normativa era la frecuencia de las interrupciones de las sesiones, para que los "jefes de fila" deliberaran con recato sobre los escollos inopinadamente so-

Cronología del p

1977

Junio

● **Día 15:** Elecciones generales legis lativas para Cortes Constituyentes.

Julio

● **Día 23:** Se hace pública la actitud adversa de los partidos de la oposición a trabajar sobre un borrador de Constitución que pudiera presentar el Gobierno.

Agosto

● **Día 2:** Elegidos los siete miembros de la Ponencia Constitucional que redactará el borrador de la nueva Constitución: Gabriel Cisneros, Miguel Herrero de Miñón y José Pedro Pérez Llorca (UCD); Gregorio Peces-Barba (PSOE); Jordi Solé Tura (PSUC); Miguel Roca (Minoría Catalana) y Manuel Fraga (AP).

● **Día 11:** Reunión en Sigüenza del PSOE para elaborar su proyecto constitucional.

● **Día 22:** Comienza a elaborarse el proyecto de Constitución.

● **Día 25:** El PCE se opone a que las deliberaciones sobre la elaboración de la Constitución sean secretas.

● **Día 26:** Gabriel Cisneros anuncia el principio de acuerdo sobre los temas que integrarán los primeros capítulos. Asímismo, se declara confidencial la redacción del borrador.

Septiembre

● **Día 28:** La Ponencia introduce la figura del "Defensor del Pueblo" y constitucionaliza el voto a los 18 años.

Octubre

● **Día 26:** La Ponencia embarranca en el arduo tema de las autonomías.

Noviembre

● **Día 11:** Finaliza la primera lectura del texto de la Constitución. Hay más de 30 votos particulares.

● **Día 17:** El borrador de la Constitución queda redactado en su primera lectura.

● **Día 22:** En el número 239 de la revista *Cuadernos para el Diálogo* aparecen los 39 primeros artículos del borrador constitucional.

● **Día 23:** Reunión urgente de la Ponencia tras la filtración del texto constitucional. Se mantiene la confidencialidad de sus trabajos y se pretende desdramatizar la publicación del borrador. Gregorio Peces-Barba presenta su dimisión en *Cuadernos para el Diálogo*.

● **Día 25:** Se generaliza la publicación en los medios del borrador constitucional.

Diciembre

● **Día 7:** La Ponencia concluye la segunda lectura del borrador.

● **Día 23:** El borrador definitivo del Anteproyecto constitucional es entregado por la Ponencia a la Presidencia del Congreso.

brevenidos, y sobre si se estaban o no cumpliendo lealmente los acuerdos alcanzados con anterioridad. La verdad es que el entendimiento por debajo de la mesa entre la UCD y el PSOE era el incipiente esqueleto que permitía dar aquellos primeros y balbucientes pasos.

Partido entre Comisión Constitucional y periodistas con Peces-Barba de árbitro.

CONTENCIOSO AGUDO. Prueba de ese entendimiento fue la composición, férreamente bilateral, de la Mesa de la Comisión Constitucional. Don Emilio Attard (UCD), cuya sabia bonhomía y tolerante sentido del humor se acreditarían más tarde en su inteligente pastoreo de los trabajos de la Comisión estaba flanqueado por los también centristas Vega Escandón y Paredes Grosso y los socialistas Enrique Múgica y Joan Raventós.

El contencioso más agudo de aquellas horas consistía en la determinación del número de miembros integrantes de la Ponencia. La cuestión no era bizantina ni meramente funcional, sino descarnadamente política. Y bastante reveladora del pragmatismo, inmoderadamente caníbal, del que el PSOE -guiado por la, entonces inescindible, pareja González-Guerra- empezaba a dar reveladoras muestras. La práctica heredada era la de las ponencias de cinco miembros, número manifiestamente inadecuado para recoger el pluralismo de la Cámara y garantizar un vestigio de proporcionalidad. Suárez no tenía inconveniente en ir a una cifra superior, de nueve a once miembros que, entre otras virtudes, hubiera tenido la nada desdeñable de acoger al PNV -si este partido lo hubiera deseado- en el seno de la Ponencia Constitucional con voz propia y no a través de la mediación delegada de Miguel Roca. Pero en este propósito se cruzó un objetivo táctico al que el PSOE atribuía en aquel momento una consideración preferente.

Como se recordará, el Partido Socialista Popular de don Enrique Tierno había acudido a las elecciones separado del PSOE. Los resultados no estuvieron a la altura del prestigio del "viejo profesor" ni de las adhesiones intelectuales que su figura despertaba incluso entre franjas del electorado moderado. Luego, las peculiaridades de nuestro sistema ➳

...eso constituyente

1978

ENERO

● DÍA 5: El Boletín Oficial de las Cortes publica el Anteproyecto de la Constitución junto con los votos particulares de los grupos parlamentarios. Se abre un plazo de 20 días naturales para la presentación de enmiendas.

● DÍA 19: Tras una semana en Gredos, finaliza la reunión de la Ponencia Constitucional para estudiar más de mil enmiendas presentadas al borrador.

MARZO

● DÍA 6: Gregorio Peces-Barba abandona la Ponencia por divergencias sobre enseñanza y autonomías.

● DÍA 13: Reanuda sus tareas la Ponencia sin Peces-Barba.

● DÍA 16: La Ponencia finaliza sus trabajos.

ABRIL

● DÍA 10: Los siete miembros de la Ponencia firman el borrador.

MAYO

● DÍA 5: Inicio de las sesiones de la Comisión de Asuntos Constitucionales y Libertades Públicas del Congreso presidida por Emilio Attard. Empieza el debate general.

● DÍA 11: Los votos de UCD y AP (19) logran la mayoría en las votaciones sobre el articulado. Dicha "mayoría mecánica" -según la izquierda- supera a los 17 votos de los restantes grupos.

● DÍA 22: La redacción de los artículos 26 al 50 se pacta entre representantes de UCD (encabezados por Fernando Abril) y del PSOE (encabezados por Alfonso Guerra) en una cena en el restaurante "José Luis".

● DÍA 23: Se aprueban, mediante consenso, 27 artículos. El Grupo Parlamentario Vasco abandona aquella misma tarde la Comisión. Tras aprobarse el artículo 32, Silva Muñoz anuncia la retirada de AP de los trabajos de la Comisión.

● DÍA 29: Fraga anuncia el regreso de su grupo parlamentario (AP) a la Comisión. Se inician trabajos "secretos" y nocturnos para "consensuar" los artículos pendientes de aprobación.

JUNIO

● DÍA 6: Se crea una "neo-miniponencia", integrada por Miguel Roca, Eduardo Martín Toval, José Luis Meilán y Jordi Solé Tura para reelaborar el articulado del Título VIII.

● DÍA 20: Finaliza sus trabajos la Comisión de Asuntos Constitucionales y Libertades Públicas del Congreso de los Diputados, con general reconocimiento a la brillante labor desarrollada por su presidente, Emilio Attard.

JULIO

● DÍA 4: Comienza el Pleno en el Congreso para discutir el proyecto constitucional, bajo la presidencia de Alvarez de Miranda. ➳

electoral acabarían por crujir al PSP, convirtiendo una nada desdeñable cosecha de más de ochocientos mil votos en el exiguo fruto de seis escaños. Desalentado por el resultado y agobiado por las deudas electorales, el PSP quedó a merced de la voracidad fagocitadora del PSOE. Al servicio de este ansioso propósito partidista, el PSOE pretendió, y logró, privar a Tierno Galván de la prestigiosa plataforma de proyección que hubiera supuesto su participación en la Ponencia Constitucional. El episodio parece remoto y paradójico, si se recuerda la barroca pompa oficial de un entierro, oficiado por la sabiduría escenográfica de Pilar Miró. Pero así fueron en verdad las cosas. Y para que Tierno no formara parte de ella, el PSOE reclamó la composición reducida de la Ponencia y aceptó, incluso, una ligera desproporción en favor de UCD -tres ponentes- y en su propio detrimento: un solo ponente con 121 escaños igual que los comunistas, con 21; AP, con 16; y el nacionalismo catalán con 11.

LAS QUEJAS DE TIERNO. En el "Diario de Sesiones" queda constancia de los postreros esfuerzos dialécticos y la razonada queja de Tierno por su exclusión de una Ponencia tan enteca. Es el único testimonio documental de aquel subrepticio forcejeo. Luego se votó. Miguel Herrero y José Pedro Pérez Llorca obtuvieron 17 votos y yo, 16. (Sigo ignorando, a estas alturas, quién sería aquel réprobo compañero "ucedero" malandrín que me negó su voto, amparado en el secreto de la papeleta, llevado probablemente de la pureza de sangre de su pedigrí antifranquista. Que Dios le haya perdonado su bobalicona indisciplina, nada exenta, supongo también, del arrechucho de los celos).

Gregorio Peces-Barba, Jordi Solé Tura y Miguel Roca, también totalizaron los 16 votos que sumaban las oposiciones nacionalista y de izquierda. Fraga hubo de conformarse con los dos votos de su propio grupo parlamentario. Estábamos todavía en la estela de una campaña electoral en la que Alianza Popular había sido concienzudamente satanizada, como exponente de una presunta voluntad continuista e iniciaba su larguísima "travesía del desierto".

> "El PSOE pretendió, y logró, privar a Tierno Galván de la prestigiosa plataforma de proyección que era la Ponencia Constitucional"

Debo confesar que yo había desplegado mis romas y más bien ingenuas capacidades de intriga con el fin de que se me incluyera entre los miembros de la Comisión Constitucional. Rodolfo Martín Villa, como siempre, había sido el postulante de mi pretensión. Ahí, y sólo ahí, en formar parte de la Comisión, cifraba el horizonte de mis aspiraciones. La posibilidad de ser ponente no se me había pasado por la cabeza. Y cuando supe no recuerdo si de labios de Leopoldo Calvo Sotelo o de Rafael Arias Salgado que iba a serlo, a la alegría inmensa y a la más desmadrada vanidad se unió, de inmediato, un abrumador sentido de la responsabilidad, fronterizo del terror pánico, por el temor de no estar a la altura de las circunstancias.

Esta es la hora en que Adolfo Suárez, titular inequívoco de la decisión, no ha tenido la caridad de explicarme los motivos de su elección, un puntico temeraria. Pero creo intuirla: Suárez reconocía y premiaba mi participación en la tramitación parlamentaria del proyecto de Ley para la Reforma Política. Y, más concretamente, la vigorosa defensa del sistema de representación proporcional que, en algunos momentos, estuvo a punto de naufragar en la deliberación del proyecto. Los detractores del sistema proporcional no ignoraban que su adop-

...Cronología del proceso constituyente

● **DÍA 18:** Polémico debate entre Fraga y el consejero del Interior del Consejo General Vasco, Txiki Benegas. Los diputados vascos amenazan con retirarse del Congreso si no son aceptadas sus reivindicaciones forales históricas.

● **DÍA 21:** Duro enfrentamiento entre Fraga y Letamendía. La disposición adicional, objeto de litigio con los vascos, se mantiene. Los diputados nacionalistas vascos abandonan el salón de sesiones. Se aprueba el proyecto constitucional con sólo dos votos en contra.

AGOSTO

● **DÍA 2:** Se inicia una campaña de presión (generalmente atribuida a AP) con el envío de cerca de 50.000 cartas de protesta al Senado para intentar la modificación del artículo 25. Torcuato Fernández-Miranda comunica su baja como senador de UCD y automático pase al Grupo Mixto.

● **DÍA 4:** Se celebran diversos contactos entre senadores de UCD y PSOE en busca de un acuerdo sobre sus enmiendas al proyecto constitucional.

● **DÍA 7:** Ruptura del consenso entre UCD y PSOE.

● **DÍA 8:** Presentadas en el Senado 1.251 enmiendas al proyecto de Constitución, mientras que el Congreso sólo presentó 779.

Dos de los carteles en los que se animaba al pueblo a votar en el referéndum.

● **DÍA 9:** Se inician los trabajos de la Ponencia Constitucional del Senado, compuesta por 25 senadores y presidida por José Federico de Carvajal.

● **DÍA 10:** Se incorpora a la Comisión Constitucional Fernández-Miranda, por el Grupo Mixto.

● **DÍA 17:** Concluye en el Senado, en lo referente a la Ponencia, el examen de las enmiendas.

● **DÍA 18:** Se inician los debates públicos de la Comisión Constitucional del Senado. De las 1.254 enmiendas presentadas, la Ponencia consideró que debían pasar a la Comisión 167, se abstuvo en 335 y recomendó que se retiraran 660.

● **DÍA 25:** El Senado aprueba, sin modificar el texto presentado por el Congreso, el artículo 25 sobre enseñanza.

SEPTIEMBRE

● **DÍA 8:** Aparecen en el BOE las normas del referéndum.

● **DÍA 13:** El PSOE y los nacionalis-

ción formaba parte de los acuerdos secretos alcanzados por Suárez en su diálogo con el órgano coordinador de los partidos de oposición, por lo que si el sistema proporcional se rechazaba, toda la ingeniería de la Reforma se hubiera venido abajo.

Martín Villa, delante de la bandera preconstitucional, da el resultado del referéndum.

Como muestras de la fluidez de la situación y los rasgos algo surrealistas de la época, coincidían en el tiempo las noticias de la elección de los puestos vacantes en el Consejo del Reino y la de la legalización de los partidos de explícita filiación y denominación republicana ARDE y Esquerra Republicana cuya concurrencia a las urnas bajo estos rótulos había quedado excluida.

El PNV conmemoraba su LXXXII aniversario fundacional, con mucha menor truculencia de la que reservaría para el centenario. Francia se veía agitada por una oleada de protestas antinucleares. Carrillo y Ceaucescu reivindicaban conjuntamente las "vías autónomas del comunismo".

Mientras, Salvador Sánchez Terán, comisionado por Suárez, negociaba con Tarradellas su regreso a España y los términos del restablecimiento provisional de la Generalidad. Don Juan de Borbón pisaba emocionado el Palacio de La Granja, en el que había nacido y en el que no había podido volver a poner las plantas durante cuarenta y siete años.

Moría Macarios, el héroe de la independencia chipriota, cuyas espectaculares ropas talares ortodoxas, con el gorrito de Sukarno, los flamantes uniformes de Tito, la blancura impoluta de Neru y la sahariana de manga corta de Nasser, componían el lucido retablo de aquel averiado "neutralismo" que tan impagables servicios prestó a la URSS.

FÚTBOL Y TOROS. Pero no todo era política. El fútbol arrastraba los tediosos torneos veraniegos y sufría un cierto eclipse -el fútbol aún era "franquista" para la "progresía" que no permitía presagiar su contemporánea omnipresencia-. Manzanares, Niño de la Capea y el malogrado Paquirri encabezaban el escalafón taurino. El obituario sentimental registraba en aquel agosto las bajas conmovedoras de dos de los mitos más influyentes de la cultura popular del siglo: Groucho Marx y Elvis Presley. Pero los españoles nacidos entre los veintitantos y los cuarenta y tantos nos sentimos golpeados más íntima y dolorosamente por la muerte de Antonio Abad Lugo, un nombre que nada dice si no lo iluminamos por el sosia artístico de Anto-

tas consideran roto el consenso al haber introducido UCD dos nuevas enmiendas sobre las autonomías.
- DÍA 14: Queda dictaminado el Proyecto de Constitución por la Comisión del Senado. La Minoría Vasca logra una nueva versión sobre los derechos históricos.
- DÍA 25: Se inicia el Pleno del Senado que debatirá el Proyecto.
- DÍA 28: Acuerdo UCD-PSOE-PCE-Minoría Catalana sobre las autonomías con exclusión de AP y PNV.

OCTUBRE

- DÍA 3: Comienza a discutirse en el Pleno del Senado el Título VIII.
- DÍA 5: Tras 17 días de Comisión y 11 de sesiones plenarias, se aprueba el Proyecto de Constitución por el Senado. La disposición adicional -rechazada la enmienda del PNV- fue aprobada por 129 votos a favor, 13 en contra y 78 abstenciones.
- DÍA 28: El Boletín de las Cortes publica el texto elaborado por la Comisión Mixta.
- DÍA 31: El Congreso y el Senado, en sendas sesiones, aprueban por abrumadora mayoría el texto constitucional, que queda pendiente de ser sometido a ratificación en referéndum popular. En el Congreso, con 345 votantes y 5 ausentes, hubo 325 votos a favor, 6 en contra (Francisco Letamendía, de Euskadiko Ezkerra; Gonzalo Fernández de la Mora, Alberto Jarabo, José Martínez Emperador, Pedro de Mendizábal y Federico Silva, de Alianza Popular) y 14 abstenciones (los diputados del PNV Josu Elorriaga, Pedro Sodupe, Marcos Vizcaya, Iñigo Aguirre, Gerardo Bujanda, Xabier Arzallus y José Angel Cuerda; los de AP Licinio de la Fuente, Modesto Piñeiro y Alvaro Lapuerta; los del Grupo Mixto Joaquín Arana y Pedro Morales; Jesús Aizpún, de UCD, y Heribert Barrera, de Esquerra Republicana de Catalunya). En el Senado (239 votantes y 9 ausentes), se contabilizaron 226 votos a favor, 5 negativos (Ramón Bajo y Juan María Bandrés, del Grupo Vasco; y Fidel Carazo, Marcial Gamboa y Lluís Maria Xirinacs, del Grupo Mixto) y 8 abstenciones (Rosend Audet, del Grupo Mixto; Luis Díez-Alegría, del Grupo Independiente; y Manuel de Irujo, Gregorio Monreal, Ignacio Oregui, Juan Ignacio Uría y Federico Zabala, del Grupo Vasco).

DICIEMBRE

- DÍA 6: Se celebra el referéndum para la ratificación popular del texto constitucional aprobado por las Cámaras.
(Se registró una participación del 67,1% del electorado. Votos favorables: 87,7%;
votos en contra: 7,8%; votos en blanco: 3,5%).

Este repaso cronológico es un extracto del publicado por Oscar Alzaga en su libro "La Constitución española de 1978. Comentario sistemático" (Ediciones del Foro; Madrid, 1978).

nio Machín, autor de tanto inolvidable bolerazo cuya potencia meliflua debió contribuir no poco a la mejora de las tasas de fecundidad de la posguerra.

Entre el 1 y el 22 de agosto, los partidos velaban armas preparando sus borradores constitucionales. El PSOE lo hizo en el parador de Sigüenza, con lucido concurso de sabios y expertos. A los ponentes de UCD, reforzados por Rafael Arias, Oscar Alzaga, Ignacio Camuñas y Sancho Rof para los asuntos electorales nos pastoreaba Landelino Lavilla. Mientras Lavilla llevó el timón, Miguel Herrero ejerció una capitanía tácita de los ponentes de UCD. Luego, vicisitudes del partido y del Gobierno cambiarían la "correlación de fuerzas", que diría un gilipollas. Emergió la dirección externa de Fernando Abril y la interna de José Pedro Pérez Llorca.

El pluralismo de UCD. El clima social andaba revuelto con motines carcelarios, amenazas de huelga de hostelería en plena temporada alta y un perceptible incremento de la delincuencia menor, fruto probable de los primeros indultos generales, aunque no había llegado la "gran perdonanza" de octubre de 1978. La extrema derecha ponía el grito en el cielo, aunque acontecimientos sociales tan rutilantes como la boda de Mariola Martínez-Bordiú Franco con Jimmy Giménez Arnau ponían el contrapunto edulcorante.

UCD superaba la fase de coalición en la que había concurrido a las elecciones y culminaba su configuración como partido político unitario. El debate de si debía acelerarse o no la convocatoria y celebración de las elecciones municipales entretenía mucho la polémica política. Y como una precoz premonición de hasta dónde llegaba y llegaría el pluralismo interno en el seno de la UCD, coincidían ¡en el mismo día! en las páginas de los periódicos, tres cualificadas previsiones acerca de lo que habría de durar el proceso constituyente: dos meses, dijo Pérez Llorca; seis meses, don Antonio Fontán; y dos años, Fernando Alvarez de Miranda. Los acontecimientos casi acabarían por hacer bueno el desmesurado augurio del hoy Defensor del Pueblo.

Nadie reparó lo suficiente en que, por aquellas fechas, Felipe González, respondiendo a las preguntas de un semanario extranjero sobre quiénes eran sus correligionarios occidentales favoritos, tras hacer un reconocimiento de la dimensión intelectual de Mitterrand, respondía contundentemente: "Olof Palme". Y, como una asombrosa y anticipadora advertencia a los navegantes, aclaraba: "Porque ha sido capaz de mantener el socialismo continuadamente en el poder". El que avisa no es traidor. Reconozcámoslo, en honor de González.

Solemne sesión conjunta de las Cortes (27-XII-1978): el Rey sanciona la Constitución.

Dudo que ninguno de los asistentes guarde un recuerdo demasiado grato de la reunión, llamémosle preparatoria, de la tarde del lunes 22 de agosto. Verán: estábamos los siete ponentes; los letrados Fernando Garrido Falla, Francisco Rubio Llorente y José Manuel Serrano Alberca; y el presidente de la Comisión, Emilio Attard. Este había dado por supuesto que iba a asistir y presidir los trabajos de la Ponencia. El conjunto de la oposición lo vetó, supongo que no por animosidad personal alguna, sino por entender que aquella presencia desequilibraba aún más la composición partidaria del grupo de trabajo. Suárez cedió. Pero ninguna autoridad del Gobierno ni del partido tuvo presencia de ánimo para transmitirle al venerable don Emilio la decisión. De manera que nos tocó a los propios ponentes la ingratísima tarea de hacérselo saber allí y en presencia de todos. Un mal trago, que don Emilio encajó, andando el tiempo, con el mejor talante.

"La oposición vetó al presidente de la Comisión, Emilio Attard. Nos tocó a los ponentes hacérselo saber allí y en presencia de todos"

El resto de la sesión se dedicó a fijar los calendarios, establecer el ritmo de trabajo en una o dos reuniones semanales, convenir la presidencia rotatoria y sentar el principio de reserva de los acuerdos, decisión acogida por los medios informativos con el descriptible entusiasmo que el lector supondrá. Me correspondió, sin otro mérito que el alfabético, actuar de portavoz de aquella primera reunión. Invoqué, por lo que se ve sin demasiada fortuna, razones "patrióticas" para justificar el secreto de las deliberaciones. Gregorio Peces-Barba me corrigió, con acierto, recurriendo a adjetivos menos enfáticos. Hacía mucho calor. Fue un agosto raro, de grandes contrastes, con días de temperaturas agobiantes, aliviados por refrescantes tormentas e incluso por nevadas en las montañas. Al acabar aquella primera sesión, Jordi Solé y yo cruzamos la Carrera de San Jerónimo para ver la película de Costa Gavras *Section speciale*, que la "echaban" en el desaparecido cine Palace, de las salas llamadas entonces de "arte y ensayo".

La Constitución, en sesenta líneas

Los puntos más importantes de la carta magna de la democracia

Javier Lorenzo

El **Título preliminar** de la Constitución establece que España es un Estado social y democrático de Derecho, cuya soberanía reside en el pueblo español y que tiene como forma política la Monarquía parlamentaria. El mismo título recoge la indisolubilidad de la Nación española o el reconocimiento del derecho a la autonomía de las nacionalidades. El artículo octavo señala que las Fuerzas Armadas tienen como misión garantizar la soberanía e independencia de España, así como su integridad territorial y el ordenamiento constitucional.

El **Título primero**, que habla de los derechos y deberes fundamentales, es el más importante de los diez que componen la Constitución, especialmente en su capítulo segundo, artículo 14, donde se refleja que los españoles son iguales ante la ley , sin que pueda prevalecer discriminación alguna por razón de nacimiento, raza, sexo, religión, opinión o cualquier otra condición o circunstancia personal o social. En su sección primera se menciona el inalienable derecho a la vida, la libertad ideológica, la aconfesionalidad del Estado, la asistencia letrada al detenido, la inviolabilidad del domicilio o la libertad de expresión, de enseñanza o sindicación. En la sección segunda, habla de los deberes y derechos de los ciudadanos, se ocupa del servicio militar, del derecho al trabajo, a la huelga o a la libertad de empresa en el marco de la economía de mercado. Los restantes tres capítulos versan sobre el mantenimiento de la Seguridad Social, el fomento de la cultura , el derecho a una vivienda digna, la garantía de un sistema de pensiones, el papel del Defensor del Pueblo o las condiciones que deben existir para que se suspendan los derechos y libertades de los ciudadanos.

A la Corona se dedica en su integridad el **Título segundo**, que define al Rey como Jefe del Estado y símbolo de su unidad y permanencia.

El **Título tercero** habla de las Cortes Generales, representantes del pueblo español. Se define al Senado como Cámara de representación territorial. Se regula el funcionamiento del Congreso y el Senado. En el capítulo segundo se trata de la elaboración de las leyes: orgánicas, decretos, ordinarias y de bases.

El papel que juegan Gobierno y Administración es de lo que se ocupa el **Título cuarto**. En él se establece la composición del Ejecutivo y su funcionamiento. Este título está muy unido al **Título quinto**, que marca las relaciones entre el Gobierno y las Cortes. Se contemplan las interpelaciones de los grupos parlamentarios, las cuestiones de confianza, las mociones de censura o los estados de excepción.

El **Título sexto** se ocupa del poder judicial, donde afirma que la justicia emana del pueblo. Instaura la gratuidad de la justicia, así como las funciones del Consejo General del Poder Judicial, del Tribunal Supremo, del Fiscal general del Estado o la policía judicial.

La economía y la Hacienda son el núcleo del **Título séptimo**. Otorga al Gobierno la elaboración de los Presupuestos y la posibilidad de que las Comunidades Autónomas y las Corporaciones locales cobren tributos. Se recoge la creación del Tribunal de Cuentas.

El **Título octavo** versa sobre la organización territorial del Estado. El principio que garantiza la cohesión del Estado es el de la solidaridad. Se relatan las competencias que pueden asumir las Autonomías y las que son exclusivas del Estado. Se establece la figura del delegado del Gobierno y el Fondo de Compensación interterritorial.

El **Título noveno** se ocupa del Tribunal Constitucional. La reforma constitucional se regula en el **Título décimo**. El punto más importante de las **Disposiciones adicionales** es el que ampara y respeta los derechos históricos de los territorios forales.

El constitucionalism

Nuestra ley fundamental no rompe con ningu

Situar nuestra Constitución actual -respaldada por el pueblo español en referéndum del 6 de diciembre de 1978- en el proceso histórico del constitucionalismo español significa señalar lo que le une y le separa de anteriores experiencias constitucionales; no, por supuesto, de experiencias no constitucionales.

Carecería de sentido comparar lo incomparable: ni los períodos absolutistas del reinado de Fernando VII, entre 1814 y 1820 y entre 1823 y 1833, ni el período dictatorial de reinado de Alfonso XIII, entre 1923 y 1930, ni todo el régimen autoritario del General Franco forman parte de la historia del constitucionalismo español, aunque, por supuesto, formen parte de la historia política de España. El Estado español, mientras duraron aquellas situaciones, no estuvo regido por una Constitución sino por la voluntad del Rey, de Primo de Rivera o de Franco, o incluso en este último supuesto por un remedo de "leyes fundamentales" que ni se proclamaban como Constitución ni podían ser entendidas como tales.

Si comparamos, pues, la Constitución de ahora con las Constituciones del pasado, salta a la vista que hay más puntos en común con las de 1812, 1869 y 1931 que con las conservadoras de 1837, 1845 y 1876. De todos modos, la Constitución actual no rompe con ninguna de las que la precedieron, por lo que mantiene una continuidad incluso con aquéllas de las que más se diferencia. Así, aparte de determinados rasgos del liberalismo, es claro que la conservación de la Monarquía, y de la literalidad de algunos de los preceptos a ella dedicados, aproxima nuestro texto de 1978 a los de las Constituciones liberales moderadas o conservadoras de 1837, 1845 y 1876.

No obstante, la proximidad es mayor, obviamente, con la línea constitucional liberal democrática. La proclamación de la soberanía nacional y la idea de que la nación no es una entidad superior a las generaciones vivas, sino "el conjunto de los españoles", es decir, la identificación de la nación con el pueblo, enlaza claramente nuestra Constitución de 1978 con nuestra primera Constitución, la de Cádiz de 1812. En ella nace la consagración constitucional de la soberanía popular, que reaparece en la Constitución de 1869 y vuelve a surgir en la de 1931. Ese es el principio democrático que recupera nuestra Constitución actual. Y lo recupera sin renunciar, como tampoco renunciaron las Constituciones de 1812 y 1869, a la institución regia, haciendo compatible, como aquéllas lo intentaron, aunque con menos éxito, la Monarquía con la democracia.

> "Nuestra Constitución de 1978 enlaza con la de Cádiz de 1912, que consagra la soberanía popular, haciendo compatible la Monarquía con la democracia".

Si en lo que toca a la Monarquía constitucional democrática nuestra Constitución enlaza bastante con las de 1812 y 1869, en otros aspectos capitales el enlace más fuerte será con la republicana de 1931. Así, tanto en materia de derechos individuales como de derechos sociales, la continuidad con la Constitución de la 2ª República es clara. También es patente el legado que de ella se recibe en lo que podríamos llamar sentido más genuino o profundo de nuestra Constitución actual: su carácter de verdadera norma jurídica. Fue la Constitución de 1931 la que por primera vez en la historia del constitucionalismo español garantizó, jurídicamente, la observancia de la Constitución, inaugurando (con la Constitución austriaca de 1920) el llamado "sistema europeo de justicia constitucional".

Nuestra Constitución de 1931 estableció un Tribunal de Garantías Constitucionales, atribuyéndole, entre otras funciones, el control de constitucionalidad de las leyes, la resolución de conflictos de competencia entre el Estado y las regiones autónomas y la tutela de los derechos fundamentales mediante el recurso de amparo. Ese es, sin duda alguna, el inmediato precedente español del Tribunal Constitucional que instituyó nuestra Constitución actual, aunque mejorándolo notablemente en composición y competencias. El modelo de justicia constitucional de 1931 (concretado por la Ley del Tribunal de

en España

las que la precedieron

Manuel Aragón
Catedrático de Derecho Constitucional y decano de la Facultad de Derecho de la Universidad Autónoma de Madrid

1933) sirvió muy bien como ejemplo a los constituyentes de 1978, tanto para copiar sus aciertos como para rechazar sus errores. Algo parecido ocurrió con la forma parlamentaria de gobierno, que, salvando las diferencias entre Monarquía y República, enlaza, de algún modo, nuestra Constitución actual con la de 1931. Aquel modelo -no muy bien logrado, por cierto- también sirvió como ejemplo, aquí más "en negativo" que "en positivo", para que los constituyentes de 1978 decidieran establecer un parlamentarismo mejor organizado, pero sobre todo más nítido y mucho más "racionalizado" que el de la 2ª República.

"La Constitución española tomó de otras constituciones europeas algunas instituciones, e incluso algunos preceptos, pero también incluyó dosis de originalidad".

Por último, será en materia de autonomías territoriales donde mayor cercanía habrá entre las Constituciones de 1978 y 1931. Esta establecía un "Estado integral, compatible con la autonomía de las regiones"; y la de ahora un Estado que "garantiza el derecho a la autonomía de las nacionalidades y regiones". Ambas disponían que la norma institucional básica de los territorios autónomos (en 1931 llamados "regiones autónomas", en 1978 "comunidades autónomas"), reguladora de sus instituciones de autogobierno y atributiva de sus competencias sería el "Estatuto de autonomía". Ambas dejaban para un momento posterior a la Constitución el "desarrollo autonómico", esto es, el surgimiento y organización de las regiones (o comunidades) autónomas.

El desarrollo de ese modelo ha alcanzado ahora, por obra de la Constitución de 1978, y sobre todo por obra de los pactos políticos autonómicos y de los Estatutos de Autonomía, una generalidad y profundidad que ni se pudo lograr en la 2ª República por la convulsa situación política y la tragedia de la guerra civil ni quizás era previsible a partir de las propias intenciones de la mayoría de los constituyentes de 1931, más preocupados por resolver el problema regional de Cataluña que por extender la autonomía, y mucho menos una autonomía del mismo grado o intensidad que la de Cataluña, a todas las regiones españolas.

Al final, como se sabe, sólo Cataluña accedió a la autonomía antes de la guerra civil. El País Vasco tuvo un Estatuto, pero cuando ya estaba iniciada la guerra. Galicia únicamente pudo plebiscitar un proyecto de Estatuto que, por los avatares de la guerra, no llegó ni siquiera a convertirse en texto legal. Sin embargo, incluso esta misma historia del proceso autonómico republicano tendría después un posterior reconocimiento en la Constitución de 1978 (en su Disposición Transitoria 2ª), en la que, sin nombrarlos, se tomarían los Estatutos republicanos de Cataluña, del País Vasco y el "non nato" de Galicia como causa para proporcionar a dichas comunidades un acceso a la autonomía más fácil y rápido que al resto de las regiones españolas.

Como es normal, la Constitución española de 1978 tomó de otras Constituciones europeas algunas instituciones, e incluso la letra de algunos de sus preceptos. También incluyó una cierta dosis de originalidad. Pero, sin duda alguna, sus líneas maestras están bien asentadas en nuestra propia historia constitucional. En ese hecho reside, me parece, un apoyo muy sólido para su aceptación generalizada y, por lo mismo, para su permanencia, que sería, sin duda alguna, la característica que debiera diferenciarla más netamente (ya lo está haciendo) de las anteriores Constituciones españoles. La inestabilidad constitucional sí que es una herencia que no debiera recibir el texto de 1978.

Las Constituciones españolas

Constitución	Carácter ideológico	Vigencia
De 1812	Progresista	Cinco o seis años
Estatuto Real 1834	Conservador	Tres años
De 1837	Progresista	Ocho años
De 1845	Conservador	Veinticuatro años
De 1869	Progresista	Cuatro años
De 1876	Conservador	Cuarenta y siete años
De 1931	Progresista	Ocho años
Leyes fund. 1938/67	Conservador	Treinta y siete años
De 1978	Progresista	Dieciocho años

"Esquemas del Constitucionalismo español:-1808-1976". Jorge de Esteban

Verano dantesco en

Crónica de la peor tragedia turística española de la historia

El nombre de Los Alfaques permanece unido a la memoria de la mayor tragedia turística que ha vivido España. Un camión cisterna cargado con un exceso de 400 kilogramos de gas propileno causó la muerte, en julio de 1978, a 215 personas que se encontraban disfrutando de sus vacaciones. 67 más resultaron heridas.

Flora Sáez

Aquel hubiera sido un estupendo día de vacaciones. Brillaba un sol espléndido, la temperatura era aceptable y el levante había dejado de molestar. Pero una lluvia de fuego acabó con la vida de 215 personas, en su mayoría campistas que se encontraban comiendo. Fue el 11 de julio de 1978, poco después de las dos y media de la tarde, cuando el camión que conducía Francisco Ibernón fue a explosionar, con sus 400 kilogramos de exceso de carga, sobre el camping Los Alfaques, en San Carlos de la Rápita, Tarragona.

En pocos segundos, y como en la peor de las plagas bíblicas, personas, coches y enseres fueron reducidos a cenizas: todo lo que se encontraba en un radio de acción de trescientos metros. Cuarenta y tres metros cúbicos de gas propileno arrasaron medio camping, una discoteca y doce chalés cercanos, y llevaron el horror y la muerte al corazón de más de noventa familias, muchas de ellas de nacionalidad francesa y alemana.

Carmen Masiá, directora de Los Alfaques, que se encontraba entonces sirviendo café a unos clientes, tardó varias horas en darse cuenta de lo que había sucedido. "Fue una tremenda sorpresa. Algo que no sabía de dónde venía, si del cielo, si del mar, si del fondo de la tierra. Pero lo primero que oí fue un enorme ruido, después un resplandor extraño, y el fuego, enseguida. Salí corriendo y no se ➳

Los Alfaques

muy bien lo que hice. Vi que algunas personas empujaban y trasladaban coches, porque habían comenzado a estallar. De mis hijos no me acordé. Estaban comiendo con unos amigos en la zona afectada. Pero fue tanta la sorpresa, tantos los gritos, el dolor ajeno, que no me acordé".

No fueron horas, sino varios días los que los técnicos necesitaron para explicar lo sucedido, aunque la violencia destructiva del gas propileno fue meridiana y brutal: en pocos segundos, más de cien personas perecieron calcinadas en un baño de fuego cuya llama superó los 1.000 grados; los cuerpos de varias decenas más fueron destrozados por los efectos de la onda expansiva o, incluso, arrojados al mar de una playa cercana; en el suelo, un cráter de veinte metros de diámetro y dos de profundidad quedó excavado como una muestra más del horror. Las bombonas de gas utilizadas por los campistas y algunos de sus automóviles explosionaron también por simpatía. Durante largos días, varios equipos trabajaron sin descanso en la identificación de los cadáveres, pero algunas decenas no pudieron ser reconocidos. Cerca de un millar de personas se encontraban en el lugar del desastre en aquel fatídico momento, pero parte de las fichas de inscripción se quemó también.

Tres años y medio después, el 23 de enero de 1982, concluyó en la Audiencia Provincial de Tarragona la vista del accidente. La Audiencia concluyó que fueron las deficientes condiciones de carga y transporte del gas las que motivaron la tragedia. El director y el jefe de los servicios de seguridad de la factoría de Enpetrol en Tarragona, en la que fue cargado el propileno, fueron condenados a un año de prisión como autores de un delito de imprudencia temeraria. Resultaron absueltos dos empleados más de la misma empresa y dos directivos de Cisternas Reunidas S.A., propietaria del camión. Un año después, el Tribunal Supremo confirmó la sentencia. Las indemnizaciones ascendieron a 2.200 millones de pesetas.

Carmen Masiá y su familia decidieron no abandonar. Los Alfaques continúa recibiendo a centenares de campistas. Algunos, familiares de quienes perecieron aquel día fatídico.

EFE

EUROPA PRESS

Las víctimas de Los Alfaques perecieron calcinadas por una lluvia de fuego de más de mil grados originada por la explosión de propileno. Coches y bombonas explosionaron también .

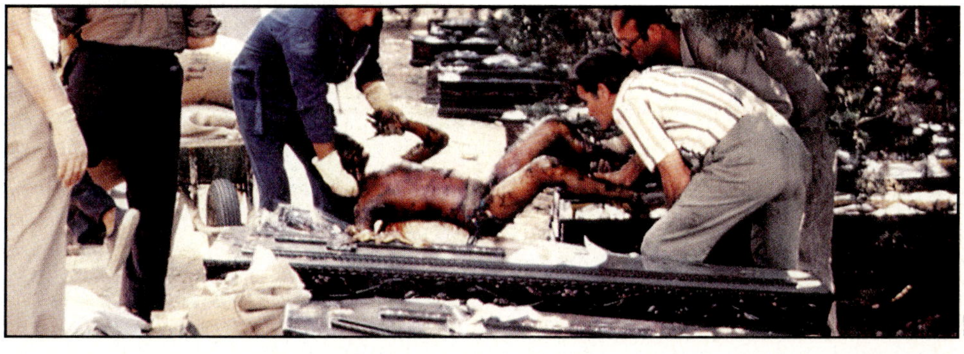

EFE

La marquesa de Villaverde y su reloj

La hija de Franco fue detenida en la frontera sacando joyas a Suiza

Jaime Peñafiel

La abrileña primavera de 1978 nos regala la sorprendente boda de don **Jaime de Mora y Aragón**, el hermanísimo descarriado de la reina **Fabiola**. La novia es una bella sueca llamada **Margit**, con quien ya había contraído matrimonio civil en 1962, en Uruguay, y de la que se divorcia poco después para volver a casarse, mediante un nuevo matrimonio civil, en Nueva York en 1966. Esta boda de 1978, la tercera, se celebra por la Iglesia, después de que don Jaime hubiera conseguido, por fin, la nulidad de su primer matrimonio con la actriz mexicana **Rosita Arenas**. La reina Fabiola, que sigue sin relacionarse con su hermano después de las trastadas que le hizo cuando se casó con el rey **Balduino**, le envía como regalo de bodas un ramo de flores.

Para regalo y bueno (siempre los controvertidos y polémicos regalos reales sobre los que un día habrá que parlamentar), el que recibe Su Majestad el Rey don **Juan Carlos**: un Citroën CX-Prestigie de inyección eléctrica, fabricado expresamente para él en la Citroën hispana de Vigo. Igualito que el utilizado por el presidente de la República francesa. Se trataba de una pieza única de color gris perla.

Y mientras el Rey se lo monta de tal guisa, su hijo, el príncipe **Felipe**, que ha cumplido ya diez años, pasa sus vacaciones de Semana Santa, junto a otros 38 muchachos, en un albergue juvenil con sabor a aquellos del Frente de Juventudes, en la localidad zamorana de San Martín de Castañeda, en las cercanías del lago de Sanabria. ➳

EFE

Carmen Franco Polo enseña a los periodistas las joyas con las que, supuestamente, quería hacer un reloj.

Espartaco Santoni, en libertad bajo fianza, vuelve a ser noticia. Dos Juzgados de Madrid, el 9 y el 11, cursan orden de busca y captura a través de la Interpol. "El tío se ha marchado y ha dejado un descubierto de dos millones en la cuenta de mi hija. Ojalá no vuelva porque le llevarán de nuevo a Carabanchel y tendremos que llevarle otra vez comida y tabaco. ¡Anda y que le zurzan a ese mamarracho!". Hablaba la suegra con la que nunca se llevó. Las dotes celestinescas de la madre de la hoy baronesa nunca vieron con buenos ojos la boda de su hija con Espartaco.

La crisis **Julio Iglesias-Isabel Preysler** se perfila en el horizonte. La "china" se niega a trasladarse a vivir a los Estados Unidos como su marido desea. Prefiere quedarse en Madrid, donde su amiga, la **duquesa de Cádiz**, ha comenzado a sacarla de su casa y de sus casillas y ha empezado a ser la esposa infiel, animada por otra infiel esposa.

El 7 de abril de este 1978 será siempre un día negro para la familia **Franco**. "¡Cómo se han atrevido si estamos protegidos por el Rey!", exclaman sin dar crédito a lo que ha ocurrido. La **marquesa de Villaverde** era detenida en el aeropuerto de Barajas con una bolsa llena de medallas de oro, brillantes y esmaltes que sacaba de España para llevarlas a Suiza. Lo triste es que esas medallas, conmemorativas, eran de ciudades españolas que habían sido regaladas a Franco en fechas muy especiales. La hija del General fue acusada de intentar sacar del país objetos de valor histórico-artístico. En una rueda de prensa en su domicilio madrileño, a la que quien esto escribe asistió, la marquesa de Villaverde declaró, cínicamente, que el motivo de su viaje a Suiza era entrevistarse con un fabricante de relojes para que hiciera uno de pared para su madre en el que las horas estuvieran marcadas por las medallas. Nadie se creyó el cuento del reloj de la abuelita.

Lolita, que ya empieza a dar el coñazo, declara que se casará con **Antonio Arribas**, uno de los "choris" de Marbella. Y, además, de blanco. Pues qué bien. Mientras, **Paquirri** -que más tarde sería su amante- sufre una doble cornada durante la lidia de su último toro en la Feria de Sevilla. Su todavía esposa **Carmen Ordóñez**, de la que se especula atraviesa una grave crisis matrimonial, aparece como dolorosa mujer de torero junto al lecho del dolor en la clínica de Nuestra Señora de Fátima de Sevilla.

EUROPA PRESS

Jaime de Mora y Aragón posa junto a la que fue su última mujer, Margit.

EUROPA PRESS

Lolita junto a Carmen Sevilla y Vicente Patuel, agarrados de la mano.

La extrema derecha española se fortalece con la boda de **Esperanza Piñar**, hija del famoso don **Blas**, de Fuerza Nueva, con **Camilo Menéndez**, hijo del capitán de navío del mismo nombre y apellido. Entre los invitados, **García Carrés**, **Girón** y los generales **De Santiago** e **Iniesta**. Toda la presunta trama civil y militar del 23-F.

Se empieza a hablar de **Vicente Patuel** como el amor de **Carmen Sevilla**. **María Luisa**, la todavía esposa, ante los rumores de que la pareja quiere casarse en Sudamérica, declara: "Tampoco pueden hacerlo allí". Y llevaba razón. Todavía habían de transcurrir nada menos que siete años para que se celebrase la boda, en la que, como recordaremos en su momento, este periodista tuvo mucho que ver.

Don Juan Carlos y doña **Sofía** visitan Portugal. Los periódicos destacan que "O joven que o Estoril viu creser regressa como Rei de Espanha". El último día de la visita, don Juanito, que no volvía a Villa Giralda desde 1974 a causa del enfrentamiento con su padre, pidió a su madre que le permitiera dormir en su habitación de soltero.

Carmen Romero, esposa del secretario general del PSOE, se encuentra en estado de su tercer hijo.

Arturo Fernández se separa de **Isabel Sensat** tras 11 años de matrimonio y tres hijos. Es coherente ya que, cuando se casa el 21 de marzo de 1967, declara que su unión durará "hasta que la falta de amor recíproco nos separe".

Del 14 al 24 de junio, los Reyes viajan oficialmente a Irán, la República Popular China y el Irak de **Sadam Hussein**. Para ello, tienen que recorrer 30.000 kilómetros y sobrevolar tres continentes.

En estos primeros días del verano de 1978, la **duquesa de Alba**, en el corto espacio de dos meses, logra un récord: se convierte no sólo en esposa sino también en abuela. Sólo le faltaba tener un hijo de **Jesús** en este mismo año que pasará a la historia como el de la boda de **Carolina de Mónaco** con **Philippe Junot**.

Adiós a la República

Consuelo A. de Toledo

Aquel 11 de mayo, Luis Gómez Llorente supo que sus palabras formarían parte de la Historia. El PSOE iba a decir adiós a la República en aras de la Constitución de la Concordia por la que España se constituía en una Monarquía parlamentaria. La forma de Estado no era tanto una cuestión de principios como una ceremonia de protocolos. Pero ya se sabe que, en democracia, las formas son tan importantes como los fondos. El PSOE tenía que solemnizar el pacto constitucional con un discurso para la Historia. Y éste sin duda que lo era. Gómez Llorente quiso poner la dosis de justo dramatismo que requería la ocasión. Para dar el adiós a la República, nadie mejor que él, conocedor de los casi cien años de vida del socialismo español. La escenificación fue casi perfecta cuando Gómez Llorente, acompañado por Javier Solana, justificó el voto particular de un PSOE dispuesto a renunciar al pasado. Condicionado su voto a que la Corona estuviera sometida a las reglas de la democracia, el PSOE decía adiós a la República con un suave "buenos días, Monarquía".

EFE

Javier Solana, al fondo, escucha a Luis Gómez Llorente en su trascendental intervención en la Comisión Constitucional (11-V-78).

PRÓXIMO CAPÍTULO: **ESPAÑA CAMBIA DE PIEL**

LAS PEQUEÑAS TRANSFORMACIONES Y LOS GRANDES PACTOS: LOS DE LA MONCLOA Y LOS DE PSOE Y PCE. LOS PONENTES DE LA CONSTITUCIÓN. LAS ELECCIONES DE 1979. EL CONSENSO. **ESCRIBEN:** LANDELINO LAVILLA, MANUEL ANTONIO RICO

1975-1995. Veinte años de nuestra vida

• HISTORIA DE LA DEMOCRACIA •

{CAPÍTULO 22}

EUROPA PRESS

ESPAÑA CAMBIA DE PIEL

Junto a los grandes sucesos políticos que conducen a España a una democracia, en el país pasan también muchas otras cosas que contribuyen a que el cambio sea más profundo. La calle es el escenario de numerosas reivindicaciones y poco a poco se va haciendo verdad el objetivo de Adolfo Suárez de llevar a la normalidad de la ley lo que era normal en la vida de los españoles. Los pactos de La Moncloa y los pactos entre el PSOE y el PCE para gobernar un buen número de ciudades son el escenario político en el que España cambia la vieja piel de tantos años.

Pactos políticos y profundos cambios sociales

Las innovaciones legales coincidieron con las demandas de libertad de los ciudadanos

La presentación de Carrillo en el club Siglo XXI por parte de Fraga y los Pactos de La Moncloa indicaron a los españoles que el entendimiento era posible y que los tiempos habían cambiado. Al mismo tiempo, se despenalizaron los anticonceptivos y el adulterio y se legalizó el juego. El cambio no era sólo de asuntos políticos.

Manuel Antonio Rico

La historia de nuestra democracia no está hecha únicamente de acontecimientos memorables. Al gran río del cambio constitucional fueron a dar muchos afluentes y abundantes torrenteras: transformaciones de menor relieve aparente, muchas de las cuales entraron pronto en los meandros del olvido pero que enriquecieron aquel caudal y lo aproximaron a las orillas de unas conquistas tan obvias como imprescindibles.

Por el tiempo del que aquí se hace memoria, pequeñas cotas como la despenalización del adulterio y de los anticonceptivos, la mayoría de edad a los 18 años o la legalización del juego, fueron plasmando en detalle el gran logro de la libertad. Sin parar de andar, España iba cambiando de piel y los grandes hitos, como los Pactos de La Moncloa, las segundas elecciones generales o los primeros ayuntamientos democráticos, se sincoparon con algunos gestos propios de la nueva era. Fue lo que sucedió aquella tarde en que Manuel Fraga, el estandarte de la derecha, presentó en el club Siglo XXI a Santiago Carrillo.

Era el 27 de octubre de 1977. El hotel Eurobuilding de Madrid hubo de abrir varios salones para acoger el evento. Carrillo ya tenía su escaño de diputado en el Congreso, había recibido ya el bautismo de la democracia en las urnas, pero todavía había quien se refería a él como "el carnicero de Paracuellos", mientras parecían sangrar las heridas de laGuerra Civil. No fue extraño que muchos no entendieran que Fraga, nada menos que Fraga, se atreviera a hacer de anfitrión de semejante personaje en un foro de la ortodoxia conservadora como era el club, y se produjeron dimisiones entre directivos y socios, las más sonadas las de Fernando Suárez, "glamouroso" triunfador en el reciente debate para la autodisolución de las Cortes franquistas, y Fernández de la Mora, el enterrador de ideologías que probablemente pensara, como otros, que "para eso no hemos muerto un ➛

El líder comunista Santiago Carrillo en el club Siglo XXI. Al fondo, Manuel Fraga, ex ministro de Franco, que lo presentó, en un acto de significativa reconciliación.

FOTOS: EUROPA PRESS

millón de españoles". Pero el club no se hundió, la estructura del Eurobuilding aguantó y Fraga -que se puso para la ocasión su mejor traje de rayas- hizo la sencilla presentación de "un comunista de pura cepa y de mucho cuidado". Lo de menos fue la media hora escasa que Carrillo estuvo disertando sobre el eurocomunismo. Lo importante fue la imagen de las dos Españas sentadas civilizadamente una al lado de la otra, sonrientes y charlando entre sí, cuarenta años después, aunque para los interiores de Fraga de lo que en verdad se trataba era de enviarle a Adolfo Suárez, el que le había usurpado el centro y la reforma, un mensaje como el siguiente: ya ves que no tienes la exclusiva del diálogo con la izquierda.

En ese sentido, el mensaje resultó más bien inútil, pero Fraga prestó un gran servicio al derrumbe de los tabúes y a la progresión de la normalidad. Concluido el ritual y todavía oliendo a incienso, don Santiago y abre España se reincorporó al pleno del Congreso donde se aprobaron los Pactos económicos de La Moncloa firmados el día 25. El viejo comunista seguía disfrutando de las horas políticas más dulces de toda su vida, de la pasada y de la por venir.

Y es que, hablando de los Pactos, conviene recordar que fueron dos y que se firmaron en fechas y escenarios diferentes: los primeros y los de mayor trascendencia fueron los económicos y su firma se produjo en el palacio de La Moncloa el día 25, con la solemnidad de las ocasiones excepcionales, incluida la transmisión en directo por Televisión Española, a las dos y cuarto de la tarde. Los segundos fueron los políticos y se firmaron dos días después, deprisa y corriendo, casi de tapadillo, en el salón de ministros del Congreso de los Diputados, mientras el pleno se aplicaba a la discusión de los primeros.

Fraga, que se puso su mejor traje de rayas, presentó a Carrillo en el club Siglo XXI como "un comunista de pura cepa y de mucho cuidado"

La cocción no fue sencilla. Ni Fraga ni Felipe González acudieron entusiasmados a las reuniones preparatorias, que duraron, sin embargo, tan sólo tres semanas, y en cuanto al presidente Suárez, hubo de pasar por un estadio previo, hasta dejarse convencer por el profesor Fuentes Quintana, en cuyas manos había puesto, como vicepresidente, la dirección de la economía. Las reticencias de Adolfo Suárez no nacían de su propia persona, siempre dispuesta a orientarse en la dirección más pragmática de las posibles. Ciertamente, su nombre estaba en la pleamar y nadie le discutía que, si la UCD había ganado cuatro meses antes las primeras elecciones libres, había sido gracias a su liderazgo, pero es un dato elocuente, revelador de las primeras tendencias suicidas, el que Joaquín Garrigues publicara en *ABC* un artículo titulado "Gobernar no es ceder", descalificando los Pactos por lo que significaban de cesión. Garrigues no fue capaz de entender aquel gambito y lo mismo le sucedió a otros en UCD, que tampoco comprendieron la gravedad del dilema que el vicepresidente Fuentes iba vertiendo, según el cual "o la democracia acaba con la inflación o la inflación acaba con la democracia", casi tan dramático como aquél "o acabamos con ETA o ETA acaba con nosotros", que el ministro de Gobernación Martín Villa había lanzado en televisión, en medio de una de las ofensivas terroristas.

Desde entonces, ni se ha acabado con ETA ni se le ha ganado aún la guerra a

Segundo triunfo de UCD mientras el P

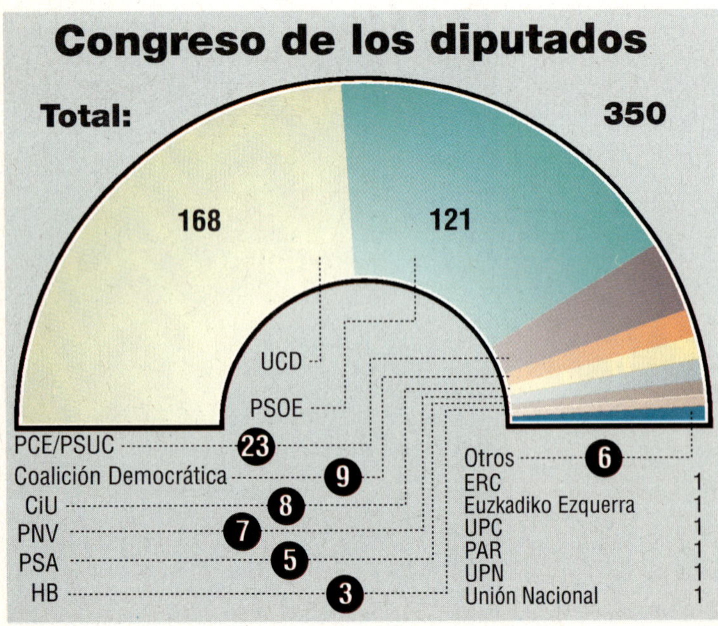

Una vez aprobada la Constitución, en diciembre de 1978, Adolfo Suárez vio la necesidad de nuevas elecciones. La Legislatura constituyente había cumplido su misión y había que normalizar las Cámaras.

Las segundas elecciones generales de la democracia tienen lugar el 1 de marzo de 1979 y en ellas la coalición liderada por Suárez, Unión de Centro Democrático (UCD) se alza de nuevo con el triunfo. Es, sin embargo, un triunfo no contundente, pese a que obtiene tres escaños más, pues se queda a ocho de la mayoría absoluta. La coalición centrista se verá obligada a gobernar en minoría formalizando pactos continuamente.

El Partido Socialista Obrero Español (PSOE) confirma su fuerza como segunda gran oferta y cosecha un volumen de votos (5.477.037) que se acerca notablemente al de UCD, de la que sólo le separan algo más de 800.000. Contribuye a ello la absorción que ha realizado del Partido Socialista Popular (PSP) de Enrique Tierno Galván. El PSOE confirma sus posibilidades de triunfo, que obtendrá tres años y medio después, en octubre de 1982. En estas elecciones ha de conformarse con 121 escaños, lo que representa, sin embargo, una ganancia de tres diputados.

También incrementa en tres escaños su representación el Partido Comunista de España (PCE), que suma casi dos millones de votos y la inflación, pero los Pactos firmados el 25 de octubre consiguieron que los precios doblaran la testuz y entraran en la vía de lo relativamente razonable, gracias sobre todo a la contención de los salarios. Los Pactos fueron como un "master" colectivo y urgente sobre IPC, déficit y fiscalidad, acompañado de las "medidas urgentes de reforma fiscal" que aprobó el Congreso por aquellas mismas fechas al compás amenazante y equívoco del "Hacienda somos todos". Las defendió el ministro Fernández Ordóñez y, según dijo, su objetivo era "que pague más el que más tenga, ahora que se va a exigir al país un sacrificio considerable para equilibrar la economía". No hubo protestas sino un asentimiento tácito entre la ciudadanía. La libertad tenía un precio "cash" y cada cual asumió, con mayor o menor resignación, el pago contante y sonante de los impuestos directos. El levantamiento del secreto bancario, la publicidad de las declaraciones a Hacienda y el plazo para la regularización voluntaria -léase amnistía- terminaron por convencer a los más agnósticos de que cuarenta años de vacaciones fiscales habían concluido.

El más feliz de entre los firmantes de los Pactos fue Santiago Carrillo. Su "pinza" secreta con Suárez disolvió las reticencias ajenas y colocó a su partido en el centro de una realidad virtualmente parecida a la del "gobierno de concentración", por el que siempre estuvo suspirando. Se supone que la felicidad del 25 de octubre se le repitió el 27, cuando, además de dar su conferencia de la mano de Fraga, compartió en el salón de ministros del Congreso la segunda firma de los acuerdos de Moncloa, la de los Pactos políticos, que fraguarían acuerdos importantes en materia de libertad de expresión, de reunión y de asociación, llegando al terreno de la despenalización del adulterio y la regulación de la expedición de anticonceptivos.

Fuentes Quintana, alma de los Pactos de La Moncloa.

A veinte años vista, algunas conquistas de entonces tienen el encanto de las antiguallas. El recuerdo nos las trae como reliquias menores de un ayer lejano, quizá demasiado lejano como para comprender lo que significaron, que fue mucho en el caso del adulterio y de los anticonceptivos: la píldora o el diafragma supusieron una primera frontera en la lucha de la mujer por sus derechos.

A finales de 1977, el uso o la simple propaganda de un anticonceptivo se castigaba con pena de arresto mayor y una multa de entre diez mil a doscientas mil pesetas, de las de entonces, naturalmente, y de acuerdo con el artículo 416 del Código Penal, convertido por el nacionalcatolicismo en el cancerbero de la doctrina papal sobre la procreación, dejándole la última decisión a la divina providen- ➳

E confirma sus posibilidades de victoria

obliga a sus militantes a conformarse con su papel de tercera fuerza política, muy lejos de la posibilidad de inquietar a la segunda.

La fraguista Coalición Democrática (CD), antes Alianza Popular (AP), no sólo no despega pese al cambio de nombre sino que incluso pierde representación casi hasta la mitad: pasa de 16 a 9 escaños.

En estas elecciones queda bien patente la fuerza de los grupos regionales y nacionalistas. Convergència i Unió (CiU), que se presenta por primera vez (en las anteriores Convergència se coaligó con Esquerra Democràtica de Catalunya, EDC), debe conformarse con ocho escaños de los once que alcanzó antes. Pero a ella se unen, en este espectro del hemiciclo, el Partido Nacionalista Vasco (PNV), con 7 escaños, el Partido Socialista de Andalucía (PSA), con 5 escaños, y ERC, Euskadiko Ezkerra (EE), Unión del Pueblo Canario (UPC), el Partido Aragonés Regionalista (PAR) y Unión del Pueblo Navarro (UPN), con un escaño cada uno.

En los dos extremos se sientan también algunos diputados. Uno en la derecha, Blas Piñar, candidato de Unión Nacional (UN), y tres en la izquierda, representantes de Herri Batasuna (HB), la coalición próxima a ETA.

En el Senado, en el que ya no hay representantes nombrados por el Rey, la victoria de UCD es más contundente: muy clara mayoría absoluta, con 49 escaños más que el Partido Socialista.

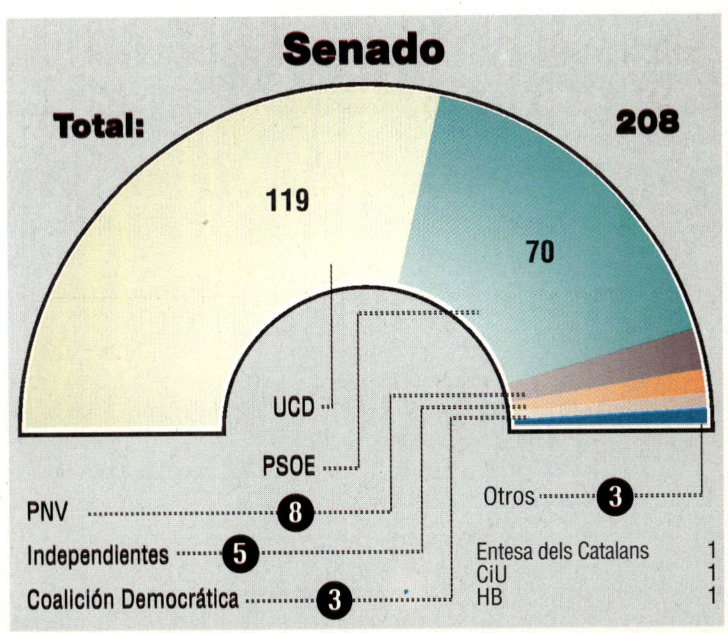

cia, casi siempre partidaria de las familias numerosas, en coincidencia con los planteamientos del régimen. Providencia y régimen favorecieron la repoblación del país, tras la devastación de la Guerra Civil, pero mediada la década de los setenta algunas cosas habían cambiado.

Las parejas ya no creían que los niños se criaban solos, como los pajarillos o los lirios del campo; había que cuidarlos, de modo que echaban sus propias cuentas y actuaban consecuentemente, en la soledad de las alcobas.

Desde luego, algo sucedía, porque según un estudio del doctor Sopena Ibáñez el índice de natalidad en España era de un 18 por mil, similar al de la descreída Alemania. O sea, que la realidad iba por delante de las prohibiciones, según era fácil sospechar y revelaban además algunas encuestas como aquélla que, hablando de Madrid, constataba que el 27 por ciento de las mujeres en edad fértil utilizaban la píldora, el 1 por ciento el diafragma, el 6 por ciento de las parejas usaban preservativo, el 16 por ciento recurrían aproximadamente al método Ogino y el 50 por ciento, prescindiendo de sutilezas, ejercitaba el "coitus interruptus". Eso no lo podía evitar el artículo 416, que habría de ser suprimido, ni todo el Código Penal.

Paralelamente, se iniciaba el debate sobre los centros de planificación familiar, cuyo reconocimiento llegaría no sin dificultades, como la que revela el hecho de que, en abril de 1978, TVE suspendiera la emisión del programa *Escuela de salud* dedicado a este tema. El panorama estaba hecho de pequeños avances y de contradicciones continuas. España se había adherido a la declaración de Naciones Unidas donde se reconocía como fundamental el derecho de toda familia a estar informada sobre las posibilidades de planificación, pero la ley interna ignoraba ese reconocimiento.

Según un estudio del doctor Sopena Ibáñez, el índice de natalidad era en 1977 de un 18 por mil, similar al de la descreída Alemania

La primavera del 78 consagró en el Parlamento la despenalización de los anticonceptivos, prudentemente impulsada por el Gobierno de UCD, tan prudentemente que, hasta el último momento, estuvo tratando el Gobierno de reservarse algunas atribuciones, limitadoras de la publicidad de los productos, pero un voto marcó la diferencia y derrotó a los pusilánimes. La izquierda quiso aprovechar la ocasión para ir más allá y discutir el aborto. Inútil. Brindis imposible al futuro.

El presente histórico habría de pugnar aún por romper los hielos paleolíticos, con pequeños y significativos pasos, solapados en el tiempo con los primeros estudios en ponencia de la nueva Constitución y que se adelantaban a ella. Por ejemplo, el Patronato para la Protección de la Mujer que oficialmente velaba "por todas aquellas mujeres que, caídas, desean recuperar su dignidad" se transformó en el Instituto para la Promoción de la Mujer, abandonando la dimisión tridentina de la moral. Por ejemplo, dejó de ser obligatorio que los católicos tuvieran que apostatar de su fe para poder casarse por lo civil. Por ejemplo, se aprobó una ley suprimiendo la ominosa separación entre los cementerios civiles y las tumbas de los enterrados en cristiano. Por ejemplo, se despenalizó la vasectomía y, como fruto expreso de los Pactos políticos de La Moncloa, a mediados también del 78 fue cuando el adulterio y el amancebamiento dejaron de ser delito, tras la correspondiente tramitación parlamentaria, en cuyo tramo final la discusión se hizo simplemente materialista, con la polémica sobre si se mantenía o no la prohibición para el adúltero/a de heredar, y ello por "causa de indignidad", prohibición que fue suprimida. La indignidad, realmente, estaba en el 40 por ciento de maridos que conseguían resolver a su favor los procesos de separación arrojando sobre la esposa la acusación de haber yacido con otro. La mujer no había llegado masivamente a la judicatura y los tribunales eran muy sensibles a la infidelidad femenina, la única que la hipocresía establecida condenaba al averno.

El "salud y libertad" del diputado Ramírez Heredia conmovió al Congreso, que suprimió las leyes discriminatorias para los gitanos

Por aquellas mañanas en que Paco Umbral iba a comprar el pan y se topaba con el mundo, la piel y los pies de España mudaban rápidamente, mientras con hechos y con leyes la sociedad dejaba de atormentarse con la idea del pecado, que todo lo había impregnado, y aventuraba su derecho a la felicidad, tras décadas de obligaciones, cuajando en nuevas normas y usos un espíritu liberador que venía de muy atrás.

De todas partes afluían arroyos y torrenteras al río de la democracia: como aquel día en que un oficial del Ejército mandó desde Alicante a su casa de Barcelona al recluta Enric Garriga, después de que jurara que era objetor de conciencia y obteniendo una prórroga "por incorporación aplazada", en el primer reconocimiento de hecho del fenómeno de la objeción en las Fuerzas Armadas; como cuando la edad civil de los españoles se rejuveneció, pasando de los 21 a los 18 años, de acuerdo con el proyecto de ley enviado por el Gobierno a las Cortes en junio del mismo año 78; como el día en que la patria potestad dejó de ser únicamente cosa del padre y se le reconoció conjuntamente a la madre; como aquella tarde también de junio cuando los trémolos vocales del diputado Ramírez Heredia, la crudeza de sus descripciones y el "salud y libertad" de su raza conmovieron hasta la emoción al pleno del Congreso, que unánimemente suprimió los artículos del reglamento de la Guardia Civil, discriminatorios para los gitanos sólo por el hecho de serlo, o como cuando, en ese mismo mes, la ciudad de San Sebastián fue escenario para la apertura del primer casino legal, con ruletas, "black-jacks", bacarrás y todos los demás aditamentos llegados directamente de Biarritz. Otros casinos abrirían por vez primera sus puertas, aunque eso sí, buscando más bien el extrarradio de las ciudades, para que los compungidos no sufrieran imaginando que su nación, reserva de tantas esencias, se había transformado en una Sodoma con apariencia de Las Vegas. Los cascos urbanos quedaron para los bingos, cobijo de la fiebre ludópata desatada, mientras en las discotecas se reproducía "la fiebre del sábado noche", importada de la película de John Travolta, el bailón macarra por antonomasia, el ligón marchoso y engominado importado de Nueva York, que los fines de semana salía de su vida gris para convertirse en la estrella del barrio, a base de caderas y al ritmo de la música de los Bee-Gees. Como dijo Cela, "España se ha puesto cachonda", pero no sólo en el sentido morboso de don Camilo.

Los cambios siguieron amontonándose y los pequeños alternando con los grandes, como en diciembre, cuando se aprobó la Constitución, inmediatamente después de lo cual el presidente Suárez optó por convocar de nuevo y por segunda vez a elecciones generales, las de abril del 79, pensando en aprovechar el rebufo constitucional, como en el 77 había hecho tras la Reforma Política. Las cosas no le salieron del todo como él deseaba. Ganó, en efecto, pero la composición del Congreso no varió sustancialmente y de ahí surgiría la explosión final del grupo parlamentario, por más que Suárez en una infeliz sesión de investidura, donde hurtó a la Cámara el debate previo, asegurara en su discurso que "el consenso ha terminado", el consenso que Joaquín Garrigues y tantos centristas venían denostando desde los Pactos de La Moncloa y que el tiempo valoraría como lo mejor de aquellos años nerviosos y esperanzados.

La campaña de las segundas generales vino a coincidir en la práctica con la de las primeras elecciones municipales, un acontecimiento que se estaba posponiendo, para alejar la memoria de aquellas del 31, donde se arruinara la Monarquía y naciera la República. En esta ocasión el trauma no sería tan descomunal pero, para la izquierda de siempre, los municipios significarían ni más ni menos que el arribo al primer escalón del poder. En la noche del 3 de abril del 79, la UCD y Suárez se consolaron pensando que casi habían doblado en concejales al PSOE y al PCE juntos, pero los hechos revelarían lo engañoso del resultado. Felipe González y Santiago Carrillo habían pactado con anterioridad, y en función de ese pacto España tiñó de rojo sus ciudades más emblemáticas, gracias a los acuerdos de la izquierda, que hizo un sayo muy rentable de la capa del miedo a la unión histórica de los hermanos del proletariado. Merced a esa alianza, Enrique Tierno conquistaba la alcaldía de Madrid; Narcís Serra y Joaquim Nadal se hacían un nombre al frente de Barcelona y Gerona, respectivamente, y un tal Julio Anguita forjaba su califato en Córdoba.

Así se aguó la última victoria electoral de UCD. Todavía hoy hay quien contempla aquel naufragio preguntándose cómo fue posible que, en el mágico y extraño 78, el Gobierno cediera y aceptara sin aspavientos la enmienda que suavemente había defendido el comunista Solé Tura, para que la elección de alcaldes lo fuera de segundo grado. Arcanos del pasado.

Una manifestación feminista en Madrid a favor de la planificación familiar.

Municipales del 3/IV/79

UCD (21 alcaldes):	**31,3%(*)**
Avila	Pedro García Burguillo
Badajoz	Luis Movilla Montero
Burgos	José María Peña
Cáceres	Luis González Cascos
Ciudad Real	Lorenzo Selas Céspedes
Cuenca	Andrés Moya
Huesca	J. Antonio Llanas Almudévar
Logroño	Miguel A. Marín
Lugo	José Novo Freire
Melilla	Rafael Ginel Cañamel
Orense	J.L. López Iglesias
Oviedo	Luis Riera Posada
Palencia	Francisco Jambrina Sastre
Pontevedra	José Rivas Fontán
S.C. Tenerife	Manuel Hermoso
Santander	Juan Hormaechea Casón
Segovia	José A. López Herranz
Soria	José Luis Lisa
Teruel	Ricardo Eced Sánchez
Toledo	José I. de Mesa
Zamora	Victoriano Martín Gil
PSOE (24 alcaldes):	**29,3%**
Albacete	Salvador Jiménez Ibáñez
Alicante	José L. Lassaleta Cano
Almería	Santiago Martínez Cabrejas
Barcelona	Narcís Serra (PSC)
Cádiz	Carlos Díaz Medina
Castellón	Antonio Tirado Jiménez
Gerona	Joaquim Nadal (PSC)
Granada	Antonio Camacho García
Guadalajara	Francisco J. de Irízar
Huelva	José A. Marín Rite
Jaén	Emilio Arroyo López
León	Gregorio Pérez de Lera
Lérida	Antoni Siurana (PSC)
Madrid	Enrique Tierno Galván
Málaga	Pedro Aparicio Sánchez
Murcia	José María Aroca Ruiz-Funes
Palma	Ramón Aguiló Munar
Pamplona	Julián Balduz
Salamanca	Jesús Málaga Guerrero
Sevilla	Luis Uruñuela (PSA)
Tarragona	Josep Maria Recasens (PSC)
Valencia	Enrique Martínez Castellanos
Valladolid	Tomás Rodríguez Bolaños
Zaragoza	Ramón Sainz de Baranda
PNV	**2,1%**
Bilbao	Jon Castañares
San Sebastián	Jesús María Alkain
Vitoria	José Angel Cuerda
PCE	**12,7%**
Córdoba	Julio Anguita
UG	-
La Coruña	Domingo Merino Mejuto
UPC	-
Las Palmas	Manuel Bermejo
INDEPENDIENTES	
Ceuta	Clemente Calvo

(*) Porcentaje de votos obtenidos

El consenso constitu

Análisis de un gran logro de la democracia

El que fuera presidente de las Cortes y último candidato de UCD a la presidencia del Gobierno, Landelino Lavilla, describe cómo se fraguó el espíritu del consenso que permitió tanto tranquilizar la vida política como afrontar con garantías los graves desequilibrios económicos de un país en pleno proceso de cambio.

1. La labor constituyente, los trazos básicos de nuestra democracia y, en definitiva, la Constitución de 1978 son tributarios del consenso como táctica en la gestión política y como técnica en la acción legislativa.

Ya el 13 de enero de 1976 seis meses antes de incorporarme al Gobierno del presidente Suárez, en una exposición que hice sobre la situación política del momento y sobre mis ideas para orientar el cambio, dije que "la implantación de un orden democrático y la realización de los principios del Estado de Derecho son las exigencias en que se compendian los presupuestos de una convivencia integradora de los españoles, para cuya consecución van a ser necesarias las más altas dosis de imaginación, firmeza y flexibilidad y va a sobrar cualquier grado de rutina y dogmatismo". Y añadí, como primero de los objetivos propuestos: "Una ordenación constitucional que exprese los supuestos comunes de la convivencia española y no el contenido ideológico de una concreta opción de poder", porque "sólo con este planteamiento podrá asegurarse una Constitución estable".

Y el 12 de julio de 1977 cuando aún no había pasado un mes desde la celebración de las primeras elecciones y era la víspera del día en que se habían de reunir las Juntas preparatorias de las nuevas Cortes expresé que "lo auténticamente inédito (de la tarea a emprender) habrá de ser la aprobación de una Constitución que exprese el consenso generalizado, el común denominador político de los partidos e ideologías representados en las Cortes".

Si recuerdo ahora tales antecedentes es para dejar constancia de que el consenso, en que se inspiró nuestra acción política, ni fue una improvisación ni fue un remedio consecuente a la aritmética de los resultados electorales ni, mucho menos, un modo de actuar que "los demás", en particular los que se incorporaban desde fuera de la ciudadela, impusieran a quienes fuimos gestores de la transición política en la posición de gobernantes. La necesidad del consenso era nuestra convicción y su puesta en práctica fue nuestra voluntad.

"El consenso, en que se inspiró nuestra acción política, ni fue una improvisación ni fue un remedio consecuente a la aritmética de los resultados electorales"

En esa convicción y en esa voluntad que, a impulso de la Corona, encarnó Adolfo Suárez con su Gobierno y su formación política centrista se reveló, sin sombras ni reservas, el más profundo sentido del decidido y concluyente cambio político del que, no sólo "para todos" sino "con todos", fuimos protagonistas. La táctica del consenso era corolario natural de la estrategia reformista.

2. La convivencia política requiere la voluntad eficaz de respetar y garantizar el pluralismo, cuya existencia es un dato y un valor.

La organización del pluralismo que supone ordenar y racionalizar el disenso requiere un consenso, al menos el consenso radical de raíz sobre las reglas de funcionamiento del sistema democrático. De ahí que la fecundidad de una acción concordada sea singularmente visible y pienso que necesaria si se desea alcanzar un orden estable en el periodo constituyente. Así se percibió en 1977 y en 1978 y por ello se puso a contribución la actitud proclive al entendimiento de todas las fuerzas políticas.

El consenso tuvo diversas manifestaciones. Quizá ninguna tan significativa como la adopción de un marco consensual -los Pactos de La Moncloa- en el que se desenvolvieron los trabajos constituyentes. Aquellos Pactos fueron la solemne expresión de un compromiso que, por selección, frente a los apremios con que nos interpelaban los problemas acumulados, delimitaron las medidas de acompañamiento en el proceso constituyente atendiendo prioridades y marcando la evolución del orden jurídico: se cancelaron determinadas prescripciones legales a la par que nacieron otras nuevas y, sobre todo, se prepararon los instrumentos que habían de permitir la efectividad de la Constitución tras su entrada en vigor. En

cional

Landelino Lavilla

Miembro del Consejo de Estado,
ex presidente del Congreso

Gustavo Catalán

Adolfo Suárez ofrece fuego a Felipe González durante una de sus entrevistas. Gestos así simbolizaron la idea del consenso.

el quicio mismo del paso desde la fase preconstitucional a la constitucional se insertó en el ordenamiento jurídico; valga como ejemplo la Ley de protección jurisdiccional de los derechos fundamentales de la persona (Ley 62/1978, de 26 de diciembre, sancionada, por tanto, en el día inmediato anterior al en que lo fue la Constitución y todavía hoy vigente).

3. El consenso, con frecuencia añorado, no dejó de tener contraindicaciones y de acusar insuficiencias, unas veces, y excesos, otras.

Defendí y propicié la necesidad de una Constitución concertada y llevé el timón, desde la instancia del Gobierno y casi sin dejarme sentir, durante la fase de Ponencia; me distancié, debo decir, mejor, que fui apartado de los trabajos constituyentes en su tramo final. Yo mismo lo he justificado y lo hice además muy tempranamente subrayando que las aportaciones que de mí podían esperarse ya estaban esencialmente hechas y que no era el interlocutor más adecuado en una negociación febril que subordinaba la razón al "éxito del acuerdo", sin ponderar con el debido rigor su contenido.

Precisamente porque fui crítico en algunos de sus extremos y en ciertos momentos, me siento con legitimidad para proclamar una vez más que el consenso, en los términos en que se produjo, permitió llegar a un acuerdo básico sobre las grandes cuestiones que tanto habían perturbado la convivencia española: forma política del Estado, organización territorial y garantía de las libertades individuales y colectivas, incluso en los aspectos más polémicos o, históricamente y entre nosotros, más delicados.

En el debate constitucional UCD adoptó muchas veces la tarea no siempre agradecida de sostener lo que era compromiso entre grupos políticos; soportó con dignidad la servidumbre de defender, en ocasiones frente a todos, lo que podía y debía ser y fue lugar de encuentro de todos.

4. Pasados los años, quizá sea importante advertir hoy que no basta la complacencia en unas decisiones que, en el plano de la política de Estado, expresen la concordancia entre los partidos y fuerzas sociales. La política de Estado debe ser siempre un "prius", un marco para cualquier política de partido, pero, si ésta es imposible sin aceptar aquélla, la política de Estado ha de recibir en cada coyuntura concreta el contenido y dirección de la opción predominante, según los resultados electorales.

Sería una negativa prolongación de la Transición que la dialéctica política entre las distintas opciones no se desplegara con normalidad y coherencia. Pero sería una frustración del espíritu con que germinó nuestra democracia cegar los canales de entendimiento y conciliación. No es deseable ni el consenso entre los grupos políticos sobre todo y siempre, ni la irreductible incomunicación entre ellos. Los grupos deben articularse en bien de la democracia y del progreso social. Y la articulación no es la confusión ni la insolidaridad, sino la conciencia de la interdependencia y del papel que a cada uno corresponde. Cuando se juega a la pelota, podría decirse con Pascal, los jugadores juegan con la misma pelota, pero cada uno la coloca según su oportunidad y estilo.

•REPORTAJE•

Los siete "padres" de la Constitución

Los ponentes recuerdan cómo se gestó la Carta Magna

Fue como el experimento de un laboratorio. Y los españoles pensaron que si personas de tan diferentes ideologías eran capaces de ponerse de acuerdo para redactar la Ley de leyes eso significaba que existía una posibilidad cierta de paz, progreso y reconciliación para un país que estaba harto de atormentarse.

Javier Lorenzo

Hacía un calor del demonio en Madrid, en aquella sala del primer piso del Congreso de los Diputados -hoy desaparecida- donde un lunes, 22 de agosto de 1977, comenzaron los debates de la ponencia que iba a proporcionar a España su primera Constitución democrática tras cuatro décadas de ausencia de libertades. Dos meses antes, el 15 de junio, el pueblo español había escogido soberanamente a sus representantes políticos, los cuales se sentían por una parte con la mayor de las legitimidades, pero por otra un tanto huérfanos y esquizofrénicos jurídicamente, ya que la norma de rango superior que seguía vigente era la de los Principios Fundamentales del Movimiento.

La primera misión de las nuevas Cortes fue por tanto la de crear un marco legal, una constitución bajo la que pudieran vivir definitivamente reconciliados la totalidad de los españoles. Para llevar a cabo tan arduo proyecto se escogieron siete ponentes, de los cuales tres pertenecían a UCD -Miguel Herrero de Miñón, José Pedro Pérez Llorca y Gabriel Cisneros-, uno al PSOE -Gregorio Peces-Barba-, otro al PCE -Jordi Solé Tura-, otro a Alianza Popular -Manuel Fraga- y otro a los nacionalistas catalanes -Miquel Roca Junyent-. La Comisión estaba presidida por Emilio Attard -de UCD-, quien apenas intervino en la elaboración de la nueva carta magna.

JAVI MARTÍNEZ

Peces-Barba, con el texto de la Constitución.

Por fortuna, casi todos los miembros de la Comisión se conocían, algunos estrechamente, por lo que la relación personal pudo atemperar algunas discusiones políticas, a pesar de "algún recelo" (Pérez Llorca). La primera pregunta que se planteó sobre la mesa fue: ¿qué clase de Constitución queremos? La respuesta no era sencilla. Miguel Herrero de Miñón lo recuerda: "Lo que más me impresionó fue darme cuenta de que no todos teníamos la misma idea de lo que una constitución debía ser. A mi juicio, tan sólo las reglas del juego. Otros ponentes preferían subrayar los valores que la Constitución debería consagrar. Y había quien quería incluso hacer de la Constitución un programa de Gobierno. Tales diferencias aumentaban sin duda las dificultades y riesgos de la tarea, pero precisamente el acercar tan diversas posiciones constituyó uno de los mayores atractivos de la misma".

Pese a estos contrastes, había una voluntad de consenso clara por parte de todos los protagonistas, quienes rehuyeron la posibilidad de hacer una Constitución "de medio país contra el otro medio. Bus-

EUROPA PRESS

BEGOÑA RIVAS

GATXU

LARRY MANGINO

MATÍAS COSTA

FERNANDO QUINTELA

De izquierda a derecha y de arriba abajo: Miquel Roca, José Pedro Pérez Llorca, Miguel Herrero de Miñón, Jordi Solé Tura, Gabriel Cisneros y Manuel Fraga.

camos que fuera la Constitución de todos y por eso todos tuvimos que ceder" (Peces-Barba). "Crear un marco de convivencia en una España caracterizada por la intolerancia y la confrontación era una apuesta difícil. Pero lo deseábamos vivamente, y pienso que este ánimo influyó de tal manera en el consenso constitucional que hizo posible esta gran realidad del momento de hoy" (Roca). "El consenso -relata Solé Tura- quería decir buscar el acuerdo hasta el máximo para poder llamar todos a votar sí a la Constitución en el referéndum. Quería decir también agotar todas las posibilidades de acuerdo antes de recurrir al voto entre mayorías y minorías para que no hubiese ni ganadores ni perdedores. También significaba saber distinguir en el programa político de cada uno lo que era esencial y lo que no lo era tanto. Implicaba igualmente un estilo de trabajo y de información conjunta sobre lo que estábamos haciendo. En definitiva: era un esfuerzo constante para hacer pasar la línea divisoria por el punto exacto que separaba a los que estaban a favor de la democracia, viniesen de donde viniesen, y los que estaban en contra de ella".

Manuel Fraga, por su parte, reseña en una reciente entrevista a Joaquín Bardavío el carácter de la Constitución: "Hay tres maneras de hacer una constitución. En Grecia le encargaron a Solón que hiciera una porque el país no podía seguir en su desorden. La escribió y se marchó voluntariamente para que nadie le pidiera explicaciones. Recientemente, el general De Gaulle, para evitar una guerra civil por el problema de Argelia, escribió un gran texto con dos o tres colaboradores de primera categoría y la sometió a referéndum sin que fuera debatida por la Asamblea y, por cierto, fue una gran constitución muy criticada por Mitterrand en un libro, pero cuando fue presidente no intentó modificarla y se arregló muy bien con ella. El segundo sistema tras el Solón-De Gaulle es el inglés, pero hay que ser precisamente inglés para utilizar semejante procedimiento y vivir en una isla. Y hay un tercer sistema que es el que se deriva de una asamblea constituyente. En este caso, o hay un partido aplastantemente mayoritario que impone su teoría, o hay un consenso entre partidos, como fue el caso español, en el que se logran unos cimientos más consistentes. Por lo tanto nadie queda del todo satisfecho. Personalmente lo estoy en líneas generales y no en algunos detalles. Pero es una base de partida muy buena para sucesivas reformas, adaptaciones e interpretaciones".

Para Herrero de Miñón, la Constitución podrá y deberá ser modificada en su día, pero en España lo más conveniente primero es que se enraice

A la vista de lo expresado por Fraga, cabe preguntarse si es preciso cambiar ya alguno de los artículos recogidos en la Constitución. La respuesta general es que no. Al menos de momento. Herrero de Miñón, tras constatar el "saldo positivo" de la carta magna, asegura que está claro que la Constitución "podrá y deberá ser modificada en su día. Pero en un país como España, con larga tradición de inestabilidad constitucional, lo más conveniente es que el texto de 1978 se enraice en la conciencia ciudadana, genere un «sentimiento constitucional», y para eso lo mejor es no moverlo, al menos hasta pasado un cuarto de siglo de su entrada en vigor".

Quedan, no obstante, aspectos que mejorar o incluso que cumplir para el total desarrollo de la Constitución. Peces-Barba, por ejemplo, cree que lo único que debe alterarse es la configuración del Senado "para convertirlo realmente en Cámara de Representación Territorial. Eso exige, a mi juicio, que los senadores sean elegidos por los Parlamentos de las Comunidades Autónomas, y que en los temas autonómicos el Senado tenga una competencia exclusiva y preferente. Como profesor tengo además la convicción de que el artículo 1.1 deberá remodelar la enumeración de los valores superiores que deberían ser, por supuesto, la libertad y la igualdad, pero además la seguridad jurídica y la solidaridad. La justicia y el pluralismo político podrían entonces sobrar por estar incluidos en los anteriores. De todas formas, esto es más teórico que práctico y la Constitución puede seguir en este apartado como está". Manuel Fraga coincide con Peces-Barba: "Yo me he limitado a pedir, primero, que la Constitución se cumpla, porque por ejemplo el artículo 101.2 (el Gobierno cesante continuará en funciones hasta la toma de posesión del nuevo Gobierno) está sin cumplir, y segundo, que se use, como por ejemplo el 150.2 (transferencias a las Comunidades Autónomas). Y no he propuesto más reforma que la de dos artículos que tienen que ver con el Senado, que es una Cámara que no se utiliza y que no cumple su definición de representación territorial y que todavía hoy es una mera dúplica con pocos poderes de la primera Cámara".

Más ambiguo se muestra Miquel Roca, quien afirma que la Constitución no es "exclusivamente una Ley de Leyes. Es también un conjunto de apoyos, comportamientos, actitudes, valores y principios que deben inspirar el funcionamiento normal de las instituciones. Hoy por hoy, esto todavía queda por completar". Con todo, asegura el político catalán, "cualquiera de los problemas que España ha vivido en los últimos años ha encontrado respuesta eficaz en el marco constitucional. Muchos de los problemas que hoy tenemos no deben atribuirse a la Constitución, sino, en todo caso, al desarrollo de una política coyuntural más o menos acertada".

"Incluso los que se abstuvieron, usan la Constitución y acuden a ella en sus recursos, con lo cual de hecho la están aceptando" (Peces-Barba)

La tensión del debate se acentuó en contadas ocasiones, pero a punto estuvo de dar al traste con todo el proceso. En este sentido, el acuerdo es general sobre los artículos y capítulos más conflictivos. Estos fueron el artículo 2 ("La Constitución se fundamenta en la indisoluble unidad de la Nación española...") y el "irresuelto título VIII" (Pérez Llorca), que versa sobre la organización territorial del Estado. Peces-Barba añade también la abolición de la pena de muerte, las garantías procesales, el derecho a la educación, los derechos sindicales o las circunscripciones electorales para Congreso y Senado, pero las discusiones sobre estos asuntos no alcanzaron tanta intensidad como las referentes a las autonomías.

Miguel Herrero de Miñón observó tres concepciones diferentes al respecto: "La de quienes queríamos reconocer la plurinacionalidad histórica de España, la de quienes tenían una concepción mucho más simétrica y racionalista del proceso autonómico, y la de quienes pretendían pasar del centralismo provincialista al federalismo de ejecución. Por eso mismo fue también especialmente difícil la elaboración de la disposición adicional primera ("La Constitución ampara y respeta los derechos históricos de los territorios forales..."), donde se perdió una gran ocasión para haber resuelto el contencioso vasco. Alguna vez habrá que abordar esta tarea, reconocer las realidades diferenciales que en España hay y que, por el hecho de ser diferenciales, no son generalizables. Los desastrosos Pactos Autonómicos de 1981 y la subsiguiente LOAPA no han hecho sino incrementar los obstáculos para esta imprescindible tarea. En llevarla a cabo cifro lo que a mi juicio es el más auténtico españolismo. La construcción de una España grande (la expresión es de Prat de la Riba) en que, quienes se sienten diferentes, porque tienen razones milenarias para ello, puedan estar cómodos".

Estos problemas y otros, con ser importantes, no empecen para que la Constitución se muestre como una herramienta fundamental y vigorosa que asegura la convivencia entre todos los españoles. Como dice Peces-Barba: "Deseábamos que perdurase y por eso todo nuestro esfuerzo consistió en que ninguna fuerza representativa de la pluralidad de opciones ideológicas quedase al margen. Creo que eso se consiguió. Incluso los que se abstuvieron, la están usando y alegando en sus recursos y en los procesos de los que son parte, con lo cual de hecho también la están aceptando".

El primer éxito del atletismo español

Jordi Llopart ganó la medalla de oro en los Europeos de 1978

Carlos Toro

El 2 de septiembre de 1978 nació el moderno atletismo español. Era sábado en el Campeonato de Europa que se disputaba en Praga y un tal -nadie lo conocía entonces- Jordi Llopart ganaba la medalla de oro en los 50 kilómetros marcha.

Nunca hasta ese momento el atletismo de nuestro país había ganado una medalla de oro (ni de nada) en una competición de máximo rango. Por aquel entonces no existían los Mundiales, creados en 1983, y los Europeos eran, tras los Juegos Olímpicos, la segunda cita jerárquica. Algunos atletas, sobre todo Mariano Haro, habían destacado internacionalmente en cross, e incluso Francisco Aritmendi (1964) y Carmen Valero (1976 y 1977) se proclamaron campeones mundiales. En competiciones en sala también se habían obtenido algunos galardones. Pero el atletismo invernal de los campos y la pista cubierta constituye una representación doblemente secundaria del deporte rey.

Fue una sorpresa y, consecuentemente, una conmoción. De paso, se descubría popularmente la marcha, una especialidad sobre la que el atletismo español se apoyaría en gran medida en adelante y a la que debe un alto porcentaje de su prestigio. Llopart fue un pionero elegido por el destino para que nuestro atletismo diera un salto cualitativo, se sacudiera en parte algún que otro complejo y tomara más de un tren, aunque como colectivo le siga resultando difícil viajar en primera.

EUROPA PRESS

El marchador catalán Jordi Llopart sonríe mientras coloca en su cuello la primera medalla de oro ganada por un español en los Campeonatos de Europa. Era el 2 de septiembre de 1978.

Llopart, hoy responsable como técnico de algunas de las posteriores medallas en marcha, dio la señal de partida. Tras la suya llegaron muchas y enormes alegrías, especialmente el oro olímpico de Fermín Cacho (1.500 metros) en 1992 y el mundialista de Martín Fiz (maratón) en 1995. Antes, junto a él y después de él hubo otros nombres. Pero el suyo se asocia emblemáticamente al despegue del atletismo español y a su inclusión en la contemporaneidad. Jordi Llopart, como Cristóbal Colón, como Neil Armstrong, no fue el único. Pero sí fue el primero.

•CALENDARIO•

1979

El calendario anterior, de 1978, fue publicado en el fascículo nº16

E N E R O

Acuerdos con la Santa Sede. El ministro de Asuntos Exteriores, Marcelino Oreja, y el secretario de Estado del Vaticano, monseñor Jean Villot, firmaron el día 3 los acuerdos entre España y la Santa Sede que sustituían al Concordato de 1953.

F E B R E R O

Jomeini regresa a Irán. Aclamado por millones de personas, el ayatolá Jomeini regresó a Irán el día 1 y fue recibido con el grito de "¡Alá es grande!". Tras el exilio del sha de Persia, pocos días después se proclamó la República de Irán bajo mandato de Jomeini.

M A R Z O

El fútbol se une al aluvión de huelgas. El mes de marzo echó a andar con un aluvión de huelgas en distintos sectores: enseñanza, hospitales, grandes almacenes, transportes, etc. Sin embargo, la que más llamó la atención fue la protagonizada por los futbolistas, que provocó la suspensión de una jornada de la Liga.

El Sistema Monetario Europeo entra en vigor. Corresponde al presidente francés Giscard d'Estaing, cabeza visible de la "cumbre" del Consejo de Europa, anunciar públicamente el arranque oficial, el día 13, del Sistema Monetario Europeo (SME).

GUSTAVO CATALÁN

Un guardia civil controla las consultas de las listas de contribuyentes en el Ministerio de Hacienda.

EFE

Margaret Thatcher.

A B R I L

Se hacen públicas las listas de contribuyentes. El "hall" del Ministerio de Hacienda muestra la lista de las declaraciones de la renta de los españoles en el ejercicio 1977. Los españoles pueden ver lo que sus conciudadanos pagan al tesoro, fruto de la reforma fiscal.

M A Y O

Margaret Thatcher gana las elecciones. La primera jefa de un Gobierno europeo. Eso es lo que consiguió Margaret Thatcher con su triunfo en las elecciones británicas celebradas el día 3. A sus 53 años, la que sería conocida como "dama de hierro" accedía al poder en representación del Partido Conservador.

Atentado en la cafetería California. El GRAPO ataca de lleno en el corazón de la ultraderecha en Madrid, la cafetería California de la calle de Goya. Una potente bomba acabó con la vida de ocho personas y causó más de 40 heridos el día 26.

J U N I O

Muere John Wayne. "Un símbolo de muchas de las cualidades básicas de América". Así calificó la Casa Blanca al actor John Wayne con motivo de su fallecimiento, víctima del cáncer, el día 12, en un hospital de Los Angeles (California).

Cierre de la cadena del

•Y TAMBIÉN•

- **Ofensiva terrorista.** Tras la entrada en vigor de la Constitución, se recrudece la ofensiva terrorista; entre las víctimas, el gobernador militar de Madrid, el general de división Constantino Ortín
- **Muere Jean Renoir.** El director de cine francés Jean Renoir fallece en su residencia de Los Angeles a los 85 años de edad.
- **Segundo triunfo electoral de UCD.** Unión de Centro Democrático se alza con la mayoría en las elecciones legislativas del 1 de marzo. En las municipales del 3 de abril, la izquierda y los nacionalistas se hacen con los principales Ayuntamientos de nuestro país.
- **Atraco en Correos.** Más de 100 millones de pesetas es el botín que consiguen los asaltantes al edificio central de Correos en Madrid.
- **La Recopa, para el Barça.** El Barça consigue la primera Recopa de Europa de su historia al vencer el 16 de mayo en Basilea al Fortuna de Düsseldorf por 4 a 3.
- **Carter y Breznev firman el SALT II.** Jimmy Carter y Leonidas Breznev suscriben el 18 de junio en Viena el segundo tratado sobre limitación de armas estratégicas (SALT).

Movimiento. La antigua cadena de Prensa del Movimiento (Medios de Comunicación del Estado) vive sus últimos días con el cierre de la agencia Pyresa y los diarios *Arriba, La Prensa, Solidaridad Nacional, El Pueblo Gallego, Libertad* y *Amanecer.*

JULIO

Incendio en el hotel Corona de Aragón. Setenta y cuatro muertos y más de cien heridos fue el siniestro balance del incendio en Zaragoza del hotel Corona de Aragón el día 12. La viuda de Franco, Carmen Polo, y los marqueses de Villaverde lograron salir ilesos de la catástrofe.

ETA (p-m) siembra el pánico en Madrid. En el espacio de tiempo de un cuarto de hora, ETA (p-m) hizo explosionar tres bombas, respectivamente, en el aeropuerto de Barajas y en las estaciones de Atocha y Chamartín. El resultado: cinco muertos y más de cien heridos (día 29).

AGOSTO

Golpe de Estado en Guinea. El presidente de Guinea Ecuatorial, Francisco Macías, cae derrocado el día 3 por un golpe de Estado que encabeza el viceministro de Defensa, Teodoro Nguema. Macías y seis colaboradores son ejecutados el 29 de septiembre.

SEPTIEMBRE

Muerto a palos en el Retiro. El joven oscense José Luis Alcazo murió el día 14 en el parque del Retiro a consecuencia de la paliza que sufrió por parte de un grupo de ex militantes de Fuerza Nueva que pretendían limpiar de "progres e indeseables" el parque.

OCTUBRE

Teresa de Calcuta, Premio Nobel de la Paz. Atender a los más pobres de los pobres de la India. Toda una vida dedicada a ese mandato, que tuvo como recompensa el día 17 la concesión en Oslo (Noruega) del Premio Nobel de la Paz a la madre Teresa de Calcuta. La religiosa, fundadora de la congregación Misioneras de la Caridad, recibió dicha distinción a sus 69 años.

Aprobados los Estatutos en Cataluña y el País Vasco. Los Estatutos de Autonomía del País Vasco y Cataluña son aprobados en sendos referendums el día 25. En Euskadi, con un respaldo del 53,96% del censo; en Cataluña, con el 52, 33%. En ambas comunidades, la abstención se situó por encima del 40%.

NOVIEMBRE

Secuestro de Javier Rupérez. En la mañana del domingo, día 11, fue secuestrado en Madrid Javier Rupérez -entonces diputado y secretario de relaciones internacionales de UCD- que estuvo en manos de ETA (p-m) un mes hasta su liberación en Burgos.

DICIEMBRE

El Congreso aprueba el Estatuto de los Trabajadores. Tras un duro debate político entre el PSOE y PCE -paralelo al de las centrales sindicales UGT y CCOO-, el día 20 el Congreso de los Diputados aprueba el Estatuto de los Trabajadores. Quedaban regulados el Fondo de Garantía Salarial, la jornada laboral (43 horas a la semana), las vacaciones (con un mínimo de 23 días) y las horas extraordinarias.

EUROPA PRESS

EFE

EFE

De arriba abajo, el estado en que quedó la cafetería California de Madrid tras el atentado del GRAPO; el hotel Corona de Aragón en Zaragoza envuelto en llamas y la salida, dentro de un coche, de Javier Rupérez tras hablar con Suárez en La Moncloa una vez liberado.

● **GABRIEL CISNEROS, HERIDO MUY GRAVE.** Gabriel Cisneros, diputado de UCD, resulta herido muy grave en un atentado perpetrado por un comando de ETA (p-m) que pretendía secuestrarle el 3 de julio.

● **BALLESTEROS, EN LA CUMBRE.** Por primera vez en su carrera, Severiano Ballesteros se apunta el Open británico de golf el 21 de julio.

● **NORMALIDAD MILITAR.** El ministro de Defensa, Agustín Rodríguez Sahagún, presenta el 28 de septiembre en el Consejo de Ministros un informe que señala que la situación en las Fuerzas Armadas "es normal en todas las unidades del país".

● **REDADA CONTRA EL GRAPO.** 20 miembros del GRAPO, entre ellos el dirigente José María Sánchez Casas, son detenidos por la Policía en varias acciones simultáneas en Madrid, Barcelona y Valencia el 13 de octubre.

● **ASALTO A LA EMBAJADA USA EN TEHERÁN.** La Embajada de Estados Unidos en Teherán (Irán) es ocupada el 4 de noviembre por estudiantes iraníes que retienen a 50 personas.

● **DOS ESTUDIANTES MUERTOS EN MADRID.** Emilio Martínez y José Luis Montañés mueren en Madrid el 13 de diciembre durante una manifestación estudiantil.

Los firmantes de los Pactos de La Moncloa: Tierno, Carrillo, Triginer, Raventós, González, Ajuriaguerra, Suárez, Fraga, Calvo-Sotelo y Roca.

Y, además, Enrique Fuentes Quintana

Joaquín Madina Loidi

La memoria nunca es exacta. Es tan incompleta como la fotografía situada sobre estas líneas, ya que, pese a las apariencias, los Pactos de La Moncloa llegaron a buen término gracias a la iniciativa del profesor Enrique Fuentes Quintana, en aquella época vicepresidente para Asuntos Económicos en el Gobierno de Adolfo Suárez, que no aparece en la instantánea. El error de Fuentes estuvo en dimitir demasiado pronto.

Los Pactos de La Moncloa incluían un acuerdo político y otro económico, y ambos se saldaron con indudable éxito. En una época muy difícil, pero muy esperanzadora, hubo la enorme capacidad de ponerse de acuerdo en asuntos que fueron la simiente que cambió radicalmente a España. La modernizaron. No es de extrañar que sus protagonistas parezcan tan jóvenes en la foto.

En aquellos días se popularizaron algunos vocablos como monetarismo, saneamiento, reforma del sistema financiero, reforma de la empresa pública, y una cosa horrible que se llamaba "las disponibilidades líquidas". Las cosas mejoraron pero, a medida que pasaron los años, se siguió hablando de lo mismo aunque fuesen cambiando algunos de los nombres de las variables económicas.

Los Pactos de La Moncloa sólo fueron el inicio de un largo camino a recorrer que nunca ha sido fácil.

PRÓXIMO CAPÍTULO: **FELIPE GONZÁLEZ CONTRA MARX**
LA DELICADA OPERACIÓN PARA BORRAR LA REFERENCIA MARXISTA DEL PSOE.
ESCRIBEN: FRANCISCO BUSTELO, JOSÉ FÉLIX TEZANOS, CHARLES T. POWELL, FRANCISCO FRECHOSO

1975-1995. Veinte años de nuestra vida

• HISTORIA DE LA DEMOCRACIA •

{CAPÍTULO 23}

EUROPA PRESS

LA ESTUDIADA DIMISIÓN DE GONZÁLEZ

En 1979, tras demostrar el PSOE en las elecciones por segunda vez que podía alcanzar el poder pronto, Felipe González realizó una estudiada operación para borrar del programa del Partido Socialista la referencia a Karl Marx. González entendía que no se podría gobernar desde planteamientos marxistas un país que quería estar plenamente integrado en la Europa occidental. Y respondió a las resistencias de algunos sectores internos con una sonora dimisión. El terremoto causado le hizo regresar a hombros, entre aclamaciones, como líder indiscutible.

•RELATO•

Felipe González se enfrenta a las tesis marxistas

El Rey y Suárez no evitaron que renunciara durante 4 meses en 1979 a la Secretaría General del PSOE

La incorporación del marxismo a las señas de identidad del PSOE, en 1977, sembró la discordia. González, en una operación perfectamente calculada, renunció a ser secretario general en mayo del 79 para volver 4 meses después tras deshacerse del enojoso lastre ideológico que para él suponía la doctrina de Karl Marx.

Francisco Frechoso

El salón Dos Castillas del madrileño hotel Meliá era un hervidero. Dos mil personas enfervorizadas aclamaban a Felipe González, primer secretario del todavía ilegal Partido Socialista Obrero Español, que acababa de clausurar el XXVII Congreso de la organización. Eran cerca de las tres de la tarde del miércoles, 8 de diciembre de 1976. Los ecos de los últimos gritos militantes comenzaban a apagarse cuando un joven, Pedro Pablo Mansilla, recorrió desde el fondo de la sala el pasillo central portando una gran bandera tricolor. Los delegados, como impulsados por un resorte, comenzaron a corear al unísono: "¡España, mañana, será republicana!". El abanderado -pasado el tiempo, subdirector general de Prisiones- intentó acceder al escenario pero, tras un leve forcejeo con el equipo de seguridad, desistió.

La anécdota es suficientemente ilustrativa de lo que fue aquella primera asamblea socialista celebrada en España después de 40 años de clandestinidad. El radicalismo era la respuesta adecuada al momento de efervescencia política y social que se vivía tras la muerte del dictador, y el PSOE lo materializó en sus resoluciones congresuales incorporando el marxismo y diseñando una estrategia maximalista que ni siquiera descartaba "las medidas de fuerza precisas" para lograr el objetivo final de "una sociedad sin clases, con la consiguiente desaparición del Estado".

Nunca hasta entonces el partido que fundara el tipógrafo Pablo Iglesias había tenido entre sus señas de identidad la doctrina del filósofo alemán Karl Marx o, por ser más precisos, nunca, ni siquiera en su *Programa Máximo* de 1879, que aún hoy mantiene una vigencia al menos nominal, el PSOE hizo referencia expresa alguna a Marx o a sus ideas, a pesar de la innegable inspiración marxista de aquel documento ideológico primigenio.

Pero el impetuoso momento histórico de 1976 exigía una respuesta audaz de un partido que aspiraba a lograr la patente socialista, disputada entonces por ➳

GUSTAVO CATALÁN

El militante Pedro P. Mansilla paseó una bandera republicana entre los delegados al Congreso del 76. Algunos aplaudieron; los dirigentes intentaron tapar el suceso.

media docena de organizaciones, y la hegemonía en la izquierda española, frente a un pujante PCE y a un buen número de grupúsculos -fundamentalmente trotskistas y maoístas- que pugnaban por hacerse un hueco en ese espacio.

¿De quién fue la idea de rescatar del olvido a Marx? Quienes vivieron aquella etapa desde dentro del partido y los analistas más rigurosos de ese periodo del socialismo español coinciden en que Alfonso Guerra fue uno de los artífices de la iniciativa, que apadrinaban destacados dirigentes de Madrid, como el diputado y miembro de la Ejecutiva Luis Gómez Llorente o el senador Francisco Bustelo.

Guerra, entonces secretario de Prensa e Información de la Ejecutiva Federal, era el "alma mater" del denominado "Colectivo Pablo Iglesias", entre cuyos integrantes figuraban Joaquín Almunia, Alejandro Cercas, Miguel Angel Martínez y Sebastián Reina. A este grupo de reflexión se le atribuye la autoría de la enmienda que, a partir del 8 de diciembre de 1976, convirtió al PSOE en un "partido de clase y, por tanto, de masas, marxista y democrático".

EUROPA PRESS

Alfonso Guerra habla con Gómez Llorente en un descanso del Congreso extraordinario del PSOE.

Felipe González, más ocupado en atender a sus ilustres invitados extranjeros -al Congreso asistieron el alemán Willy Brandt, el sueco Olof Palme, el francés François Mitterrand, el británico Michael Foot, el italiano Pietro Nenni, el chileno Carlos Altamirano...- y en preparar su intervención de clausura, apenas reparó en el contenido de la ponencia aprobada.

De haber sido consciente de la operación que inspiró su segundo, se hubiera opuesto, como ya hizo de manera enfática en el Congreso de Suresnes (1974) cuando, por primera vez, algunos delegados

Un debate histórico

José Félix Tezanos

Diplomático.
Ex secretario de Estado

El XXVIII Congreso del PSOE tuvo un eco público y siguió un curso político que pocos podían prever unos días antes de iniciarse sus sesiones. El debate sobre el marxismo había aflorado en los meses anteriores al Congreso, pero las conversaciones mantenidas por varios dirigentes socialistas (Alfonso Guerra y Luis Gómez Llorente, principalmente) hacían pensar que al final se llegaría a cierto punto de equilibrio que no resultase "incómodo" para ninguno de los dos sectores del PSOE, y que no dificultara sus posibilidades de expansión.

Sin embargo, en el XXVIII Congreso se produjo un tenso debate sobre la estrategia y la orientación ideológica del partido. Sometidas a votación las propuestas, ganó la ponencia en la que se definía al PSOE como "un partido marxista de clase", frente a la propuesta alternativa de una definición más abierta y plural. Felipe González, que había efectuado previamente diversas declaraciones en los medios de comunicación rechazando un exclusivismo marxista, realizó una vibrante intervención pública en el Congreso, en la que anunció su renuncia a presentar su candidatura como secretario general. La intervención acabó con una afirmación rotunda: "¡Hay que ser socialistas antes que marxistas!".

A partir de ese momento en el Congreso se produjo una gran desorientación. Los partidarios de la definición marxista (Francisco Bustelo, Luis Gómez Llorente, Tierno Galván, Pablo Castellano, etc.), intentaron formar una candidatura alternativa de Comisión Ejecutiva, mientras que muchos delegados reclamaban un debate más amplio en el seno de la organización. Finalmente se acordó nombrar una "comisión gestora", con el mandato de preparar un Congreso extraordinario, que se debería celebrar después de realizar un amplio debate en todo el partido.

En gran parte, el conflicto surgido en el XXVIII Congreso reflejó no sólo un debate latente, históricamente heredado de los sectores radicales y reformistas del socialismo español, sino también el impacto acumulado de los importantes cambios sociales y culturales acontecidos en España durante el largo periodo de intentaron incorporar el marxismo al "corpus" ideológico socialista.

Muy poco tiempo después de la asamblea socialista, el reelegido primer secretario hizo público su rechazo a las tesis aprobadas. "Yo creo personalmente, y es muy duro decirlo así -declaró a principios de 1977-, que es un error, por mucho que se explique o se matice, definir al partido, después de cien años, como un partido marxista-democrático, pues eso da cancha o pie a toda la derecha del país para dividir el mundo político en marxista y no marxista, lo que resulta un juego terrorífico... Es un arma que se vuelve contra el partido".

Otros fueron más allá. Miguel Boyer, vocal de la Ejecutiva, dimitió del cargo y abandonó el partido en febrero de 1977. Quien años más tarde sería superministro de Economía del primer Gobierno González (desde diciembre de 1982 a julio de 1985) vivió entonces una curiosa peripecia política. Se afilió al Partido Socialdemócrata de Francisco Fernández Ordóñez, pero la integración de este grupo en UCD le hizo recapacitar y retornó a la disciplina socialista apenas seis meses después de haberla abandonado. El propio Felipe González sintió la tentación de tirar la toalla ese mismo año. En julio de 1977, poco después de las primeras elecciones generales, en las que el partido se convirtió en la segunda fuerza política, tras UCD, con más de cinco millones de votos y 118 escaños, el líder socialista entregó a Alfonso Guerra un pequeño manuscrito en el que le adelantaba su intención de no presentarse a la reelección en el siguiente Congreso.

Felipe González sintió la tentación de tirar la toalla en julio de 1977, poco después de celebrarse las primeras elecciones generales

El "número dos", que había ascendido a secretario de Organización, recuerda en un libro poco conocido, *Felipe González. De Suresnes a La Moncloa* (Novatex, 1984. Págs. 126 y 127), cómo estando en la localidad guadalajareña de Sigüenza preparando la propuesta constitucional del partido, "bajó Felipe de su habitación y me dio una carta: «No la abras, por favor, hasta que nos hayamos ido», me dijo. Yo la guardé. Era un sobrecito alargado. Cuando nos despedimos, yo venía para Madrid, para ir luego a Sevilla, y ya en el coche, la abrí. Era un papel muy pequeño en el que se leía: «Te quiero anunciar, y quiero que quede constancia por escrito, que yo no pienso presentarme a la reelección como secretario general del PSOE»".

Con el paso del tiempo, González seguramente olvidó que existía una nota manuscrita en el baúl de los recuerdos de su "alter ego". Lo que no pudo olvidar fue la resolución aprobada en el XXVII Congreso. Si a principios de 1977 calificó de "error" la nueva adscripción ideológica del partido, a mediados de 1978 dio un paso más y anunció que en la siguiente asamblea propondría la eliminación del marxismo de la definición del PSOE.

Fue el lunes, 8 de mayo de 1978, en uno de los salones del hotel Colón de Barcelona. González asistía a una cena con medio centenar de periodistas, a la que había sido invitado por la Asociación de la Prensa de la Ciudad Condal. Com- ➳

dictadura franquista, especialmente durante las décadas de los años sesenta y setenta, que de manera tan sustancial habían modificado la faz social de España. De esta forma, cuando el PSOE se pudo proyectar libremente ante la sociedad española, después de cuarenta años de clandestinidad, se encontró ante una sociedad que presentaba unas circunstancias radicalmente distintas a las de 1936.

En ese largo periodo de cuarenta años España había dejado de ser un país rural y atrasado para convertirse en una potencia industrial; la mayoría de los españoles no habían vivido la Guerra Civil de 1936; la estructura de clases se había transformado sustancialmente, y nuevos núcleos de trabajadores especializados así como amplios sectores de empleados de "nueva clase media" (oficinistas, funcionarios, profesionales asalariados, etc.) se perfilaban como sectores pujantes en la nueva España urbano-industrial.

Los cambios sociológicos, las transformaciones en el mapa político internacional y las modificaciones en el panorama intelectual y cultural, hacían que el marxismo no pudiera ser interpretado ni utilizado de la misma manera. De igual forma la actitud de los católicos ante el socialismo había cambiado después de la experiencia de los gobiernos socialdemócratas del norte de Europa, y después del Concilio Vaticano II.

En este nuevo contexto, el gran reto del Partido Socialista Obrero Español era lograr actuar en sintonía con las nuevas realidades, emprendiendo una serie muy amplia de adaptaciones en un periodo de tiempo excepcionalmente corto.

En las nuevas coordenadas sociológicas de la sociedad española, no tenía sentido mantener una definición de exclusivismo marxista y de pseudo radicalismo político que no se correspondía con la más importante tradición del PSOE, en el que había predominado desde su fundación una orientación socialdemócrata y una convivencia razonable de sectores de inspiración marxista y no marxista, con la única excepción del periodo comprendido entre 1934 y 1939.

La crisis abierta en el XXVIII Congreso se resolvió en el Congreso extraordinario de septiembre de 1979 con un retorno a los criterios generales de orientación tradicionales del PSOE, a los que se añadió una decidida apuesta de modernización. Así el PSOE quedó configurado como un partido de carácter democrático y federal, rechazando el exclusivismo marxista y manifestándose heredero de todas las aportaciones ideológicas que habían contribuido al desarrollo del pensamiento socialista. Lo cual supuso una apertura a los nuevos sectores sociales emergentes que podrían complementar su originaria vocación obrerista.

El debate sobre el marxismo contribuyó, así, a perfilar un nuevo modelo de organización y de orientación política en el veterano partido, que tuvo dos efectos importantes: por una parte consolidó el liderazgo de González y, por otra, inició un proceso de expansión del PSOE que acabó conduciendo al triunfo electoral de 1982. Ambos acontecimientos no puede negarse que han llenado una etapa importante de la historia del PSOE, y de la propia democracia española, de la que todavía somos herederos hoy en día.

partía mesa con los líderes de tres organizaciones que poco más tarde, el 16 de julio de ese mismo año, confluyeron en el Partit dels Socialistes de Catalunya y se fusionaron con el PSOE. Se trataba de Joan Raventós (PSC Congrés), Josep Verde i Aldea (PSC Reagrupament) y Josep Maria Triginer (federación catalana del PSOE). A los postres, sorprendió a todos con una lapidaria declaración: "En el próximo Congreso propondré que se retire la palabra marxismo de la definición del partido".

En una cena con la Prensa, González sorprendió a todos al declarar que propondría la retirada del término marxismo de la definición del PSOE

Al día siguiente, las palabras de González eran portada en la mayoría de los rotativos de ámbito nacional y abrían los informativos de las cadenas de radio.

"Me levanté temprano e iba a las Cortes y, antes de entrar, compré en un quiosco el periódico y me enteré del escándalo que se había armado", recuerda Alfonso Guerra (Op. cit. Pág. 118). Como el "número dos", el resto de los miembros de la Ejecutiva y el conjunto de la militancia se enteró por la Prensa y quedó sobrecogida. Uno de los dirigentes socialistas más indignados era el presidente de honor del partido, Enrique Tierno Galván, que ostentaba el cargo desde hacía apenas diez días. El 30 de abril se había celebrado el llamado "Congreso de unidad" para solemnizar la integración del PSP en el PSOE, y el "viejo profesor" no podía entender que González no le hubiera comunicado sus intenciones en las largas conversaciones, previas a la fusión, que mantuvo con él a solas. Le buscó por los pasillos del Congreso y, al fin, dio con él en la segunda planta. Durante la breve conversación que mantuvieron constató la profunda aversión que el secretario general de su partido sentía hacia el marxismo.

Guerra también habló con González y, de común acuerdo, decidieron convocar con carácter de urgencia a la Ejecutiva Federal para intentar calmar los excitados ánimos de algunos dirigentes y de las organizaciones provinciales, que comenzaron a hacer públicos pronunciamientos de inquebrantable fe marxista. Al término de la reunión, el "número dos" compareció en rueda de prensa y dijo: "El PSOE sigue siendo marxista. Nadie ha dicho en el partido que se vaya a abandonar el marxismo como factor ideológico". La Ejecutiva acordó enviar una notificación "a todas las agrupaciones y federaciones" para explicar la declaración de González. Fue en la "circular número 120", donde la dirección socialista informó que, tras un largo diálogo con los periodistas barceloneses, de "más de tres horas", la Prensa "selecciona una frase, la modifica para darle dimensión publicitaria, y termina ofreciendo una imagen que no responde a la realidad (...) El primer secretario continuó explicando que el PSOE, en su criterio, debería definirse como marxista sin necesidad de emplear la palabra marxismo (...) Al ser preguntado si estaría dispuesto a insistir en esa posición en el próximo Congreso, contestó afirmativamente, recordando que si en el XXVII Congreso su posición no prosperó, tal vez en éste pudiera ocurrir lo mismo o quizás lo contrario. Quede pues claro para los militantes que en ningún momento nuestro primer secretario habló de abandonar el marxismo".

El abstruso desmentido de la Ejecutiva sirvió de bien poco. El 22 de ese mismo mes, González volvió a la carga en unas declaraciones publicadas por el diario barcelonés *Mundo*. "Por fidelidad a don Carlos Marx -afirmó-, yo propondré que desaparezca la palabra marxismo del programa de nuestro partido. Lo propondré en el próximo Congreso (...) Estoy convencido de que a Marx no le gustaría si viviera actualmente".

Las asambleas se afirmaron en el marxismo y criticaron a la Ejecutiva. González anunció que no se presentaría si no tenía el 65% de los votos

Los trabajos constitucionales, el referéndum para la aprobación de la Carta Magna, de diciembre de 1978, las segundas elecciones generales celebradas el 1 de marzo de 1979 y las primeras municipales, que tuvieron lugar un mes después y colocaron al PSOE en la antesala del poder, pusieron sordina a la polémica del marxismo. Inmediatamente después se inició el debate de cara al XXVIII Congreso, convocado para los días 17 al 20 de mayo, y la controversia resurgió con fuerza.

Fue el propio González quien de nuevo avivó el fuego de la discusión. El 6 de mayo, durante un acto celebrado en Gijón con motivo del centenario del partido, reiteró su posición "sobre la conveniencia de que sea retirado el término «marxista». Pienso que incluso aquellos que se sitúen en una óptica marxista deberían comprender que el espectro sociológico del PSOE es hoy más amplio".

Pero en las asambleas precongresuales celebradas por las agrupaciones socialistas hubo coincidencia mayoritaria en dos posicionamientos: reafirmar el carácter marxista del partido y censurar la gestión realizada por la Ejecutiva Federal. Las críticas llegaron a tal punto que en vísperas de la asamblea, González hizo la primera advertencia seria. Anunció a sus allegados que no se presentaría a la reelección si obtenía menos del 65% de apoyo.

El preocupante cariz de los acontecimientos llevó a Alfonso Guerra a reunirse con Gómez Llorente a espaldas del resto de la dirección para pactar una enmienda en el tema del marxismo, equidistante de la oficial y de la defendida por los críticos. Ambos llegaron al acuerdo de proponer que el PSOE asumiera "todos los principios ideológicos" desde su primer Congreso, con el fin de conciliar las dos posiciones.

Con negros augurios comenzó el jueves, 17 de mayo de 1979, la XXVIII asamblea federal socialista en el Palacio de Exposiciones y Congresos de Madrid. La primera votación fue indicativa de lo que posteriormente ocurriría. El candidato oficial para presidir el cónclave, Gregorio Peces-Barba, fue derrotado por José Federico de Carvajal, propuesto por los entonces llamados "críticos", que comenzaban a aglutinarse en torno a Bustelo, Luis Gómez Llorente, Pablo Castellano y Enrique Tierno Galván.

El primer secretario aún creyó que podía dar la vuelta al Congreso y se empleó a fondo contra los marxistas en la primera ocasión, el discurso para defender la gestión de la Ejecutiva. González aseguró que quería rendir un "homenaje a Carlos Marx para desagraviarlo de tanto ataque despiadado e ignorante como ha recibido y recibe de todos los reaccionarios de la Tierra, y también para rescatarlo de la ignorancia y de la manipulación de aquellos que diciendo seguirlo o servir a sus ideas no han hecho más que elevar el marxismo a los altares del doctrinarismo dogmático". Fue un discurso con afirmaciones tan enfáticas como esta: "Jamás podrá el Partido Socialista renunciar a las ideas de Marx o abandonar sus valiosas aportaciones metodológicas y teóricas, pero tampoco puede el socialismo asumir a Marx como un valor absoluto que marca la línea divisoria entre lo verdadero y lo falso, lo justo y lo injusto".

Su contrastada capacidad de convicción le sirvió de poco en aquella ocasión. Hasta cuarenta delegados intervinieron para criticar con extraordinaria dureza la tarea global de la Ejecutiva por la política de consenso, el recorte en la democracia interna y la excesiva acumulación de cargos en pocas manos. También se cuestionó a González por su forma de abrir el debate del marxismo, y muy especialmente a los secretarios de Organización, Alfonso Guerra; Formación, Luis Gómez Llorente, y de Información y Prensa, Javier Solana, quien se defendió con este paradójico argumento: "Es verdad que el partido tiene poca incidencia en TVE, que sigue estando al servicio del Gobierno, y en la prensa burguesa, cuya propiedad está en manos de los caciques y de la derecha".

El viernes 18 se constituyeron las comisiones de trabajo. Los dirigentes más destacados del partido y cerca de doscientos delegados se inscribieron en la que se debatía la ponencia política. Nada más comenzar la reunión, González vio cómo la propuesta oficial, que no incluía referencia alguna al marxismo, era derrotada sin paliativos y, según recuerdan dirigentes que asistieron a aquellas tormentosas sesiones, él mismo tuvo que escuchar, de boca de los delegados más aguerridos, improperios como este: "Tú qué dices, si no sabes lo que es una tuerca...".

Así las cosas, Luis Gómez Llorente puso sobre la mesa la formulación alternativa que había pactado con Guerra y se enfrentó a Francisco Bustelo, que pretendía mantener la definición aprobada en el Congreso anterior. Después de acaloradas discusiones, en las que intervino el propio González, triunfó la propuesta de Bustelo, entre otras razones porque Gómez Llorente defendió la suya "con bastante poco entusiasmo" (Op. cit. Pág. 124), según la opinión de su coautor.

EUROPA PRESS

La Ejecutiva canta "La Internacional". De izq. a dcha., Múgica, Solana, Tierno, González y Guerra.

El sábado, día 19, por la mañana, González ya había tomado la decisión de no presentarse a la reelección y así se lo comunicó a un reducidísimo grupo de fieles, entre los que estaba Alfonso Guerra. Por la tarde, González se encontró con la mayoría de los miembros de la Ejecutiva en una de las salas del Palacio. Con ellos estaba uno de los "invitados fraternales", el secretario general de los socialistas portugueses, Mario Soares. El líder socialista aprovechó la ocasión para comunicarles su renuncia a la reelección. Lo hizo horas antes de que el Pleno de los delegados votara la ponencia política que incluía la definición marxista, pero a esas alturas González no necesitaba esperar al resultado de la votación para saber que había perdido.

Desde el primer momento, Guerra y el resto de los miembros de la dirección intentaron persuadirle de que aguantara, incluso le sugirieron que se enfrentara en el Plenario a Bustelo e hiciera una seria advertencia a los delegados sobre las consecuencias de aprobar la citada propuesta. El ex presidente portugués le aconsejó que continuara porque estaba seguro de que, después del Congreso, podría reconducir a sus justos términos el debate marxista. Todo fue en vano. Una y otra vez obtuvieron la misma respuesta: "No".

El "aparato" del partido, comandado por Guerra, decidió en ese momento que si González no se presentaba no habría Ejecutiva. La respuesta a cualquier candidatura alternativa sería la abstención. Allí mismo se acordó que la solución pasaba por una gestora y un Congreso extraordinario en el plazo más breve posible.

A pesar de que el rumor de la renuncia del primer secretario corrió de boca en boca por los pasillos del Palacio de Congresos, cuando a las doce de la noche Bustelo subió al estrado para defender que el PSOE reafirmara "su carácter de clase, y por tanto de masas, marxista, democrático y federal" (este último concepto fue el único añadido que se hizo a la formulación aprobada en la asamblea anterior), los delegados, la mayoría de ellos puestos en pie, le recibieron y le despidieron con atronadoras ovaciones. En contra de esta definición y para defender una más moderada intervino Joaquín Almunia, uno de los artífices de la incorporación del marxismo a las señas de identidad del PSOE durante el XXVII Congreso.

Muchos años después, el 5 de abril de 1995, Guerra sentenció durante un coloquio con estudiantes de la Universidad Carlos III, de Getafe (Madrid): "La intervención de Almunia fue de tal timidez que garantizó la victoria de la otra ponencia".

La enmienda oficial fue rechazada. El 61% de los compromisarios votó en contra, el 31% a favor y el 6% se abstuvo. ➻

El PSOE continuaba siendo marxista.

Entrada la madrugada del domingo 20, concluyó el Pleno y se acabó la euforia. Guerra convocó una rueda de prensa para apaciguar los exaltados ánimos. "No pasa ná", dijo, en un intento de conjurar con su gracejo sevillano todos los problemas que en aquella hora se cernían sobre el partido, pero no lo consiguió. En la mayoría de los delegados hizo presa la angustia provocada por la posible renuncia de González, que ya era algo más que un rumor.

Por la mañana, el Congreso entró en ebullición. En los pasillos se vivía una extraordinaria agitación, los teléfonos no dejaban de sonar en los despachos reservados a los miembros de la Ejecutiva. Testigos presenciales escucharon cómo González habló, entre otros, con el presidente de la Internacional Socialista, Willy Brandt; con el presidente del Gobierno, Adolfo Suárez, e incluso con el rey don Juan Carlos. Temían la deriva del PSOE hacia el radicalismo y le pedían que continuara al frente de los socialistas españoles.

La retirada de González supuso una satanización de sus críticos. Una frase que triunfó acerca de ellos fue: "Han matado al padre"

Mientras en los pasillos se desataban los nervios, el Plenario continuó sus trabajos sin que nadie, ni siquiera una buena parte de los delegados, prestara atención a lo que allí se debatía. Y así se aprobó una enmienda que la delegación sevillana había logrado incorporar en la comisión correspondiente, tras una ajustada votación en la que se registraron 92 votos a favor, 72 en contra y 10 abstenciones. La enmienda modificaba el sistema de representación en los Congresos. Hasta ese momento, los delegados eran elegidos por las agrupaciones de base y ejercían sus funciones a título individual. A partir de entonces, los compromisarios serían elegidos por los comités provinciales y cederían su mandato, durante el Congreso, a una sola persona, el cabeza de delegación, que ejercería el voto de acuerdo con la mayoría. Además, las provincias de una misma Comunidad podían unirse y elegir a un solo responsable, en el que se delegarían todos los mandatos de la federación.

Este cambio fue decisivo, como se comprobaría en el siguiente Congreso, porque facilitaba el control de los delegados por parte de los "aparatos" de dirección provinciales y regionales. Como acertadamente sostiene el hispanista inglés Richard Gillespie, en su notable *Historia del Partido Socialista Obrero Español* (Alianza Editorial. 1991. Pág. 360), "habría sido más inteligente que en 1979 la izquierda (del PSOE) hubiera consagrado sus principales energías a la batalla por la democracia en el partido, en lugar de luchar sobre todo por una etiqueta de partido, que podía cambiar de un Congreso al siguiente".

La olla a presión en que se había convertido el Palacio de Exposiciones estaba a punto de estallar cuando, a las dos y cuarto de la tarde del domingo, González apareció en la tribuna para anunciar oficialmente su retirada.

"Quisiera que vierais en mí en este momento al militante Felipe González, pero de ninguna manera al que fue secretario

Un alarde de prestidigitación

Francisco Bustelo
Profesor de Historia Económica en la Universidad Complutense

Cuando España esté políticamente más madura no hará tanta falta hablar de personas concretas al contar la historia política reciente. Pero hoy por hoy esa historia se hace fundamentalmente con nombres y apellidos. Los trece últimos años de la vida política española se han visto así muy influidos por la figura de Felipe González y no sólo porque haya sido presidente del Gobierno, sino porque es él quien ha hecho cambiar de arriba a abajo al PSOE cuando lo lógico hubiera sido lo contrario.

Por eso, las cualidades y los defectos de los socialistas y de sus gobiernos han sido las cualidades y defectos de Felipe González, que tiene unas y otros en grado sumo, con la curiosa y provechosa característica, además, de haber sabido ocultar los defectos e incluso de haberlos convertido en cualidades.

Todo esto que digo se puso muy de manifiesto en el polémico Congreso del PSOE de mayo de 1979, en el que González no quiso presentarse a su reelección porque no estaba de acuerdo con el contenido de la resolución política aprobada en dicho Congreso, que le parecía demasiado radical. Aquella actitud suya fue aplaudida como un gran gesto ético que demostraba, se dijo, la coherencia de un gran líder político. El cual sí fue elegido secretario general del PSOE por casi todos los delegados en el Congreso extraordinario que se celebró en septiembre de ese mismo año.

Aparentemente, no fue mala solución a la que se llegó, pues se demostró, según afirmaron muchos, que el Partido Socialista era capaz de superar una difícil situación interna y cerrar filas en torno a un gran dirigente, que conduciría al PSOE a una rotunda victoria electoral tres años después y gobernaría al país durante cuatro legislaturas.

Sin embargo, y para desgracia del PSOE, de la izquierda y del país, en todo aquello había más apariencia que realidad y los defectos que estaban latentes en el proceder de González en 1979 se contagiaron a todo el PSOE, acabaron aflorando años después y han producido un menoscabo del socialismo en España.

Tendría que pasar sin embargo tiempo para que tales defectos se hicieran patentes. Entre la mucha habilidad de González para dar gato por liebre, la sobra de ilusión y general de este partido; sólo al militante Felipe González". Así comenzó un discurso del que, aún hoy, se recuerda aquella exaltación de la ética: "Nunca he sido un junco que mueve el viento en la dirección que sopla, siempre he sido un militante de este partido por razones de moral o de ética socialista", o su interpretación del marxismo: "Quienes toman a Marx como la línea divisoria entre lo bueno y lo malo, lo justo y lo injusto, están volviendo a enterrarlo, y a enterrarlo mucho más profundamente que lo entierra la clase burguesa o reaccionaria de este país y de todos los países del mundo. No se puede tomar a Marx como un todo absoluto, compañeros, no se puede. Hay que hacerlo críticamente. Hay que ser socialistas antes que marxistas".

EUROPA PRESS

Carvajal (izquierda), García Bloise y García Duarte, en un momento del Congreso extraordinario.

Los mismos delegados que horas antes habían aprobado la ponencia marxista, le aclamaron enfervorizados, escenificando "un «happening» freudiano con méritos suficientes como para figurar en cualquier antología del surrealismo político", según la oportuna interpretación que José Luis Gutiérrez y Amando de Miguel hacen en su crítica biografía de González, *La ambición del César* (Temas de Hoy. 1989. Pág. 132). En el escenario, entre bambalinas, Enrique Múgica y Carmen García Bloise no pudieron contener las lágrimas, mientras los invitados y delegados más conspicuos echaron mano del psicoanálisis para satanizar a los críticos con una frase que hizo fortuna en el cónclave: "Han matado al padre".

La retirada de González obligó a los críticos a intentar formar una candidatura para la Ejecutiva. En un primer momento, Enrique Tierno, Luis Gómez Llorente y Francisco Bustelo pretendieron conformar una nueva dirección con

confianza de unos militantes y votantes que querían como fuera encontrar a un gran líder que condujera a España por nuevos derroteros, y la falta de perspicacia de unos noveles comentaristas políticos, fueron pocos los que se percataron de que no era oro todo lo que relucía.

Basta un mínimo examen documentado de lo que ocurrió en 1979 para saber que el gran gesto ético de González fue simplemente una muy habilidosa maniobra para hacerse con todo el poder en el PSOE. Para ello no se paró en barras. Logró modificar los estatutos del PSOE para no dejar cauce a las minorías, engañó a unos militantes bisoños para que accedieran a tener un jefe absoluto, en contradicción flagrante con la tradición socialista, y se negó en redondo a aceptar en la dirección a nadie que no contara con su anuencia.

Un sencillo estudio comparado de las resoluciones políticas que aprobó el PSOE en aquellos años demuestra fehacientemente que no era el contenido de aquellas resoluciones lo que preocupaba a González sino quién las proponía y si eran él y sus acólitos los que manejaban el cotarro. Cuando sucedía esto último, daba igual que la resolución fuera más o menos radical. En cambio, cuando éramos otros los que conseguíamos que prevalecieran nuestros puntos de vista, González lo consideraba inaceptable e incompatible con su cargo de secretario general.

Tres resoluciones corroboran lo que digo. La más radical y más marxista fue con mucho la aprobada en el Congreso del PSOE de 1976. González dio todas sus bendiciones a esa resolución porque la hicieron los suyos y porque aquel Congreso fue una apoteosis felipista.

En el Congreso de mayo de 1979 ocurrió lo contrario. La resolución aprobada era más moderada, pero lo que importaba era que González no tuvo arte ni parte en su redacción y aprobación con lo que si seguía de secretario general tendría que contar con quienes habíamos obtenido en esa esfera el apoyo mayoritario del partido.

Felipe González no estaba dispuesto a compartir el poder y logró que quedaran las cosas en suspenso hasta un Congreso extraordinario celebrado cuatro meses después, en el que al haber cambiado los sistemas de votación pudo volver a hacer mangas y capirotes, sin que le importara lo más mínimo el que se aprobara una resolución que era bastante parecida a aquélla con la que se había declarado incompatible. Pero al haberla propuesto los suyos, su contenido, ya digo, carecía de importancia. Sin embargo, la habilidad de González para convertir defectos en cualidades brilló en todo su esplendor. Afán de poder, falta de respeto a las decisiones colectivas, menosprecio hacia quienes no eran incondicionales suyos, implantación de unos estatutos menos democráticos, todo ello se convirtió mediante un alarde de prestidigitación que engañó a casi todos en un gran gesto ético. Etica que luego no brillaría especialmente en la gobernación del país.

Francisco Bustelo fue dirigente del PSOE entre 1974 y 1979. Acaba de publicar *La izquierda imperfecta. Memorias de un político frustrado* (Editorial Planeta, Barcelona, 1996), donde, entre otras cosas, cuenta en detalle las peripecias del Congreso del PSOE de 1979, donde fue el principal contrincante de Felipe González.

ellos como presidente, secretario general y vicepresidente, respectivamente. Para esta candidatura se contaba con Javier Solana, Fernando Morán y Jerónimo Saavedra, entre otros, pero en cuanto se conoció la noticia, los fieles de González y Guerra difundieron entre los delegados la acordada consigna de la abstención.

Se intentaron múltiples combinaciones, incluso hubo quien como Carlos Revilla, que años más tarde abandonaría el PSOE para integrarse en el CDS de Adolfo Suárez, intentó convencer al "número dos" de que, en ausencia del "uno", asumiera la dirección durante un periodo transitorio. El propio Guerra asegura que Revilla le entregó un texto "absolutamente alocado y absolutamente imposible de realizar (...) que iba a firmar la inmensa mayoría de las delegaciones. Un texto en el que se pretendía que yo asumiera la Secretaría General durante los seis meses hasta que el Congreso extraordinario pudiera poner las cosas en su sitio. «Cómo voy a hacer eso», les dije, «significaría que yo estoy apuñalando a Felipe». Esa es la interpretación que le darían millones de españoles. Eso no se podía hacer" (Guerra. Op. cit. Pág. 124).

Se quiso que Guerra asumiera la Secretaría General. Este respondió: "Cómo voy a hacer eso, significaría que estoy apuñalando a Felipe"

Poco antes de las cinco de la tarde, a punto de concluir el plazo de presentación de candidaturas, el presidente del Congreso, José Federico de Carvajal, decidió someter a votación la propuesta de formar una comisión gestora, pero los delegados decidieron por 162 votos frente a 149 dar un nuevo plazo hasta las diez de la noche para intentar formar una candidatura.

Nuevamente, Bustelo, el más activo de los críticos, intentó, con la ayuda de Pablo Castellano, reunir los nombres necesarios, pero Guerra volvió a extender la consigna de la abstención y los críticos desistieron tras comprobar que no lograban el apoyo más que de un 15 ó un 20% de los compromisarios. A punto de expirar el último plazo, Carvajal, viendo que no se había presentado ninguna propuesta, decidió convocar una reunión a puerta cerrada de la Ejecutiva saliente y los cabezas de delegación. El alcalde de Madrid, Enrique Tierno, fue uno de los primeros en tomar la palabra. Su intervención, transcrita por Fermín Ubeda, en la *Historia de la Transición* editada por *Diario 16* en 1984 (Pág. 598) fue determinante.

El "viejo profesor" advirtió que cualquier intento de formar "una comisión ejecutiva minoritaria estaría condenado al fracaso por varias razones (...): Hay que tener en cuenta el peso de los hechos económicos. Se están secando las fuentes de financiación exterior del partido, las que haya, que yo no conozco, y existe una absoluta penuria de medios y recursos (...) Los grupos de presión interpretarían la constitución de esta Ejecutiva "como un triunfo de los rojos". La Iglesia, la Banca, los medios de comunicación titularían con la vuelta de la horda roja. La derecha se acercaría cada vez más al Ejército (...) Como le dije esta mañana a Bustelo, aproximarnos a un Gobierno de fuerza sería tanto como tener que volver a pensar en preparar las maletas para volver al exilio".

El propio González abundó en el mensaje alarmista "diciendo que estaba abrumado, que sabía muchas cosas que no podía contar en ese momento y, tal vez, durante mucho tiempo". Después de escucharle, los reunidos, a iniciativa de la agrupación de Alcorcón, acordaron nombrar una comisión gestora, presidida por José Federico de Carvajal e integrada por Ramón Rubial, Carmen García Bloise, Antonio García Duarte y José Prat. La propuesta, explicada en el pleno por el delegado Manuel del Hierro, fue aprobada. Pasadas las once de la noche del domingo, el canto de *La Internacional* y los gritos de "Felipe, Felipe" y "PSOE, PSOE", pusieron fin al congreso más tormentoso de la reciente historia del socialismo español.

De inmediato, la comisión gestora, por un lado, y el "aparato" del partido que dirigía Guerra, por otro, iniciaron la operación que concluiría con el regreso del líder cuatro meses después.

La gestora "no era en absoluto neutral, pues estaba integrada por «felipistas» y encabezada por Carvajal, hombre a quien hasta entonces se había considerado en la izquierda del partido, pero después calificado de «chaquetero» por el sector crítico" (Gillespie. Op. cit. Pág. 362).

Los miembros de la dirección provisional convirtieron la disciplina en norma de actuación, sobre todo en aquellas provincias, como Valencia, Jaén o Madrid, donde más implantación tenían los discrepantes con la línea oficial. En su obra *Yo sí me acuerdo* (Temas de Hoy. 1994. Pág. 326), Pablo Castellano les juzga de manera inmisericorde: "Hicieron gala de tal cúmulo de arbitrariedades y sectarismos que merecen todos pasar a la historia de la infamia por su parcial gestión".

Entre tanto, Guerra reunió a la Ejecutiva saliente y asignó a cada cual una federación del partido, a la que debían dedicarse en cuerpo y alma hasta el mes de septiembre. La "operación regreso" estaba, pues, perfectamente planificada.

Una buena prueba de que González se había propuesto eliminar a los discrepantes y regresar en loor de multitud se tuvo apenas cuatro días después del cónclave. El jueves 24 de mayo, el Grupo Parlamentario Socialista se reunió para elegir a los miembros de su dirección. González encabezó la única candidatura, que fue respaldada por 184 votos a favor, uno en contra y seis abstenciones. Estas últimas correspondieron a los seis parlamentarios críticos: Luis Gómez Llorente, Pablo Castellano, Francisco Bustelo, Alberto de Armas, Eusebio Cano y Martínez Bjorkmman. El primero dimitió de su cargo de vicepresidente ese mismo día.

Uno de los argumentos preferidos de Felipe fue: "Marx dijo cosas interesantes, pero también tonterías ¿O es que Marx era Dios?"

Poco después, González inició una maratoniana gira por provincias durante la que fustigó a los críticos -"demagogos", "criptocomunistas", "dogmáticos" fueron algunos de los calificativos con que los definió- y arremetió sin piedad contra el marxismo. Una de sus argumentaciones preferidas, que reiteró durante su periplo fue: "Marx dijo cosas interesantes, pero también se hartó de decir tonterías ¿O es que Marx era Dios? Hizo una teoría del Estado que no se tiene en pie, y hoy es una solemne tontería decir que el Estado va a desaparecer". La frase está recogida de su intervención, el 7 de julio, ante un millar de arrepentidos militantes almerienses, cuyos representantes habían votado a favor de la propuesta marxista apenas 2 meses antes.

•ENSAYO•

El PSOE, entre el marxismo y el poder

Se dilucidaba más el modelo de partido que su ideología

Charles T. Powell

Profesor-investigador del Instituto Ortega y Gasset. Autor de *El piloto del cambio* (premio Espejo de España) y *Juan Carlos: un Rey para la democracia*

Tras las elecciones de 1977 y 1979, que ganó UCD, Felipe González planteó que un partido socialista moderno no podía anclarse en teorías nacidas el siglo anterior. El éxito final de su propuesta dejó al PSOE preparado para gobernar.

"Cuando nosotros decimos que nuestro partido es marxista, tenemos serias razones para decirlo"
Felipe González, agosto de 1976.

"Es un error para un partido socialista declararse marxista"
Felipe González, mayo de 1978.

"Básicamente, yo no he cambiado, y ahí están mis declaraciones para demostrarlo"
Felipe González, junio de 1979.

Uno de los fenómenos políticos más sorprendentes y más decisivos acaecidos en el transcurso de la transición española fue sin duda el surgimiento y la rápida consolidación del Partido Socialista Obrero Español (PSOE) como partido hegemónico de la izquierda. Ya en las primeras elecciones democráticas de 1977, el PSOE, un partido escasamente implantado en la sociedad española durante el franquismo, se convirtió en el principal partido de la oposición. El crecimiento del partido y las dificultades experimentadas por la Unión de Centro Democrático (UCD) como partido de gobierno permitieron a los socialistas soñar con la posibilidad del triunfo en las elecciones de 1979. Sin embargo, al no cumplirse sus expectativas, los máximos dirigentes del partido decretaron un cambio de estrategia que, tras poner brevemente en peligro el liderazgo de Felipe González, permitiría a éste alzarse con el control absoluto de la organización en el Congreso extraordinario de septiembre de 1979. Fue entonces cuando se consolidó en el seno del PSOE lo que hoy denominamos "felipismo", y que haría posible en gran medida el triunfo arrollador de 1982.

Felipe González había hecho un primer esfuerzo por definir con cierta precisión la identidad ideológica de su partido en un largo discurso pronunciado ante la escuela de verano organizada por el PSOE en El Escorial en 1976. En aquella ocasión el máximo dirigente socialista hizo hincapié en la importancia legitimadora de la historia, así como en la adscripción marxista del partido. Poco después, en el XXVII Congreso celebrado en diciembre de 1976, el PSOE aprobaría por unanimidad una resolución que reafirmaba "su carácter de partido de clase y, por lo tanto, de masas, marxista y democrático", añadiendo que "somos un partido marxista porque entendemos el método científico de conocimiento y transformación de la sociedad capitalista a través de la lucha de clases como motor de la Historia...". La resolución conviene recordarlo fue defendida por personas ciegamente leales a González ante un congreso férreamente controlado por el tándem González-Guerra.

Tan sólo un año y medio después, en mayo de 1978, González reconocía públicamente que había sido un error definir al partido como marxista. De hecho, ningún partido socialista europeo se definía en estos términos, y el propio PSOE no lo había hecho hasta 1976. ¿Qué había sucedido en este breve lapso de tiempo para justificar un cambio de actitud tan radical?

PASADA POR LA IZQUIERDA. Ante todo, habían tenido lugar unas elecciones generales en las que el PSOE había obtenido el 29% del voto y 118 escaños en el Congreso de los Diputados, mientras que el Partido Comunista de España (PCE), el único que podía competir con él por el liderazgo de la izquierda, había tenido que conformarse con un modestísimo 9,3% del voto y tan sólo 19 diputados. En gran medida, el radicalismo del XXVII Congreso había reflejado la tentación del PSOE de sobrepasar por la izquierda a un PCE mucho más implantado y mejor organizado, fruto a su vez de cierto complejo de inferioridad ante quienes gozaban todavía del prestigio adquirido durante largos años de lucha antifranquista. Por otro lado, en las elecciones de 1977 también se había comprobado que los otros partidos que competían con el PSOE por ocupar el espacio electoral socialista -y muy especialmente el PSP de Tierno Galván, que cultivaba un discurso radical y tercermundista- carecían de futuro como opciones independientes.

EFE

Los diputados socialistas durante una sesión del Congreso en la primera legislatura de la democracia.

Las elecciones de 1977 permitieron al PSOE sustituir el objetivo de la "conquista de parcelas de libertad" por el de la "conquista de parcelas de poder". Una vez establecida la democracia aunque hubiese sido por la vía de la reforma pactada, y no la de la ruptura, como hubiese deseado el partido la única manera de acceder al poder era mediante el triunfo en las urnas. Dado que el PSOE ya era hegemónico de izquierda, el crecimiento electoral del partido pasaba por un cierto giro hacia la derecha, que le permitiera competir con éxito con la UCD por el decisivo voto centrista. De hecho, cuando González reconoció en mayo de 1978 que era un error para un partido socialista declararse marxista, el único motivo que alegó fue que "este término se ha usado peyorativamente por la derecha".

Los resultados de las elecciones de marzo de 1979, en las que el PSOE apenas mejoró sus resultados de 1977, obteniendo un 30,4% de los votos y 121 escaños en parte debido a la apelación al "voto del miedo" por parte de Adolfo Suárez, no hicieron sino confirmar la necesidad de un cambio de estrategia. Sin embargo, en lugar de plantear la cuestión ante los órganos del partido, en mayo de 1978 González anunció por sorpresa, en una conferencia de prensa, que pensaba "presentar en el próximo congreso la propuesta de que se quite la palabra marxismo de la declaración programática del PSOE".

En el XXVIII Congreso del partido, celebrado en mayo de 1979, se aprobó una resolución redactada por Francisco Bustelo mucho menos radical que la presentada por los felipistas en 1976 en la que se mantenía la definición marxista. Contra todo pronóstico, González se declaró radicalmente incompatible con ella, negándose a presentarse a la reelección como secretario general. Ante la incapacidad del sector "crítico" para presentar una dirección alternativa, el Congreso se clausuró con la elección de una comisión gestora que pronto convocó un Congreso extraordinario para septiembre de ese mismo año. Entre uno y otro congreso el aparato felipista hábilmente dirigido por Guerra, que alteró el método de elección de delegados, pudo emplearse a fondo, gracias a lo cual González resultó reelegido y la resolución marxista, derrotada. Forzados a elegir entre la identidad marxista del partido y su líder carismático, los militantes del PSOE optaron aliviados por este último, poniendo así fin a su dolorosa orfandad. Algo parecido sucedería años después con motivo del referéndum sobre la permanencia de España en la OTAN.

"Forzados a elegir entre la identidad marxista del partido y su líder carismático, los militantes del PSOE optaron aliviados por este último"

En realidad, lo que estuvo en disputa a lo largo de 1979 no fue tanto la definición ideológica como el modelo mismo de partido. Hasta entonces hubo siempre cierto espacio para la discrepancia y el debate en la Ejecutiva del partido; a partir de 1979, se impuso cada vez más el culto a la personalidad y la disciplina férrea del aparato. El PSOE que emergió a finales de 1979 era ya un partido con una dirección homogénea, disciplinada e "ideológicamente madura", como afirmaría el propio González. Pero sobre todo, era una dirección que podía aspirar seriamente a la conquista del poder.

Severiano, el rey

Gracias a sus victorias, España empezó a conocer el golf

Carlos E. Carbajosa

Cuando Francisco Franco superó su primera crisis física, en el verano de 1974, una de las primeras cosas que hizo al abandonar el hospital fue ordenar que un equipo de TVE le filmara jugando una partida de golf. Intentaba demostrar a los españoles que él seguía en plena forma. Aquéllas fueron las primeras imágenes televisadas de producción nacional que enseñaron, de paso y a todo el país, algo sobre un deporte desconocido.

Curiosamente, en 1974, Severiano Ballesteros (Pedreña, 1957) obtenía su tarjeta para jugar profesionalmente en el Circuito Europeo. Un año después, junto a Manuel Piñero, conquistó la Copa del Mundo, éxito que repetiría en 1976. Cambiando de compañero, el cántabro logró de nuevo este título internacional en 1977. El golf español aprendió a andar de forma súbita con la llegada de un joven que se había pasado toda su infancia tirando de los carros de los demás.

La imagen de un "bobby" mirando a Ballesteros levantar la "Jarra de Plata" dio la vuelta al mundo, pero muy pocos repararon en ella cuando pasó por España. Sólo la insistencia de la Prensa extranjera en la importancia de aquel éxito abrió los ojos deportivos de un país decantado por el fútbol y el boxeo.

Por entonces, el golfista de Santander pertenecía a un grupo de deportistas de la elite europea cuyas raíces pasaban casi desapercibidas. Fue el resto del mundo el que se empeñó en recordar a España que "Seve" no era suyo. El sábado 22 de julio de 1979, el triunfo de Ballesteros en el Abierto Británico, en Blackpool, fue decisivo para una microparte de la Historia española. "Pese a que yo ya llevaba varios años jugando y destacando en el golf, y gané diez torneos europeos durante los dos años anteriores, la verdad es que aquí importaba muy poco", recuerda el protagonista.

Es cierto. De Severiano Ballesteros se sabía muy poco por aquí. Sólo algunos periodistas trataron con cuidado las andanzas de aquel joven que se dedicaba a aquel "ridículo juego".

Ballesteros compareció en la sala de prensa de Blackpool junto a su hermano, que le ayudaba en la traducción de las preguntas de las decenas de periodistas... "Yo no tenía ni idea de lo que me preguntaban. Apenas había aprendido a manejarme en un avión, a pedir cosas a las azafatas, o en los hoteles. Yo creo que me marchaba de los hoteles a entrenar en los campos para no tener que hablar inglés". Ballesteros siempre fue un chico tímido, y su personalidad iba haciéndose de hierro a medida que superaba barreras, una de ellas la del idioma. Ballesteros fue "caddie" de niño, y en el precioso campo de Pedreña se dedicaba a jugar después de ganarse unas pesetas, obtenidas a los padres de familia más de derechas de la ciudad y a los turistas extranjeros, que siempre llevaban en sus viajes aquellas extrañas bolsas alargadas, blandas y abombadas por arriba, y duras y planas en su base. "Algunos periodistas como José María García ayudaron a que este deporte lograra un hueco. Han pasado más de veinte años de aquello y el panorama es absolutamente distinto. Ahora hay muchos campos en toda España y mucha gente que se pierde un partido de fútbol por hacerse unos hoyos".

"Aunque había ganado diez torneos europeos en los dos años anteriores al Open Británico, la verdad es que aquí el golf importaba muy poco"

EUROPA PRESS

Severiano Ballesteros, que obtuvo en 1974 su tarjeta para jugar en el circuito europeo, muestra la copa que ganó en el Open Británico de 1979.

JULIO PALOMAR

La imagen tomada en Marbella de Isabel Preysler y sus tres hijos corresponde al verano de 1978, cuando se separó de Julio Iglesias.

Julio Iglesias e Isabel Preysler se separan

Un contestador automático precipitó la ruptura de la famosa pareja

Jaime Peñafiel

El mes de julio de 1978, la España tímidamente democrática (en febrero de 1981 sabríamos que la democracia era vigilada o vigilante, como prefería calificarla **Leopoldo Calvo-Sotelo**) recibe, por vez primera, la visita oficial de un jefe de Estado de la Comunidad Económica Europea. Nada menos que el presidente de la República francesa, **Valery Giscard d'Estaing**, el gran amigo personal del rey don **Juan Carlos**. Aunque mucha amistad, mucha cacería y mucha frivolidad pero nunca la colaboración antiterrorista fue peor que entonces. Sin embargo, el presidente de Francia es mucho presidente. Sobre todo, en aquella época en la que tampoco había muchos que quisieran visitarnos. Y es que todos, desde don Juan Carlos al último españolito, todavía llevamos el pelo de la dehesa del franquismo. Unos por haber vivido del régimen, otros por haber vivido en el régimen.

De todas formas, la recepción a Giscard y a su elegante y estirada esposa, **Aymonne De Brantes**, fue espectacular. Sobre todo, la cena de gala celebrada en el Palacio Real, a la que acudía, por vez primera, **Felipe González**. Aunque en la invitación se hacía constar "los caballeros, de frac; las señoras, traje largo", el jefe de la oposición acudió vistiendo no el traje de pana habitual en él, en aquella época, sino con un sencillo traje de calle oscuro. **Adolfo Suárez**, presidente del Gobierno, sí vistió el elegante y festivo frac. Y esa noche, no sólo vistió como **Fred Astaire,** sino que la banda correspondiente a una alta condecoración cruzaba su pecho no desde el hombro a la cadera, como todo el mundo, sino por debajo del sobaco. Como el Rey.

Adolfo Suárez (derecha) luce un festivo frac en la recepción de gala a Giscard (de pie) en el Palacio Real.

Aunque **Carolina de Mónaco** se había casado el 29 de junio, esta primera semana de julio todas las revistas de evasión y también las de opinión dedican números enteros a la boda de la hija mayor de la querida **Grace** con **Philippe Junot**. Y todos se enteran de que, entre los invitados internacionales, estaban algunos españoles como los duques de Cádiz, **Alfonso** y **María del Carmen,** todavía disimulando ser un matrimonio bien avenido; el **duque de Huéscar**, hijo mayor de la **duquesa de Alba**, así como la princesa **Tessa de Baviera,** a quien el príncipe **Rainiero**, al darle ella la felicitación, le respondió con tristeza: "Más que felicitarme, deberías darme el pésame". Bien sabía el padre de la novia con quién se casaba su hija.

Pero este mes de julio de 1978 pasará a la pequeña historia de la jet por un acontecimiento que conmueve al país entero: **Julio Iglesias** y su bello punto filipino, **Isabel Preysler**, se separan. El personal conoce la noticia a través de una declaración formal que el cantante engañado -donde las dan, las toman- y la esposa infiel entregan a quien esto firma, por aquel entonces redactor-jefe de *Hola*, el "BOE" de la jet, de sus bodas y sus divorcios.

El comunicado decía así: "Saliendo al paso de posibles especulaciones o noticias escandalosas que pueden tener origen en la situación personal nuestra, conjuntamente nos consideramos obligados a explicar de una vez para siempre la determinación -a la que, libremente, hemos llegado- de separarnos legalmente. Ante el supremo interés por nuestros hijos, nos obliga a resolver de una forma amistosa y legal nuestras situaciones personales. Las razones, por ser íntimas, quedan para siempre en nuestras conciencias".

Carolina y Philippe Junot, por las calles de Mónaco.

Lo que este documento no recogía es que fue Isabel la que precipitó la separación al saber que en el contestador automático de **Jaime Peñafiel**, en *Hola*, una voz anónima había dejado grabada toda la historia de la esposa infiel y enamorada del **marqués de Griñón**.

Broche, y no precisamente de oro, de una comedia que bien podía haber firmado **Alfonso Paso**, quien fuera el más prolífico autor teatral de nuestro tiempo, que fallece en este mes cuando sólamente contaba 52 años.

Mariví Dominguín, la prima-sobrina-tía de **Luis Miguel** y cuyos amores gráficos obligaron a la censura franquista a secuestrar la revista *Garbo*, se casa con el doctor **Abril**. La ceremonia fue por lo civil.

Aunque el niño había nacido el 29 de mayo anterior, es en este mes de julio tan lleno de acontecimientos cuando la revista *Hola* publica, en rigurosa exclusiva, el gran reportaje del primer nieto de la duquesa de Alba, primogénito de su hijos **Alfonso** y de **María de Hohenlohe**, a quienes **Cayetana** ha decidido regalar el ducado de Aliaga.

Se da la circunstancia que esta nuera nunca llegó a congeniar con la suegra. Normal. Y Alfonso, el hijo, tampoco con su madre. Ya no tan normal. Aunque dicen que sus razones tenía. Fue el último en enterarse de la boda de mamá con el ex cura **Jesús**.

GUSTAVO CATALÁN

Felipe González y Alfonso Guerra comentan algo a la espalda de Mitterrand, que acudió a Madrid para apoyar el desarrollo del socialismo español.

Presentación en sociedad

Jorge Fernández

Felipe González, 34 años, "Isidoro" todavía, y Alfonso Guerra, 36 años, aprovecharon el XXVII Congreso del PSOE celebrado en diciembre de 1976 para presentarse en sociedad y lograr el reconocimiento internacional. El entonces Ministerio de la Gobernación puso todas las pegas para que el encuentro, de un partido aún no legal, no tuviera lugar. Habían tenido que transcurrir 34 años para que los representantes socialistas se pudieran reunir de nuevo en territorio nacional.

Carrillo andaba con su "eurocomunismo" y González incorporaba a su proyecto desde "socialdemócratas auténticos a socialistas radicales".

Para su reconocimiento definitivo el ya entonces secretario general del partido y el de Información, Alfonso Guerra, invitaron a destacadas personalidades internacionales como Willy Brandt, Michael Foot, Pietro Nenni, François Mitterrand, Mario Soares y Carlos Altamirano.

Su presencia garantizó la celebración del Congreso y la asunción de la talla política de González tanto dentro de nuestras fronteras como en el extranjero. Fue una operación de imagen. François Mitterrand era la primera vez que viajaba a nuestro país. Poco antes escribió: "Aunque vivo desde hace 25 años a una hora de la frontera, no he ido jamás a España. He puesto en ese rechazo (al franquismo) una obstinación que se remonta a las náuseas de mi juventud. Sufro al estar separado de España".

PRÓXIMO CAPÍTULO: **LAS DIECISIETE ESPAÑAS**

MANUEL CLAVERO ARÉVALO EXPLICA CÓMO SE CONSTRUYÓ EL ESTADO DE LAS AUTONOMÍAS Y **SALVADOR SÁNCHEZ TERÁN** RELATA CÓMO SE ORGANIZÓ EL REGRESO DE JOSEP TARRADELLAS A ESPAÑA. **ESCRIBEN TAMBIÉN:** MIGUEL PLATÓN Y XAVIER DOMINGO

1975-1995. Veinte años de nuestra vida

• HISTORIA DE LA DEMOCRACIA •

{CAPÍTULO 24}

EUROPA PRESS

LAS DIECISIETE ESPAÑAS

Las autonomías fueron una de las innovaciones más relevantes de la democracia. Junto a las "históricas" -Cataluña, País Vasco y Galicia- nacieron otras catorce Comunidades. Fue una operación delicada y hábil: la Constitución reconoce el derecho a la autonomía de las "nacionalidades y regiones" que integran la Nación española en su "indisoluble unidad" (art. 2). A las "diecisiete Españas" dentro de la única España se sumaron las plazas de Ceuta y Melilla, que pudieron constituirse en Comunidades por un procedimiento especial establecido en la Constitución.

El Estado de las autonomías, una fórmula innovadora

Veinte años después de su puesta en marcha, es una realidad que ha alterado el reparto territorial del poder

Una de las principales transformaciones establecida por la Constitución de 1978, aunque con un "rodaje" previo, fue la generalización de las autonomías regionales. La reordenación territorial del poder era una cuestión política antigua, generada a mitad del XIX por los intensos cambios económicos y demográficos.

Miguel Platón

La organización territorial y política del Estado español moderno se estableció sobre unas bases que al poco tiempo quedaron descompensadas por los cambios internos que experimentó el país, los más importantes desde el siglo XVI. Tales cambios se debieron a un fenómeno de alcance mundial: la combinación de los principios liberales y democráticos con el impacto de la revolución tecnológica en la industria, los transportes, las comunicaciones, las finanzas, la medicina y, en general, las bases del mundo contemporáneo, que transformaron de forma radical la vida y las expectativas de la especie humana.

Los procesos que alteraron el paisaje demográfico y económico español se pusieron en marcha durante el siglo XIX; como consecuencia de los mismos, Cataluña y el País Vasco se convirtieron en las regiones más prósperas de España y atrajeron a una fuerte inmigración.

Con el paso del tiempo, y ya más cerca de nuestros días, el peso catalán y vasco quedó reforzado con la revolución demográfica vivida entre 1940 y 1975, paralela al mayor crecimiento económico de la Historia de España.

En 1975 hay que contar con un elemento político nuevo, como era la adopción por la izquierda de las reivindicaciones autonomistas que planteaban los nacionalismos regionales. Era una actitud que se fundaba en el interés de socialistas y comunistas por aprovechar el mayor número de causas políticas no atendidas por la Dictadura de Franco, pero también el reflejo de una corriente histórica de fondo.

La disposición favorable a la autonomía se había generalizado en la práctica totalidad de los grupos políticos, si bien con diferentes grados. Incluso el propio sistema y el Gobierno lo habían asumido. En el discurso de la Corona que el nuevo rey Juan Carlos I pronunció el 22 de noviembre de 1975, ante las Cortes españolas, el Monarca

EUROPA PRESS

Carlos Garaicoetxea y Jesús María Leizaola, en la Casa de Juntas de Guernica el 16 de diciembre de 1979.

proclamó: "Un orden justo, igual para todos, permite reconocer dentro de la unidad del Reino y del Estado las peculiaridades regionales, como expresión de la diversidad de pueblos que constituyen la sagrada realidad de España. El Rey quiere serlo de todos a un tiempo y de cada uno en su cultura, en su historia y en su tradición". El 15 de diciembre, el programa del primer Gobierno de la Monarquía, presidido por Carlos Arias Navarro, anunció que "la unidad de España será potenciada por el reconocimiento institucional de todas sus regiones y, en general, de las autonomías locales". En febrero de 1976, durante un Consejo de Ministros celebrado en Barcelona bajo la presidencia del Rey, un Real Decreto creó una "Comisión para el estudio de un régimen administrativo especial para Cataluña", que empezaría a funcionar en abril, bajo la presidencia de Federico Mayor Zaragoza, actual director general de la UNESCO.

> "Habrá partes de nuestro territorio que estarán regionalizadas y otras bajo un régimen de municipios y provincias", dijo Clavero

La hora de la política real comenzó en junio de 1977, tras las primeras elecciones democráticas. Como medio para contrarrestar las iniciativas de la asamblea de parlamentarios catalanes en la que la izquierda y los nacionalistas disponían de amplia mayoría, el presidente Adolfo Suárez recibió el 27 de junio al veterano presidente de la Generalidad en el exilio, Josep Tarradellas, de 78 años, quien había vivido en Francia desde 1939. De inmediato, comenzó una negociación para el restablecimiento provisional de la institución autonómica, que culminó con un Decreto-Ley aprobado por el Gobierno el 29 de septiembre y que el Congreso de los Diputados votó por unanimidad. El Decreto-Ley incluía un prólogo en el que se precisaba que "el restablecimiento de la Generalitat a que se refiere el presente Real Decreto-Ley no prejuzga ni condiciona el contenido de la futura Constitución en materia de autonomías. Tampoco significa la presente regulación un privilegio ni impide que fórmulas parecidas puedan emplearse en supuestos análogos en otras regiones de España". El redactor del prólogo había sido el ministro para las Regiones, Manuel Clavero Arévalo, después de que el órgano supremo de Unión de Centro Democrático acordase que lo establecido para Cataluña pudiera extenderse a otras regiones.

UN RÉGIMEN PROVISIONAL. De hecho, el 20 de septiembre una representación de los parlamentarios vascos había entregado al presidente Suárez un borrador que proponía un régimen provisional de autonomía, el cual comenzó a negociarse en octubre, con Manuel Clavero como representante del Gobierno. El nombramiento de un ministro para las Regiones evidenciaba el propósito de Suárez y UCD de abordar la redistribución territorial del poder. En principio, debía ser la futura Constitución quien estableciese las reglas de juego, pero la negociación con Tarradellas -quien regresó a Cataluña con el nombramiento real de presidente de la Generalidad provisional- dio paso a la generalización de lo que se llamarían las preautonomías.

No es cierto que esta política fuese promovida por el ministro Clavero Arévalo. Este último sólo promocionó la andaluza, de acuerdo con el resto de las fuerzas políticas. Fue la iniciativa generalizada de los partidos, en todas las regiones españolas, la que condujo en los meses finales de 1977 y comienzos de 1978 a la extensión de regímenes de preautonomía. El ministro para las Regiones nunca habló de "café para todos", ni de "tabla de quesos", aunque se trate de expresiones que de forma regular se le adjudican. Lo que sí hizo fue, de acuerdo con la política del Gobierno, reconocer el derecho de todas las Comunidades a la autonomía, con la matización de que no sería uniforme, sino adecuada a cada caso.

Manuel Clavero ni siquiera esperaba que todas las regiones solicitasen el autogobierno. Durante una conferencia pronunciada en el club Siglo XXI en di-

Radiografía de las autonomías españ

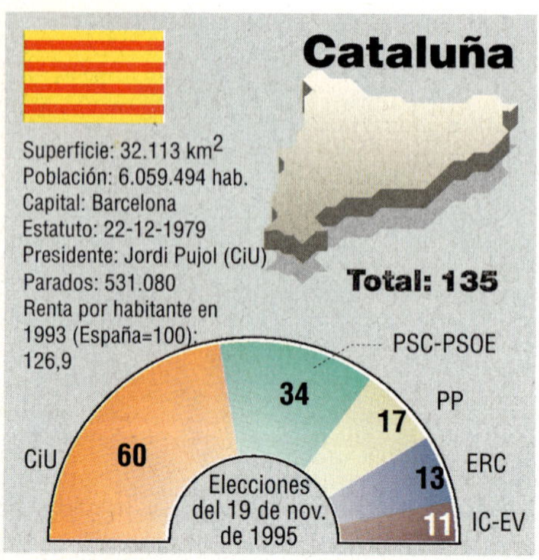

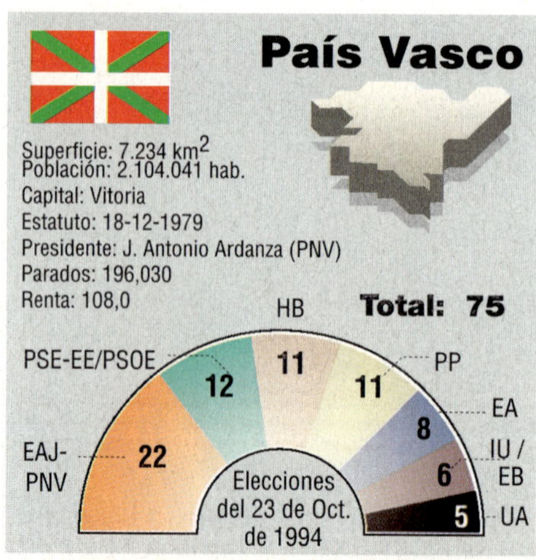

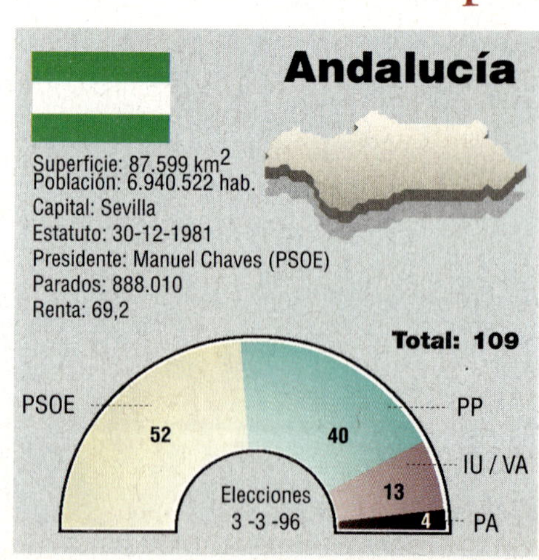

FRANCISCO J. ALVAREZ

ciembre de 1977, afirmó que "habrá partes de nuestro territorio que estarán regionalizadas y partes de nuestro territorio que seguirán viviendo bajo un régimen común de municipios y provincias".

La iniciativa prácticamente unánime de las fuerzas políticas le desmentiría en muy pocos meses, de acuerdo con un proceso que salvo en el caso vasco -por la intransigencia de nacionalistas y socialistas en incorporar a Navarra- estuvo presidido por el consenso.

El principal factor de perturbación lo introdujeron sectores del Gobierno y de UCD contrarios a la generalización. Fue un grupo variopinto, en el que había políticos tan destacados como el vicepresidente Fernando Abril Martorell, los ministros Rodolfo Martín Villa y Francisco Fernández Ordóñez, el presidente del Senado Antonio Fontán y el ponente constitucional Miguel Herrero Rodríguez de Miñón. Su posición fue que sólo en Cataluña y el País Vasco existía una verdadera demanda de autogobierno, ampliable en todo caso a Galicia, mientras que en el resto de España bastaría con una política descentralizadora. La influencia de este grupo constituyó durante años un factor de confusión que entorpeció la regulación autonómica y terminaría por causar un grave desgaste al Gobierno de Suárez.

El primer amago de su presión tuvo lugar a mediados de enero de 1978, cuando Abril Martorell anunció que tras las preautonomías de Cataluña y el País Vasco no se aceptaría ninguna más, a pesar de que el Gobierno había aceptado iniciar negociaciones con los parlamentarios de Andalucía, Aragón, Canarias, Galicia y Valencia. Estas últimas se interrumpieron durante mes y medio, hasta que a comienzos de marzo Suárez autorizó a Clavero para proseguirlas. Durante ese tiempo, los grupos parlamentarios de UCD habían discutido la regulación constitucional de las autonomías y en los debates prevaleció la tesis del derecho de todos al autogobierno, frente a las posiciones restrictivas. Cuando llegó el verano de 1978 se habían aprobado -con el voto unánime de las Cortes- trece decretos-leyes que establecían otras tantas autonomías. Se trataba, en esencia, del actual mapa autonómico, puesto que Navarra no necesitaba preautonomía alguna y sólo faltaba determinar el caso de tres provincias: Santander y Logroño -cuyos parlamentarios rechazaban integrarse en Castilla- y Madrid, rechazada por los de Castilla-La Mancha por razones de equilibrio regional. El traspaso de competencias del Estado comenzó en junio, a favor de la Generalidad de Cataluña, y continuó en los meses siguientes, tanto en el número de competencias como en su extensión territorial.

Para un sector de UCD, sólo en Cataluña y en el País Vasco existía una verdadera demanda de autogobierno, ampliable en todo caso a Galicia

A pesar de ello, la Constitución no sólo no aprovechó esa realidad, sino que introdujo elementos de diferenciación que no habían existido en el precedente republicano, debido a la presión conjunta del sector minoritario de UCD y del nacionalismo catalán.

EL TÉRMINO "NACIONALIDAD". Esa política fue la que dio lugar a una redacción compleja, imprecisa y en algún caso disparatada del Título VIII, sobre la organización territorial del Estado así como a la adopción de un término confuso, como el de "nacionalidad", inadecuado desde la pura coherencia idiomática. Tampoco fue precisado su alcance: la Constitución no establece otra diferenciación que la semántica, no concede distinto derecho de autogobierno y tampoco precisa cuáles son nacionalidades y cuáles regiones. En la práctica, se dejó al arbitrio de cada Estatuto: Cataluña, País Vasco, Galicia y Andalucía se autodefinieron como nacionalidad. El término, sin embargo, es cambiante: Aragón se proclamó región en el Estatuto de 1982 y "nacionalidad histórica" en la reforma de 1995.

En la misma línea se establecieron dos vías de acceso de innecesaria complejidad, puesto que requerían la iniciativa de municipios y diputacio- ➳

latos políticos, sociales y económicos

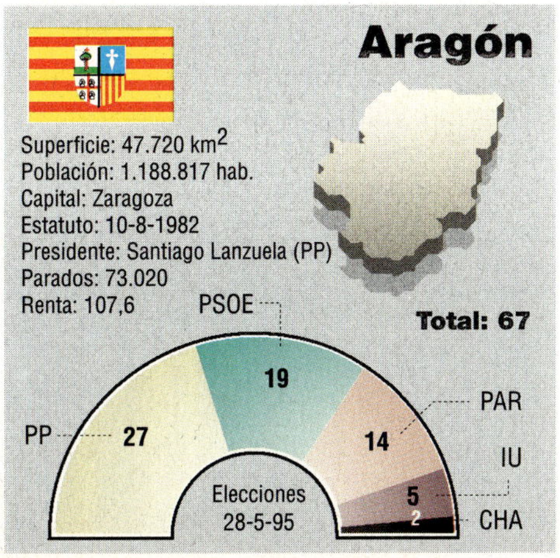

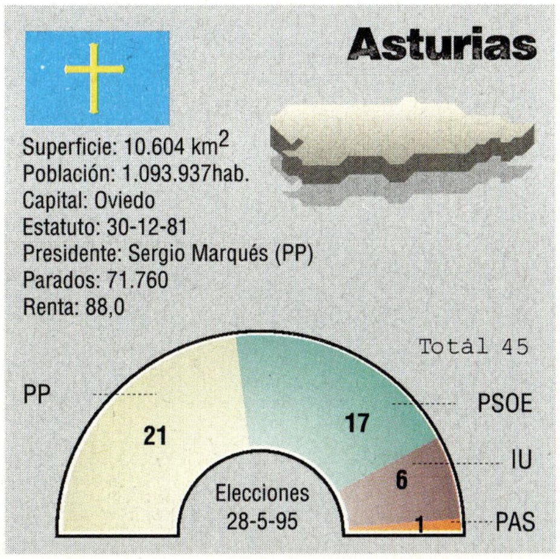

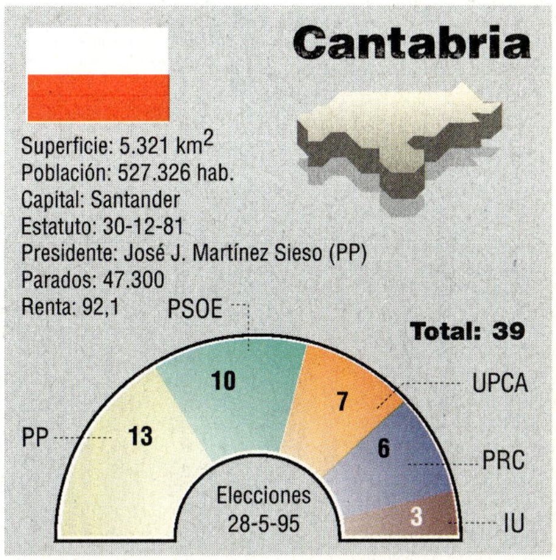

nes provinciales, cuando resultaba ya evidente el consenso de las fuerzas políticas y existían órganos provisionales de autogobierno. La primera, establecida en el artículo 143, suponía un acceso al autogobierno en dos fases, que significaban la asunción progresiva de competencias y con un plazo mínimo de cinco años para pasar de la primera a la segunda. Quien deseara asumir desde el primer momento el mayor número de competencias debería superar un referéndum con el voto favorable de la mitad del censo -el artículo 151-, con la precisión de que este requisito no sería exigido a las autonomías que ya habían plebiscitado su Estatuto en 1936, es decir, Cataluña, País Vasco y Galicia. Era una forma bastante retorcida de complicar las cosas: una posición alcanzada por los partidarios de evitar la generalización autonómica.

La aplicación del Título VIII fue todavía peor. La delimitación de competencias era, como en 1913 y 1931, una cuestión abierta. Esto no dejaba de tener sentido, dada la complejidad de la moderna Administración Pública, pero siempre que se guardase un cierto orden. En apariencia, ese orden existía: el artículo 148 establecía las competencias que podrían asumir las Comunidades Autónomas, y el 149 las materias que eran competencia exclusiva del Estado, con la precisión -artículo 150.2- de que el Estado podría “transferir o delegar en las Comunidades Autónomas, mediante ley orgánica, facultades correspondientes a materia de titularidad estatal que por su propia naturaleza sean susceptibles de transferencia o delegación”. Parecía claro que estas últimas competencias podrían ser traspasadas a medida que se dictasen las correspondientes leyes orgánicas, lo cual permitiría un debate en las Cortes que unificaría finalmente los criterios y los plazos.

Ese planteamiento se vino abajo durante la negociación del primer Estatuto de Autonomía, el del País Vasco, en el verano de 1979. El proyecto remitido por los parlamentarios se había caracterizado por su redacción a espaldas de las previsiones constitucionales. En él figuraban desde una implícita declaración de soberanía a una invasión de la libertad política de Navarra y una alusión a supuestos “derechos históricos”, pero sobre todo un desarrollo de la Constitución en parcelas reservadas a competencias exclusivas del Estado. El Gobierno presentó “motivos de desacuerdo” a 43 de los 46 artículos del proyecto.

Suárez deseaba que la aprobación del Estatuto fuese la piedra de toque para encauzar el que se llamaba “problema vasco”: el secesionismo

La negociación sería llevada a cabo personalmente, de modo tan informal como decisivo, por Adolfo Suárez y el presidente del Consejo General Vasco (nombre del órgano preautonómico de gobierno), Carlos Garaicoetxea, un político navarro afiliado al Partido Nacionalista Vasco. Suárez deseaba que la aprobación del Estatuto fuese la piedra de toque para encauzar el que se llamaba “problema vasco”: un secesionismo que tenía al PNV con un pie fuera del sistema y que estimulaba a la banda terrorista ETA, la cual se encontraba en el cénit de su actividad criminal.

AMENAZA DEL PNV. A pesar de que los etarras atentaron contra uno de los negociadores de UCD -el diputado y ponente constitucional Gabriel Cisneros, herido grave cuando intentaron secuestrarle-, el presidente del Gobierno intentó el acuerdo. Así, aceptó una interpretación del artículo 150 que retorcía el texto constitucional y, sobre todo, desorganizaba el desarrollo ordenado de los traspasos de competencias. El PNV argumentó, a sugerencia del nacionalismo catalán, que, dado que el Estatuto de Autonomía tenía rango de Ley Orgánica, era posible incluir atribuciones en materias exclusivas del Estado. Y amenazó con romper la negociación si el Gobierno no aceptaba esa interpretación.

Fue un momento muy difícil. Adolfo Suárez apostó por el pacto y aceptó el envite, aunque ello suponía que una pequeña Comunidad Autónoma y un partido nacionalista que sólo había obtenido en las elecciones generales el 1,65

Radiografía de las autonomías españ

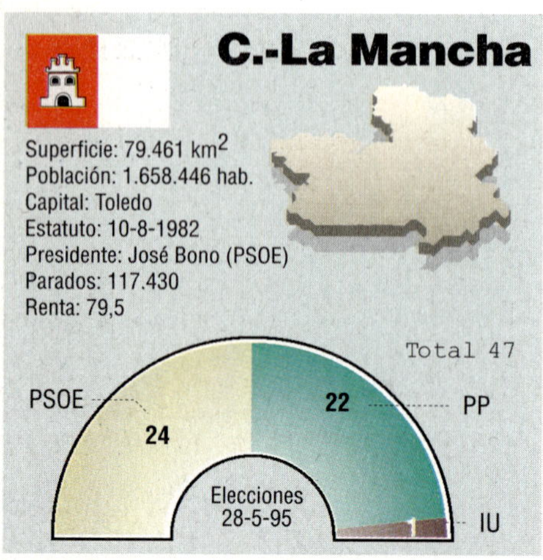

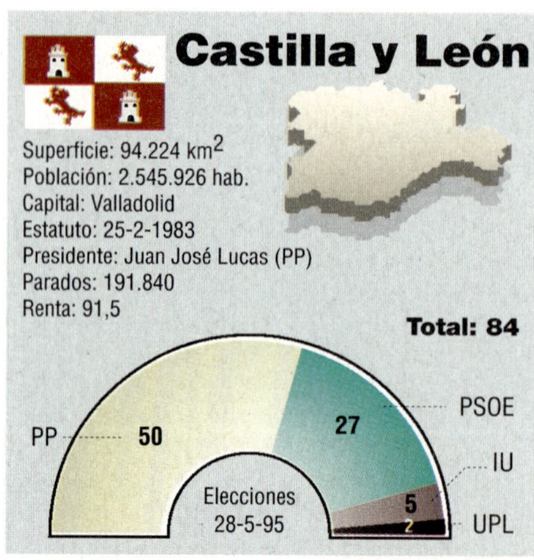

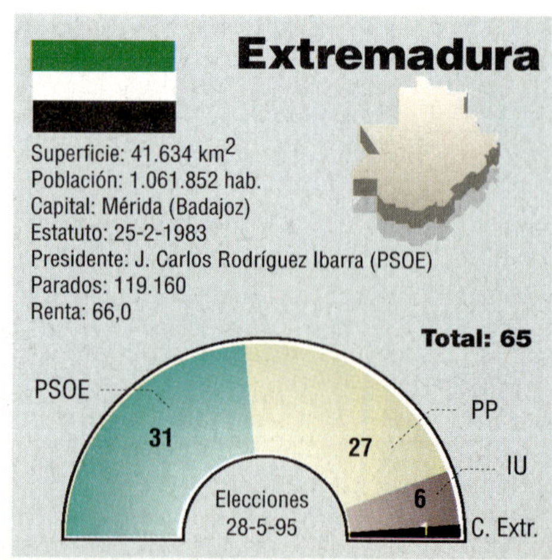

% de los votos válidos condicionaban, gracias a su radicalismo, las competencias del Estado, al que se negaba la posibilidad de una ordenación armónica de carácter nacional. En ese preciso momento se desorganizó el desarrollo del Estado de las Autonomías. Su utilidad para resolver el problema vasco fue a corto y medio plazo no sólo nula, sino contraproducente. El Estatuto fue aprobado casi por unanimidad y entró en vigor sin problemas, tras un nuevo apaño de dudosa constitucionalidad para que pudiera celebrarse el necesario referéndum. En marzo de 1980 se celebraron las primeras elecciones al Parlamento Vasco. Sin embargo, ETA había asesinado a 65 personas en 1978, pero en 1979 ascendieron a 78 y en 1980 alcanzó su máximo histórico, con 96, entre ellas tres militantes vascos de UCD. Lo más sorprendente fue que el PNV acentuó su radicalismo, hasta el punto de ausentarse de las Cortes durante la mayor parte de 1980. A pesar de semejante actitud, el PNV ganó por amplia mayoría todas las elecciones celebradas durante esa época en el País Vasco y gobernó en solitario desde 1980. Las dos formaciones políticas afines a ETA -Herri Batasuna y Euskadiko Ezkerra- consiguieron 230.000 votos en las elecciones generales de 1979 y 240.000 en las primeras autonómicas del año siguiente, equivalentes al 26,2 % de los votos válidos. Peor aún: aunque el Partido Socialista comenzó a manifestar sus reticencias en 1979, después de permanecer mudo durante la negociación del Estatuto (que tuvo lugar tras la crisis del 28 Congreso, con Felipe González dimitido y el PSOE gobernado por una gestora de transición), los medios de opinión progresistas de ámbito nacional respaldaban de forma sistemática las reclamaciones del nacionalismo, la política del Gobierno de UCD era objeto de una descalificación casi sistemática y hasta las condenas a las acciones de ETA resultaban matizadas. El horizonte no era otro que el deterioro moral, político y económico de la sociedad vasca, que se agudizaría durante el decenio de los ochenta.

El segundo Estatuto fue el catalán, aprobado sin problemas no sólo gracias al espíritu de entendimiento que animó a los parlamentarios catalanes, sino también a que el Estatuto vasco había establecido un marco que el Gobierno no podía negar a Cataluña y que satisfacía las demandas de sus representantes.

En otoño comenzó la negociación del tercer Estatuto, el de Galicia. Fue entonces cuando volvieron a presionar los centristas partidarios de la discriminación autonómica. El Gobierno era consciente de que la delimitación de competencias aceptada en los Estatutos vasco y catalán condicionaba las futuras leyes orgánicas -es decir, las que desarrollaban la Constitución- y que significaban condicionar las competencias del Estado desde las Comunidades Autónomas, en lugar de lo contrario, como era la previsión constitucional.

Carrillo criticó con tanta vehemencia la pretensión de impedir a Galicia el mismo trato dado a Cataluña y País Vasco que Guerra se arrugó

PACTO ENTRE PÉREZ-LLORCA Y GUERRA. Tras esa política de concesiones a la extorsión política efectuada por el PNV -basada a su vez en la violencia de ETA-, el Gobierno quiso recuperar la firmeza y el respeto a la Ley con las Comunidades que no planteaban especiales problemas, en primer lugar con la gallega, aunque utilizase la misma vía del artículo 151 que vascos y catalanes. El ministro de la Presidencia, Pérez Llorca, pactó con el vicesecretario general del PSOE, Alfonso Guerra, una cláusula que limitaba el ejercicio por Galicia de las competencias exclusivas del Estado, hasta su regulación mediante las correspondientes leyes orgánicas. Durante el debate en comisión se opuso la Alianza Popular de Manuel Fraga, pero sobre todo el secretario general del PCE, Santiago Carrillo, quien criticó con tanta vehemencia la pretensión de impedir a Galicia el mismo grado de autogobierno concedido a Cataluña y País Vasco que Guerra se arrugó y no cumplió ➛

datos políticos, sociales y económicos

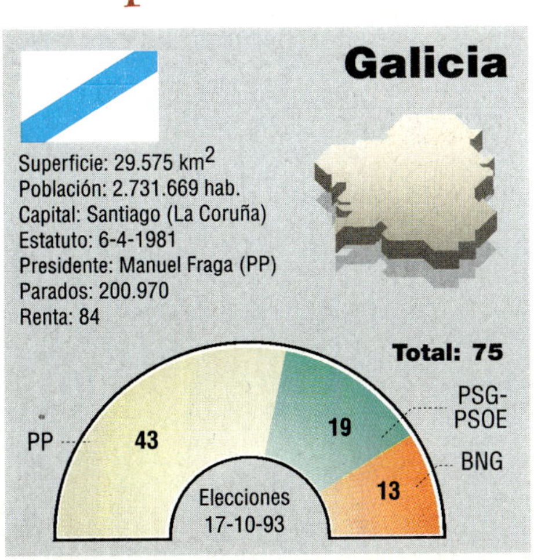

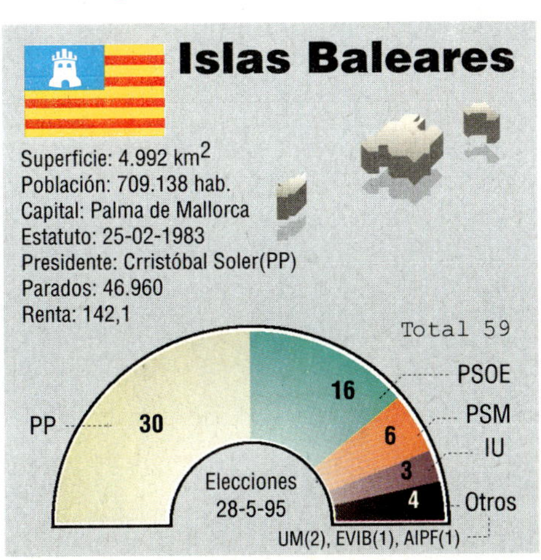

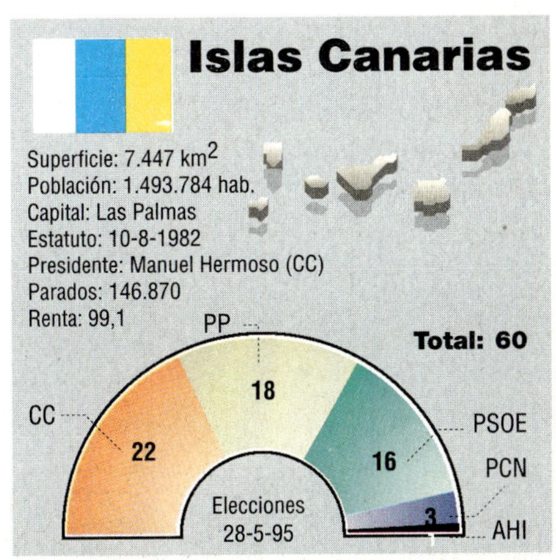

su compromiso de abstenerse. Socialistas, comunistas y AP abandonaron la comisión, y el Estatuto gallego quedó paralizado durante meses.

Pero el Gobierno no aprendió la lección. En Andalucía, por iniciativa de los ayuntamientos, se habían cumplido los trámites iniciales para el acceso a la autonomía por medio del artículo 151, y hubo de ser convocado un referéndum para el 28 de febrero de 1980. A mediados de enero, en UCD ganaron los partidarios de la restricción autonómica, y se acordó proponer la abstención. Manuel Clavero, a la sazón ministro de Cultura, dimitió y regresó a Sevilla para hacer campaña a favor del voto afirmativo. Los electores andaluces le dieron la razón: el 64,3 % de los andaluces acudió a las urnas y un porcentaje equivalente al 55,82 % del censo votaron "sí". Esa derrota del Gobierno supuso el principio del fin para UCD y mostró la inviabilidad del complejo procedimiento constitucional.

UN APAÑO INCONSTITUCIONAL. De acuerdo con la literalidad del artículo 151, el referéndum había sido perdido, puesto que en la provincia de Almería los votos afirmativos no habían superado la mitad del censo, por una diferencia de 21.000 votos. Semejante resultado, sin embargo, era políticamente inviable y meses después el Congreso de los Diputados sancionó un apaño manifiestamente inconstitucional, pero aceptado por todas las fuerzas políticas, para que Andalucía pudiese elaborar su Estatuto de acuerdo con el procedimiento del 151.

Antes de ello, en mayo y como consecuencia del referéndum andaluz, Suárez anunció al Congreso la rectificación de la política restrictiva que se había intentado con Galicia y Andalucía. Tras reconocer que la gran lección andaluza había sido la proclamación de la igualdad, afirmó que la construcción del Estado autonómico "no puede lograrse sin el acceso generalizado a la autonomía de todas las Comunidades" y añadió: "Si las regiones que van a acceder ahora a la autonomía plena por el 143 desean realmente dotarse de un esquema organizativo paralelo al previsto para las regiones de restitución histórica, nada hay ni en la Constitución, ni en los postulados del partido mayoritario, ni en la actitud del Gobierno, que lo impida". Se limitó a pedir que el proceso fuese gradual.

Clavero, a la sazón ministro de Cultura, dimitió y regresó a Sevilla para hacer campaña a favor del voto afirmativo en el referéndum andaluz

Se habían perdido dos años, y el contenido de los Estatutos vasco y catalán distorsionaba ya todo el proceso, pero esta vez se emprendió un camino más adecuado. En otoño quedaron resueltos los escollos andaluz y gallego con la supresión de la cláusula limitadora y comenzaron las negociaciones para la ordenación y racionalización del proceso autonómico, que cristalizaron en el verano de 1981, con el nuevo gobierno de Leopoldo Calvo Sotelo. Asesorados por una comisión de expertos que presidió Eduardo García de Enterría, catedrático de Derecho Administrativo, el 31 de julio el Gobierno, UCD y el PSOE suscribieron unos acuerdos que comprendían:

-Un anteproyecto de Ley Orgánica de Armonización del Proceso Autonómico (LOAPA).

-La aprobación de Estatutos de autonomía para todas las Comunidades pendientes, por la vía del artículo 143, si bien Canarias y Valencia recibirían competencias añadidas.

-El Amejoramiento del Fuero de Navarra, para que el Antiguo Reino asumiera nuevas competencias y dispusiera de un Parlamento.

-Acuerdos económico-financieros referidos a la Ley de Financiación de las Comunidades Autónomas (LOFCA).

-Un anteproyecto de la Ley del Fondo de Compensación Interterritorial.

Al final, se había ido más lejos de lo necesario. Madrid, Santander -con la denominación de Cantabria- y Logroño -como La Rioja- se constituyeron en Comunidades Autónomas uniprovinciales, a pesar de carecer de "entidad regional histórica", como exigía el artí-

Radiografía de las autonomías españ

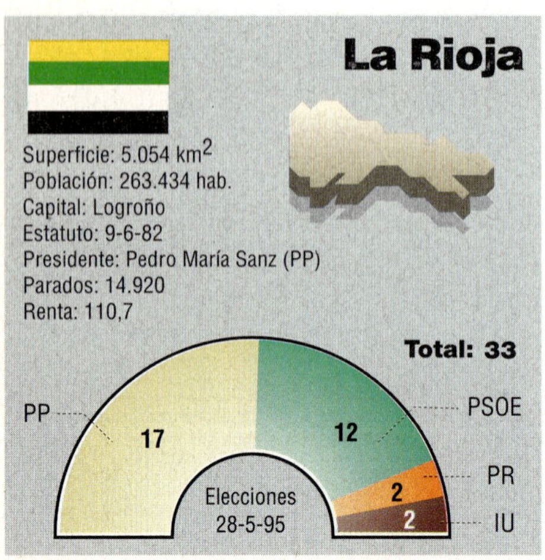

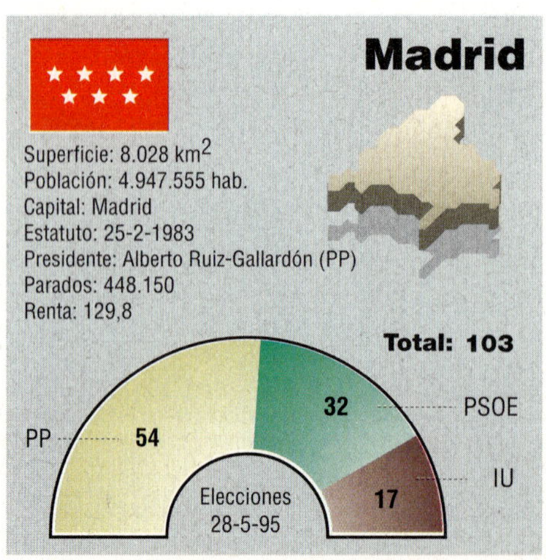

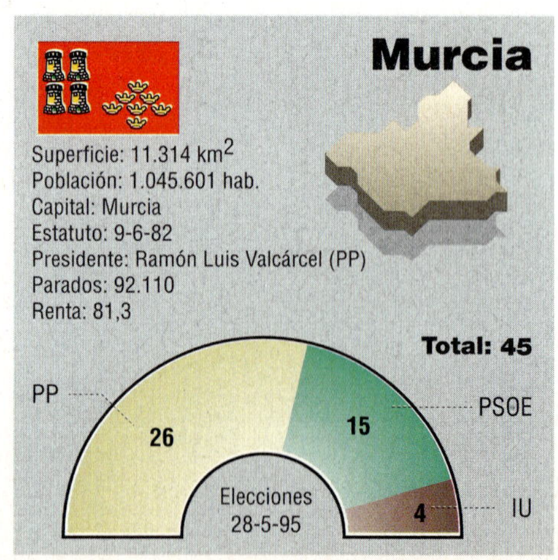

culo 143 de la Constitución. Durante 1982 se completó la tramitación de los 13 nuevos Estatutos, y las primeras elecciones para elegir los Parlamentos de estas Comunidades se celebraron en mayo de 1983. Un año antes habían tenido lugar las primeras elecciones autonómicas andaluzas y, en otoño del 81, las gallegas.

La mayor parte de la LOAPA sería anulada por el Tribunal Constitucional el verano de 1983, pero sus efectos políticos no habían dejado de notarse y dejó un resquicio jurídico a las leyes de bases para que el Estado ordenase las competencias de las distintas autonomías. Los traspasos de competencias continuaron sin interrupción durante los 80 y todavía en 1995 estaban lejos de haber concluido.

Hoy en día, el mito se ha desvanecido: la existencia de partidos nacionalistas no supone un mayor respaldo democrático al autogobierno

ARAGÓN, LA ÚNICA REFORMA. La reforma de los Estatutos del artículo 143, posible a los cinco años, no se llevó a efecto debido a la oposición del Gobierno socialista, que volvió a caer en la tentación de aplicar dos medidas. La única reforma tramitada fue, en 1995, la del Estatuto de Aragón. Poco antes, en las elecciones municipales y autonómicas celebradas en mayo, habían entrado en vigor los Estatutos de Ceuta y Melilla, cuyo grado de autogobierno era menor al no disponer de Parlamento.

La principal fuente de conflictividad tuvo su origen en los partidos nacionalistas, singularmente el PNV y CiU, que desde 1980, solos, en coalición o mediante acuerdos parlamentarios, gobiernan el País Vasco y Cataluña, respectivamente. En diciembre de 1989, la comisión de Organización y Administración de la Generalidad y Gobierno Local del Parlamento de Cataluña aprobó con los votos de CiU, ERC y de Iniciativa per Catalunya una proposición no de ley en la que se manifestó que "el acatamiento del marco institucional vigente, resultante del proceso de transición política desde la dictadura a la democracia, no significa la renuncia del pueblo catalán al derecho a la autodeterminación, tal como establecen los principios de los organismos internacionales". Ese gesto significó la ruptura por CiU del consenso constitucional, aunque de momento no pasó de una declaración retórica. En enero de 1990, el Parlamento Vasco aprobó una proposición similar, al proclamar "que el pueblo vasco tiene derecho a la autodeterminación", que "este derecho reside en la potestad de sus ciudadanos para decidir libre y democráticamente su estatus político, económico, social y cultural, bien dotándose de un marco propio o compartiendo, en todo o en parte, su soberanía con otros pueblos" y que "el ejercicio del derecho a la autodeterminación tiene como finalidad la construcción nacional de Euskadi". Fue apoyada por el PNV, Eusko Alkartasuna y Euskadiko Ezkerra. Los ciudadanos no secundaron tales posiciones.

Hoy en día, el mito se ha desvanecido: la existencia de partidos nacionalistas no supone un mayor respaldo democrático al autogobierno, sino con frecuencia lo contrario, debido a sus connotaciones sectarias. Por el contrario, resultan más participativas las Comunidades con mayor integración social, en las cuales la pertenencia a la comunidad política no genera ningún tipo de problema.

El Estado de las autonomías, casi veinte años después de su puesta en marcha con el regreso de Tarradellas, es una realidad que ha alterado de forma sustancial el reparto territorial del poder, que ha servido para una mayor estima de los asuntos próximos al ciudadano -en sintonía con la democratización de los ayuntamientos- y que funciona de manera aceptable. No ha influido, de manera perceptible, en la distribución de la renta. Los cambios más significativos en este sentido fueron, durante los últimos quince años, el auge de Baleares y Canarias, gracias al turismo, y el hundimiento del País Vasco, debido al clima de inseguridad, lo que de rebote ha beneficiado a las Comunidades vecinas de Navarra y La Rioja. La realidad, una vez más, ha superado cualquier previsión.

datos políticos, económicos y sociales

La disposición transitoria 5ª de la Constitución establece el marco legal de Ceuta y de Melilla

Navarra

Superficie: 10.391 km^2
Población: 519.277 hab.
Capital: Pamplona
Estatuto: 10-8-82 (ley de Reintegración)
Presidente: Javier Otano (PSN-PSOE)
Parados: 26.700
Renta: 116,4

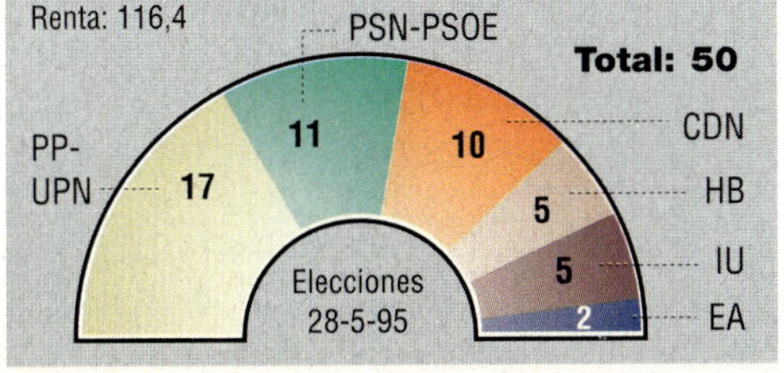

Valencia

Superficie: 23.255 km^2
Población: 3.857.234 hab.
Capital: Valencia
Estatuto: 1-6-82
Presidente: Eduardo Zaplana (PP)
Parados: 353.390
Renta: 103,6

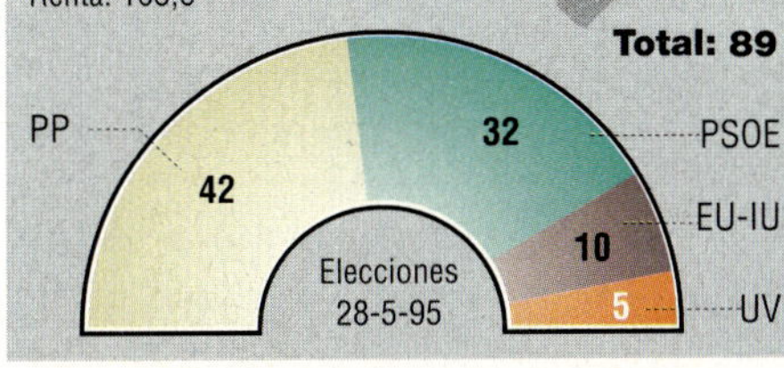

Ceuta

Superficie: 20 km^2
Población: 73.208 hab.
Presidente: Basilio Fernández López (PFC)
Parados (junto a Melilla): 13.650
Renta (junto a Melilla): 71,6
Estatuto: 14 de marzo de 1995
Composición Parlamento: PP=9, PFC=6, CEU=4, PSOE=3, PSPC=2, PDSC=1. TOTAL= 25
Elecciones: 28-5-95

Melilla

Superficie: 12 km^2
Población: 63.670 hab.
Presidente: Ignacio Velázquez (PP)
Estatuto: 14 de marzo de 1995
Composición Parlamento: PP=14, PSOE=5, C. por Melilla=4, UPM=2. TOTAL= 25
Elecciones: 28-5-95

Autonomías y hecho

Ninguna Constitución como la de 1978 distingu

El paso de un Estado centralista a otro compuesto finalizó en 1982. El referéndum por el que Andalucía se acogió dos años antes -el 28 de febrero de 1980- a la vía del artículo 151 de la Constitución abrió la puerta para que el resto de las Comunidades no históricas accedieran rápidamente a la autonomía por el artículo 143.

A la muerte de Franco las fuerzas democráticas reivindicaban la instauración de las autonomías y en especial las de Cataluña y el País Vasco. El retorno del presidente Tarradellas en 1977 y el establecimiento provisional de la Generalidad gracias a la brillante operación diseñada por el presidente Suárez sirvieron de contrapunto y ejemplo frente a la manera de proclamación de la Generalidad de Cataluña en abril de 1931, que creó muy graves problemas a la recién nacida Segunda República y a la convivencia nacional. Ambos presidentes publicaron un comunicado en el que se declaraba que las autonomías deben ofrecerse a todas las regiones españolas. El retorno de Tarradellas fue una operación política equivalente por su importancia a la legalización del Partido Comunista.

En el primer Gobierno democrático, nacido de las elecciones de 1977, el presidente Suárez me nombró ministro para las Regiones. Se había producido en España, impulsado por el restablecimiento provisional de la Generalidad, un fenómeno singular cual fue la constitución de Asambleas regionales integradas por los diputados y senadores del territorio que reclamaban del Estado la instauración de un régimen provisional de autonomía anterior a la Constitución.

Una representación de dichas Asambleas se entrevistaba con el presidente Suárez y conmigo y éste me autorizaba para iniciar las negociaciones que habrían de culminar en el establecimiento del régimen preautonómico correspondiente, mediante la aprobación de cada uno por Real Decreto-Ley en el que procurábamos no prejuzgar nada en materia de competencias que tuviera que regular la Constitución.

PROBLEMAS ARDUOS. En septiembre de 1978 se había configurado por consenso de las fuerzas políticas el nuevo mapa de las autonomías, virtualmente coincidente con el actual y también se habían establecido los nuevos regímenes preautonómicos. Ello fue decisivo para el proceso autonómico que se iba a desarrollar tras la promulgación de la Constitución y para la formación de lo que llamamos el Estado de las autonomías. Los problemas más arduos fueron los de la integración territorial como el de la posible incorporación de Navarra al País Vasco, los de las dos Castillas y las dos Andalucías, los de preautonomías uniprovinciales, los de Ceuta y Melilla y el de la incorporación de Madrid a alguna de las dos Castillas. Fue una tarea apasionante que me permitió negociar con los nuevos diputados y senadores y conocer mejor a España.

> **"El retorno a España de Josep Tarradellas fue una operación política equivalente por su importancia a la que tuvo la legalización del Partido Comunista"**

Los constituyentes de 1978 tuvieron muy presente que con la Constitución de 1931, sólo Cataluña y el País Vasco obtuvieron Estatuto de autonomía y Galicia lo plebiscitó, aunque dicha Constitución no estableció diferencias entre las regiones ni consagró la contraposición entre nacionalidades y regiones. La Constitución de 1978 introduce la distinción entre Comunidades históricas y las demás que no coinciden necesariamente con la distinción entre nacionalidades y regiones.

A las Comunidades históricas se les acelera el acceso a una autonomía plena y amplia de competencias con instituciones democráticas constitucionalmente garantizadas. Para las segundas se establece un proceso gradual por fases de acceso a la autonomía, sin que sus instituciones autonómicas figuren en la Constitución. Los Estatutos de las primeras tienen en su elaboración y sometimiento a referéndum un rango que no tienen los de las segundas.

Muchos consideraban que una vez lograda la autonomía de Cataluña, el País Vasco y Galicia, el proceso podría ralantizarse o diluirse para las demás. Sin embargo otros quedaban insatisfechos

diferenciados

Manuel Clavero

Abogado. Ex ministro para las Regiones y de Cultura en Gobiernos de Adolfo Suárez

anto las distintas nacionalidades de España

con la diferenciación constitucional entre Comunidades históricas y no históricas y por ello se introdujo un procedimiento por el cual las segundas podrían alcanzar de inmediato las más amplias autonomías sometiéndose al duro requisito del doble referéndum establecido en el artículo 151 de nuestra Constitución.

SINGULAR PROCEDIMIENTO. Andalucía fue la primera Comunidad que optó por este singular procedimiento y el Gobierno y el partido que lo sustentaba creyeron llegado el momento de dar el golpe de timón y frenar el proceso autonómico. Para ello recomendaron la abstención en el referéndum del 28 de febrero de 1980. Los resultados fueron muy malos para el Gobierno y la cuestión de Andalucía fue el tema estrella en la moción de censura y en la cuestión de confianza que tuvieron lugar en mayo y septiembre de 1980. Al final el Gobierno cedió y Andalucía obtuvo la autonomía del artículo 151. De ser la Comunidad que se utilizó para frenar el proceso autonómico de las no históricas se convirtió en la puerta abierta para que las demás accedieran rápidamente a la autonomía por la vía del artículo 143. En 1982 habría constituidas diecisiete Comunidades Autónomas con lo que España pasó de un Estado centralista a un Estado compuesto. Al tiempo se produjo la LOAPA.

El que todas las nacionalidades y regiones tengan Estatutos de Autonomía no implica uniformidad, ni impide la consagración de los hechos diferenciales. En la actualidad existen Comunidades con normalización de la lengua propia y otras que no la tienen, existen Comunidades con Derecho foral privado y otras que no lo tienen, existen Comunidades con conciertos fiscales económicos y otras que tampoco poseen, existen comunidades con cuerpos de policía propios mientras que en otras no los hay, existen Comunidades con competencias en materia de litoral y otras no las tienen, existen Comunidades con un modelo de división interna en comarcas y otras en provincias, existen Comunidades que en sus Estatutos se califican de regiones y otras de nacionalidades. El ejercicio de la potestad legislativa autonómica es un cauce para regular hechos diferenciales propios dentro de la competencia de las Comunidades y del marco constitucional. Existe también la posibilidad de que la legislación del Estado consagre y regule hechos diferenciales, siempre que para ello exista fundamento. El hecho diferencial requiere fundamentarse, concretamente y definirse para merecer el tratamiento jurídico adecuado y proporcionado en un marco de solidaridad.

En la historia del constitucionalismo español ninguna Constitución como la promulgada en 1978 distinguió tanto entre los hechos diferenciales que configuran España.

EUROPA PRESS

Tarradellas, a su paso por Madrid, junto a Abril Martorell, Martín Villa y Clavero Arévalo.

•TESTIMONIO•

Así fue la vuelta de J

Tras las elecciones del 15 de junio de 1977, Adolfo Suárez se plantea como tareas inmediatas: poner en marcha el proceso constituyente, realizar un plan de saneamiento económico, dar cohesión a UCD e iniciar el Estado de las Autonomías. La dinámica del proceso autonómico se desata como era de prever en Cataluña.

Prácticamente todos los partidos habían reivindicado el restablecimiento de la Generalitat y el regreso de Tarradellas, aunque este último punto no era defendido por todos con el mismo entusiasmo.

El resultado electoral había dado en Cataluña el triunfo a los partidos de izquierda -PSC-PSOE, 15 diputados y PSUC, 9-, frente a los nacionalistas del Pacte dirigido por Pujol, 11, y UCD, 9. Había además cuatro diputados de Democracia Cristiana, Esquerra Republicana y Alianza Popular.

Inmediatamente se formó una Comisión Permanente de la Asamblea de Parlamentarios Catalanes, presidida por el líder socialista Raventós, que pidió entrevistas a S.M. el Rey y al presidente para reivindicar el Estatuto de Autonomía y el restablecimiento de la Generalitat. En este nuevo contexto democrático, en La Moncloa se plantea la cuestión: ¿Qué hacer en Cataluña? ¿Y con quién hacerlo? La primera pregunta tiene una respuesta clara: antes o después habrá de ser restablecida la Generalitat. En cuanto a la segunda, parece claro que el Gobierno hubiera deseado negociar con Carlos Sentís o Jordi Pujol, pero resultaba evidente y destacada la ventaja electoral del PSC-PSOE, e ineludible, por tanto, la adjudicación de un liderazgo a Raventós. En este momento y ante la alternativa Raventós o Tarradellas, es cuando comienza a considerarse el retorno del exiliado presidente.

No era la primera vez que a Suárez se le planteaba la cuestión Tarradellas. A finales de 1976 el vicepresidente Osorio, a sugerencia del empresario y nacionalista catalán Manuel Ortínez, había planteado el restablecimiento de la Generalitat y el retorno de Tarradellas. Ante esta iniciativa Suárez envió al jefe de los Servicios Informativos de la Presidencia, coronel Andrés Casinello, a entrevistar al exiliado en su residencia de Saint-Martin-le Beau. El informe Casinello podría resumirse en este juicio sobre Tarradellas: "Es un hombre que vale la pena, a pesar del inconveniente de su avanzada edad". No obstante, el tema quedó congelado por Suárez a principios del 77, por razones que han sido objeto de versiones contradictorias y que he explicado en *De Franco a la Generalitat.*

La decisión de iniciar las negociaciones con Tarradellas es tomada por Suárez de acuerdo con el ministro Martín Villa y el Rey. En ella jugó un papel muy importante Carlos Sentís, número uno de UCD por Barcelona y amigo personal, de antiguo, de Tarradellas, que vuelca toda su decisiva influencia en que el presidente sea invitado a viajar a Madrid.

"Tarradellas me dijo: «Dé usted las gracias en mi nombre al presidente Suárez y a S.M. el Rey». Fue un breve pero intenso momento, en el que se cerraban muchas heridas"

La negociación se realizó en tres fases. En la primera, tras la llegada el 27 de junio a Madrid, Tarradellas se reunió a solas con Suárez, en una entrevista muy tensa, y después, tras un aplazamiento, tuvo su primer encuentro con don Juan Carlos. El Rey, con ese instinto suyo especial para las grandes cuestiones de Estado, cambió el decorado y estableció un clima positivo para el posterior diálogo con Suárez. Al final, un comunicado conjunto de Martín Villa y Tarradellas declaraba el propósito del Gobierno de restaurar las instituciones históricas de Cataluña, sin precisar la forma, el tiempo, ni el proceso, con referencia a la vigente Ley de Bases de Régimen Local y sin alusión al Estatuto del 32.

En la segunda fase se procedió a la negociación propiamente dicha entre Tarradellas y el Gobierno, a quien representaba yo como delegado personal del presidente Suárez. A primeros de agosto, Suárez y Martín Villa me encomendaron hacerme cargo de las negociaciones.

Tras el estudio de una decena de posibles textos que se habían acumulado en el dossier de Gobernación que me fue entregado, preparé en la primera semana de agosto un anteproyecto de Decreto-Ley de ocho artículos extremadamente sencillo en su concepción, que contó con la conformidad de Suárez, Abril y Martín Villa, como base de negociación.

A todo esto se estaba creando un clima de confusión en la Prensa y en la opinión pública catalana que era preciso cortar. Por ello decidí iniciar inmediatamente las conversaciones. Sentís preparó con toda rapidez mi primer encuentro con Tarradellas, que tuvo lugar en el hotel Crillon de París los días 10 y 11 de agosto. De la expectación nacional e internacional suscitada por esta reunión baste decir que fue el primer titular de "Le Monde" de aquel día. Tarradellas me entregó un documento titulado "Bases para un Real Decreto-Ley de restablecimiento de la Generalidad de Cataluña", cuyos principales puntos discutimos ampliamente. En la segunda tan-

sep Tarradellas

S. Sánchez-Terán

Presidente de la cadena COPE. Ex ministro de Transportes y de Trabajo con Gobiernos de Suárez

da de conversaciones, del 26 y 27 de agosto, también en el Crillon, le entregué a mi interlocutor los anteproyectos del Decreto-Ley de restablecimiento de la Generalitat y del decreto de su nombramiento, que había preparado. Tarradellas realizó una lectura lenta y profunda de los documentos y al acabar me miró fijamente y dijo: "Estos textos son un paso muy importante para Cataluña y para España. Dé usted las gracias, en mi nombre, al presidente Suárez y a S.M. el Rey". Fue un breve pero intenso momento. En él se cerraban muchas heridas y se abrían muchas esperanzas.

Tras consultar con sus asesores Sureda, Ortínez y Rahola, Tarradellas y yo dedicamos un día a perfilar el Decreto-Ley y los dos puntos que quedaban pendientes fueron resueltos días después en una reunión secreta celebrada con sus tres asesores en mi domicilio de Madrid. A primeros de septiembre, con el texto pactado, comuniqué a Tarradellas que podía fijar la fecha de su retorno a Cataluña, con previa visita en Madrid a las autoridades de la nación.

Establecido el acuerdo, quedaba pendiente sumar a los parlamentarios catalanes. Estas cuestiones centrarían la tercera fase de la negociación. Antes de iniciarla se celebró en Barcelona la Diada del 11 de septiembre, con una manifestación convocada por todos los partidos que fue la mayor concentración de la historia de Cataluña. Fue verdaderamente impresionante y demostró ante toda España y ante el mundo la realidad política de Cataluña.

En esta fase, la negociación se realizó a tres bandas: Tarradellas, Gobierno -representado por mí- y parlamentarios catalanes, y su objetivo fue perfilar la composición de la Generalitat restablecida y la presencia de los partidos y de los parlamentarios en las instituciones.

Para prepararla, Tarradellas y yo tuvimos un nuevo encuentro en su domicilio de Saint-Martin-le Beau. Esta y otras numerosas reuniones con los parlamentarios

EUROPA PRESS

Josep Tarradellas, tras su vuelta del exilio.

desembocaron en la Cumbre de Perpiñán del 28 de septiembre, a la que asistieron todos los dirigentes de los partidos catalanes parlamentarios: Maciá Alavedra, Heribert Barrera, Anton Cañellas, Carlos Güell, Gregorio López Raimundo, Jordi Pujol, Joan Raventós, Carlos Sentís, José María Triginer y Josep Verde Aldea. También asistió el delegado de Tarradellas en Cataluña, Frederic Rahola, y se adhirió a los acuerdos Laureano López Rodó.

Terminado el encuentro, en medio de una gran expectación tuve el honor de anunciar: "Señoras y señores, queremos comunicarles que a las once de la noche, el honorable señor Tarradellas, los jefes de los partidos y yo personalmente, como representante del presidente del Gobierno, Adolfo Suárez, hemos llegado a un acuerdo sobre el restablecimiento provisional de la Generalitat". Tarradellas repitió mis palabras en catalán, añadiendo: "Hoy es para nosotros una jornada realmente histórica que parecía imposible. El pueblo catalán ha triunfado por su tenacidad y fe en Cataluña y creo que veremos pronto la Generalitat restablecida y que su presidente estará en Cataluña a vuestro lado". Y con gran emoción gritó: "Visca Catalunya y visca Espanya!". Para todos fueron unos minutos inolvidables.

Pocos días después el Congreso aprobaba con la conformidad de todos los partidos el Decreto-Ley sobre el restablecimiento provisional de la Generalitat de Cataluña, que publicó el BOE el 5 de octubre. El día 20 aterrizaba en Barajas el avión en el que retornaban a España el Honorable Presidente de la Generalitat Josep Tarradellas y su esposa doña Antonia Maciá. Dos días intensos en Madrid le llevaron a entrevistarse con todas las autoridades del Estado y muy especialmente con el Rey, con Suárez y con el vicepresidente teniente general Gutiérrez Mellado. En esta última, se preparó el primer encuentro de Tarradellas con el capitán general de Cataluña, Coloma Gallegos.

El 23 de octubre Tarradellas regresaba a Barcelona entre el clamor popular. Al asomarse de nuevo al histórico balcón del Palau de la Generalitat, tras cuarenta años de exilio, flanqueado por todos los dirigentes políticos catalanes, pronunciaba su célebre discurso. *Ja sóc aquí.* Al día siguiente Suárez se trasladaba a Barcelona y le daba posesión de su cargo de presidente de la Generalitat, pronunciando uno de sus mejores discursos políticos.

Se iniciaba así el camino, aún no concluido, del Estado de las Autonomías.

P. S. Un más amplio relato sobre el restablecimiento de la Generalitat puede leerse en los cuatro últimos capítulos de mi libro *De Franco a la Generalitat* y en el Epílogo al mismo escrito personalmente por Josep Tar radellas, pocas semanas antes de su muerte.

Tres Papas y tres bodas de postín

Isabel Preysler desmentía su enlace con el marqués de Griñón

La Reina Sofía, con peineta y mantilla blancas, conversa con el cardenal Luciani, Juan Pablo I.

Jaime Peñafiel

El otoño de 1978 estará protagonizado, nada menos, que por tres Papas: **Pablo VI**, que fallece tras quince años de difícil pontificado; el cardenal **Luciani** que, el día de su proclamación, toma el nombre de Juan Pablo I, siendo uno de los Papas de más corto "reinado", y el polaco **Juan Pablo II**, que le sucede en la silla de **San Pedro**.

A la ceremonia de "coronación" de estos últimos asisten las tres únicas soberanas del mundo a las que les es concedido el privilegio papal de vestir de blanco ante el Pontífice por el hecho de ser católicas, apostólicas y romanas: las reinas **Sofía** de España y **Fabiola** de Bélgica, así como la gran duquesa **Josefina Carlota** de Luxemburgo. Las dos primeras, con peineta y mantilla blancas.

Como no hay mal que cien años dure, Fabiola y su hermano **Jaime** hacen las paces. Posiblemente, porque muy mal debió verle la Reina después de dos infartos. Ni corta ni perezosa, abandonó su retiro de Motril, donde descansaba junto a su esposo, el rey **Balduino**. Y, por vez primera, el "calavera" de **Jimmy** pudo ver, junto a su lecho de dolor, no sólo a "la primera emigrante de España en Bélgica", como así se refería cuando hablaba de la regia hermana, sino también a su madre, la **marquesa** viuda de **Casa Riera**, a sus hermanos, los **condes de la Rosa**, y a su tío, el **marqués de Casa Torres**.

Este otoño, también es el de las bodas. Como la del capitán de Infantería, **José Enrique Varela y Ampuero**, mar-

Jaime de Mora (dcha.) y su hermana la reina Fabiola (segunda por la izqda.), en uno de sus escasos encuentros.

Gunilla von Bismarck y Luis Ortiz, en Marbella.

qués de Varela de San Fernando, hijo del único general franquista que lucía sobre su pecho dos Laureadas de San Fernando, la máxima condecoración militar española. Y, precisamente por ser bilaureado, le cupo la tarea de colocar sobre el pecho del dictador, el general **Franco**, la Laureada que le había sido concedida por ganar la Guerra Civil entre hermanos. La novia, una sudamericana llamada **Neneta María Fagliosetti**, aportaba al nuevo matrimonio dos hijas de otro, anteriormente fracasado. Hoy, el matrimonio Varela ya no existe, aunque la ex sigue utilizando el título en su trabajo de intermediaria en la venta de cartas de amor de amantes reales despechadas y exclusivas periodísticas. Algo así como una impresentable condesa italiana, **Olguina de Rovilland**, la de las cartas de amor del cadete **Juan Carlos**, que a mí me las vendió.

ELSA BAEZA Y LUIS ZARRALUQUI. Dos ex deciden unir sus vidas (por un tiempo). Ella, **Elsa Baeza**, que aportaba un hijo, Valerio Jr., de ocho años, de su matrimonio con **Valerio Lazarov**, y otro, **Natalia**, de año y medio, de **Joaquín Kremel**. El, **Luis Zarraluqui**. Era paradójico que quien estaba considerado como el mejor abogado matrimonialista, el que más casos de separaciones y nulidades había resuelto, aún no había podido solucionar el suyo. Elsa y Luis se conocieron y se enamoraron cuando ella acudió al despacho para que él le tramitara la separación y la nulidad.

En el Santuario de Nuestra Señora de Aránzazu, en Guipúzcoa, la marcha nupcial es, en esta ocasión, para una de las presentadoras de televisión que más simpatía ha despertado en la historia de la pequeña pantalla: **Isabel Tenaille**, musa, durante algún tiempo, hasta del mismísimo **Paco Umbral**. Era tal su popularidad que muchos admiradores subieron a pie los nueve kilómetros de sinuosa y empinada carretera que conduce desde Oñate hasta el Santuario, para verla casar con el empresario **Adolfo Butterini**, aunque ella deseaba, para este acto, la mayor intimidad.

Por aquel entonces, nadie se casaba para poder vender la boda. Como hoy. De todas formas, la deliciosa presentadora no lo hubiera hecho tampoco ahora: "Fijaos si llevaba la cosa en secreto -dijo- que ni siquiera pedí en TV los quince días que me correspondían de vacaciones por casarme. Sólo solicité cinco días de permiso sin decir para qué a fin de que nadie sospechase que la cosa iba de boda, pero alguien se ha ido de la lengua. Se la cortaría".

Quien sí intentó vender su boda aunque sin conseguirlo fue **Gunilla von Bismarck**, que se casaba con **Luis Ortiz**. La ceremonia entre la biznieta del canciller de hierro, **Otto von Bismarck**, artífice del Imperio Alemán, y el "gastrónomo, que no barman ni camarero", según la Prensa alemana, se celebró en el castillo familiar de Hamburgo. El novio lo hizo tocado de sombrero de copa.

"SÓLO HAY AMISTAD". Quien no se casaba todavía, por segunda vez, era **Isabel Preysler**, que, en este otoño de 1978, nos regalaba una de sus cínicas declaraciones a la Prensa, después de su sonora separación de **Julito**, al haber sido sorprendida, en infidelidad, con el **marqués de Griñón**.

"Entre Carlos y yo, sólo hay amistad. Encuentro totalmente ridículo que se mencione tan sólo la palabra idilio. Son cosas infundadas. Soy una mujer separada y es normal que vuelva a salir. Pero no me he planteado la posibilidad de volverme a casar". Sin comentarios. Porque no una, ni dos, sino tres veces había de casarse la infiel niña Isabel, para volver a ser, en su matrimonio con el marqués, la casada infiel.

Tarradellas o la legitimidad

Xavier Domingo

Cuando, el 23 de octubre de 1977, Josep Tarradellas llegó procedente de Madrid al aeropuerto del Prat y lanzó a los cientos de miles de catalanes que acudieron a recibirle su famoso y lapidario "ja sóc aquí", toda España supo que no se trataba simplemente del regreso de un anciano sino del hombre que supo asumir, encarnar y salvaguardar la legitimidad de las instituciones políticas catalanas durante el negro periodo franquista.

De todas las grandes figuras de la República y el exilio, Tarradellas, ese antiguo dirigente de un modesto sindicato de dependientes de comercio (el CAPCIR), sin títulos universitarios ni fama intelectual era sin duda la menos conocida. Salvo algún viaje político a México, en donde se hizo con la presidencia de la Generalitat en el exilio, que nadie quería, vivió pobremente pero en el inmenso orgullo de "ser Cataluña" en el poblado de Saint-Martin-le Beau, en una masía propiedad del champanero Taittinger, que nunca supo quién era su inquilino. Hasta que, en la muerte de Franco y al grito de "Llibertat, amnistía i Estatut de Autonomía", encontró en Adolfo Suárez, Martín Villa y el propio Rey a los interlocutores válidos para el retorno de la legitimidad política catalana en su persona.

GUSTAVO CATALÁN

El presidente de la Generalitat, Josep Tarradellas, saluda en Barajas al público que le recibe tras 40 años de exilio.

PRÓXIMO CAPÍTULO: **LA CAÍDA DE ADOLFO SUÁREZ**

LA DIMISIÓN DEL PRESIDENTE DEL GOBIERNO QUE DIRIGIÓ LA TRANSICIÓN. LA OPOSICIÓN DEL PSOE. **ESCRIBEN:** JOAQUÍN BARDAVÍO, JAIME GARCÍA AÑOVEROS, LUIS APOSTUA, SABINO FERNÁNDEZ CAMPO, PALOMA SAN BASILIO, FERNANDO MÚGICA

1975-1995. Veinte años de nuestra vida

• HISTORIA DE LA DEMOCRACIA •

{CAPÍTULO 25}

EUROPA PRESS

Adolfo Suárez junto a algunos de sus más estrechos colaboradores. De izquierda a derecha, Fernando Abril Martorell, Pío Cabanillas y Juan José Rosón.

LA CAÍDA DE ADOLFO SUÁREZ

Concluida la reforma, el presidente del Gobierno de la Transición a la democracia encontró serios inconvenientes hasta en su partido que le obligaron a dimitir. Submarinos de la derecha y de la izquierda en UCD, una oposición durísima del Partido Socialista, la imposibilidad de controlar a su gente, una "campaña casi salvaje contra el hombre del consenso", el fracaso del congreso del partido en Palma, fueron minando su capacidad de maniobra. Al final no tuvo apego al poder y pasó el testigo. Fue una sonada dimisión que con el tiempo se reconoció generosa.

• RELATO •

El enemigo a batir no era UCD sino Suárez

El hombre que pilotó la Transición tuvo que soportar una campaña hasta en su propio partido

No fueron los militares ni la oposición quienes echaron a Suárez de la presidencia del Gobierno. Ni tampoco el terrorismo o la economía. Los principales culpables de aquella dimisión fueron las diferentes tribus políticas que anidaron en UCD, el partido que ocupaba el espacio político de centro al que todos aspiraban.

Joaquín Bardavío

El mismo Adolfo Suárez califica como factor determinante de su dimisión de la presidencia del Gobierno la indisciplina de su grupo parlamentario. Hay un montón de coadyuvantes que le invitan primero a la reflexión y luego al abandono. Pero ésa es la causa fundamental. La guerra civil abierta en UCD, alimentada por el PSOE y Alianza Popular para repartirse el centro que se había revelado en dos ocasiones como el punto político de apoyo de los españoles hacía inviable la gobernabilidad de España.

Eso era así desde un punto de vista meramente técnico. El presidente no podía presentar un proyecto de ley porque su mismo grupo podría estar dispuesto a dinamitarlo. Las familias centristas se habían convertido en tribus y las tribus habían levantado el hacha para demoler amorosamente su propia casa. Los fragmentos que habían constituido UCD con el pegamento de un líder paradigmático en sus hechuras, se desgajaban irremediablemente y el líder se derrumba sobre sí mismo, cuidando de no aplastar a nadie en su caída. Es un desmoronamiento anímico, consumido por la tristeza que le llevaría al desaliento y a la amargura. Fueron sus mismos hombres, de entre sus ministros, de entre sus diputados, quienes socavaron sus cimientos políticos. Algunos muchos que no eran nadie ante las bases, pero que habían encharcado los pulmones del partido. El presidente Suárez no podía respirar y salió al campo abierto, no en busca de pelea, sino de la paz del oxígeno.

En cualquier caso, y visto entonces, el paisaje español era complicado. ETA presentía la consolidación de la democracia española y estaba encelada en dinamitarla para lo que intensificó su ensañamiento asesino hasta las más altas cotas de barbarie en estudiada cadencia y selectividad de objetivos humanos militares. Los años 1979 y 1980 fueron terroríficos. Sin embargo los ejércitos, aunque dolidos y tensos, estaban em-

EFE

Francisco Fernández Ordóñez (izquierda) y Miguel Herrero de Miñón representaban dos polos opuestos en el conglomerado ideológico de UCD.

bridados por la autodisciplina en líneas generales. La situación económica estaba azotada por la segunda crisis del petróleo y la puesta en vigor de la Constitución, en especial a lo referente a los Estatutos de autonomía vasco y catalán, provocaba las primeras y más chirriantes tensiones en la política interior.

En el Congreso se habían terminado los pactos e incluso las buenas maneras. Tras las primeras elecciones de junio de 1977, con la democracia recién estrenada y la Constitución por hacer, la mayoría relativa de UCD tuvo la comprensión del PSOE, de los nacionalistas e incluso del PCE en muchos asuntos que en principio se presentaban espinosos. Pero había un espíritu de construir el futuro en común, aun cuando cada cual arrimaba las ascuas a sus intereses. Aprobada la convivencia constitucional por referéndum y convocadas nuevas elecciones en 1979, los dos grandes partidos, UCD y PSOE se temen y se enfrentan con cierta violencia. Ganan otra vez los centristas aunque los socialistas, con Felipe González a la cabeza, opinan que han jugado sucio. No en el cómputo de votos o en la pura técnica electoral, sino el último día de campaña, cuando aparece Adolfo Suárez en Televisión para resumir el dilema que se les presenta a los españoles: o la UCD o el marxismo. Aquella intervención televisiva, según todos los analistas, es definitiva para ratificar la mayoría relativa del partido liderado por Adolfo Suárez.

EUROPA PRESS

De izquierda a derecha, Calvo-Sotelo, Antonio Fontán y Adolfo Suárez en el último congreso de UCD.

Ahí se quiebra cualquier consenso. El PSOE tenía grandes y fundadas esperanzas de ganar y la dura alusión a su marxismo le relega. Suárez, en realidad, no

Un estilo de oposición

Luis Apostua

Periodista y colaborador en distintos medios.
Ex presidente de la Asociación de la Prensa

Por decisión de mi jefe parlamentario, José Pedro Pérez Llorca, me integré como diputado de UCD en la legislatura de 1979 en la Comisión investigadora sobre Radio Televisión Española. La primera sesión fue pacífica y burocrática. Se estudió el elenco de personas que podrían ser llamadas a informar, los papeles que habrían de ser consultados y una última decisión, puramente adjetiva, la de declarar reservadas las discusiones de la Comisión.

Cuando los diputados salimos de la breve sesión, el representante socialista - Leopoldo Torres- tenía delante a casi toda la prensa parlamentaria, a la cual había convocado de espaldas a la propia Comisión.

Empezó a hablar con furiosos ataques a RTVE y entregó a los periodistas abundantes papeles sobre cuentas del Ente declarando que eran los papeles de la Comisión. Esos papeles jamás habían sido entregados a la Comisión.

Estábamos en lo alto del hemiciclo, en una puertecita que daba paso a lo que entonces se llamaba el Bar de los Procuradores. Le dije, tanto en nombre propio como de mi grupo parlamentario, que no había derecho a hacer eso. Le reproché que precisamente no estuvieran presentes los redactores de la agencia Logos, López de Pablo, y de *Ya*, González Muñiz, con lo cual había una profunda mixtificación de la convocatoria. Contestó que la palabra de un diputado -él- no era restringible por otro diputado -yo-, lo cual es técnicamente cierto. Pero el hecho, aun cuando hoy es pequeño, es muy representativo del estilo de oposición que practicaba el PSOE ya en la primera legislatura democrática.

Prueba de que esta anécdota entre dos diputados no es una anécdota, sino una conducta perfectamente estudiada, consiste en que poco despúes Felipe González y Alfonso Guerra presentaron una querella criminal contra el director general de RTVE, Fernando Arias Salgado.

La presentación de esa querella era un simple gancho informativo para ir colgando de él acusaciones aparente-

había jugado sucio, sino con los estatutos socialistas en la mesa, en los que se hacía referencia, por ejemplo, a la socialización de los medios de producción. Ciertamente era un texto con más ampulosidad retórica que intencionalidad real, conservado románticamente por décadas y más obediente al furor antifranquista que al realismo que demandaban los tiempos. Pero ése era el socialismo de entonces, escrito, programático, que Suárez blandiría ante unos telespectadores entre cuya masa de indecisos provocó un impacto decisorio a su favor. La indignación de González fue visceral en principio. Luego, consciente del error propio, conseguiría tras la amenaza de abandonar a sus correligionarios, que el PSOE excluyera de su definición el concepto de marxismo. Era el primer gran paso para ganar las próximas elecciones.

Pero había que dar un paso más que sería el definitivo: Adolfo Suárez debería ser hundido políticamente. Un líder con su carisma, con su empuje y leyenda de haber impulsado decisivamente la Transición, era un adversario difícil de batir en las urnas. Esta reflexión de la plana mayor del PSOE estaba ratificada por el análisis de sus colegas alemanes del SPD, entonces un oráculo y un generoso padrino de los socialistas españoles. El enemigo a batir no era UCD, sino su líder. Y a ello se aplicarían con ahínco. El consenso había terminado. Era la hora de las facas.

Adolfo Suárez se vio obligado a pactos concretos con el PSOE y con los nacionalistas sin alianzas estables. Pero no contaba con dos quintas columnas dentro de su partido, que no tardaron en manifestarse. Los socialistas mordisqueaban a la UCD por la izquierda y la Alianza Popular de Fraga por la derecha. El problema del centro es que supone un punto de equilibrio entre dos alas a la diestra y a la siniestra que es donde basa su fiel equidistante. Y ambos extremos fueron hostigados, minados y explotados por las voraces fauces de la derecha y la izquierda. Alianza Popular cortejó, tentó y copuló con la derecha centrista. El PSOE lo haría con la izquierda. La UCD era la carne apetecida porque se había revelado como la llave del triunfo electoral. Quien se hiciera con el centro se haría con el Gobierno. En el centrismo estaba -está todavía hoy- la piedra angular de la democracia. Y la UCD no era un partido, sino una coalición circunstancial de personas pretendidamente líderes aunque sin base social y aglutinadas en torno a un jefe sin posibilidades de poner orden entre ellos. Descabezada la coalición, la UCD quedaría como unos minirreinos de taifas fácilmente deglutibles por el PSOE y AP. Así sería.

Suárez debía ser hundido políticamente. Un líder con su carisma, con su empuje y leyenda era un adversario difícil de batir en las urnas

Y la imagen, el ambiente de la situación fue hábilmente explotado por la derecha y la izquierda. Situación económica, terrorismo, tensiones autonómicas, fueron piedras agudas y arrojadizas contra la cabeza de Adolfo Suárez. Se ⇛

EUROPA PRESS

El PSOE tuvo en Alfonso Guerra -en la tribuna del Congreso- a uno de sus puntales en la oposición a UCD.

mente contables que tenían un objetivo político muy actual: llegar hasta la época de Adolfo Suárez o de Juan José Rosón, quienes habían sido directores generales.

Escándalo parlamentario, querella criminal y barullo popular eran piezas de un todo.

El juez admitió la querella. Esta vez la Justicia estuvo muy diligente; tardó el juez siete años en ordenar el archivo de la misma. TVE fue también muy diligente: todavía hoy no ha dado la noticia de que el juez ordenó el archivo del papel.

Del estilo de la oposición del socialismo al modesto Gobierno de UCD van a quedar para la historia frases venenosas de Alfonso Guerra al retratar al presidente Suárez como "tahúr del Mississippi" o "deseoso de montarse en la grupa del caballo de Pavía" cuando los militares entrasen en el Congreso.

He querido relatar hechos pequeños, casi de la pelea diaria, para reflejar la verdadera temperatura de la Cámara.

En un discurso de Guerra en mayo de 1980 se denuncia el robo del bolsillo de los ciudadanos a través de la televisión y del deporte, especialmente el fútbol. Terminó su discurso muy bien: "No aspiramos a controlar la televisión".

Cuando el PSOE presentó el voto de censura contra Adolfo Suárez, el portavoz socialista -Gregorio Peces-Barba- dijo que era "imprescindible" presentar la censura "contra la arrogancia del Poder". Pero ese tratamiento tenía más amplias ramificaciones.

En la legislatura de 1977, un diputado de UCD votó en el botón de un compañero de escaño. Un fotógrafo captó la imagen. El fotógrafo no entregó esa foto a su redactor jefe, sino a Alfonso Guerra. El culpable era un modesto servidor.

Esa era la atmósfera real del Congreso y no había otra de recambio. A pesar de ello, se hizo lo que había que hacer.

desató una campaña casi salvaje contra el hombre del consenso para desgarrarle, a jirones, su credibilidad. Dentro de la misma UCD, un hombre inteligente y de contundencia en el verbo, Miguel Herrero y Rodríguez de Miñón, de quien se dijo que él sólo podría haber dejado en el paro a cincuenta dinamiteros de HUNOSA, fue el submarino de AP en UCD. Por la izquierda, el mejor comunicador del Reino y excepcional cliente de Telefónica, de mente preclara, Francisco Fernández Ordóñez, se constituyó en punta de lanza del PSOE dentro del centrismo. Adolfo Suárez en el medio, escorado a la izquierda, aunque ni mucho menos entregado. Las cartas se echaron sobre el tapete el 14 de octubre de aquel 1979. Se elegía presidente del grupo parlamentario centrista y el candidato de Suárez era Santiago Rodríguez Miranda. Fue derrotado por Miguel Herrero: 103 votos contra 45. En tanto, el PSOE era una piña en torno a la médula de un Felipe González como líder indiscutido. Y UCD se caía a pedazos.

En esas circunstancias se convoca el congreso de Palma de Mallorca. El segundo del joven partido. Adolfo Suárez sabe que gana, pero también sabe que su victoria será pírrica porque no se convertirá en vinculante. La escisión es un hecho. Sobre el papel tiene dos soluciones: ganar el Congreso y con esa legitimidad disolver las Cámaras y convocar elecciones con listas de candidatos de UCD rigurosamente seleccionadas. Podría sacar al menos 130 diputados, mantendría una fuerte posición en las Cortes y conseguiría la unidad interna del partido. La otra solución era dimitir al considerarse un obstáculo para la gobernabilidad de España, de lo que estaba convencido por presiones de la oposición y del sector crítico de su propia organización. Cansado, reflexionó y concluyó que quizá un hombre de su propio entorno podría conciliar posturas con AP y PSOE fundamentalmente y restablecer el orden. Se creyó a pies juntillas el mensaje que desde dentro y fuera le habían enviado: estaba quemado. Ido con dolor y con el petardazo -que afortunadamente no bomba- de una intentona de golpe de Estado, la UCD añadiría en pocos meses a su osteoporosis aguda la orfandad. Y se derrumbaría en un espectacular silencio anunciado.

> **Le habían derribado los poderes financieros, los sindicales de clase, la oposición y el cáncer de su propio partido. Pero no los militares**

Le habían derribado los poderes financieros y empresariales, los sindicales de clase, la oposición y el cáncer dentro de su propio partido. Pero no los militares. El peligro de golpe de Estado nunca planeó seriamente sobre la cabeza del presidente Suárez. Lo cierto es que tampoco lo hizo por la plana mayor de UCD. Se conocían los rumores lanzados por AP y PSOE respecto a la necesidad de un "Gobierno de gestión" y hasta de "salvación", movidos en buena parte por la recomendación de Josep Tarradellas del célebre "golpe de timón" que precisaba España. Pero nunca adquirieron suficiente consistencia ni en él ni en sus fieles que tendrían que estar mejor informados como el teniente general Gutiérrez Mellado, vicepresidente del Gobierno, o Agustín Rodríguez Sahagún, ministro de Defensa. En el Congreso de Palma, hervidero de rumores y conspiraciones, tampoco se mencionó, ni en los pasillos, la posibilidad de un golpe. Las distintas facciones, que ya no familias, vivían completamente ajenas a lo que consideraban amenazas de salón ali-

El discurso del adiós

Extracto del discurso con el que Adolfo Suárez anunció su dimisión por TVE (29-I-1981).

Hay momentos en la vida de todo hombre en los que se asume un especial sentido de la responsabilidad. Yo creo haberla sabido asumir dignamente durante los casi cinco años que he sido presidente del Gobierno. Hoy, sin embargo, la responsabilidad que siento me parece infinitamente mayor.

Hoy tengo la responsabilidad de explicarles (...) las razones por las que presento, irrevocablemente, mi dimisión como presidente del Gobierno y mi decisión de dejar la presidencia de la Unión de Centro Democrático. (...) He llegado al convencimiento de que hoy, y en las actuales circunstancias, mi marcha es más beneficiosa para España que mi permanencia en la Presidencia.

Me voy, pues, sin que nadie me lo haya pedido.(...) No me voy por cansancio. No me voy porque haya sufrido un revés superior a mi capacidad de encaje. No me voy por temor al futuro. Me voy porque ya las palabras parecen no ser suficientes y es preciso demostrar con hechos lo que somos y lo que queremos.

Nada más lejos de la realidad que la imagen que se ha querido dar de mí como la de una persona aferrada al cargo.(...) He sufrido un importante desgaste durante mis casi cinco años de presidente. Ninguna otra persona, a lo largo de los últimos 150 años, ha permanecido tanto tiempo gobernando democráticamente en España. Creo, por tanto, que ha merecido la pena. Pero, como frecuentemente ocurre en la Historia, la continuidad de una obra exige un cambio de personas, y yo no quiero que el sistema democrático de convivencia sea, una vez más, un paréntesis en la Historia de España.

Trato de que mi decisión sea un acto de estricta lealtad. (...) Pero este profundo sentimiento de lealtad exige hoy también que se produzcan hechos que, como el que asumo, actúen de revulsivo moral que ayude a restablecer la credibilidad en las personas y en las instituciones.

(...) No me he quejado en ningún momento de la crítica. Siempre la he aceptado serenamente. Pero creo que tengo fuerza moral para pedir que, en el

EUROPA PRESS

Adolfo Suárez se dirige a los participantes y compromisarios del Congreso de UCD que se celebró en Mallorca.

mentadas por derechistas duros y socialistas extrañamente mezclados por intereses comunes en levantar un espantapájaros. En Adolfo Suárez no pesó la sombra de los militares.

¿Y la del Rey? Mucho se ha especulado sobre la posibilidad de que don Juan Carlos hubiera presionado a Suárez para que dejara el Gobierno. No fue así. El Rey seguía con la natural preocupación los avatares políticos y trató de ellos con el presidente. Aunque se cuidó de dar una opinión categórica o siquiera insinuadora. El día en que Adolfo Suárez le comunicó su decisión de dimitir acogió la noticia con cierto estupor y sin comentarios rotundos. Eso sí: tampoco le pidió que continuara. Fue receptivo ante sus argumentos, comprendió los raciocinios que le fueron presentados y aceptó la renuncia. Cierto parece que no trató de persuadir al presidente sobre su permanencia, sino que se limitó al "oído" y ratificación. Pero no empujó. Es comprensible que a Suárez le hubiera gustado escuchar el ruego de su continuidad. Aunque, al parecer, sólo obtuvo el acuse de recibo.

futuro, no se recurra a la inútil descalificación global, a la visceralidad o al ataque personal porque creo que se perjudica el normal y estable funcionamiento de las instituciones democráticas. La crítica pública y profunda de los actos de gobierno es una necesidad, por no decir una obligación, en un sistema democrático de gobierno basado en la opinión pública. Pero el ataque irracionalmente sistemático, la permanente descalificación de las personas y de cualquier tipo de solución con que se trata de enfocar los problemas del país, no son un arma legítima porque, precisamente, pueden desorientar a la opinión pública en que se apoya el propio sistema democrático de convivencia.

Querría transmitirles mi sentimiento de que sigue habiendo muchas razones para conservar la fe, para mantenerse firmes y confiar en nosotros los españoles.(...) Todos podemos servir a este objetivo desde nuestro trabajo y desde la confianza de que, si todos queremos, nadie podrá apartarnos de las metas que, como nación libre y desarrollada, nos hemos trazado.

Se puede prescindir de una persona en concreto. Pero no podemos prescindir del esfuerzo que todos juntos hemos de hacer para construir una España de todos y para todos. Por eso no me puedo permitir ninguna queja ni ningún gesto de amargura. Tenemos que mantenernos en la esperanza, convencidos de que las circunstancias seguirán siendo difíciles durante algún tiempo, pero con la seguridad de que si no desfallecemos vamos a seguir adelante. (...) Los principales problemas de España tienen hoy el tratamiento adecuado para darles solución. En UCD hay hombres capaces de continuar la labor de gobierno con eficacia, profesionalidad y sentido del Estado y para afrontar este cambio con toda normalidad. Les pido que les apoyen y que renueven en ellos su confianza para que cuenten con el necesario margen de tiempo para poder culminar la labor emprendida.

Deseo para España, y para todos y cada uno de ustedes y de sus familias, un futuro de paz y bienestar. Esta ha sido la única justificación de mi gestión política y va a seguir siendo la razón fundamental de mi vida. Les doy las gracias por su sacrificio, por su colaboración y por las reiteradas pruebas de confianza que me han otorgado. Quise corresponder a ellas con entrega absoluta a mi trabajo y con dedicación, abnegación y generosidad. Les prometo que donde quiera que esté me mantendré identificado con sus aspiraciones. Que estaré siempre a su lado y que trataré, en la medida de mis fuerzas, de mantenerme en la misma línea y con el mismo espíritu de trabajo.

Muchas gracias a todos y por todo.

Perfil de un político

Adolfo Suárez, entre la intuición y la reflexión

La personalidad de Adolfo Suárez no ha cambiado en los últimos treinta años: no encuentra satisfacción en otra actividad que no sea la política. El poder era para él su material de trabajo, pero eso no le hacía vanidoso. De hecho, lo sacrificó todo -hasta el mismo poder- porque creyó que era lo mejor para el bien común.

En la primavera de 1977 visité en La Moncloa a Adolfo Suárez, y fui a expresarle mi conformidad con las líneas de lo que luego se llamaría la Transición, y mi deseo de participar en el proceso.

Mi colaboración con esa operación comenzó desde un escaño de diputado por Sevilla, y desde un partido andaluz en 1977. A partir de ese momento, viví ya las ilusiones, logros, alegrías y disgustos de la Transición, como un colaborador más, y, a partir de 1979, en el Gobierno.

Me refiero al Suárez de esa época, aunque debo anticipar que, en su manera de ser y en su visión de la política, no hay mucha distancia entre el Suárez que había conocido en 1961 y el que sigue preocupado por la política en 1996. Lo que resulta más contundente de su personalidad es que se trata de un político, al que sólo gusta, de verdad, la acción política, y que no encuentra satisfacción personal en ninguna otra actividad. Cuando Adolfo Suárez no está en la política, o al menos no habla de ella, es un desterrado.

Su personalidad no se acaba ahí: el otro componente de su vida es su familia; no es posible comprender a Suárez sin su familia, pero no, como sucede con muchos políticos, en cuanto de algún modo la ponen al servicio, o, si se quiere, la integran en su actuación política, sino porque Suárez es, humanamente, él y su familia, ésta es parte viva de su modo de ser, pero queda en la intimidad, pertenece de algún modo a su yo profundo, y es probablemente una de las razones de su equilibrio vital. Pero lo que le diferenciaba de muchos de sus colaboradores, era su sustancia de político puro; otros hacíamos otras cosas y llevamos a cabo incursiones o inmersiones, incluso muy profundas, en la política. Adolfo Suárez no, y cuando por razones diversas tuvo que ocuparse en otros asuntos, siempre fue con la actitud de quien no tiene más remedio que prestar atención a lo marginal, y, a ser posible, efímero.

Como político esencial, Suárez se ocupaba del poder, era su material de trabajo, sabía que el poder es la sustancia de la que el político vive. Su sentido del poder era muy agudo; por eso pudo llevar a cabo la Transición de manera tan acabada: en el vuelco a un sistema de democracia y libertades, ni un resquicio de poder podría quedar en recoveco alguno; de ahí, quizás, el modo de vivir sus tensiones con el que podríamos llamar poder militar, y su escasa coincidencia con los titulares del que podríamos llamar poder económico, aunque éste, según mi opinión, era más bien un tigre de papel. De ahí, quizá también el recelo, la manera de considerar los actos ajenos como operaciones de conquista de poder. De ahí, también, que para Suárez el poder no necesitara estar rodeado de bambolla ni de aclamaciones; era, y es, sensible al poder, pero no tanto a la vanidad; no era un líder endiosado ni distante; tenía voluntad y un buen concepto de sí mismo, pero no se le veía desprecio por los demás, por nadie; por más que tuviera su vara de medir al prójimo, no se creía superior a cualquiera, el supremo, el imprescindible.

> "Suárez era, y es, sensible al poder, pero no a la vanidad. No era un líder endiosado ni distante. Nunca se le vio desprecio por los demás"

Ese poder era para Suárez un instrumento, un medio para hacer algo. De ahí el profundo sentido ético de su actuación; si se puede expresar así, Suárez era un patriota, dispuesto a sacrificar hasta el poder, por el bien general: en la época a que me refiero, el poder estaba al servicio de una tarea de pacificación, compromiso y asentamiento de un sistema político que pudiera durar en paz. Como tantos españoles de su edad, aunque no había podido ser, por razón de tiempo, protagonista de la Guerra Civil, vivía obsesionado por evitar que esa confrontación se reprodujese de un modo u otro. Por todo ello, dejó el poder cuando creyó que el mantenimiento del mismo en sus manos era un obstáculo; para un político como él, se trató de un acto de singular desprendimiento, en mi opinión, además, no totalmente acertado. En esto

puro y esencial

Jaime García Añoveros

Catedrático de Derecho y ex ministro de Hacienda con Suárez

hemos sido siempre algo discrepantes.

Coherente con esa manera de ser y de concebir el poder era su talante reformista. Cuando se le proponía cambiar algo, lo que fuera, y había tanto que cambiar, su impulso inicial era decir que sí; quizá luego la reflexión traía un enfriamiento del impulso primero pero sabía que el poder se había de emplear en el cambio, en la adaptación de todas las estructuras del Estado y resortes del gobierno a la nueva realidad democrática y de libertad.

Y hablo de la reflexión porque Suárez era y es una persona muy reflexiva, que no deja nada a la improvisación; el asunto favorito de sus reflexiones es la política misma, los eventos por venir; construía en su mente posibles realidades futuras, y solía estar preparado para lo que venía; no era fácil de sorprender, en el sentido de que no hubiera pensado antes que pudiera suceder lo que sucedía; ni el golpe de Estado le sorprendió, repito que en ese sentido; sabía, de algún modo, cuál tenía que ser su reacción, cuyo aspecto más notorio todo el mundo ha podido ver por TV.

Me sorprendió, en su momento, la rápida intuición de cómo funcionaba un parlamento democrático, su adaptación casi instantánea a las peculiaridades de esta institución, lo que era compatible con su falta de gusto y de aptitudes para la esgrima dialéctico-parlamentaria; es una de sus grandes paradojas: trajo un régimen parlamentario a España, pero no era el Parlamento el lugar de sus preferencias; tampoco, en consonancia con lo anterior, era Adolfo Suárez un arrastrador de masas con su palabra más o menos encendida: su discurso era siempre más directo y coloquial; infundía la confianza en la proximidad más que en la lejanía, de ahí lo bien que daba en televisión, pero con una comunicación más directa e intimista, no con la imagen del gran líder populista.

Tampoco se sentía Suárez a sus anchas en la jefatura de un partido político. Desde luego, UCD fue un partido singular que llevó a cabo una tarea histórica a pesar del número de irresponsables que tenía dentro: irresponsables no por inconsciencia o falta de capacidad, que de ésta había mucha, sino por su falta de sentido del poder, y quizá también por una extraña mezcla de ingenuidad, vanidad y mala conciencia. Quizá su recelo, y la falta de gusto por la tarea, le impidieron consolidar un gran partido de centro, que, ciertamente, tuvo las deficiencias propias de un grupo de personas que habían llegado con facilidad al poder, al que, por otro lado, tampoco tenían apego numantino porque, como decía otro político esencial, Pío Cabanillas, "la mayoría de nosotros tenemos la oposición ganada". Recuerdo que, en algunas discusiones en el grupo parlamentario, algún diputado, para confirmar su opinión, alegaba la de "mis electores"; a alguno le contesté: "¿Pero tú tienes electores? Qué suerte; yo, no; soy diputado por Sevilla, con un buen número de votos, pero yo no he hecho otra cosa que lucrarme de los electores de Suárez".

Estas palabras tratan del político Suárez, de su manera de ser, y con menos énfasis de sus decisiones concretas. Pero le vi en algunos momentos con mayor alcance de visión; por ejemplo, cuando se negoció el Estatuto vasco, y se adoptaron decisiones importantes en materia de política autonómica o enseñanza; para un político de su procedencia, formación y entorno, era una prueba más de su integración en una España plural; sabía muy bien que, si no había Estatuto, la Transición quedaba coja. Por ello, es Adolfo Suárez tan sensible a la actualización de los demonios históricos, a la irresponsabilidad de quienes, por un puñado de votos, no dudan en traer a capítulo, no los muertos de todos, sino "sus" muertos, lo que es, de algún modo, una cierta traición, o digamos desvío, del espíritu fundacional de un sistema político que tiene, entre otros, pero de una manera muy singular, el sello de la personalidad de Adolfo Suárez.

EUROPA PRESS

Adolfo Suárez fuma un cigarrillo durante un descanso de los debates parlamentarios en el Congreso.

La dimisión de Suáre

El jefe del Gobierno pidió al autor que acredit

Adolfo Suárez fue a palacio a comunicar su decisión de dimitir y allí, antes que con el Rey, habló con Sabino Fernández Campo. El entonces secretario de la Casa del Rey narró estos acontecimientos en una conferencia sobre "Las Fuerzas Armadas en la Transición". Esto es lo que sucedió aquel día en La Zarzuela.

Desde la Secretaría de la Casa de Su Majestad el Rey, a la que me incorporé en 1977, me fue dado presenciar uno de los hechos importantes de la Transición en el que no sé si latían circunstancias relacionadas con las Fuerzas Armadas: la dimisión del presidente del Gobierno Adolfo Suárez.

Pienso que estoy autorizado a comentar la forma en que se produjo, puesto que el propio Adolfo Suárez me expresó sus deseos de que en cualquier momento pudiera acreditar a través mío que él había presentado espontáneamente su dimisión, que no se le había "despedido" y que la decisión de marcharse era exclusivamente suya, sin que nadie se lo hubiera solicitado. Me pidió que lo repitiera así siempre que se presentara ocasión o surgiera alguna duda. Probablemente pretendía, además, proteger la figura del Rey, acreditando que S.M. no se había tomado atribuciones que no le correspondían o efectuado alguna indicación en aquel sentido.

Aquel martes 27 de enero de 1981, correspondía, como de ordinario, que el presidente despachara con S.M. el Rey. No obstante, Adolfo Suárez me llamó por teléfono para confirmarlo. El Rey le esperaba a almorzar, como solía ser normal, alrededor de las dos de la tarde en Zarzuela, y seguirían hablando después, mientras tomaban café, en el despacho de S.M. el Rey. Al confirmarle este recado, el presidente me dice que desea hablar conmigo personalmente, antes de ver a S.M., lo cual no deja de producirme cierta extrañeza. Llega a las 13,45 y, como anticipo, me advierte que, después de meditarlo mucho, va a presentar al Rey la dimisión.

Añade que quiere que lo sepa yo ante todo para que siempre pueda hacer constar, si fuera necesario, que él viene expresamente a dimitir, sin que nadie se lo haya sugerido. La noticia me causa extrañeza. Suárez se extiende en explicaciones y afirma que se siente acosado por los más diversos sectores: la oposición política, los medios de comunicación, la opinión general, los militares y muchos miembros de su propio partido. Acaba diciéndome, dolorido y triste, que teme haber perdido también la confianza del Rey.

"El presidente Suárez me dice que desea hablar conmigo personalmente antes de ver a S.M. Como anticipo, me advierte que, después de meditarlo mucho, va a presentar al Rey la dimisión"

Protesto en cuanto a este último extremo, le aseguro que S.M. le ha otorgado siempre todo su aprecio y amistad, y que no debe en absoluto imaginar lo contrario para tomar una determinación tan grave como la que me anuncia. Me esfuerzo en invitarle a que piense en la trascendencia del paso que se propone dar.

Cuando estamos en este punto de la conversación, el ayudante de S.M. me llama por teléfono para preguntarme si el presidente está conmigo y, al confirmárselo, me dice que los Reyes están esperándole ya para almorzar. Acompaño a don Adolfo Suárez hasta los salones anteriores al comedor. SS.MM. salen a recibirle y, sin duda, descubren en mi cara el reflejo de que algo especial está sucediendo en esos momentos.

"Ahora lo verán". Pero no puedo hacerles ninguna indicación. La Reina se queda un poco atrás y me pregunta muy intrigada, en voz baja: "¿Qué pasa?". Sólo pude decirle: "Ahora lo verán". Al llegar al comedor, me despedí y me fui a almorzar.

Cuando el Rey me ordenó que subiera a su despacho, no necesitó darme muchas explicaciones pues, al parecer, el presidente dimisionario le había expuesto las que me había dado a mí con anterioridad. S.M. me dijo: "Bueno, ya lo sabes todo, ¿no?". Así se inició un proceso que no voy a repetir con detalle, aunque puede resultar de interés recordar algunos extremos del mensaje que Suárez dirigió a los españoles para comunicarles su dimisión.

"Me voy -dijo- sin que nadie me lo haya pedido. Creo, por tanto, que ha merecido la pena, pero, como frecuentemente ocurre en la Historia, la continuidad de una obra exige un cambio de personas y yo no quiero que el sistema democrá-

z en la Zarzuela

que renunciaba espontáneamente

Sabino Fernández Campo

Teniente general. Ex jefe de la Casa del Rey. Académico de Ciencias Morales y Políticas

tico de convivencia sea, una vez más, un paréntesis en la Historia de España... Tenemos que mantener la esperanza, convencidos de que las circunstancias seguirán siendo difíciles durante algún tiempo". Habían sucedido muchas cosas. La inquietud militar se había manifestado en distintas ocasiones y permanecía latente el malestar desde la famosa reunión con los altos mandos de la Milicia y el súbito e inesperado reconocimiento posterior del Partido Comunista. Atentados terroristas contra militares y miembros de las Fuerzas de Orden Público; secuestro del teniente general Villaescusa y de Antonio María de Oriol y Urquijo, presidente del Consejo de Estado; intento de expulsión del Ejército de los tenientes generales De Santiago e Iniesta; "Operación Galaxia" y campañas de cierta Prensa que originaban confusión; nombramientos en la cúpula militar que producían malestar; reingreso de los militares de la U.M.D., etc.

Nombramiento de Armada. Y hay un hecho importante, de indudables repercusiones, que es el viaje oficial de los Reyes al País Vasco, el 3 de febrero de 1981. Cerrado por la niebla el aeropuerto de Vitoria, se retrasa desde Barajas el despegue del avión real, hasta recibir el aviso de que ya es posible tomar tierra.

Y se produce una circunstancia interesante: el general Armada es destinado como segundo jefe del Estado Mayor Central, nombramiento al que se había opuesto decididamente Adolfo Suárez antes de cesar como presidente y ocupar este puesto sólo en funciones.

Recuerdo que el Rey llamó por teléfono desde Barajas a Lérida para dar la noticia y felicitar al antiguo secretario de su Casa y fiel colaborador durante años. Ya en el País Vasco y antes del acto de la Casa de Juntas de Guernica, se celebra por la noche una reunión en Bilbao. La preside el titular de Gobernación, Juan José Rosón. Asisten representantes de la Seguridad en el País Vasco, así como otras autoridades locales y de la Casa de S.M.

GUSTAVO CATALÁN

Adolfo Suárez despide a los Reyes al pie de la escalerilla del avión.

Las informaciones indican que tratará de provocarse algún incidente durante la presencia de SS.MM. en la Casa de Juntas y se prevé que pueda ser, muy probablemente, una interrupción del discurso del Rey. En vista de esta amenaza latente, se preparan varias respuestas breves para que S.M. conteste a las intervenciones incontroladas de los representantes de Herri Batasuna.

Cuando, en efecto, se produce el escándalo y los vociferantes son expulsados del salón, el Rey, antes de continuar con toda calma su discurso, dice textualmente: "Frente a quienes practican la intolerancia, desprecian la convivencia y no respetan nuestras instituciones, yo proclamo mi fe en la democracia y en el pueblo vasco".

La falta de respeto al Rey, jefe supremo de las Fuerzas Armadas, impacta con vigor a sus componentes, que recuerdan el artículo octavo de la Constitución: "Las Fuerzas Armadas, constituidas por el Ejército de Tierra, la Armada y el Ejército del Aire, tienen como misión garantizar la soberanía e independencia de España, defender su integridad territorial y el ordenamiento constitucional".

La impresión de lo sucedido en Guernica se mezcla con la que causa el asesinato por ETA del ingeniero jefe de la central nuclear de Lemóniz, José María Ryan, que se conoce coincidiendo con la visita de SS.MM. a Euskadi.

Y, de pronto, el 23 de febrero de 1981, se lleva a cabo el asalto al Congreso de Diputados por el teniente coronel Tejero, que actúa al frente de un grupo de guardias civiles. Pero eso ya es otra historia.

El retorno de Felipe

Aplastante victoria oficialista en el Congreso extraordinario

(Continuación del relato del capítulo 23)

Francisco Frechoso

Los críticos del PSOE hicieron lo que buenamente pudieron. Su principal fuerza radicaba en Madrid, y allí fue donde presentaron, el 9 de agosto de 1979, un manifiesto en defensa del marxismo. Pero, cuando tiempo después se celebraron las asambleas provinciales y regionales para elegir a los 421 delegados al Congreso que se dio en llamar "veintiocho y medio" (el Congreso extraordinario), comprobaron que el nuevo sistema de representación, aprobado en el anterior, penalizaba a las minorías y les dejaba fuera de juego.

El regreso triunfal de Felipe González estaba garantizado, aunque antes aún habría de sufrir una última y humillante derrota. El 26 de septiembre, los 38 delegados que representaban a la Federación Socialista Madrileña se reunieron para elegir, según el nuevo sistema, a su cabeza de delegación. González se enfrentó a Alonso Puerta, que lideraba una llamada "tercera vía", y sólo logró seis votos, mientras que su oponente consiguió 28.

El día 28 de septiembre se inició el cónclave extraordinario en el mismo salón del madrileño hotel Meliá donde se celebró aquel XXVII Congreso en el que se decidió incorporar el marxismo al acervo ideológico socialista. Desde el primer momento, los críticos fueron conscientes de su debacle. Por dos veces intentaron incluir en la mesa presidencial de la asamblea a uno de sus representantes, Manuel de la Rocha, y en ambas ocasiones Guerra se lo impidió con la fuerza de sus votos.

El "número dos" hizo y deshizo a su antojo. Controló el desarrollo del Congreso, diseñó un modelo de Ejecutiva en el que no cabían los secretarios regionales y también tuvo la intervención más polémica. Se produjo en la jornada de apertura cuando defendió la ponencia de Andalucía.

GUSTAVO CATALÁN

Felipe González es aclamado puño en alto.

En el "28 y medio" se contabilizaron más disputas personales que confrontaciones ideológicas. Felipe González olvidó por unos días el visceral antimarxismo que había exhibido en su periplo precongresual por la geografía española y consintió que, de nuevo, en la resolución política, el PSOE se reclamara heredero de Karl Marx.

La flexibilidad de la que hizo gala el líder socialista llevó a exclamar al dirigente crítico Pablo Castellano: "Estoy perplejo por la aceptación de nuestras propuestas políticas. Ha sido asumido el marxismo, la necesidad de democracia interna en el partido, seguimos estando a favor de una sociedad sin clases, pero los papeles vuelan y luego hay que ver los hechos".

En los papeles quedó reflejada una fórmula pactada por Alonso Puerta y José María Benegas que pareció dejar satisfechos a todos: "El PSOE asume el marxismo como un instrumento teórico, crítico y no dogmático, para el análisis y la transformación de la realidad social, recogiendo las distintas aportaciones, marxistas y no marxistas, que han contribuido a hacer del socialismo la gran alternativa emancipadora de nuestro tiempo, y respetando plenamente las creencias personales".

La voluntad integradora de la mayoría felipista se desvaneció cuando llegó la hora de formar la Ejecutiva. Los esfuerzos del sector crítico por consensuar una candidatura de síntesis fueron vanos. Guerra conformó un bloque homogéneo y González intentó, incluso, poner una brillante guinda a su tarta triunfal y envió primero a Javier Solana, más tarde a Enrique Múgica y por último al propio Guerra a que trataran de convencer a Gómez Llorente de que se integrara en su lista. El portavoz crítico consideró ofensiva la oferta y no sólo no aceptó sino que encabezó una candidatura alternativa.

La victoria oficialista fue aplastante. La proclamación de los ganadores se convirtió en un acto de adhesión entusiasta a González, quien, entrada la madrugada del lunes 30 de septiembre, pronunció un larguísimo discurso en el que desarrolló algunas reflexiones tan premonitorias como ésta: "No se puede dar ejemplo de lucha contra la corrupción si los socialistas no somos todos incorruptibles; no se puede dar ejemplo de lucha contra la deshonestidad si los socialistas no somos todos honestos; no se puede dar ejemplo de lucha por la solidaridad y la fraternidad si los socialistas no practicamos en nuestra casa la solidaridad y la fraternidad".

•TESTIMONIO•

El mayor fenómeno teatral se llamó "Evita"

La protagonista recuerda el éxito en una España que cambiaba

Paloma San Basilio

"1980: España era una niña con zapatos nuevos. Esos zapatos de charol que nos ponían de pequeños y que cuando llovía se nos llenaban de gotas que parecían nubes. España era una niña de primera comunión. Tantas veces le habían hecho comulgar con ruedas de molino, que se miraba a sí misma sorprendida en medio de una extraña y peligrosa calma, que acabaría por estallar el 23-F de 1981, con aquel esperpéntico y frustrado golpe de Estado. La clase política, mientras tanto, ensayaba y aprendía democracia como todos, repartiendo también lecciones de intriga, guerrilla y desconcierto. Realmente, había que empezar de nuevo y los pasos eran torpes. Lo más importante era la confianza y la enorme excitación que el futuro nos producía a todos.

Yo estaba de estreno también y no sólo de zapatos, sino de peluca, música y una energía nueva que me generaba el hecho de enfrentarme, por primera vez, a un personaje a mi medida: Evita. Habían sido meses de especulaciones sobre quién sería la Evita española, lo cual favoreció enormemente la expectación y la venta anticipada. Nunca entendí esta profesión como una carrera para llegar a la meta el primero y el papel cayó en mis manos después de descartar a todas las candidatas posibles, y estando yo ajena al proceso de búsqueda por parte de los productores y sí concentrada en mi todavía incipiente oficio de cantante, bastante atípica en esos tiempos. Me enamoré del personaje y me apasioné con la posibilidad de estar en toda su extensión en mi espacio favorito, el escenario.

EFE

Paloma San Basilio, en su camerino, poco antes de la representación.

Evita se metió en mí y yo en ella como en una segunda piel. Era contradictoria, fuerte, camaleónica, desgarrada y yo disfruté desde el primer día de ensayo. Trabajé mucho. Tuve la suerte de encontrarme con un equipo espléndido. Con un director, Jaime Azpilicueta, que supo extraer de mí lo que yo intuía y hasta entonces no sabía cómo volcar al exterior. Al mismo tiempo, uno de mis seres más queridos se consumía junto a mí, creándome una angustia que intentaba ahogar ensayando una y otra vez. El día del estreno fue uno de los momentos más importantes de mi vida y ese mismo día otra parte importante también de mi vida me dejaba sola ante el miedo, la responsabilidad y el éxito.

Evita me acercó al gran público. Fue sin duda el fenómeno teatral más importante de los últimos años, aunque no recibió ni un solo premio de teatro. Este país es así.

Con Evita llené muchos teatros dentro y fuera de España y no los he vuelto a ver vacíos, por suerte, desde entonces. Creo que la gente amó la obra. Era un espectáculo con enorme magnetismo. A pesar de su atmósfera dura y fría, estaba llena de sentimientos humanos de los que podían encontrarse en cualquier calle: la emoción, el odio, la ternura, la lucha por el poder. El país sabía mucho de todo ello. Los políticos hacían gala del arte de disfrazar el pensamiento con las palabras y yo me ejercitaba en el arte de usar las palabras y mi voz, para desnudar y compartir los sentimientos.

España ha crecido mucho desde 1980 y yo también, aunque aún tenemos algo de adolescentes. Santiago Carrillo no necesita ya peluca y yo dejé la mía rubia platino en el cajón de los mejores recuerdos, aunque imaginariamente me la vuelva a poner cada vez que en cualquier escenario, desde hace quince años, canto *No llores por mí Argentina*."

Murió en Alaska

Rodríguez de la Fuente filmaba una carrera de perros esquimales

El mismo día en que sufrió el accidente de aviación que le costó la vida cumplía 52 años. Con él se fue la labor más fructífera en favor de la Naturaleza española. Su esfuerzo sirvió para salvar de la extinción a varias especies animales, y sus películas siguen admirándose hoy en decenas de países de todo el mundo.

EFE

Félix Rodríguez de la Fuente acaricia a un hurón (arriba). A la derecha, estado en el que quedó la avioneta desde la que filmaba una carrera de trineos.

Javier Lorenzo

El lince y el halcón eran los animales que más gustaban a Félix Rodríguez de la Fuente, pero fue éste último el que le abrió las puertas del éxito. Primero, cuando llevó dos de estos ejemplares hasta Arabia Saudí como regalo de Franco al rey Faisal, y segundo, cuando ganó un concurso internacional de cetrería por el que fue invitado a un programa de televisión en el año 1964, medio que ya no abandonaría.

Se ganó el sobrenombre de "amigo de los animales" gracias a un espacio del mismo título que alcanzó grandes cotas de audiencia y a otros posteriores como *Fauna* o *Planeta azul*. Siendo presidente de la asociación ecologista ADENA, inició la producción de *El hombre y la Tierra*, una serie que llegó a setecientos millones de espectadores en todo el mundo y que obtuvo multitud de premios, aunque el mayor fuera el de concienciar a los españoles sobre la necesidad de preservar la Naturaleza.

EUROPA PRESS

nientras trabajaba

Nacido en Poza de la Sal (Burgos), sus colaboradores le definían como "un castellano rotundo" que igual se enfrentaba a una senadora a través de un río que amenazaba con dos bofetadas al líder del Partido Proverista por incluirle en las listas electorales sin su permiso. Una de sus frases favoritas era: "El mayor depredador de la fauna y la flora es el MOPU" (Ministerio que incluye hoy a la Secretaría de Medio Ambiente), y una de sus convicciones, que si Europa quería sostener en España grandes espacios libres y naturales debería pagar por ello. Con todo, su gran proyecto fue mentalizar a la juventud. En este aspecto, como dice Carlos Aguilera, colaborador suyo, "España tiene una deuda con él". Y los lobos, las rapaces, o el urogallo. Especies que estarían extinguidas de no haber sido por su trabajo.

EFE

Félix junto a un trineo pocos días antes de que sufriera el mortal accidente.

Televisión Española puso a su disposición los mejores medios técnicos del momento, pero a la vez él podía estar horas hablando con un pastor en la Sierra de la Culebra, y a pesar de ser muy riguroso, también era capaz de atender los consejos de los demás. Un recuerdo, tal vez, de cuando su padre le obligó a estudiar Medicina. También tuvo problemas de dicción que solucionó tras varias sesiones con Criado del Val.

Incomprensiblemente, nadie recogió el testigo tras su desaparición y la de sus compañeros Teodoro Roa y Alberto Mariano Huéscar el 15 de marzo de 1980. TVE detuvo en seco y sin explicaciones todo lo que estaba previsto, aunque se sospecha que pudo hacerlo porque los derechos los tenía su viuda, la francesa Marcelle Parmentier, la mujer que un día, cuando aún no era nadie, le aseguró que junto a ella alcanzaría el éxito. Quizá él pensaba que nunca lo obtendría del todo, ya que en cierta ocasión dijo: "Hemos cogido el tren de la modernidad, pero en el último vagón. Sólo nos comprenderá la siguiente generación".

Miguel Molina / *Director de fotografía de "El hombre y la Tierra"*

"Dos horas antes del accidente, me dijo que ése era un bonito lugar para morir"

PEDRO CARRERO

Molina, junto al busto de Félix.

PREGUNTA.- ¿Por qué surgió aquel reportaje sobre la carrera de perros en Alaska?

RESPUESTA.- Creo que *El hombre y la Tierra* iba a empezar cuando murió Félix. Su idea era mostrar cómo el hombre había empezado a vivir en este planeta. Y la relación hombre-perro es muy interesante.

P.- ¿Ya habían estado allí?

R.- Sí. En 1978. Para rodar a los halcones. Los científicos canadienses nos miraban con desprecio al principio, pero cuando les enseñó una de nuestras películas cambió su actitud. Empezaron a admirarle.

P.- ¿Cómo fue el accidente?

R.- Usaron la avioneta que usábamos siempre, pero el piloto no era el habitual. Nadie sabe exactamente qué pasó, pero vimos cómo la avioneta capotó repentinamente y, aunque intentó remontar el vuelo, terminó estrellándose. Pudo ser que le faltara aceite al motor. Pasaron cosas muy raras ese día. Era su cumpleaños. El día era precioso. Un cuervo, que incluso allí son negros, no cesó de revolotear por allí cerca. Y luego me dijo que ése era un lugar bonito para morir. Dos horas después había muerto.

P.- ¿Y el rescate y posterior traslado del cuerpo a España?

R.- Descalificaron a un participante de la carrera de trineos por intentar ayudarles y en España me ofrecieron siete millones por las fotos de su cadáver. Yo se las entregué a su mujer. Nunca más las he visto.

Los diputados de Herri Batasuna entonan, puño en alto, el "Eusko guadriak" ante el Rey Juan Carlos el 4 de febrero de 1981.

Intolerancia junto al árbol de Guernica

Fernando Múgica

Todo estaba preparado y casi anunciado. Por eso nadie se sorprendió cuando un grupo de cargos electos de la coalición abertzale Herri Batasuna se levantó de sus bancos para comenzar a cantar el "Eusko gudariak", puño en alto, en un intento de boicotear el discurso de Juan Carlos I. Sucedió en la Casa de Juntas de Guernica en un mes de escalofrío para los españoles, el de febrero de 1981. Faltaban tan sólo diecinueve días para el intento de Tejero. En Mallorca comenzaba el tenso II Congreso de UCD. En Zarzuela se recibía a dirigentes políticos para intentar un consenso que permitiera perfilar la figura del hombre que sería encargado de formar gobierno. Los obispos "anatematizaban" el proyecto del ministro de Justicia sobre el divorcio. El Rey en Guernica reaccionó frente a los alborotadores con sangre fría: "Frente a quienes practican la intolerancia quiero proclamar una vez más mi fe en la democracia y mi confianza en el pueblo vasco". Los encargados de seguridad del propio Gobierno Vasco expulsaron a los provocadores. Quedaba un largo camino.

PRÓXIMO CAPÍTULO: **MILITARES CONTRA LA DEMOCRACIA**

TRES GOLPES FRACASADOS. QUIÉNES ERAN MILANS, ARMADA Y TEJERO. ESCENARIOS DEL 23-F. DENTRO DEL CONGRESO EL DÍA DEL GOLPE.

ESCRIBEN: PILAR URBANO, JOAQUÍN BARDAVÍO, MANUEL ANTONIO RICO, MANUEL P. BARRIOPEDRO

1975-1995. Veinte años de nuestra vida

• HISTORIA DE LA DEMOCRACIA •

{CAPÍTULO 26}

JULIO PALOMAR

Antonio Tejero se introduce en un coche a la puerta de su domicilio en Madrid. Condenado a 30 años por su intervención en el 23-F, continúa en régimen abierto.

MILITARES CONTRA LA DEMOCRACIA

Se venía hablando intensamente de que había "ruido de sables" y el miedo a una intervención militar se había extendido por el país. Ya había sido descubierta una intentona protagonizada por el guardia civil Antonio Tejero, pero nadie podía prever una osadía como la que puso en marcha el 23 de febrero de 1981. A las seis y veintidós minutos de la tarde, secuestró el Congreso, con el Gobierno en pleno, para encender la mecha del golpe. Por suerte, encontró la resistencia del Rey, que lo desactivó. No sería el 23-F, sin embargo, el último problema de la democracia.

Las claves del fracaso de tres golpes de Estado

La "Operación Galaxia", el 23-F y el 27-O: intentonas militares para desestabilizar el sistema

Yo quiero que alguien me explique qué pasó el 23 de febrero". La frase pronunciada ante la Justicia militar por Antonio Tejero da idea del disparate que supuso el frustrado golpe de Estado que él ejecutó. Sin embargo, no fue éste el único intento de desestabilizar el sistema democrático por parte de miembros del Ejército.

Pilar Urbano

El 14 de abril de 1977, Félix Alvarez-Arenas y Pacheco, ministro del Ejército en el Gobierno de Adolfo Suárez, hace pública una nota, dirigida "a todos los generales, jefes, oficiales y suboficiales", informándoles de que el Consejo Superior del Ejército considera que "la legalización del Partido Comunista de España es un hecho consumado que admite disciplinadamente; pero, consciente de su responsabilidad y sujeto al mandato de las Leyes, expresa la profunda y unánime repulsa del Ejército ante dicha legalización y acto administrativo llevado a efecto unilateralmente".

Ciertamente, cinco días antes, el 9 de abril, el presidente Suárez había tomado la difícil decisión de legalizar al PCE, y lo había hecho en solitario. Como algún tiempo después me comentaba durante un viaje a Lanzarote: "Yo asumo ante la Historia la total responsabilidad de ese acto. Quise hacerlo solo, aprovechando incluso que el Rey estaba ausente, y la actividad gubernamental parada por la Semana Santa. Hay decisiones de riesgo en las que uno tiene que jugársela sin arroparse en nadie".

Me parece que ese hecho y esa fecha marcan el punto de arranque de un creciente malestar militar que tensionará y dificultará el ya de por sí escarpado proceso de la Transición política. A partir de ahí, y hasta las vísperas de las elecciones generales del 28 de octubre de 1982, al poder político, al poder civil, se le intenta oponer un ilegítimo "poder militar". Y esa confrontación -sorda, sigilosa, conspirativa y precavidamente "incógnita"- obedece a tres motivaciones: comunismo, separatismo y terrorismo son las tres bestias negras que mantienen a los militares al acecho y en posición de "¡monten armas!". Durante siete años los españoles conviviremos con el "ruido de sables", las noticias de "reuniones de generales vestidos de paisano", los panfletos patrioteros antidemocráticos buzoneados en nuestras propias ca-

GUSTAVO CATALÁN

Una edición especial de "Diario 16" en la noche del 23-F anuncia el fracaso del golpe. Imagen captada en los aledaños del Congreso, aún tomado por los golpistas.

Perfil/ *Jaime Milans del Bosch*

El amenazante liderazgo

Joaquín Bardavío

Es un militar de otra época. Convergen en él dos antiguos elementos consustanciales al Ejército español de los primeros decenios del siglo: unas formas prusianas y un espíritu africanista. El "africanismo" alude al talante de los militares curtidos en las guerras de Marruecos y se caracteriza por rasgos de bravura por encima hasta de la sensatez, exaltación del "machismo" incluso en la vida privada y, entre otros factores, sentimiento de tutela respecto a los avatares políticos. Jaime Milans del Bosch -hijo, nieto y bisnieto de generales- llevaba, además, la tradición del pronunciamiento decimonónico en sus genes.

Su carrera fue brillante. Combatió como oficial en la Guerra Civil y fue voluntario a la División Azul para combatir a las tropas soviéticas en la Segunda Guerra Mundial. Está en posesión de la Medalla Militar Individual; distinción que, tras la Laureada, reconoce la máxima heroicidad. Ascendió a general de Brigada en 1971, a los cincuenta y seis años, edad temprana para la época, y tres años después, ya general de División, mandaba la Acorazada, la unidad de mayor potencia de fuego del Ejército de Tierra que, acuartelada en los alrededores de Madrid, tuvo un singular valor estratégico como centinela de la capital durante el franquismo. En 1978 ascendió a teniente general y apeteció, basado en mérito e historial, el destino de capitán general de la I Región Militar, con sede en la capital de España. Sin embargo, se le destinó a la II Región, con cabecera en Valencia, lo que le provocó gran disgusto. Lo mismo le ocurre cuando el teniente general Gabeiras es promovido a jefe del Estado Mayor del Ejército, hasta el punto de que cuando éste le llamaba a la sede de la capitanía valenciana, Milans se negaba a ponerse al teléfono pese a tratarse de su inmediato superior. Gabeiras no tomó medidas disciplinarias ante esa insubordinada actitud, quizá para evitar problemas con la fuerte personalidad de su arisco compañero de armas. Simplemente, dejó de llamarle.

EDUARDO MARTÍNEZ CONDE

Jaime Milans del Bosch, el 1 de julio de 1990, el día que se le concedió la libertad condicional.

Esa postura da idea de la autoestima y sentido de liderazgo que Milans del Bosch emanaba dentro del Ejército. No se recató en privado de amenazar con salir al frente de la Acorazada cuando la mandaba para terminar con lo que consideraba un caos producido por la escalada terrorista y el crecimiento de las autonomías. Aunque, dado su impulsivo y bravucón carácter, sus contertulios contaban estas anécdotas como producidas en concretos momentos de exaltación. Aunque también avisó públicamente en una entrevista publicada por *Abc* el 23 de septiembre de 1979: "El Ejército deberá intervenir cuando se evidencie que las leyes, la acción policial y la judicial son insuficientes".

Fracasado el intento de golpe de Estado, no hurtó sus propias responsabilidades en ningún momento. Su línea de defensa fue basada en el íntimo convencimiento que tuvo de que actuaba en la creencia de que el Rey respaldaba su actuación, por haberlo creído entender a través del general Armada, aunque nunca por el mismo Rey. Condenado a 30 años de prisión, se negó a solicitar el indulto o la excarcelación, pese a haber cumplido los setenta años, y prohibió a sus amigos o abogados que solicitasen cualquier gracia en su favor, por considerar que no había delinquido. Como capitán de un barco naufragado, quiso ser el último en abandonarlo. Sin embargo, el primero de julio de 1990, cuando contaba setenta y cinco años, se le concedió forzosamente la libertad condicional después de casi nueve años y medio de reclusión. El teniente coronel Tejero continuaba privado de libertad.

sas, la incertidumbre ante una columna de camiones militares transportando tropas, sin saber si simplemente van de maniobras, o si algún Torres Rojas o algún Pardo Zancada intentan una de las suyas. Durante siete años, Suárez y Calvo-Sotelo gobernarán mirando por el rabillo del ojo las reacciones del estamento castrense ante cada nuevo paso de la andadura democrática. Durante siete años, cada vez que ETA o el GRAPO asesinen a un guardia civil o a un militar, cada vez que se manche de sangre un uniforme, el dolor y la indignación se entremezclarán con una inquietante sensación de zozobra: antes, quizá, que rezar por los muertos, querremos conocer los "estados de opinión" de los cuarteles, el "grado de crispación" registrado en el entierro de las víctimas. Durante siete años se diseñan golpes de Estado,blandos, duros, cívico-militares, de tenientes generales, de coroneles, a la turca, a la griega, a lo De Gaulle, a lo Brumario. Se diría que vivimos una larga y tensa espera, sembrada de conspiraciones para la rebelión, mantenidas al pil-pil "hasta que el guarismo muertos y el guarismo parados rebasen el listón de la paciencia militar", según frase muy expresiva de la época.

Comunismo, separatismo y terrorismo son las tres bestias negras que mantienen a los militares al acecho y en posición de "¡monten armas!"

Contra Suárez y Gutiérrez Mellado. Los militares no quieren a Suárez. Esperaban de él que fuese "más de derechas", "menos componedor de consensos" y "más enérgico gobernante". Los militares no quieren a Gutiérrez Mellado. Le consideran un "traidor, izquierdoso y masón". Y abominan de su política de ascensos, ciertamente cribadora y selectiva, con la que pieza a pieza van quedando neutralizados o situados en puestos inoperantes los coroneles y generales más aferrados al búnker y más solicitados por la tentación golpista. Los militares no quieren el Estado de las Autonomías. Ni los sindicatos. Ni los partidos. Ni la amnistía política. Ni el regreso de los exiliados Carrillo, Leizaola, Tarradellas, Irujo, Ajuriaguerra, Alberti, Líster... Ni una Constitución que consideran "un engendro ateo, marxista y rompedor de la unidad de la Patria".

A mediados de septiembre de 1977 se reúnen en Játiva (Valencia), discretamente y vistiendo de paisano, los tenientes generales De Santiago y Díaz de Mendivil, Alvarez-Arenas, Coloma Gallegos, Milans del Bosch, Prada Canillas y el almirante Pita da Veiga. Ya entonces y allí se acuerda "proponer al Rey la formación de un Gobierno de salvación nacional, que presidiría un teniente general de prestigio". Si el Rey no aceptaba esta propuesta, la alternativa sería más dura: exigir la dimisión de Suárez y la disolución de las Cortes, por un mínimo de dos años, "para reconducir la inadmisible política separatista, orquestada por unos políticos que vienen a hacer tabla rasa del pasado régimen de Franco, y consentida por un Gobierno débil". Es de notar que hace tan sólo tres meses que se han celebrado las primeras elecciones populares, se han formado las Cortes Constituyentes (la presencia de Dolores Ibarruri en la "mesa de edad" es para muchos franquistas un suceso indigesto y provocador), y aún no han comenzado los trabajos constitucionales. Pero el gran mudo ya se agita. Ese frente militar reacio al cambio se aglutina con el frente civil de una extrema derecha muy activa en ese otoño del 77: Blas Piñar, Juan García Carrés, José Utrera Molina, Enrique Thomas de Carranza, Gonzalo Fernández de la Mora, José María de Oriol y Urquijo, Alfonso Fierro, Jesús Florentino Fueyo Alvarez... Se suceden reuniones en las que va perfilándose un plan de apoyo cívico ante un previsible golpe militar. Plan que se bautiza con el pomposo nombre de "Los cien mil hijos de San Luis". La idea es conjuntar la acción de cien mil personas, procedentes del viejo sindicalismo vertical, de la Confederación de Ex combatientes, del Movimiento y de la Falange, para contar con una red diseminada en "posiciones clave" de ministerios, ayuntamientos, periódicos, emisoras de radio, centrales telefónicas, servicios de correos y telégrafos... y "para neutralizar a la izquierda, cuando la intervención militar se produzca". Se preparaba un pronunciamiento y una acción de fuerza.

Los militares no quieren a Suárez -esperaban "que fuera más de derechas"- ni a Gutiérrez Mellado por ser "traidor, izquierdoso y masón"

La contraofensiva se produjo, desde La Moncloa, con tacto y por sorpresa: Gutiérrez Mellado jugó ahí un inteligente ajedrez de repentinos cambios de destino y ascensos de generales demócratas y leales al Rey. Destaco sólo tres cambios relevantes: Gabeiras se convierte, de la noche a la mañana, en jefe del Estado Mayor del Ejército (JEME); Quintana Lacacci es nombrado capitán general de Madrid (I Región Militar); Pascual Galmés sustituye a Milans del Bosch en el mando de la División Acorazada Brunete, auténtico cinturón blindado de la capital de España. Los servicios de información militar habían alertado a Gutiérrez Mellado sobre la reunión de Játiva y de la presencia en ella de Milans. Quitarle ese peligroso "juguete acorazado" era, cuanto menos, prudente. Como lo sería, un par de años después, despojar del mando de esa misma División a su nuevo jefe, teniente general Torres Rojas, tras saber -vía CESID- que allí, en la DAC Brunete, se vienen celebrando reuniones de jefes de Estado Mayor cuyo denominador común es un fuerte rechazo al sistema democrático de partidos y a las autonomías. Precisamente, Torres Rojas se dedicará a organizar -procurando no llamar la atención- pequeños contingentes patrulleros para el control simultáneo de puntos neurálgicos de Madrid. Incluso, vehículos blindados llegarán a efectuar recorridos por el llamado "cinturón rojo" ("interland" industrial), las periferias de accesos y salidas de la ciudad. Y ello en fechas próximas al referéndum del Estatuto de Guernica. ¿Razón? Por las salas de banderas, bares de oficiales y despachos de acuartelamientos corre el rumor de que "los abertzales con el Estatuto no tienen ni para abrir boca: de ahí pasarán a proclamar la independencia de Euskadi". Hay constancia de ese estado de opinión "con preocupación y alarma" en la DAC Brunete; en la Brigada Paracaidista de Alcalá de Henares; en las divisiones de Infantería y Motorizada Maestrazgo, de Valencia; en la Mecanizada Guzmán

Perfil/ *Alfonso Armada*

Un dudoso servicio al Rey

Joaquín Bardavío

Aunque amigos y compañeros, los generales Milans del Bosch y Armada tienen un talante muy diferente. Al impulsivo carácter legionario del primero, Alfonso Armada siempre ha presentado un carácter reflexivo, diplomático e incluso florentino. Armada, también hijo de militar y cinco años más joven que Milans, procede de la Academia de Transformación y su vocación por las armas nace en la Guerra Civil, en la que se inició como alférez provisional.

Quienes conocen su trayectoria vital conceptúan su infancia y juventud como modélicas. Hombre religioso, volcado en la familia, ha tenido diez hijos. Aristócrata de antiguo linaje, es marqués de Santa Cruz de Rivadulla, título que data de 1683. Entró a formar parte del profesorado del Príncipe don Juan Carlos en 1955 con el fin de prepararle para su ingreso en la Academia General Militar por sugerencia u orden del teniente general Duque de la Torre, en aquel año nombrado preceptor de quien luego sería sucesor a la Jefatura del Estado. Después de dos años en la Escuela Superior de Guerra de París y de varios en la secretaría de tres ministros militares, donde desarrolló su amistad con Sabino Fernández Campo, fue ayudante del Príncipe hasta que en 1965 recibió el nombramiento de secretario de su Casa. Preocupado por su carrera militar, dejó el cargo para atender su empleo de general de Brigada de Artillería y, cuando el Príncipe es proclamado Rey en 1975, es nombrado secretario general de la Casa de Su Majestad. En 1977 retoma su carrera y dos años después asciende a general de División. Pronto es destinado a Lérida como gobernador militar y jefe de la División de Montaña Urgel. A principios de febrero de 1981 se le nombra segundo jefe del Estado Mayor del Ejército. A los pocos días se le involucra en el intento de golpe de Estado. Después de tantos años de proximidad, tenía la confianza del Rey. Alfonso Armada niega su participación y basa su defensa en que sólo se ofreció para reconducir a última hora una situación desbordada y evitar una posible masacre en el Congreso de los Diputados. Los principales encausados -Milans y Tejero- le acusan de su implicación en el golpe. Milans del Bosch despliega ampliamente argumentos en virtud de los cuales la actitud de Armada le hizo creer que el Rey animaba y respaldaba la rebelión militar. Durante el juicio, Alfonso Armada se ve aislado por el resto de los encausados, quienes con su postura le acusan de falsedad en sus testimonios. Algunos piensan que con su compostura quiere tapar la implicación del Rey. Pero se impone el sentido común: si el Rey estaba detrás del golpe, ¿por qué no lo respaldó? Buscar sofisticadas explicaciones respecto a que a don Juan Carlos le convenía forzar una asonada para después detenerla era como decir que un ingeniero de caminos quiere agrietar una presa para demostrar que su construcción puede aguantar la presión de millones de toneladas.

La Justicia condenó a Armada a 30 años de prisión, y el 23 de diciembre de 1988 le fue concedido el indulto. Retirado a su intimidad, ha escrito un libro autobiográfico y justificativo *-Al servicio de la Corona-* en el que manifiesta su inocencia. En su pazo de Rivadulla se dedica al cultivo de flores y explota una granja de la que obtiene leche y queso. Tras una crisis cardíaca, su estado de ánimo es equilibrado y con cierto sentido del humor.

XURXO S. LOBATO

Alfonso Armada, en su pazo gallego de Rivadulla, donde se dedica al cultivo de flores.

el Bueno, de Sevilla; en la Brigada Aerotransportable de La Coruña.

También en esta ocasión estaba en marcha un proyecto golpista: la "intentona Torres Rojas". Sería una operación relámpago, con dos fuerzas de intervención inmediata y simultánea: la BRIPAC de Alcalá de Henares, con el apoyo de los helicópteros de la FAMET, que tomarían por sorpresa el Palacio de La Moncloa, mientras los blindados de la DAC Brunete ocupaban las posiciones estratégicas ciudadanas típicas de una "alerta, fase 2". Forzada la dimisión del Gobierno de Suárez, tomaría el mando un teniente general (se hablaba con insistencia de De Santiago y de Vega Rodríguez), cuyo primer acto consistiría en disolver el Parlamento, declarar ilegal el PCE y derogar los Estatutos de autonomía vasco y catalán. Obviamente, dejaría sin efecto la Constitución. Este "planteamiento ideológico" (¿...?) es el mismo que encontramos en la "Operación Galaxia" de 1978. Y el mismo que mueve a los golpistas del 23-F en 1981 y a los del 27-O en 1982.

Existía también la "intentona Torres Rojas", cuyo primer acto sería disolver el Parlamento, ilegalizar el PCE y derogar las autonomías

Reuniones en la cafetería Galaxia. Los españoles votamos en referéndum nuestra Constitución el 6 de diciembre de 1978. Pero estuvimos en un tris de no poder hacerlo. Desde dos meses antes, el teniente coronel de la Guardia Civil Antonio Tejero Molina y el capitán de la Policía Armada Ricardo Sáenz de Ynestrillas venían reuniéndose en la cafetería Galaxia, del madrileño barrio de Argüelles, con diversos -y siempre cambiantes- jefes y oficiales de distintos cuerpos y armas, para captar adhesiones y apoyos a una intentona de "putsch" inspirada en la espectacular acción del "Comandante Cero", Edén Pastora, que había tomado el Parlamento nicaragüense provocando un automático y total vacío de poder. Tejero e Ynestrillas contactan con casi un centenar de militares. Unos aceptan y se enrolan. Otros vacilan. Y otros lo desechan, por considerarlo descabellado. El comandante Vidal Francés, de la Policía Armada, después de escuchar el plan, informa por escrito a su superior jerárquico, general Timón de Lara. Este considera que el proyecto tiene cierta entidad y habla personalmente con el director del CESID, general José María Bourgon. Los servicios del CESID, en conjunción con los de información de la Guardia Civil, que dirige Andrés Cassinello, actúan con rapidez y, en cuestión de horas, entregan al presidente Suárez un "confidencial" suficientemente revelador de lo que se preparaba. La indagación se ha hecho tan a contrarreloj que, cuando detienen a los dos militares golpistas, el jueves 16 de noviembre de 1978, es exactamente el día D menos 1: la asonada "Galaxia" estaba dispuesta y a punto para tomar al asalto La Moncloa, el viernes 17, en pleno Consejo de Ministros y con el Rey ausente, en viaje oficial a México.

Ese mismo día D, Gutiérrez Mellado está en un acto castrense en Cartagena. Pronuncia un discurso ante un millar de generales, jefes, oficiales y suboficiales de los tres Ejércitos. Intempestivamente, el general de la Guardia Civil Juan Atarés grita: "¡La Constitución es la mayor mentira!" y, por tres veces y con creciente excitación: "¡Arriba España! ¡Viva Franco!". Un grupo de militares aplauden y vitorean. Gutiérrez Mellado siente casi físicamente la hostilidad hacia él. Pero tiene arrestos y con toda autoridad conmina al general: "¡Salga de esta sala! ¡Queda usted arrestado!". Y, mirando fijamente hacia el grupo que había aplaudido: "Quien esté de acuerdo con las manifestaciones del general Atarés, que salga también ahora mismo de este recinto". Y es Milans del Bosch, nada menos, quien sale con Atarés. El incidente no acaba ahí. Ambos generales volverán a la sala todavía, y el de la Guardia Civil increpará a Gutiérrez Mellado con insultos de grueso calibre: "Tú eres un traidor, un masón, un espía, un cerdo y un cobarde".

Gutiérrez Mellado advirtió que debían cesar las luchas internas en UCD porque, si no, "sepan ustedes que esto puede irse a la mierda"

El Consejo de Guerra que juzga a Atarés le absuelve sin cargos. Es una afrenta muy seria para Gutiérrez Mellado y lo que él representa: reciclar los Ejércitos de una dictadura militar convirtiéndolos en las Fuerzas Armadas de una Monarquía constitucional democrática. En esa misma línea, Tejero e Ynestrillas consiguen unas sentencias mínimas, que celebraron con champán. Para la Justicia militar, la "Operación Galaxia" no pasó de ser algo inocente y trivial: "meras conversaciones de café".

ETA golpea con saña buscando sus víctimas entre el generalato a sabiendas de que, dando ahí, desestabiliza y subvierte la marcha democrática. Cada nueva muerte reactiva la dínamo de los involucionistas. Cunden las reuniones conspiratorias. Se da aliento al golpismo desde periódicos radicales como *El Alcázar* y *El Imparcial* y desde revistas militares como *Reconquista*, *Servicio* y *Empuje*. Ayuda también el silencio connivente de los servicios de información en cuyas terminales regionales han ido situándose paulatinamente militares "duros". Siguen controlando los "servicios de inteligencia" aquellos "hombres de Carrero" que ahora son "los hombres del coronel San Martín". Las informaciones que, de abajo arriba, han de llegar hasta el ministro de la Defensa, son previamente peinadas, filtradas o claramente distorsionadas, en lo que se refiere a movimientos, reuniones, o viajes extraños de militares.

No es blandiendo precisamente un informe del SIM o del CESID, sino el ejemplar de una revista cuartelera, cuando Gutiérrez Mellado advierte al Gobierno sobre la necesidad urgente de "acabar de una vez con las luchas intestinas entre los barones de la UCD" y de "transmitir la impresión de que el Gobierno está aplicado a gobernar"... "y si no, sepan ustedes que esto puede irse a la mierda".

Era una premonición, más que un aviso. Él no tenía datos sobre la avanzada preparación de un golpe, dos golpes, tres golpes... todos los imaginables golpes, que se precipitaron y chocaron entre sí en un mismo 23-F. Ni Gutiérrez Mellado sabía. Ni Suárez. Ni Rodríguez Sahagún. Ni Rosón. Todos fueron esa tarde al Congreso. Y ¿el Rey? El Rey estaba jugando a squash.

El 23-F fue una rebelión militar

Perfil/ *Antonio Tejero*

El militar más rebelde

Joaquín Bardavío

Fue un rebelde ostensible desde que murió Franco. En 1977 estaba destinado en San Sebastián cuando el Gobierno de Adolfo Suárez autorizó la exhibición pública de la ikurriña. El teniente coronel Antonio Tejero Molina -nacido en 1932-, al mando entonces de la Comandancia guipuzcoana de la Guardia Civil, envió un telegrama con sorna al vicepresidente para la Defensa, Gutiérrez Mellado; al ministro del Ejército, Alvarez-Arenas, y al de Interior, Rodolfo Martín Villa, preguntándoles qué honores debía rendir a la bandera vasca. Los dos primeros dieron por no recibida la urgente misiva, en tanto que el tercero propuso su cese, que se ejecutó con rapidez. No debió importarle gran cosa al teniente coronel, puesto que fue enviado con el mismo rango a su ciudad natal, Málaga, donde dio orden de disolver una manifestación pacífica que había sido autorizada por el Gobierno Civil. Por aquella decisión, fue nuevamente destituido, se le abrió expediente y acabó condenado a un breve arresto domiciliario. Trasladado a Madrid, mandó la unidad de la que dependía la custodia de algunos edificios oficiales, entre ellos la Presidencia del Gobierno y el Ministerio del Interior. En ese destino inicia la llamada "Operación Galaxia", nombre debido a la cafetería donde se desarrollan conversaciones conspiratorias con el fin de intentar un golpe de Estado mediante la toma del Palacio de La Moncloa cuando estuviese reunido el Consejo de Ministros. La conspiración se desmonta a mediados de noviembre de 1978 al dar parte a la superioridad un oficial al que se pretendía captar para el secuestro del Gobierno. Juzgado junto con el capitán Ynestrillas, el teniente coronel Tejero vuelve a salir contento del trance ya que, al conocer el desenlace, brinda con cava: siete meses de arresto. En agosto de ese mismo año y en el desaparecido diario *El Imparcial*, Tejero había publicado una carta dirigida a S.M. el Rey reprobando el proyecto constitucional. Con estos antecedentes, Antonio Tejero era el militar más explícitamente rebelde del Ejército, por encima de otros que sólo escribían o se dejaban ver en actos nostálgicos del anterior régimen. Cuando el 23 de febrero de 1981 entró pistola en mano en el hemiciclo del Congreso, muchos diputados le reconocieron por las fotos que de él habían publicado los periódicos. La ordinariez de formas con las que acompañó el golpe de mano fue un acento innecesario a la gravísima situación provocada y añadió gotas de grosería a un hecho ya de por sí suficientemente incivilizado. Su rechazo a la intervención del general Armada evitó la "reconducción" de los hechos hacia la posibilidad de un "Gobierno de salvación". Cortado secamente el golpe por el Rey y con las tropas de Milans acuarteladas en Valencia, Tejero capitula sobre el capó de un coche. Condenado a treinta años de prisión, el 17 de septiembre de 1993 accedió, por disposición de Defensa, al tercer grado penitenciario, que le permite la libertad con pernocta en la cárcel, tras sentencia de la Sala Quinta del Tribunal Supremo.

ANTENA 3 TELEVISIÓN

Antonio Tejero, en el Congreso el 23-F.

consumada. No quedó en fase crisálida conspirativa. No, a diferencia de otras intentonas, incluso de alguna posterior abortada, como la que los oficiales Luis Muñoz y José Enrique y Jesús Crespo Cuspinera tenían milimétricamente diseñada sobre el papel, para hacerla estallar en la jornada de reflexión, 27-O, de las elecciones generales de 1982 que dieron la victoria al socialismo, y que de haber prosperado hubiese sido durísima y sangrienta; a diferencia de estos "golpes de portafolios", el del 23-F "golpeó". Es decir, nadie lo detectó, o nadie lo impidió. Vistas las cosas con perspectiva de años, y con el dato de que los muy diversos intervinientes difieren en sus versiones, o no coinciden, o tienen conocimientos muy fragmentarios de los hechos, se puede afirmar que ninguno de los actores conocía el guión, todo el guión. Más aún: todos resultaron aquel día chasqueados, defraudados, con sensación de haber sido engañados, de que allí faltaban o sobraban piezas, y con la sospecha cada vez más firme de que una inteligencia y una voluntad por encima de las de cada uno de ellos había movido los hilos... los hilos de un guiñol, del que ellos mismos -desde Tejero hasta Milans, y desde Armada hasta Ibáñez Inglés- habían sido muñecos manejados.

IMPROVISADA ESTRATEGIA. ¿Por qué fracasó el 23-F? Hay varias claves que explican el fracaso de esa múltiple, compleja, barroca, torpe y chapucera sublevación militar: la improvisación en la estrategia; la falta de liderazgo conocido y reconocido; las inasistencias en los apoyos logísticos apalabrados; la bochornosa factura del "tejerazo", como detonante difícilmente secundable por otros jefes militares; y la actuación del Rey, auténtica "revelación" que sorprendió a todos, empezando por los mismos militares sublevados y sublevables.

El Rey jugó en tres campos. Primero, hizo sucesivas rondas de conversaciones telefónicas disuasorias con los capitanes generales, generales jefes de divisiones y de brigadas, e incluso coroneles al mando de regimientos que ya se disponían a la movilización. No se trataba de chequear los ánimos, sino de neutralizar el efecto dominó que Milans del Bosch quería provocar utilizando el nombre del Rey como talismán. En ese "boca a boca" persuasivo, el Rey arriesgaba su autoridad. Sobremanera, cuando sólo tres de los once capitanes generales rechazaron el golpe: Quintana Lacacci, Campano y González del Yerro. Este último, por teléfono desde Canarias, explicó a don Juan Carlos: "Este golpe no es mi golpe: yo con esos locos no voy a ninguna parte".

Segundo, el Rey asumió la jefatura suprema de las Fuerzas Armadas, pero estableció que el único poder político fuese civil: el de los secretarios de Estado, presididos por Laína. Incluso, se negó en redondo a la pretensión de la JUJEM (Junta de Jefes del Estado Mayor): querían asumir el poder. El argumento del general Ignacio Alfaro fue: "Majestad, a la vista del vacío de poder, creemos que corresponde a la cúpula militar solucionar la situación creada. Tenemos ya redactado un manifiesto". El Rey desaprobó tajantemente la iniciativa.

Tercero, el Rey se enfrentó al "golpe" de modo directo, desautorizando tanto el pronunciamiento de Milans, como el asalto de Tejero, como la "solución presidencial" que Armada intentaba proponer a los diputados en el Congreso.

Y cuarto, "cortocircuitó" la asonada con su mensaje de afirmación constitucional. El Rey pronunció el mismo mensaje dos veces -un único texto, y leído de un tirón, sin cortes- mientras dos cámaras funcionaban: una grabando y otra filmando. Era una medida de fuerte seguridad por si había algún percance. Y por ganar tiempo, para evitar la tarea de montaje. Jesús Picatoste y Pedro Erquicia, de RTVE, se encargaron de este trabajo.

Un problema de liderazgo. No era cuestión de tropas, sino de jefes. Allí no hubo un jefe. Milans proponía a Armada. Armada era rechazado por Tejero. Torres Rojas no se había atrevido a arrebatarle a Juste el mando de la DAC Brunete, y estaba ya regresando a La Coruña. Pasaban las horas y no llegaba la "autoridad, militar por supuesto", ni había un "triunvirato de generales", ni se aparecía el "elefante blanco", que nunca existió. ¡Es claro que estaban señalados y avisados! Pero esa noche se esfumaron en el aire, por una simple razón: el jefe, para arriesgarse a entrar en el escenario del golpe encabezándolo, precisaba un respaldo regio... que no se dio a nadie. Faltó liderazgo, sí. Es de noche, y ya con el bando proclamado, los tanques por las calles de Valencia y el Parlamento asaltado, cuando Milans ofrece a los capitanes generales dubitativos la "solución Armada" como mercancía.

El Rey asumió la jefatura de las Fuerzas Armadas, pero estableció que el único poder político fuese civil: el de los secretarios de Estado

Si Armada era quien tenía que ir... ¿por qué Tejero le somete a "examen", sin dejarle entrar en el Congreso, pese a que conoce la contraseña "Duque de Ahumada", y no le acepta? A lo largo de los juicios militares sobre esta causa, se oyó hablar innumerables veces de un "mando bicéfalo". Pero también allí mismo se dijo que jamás en la milicia hay dobles mandos. En el Ejército sólo hay un jefe. Y todos saben quién es. Por otra parte, hay dos claves que hacen eficaz la "obediencia debida" en el Ejército: al jefe no se le discuten las órdenes; y al jefe no se le elige. La jerarquía castrense no sobreviene ni por aclamación ni por mano alzada. El jefe viene "dado", designado desde arriba. Y se le acepta aunque no se le admire. Eso funciona así. Sin embargo, en los hechos del 23-F hay una larga galería de "jefes contestados", de "jefes rechazados" y de "jefes elegidos". Por ejemplo, Pardo Zancada no obedece a Juste, que es su jefe natural. Le puentea con San Martín. Se pone a las órdenes de Torres Rojas. Y, en cambio, manda a una serie de capitanes sobre los que no tiene competencias, y elige como jefe a Milans del Bosch. Tejero no obedece a Aramburu Topete. Y rechaza la autoridad de Armada, porque "yo no acepto otro mando que el del teniente general Milans del Bosch". Igualmente, Tejero moviliza a una serie de oficiales y números de la Guardia Civil que no están bajo su autoridad, y que, obedeciéndole a él, dejan de cumplir las órdenes de quienes deban dárselas. Torres Rojas y Milans no obedecen a Gabeiras. San Martín se escaquea de Juste. Y Milans, en fin, se empeña en elegir a Armada... Está dispuesto a ponerle al frente de una rara especie de directorio, en el que Armada sería el presidente político y Milans el jefe militar. Un tremendo galimatías en el que se esgrime hasta el tedio la no muy racional doctrina de la "obediencia debida", pero luego resulta que nadie manda lo que debe mandar y nadie obedece a quien debe obedecer.

Se esgrimió la doctrina de la "obediencia debida", pero luego nadie mandó lo que debía mandar ni obedeció a quien debía obedecer

Otra causa del fracaso del 23-F: el fallo técnico, la improvisación. Una evidencia propia de nuestra latinidad: el golpe del 23- F fue un alarde de optimismo improvisador. Pese a las numerosas reuniones preparatorias que atraviesan el almanaque de 1980, llegado el día D y la hora H, los conspiradores entraron en escena sin guión, sin planos, sin una estrategia definida, sin un programa de objetivos.

Calcado a un bando de Mola. El "factor sorpresa", invocado por Tejero en esas reuniones como clave del éxito, a la postre resultó ser la clave del fracaso. Así, Milans confió demasiado en el "efecto dominó" de adhesiones sucesivas de las Capitanías. El Estado Mayor de la III Región Militar (Levante) improvisó en apenas un fin de semana -21 y 22 de febrero- el diseño y ejecución de una movilización general de tropas, llamada "Operación Turia". Y un bando declarativo del estado de excepción que, ipso facto, ponía al firmante al margen de la ley, y en contra de la Constitución, toda vez que esa declaración sólo compete al Gobierno legítimo, en Consejo de Ministros, y previa autorización del Congreso de los Diputados. El bando -calcado de otro similar del general Mola- se escribió tan apresuradamente que ni el propio Milans pudo leerlo a su plana mayor, horas antes de ponerlo en vigor, porque "no entendía la letra". Hubo órdenes -las de la "diana 2 rectificada" de la DAC Brunete- redactadas a vuelapluma e impartidas verbalmente sobre la marcha. Retenciones de tropa en sus cuarteles ordenadas por teléfono y cinco minutos antes del toque de paseo y salida del personal. Incluso esas mismas instrucciones indicaban la toma de puestos que ni eran los centros ➳

de decisión del poder civil, ni menos las sedes de mando militar. ¿Cómo nadie se encargó de "sitiar" la JUJEM, o el Cuartel General del Ejército o la Capitanía General de Madrid? Eso sí que hubiese imprimido un quiebro al "golpe". Más aún: los tres escuadrones del Villaviciosa 14, que de hecho ocuparon militarmente Radio Nacional y Televisión Española, ni sabían ni preguntaron dónde estaba la clavija CONEMRAD (Control de Emisiones Radiofónicas) que, con un solo movimiento digital, hubiese enmudecido o unificado en un solo emisor toda la radiofonía española. En fin, ¿cabe más improvisación que "olvidarse" de Telefónica? Gracias a ese olvido, Salvador Sánchez-Terán, presidente entonces de la CTNE, aunque estaba secuestrado con los demás diputados, se las ingenió para ordenar que, desde el exterior, se aplicasen a intervenir las llamadas que Tejero y su gente realizaran o recibieran en el Congreso, y a la vez, un inteligente plan de "cerco y asfixia" cortando líneas de comunicación con el exterior: sitiar al sitiador. Llegó un momento en que Tejero, para hablar con Milans, hubo de utilizar el radioteléfono del coche de Adolfo Suárez.

¿Uno, dos, o tres golpes? Pienso que el golpe del 23-F no llegó a "dar el golpe" por ocurrir precisamente el 23-F. La improvisación de Tejero, a ultimísima hora -cuando refiriéndose al comandante Cortina, del CESID, le decía a Milans "esto ya no puede esperar: hay un comandante que empuja"-, abortó el "movimiento de mayo", "golpe cerrado a la turca", inspirado en la experiencia golpista de Ankara redactada en el "Informe Quintero". A ese golpe de mayo... le faltaban al menos dos meses de espera: marzo y abril. El 23-F de Tejero se adelantó también a la "reconducción desde la distancia" que orquestaba el general Armada y que tenía como fecha inicial el 21 de marzo. Si realmente fue el CESID -a través de Cortina y de Gómez Iglesias- el que activó el detonante de Tejero y "empujó y metió prisas" en las vísperas calientes, 20-21-22, fin de semana, o el tal agente activador era un chapucero temerario, o lo que pretendía era desactivar de una vez los tres golpes que se estaban preparando el "turco", el "monarquista" y el de "los tricornios", según la jerga de los propios procesados en la Causa 2/81. En tal caso, ¡¡chapeau, mister 007!!

Europa Press

Armada (dcha.) y Aranburu Topete, fuera del Congreso la mañana del 24-F.

Los servicios de inteligencia supieron lo que ocurría cuando ya era inevitable, de modo que se optó por no evitarlo, sino precipitarlo

La absolución del comandante del CESID, José Cortina, "por falta de pruebas" siempre me ha hecho pensar que estábamos ante un agente concienzudo, que cumplió un encargo, apechó con las consecuencias "aparentes" y luego salió indemne porque tuvo la fría astucia de no dejar huellas y de buscarse coartadas para todo movimiento. En definitiva, él no estaba en ningún golpe. El jugaba un papel: de animador, enlace, activador, emisario... Dice hablar en nombre de Armada, y suministra a Tejero datos precisos de cómo y cuándo ha de asaltar el Congreso. Le fija la fecha y la hora. Incluso una hora, H más 2, para la llegada de "la autoridad militar: el elefante blanco", a quien Tejero deberá "acompañar al hemiciclo para que pueda dirigirse a los diputados". Le habla de un "mando bicéfalo, como las águilas". Y, sobre todo, le imprime prisa. ¿Para qué? Nada de lo que Cortina dijo a Tejero sucedió así, ni era así. Luego... Cortina utilizaba a Tejero. ¿Para que triunfase el golpe? Es evidente que no. No habría desorientado de tal modo al hombre cuyo papel detonante era el punto de ignición.

Entonces, ¿para hacer fracasar la intentona? El hecho verificado es que el CESID tuvo confidentes en algunas reuniones conspiratorias de Milans. También seguía de cerca el "movimiento de mayo" -el de los coroneles- y las actividades de Armada. Asimismo, se vigilaba cada viaje de González del Yerro desde Canarias a la Península. Incluso alguna vez le registraron el equipaje. Sin embargo, esos servicios inteligentes sólo tuvieron noticia del papel de Tejero y sus guardias muy a última hora. Tan tarde, que resultaba inviable el desmontaje -como se hizo con "Galaxia"- de la noche a la mañana.

El "tejerazo" era ya, más que posible o probable, inevitable. Y se optó por no evitarlo. Se decidió precipitarlo. El precipitado de una improvisación colosal donde se concitan tres intentonas golpistas, o meros fragmentos de cada una de ellas. De modo que nadie, a pesar de estar metido hasta las cejas, reconoce ese disparate como "su" golpe.

Al menos en eso tenía razón Tejero cuando decía mirando al estrado de jueces militares: "Yo quiero que alguien me explique qué pasó el 23 de febrero".

Los escenarios del golpe

En distintos puntos de Madrid capital y provincia, y en Valencia, se fraguó con intensidad la jornada del 23-F

3 LA ZARZUELA

El Rey , junto con el marqués de Mondéjar y Sabino Fernández Campo, habla con los jefes militares para ordenarles no participar y prepara su intervención televisiva.

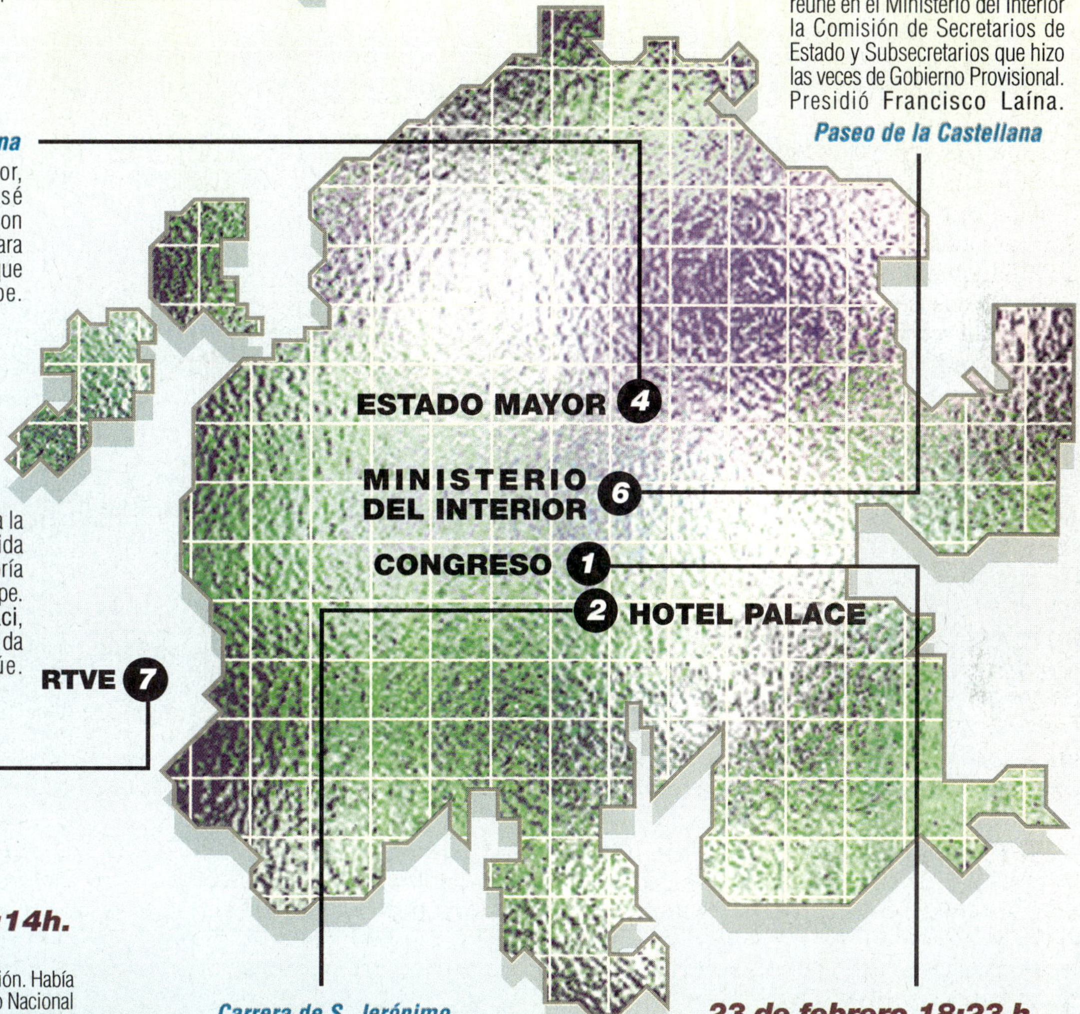

Paseo de la Castellana

El Jefe del Estado Mayor, Teniente General José Gabeiras, habla también con los Capitanes Generales para desmentir la especie de que el Rey avalaba el golpe.

Con el Gobierno secuestrado, se reúne en el Ministerio del Interior la Comisión de Secretarios de Estado y Subsecretarios que hizo las veces de Gobierno Provisional. Presidió **Francisco Laína.**

Paseo de la Castellana

5 BRUNETE

Las miradas se dirigen hacia la División Acorazada. Su salida a las calles de Madrid habría sido la consumación del golpe. **Guillermo Quintana Lacaci**, Capitán General de Madrid, da orden de que no actúe.

24 de febrero 1:14h.

Prado del Rey

El Rey no puede hablar por televisión. Había sido ocupada por el ejército. Radio Nacional emitía música clásica. Tras arduas operaciones, un equipo de TVE burla el cerco y el mensaje se emite.

Carrera de S. Jerónimo

El **General Aramburu Topete**, Director General de la Guardia Civil, instala en este hotel el "cuartel de operaciones" para desactivar el golpe.

23 de febrero 18:23 h.

Carrera de S. Jerónimo

El **Teniente Coronel Antonio Tejero**, al mando de doscientos guardias civiles, toma el Congreso de los Diputados y mantiene secuestrado al Gobierno. Es la espoleta para provocar el golpe.

8 Valencia

Es la única ciudad en la que los tanques salen a la calle.
El **General Jaime Milans del Bosch** decreta el estado de excepción y ordena el despliegue de las tropas. Se niega a obedecer al Rey y sólo depone su actitud cuando ve fracasar el golpe.

FRANCISCO J. ÁLVAREZ

•TESTIMONIO•

El golpe, en los pasill

Una experiencia personal extraída del archivo prof

La rabia, la vergüenza y la impotencia fueron sólo algunos de los sentimientos que sacudieron a quienes vivieron en su piel el golpe del 23-F. También el miedo, claro. Aunque más que un sentimiento fuera un hecho palpable, algo tan intenso que casi se podía masticar. La lucha posterior para dar la noticia completa esta personal narración sobre una de las fechas más negras en la Historia de España.

Como la gran mayoría de los que allí estábamos, en las Cortes, en la tarde de aquel día convulso y negro, yo también sentí rabia, vergüenza y mucha pena, hasta casi saltárseme las lágrimas, contemplando desde el balcón de prensa el espectáculo alucinante de un Gobierno y un Parlamento secuestrados por las metralletas de unos guardianes del orden convertidos en golpistas, encabezados por un tipo con mostacho y tricornio acharolado que, pistola en mano, empezó a gritarnos a todos, cuando eran las seis y veintidós minutos en el reloj circular del hemiciclo, hacia donde miré instintivamente, con el reflejo heredado de los años de reportero de agencia. Los bigotes y el uniforme verde identificaban sin lugar a dudas a uno de los conspiradores de la "Operación Galaxia", apenas castigada por un tribunal militar con una condena que no había siquiera llegado a lo testimonial.

Me quedé medio idiotizado, atónito desde la distancia, y luego sentí miedo, creo que mucho miedo, al estallar la ensalada de disparos. Tragando el polvo de un suelo demasiado sucio y lleno de colillas; disputando el espacio con Luis Carandell y Jordi García-Candau; con los ojos cerrados y mientras los tiros reventaban el salón y los oídos, yo llegué a convencerme, en unos segundos infinitos, de que aquel guardia nervioso que había irrumpido por la puerta de al lado estaba descargando su arma en dirección a las butacas entre las que nos apretábamos, y aguardé así un final para el que no estaba preparado.

Ya incorporado, la rabia, la vergüenza y la pena me fueron subiendo en tropel, al escuchar el otro escopetazo, el del "estense ustedes tranquilos" y "la autoridad, militar por supuesto". De modo que el sempiterno rumor no era tan descabellado, eso pensé, y España era de repente como Chile, el Chile de Pinochet, cuya capa gris había yo físicamente rozado a la salida de uno de los actos fúnebres tras la muerte de Franco... O sea que la democracia, tristísimamente, se nos venía otra vez abajo... Y empezé a verme en un "Bernabéu" atiborrado. Tan simple y trágico como cierto.

> **"En el bar, los guardias se servían ellos mismos cuanto les apetecía. El ambiente era el de una mala taberna en la que se estaba aprovechando la ausencia del dueño"**

Más tarde la pesadilla se fue suavizando. Los golpistas, para aligerar peso, liberaron a los invitados y los periodistas. La tribuna se vaciaba y no se nos mandaba concentrados a ningún estadio, así que en lugar de irme a casa o a la radio empecé a husmear por los pasillos y los despachos de un palacio que conocía muy bien y cuya nobleza tanto respetaba pero que aparecía súbitamente cutre y destartalado, como un buque fantasma abierto a todos los vientos, después de un gran naufragio.

En el viejo bar de la entrada principal, los guardias se apiñaban y disfrutaban a modo, sirviéndose ellos mismos cuanto les apetecía. El ambiente era el de una mala taberna, a la hora del desmadre, aprovechando la ausencia del dueño. Barra libre para todos, saqueo general y un lamentable olor cuartelario.

El solemne despacho del presidente del Congreso estaba también al alcance, sin cierre alguno, y desde él hice varias llamadas de teléfono. Hablé con Radio Nacional, con José Antonio Aparicio, y le conté lo que ocurría. Percibí que sus miedos eran mayores que los míos. Volví a llamarle más tarde y me dijo que Prado del Rey estaba tomado. No fue posible que me pasaran a antena o que alguien me grabara.

Me hallaba yo en el sitio justo, en el momento oportuno, pero las marchas militares pudieron más y hube de tra-

s del Congreso

Manuel Antonio Rico

Periodista. Director de "España a las 8" de RNE en 1981. Responsable de los Informativos de fin de semana de Onda Cero.

onal de las tristezas

TVE

Instante en el que Tejero habla desde la tribuna del Congreso. Sólo Suárez y el teniente general Gutiérrez Mellado siguen en sus puestos.

garme aquella crónica de guerra, desde la trinchera misma. Me sentí muy frustrado.

Seguí vagando por el Congreso, de la mano de una curiosidad tendente a la prudencia, y me encontré con José Antonio Ovies, colega de la SER, haciendo sus propias exploraciones. Juntos, nos animamos. Sabíamos ambos que, con la excepción de un representante de Fuerza Nueva, éramos para entonces los únicos periodistas presentes en el Congreso, y algo tontamente pensamos en la conveniencia de "negociar" nuestra continuidad en aquel escenario. Alguien habría de contarlo pero ni Tejero ni sus pretorianos compartían nuestro sentido de la Historia y no estaban para bromas. Acorralado como un tigre, el del mostacho se movía sin parar por el núcleo del palacio, siempre cerca de la centralita de teléfonos, su puesto de mando. Comunicaba de continuo y seguía gritando.

La "negociación", ya digo, fue un fracaso. Tejero nos miró como a gusanos, con un inmenso desprecio. A su lado, un oficial hizo un gesto preocupante con la pistola. Otro, encañonándonos, nos fue llevando hasta la salida. Ovies tiene registrada en sus notas la hora del despido: las diez y diez minutos de la noche. Fuera estaba Magín Revillo, subdirector conmigo en *España a las 8*. En la Carrera de San Jerónimo, aún desierta, había aparcados algunos autobuses extraños, donde Tejero había metido a sus guardias, en la recluta urgente de la Dirección de Tráfico, para conducirlos a las Cortes como a un rebaño. Ovies se fue a la SER y pudo explayarse cuanto quiso, a micrófono abierto. Magín y yo marchamos a Prado, a través de un Madrid desaparecido. Los golpistas se habían ya retirado de Radio Nacional pero la ocupación seguía en los espíritus. No eran horas de gloria para la libertad y el valor.

En el archivo profesional de las tristezas guardo los folios que escribí, siguiendo indicaciones previas. Unas grandes cruces, a rotulador, me recuerdan el bucle de la censura. Menos mal que, a las ocho de la mañana, pude saludar a España entera y decirle "muy buenos días, el golpe de Estado ha fracasado". No era todavía del todo cierto, pero habría de serlo.

1980

El calendario anterior, de 1979, fue publicado en el fascículo nº22

FOTOS EUROPA PRESS

Soldados iraquíes hacen el gesto de la victoria dentro de territorio iraní. Eran los primeros días de la guerra.

ENERO

Llegan a España los restos de Alfonso XIII. Los restos del abuelo del Rey regresaron a suelo español el día 19 tras 39 años de espera. El puerto de Cartagena, lugar desde el que partió el monarca hacia el exilio, fue la primera etapa de un viaje que concluiría en el panteón real del monasterio de El Escorial.

Asalto a la embajada española en Guatemala. El día 31, un incendio provocado por la policía guatemalteca acabó con la vida de 37 personas, algunas de las cuales eran campesinos que se habían refugiado en la legación. El único superviviente fue el embajador, Máximo Cajal.

FEBRERO

Referéndum en Andalucía. El "sí" a la autonomía por la vía del artículo 151 fue mayoritario ese día 28 en la Comunidad andaluza, a pesar de que UCD había pedido la abstención.

MARZO

Primer niño muerto por ETA. Se llamaba José María Peiró Carballo, tenía 13 años, y su delito aquel día 29 fue el de dar una patada a una bolsa de deportes que contenía un explosivo destinado a un guardia civil. Otro niño, Fernando García López, de 11 años, resultó gravemente herido por la explosión, ocurrida en la localidad de Azcoitia.

ABRIL

Muere Jean Paul Sartre. El padre del existencialismo falleció el día 15, acompañado por su compañera de toda la vida, Simone de Beauvoir, aunque vivía solo desde hacía meses, casi ciego y con pocos medios económicos.

Muere Alfred Hitchcock. El genial cineasta británico falleció el día 29 en Los Angeles a los 80 años de edad. Fue el autor de 54 películas que maravillaron al público de todo el mundo.

El director de cine Alfred Hitchcock.

MAYO

El PSOE presenta una moción de censura contra Suárez. El día 22, y a pesar de no contar con suficiente apoyo parlamentario, el PSOE presenta una moción de censura al tiempo que postula a Felipe González como presidente. El día 28 se llevó a efecto. El resultado de la votación fue de 166 votos en contra (los de UCD) y 152 a favor. Sólo los andalucistas apoyaron al PSOE. La Minoría Catalana, Coalición Democrática y seis diputados del Grupo Mixto de abstuvieron.

JUNIO

Muere Torcuato Fernández-Miranda. El que fue figura clave de la Transición, falleció el día 18 en una clínica de Londres tras una penosa y larga enfermedad. Tenía 64 años.

•Y TAMBIÉN•

● **EL PNV ABANDONA EL PARLAMENTO.** La falta de transferencias al Consejo General Vasco y el posible recorte de competencias en el Estatuto, fueron las causas de esta retirada temporal.

● **NUEVO DELEGADO DEL GOBIERNO EN EUSKADI.** El general Sáenz de Santamaría, inspector general de la Policía Nacional, es nombrado delegado especial del Gobierno en Euskadi tras el asesinato de 6 guardias civiles en Lequeitio.

● **NEGATIVA DE ESTADOS UNIDOS.** Al continuar las tropas soviéticas en Afganistán, Estados Unidos anuncia su negativa a participar en los Juegos Olímpicos de Moscú.

● **TRAGEDIA EN EL SALVADOR.** Un miembro de los "escuadrones de la muerte" asesina a monseñor Romero el 24 de marzo. En los funerales que se celebran una semana después, se registran 40 muertos en El Salvador.

● **BALLESTEROS SIGUE FIRME.** Tras su éxito en el Open Británico, Severiano Ballesteros, con 23 años, se mantiene firme al vencer el 13 de abril en el Masters de Augusta (EEUU).

● **EL VALENCIA, CAMPEÓN DE LA RECOPA.** Igual que lo hiciera el Barcelona el año anterior, el Valencia gana la Recopa al deshacerse del

J U L I O

Presentación del Tribunal Constitucional. Los Reyes asistieron el día 12 al primer acto público del Tribunal Constitucional. Su presidente, Manuel García Pelayo -que fue elegido el día 2-, así como el resto de sus integrantes surgieron del consenso entre UCD y PSOE.

Samaranch, nuevo presidente del COI. No hizo falta más que una votación para que José Antonio Samaranch se erigiera en Moscú como el nuevo dirigente del olimpismo mundial el día 16. De los 77 votos pertenecientes a 48 países, 44 los recibió él. Sus primeros objetivos fueron separar la política del deporte y sanear las finanzas del COI.

A G O S T O

Asesinados los marqueses de Urquijo. La madrugada del día 1 fue testigo del crimen más notorio de la democracia española. Una pistola de pequeño calibre fue el arma escogida por los criminales, uno de los cuales, Rafael Escobedo, se suicidaría posteriormente en la cárcel. Otro presunto autor, Javier Anastasio, aún sigue huido de la Justicia.

S E P T I E M B R E

Quinto Gobierno de Suárez. La crisis gubernamental causada por la tensión interna en UCD fue resuelta por Adolfo Suárez dando entrada en el Gabinete a todas las tendencias existentes en el partido, salvo la de los liberales. Destacaron las ausencias de Fernando Abril, Marcelino Oreja y Ricardo de la Cierva, así como las incorporaciones de Rodolfo Martín Villa, Fernández Ordóñez y Pío Cabanillas (día 8).

Guerra Irán-Irak. La tensión había ido en aumento desde hacía meses, pero el día 22 se desató violentamente a lo largo de la frontera que une a los dos países. El estuario de Chat el Arab, rico en petróleo, fue el principal objetivo de los iraquíes. El conflicto duró ocho años.

Instante en que los restos de Alfonso XIII son desembarcados en el puerto de Cartagena, ciudad desde la que partió hacia el exilio. A la izquierda, el ex Beatle John Lennon, y a la derecha el presidente del COI, Juan Antonio Samaranch.

O C T U B R E

Catástrofe en Ortuella. 48 niños perdieron la vida el día 22 por una explosión de gas ocurrida en el colegio donde se encontraban.

Primera película de Pedro Almodóvar. El día 27 se estrena en Madrid *Pepi, Luci, Bom y otras chicas del montón*, primer largometraje del cineasta manchego, quien se convertiría inmediatamente en uno de los estandartes de la "movida".

N O V I E M B R E

Reagan, nuevo presidente de Estados Unidos. La crisis de los rehenes en Irán fue uno de los motivos principales por los que Jimmy Carter perdió la presidencia a manos de un antiguo actor de 69 años obsesionado con la derrota del comunismo y el liberalismo económico. Ronald Reagan se mantendría en el poder durante dos legislaturas.

D I C I E M B R E

John Lennon es asesinado. Un perturbado mental llamado Mark David Chapman acabó el día 9 con la vida del ex miembro de Los Beatles cuando éste entraba en su residencia de Nueva York junto a su esposa, Yoko Ono. Chapman, quien había pedido un autógrafo al artista pocas horas antes, disparó al cantante y compositor varias veces a bocajarro, causándole la muerte de forma instantánea.

Arsenal en la tanda de penaltis.

- **Final histórica de la Copa.** El Real Madrid vence a su filial, el Castilla, por 6 a 1 en una histórica final de la Copa del Rey.
- **García Salve, condenado.** Francisco García Salve, perteneciente al PCE y a CCOO, es condenado a 6 años de cárcel por un artículo publicado en *El Imparcial* en el que criticaba el indulto real.
- **Atentado en la estación de Bolonia.** El 2 de agosto, un atentado en la estación de Bolonia (Italia) provoca 83 muertos.
- **Huelga en Marinaleda.** Más de 700 vecinos de la población sevillana de Marinaleda inician una huelga de hambre en agosto reclamando la reforma agraria.
- **Masacre en Ortuella.** 48 niños muertos es el siniestro balance de la explosión de gas que se produjo el 23 de octubre en un colegio de Ortuella (Vizcaya).
- **Muere Sa Carneiro.** El 4 de diciembre, el político portugués Francisco Sa Carneiro, jefe del Gobierno y líder de Alianza Democrática, fallece en un accidente de aviación.
- **Solicitan un canal privado de TV.** Antena 3 hace una solicitud en el Ministerio de Cultura para crear un canal privado de televisión.

Esta es una de las fotos de Barriopedro, el único fotógrafo que usó su cámara cuando Tejero entró en el Congreso y conminó a todos a echarse al suelo.

Así lo viví

Manuel P. Barriopedro

Aquella tarde del lunes 23 de febrero de 1981 supondría para mí la concesión del premio World Press Photo. Cuando el reloj del hemiciclo marcaba las seis y veintiseis minutos y el secretario de la Cámara pronunciaba el nombre del diputado Núñez Encabo, se escucharon de repente unas voces en el exterior que no eran normales ni por su tono ni por el ajetreo con que iban acompañadas.

"¡Todos al suelo!", pude oír ya más claramente. Pensé que se trataba de la localización de una bomba y alguien nos avisaba de ello. No lo dudé un instante y comencé a disparar mi cámara hacia el lugar de las voces. En ese momento irrumpieron unos guardias civiles al mismo tiempo que disparaban sus armas. Seguí haciendo fotos hasta que aquellos hombres tomaron posiciones en la sala y tuve que dejar de ¡trabajar! sin saber que aquellas fotos, doce en total, darían la vuelta al mundo como las imágenes de un golpe de Estado. Era fácil comprender que si lográbamos salir con vida, nos registrarían de arriba abajo para evitar la evidencia; por ello me escondí el carrete dentro del zapato derecho, en la cavidad que forma el puente del pie.

Serían las siete de la tarde cuando los asaltantes empezaron a llevarse fuera de la sala a los líderes de algunos partidos, mientras otros empezaron a romper sillas para sacar las tripas de los asientos y amontonarlas en la mesa de los taquígrafos. Más tarde nos enteramos de que pretendían usarlas a modo de estopa para hacer una fogata en el caso de que desde fuera cortasen la luz.

Cerca de las diez de la noche, y ante la insistencia de que nosotros éramos la Prensa, pudimos salir de uno en uno después de abandonar en lugar visible nuestras cámaras fotográficas. Pocas horas después, esas fotos estarían en las portadas de todos los periódicos del mundo, y dieciocho horas más tarde, el golpe había fracasado.

PRÓXIMO CAPÍTULO: **OBJETIVO: DEVOLVER LA FE EN LA DEMOCRACIA**

LEOPOLDO CALVO-SOTELO ESCRIBE SOBRE LOS OBJETIVOS Y LOS LOGROS DE SU GOBIERNO. EL JUICIO A LOS GOLPISTAS Y EL FINAL DE UCD.

ESCRIBEN TAMBIÉN: IÑIGO CAVERO, LUIS COSCULLUELA, JAIME LAMO DE ESPINOSA, JULIO BUSQUETS, JAVIER TUSELL.

1975-1995. Veinte años de nuestra vida

• HISTORIA DE LA DEMOCRACIA •

{CAPÍTULO 27}

EUROPA PRESS

Dos días después del golpe, el 25 de febrero, Calvo-Sotelo obtiene la investidura del Congreso. El presidente dimitido, Suárez, le aplaude ostensiblemente.

ESCRIBE LEOPOLDO CALVO-SOTELO

OBJETIVO: DEVOLVER LA FE EN LA DEMOCRACIA

Leopoldo Calvo-Sotelo se hizo cargo del Gobierno en muy difíciles circunstancias, tras un golpe de Estado y con la oposición pisando los talones a UCD, un partido ya muy dividido. Uno de sus primeros propósitos fue dar una respuesta judicial a los golpistas, como parte de su objetivo consistente en devolver a los ciudadanos la fe en la democracia, que había quedado seriamente afectada. De ello y de toda su gestión política escribe aquí Calvo-Sotelo.

Defender la libertad respetando las libertades

Leopoldo Calvo-Sotelo relata la gestión de su Gobierno tras el susto del golpe militar contra la democracia

En un texto excepcional, quien fuera segundo presidente de Gobierno de la democracia describe la gestión que realizó en medio de graves dificultades. Heredó el Gobierno tras un golpe militar y tuvo que preparar el terreno para la llegada de la izquierda al poder. Fue un período histórico breve, pero intenso y muy positivo.

INDICE

“Acaban de cumplirse quince años de mi llegada a La Moncloa. Quince años son una etapa muy importante en la vida de un hombre, como dijo Tácito y se repite desde entonces. Ortega vio en ese plazo la medida del relevo generacional; esa es la distancia que separa, con bastante exactitud, el relevo de mi generación por la de González, y el de la generación de González por la de Aznar. Tan vivo es el pulso de la política española. Por eso me parece que puedo ahora, ya “sine ira et studio”, volver la vista atrás y resumir objetivamente lo que me parece más importante de los dos años en los que fui presidente del Gobierno.

A ese ejercicio me invita mi buen amigo Justino Sinova, que más de una vez me ha lanzado a la aventura de escribir para publicar (porque escribir sin publicar ha sido ocupación habitual mía desde hace medio siglo). Volver la vista atrás no quiere decir que, inevitablemente, no baje alguna vez ➳

Leopoldo Calvo-Sotelo

Presidente del Gobierno (1981-1982) y de UCD. Ingeniero de Caminos.

GUSTAVO CATALÁN

Calvo-Sotelo con el diputado de UCD -coalición que abandonó para pasar a Alianza Popular- Miguel Herrero y Rodríguez de Miñón, en los pasillos del Congreso.

los ojos al presente para proyectar aquel tiempo -1981, 1982- sobre el que actualmente corre.

Me propongo el siguiente plan: contar primero cómo recuerdo haber visto el panorama político durante el mes en que fui candidato a la Presidencia ("in pectore" primero y oficialmente después) entre el 26 de enero y el 26 de febrero de 1981; y hacer después una síntesis de los que me parecen hechos más relevantes en los dos años cortos de mi presidencia: la inflexión de la política exterior, la ordenación del proceso autonómico y la reducción de la fractura del 23-F.

LLEGADA AL PODER

"He resumido mi estado de ánimo de entonces con la famosa frase de Maura: «A ver quién es el guapo que se hace ahora cargo del Poder»"

I.- EL PANORAMA QUE VI DESDE MI CANDIDATURA A LA PRESIDENCIA

He resumido mi estado de ánimo por aquellos días en la famosa frase de Antonio Maura: "A ver quién es el guapo que se hace ahora cargo del Poder". La frase tenía ya sentido el 26 de enero, cuando Suárez anunció su dimisión, pero alcanzaría la plenitud después del 23-F.

Desde la moción de censura que había presentado Felipe González en mayo de 1980, los políticos, los empresarios y los medios de comunicación repetían monótonamente aquello del "vacío de poder". Al estupendo artífice de la primera Transición, Adolfo Suárez, se le habían terminado los conejos de la chistera; UCD, partido de Gobierno, partido que no había llegado entonces, ni llegaría nunca, a ser verdaderamente un partido, exhibía con airado impudor las grietas de su ruina anunciada; la crisis económica, la peor desde el final de la Guerra Mundial hasta nuestros días, tocaba fondo en todas las estadísticas; la cifra de parados acababa de superar el millón y medio y nos abrumaba a todos, Gobierno y oposición, como una losa intolerable. ¡Un millón y medio de parados! El "mejor de los gobiernos de UCD", formado por Adolfo Suárez en septiembre de 1980, llegaba exhausto al final de sus 100 días de gracia.

Estando así las cosas, Adolfo Suárez nos sorprendió a unos cuantos ministros el 26 de enero diciéndonos que se marchaba; lo hizo saber al Rey al día siguiente y al país dos días más tarde, y me propuso como sucesor suyo el 29. Desaparecía así de la crispada escena política el hombre carismático, el clavillo de aquel abanico descuajeringado que llamábamos UCD. A la legislatura (viuda de Suárez, o despeñada por él) con la que yo iba a casarme, le quedaban exactamente dos años de vida; en todos los sondeos se podía leer la marea creciente del voto socialista.

¿Qué podía proponerse a sí mismo, y proponer al país, un presidente nuevo llegado a La Moncloa en esas circunstancias?

¿Resucitar a UCD? Nunca había estado viva en los tres años anteriores y era ilusorio pensar que podría levantarse de nuevo, como Lázaro, por obra de las manos, más entrañables que expertas, de su nuevo presidente, Agustín Rodríguez Sahagún. Yo, además, no era hombre de partido, no había estado nunca en la sala de máquinas "ucedea", aunque sí fuera mía la estructura inicial de la coalición que ganó las primeras elecciones legislativas. La situación de UCD parecía terminal.

¿Elaborar un programa nuevo? Con poco tiempo y menos partido, no era ni pensable.

¿Disolver las Cortes y convocar elecciones? Pío Cabanillas me lo propuso. Como una foto fija intercalada en una secuencia de cine, recuerdo su mirada al soslayo, inteligente y maliciosa, diciéndome: "Un golpe seco...". Yo no seguí su consejo, y he expuesto en otro lugar las razones que tuve y que ahora resumo. El CIS avizoraba ya la victoria del PSOE y, además, en el legado que me dejaba Suárez no estaba la facultad para hacer listas electorales. Encima, la disolución hubiera supuesto durante varios meses un real vacío de poder, añadido al virtual que ya denunciaban los medios un año antes. No disolví. Acaso fue éste mi primer error grave en La Moncloa.

¿Formar un Gobierno de coalición con el PSOE? El resquebrajado Grupo Parlamentario de UCD, un casco lleno de vías de agua, no podía abarloarse al casco sólido y joven del Partido Socialista sin riesgo de inmediato desastre.

No eran posibles esas soluciones, aunque alguna me fuese públicamente sugerida, sin previa consulta, por gentes de mi propio partido. Decidí entonces una línea de acción limitada y firme: obtener de la poca legislatura que me quedaba un avance significativo en algunas cuestiones esenciales que Adolfo Suárez me había entregado indefinidas. Singularmente en estas dos:

-El proceso autonómico, que había desbordado el cauce ambiguo del Título VIII de la Constitución, y

-El rumbo de nuestra política exterior, todavía dudoso y vacilante, pese a los esfuerzos de Areilza y de Oreja.

A estos dos propósitos se añadía, de oficio, un tercero: la creación de empleo. Teníamos un millón y medio de parados y esa cifra me quitaba el sueño.

Tales eran las líneas principales del Discurso de Investidura que pronuncié en el Congreso el 18 de enero. La Constitución ha dispuesto que la investidura sea la batalla de un hombre solo contra medio Parlamento; en los Diarios de Sesiones pueden leerse las críticas que recibí de todo el arco parlamentario; y mis respuestas a mis adversarios, uno por uno, levantándome del escaño después de cada intervención para subir incansablemente a la tribuna. Aquel fue el primer debate de investidura en la nueva Monarquía Parlamentaria; esa agotadora gimnasia a que me sometí como candidato ha languidecido luego en los sucesivos debates, convertido por la mayoría absoluta del partido gobernante en algo parecido a unas simultáneas de ajedrez en un casino de pueblo.

PRIMERA DECISIÓN

"No disolví las Cortes pues hubiera supuesto durante meses un real vacío de poder. Acaso fue éste mi primer error grave en La Moncloa"

La primera votación tuvo lugar el viernes 20 de febrero, el 20-F, para seguir la notación consagrada por la Prensa. Me dieron

Leopoldo Calvo-Sotelo

Presidente del Gobierno (1981-1982)
y de UCD. Ingeniero de Caminos

su voto 169 diputados: los 166 de UCD y 3 valientes (Areilza, Osorio y Senillosa) desgajados de Alianza Popular, cuya consigna era la abstención. Se abstuvieron también los 8 diputados de la Minoría Catalana; si el Honorable Pujol hubiera profesado entonces la devoción por la gobernabilidad que tan escrupulosamente ha practicado entre 1993 y 1995, yo hubiera sido presidente aquel 20-F con los 176 votos necesarios y suficientes en los términos de la Constitución; y el lunes siguiente, el 23-F, habría estado vacío el hemiciclo de la Carrera de San Jerónimo, como todos los lunes, sin diputados por los suelos ni guardias civiles por las alturas. Pero Pujol no creyó necesario apoyar al nuevo presidente en aquella situación de vacío de poder, a pesar de que el aire estaba lleno de asechanzas "como la vaina está llena de espada", según la imagen de Ortega, tan apropiada a unas vísperas de golpe militar. Tampoco había creído necesario Pujol servir a la gobernabilidad cuando la investidura de Adolfo Suárez en 1979. Curiosamente, apoyará desde la primera votación la de González en 1993. A lo mejor, cuando estas líneas se publiquen, sabremos ya cómo vota Pujol la investidura de Aznar.

Pero vuelvo a la mía, en la tarde infortunada del 23-F. Los diputados son llamados nominalmente a votar por un secretario de la Cámara. Cuando apenas había dicho su "no" el socialista Núñez Encabo, irrumpieron en el hemiciclo Tejero y sus trescientos guardias. En unos minutos, "puebla el Congreso el triunfo de los Guardias Civiles", como hubiera cantado ostentosamente Rubén. A la tarea difícil, normalmente difícil, que me esperaba y que antes he resumido, vino a añadirse súbitamente una dificultad nueva, anormal y extraordinaria: el golpe militar. Reducir la tremenda fractura que supuso el golpe; hacer que fueran juzgados los culpables; devolver a los españoles, doloridos y estupefactos, la confianza en las instituciones democráticas: éstos iban a ser los primeros objetivos de mi Gobierno, por delante de los que quedan dichos. Durante el largo secuestro fui pensando también que sería necesario volver a la normalidad rota sin medidas excepcionales de ningún tipo; que el Gobierno podía y debía defender la libertad respetando íntegramente las libertades, con los instrumentos normales que la Constitución pone en sus manos, sin acudir a los extraordinarios del artículo 116. Así me lo propuse, y creo que así lo hice.

II.- LA INFLEXIÓN DE 1981 EN LA POLÍTICA EXTERIOR ESPAÑOLA

Si se mira hoy la línea general de la política exterior española a lo largo de la segunda mitad del siglo, se ve que su inflexión más notable está, precisamente, en 1981.

Durante los años de Franco, el horizonte de las relaciones internacionales se limitaba a Iberoamérica y al Islam; en 1956 se añadirían unos Pactos con los Estados Unidos que consistieron en arrendar el uso de unas bases militares a cambio de protección política. Y eso fue todo.

EUROPA PRESS

Adolfo Suárez felicita a su sucesor, Leopoldo Calvo-Sotelo, tras su investidura parlamentaria como presidente del Gobierno.

Al día siguiente de morir Franco, una declaración del Conde de Barcelona inauguró una política europea nueva, por fin posible; éste era el texto: "La Monarquía, para ser útil a España, debe ser un poder arbitral que facilite la superación de la Guerra Civil, la consolidación de una verdadera democracia pluralista y nuestra plena integración en la Comunidad Europea".

Es cierto que para muchos españoles, y desde mucho antes, estaba clara la necesidad urgente de una incorporación a las Comunidades Europeas y a la Alianza Atlántica, porque quedarse fuera era quedarse en las tinieblas exteriores de "la reserva espiritual de Occidente". Así lo entendió

Areilza cuando viajaba en el primer semestre de 1976 a las capitales comunitarias "vendiendo" la nueva Monarquía. ¿Percibía con tanta claridad esa urgencia Adolfo Suárez? Probablemente no; otras urgencias mayores reclamaban todo su esfuerzo, y qué esfuerzo. Pero en su haber está la solicitud de ingreso a las Comunidades, hecha por Marcelino Oreja inmediatamente después de las primeras elecciones legislativas. Pronto sentiría Suárez como una bofetada la dureza negociadora de la Comunidad, que me tocó a mí sufrir y combatir durante cinco años, desde febrero de 1978. Porque si nuestro candor de novicios en la democracia nos había hecho esperar una recepción amable en el Mercado Común, (como la del padre al hijo pródigo, que vuelve a la casa de la libertad después de un largo exilio por los pagos de la dictadura), ya en la primavera de 1978 el feo rostro de los intereses nacionales nos hizo saber que no habría banquete ni cordero degollado, sino larga e incómoda espera a la intemperie ante la puerta de las Comunidades; espera a la que seguiría, cuando se entreabrió, una negociación interminable, llena de asperezas y de obstáculos. Una vez depositada en Bruselas la solicitud de adhesión, Adolfo Suárez fue desinteresándose, con toda lógica, de aquel frente nuevo que le aportaba sólo noticias malas de fracasos y demoras. (Una vez en tres años conseguí que el presidente fuera a Bruselas, para asistir a una reunión informal con el presidente de la Comisión, "au coin de feu", como se dice con alguna cursilería en el argot comunitario: y allí se sintió fuera de lugar, aislado por los tecnicismos de la negociación, que la barrera del idioma hacía más ásperos para él; y volvió a sus viajes iberoamericanos, sin intérpretes; y volvió al Islam -cuya lengua no importa ignorar-, logrando

POLÍTICA EXTERIOR

"España, absorta en sus problemas interiores desde Carlos III, ajena a Europa durante más de un siglo, endereza su rumbo en 1981"

que Carter le recibiera y le escuchara sobre Oriente Próximo). Volvió, acaso sin quererlo, a la línea anterior.

Yo comprendía aquel despego, y -cuando me senté en su sitio por dimisión y decisión suya- me propuse que la Presidencia, y el Gobierno, se comprometieran de manera clara con Occidente, con las Comunidades y con la Alianza Atlántica. Así lo anuncié en el mismo discurso de investidura, ante el Congreso, el 18 de febrero, el 18-F en la fórmula que se ha hecho habitual.

Cinco días más tarde, el 23-F, todo pudo venirse abajo. Y, aun recobrada la normalidad constitucional el 26-F y declarado mi propósito de mantener íntegro el programa, tuve ciertamente el temor de que no me fuera posible llevarlo a cabo. Pese a que era corta la colilla de legislatura que heredaba, y pese a las secuelas del golpe que me retenían mirando hacia adentro más de lo conveniente, pude salir con éxito del empeño gracias a la ayuda convencida y eficaz de Pérez Llorca, ministro de Asuntos Exteriores.

España, ensimismada y absorta en sus problemas interiores desde Carlos III, ajena a Europa durante más de un siglo, endereza definitivamente su rumbo en 1981 -y lo confirma años después, cuando Felipe González tiene la suerte (que le envidio más que cualquier otra) de firmar la Adhesión de España a la Comunidad, y el coraje de rectificar su grave error inicial de rechazo a la Alianza.

En torno al eje europeo y atlántico se ordenará toda la política exterior de 1981 y 1982. El esfuerzo diplomático se dedicará, preferentemente, a conseguir la entrada en el Mercado Común y en la OTAN y a deducir las consecuencias de una y otra sobre la relación con países terceros. Este esfuer-

Integro, inteligente, culto y capaz

Leopoldo Calvo-Sotelo fue presidente del Gobierno en la España democrática entre dos hombres que, por distintas razones, han dejado una huella muy profunda en nuestra reciente historia política. Pero la etapa en la que gobernó Calvo-Sotelo exigía un tipo de hombre diferente.

En los ciclos políticos que se suceden en la historia de los países hay momentos en que se hace preciso cimentar y consolidar las ideas y los logros de períodos anteriores que han supuesto vuelcos espectaculares en la vida política.

Luis Cosculluela

Abogado. Ministro de Administración Territorial en el último Gobierno de Calvo-Sotelo (julio a octubre de 1982)

Eso sucedía en la España de 1981. Los gobiernos de Suárez y el partido de la UCD habían traído la democracia a nuestro país, realizando una transición de la dictadura a un sistema de Derecho, que cristalizó en nuestra Constitución de 1978, que había resultado impecable. Pero en 1981 el panorama político español no era muy halagüeño.

La crisis de la UCD, la dimisión del presidente Suárez, las dudas sobre la forma de desarrollar el proceso autonómico y las conspiraciones militares hacían preciso que un hombre como Calvo-Sotelo guiara la gobernación de España en esa etapa.

Un presidente del Gobierno que no había liderado ninguna campaña electoral previa y que no tenía, por tanto, la aureola popular que adorna a otros. Un

EUROPA PRESS

Siendo presidente, Leopoldo Calvo-Sotelo siguió veraneando en su pueblo de siempre, Ribadeo.

Leopoldo Calvo-Sotelo

Presidente del Gobierno (1981-1982) y de UCD. Ingeniero de Caminos

en la Alianza tanto la organización (la OTAN) como los países miembros (quince en 1981) deseaban ardientemente nuestra incorporación. De ahí un chalaneo posible: yo entro en la Alianza si vosotros me dejáis entrar en la Comunidad.

El estereotipo era falso, e ineficaz por lo tanto el pretendido toma y daca. Era a España a quien convenía adherirse tanto a la CEE como a la OTAN: en eso consistía la nueva línea de nuestra política exterior y el abandono de nuestro largo aislamiento.

Empecemos por la Alianza. Los Estados Unidos veían con buenos ojos, claro está, nuestro propósito anunciado zo, que hoy parece indiscutible y razonable, fue entonces denostado y discutido por los utópicos de una España no alineada, y por los antinorteamericanos que siempre alzan su voz, desde hace medio siglo (y no por el "Maine") en el castizo cotarro español.

Todavía no ha sido corregido ni olvidado un viejo estereotipo que nunca respondió a la realidad: el del "toma y daca", según el cual entrar en la OTAN era tan fácil como difícil era entrar en la CEE, porque en la CEE algunos países miembros objetaban seriamente nuestro ingreso, mientras que de integrarnos en la OTAN. Pero no les parecía ni probable ni urgente. En cambio, les importaba y les urgía la renovación del Tratado Bilateral que vencía el 21 de septiembre de 1981.

El 9 de abril de aquel año, vino a La Moncloa el secretario de Estado Haig. Llegaba todavía confuso por haber dicho, al conocer el golpe del 23-F, que aquello era un asunto interno de España en el que no podía entrar. Empezó repitiendo sus excusas, para proponer luego que habláramos de los Acuerdos y de la OTAN, por este orden. Yo le resumí la posición española: el Gobierno tiene la firme intención de ⋙

político con mucha experiencia y actuación protagonista en la etapa de la Transición. Un hombre, en fin, que sin alardear de ello, podeía dos cualidades personales que se valoraban extraordinariamente en el partido al que pertenecía: la integridad -su especial sentido de la ética- y la inteligencia, unida a una gran cultura.

Su labor de gobierno fue importante: reorganizó los servicios de información militar, al mismo tiempo que se llevó a cabo la depuración de responsabilidades de los implicados en el golpe militar; incorporó España a la OTAN; aceleró las negociaciones con las Comunidades Europeas en orden a la posterior entrada de España como miembro de las mismas; consolidó el Estado autonómico, generalizando la extensión de un régimen de autonomía de naturaleza política y no simplemente administrativa a todas las Comunidades Autónomas; y, sobre todo, siguió manteniendo una política de libertades y tolerancia que había sido la nota distintiva de los anteriores gobiernos de la UCD bajo la presidencia de Suárez.

GARANTIZÓ LA CONTINUIDAD DEMOCRÁTICA. Toda esa labor no es, no puede ser, un "eslabón perdido", o mejor, olvidado en la reciente Historia de la democracia española. El fulgurante brillo político de su predecesor y la popularidad de su sucesor en la Presidencia del Gobierno no pueden oscurecer el brillo personal de un político que no pudo ser líder de su propio partido político pero sí supo gobernar España en unos años muy difíciles que por su acción no sólo pudieron superarse garantizando la continuidad democrática, sino que contribuyeron decisivamente a consolidar nuestro modelo de Estado.

Finalmente, no quiero dejar de referirme al hombre, sin connotaciones políticas. Adivino que es tímido, y muy intransigente con la tontería y la pura chapuza, lo que le hace parecer a veces distante y algo soberbio; y, en cambio, en sus relaciones personales es un hombre cordial, amable y con un fino sentido del humor.

Calvo-Sotelo es, efectivamente, un hombre íntegro, inteligente, culto y capaz, que supo poner sus extraordinarias cualidades personales al servicio de una labor importante y decisiva en la etapa histórica que le correspondió gobernar.

incorporar a España a la Alianza y no duda en conseguir el apoyo de una mayoría parlamentaria. En cuanto al Tratado Bilateral, la situación difiere radicalmente de la vigente cuando la última renovación: España es ahora una Monarquía Parlamentaria y se propone entrar en una alianza multilateral con los Estados Unidos. Si desde 1956 el Acuerdo Bilateral consistía, por nuestra parte, en arrendar el uso de unas bases a cambio de protección política, ahora aspirábamos a un Tratado entre aliados que fijara los términos de una cooperación más amplia, no sólo militar; la diferencia política debía traducirse, además, por una diferencia económica en las cláusulas del arriendo; porque ya no necesitábamos comprar ni pagar protección política. Como no parecía fácil completar el proceso de entrada en la OTAN antes del vencimiento del Tratado, sería preciso arbitrar un acuerdo-puente que prolongara en sus términos el que vencía, hasta que España adquiriese formalmente la condición de país miembro de la Alianza.

ADHESIONES

"Adherirse a la CEE y a la OTAN: en eso consistía la nueva línea de nuestra política exterior y el abandono de nuestro largo aislamiento"

Haig veía muchos inconvenientes a esa propuesta, y se amparaba en una vieja excusa: que Reagan tenía que convencer a los congresistas y a los senadores. "Mejor será renovar los Acuerdos como siempre, y luego ya veremos", vino a decirme Haig. Mi respuesta fue muy sencilla: "Ahora también el Gobierno español tiene, por primera vez en los 25 años de nuestras relaciones, un Parlamento al que convencer". Realmente me pareció que no había pensado en tan evidente argumento.

El entusiasmo por nuestra incorporación estaba mucho más claro en otros aliados (Gran Bretaña, por ejemplo) pero se convertía en oposición resuelta para algunos, como Holanda y Grecia, curiosamente gobernados por socialistas. Otros, como Portugal e Italia, veían nuestra entrada con el recelo propio de los comensales ante un recién llegado que quiere sentarse a su mesa, en la que ya están las sillas, y los manjares (que alguno hay), atribuidos.

En este complicado tablero se movió con agilidad y eficacia Pérez Llorca; la última dificultad fue la de Papandreu, a quien tuve que visitar en el mes de abril para traerme su promesa confidencial de que Grecia daría su conformidad en último lugar, cuando ya la hubieran dado los 14 miembros restantes de la Alianza.

Los debates parlamentarios, duros y dilatados por un hábil filibusterismo del PSOE, terminaron en noviembre de 1981 con una votación ampliamente favorable a la Alianza (186 contra 146 en el Congreso, y 106 contra 60 en el Senado). El 9 de junio de 1982, España fue recibida por el Consejo Atlántico como miembro número dieciséis.

Los gobiernos socialistas, después de sus dudas iniciales, han mantenido nuestra presencia en la OTAN con el mohín poco relevante de no pertenecer a la estructura militar integrada. Felipe González cantó la palinodia y se convirtió al atlantismo en 1986, practicando a partir de entonces su nueva religión con el ardor, el fervor y, a veces, también el candor propio de los conversos. Tanta piedad le valdría sus mejores éxitos internacionales, coronados al final con el premio de la Secretaría General de la OTAN para su segundo, Solana. Recibí la noticia del nombramiento con alborozo, que hice saber al nombrado; en primer lugar, por aquello que antes se llamaba patriotismo; y luego porque no había soñado nunca un elogio tan cumplido a la política exterior de mi Gobierno como esta elevación de un viejo socialista antiatlántico a los altares de la Alianza.

Fuera del ámbito atlántico hubo que cuidar a los países del Magreb y a la OUA. Marruecos podía temer de nuestra entrada en la Alianza una pérdida de peso en sus relaciones con los Estados Unidos; y los países más radicales de la OUA agitaban ante la opinión internacional el infundado peligro de unas futuras bases OTAN en las Islas Canarias, con sus armas (tal vez nucleares) apuntando al corazón de Africa. Sobre tan delicados puntos se dieron diplomáticamente las seguridades suficientes.

Una cuestión paralela, que se podía complicar con el invento de las bases, era la pretendida africanidad de las Canarias, todavía viva entonces, con la amenaza de un nuevo recurso al Comité de los 24 de las Naciones Unidas. Una singular gestión alejaría definitivamente aquella maniobra a finales de 1982.

Tuvieron menos éxito los esfuerzos de mi Gobierno para vencer la resistencia de Francia a nuestra entrada en el Mercado Común. La cuestión me afectaba personalmente, porque me había pasado tres largos años negociando: Giscard había lanzado un veto de hecho a la incorporación de España en un discurso preelectoral que pronunció el 5 de junio de 1980, día de la Fête Dieu; temía Giscard que una pérdida de votos agrarios en el suroeste diera la vuelta a su victoria mínima de 1974 sobre Mitterrand; y así fue, porque perdió las elecciones en mayo de 1981. Los sucesivos gobiernos de Mitterrand serían más favorables a España en este punto, y en el muy sensible de la lucha antiterrorista. Sobre todo, el Gobierno de cohabitación Mitterrand-Chirac.

Pese a los enredos dilatorios de Francia, mi Gobierno pudo entregar al de Felipe González en 1982 una negociación con 6 capítulos cerrados y 7 muy avanzados de un total de 16 que comprendía. (Raimundo Bassols acaba de publicar un excelente libro con la historia completa de las negociaciones, que se titula *España en Europa*, en el que se cuentan con rigor y con detalle nuestros éxitos y nuestras decepciones; puede verse el resumen de la entrega en la página 276).

LA OTAN

"Nunca había soñado un elogio tan cumplido a la política de mi Gobierno como la elevación de un viejo socialista antiatlántico a los altares de la Alianza"

Ya he contado en otro lugar que el 29 de marzo de 1985, cuando pasaba yo en tránsito por París camino de las elecciones de El Salvador, con un grupo de observadores europeos, mi antiguo jefe de Gabinete, Pablo Benavides (entonces en la Embajada bilateral), me recibió diciéndo-

Leopoldo Calvo-Sotelo

Presidente del Gobierno (1981-1982) y de UCD. Ingeniero de Caminos

me: "El presidente del Gobierno quiere hablar contigo". El presidente llamaba para darme la noticia de que habían terminado con éxito las negociaciones con la CEE y para invitarme a celebrar el acontecimiento con una cena en La Moncloa esa misma noche. Le dije dónde estaba y adónde iba. Amablemente insistió: "Deja El Salvador y vente a la cena". Le di las gracias con una gota de ironía: "Presidente, cuántas vueltas da la política. Hace tres años ibas tú con frecuencia a América Central y me reprochabas mi exagerado europeísmo; ahora me invitas a cenar contigo para celebrar la entrada de España en el Mercado Común, y yo voy camino de unas elecciones en El Salvador. Así son las cosas de la oposición y del poder". Y seguí mi viaje.

EUROPA PRESS

Calvo-Sotelo con su mujer, Pilar Ibáñez Martín, y dos de sus hijos, hace años.

Se me ha reprochado, y no sólo por Felipe González, una falta de atención durante mi presidencia a los problemas de Iberoamérica. Es verdad que el acento de nuestra política exterior se puso en la adhesión a las Comunidades Europeas y en la Alianza Atlántica, como ya he dicho, pero no es justo deducir que se olvidase la política americana, aunque sí, tal vez, que esa política perdió el acento protagonista de las décadas anteriores. Nos preocupaba especialmente en 1981 y en 1982 que los países de habla española vieran nuestra incorporación a las Comunidades Europeas y a la OTAN como un desaire a nuestros lazos tradicionales con ellos, casi como una traición. La política agrícola de la Comunidad era un obstáculo grave para las exportaciones americanas; la política comercial había acogido como área más favorecida la de los países ACP (Africa, Caribe y Pacífico), donde están muchas de las que fueron colonias de Francia y Gran Bretaña, pero no existía en 1981 ninguna relación preferente con Iberoamérica, hasta el punto de que las relaciones comerciales Iberoamérica-Comunidad se habían reducido, en porcentaje, a menos de la mitad desde 1957. La diplomacia española se esforzó en explicar a aquellos países que España no podía quedarse fuera de la Comunidad y que, desde ella, intentaría conseguir un tratamiento más favorable para los países iberoamericanos. Los hechos han venido a confirmar aquella esperanza con el acuerdo Unión Europea-Mercosur, que aún tiene, ciertamente, que probar su eficacia en las estadísticas comerciales.

MERCADO COMÚN

"Pese a los enredos de Francia, mi Gobierno pudo entregar al de González en 1982 una negociación con 6 capítulos cerrados y 7 muy avanzados"

Por otro lado, la incorporación de España a la OTAN entraba en resonancia con el recelo hacia los Estados Unidos que es perceptible desde el Río Grande hasta la Patagonia.

La guerra de las Malvinas puso también en contradicción aparente nuestra fidelidad a Iberoamérica y nuestra solidaridad con las Comunidades. Una frase mía (desafortunada por demasiado redonda) que aludió a la guerra de las Malvinas como algo "distinto y distante" se esgrimió por la oposición y la Prensa contra el Gobierno. La frase se había sacado de su contexto (que era un acto electoral y al aire libre en San Roque, a la vista de Gibraltar), donde un periodista patriota me lanzó una exhortación propia del alcalde de Móstoles: "Vamos a por ellos". Ellos eran, naturalmente, los ingleses del Peñón. Yo le dije que las circunstancias históricas y geográficas de una y otra colonia eran muy diferentes: y de ahí salió lo de la diferencia y la distancia. El revuelo duraría poco en Buenos Aires, porque la opinión argentina se volvió dos meses más tarde contra Galtieri.

La guerra de las Malvinas rompió las conversaciones sobre Gibraltar. Yo había estado en Londres con Margaret Thatcher el 8 de enero de 1982: la "Declaración de Londres" que resultó de aquella entrevista seguía el camino de la de Lisboa, y confirmaba el compromiso británico de abrir negociaciones en el mes de abril siguiente sobre todas las cuestiones pendientes.

Al preparar el borrador del texto con la señora Thatcher, le recordé: "Todas las cuestiones quiere decir que también trataremos la cuestión clave de la soberanía"; y ella respondió: "Así es. Pero si quiere usted citar la palabra soberanía yo tendré que repetir nuestros compromisos con la población de Gibraltar". Yo preferí entonces dejar las cosas como estaban en el borrador. (En 1983, negociadores socialistas presentaron como un avance la fórmula que yo rechacé. "Piétiner sur place", que dicen en Francia).

El pequeño paso adelante que suponía el adjetivo "todas" trajo algunas com- ⋙

plicaciones parlamentarias a Lord Carrington, ministro de Asuntos Exteriores; el equivalente británico a nuestro Diario de Sesiones recoge la versión objetiva y clara que dio de la entrevista el ministro inglés.

III.- LA ORDENACIÓN DEL (ENTONCES) CONVULSO PROCESO AUTONÓMICO.

El propósito de ordenar el proceso autonómico está anunciado en mi Discurso de Investidura y, por lo tanto, es anterior al golpe militar. Hago esta precisión cronológica porque se ha repetido mucho que mi decisión de intervenir en el ámbito autonómico fue consecuencia del 23-F. Mis inquietudes eran más antiguas. La inevitable ambigüedad del Título VIII de la Constitución había producido en 1980 una situación confusa que a mí me afectaba ya como ministro negociador con el Mercado Común, y mucho más cuando fui vicepresidente del Gobierno para cuestiones económicas. La preocupación no era sólo del Gobierno, o de su partido: también la oposición participaba de ella. El socialista Carlos Solchaga describía así el estado de la cuestión en el Congreso de los Diputados:

LA LOAPA

"El Tribunal Constitucional vino a sentar que eso que decía la LOAPA no estaba mal dicho pero que no podía decirlo el Parlamento"

"Desde diciembre de 1978... hasta julio de 1981... el proceso de construcción del Estado de las Autonomías resultó ser un camino tortuoso y... cada vez más erizado de peligros... (Existían) dudas razonables sobre si el tema se había llevado de la mejor de las maneras posibles o si, por el contrario, las concesiones habían predominado sobre los acuerdos libremente alcanzados... La LOFCA y los Conciertos Autonómicos, con las leyes complementarias sobre la cesión de tributos, (la) valoración de servicios y (la) determinación del cupo estaban todavía sin acabar de tramitarse y añadían tensiones adicionales al ya difícil y poco ordenado proceso de asunción de competencias y transferencias de servicios... Los Estatutos de Aragón y Baleares estaban empantanados (en julio de 1981)... Persistía el problema segoviano en la Comunidad de Castilla-León, y el madrileño en la de Castilla-La Mancha; los problemas específicos de la Comunidad Canaria parecían insalvables, y los problemas lingüísticos y de otra naturaleza amenazaban encrespar el proceso autonómico del País Valenciano. Y lo que es peor de todo esto, no existía un mapa autonómico, ni una

Casi del Renacimiento

Jaime Lamo de Espinosa

Ingeniero agrónomo y economista. Ex ministro de Agricultura (1978-1981) y Adjunto al Presidente Leopoldo Calvo-Sotelo (1981-1982)

Leopoldo Calvo-Sotelo fue junto con Adolfo Suárez, en otro orden y en otra dimensión, "el" hombre de la Transición política. Y lo fue porque su presencia llenó, en todo momento, aspectos claves de aquella transición. Incorporado al primer Gobierno llamado inicialmente de "penenes", era evidente que a Calvo-Sotelo tal calificativo no le cuadraba. Es más: puede que no le hubiere cuadrado ni en sus años mozos. La gravedad exterior, la severidad de rostro de Calvo-Sotelo constituye uno de sus rasgos más característicos, aunque pronto, todo aquél que se le acerca descubre tras esa severidad una ironía galaica y un sentido del humor británico.

Ministro de Comercio, primero, y de Obras Públicas después, con mando en plaza y placeado, en sentido taurino, por sus experiencias anteriores profesionales, empresariales o en RENFE, Calvo-Sotelo pronto se convierte en imprescindible. Por eso, cuando llega el momento de que alguien abandone el Consejo de Ministros para ordenar y encauzar toda la savia nueva que llenaba la UCD, Adolfo Suárez, con todo acierto, pide a su "alter ego", Leopoldo, que abandone el Gobierno, se instale en el partido y desde allí ordene con el método y la elegancia que le caracteriza el aspirantazgo a "ser" de muchos que ya "eran", pero en otras latitudes. Aquella acción y la dirección de la campaña electoral de 1977 se saldan con indudable éxito.

Y el triunfo electoral abre la necesidad de que España se sume rápido a la, entonces, Comunidad Europea. Se acuerda crear un Ministerio de Relaciones con las Comunidades y se barajan nombres para el que entonces se llamaba "Mister Europa". En esa lista figuramos algunos, los ha recordado con acierto en reciente e interesantísimo libro de Raimundo Bassols. Pero, sin lugar a dudas, la "integral de dotes", como diríamos los ingenieros, otorgaba la primacía a Leopoldo Calvo-Sotelo. Había sido ya ministro dos veces, conocía bien el mundo europeo, era capaz de citar a Shakespeare, a Lamartine, a D'Annunzio y a Hegel en sus lenguas respectivas, sin asomo de duda... y si necesario fuera, también de inventar la cita que le conviniera, pero con tal aplomo que nadie dudaría de la autenticidad de la misma. Además, una prodigiosa y peligrosa memoria, una metódica anotación de fechas y frases (recuerdo sus cuadernos en la Comisión Delegada de Asuntos Económicos y en Moncloa, donde anotaba todas sus conversaciones) y un buen equipo de colaboradores (entre los que destacaron Matías Rodríguez Inciarte, Luis Sánchez Merlo y Eugenio Galdón) le hicieron el hombre preciso para la función adecuada.

Su paso a la vicepresidencia económica se lleva a cabo en un momento sumamente difícil. Desconfianzas entre Gobierno y sectores sociales, empeoramiento de índices macroeconómicos, censura constante del

Leopoldo Calvo-Sotelo

Presidente del Gobierno (1981-1982) y de UCD. Ingeniero de Caminos

distribución clara de cauces y techos de competencias que nos permitieran a unos y a otros vislumbrar el final del proceso en el que nos habíamos embarcado". (Diario de Sesiones del Congreso nº 251, de 30 de junio de 1982, págs. 14836-7).

Hago mío este resumen de uno de los hombres más lúcidos entre los que ocupaban los bancos socialistas. Como hombre yo de UCD sentía sobre mí una responsabilidad especial, puesto que a los sucesivos gobiernos de UCD en los que fui ministro había correspondido la tarea de conducir el desarrollo del Título VIII. Yo no podía asistir desde la Presidencia del Gobierno a aquel desconcierto sin tomar medidas para remediarlo. Con la colaboración de Rodolfo Martín Villa, Rafael Arias Salgado y Gabriel Cisneros, entre otros, elaboré un plan que luego propuse al secretario general del Partido Socialista, Felipe González, porque la empresa necesitaba un consenso que había de asentarse sobre el acuerdo entre los dos mayores partidos.

En diálogo con Felipe González formé una Comisión de Expertos y ofrecí la presidencia a Eduardo García de Enterría, de quien recordaba textos muy precisos sobre la ardua cuestión autonómica. La Comisión redactó un informe y de él se extrajeron los que se llamarían Acuerdos Autonómicos. Aunque fueron invitados también los demás partidos, a la hora de la verdad los Acuerdos sólo recibieron la firma de Felipe González y la mía.

Los Acuerdos cerraron la confusa situación abierta por la difícil negociación de los Estatutos Vasco, Catalán, Gallego y Andaluz (y que tan concisamente resumió Solchaga), fijaron el Mapa Autonómico y permitieron la elaboración pacífica y armoniosa de los 12 Estatutos pendientes en aquella fecha.

Los Acuerdos se plasmaron en un texto largo (110 páginas de un libro en cuarto menor, editado por la Presidencia del Gobierno) y minucioso, que comprende Acuerdos Político-Administrativos y Acuerdos Políticos en Materias Económicas y Financieras. En el área primera, además de fijarse el Mapa Autonómico (hoy vigente), se proponen criterios sobre elaboración y tramitación de los doce Estatutos pendientes, sobre competencias y transferencias, sobre los órganos de representación y gobierno de las Comunidades Autónomas y sobre las Diputaciones Provinciales, todos ➳

PSOE hacia los sucesivos Gobiernos de UCD, divisiones internas, etc. obligan a Adolfo Suárez a introducir un giro en la orientación política y en los modos de relacionarse con los agentes sociales y, puede, que incluso con él mismo. Y elige a Calvo-Sotelo. Poco va a durar esa etapa y bien sabe Dios que por razones bien ajenas a Calvo-Sotelo, el cual trata por todos los medios de impedir la dimisión del presidente Suárez. Un presidente cansado, reflexivo, que se siente abandonado por muchos próximos y otros lejanos, por tantos a los que ayudó y quería lealmente y ni comprenden la grandeza de su obra ni tratan de entender una política que enfrenta el posibilismo histórico al determinismo, o más bien diría, al fatalismo histórico, a la inevitabilidad de los acontecimientos. Y sin coacciones ni amenazas, pese a tanta leyenda, sólo con el suave perfume de una conversación con su superior amigo al que profesa un real afecto, deja el timón del Gobierno en manos del marino de Ribadeo, su amigo y vicepresidente Calvo-Sotelo.

Pronto, muy pronto, se verá que ya el Gobierno no goza de apoyos suficientes en el Congreso. Yo era su portavoz y veía, día a día, las inmensas dificultades de cada tarde para superar con éxito -lo que hicimos- las más difíciles votaciones. Finalmente, Calvo-Sotelo convoca elecciones. Yo fui uno de los que aconsejó su celebración. Las Cortes no podían reabrirse en septiembre salvo que se quisiera mostrar un grave espectáculo de ósmosis política de un grupo parlamentario. Y 1982 marcó el final de la UCD, prácticamente, pues el Grupo que sobrevivió fue muy escaso. Pero no el de Calvo-Sotelo, una de cuyas mejores piezas oratorias fue la pronunciada en aquella legislatura frente a González, en un discurso, cuya frase "... herencia por herencia, Sr. González, la suya parece la mejor..." devolvió la dignidad y el respeto de ya muchos antiguos miembros de la UCD individualmente y por el partido al que pertenecimos.

Pero su obra quedó en la Historia. Cuando deja Moncloa, el golpe del 23-F estaba ya desmontado y resuelto por la justicia, la economía tenía bases más sólidas, la transmisión de poderes al partido vencedor fue ejemplar, España formaba parte de la Alianza Atlántica y estaba ya en la senda la CE... España estaba en su sitio.

En resumen, estamos en presencia de un hombre que ha sido varias veces ministro, vicepresidente y presidente con indudables éxitos a sus espaldas, que ha logrado crear a su alrededor una familia extraordinariamente feliz (con una mujer, Pilar Ibáñez-Martín, cuya familia se encuentra muy unida a la mía por tantas cosas; yo conocí a Leopoldo Calvo-Sotelo allá por el año 1965 en la Embajada de España en Lisboa, donde su suegro, José Ibáñez-Martín, era el embajador y donde mi suegro, Pedro Rocamora, era su consejero cultural y amigo de confidencias), que supo con acierto encauzar las conversaciones que permitieron llevar a España a la CE y dejar a España en la Alianza Atlántica, entonces tan denostada por quienes tanto hoy la alaban e incluso la dirigen... Tal parece la historia de un hombre tocado por la mano de la fortuna.

Conozco bien a Leopoldo y lo he tratado desde lejos en el tiempo, pero desde la cercanía en los afectos. Es persona leal, sincera, preocupada por el destino de nuestra común nación España y cuya vida hoy se polariza entre una numerosa familia a la que vive entregado, su labor al frente de la Fundación Ortega y Gasset y su preocupación, casi angustiosa, por los derroteros que España ha seguido en la última década. Si esos son sus norte y sur, sus oeste y este lo constituyen en lo geográfico Ribadeo y en lo cultural la literatura, la historia y la música. Hombre integral, casi del Renacimiento, Calvo-Sotelo lo es en sus palabras y en sus realidades. "Todos los hombres se parecen por sus palabras. Solamente las obras evidencian que no son iguales", dice Molière. En Calvo-Sotelo, tanto sus palabras como sus obras evidencian desigualdades notables, siempre en su favor.

ellos vigentes también.

Además, se incluyeron en los Acuerdos los anteproyectos de dos leyes: la del Fondo de Compensación Interterritorial y la orgánica de Armonización del Proceso Autonómico, la que luego sería famosa LOAPA.

De todo este conjunto, sólo se recordará, injustamente, la LOAPA, que vino con el tiempo a dar su nombre al conjunto de los Pactos, aunque sólo fue una parte de ellos. (Un caso curioso de sinécdoque interesada).

La LOAPA tenía que ser polémica, y lo fue. Pero esa polémica tuvo la virtud de movilizar al Tribunal Constitucional, que hasta entonces apenas había tocado el problema autonómico. Desde julio de 1981, fecha en que se firmaron los Pactos, hasta agosto de 1983, fecha de la Sentencia sobre el recurso de inconstitucionalidad interpuesto por los partidos nacionalistas, el Tribunal puso 14 sentencias resolviendo, clara y definitivamente, otras tantas cuestiones, en una línea que no divergía de la que había inspirado los Pactos.

La sentencia de la LOAPA declaró inconstitucional buena parte de su Título I, pero dejó intacto lo demás, y, naturalmente, los Acuerdos restantes que no fueron objeto de impugnación. El Tribunal Constitucional vino a sentar que eso que decía la LOAPA no estaba mal dicho, pero que no podía decirlo el Parlamento porque interpretar la Constitución es competencia exclusiva del Alto Tribunal. La sentencia planteaba, en suma, una cuestión de fuentes más que una cuestión de contenidos del derecho. La sentencia dio, además, seguridades a los nacionalistas sobre el rango de los Estatutos y contribuyó al arraigo y al prestigio del propio Tribunal Constitucional.

Al cabo de los años, creo que aquella intervención enérgica del Gobierno y del Parlamento en el proceso autonómico era necesaria, y que resultó saludable para nuestra estabilidad. Con ella (en palabras de García de Enterría) "se dio término a esa especie de período constituyente en materia que la propia Constitución había dejado abierta"... y así "quedó concluida la inacabable y confusa disputa autonómica". Los Pactos y, especialmente la ley, la LOAPA, tenían muchos defectos, atribuibles no tanto a la Comisión de Expertos como a las manipulaciones introducidas en su Informe por las pecadoras manos de los políticos. Quienes los negociábamos, y yo en primer término, incurrimos, además, en un vicio radical: no haber hecho lo necesario para traer hasta el consenso a los partidos nacionalistas. Pero, con todo, aquel apasionante episodio fue un paso decisivo en la construcción de la España de las Autonomías. Aunque no el último necesario, que aún no se ha dado.

La difícil colaboración parlamentaria entre el Gobierno de Madrid y la Minoría Catalana de Convergència i Unió (que tanta polémica levantó en 1993 y 1994, y tanto dará que hablar a partir de ahora) recorre de punta a cabo mis dos años en el Gobierno. En el mes de febrero del 81, cuando yo era todavía un candidato a la sucesión de Adolfo Suárez, intenté un acuerdo parlamentario con la Minoría Catalana.

EL JUICIO DEL 23-F

"Tuvimos que conducir el post-golpe con el cuidado de un postoperatorio, pero sin acudir a la UVI de los estados de alarma o excepción"

No propuse entonces un Gobierno de coalición, aunque me hubiera gustado mucho contar con un hombre como Miguel Roca entre los ministros; pero esta fórmula habría pasado mal por el variopinto Grupo Parlamentario de UCD. Un acuerdo para un programa legislativo hubiera sido posible, y así se lo dije al presidente de Convergència i Unió. Mis conversaciones (como candidato) con Miguel Roca para precisar ese posible pacto parlamentario fueron un rapidísimo fracaso.

Yo proponía a Roca que buscáramos acuerdos sobre los principales proyectos de ley pendientes (la Ley del Divorcio, la Ley de Autonomía Universitaria) y sobre las líneas generales de la política exterior, la política económica y la política educativa. Roca insistió en que cualquier pacto tenía que incluir necesariamente un avance en el proceso autonómico.

En ese punto mi posición fue muy clara: el desarrollo del Título VIII de la Constitución no podía entonces ser visto como una moneda más en la negociación; esa cuestión debería ser llevada a un ámbito más amplio de consenso como el que había hecho posible la Constitución. Muy pronto vimos que sobre tan grave divergencia no podríamos llegar Miguel Roca y yo a un entendimiento. Y mi Gobierno quedó definitivamente condenado a navegar en minoría durante el resto de la legislatura.

Muchos años más tarde ha dicho Pujol que él y su partido habían apoyado a los Gobiernos de UCD. Es cierto que los votos catalanes eran decisivos en 1981, porque entre UCD y CiU sumaban exactamente 176 escaños, la mayoría absoluta de la Cámara (como entre CiU y PSOE en 1993); y es cierto que con esa mayoría estricta se aprobaron algunas leyes.

Pero el apoyo no tuvo la firmeza que ha tenido el apoyo de CiU al PSOE; faltó en muchas ocasiones y dependía no sólo del contenido de cada ley, sino de la posición variable de la minoría de UCD en el Parlamento catalán (donde también CiU era entonces minoritaria). CiU no votó mi investidura en la primera votación el 20 de febrero de 1981; y anunció que tampoco me votaría en la segunda votación, la del 23-F, interrumpida por Tejero y sus guardias; sí la votó después del golpe, el 25 de febrero, en un gesto de solidaridad que no tendría luego consecuencias mayores. Tampoco había apoyado CiU la investidura de Adolfo Suárez en 1979; vuelvo a recordar, para que pueda medirse mejor la diferencia entre uno y otro apoyo, que CiU sí votó a la primera la investidura de Felipe González en julio de 1993.

LOS MILITARES

"Sólo porque el «problema militar» había quedado definitivamente resuelto fue posible que los socialistas llegaran al poder"

Escribo a mediados de marzo, esclavo de la anticipación que me exigen los editores. No se ve aún con claridad el escenario de mediados de abril. Es posible que la Minoría Catalana repita aquello de no votar a Aznar en la primera, pero sí en la segunda de las dos votaciones previstas por la Constitución en su artículo 99, párrafo 3.

Se iniciará así una colaboración ardua,

Leopoldo Calvo-Sotelo

Presidente del Gobierno (1981-1982) y de UCD. Ingeniero de Caminos

pero necesaria y posible; con menos riesgos que la de 1981, precisamente por el mérito clarificador que tuvieron los Pactos Autonómicos, la LOAPA y las sentencias subsiguientes del Tribunal Constitucional.

IV.- LA REDUCCIóN DE LA FRACTURA DEL 23-F

Afortunadamente, la angustia nacional que produjo el 23-F apenas se recuerda hoy: del golpe quedan en la memoria pública las imágenes transmitidas por una cámara de televisión que vigilaba en solitario el hemiciclo ocupado por los guardias civiles, imágenes que dieron la vuelta al mundo y a las que teñían de color castizo, casi de guardarropía, el bigote y el tricornio de Tejero. Pero la convulsión política fue profunda en toda España.

EFE

Calvo-Sotelo saluda a Josepph Luns, secretario general de la OTAN en 1982.

Durante unas semanas pareció que se perdía todo lo conseguido desde 1976 y que se había roto la confianza de los españoles en sus nuevas instituciones democráticas. Pudimos temer que no era verdad eso de que habíamos alcanzado la mayoría de edad política; temimos la vuelta a las andadas, temimos que España fuera, otra vez, diferente.

Así me lo decía en el mes de marzo un amigo inglés, hispanista, a quien yo había convencido años antes de que su oficio ya no sería necesario en el futuro porque España había entrado "por el seguro camino de la ciencia" y era una nación estable como sus vecinas de la Comunidad. "¿Con que ya no hacían falta hispanistas? ¿De manera que ya se habían acabado los pronunciamientos militares?".

Preciso fue explicar, dentro y fuera de España, que el 23-F había sido un episodio gravísimo pero superficial y que, una vez fracasado (y se vio que fracasaba a los pocos minutos de su arranque dramático) España volvía al pacífico y estable orden constitucional.

El Gobierno se impuso esa tarea explicadora, que no fue fácil porque ahí estaba el juicio, el interminable juicio a los golpistas: la instrucción del sumario y la vista oral dieron a los procesados una audiencia que no habían tenido antes, y revivieron cada día durante un año el drama que pudo ser aquel 23-F.

El Gobierno se propuso conducir el post-golpe con el cuidado extremo con que se conduce un postoperatorio; pero dentro de la normalidad, sin acudir a la UVI de los estados de alarma o excepción, sin recortar una sola de las libertades tan recientemente restauradas. Y creo que conseguimos eficazmente aquel propósito cuando el Gobierno recurre la sentencia del Tribunal Militar que condena a los golpistas, para dar la última palabra al Tribunal Supremo y dejar así establecida la "supremacía del poder civil".

La cuestión militar quedó entonces definitivamente resuelta. No es verdad, como se ha dicho y algunos han llegado a creer, que la llegada de los socialistas al poder acabara con el llamado "problema militar". La verdad histórica es más bien la contraria: sólo porque el "problema militar" había quedado definitivamente resuelto fue posible que los socialistas llegaran al poder como llegaron en 1982.

No es ajeno a la pacificación de las Fuerzas Armadas el hecho de que no hubiera militares en el Gobierno que yo presidí. La presencia benemérita de Gutiérrez Mellado en los Gobiernos de la Transición fue, inicialmente, un apoyo decisivo para el avance del proceso democratizador; pero supuso también un pretexto para la división del Ejército, que pudo sentirse complicado por aquella presencia militar en las decisiones políticas.

Un general sentado en el Consejo de Ministros se hubiera encontrado muy incómodo durante el largo proceso judicial a los golpistas, y su incomodidad se hubiera contagiado a todo el Gobierno. Por eso he insistido en la importancia de aquella decisión que hube de tomar, en solitario, cuando hice en febrero de 1981 el primer Gobierno sin militares desde la Guerra Civil.

BALANCE

"El arraigo de la Monarquía y de las libertades tras el golpe es, en mi memoria, el mayor éxito de aquel Gobierno que tuve que presidir"

A partir de la sentencia puede decirse del 23-F lo que decía San Agustín de la culpa de Adán: feliz golpe, porque nos valió el arraigo de la Monarquía y de las libertades.

Ese resultado es, en mi memoria, el mayor éxito de aquel Gobierno que tuve que presidir haciéndome cargo del poder en circunstancias dificilísimas, como el "guapo" de la frase famosa de Antonio Maura.

UCD, aquel partid

Causas de la crisis de la coalición centrista

Movido por el ánimo de no resignarse a las exposiciones simplificadoras que consideraron la desaparición de UCD como "desmoronamiento de partido sin precedentes", quien fuera secretario general de la coalición bajo la presidencia de Leopoldo Calvo-Sotelo pormenoriza las causas de la crisis del partido.

Se han publicado numerosos trabajos periodísticos, ensayos e, incluso, artículos académicos sobre la constitución del partido Unión de Centro Democrático (UCD), su fundamental protagonismo en el proceso constituyente y en la primera etapa de desarrollo legislativo de la Constitución de 1978.

Sin embargo, algunos de los que participamos en aquella apasionante actuación política, desde su fundación hasta su austero y discreto sepelio y responso, no coincidimos con las exposiciones simplificadoras que han intentado explicar un proceso complejo, en el que concurrieron un conjunto de causas de diversa naturaleza e intensidad, que si no se consideran en su totalidad, se puede incurrir en lo que, por los "politólogos" de la "partitocracia", se ha considerado como "desmoronamiento de partido sin precedentes".

Sometido a las limitaciones de espacio de este artículo, voy a enunciar las causas que explican, aunque no justifican, la sísmica desaparición de UCD.

La forma en que nace y se constituye UCD marcará y condicionará toda su trayectoria. Una coalición de grupos de escasa afiliación, que se integran bajo unas siglas de identificación ideológica, no suficientemente asumidas, a los que representa un grupo de dirigentes que, conscientes de su debilidad, aceptan pasar de una coalición, en mayo de 1977, a la integración, en octubre del mismo año, en un partido que asume, en milagrosa síntesis simplificadora, el bagaje reformista del sector procedente del régimen de Franco, más pragmático que con componente ideológico: democristianos (que compiten electoralmente con las formaciones de Gil Robles y Ruiz-Giménez); liberales (que se articulan diferenciados con Garrigues y Camuñas) y sedicentes socialdemócratas ("sólo diecisiete pero todos ministrables" en ocurrente frase de Paco Fernández Ordóñez).

Ello influirá en la singularidad organizativa de UCD y en su marcada orientación presidencialista, puesta de manifiesto en los Estatutos que se aprueban en el I Congreso (octubre de 1978), ya que se evidencia que Adolfo Suárez es el verdadero creador del "invento", quien ha pilotado el éxito electoral de junio de 1977, ha encauzado la reforma por la vía de la "ruptura pactada" ("transacción para la transición") y a quien todos los dirigentes de las corrientes le deben sus carteras ministeriales o presidencias, así como los diputados y senadores sus escaños, en unas elecciones generales desde el poder.

> **"Algunos de los que participamos en aquella apasionante actuación política no coincidimos con las exposiciones simplificadoras que han intentado explicar un proceso complejo"**

De su origen se deriva, como se ha apuntado anteriormente, la ambigüedad ideológica, que no plantea problemas para el proceso constituyente, pero que producirá fisuras en el desarrollo constitucional y en la acción de gobierno entre 1979 y 1982.

SIN ESTRUCTURA SÓLIDA. UCD no consiguió estructurarse sólidamente al no haber asumido alguna de sus corrientes ideológicas, dada la efectividad de los equilibrios de reparto de cuotas de poder entre sus dirigentes, que temían que de un proceso de integración se derivara su pérdida de influencia y protagonismo.

Un exceso de centralismo y las insuficiencias de captación de personas con capacidad de convocatoria en las zonas del territorio español con más marcada identidad, impidieron la captación de un electorado que se orientó hacia los partidos nacionalistas reconstruidos o hacia opciones regionalistas que pescaban sus votantes en los mismos estanques sociológicos.

Las dificultades para lograr una gestión eficaz de gobierno, que surgen desde 1979, cuya importancia no se ha resaltado suficientemente, tales como la

irrepetible

Iñigo Cavero
Ex ministro de Educación, Justicia y Cultura con Adolfo Suárez. Catedrático de Derecho Constitucional

EUROPA PRESS

Mesa presidencial del Congreso de UCD en Palma de Mallorca (febrero de 1981). De izquierda a derecha, en primera línea, Martín Villa, Arias Salgado, Suárez y Calvo Ortega. Detrás, Ignacio Camuñas, Otero Novas y Pérez Llorca. En la última fila, José Luis Alvarez, Juan Antonio García Díez y Leopoldo Calvo-Sotelo.

grave situación económica internacional y especialmente europea, como unos precios de los hidrocarburos en progresión creciente; una acción terrorista de difícil paralización y persecución, debido a la absoluta falta de colaboración de las autoridades francesas; una exigencia social de solución inmediata a problemas de naturaleza compleja de carácter estructural, o cuya solución requería un tiempo y unos recursos de los que se carecía; la situación parlamentaria en la que la relevante mayoría (168 diputados) permanentemente requería de consensos con otros grupos parlamentarios, tanto por el carácter orgánico de algunas leyes como por el sentido integrador que deberían tener -contradictoriamente apreciado por la opinión pública, que lo consideraba como una debilidad o confusión ideológica de UCD, en lugar de una tarea positiva-; la dureza de la estrategia de la oposición descalificadora e implacable, con mociones de censura (mayo de 1980) o de reprobaciones de ministros (1981).

Todo ello debilitó la aceptación del liderazgo de Suárez, obligándole a continuas remodelaciones en sus gobiernos, reincorporando incluso a los principales "capos de fila" en septiembre de 1980, sin que ello paralizara los movimientos conspiratorios internos y la exigencia, desde junio a diciembre de 1980, de que se produjera una transformación en la dirección del partido de "presidencialista" a "colegiada" (reuniones de la "casa de la pradera" y de la Comisión Permanente).

A todo ello habría que añadir los enfrentamientos en el marco parlamentario en el grupo de UCD, con motivo de algunos proyectos de Ley que evidenciaban las diferencias ideológicas en materia educativa (la LOGSE, Autonomía Universitaria, financiación de la enseñanza obligatoria, etc.); institucional (reforma del matrimonio y divorcio); tributaria; de política agraria e industrial; de organización del proceso autonómico (Andalucía y su Estatuto por la vía del artículo 151 de la Constitución). Los fraccionamientos se evidenciaron en la elección de Miguel Herrero como portavoz del grupo centrista en el Congreso, frente al candidato "oficial", Santiago Rodríguez Miranda.

> **"El Congreso de Palma deterioró gravemente la imagen del partido y amplió las expectativas de la oposición, el PSOE y AP, que iniciaron una sutil estrategia de «pinza»"**

CANSANCIO PSICOLÓGICO. Las presiones internas, las descalificaciones de la oposición, las incomprensiones y dureza de trato por los medios de comunicación, su limitada predisposición para la confrontación parlamentaria, el haber prescindido del soporte eficaz de Fernando Abril, un explicable cansancio psicológico y el intuir una disminución de apoyos instituccionales, influyeron en la decisión de Adolfo Suárez, que, combinada con las confrontaciones evidenciadas en el II Congreso del partido celebrado en Palma de Mallorca en febrero de 1981, deterioró notablemente la imagen del partido y amplió las expectativas de la oposición, tanto del PSOE como de AP, que comenzaron entonces a realizar una sutil estrategia de "pinza" orientada al desgaste de UCD.

El fallido golpe de Estado del 23 de febrero de 1981 supuso otro fuerte quebranto para la imagen pública de UCD, que, si hubiera convocado unas elecciones generales para abril de 1981, probablemente no las habría ganado, pero habrían supuesto su supervivencia como partido con una suficiente implantación parlamentaria.

Leopoldo Calvo-Sotelo, que carecía de grupo propio en UCD, tropezó cada vez con más dificultades, teniendo el mérito de asumir las exigencias de responsabilidades del golpe de Estado, avanzar en las negociaciones para el ingreso en las Comunidades Europeas y de conseguir el ingreso en la OTAN, lo que facilitaba las negociaciones europeas, pero que enajenó más que sumó votos electorales.

EUROPA PRESS

Uno de los últimos actos públicos de UCD antes de la victoria electoral del PSOE el 28-O de 1982. En la imagen, de izquierda a derecha, unen sus manos Juan José Rosón, Leopoldo Calvo-Sotelo y Landelino Lavilla.

EL ELECTORADO DE DERECHAS. La carencia en UCD de un electorado asentado determinó que tan pronto como el electorado de derechas en las elecciones gallegas (en que AP superó a UCD) percibió la rentabilidad de su voto hacia AP, dejó de votar a UCD, como se evidenció en las elecciones de Andalucía de mayo de 1982 y, sobre todo, en las generales de octubre del mismo año.

> "A partir del otoño de 1981, comenzaron las defecciones, producto tanto de los problemas internos como de la acción de los competidores gananciosos de derecha e izquierda"

A partir del otoño de 1981, comenzaron las defecciones, producto tanto de los problemas internos, como de la acción de los competidores gananciosos de derecha e izquierda, con el grupo de Francisco Fernández Ordóñez (PAD) que comenzó su vuelo hacia el PSOE; de Miguel Herrero y tres diputados, en enero de 1982; del propio fundador del partido, Adolfo Suárez, en junio de 1982 e inmediatamente después del grupo de Oscar Alzaga.

En septiembre de 1982, Calvo-Sotelo no podía reabrir el Parlamento, cuando el Grupo Parlamentario de UCD había quedado reducido de 168 diputados a 151. Resultaba imposible en aquellas circunstancias intentar gobernar y, por tanto, disolvió y convocó elecciones para el 28 de octubre de 1982.

Ante esta consulta electoral, encuestas serias le auguraban a UCD que no bajaría de 40 diputados, pero -como todas las elecciones siguientes han puesto de manifiesto, dentro del modelo de escrutinio D'Hondt- el tercer partido difícilmente pasa en España de veinte diputados, repartiéndose 300 los dos primeros.

UCD se presentó a las elecciones de 1982 en las siguientes condiciones: a) con imagen de profundas divisiones internas; b) con un fuerte desgaste en la gestión de gobierno; c) con cuatro diferentes presidentes, entre febrero de 1981 y agosto de 1982; d) con unos parlamentarios que en su mayoría querían verse liberados de la importante tarea realizada y regresar a su actividad anterior, por no tener vocación de profesionales de la política; y e) con un deslizamiento del electorado hacia un PSOE más moderado y con una imagen diferente a la de marzo de 1979, y una AP con expectativas de segundo partido, que recogería los votos prestados a UCD.

"TIPO ESPECIAL DE PARTIDO". Después de leer todo lo anterior, no deben chocar los resultados de octubre de 1982 y que aquel partido calificado por Carlos Huneeus como "tipo especial de partido en cuanto a su ideología y programa... que se distingue de los partidos burgueses por los analistas políticos", cumplió una función histórica para la democracia y para la convivencia de los españoles, de la que siempre nos sentiremos satisfechos, e incluso orgullosos, cuantos participamos en aquel irrepetible partido, que concentró un bagaje de elementos humanos valiosos e ilusionados, parte del cual ha sido heredado por otras formaciones políticas y, muy especialmente, en la actualidad por el Partido Popular.

•IMAGEN•

Desaparecen los "grises"

Nuevos tiempos para la Policía Armada, que renueva su vestimenta

Angel Vivas

El gris de los uniformes de la Policía Armada era demasiado emblemático y significativo del régimen franquista como para mantenerlo en plena democracia. Las fuerzas del orden, ya en los ochenta, cambiaron su imagen formal.

GUSTAVO CATALÁN

Los "grises" (Policía Armada), en plena acción, contienen el avance de un grupo de personas.

Los "grises" eran el aspecto más visible, más cotidianamente presente, la más contundente punta del iceberg de la dictadura. Por decisión del Gobierno de Adolfo Suárez, las fuerzas del orden pasan a vestir de marrón, para alejar viejos fantasmas y adecuarse a las reformas que experimentaba el país.

En los años finales del franquismo, cuando la Universidad estaba en pie de guerra permanente, los "grises" eran sencillamente una parte más del paisaje de los campus. Creo que fue en el curso 72-73 cuando se consiguió que salieran de la Universidad; es decir, que no estuvieran instalados dentro del recinto, con su cuartelillo y todo, sino que entraran sólo cuando las circunstancias lo requerían (prácticamente a diario, por otra parte).

Los "grises" eran una obsesión, una pesadilla (en sentido literal, deben de ser miles los que hayan soñado con persecuciones policiales); un símbolo cuyo mero nombre se prestaba a juegos de palabras, sobreentendidos, guiños cómplices. Valga el ejemplo de unos versos de Luis Eduardo Aute: *"Lo blanco es blanco/lo negro es negro/y no hay grises que valgan/de por medio".*

De modo que era forzoso que cambiara algo (lo más visible, el color del traje que les daba nombre), aunque algunos pensaran que todo seguía igual, como los independentistas que, a raíz del cambio, escribieron en algunas paredes: "Ni de gris ni de marrón, fuera fuerzas de ocupación".

La relación más habitual que los demócratas establecían con los "grises" era la de correr delante de ellos (a menudo, un momento después de haber cantado "¡Los grises a caballo, no nos moverán!"); situación tan frecuente que se ha convertido en una frase hecha para evocar el tiempo pasado o para alegar pedigrí democrático. Ocasiones hubo en que se corrió detrás (se les corrió a ellos, en sentido estricto), pero fueron las menos. La verdad es que despertaban aquel sentimiento que tan gráficamente describía el maravilloso marqués de Leguineche en la película de Berlanga: "Acojonan, ¿eh?".

Por curioso que parezca, en la intimidad -o sea, en las celdas de la DGS- eran otra cosa. Podían, incluso, intercambiar alguna palabra conciliadora, actitud tras la que se adivinaba a un ser humano, normalmente joven, forzado a ganarse el pan del modo que podía, y que no iba a ser un obstáculo el día en que llegara la democracia.

Un miembro de la Policía Nacional, con el uniforme marrón.

Causas del origen y el

El Ejército, en 1981, era todavía el de Franco

Sobre el golpe del 23-F de 1981 normalmente nos hacemos dos clases de preguntas; unas, como "¿por qué ocurrió?" o "¿quién lo organizó?", hacen referencia a su origen. Otras, como "¿quién lo paró?"o "¿por qué fracasó?", hacen referencia al fin. En este artículo vamos a intentar responder a ambos tipos de preguntas.

I.- LAS CAUSAS DEL GOLPE

Las causas del golpe fueron de dos tipos: unas endógenas, o sea, nacidas en la propia institución militar, y otras exógenas, o sea, generadas fuera del Ejército, en la sociedad civil.

La principal causa del golpe fue que el Ejército, en 1981, era todavía el Ejército de Franco, y tenía una ideología política política acentuadamente conservadora que era consecuencia de una guerra civil, larga y cruel, en la que la izquierda democrática fue vencida y exterminada. Y esta circunstancia dejó un poso de beligerancia ideológica en los militares españoles: anticomunismo, antiliberalismo, antiautonomismo, etc... que se mantenía incluso muchos años después.

Y la citada beligerancia ideológica venía potenciada por el hecho de que el Ejército de Franco tenía una composición sesgada porque, al acabar la guerra, se produjeron dos importantes mutaciones en su composición. Por una parte, fueron expulsados unos 5.000 militares profesionales que habían defendido la República (además de ser encarcelados y, a veces, fusilados) y, por otra, se incluyeron unos 10.700 antiguos "alféreces provisionales", en muchos casos procedentes de la falange o el requeté, con lo que el Ejército de Franco dejó de tener una composición políticamente homologable con la de cualquier otro país de la Europa Occidental, incluso con el Ejército español de antes de la guerra, y pasó a ser un Ejército "seminacional", de sólo media España, de la España de la Victoria.

Las pautas de comportamiento de los militares españoles estaban, durante la dictadura, lejos del resto del país y, en general, existía en España una mentalidad distinta entre los militares y los civiles. Y los jóvenes oficiales que ingresaron en las academias militares en la posguerra se impregnaron de este ambiente, se identificaron con el sistema político vigente y con sus planteamientos más que conservadores, por lo que el centro de gravedad político de las Fuerzas Armadas quedó muy a la derecha del de la sociedad civil. Esta forma de pensar permitió y propició su utilización política.

> "El centro de gravedad político de las Fuerzas Armadas en la posguerra quedó muy a la derecha del de la sociedad civil, lo que permitió su utilización política"

Franco utilizó a las Fuerzas Armadas como cantera política, en primer lugar porque allí estaban las personas que mejor conocía. Pero, además, porque los militares tenían una formación y mentalidad parecida a la suya, una serie de valores que formarían parte de la ideología básica del nuevo régimen y que, a menudo, no eran más que la proyección, sobre la sociedad civil, de los valores y normas militares, por todo lo cual los militares serían, en principio, colaboradores idóneos para su sistema político.

De los 114 ministros que tuvo Franco, 40 fueron militares, pero la presencia de las Fuerzas Armadas en sus Gobiernos fue mayor porque la duración en el cargo fue, en general, superior en los ministros militares que en los civiles (Carrero ejerció 23 años y ocho militares fueron ministros durante más de diez años). Asimismo, fueron procuradores 326 militares que acumularon 995 actas para las 10 legislaturas de la etapa franquista, o sea, hubo una media de cien (exactamente 99 y medio), militares por legislatura.

En resumen, Franco utilizó políticamente el Ejército. Ciertamente, la gran masa de la oficialidad no participó en estas actividades políticas pero, al hacerlo sus dirigentes y ser los Ejércitos instituciones jerárquicas, era inevitable que sus planteamientos políticos incidieran en la oficialidad en alguna medida, y se acentuase su politización profranquista.

Lo lógico habría sido que los militares hubieran evolucionado, lo mismo que lo hizo la sociedad española. Sin embargo, no ocurrió así. Y la causa por la que mantuvo una ideología distinta a la del resto de la sociedad hay que buscarla en el aislamiento en que vivía la colectividad militar y que se motivaba y manifestaba en

racaso del 23-F

Julio Busquets
Coronel retirado. Impulsor de la UMD. Diputado socialista 1977-1993. Autor de "El militar de carrera en España"

Foto que se hcieron los implicados en el 23-F (faltan Armada, Ibáñez Inglés y Cortina Prieto) entre sesión y sesión del juicio (ver cuadro de condenas en página 581).

varios hechos: Primero, un elevado índice de autorreclutamiento, que entre 1964 y 1968 se elevó al 79,6% en el Ejército de Tierra y al 56,2% en Aviación, y entre 1971 y 1975, al 82,4% en Marina. Segundo, un elevado índice de endogamia social, que hacía que un gran número de militares se casasen con hijas de compañeros. Tercero, una educación distinta de la que recibía el resto de la sociedad, realizada en una estructura de gran presión social, en régimen de internado, con profesores que inculcaban al cadete unas inquietudes, criterios y valores conservadores distintos de los que se inculcaban en la Universidad o en cualquier otro tipo de instituciones pedagógicas.

Cuarto, un trabajo en el cuartel que se realizaba de forma distinta del trabajo civil. Quinto, las viviendas militares, que malograron otra posibilidad de convivencia con el resto de la sociedad al impulsar al oficial soltero a alojarse en residencias de oficiales y, al casado, en pabellones o casas militares, en las que, al acabar la dictadura, en 1976, vivían el 40,21% de los militares. Sexto, la realización de muchas actividades de la vida separadas del resto de la sociedad en las cooperativas militares, farmacia militar, hospital militar, clubs o centros de recreo paramilitares... y que llegó a la propia familia, ya que se crearon colonias de verano para los hijos de militares, residencias universitarias, centros de enseñanza primaria y secundaria, en los que les era más fácil encontrar plaza para sus hijos.

Por último, una elevada tasa de movilidad territorial, consecuencia de los traslados profesionales (por ascensos, diplomas, etc.), que a menudo impidió el arraigo local, forzando una relación social muy profesional, exclusivista y que repercutía en la mentalidad militar, pues el desarraigo respecto a toda región o nacionalidad tendía a desarrollar un patriotismo español, abstracto, en el que las adhesiones sentimentales eran con España y con el Ejército. El hecho sería irrelevante si España fuese un Estado homogéneo y en su interior no existiesen nacionalidades con peculiaridades propias; pero como éstas existen, este desarraigo creaba tensiones.

A todas las causas antes citadas, hay que añadir algunas más, de raíz exógena, o sea, derivadas de hechos que se produjeron durante la Transición, en la sociedad civil. La más importante y lamentable fue el terrorismo, que a principios de los 80 realizó una sanguinaria escalada, de consecuencias tremendamente desestabilizadoras. Varios de los mandos de la Guardia Civil que intervinieron en el asalto al Congreso padecían lo que se vino a llamar "el síndrome del Norte", habían estado destinados allí...

"Tejero cerró a Armada el camino del hemiciclo. Y se dice que le dijo: «Esto es una chapuza. El último de mis guardias tiene más patriotismo que usted»"

Cuando en algún momento la escala sanguinaria bajaba, entonces la ultrada sacaba el espantajo del independentismo, sembrando la confusión y presentando las autonomías como intentos de destruir la unidad de España. Y como los rotativos "ultras", como *El Alcázar*, *El Imparcial*, *Fuerza Nueva* o *Reconquista* penetraban en los cuarteles en forma prolija y sistemática, el malestar y la tensión aumentaban de forma constante y peligrosa.

Por último, también ayudó a crear unas condiciones proclives a la intervención armada la debilidad e inoperancia de la UCD, sus constantes trifulcas internas, la inestabilidad de sus Gobiernos, que a menudo no cumplían un año, la crisis económica, las huelgas, etc.

Y se produjo la "Galaxia", el 23-F, el 28-O y algunas conspiraciones más. Pero, ¿por qué fracasaron?

II.- LAS CAUSAS DEL FRACASO

Una mera razón del fracaso está, en mi opinión, en la propia génesis del golpe, que "de facto" era resultado de la simple yuxtaposición de varios grupos de conspiradores, cuyos fines no eran los mismos. En primer lugar, el grupo de Armada, con Gómez Iglesias y la no demostrada participación de Cortina, que deseaban endurecer la democracia "dando un golpe de timón", en una "operación De Gaulle", análoga a la que hizo este general cuando, tras la rebelión de los "paracas" de Argelia, se presentó en el Parlamento francés y fue investido por los diputados, haciendo una reforma constitucional que implicó el paso de la 4ª República, parlamentarista, a la actual 5ª, presidencialista y más autoritaria.

Frente a este grupo estaban los ejecutores del "golpe de mano" que era el asalto al Congreso, quienes deseaban una involución pura y dura: el regreso al franquismo anterior y que, por ejemplo, gritaron "¡Arriba España!" (y no "¡Viva!") en el hemiciclo tras la lectura del bando de Milans del Bosch. Evidentemente, ambas tesis (la de Armada y la de Tejero) eran muy difíciles de casar, y la incompatibilidad estalló en la primera hora, cuando Armada le dijo a Tejero que iba a hacer un Gobierno de concentración nacional incluyendo a nacionalistas, socialistas y comunistas, y, además, que no iba a haber ningún militar en el mismo. Cuando Tejero, que soñaba con una Junta Militar, oyó esto, se resignó. Consultaron por teléfono a Milans, y éste ordenó a Tejero obedecer a Armada, pero Tejero no había dado un golpe para dar un simple "golpe de timón", y cerró a Armada el camino del hemiciclo, y de la deseada investidura. Se dice que le dijo: "Esto es una chapuza. El último de mis guardias tiene más patriotismo que usted". El resultado de la discrepancia fue que Tejero hizo fracasar la "Operación De Gaulle". Y machacó el golpe que él mismo inició.

"Al no salir la División Acorazada, se hundió la última esperanza del golpe. Al Congreso sólo llegó la contumacia del comandante Pardo Zancada con una pequeña unidad"

Ciertamente, en aquel momento, aún cabían dos posibles formas de hacerlo triunfar: la primera era que el pronunciamiento de Milans en Valencia desencadenase un "efecto dominó" en las 13 Capitanías de Tierra que entonces existían, y el Rey lo tuviese que aceptar. La segunda, que la División Acorazada con sus tanques cayese como un rodillo sobre Madrid y tomase todos los resortes de la capital. Pero las dos posibilidades fracasaron.

El "efecto dominó" lo imposibilitó el Rey con su actitud decidida y enérgica. Llamó personalmente a los capitanes generales. Y obtuvo una respuesta leal y democrática de varios de ellos, fundamentalmente Polanco (Burgos) y Delgado (Granada), así como la del jefe de Estado Mayor de Sevilla, Urrutia, que preservó la capitanía de Merry Gordon. Y del que en estos casos es más decisivo: el de Madrid, Quintana Lacaci, que no sólo paró las unidades de su región militar, sino también posibles veleidades progolpistas de algunos otros capitanes generales (Baleares).

La otra esperanza de los golpistas era la División Acorazada. Torres Rojas, vestido con traje de campaña, había llegado allí tres horas antes de iniciarse el golpe para ocupar Madrid. ¿Por qué no ocurrió así? En primer lugar, porque obviamente ya no mandaba la DAC. Y no la mandaba porque un año antes, cuando ya estaba preparando la conspiración y hacía proselitismo para la misma, se autodescubrió. El 20 de enero de 1980 conocí sus planes, porque me los vinieron a explicar dos oficiales, el teniente coronel José Crespo Vilallón y el capitán Rafael Tejero (no confundir con el golpista), y los puse en conocimiento de Rodríguez Sahagún. Pero no fui el único. El periodista Miguel Angel Aguilar también alertó al país desde el periódico que entonces dirigía... El caso es que Torres Rojas fue destituido y trasladado al Gobierno Militar de La Coruña.

Así las cosas, antes de que estallase el golpe, el coronel San Martín, jefe de Estado Mayor de la Acorazada, apartó a su auténtico jefe, el general Juste, viajando con él hacia Zaragoza. Y aprovechando la ausencia de Juste, Torres Rojas regresó a su antigua unidad y se hizo ilegalmente cargo del mando. Pero cuando Juste se enteró de lo que ocurría, dio la vuelta y regresó a Madrid. Llamó a Sabino Fernández Campo preguntando si Armada estaba en La Zarzuela. Y Sabino contestó aquella famosa frase: "Ni está, ni se le espera".

La respuesta fue suficiente para el general Juste. Contactó con Quintana Lacaci, que ordenó que la división no saliera. Y la división no salió. Y así se hundió la última esperanza del golpe. Al Congreso sólo llegó la contumacia del comandante Pardo Zancada con una pequeña unidad...

Dónde están los procesados del 23-F

Fuente: José Luis Lobo

NOMBRE	SENTENCIA DEL CONSEJO DE JUSTICIA MILITAR (en años)	SENTENCIA DEL TRIBUNAL SUPREMO (en años)	SITUACIÓN ACTUAL
1. Jaime Milans del Bosh	30	30	En libertad. Cumplió la condena sin acatar la Constitución. Vive retirado en La Moraleja (Madrid)
2. Alfonso Armada	6	30	Indultado por el Gobierno en 1988. Pasa varias temporadas en su finca gallega de Rivadulla
3. Luis Torres Rojas	6	12	Indultado tras cumplir parte de la condena
4. Camilo Menéndez	1	1	Fallecido
5. José San Martín López	3 y un día	10	En libertad. Vive en Madrid
6. Diego Ibáñez Inglés	5	10	Fallecido
7. Miguel Manchado García	3 y un día	8	En libertad. Vive retirado en Murcia
8. Antonio Tejero Molina	30	30	Expulsado de la Guardia Civil. Cumple tercer grado penitenciario en la prisión militar de Alcalá de Henares (Madrid)
9. Pedro Mas Oliver	3	6	Fallecido
10. Ricardo Pardo Zancada	6	12	En libertad. Dirige en Madrid la revista *Iglesia Mundo*
11. José Luis Cortina Prieto	Absuelto	Absuelto	Absuelto
12. Francisco Acera Martín	2	3	Pasó a la reserva activa al cumplir la edad reglamentaria
13. Juan Batista González	Absuelto	Absuelto	Absuelto
14. Juan Pérez de la Lastra	2	3	Ascendido a teniente coronel. Destinado en la Dirección General de la Guardia Civil en servicios burocráticos
15. Carlos Lázaro Corthay	2	3	Ascendido a teniente coronel. Destinado en la Dirección General de la Guardia Civil en servicios burocráticos
16. Enrique Bobis	2	3	Ascendido a teniente coronel. Destinado en la Agrupación de Tráfico de la Guardia Civil
17. José Ignacio Cid Fortea	2	2	Retirado
18. José Luis Abad Gutiérrez	3	5	Separado del servicio. Vive retirado en Murcia
19. Jesús Muñecas Aguilar	3 y 6 meses	5	Separado del servicio. Dirige una escuela de equitación en Valdemoro (Madrid)
20. Francisco Dusmet	2	2	Está en reserva transitoria. Vive en Madrid
21. Vicente Gómez Iglesias	3	6	Separado del servicio. Es jefe de seguridad de una empresa en Barcelona
22. Carlos Alvarez-Arenas	3	3	Retirado
23. Francisco Ignacio Román	Absuelto	Absuelto	Ascendido a teniente coronel. Destinado en la Dirección General de la Guardia Civil en servicios burocráticos
24. José Pascual Gálvez	3	3	Capitán. Está en reserva transitoria
25. Pedro Izquierdo Sánchez	Absuelto	1	Ascendido a comandante. Destinado en la 1ª Zona de la Guardia Civil (Madrid) en servicios burocráticos
26. César Alvarez Fernández	Absuelto	1	Ascendido a comandante. Destinado en la 5ª Zona de la Guardia Civil (Logroño) en servicios burocráticos
27. José Núñez Ruano	Absuelto	1	Teniente. Está en la reserva activa
28. Vicente Ramos Rueda	Absuelto	2	Teniente. Está en la reserva activa
29. Jesús Alonso Hernáiz	Absuelto	1	Ascendido a comandante. Destinado en la Dirección General de la Guardia Civil (sección de Estadística)
30. Manuel Boza Carrasco	Absuelto	1	Ascendido a capitán. Destinado en la Agrupación de Tráfico de la Guardia Civil
31. Santiago Vecino Núñez	Absuelto	1	Fallecido
32. Vicente Carricondo	Absuelto	1	Ascendido a comandante. Destinado en la Intervención Central de Armas de la Guardia Civil
33. Juan García Carrés	2	2	Fallecido

Matrimonio ejemplar

El mejor regalo del Rey a doña Sofía, en su 40 cumpleaños

Jaime Peñafiel

Coincidiendo con el 40 cumpleaños de la **Reina Sofía**, la Institución Científica de Relación y Orientación Matrimonial (ICROM), por votación popular, designó a los Reyes de España Matrimonio Ejemplar 1978. Como tales les consideraban el 76,5% de los encuestados. Y es que si por sus obras o detalles les conoceréis, entonces, lo eran. Porque hay que estar muy enamorado y desear hacer feliz a la mujer con quien se vive para que **don Juan Carlos** hiciera a su esposa el regalo de cumpleaños más hermoso que doña Sofía haya recibido de su marido desde que le regalara, también por sorpresa, aquel zafiro del que ella se había encaprichado durante el viaje de novios, al descubrirlo en una joyería de Bangkok. Pero, por aquel entonces, el príncipe no tenía dinero para comprárselo. Pero ésta es una hermosa historia que contaremos en su momento.

El regalo de cumpleaños de 1978 será difícilmente superable y siempre quedará en el recuerdo de la Reina como el detalle más amoroso que jamás haya recibido de don Juan Carlos. Nadie como él sabe lo que la familia ha supuesto siempre para Sofía. Por ello, aquel noviembre de 1978, se propuso que éste sería su regalo. Para poderlo realizar, contó con la colaboración de su hermana, la **infanta Pilar**, a quien pidió le permitiera celebrar la fiesta en la casa que, entonces, tenían los **duques de Badajoz** en la calle del Mirlo, de la lujosa urbanización de Somosaguas. "Yo llevaré los vinos y el champagne y tu pones la cena", le dijo el Rey a su hermana.

Por entonces, en la "televisión única" triunfaba un programa dirigido y presentado por **Federico Gallo** que se llamaba *Esta es su vida* y en el que el protagonista recibía la agradabilísima sorpresa de ver aparecer ante él a familiares y amigos que mucho habían significado en su vida. La aparición en el plató se producía sin el previo conocimiento del personaje invitado.

Aquel 2 de noviembre de 1978, don Juan Carlos decidió ofrecer a la Reina su muy particular y emotiva versión de *Esta es tu vida*. Con la ayuda de algunos íntimos, fue convocando en Madrid, en el mayor de los secretos, a aquellos familiares de doña Sofía que el Rey sabía eran muy importantes para ella ya que habían compartido los mejores años de niña y adolescente y a algunos de los cuales hacía mucho tiempo no veía.

El día 1, la víspera, todos se encontraban ya alojados, en el hotel Ritz. Estos eran: la **reina Federica**, sus hijos **Irene**, **Constantino** y la mujer de éste, **Ana María**; la **princesa Radziwill**, la prima y amiga del alma de Sofía, así como los **príncipes Karl de Hesse**.

Y llegó la noche del día 2 de noviembre. En casa de doña Pilar se dio cita toda la Familia Real: los Reyes, sus hijos, los **condes de Barcelona** con las infantas **Pilar** y **Margarita** y sus maridos respectivos; el presidente **Suárez** y esposa; **Rafael Cavero** y señora; **Miguel Arias** y **Manolo Santana**, éste con su mujer, de la que se separaría diez días más tarde de después de 16 años de casados y tres hijos.

Encerra-

dos en un salón, para que no pudiera verles, los familiares de la Reina: su madre, sus hermanos y primos.

Y llegó la hora de los regalos. Cada invitado fue haciendo entrega del suyo a doña Sofía. Cuando le llegó el turno al Rey, éste se dirigió hacia la puerta cerrada del salón y abriéndola de par en par dijo a su intrigada esposa: "Sofi, este es mi regalo". Fácil es de suponer la emoción de aquel momento. Y aunque los Reyes dicen haber sido educados desde niños para no exteriorizar sus sentimientos, doña Sofía se permitió esa noche ser toda ella un mar de lágrimas.

El año termina con la primera visita que un rey de España realiza a México en más de cuatro siglos y medio. En el periplo también se incluyen Perú y la Argentina del dictador **Videla** en la que una dama de la alta sociedad robó a la Reina la capa que lucía en la cena de gala. En la capital mexicana, los Reyes se entrevistarían con doña **María Dolores Rivas**, viuda de **Azaña**, quien dijo: "¡Lo que hubiera dado Manuel por ver esto! El quiso siempre la reconciliación entre todos los españoles". La "cruz" del viaje la recibiría el Rey en Perú cuando unos estudiantes le pidieron apadrinara el viaje que pensaban hacer "a la República Constitucional de España". Entre bromas y veras, don Juan Carlos musitó: "¡Para esto hemos luchado tanto!".

Una de las últimas fotografías de la llamada "Familia Real" (que no familiares), tomada en 1990 con motivo del cumpleaños de don Juan de Borbón, el conde de Barcelona.
1.- Juan Gómez-Acebo. 2.- El duque de Badajoz. 3.- Su Majestad el Rey. 4.- Don Juan de Borbón. 5.- La infanta Elena. 6.- Carlos Zurita. 7.- Simoneta Gómez-Acebo. 8.- El príncipe Felipe. 9.- La infanta Pilar de Borbón. 10.- Su Majestad la Reina. 11.- La condesa de Barcelona. 12.- La infanta Margarita. 13.- La princesa Irene de Grecia. 14.- Beltrán Gómez-Acebo. 15.- La infanta Cristina. 16.- Fernando Gómez-Acebo. 17.- Bruno Gómez-Acebo. 18.-Alfonso Zurita. 19.- María Zurita.

EUROPA PRESS

GUSTAVO CATALÁN

Un guardia civil custodia el "Guernica", protegido tras una mampara de cristal blindado. A la izquierda se puede observar una bandera preconstitucional.

El "Guernica", en España

Javier Tusell

Esta imagen dio la vuelta al mundo y quizá pueda ser considerada como simbólica. Un miembro de la Guardia Civil, que en otro tiempo podía ser visto como colaborador de la represión política, protege un cuadro que era emblema de la disidencia.

Curiosamente, el acristalamiento defensivo en que estuvo resguardado el cuadro de Pablo Picasso durante mucho tiempo tenía forma de urna electoral. Era una metáfora de que en España, definitivamente, ya se podía votar.

Muchas personas hicieron posible esta recuperación que se llevó a cabo siendo ministro de Cultura Iñigo Cavero. Con ella concluyó la transición cultural.

La anécdota -no revelada hasta ahora- del regreso del *Guernica* fue que uno de los "geos" enviados para protegerlo hubo de quedarse allí después de que acabara mal la juerga nocturna con que adelantó la celebración.

Pero, afortunadamente, el cuadro vino.

PRÓXIMO CAPÍTULO: **ESPECTACULAR VICTORIA SOCIALISTA**

LAS ELECCIONES DE 1982 Y LA PRIMERA MAYORÍA ABSOLUTA. EL ERROR DE LOS 800.000 PUESTOS DE TRABAJO. EL "CASO ALMERÍA". EL ASESINATO DE LOS URQUIJO. **ESCRIBEN:** MANUEL ANTONIO RICO, JOAQUÍN MADINA, JOSÉ LUIS MARTÍN PRIETO, ANDRÉS ABERASTURI

• HISTORIA DE LA DEMOCRACIA •

{CAPÍTULO 28}

EUROPA PRESS

La euforia se desbordó la noche del 28 de octubre de 1982. El Partido Socialista accedía al poder respaldado por más de diez millones de votos.

ESPECTACULAR VICTORIA SOCIALISTA

La victoria del PSOE en las elecciones de 1982 fue espectacular y estableció un récord de más de diez millones de votos. La UCD que hizo la Transición se había desmoronado, una vez cumplido su papel, y en la sociedad española emergió una corriente en favor del cambio que el Partido Socialista supo aprovechar. La izquierda llegaba al poder bajo la Monarquía parlamentaria y eso completaba un ciclo. En España había la sensación de que se estaba escribiendo una página importante de la Historia. Fue una página importante y repleta de acontecimientos.

•RELATO•

Felipe barre pero ni brinda ni da las gracias

28-O: El triunfo socialista fue tanto una respuesta a los golpes militares como al hundimiento de UCD

La reacción de los socialistas tras su victoria electoral fue muy moderada. Felipe González ni siquiera brindó con cava, se olvidó de dar las gracias a quienes le habían apoyado y lanzó un mensaje de tranquilidad y tolerancia. En la calle, mientras tanto, los militantes apenas armaban alboroto. El 23-F estaba demasiado reciente.

Manuel Antonio Rico

La historia giraba sobre sus goznes y, sin embargo, el portalón no chirriaba, o quienes lo hicieron girar -un candidato y sus diez millones de votantes- procuraron que los chirridos apenas fueran audibles. Contemplada desde la distancia, es algo que sorprende extraordinariamente de aquella noche del jueves, 28 de octubre de 1982: que el candidato Felipe González no diera signo alguno de euforia por su espectacular triunfo, y que la masa ciudadana que le había empujado hasta la cumbre no se echara festivamente a la calle, en este caliente país nuestro, al sur de Europa.

Antes incluso de las ocho de la tarde, con los colegios aún abiertos, y no sólo en Canarias, González tuvo noticia de la enormidad de su victoria. Como tantas veces se ha contado, hasta hacerse leyenda, sobre esa hora el número dos del PSOE, Alfonso Guerra, llamó a un adosado en Madrid de la zona de Arturo Soria, y habló con su inquilino. "Ponme con el próximo presidente de Gobierno", dicen que le dijo a Julio Feo, en cuya casa González pasaba aquellas horas expectantes, huyendo del proceloso mundo de las dudas y del acoso periodístico; y Guerra le empezó a dibujar el mapa de un vuelco en el Congreso de los Diputados, mientras González iba poniendo en alta voz los resultados, y Feo, anotándolos en un folio que, al parecer, guarda con lógico cuidado. No es para menos. Si realidad y leyenda se corresponden (hay una foto como aval documental), Guerra debiera haber patentado el sistema empleado, y así muchos sofocos posteriores se hubieran evitado. Dio en el centro mismo de la diana con los 202 diputados que le adjudicó al PSOE, en una cifra que quedaría para los restos como récord; acertó también con los dos escaños del CDS, tan raquíticos, y los escuálidos cuatro del PCE, y con algún margen hacia arriba o hacia abajo incluyó igualmente el hundimiento de UCD y la eclosión de AP.

Fotos: Europa Press

El número dos del PSOE, Alfonso Guerra, ante un cartel electoral de la campaña de 1982. Guerra anticipó con exactitud cuáles serían los resultados electorales.

Con un pleno quinielístico tal delante y en la intimidad de aquellas horas trascendentales, a González no se le ocurrió ni bailar sevillanas ni llorar de emoción. En un rapto de responsabilidad y preocupación, se puso a reflexionar sobre lo que, por fin, se le venía encima, a él, que nunca (según su propia y repetida confesión) había soñado de niño con llegar a ser presidente ni cosa parecida. En cuanto a su mujer, Carmen Romero, alternó la preocupación con la depresión, y no precisamente porque fuera a echar de menos el apartamento de Pez Volador, en el madrileño barrio de La Estrella, de donde saldría con su marido y los tres hijos, para ya no volver. Julio Feo fue el único del grupo que sí se bebió el cava que había puesto a enfriar, pero lo hizo muy discretamente, en el sótano de la casa, brindando con los guardaespaldas que allí abajo estaban, esperando. Un brindis subterráneo.

> Julio Feo fue el único del grupo que bebió el cava, pero lo hizo discretamente, brindando con los guardaespaldas que estaban en el sótano

Más tarde, cuando a las 2,35 minutos de la madrugada, pronunció su primera alocución de ganador, desde el hotel Palace, González tuvo otro detalle extraño: se le olvidó algo tan simple como dar las gracias a los compatriotas que le habían llevado a la apoteosis. Habló de casi todo un poco... de diálogo, de cooperación, de consolidar la democracia, de alternancia y de concluir la construcción del Estado de las Autonomías, sin dejar fuera una referencia al Rey. "Tenemos un gran pueblo dijo, el pueblo español, que se merece todo nuestro sacrificio", pero no le dio las gracias a ese gran pueblo. Su llamamiento final "a la serenidad, evitando cualquier tipo de provocación", delataba la procesión que le iba por dentro en aquella histórica madrugada.

Siguiendo su recomendación o por mero instinto, los ciudadanos tuvieron un reflejo parecido. Unicamente unos cuantos miles -jóvenes en su mayoría- salieron a la calle en Madrid; botaron alegres al grito inocente de "¡Oa, oa, Felipe a la Moncloa!"; aplaudieron a González y a Guerra cuando aparecieron en la ventana del Palace, o estuvieron merodeando pacíficamente por la Plaza Mayor y sus aledaños. Pero no hubo mucho más. Que al día siguiente fuera viernes no era razón que justificara tanta mesura.

Dos meses antes, el 27 de agosto, el presidente de Gobierno, Calvo-Sotelo, había disuelto las Cortes y llamado a elecciones anticipadas. Daba así, al menos, dos ventajas a los socialistas: les permitía realizar su tipo preferido de campaña, como siempre a base de grandes mítines al aire libre, y hacía buenos los argumentos del último Comité Federal del PSOE, cuando resolvió que se imponía la consulta electoral "como la fórmula democrática lógica para ofrecer a España una opción eficaz de Gobierno", dado que no existían "las condiciones de gobernabilidad exigibles para el buen funcionamiento de las instituciones y la solución de los problemas del país", por causa de "la prolongada situación de crisis del partido que sostiene al Gobierno". Era un análisis bastante certero y que sintonizaba con la sensibilidad más extendida, aunque el PSOE arrimara el ascua a su sardina y omitiera, por ejemplo, su inestimable contribución al deterioro de ese partido.

Desde que Adolfo Suárez dimitiera de la presidencia del Gobierno y de la

El PSOE establece un réc

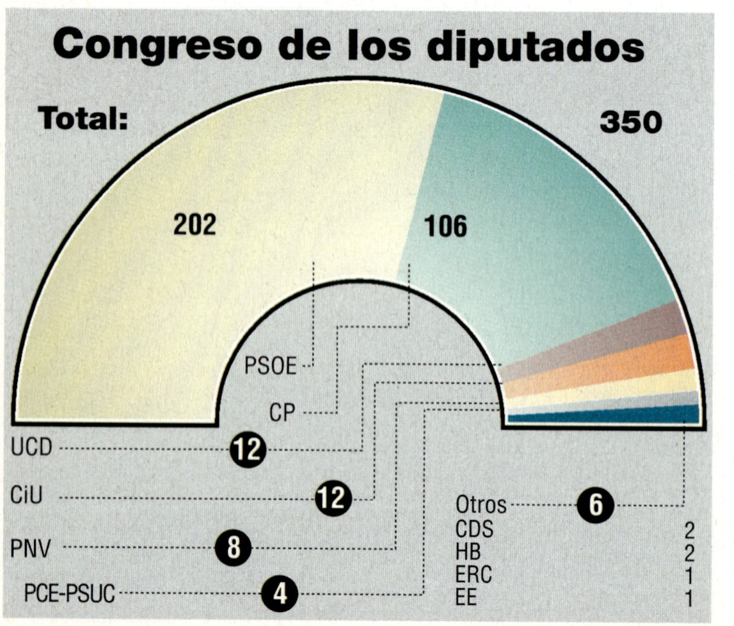

Las elecciones de 1982 fueron todo un récord del Partido Socialista Obrero Español (PSOE), que consiguió sumar 10.127.392 votos, una cifra nunca alcanzada por otro partido político.

Se sabía que el PSOE iba a ganar porque las encuestas lo decían con unánime insistencia, pero no se pensaba en tan abultada victoria. De un golpe, el PSOE incrementaba su cuota de votos en casi cinco millones y su ocupación de escaños en 81.

Felipe González, abrumado por los votos y la espectacular renta de escaños (202, por encima de la mayoría absoluta en 26), reconoció que había sido depositario de tres millones de votos "prestados", procedentes del centro, trasvasados de la desfalleciente Unión de Centro Democrático (UCD).

Esta coalición, la UCD que fundó Adolfo Suárez y en la que se apoyó para pilotar la Transición, había sufrido notables tensiones internas, un fuerte desgaste en su tarea de gobierno y una escisión que dio lugar al nacimiento del Centro Democrático y Social (CDS) encabezado por el propio Suárez. Eso se tradujo en una exigua renta de 1.494.667 votos (casi cinco millones menos que en 1979) y en una mínima presencia de 12 escaños (156 menos que antes). El "salto atrás" fue casi tan sonado como el avance del PSOE, sólo amortiguado por el conocimiento que se tenía de su crisis. De sus votos, 604.309 fueron a

UCD, la hemorragia del partido crecía imparable, con permanentes menguas de su grupo parlamentario, en fuga constante hacia el mixto, del que llegó a decirse que acabaría por ser el grupo mayoritario, a fuerza de engorde. Es verdad que los tránsfugas olfateaban el naufragio y, tautológicamente, iban contribuyendo a hacerlo cada vez más cierto. Calvo-Sotelo se refugiaba en su inexpresión de esfinge pero, cuando en julio del 82 Suárez creó el CDS a su imagen y semejanza, entendió que no le quedaba más salida que apretar el botón constitucional de la disolución, para ver de detener “in extremis” el proceso de descomposición y aunque el remedio fuera a resultar peor que la enfermedad. Convocó elecciones como quien va al matadero; consiguió, efectivamente, que el CDS se quedara sin cuajo, por falta de tiempo, y se estrellara contra la pared del 28-O, pero en realidad fue toda la construcción centrista la que se vino abajo y para siempre. Los votantes no compartieron ni la actitud ni el mensaje de Suárez, muy al modo radical italiano, ofreciéndose como barrera frente al poder fáctico de los militares, los banqueros o los norteamericanos. No eran llegados los días de su muy justa rehabilitación, pero tampoco los votantes confiaron en una UCD sin padre; en un invento que, privado del fundador, se quedó desmadejado y sin vértebra. Y desde luego, situar al voluntarioso Landelino Lavilla como cabeza de cartel tampoco fue la mejor de las decisiones.

Los votantes no confiaron en una UCD sin padre; en un invento que, privado del fundador, se quedó desmadejado y sin vértebra

A lo largo de la campaña, el bueno de Landelino se retorció a sí mismo hasta el masoquismo, para dar el tono que se le supone a un candidato. Besó a algún niño, estrechó la mano de algún obrero y hasta se dejó fotografiar para la Prensa en unos pases de baile clásico, tomando por el talle a su santa esposa. Todo en vano. Al filo de la debacle, le fue infiel a su sentido de la moderación y alimentó un titular cual “la pérdida del centro será un gran desastre para todo el país”. Para él sí lo fue, y de tal calibre para la UCD que ni siquiera como número dos por Madrid obtuvo Calvo-Sotelo acta de diputado. Falto de referencias y descuartelado, el voto UCD divagó hacia la izquierda, abultando al PSOE, o hacia la derecha, rescatando a Fraga. Por ambas orillas podían verse, además, las huellas del centrismo: la socialdemocracia de Fernández Ordóñez había anidado en el árbol del PSOE, y Fraga habíase hermanado cristianamente con Oscar Alzaga, cuyo poder de convocatoria tampoco pudo medirse el 28 de octubre.

En el aluvión de las urnas, pereció también Santiago Carrillo, masacrado por el “voto útil” de la izquierda. La joven democracia, a la que tantos servicios había prestado, no fue agradecida con el viejo líder comunista. No tuvo piedad con él, y Carrillo hubo de tomar, obligada e inmediatamente, el camino de la jubilación.

“Veo llegar el cambio como una oleada en paz y libertad”, dijo Felipe González en el gran mitin de cierre de campaña, ante quinientas mil personas, en la Ciudad Universitaria de Madrid. No se las estaba dando de profeta ni dejándose embriagar por los vapores de ➳

de diez millones de votos

parar al CDS, que no logró despegar y se quedó sólo con dos testimoniales escaños. Este fue el prólogo de la desaparición de la UCD.

UCD fue relevada, como segunda fuerza, por Coalición Popular (CP), sigla bajo la que se agrupaban la Alianza Popular (AP) de Manuel Fraga, el democristiano Partido Demócrata Popular (PDP) y la Unión Liberal (UL), más otros partidos regionales en algunas autonomías. Esta oferta suma 5.478.533 votos (casi cuatro millones y medio más que los alcanzados por la formación fraguista en las elecciones precedentes) y logra 106 escaños (con un salto espectacular desde los 9 con que había tenido que conformarse en 1979). Era evidente que el capital de la UCD se repartía entre el PSOE y CP, más el CDS.

Mientras tanto, y por efecto, entre otras cosas, de la fuerte atracción de votos por el PSOE y su división interna, el Partido Comunista de España (PCE) ve reducida su cartera electoral a menos de la mitad (pasa de 1.911.217 votos a 865.267) y se queda con sólo cuatro escaños, casi la sexta parte que en 1979. Es su peor resultado histórico.

Por otra parte, Convergència i Unió (CiU) sube hasta los 12 escaños (partiendo de ocho) y el Partido Nacionalistas Vasco (PNV) obtiene un resultado apreciable con ocho escaños.

El dominio socialista es también abrumador en el Senado, con un 64,7 % de los escaños en su poder.

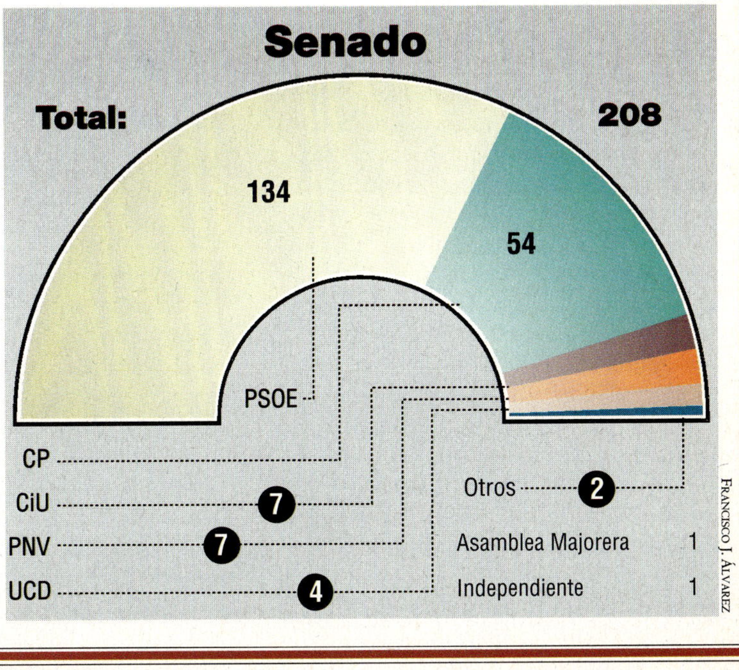

tanta multitud. Tampoco había hecho de adivino unos días antes, el 13 de octubre, en La Coruña, cuando proclamó que "esto (el cambio) ya no hay quien lo pare". González no jugaba de farol. Las encuestas venían anunciando una victoria arrolladora de los socialistas, y por entonces, en un marco político diferente, con la atmósfera no muy ionizada y con mucha menos presión mediática que en la actualidad, las encuestas no solían equivocarse.

ESPERANZA CONTRA HUMILLACIÓN. Ya mucho antes de que Calvo-Sotelo disolviera las Cortes, en mayo del 81, Icsa-Gallup constataba un cuarenta por ciento de intención de voto para el PSOE; cuarenta grados de temperatura en el termómetro anímico nacional de un país que, a los tres meses del 23-F, ya se agarraba a la esperanza de una mayoría socialista como medio de sacudirse la humillación del golpe de Estado. Y añadía otro dato de interés Icsa-Gallup: UCD aún conservaba un margen superior al 23 por ciento; es decir, cuando las fugas en masa no habían comenzado y Suárez no había derribado las columnas del templo.

Un reflejo del ambiente que había en el hotel Palace tras la victoria socialista. En el centro, Alfonso Guerra.

Abierta la campaña electoral del 82, por el contrario, las encuestas apostaban por el ascenso de Fraga, en perjuicio para la mal avenida familia centrista, pero curiosamente rebajaban las expectativas del PSOE; las rebajaba al menos la que dio a conocer Alfonso Gue-

El error de los 800.000 empleos

Joaquín Madina
Periodista. Responsable de información del suplemento de EL MUNDO "Su Dinero"

La promesa electoral de crear 800.000 puestos de trabajo durante la legislatura 1982-86 fue una de las grandes bazas políticas del primer Gobierno de Felipe González. Este empeño era una de las piedras angulares de su programa electoral y se hablaba de ello como si se tratara de un lugar común, de una promesa al alcance de la mano, de algo que ya estaba hecho. En 1982, el análisis de los programas económicos por parte de los medios de comunicación no tenía el rigor que se consiguió en posteriores convocatorias.

Fueron muchos los que dieron por supuesto que el PSOE lo conseguiría. Con la UCD rota y con una Alianza Popular sin fieles, frente al PSOE no había nada ni nadie. Las únicas voces discordantes que se oyeron en aquel momento vinieron del mundo empresarial. Los sindicatos estaban aún muy lejos de imaginar que algún día convocarían una huelga general.

El presidente de la patronal CEOE, Carlos Ferrer Salat, dudaba en público sobre la capacidad de los socialistas para cumplir sus promesas, porque no creía que las buenas intenciones fuesen suficientes para alcanzar los objetivos. Y recordaba que había un exceso de gasto público, un exceso de déficit, una falta de apoyo a la inversión y, como siempre -antes, durante y después-, unas normas laborales muy poco flexibles.

Al mismo tiempo, un joven ingeniero de 28 años, Juan Rosell -que más tarde sería presidente de Fomento del Trabajo de Cataluña-, escribió un libro con el título de *Crear 80.000 empresarios*, en el que hacía ver que los ochocientos mil puestos de trabajo pasaban necesariamente por la necesidad de generar directivos empresariales, en un momento en que los empresarios estaban muy mal vistos. De acuerdo con las encuestas, nadie quería ser empresario en ese momento. Muy al contrario, los jóvenes apostaban por el funcionariado y, en todo caso, por trabajar en la empresa pública. La sombra sociológica del PSOE era muy alargada. La cultura del "pelotazo" también vino después.

Por supuesto, la promesa de los 800.000 puestos de trabajo no se cumplió. A cambio, lo que vino fue una galopante flexibilidad laboral que tuvo su origen en los Pactos de La Moncloa firmados en la época de la UCD, pero que el PSOE llevó mucho más

rra, que situaba a los socialistas discretamente por encima del 34 por ciento y que el propio Guerra había encargado. O sea, podía tratarse de una pequeña maniobra de despiste y quizá Guerra manipulara su encuesta a la baja, para mantener una cierta tensión en su electorado. En todo caso, Felipe González tardó algunos días en instalarse públicamente en la "oleada del cambio" de la Ciudad Universitaria de Madrid, o en el "esto no hay quien lo pare", de La Coruña. En los primeros mítines estuvo, muy cautamente, diciendo que "no está nada claro que vayamos a ganar". Para el 22 de octubre y al límite del plazo normativo de publicación de sondeos, la suerte y la desgracia estaban echadas. La encuesta que en esa fecha firmaba Sofemasa otorgaba al PSOE entre 193 y 217 escaños; entre 87 y 107, para Alianza Popular; de 8 a 11 para el PCE, y entre 7 y 12 para la UCD. Los españoles no escondían sus grandes intenciones.

Algunas pequeñas cosas, pues, sí se fueron decidiendo a lo largo de aquella campaña, que González hizo madrugar en Almería, el 1 de octubre (el mismo que, en Alemania, el Bundestag designó como nuevo canciller a un tal Helmut Kohl, vía moción de censura) y cerró en Madrid y Sevilla, tras haber recorrido más de veinte mil kilómetros, buena parte de ellos a bordo de un autobús al que Julio Feo se encargó de añadirle una cama que González apenas utilizó y una mesa de trabajo. El avión se empleó sólo lo imprescindible, para saltar a las islas y a Barcelona, y siempre en vuelo regular, salvo aquella madrugada en que el candidato se empeñó en irse desde Bilbao a Valencia porque quería estar en el escenario de unas inundaciones y de una pantanada terrible en Tous, capaz de llevarse por delante la vida de 38 personas. El equipo de campaña no cedió a la tentación de hacerse una vuelta a España a lomos de un "jet" alquilado. Había miedo. Las sombras de la sospecha pesaban sobre los accidentes aéreos en que habían perecido dos líderes políticos, el panameño Omar Torrijos y el portugués Sá Carneiro, y se prefirió evitar riesgos, por si acaso. Felipe González, en la carretera, seguido siempre por otro autobús similar al suyo (ambos, procedentes del Mundial español de fútbol, de negra memoria) y con un enjambre de periodistas que no le perdían de vista. Los pasos y los mítines del candidato socialista fundamentaron la campaña. Todos los demás aspirantes pretendieron medirse con él, en algún debate por televisión, pero no lo lograron. ¿Con quién habría de debatir González? ¿Con Fraga, con Landelino, con Calvo-Sotelo, con Suárez, con Carrillo, o con todos al mismo tiempo? González se hizo a veces esta pregunta retórica, y él mismo se contestaba que a ver si los otros se ponían de acuerdo.

El equipo de González no alquiló un "jet" porque había miedo. La sospecha pesaba sobre accidentes aéreos de otros líderes políticos

No se pusieron, naturalmente, ➛

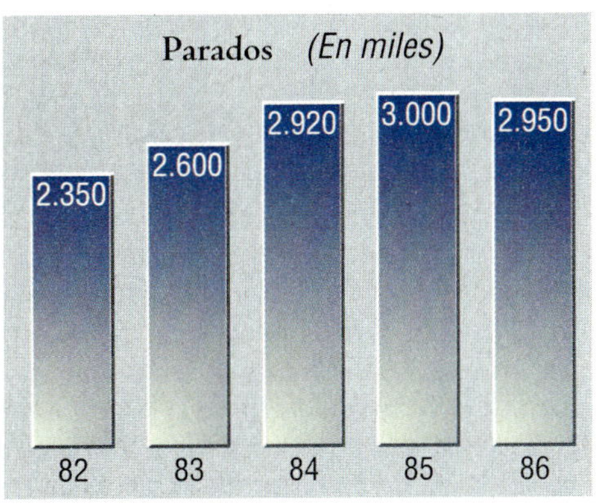

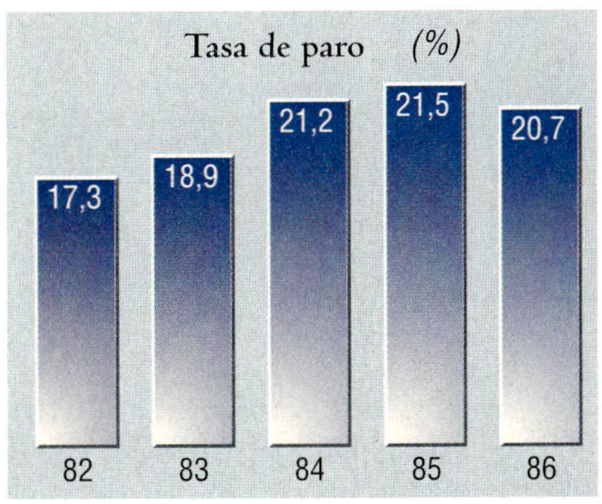

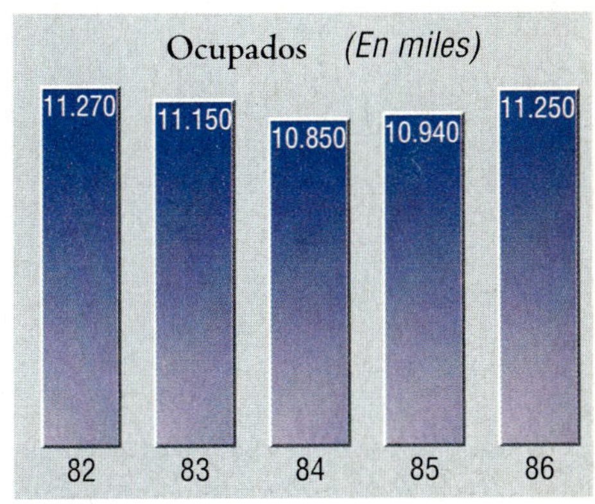

FRANCISCO J. ÁLVAREZ

allá de lo que se esperaba de esta formación política. A medida que no se conseguían los objetivos, los sucesivos ministros de Trabajo (desde Joaquín Almunia, ex asesor jurídico de la UGT, en adelante) quisieron hacer ver que los 800.000 puestos de trabajo sí se habían creado en realidad, aunque las estadísticas del paro no lo recogieran porque, al mismo tiempo, había crecido la cifra de población activa.

Este argumento no tenía ni pies ni cabeza, como tampoco los tuvo la propuesta que por la misma época hizo un afamado economista para crear un millón de puestos de trabajo. Dijo: Dado que en España hay un millón de empresas, es posible crear un millón de empleos si cada una de ellas se compromete a fichar a un trabajador. Después de un tiempo prudencial, se comprobó que las cosas iban de mal en peor. En 1984 la destrucción de empleo fue superior a la de años precedentes y el paro creció en 260.000 personas.

En 1985, el nuevo presidente de la CEOE, José María Cuevas, escribía: "Estos datos sumen a la opinión pública en la más absoluta confusión, porque aparecen en el mismo momento en que se producen declaraciones triunfalistas de medios oficiales".

El "superministro" de Economía, Miguel Boyer, siempre inspiró confianza, aunque los datos reales no estuvieran "a su altura". Lo cierto es que el Gobierno vendió en todo momento la imagen más favorable. Pese a ello, la tasa de paro creció en más de tres puntos, con más de 600.000 nuevos desempleados, la misma cifra que el aumento de personas en activo.

porque nadie tenía un verdadero interés en ese debate, pero la expectativa estuvo entreteniendo la campaña como si fuera una "serpiente de otoño".

"Socialists on the move", titulaba la revista norteamericana *Time* su historia de portada, dedicada a España, dedicada a González, el 25 de octubre. Algo iba ganando este país en imagen, al menos para *Time*: su anterior portada de argumento español había tenido a Antonio Tejero de protagonista. En la Administración Reagan, de inquietante actuación cuando el 23-F, también estaban atentos a unos "jóvenes nacionalistas" que, según todos los indicios, iban a ganar las elecciones. Afortunadamente, su principal dirigente entrevistado sobre la marcha del rocinante con cuatro ruedas prefería la moderación a las quimeras y mostraba un rostro amable y moderado. Nacionalizaciones, sólo alguna, y de alianza con los comunistas, nada de nada.

González se peinaba todavía con la raya a la izquierda; disfrutaba fumando los puros que le enviaba Fidel Castro y que no gustaba de regalar a terceros. Hablaba mucho de acercamiento a América Latina... pero huía de las cuestiones polémicas. La pertenencia de España a la OTAN, por ejemplo, y la promesa de convocar un referéndum para salirse de la organización sólo eran tratadas si resultaba absolutamente imprescindible. En general, los periodistas lo tenían crudo a la hora obligada de extraerle titulares al "caballo", en la acepción de uno de los de la "canallesca" del autobús, Martín Prieto. Los mítines más parecían las prédicas de un reverendo que las arengas de un aspirante en la pelea por el poder. Consciente o inconscientemente, ni siquiera pedía el voto. Hablaba sin crispación y no atacaba a los adversarios sino de forma oblicua y leve. Simplemente hacía apostolado a favor del cambio, identificando la nueva doctrina con aspectos de la vida tan elementales como el trabajo bien hecho. Había que acabar con la chapuza, con los enchufes. Guerra a los vicios nacionales más ancestrales. Y el país, oyéndole, se daba golpes de pecho, compungido. Aún no abusaba González, en sus formas mitineras, del famoso "por consiguiente" y su latiguillo preferido era ofrecerse como la fórmula de la regeneración, cual si de un candidato supra-partidario se tratara. Ya por entonces se dirigía con frecuencia a los jóvenes y a los mayores, a los pensionistas. Criticaba con ironía las críticas de la patronal CEOE volcada, sobre todo, en el apoyo a Fraga frente a Landelino o Suárez y muchas veces habló del drama del paro pero evitando aclarar cómo pensaba crear los ochocientos mil puestos de trabajo prometidos en el programa, para rebajar el 15,76 por ciento de tasa de desempleo. También por si acaso. González hacía su faena pero procuraba no salir empitonado. Tampoco era necesario que se manchara la taleguilla porque las plazas se le entregaban con el paseíllo. No era su problema el del general novelado por su amigo García Márquez, Bolívar, que despertaba de pronto y, como en un espasmo, le decía al fiel Palacios "vámonos, que aquí no nos quiere nadie". En el otoño del 82, España y González vivían un tierno idilio de primavera en su sangre.

Felipe González, en La Zarzuela junto al Rey, como vencedor de las elecciones de 1982.

Los mítines de Felipe González más parecían la prédica de un reverendo que las arengas de un aspirante en la pelea por el poder

Sonrisa de arrobamiento. ¿Cuándo había empezado el idilio nacional con aquel abogado sin "currículum" que en los posters electorales miraba al cielo con ojos y sonrisa de arrobamiento? ¿Por qué más de diez millones de españoles decidieron depositar su confianza en aquel sevillano de aluvión, hijo de un ganadero de Cantabria y de una mujer de la serranía de Huelva, que gustaba de definirse a sí mismo como un hombre normal y corriente y aparentaba una cierta obsesión porque los demás le creyeran sincero? Probablemente, y a falta del dictamen de un psicoanalista, por alguna razón fútil de ésas. "Todos me llaman Felipe", titulaba un libro Pedro Calvo Hernando, y acaso su aspecto le hiciera parecerse al vecino de al lado, y encima simpático, el más informal y simpático de los políticos que estaban en el escenario. "Felipe González, un estilo ético", se titulaba el libro de Márquez Reviriego, presentado al hilo de la campaña. Tocado con la gracia de una sencilla capacidad para hacerse creíble, aureolado con un atractivo personal que la hagiografía definió enseguida como carisma, González transmitía una sensación de honestidad y limpieza como la que la sociedad reclamaba. "PSOE, cien años de honradez y firmeza", decía el eslogan de una campaña publicitaria previa, muy eficaz, donde el viejo retrato de un abuelo se situaba en paralelo con González. Sin el permiso de Pablo Iglesias y sin tradición entre los socialistas en España, pero se estaban estrenando los tiempos del hiperliderazgo.

La larga marcha hacia el enamoramiento -si de fechas se trata- podría tener uno de sus quicios en mayo del 80, con la moción de censura que tanto destruyó el encanto del otro seductor, de Adolfo Suárez, y fijó en el consciente colectivo la idea de que González tenía un programa y una alternativa realizable. O podría mirarse hacia otro mayo, el del 79, cuando -tras su segunda derrota electoral y comprendiendo que algunos ropajes lastraban más que vestían-González les hizo un desplante a los compañeros del 28º Congreso, les gritó aquello de que "hay que ser socialistas antes que marxistas" y emprendió una retirada tan espectacular como estratégica, provocando una crisis de la que su enemigo Suárez, con un comportamiento admirablemente generoso, no quiso aprovecharse. Para el buen fin de la marcha fue también importante el pacto de abril del 79 con el PCE, en el gobierno de las grandes ciudades, gracias al cual muchos ciudadanos echaron al baúl algunos atavismos del pasado; o aquel momento del debate constituyente, en el 78, cuando el PSOE le puso una vela testimonial a la idea romántica de la República, y luego encendió otra, más práctica, a la Monarquía...

¿Y qué decir del 23-F? La ignominia de aquellas horas delirantes había dejado a la sociedad civil con su dignidad profundamente herida, humillada, y silenciosamente ansiosa de un gran baño de autoestima, que le sirviera de cura; una especie de contra-golpe, y el día elegido fue el 28-O, con su respuesta desarmada en las urnas, pero como los cerebros del "golpe de Estado permanente" no cejaban, quede para los anales de los despropósitos y el final de esta crónica el intento de un grupo de coroneles que cerca estuvieron de mandar al carajo todo el proceso electoral, horas antes de que se consumara.

"Operación Marte". Así se llamaba la postrera intentona militar, afortunadamente desactivada a tiempo, y no era una operación del tres al cuarto, como la de Tejero, que por cierto y gracias a los tribunales pudo darse el gustazo de concurrir, él también, a las elecciones, como candidato. Con recochineo, su propósito era usar la democracia, y mancharla de paso, para entrar otra vez en el Congreso, pero sólo 26.000 votos le apoyaron.

El mazazo de los coroneles estaba planeado para la madrugada de la jornada del 27, la de reflexión, pero el 2 de octubre el Gobierno anunciaba la detención de tres de ellos. Se evitó, parece, algo muy gordo y bestial, al modo grecochileno, que hubiera incluido el bombardeo de los palacios de La Zarzuela y Moncloa, según los papeles intervenidos y la información suministrada por el ministro Oliart a la Diputación Permanente del Congreso, diez días después de las detenciones. Los servicios de Alonso Manglano, recién llegado al CESID, abortaron este otro golpe pero el runrún continuó y las noticias confirmadas tuvieron en vilo a los candidatos y tensaron la campaña de principio a fin.

En su mitin de Alicante, González se refirió a "una trama civil mucho más peligrosa que el grupo de ciudadanos con

La ignominia del 23-F había herido la dignidad de la sociedad civil, que escogió como respuesta desarmada el voto del 28-O

uniforme que se dejan intoxicar", con lo que venía en rebajar la responsabilidad de los militares, se supone que con el sano deseo de no enfrentar más a la sociedad con sus Fuerzas Armadas. Sin embargo, el mismo González salió a toda prisa de la ciudad de Vitoria el día 20, hacia un refugio secreto en Bilbao, porque "el golpe está dado", al decir de un miembro de su equipo de campaña. Definitivamente, el único golpe fue el de las urnas, pero volviendo al comienzo y al triunfo con sordina todo lo narrado puede explicar, si no justificar, la mesura con la que González administró su victoria, renunciando a los brindis e invitando a los suyos a evitar las provocaciones. El portalón de la Historia cedía, los goznes giraban, sin que se oyeran los chirridos de la humillación a la derrota allá donde más preocupaba. Había que asegurarse una alternancia en paz. Quizás por ello el primer gesto del presidente González fue celebrar con la división acorazada "Brunete" la fiesta de su patrona, el ocho de diciembre, entre fríos que cortaban como cuchillos y al lado de los cañones, silenciosos, de los blindados.

Felipe González, en la división acorazada "Brunete", poco después de ser elegido presidente del Gobierno.

Toda una campaña c

El camino triunfal de González hacia el poder

Era una época en la que acudir a un mitin socialista implicaba escuchar palabras como decencia, honradez, transparencia administrativa o lo que decía Indalecio Prieto de que se podría meter la pata, pero no la mano en la lata. Trece años después, lo que queda es ese gran comunicador político llamado Felipe González.

Tengo la biblioteca, acarreada por los años a través de dos continentes, estabulada, como si los libros fueran reses, en diferentes casas de mi familia. No es que, aun siendo demasiados, mis libros sean excesivos, que nunca pueden serlo, en puridad; es que mis espacios no dan para albergarlos, y aún tengo cientos sin clasificar en paquetes de cartón sin abrir. Pero de memoria creo que la frase histórica de que "le han puesto las bolas como a Felipón" no la creo atribuible a ningún Felipe de la dinastía de los Austrias sino a Fernando VII, rey felón para su familia y su pueblo donde los haya, y a quien, estimo siguiendo la tradición, que era ventajista en las mesas del billar colocándoles las carambolas a huevo. Si yerro, me corrigen, pero lo que interesa a nuestro caso es que Felipe González en las anticipadas elecciones de finales de 1982 o no arrasaba o es que no tenía taco.

El PSOE venía de la depresión lógica de todos nuestros jóvenes partidos a quienes la Casandra de las encuestas les aseguran la mayoría absoluta. En 1979 los socialistas estaban seguros de pasarle la escoba a la UCD de Adolfo Suárez. Tal fue así que a Alfonso Guerra, en la noche crítica de los recuentos, se le escapó la frase de "Los españoles se han equivocado". Esa misma reacción visceral la hemos contemplado en el 93 por boca de Ruiz-Gallardón o de Javier Arenas quienes, nerviosos, tampoco entendieron en aquella fecha que se derrumbaba lo que sociológicamente daban por seguro. Y lo mismo podríamos decir del "sorpasso" del que aún no se ha recuperado el Partido Popular tras las elecciones legislativas del 3 de marzo de 1996.

EUROPA PRESS

El PSOE siempre tuvo éxito entre la tercera edad.

Me atrevería a considerar que el censo electoral de este país, acaso felizmente curado de espantos, no está ya por la labor de amparar mayorías absolutas como la del PSOE, única en nuestra democracia, que nos han deparado tanta felicidad, tanto morir de éxito en frase de su líder, como duelos y quebrantos, procesos confirmados, sospechas bien fundadas, peculados confirmados y un mal sabor de boca para el electorado del olvidado Pablo Iglesias, que Dios tenga en su Gloria, que se la mereció, aunque sus jóvenes discípulos le hayan relegado al Infierno del olvido. ¿Se acuerdan ustedes de aquellas pancartas electorales con la imagen de don Pablo, su barba cana y su gorrilla y la leyenda de "cien años de honradez"? Pues eso. Eso no lo volverán a contemplar jamás. Se pasó la página.

Felipe en el 82 no hizo una campaña en aquel autobús: recorrió un camino triunfal. Fraga no conseguía romper un techo cada vez más bajo edificando un partido conservador moderno y sin hilachas franquistas; a Adolfo Suárez un partido que casi tenía más "barones" y reyes de taifas que militantes, se le disolvía entre las manos como un terrón de azúcar entre conspiraciones, traiciones, ambiciones personales injustificables y una riña de gallos en la que, con todos los respetos que se merecen,

e diseño

Martín Prieto

Periodista. Columnista de EL MUNDO. Autor de "Cartas a mujeres"

brillaron el llorado Paco Ordóñez, el estacionado Miguel Herrero y Rodríguez de Miñón, el prematuramente fallecido Joaquín Garrigues y el felizmente desaparecido en sus legítimos negocios privados Oscar Alzaga, epítome del perro del hortelano.

PONER EL CAZO. Felipe en su magnífica campaña del 82 que le llevó al poder por casi trece años, sólo tuvo que poner el cazo y recoger. El Instituto de Técnicas Electorales puesto en marcha en su día y desde la nada por Alfonso Guerra, perfeccionado tras lo dicho del 79, es temible, y lo acaba de demostrar en los últimos comicios. En aquellas elecciones, ya históricas, yo pasé el almuerzo y parte de la tarde en la casa de Julio Feo, donde Felipe se estaba desagobiando junto a su mujer, la del jefe de su campaña, éste, su hija, el fotógrafo Pablo Julio, el de la foto de la tortilla bajo los pinos, y los escoltas en el sótano. Estoy harto de contarlo. Carmen Romero me pareció asustada, acaso más del triunfo que del fracaso. Felipe pidió un whisky y se lo sirvió Feo con el hielo casi embarrado. Viendo aquel pantano en el vaso comentó: "¿Qué pasa; ya han comenzado los envenenamientos?". Ya sentados a la mesa tan sólo para acometer una picada, Felipe nos anunció cuántos diputados iba a obtener, circunscripción por circunscripción. Estaba seguro, tranquilo fumándose un puro, y me espetó: "Quiero que mis conciudadanos recuperen el orgullo de ser españoles". Teníamos a nuestras espaldas no sólo el pudrimiento del partido en el Gobierno, bien que a pesar de Adolfo Suárez, uno de los políticos más incomprendidos y desaprovechados de este siglo que se acaba, sino el temblor reciente del "tejerazo" y un lógico temor a la involución.

Carteles con el lema sobre el que cabalgó el PSOE hacia la mayoría absoluta: "Por el cambio", un acierto publicitario y estratégico que resumió el proyecto socialista.

EUROPA PRESS

Pasados los años y en otros trances no es un desatino suponer que lo que en razón ha de denominarse "felipismo" recogió un denso cuerpo de marea de votos y voluntades, esencialmente prestados, con los que pudo hacer lo que le viniera en gana. En sus manos estuvo hasta dar cruel muerte al "doberman" de su último "videoclip". Felipe fue el "Séptimo de Caballería" en las elecciones del 82: el Custer que nos salvaba de los indios, "Caballo Loco" y "Toro Sentado" le han revolcado en el polvo de "Little Big Horn", aunque la batalla final esté perdida porque a ver cómo Aznar es capaz de barrer este patio, tal como el más atolondrado voluntarismo nos lo ha dejado. En aquel año de gracia perdido del 82 me bajaba del autobús, corría a las plazas de toros y a los estadios, para escuchar palabras como decencia, honestidad, honradez, eso de Indalecio Prieto de que podremos meter la pata pero jamás la mano en la lata, transparencia administrativa, ¡qué se yo!: Alicia en el país de las maravillas. Me parece que algunos socialistas sin carné, tras lo pasado, podemos legítimamente llamarnos a algún engaño. Felipe sabe ganar, pero puede decirse que desvaría algo en gobernar. Vence y hasta convence, no hay otro comunicador político como él en este país. Pero, ¿para qué nos vamos a engañar?, nos ha dejado con las bragas en las rodillas.

> "Felipe González estaba seguro, tranquilo fumándose un puro, cuando me espetó: «Quiero que mis conciudadanos recuperen el orgullo de ser españoles»"

El misterioso crimen de los marqueses de Urquijo

El dinero y la venganza fueron los móviles del doble asesinato

Javier Lorenzo

La muerte de los marqueses de Urquijo se convirtió en la más comentada de la historia reciente de España. A pesar de eso, el misterio sobre lo ocurrido aún se mantiene.

El crimen más célebre de la democracia española ocurrió un 1 de agosto a las tres de la madrugada. A esa hora, tres disparos terminaron con la vida de los marqueses de Urquijo, quienes dormían en habitaciones separadas en su residencia madrileña de Somosaguas. En julio de 1983, un tribunal condenaba a Rafael Escobedo -marido de Miriam de la Sierra y, por tanto, yerno de los marqueses- a una pena de 53 años de prisión como autor de un crimen que cometió, según rezaba la sentencia, "solo o en compañía de otros".

Aún hoy sigue sin saberse qué ocurrió aquella noche. En parte, porque Rafael Escobedo se ahorcó un 27 de abril de 1988 en la cárcel de El Dueso (Santander) sin haber dicho todo lo que sabía. En parte, porque su presunto cómplice, Javier Anastasio, huyó del país en noviembre de 1987 aprovechando que se le había concedido la libertad provisional unos meses antes y no ha vuelto a ser localizado. Y en parte porque, como en algunas novelas de Agatha Christie, los implicados o relacionados en el caso se acusaban unos a otros.

Además de Escobedo y Anastasio, hubo otro procesado. En esta ocasión como encubridor. Mauricio López-Roberts, marqués de Torrehermosa, fue condenado a diez años por declarar - después de que "Rafi" hubiera sido juzgado- que éste le había confesado ser el autor de la muerte de sus suegros -a quienes culpaba de haber hundido su matrimonio-, que le había acompañado Javier Anastasio hasta el chalé, y que éste se había desprendido del arma del calibre 22 con la que asesinaron a los marqueses en el pantano de San Juan. Si fue así, nunca la encontraron.

Rafael Escobedo, con el aspecto que tenía poco después de ser detenido. Debajo, un sacerdote reza el último reposo por los marqueses. A su derecha, los hijos de los fallecidos, Miriam y Juan.

FOTOS: EUROPA PRESS

La Justicia había hablado, pero la rumorología, las cambiantes declaraciones de "Rafi" y las teorías lenguaraces del mayordomo de los marqueses apuntaban a todas partes: a los hijos de los marqueses, Miriam y Juan, beneficiarios de la cuantiosa herencia (Miriam consiguió el divorcio de Escobedo tres años después del doble asesinato); al administrador, Diego Martínez Herrera, a quien Escobedo había inculpado junto a otras cinco personas en su primera declaración, y al propio padre de "Rafi", propietario de una finca en Moncalvillo de Huete (Cuenca), lugar donde, según la Policía, fueron encontrados varios casquillos que se correspondían exactamente con los cuatro encontrados en el lugar del crimen. Este extremo nunca se pudo comprobar pericialmente, ya que esta prueba desapareció "oportunamente" del juzgado un 21 de julio de 1983, poco antes de que se dictara sentencia.

Rafael Escobedo siempre dijo que había una conspiración contra él. Incluso, un forense declaró que "Rafi" había fallecido antes de ser colgado. Quedan aún muchos interrogantes. Las únicas pertenencias del fallecido fueron a parar a un preso y a un periodista, pero no hubo ninguna carta, nada, que desvelara la verdad del asunto. Habrá que esperar a que Javier Anastasio regrese desde donde quiera que se encuentre para que se sepa de una vez por todas quién mató a los marqueses de Urquijo.

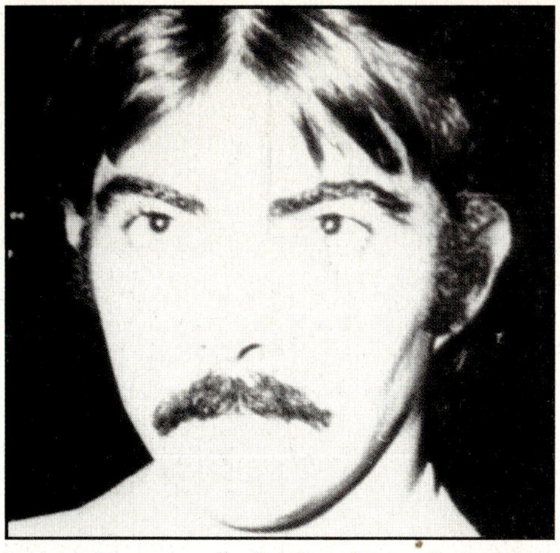
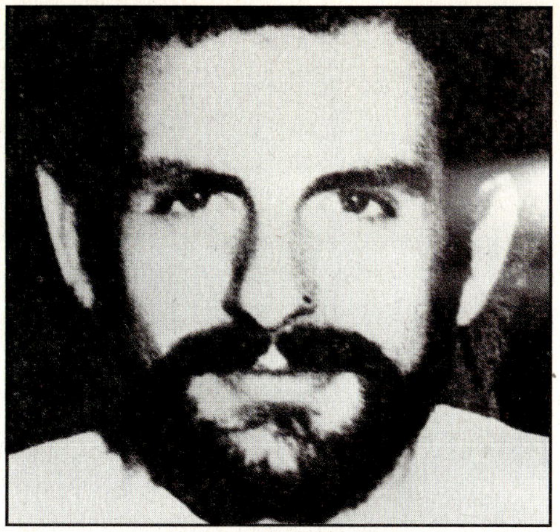
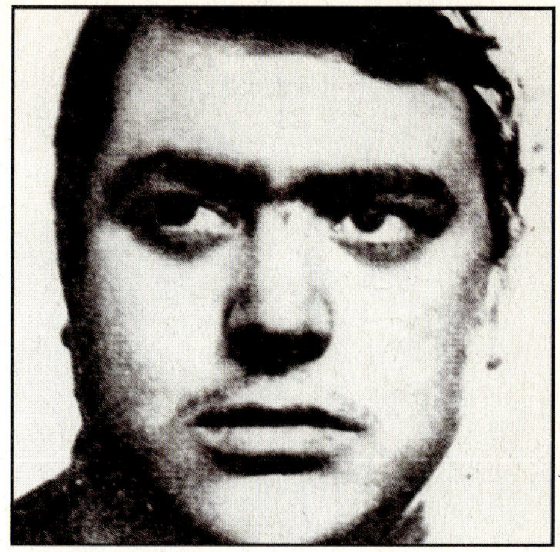

FOTOS: EFE/MULLOR

Los tres jóvenes asesinados: Juan Mañas, Luis Cobo y Luis Montero. Su muerte supuso el cénit del desprestigio para el Gobierno y la Guardia Civil.

El trágico error del "caso Almería"

El afán por capturar a un comando terrorista, unido a la peculiar forma de entender la justicia de un mando de la Guardia Civil, llevaron a la muerte a tres inocentes.

No habían pasado tres meses desde el golpe del 23-F. Era el 10 de mayo de 1981. En el kilómetro 9 de la carretera que une Almería con Gérgal -lugar en el que hoy se encuentra un monolito que recuerda el hecho-, un coche ardía con sus tres ocupantes dentro. Estos se llamaban Luis Montero, Luis Cobo y Juan Mañas, y poco antes habían sido detenidos por la Guardia Civil debido a su presunta vinculación con ETA, organización que el día anterior había asesinado a un teniente coronel de la Guardia Civil y al chófer del general Valenzuela. Una llamada desde la localidad de Alcázar de San Juan que identificaba a los jóvenes con los terroristas fue el detonante de lo que Juan José Rosón, ministro de Interior, calificaría como "trágico error".

Las víctimas de ese "trágico error" se habían desplazado desde Santander, donde vivían dos de ellos, hasta Almería para asistir a la primera comunión de un hermano de Juan Mañas. El viaje lo iniciaron en un Seat 127, pero una avería les obligó a alquilar un Ford Fiesta, similar al que usó el comando etarra para huir del lugar del atentado. La confusión quizá no habría ido a mayores de no haber entrado en escena el teniente coronel Carlos Castillo Quero, un mando conflictivo con una hoja de servicios llena de incidentes. De su actuación sólo se sabe que, al mando de once guardias, detuvo a los jóvenes. Sobre lo que ocurrió después nadie, salvo los protagonistas, tiene datos fiables. En un principio, la Guardia Civil informó de que los fallecidos eran tres etarras y que los hechos habían transcurrido durante su traslado a Madrid, momento en el que agredieron al conductor del Ford y otro guardia que les escoltaba, lo que motivó los disparos -a las ruedas- de los agentes y el posterior vuelco del vehículo. La verdad, sin embargo, no parecía resplandecer en la versión oficial. Cuatro días más tarde, un médico y un abogado vieron los cuerpos y observaron que les faltaban las piernas y los brazos, y que tenían numerosos impactos de bala en tronco y cabeza. La palabra tortura circulaba de boca en boca.

Tras el apuro del Gobierno, que no supo o pudo dar ninguna explicación, el juicio comenzó en junio de 1982 y estuvo condicionado por la entidad militar de los acusados. El abogado de las familias de las víctimas, Darío Fernández, recuerda que el tribunal se cuadraba ante el teniente coronel, así como las numerosas amenazas que recibió y el artefacto explosivo que colocaron en su coche. Las sentencias fueron consideradas como benévolas: veinticuatro años para Castillo Quero -ya fallecido-, quince para el teniente Manuel Gómez Torres y doce para el número Manuel Fernández Llamas. Antes de diez años ya estaban en libertad. Darío Fernández, que a punto estuvo de reabrir el caso diez años más tarde, afirma que el caso estará cerrado jurídicamente, "pero no ante la Historia".

SOCIEDAD

Marinaleda se pone en huelga de hambre

Sirvió para descubrir la trágica situación del campo andaluz

Pedro de Tena

El 14 de agosto de 1980 el pueblo de Marinaleda, que se iría convirtiendo en el Casas Viejas pacífico de la democracia, estalló al unísono en una huelga de hambre. Pocos meses antes había habido un encierro de 90 días en Sevilla y pistoleros vinculados a Fuerza Nueva habían intentado disparar sobre el ya alcalde del pueblo, Juan Manuel Sánchez Gordillo.

La situación de los jornaleros andaluces era dramática. La corriente migratoria hacia Europa se había detenido y la maquinaria agrícola expulsaba de los campos a su mano de obra tradicional. En 1971, el Gobierno de Franco había puesto en marcha el Empleo Comunitario, un subsidio considerado una limosna por las organizaciones jornaleras.

Durante la Dictadura un grupo de sacerdotes, entre los que destacaba Diamantino García, había promovido una fuerte conciencia de clase entre los jornaleros andaluces, y especialmente, en la sierra sur de Sevilla. El Sindicato de Obreros del Campo fue el fruto cosechado por aquella siembra durante el verano de 1977. Como consecuencia de aquellos primeros movimientos organizados, se produjo algo que no tenía lugar en España desde julio de 1936, como fue la ocupación de la finca de Aparicio en Osuna el día 12 de julio de 1978, con la exigencia de una reforma agraria. Mujeres y niños fueron desalojados contundentemente por la Guardia Civil.

En este clima, el mes de agosto de 1980 se presentó en Marinaleda como una maldición. Hacía 20 días que no se daba una peonada y durante julio sólo se habían obtenido tres días de empleo comunitario debido al recorte de los fondos decidido por el Gobierno de UCD. Más de 700 personas inician una huelga de hambre con peticiones claras: fondos suficientes del empleo comunitario, ordenación agraria y cultivos sociales, repoblación forestal, construcción de pantanos, industrias vinculadas a la agricultura y reforma agraria estructural.

El Gobierno, a los tres días de la huelga, seguía sin reaccionar. Ya había 800 huelguistas y comenzaban los desvanecimientos y las solidaridades. Los pueblos limítrofes y otros más lejanos se sumaron a la protesta. El día 22, Sánchez Gordillo viajó a Madrid para entrevistarse con el ministro de Trabajo, Licinio de la Fuente.

En aquella entrevista, De la Fuente, ofreció, tras tres horas de diálogo, dinero para subsidios hasta septiembre. A las cuatro de la madrugada del día siguiente, noveno día de la huelga, una asamblea preparó el terreno para que el sábado día 23 de agosto, el pueblo de Marinaleda decidiera poner fin a la huelga de hambre más espectacular de la democracia, tras haber conquistado un trozo de terreno político al Gobierno y un poco de dinero para resistir el otoño.

FOTOS: EUROPA PRESS

Dos aspectos de la huelga de hambre que sostuvo Marinaleda con su alcalde, Sánchez Gordillo, a la cabeza.

Historia de una mascota

"Naranjito" simbolizó entre críticas el Mundial de fútbol del 82

Nacho Moreno. Guionista

El miércoles 30 de mayo de 1979 supimos que el diseño de José María Martín y el grafismo y la realización de María Dolores Salto (una naranja vestida como si fuera un jugador de la selección nacional de fútbol y bautizada como *Naranjito*) sería la mascota del Mundial-82.

Tiempo atrás habían sido muchas las llamadas de amigos dibujantes que, tras contarme lo del concurso mundialista, ofrecerme un porcentaje ridículo del más que improbable premio y solicitar mi colaboración como guionista, añadían:

- Además, tengo una idea estupenda. Podemos hacer una naranja humanizada con la camiseta de la selección. ¿Qué te parece?

- Me parece que eres el quinto que me lo sugiere esta mañana.

Y antes de que se recuperaran del impacto de la revelación yo ya me había enfrascado en una sólida y convincente disertación teórico subversiva.

- De lo que se trata es de dar una nueva visión de nuestro país. Nada de naranjas, paellas o sangrías. Algo que entronque con Picasso, Miró, Dalí o Chillida. El símbolo de una España joven, moderna y democrática que va camino de Europa...

Y les convencí. Uno tras otro. Y el concurso se fue llenando de perros andaluces sin patas ni rabo, de lorquianos puntos verdes sobre fondos grises, de estilizados falos con versos de Alberti o de gallinas de la antigua bandera ahorcadas y con el puño izquierdo levantado.

A la periferia no llegó mi afán pero allí, presos de autonómica fiebre, acabaron resultando un tanto localistas. Así surgió de Canarias *El Platanito*; de Andalucía, *Aceitunín*; un colectivo progresista gallego diseñó un *Berberecho Gaitero*, lo que unido al *Butifarret* de los catalanes, el *Piedricolari* de los vascos y el *Bellotero Cerdotín* que envió una agencia publicitaria de Badajoz, conformó el más pintoresco abanico de mascotas democrático-autonómico-culturales que conocieran los siglos.

Cuando el dictamen del jurado se hizo público, el asombro fue general. El ganador era -¡qué sorprendentemente original!- una naranja vestida de futbolista. Las críticas al cítrico fueron abundantes ("qué vulgaridad", "este tío no es un profesional", "seguimos perpetuando la España de charanga y pandereta", "yo lo hubiera hecho mejor..."), pero eso no fue nada comparado con las descalificaciones sufridas por un servidor, que fueron, sencillamente, unánimes.

Yo tenía mucha confianza en la victoria de una mascota que representaba la calavera de Franco con un balón en cada cuenca del ojo, o, si acaso, en alguno de los otros casi 200 diseños en los que participaba en distintos -y exiguos- porcentajes. Lo que nunca imaginé fue que ganara algo como *Naranjito*. Pero así fue. La agencia Publicidad Bellido de Sevilla se llevó el millón del premio; mi fama como guionista feneció para todos a los que convencí de que no mandaran sus diseños de *Naranjones*, *Naranjeritos* o *Naranjosos*; España quedó en el campeonato algo así como número 12 y yo, personalmente, agarré una depresión de caballo que no remitió hasta que Pedro J. me dio una oportunidad como coautor de chistes políticos.

Fui, seguramente, el culpable de que *Naranjito* fuera lo único parecido a una mascota que se presentara al concurso del Mundial-82. Y gracias a eso ganó. Escarmentado, años después, convencí a mis muchos amigos dibujantes para que realizaran las mascotas típicas: un toro vestido de deportista para la Olimpiada o una Giralda con ojillos y sombrero andaluz para la Expo-92. Inexplicablemente, volvieron a hacerme caso. Los jurados acabaron eligiendo como mascotas a un perro bizco y un pajarraco con pelucón de travestido. Muy modernos, eso sí. A su lado, *Naranjito* casi tenía un cierto encanto.

"Naranjito" fue la mascota seleccionada para el Mundial de fútbol que se jugó en España en 1982.

Europa Press

"Entrada la noche, cuando la suerte ya estaba echada y escrutada, se produjo la aparición: Guerra y González saludaban a más de 10 millones de españoles".

Y se aparecieron a media España

Andrés Aberasturi

Desde el cierre de los colegios electorales habían llegado en pequeños grupos frente al Palace. Esta vez no había cordones policiales frente al viejo hotel, como en el aún reciente 23-F, sino una algarada de gritos coreados por más de media España que había acudido prácticamente en masa a depositar su voto de una esperanza nueva frente al descalabro anunciado del centro. Iba a ser la gran noche del PSOE, la madrugada única y tal vez irrepetible en la que íbamos a enterrar muchos demonios: Carrillo había hecho la campaña del PCE envuelto en la banderita roja y gualda y al heredero de Pablo Iglesias le iba a encargar formar gobierno el Rey nieto de Alfonso XIII.

Entrada la noche, cuando la suerte ya estaba echada y escrutada, se produjo la aparición y aquello fue el delirio: Guerra y González, que entonces -¡ay!- tanto daba, saludaban a más de diez millones de españoles que habían creído en el cambio.

La historia iba a terminar 14 años después con una "dulce derrota". (La rosa que sostenían a medias Felipe y Alfonso nunca existió en aquella ventana del Palace; la pintaron cuando ya eran Poder y la pusieron porque sí).

PRÓXIMO CAPÍTULO: EL FENÓMENO MARADONA

UN GENIO IRRUMPE EN EL FÚTBOL ESPAÑOL MIENTRAS EL PSOE COMIENZA A GOBERNAR. ESCRIBEN: JESÚS ALCAIDE, ANGEL CAPPA, JAVIER URRUTICOECHEA, JAVIER GARCÍA SÁNCHEZ, ADELA CORTINA, EDUARDO SOTILLOS Y LUIS APOSTUA.

1975-1995. Veinte años de nuestra vida

• HISTORIA DE LA DEMOCRACIA •

{CAPÍTULO 29}

MIGUEL MORENO

Diego Armando Maradona muestra la Copa del Rey sobre el césped del Camp Nou. Salvo una Copa de la Liga, fue el único trofeo que consiguió en España.

EL FENÓMENO MARADONA

Fue todo un acontecimiento en la España del 82, que sobrepasó los límites del mundillo del fútbol para convertirse en un espectáculo social. El argentino Maradona, para muchos el mejor futbolista del mundo, llegaba a Barcelona para satisfacer deseos deportivos largos años frustrados y algunas revanchas ajenas. Su paso por el club no dio deportivamente lo que se esperaba. Humanamente, como se supo después, fue un fracaso. Su conexión con la droga tuvo la culpa. Maradona dejó algunos recuerdos aislados de un arte futbolístico convertido en genialidad. Poco más.

La doble vida de un genio irrepetible

El Barcelona pagó 1.200 millones de pesetas por Maradona, que vivió sólo dos temporadas agridulces

Cincuenta mil aficionados culés dieron la bienvenida en julio de 1982 a Diego Armando Maradona, en quien se confiaba para acabar con ocho años de sequía liguera. Pero el "crack" funcionó a medias. Una hepatitis, una gravísima lesión, la droga y la mala vida eclipsaron en parte su talento en el campo. No ganó ni una Liga.

Jesús Alcaide

"Me drogué por primera vez a los 22 años, cuando jugaba en el Barcelona. Lo hice para creerme un tipo listo, pero al final sufrí mucho, más de lo que cualquiera puede pensar. Fui, soy y seré drogadicto, pero ahora estoy luchando contra esa realidad, contra ese infierno. En Barcelona cometí una grave equivocación de la que me arrepiento".

Diego Armando Maradona confesó el origen de su idilio con la cara oculta. Barcelona, una ciudad a la que llegó con 22 años, con una maleta cargada de genialidad futbolística e inmadurez vital, fue el origen de todos sus males. El mejor jugador de los últimos años, uno de los escasos ocupantes del olimpo futbolístico, combinó talento y desgracia durante sus dos años de estancia en la Liga española. Derramó calidad, pero su rendimiento supo a poco.

No permaneció mucho tiempo. Sus continuos problemas se elevaron por encima de su fama y de su clase. Y apenas 24 meses después de su llegada en olor de multitudes se marchó al Calcio para relacionarse con la Camorra y unas compañías aún peores que las que le hundieron en Barcelona.

El año 1982 entró en la historia del fútbol español por muchos motivos. El primer Mundial con 24 selecciones se jugó en 11 estadios del país. El Camp Nou albergó el encuentro inaugural, un Argentina-Bélgica en el que ganaron los europeos y Maradona jugó su primer partido en el torneo más importante, un campeonato que acabaría ganando cuatro años más tarde con la "mano de Dios" como herramienta de trabajo (ver pág. 616). El Bernabéu vivió la final, el Italia-Alemania en la que el venerable Sandro Pertini disfrutó como un "tifossi" más a la vera del Rey don Juan Carlos.

El Barcelona, aún sin el "Pelusa", ganó la Recopa de Europa en un atestado Camp Nou al Standard de Lieja. La Real Sociedad conquistó su segunda Liga consecutiva, el Madrid se llevó la Copa

Efe

Maradona enseña la camiseta del Barça el día de su presentación bajo la mirada de Josep Lluís Núñez, quien tuvo que desembolsar casi 1.200 millones por su fichaje.

La deuda del pibe

Javier Urrutikoetxea
Ex futbolista del F.C. Barcelona.
Colaborador del programa "El penalty" de Onda Cero

Con Maradona pasé dos años difíciles de olvidar. Diego tenía una personalidad muy acusada y su presencia en el Barcelona coincidió con una etapa del club en la que los acontecimientos se sucedían de forma vertiginosa.

A Maradona le recibimos con ansiedad. Su fama y su aureola de mejor jugador del planeta nos tenía a todos entusiasmados. Era un chico de trato fácil. No le negaba el saludo a nadie y siempre se ponía el primero para pactar con Núñez las primas y cualquier negociación que hubiese que hacer para defender a la plantilla. En ese plano, Maradona era irreprochable. Sin embargo, cuando acababan los entrenamientos o los partidos era complicado prolongar ese vínculo de afecto con él, porque el clan argentino que le rodeaba le convertía en una persona poco accesible. Sobre todo cuando Udo Lattek fue sustituido por Menotti. Entre el entrenador argentino, Poncini, Cappa y Czisterspyller, a Maradona no había manera de pillarle. Le blindaban de tal forma que nadie podía jactarse de ser amigo de verdad de Diego.

"Era de trato fácil, pero cuando acababan los partidos o los entrenamientos el clan argentino que le rodeaba le convertía en una persona poco accesible"

A Maradona no le costaba tener detalles bonitos con sus compañeros. Recuerdo que una vez nos invitó a su casa a todos con motivo de su cumpleaños. Fueron los momentos felices que coincidieron con la Copa del Rey que le ganamos al Madrid en Zaragoza, con aquel golazo de Marcos, y aquella Copa de la Liga en la que Maradona marcó un gol de bandera en el Santiago Bernabéu, tras regatear a Juan José, que hizo aplaudir a la propia afición madridista.

Pero hubo momentos muy duros para Maradona y los que le apreciábamos. Primero fue su hepatitis y luego su grave lesión por la famosa entrada de Goikoetxea. Para mí fue un mal trago porque yo defendía a Maradona como compañero, pero me dolía todo lo que se dijo de Andoni, no siempre con buena fe. Pero lo peor estaba por llegar. Fue con motivo de la final de Copa con el Athletic de Bilbao en el Bernabéu. Javier Clemente, que entrenaba por entonces a los bilbaínos, había desestabilizado las vísperas del partido con su forma peculiar de hablar. El ambiente estaba muy caldeado y luego llegó lo peor. Lo sucedido al final de aquella final fue lo más vergonzoso y desagradable que viví en mi carrera como futbolista. Fue el mayor bochorno de mi vida en un campo de fútbol. Vi odio en las miradas de algunos supuestos deportistas y eso es muy triste. Las agresiones entre Maradona, Clos y varios jugadores del Athletic fueron terribles. Al llegar al vestuario, todos estábamos muy dolidos por lo sucedido. Fue lamentable.

Pero de Maradona no quiero quedarme con esa imagen, ni con los piques que tenía con Schuster; nunca es fácil que convivan dos gallos en el mismo gallinero. Del argentino prefiero guardar momentos como los que vivíamos en los entrenamientos. En alguno de ellos, Maradona me marcaba goles de lujo poniendo la pelota justo al lado contrario de donde miraba. Para mí, Maradona ha sido el mejor jugador de la historia después de Johan Cruyff. Era un auténtico líder y le estoy agradecido por el fútbol que me enseñó durante dos años en los que nos pasó de todo. Lástima que no nos diese una Liga. Fue la gran deuda que dejó sin pagar el "Pibe de oro".

del Rey ante el Sporting de Gijón -en lo que fue el último título con Luis de Carlos en el palco- y Maradona, el genio en ciernes del fútbol mundial, acabó en las filas del Barça.

El Mundial eclipsó al resto de noticias. Fue la gran aportación deportiva a un año marcado por varios acontecimientos de relevancia, como la visita del Papa Juan Pablo II, que se hizo socio del Barça, o el triunfo socialista en las elecciones del 28 de octubre.

Con Menotti como entrenador y sin las ayudas que bajo la dictadura militar sirvieron para que la albiceleste ganara su primer gran título, Argentina pasó sin pena ni gloria por el Mundial. Maradona era su gran punto de referencia. Un muchacho capaz de tratar de tú al balón desde que apenas levantaba un palmo del suelo, que se había criado en los potreros de Buenos Aires entre miserias y sueños de grandeza y que ya estaba considerado como el mejor jugador del mundo.

CASI 1.200 MILLONES DE PESETAS. El Barcelona de Josep Lluís Núñez estaba dispuesto a repetir la historia de la década anterior. El equipo azulgrana contrató a Cruyff, la estrella de los 70, y no cejó hasta convertirse en dueño de la figura emergente de los 80. Ya antes del inicio del Mundial, Maradona estaba apalabrado. Las cifras mareaban. Casi 1.200 millones de pesetas le supuso la operación al club catalán. Maradona abandonó el Boca Juniors y se lanzó a una aventura que empezó como la promesa de un gran cambio pero que arrastró funestas consecuencias.

El Mundial iba a ser el gran escaparate, pero Argentina y Maradona fracasaron. El 10 de la albiceleste sufrió marcajes demoledores, como el que le hizo sufrir un tipo con pinta de descargador de puerto, Gentile, quien incluso llegó a quedarse con un jirón de la camiseta durante un partido que acabaría ganando Italia. Maradona perdió los nervios y Gentile sólo vio la tarjeta amarilla después de mil infracciones.

En un duelo decisivo ante Brasil, el "Pelusa", presa de la excitación por su impotencia, acabó siendo expulsado tras una patada a Junior. Fue el triste colofón a su participación en el Mundial y un preocupante preámbulo a su estancia barcelonesa.

Todo quedó olvidado el día de la presentación con la camiseta azulgrana. El calor de julio no impidió que 50.000 aficionados culés acogieran al nuevo mito que debía terminar con ocho largos años de sequía en el Campeonato de Liga. A Núñez se le caía la baba. Había reunido un equipo de ensueño con Schuster y Maradona como estandartes. Mucho fútbol en sus botas pero demasiados pájaros en la cabeza. La mezcla acabó siendo demasiado explosiva y se llevó por delante a personajes como el alemán Udo Lattek, un hombre arisco y meticuloso que no soportaba la heterodoxa existencia de su gran estrella.

El fútbol español se enorgulleció por contar con un jugador de tan colosales dimensiones. El Barcelona, por fin, era el gran favorito con fundamentos, el madridismo temblaba y la Liga parecía tener un claro dueño antes incluso de su inicio.

EFE

Maradona besa a su mujer, Claudia Villafañe, el día de la boda (7-XI-1989).

Pero los hechos no siguieron el camino de los pronósticos. El primer partido de Liga ya fue sintomático. El Barça perdió en Valencia por 2-1. Marcó Maradona, pero también lo hizo su compatriota Kempes, que aún lideraba al equipo levantino. No era un prometedor comienzo. Pero las esperanzas no abandonaron al barcelonismo.

Maradona pareció integrarse bien y protagonizó acciones propias de su genio durante el primer tramo de la competición. El era el faro de una Liga espectacular en la que el Real Madrid de Alfredo Di Stéfano y el Athletic de Bilbao, dirigido por un joven rubio y arrogante, Javier Clemente, se configuraban como los grandes adversarios.

La Prensa y la afición se rindieron a sus pies en algunos encuentros. El Camp Nou se vistió de gala en el primer partido liguero jugado por Maradona en el gigantesco estadio. Nadie salió defraudado. El Barça ganó por 3-0 al Valladolid y Maradona fue el mejor. Tras un 0-4 al Racing, en un partido en el que Maradona marcó un gol genial y dio las asistencias de los otros tres, se olvidaron anteriores tropiezos de un equipo irregular, capaz de lo mejor y de lo peor.

Y, en diciembre del 82, explotó la primera bomba. Unos análisis médicos detectaron que Maradona sufría una hepatitis vírica de tipo B. Tres meses fuera de los terrenos de juego y recluido en su mansión de Pedralbes se convirtieron en el destino inmediato de un jugador que ya había caído en la red de una doble vida marcada por funestos consejeros, amigos de lo ajeno y gorrones de distinto pelaje.

“Me drogué por primera vez a los 22 años, cuando jugaba en el Barcelona. Lo hice para creerme un tipo listo, pero al final sufrí mucho”

La hepatitis dio origen a la rumorología más maledicente. Era normal. El jugador se había rodeado de una pandilla de indeseables dirigida por Jorge Czisterspyller, un antiguo amigo de la infancia que se encargó de sus negocios con unos métodos peculiares y escasamente rentables para la economía de su socio.

La casa del jugador era una especie de torre de Babel, una fauna en la que podía encontrarse a los personajes más extravagantes. Todos intentaban sacar algo de él.

Maradona colaboraba en el incremento del caos. Las noches eran eternas, las juergas, abundantes, y la compañía femenina -no necesariamente la de su esposa Claudia-, una necesidad perenne.

Los médicos del club azulgrana certificaron, junto al diagnóstico de la hepatitis, la existencia de una gonorrea que incrementaba los problemas de salud del argentino. La directiva del club azulgrana comprendió a quién había fichado.

Años después, Maradona se confesó: “En el fútbol, como en todos lados, hay droga y gente muy interesada a tu alrededor. Yo no era el único que empecé a tomarla en aquella época en el Barcelona. Muchos otros lo hacían también”.

“Mi familia tuvo que aguantar muchísimas cosas por mi adicción. Cosas muy dolorosas. Mi hija Gianina me pedía un vaso de agua. Yo estaba tirado en la cama y no se lo podía alcanzar. La realidad es que no podía ni levantarme. Me sentía como si estuviera pegado al colchón y me temblaba la mano”.

Pasaron tres meses de abandono, sin fútbol ni filigranas. Pero el más grande reapareció, pasó por encima de las limitaciones impuestas por su disipada vida y volvió a enamorar a la afición.

El Barcelona ya había perdido el tren de la Liga. Para enderezar el rumbo y atar en corto al argentino, Núñez prescindió del entrenador Udo Lattek, a quien Schuster había llegado a calificar como borracho, y contrató a un compatriota, César Luis Menotti.

¡Maradoooo.... Maradoooo....!

Angel Cappa

Ex segundo entrenador del Real Madrid. Técnico en el Barcelona con Maradona. Columnista de EL MUNDO

Maradoooo... Maradoooo...! La hinchada de Boca pone el grito en el cielo y el acento en la "o", abandona la última sílaba y estremece el corazón de todas las canchas. Es un grito que viene de lejos, desde lo más profundo de los barrios porteños, desde que Maradona, con 10 años, hacía jueguitos en los entretiempos de los partidos oficiales y la gente encendía un asombro que no se agotará nunca, porque sigue todavía y seguirá en el recuerdo colectivo de un pueblo que lo siente suyo. Maradona es un pedazo de identidad del pueblo argentino, y un poco del sueño de todos los que vamos a un estadio de fútbol con la ilusión en los ojos y la fantasía en el corazón. Maradona es la alegría orillera, la utopía para los que tienen muy pocos motivos de esperanza. Una tarde en el Bernabéu se fue desde la mitad de la cancha hacia el portero. Lo regateó y se quedó con toda la portería para él. Sólo tenía que tocar la pelota, pero vio de reojo a un jugador blanco que se tiraba casi de cabeza para impedir el gol en un último intento desesperado. Maradona amagó tirar, levemente, y enganchó el balón, sutilmente, con el pie izquierdo para que pasara de largo aquel intento desesperado, y después, sólo después, con calma, con delicadeza, dio la última pincelada a una obra de arte que llenó el Bernabéu de pañuelos. Nunca más volví a ver en el Bernabéu ese reconocimiento hacia un jugador del Barcelona. Es que hasta el enemigo aceptaba finalmente la magia de su talento.

Otro día, en la cancha de Boca y cuando todo el mundo esperaba un centro casi imposible por lo difícil de la situación, Maradona le hizo un gol a Fillol, que jugaba en River, para hacer saltar por el aire la lógica de los ángulos y los efectos.

Nadie tuvo una relación de amor tan íntima y tan intensa con la pelota. Nadie fue ni es capaz de quitársela. Ella se le entregó de cuero y alma, para siempre. Diego es el arte del suburbio, el barro sublevado que pasea su orgullo por todo el mundo como afirmación y como revancha.

Sólo una hepatitis y aquella tremenda lesión en un tobillo impidieron que Maradona ganara todos los títulos que prometía el Barcelona, cuando lo juntó con Schuster y el talento rebosaba por los cuatro costados.

Le faltaba sólo una cosa: hacer realidad el sueño colectivo más gigantesco del mundo. Un gol después de gambetearse a todos los rivales, incluyendo al portero, y hacerlo en un Mundial.

> "Es un grito que viene de lejos, desde lo más profundo de los barrios porteños, desde que Maradona, con 10 años, hacía jueguitos en los entretiempos"

Cuando la pelota cruzó la línea, en México, no llegó a la red, llegó al cielo, y Maradona voló con todos nosotros hacia la gloria de saber que lo imposible es posible desde ese día. Que los sueños son realidad y que la utopía es el camino más válido para ser feliz...

¡Maradoooo... Maradoooo...!

La sociedad funcionó en el final de la temporada 82-83. Alcanzó la final de Copa en la que el Real Madrid fue derrotado. Fue el primer gran título de Maradona en España. Sólo conquistaría uno más, la Copa de la Liga, en la que también caería el Real. En el partido del Bernabéu, la afición del eterno rival se rindió a su magia y le dedicó un gran ovación tras un gol imposible en el que el defensa Juan José quedó sin cintura y a punto de estrellarse contra el palo después de mil quiebros impensables del "Pelusa".

El balance de su primer año dejó un sabor agridulce. Muchas jornadas ausente por la hepatitis y demás problemas de salud no evitaron que acabara como uno de los máximos realizadores del equipo en la Liga con once tantos y como el mejor servidor de asistencias de gol. La promesa de un segundo año más fructífero consoló al barcelonismo, que cumplía ya nueve años sin ganar la Liga, un título que en esa campaña fue a parar al Athletic de Bilbao. La conquista de la Copa sólo supuso un mínimo consuelo.

A la primera, un mal presagio. Con Menotti a los mandos, el Barcelona inició la temporada 83-84 dispuesto a romper el gafe liguero. Pero el primer partido volvió a ser un mal presagio. El Barça perdió por 3-1 en el Sánchez Pizjuán. La segunda gran decepción llegó antes de que terminara septiembre. En un partido que aún se recuerda, el Barcelona aplastó al campeón vigente, el Athletic, por 4-0. Pero pagó un alto precio. Una dura entrada de Andoni Goikoetxea a Maradona rompió al jugador argentino.

El diagnóstico reflejó rotura del maleolo peroneal con desviación del tobillo y del ligamento lateral interno de la rodilla. Cuatro meses de baja y la confirmación de que tampoco en su segundo año azulgrana podría completar una campaña triunfal.

La entrada de Goiko provocó una guerra entre los dos grandes clubes de las autonomías históricas del Estado. Un periódico llegó a titular su crónica al día siguiente con un escueto "El crimen" sobre una fotografía de un Maradona lastimado, tumbado sobre el césped y con la mano en la frente en gesto de dolor y abatimiento.

Los jugadores del Athletic sufrieron

toda clase de insultos en el trayecto hasta el hotel y no faltaron las pedradas al autocar.

Goiko fue sancionado con 17 partidos de suspensión, que posteriormente serían rebajados. La polémica alcanzó foros impensables. Varios abogados vascos publicaron un estudio en el que consideraban anticonstitucional el castigo al central bilbaíno. Columnistas catalanes publicaron duros ataques contra la política del Athletic, un equipo que no ficha jugadores extranjeros. "Equipo xenófobo y fascista", fueron algunos de los epítetos empleados desde algunos foros catalanistas. El ambiente de guerra civil alcanzó a ambas autonomías.

El Bernabéu le dedicó una gran ovación tras un gol en el que Juan José quedó sin cintura tras mil quiebros impensables del "Pelusa"

La recuperación del jugador se combinó con su persistencia en vivir la noche barcelonesa. Dejó deudas en los locales más variopintos de la ciudad y muchos empresarios de la noche se quedaron sin cobrar cuando el "Pelusa" se marchó a Nápoles.

Cada vez más consumido por su doble vida, Maradona volvió a sacar su genio cuando reapareció. Para variar, el Barça ya estaba lejos de Athletic y Real, otra vez candidatos a la Liga. Los métodos de Menotti, empeñado en entrenar sólo por la tarde, no acrecentaron el nivel físico de un equipo que no le iba a la zaga a Maradona en el apartado de salidas nocturnas.

El argentino encadenó varias actuaciones memorables e incluso firmó la más dulce venganza en el escenario más inesperado. Acudió al estadio de San Mamés, hostil y similar a los escenarios de la guerra de Corea, según palabras de Schuster, y marcó los dos goles del triunfo azulgrana sobre el Athletic de Bilbao.

En esa temporada, el fútbol español vivió un nuevo acontecimiento. El talento de Maradona encontró grandes discípulos en el máximo rival. El Madrid encontró una camada de jóvenes genios que le llevarían a la posterior conquista de cinco títulos de Liga. Sanchis y Martín Vázquez fueron los primeros en debutar. Después le llegó el turno al abanderado de esa Quinta, Emilio Butragueño, que se estrenó con dos goles en Cádiz el mismo día que Maradona jugaba contra el Murcia en el Camp Nou. Míchel tendría que esperar a la temporada 84-85, cuando ya Maradona se encontraba al pie del Vesubio.

El Barcelona perdió la Liga, pese a un espectacular sprint final que le dejó a un punto del Athletic de Clemente, otra vez campeón.

Pero el destino fue cruel y deparó una final de Copa entre vascos y catalanes. El escenario de la batalla iba a ser el estadio Santiago Bernabéu. Los términos bélicos fueron los más apropiados para definir uno de los partidos más duros que se recuerdan. Hubo declaraciones sangrantes en la semana previa. Maradona dijo que el Athletic no sabía jugar al fútbol, entre otras lindezas, y Javier Clemente aseguró que brindarían con cava catalán si obtenían el doblete. Y aseguró que Maradona era, entre otras cosas, "un imbécil".

Ganó el Athletic con un gol de Endika. Hubo más de cincuenta faltas y Maradona no pudo despedirse con una peor imagen. Al término del encuentro perdió los nervios. Tras recibir un corte de mangas de un rival, propinó un espectacular cabezazo al defensa Núñez. Después, Sola resbaló y recibió un rodillazo del argentino que le causó una conmoción cerebral. Después, la trifulca se extendió al resto de jugadores ante los asombrados ojos del Rey.

Maradona culminó su segundo año con once goles y sin ningún título. Un fracaso. Núñez se cansó del clan argentino y encontró la solución a sus males con una jugosa oferta del Nápoles. A cambio de 1.300 millones de pesetas se deshizo de Maradona, quien estuvo cerca de ser detenido en varias ocasiones por la Policía. Su actitud suponía más un riesgo que una esperanza de futuro. Al año siguiente, sin el "Pelusa", el Barça fue campeón de Liga.

Maradona acabó triunfando en el Nápoles, se coronó como el mejor jugador del mundo en México-86 y España se quedó con las ganas de disfrutar con el arte de un genio irrepetible.

EUROPA PRESS

EFE

Diez años de diferencia contemplan a estas dos imágenes. A la izquierda, Maradona antes de su debut con el Barça en el Santiago Bernabéu en noviembre de 1982; a la derecha, entrenando con el Sevilla en septiembre de 1992.

• DEBATE •

Maradona, de héro

Categoría de magia

Javier García Sánchez

Escritor. Autor de "El Alpe d`Huez" y "La vida fósil"

FUERON diez toques, diez. Como los Mandamientos, como el número que es esencia de la vida en tanto base del cálculo: diez son los dedos de la mano, con los que contar. En esa cifra se fundamenta el sistema decimal. Diez, estrictamente diez, fueron los toques de balón de Diego Armando Maradona en aquel soleado estadio de México, ante Inglaterra, la odiada y pérfida Albión, la que humilló a Argentina en Malvinas.

El momento de Maradona ante sí mismo y ante la Historia acaeció por sorpresa, en plena canícula y con la hierba emitiendo destellos incandescentes. Con todo el mundo mirando la escena, abortada momentáneamente la respiración, triturados los labios. Los ingleses vestían de blanco neutro; los argentinos, de azul cielo tormenta. Minutos antes, el propio Maradona, desafiando las leyes de la óptica y la psicomotricidad, había conseguido saltar un poco menos que el guardameta inglés, el gigantesco y seguro Shelton, pero lo suficiente como para meter la mano izquierda y lograr gol -ilegal- sin que el árbitro lo viese. Los ingleses, tan bestias a veces como formales casi siempre, estaban moralmente tocados. Pero ni ellos ni nadie esperaba lo que vino después. Aquella memorable y tranquila recepción del esférico que hizo el Pelusa, de espaldas a la portería inglesa, su pisada de pelota y sus requiebros consecutivos sobre el césped. Su alegórica diagonal hacia la meta enemiga sorteando contrarios, arrastrándolos grotescamente en su estela, sus dos o tres diabólicos cambios de velocidad. Y, principalmente, su único toque con la zurda. Una vez, y otra, y otra más. A su alrededor, hombres rotos, con la estupefacción inscrita en el rostro y la impotencia resumiendo sus atléticos cuerpos deshechos formando garabatos sobre el verde. Prácticamente no elevó la vista. ¿Qué había ocurrido? Da igual, las cámaras lo grabaron, y siempre quedaría la posibilidad de sumirse en el deleite de los sentidos, volver a contemplar aquel gol inverosímil. Sólo posible en alguien de Boca, con todo lo que ello implica. En alguien del pueblo rebelde contra una clase históricamente superior, más antigua, carismática y culta, los ingleses. Aquel fue un gol contra el poder, contra todos los poderes establecidos e imaginables. Porque fue un atentado contra la lógica. Un futbolista capaz de construir aquella jugada sacrílega no podía triunfar en un sitio metódico, hormiguilmente laborioso y eficaz como Can Barça. Alguien así, como Romario a bastante distancia, por fuerza doble debe llevar una vida peculiar y, si me fuerzan, diré que hasta disoluta. Espiritualmente conflictiva. De ahí brota, puntual, el chispazo del genio. Tampoco en Nápoles podía triunfar largo tiempo. Maradona lo hizo. Dio honor al sur pobre, elevando la moral de aquellas gentes alegres y dignas. Lo pagó con su salud, con el vicio y la enfermedad. Sin embargo, ¿qué le resta eso al genio? Nada. Al contrario: su lenta y a veces patética agonía deportiva hace que recordemos otras proezas suyas con el balón en los pies: aquel gol al Madrid en el Bernabéu, o su diana ante Bélgica u otras jugadas iconoclastas en la Liga italiana. Incluso su último gol con Argentina, en el Mundial de Estados Unidos, corriendo hacia la cámara como para insultarla de modo soez. Era un grito de rabia. Luego, el castigo y las dobles morales de siempre.

A Maradona un cierto resorte instintivo no le perdonaría nunca ser tan chico del pueblo y haber hecho soñar tanto. Todavía, eso sucede en la vida diaria pero también en deporte, tu barrio, tus modos, tus gestos y tu ropa; todo ello sirve para ser juzgado en determinados instantes críticos, cuando la vida te pega con crueldad. Pero aquel día ante Inglaterra, con sus diez toques eléctricos y letales, Maradona elevó el fútbol, que ya era un arte, a la categoría de magia. Desde entonces se acabaron los conejitos blancos.

FERNANDO MÚGICA

Maradona, aclamado en Nápoles a su llegada a Italia tras su paso por el Barça.

a villano

Héroe o villano. La doble faceta de Maradona, un futbolista que ha roto toda lógica y un hombre deshecho sumido en la droga. Javier García Sánchez y Adela Cortina analizan ambas caras del genio argentino.

Sociedades hipócritas

Adela Cortina

Catedrática de Etica y Filosofía Política. Universidad de Valencia

Autora de "El quehacer ético"

DESDE el "pan y circo" al "pan y fútbol", pasando por el castizo "pan y toros", hay un hilo sutil de complicidad entre públicos de todos los tiempos. Al público romano le encandilaba el circo; al celtíbero de siglos posteriores, los toros; y al del siglo XX le "coloca" el fútbol como si se tratara de un alucinógeno. Vaya usted a una conferencia a las ocho de la tarde y, salvo honrosas excepciones, encontrará cuatro gatos. Pase en coche por delante de un campo de fútbol al comienzo o al fin del partido, y está perdido por un largo rato.

El fútbol vende y, como vende, los ídolos del fútbol se convierten de inmediato en héroes nacionales e internacionales y en modelos que imitar para todo niño que se precie. El padre entrena a sus hijos y empieza a desear que le vaya mejor en fútbol que en matemáticas, porque si es una figura en fútbol, vea usted qué futuro se le está abriendo; si es un sabio en matemáticas, vaya usted a saber cuánto tiempo de paro le aguarda.

Por eso, cuando los políticos se creen que la ciudadanía está pendiente de lo que dicen o hacen, y repiten aquello de que el pueblo soberano confía en ellos, están equivocados de medio a medio, porque a la ciudadanía le importan poquísimo sus apaños y sus pactos. Le tiene mucho más a cuenta lo que hacen y dicen Indurain, Mijatovic, Julio Iglesias, Antonio Banderas o, en algún tiempo, Maradona.

Admirado hasta la adoración por tirios y troyanos, casi un dios, se destacó Maradona como uno de los mejores, o el mejor futbolista de todos los tiempos. Llegando a convertirse en mascota de posters y camisetas, que es el colmo de celebridad al que un mortal puede aspirar. Pero precisamente por eso más dura fue la caída cuando el público se apercibió, estupefacto, de que el número uno del fútbol no sólo consumía drogas y lo reconocía abiertamente, sino que también confesaba haber jugado bajo los efectos de la droga.

Asombro generalizado: ¿pues no había participado el ídolo de forma militante en campañas contra la droga? ¿No había llegado a vestir camisetas con el eslogan *Drogas, no*? ¿Qué hacían los padres que habían puesto a Maradona como ejemplo para sus hijos, como ideal de vida que perseguir? ¿Qué hacía todo ese espectacular negocio del deporte, montado sobre la mercancía del buen juego? Prohibiciones de entrada a países, condenas penitenciarias, insultos, protestas por un lado y otro. Una historia que tiene poco de nueva, que se repite de tiempo en tiempo.

EFE

Maradona fue detenido por tenencia ilícita de cocaína en Buenos Aires (26-IV-91).

Porque la verdad es que el "escándalo Maradona", como bastantes otros, es un prueba fehaciente de que nuestras sociedades, con democracia, tolerancia y todo lo demás, siguen siendo bastante hipócritas, por no decir igual de hipócritas que antes. En principio, porque voces en ellas autorizadas habían defendido y seguían defendiendo el consumo de droga, no sólo como un hábito legalmente aceptable, sino como una muestra de madurez moral, como un síntoma de liberación. Y diga usted que eso no libera, sino que convierte en siervo de la droga en cuestión o de quien la vende, y se verá calificado de reaccionario para arriba.

Pero, sobre todo, porque asombra que la gente se asombre de que alguien haga lo contrario de lo que predica, cuando ése es precisamente el pan nuestro de todos los días y lugares. El día en que en las universidades y en la política, en los medios de comunicación y empresas, en las ventanillas y en los hospitales la gente haga lo que predica, que empiecen a escandalizarse y a tener por villanos a los que fueron ídolos y a los demás.

El tiempo de la il

La verdad es que no pude empezar con peor pie. Para sorpresa de los presentes, en lugar de prometer, juré el cargo. Aquello no era una cuestión sin significado. Los laicos prometían. Alfonso Guerra, vestido de pana de los pies a la cabeza, no pudo reprimir un gesto de extrañeza. Moscoso no reflejó sus pensamientos.

Javier Solana, el que me animó y convenció el año setenta y nueve a ingresar de una vez en el PSOE, esbozó una sonrisa. Lo que nadie sabía es que había jurado porque en el papel que tenía delante estaba escrita la fórmula "jura o promete" y había leído la primera expresión. Luego me he alegrado del error. Creo que hay una mayor carga de compromiso en el juramento. Y lo que yo juraba, entre otras cosas, era mantener el secreto de las deliberaciones del Consejo de Ministros. Mantener ese compromiso me proporcionó no pocos sinsabores y muchos ataques por parte de mis compañeros periodistas.

Uno se encontraba sentado en aquella sala de reuniones de La Moncloa, con unos micrófonos delante de cada ministro en cuya base todavía podían leerse las denominaciones de los cargos ministeriales del antiguo régimen. Y con un conjunto de personas de las que apenas tenía referencia personal; con González había hablado muchas veces menos que cualquier periodista que hiciera información política, aunque creo que la conversación que habíamos grabado para TVE se valora como un elemento decisivo para que el mensaje socialista fuera admitido por muchos españoles a los que sólo la palabra les ponía los pelos de punta.

Fugaces, aunque más cómplices, habían sido mis encuentros con Alfonso Guerra. Y pare usted de contar. Para colmo llevaba dos años residiendo en Bilbao. Así que es de comprender el asombro de mi secretaria cuando, unos días después del triunfo socialista, suena el teléfono y escucha que quiere hablar conmigo Felipe González. Y cuando cuelgo, les digo a ella, a Julio de Benito y Miguel Angel Molinero que nos vamos a Madrid.

La llegada al Palacio de La Moncloa para que Felipe González tomara posesión de la Presidencia del Gobierno la cuenta con bastante detalle Julio Feo en su libro de Memorias. En realidad era él el hombre de confianza de Felipe González. Con capacidad para decidir desde los aposentamientos particulares de la familia González a la organización de la Seguridad, distribución de despachos y, lo que es más importante, primer filtro en la confección de la agencia diaria del presidente. No le importó tener el cargo de subsecretario mientras yo alcanzaba la condición de secretario de Estado. Pero nunca hubo ninguna duda de quién mandaba más e, incluso, quién poseía ese tipo de informaciones que ansiaban los periodistas. Esa política del día, con entrevistas y misiones reservadas que se convierten en primeras páginas y con las que no puede competir una burocrática reseña de la Comisión Delegada para Asuntos Económicos. Ahora veo que era un diseño no exento de racionalidad en el que la figura del portavoz, el verdadero oyente del Consejo de Ministros, ejercía de periodista con la sola tecla de la información oficial. La más aburrida. Y además, una de las primeras decisiones del nuevo Gobierno, nunca suficientemente valorada por quienes vienen tanto tiempo rasgándose las vestiduras por la intromisión de la información gubernamental en los medios privados, fue trasladar las competencias en materia de ayudas a la Prensa y todas las funciones sobre regulación de frecuencias a una Dirección General de Medios de Comunicación Social, dependiente de Alfonso Guerra y ejercida por un hombre tan competente como Francisco Virseda. Por otra parte, la Cadena de Medios del Estado se vio bien pronto que la decisión era cerrarla y así se hizo, por cierto sin ningún entusiasmo por mi parte, hasta el punto de que mi única posibilidad de expresarlo fue pasar la última y triste noche del diario *Pueblo*, junto a su director, José Antonio Gurriarán, que había demostrado que era posible ir dando forma a un periódico progresista en el que convivían muy distintas sensibilidades políticas. Como había ocurrido en el diario *Arriba* de los últimos tiempos. Y no eran, como se ve hoy, los únicos medios de prensa que le han costado dinero al Estado.

> "Faltaron, quizás, más gestos públicos que acompañaran el trabajo de los despachos. Gestos como aquella visita de Felipe González a la División Acorazada Brunete"

Para un periodista que venía de provincias, asomarse a las deliberaciones del Consejo de Ministros era un sueño. Al fin iba a conocer los grandes secretos, las razones últimas de las decisiones trascendentales... Todo era, sin embargo, mucho menos apasionante... y más aburrido. España estaba en una crisis económica terrible, con una inflación que rondaba el 14%. Los bancos se hundían y había que crear un hospital para salvarlos. Los socialistas no sólo no iban a hacer ninguna revolución sino que tenían que empezar

sión

Eduardo Sotillos

Portavoz del primer Gobierno de Felipe González. Director de Telediario-3 de TVE I

por tranquilizar a los inversores, evitar el desplome de las instituciones financieras, ganar crédito exterior y asegurar la colaboración de instituciones como las Fuerzas de Seguridad del Estado y el propio Ejército, en cuyas filas no eran mayoría, precisamente, los simpatizantes socialistas. Así los primeros Consejos daban como resultado una impresionante colección de medidas correctoras y poco gratas a la opinión pública en una primera lectura. El mismo 6 de diciembre de 1982 hubo que devaluar la peseta en un ocho por ciento, situando la paridad con el dólar en 127, 66, y subir la gasolina en un 21,5 por ciento, nada menos. Para seguir alegrando al público, no por masoquismo, sino porque realmente había una Difícil Situación Heredada, en siguientes Consejos el portavoz tuvo que anunciar que las tarifas eléctricas subían un 11,4, el tabaco más del 12 y el gas hasta un 19 por ciento.

Pero si en el terreno económico Boyer y Solchaga, principalmente, imponían sus medicinas de urgencia, en los puramente políticos sí era posible anticipar medidas programáticas modernizadoras de nuestras costumbres y profundizadoras en la libertad. Almunia sacó adelante, enseguida, la reducción de la jornada de trabajo a 40 horas semanales y la ampliación del periodo de vacaciones anuales a 30 días, así como la revalorización de las pensiones, hasta un 16% las más bajas. Ledesma -y ahora nos puede parecer mentira que fuera todavía necesario- adoptó la "revolucionaria" medida de reformar el Código Penal para consagrar la presunción de inocencia y potenciar el Derecho de Reunión, eliminando el requisito de autorización gubernativa previa.

Faltaron, quizás, más gestos públicos que acompañaran el trabajo de los despachos. Gestos como la visita de Felipe González el 8 de diciembre de 1982 a la División Acorazada Brunete, con una misa castrense en la que el único que parecía moverse a compás de la liturgia, con comodidad, era aquel ministro de Defensa catalán, con barba, y que no había hecho el servicio militar, Narcís Serra.

En aquellos días se fraguó también la política exterior, con visitas fundamentales a Marruecos, Portugal y Francia, cuyos resultados aún se perciben. Porque, conviene recordarlo, no era precisamente fácil ni fluida la relación con los vecinos.

Era aquel un tiempo en el que, caída la tarde, Felipe González encontraba algún minuto para recibirnos a Julio Feo y a mí y dejar que le robáramos un puro y fumarlo juntos repasando los hechos del día.

Era un tiempo en el que, al fondo de la inmensa y solemne mesa del Consejo de Ministros, mientras "los mayores", González, Guerra, Boyer, Serra, Ledesma, Barrionuevo, Maravall, monopolizaban las discusiones o Romero sacaba el precio de la patata, el portavoz, como en un colegio, tenía tiempo para hacer bromas con sus compañeros más próximos, Lluch, Tomás de la Cuadra o Barón, con intercambio de lecturas. *Interviú* incluido. Sin grandilocuencia, se estaba haciendo una España más sólida, más libre y más solidaria. Decía Felipe que, sin embargo, no lo sabíamos explicar. Yo entendí pronto, con tristeza, a quién apuntaba como culpable.

COVER

Imagen del primer Consejo de Ministros socialista al que acudió el Rey. Junto a él, González, Guerra y Morán.

Bueno, el caso es que los socialistas siguieron gobernando durante trece años más y que, aún ahora, han soportado la "dulce derrota" con, otra vez, más de nueve millones de votos. A lo mejor es que los españoles entienden bien lo que está bien y rechazan lo que no les gusta. Que es el mejor resultado que puede exhibir un Gobierno democrático. Algún día creo que hablaré con Felipe González de todo esto. Ahora que es vecino en Pozuelo. Fumando un puro.

La España socialista aclama a Juan Pablo II

"No se imagina lo bueno que ha sido para la Iglesia y para España este viaje (1982) en que el Papa ha visto en directo a la nación. Mucha gente de esto -decía mientras golpeaba su birrete- iban a Roma a decir «hemos perdido España, que se ha descristianizado; estos obispos la han llevado lejos de la fe». El Papa ha visto que no es así. El ha visto con sus propios ojos la fe cristiana en España, la juventud creyente, el sentido popular de la labor de la Iglesia española. Repito: no sabe qué oportuna ha sido esta visita y cuántas cosas se han aclarado".

Quien pronunciaba esas palabras era Eduardo Martínez Somalo, entonces prosecretario de Estado y hoy cardenal. Quien oía esto era un servidor, en mi función de comisario del Gobierno español para la visita del Papa, ya que a la sazón desempeñaba como director general de Asuntos Religiosos. El escenario era el pequeño jardín de la Nunciatura Apostólica, en la última noche de esa histórica visita, mientras el Papa, asomado a la tapia, rezaba con los jóvenes.

Aún hoy el análisis socio-religioso de la situación tiene mucha significación. No hacía tres semanas que el candidato socialista había barrido materialmente en las elecciones y corrían toda suerte de temores por los posibles desencuentros entre Gobierno y Santa Sede o por una caída en vertical del sentido cristiano de la sociedad española. Martínez Somalo, quien siempre sostuvo una idea positiva sobre la Iglesia española, sabía que había tenido razón al sostener el propósito de hacer el viaje.

Las ideas básicas que se acordaron con la Iglesia, tanto Conferencia Episcopal como Santa Sede, eran estas: 1ª) No habrá aprovechamiento político por parte del Gobierno de Adolfo Suárez. 2ª) El Papa bendeciría y arroparía muy visiblemente a la Corona. 3ª) Inequívoco mensaje contra

Luis Apostua

Periodista y colaborador en distintos medios.
Comisario del Gobierno durante la visita del Papa

el terrorismo porque el Evangelio no autoriza a matar. La realización material del viaje no tuvo un solo tropiezo. El presidente electo, Felipe González, y su esposa estuvieron exactamente donde querían estar, especialmente en la recepción de Estado en el Palacio de Oriente.

Del viaje, propiamente hablando, sólo hubo dos problemas. El primero, una alarma de ETA. La noche anterior a la visita del Papa a Loyola me llamó el ministro de Interior, Juan José Rosón, para ordenarme que esperase en la puerta de la Nunciatura a Francisco Laína, secretario de Estado de Seguridad. Pasamos a una salita

EUROPA PRESS

Juan Pablo II saluda a los fieles en el Bernabéu.

donde nos reunimos con todo el gran séquito de cardenales, nuncio y arzobispos. Laína explicó el problema. El único de los presentes que conocía bien el lugar era yo, porque días antes habíamos ensayado el viaje. Tomé un papel y dibujé un plano de la basílica y la campa donde iba a ser la misa; hasta arrugué el papel para hacer visible la orografía. Mi sugerencia era cambiar ligeramente el aterrizaje del helicóptero del Papa, mientras los demás iríamos a lo previsto, incluso se añadió un helicóptero vacío para que no hubiese huecos y hacer más perfecto el cebo. Los purpurados no recibieron bien la idea de alterar lo más mínimo el plan que ya habían sometido al Papa. Laína me echó una bronca por molestar con mi idea. Cuando salimos a la calle, me dijo: "Se va a hacer lo que has sugerido pero no quiero que estos señores se enteren".

La segunda dificultad era de orden protocolario y político, relacionada con el deseo del lehendakari, Carlos Garaicoetxea, de dar un sello vasco a la ceremonia. Proponía para la visita un esquema protocolario calcado del de la recepción al Papa en Barajas, recibido por los Reyes. El protocolo estudiado para las otras etapas no tenía alguno de esos detalles de jefe de Estado que deseaba el presidente vasco.

Era un problema difícil de transmitir a las autoridades vaticanas. Por fin se hizo la luz. Al salir de Sevilla, donde todo había funcionado magníficamente, el pro-secretario de Estado me dijo: "Esto ha funcionado muy bien y está bien pensado; lo mejor será repetirlo así, con lo cual la Iglesia no hace diferencias entre unas ciudades y otras y ustedes se ven libres de problemas políticos".

Un último detalle: se calcula que en torno al Papa estuvieron más de diez millones de personas; ni una sola vez ni un solo guardia tuvo que sacar la porra.

El Mundial de la gran decepción para España

Javier Martínez

Demasiada presión para un equipo obsesionado y un entrenador agobiado. Empate ante Honduras, derrota ante Irlanda del Norte y tragedia ante Alemania e Inglaterra. Ese fue el pobre bagaje del equipo español

EUROPA PRESS

Sandro Pertini, presidente italiano, celebra un gol de su selección. Tras él, Samaranch, Calvo-Sotelo y el Rey.

El verano del 82 dejó fútbol, mucho fútbol y una sobredosis de frustración patria. El Mundial de España, el primero con veinticuatro equipos, el que jubiló el "Marcador Simultáneo Dardo", el que congeló la imagen feliz de Sandro Pertini, fue todo un chasco para un pueblo encadenado al balón, deseoso de rememorar aquella Eurocopa del 64.

"Faltó equilibrio entre los medios de comunicación, el equipo y José Emilio Santamaría", recuerda Javier Urrutikoetxea, entonces a la sombra de Luis Miguel Arkonada, el sospechoso de las medias blancas en aquella larga nómina de damnificados que arrojó el desastre del 82.

Llegaba una España crecida, repleta de jugadores vascos, los protagonistas de las dos Ligas con las que la Real había inaugurado su mejor historia en el comienzo de la década. Estaban los mejores: Arkonada, Zamora, López Ufarte, Satrústegui, Alonso, junto al gran Gordillo, Juanito, Maceda, y hasta Quini. Pero apareció Honduras, con Gilberto a la cabeza, y dejó en empate a uno las ilusiones. Un tropiezo comprensible, estimaban los optimistas, que vieron cómo un tal Sorensen echaba más que una manita para ganar a la Yugoslavia de Miljanic por dos a uno. Un agarrón sobre Perico Alonso, cuando caminaba aún lejos del área rival, se convirtió en penalti. Lo pifió López Ufarte, pero el colegiado ordenó repetir, y Juanito no estaba por la labor de rechazar tanta gentileza. Pero lo peor estaba por llegar. Un tal Armstrong, que agotó las cervezas en el posterior control antidopaje, sacó los colores a Arkonada. Irlanda del Norte mandó a España con los ogros. Alemania e Inglaterra nos esperaban en una segunda fase que ni los más pesimistas hubieran imaginado.

El Santiago Bernabéu asistió a la defunción de un equipo convulsionado, incapaz de emerger al grado de crispación que habían provocado las expectativas y al talante poco conciliador de su seleccionador. Littbarski y Fischer dejaron en nada el choque ante Inglaterra. Zamora marcaría un testimonial gol ante los alemanes, el último para un grupo que se despediría con una insípida igualada a cero ante la Inglaterra de Robson.

Mientras la FIFA se frotaba las manos -más ingresos por los 24 equipos, más publicidad estática-, llegó el turno de Paolo Rossi, con seis goles máximo goleador del campeonato, para despertar a una Italia paliducha en la primera fase, que se creció hasta lograr el título. Alemania sucumbió por tres a uno en la final. Sandro Pertini, entonces presidente de la República, saludó cada tanto con los modales del aficionado de a pie, ante la mirada afable del Rey don Juan Carlos. Era el epílogo para un torneo brillante para el seguidor neutral, pero enormemente triste para un país que vio pasar de largo su gran oportunidad futbolística.

Bodas, separaciones, subastas y cocaína

Isabel Preysler y Julio Iglesias, Tony Isbert, Carlos Larrañaga y el rey Leka, en el centro de la actualidad social

Jaime Peñafiel

El año 1979 se inicia con un país sin Congreso y sin Senado. Las Cámaras habían sido disueltas el 29 de diciembre. Este estado de gracia, tan feliz, duraría sólo hasta el 1 de marzo, fecha de las elecciones generales. La frase de **Felipe González** a **Adolfo Suárez** -"Cuando te hayas ido diré que eres el mejor presidente que ha habido en España"- no tendría sentido hasta 1981.

En este mes de enero de 1979, muchos españoles conocen, por primera vez, y en las carnes de un famoso, la consecuencia de traficar con droga. El protagonista no es otro que un famoso actor, miembro de una ilustre dinastía. **Tony Isbert** es detenido en Londres cuando se disponía a pasar, entre su equipaje, nada menos que un kilo y medio de cocaína. Y, como **Oscar Wilde**, tuvo que entonar su doliente balada desde la cárcel de Reading, en Oxford.

La omnipresente **Isabel Preysler** escribe el segundo capítulo de la casada infiel, solicitando la nulidad de su matrimonio con **Julio Iglesias** en el Tribunal Eclesiástico de Brooklyn. La vista se fija para el 16 de febrero.

El día del juicio, la demandante acude llevando como testigo a otra casada infiel, cooperadora necesaria para las correrías amorosas: la entonces duquesa de Cádiz. Julito, el marido engañado y, al mismo tiempo, infiel, lo hace con su "manager" y entonces amigo, **Alfredo Fraile**, de quien también se divorciaría años más tarde.

FOTOS: EUROPA PRESS

Un emotivo aspecto del compromiso matrimonial entre Juan Carlos Beca Belmonte y Belén Ordóñez. A pesar de hacer, en opinión de todo el mundo, muy buena pareja, su relación apenas duró cuatro años.

El motivo alegado por Isabel, para solicitar la nulidad, fue de risa: "La difícil convivencia con un hombre que está siempre viajando". En España, con este argumento, la hubieran mandado a hacer puñetas. Judicial y eclesiásticamente hablando. Pero el Tribunal de Brooklyn era, lo que se dice, un coladero a base de dólares. Las condiciones de aquella escandalosa nulidad fueron también de escándalo. Julito tenía que pasarle a Isabel 380.000 pesetas mensuales

(de las de entonces), más los gastos extras de los hijos, contra factura. "Nunca recibí más facturas de dentistas de mis hijos que en aquellos años", me diría. La "desprendida" niña Isabel también se quedó con el piso de San Francisco de Sales y el chalé de Torremolinos. En resumidas cuentas, todo lo que Julito tenía entonces. A la hora de las separaciones de sus maridos, "la china" siempre ha sabido quedarse con todo lo que ha podido y mucho más.

En este año de 1979, **Su Majestad el Rey** sanciona la Constitución con una pluma de oro Christian Dior, valorada en 22.000 pesetas y que, junto al documento, se conserva en el Congreso.

Por primera vez, las infantas aparecen vestidas, en esta ceremonia, como dos mujercitas, calzando un breve tacón "teenager", aunque el conjunto de traje y abrigo no podía ser más desastroso. Hasta el Rey se quejó a **doña Sofía** de lo mal vestidas que iban, siempre, las hijas.

En aquel solemne acto, el entonces presidente de las Cortes, **Hernández Gil**, tuvo, al final del discurso, unas bellas frases líricas tanto para la Reina "que simboliza gentilmente la nota femenina de una digna y discreta compañía", como para el **príncipe Felipe** "que sabe acomodar con disciplina la fragancia de sus pocos años".

El Gobierno español expulsa del país al **rey Leka** de Albania, aquel gigantón de 2,20 metros que vivía exiliado en España por cortesía del **general Franco**. Y le expulsa porque en su mansión de

Arriba a la izquierda, Carlos Larrañaga y Ana Diosdado; a la derecha, el rey Leka de Albania. Debajo, Tony Isbert, que fue detenido por tráfico de drogas.

Pozuelo tenía un auténtico arsenal. En una entrevista personal, **Martín Villa**, entonces ministro de la Gobernación, le conmina a que entregue las armas o abandone el país. Al negarse a ello, le dieron toda clase de facilidades para salir, autorizándole a hacerlo con familiares, escoltas y armamento, en un avión de Spantax en dirección a Rhodesia. La operación le costó a Leka 3.200.000 pesetas.

En la sala Durán de Madrid comienzan a subastarse los despojos de la herencia de la reina **Victoria Eugenia**. ¿Por **Alfonso de Borbón** o por su hermano **Gonzalo**? Se trata de una pulsera con esmeraldas y brillantes y un brazalete igualmente de brillantes. Precio de salida, 9 millones de pesetas.

Por otro lado, el rey don Juan Carlos también vende, en este caso, su yate "Fortuna", que compra el **marqués de Mondéjar**, bautizándole con el nombre de "Trinidad II". El nuevo "Fortuna", que todavía conserva, se construyó en los astilleros de California y se lo regaló el rey de Arabia Saudita. ¡Ay de esos regalos al Rey...!

El día 10 de abril será, siempre, un día negro en la historia de España. Un autocar de Vigo, con 52 escolares de excursión, cae al río Orbigo, a su paso por el zamorano pueblo de Santa Cristina, a 5 kilómetros de Benavente. Murieron 47 niños. La Reina retrasó su viaje a las tierras africanas de **Kunta Kinte** (Senegal, Costa de Marfil y Camerún) para visitar la capilla ardiente y a las familias de las víctimas.

Este primer semestre de 1979 no podía pasar sin una boda, aunque fuese una boda "full" en el extranjero. (Él aún seguía casado con **María Luisa Merlo**). Los protagonistas, **Carlos Larrañaga** y **Ana Diosdado**. Mucho deberían de quererse ya que, aun el tiempo transcurrido, siguen tan enamorados y unidos como ese día. ¡Milagro!

Y tampoco podía pasar el semestre sin un divorcio: el de **Belén Ordóñez** y **Juan Carlos Beca Belmonte**. En este caso, la felicidad sólo duró cuatro años.

Un partido como revancha

Carlos Toro

Maradona ya no estaba en España, aunque seguía en el Mediterráneo. Había cambiado Barcelona por Nápoles al finalizar la temporada 83-84 (su estancia entre nosotros supuso un puente entre sus dos grandes épocas como futbolista). Se jugaba el Mundial de México'86. Era el 22 de junio en el estadio Azteca de la capital federal. Se enfrentaban Inglaterra y Argentina en cuartos de final: un partido que fue periodísticamente presentado al mundo como la revancha futbolística de la Guerra de las Malvinas.

No corrió la sangre, pero sí la tinta. Maradona marcó dos de los goles más famosos de la historia de la Copa del Mundo, llevando a su equipo a triunfar por 2-1. El primero lo consiguió tras driblar en carrera a "innumerables" adversarios. En el segundo tuvo la colaboración divina, quizá como compensación a la derrota bélica. Una pelota procedente del inglés Fenwick rompió el fuera de juego de Maradona. El balón, menos mal, iba alto, demasiado alto para la estatura del argentino. Pero Diego levantó el brazo izquierdo y... gol. Todo el mundo lo vio excepto el señor Bennaceur, árbitro tunecino. Maradona, en frase ya inmortal, atribuyó el tanto a "la mano de Dios". Un inesperado e influyente "jugador número doce".

FOTO CEDIDA POR MARCA

Momento en el que Maradona golpea con la mano el balón ante la salida del portero inglés. El árbitro concedió el gol.

PRÓXIMO CAPÍTULO: **LA POLÉMICA EXPROPIACIÓN DE RUMASA**

EL GOBIERNO INTERVIENE EL IMPERIO DE RUIZ MATEOS Y ORGANIZA LUEGO UNA DISCUTIDA REPRIVATIZACIÓN. EL 12-1 A MALTA Y LA TRAGEDIA DE TOUS. **ESCRIBEN:** JOAQUÍN MADINA, CASIMIRO GARCÍA ABADILLO, RAFAEL TERMES, JAVIER LORENZO, CARMEN RIGALT.

1975-1995. Veinte años de nuestra vida

• HISTORIA DE LA DEMOCRACIA •

{CAPÍTULO 30}

EUROPA PRESS

Ruiz Mateos simula el entierro de Boyer por las calles de Madrid. Uno de los muchos golpes de imagen del empresario expropiado para llamar la atención sobre su caso.

LA POLÉMICA EXPROPIACIÓN DE RUMASA

El 23 de febrero de 1983, dos años después de la convulsión del golpe de Estado, el Gobierno dio un impresionante golpe de efecto con la expropiación inesperada de Rumasa, un grupo de empresas que había destacado por su auge y por la sospecha de irregularidades. Fue una medida que parecía anunciar una recuperación de políticas queridas por sectores minoritarios del partido gobernante. Pero fue una medida aislada aplicada con precipitación, que se resolvió además con una reprivatización llena de incidentes. Trece años después, aún no ha recibido una respuesta judicial.

Precipitada medida, peligroso precedente

La expropiación de Rumasa es duramente juzgada mientras sus autores no quieren hablar

La expropiación del grupo Rumasa se realizó con notable precipitación -ni siquiera el Gobierno conocía el número y la identidad de todas las empresas- y supuso, según se juzga trece años después, un peligroso precedente de atentado al derecho de propiedad. Los autores de la medida, significativamente, no quieren hablar de ella.

Joaquín Madina

Los españoles nos enteramos de la expropiación de Rumasa en la noche del día 23 de febrero de 1983. A las 23,40 horas, el periodista Eduardo Sotillos, portavoz del primer Gobierno de Felipe González, interrumpió el Telediario para leer una nota oficial elaborada durante el largo Consejo de Ministros celebrado ese día.

La primera reacción de Ruiz Mateos fue de perplejidad, aunque tenía razones para esperar algún golpe de efecto del Gobierno. En la entrevista celebrada dos días antes con el ministro de Economía, Miguel Boyer, éste le había hecho ver que el Ejecutivo estaba dispuesto a coger el toro por los cuernos en el asunto de Rumasa.

Sotillos leyó la nota oficial con aplomo, con la misma seguridad con que se había decretado la expropiación. "El Gobierno -dijo-, con objeto de garantizar plenamente los depósitos de los bancos, los puestos de trabajo y los derechos patrimoniales de terceros que considera gravemente amenazados, ha aprobado un Real Decreto-Ley de expropiación de los bancos y otras sociedades del grupo Rumasa. Las razones de esta decisión del Consejo de Ministros entran de lleno en las consideraciones de utilidad pública e interés social previstas en el artículo 33.3 de nuestra Constitución. Con esta medida, el Patrimonio del Estado se hace cargo de las entidades, asegurando así, absolutamente, los derechos de los depositantes y de los empleados".

El hecho de que la persona que leyera el comunicado oficial fuese Sotillos resultó paradójico. El había sido el primer director de *La Tribuna Vasca*-diario próximo al PSOE, editado en Bilbao-, que fue el periódico que a principios de febrero publicó una información sobre las dificultades de algunos bancos de Rumasa y de supuestos agujeros en sus cuentas de resultados, lo que abría camino a la sospecha de que el Gobierno socialista estuviera estudiando la manera de hacer cumplir a Ruiz Mateos las recomendaciones del Banco de España.

Fotos: Europa Press

Miguel Boyer hace unas declaraciones en presencia de Felipe González (al fondo) pocas fechas después de la polémica expropiación del grupo Rumasa.

Esta noticia de *La Tribuna Vasca* dio pie a la pregunta que formuló días después (el 18 de febrero) un periodista de Madrid a Miguel Boyer, ministro de Economía, en una reunión informal para hablar de los Presupuestos del Estado. Contra todo pronóstico, Boyer dio una respuesta muy precisa. El Gobierno, dijo, estaba dispuesto a conocer la verdadera situación del grupo Rumasa y adoptaría las medidas que fuesen necesarias en el caso de que su presidente se negase a admitir a los auditores de Arthur Andersen. La Prensa reflejó las palabras del ministro como si se trataran de una amenaza. Este fue el titular, por ejemplo, de *Diario 16*: "Si Rumasa rompe el contrato de auditoría con Arthur Andersen, como mínimo Boyer les mandará a la inspección del Banco de España".

> **Ruiz Mateos solicitó pocos días antes de la expropiación una entrevista con el presidente del Gobierno, que no le fue concedida**

El comentario del ministro, publicado en toda la Prensa, mereció la inmediata respuesta de Ruiz Mateos. El día 19, Rumasa difundió un comunicado en el que aseguraba que la situación del grupo era de total liquidez y tres días más tarde, el 22 de febrero, Ruiz Mateos celebró una rueda de prensa quejándose de haber sufrido una agresión sin precedentes en la historia económica de España.

Pero no hay que correr tanto. Lo que sucedió en estos cinco días es muy importante para situar en su contexto la decisión privatizadora. Paso a paso, los hechos fueron los siguientes:

El día 18 se produjeron las declaraciones de Boyer. El día 19, el presidente de Rumasa desmintió oficialmente los rumores sobre supuestos problemas en el holding. En un comunicado, aseguró que el grupo gozaba de buena salud y que su facturación en 1982 había sido de 340.000 millones de pesetas. "Deseo reiterar la absoluta disposición del grupo a colaborar decididamente con el Gobierno de la nación para lograr la deseable consolidación del sistema financiero español". Ruiz Mateos solicitó una entrevista urgente con el presidente del Gobierno, Felipe González, que no le fue concedida.

El día 21, Miguel Boyer se entrevistó durante cuatro horas con el presidente de Rumasa. Para la Administración, la entrevista tenía por objeto redactar un comunicado conjunto que constaba de dos partes. En la primera, Rumasa debía manifestar su voluntad de facilitar el proceso auditor en marcha. En la segunda, Ruiz Mateos debía autorizar a Arthur Andersen, auditora del holding, a comunicar al Banco de España los resultados de la auditoría. El presidente del holding no tenía

Una factura demasiado alta

En 1983, José María Ruiz Mateos era sin lugar a dudas el empresario más importante de España. Su grupo bancario (compuesto por 17 entidades de distinto tamaño) ocupaba el séptimo lugar del ranking financiero; del holding Rumasa colgaban unas 700 empresas que daban empleo a más de 45.000 trabajadores; apenas unos meses antes de la expropiación, el audaz empresario jerezano compró Galerías Preciados al Banco Urquijo, con el objetivo de desbancar a su tradicional competidor, El Corte Inglés.

Además de su enorme poder como empresario, Ruiz Mateos era conocido como miembro del Opus Dei y también por sus opiniones políticas situadas cerca de la extrema derecha.

Por lo tanto, para el PSOE, Ruiz Mateos era un símbolo del tipo de empresarios que habían sostenido la dictadura y que podían utilizar su influencia para desestabilizar un Gobierno de izquierda. Miguel Boyer, flamante ministro de Economía y Hacienda y seguramente la persona que más influyó en Felipe González durante los primeros años del Gobierno del PSOE, conocía desde antes

Casimiro García Abadillo
Periodista. Subdirector de EL MUNDO

del 28-O la peculiar forma de hacer negocios de Ruiz Mateos.

Los banqueros más ortodoxos estaban preocupados por el fulgurante crecimiento del holding de la abeja. Su política agresiva de captación de clientes, basada en el pago de extratipos y en la extensión sin medida de su red de oficinas, molestaba a los siete grandes, quienes consideraban a Ruiz Mateos como un advenedizo sin escrúpulos (en alguna medida el fenómeno Ruiz Mateos tiene similitudes con el fenómeno Conde).

Esa agresividad había llevado al holding Rumasa a utilizar los recursos de sus bancos como caja para la compra de empresas, generalmente en situación próxima a la suspensión de pagos, con grandes plantillas, y mal gestionadas.

Nada más llegar al Gobierno, el Banco de España, comandado por José Ramón Alvarez Rendueles y Mariano Rubio, advirtió a Miguel Boyer del peligro que tenía para el sistema financiero la expansión de Rumasa. En 1983, el holding era una especie de bomba de relojería que podía estallar en cualquier momento.

El Banco de España envió sus inspectores al grupo Rumasa, mientras en paralelo la empresa auditora Arthur Andersen intentaba por primera vez consolidar el complicado balance del holding de la abeja. El resultado de la labor auditora fue suficientemente esclarecedor: el grupo tenía un déficit patrimonial de 268.000 millones de pesetas.

Probablemente, el Gobierno hubiera podido tomar otras medidas para evitar el estallido de la "bomba Rumasa", como la intervención de su grupo bancario (medida adoptada diez años después con Banesto), o simplemente dejar caer al holding, pero se eligió la expropiación por diversas razones.

inconveniente, siempre que en este diálogo estuviera presente la firma auditada -Rumasa-, a lo que Boyer se negó.

El 22 de febrero, en una rueda de prensa multitudinaria, Ruiz Mateos dijo que Rumasa había recibido una agresión sin precedentes y que el grupo no necesitaba dinero del Estado. Ni lo necesitaba, ni lo había pedido. "Una declaración como la de Boyer -manifestó- es más que suficiente para producir el pánico en nuestros bancos".

Al día siguiente de una rueda de prensa de Ruiz Mateos se le expropió. El rifirrafe entre el ministro y el empresario era la comidilla de los mentideros

Al día siguiente se produjo la expropiación. El rifirrafe entre el ministro y el empresario había sido la comidilla de los mentideros políticos y económicos durante la última semana, hasta el punto de que -después de la intervención- algunos analistas aseguraron que la medida estuvo motivada por esta disputa pública. El mismo Boyer lo reconoció el día 25 al afirmar que "la rueda de Ruiz Mateos fue un desafío al Gobierno".

Pese a todo, después de la expropiación, el ministro pretendió descargar los hechos de efectos emocionales y el día 24, en su primera rueda de prensa, comunicó los resultados supuestos de Rumasa y la larga lista de empresas y de bancos del grupo, muchos de ellos en crisis o simples sociedades fantasmas. Después de calificar como "agónica" la situación del holding, cifró en 5.000 millones de pesetas su patrimonio (frente a los 116.000 millones de los que hablaba Ruiz Mateos).

Sin embargo, el tiempo se encargó de demostrar que Boyer no sabía nada de nada. Se expropió Rumasa sin ningún dato real -sólo con sospechas, a ciegas-, y quizá ésta sea -a la postre- la mejor justificación. La lista del ministro era notablemente incompleta, hasta el punto de que al principio se habló de la expropiación de cuatrocientas sociedades, que luego crecieron hasta setecientas. Incluso, en la relación de empresas expropiadas aparecieron algunas que no pertenecían a Rumasa, como fue el caso de Roca, Fletamentos Marítimos y Túneles del Tibidabo, que se devolvieron a sus dueños legales en el plazo de tres días.

Boyer, sin embargo, reveló algunos datos muy importantes en esa primera rueda de prensa. Así, por ejemplo, los problemas del holding habían sido puestos de manifiesto por el Banco de España, en fecha tan lejana como el 16 de diciembre de 1978, cinco años antes, cuando ya se dijo que el grupo estaba utilizando de forma creciente a sus bancos para financiarse a sí mismo y que el riesgo contraído por el grupo era excesivamente grande, por lo que pudiera llegar ⋙

En primer lugar, porque se temía que el enmarañado grupo, en el que a veces era imposible determinar dónde terminaban los bancos y dónde empezaban las empresas, sirviera de coartada para que Ruiz Mateos vaciara la caja de sus sociedades, lo que hubiera encarecido aún más el coste del saneamiento del grupo al Estado.

Por otro lado, el nuevo Gobierno tenía miedo de que el estallido de Rumasa, unido a la crisis de ERT, la de Banca Catalana, etc., diera una imagen catastrófica de España que podía ahuyentar el capital extranjero y dar la sensación de ingobernabilidad.

Pero, además, la expropiación se valoró por parte del Gobierno como una medida política que podía concitar el apoyo de la militancia socialista y de los sindicatos y ante la cual no cabía ninguna respuesta en el Congreso por la debilidad de la oposición.

La expropiación de Rumasa no sólo colmó las expectativas del Gobierno, sino que tuvo efectos inesperados en el sector financiero. Los banqueros no sólo no se opusieron a la medida, sino que la aplaudieron y colaboraron en la reprivatización del grupo bancario de Rumasa. Desde Rafael Termes, entonces presidente de la AEB, a Emilio Botín padre (presidente del Banco Santander), los grandes banqueros vieron en la expropiación una medida que ponía de manifiesto la fortaleza del Gobierno, su disposición a poner orden. Y ese tipo de gestos siempre son bienvenidos por el mundo financiero, siempre y cuando no se menoscaben sus propios intereses.

La facilidad con la que se produjo la reprivatización del grupo bancario de Rumasa se transformó en pesadilla en la venta de sus empresas. El Estado no sólo gestionó mal las empresas mientras que éstas estuvieron bajo su paraguas protector, sino que llegó a acuerdos incumplibles con los sindicatos (como el mantenimiento de salarios y plantillas), y, lo que es peor, malvendió la mayor parte.

Episodios como el de Galerías Preciados (cadena que prácticamente le fue regalada a Gustavo Cisneros) o el de Hispano Alemana de Construcciones (adjudicada al grupo fantasma Transworld Construction), son quizás los ejemplos más sobresalientes de una operación en la que, además de falta de profesionalidad hubo intrigas políticas y sospechas de corrupción.

Sin embargo, en aquellos años, el PSOE contaba con un enorme respaldo popular y nadie se atrevía a cuestionar su política. Criticar la expropiación era sinónimo de apoyo a Ruiz Mateos. El Congreso rechazó la propuesta de investigar. A pesar de la oposición de AP, su tibieza a la hora de enfrentarse al Gobierno dio la medida del gran poder que acumulaba el PSOE.

No fue hasta 1988 cuando el Tribunal de Cuentas realizó una estimación sobre el coste de la "operación Rumasa". Según el Alto Tribunal, el Estado utilizó más de 650.000 millones de pesetas en la expropiación y posterior reprivatización. Posteriormente, esta cifra fue elevada a 750.000 millones de pesetas por los propios gestores de la expropiada Rumasa. Por su parte, Ruiz Mateos estima en más de 1 billón el coste total para el Estado y ha solicitado una indemnización ante el Tribunal de Estrasburgo de 2 billones de pesetas. Valorar si otras medidas hubieran supuesto una carga menos onerosa que la expropiación es un ejercicio baladí, al margen de poco riguroso.

Ruiz Mateos, que utiliza como argumento para justificar una supuesta implacable persecución contra su persona por parte del Estado la no celebración del juicio, ha recurrido a todas las artimañas legales posibles para que éste no tuviera lugar.

Lo que también es cierto es que la garantía de la continuidad de las empresas, que sirvió de base para utilizar el decreto-ley de expropiación, no ha servido para mucho. En 1995, Galerías Preciados fue vendida a El Corte Inglés. Hispano Alemana/Huarte busca con desesperación un socio extranjero que le ayude a salir de la suspensión de pagos. No se puede decir que el balance de la reprivatización haya sido un éxito.

a peligrar su solvencia.

Con posterioridad, el 2 de marzo de 1979, el gobernador José Ramón Alvarez Rendueles dirigió una carta a Ruiz Mateos, en la que le expresaba su preocupación por la excesiva concentración de créditos en empresas del grupo, concentración que superaba todo límite razonable. El 9 de marzo, Ruiz Mateos contestó ofreciendo todo tipo de seguridades y su propósito de colaborar con el banco emisor.

Un año más tarde, el 23 de abril de 1980, el gobernador del Banco de España dirigió una carta a cada uno de los 18 bancos de Rumasa urgiendo la conveniencia de que realizasen las auditorías. A finales de ese mismo año, el 4 de noviembre de 1980, los bancos contestaron al gobernador que habían llegado a acuerdos con la auditora Arthur Andersen para confeccionar un dictamen profesional sobre el balance de situación de dichos bancos. En la siguiente primavera, el 28 de abril de 1981, no se había adelantado nada y, ante el retraso en la auditoría, el gobernador citó a las partes y extendió un acta de la reunión que no fue firmada por los auditores ni por los representantes de Rumasa.

El 26 de mayo, el Gobierno se dirigió a Ruiz Mateos advirtiendo que de las actuaciones realizadas cabía deducir la no existencia del deseo de dar a conocer la verdadera situación del holding. El 7 de enero de 1982, el Fondo de Garantía de Depósitos comunicó notarialmente al presidente de Rumasa el acuerdo adoptado por su comisión gestora, en el sentido de que Rumasa entregara el informe de los auditores sobre el balance de los bancos a 31 de diciembre de 1980.

Manuel García Pelayo.

Luis Ramallo.

Y el diálogo de sordos continuó entre las partes aún durante otro año.

Finalmente, el 17 de febrero de 1983, el Fondo de Garantía envió una última carta a los presidentes de los bancos de Rumasa considerando incumplido el compromiso de hacer auditorías en el plazo de cuatro meses.

Por tanto, desde el punto de vista económico parece que sí existían razones para que el Gobierno interviniera en Rumasa. ¿Con una expropiación? Esta era una de las alternativas estudiadas. Las otras eran la expulsión de los bancos del grupo del Fondo de Garantía de Depósitos y la intervención provisional.

Sin embargo, a la hora de la verdad, ¿sólo se tuvieron en cuenta argumentos

La opinión de los expertos

1. ¿Cómo juzgó la expropiación de Rumasa en su día?
2. Trece años después, ¿cree que la expropiación cumplió sus objetivos?

José María Cuevas. Presidente de la organización empresarial CEOE

1. La CEOE ya dijo en su momento que se trató de **una decisión gubernamental grave y precipitada**, acordada sin que se calculara suficientemente su coste económico y social y su repercusión tanto en el mercado nacional como en el exterior. Los empresarios mostramos nuestra preocupación por que se empleara un procedimiento que, desde una perspectiva teórica y constitucional, ofrecía una serie de dudas. Por un lado, porque era aventurado aceptar que por medio de un decreto-ley pueda afectarse de forma tan grave al derecho de propiedad y a la libertad de empresa, ambos consagrados en el Título I de la Constitución. Por otro, porque daba lugar a unas consecuencias extremadamente graves y difícilmente justificables en aquellas sociedades y empresas en las que Rumasa tenía una mínima participación y, desde luego, ningún control o influencia.

2. A la vuelta de trece años esa equivocación en el modelo elegido aún se hace más palpable. **Indujo a unos grandes costes de privatización y produjo unos grandes costes sociales** porque aunque se dijo que uno de los objetivos era mantener el empleo de los trabajadores del grupo, la plantilla de aquellas empresas se vio muy reducida. Amén del daño que se infirió a una serie de empresas que se incluyeron equivocadamente en el conjunto de Rumasa.

Eduardo Sotillos. Periodista. Portavoz del primer Gobierno PSOE

1. Mi gran preocupación era que todo se supiera cuanto antes. La redacción de la nota tuve que hacerla en un coche que iba a 110 kilómetros por hora para poder darla en el último Telediario, donde la leí sin haberla pasado a limpio. En cuanto al Consejo de Ministros en el económicos? ¿Fue Rumasa una operación política?

Estas preguntas han hecho correr mucha tinta y de las respuestas que reciban depende en buena parte la valoración final de los hechos. El ex presidente Adolfo Suárez dijo en aquel momento que le resultaba difícil creer que las razones del Gobierno para la expropiación de Rumasa se fundamentasen en dificultades económicas de la empresa, mientras que Fraga Iribarne aseguró que el Gobierno había actuado "manu militari". A este respecto, algunos oficialistas se encargaron de recordar que Ruiz Mateos había financiado las campañas electorales del CDS y de AP, y en menor medida del PSOE.

Los medios de comunicación y la oposición denunciaron que el decreto-ley no era la figura jurídica oportuna para una expropiación de estas características. El Gobierno, consciente de ello, anunció inmediatamente que se aprobaría una Ley con el fin de reforzar la medida. Pero, ¿era la expropiación necesaria?

Los analistas, en su mayor parte, señalaron entonces y han confirmado posteriormente que la expropiación fue una medida precipitada, que un Gobierno más maduro no hubiera aprobado nunca. En aquel momento el PSOE tenía la fuerza de sus 10 millones de votos, de sus 202 escaños y el entusiasmo de los primerizos. Boyer, que luego se ha presentado como un hombre liberal, lo era bastante menos en 1983, hasta el punto de que un verdadero liberal (y amigo suyo), como el profesor Pedro Schwartz, dijo en aquellos días que "la mejor indemnización posible era la dimisión del Gobierno".

Boyer aseguró que habría generosidad en el justiprecio. Por supuesto, no hubo indemnización de ningún tipo. Los números rojos del holding y las irregularidades contables obligaron a Ruiz Mateos a poner tierra de por medio, iniciando desde Jerez una larga huida internacional que terminó poco después en la cárcel de Francfort.

Según dijo Boyer, Rumasa era la patata más caliente que la UCD había pasado al Gobierno, a pesar de las 30 crisis bancarias anteriores

En los días posteriores a la expropiación se produjeron una serie de declaraciones de muy distinto signo. Con la salvedad del Partido Socialista, casi todas las fuerzas económicas y sociales se manifestaron contrarias a "las formas".

Los ministros de la Unión de Centro Democrático aseguraron que también ellos habían contemplado la posibilidad de tomar medidas y que las habían estudiado sin considerar la expropiación en ningún caso. De hecho, el profesor Fuentes Quintana, el "ideólogo" de los Pactos de La Moncloa, había sido una de las personas que más interés había puesto en desvelar la verdadera situación de Rumasa durante su mandato como ministro de Economía del primer Gobierno de Suárez. Pero no avanzó todo lo que hubiera querido. Durante el traspaso de poderes entre UCD y PSOE, Boyer fue puesto en antecedentes por García Díez. Rumasa era la patata más caliente que la UCD había pasado al Gobierno socialista- según dijo Boyer-, y esto a pesar de que se hubieran producido 30 crisis bancarias desde la intervención del Banco de Navarra en 1978. Y a pesar de que poco antes se habían dado a conocer las graves dificultades de Banca Catalana y del Banco Urquijo.

El presidente de la patronal bancaria, Rafael Termes, un prestigioso banquero del Opus Dei, manifestó que él no veía razón por la que Ruiz Mateos pudiera ser perseguido por la justicia, porque si bien ha "podido cometer errores de gestión, le considero incapaz de haber cometido ninguna inmoralidad". Termes decía también que Ruiz Mateos era un hombre desprendido, sencillo, sin ambición personal y sin afán de lucro. Le conocía mejor que otros. Pero para la gran mayoría, el presidente de Rumasa era un misterio.

Lo poco que se sabía de él es que había sido un estudiante mediocre, profesor mercantil de carrera, con un gran ➳

que se acordó la expropiación, lo que puedo decir es que **la decisión fue muy meditada y las deliberaciones larguísimas**.
2. Entonces quedé **convencido de que era necesaria, y hoy sigo pensando lo mismo**. Lo que llama mi atención es que todavía no se haya resuelto judicialmente. También creo que algunas de las empresas podían haber entrado a formar parte del patrimonio público.

Ramón Tamames. Economista
1. Fue una confiscación vergonzante que fue seguida de una reprivatización aún más vergonzante.
2. Está claro que el felipismo, ya en decadencia, deja entre sus muertos que gozan de buena salud el expediente Rumasa. Fue **el primer contubernio de la banca clásica contra el primer advenedizo**. El segundo fue el de Banesto.

Julio Argüelles. Profesor de Economía Aplicada
1. Yo entonces sabía poco, pero cuando estudié el tema me di cuenta de que **fue adecuada dada la crisis** y la escasa voluntad del presidente del grupo para reorientar su actuación. Hay que recordar que se descubrió un déficit patrimonial de 256.000 millones de pesetas.
2. En líneas generales **se cumplieron los objetivos de la expropiación**: salvaguardar los empleos del grupo. El saneamiento mantuvo el empleo.

Jesús Cacho. Periodista
1. Fue una gran impresión, aunque había asistido a la rueda de prensa enloquecida de Ruiz Mateos, aquel envite al Gobierno que le condujo al desastre. Ha sido **la decisión más disparatada desde el punto de vista jurídico que ha habido en este país**. Aun sabiendo que Rumasa era una inmensa bola de nieve, la decisión fue **una alcaldada inadmisible contra la propiedad privada**.
2. No hubo grandes negocios privados con la expropiación. Lo que hubo fueron muchas ganas de quitarse de encima el asunto y de librarse de empresas de difícil porvenir. Quien se encargó de eso fue Félix Díez Burgos, un hombre de absoluta honorabilidad. También hay una responsabilidad política evidente. UCD no obligó al Banco de España para que Ruiz Mateos racionalizara su grupo. Luego vino el error del PSOE.

Ernesto Ekaizer. Periodista
1. Yo llevaba un año trabajando sobre el problema de Rumasa y ese día 23 de febrero me encontraba en la redacción con el mismo asunto. Era evidente que el Gobierno iba a decidir algo. El Consejo de Ministros había comenzado por la ma-

olfato empresarial. Heredero de un pequeño comercio de vinos en Jerez, impulsó fuertemente el negocio y se abrió con aparente éxito a otros sectores como el bancario, el inmobiliario, el hotelero, el de la piel, el de la distribución..., hasta convertir todo ello en el primer holding español. Como gustaba decir, "empecé con un capital de 700.000 pesetas y 7 obreros, y formé un imperio de 65.000 trabajadores en 700 empresas de 30 sectores". Se sabía también que pertenecía al Opus Dei y que, como él ha dicho después, "fichaba" a los trabajadores por el aspecto: "Siempre he buscado buenas personas a mi lado, esto es más importante que sus conocimientos".

La mayor parte de la Prensa se colocó inmediatamente en contra de la expropiación y criticó tanto el fin en sí mismo como la forma en que se había desarrollado. Todo ello con matices. Los analistas más críticos con Boyer llegaron a citar a Franco, Hitler y Stalin, para referirse a sus métodos "fascistas y estalinistas". En cuanto a la oposición política, el mayor enfrentamiento se produjo con Alianza Popular y su caballo de batalla, Luis Ramallo, que preparó una batería de preguntas sobre los fines y medios de la expropiación.

La actitud de Ramallo pudo confundir a muchas personas. El tiempo demostró que estaba más contra la forma en que se había desarrollado la expropiación que contra la expropiación en sí misma. De hecho, después de la huida de Ruiz Mateos y de que se descubriese el verdadero entramado de Rumasa, Ramallo no volvió a atacar con la misma saña el fondo de la cuestión -aunque nunca le gustó una medida de esta naturaleza-, sino fundamentalmente el decreto-ley que había servido de base. La batalla de la constitucionalidad fue uno de los capítulos más vergonzantes de la aún joven democracia española. Al final, en diciembre de 1983 el Tribunal Constitucional, presidido por Manuel García Pelayo, aprobó su constitucionalidad por el voto de calidad de su presidente (establecido en el artículo 90 de la Ley Orgánica del Tribunal Constitucional), que perdió gran parte de su prestigio en esta historia.

Se considera que el presidente del Tribunal Constitucional, Manuel García Pelayo, pensó más como hombre de Estado que como jurista

El asunto es lo suficientemente interesante como para detenerse un momento. García Pelayo, considerado como el mejor constitucionalista español del siglo XX, era un hombre puro, de carácter apocado, tímido, con un ligero tartamudeo y de tendencias políticas izquierdistas. Durante la Guerra Civil combatió con el ejército republicano. Había vivido exiliado en Puerto Rico y Venezuela, y había sido designado presidente del Tribunal Constitucional en 1980 . En este momento tenía 73 años.

Sus amigos creen todavía hoy que, al igual que otros constitucionalistas, García Pelayo se inclinaba por considerar que el decreto-ley podía ser inconstitucional. Sin embargo, al responsabilizarse del caso, estos mismos amigos consideran que pensó más como hombre de Estado que como jurista. De hecho, una sentencia contraria hubiera significado la caída del Gobierno. Por eso, al producirse un empate de votos entre los miembros del Tribunal (tres a favor y tres en contra), con su voto de calidad -el voto del presidente- inclinó la balanza a favor de las tesis oficiales.

La sentencia se filtró al periódico *El País*, lo que dio pie a que el ex presidente de Rumasa acusara a ese diario y a su ex abogado, Matías Cortés, de haber alcanzado un pacto secreto. También dijo que la expropiación era el acto económico más cruel, inmoral y deshonesto que se había cometido en España en toda su historia, y añadió: "Hubo un 23-F militar y ahora otro 23-F de terrorismo económico". Boyer aseguró, por su parte, que Ruiz Mateos había pretendido repetir el milagro de los panes y los peces.

La sentencia de diciembre de 1983 no entraba a juzgar el fondo de la cuestión (la expropiación), sino la forma (el decreto-ley), pero fue el primer gran dique de detención frente a las aspiraciones de Ruiz Mateos. La Prensa más independiente arremetió contra ella y García Pelayo quedó muy tocado. Continuó como

La opinión...

ñana y se había interrumpido para acudir a una sesión de control en el Congreso para volver a La Moncloa a partir de las 7 de la tarde. Ya sabíamos que habría un antes y un después del 23 de febrero de 1983 para Rumasa, José María Ruiz Mateos y la política española.
2. La expropiación **fue una nacionalización de pérdidas**. Ruiz Mateos llevó al grupo a la bancarrota. Se podía hacer la vista gorda ese 23 de febrero, pero ningún Gobierno, en Occidente, suele dejar caer a grupos financieros tan grandes habida cuenta del pánico que diseminan, más cuando como en este caso se trataba también de 18 bancos. Lo grave es que **entre Ruiz Mateos y la administración de Justicia se han dividido el trabajo para aplazar durante 13 años el juicio**.

José Ramón Lasuén. Economista
1. Era **necesaria, pero la privatización se hizo mal**.
2. El balance en su conjunto es muy difícil de evaluar. La medida fue costosa en términos económicos, pero **psicológicamente fue positiva.** porque introdujo disciplina en los círculos financieros.

Marisa Navas. Directora de "Gaceta de los Negocios"
1. En aquel momento ya había información, pero me sorprendió. **Fue un golpe de efecto** del Gobierno socialista.
2. Trece años después se entiende la expropiación porque se ha ido viendo cómo estaba en aquel momento el "holding" y las prácticas que utilizaba, pero **el proceso de recuperación de las empresas se hizo muy mal**.

Miguel Herrero. Portavoz del Grupo Popular en el "caso Rumasa"
1. La expropiación fue **una gran fullería jurídica de graves consecuencias económicas**.
2. Las consecuencias económicas, por lo inmensas, son difíciles de cuantificar. Entonces, como ahora, lo más relevante no eran los derechos de los afectados, sino el derecho y los intereses, más que dañados, del erario público.

Fernando González Urbaneja
Director de "Cinco Días"
1. No me sorprendió la expropiación. Conocía los tra-

presidente hasta el término de su mandato, pero luego se marchó a Venezuela. Al final de su vida, a principios de los años noventa, era un hombre amargado que nunca consiguió reponerse del asunto Rumasa.

En este Tribunal Constitucional estuvo como magistrado Francisco Tomás y Valiente (asesinado en 1996 por ETA), próximo al PSOE según confesión propia, que votó a favor de la constitucionalidad. Tenía 48 años. Tras el cese de García Pelayo, fue nombrado para sustituirle. A él le correspondió presidir el Tribunal que, finalmente, entró en el fondo de la cuestión el 18 de enero de 1991.

La cuestión de la inconstitucionalidad se planteó por la Audiencia Provincial de Madrid en 1989 y tuvo su origen en la diversidad de criterios con los que actuaban la Sala Primera y Segunda de lo Contencioso Administrativo del Tribunal Superior de Justicia de Madrid. Mientras la Sala Segunda concedió a Ruiz Mateos el derecho de reversión sobre varias empresas (Fisis, Atlas, el Banco del Norte, el Banco de Toledo, la sede central del holding, el Banco Atlántico...), la Sala Primera le denegó otras reversiones (Castellblanch, Galerías Preciados...).

El 18 de enero de 1991, el Constitucional rechazó las dudas sobre la legalidad de la expropiación. Recordó que en el caso se daba algo más que una crisis empresarial, constituyéndose en un factor determinante de inestabilidad de la situación financiera nacional. Y añadía: "Es incuestionable que la declaración de utilidad pública e interés social de la expropiación del Grupo Rumasa no fue infundada ni arbitraria".

Pero para cuando el Constitucional reconocía la extraordinaria y urgente necesidad del decreto-ley, los abogados del financiero ya habían abierto una puerta en el Tribunal de Estrasburgo, que el 23 de junio de 1993 falló por 22 votos contra 2 que había habido violación en cuanto a la duración del proceso y resolvió, por 18 votos contra 6, que había habido violación en cuanto al carácter equitativo de los procesos seguidos en el Tribunal Constitucional. Sin embargo, rechazó por unanimidad las demandas de satisfacción equitativa de los demandantes. Eran las que más preocupaban al Gobierno.

Se expropió mal y pronto y se reprivatizó con escasa eficacia. Rumasa estaba mal, pero el Gobierno no supo qué hacer con ella

Ruiz Mateos siguió pidiendo un juicio en España, pendiente desde que el 18 de febrero de 1991 el Parlamento Europeo levantase su inmunidad de eurodiputado. Finalmente fue fijado para el 25 de noviembre de 1996 en la Sala de lo Penal de la Audiencia Nacional. Aunque Ruiz Mateos fue procesado en 1983 por delitos monetarios, estafa y falsedad, el levantamiento de la inmunidad afectó sólo a estos dos últimos, los únicos por los que Alemania concedió su extradición en 1984 desde la cárcel de Francfort.

Por lo que se refiere a la reprivatización de las empresas expropiadas, el proceso se llevó a cabo con manifiesto desacierto.

Ruiz Mateos siempre ha estado en lo cierto al afirmar que el Gobierno no aseguró el trabajo de los empleados del holding -contrariamente a la garantía ofrecida en la expropiación- y al decir que sus empresas se han malvendido en su proceso de reprivatización. Este fue el caso, por ejemplo, de Galerías Preciados, que fue adquirida por el grupo venezolano Cisneros en 750 millones de pesetas y revendida posteriormente en 30.000 millones.

Tampoco fue ejemplar la venta de los pequeños bancos de Rumasa, ni siquiera de su perla, el Atlántico, a un grupo árabe que no supo impulsar los "activos" de la entidad. Ni fue modélica la venta de las bodegas (los cavas y los vinos), ni de la finca La Almoraima (el mayor latifundio de Europa), ni de Picusa (empresa de piel), ni de los hoteles (algunos de ellos al financiero De la Rosa), ni de la constructora Hispano-Alemana (las ofertas causaron perplejidad), ni de la fábrica de cerámica de La Cartuja..., ni de tantas otras.

Se expropió mal y pronto, y se reprivatizó con escasa eficacia. Rumasa estaba en mala situación, pero el Gobierno no supo qué hacer con ella.

---

bajos de investigación del Banco de España y las auditorías que se habían hecho, así como los dictámenes de algunos abogados. Lo que me sorprendió fue la forma en que se produjo. Con nocturnidad, y también **tan indiscriminada y tan jurídicamente improvisada**.

2.Trece años después pienso lo mismo. Rumasa era insostenible. A falta de controles del Estado, Ruiz Mateos se había choteado de todo el mundo. **Que el Gobierno socialista no respetara el Estado de Derecho ha sido negativo a la larga**.

Luis Ramallo. Miembro de la Comisión del "caso Rumasa"

1. Tuve el sentimiento de no saber qué pasaba. Luego, el convencimiento de que el empresario lo había puesto muy difícil. Había soluciones distintas que hubieran costado menos dinero al contribuyente. **Mucha gente se hizo rica con Rumasa**, que ha sido el mayor escándalo y el mayor caso de corrupción del PSOE, que ha costado al Estado más de billón y medio de pesetas.

2. La reventa de las empresas de Rumasa se hizo a precios de saldo y **llevó a mucha gente al paro**. Y el dinero que se utilizó para sanearlas no ha servido para nada. Ahí está Galerías Preciados. Las cuentas aún están sin terminar. Y las operaciones técnicas del Tribunal de Cuentas, presidido por Pascual Sala, se hicieron mal.

Pedro Schwartz. Economista

1. Al principio me encargué del asunto desde la Coalición Popular, pero decidí que era mejor que lo llevara Miguel Herrero, quien hizo buenos discursos, pero al que engañaron como a un chino. El Gobierno le dijo que no le importaría que, tras la expropiación, la decisión fuera declarada inconstitucional, pero el presidente del Tribunal Constitucional, que al final dio su voto de calidad a favor del decreto-ley, fue a La Moncloa y allí se le olvidó el paraguas.

2. Sigo pensando que fue **una medida anticonstitucional y muy peligrosa contra la propiedad privada**. Fue una incautación. Además todo se llevó a cabo con nocturnidad y alevosía. **Una cacicada intolerable**. Ruiz Mateos llevaba mal sus bancos, pero la expropiación no se hizo como debía.

El intervencionismo

El Gobierno debía haber dejado quebrar a Rumasa

El autor considera preciso analizar separadamente tres aspectos del "caso Rumasa": la expropiación en sí; la posibilidad, decidida la intervención del Gobierno, de utilizar un procedimiento distinto de la expropiación, y, por último, la manera de llevarse a cabo la reordenación del holding y, en especial, de su grupo de bancos.

En cuanto a la expropiación en sí, me manifesté -y hay prueba escrita- en contra, en cualquier circunstancia, de la expropiación por el Estado de los bienes y derechos privados. Si de mí hubiera dependido, el párrafo 3º del artículo 33 de la Constitución hubiera dicho simplemente que "nadie podrá ser privado de sus bienes y derechos", suprimiendo "sino por causa justificada de utilidad pública o interés social, mediante la correspondiente indemnización, etc.". Pensaba entonces -y sigo pensando ahora- que nunca hay causa justificada, ni de utilidad pública ni de interés social, para desposeer a alguien de sus bienes, ni sin indemnización ni con ella. Nadie debe estar obligado a ceder, en contra de su voluntad, lo que justamente posea, cualquiera que sea el precio que se le pague por ello.

Pero este principio es inseparable de los restantes presupuestos que definen el liberalismo económico, entre los cuales el primero y principal es que el Estado no debe inmiscuirse en la suerte que, en el ejercicio de su actividad, corran las empresas mercantiles y las personas relacionadas con ellas. Es decir, que si una empresa sobresee sus obligaciones, suspende pagos; y si del balance de la suspensión se deduce que el pasivo es superior al activo, y los accionistas no reponen el déficit patrimonial, la empresa quiebra. Lo único que ha de hacer el Estado es tener promulgada la pertinente ley concursal para que todo el mundo conozca las reglas del juego y para que las mismas se apliquen en forma ordenada. Pero, en puro liberalismo, el Estado no sólo no tiene por qué, sino que no debe apoyar ni garantizar ningún bien de los comprometidos en la actividad mercantil, que, por definición, es un juego de pérdidas y ganancias. Precisamente en la esperanza de la ganancia sin trabas y en el riesgo de la pérdida sin paliativos estriba la fortaleza del sistema de economía liberal o de mercado, que ha hecho la riqueza de las naciones.

A la luz de esta filosofía política, pensaba entonces, y sigo pensando ahora, que el Gobierno debía haber dejado quebrar a Rumasa, que sin duda alguna hubiera quebrado. Pero cuando el Estado deja de ser un Estado liberal para convertirse en un Estado intervencionista, como es el caso de España, desde mucho antes de que los socialistas llegaran al poder, para mí resultaba evidente que, en 1983, el Gobierno no iba a permitir que se aplicaran las reglas del libre mercado a un grupo de bancos y empresas cuya caída, si se producía, iba a arrastrar a un gran número de accionistas, depositantes, acreedores en general y trabajadores. Y así sucedió: el Gobierno decidió que Rumasa no debía quebrar. Lo cual no me impide pensar que lo contrario, o sea, dejar que Rumasa quebrara, hubiera sido lo mejor, como lo hubiera sido dejar quebrar a Banesto en 1993. Esta política, aplicada consistentemente en todos los casos, sin excepción, es la mejor, a mi juicio, para lograr, a través de un proceso alternativo de destrucción y creación, una economía dinámica y en crecimiento, capaz de proporcionar el mayor grado de bienestar al mayor número posible de ciudadanos. Para fundamentar esta opinión, aporté en aquellos momentos las palabras de Friedrich von Hayek, que acababa de pasar por España y, preguntado sobre el tema, manifestó que "en ocasiones, la expropiación de una empresa puede resultar económicamente conveniente. Con esto quiero decir -añadía- que, aunque los beneficios inmediatos de una medida de expropiación para salvar a una empresa quebrada pueden tentar a un Gobierno, a largo plazo tal medida de expropiación atenta contra los intereses permanentes de la sociedad".

> "Dejar que Rumasa quebrara hubiera sido lo mejor, como lo hubiera sido dejar quebrar a Banesto en 1993. Esta política, aplicada consistentemente, es la mejor"

En cuanto a lo segundo, es decir, si, una vez que el Gobierno estaba dispuesto a intervenir, cabía buscar una forma de intervención menos mala que la expropiación, aunque es defendible que sí, yo pensaba, y sigo

del Estado

Rafael Termes

Ex presidente de la Asociación Española de la Banca Privada (AEB) y actual consejero del Banco Popular

pensando, que el cambio en lo instrumental no hace variar lo sustancial. Discutir si hay que ajusticiar al reo colgándole o fusilándole es de poca monta ante el error de la sentencia de muerte. Por otra parte, en aquel entonces, la legalidad existente y la experiencia de casos anteriores no inclinaban precisamente hacia el empleo, en 1983, de la modalidad de intervención y sustitución de órganos de administración, que ha podido ser utilizada diez años después en el caso Banesto -con no muy elogiables efectos, en mi opinión- gracias a la Ley de 29 de julio de 1988.

Queda el tercer aspecto. Habiéndome parecido mal, por principio, la expropiación de Rumasa, me pareció bien que, una vez perpetrada, el Gobierno y en especial el ministro Boyer decidiera reprivatizar el grupo en vez de convertirlo en una empresa pública. Ahora bien, en esta reprivatización de Rumasa, hay que distinguir dos partes: las empresas y los bancos. En cuanto a la reprivatización de las primeras, no puedo juzgar seriamente por falta de suficiente conocimiento de causa, aunque, como es bien sabido, la opinión generalizada es que no fue un modelo de transparencia y honradez; la corrupción pública, que tanto ha brillado después, es muy posible que tuviera ya un importante papel en esa operación. Lo contrario sucede en relación con la reprivatización de los bancos de Rumasa, porque, en razón del cargo que ocupaba, conozco a fondo la operación y puedo afirmar que fue transparente y cualquiera puede escudriñarla, recurriendo a los documentos de la época. Los bancos privados que participaron aportaron, suscribiendo Deuda Especial del Estado a largo plazo, los 440.000 millones necesarios para el saneamiento de las empresas no bancarias, a las que se les canceló las deudas que tenían con los bancos del grupo y, en éstos, los fallidos fueron sustituidos por dinero procedente de la emisión de Deuda. Por otra parte, los mismos bancos participantes asumieron en sus cuentas de resultados la diferencia entre el 9,5% de interés percibido de la Deuda del Estado y el 13,5% a satisfacer por los depósitos que, por el mismo importe, efectuaron los bancos de Rumasa en los 12 bancos privados que debían absorberlos. El coste de esta diferencia, a lo largo de los 12 años de vigencia de la Deuda, que acaban en julio próximo, ha sido del orden de los 109.000 millones de pesetas.

A pesar de esta operación, los bancos de Rumasa presuntamente saneados no solamente no valían nada sino que continuaban siendo "máquinas de perder dinero". Prueba de ello es que 4 bancos de los 12 que participaban en la operación prefirieron suscribir la Deuda y no entrar en absorción de los 17 bancos de Rumasa; y un gran banco, que sí participó en la totalidad de la operación, pagó a otro para que le relevara de la obligación de absorber el banco que le correspondió, de acuerdo con su talla, en el reparto que tuvo lugar, bajo mi dirección, a lo largo de toda la noche y culminó en la madrugada del 12 de julio de 1983.

El Gobierno había cumplido, en lo que respecta a los bancos, la promesa de reprivatización que hizo el día de la expropiación, aunque no sin hacer soportar una fuerte contribución a la banca privada. Empezaba entonces el camino para que los bancos en crisis, expropiados y reprivatizados, pasaran de "máquinas de perder dinero" a entidades rentables. Sólo los que lo han hecho saben los esfuerzos que, aparte del coste financiero dicho, les habrá costado.

En cualquier caso, pienso, todavía al día de hoy, que decidida por el Gobierno la expropiación de los bancos de Rumasa -que, en mi opinión, repito, habría sido mejor dejar quebrar- la solución final dada a este asunto, malo en su origen, fue la menos mala de las que podían hallarse, dadas las circunstancias.

EFE

Felipe González y Miguel Boyer se sonríen en el Congreso el 17 de mayo de 1983.

• FÚTBOL •

Un histórico 12 a 1

España arrasó a Malta en Sevilla y se clasificó para la Eurocopa

Rafael José Alvarez

Sevilla. 21 de diciembre de 1983. 21,54 horas. Juan Señor, un madrileño con fútbol en las piernas e ideas en la cabeza, ve cómo se le acerca mansamente un balón y le propina una patada con el alma. Un segundo y medio después el mundo entero se frota los ojos: España acaba de meterle a Malta 12 goles y se clasifica para la Eurocopa de Francia de 1984.

El partido pasó a la historia en ese instante. El país se paralizó durante dos horas y después salió a la calle para creerse gritando lo que había visto. Doce goles. Uno más de los que la selección de Miguel Muñoz necesitaba en principio para ir al Campeonato de Europa. Holanda tenía mayor número de tantos y sólo 11 goles en el último partido le valían a España.

Buyo, Señor, Goikoetxea, Maceda, Camacho, Víctor, Sarabia, Carrasco, Gordillo, Rincón (Marcos, minuto 87) y Santillana formaban esa noche una selección que varios meses después fue subcampeona de Europa. El partido tuvo de todo menos fútbol. A los 34 segundos, España ya había lanzado a puerta y a los 2 minutos, fallado un penalti. No había sistemas ni patrones de juego. Sólo un equipo volcado sobre el otro como en una carga de Caballería. Cuando, en el minuto 15, Santillana cabeceó para hacer el primer gol, la selección española había tenido cuatro claras ocasiones. Todo anunciaba una goleada, pero de repente apareció el hielo. Un balón suelto disparado por Degiorgio rebotó en Maceda y se metió en la portería española. Era el minuto 24 y los once hombres de Muñoz tenían que meter 11 goles más... pero con poco más de una hora de tiempo.

En cinco minutos, Santillana logró otros 2 goles, una media que alivió los temores recientes. Muñoz dio la orden en el descanso: "Hay que penetrar por las bandas y centrar al remate. No bombeando balones, sino jugando a la pelota". Al inicio de la reanudación, Rincón hizo el cuarto. El partido se relajó durante un rato y a los 56 minutos estalló la revolución. 5-1 (Rincón), 6-1 (Maceda), 7-1 (Maceda), 8-1 (Rincón). En sólo ocho minutos, España había logrado 4 goles. Le faltaban otros cuatro y 26 minutos por delante.

La selección se subió a la espalda del rival con total descaro. Santillana, Víctor y Rincón rozaron el gol hasta que en el minuto 75 el ariete madridista tiró seco al fondo de la portería de Bonello, un portero que había viajado al interior de su meta nueve veces.

Faltaba un cuarto de hora y había que hacer tres goles, algo impensable en condiciones normales pero muy accesible en aquellos momentos. Dos minutos más tarde del 9-1, Rincón cabeceó el 10-1 y Sarabia colocó el 11-1 a falta de 10 minutos. El mundo sabía ya que era cuestión de segundos. A los 84 minutos, cerca de las 10 de la noche, Señor disparó y marcó. Todos corrieron tras él y se abrazaron contra el césped sevillano. "Es increíble. Vamos a meter tres más", decía el ya desaparecido Muñoz, que confesaba experimentar la alegría más grande de su vida. Luego, invasión de campo, felicitación de Felipe González a Muñoz, fiesta interminable y sospechas... ¿Fue sobornada Malta? Esa es la gran pregunta. Trece años después hasta los protagonistas siguen oliendo algo extraño, aunque nunca nadie haya podido comprobar de dónde viene el hedor.

FOTOS: EUROPA PRESS

Rincón, autor de cuatro goles, conduce el balón ante un defensor. Arriba, Miguel Muñoz celebra el triunfo.

La presa de Tous descubrió "la gota fría"

Javier Lorenzo

Faltaba una semana para el 28-O cuando la Comunidad Valenciana fue víctima de la mayor riada de su historia reciente. La presa de Tous, que no pudo contener las aguas, se convirtió en el símbolo de aquella tragedia

EUROPA PRESS

Un aspecto de las inundaciones que causó la rotura de la presa de Tous.

Situada a cuarenta kilómetros de Valencia, la presa de Tous -con una capacidad de 55 millones de metros cúbicos- había empezado a funcionar en 1980. Pensada para administrar el riego a los arrozales y naranjales de una zona en la que vivían alrededor de 250.000 personas, nada hacía presagiar que aquel terrible temporal que azotó durante tres días el Levante español -y que luego cobraría el popular nombre de "la gota fría"- fuera a causar su rotura con la consiguiente carga de pérdidas económicas y humanas. Las primeras se estimaron por encima de los 35.000 millones de pesetas, las segundas sobrepasaron el medio centenar.

Los 210 litros por metro cuadrado que cayeron en localidades como Onteniente fueron excesivos para un embalse que ya había presentado problemas de permeabilidad en los terrenos sobre los que se apoyaba antes incluso de que se construyera. Sin embargo, la presa se rompió -en dos ocasiones- por su corona debido a que nadie abrió las compuertas que hubieran permitido aliviar la presión del agua. Un ingeniero y dieciséis trabajadores pasaron la noche incomunicados y sin dormir en sus puestos capeando la tormenta como pudieron, mientras sus familias luchaban por salvar sus vidas pocos kilómetros más abajo.

La presa de Tous no fue la única causante de la catástrofe. La autovía del Mediterráneo fue también determinante al impedir la salida de las avenidas al mar. De no haber sido por la pronta intervención de la Cruz Roja y el Ejército, así como por la solidaridad de los habitantes de las comarcas afectadas la desgracia hubiera sido mayor, pudiendo haber afectado incluso a la central nuclear de Cofrentes.

El sábado, 23 de octubre, el Rey se desplazó a la Comunidad Valenciana para comprobar con sus propios ojos los efectos de la riada. Una anciana resumió el sentir de todos los habitantes de la zona cuando le dijo: "Se ho ha portat tot, xiquet" ("se lo ha llevado todo, chiquillo").

Casi catorce años después, la polémica por la ruptura de la presa aún no ha concluido. El 5 de octubre de 1995, un tribunal dictaba la absolución para los tres ingenieros procesados, ya que, en su opinión, las características de la presa eran las "adecuadas" a las condiciones "climatológicas e hidrológicas" de la zona. No obstante, la sentencia reconocía que la construcción se encontraba en "precarias condiciones de vigilancia": no existía un eficaz sistema de alarma aguas arriba, ni medios de comunicación -como la radio- fuera del horario laboral. Además en horas nocturnas no se había establecido procedimiento alguno para hacer frente a una situación como la que se produjo. El 30 de marzo de 1996, el ministro José Borrell inauguraba la nueva, y más grande, presa de Tous entre las críticas de los vecinos.

1981

El calendario anterior, de 1980, fue publicado en el fascículo nº26

ENERO

Liberados los rehenes norteamericanos. Tras un año, dos meses y quince días de secuestro, el día 20 son liberados en Teherán (Irán) los 52 rehenes norteamericanos. Ese mismo día, Ronald Reagan jura su cargo como 40º presidente de EEUU.

FEBRERO

Clamor en defensa de la democracia. Más de dos millones de ciudadanos se manifiestan en diversas ciudades españolas en defensa de la democracia cuatro días después del intento de golpe de Estado del 23-F.

MARZO

Quini, secuestrado. El mes se abre con una noticia que sensibiliza a la población: el secuestro del futbolista Enrique Castro, Quini. El delantero del Barça, uno de los jugadores más carismáticos del fútbol español, será liberado por la Policía en Zaragoza el día 25 tras pagar el club catalán 100 millones de pesetas.

Polémica lingüística en Cataluña. La Prensa publica el Manifiesto por la igualdad de derechos lingüísticos en Cataluña, suscrito por 2.300 intelectuales, entre ellos Federico Jiménez Losantos (quien sería secuestrado y agredido semanas después por miembros de Terra Lliure) y Amando de Miguel, quien llega a declarar: “Me siento chicano en Cataluña”.

GUSTAVO CATALÁN

El empresario valenciano Luis Suñer saluda emocionado, rodeado por su familia, tras recuperar la libertad.

EUROPA PRESS

González, Calvo Ortega, Rodríguez Sahagún, Fraga y Camacho, el 27-F.

ABRIL

Liberado Luis Suñer. El empresario valenciano Luis Suñer, secuestrado por ETA el 13 de enero en su despacho de Alcira, es liberado el día 14 tras el pago de más de 300 millones de pesetas.

MAYO

La “epidemia” del aceite de colza desnaturalizado. En una familia de Torrejón de Ardoz (Madrid) se detecta el día 6 lo que más tarde sería conocido como el “caso de la colza” (aceite desnaturalizado). Veinte días después, la “neumonía atípica” se ha extendido a toda España, con 2.000 afectados y 25 muertos.

Atentado al Papa. El joven turco Mehmet Alí Agca atenta el día 13 en plena Plaza de San Pedro contra

•Y TAMBIÉN•

● **DIMISIÓN DE SUÁREZ.** El 29 de enero, Adolfo Suárez dimite como presidente del Gobierno y de UCD. “Me voy sin que nadie me lo haya pedido”. Leopoldo Calvo-Sotelo le sucederá dos días después del golpe del 23-F.

● **ETA SECUESTRA Y ASESINA.** El ingeniero jefe de la central nuclear de Lemóniz José María Ryan, después de una semana de secuestro es asesinado por ETA el 6 de febrero. Días después, el etarra José Arregui fallece tras sufrir torturas en la prisión de Carabanchel.

● **CARLOS SAURA, PREMIADO.** La película *Deprisa, deprisa*, del director Carlos Saura, es distinguida en el Festival de Berlín con el Oso de Oro.

● **REAGAN, GRAVEMENTE HERIDO.** El presidente de EEUU Ronald Reagan sufre heridas graves en el atentado de que es víctima en Washington por obra de un joven que es detenido por la Policía.

● **LA REAL SOCIEDAD GANA LA LIGA.** En el último minuto, con un gol de Zamora en Gijón, la Real Sociedad arrebata la Liga al Real Madrid.

● **TRÁGICO ERROR DE LA GUARDIA CIVIL.** Un error de la Guardia Civil en Almería causa la muerte de tres jóvenes que fueron confundidos con miembros de ETA (9 de mayo).

Juan Pablo II. Tres semanas después, el Papa abandona el hospital Gemelli de Roma aunque deberá ser hospitalizado después por una enfermedad viral.

JUNIO

Aprobada la Ley del Divorcio. El Congreso aprueba el día 22 la polémica Ley del Divorcio. En el Pleno, Oscar Alzaga pide la dimisión del ministro Francisco Fernández Ordóñez. La ley entrará en vigor el 20 de julio.

JULIO

El Príncipe Carlos y lady Di se casan. El heredero de la Corona británica, el príncipe Carlos, contrae matrimonio el día 29 con lady Diana Spencer. Los Reyes de España deciden no ir a la boda al enterarse de que la pareja iniciará su luna de miel en Gibraltar.

AGOSTO

La fiebre de "los pajaritos". El baile de "los pajaritos", interpretado por María Jesús y su acordeón, arrasa en este verano en que la ola de calor acapara el protagonismo. La artista vendió un millón de ejemplares del disco.

SEPTIEMBRE

Domingos sin fútbol. La vida futbolística de los domingos se paraliza dos jornadas consecutivas (días 6 y 13) por la huelga de jugadores. Solamente se disputan partidos de la Tercera División. Los resultados de las quinielas salen de un bombo.

El Cordobés deja de torear. El día 14, un espontáneo muere en la plaza de Albacete. Las injustas críticas a Manuel Benítez, El Cordobés, por inhibirse durante la lidia le llevan a anunciar cuatro días después que deja de torear.

EUROPA PRESS

El príncipe Carlos y lady Di, en la sesión oficial de fotografías el día de su boda.

OCTUBRE

Magnicidio en El Cairo. El presidente egipcio Anuar el Sadat cae asesinado el día 6 por un comando de los Hermanos Musulmanes. La muerte del artífice de los Acuerdos de Camp David agrava el proceso de paz. Hosni Mubarak será designado sucesor.

Sí a la OTAN. Con la oposición de la izquierda (146 votos), el Congreso da el sí a la entrada en la OTAN (186 votos). Fue uno de los impulsos fundamentales del Gobierno centrista de Leopoldo Calvo-Sotelo.

EFE

El periodista Xavier Vinader.

NOVIEMBRE

El periodista Xavier Vinader, condenado. El periodista Xabier Vinader es condenado a 7 años de cárcel y 20 millones de pesetas por "imprudencia temeraria con resultado de muerte" a causa de dos reportajes publicados en *Interviú*.

DICIEMBRE

El "Manifiesto de los cien". Polémica en el seno de las Fuerzas Armadas: cien militares profesionales firman un manifiesto en contra del tratamiento informativo dado a los golpistas del 23-F. Varios jefes y oficiales firmantes son expedientados ante la gravedad del asunto en medio de gran polémica.

Secuestro del padre de Julio Iglesias. El año concluyó con la impactante noticia del secuestro en Madrid (día 29) del ginecólogo Julio Iglesias Puga, padre del célebre cantante Julio Iglesias, quien precisamente copaba por entonces los números uno en ventas con el disco *De niña a mujer*.

- **MITTERRAND, PRESIDENTE.** Respaldado por casi el 52% de los votos, Mitterrand es elegido presidente de Francia el 10 de mayo.
- **FELIZ ACCIÓN DE LOS GEO.** Tras varias horas de tensión, los GEO liberan el 24 de mayo a los más de 200 rehenes que estaban secuestrados en el Banco Central de Barcelona.
- **EL LUTE, INDULTADO.** El Consejo de Ministros concede un indulto total a Eleuterio Sánchez, El Lute el 19 de junio.
- **MASACRE EN TEHERÁN.** Más de sesenta seguidores de Jomeini pierden la vida en la capital iraní en un atentado el 28 de junio.
- **MUERE PEMÁN.** A los 84 años de edad, y en su Cádiz natal, fallece el escritor José Mª Pemán.
- **MC ENROE DESTRONA A BORG.** Tras 5 victorias consecutivas en Wimbledon, el norteamericano John Mc Enroe derrota al sueco Borg.
- **VUELVE EL "GUERNICA".** Tras 44 años fuera de España, el Guernica de Picasso puede volver a ser visto en nuestro país desde el 24 de octubre.
- **EN FAVOR DE LA PAZ.** Alrededor de trescientas mil personas se reúnen en la Casa de Campo de Madrid en contra del ingreso en la OTAN.
- **PÉREZ DE CUÉLLAR, EN LA ONU.** El 11 de diciembre, el peruano Javier Pérez de Cuéllar es nombrado secretario general de la ONU.

En el centro del tumulto, sin gafas, Boyer (1) es enfocado por las cámaras tras ser agredido por Ruiz Mateos (2). El incidente sucedió el 3 de mayo de 1989.

“¡Que te pego, leche!”

Carmen Rigalt

José María Ruiz Mateos acababa de propinarle a Miguel Boyer una bofetada mientras escupía una frase que ya ha hecho historia: “¡Que te pego, leche!”.

Miguel Boyer, cautivo y desarmado en su estupor, se protegía de nuevas embestidas y buscaba las gafas que le habían saltado por los aires. Era el principio de una larga pesadilla que todavía hoy se mantiene. La expropiación de Rumasa, sumada a una reprivatización turbia y sospechosa, había acabado con los nervios del empresario jerezano.

Ruiz Mateos quería a toda costa salvar su honor y rumiaba acciones de venganza.

Aquel día -el 3 de mayo de 1989- aprovechó una actuación pública del ex ministro y allá se fue, armado de valor y puños, para dejar constancia de su rabia profunda. Puso el grito en el cielo y el bofetón en el rostro de Boyer, que se encendió por momentos.

Las cámaras de los fotógrafos pusieron lo demás. Es decir: el valioso testimonio.

PRÓXIMO CAPÍTULO: QUÉ FUE AQUELLO DE LA MOVIDA

UN NUEVO MOVIMIENTO JUVENIL SE CONSOLIDA. LA IZQUIERDA GANA LAS MUNICIPALES. MUEREN MIRÓ Y BUÑUEL. ESCRIBEN: JAVIER MEMBA, FERNANDO MÁRQUEZ, MIGUEL TRILLO, JOAQUÍN BARDAVÍO, JUAN CARLOS LAVIANA, RUBÉN AMÓN, CARLOS BERLANGA

1975-1995. Veinte años de nuestra vida

• HISTORIA DE LA DEMOCRACIA •

{CAPÍTULO 31}

Olvido Alaska, en Kaka de Luxe o con Los Pegamoides, fue uno de los símbolos de la nueva ola musical que empezó a sonar desde 1977.

QUÉ FUE AQUELLO DE LA "MOVIDA"

En la España que ha recuperado la libertad política y, concretamente en Madrid, surge un movimiento de jóvenes que pronto se conocería con el nombre de "movida", en el que se mezcla una derogación de los formalismos con una pasión por la música pop, el diseño y la fotografía, mezclado todo con el amor por la noche y cierta proliferación de alcohol y drogas. Fue un movimiento social con enorme presència en los medios de comunicación, del que todavía quedan ecos, mientras la izquierda política se consolidaba en el poder y crecía la decepción en la derecha.

"Bailando, me paso el día entero bailando..."

La "movida", un movimiento que nace en Madrid en torno al diseño, la música pop y la fotografía

La "movida" fue no sólo la postal de Madrid, sino la nueva imagen de un país que ha realizado tan felizmente su transición a la democracia que incluso es capaz de generar "punkies". El diseño, la música pop y la fotografía son los tres vértices en que se sustenta un movimiento que surgió en las entrañas de la capital de España.

Javier Memba

En 1977, mientras el "punk" hace furor en Londres, lo que a la Prensa española le llama la atención de los jóvenes madrileños es su pasotismo. La muerte de Franco les ha sorprendido en plena adolescencia. En general, tras unas prematuras inquietudes políticas favorables mayoritariamente a la izquierda radical y desarrolladas a lo largo de los últimos dos años, se muestran deseosos de recuperar sus propios fueros, que no son sino la despreocupación, el desenfado y la inconsciencia inherentes a la juventud. Criados en un país de prohibiciones, donde ser joven constituía un motivo de sospecha para la Policía, donde se insultaba a los melenudos y cualquier adulto se creía capacitado para llamar la atención a las parejas que osaban besarse por la calle, aquella generación del 77 tenía tal ansia de libertad que no pasaría mucho tiempo antes de que todo fuera posible para ellos.

ANTECEDENTES: EL MADRID DE LA ILUSIÓN Y LAS BUHARDILLAS (1977-1979). Una clara herencia de la precoz militancia antifranquista en la clandestinidad: la Prensa marginal habría de convertirse en la primera manifestación de la nueva cultura que se estaba gestando. Son tantos los "fanzines" que se imprimen en la ciudad que en 1977 se crea la coordinadora PREMAMA (Prensa Marginal Madrileña). En ella se agrupan publicaciones como *MMM*, *Kaka de Luxe*, *Bazofia*, *La Mandrágora* o *Cascorro Factory*, puestas en marcha por gentes como Fernando Márquez, Jorge Martín Neira, Alberto García-Alix y Ceesepe. Tan singulares revistas, de aparición y distribución esporádica, se venden básicamente en El Rastro. La Latina y, en mayor medida, Malasaña son los dos barrios de la ciudad que comienzan a registrar una paulatina "invasión" juvenil que hallará su apogeo en 1978 cuando, aprobada la Constitución, la mayoría de edad sea rebajada de los veintiuno a los dieciocho años y los jóvenes aban- ⇛

José Aymá

Ceesepe puso en marcha algunas de las publicaciones marginales editadas en 1977 y, junto a otros pintores, era personaje habitual de la noches en el Rock-Ola.

Lo que queda de la "movida"

Fernando Márquez
"El Zurdo". Músico. Ex miembro de Kaka de Luxe, La Mode y Paraíso

Lo que queda de la "movida"... Vaya. Supongo que, por una parte, quedan sus protagonistas vivos con sus muy diversas maneras de desembocar en el hoy y, por otra, la memoria de los muertos (mucho mejor conservados que los primeros, naturalmente).

La "movida" fue grande (o los que vendrían después la hicieron grande) porque no fue farisea. La mayoría quería ser un bote de Colón y anunciarse por TV: se les veía venir desde su banalidad militante y, cuando se volvían profundos y oscuros, lo hacían porque les salía de sus partes, completamente de espaldas al público y a los intereses de mercado. Nunca Alaska fue tan bella como cuando se creyó Siouxie. Nunca Nacho Canut estuvo tan redondo en su humor impertinente como cuando creó textos como *Un día en Texas* o *Reacciones*. Nunca se versionó tan bien el *Héroes* de Bowie como cuando lo hicieron Eduardo Benavente y Ana Curra. Nunca Kafka, Sartre, Unamuno o Delibes casaron mejor con Ian Curtis que en la oronda tristeza de Carlos Entrena y su pitillo a flor de labios.

Hoy se canta en inglés, se hace una música mucho más compleja que entonces y el humor de antaño se vuelve ahora trascendencia. Hay efluvios hesseianos y existencialistas, hay cómodas declaraciones antifascistas y derechohumanistas, hay angustia vital creativa recreando pésimas parodias de Syd Barrett o Jim Morrison pero, a la hora de los negocios, cuando los artistas se convierten en empresarios, hay también una frialdad tan acerada como la de los Albertos o las Koplowitz.

Estamos en pleno Kali-Yuga. En los primeros 80, Eduardo Haro Ibars follaba o conversaba con los chicos de la "movida" transmitiéndonos su toque mágico de bestia 666. Hoy uno se encuentra con Corcovado destrozando *Getsemaní* en Morocco o pegándose con sus lectores en duelos sado-maso (con cierto aroma a telebasura) desde *El canto de la tripulación*. Y, claro, no hay color.

Pero no todo está perdido. Hay extraños "dejá-vus" de la "movida", no en la música sino en el cine: viendo *El día de la bestia* no puedo por menos que acordarme de las letras de Nacho Canut en los primeros 80, o las películas de La Cuadrilla me recuerdan la fascinación que sentíamos los Kaka de Luxe y Paraíso por aquel mundillo de Berlanga padre, de Pedro L. Ramírez, de Fernán Gómez o del Ferreri español. Tal vez, a través de este cine y del redescubrimiento en "cd" de tanto bueno que hizo la "movida" en su primer lustro (más o menos, hasta el 84), los nenes y nenas con inquietudes musicales vuelvan a recuperar el gusto por jugar con la palabra negra (negra de humor y terror) en castellano; vuelvan a priorizar la creatividad frente a la técnica, den la espalda al fariseísmo de los harapientos de diseño actuales y entiendan que la angustia mostrada por Bryan Ferry en *Song for Europe* o *Tryptich* es tan válida y densa como todas las lágrimas que Jim Morrison hizo canciones.

> "La «movida» fue grande (o los que vendrían después la hicieron grande) porque no fue farisea. La mayoría quería ser un bote de Colón y anunciarse por TV"

donen mayoritariamente el hogar paterno para ocupar pisos de alquiler barato en el centro de la ciudad.

Era el Madrid de las buhardillas y la ilusión de dejar la casa de los padres, el que abominaba tanto del autoritarismo como de la abulia "hippie"y la concienciación política. Las mañanas y las clases se perdían buscando hachís alegremente. Por la tarde se frecuentaban bares en los que se hablaba de las delicias de la contracultura, del ácido lisérgico y de ciudades más libres y alegres que la propia como Amsterdam, Londres o Barcelona. La música era más importante que las conversaciones. El rock en el sentido más amplio de la palabra constituía la única patria de toda la generación. Establecimientos como La Vaquería, donde un póster alegórico a Bakunin se confundía con una de las primeras telas de Ceesepe; el Pentagrama, que fuera al pop español lo que a los Beatles The Cavern, y La Vía Láctea, que editara el primer disco independiente, dieron buena cuenta de las aficiones musicales de esa gente. Mientras en Londres los Sex

Paco Clavel, el estrafalario intérprete de "El twist del autobús".

Pistols popularizaban su *Dios salve a la Reina*, aquí Kaka de Luxe se presentaba en el pub People. Todos los protagonistas de aquel Madrid del 77 querían hacer algo nuevo, diferente y divertido. La efervescencia creativa, al igual que la vida cotidiana, se organizaba alrededor de la música, a todas luces primera referencia cultural de aquella generación. Los conciertos que grupos autóctonos como Zombies, Alaska y Los Pegamoides, Paraíso, Nacha Pop, Radio Futura, Tos o Ejecutivos Agresivos dan durante el período 1977-1979 en lugares tan dispares como colegios mayores y congresos de ciencia ficción, escuelas industriales y discotecas, al igual que los domingos en El Rastro, son el punto de reunión de los que -digámoslo como entonces- conforman "el rollo". Dada la gratuidad con la que aquellos jóvenes del 77 concebían las cosas, todo estaba al alcance de su mano. También por eso, cuando sus mil proyectos topaban con la realidad, eran capaces de ponerlos en marcha de forma autogestionada y alternativa.

Lógicamente, una cultura surgida al margen de la oficial tenía su propio argot. "Movida", entre las palabras afines a los iniciados en él, era la que se refería a los jaleos y problemas concretos, que casi siempre se reducían a la adquisición de drogas. Lo que resulta más difícil dilucidar es la identidad del primero que llamó la "movida" a la explosión juvenil del viejo Madrid. El caso es que en 1980, a raíz de un concierto ofrecido en memoria de José Enrique Cano, Canito -batería de Tos muerto en un accidente de tráfico-, las compañías discográficas empiezan a editar las primeras grabaciones de los grupos musicales que la animan.

MIGUEL TRILLO

MIGUEL TRILLO

MIGUEL TRILLO

Tres imágenes del Rock-Ola. Arriba, dos jóvenes besándose. A la derecha, Ana Curra y Alberto García-Alix una noche en un concierto de Los Rebeldes. Al lado, Luis y Santiago Auserón (Radio Futura), cantando en 1983.

LA EDAD DE ORO DE LA MODA JUVENIL (1980-1984).

A más de quince años vista, el título del primer elepé de Radio Futura, *Enamorado de la moda juvenil* (1980), viene a definir con exactitud el comienzo de aquella época, marcado éste a la vez por la publicación de dicho disco. Nacha Pop y Secretos -antiguos Tos- son las otras dos bandas que consiguen debutar con un álbum. El resto de las formaciones ven que las primeras canciones suyas que salen a la luz se reducen a las dos que caben en un single. Las multinacionales del disco no acaban de tener confianza en el nuevo sonido. Los periodistas, por el contrario, sí.

La aparente frivolidad que envolvió aquella sacudida lúdico/cultural encerraba una auténtica tolerancia impensable en la Villa y Corte

El inicio del largo y fructífero romance entre la Prensa y los que estaban llamados a ser posmodernos tuvo lugar en el Rock-Ola. El lugar por antonomasia de la "movida" fue este destartalado club, abierto en 1981. En los conciertos que la sala organizaba semanalmente, entre algunas estrellas del rock internacional tuvieron cabida todas las incipientes bandas de la edad dorada del pop español. Poco a poco, el Rock-Ola fue convirtiéndose en un verdadero centro de animación cultural. Cuando los periodistas llegan a él descubren que, entre quienes escuchan a Gabinete Caligari, Parálisis Permanente y demás, existe una nueva bohemia de un colorido inusitado en Madrid. En ella se encuentran cineastas -Pedro Almodóvar, Félix Rotaeta-; pintores -Ceesepe, El Hortelano, Costus, etc.-; fotógrafos -García-Alix, Miguel Trillo, Ouka Lele, Pablo Pérez Mínguez, etc.- y creadores, en fin, de la más diversa índole. Los reporteros descubren maravillados una nueva vida en la ciudad, que no se circunscribe exclusivamente al Rock-Ola ni a quienes lo frecuentan.

Efectivamente, hay otros locales nocturnos, como El Sol, y ciertas galerías de arte, como la de la librería Moriarty y la de Fernando Vijande, que igualmente potencian la "movida". Algo tan le- ➳

• RELATO •

Héroes locales y tumbas abiertas

Miguel Trillo

Profesor de Literatura. Estudioso del tribalismo urbano y fotógrafo de la "movida"

A finales de 1982 se disolvió Alaska y Los Pegamoides. Su concierto madrileño de despedida, en el que regalaron un "flexi-single" lleno de cruces y sepulturas, sonaba a fin de la "movida", aunque para futuros estudiosos nos encontrábamos en su apogeo, a pesar de que para las instituciones faltaba aún por llegar 1985 (Año Internacional de la Juventud, según la ONU), año que les incitó a invertir en política juvenil. Y más quedaba para que aterrizaran en masa periodistas internacionales para concelebrar el X aniversario de la muerte de Franco y lanzar la "tardomovida" con aquella imagen de Madrid, capital europea de la locura festiva.

> "Hubo quien se movió mucho y acabó en Hollywood y regresó con las manos llenas y la cabecita loca, pero siempre tan lúcida y dicharachera"

Entonces las fuerzas vivas de la Transición se interesaron -vía prensa cosmopolita- por un fenómeno que estaba ya repleto de desertores y de suplentes.

¿Y qué es hoy de los miembros del grupo más fotogénico de la "nueva ola" madrileña? Carlos Berlanga y Nacho Canut, entre otras actividades multidisciplinares, se dedican a componer canciones de amor para públicos antagónicos; sus dos baterías, Eduardo y Toti, yacen en cementerios madrileños; y las dos chicas, Alaska y Ana Curra, gozan de una gran vitalidad: Olvido encabeza uno de los proyectos musicales más interesantes de los 90, Fangoria, y de paso lidera la liberación de jovencitas "drag-queens" que vinieron al mundo con nombres de varón en los tiempos de Kaka de Luxe. Y Ana Curra anda metida en esa pandilla de rockeros inteligentes que ha dado a luz Festimad, por citar el caso de más actualidad. Y todo sin moverse de Madrid.

Porque hubo quien se movió mucho y acabó en Hollywood y regresó con las manos llenas y la cabecita loca, pero siempre tan lúcida y dicharachera. También, quien se fue a Cuba para volver convertido en animal de cuatro patas y rabo, que ha sabido llenar alguna plaza de toros en los 90, "rara avis" para los grupos de pop en esta década. Y hubo hasta quien se lo montó escribiendo música para multicines. Y teniendo en cuenta que Madrid por entonces sí mantenía rango de rompeolas del estado juvenil, no está mal recontar a los supervivientes de lujo de aquellos conjuntos de la costa que triunfaron vía secano: un dúo y un cantautor, en Barcelona; una banda de gamberros, en Vigo; y un grupo de amigos, en Torremolinos. Si bien los músicos fueron las estrellas iluminadas, a su alrededor bailaron "enfants" terribles de las artes visuales que hoy sobreviven creativamente una edad de plata para sus bolsillos y un reconocimiento progresivo. Y yo, en Barcelona, desconectado de la red nocturna: mi máxima preocupación es aprobar el examen de lengua catalana.

jano a Madrid como la moda también forma parte de la conmoción. Durante aquel 1981, Antonio Alvarado, Jesús del Pozo, Paco Casado, Francis Montesinos y Agatha Ruiz de la Prada presentan sus colecciones despertando una gran expectación. Es más, el diseño llegará a ser junto con el pop y la fotografía una de las tres manifestaciones más genuinas de aquel Madrid que ya llama la atención tanto de los más exquisitos esnobs como de los jerarcas municipales. Fotógrafos y pintores colaboran estrechamente con diseñadores y músicos.

La aparente frivolidad que envolvió aquella sacudida lúdico/cultural encerraba una auténtica tolerancia tan impensable en la Villa y Corte tanto antes como después de la "movida". Todo estaba permitido. Fueron aquéllos unos años que a grandes rasgos bien podrían definirse con el estribillo del primer éxito de Alaska y Los Pegamoides: *Bailando. Me paso el día bailando,/ la coctelera agitando,/ llena de soda y vermut.* Una de las grandes preguntas sin respuesta de entonces es cómo podía haber tiempo para hacer tantas cosas y salir tanto. Quizá fuera *Laberinto de pasiones*, rodada por Pedro Almodóvar en 1982, el mejor testimonio que ha quedado de aquella época. Su comienzo en un viejo café ya desaparecido situado a la entrada de El Rastro, La Bobia, es bastante significativo.

El estreno del filme citado y la difusión que Radio 3 viene haciendo desde el 81 de las grabaciones de los grupos que, olvidados por las grandes empresas discográficas, han organizado el concierto de "Las Hornadas Irritantes"en la Escuela de Caminos y han tenido que recurrir a las recién creadas compañías independientes para darse a conocer, hacen que la "movida" transcienda al ámbito nacional. Los jóvenes del resto de España comienzan a viajar a la capital para conocer las alegres noches del Rock-Ola y las no menos divertidas mañanas de El Rastro, las crestas de los "punkies", las chupas de los "rockers" y la edad dorada del pop español. Todos ellos son bien recibidos, al igual que lo vienen siendo desde el principio grupos como Loquillo y Los Trogloditas, Rebeldes, Siniestro Total y Derribos Arias, procedentes de otros lugares del Estado pero que tanto animaron la capital a la sazón. Madrid también está de moda en el resto del país. No en vano, los jóvenes madrileños no son más que una representación de lo que está pasando entre la juventud de otras grandes ciudades de España. Es en 1983, el año en que Andy Warhol visitará la ciudad, en pleno esplendor de su cultura juvenil, cuando la revista *La Luna de Madrid* hace su aparición. No tardará en empezarse a decir que quien no escribe en esta publicación -pieza fundamental en la famosa polémica de la posmodernidad-, ni sale en el programa de TVE *La edad de oro*, no forma parte de la "movida".

Quien sin duda sí está metido en ella es el Ayuntamiento. Por aquellas fechas, el equipo municipal encabezado por Enrique Tierno Galván -junto al recién creado Gobierno autónomo- ya se ha convertido en el principal promotor del acontecimiento. La permisividad y la buena disposición del viejo profesor encontraron el marco ideal en su política con los jóvenes. Diríase, sin caer en la exageración, que por aquel entonces la "movida" fue no sólo la postal de Madrid, sino también la nueva imagen de un país que ha realizado tan felizmente su transición a la democracia que incluso es capaz de generar "punkies". La Prensa internacional no tardaría en dar cuenta de ello, en tanto que en la nacional se empieza a hablar del tribalismo urbano, que tiene tanto que ver en el acontecimiento como las emisoras de radio independientes que ya llevan algunos meses funcionando.

Fue en 1984, en la inauguración de un festival de 24 horas de música celebrado en el Palacio de los Deportes, cuando Tierno pronunció su célebre frase: "Todos al loro y el que no esté colocao que se coloque". En la exposición *Madrid, Madrid, Madrid*, que habría de celebrarse en el Centro Cultural de la Villa aquel verano, pudieron apreciarse los más variados testimonios de todo aquello que él llamó "cultura ocurrencial". Quizá tuviera ésta su último exponente en la revista *Madrid Me Mata*, aparecida también en el 84.

Desde 1985, la espontaneidad -en el mejor de los casos- se va tornando en profesionalidad, y la frescura -en el peor- en adocenamiento

EL INEVITABLE FIN. Si hubiese que circunscribir el final de la "movida" a un hecho concreto, bien podría ser ése el cierre del Rock-Ola, acaecido en 1985. Mientras Pedro Almodóvar comienza su vertiginosa carrera internacional en Miami, el Madrid de *Laberinto de pasiones* empieza a desaparecer.

Puede que fuera por saturación, si bien también es fácil que se debiera a la simple asimilación de las nuevas formas, usos y costumbres por unos sectores más amplios de la sociedad. Lo cierto es que a partir de 1985 la espontaneidad -en el mejor de los casos- se va tornando en pro-

Miguel Trillo

Iñaki, de Glutamato Ye-Yé, en 1982.

fesionalidad, y la frescura -en el peor- en adocenamiento.

Los precursores del evento madrileño, jactanciosos de ello, se encierran en su pequeño limbo. Los establecimientos nocturnos no dudan en poner un robusto portero en sus puertas para restringir el paso a todos los que no sean famosos o al menos conocidos en el local. En la calle, el alegre consumo de drogas da paso a la toxicomanía pura y dura con todas sus consecuencias.

Ciertamente, ya se venía viendo morir a jóvenes toxicómanos desde comienzos de la década. Pero es entonces, a partir de 1985, cuando el problema toma una nueva dimensión observado desde la perspectiva del orden público.

Recuérdese, por último, que el 85 también fue el año en que, con el célebre actor estadounidense Rock Hudson a la cabeza, se tuvo noticia de las primeras víctimas del sida. La nueva y temible enfermedad no habría de tardar realmente en poner freno de manera patente a la promiscuidad.

Podría llegar a elucubrarse que fue el síndrome de inmunodeficiencia adquirida el que acabó con la "movida" madrileña. Sería engañarse; el final vino dado por el simple devenir de las cosas que siempre vuelven a estar en su sitio y, por más grandes que sean, tocan definitivamente a su fin de manera inevitable.

Carlos Berlanga , uno de los representantes más significativos de la "movida" madrileña. Fue uno de los "pegamoides" con Alaska y creador del grupo Dinarama.

José Aymá

La izquierda vive su

Rotundo éxito en las municipales de 1983

Tras el terremoto político que vivió España con la victoria socialista en octubre de 1982, las fuerzas de la izquierda (PSOE y PCE) acapararán el poder administrativo un año después a raíz de las elecciones municipales y autonómicas del 8 de mayo de 1983. La derecha queda en segundo plano y aguarda desmoralizada.

Las elecciones municipales y autonómicas de 1983 no supusieron sorpresa alguna después del arrollador triunfo del PSOE en octubre del año anterior. El partido socialista había dado un salto ciclópeo. De 5.477.037 votos que consiguió en las generales de 1979 había pasado a 10.127.392 en 1982, con lo que transitó de 120 escaños a la tremenda mayoría absoluta de 202. Sólo restaba esperar a la "pedrea" para el copo de grandes ayuntamientos y comunidades.

Y así sería, pese a que el porcentaje de votos en las municipales le descendió respecto a las generales en algo más de cinco puntos, fundamentalmente porque en este tipo de comicios tienen cancha los independientes, que acumularon poco más de esa diferencia, mientras que el segundo partido, Alianza Popular, consiguió prácticamente el mismo porcentaje que en las generales.

En lo que casi empatan PSOE y AP es en el número de alcaldes y concejales conseguidos, aunque eso no tiene gran relevancia puesto que los socialistas se hacen con un porcentaje abrumador de mandatos en las cien ciudades con mayor número de habitantes, mientras que la derecha se atomiza en pueblos pequeños. El PSOE obtiene 2.640 alcaldes y 23.729 concejales por 2.471 y 21.076, respectivamente, de AP. Pero, cualitativamente, el saldo es muy superior para los socialistas, que dominan en los grandes núcleos urbanos en algunos casos con mayorías absolutas y en otros en coalición con los

El que fuera alcalde de Madrid Enrique Tierno Galván, junto a su esposa, se dispone a votar en las elecciones municipales de 1983.

EUROPA PRESS

gran apoteosis

comunistas (ver cuadro página de la derecha).

Estas elecciones, además de consolidar el poder del PSOE, hermanan a socialistas y comunistas, que aportan un millón y medio de votos en un pacto frente a la derecha, con lo cual la izquierda se hace prácticamente con el control de la política española en sus distintos niveles administrativos. Es la apoteosis de los "hijos" de Pablo Iglesias, que alcanzan el cénit de su poder y las más altas cotas de entusiasmo. Son los amos. Como expresión de su fuerza, unos meses antes de las municipales, en febrero de aquel año 1983, ya habían avisado de su arrolladora potencia con la expropiación, de noche y pistola en mano, de Rumasa. El reparto del enorme complejo de la abeja constituiría la primera alarma sobre la autenticidad del limpio eslogan de los "cien años de honradez".

Los comunistas, que el año anterior habían tenido su gran derrota en las generales al obtener cuatro diputados y verse privados así de grupo parlamentario, se refuerzan en las municipales. Si para el Congreso habían obtenido solamente 865.267 votos, para los ayuntamientos alcanzan el millón y medio. Y el PSOE, que unos meses antes los había castigado con el desprecio, ahora los necesita para alcanzar algunas alcaldías a cambio de cederles otras. Es un gran pacto de la izquierda que cierra horizontes a corto y medio plazo a una derecha desmoralizada.

En cuanto a las autonomías, el PSOE llega al poder en Andalucía, Asturias, Aragón, Canarias, Castilla-La Mancha, Castilla-León, Comunidad Valenciana, Extremadura, Madrid, Murcia, La Rioja y Navarra, mientras Alianza Popular gana en Galicia y Baleares y está en el Gobierno de Cantabria con independientes. Convergencia y Unión vence en Cataluña y el PNV en el País Vasco (ver cuadro página siguiente).

El mapa político español se ha transformado de manera espectacular. El PSOE, escoltado por un disminuido PCE, hace recordar a muchos españoles que han ganado los partidos que perdieron la Guerra Civil cuarenta y cuatro años atrás. Aunque obviamente, salvo las siglas, no son los mismos. Carrillo había evolucionado al "eurocomunismo", lo que venía a ser un marxismo descafeinado, y Felipe González había conseguido, con la amenaza de abandonar su liderazgo socialista, un partido que ya no se definía como marxista y que ya no contemplaba en sus estatutos la voluntad de socializar los medios de producción. Había entendido muy bien, en las elecciones de 1979 en las que salió derrotado por segunda vez, que con la interpretación literal de su letra estatutaria poco podría avanzar. El centro, como le demostró Adolfo Suárez en el cierre de campaña de los anteriores comicios generales, ➳

Joaquín Bardavío

Periodista. Autor entre otros libros de "Sábado santo rojo" y "Las claves del Rey"

> "Las elecciones municipales de 1983, además de consolidar el poder del PSOE, hermanan a socialistas y comunistas en un pacto frente a la derecha"

Municipales del 8/V/83

PSOE, 35 alcaldes:	42,7%[1]	29,3%[2]
Albacete	José Jérez Colino	
Alicante	José Luis Lassaleta	
Almería	Santiago Martínez Cabrejas	
Badajoz	Manuel Rojas Torres	
Barcelona	Pascual Maragall (PSC)	
Cáceres	Juan Iglesias Marcelo	
Cádiz	Carlos Díaz Medina	
Castellón	Antonio Tirado Jiménez	
Ceuta	Francisco Fraiz Armada	
La Coruña	Francisco Vázquez	
Gerona	Joaquim Nadal (PSC)	
Granada	Antonio Jara Andreu	
Guadalajara	Francisco J. Irízar Ortega	
Huelva	José Antonio Marín Rite	
Huesca	Enrique Sánchez Carrasco	
Jaén	Emilio Arroyo López	
Lérida	Antoni Siurana (PSC)	
Madrid	Enrique Tierno Galván	
Málaga	Pedro Aparicio Sánchez	
Melilla	Gonzalo Hernández	
Murcia	Antonio Bódalo Santoyo	
Las Palmas	J. M. Rodríguez Doreste	
Logroño	Manuel Sainz Ochoa	
Oviedo	Antonio Masip Hidalgo	
Palma	Ramón Aguiló Munar	
Pamplona	Julián Balduz	
Salamanca	Jesús Málaga Guerrero	
Segovia	Miguel Angel Trapero	
Sevilla	Manuel del Valle Arévalo	
Tarragona	Josep Maria Recasens (PSC)	
Toledo	Joaquín Sánchez Garrido	
Valencia	R. V. Pérez Casado	
Valladolid	Tomás Rodríguez Bolaños	
Zamora	Andrés Luis Calvo	
Zaragoza	Ramón Sainz de Baranda	
Coalición Popular (AP-PDP-UL), 10 alcaldes:	25,9%[1]	3%[2]
Avila	José Luis Pujades	
Burgos	José María Peña	
Ciudad Real	Lorenzo Selas Céspedes	
Cuenca	J. I. Navarrete de Valera	
Lugo	Vicente Quiroga Rodríguez	
Orense	A. Caride-Tabárez Castro	
Palencia	Francisco Jambrina Sastre	
Pontevedra	José Rivas Fontán	
Santander	Juan Hormaechea	
Soria	José Luis Liso Marín	
PNV	2,2%[1]	2,1%[2]
Bilbao	José Luis Robles	
San Sebastián	Ramón Labayen	
Vitoria	José Angel Cuerda	
Independientes		
León	Juan Morano	
Teruel	Ricardo Eced	
S.C.Tenerife	Manuel Hermoso	
PCE		12,7%[2]
Córdoba	Julio Anguita	

[1]Porcentaje de votos obtenidos. Elecciones de 1983.
[2]Porcentaje de votos obtenidos Elecciones de 1979. UCD obtuvo un porcentaje del 31,3% y CiU un3%.

no bascularía hacia el socialismo mientras mostrara asomos totalitarios. El cambio de enunciado doctrinal y la descomposición de UCD abrieron al Partido Socialista las puertas de una victoria aplastante por no decir desmesurada.

Las municipales y autonómicas ratificaron aquel paseo triunfal. Decenas de miles de nuevos políticos, asesores o funcionarios, entraron en las diferentes capas de la Administración del Estado. En municipios y comunidades autónomas se empezaron a formar cuadros del partido ganador y el cambio tuvo una lógica brusquedad que no se había producido en la época de UCD. Hubo una cierta improvisación en las opciones de candidatos que resultarían elegidos y en los cargos de libre designación. Se montó un aparato administrativo bisoño e ilusionado en líneas generales, donde se introdujeron, aprovechando precipitaciones, notorios arribistas que acabarían por ensuciar un proyecto nacido con vocación de honestidad.

> "Se introdujeron arribistas que acabarían por ensuciar un proyecto con vocación de honestidad"

Elecciones autonómicas: 8 de mayo de 1983 (excepto 4 comunidades)

ANDALUCÍA (23 de mayo de 1982. GOBIERNO: PSOE)

	PSOE	AP	UCD	PCE	PSA
Porcentaje	52,07%	16,87%	12,93%	8,47%	5,35%
Escaños	66	17	15	8	3

ARAGÓN (GOBIERNO: PSOE)

	PSOE	CP	PAR	PCE	CDS
Porcentaje	50%	27,3%	19,7%	1,5%	1,5%
Escaños	33	18	13	1	1

ASTURIAS (GOBIERNO: PSOE)

	PSOE	CP	PCE
Porcentaje	57,8%	31,1%	11,1%
Escaños	26	14	5

BALEARES (GOBIERNO: CP)

	PSOE	CP	UM	PSM	PSM-PSI	PDL	CIM
Porcentaje	38,9%	38,9%	11,1%	3,7%	3,7%	1,9%	1,9%
Escaños	21	21	6	2	2	1	1

CANARIAS (GOBIERNO: PSOE)

	PSOE	CP	CDS	AM	UPC-AC	PCE	AHI	AGI	CNC
Porcentaje	45,8%	28,8%	10,2%	5,1%	3,4%	1,7%	1,7%	1,7%	1,7%
Escaños	27	17	6	3	2	1	1	1	1

CANTABRIA (GOBIERNO: CP)

	PSOE	CP	PRC
Porcentaje	42,9%	51,4%	5,7%
Escaños	15	18	2

CASTILLA-LEÓN (GOBIERNO: PSOE)

	PSOE	CP	CDS	PDL
Porcentaje	50%	46,4%	2,4%	1,2%
Escaños	42	39	2	1

CATALUÑA (20 de marzo de 1980. GOBIERNO: CiU)

	CiU	PSC-PSOE	PSUC	CC-UCD	ERC	PSA
Porcentaje	28%	22,5%	18,8%	10,8%	9%	6%
Escaños	43	33	25	18	14	2

CASTILLA-LA MANCHA (GOBIERNO: PSOE)

	PSOE	CP
Porcentaje	52,3%	47,7%
Escaños	23	21

EXTREMADURA (GOBIERNO: PSOE)

	PSOE	CP	EU	PCE
Porcentaje	53,8%	30,8%	9,2%	6,2%
Escaños	35	20	6	4

GALICIA (20 de octubre de 1980. GOBIERNO: AP)

	AP	UCD	PSG-PSOE	BNPG-PSG	EG	PCG
Porcentaje	30,52%	27,8%	19,62%	6,27%	3,4%	2,93%
Escaños	26	24	16	3	1	1

MADRID (GOBIERNO: PSOE)

	PSOE	CP	PCE
Porcentaje	54,3%	36,2%	9,6%
Escaños	51	34	9

MURCIA (GOBIERNO: PSOE)

	PSOE	CP	PCE
Porcentaje	60,5%	37,2%	2,3%
Escaños	26	16	1

NAVARRA (GOBIERNO: PSOE)

	PSOE	CP	UPN	HB	PNV
Porcentaje	40%	16%	26%	12%	6%
Escaños	20	8	13	6	3

LA RIOJA (GOBIERNO: PSOE)

	PSOE	CP	PRP
Porcentaje	51,4%	42,9%	5,7%
Escaños	18	15	2

PAÍS VASCO (9 de marzo de 1980. GOBIERNO: PNV)

	PNV	HB	PSE-PSOE	EE	UCD	AP	PCE
Porcentaje	38,1%	16,6%	14,2%	9,8%	8,5%	4,8%	4%
Escaños	25	11	9	6	6	2	1

VALENCIA (GOBIERNO: PSOE)

	PSOE	CP	PCE
Porcentaje	57,3%	36%	6,7%
Escaños	51	32	6

La ratonera de la discoteca Alcalá 20

Un incendio causó 82 muertos el 17 de diciembre de 1983

Javier Lorenzo

Las llamas surgieron de pronto, alumbrando el escenario de una de las discotecas que más de moda estaban en el Madrid de la "movida". Eran las 4,45 horas del sábado 17 de diciembre de 1983, y la megafonía ya había anunciado el momento del cierre para las tres salas de que disponía el local (hall, sala marinera y patio andaluz). Lo que había transcurrido como una velada de baile y diversión estaba a punto de convertirse en una tragedia que costaría la vida a 82 personas y heridas de diversa consideración a otras 28.

El aforo de Alcalá 20 era oficialmente de 700 personas, pero todo apunta a que en el momento de ocurrir el incendio el número se aproximaba a las dos mil. El fuego surgió en el escenario, tras los cortinajes; un lugar que difícilmente se podía ver desde el resto de la sala, y su origen, que en principio se achacó a un cortocircuito, pudo deberse a unos papeles que se prendieron, probablemente, al caer sobre ellos la colilla de un cigarro. Los expertos aún no se han puesto de acuerdo.

La visión de las primeras llamas desató el pánico entre el público, que se abalanzó hacia la puerta de salida y las de emergencia. Estas últimas, contraviniendo todas las normas de seguridad, se hallaban cerradas con verjas metálicas, lo que supuso la muerte de decenas de personas. Otras, para salvar la vida, tuvieron que romper los duros cristales que daban a la acera. El humo se propagó mucho más rápido que el fuego, sorprendiendo a quienes se encontraban en las partes más bajas de la discoteca y a aquellos que se arremolinaban junto al guardarropa. Para éstos, la búsqueda de su abrigo fue su condena.

EUROPA PRESS

Un policía observa la entrada de la discoteca Alcalá 20, pocas horas después del incendio que la destruyó.

El juicio se inició en febrero de 1994, tras múltiples dilaciones denunciadas constantemente por Antonio García Pablos, abogado de los familiares de 58 de las víctimas, y se prolongó durante seis meses. Al final, de los más de 16.000 folios de que constaba el sumario se extrajeron diversas condenas para seis de los procesados y una absolución para el otro encausado, el concejal del Ayuntamiento de Madrid, Emilio García Horcajo, lo que motivó grandes protestas, ya que de este modo se exoneraba la gestión municipal. Además, el tribunal declaró al Estado responsable civil subsidiario, por lo que le requería el pago de las indemnizaciones a los afectados -aún no satisfechas- que, a razón de entre veinte y veinticinco millones por fallecido, alcanzaban los dos mil millones de pesetas.

El 18 de julio de 1995, el Tribunal Supremo confirmó las penas impuestas a los propietarios -Carlos de Mendoza, Doroteo Martín, Pedro Rascón y Emilio Urdiales-, así como a uno de los funcionarios -Miguel Gabaldón-, aunque redujo la condena a Guillermo Herranz, el funcionario encargado de inspeccionar el local.

La noche del incendio, el alcalde de Madrid, Enrique Tierno Galván, declaró que deseaba que el año 1983 pasara cuanto antes (pocas fechas antes, dos terribles accidentes de aviación habían castigado a la capital), pero la "movida" no se detuvo. El ambiente nocturno siguió asombrando a Europa, aunque, eso sí, a la mayoría de los madrileños que acudían a las discotecas se les iban los ojos hacia los extintores mientras exhibían una risa nerviosa.

España dejó morir a Buñuel lejos de su tierra

La mayor figura del cine español nunca se consideró un genio

Juan Carlos Laviana

La muerte le sorprendió en México a los 83 años, con el humor aún a rebosar y el espíritu juvenil intacto. La política le impidió exhalar el último suspiro entre los suyos.

Aquel caluroso sábado 30 de julio de 1983 una noticia rompió la calma chicha de las secciones de cultura. Buñuel (Calanda, 1900) había muerto. Las noticias llegaban con cuentagotas desde la ciudad de México. El día anterior, el más grande de los directores de cine españoles había muerto en el hospital Inglés. Llevaba muchos días internado -él tan enemigo de las agonías largas, que incluso dicen sintió pena por el lento y retardado fallecimiento de Franco- y, sin embargo, nadie podía esperar la muerte de un inmortal.

Incluso, a esas alturas sus restos ya habían sido incinerados en la intimidad, según su propio deseo. El escritor Octavio Paz, los directores Luis Alcoriza y Miguel Littin y el antropólogo Santiago Genovés acompañaron a la familia. Sobre México se abrió el cielo y cayó una de las mayores tormentas que se recuerdan.

Las siguientes noticias ya permitían una mínima sonrisa. "Estuvo lúcido y mantuvo su buen humor característico hasta el último momento". Buñuel ya lo había dejado claro el mismo día que entró en el hospital: "Puedo establecer mi diagnosis fácilmente, soy viejo. Esa es mi principal enfermedad. Sólo me siento bien en mi casa, leal a mi rutina diaria".

España se estremeció. Sobre su conciencia pesaba que en el año 1983 -a ocho de la muerte del dictador-, nuestro mejor director prefiriera morir en México, "porque se encontraba más sereno, tranquilo y acompañado" porque se le había impedido estar en su país, según manifestó la entonces directora general de Cinematografía, Pilar Miró.

Su amigo Paco Rabal no pudo decir más que "era más joven que los jóvenes". Fernando Rey llevaba noches sin dormir sabiendo de su gravedad: "Tengo un dolor muy profundo. Sólo sé que he perdido a un gran amigo". A Dalí, ya muy enfermo, ni le comunicaron la noticia. Ambos se habían alejado, aunque dicen que el pintor le enviaba una carta cada diez años intentando recomponer su amistad. Se cree que Buñuel nunca le respondió.

Mientras, en España, esa España tan bien retratada por él, la muerte suscitó peregrinas polémicas, además de la intriga de por qué no volvió. Se discutía sobre sus cenizas. Si finalmente vendrían a Calanda o se quedarían en México. Sobre si el director -"yo soy ateo por la gracia de Dios"- había llegado a confesarse con el dominico Julián Pablo Fernández, dicen que su mejor amigo y confidente en los últimos años. Si, realmente, era un cineasta español, cuando la mayoría de sus películas llevaban sello de otros países.

Todos le consideraban un genio universal, aunque él se resistía a esa palabra altisonante y malsonante. "Los genios no existen. Sólo es posible comprender en toda su verdad una vida humana si tenemos muy en cuenta que quien la hizo caga, mea y se la menea como cualquier mortal". Más no nos pudo decir.

EFE

El cineasta Luis Buñuel, paseando por Toledo.

EFE

Joan Miró, ante uno de los cuadros que formaron parte de una exposición antológica sobre su obra en 1978.

Adiós al pintor más surrealista

Rubén Amón

La muerte de Joan Miró dejó un extraordinario vacío en el mundo del arte. El pintor pidió que le enterraran sin ataúd para que de su vientre "nacieran flores".

"Ha desaparecido un héroe de la pintura". Rafael Alberti pronunció esta sentencia nada más enterarse de la muerte de Joan Miró y consciente de que el artista catalán había sobrevivido entre los gigantes de la vanguardia como un héroe lo hace en el campo de batalla. Pero la noticia no sorprendió a nadie: cinco días antes de aquel día de Navidad de 1983, Joan Miró recibió la extremaunción en su residencia mallorquina de San Abrines y parecía abandonado al fatal desenlace de una involución senil, aunque sin miedo: "El abuelo no ha temido la muerte, por eso nunca ha rehuido las desagradables referencias al cementerio: enterradme sin ataúd y de mi vientre nacerán flores".

No hubo "ni pompa ni boato en las exequias", como él decía, pero necesariamente aquella noticia de la muerte de Miró tenía que conmocionar al mundo de las artes, entre otras razones, porque diez años después del fallecimiento de Picasso, el artista catalán pervivía como un punto de referencia definitivo. Salvador Dalí, por ejemplo, reconocía encontrarse "destrozado y desorientado" nada más conocer la noticia, Jorge Guillén aludía al "testimonio iluminador" del insigne pintor y Vicente Aleixandre se refería al genio de Miró como un "desbordante caudal de imaginación".

Nunca como entonces proliferaron las teorías e hipótesis sobre la grandeza de su legado artístico y nunca como entonces aquellos valedores del tópico -"eso lo hace mi chico de cinco años"- encontraron mejor oportunidad para callar y ruborizarse.

El transcurso de los años no ha hecho sino otorgar mayor importancia a la huella de Joan Miró, mientras la constante divulgación internacional de su obra explica que su influencia en la pintura contemporánea tienda a juzgarse fundamental. Primero, porque el arte de Miró responde a un lenguaje absolutamente personal forjado en la plenitud de los mayores discursos estéticos del siglo XX y formulado desde una propuesta que él mismo denominó con la metáfora de "asesinar la pintura", es decir, la dialéctica entre la imaginación desbordante y el método para manejarla en el ejercicio de pintar un cuadro. En segundo término, por cuanto el cielo (estrellado de Mallorca) y la tierra (áspera del Campo de Tarragona) permanecen como referencias esenciales de un creador comprometido con el universo e integrado en él como un excepcional testigo. Y en tercer lugar, porque "tanta frescura y grandeza ocultan en realidad las sorprendentes dimensiones del instinto como las razones de lo monstruoso". Las palabras de Antonio Saura, efectivamente, insisten en una perspectiva mironiana honda, profunda, cuya importancia debe entenderse más allá de los estrictos límites estéticos que puedan sugerirnos la mirada más superficial de su obra.

Existe un Joan Miró mediterráneo y universalista al que el propio Breton calificó como "el más surrealista de todos nosotros" en un afán de distinguir su personalidad estética sobre las grandes figuras de la vanguardia; existe un Joan Miró sereno e irónico que se maneja ingrávido en el espacio con los colores del arco iris; y existe un Joan Miró trabajador, perseverante y auténtico que deja entrever en cada una de sus obras la capacidad creadora del hombre:

"No me interesa el crecimiento, ni la muerte. El comienzo lo es todo".

Los duques de Cádiz tramitan su separación

Nadie, a excepción de la familia, se sorprendió de la ruptura entre la nieta de Franco y Alfonso de Borbón

Jaime Peñafiel

FOTOS: EUROPA PRESS

Un instante de la ceremonia nupcial entre la cantante-actriz Sara Montiel y el periodista-empresario Pepe Tous. En brazos de la novia se encuentra como testigo Thais, la hija adoptiva de la pareja.

Las bodas son para el verano. Al menos, la de **Sara Montiel** que elige la canícula de 1979, para casarse con **Pepe Tous**, cinco años más joven. Era la tercera experiencia de la cantante-actriz y la primera del periodista-empresario. La ceremonia fue por lo civil. Se dio la curiosa circunstancia de que el novio llegó al Palacio de Justicia de Palma de Mallorca llevando a **Thais**, la hija adoptiva, con el deseo de que fuese testigo, ante el juez **Jaime Ferrer Amengual**, de la boda de sus futuros papás.

Mientras tanto, el obispo de Mallorca prohibía la celebración del bautizo de la niña adoptada en toda la jurisdicción de su diócesis. Los motivos eran varios y todos ellos ridículos. Primero, que el matrimonio de los padres no era por la Iglesia; segundo, por hacer coincidir el bautizo con la boda y tercero, por dar publicidad a los dos acontecimientos. Mientras María Antonia Abad y Pepe Tous se convertían en marido y mujer, **Julio Iglesias** e **Isabel** se convertían en solteros. El nuevo estado quedaba inscrito en un juzgado madrileño y en la parroquia donde el cantante había sido bautizado. "No siento ninguna sensación de libertad porque no pienso volver a casarme. Isabel puede utilizarla como quiera", declaraba un entristecido Julito cuando recibió la noticia. ¡Y vive Dios que supo utilizarla!

En el mes de agosto de aquel año de 1979, la princesa **Margarita de Inglaterra**, que vive un escandaloso romance con el jardinero **Rody Llewellyn**, elige Marbella y la villa *La Tagala*, de su amiga **Pitita Ridruejo**, cuyo marido, **Mike Stilianopoulos**, había sido embajador de **Imelda Marcos** en Gran Bretaña, para pasar sus vacaciones.

Su Majestad el rey **don Juan Carlos** estrena un nuevo yate *Fortuna*, regalo personal (el Rey no debe de aceptar regalos personales) del **príncipe Fahed** de Arabia Saudita que, más tarde, sería soberano. La embarcación llega a España, procedente de California donde había sido construida, a bordo de un barco mercante.

En este mes de agosto, se produce un triste suceso, tan triste como la muerte de **Matilde Figueroa**, hermana de **Natalia** y esposa del diplomático **Tomás Chávarri**, que era embajador de España ante la OCDE. Se trataba de la madre de una jovencita que, años más tarde, se convertiría en una de las más famosas y ricas estrellas de la jet. Su nombre, **Marta Chávarri**. La madre, que sólo contaba treinta y seis años, muere, repentinamente, de un aneurisma, dejando cinco hijos: Martita, la mayor, no ha cumplido todavía dieciocho años; **Isabel**, de 17; **Alvaro**, 16; **Gonzalo**, 14 y **Juan**, de 12. La malograda dama se había casado con dieciséis años.

En los primeros días de septiembre, **Jackie Lane** desmiente que vaya a separarse de **Alfonso de Hohenlohe**. "Lo que pasa es que hay mucha gente envidiosa que no tiene otra cosa que hacer", declara cínicamente la ex actriz de cine, madre de una hija habida con Alfonso. Semanas después y, desde Londres, se anuncia el divorcio.

Otra cínica, Isabel Preysler, especialista en desmentir adulterios y romances, ya no disimula su amor por el buenazo de **Carlos Falcó**, marqués de Griñón. La pareja aparece por vez primera públicamente con motivo de la boda en Marbella y con toda la jet presente de **Alfonso Cortina Alcocer** con **Miriam Lapique**.

Los Reyes de España viajan oficialmente a Suecia, un país que, presumiendo de una total libertad de prensa, prohíbe la publicación de la caída del **marqués de Mondéjar**, a causa de una lipotimia, sufrida durante la recepción oficial en el patio del Palacio Real de Estocolmo. La fotografía había sido tomada por un reportero de la agencia Preseen Bild. Era el primer viaje de un rey de España a Suecia en cincuenta años. Durante la estancia de los Reyes, la Prensa y la televisión recordaban continuamente los problemas interiores de orden público y el terrorismo en España. En este viaje, a la reina se la pudo ver luciendo la tiara de brillantes que llevó en Persépolis cuando era princesa. También se la vio llevando el abrigo de visón que su padre, el **rey Pablo**, le había regalado con motivo de la boda. De todos es conocido lo poco amiga que doña Sofía es de las pieles. Porque ella no sólo es vegetariana sino también ecologista.

En el mes de noviembre, se hace pública la noticia de que los **duques de Cádiz** han decidido tramitar la nulidad canónica de su matrimonio. El personal no se sorprende. Todo el mundo conoce las carreras adúlteras de la duquesa de Cádiz en compañía de su vecinita, también adúltera, Isabel Preysler.

A la izquierda, la conversación de dos buenas amigas con aficiones comunes: Carmen Rossi e Isabel Preysler. A la derecha, el embajador Tomás Chávarri en el entierro de su esposa, Matilde Figueroa.

Como la discreción no es, precisamente, una de las cualidades de esta inmadura muchacha, a los pocos días de anunciarse la separación, llega a Madrid desde París, adonde ha huido, abandonando a marido e hijos, en compañía del viejo anticuario, dos veces casado y divorciado y padre de tres hijos, con el que vive amancebada. A su llegada, declara que lo hace para ver a sus retoños que han quedado al cuidado de **Alfonso de Borbón**, desgraciado desde la cuna a la sepultura. Al verse asaltada por los reporteros, pide ayuda a la Policía. Pero, los tiempos han cambiado, no mucho, pero han cambiado. Sobre todo, ya no vive el abuelo. Como resultado de todo ello, la Policía no le hace ni puñetero caso. Como puede, se abre paso hasta el coche, un Jaguar rojo de su amiga **Marta Oswald**, madrina de **Julio José**, el hijo del cantante y en cuya casa va a hospedarse. Mientras, monsieur **Rossi** aprovecha el alboroto para tomar un taxi en el que se dirige a un hotel sin que la Prensa lo advierta.

En realidad, tampoco se le conocía. Sólo los camareros de determinado restaurante de Marbella, donde las malas lenguas cuentan, que, presuntamente, llegó a hacerle el amor a la nieta del **General** encima de una mesa.

Al día siguiente, **Carmencita** visitaría a su abuela, **doña Carmen** y a su madre en Hermanos Bécquer, 8, aprovechando que su padre, **el marqués**, se halla ausente de casa. Que si la ve, la mata. Allí acudió a recogerla su amiga y compañera de correrías, Isabel Preysler. Juntas visitarían una joyería y una boutique. Que a las dos les ha dado por los trapitos y las joyas.

Diciembre termina con un **Manolo Santana** abandonado por su esposa, **Mila**, que ha decidido volver con su antiguo amor, el **doctor Pastrana**. También se conoce en este último mes del año que **José Sacristán** se ha casado, cuatro meses antes y en la mayor intimidad, con la francesa **Lilian Marie**, en la localidad de Aubena y ante el cónsul español en Nimes, señor **Benavides**. "No me gusta hablar de mi vida privada, pero ya está". De la pareja existe una niña, **Armelle**, de dos años, legalizada posteriormente.

El 29 de diciembre, la **duquesa de Franco** habla, por primera vez, de la separación de sus hijas: "Como madre estoy a su lado. La separación de Carmen, al ser la primera en dar el paso, me costó mucho asimilarlo. Pero la de **Merry** me sorprendió igualmente. Sobre don Alfonso y **Jimmy** no tengo nada que decir. Son los maridos que eligieron mis hijas".

Pedro Almodóvar, a la izquierda, y Fanny MacNamara, a la derecha, en uno de sus primeros conciertos en la sala Rock-Ola de Madrid. Corría el año 1982.

Más allá de la minifalda

Carlos Berlanga

Año 1982. Supongo que todavía no había terminado aquella época maravillosa en la que estuvimos sin Gobierno, pero estaba a punto; pronto tendríamos al PSOE en el poder y, con él, el principio del fin de la fiesta. De aquella actuación recuerdo bien poco. Estábamos un poco intoxicados... de información. En un cortísimo periodo de tiempo tuvimos que asimilar el "glam", el "punk", los nuevos románticos, la "disco-chochi", lo siniestro, etc. Así que el cacao estético era considerable. Del concierto en sí, ya digo, no recuerdo gran cosa. En la foto, aparte de Pedro y Fabio, se vislumbra a Eduardo Benavente y a Nacho Canut. De lo que sí me acuerdo es del "party" que dimos en el camerino. Todos los que eran alguien en el Madrid del enloquecimiento estaban allí: Sigfrido, Bernardo, Las Costus, Paloma Chamorro, Pérez Mínguez como cronista oficial y demás gualtrapas. Ríete del camerino de los Marx. Pedro y Fabio en minifalda. La minifalda nunca desapareció, y, si no, que se lo pregunten a las chicas del PP.

Por cierto, la que no estaba era Isabel Tocino. Ni Ruiz-Gallardón, que creo recordar no pudo venir porque se pasó haciendo cola en el Real para oír algún bonito concierto. ¿Qué quedó de todo aquello después de catorce años? A Pedro le han dado una medalla los franceses y a los demás nos han dado algunos disgustos, pero poco más. Bueno, siempre queda Fabio. Del Movimiento los críticos salvan a Dionisio Ridruejo; de la "movida" yo salvaría a Fabio de Miguel como el único y auténtico genio. Algo tenía que quedar aparte de la minifalda.

PRÓXIMO CAPÍTULO: **EL ESTILO GUERRA**

LA SINGULAR PERSONALIDAD DEL NÚMERO DOS DEL PSOE EN AQUELLA ESPAÑA EN CAMBIO. LA RECONVERSIÓN INDUSTRIAL. LA FIGURA DEL TERRORISTA ARREPENTIDO. **ESCRIBEN:** MANUEL A. RICO, LUIS BLANCO VILA, JOAQUÍN MADINA, RAÚL HERAS

JULIO PALOMAR

Alfonso Guerra fue vicepresidente del Gobierno y vicesecretario del PSOE, siempre a la sombra de Felipe González hasta que rompieron su amistad de años.

EL ESTILO GUERRA

Dijo que estaba en el Gobierno de oyente, pero durante años a Alfonso Guerra no se le escapaba una. Era la mano derecha de Felipe González, quien llegó a proclamar en público su amistad "de siempre". Su agresividad verbal, que abundaba en el insulto y en la imprecisión, creó un estilo... además de enormes enemistades e incomodidades. Al final fue víctima de la corrupción y de la arrogancia. No supo defenderse y González no movió un dedo por él.

Historia de un oyente que hablaba demasiado

Alfonso Guerra, mano derecha de Felipe González durante años, acabó víctima de sus propios excesos

Alfonso Guerra hacía o decía lo que González no podía ni debía hacer o decir. Su carácter ácido le ganó muchos enemigos, pero también el respeto o el temor de sus contrincantes, así como el cariño en las bases socialistas. Tras el "caso Juan Guerra", que no supo o no quiso resolver, ya nada fue para él como antes.

Manuel Antonio Rico

En aquellos dorados años de poder y de gloria sin límites, una anécdota resume la capacidad de intimidación que, voluntaria o involuntariamente, desprendía la sola persona de Alfonso Guerra, cuando desempeñaba la Vicepresidencia de Gobierno y formaba con Felipe González la hipóstasis laica que el bueno de Ernest Lluch llamó "la santísima dualidad". Es la anécdota de las gafas, la interpretación que la gente hacía del gesto suyo de quitarse las gafas. El propio Guerra lo ha contado, de la manera siguiente:

"Tenía entrevistas y, bueno, yo notaba que la gente se ponía nerviosa, se levantaba y se iba. Lo comenté con mi secretario, Javier, y me dijo: «Sí, es que resulta que la gente se ha dado cuenta de que, cuando quieres que la entrevista termine, te quitas las gafas». Es maravilloso porque yo llevaba mucho tiempo quitándome las gafas por cansancio, o por descanso, o por lo que sea, e inmediatamente la gente decía: «Ah, hay que irse». Lo habían extendido y, claro, a partir de ese momento, cuando quería terminar, me quitaba las gafas".

Y después de esta escena de vergüenza, uno se imagina a aquel hijo de la gleba saliendo de la audiencia sin volver la espalda, caminando hacia atrás, haciendo reverencias y combinando una profunda turbación con un agradecimiento profundo por la generosa concesión que Alfonso Guerra había hecho de algo de su precioso tiempo. Como con los césares, los caudillos, los señores feudales... Y uno imagina también el sufrimiento en silencio de Antonio Machado, el poeta humilde, obligado a contemplar la secuencia repetida desde su busto en piedra, sin poder cerrar ni los ojos ni los oídos a tanto ejercicio de servilismo, culpa del siervo y culpa del señor.

"Era un sobreentendido que yo también acepté. Me quito las gafas y no tengo que decir «oiga, que tengo prisa»", apostillaba entre risas Alfonso

EUROPA PRESS

Alfonso y su hermano Juan en Sevilla. Las actividades privadas de Juan Guerra en un despacho oficial de la Junta de Andalucía le costaron a Alfonso la dimisión.

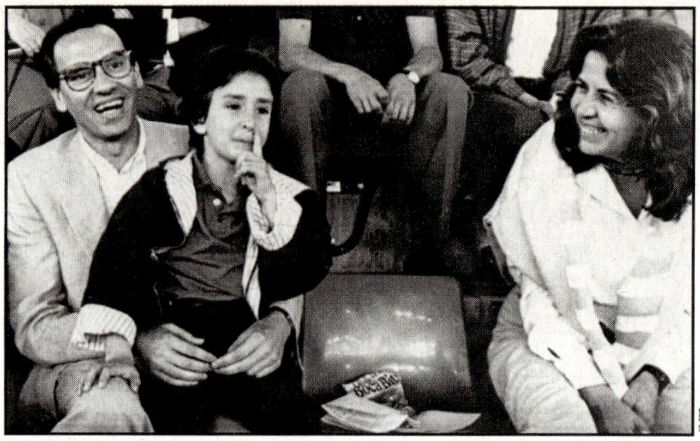

EFE

Dos caras de Guerra. Arriba, con su esposa y el hijo de ambos. A la derecha, con su compañera María Jesús Llorente, con la que tiene una hija.

EFE

Guerra, en aquellas antológicas "conversaciones" del año 83 con Fernández-Braso, una rareza editorial (Planeta, Barcelona, 1983) que hubiera conmovido -se me ocurre decir- al doctor Gregorio Marañón, interesado siempre por ahondar en las debilidades del alma y sus excéntricas relaciones con el poder. Guerra podía haber deshecho el equívoco pero prefirió aprovecharse de él, aceptando la rebaja de la dignidad ajena, rebajando la propia y alimentando así sus muchas contradicciones, sobre todo aquélla que le hacía aparecer en las páginas de la hagiografía como el gran defensor de parias y descamisados.

En su descargo, cabría entender que Guerra aplicaba a todos el mismo truco, sin distinción de camisas, y cabe subrayar que su costumbre y su instinto le empujaban al amedrantamiento permanente, siempre y con todos, los de abajo y los de al lado. En su libro sobre la Transición, Julia Navarro recoge esta declaración de Ignacio Camuñas, correspondiente a las primeras semanas de las Cortes democráticas: "Me daba cuenta de que los míos (los de UCD) sentían un respeto exagerado por los socialistas, que tenían incluso miedo. Y el PSOE, como los buenos toreros, nos tienta, huele nuestro miedo". Camuñas hace ese reconocimiento en el cabreante contexto de aquel pleno sobre la agresión policial al diputado Jaime Blanco, guerrista de la primera hora, qué casualidad. El ministro de Interior, Martín Villa, había practicado un funambulismo imposible ante el Congreso, defendiendo a sus, más o menos, subordinados, y se había refugiado luego en un banco azul sospechosamente poblado de ausencias, pero Guerra no quiso tener piedad y persiguió al ministro hasta las tablas, para darle la puntilla. Increpó a Martín Villa, llamándole "franquista" y "fascista", y finalmente, en un rapto teatral muy acorde con su vocación de origen, preguntó a los ministros "demócratas" del Gobierno Suárez -Fernández Ordóñez, Joaquín Garrigues, Camuñas- si en verdad se sentían solidarios con aquel colega suyo de Gabinete. La tarde atufaba a azufre y reventaba de soledades. Todos callaban

MÁXIMAS GUERRERAS

Alfonso Guerra sembró la vida política española de tensión con sus frases lapidarias, muchas de ellas despectivas, agresivas o injuriosas. He aquí una selección.

1977
- En política, la única posibilidad de ser honesto es siendo aficionado.

1978
- Algunos se preguntan si será el momento de que el general Pavía entre a caballo en el Parlamento y lo disuelva. Yo me pregunto si Suárez no se subiría a la grupa de ese caballo.
- Calvo-Sotelo es tan poco honrado como su partido.
- Como tengo aficiones literarias voy a comenzar con una cita: Algo huele a podrido en Dinamarca (sobre la ratificación de un acuerdo pesquero).
- En RTVE no encuentran contrincante para medirse conmigo en un "cara a cara".
- UCD es una agrupación de aspirantes a prebendas del poder.

1979
- En el PSOE hay dos tendencias: los que trabajan y los que no trabajan.
- Rodríguez Sahagún parece un brigada chusquero al que le cortan el pelo con el casco puesto.
- Suárez regenta La Moncloa como una güisquería.

1980
- Pegar a un preso es, moralmente, peor que la violencia de ETA.
- En España no existe la socialdemocracia.
- Pérez Llorca es un mentiroso completo.
- Abril Martorell tiene un comportamiento chantajista e intolerable.
- Suárez es un perfecto inculto procedente de las cloacas del franquismo.
- Entre Suárez y Fraga sólo hay una diferencia: Fraga se pela con los pelos de punta y Suárez lo hace hacia atrás.

mientras creo que todos en el palco de prensa teníamos la sensación de que el cuerpo de Martín Villa empequeñecía, como si se lo estuviera tragando la tierra. Con el tiempo suspendido sobre el hemiciclo al modo de una guillotina, sólo Garrigues tuvo el coraje de romper aquella representación indigna, yendo a sentarse junto al apestado y dándole conversación.

Así de jacobino, de injusto y de esperpéntico le gustaba ser a Alfonso Guerra en los años de la hipóstasis y de la "santísima dualidad". Así se labró un nombre, construyó su leyenda, emparentó con Robespierre. Debía de sentirse en posesión de una especie de bula negra que le autorizaba a humillar y a insultar a hombres sin cuyo valor reformista él no hubiera podido subirse a la tribuna del Congreso de los Diputados; con bula también para, en igual foro, hacer la gracieta de llamar al presidente de Gobierno "tahúr del Mississippi", e infamar a Adolfo Suárez suponiéndole a la grupa del caballo de Pavía. El vídeo del 23-F trituraría estos disparates. Con una temprana vocación inquisitorial y de cuidador de esencias, Guerra abroncaba a Luis Yáñez y a Manuel Chaves por caer en la debilidad "franquista" de ir, de tapadillo, a ver jugar al Betis. Recriminaba a los compañeros de Gobierno y de partido por participar en los saraos veraniegos de la "beautiful", la gente guapa, su gran obsesión junto al Opus Dei, al que una vez definió como "un siniestro equilibrio entre el cilicio y el Remy Martin".

Guerra no tenía matices. Le perdían las frases y los gestos lapidarios. No dejes que la realidad te estropee un buen espectáculo, parecía decirse a sí mismo, y, al poco de llegar al Gobierno, donde aseguraba estar "de oyente", saltó como una pantera cuando supo que el ministro de Industria, Carlos Solchaga, había osado poner en duda la bobada engañosa de los ochocientos mil puestos de trabajo a crear en cuatro años. Se fue al Congreso de la UGT, entonces reunido, y ante el pleno llamó "agorero" al ministro. "Todo se cumplirá", clamó desde la ignorancia, y ya puesto a redondear el número, con la boca caliente, anunció que se iba a hacer "el referéndum para la salida de España de la OTAN, porque los españoles están en contra". Cómo consiguió Guerra preservar su imagen izquierdista y disidente, a pesar de que, naturalmente, hizo después todo lo que estuvo a su alcance para que ganara el "sí" a la Alianza; o cómo se las arregló para mantener su proximidad con los sindicatos, aunque, por supuesto, fue beligerante contra la gran huelga general del 14-D, en el 88, y siguientes... eso son cosas que tienen algo que ver con el mundo de los misterios y poco con el de la lógica.

De esa capacidad para amedrentar y para lograr que todos se pasmaran y se quedaran quietos nació, probablemente, el guerrismo

Guerra decía "el que se mueve no sale en la foto", y allí no se movía ni dios, con perdón y con minúscula. De esa capacidad para amedrentar y para lograr que todos se pasmaran y se quedaran quietos, embridando ambiciones, nació probablemente el guerrismo, que era y en parte sigue siendo como un entramado oculto de fidelidades, por donde habían de pasar las únicas ambiciones admisibles; de ahí y de ese fondo de ternura que, quienes le quieren, dicen que Alfonso Guerra tiene y que le convierte, si él se deja, en amigo para siempre. Y el guerrismo es, siguiendo el modelo de su titular, una mezcolanza hecha de actitudes preferentemente tajantes, a favor o en contra, con el añadido salsero de la prepotencia lindante con la chulería, lo cual no prejuzga la calidad humana de los militantes de la causa, habiendo además, ➳

- Abril Martorell es un toro que dice muuu antes de empezar a hablar, y en cuanto a formación jurídica, es un patán con algo de dislexia en el cerebro.
- A Martín Villa la Constitución le suena como un tebeo.
- Suárez es un tahúr del Mississippi con chaleco floreado.
- Herrero de Miñón es el repelente niño Vicente.
- Calvo-Sotelo es tan soso que haría de marmolillo en una calle peatonal.
- Josep Meliá es un consumidor de Piensos Sanders.
- Rojas Marcos tiene un simulacro de partido.

1981
- La derecha y el centro son unos sinvergüenzas, unos perros nefastos.
- Cuando gobernemos, a España no la va a conocer ni la madre que la parió.

1982
- Nunca traicionaré a Felipe González.

1983
- Las amas de casa apoyan con telegramas la política del Gobierno socialista.
- Pujol es un soldadito de plomo con apariencia de poder.
- Soledad Becerril es Carlos II vestido de Mariquita Pérez.
- Yo, en el Gobierno, estoy de oyente.
- Alzaga es una termita.
- Fraga tiene los intestinos colocados en el cerebro.
- Arzalluz tiene un estilo de congregación mariana.

1984
- Arzalluz ha olvidado los buenos modales que utilizaba cuando arrastraba los faldones por la sacristía.
- Los del PNV son unos chulos de barrio, los de HB unos hijos de Buda y los de la Coalición Popular están haciendo el indio.

1985
- Fraga representa el pasado; es anticuado, reaccionario, cavernícola y retrógrado.

1986
- Gerardo Iglesias a partir de las seis de la tarde ya no articula bien las palabras.
- Roca es habilidoso, inteligente, construye la falacia muy bien.
- Iglesias es joven, pero poco sólido y me parece que llega cargado a los mítines.

1987
- Hay quien inventa mentiras indignas sobre el supuesto abuso de poder que los socialistas hacemos en cargos de responsabilidad. ➳

como hay, entre ellos excelentes y entrañables personas. El guerrismo simpatiza con Maquiavelo, porque le sirve, y desprecia a Montesquieu, porque le estorba. Es populista, a lo Evita Perón, y amante de las expresiones conmovedoras. Una de ellas fue la simpar "cuando nosotros gobernemos, a este país no lo va a conocer ni la madre que lo parió", de gran equilibrio escatológico, o aquélla del "no nos perdonan que Juanito (Barranco) sea hijo de albañil, hijo de peón de albañil", que Guerra utilizó arrebatadoramente en un mitin del 89. Memorable igualmente el "tó pa'l pueblo" con que despachó en el 83 la expropiación de Rumasa. El guerrismo sirvió para nombrar ministros, para cubrir alcaldías y presidencias autonómicas, para designar gobernadores civiles o para situar al frente de RTVE a José María Calviño, cuya desgraciada historia con la supresión de un programa de *La Clave* está en los anales de la censura monda y lironda.

Guerra y el guerrismo tuvieron sus años de dominio y de esplendor pero todo empezó a venirse abajo por causa de una memez de tamaño mayor, el "caso Juan Guerra", el hermano pillo que vio las puertas del dinero abiertas cuando le nombraron "asistente" en Sevilla y puso, en la delegación oficial del Gobierno, un quiosco por donde fluía sin reparos el tráfico de influencias, previo pago de la comisión correspondiente. En verdad, uno no elige a sus hermanos y nunca pudo establecerse que Alfonso se beneficiara del mercadeo ajeno, pero tampoco nadie se creyó que el político mejor informado de España no estuviera al tanto de lo que todos los sevillanos sabían. A Alfonso Guerra se le fue por el desagüe la imagen de asceta incorruptible, y lo que es peor: de la pérdida del miedo y del respeto, el país pasó a la chanza y el recochineo. La infausta sesión plenaria del Congreso, cuando Guerra trató de explicarse, ya tarde y mal, no evitó el desastre, y es que, como le dijo cáusticamente Miguel Roca, "a usted, señor Guerra, hay mucha gente que le tiene ganas". Ocurrió en febrero del 90. Un año después, el vicepresidente Guerra se cayó del caballo: el presidente le tomaba la palabra y le indicaba el camino de la salida gubernamental.

Guerra y el guerrismo vivieron su etapa de dominio y esplendor, pero todo se vino abajo cuando surgió el "caso Juan Guerra"

El mismo Felipe González que en el 82 le había llamado en un mitin "amigo del alma, mi amigo de siempre", cuando las maduras, se olvidó en las duras de su graciosa oferta del "dos por uno", formulada en pasillos del Congreso, sobre la cresta misma del escándalo. Perdidas la vicepresidencia y la confianza del "número uno", empezó la decadencia del "número dos".

Actualmente y a sus 56 años, Alfonso Guerra tiene dos hijos a los que adora, dos mujeres, algunas otras certezas, unas cuantas dudas, bastantes sospechas y ese, todavía, buen puñado de fieles, cuya existencia grupal acaba de recibir el certificado de vida por boca, ni más ni menos, que de González. ¿Qué diferencias hay entre el guerrismo y el felipismo?, le preguntaron a González en la televisión oficial, cuando el presidente estaba a punto de abandonar su palacio de La Moncloa, y en ese instante especial, con sabor a despedida y a sinceridad, González no negó la mayor ni echó mano de los viejos clichés. Tras unos segundos de silencio (¿lo digo? ¿no lo digo?), aun dejando en duda la realidad del felipismo, dijo algo así como que "ciertamente, hay quienes en el partido siguen a Alfonso y le son leales", con lo que ¡oh, cielos! daba por vez primera carta de naturaleza a un "ismo" que la estructura oficial siempre había negado y que

MÁXIMAS GUERRERAS

- España nunca ha estado mejor en los últimos cuatro siglos.
- Hay que pedir mayor imaginación a los sindicatos.

1988

- Si existiera corrupción o tráfico de influencias en el PSOE se debe denunciar con toda claridad y, desde luego, extirparlo radicalmente.
- Utilicé el Mystere porque planifiqué mal mis vacaciones.
- Las noticias sobre la crisis del Gobierno son cotilleos de vecinas.

1989

- Se puede decir de dos, tres, hasta media docena de socialistas que forma parte de la "beautiful people", que nada tiene que ver con el socialismo.
- Somos el partido de los pobres, eso lo sabe todo el mundo. ¿A quién votan acaso los pobres? ¿A Alianza Popular?
- No me siento nada poderoso ni con capacidad para mover el mundo con una palanca. No quiero pasar a la Historia. Me siento un paria.
- A Juanito (Barranco) le quieren quitar de la alcaldía porque es hijo de peón de albañil.
- El comunismo está muerto y liquidado.
- Rodríguez Sahagún es como una "regaera".
- Nosotros somos los descamisados y Oreja es un párvulo en política.
- Suárez y Oreja son unos hijos de la Gran Britannia.
- Hay que exprimir el limón de los privilegiados.

1990

- El PP está integrado por jóvenes joseantonianos trufados con alguna monja alférez.
- Mi hermano utilizó un despacho oficial para funciones de asistente.
- Hay diputados del PP que me han pedido recomendaciones.
- El Partido Andalucista tiene una política parecida a la de HB.
- La oposición es iletrada por naturaleza.
- Es necesario aplicar una ley de hierro a los beneficios empresariales.
- Algunos sectores de la Prensa son cazafantasmas.

1991

- A Felipe no le gusta el partido que tiene.

el propio Guerra sigue calificando de invento, pero ya era hora de que alguien dejara de hacer ascos a las palabras y a la verdad, siempre negada pero siempre evidente.

El guerrismo existió y todavía existe, como existe Guerra, aunque ambos vivan sus horas más lánguidas, muy apropiadas para algún adagio melancólico del querido Mahler. Guerra sobrevive en la fidelidad de los suyos, atrincherado en el ahora angosto territorio de la vicesecretaría general, pero ya no es el que era. Conserva el taladro en la mirada, el colmillo en la sonrisa y el vitriolo en la frase, pero ya no intimida lo que intimidaba. Ya nadie se iría apresuradamente de su despacho por verle quitarse de pronto las gafas. Pocos se hundirían en la miseria oyéndole una catilinaria. Eso que ha ganado, porque viejos adversarios han creído llegada la hora de perdonarle antiguos agravios, con esa tierna debilidad que suele inspirar el perdedor. Sereno por dentro y por fuera, su perfil se ha vuelto humano y, desde el penúltimo recodo del camino, se ha puesto a esperar. Los resultados electorales del 3 de marzo le obligaron a aplicarse el cuento de la estatua para poder seguir saliendo en la foto, pero el capítulo final de su compleja relación con Felipe y con el felipismo está por escribir. Probablemente no se irá mientras González continúe. Entre tanto asistiremos a un duelo silencioso entre ambos, tan extraño como el de esos ciclistas que se van mirando de reojo y compiten por ver quién corre menos. Juntos hicieron, desde antes de Suresnes, un largo recorrido, y juntos levantaron un gran partido. Ahora ninguno de los dos quiere renunciar a su parte de los bienes gananciales, y ése es un conflicto difícil. Mientras no se arregle, Guerra habrá de seguir aguardando el día soñado en que pueda irse a una casita junto al mar, con sus discos, sus libros y su videoteca, sin facturas que pagar y sin memoria, como él mismo dijera en alguna ocasión y como escribiera su otro poeta preferido, Gil de Biedma: "En un pueblo junto al mar, poseer una casa y poca hacienda y memoria ninguna. No leer, no sufrir, no escribir, no pagar cuentas, y vivir como un noble arruinado entre las ruinas de mi inteligencia".

EUROPA PRESS

EUROPA PRESS

Alfonso Guerra siempre ha estado al lado de Felipe, ya fuera durante los primeros años de la Transición (arriba) como en el Congreso (derecha).

- Espero que Trillo se confiese (tras un debate sobre la Ley Corcuera).
- El neoliberalismo es mercancía vieja.

1992

- La persecución a la que me ha sometido la derecha es comparable a la que sufrió Azaña.
- La derecha me considera una especie de Superman.
- Hay Guerra para rato.
- La mayoría de los votos que pierde el PSOE son de "yuppies".

1993

- Aznar es un hombre sin sustancia y no da la talla para ser presidente del Gobierno.
- España tiene la peor derecha de Europa.
- Aznar salió del segundo debate televisado con el bigote entre las piernas.
- Aznar se parece a Tejero y es un corrupto.
- Aznar ha mentido incluso bajo juramento.
- No tengo la libertad que quisiera para irme.

1994

- No tengo miedo de decir que soy de izquierdas.
- García Damborenea es un desecho del desván socialista.
- Votar a IU es una cierta estafa porque favorece a la derecha.
- Cuevas es avalista, maestro y titiritero de Aznar.
- El PSOE tiró del ronzal del PNV para cambiar su actitud sobre el terrorismo.
- El único que tiene esperanzas en Aznar es Anguita.

1995

- Garzón y Damborenea son un par de locos. Garzón igual se tiene que apuntar algún muerto, y él será el máximo responsable.
- El PP aprovecha cualquier cadáver para romper la unidad contra ETA.
- Los delincuentes tienen hoy paraísos periodísticos donde sueltan lo que quieren.
- Hay una asociación de malhechores para derribar al Gobierno.
- A Aznar le recomiendo un poco más de alegría en las campañas.
- Aznar es un irresponsable por ocuparse sólo de una banda terrorista que no mata.

1996

- La derecha no quiere diputados, quiere sicarios de los grandes empresarios, los banqueros y los obispos.
- Puede ser que la intolerancia de los grupitos de extrema derecha que hay en la calle esté calando en los dirigentes del PP.
- ¿Dónde estaba el conejo de Villalobos el 23-F?

Cambio, utopía y es

El PSOE en el poder: de las promesas al fraude

Nadie como el Partido Socialista de Felipe González había tenido tan amplio margen de consenso y de confianza popular, sostiene el autor. Sin embargo, el comienzo del "no cambio" apareció de inmediato tras las espectaculares promesas que los dirigentes socialistas realizaron en la campaña electoral de 1982.

Me di cuenta de que el alcalde de Madrid había dado en la diana. Estábamos en el Club Siglo XXI, peroraba en la tribuna entonces más apetecida -hoy crepuscular y vagamente pragmática- algún importante miembro del Partido Socialista, para más señas defenestrado líder histórico sindical incuestionable; se había formado un corro a la salida del salón de conferencias, en una de esas esperas interminables que, con picardía y echando la culpa al protocolo, organizaba Paloma Arenaza; en nuestro corro improvisado estaba José Barrionuevo, ministro de Transportes y Comunicaciones por aquellas fechas. De pronto, luciendo esa sonrisa siempre cuajada que acentúa los oteros de sus mofletes, entró en el círculo José María Alvarez del Manzano, que ya había sucedido al llorado Agustín Rodríguez Sahagún y, dirigiéndose a Pepe Barrionuevo, saludó con un "¿Qué hay, rojazo?" que hizo aflorar más de una risita de conejo.

El secreto radica en la paradoja. Un aumentativo como el que genera el sufijo apreciativo "-azo" obliga a la semántica a volver grupas a su propio sentido y la palabra resultante se convierte de aumentativo despreciativo en "diminutivo" cariñoso. Cabronazo o mariconazo son expresiones apenas insultantes que pierden agresividad y delito frente sus significados de los elementos base, ya ultrasignificativos en su origen y terminación. En la palabra "rojo", mucho más neutra, llevada a la significación política no hace tanto tiempo, la desinencia "-azo" imprime al adjetivo la doble significación aumentativa y apreciativa de un solo golpe.

El acierto del saludo es total, no sólo por estas triquiñuelas, un tanto aburridas, entre la estructura gramatical y la semántica sino porque, de una vez, sin "animus iniuriandi", con buena dosis de cachondeo en un saludo, acierta a expresar, paradójicamente, el ser y no ser de todo un talante político. En efecto, ni los temibles "rojos" -incluidos los de Carrillo-, que tanto espantaban al viejo régimen, resultaron tan fieros, ni el "cambio" que fue lema y dio el triunfo a los socialistas el 28-O del 82 puso el país patas arriba, ni la "pasada por la izquierda" anunciada por Felipe González como necesaria transformó el paisaje patrio -salvo en las obras públicas, afortunadamente-, ni la madre que parió a España entró en trance pánico, ya que siguió identificando sin esfuerzo al fruto de su historia más allá de los juegos malabares políticos del guerrismo.

> "Los españoles lo habíamos arriesgado todo al dar al PSOE los más amplios poderes. Nunca, por tanto, la decepción y el fraude fueron tan monumentales"

"Rojazos" es el resultado final, balance político, lanzado a modo de saludo por el alcalde de Madrid en 1991, cuando el PSOE llevaba ya nueve años de gobierno y, por supuesto, había perdido las señas de identidad iniciales de su programa que -hay que decirlo muy alto- el pueblo español había aceptado de pleno y con todas las consecuencias. Una vez más, el PSOE, y González en concreto, no se atrevieron a aplicar el programa del triunfo.

De manera más escandalosa, hemos asistido a la historia de una cobardía, semejante a la cometida por el PSOE histórico después de las elecciones constituyentes de 1931, cuando los socialistas -la lista más votada- no se atrevieron a formar gobierno, porque se dieron cuenta de que el órdago en forma de programa que habían ofrecido al cansado pueblo español de 1931 no era más que un farol. Francisco Umbral, que pone el dardo en la herida con sílabas ajustadas, dice que, ahora, "la toma de la Bastilla por el PSOE fue la toma de Rumasa por Miguel Boyer, el primer gesto espectacular del PSOE y el último", y que "el PSOE dejó de ser socialista el día en que Alfonso Guerra tomó las Cortes por sorpresa, como un Tejero verbal, por explicar lo de su hermano Juan y amedrentar a los

pejismo

Luis Blanco Vila

Escritor, periodista y profesor universitario

señores diputados con una serie de amenazas y auditorías de infarto que constituían un «Se sienten, coño» tan ominoso como el del guardia civil".

No es del todo exacto Umbral en su selección de gestos espectaculares. Boyer había comenzado su gestión de superministro de Economía devaluando la peseta en un 8 por ciento al día siguiente de ocupar el sillón; Serra, ese mismo día 4 de diciembre, festividad de la patrona de la Artillería, Santa Bárbara, había disparado su Gran Berta contra la JUJEM (Junta de Jefes de Estado Mayor) con un durísimo discurso, y Morán le había dicho ya a la OTAN que de integración militar nada y que España no suscribía el emplazamiento de misiles americanos en suelo europeo. Pero eso fue casi todo. Y el resultado se conoce.

En la doble cita de Umbral se encuentra, de hecho, el resultado final de casi tres lustros de gobierno socialista. Nadie como el PSOE de González había tenido tan amplio margen de consenso y de confianza popular; nadie, por ello, semejante capacidad de reforma. Los españoles lo habíamos arriesgado todo definitivamente al dar al Partido Socialista los más amplios poderes recibidos directamente del pueblo en toda su larga historia conocida. Nunca, por tanto, la decepción y el fraude fueron tan monumentales.

El comienzo del "no cambio" fue casi inmediato, tras esos gestos espectaculares. El 30 de noviembre del 82, antes incluso de la investidura, González reafirma en el Congreso su promesa de crear 800.000 puestos de trabajo y la bajada de la inflación en 1983; el 5 de enero siguiente, el Consejo de Ministros constata "la difícil situación heredada y las malas perspectivas de la situación internacional" y el jefe del Gobierno anuncia, el 21, que "1983 será todavía un año malo", mientras el ministro Almunia, titular de Trabajo, se queja de la carga de dos millones de parados -durante el mandato socialista el paro ha alcanzado los 3,5 millones-, y el joven secretario general del PC, Gerardo Iglesias, constata que, pese al anuncio reiterado de González en las elecciones, "no habrá referéndum sobre la OTAN pronto".

EUROPA PRESS

Solana, González, Chaves y Almunia, al comienzo del mandato gubernamental del PSOE.

Una mañana de primavera de 1983, los 800 trabajadores de la sede central de Tabacalera se sorprenden al encontrar los cajones de las mesas de sus despachos revueltos; grupos de policías de uniforme y de paisano recorren el edificio; aparecen los perros antiexplosivos; los sótanos y las alcantarillas de las calles de toda la manzana son revisados a conciencia: "Va a venir el Rey", se comenta. Dos días más tarde, a las nueve en punto de la noche, un Mercedes blindado, en efecto, irrumpe por el portalón de la plaza del Rey. Del coche sale Alfonso Guerra, rodeado de guardaespaldas, embutido en su terno de paño inglés y luciendo una corbata de brillantes colores. El vicepresidente de la pana y los descamisados ha ido a cenar con su amigo Cándido Velázquez-Gaztelu, presidente de Tabacalera, después de Telefónica. Todo un símbolo del cambio... personal, del comienzo de esa década que Umbral califica, con evidente coña, de "roja", respondiendo al "rojazo" del alcalde "pepero".

En agosto de 1982, Felipe González escribía para un prólogo del libro de Márquez Reviriego *Felipe González, un estilo ético*: "Creamos en nosotros mismos y seremos capaces de legar a nuestros hijos una sociedad de paz, de libertad y de justicia. Hecha con nuestras manos y con nuestras ideas". Son los términos de la utopía, a la que ya había renunciado en mayo de 1979 durante la celebración del XXVIII Congreso del Partido, espantada y regreso triunfal incluidos; es su contribución a la pérdida histórica de la gran utopía del siglo que fue el marxismo/leninismo, y es, curiosamente, la confirmación del espejismo político.

Es éste uno de los aspectos más chocantes de la utopía: los socialistas y, de manera especial, sus miembros más destacados, creen firmemente que han obrado el milagro económico, que han reducido el paro, que han reconvertido la industria y que han puesto a comer a España, como me decía con firmeza un dirigente del partido, hace ya tiempo.

La reconversión indus

Un cara a cara entre Gobierno y sindicatos

Cuando se habla de reconversión industrial se hace referencia a la reordenación que se llevó a cabo en los sectores industriales más dañados. La mayor incidencia se produjo en cuatro de ellos: el naval, la minería, la defensa y la siderurgia. Pero la reconversión no empezó con los socialistas.

Desde mediados de los años setenta hasta mediados de los años ochenta se produjo una de las mayores crisis económica del siglo en nuestro país, por causas no sólo internas sino también de carácter internacional.

Las dos principales causas internacionales fueron la quiebra del sistema de pagos de Bretton Woods (Estados Unidos abandonó la convertibilidad "oro exterior" del dólar) y la crisis de la energía (la OPEP subió los precios del petróleo).

Entre las causas internas, los economistas hablan de tres tipos de factores: los políticos (transición a la democracia), los puramente económicos y el legado franquista (defectos del exceso de intervencionismo). Es un hecho que al estallar la primera crisis del petróleo España vivía alegre y confiada entre las postrimerías de la dictadura franquista y el inicio de la democracia.

El inicio de la reconversión industrial se remonta al Gobierno de Unión de Centro Democrático, al año 1981. Hasta esa fecha, la única política industrial había consistido en subvencionar las empresas o sectores en dificultades. En 1981 y 1982 se aprobaron un decreto-ley y una ley de reconversión industrial, cuyos resultados fueron muy insuficientes.

Cuando los socialistas entraron en el Gobierno se encontraron con un sector industrial obsoleto en buena parte, sobredimensionado de personal y que no cumplía las exigencias comunitarias sobre política de capacidades. Los países de nuestro entorno, nuestros principales competidores, producían a costes más bajos y con una tecnología mucho más avanzada.

Se hacía necesario el tijeretazo y actuar con urgencia.

La decisión de impulsar la reconversión fue inicialmente de Miguel Boyer, ministro de Economía en el primer Gobierno de Felipe González, secundado por Carlos Solchaga, ministro de Industria. Sin embargo, el entusiasmo de este último fue de tal naturaleza que desembocó en lo que los sindicatos calificaron de "reconversión salvaje". Las movilizaciones sindicales se iniciaron aun antes de aprobarse el decreto-Ley y asustaron al Gobierno, pero Solchaga amenazó con dimitir en el supuesto de que Boyer se doblegara a las exigencias de los representantes sociales.

> **"Las movilizaciones sindicales se iniciaron aun antes de aprobarse el decreto-Ley, pero Solchaga amenazó con dimitir si Boyer se doblegaba ante sus exigencias"**

La reconversión socialista se puso en marcha con el Real Decreto Ley 8/1983 de 30 de noviembre sobre reconversión y reindustrialización, transformado después de su debate en Cortes en la Ley 27/1984, de 26 de julio. El propósito de esta ley era resolver la situación de los sectores en crisis (siderurgia, naval, minería, defensa, textil...) y facilitar las reducciones de plantillas.

Esta reglamentación trajo consigo una política de subvenciones muy característica del PSOE y supuso la creación de Fondos de Promoción de Empleo y de Zonas de Urgente Reindustrialización.

El proceso no fue fácil. El Libro Blanco de la reindustrialización, presentado por Carlos Solchaga en el verano de 1983, produjo no sólo la preocupación de los sindicatos, sino también de los empresarios. El presidente de la CEOE, Carlos Ferrer Salat, expresó su temor a que la reconversión encerrara de hecho una "nacionalización burocrática". El ex ministro Carlos Pérez de Bricio dijo que daba la impresión de que el Libro Blanco estuviera pensado exclusivamente para resolver los problemas de los sectores siderúrgico y de construcción naval, cuando había otros en igual o peor situación. "Es preciso evitar -añadió- que acudan a la reconversión sólo aquellas empresas que están ya al

rial a las bravas

Joaquín Madina

Periodista. Responsable de información del suplemento "Su Dinero"

Fotos: Europa Press

Los dos grandes artífices de la reconversión industrial: el ministro de Economía, Miguel Boyer, y el ministro de Industria, Carlos Solchaga.

borde de la quiebra, pues en ese caso habría sólo una socialización de pérdidas. Hay que hacer lo posible para que otras compañías se reestructuren con vistas al futuro".

Felipe González tomó cartas en el asunto personalmente. Así, tan pronto como en el mes de junio de 1983, se entrevistó con sindicatos y empresarios. El primero en pasar por la Moncloa fue su (todavía) amigo Nicolás Redondo, secretario general de la Unión General de Trabajadores, que acudió acompañado por el futuro ministro José Luis Corcuera, entonces secretario de acción sindical, entre otros.

José Luis Corcuera fue uno de los interlocutores más duros dentro de la UGT. La Ley establecía unos fondos para los trabajadores que se iban a casa y que cobrarían durante cuatro años. Corcuera defendía que, transcurrido este plazo, los trabajadores se reincorporasen de nuevo a sus empresas, a lo que se opuso Boyer. Hubo momentos de tensión entre ambos, pero al final la irreversibilidad fue un hecho, aunque Corcuera ganó un quinto año de ayudas en determinadas condiciones.

La UGT, en buena armonía con el Gobierno, admitió que la reconversión industrial era un ejercicio necesario para la modernización de España y el ingreso en la Comunidad Económica Europea (hecho que se produjo en 1986), si bien no estaba de acuerdo con los métodos, lo que desembocó en el desentendimiento final. En estas negociaciones, Nicolás Redondo vio por primera vez las orejas a Felipe González.

La actitud de Comisiones Obreras fue bastante más conflictiva, ya que empezó manifestando su profundo desacuerdo con el proyecto y muy pronto amenazó con movilizaciones. A juicio de este sindicato, el Libro Blanco no incluía ningún tipo de política de reindustrialización, sino de simple "tratamiento" de los sectores en crisis que, a su juicio, resultaba contradictorio con las propias exigencias del PSOE cuando estaba en la oposición.

Aspecto de una de las movilizaciones populares en contra de la reconversión industrial en Sagunto.

Comisiones decía que los fondos de empleo eran, en realidad, fondos de desempleo, esto es, instrumentos para conseguir despidos aplazados. Y ponía el dedo en la llaga al insistir en que se convertían en despidos definitivos lo que en un principio iban a ser obreros en suspensión temporal de empleo.

Carlos Solchaga se reunió con la patronal para dar seguridades de que no habría nacionalizaciones encubiertas. En esta reunión, que se celebró el día 12 de julio de 1983, el ministro dijo textualmente que "puede y debe haber cierre de empresas públicas", y añadió que a la Administración le quedaba la "tarea fea" de la reconversión, con la consiguiente pérdida de puestos de trabajo, mientras que a las comunidades autónomas les quedaba la "tarea guapa" de crear puestos de trabajo.

> "Comisiones Obreras ponía el dedo en la llaga al insistir en que se convertían en despidos definitivos lo que en un principio iban a ser obreros con suspensión temporal de empleo"

La aprobación del decreto dejó a Altos Hornos del Mediterráneo sin el Tren de Bandas en Caliente que reclamaban los sindicatos y los empresarios (estos últimos con menos convicción), por lo que esta empresa siderúrgica fue condenada a desaparecer.

A principios de noviembre las negociaciones se enconaron. Mientras José Luis Corcuera manifestaba que el documento de trabajo era "transitable" y se podía negociar sobre él, Julián Ariza, de Comisiones Obreras, insistía en la falta de medidas de reindustrialización y de promoción de empleo. Y amparó algunas acciones violentas. Tras consultar con el presidente González, el ministro vetó la presencia de Juan Ignacio Marín, secretario del comité de empresa de Altos Hornos del Mediterráneo, en la mesa negociadora, porque había facilitado el encierro de varias personas en el ministerio. En estas circunstancias, se produjo la ruptura oficial del diálogo y CCOO decidió no participar en la mesa.

El día 30 de noviembre se aprobó la Ley sobre reconversión industrial, sin el acuerdo (tampoco) de UGT y ELA-STV por discrepancias sobre la suspensión o rescisión de contratos.

El ministro dijo que el coste financiero de la reconversión sería de un billón de pesetas durante tres años, procedentes del BCI (325.000 millones), presupuestos del Estado (150.000 millones), el INI (otros 150.000 millones), ampliación de capital de sociedades públicas (100.000 millones), avales de empresas (130.000 millones), el sector privado (100.000 millones) y, el resto, del INEM. Luego estas cifras fueron muy superiores.

Un mes más tarde, en enero de 1984, comenzó a desmantelarse Sagunto, lo que provocó una fuerte reacción ciudadana. La presión popular consiguió, algún tiempo después, que la factoría Ford se instalase en Valencia.

Pero no todos los proyectos industriales de los que se habló durante el primer periodo de reconversión llegaron a buen fin. Los éxitos fueron muy inferiores a las expectativas. Muchas empresas se echaron para atrás, muchas industrias y poblaciones quedaron despobladas sin trabajo a cambio, y decenas de miles de trabajadores ingresaron en las filas del paro.

Pese a todo, con la perspectiva que da el tiempo transcurrido, esta primera fase de la reconversión industrial ha sido enjuiciada positivamente por los economistas, que han lamentado sin embargo que el Gobierno desaprovechase los buenos años económicos para reindustrializar España.

Con posterioridad, ha habido otras dos fases de reconversión, a finales de los años ochenta y en los primeros noventa, con menos ayudas sociales y con tantos fracasos como éxitos.

Pese a los avances registrados, la reconversión no terminó con los socialistas. Tras el éxito de Aznar en las elecciones de marzo de 1996, la asignatura se pasó a los populares, si bien los sectores industriales estaban ya más reducidos laboralmente y eran más más modernos. A las puertas del año 2000, el criterio general es que las empresas obsoletas morirían por inanición, al tiempo que los ajustes en la industria seguirían siendo permanentes.

Se implanta la figura del terrorista arrepentido

Sólo ha tenido éxito con el terrorismo de Estado y el narcotráfico

Javier Lorenzo

El precedente venía de Italia, donde los "arrepentidos" ya habían alcanzado gran notoriedad gracias a su colaboración con la Justicia en causas relacionadas con el terrorismo y la mafia. En España, inmersa en una ofensiva etarra, el Gobierno, reunido en Consejo de Ministros, decidió un 23 de noviembre de 1983 enviar a las Cortes un proyecto de ley orgánica que recogiera esta figura que tan buenos resultados estaba dando en el país transalpino. Pero aquí las expectativas no se cumplieron.

Un mes antes, varios miembros de ETA (pm) habían anunciado que abandonaban las armas. Al tiempo, la Audiencia Nacional legalizaba la situación de otros ocho "polimilis" que habían regresado a España. Así que la reinserción ya estaba en funcionamiento desde que el ministro de Interior, Juan José Rosón, y Juan María Bandrés alcanzaron un acuerdo al respecto durante el Gobierno de UCD. Acuerdo que se restringiría nada más llegar el PSOE al poder, aunque posteriormente la reinserción recobraría protagonismo, ya que no exigía la colaboración para redimir la pena.

En su artículo 57 bis b), el Código Penal estableció que se podía rebajar la condena "en uno o dos grados" a aquellos miembros de bandas armadas que hubieran "abandonado voluntariamente sus actividades delictivas y se presenten a las autoridades confesando los hechos en que hubieren participado", o los que con su abandono de la actividad terrorista hayan "evitado o disminuido sustancialmente una situación de peligro, impedido la producción del resultado dañoso o coadyuvado eficazmente a la obtención de pruebas decisivas para la identificación o captura de otros responsables". Este mismo texto, con la novedad de que también se hace extensible a los delitos de narcotráfico, sigue vigente en el Código Penal que entró en vigor en 1996, en su artículo 376.

FOTOS: EFE

Los ex policías José Amedo (izquierda) y Michel Domínguez se acogieron a la figura legal del arrepentido.

Sólo tres terroristas de ETA, dos de ellos fallecidos, se han acogido a esta fórmula, colaborando "eficazmente" con la Justicia: Miguel Solaun, que murió a manos de ETA después de impedir un atentado a una casa-cuartel de la Guardia Civil, Ramón Agra, cuyas declaraciones permitieron la desmantelación de los Comandos Autónomos Anticapitalistas y, recientemente, Soares Gamboa, quien ha aportado datos sobre diversos zulos de la organización terrorista. Otros presos -134 entre 1986 y 1996, de los cuales han sido excarcelados 65- se acogieron a las medidas de reinserción, que sólo exigen el abandono de las armas y la renuncia a la violencia, aunque para el entorno independentista tan "arrepentidos" son unos como otros.

El "arrepentimiento" se ha mostrado útil sólo con el terrorismo de Estado y el narcotráfico. En el primero, los ex policías José Amedo y Michel Domínguez recuperaron la libertad a pesar de una condena de ciento ocho años al usar este recurso ante el juez Garzón. En cuanto al narcotráfico, las declaraciones de Ricardo Portabales, por las que pudo desarticularse la red de tráfico de drogas en Galicia en la "operación Nécora", han sido otra de las escasas aportaciones que la sobrevalorada figura del "arrepentido" ha dado al sistema judicial español.

•CALENDARIO•

1982

El calendario anterior, de 1981, fue publicado en el fascículo nº30

E N E R O

Duro mensaje del Rey en la Pascua Militar. Casi un año después del frustrado golpe del 23-F, el Rey pronunció con motivo de la Pascua Militar un duro discurso en el que denunciaba la campaña de que había sido objeto -si bien no mencionó expresamente la fecha de la intentona golpista- y acusó a quienes actúan "con la mentira como lema, la confusión como método y la afrenta como objetivo". "Nadie habrá podido dudar de mi serenidad y de mi prudencia, porque pensaba y pienso que no debo descender a rebatir falsedades ni a justificar conductas", añadió.

F E B R E R O

Comienza el juicio más esperado. El día 19, rodeado de una inusitada expectación y grandes medidas de seguridad, comenzó el juicio a los 33 procesados por el 23-F. La vista pública se celebró en el Servicio Geográfico del Ejército.

M A R Z O

Absueltas por abortar. El "estado de necesidad" se aplicó por primera vez como eximente en un delito de aborto en una sentencia que la Audiencia Provincial de Bilbao hizo pública el día 25. Ocho mujeres fueron absueltas.
Luz verde a la TV privada. El Tribunal Constitucional dio luz verde a las televisiones privadas en una sentencia que afirmaba que dichas cadenas eran compatibles con el orden constitucional. Se resolvió así el recurso de amparo de Antena 3.

A B R I L

Guerra de las Malvinas. En la madrugada del día 2, las Fuerzas Armadas argentinas invadieron las islas Malvinas "para reincorporarlas al patrimonio nacional". Se encendía así la mecha de un conflicto con Gran Bretaña que acabó casi dos meses y medio después con la capitulación de la Junta Militar argentina.

M A Y O

Don Juan Carlos, premio Carlomagno. Fue el primer monarca en obtenerlo. Don Juan Carlos recibió el día 20 el premio Carlomagno que distingue a las personalidades que más hayan luchado por la unidad de Europa.
Suicidio de Romy Schneider. A sus 43 años, la actriz francesa -aunque nacida en Viena- Romy Schneider se suicidó en París tras la muerte de su hijo David en 1981.

J U N I O

Adiós a Gala y Fassbinder. El día 10 fallecen Gala Dalí y Rainer Fassbinder. La musa del célebre pintor, en el castillo de Pubol (Gerona); el cineasta alemán, en su domicilio de Munich.
Comienza el Mundial. Con una ceremonia gris y un partido en el que Bélgica derrotó a Argentina, el Mundial de fútbol comenzó en el Nou Camp el día 13.

J U L I O

La noche mágica de los Stones. Inolvidable -con tormenta y más de 40 grados incluidos- fue el concierto que los Rolling Stones ofrecieron el estadio Vicente Calderón el día 7. Cerca de ochenta mil personas vibraron con Mick Jagger y compañía.

A G O S T O

Un mes negro para el cine mundial. El día 12, víctima de una crisis cardíaca, fallecía en un hospital de Los Angeles (EEUU) Henry Fonda a sus 77 años. El día 30, en Londres, tras una larga batalla contra el

FOTOS EUROPA PRESS

Una imagen de la ceremonia de inauguración del Mundial en el Nou Camp.

Los Rolling Stones, en Madrid.

Grace Kelly, la princesa de Mónaco, murió tras un accidente de tráfico.

•Y TAMBIÉN•

- **Muere Ramón J. Sender.** El autor de *Réquiem por un campesino español* falleció a los 79 años en su casa de California el 16 de enero.
- **Adiós a un actor carismático.** El popular Paco Martínez Soria murió en Madrid el 26 de febrero víctima de una angina de pecho.
- **Restricciones al tabaco.** El Gobierno decide el 5 de marzo prohibir la venta de tabaco a los menores de 16 años.
- **Tarancón se retira.** Al cumplir 75 años, el arzobispo de Madrid, cardenal Tarancón, deja sus cargos por cuestión de edad.
- **"La arruga es bella".** El modisto Adolfo Domínguez lanza un lema comercial que será todo un éxito: "La arruga es bella".
- **Italia gana el Mundial.** Al vencer por 3 a 1 en la final frente a Alemania, Italia gana el Mundial de fútbol de España.
- **Aprobada la LOAPA.** La Ley Orgánica de Armonización del Proceso Autonómico (LOAPA) es aprobada en el Senado el 29 de julio con la oposición de los nacionalistas.
- **Suárez crea el CDS.** Adolfo Suárez presenta públicamente el 31 de julio su nuevo partido, el Centro Democrático y Social (CDS).

cáncer, quien perdía la vida era la actriz sueca Ingrid Bergman. Tenía 67 años.

SEPTIEMBRE

Cincuenta muertos en el aeropuerto de Málaga. Un DC-10 de la compañía Spantax, con destino a Nueva York, se incendió el día 13 nada más despegar del aeropuerto de Málaga. Medio centenar de muertos fue el siniestro balance.
Muere Grace Kelly. A raíz de un accidente de automóvil que le produjo un derrame cerebral, Grace Kelly, princesa de Mónaco, falleció el día 14 a los 53 años.

OCTUBRE

García Márquez, Nobel. El escritor colombiano, Gabriel García Márquez, de 54 años, se hizo acreedor al premio Nobel de Literatura. "Cada nueva obra suya -destacó la Academia sueca- es considerada como un acontecimiento de trascendencia internacional".
Desbaratada una trama golpista. Con la detención en Madrid de dos coroneles y un teniente coronel se desbarató el intento de golpe de mano previsto para el día 27, jornada de reflexión previa a las elecciones.

NOVIEMBRE

Muere Breznev. Leonid Breznev, jefe de Estado y secretario general del Partido Comunista de la Unión Soviética, perdió la vida el día 10 a los 75 años de edad tras un paro cardíaco. Le sustituyó Yuri Andropov.

Ingrid Bergman y, arriba, Henry Fonda, las dos célebres estrellas del celuloide que perdieron la vida durante el mes de agosto de 1982.

DICIEMBRE

Felipe González, investido presidente. El mes comenzó con la investidura de Felipe González como presidente del Gobierno con 207 votos a favor, 116 en contra y 21 abstenciones. AP y UCD se opusieron a la investidura.
Se abre la verja de Gibraltar. Tras 13 años de bloqueo, la verja de Gibraltar fue abierta para el tránsito peatonal en la madrugada del día 14. Francisco Romo, un vecino de la Línea de la Concepción, fue el primero en pasar hacia el peñón.

El avión de Spantax incendiado en los aledaños del aeropuerto de Málaga. El accidente causó la muerte a 50 personas.

- **La OLP reconoce a Israel** El 25 de julio, la Organización para la Liberación de Palestina (OLP) reconoce el derecho de existencia del Estado de Israel.
- **Asesinado Gemayel.** El presidente del Líbano, Bechir Gemayel, cae asesinado en un atentado el 14 de septiembre.
- **Los 800.000 puestos de trabajo del PSOE.** Felipe González presenta en rueda de prensa el 16 de septiembre la promesa electoral de crear 800.000 puestos de trabajo en los cuatro años siguientes.
- **Matanza de Sabra y Chatila.** Más de mil palestinos son asesinados en los campos de refugiados de Sabra y Chatila el día 18 de septiembre.
- **Kohl, presidente de la RFA.** El democristiano Helmut Kohl fue elegido canciller de la República Federal Alemana en octubre.
- **Mayoría absoluta del PSOE.** Triunfo arrollador del PSOE en las elecciones generales del 28 de octubre.
- **Gerardo Iglesias releva a Carrillo.** Gerardo Iglesias sustituye a Santiago Carrillo en la secretaría general del PCE en noviembre.
- **Juan Pablo II, en España.** El Papa inicia su primera visita a España el 31 de octubre.

Felipe González y Txiqui Benegas, ante el féretro de su compañero de partido Enrique Casas, asesinado por ETA el 23 de febrero de 1984.

ETA dispara al corazón del PSOE

Raúl Heras

Era una fecha ya convertida en emblemática desde que el teniente coronel Tejero decidió ese día asaltar el Congreso de los Diputados.

El 23-F de cualquier año representaba y representa la memoria del ataque contra la democracia por parte de los intolerantes y violentos. Y el 23-F de 1984, con el PSOE iniciando la práctica del poder, y en el último día de la campaña electoral vasca, ETA disparó al corazón mismo de ese poder en el Estado asesinando a uno de los representantes socialistas más significados del País Vasco, Enrique Casas.

Delante de su féretro, la imagen de Felipe González junto a Txiqui Benegas representó la aceptación de un desafío, de un reto a muerte entre la España democrática y la banda terrorista. Una parte de la historia del GAL no se explica sin ese atentado.

Allí, en la mortaja de blanco y rosas, está una de las claves de la violencia y de la guerra sucia de los dos años siguientes. El senador abatido por las balas era una de las bazas del PSOE para la historia política en Euskadi, un hombre próximo a González, y fue un blanco elegido con meticulosidad por ETA, tal y como lo serían doce años más tarde, y también dentro de un proceso electoral, el catedrático Tomás y Valiente y el abogado Fernando Múgica.

PRÓXIMO CAPÍTULO: **LA BATALLA DE LA OTAN**

EL RADICAL CAMBIO EXPERIMENTADO POR EL PSOE, PRIMERO CONTRA Y LUEGO A FAVOR DE ESPAÑA EN LA ALIANZA ATLÁNTICA. EL PROBLEMA PERMANENTE DE GIBRALTAR. **ESCRIBEN:** JOAQUÍN BARDAVÍO, JOSÉ PEDRO PÉREZ LLORCA, FERNANDO MORÁN, ESTEBAN ALENDA

1975-1995. Veinte años de nuestra vida

• HISTORIA DE LA DEMOCRACIA •

{CAPÍTULO 33}

EFE

LA BATALLA DE LA OTAN

Cuando Leopoldo Calvo-Sotelo logró que España fuera admitida en la Organización del Tratado del Atlántico Norte (OTAN), el club defensivo de los países de occidente, el PSOE se opuso de manera radical y prometió que, cuando gobernara, celebraría una referéndum para abandonar la Alianza. Una vez en el poder, Felipe González se dio cuenta de que España estaba en su lugar y organizó el referéndum pero para consolidar la integración. Fue un salto espectacular que le costó explicar pero que le dio reconocimiento internacional. Y a España, tranquilidad.

OTAN, ni sí ni no sino todo lo contrario

UCD integró a España en la Alianza con la oposición del PSOE, que luego convenció a todos para continuar

La relación de España con la OTAN fue un remedo del humor de Mihura (autor de *Ni pobre ni rico sino todo lo contrario*). Suárez, que prometió entrar, no lo hizo para no incomodar a la oposición. Calvo-Sotelo, que lo hizo, fue duramente combatido por el PSOE, que prometió salir. Pero el PSOE consagró la integración aunque sin entrar en la estructura militar... del organismo militar, a cuyo frente acabó un socialista, Javier Solana.

Joaquín Bardavío

Tras la apoteosis del clamoroso triunfo socialista del 28 de octubre de 1982 hormigueaba un problema paradójico y afilado que pondría al PSOE, con Felipe González a la cabeza, en una actitud difícilmente comprensible para muchos de sus cuadros, para sus bases y para los ciudadanos en general. El nuevo presidente tendría que cumplir una promesa electoral importante como era el celebrar un referéndum sobre la entrada de España en la OTAN que su predecesor, Leopoldo Calvo-Sotelo, no había creído conveniente y así ingresó a la nación por Real Decreto tras aprobación parlamentaria por mayoría.

Lo espinoso del asunto residía en que la consulta popular no iba a ser para pedir la salida de la Organización Atlántica, como había anunciado años atrás a voces, sino para ratificar la decisión del último Gobierno de UCD. Si quienes habían ganado las elecciones por una muy amplia mayoría absoluta hubieran pedido el paso atrás en la OTAN, el referéndum hubiera sido fácilmente entendible. Pero si lo hacían para pedir el "sí" quienes pocos años antes habían pedido el "no", con argumentos para ellos decisivos y habiendo sido elegidos por las urnas, el asunto se presentaba como un fenomenal embrollo para la gente de la calle. Montar campaña para dar a entender semejante postura iba a costar un montón de centenares de millones de pesetas. Y el PSOE no los tenía. El costo político de la operación, por extraño que fuera, era asumible para un partido en el cénit de su poder. El coste económico le traería gravísimos problemas.

Tras el cierre del período constituyente en diciembre de 1978, el Gobierno de la UCD presidido por Adolfo Suárez necesitaba dar un paso decisivo para ➳

EUROPA PRESS

Una marcha a Torrejón, una de las multitudinarias manifestaciones que hubo por todo el país a favor de la salida de España de la OTAN.

su integración de hecho en el mundo democrático occidental. La Comunidad Económica Europea era un objetivo asequible, pero los estudios y ajustes necesarios para integrarse en ella necesitaban varios años de preparación. La Organización del Tratado del Atlántico Norte, sin embargo, se presentaba como una baza aparentemente fácil, habida cuenta de que, a poco de ser nombrado Suárez presidente del Gobierno, se habían intensificado los contactos con la OTAN hasta el punto de que sus miembros votaron mayoritariamente, en noviembre de 1976, una invitación para participar como observadores a parlamentarios españoles tras las elecciones previstas para junio de 1977.

Sin embargo, el aperturista presidente español no estaría muy decidido a dar tan decisorio paso. Le tentaba la no alineación en un importante bloque de neutralidad donde España quizá pudiera tener un peso específico de interés. De ahí que su política exterior resultaba ambigua en ese sentido de afirmar por una parte su vocación occidental y por otra la necesidad de su presencia en la cumbre de países no alineados y un desarrollo más profundo de su política con Hispanoamérica.

El debate sobre la integración de España en la OTAN, una vez aclarada su estructura democrática homologada con Occidente, estaba ya en los Estados Unidos, en Europa y la Unión Soviética. Mientras que algunos de los países atlánticos que constituían el Pacto hacían evidentes guiños al Gobierno español para que se les uniese, los soviéticos se mostraron abiertamente contrarios a que España tomara tal decisión. Su argumento principal, respaldado en el interior por el PSOE y el Partido Comunista, era que se descompensaría el equilibrio de bloques. Ya en diciembre de 1977, el PSOE y el PCUS suscribieron un comunicado conjunto en Moscú en el que declaraban que era necesario superar la división mundial en áreas militares y que, en cualquier caso, no debería aumentarse el potencial de cualquiera de ellos.

Para Calvo-Sotelo, la integración de España en la OTAN significaría un hito histórico en la homologación española en Occidente

Sería el sucesor de Suárez, Leopoldo Calvo-Sotelo, quien terminaría con los titubeos de su antecesor. No encontró gran resistencia en la UCD, como no fuera, sólo en parte, la del mismo Adolfo Suárez y la de su ex ministro de Defensa, Agustín Rodríguez Sahagún, quienes representaban una débil corriente patrocinadora del neutralismo. Para Calvo-Sotelo, quien, como ex ministro de Relaciones con la CEE, conocía de sobra el aplazamiento debido para ingresar en el Mercado Común, la integración de España en la OTAN bajo su mandato significaría un hito histórico en la homologación española en Occidente.

Ya en su discurso de investidura -que, por cierto, no fue consultado con Suárez, quien ni siquiera lo leyó-, el nuevo presidente adelantó su voluntad de intentar conseguir mayoría parlamentaria para ingresar a España en la Alianza Atlántica. Fue el 19 de febrero de 1981: "No aceptaremos -manifestó- que terceros países intenten coaccionarnos con sus opiniones. Entendemos que se trata de una cuestión a dilucidar entre españoles a través de los mecanismos constitucionalmente establecidos y a discutir con nuestros eventuales aliados. Pero no tolerare-

OTAN, de salida... tampoco

Inocencio F. Arias

Diplomático.
Ex secretario de Estado

"Ha acabado la pesadilla", titulaba un matutino español a la mañana siguiente de conocerse los resultados del referéndum de 1986 en el que los españoles, por un amplio e inesperado margen (52,5 contra 39,80), apoyaban la decisión del Gobierno de Felipe González de permanecer en la OTAN. Terminaba así, en efecto, uno de los sucesos más esquizoides de la Transición española y, sin ninguna duda, el acontecimiento de política exterior que más ha dividido a nuestra sociedad desde la llegada de la democracia.

La cruel paradoja es que los socialistas que, con González decididamente a la cabeza, bregaron arduamente en convencer a los ciudadanos en 1986 de las ventajas de no abandonar la Alianza occidental habían sido los mismos que, desde la oposición en 1982, habían contribuido de forma decisiva a hacer aflorar un estado de opinión totalmente adverso a la misma.

El Gobierno de Adolfo Suárez incluyó en sus sucesivos programas electorales el propósito de integrar a España en la OTAN "una vez celebrado el debate oportuno" (programa de 1979), pero el líder centrista, tal vez obsesionado con no romper el consenso con la oposición en otros temas importantes -desarrollo autonómico, Constitución, etc.- fue postergando la entrada en una organización que, aunque hoy resulte difícil creerlo, suscitaba toda clase de reservas y animadversiones en la cúpula y miembros del Partido Socialista. Que el PSOE pudiera sentirse cómodo en la OTAN y que en la década siguiente pudiese cabildear para hacer a una de sus figuras secretario general del organismo era en 1982 una delirante ciencia ficción. Dimitido Suárez, y hay testimonios de que fechas antes había dado instrucciones a su ministro Pérez Llorca para gestionar la adhesión, el Gobierno de Calvo-Sotelo, que también incorporó el tema a su programa, llegó pronto a la conclusión de que los intereses y la seguridad de nuestro país estaban mejor defendidos mos que terceros países, concretamente la Unión Soviética, se arroguen el derecho de vetar la entrada de España en la OTAN, ni aceptamos, por tanto, las doctrinas de la congelación en sus actuales dimensiones de las alianzas existentes".

Era una forma de marcar una línea divisoria, en cierto sentido, entre una postura defendida por tesis marxistas y otra, la gubernamental, independiente. En ese mismo discurso ya había advertido de que no iba a desconocer que "la incorporación de España a la OTAN está vinculada a otros condicionantes de nuestra política exterior (aunque) el Gobierno que aspiro a presidir reafirma su vocación atlántica" y, tras articular una mayoría en el Parlamento, "escoger el momento y definir las condiciones y modalidades en que España estaría dispuesta a participar en la Alianza".

El baile de rigodón respecto a la entrada en la OTAN que se llevaba Adolfo Suárez -un paso hacia adelante, dos hacia atrás- ya había hecho advertir al jefe de la oposición, Felipe González, el 5 de marzo de 1979, que "cualquier gesto destinado a reafirmar la bipolaridad sólo puede conducirnos de nuevo a la guerra fría y acercarnos hacia la posibilidad de una tercera guerra mundial". Lo enfático de estas palabras, incluso en el marco de cuando se pronunciaron, da idea de la proximidad, entonces, del PSOE con las posturas moscovitas en política exterior. Poco después, el 15 de junio, el Gobierno Suárez, por boca de su ministro de Asuntos Exteriores, Marcelino Oreja, tomó partido en declaraciones al diario *El País*: "El Gobierno es totalmente favorable a la pronta incorporación de España a la Alianza Atlántica" y, además, "considera que no es necesario un referéndum". Analiza las posiciones socialistas y dice que "han evolucionado mucho en este tema de la defensa. De un neutralismo inicial, y aun de tercermundismo y no alineamiento, pasaron a hablar de defensa europea y, a la vez, aceptaron una defensa ligada a los acuerdos con los Estados Unidos. Por otra parte -añadía Marcelino Oreja-, resulta incomprensible que se opongan a la OTAN y digan sí a unos acuerdos con USA que responden, aislados tal como están, al pasado".

EUROPA PRESS

Francisca Sauquillo y Antonio Gala, en una manifestación anti OTAN.

Reunida inmediatamente la plana mayor del PSOE, conocedora de las dudas íntimas de Adolfo Suárez respecto al asunto, plantearon una fuerte aunque comedida campaña de prensa para contrarrestar las declaraciones de Mar- ➛

dentro de la OTAN que fuera de ella. Pérez Llorca expondría la causa principal de este convencimiento al señalar que, a no ser que España se inclinara por una actitud neutralista, la opción otánica resultaba la más conveniente e inevitable. Siendo ya miembro de la Alianza, "se podría insertar la relación con Estados Unidos dentro de ese contexto". El político centrista creía que el estar unidos defensivamente al mundo occidental exclusivamente por el pacto con Estados Unidos "era una herencia franquista que colocaba a España en una situación desventajosa". España, proseguía el argumento, corre frente a la URSS los riesgos que comporta el tener una presencia importante estadounidense en nuestro territorio, pero no nos sentamos en la mesa (consejo atlántico) en que se decide sobre la seguridad de Occidente. Secundariamente, el Gobierno UCD razonó que el ingreso en el club defensivo europeo ayudaría a nuestra entrada en el político-económico (el Mercado Común), máxima aspiración de las fuerzas políticas de la época, y contribuiría a modernizar mental y técnicamente a nuestras Fuerzas Armadas y consolidaría nuestra democracia. Desde diversos frentes se cuestionó la argumentación centrista (*El País* hablaba de "que el ingreso reduciría nuestro margen de maniobra en la escena internacional" y dudaba de que España no tuviera que nuclearizarse) y el PSOE, con su conocido eslogan "OTAN, de entrada, no" convirtió en un "hot issue" una cuestión que hasta entonces no preocupaba excesivamente al hombre de la calle. (En 1976, 27 españoles estaban a favor de la OTAN, 15 en contra y 58 no se pronunciaban. En 1981, se invirtieron con creces las cifras).

Llegado al poder, el Gobierno González se fue percatando de que el lugar de España estaba en la OTAN y de que era peliagudo salirse de ella. Captó, en frase de González, que era muy "difícil ser miembro activo y leal de la CEE y no estar en la Alianza". Hubo, pues, que rebobinar, enterrar los eslóganes del pasado reciente y sacar del trastero, con ligeras variantes, los argumentos favorables a la Alianza desarrollados cuatro años antes por UCD y tan vituperados entonces. El partido siguió pronto disciplinadamente a su presidente, que hubo de multiplicar con éxito sus dotes de persuasión para convencer al hombre de la calle de que la OTAN no sólo era ya presentable sino deseable.

La pregunta del referéndum fue edulcorada con varios requisitos -salida USA de Torrejón, etc.- que la hicieron más paladeable. El referéndum desconcertó a las cancillerías occidentales (¿por qué tiene lugar? ¿por qué la derecha juguetea malévolamente con la abstención?) e hizo las delicias de los dibujantes humorísticos españoles. Con considerable nerviosismo en el Gobierno, ¿habría dimitido González si sale el no? Los españoles, mezcla de madurez y miedo al vacío, votaron por quedarse en la Alianza. Para un prestigioso comentarista terminaban las fechas "de la pasión y el calvario".

celino Oreja. A bote pronto, Felipe González razonó en *El Socialista* la inutilidad del ingreso en la OTAN porque no nos iba a ayudar en absoluto en el contencioso sobre Gibraltar, no reforzaría nuestra democracia (y pone el ejemplo de Grecia que, estando dentro de la OTAN, sufrió un golpe militar y una larga dictadura), no facilitaría más nuestra integración en el Mercado Común (señala a Portugal) y no nos cubre de flanco defensivo en el Sur (Ceuta, Melilla y Canarias). Tres días después, Enrique Múgica pide reflexión desde un artículo en *El País* en un desglose de argumentos negativos respecto al ingreso. Y, diez días más tarde, Javier Solana, quien luego sería, paradójicamente, secretario general de la organización, enarbola en *Diario 16* la pancarta que dice "Occidente, sí; OTAN, no". Otros cargos del PSOE, escritores afectos o independientes, catedráticos y diversos profesionales se sumarían a lo largo del año con la pretensión de levantar un dique ante la posibilidad de un ingreso en la Alianza. Y, llegado el caso de un empecinamiento gubernamental, abrir la vía del referéndum.

EUROPA PRESS

Carrillo y Solé Tura, en primer término, votan en contra de la adhesión de España a la Alianza (29-X-1981).

TRABAJO INTENSO. La decisión y dirección política de la apertura de negociaciones para el ingreso de España en la OTAN fue del presidente Calvo-Sotelo. Las complejas negociaciones diplomáticas -la vertebración legal en España y en los países miembros de la Alianza hasta su culminación jurídica en Washington- las llevó el ministro de Asuntos Exteriores, José Pedro Pérez Llorca, en un tiempo récord. Fue un trabajo duro, intenso y brillante. Tuvo que reunirse con los líderes de los quince países entonces miembros y la tarea no fue tan sencilla como podía presumirse.

Las complejas negociaciones diplomáticas las llevó el ministro Pérez Llorca en un tiempo récord. Fue un trabajo duro y brillante

Mientras que los dos grandes, los Estados Unidos, como gran potencia militar, y Alemania, como suministradora de fondos, apoyaban decididamente el ingreso español, a Francia, por su peculiar posición en la Alianza fuera de la estructura militar, le incomodaba remover el asunto OTAN. Y, por diferentes motivos, a otros países también les suponía alguna molestia el tener que llevar a debate en sus respectivos Parlamentos una cuestión que siempre podría levantar polémicas por sus connotaciones nucleares, alterar a grupos pacifistas y dar pie a que sus posiciones parlamentarias tuvieran un motivo para el alboroto. No por el ingreso de España, sino porque ello era excusa para poner sobre el tapete parlamentario la OTAN, aunque fuera tangencialmente, con el objeto de que cada país aprobara el ingreso del nuevo miembro. Tal podía ser el caso de Dinamarca, Noruega u Holanda.

A Italia, en una enmarañadísima situación política, no le venía bien introducir el asunto a debate. En Grecia, a un Papandreu que había hablado de sacar a su país de la Alianza por su contencioso con Turquía, le era muy pejiguero plantear el apoyo de ingreso de otra nación. Quiere decirse que hubo que desarrollar una tarea diplomática muchas veces sutil y simpática porque, en ocasiones, a lo que iba el ministro Pérez Llorca a las capitales de la Alianza era a importunar.

También viajó Pérez Llorca al área árabe y a Hispanoamérica por tantear si el impulso español hacia la OTAN desagradaba en aquellos países. Y comprobó que no era asunto que les preocupara y que en absoluto iba a modificar relaciones bilaterales o de zona. Al final se vio que a los únicos a quienes enojaba la militancia atlantista de España era a la Unión Soviética y a sus aliados del Pacto de Varsovia y a la Cuba de Fidel Castro. Lo normal.

Mientras, el PSOE y el PCE galopaban en una escalada de descalificaciones al ingreso. A veces daba la impresión de tratarse, por parte de los socialistas, de un asunto casi visceral, de empecinamiento en una oposición antiotanista que no era fácilmente comprensible, por su virulencia, con la postura de los socialistas europeos respecto a la cuestión.

Se recordaba que, cuando se crea la OTAN, siete de los doce firmantes de su acta fundacional eran países gobernados por socialistas o influenciados por esa ideología. Y en 1970, más de un centenar de opositores al régimen de Franco enviaron una carta al secretario de Estado norteamericano Rogers, en la que se le decía que España debería ingresar en la Alianza cuando se conquistaran las libertades para los españoles. Entre los firmantes de la misiva estaban socialistas cualificados como Rubial, Múgica y Peces-Barba. Y en los momentos de la negociación española varios países de la OTAN estaban gobernados por socialistas. De ahí que la postura del PSOE, "bases norteamericanas, sí; OTAN, no", a muchos observadores españoles e internacionales se les presentaba como de difícil discernimiento.

Cientos de miles de firmas. El 16 de octubre de aquel 1981, el PCE lleva al Palacio de La Moncloa quinientas mil firmas pidiendo un referéndum. El 11 de diciembre, los socialistas presentan seiscientas mil. El 15 de noviembre el PSOE había logrado reunir en Madrid a doscientas mil personas ante las que comparecen sus dirigentes y la tripleta central de lujo: Felipe González, Alfonso Guerra y Nicolás Redondo. El jefe de la oposición lanza una pregunta a la multitud: "¿Qué dirán los aliados de la OTAN ante medio millón de españoles que dicen en Madrid que no quieren integrarse en la Alianza?". Pues la verdad es que no dijeron nada.

Impasible el Gobierno ante la dura campaña de la izquierda, el Consejo de Ministros del 20 de agosto de 1981 solicita a las Cortes la autorización para la adhesión de España al Tratado del Atlántico Norte. Y acuerda pedir al Consejo de Estado un dictamen preceptivo sobre el asunto. Tras un duro debate en la Comisión de Exteriores del Congreso, el 29 de octubre la cuestión pasa al Pleno donde se acuerda por 186 votos a favor y 146 en contra autorizar al Gobierno para prestar el consentimiento que obliga al Estado en relación con la adhesión del Reino de España a la OTAN. Los votos favorables son los de la llamada derecha o centro-derecha: UCD, Coalición Democrática, Convergència i Unió, PNV y el navarro Jesús Aizpún, del grupo mixto. Los nacionalistas catalanes y vascos apenas habían movido un dedo en el proceso, pero al final se alinearon donde ideológicamente les correspondía. Las ratificaciones por los parlamentos de los diversos Estados miembros de la Alianza se fueron produciendo a lo largo de la primavera del 82. Finalmente, el 30 de mayo España entra formalmente en la OTAN tras cumplir todos los requisitos legales.

Finalmente, el 30 de mayo de 1982, España entra formalmente en la Alianza Atlántica tras cumplir todos los requisitos legales

Meses después, Felipe González, al frente del PSOE, barre en las elecciones generales. Presumiblemente, tendría que sacarse la espina, más bien estaca, de la Alianza, que había considerado como un "trágala" insultante. No era un asunto prioritario, por lo que fue sometido a sesuda reflexión. El 29 de junio de 1980 había dicho que "si estamos en la OTAN por mayoría simple del Parlamento, saldremos de la OTAN por una decisión de mayoría simple del Parlamento". Era una frase redonda que ahora presentaba unas puntiagudas aristas. Y además estaba la promesa del referéndum. Durante tres años, el Gobierno y la cúpula del partido aplazaron el problema hasta tomar la decisión de que no tenían más remedio que cumplir con la consulta popular y, al tiempo, de que España no podía ni debía salir de la OTAN y, por tanto, había que pedir el "sí" cuando antes se hubiera pedido el "no" para evitar un "error histórico" y la "dinámica de la guerra" (Felipe González "dixit").

Esto es lo que académicamente se llama, en principio, aserción inverosímil o absurda que se presenta con apariencias de verdadera, o también figura de pensamiento que consiste en emplear expresiones o frases que envuelven contradicción.

No había más remedio que pechar con el referéndum. El costo de imagen iba a ser importante. El económico sería la siembra de la enfermedad de la corrupción. Financiar la consulta le costó al PSOE, según estimaciones que se dan como solventes, unos dos mil millones de pesetas que hubieron de improvisarse a través de empresas en cierto modo fantasmas que vendían "mercancías" inexistentes, que cobraban cantidades exorbitantes, que traficaron con influencias y en las que se desviaron fondos a bolsillos particulares. España quedó en la OTAN y el Partido Socialista había incubado un virus que medicó con insuficiencia y demora y que le llevaría a la oposición tras diez años de formidable escandalera.

Efe

En el mismo pleno que el de la imagen de la izquierda, el Gobierno de Calvo-Sotelo respalda el ingreso en la OTAN.

“Castro financió la ca

El ex ministro de Asuntos Exteriores José Pedro Pérez Llorca habla sobre la integración de España en la Alianza Atlántica

Javier Lorenzo

¿Cuándo se planteó por primera vez el Gobierno el ingreso de España en la OTAN?

En un despacho muy largo que mantengo con el presidente Suárez en el mes de octubre de 1980. De ahí salgo con la idea de que el ingreso era necesario. ¿Por qué? Porque vencía el convenio bilateral con los EE UU, y eso nos ponía en la encrucijada de tener que elegir entre la relación atípica, extraña, de un país que tenía relación con la OTAN sólo a través de los EE UU o normalizar esa relación, multilateralizándola con el resto de los países europeos en el seno de la Alianza.

¿Hubo unanimidad dentro de UCD hacia el ingreso? El propio Suárez, así como otros miembros del Gobierno, contemplaron también la posibilidad de integrarse entre los No Alineados.

Había ciertas tentaciones de buscar un protagonismo internacional, tipo lo que era entonces Yugoslavia. Pero tengo que decir que en el seno de UCD todos los acuerdos que se tomaron sobre este asunto -en el Congreso, en el Consejo Político y en el Comité Ejecutivo- se aprobaron por unanimidad. Si había reservas, no se emitían en los órganos políticos.

Por eso el proceso fue tan rápido.

Lo fue porque no había más remedio.

¿Cuál fue la actitud de los países integrantes de la OTAN ante la petición española?

Había un gran interés por parte de los grandes aliados y una reacción diferente de los países más pequeños, en la medida en que el ingreso de España reavivaba en algunos de ellos -Grecia, Holanda, Noruega y, sobre todo, Dinamarca- un debate interno que podía producirles molestias o inconvenientes. Pero en el proceso no hubo problemas de fondo. Si se fija en las votaciones de los parlamentos, éstas fueron prácticamente unánimes. Donde el socialismo estaba en el poder fueron unánimes, porque el socialismo en el poder es atlantista. Donde el socialismo estaba en la oposición, ya no hubo tanta unanimidad.

¿Hubo tantas presiones por parte de la Unión Soviética como se ha dicho?

Sí. De tres tipos. Diplomáticas, que resultaron ineficaces y contraproducentes porque las dimos a conocer. Fue un poco torpe su actitud en ese sentido. Hizo presiones ante países terceros que fueron más eficaces, y luego, a través de Cuba, hubo una enorme cantidad de dinero que vino a financiar una campaña anti OTAN. De esto, cuando yo estaba en el Gobierno, tenía una vaga información que luego he confirmado con el tiempo, y que demuestra hasta qué punto fue importante la financiación cubana a la campaña anti OTAN. Fue masiva.

Así que Fidel Castro tenía especial interés.

Sí, no sé si por propio interés o por encargo, pero Fidel Castro financió las campañas anti OTAN. Esto lo sé por conversaciones con dirigentes comunistas que ya no lo son. También tengo que decir que el PSOE no tuvo nada que ver en ello.

¿Qué papel jugó Estados Unidos?

A nosotros nos interesaba que Estados Unidos no tomara el papel de patrocinador o beneficiario de nuestra integración, sino que tomara el papel de una aliado más. Los apoyos los buscamos más en Alemania a través de Helmut Schmidt, que fue el hombre clave en todo nuestro despliegue diplomático, y en Gran Bretaña, donde ya estaba Margaret Thatcher.

¿Y cuál fue el papel que jugó el PSOE?

La oposición socialista fue mucho más allá de nuestros cálculos iniciales. Creímos que iba a hacer una oposición seria, dura, pero de algún modo resignada una vez que se probara que había una mayoría y que, digamos, no nos arrugábamos. Yo no sé por qué, pero el PSOE fue adoptando una posición crecientemente molesta, hasta el punto de que cuando llegaron al poder, yo creo que eso representó para ellos un gran problema. Tomó una postura beligerante, más allá de lo estrictamente necesario, aunque no tomó una postura tan dura en sus contactos con terceros países, que fue el único signo de pragmatismo que le vimos.

Y después, ¿qué pensó ante el giro en los planteamientos atlantistas del PSOE?

Que habría sido mejor que no hicieran esas promesas. Tendrían que haber modulado el diapasón un grado más bajo.

¿Y cuando ha visto a Javier Solana convertido en secretario general de la OTAN?

Ya se puede usted imaginar (risas).

¿Le sorprendió la victoria del “sí” en el referéndum?

Me sorprendió que fallaran tanto las encuestas, y también la capacidad de influenciar que tenían González y su equipo.

¿Por qué no celebró el referéndum el Gobierno de UCD?

mpaña anti OTAN"

Hubo un debate en el Parlamento en el que Calvo-Sotelo manifestó su creencia de que no convenía dividir al país en un referéndum, que era legítimo que la decisión se tomara en el Parlamento, como en el resto de los países, y que, en un referéndum, la facilidad de simplificar demagógicamente los argumentos en contra no podía ser respondida por los argumentos a favor, más alambicados y complejos. Luego, en el Parlamento hubo mayorías absolutas y claras.

Entonces no se tomó la decisión sólo por temor a perder el referéndum.

Por eso también, pero nos pareció que era mejor no convocarlo.

¿Cuáles eran las ventajas del ingreso?

Veíamos en esto un gesto de normalización democrática, de restauración de España en el lugar que debía estar. Por el tipo de alianzas que buscábamos, por el tipo de sociedad por el que se apostaba y por el campo en el que nos queríamos colocar, el hecho de seguirse situando a través de una relación exclusiva con los Estados Unidos nos situaba ante la coyuntura de optar entre el neutralismo o la normalización diplomática. En eso no nos equivocamos profundamente.

¿Discutieron también el grado de integración?

Sí, pero era una discusión de menor calado, casi técnica, puesto que sabíamos que nuestro horizonte político era limitado. Ante este peligro, hubo que llevar esta operación deprisa. Además, pensamos que era una opción que se podía aclarar ulteriormente. Lo importante era resolver el problema político y jurídico de presencia en la Alianza. Hubo algún país que no veía esa fórmula con satisfacción, pero eso se negoció y España entró en la OTAN sin otras condiciones que las que ella se puso a sí misma.

Aunque se hiciera sin condiciones, las plazas africanas no entraban en el acuerdo.

Según la definición territorial del Tratado, las plazas quedaban fuera; según el resto de los artículos, quedan dentro. Haber planteado una modificación del ámbito territorial del Tratado no era realista. Pensamos que Ceuta y Melilla estaban mejor defendidas con España en la Alianza.

¿Qué se pensó respecto a Gibraltar?

La negociación con Inglaterra no pudo dar todos los frutos que se esperaban. Estaba previsto abrir la verja antes del ingreso en la OTAN, pero hubo un hecho imprevisible, la guerra de las Malvinas, que provocó la salida del Gobierno de lord Carrington, que era con quien estaba todo hablado, y luego una rigidez en la posición británica sobre estas cuestiones. Al final, Gran Bretaña aceptó el ingreso de España, aun con la verja cerrada. Yo leí unos documentos ingleses sobre la defensa de Gibraltar que abrían paso a la responsabilización española en esa defensa, lo que implicaba la entrada de tropas españolas con sus banderas y mandos naturales en caso de conflicto. Ese camino no se pudo recorrer tanto por las Malvinas como por la apertura unilateral de la verja. Gibraltar fue central en las conversaciones para el ingreso.

¿Y las bases americanas?

Las bases eran una forma de estar en la OTAN, pero entrando por la puerta falsa. Eso no podía ser. Al final, Estados Unidos aceptó que sus navíos de guerra y sus aeronaves en España no podrían tener armamento nuclear, a no ser que el Gobierno español lo aprobara. Pocas veces Estados Unidos ha firmado un documento así. En muchas otras ocasiones se ha negado a hacerlo.

Por aquella época existía la sensación de que, a pesar de estar en la OTAN, España tendría que defenderse sola en caso de conflicto.

Begoña Rivas

El ex ministro de Exteriores, Pérez Llorca, en su bufete de abogado.

Ese sentir popular fue fruto del debate. La opinión pública española no era tan anti Alianza al principio, pero el mensaje contra la OTAN era muy sencillo y claro. Tanto que era demagógico. Por otra parte, siempre se está mejor en una alianza si hay conflicto que si no se está. La historia del siglo XIX español así lo demuestra.

¿Era la OTAN un paso imprescindible para acceder a la Comunidad Europea?

La palabra imprescindible es muy rigurosa. Yo creo que contribuyó grandemente a abrir las puertas. Fue un gesto previo de definición. De hecho, se cerraron seis capítulos que estaban estancados poco después del ingreso en la Alianza.

¿Alguna vez le ha pedido su opinión el Gobierno del PSOE sobre la OTAN?

Fernando Morán lo hizo en los primeros meses. Luego, a pesar de que he hablado en ocasiones con Solana, no volvieron a preguntarme.

Y ahora estamos al final del camino respecto a la integración total en la OTAN.

Es que la Alianza cambia de naturaleza. Los hechos cambian por completo los términos del debate. Así que la total integración en la estructura militar es casi inevitable.

La incorporación de E

La democracia hizo posible el ingreso en Europa

Fue una larga carrera que culminó el 1 de enero de 1986, tras más de veinte años de espera. La España democrática se incorporaba así, junto a Portugal, a un club que le había negado el acceso en muchas ocasiones. Ni las reticencias de Francia ni las críticas internas por el modo en que la adhesión se llevó a cabo lo impidieron.

La adhesión de España a la Comunidad Europea se entendió durante un larguísimo periodo, desde el comienzo de los años sesenta a su culminación en mil novecientos ochenta y cinco, como la recuperación del verdadero encaje del país en su entorno natural, como la ruptura de la marginación, estigma, inicialmente, del régimen totalitario, luego como secuela para el sistema autocrático; en fin como la superación del dilema entre casticismo y adaptación mimética que había definido nuestra percepción de la relación con la modernidad.

En cuanto a su efecto político, Europa operó durante mucho tiempo como objetivo, como mito e incluso como pretexto.

Como objetivo la definición internacional de adherirse a la Comunidad Europea cumplía la función de política interna y de definición ideológica de descalificar al régimen imperante. Agotadas las esperanzas de una restauración democrática como consecuencia de la victoria de los Aliados en 1945, esterilizados los esfuerzos de entendimiento entre monárquicos y socialistas llevados a cabo por Gil Robles y Prieto bajo la protección, a veces vacilante, del secretario del Foreing Office, Bevin, reforzado el régimen de Franco exteriormente con la colaboración del Concordato con la Santa Sede y con el valor estratégico que los Estados Unidos concedieron a la Península Ibérica, que conduciría a los Acuerdos de Bases (ambos actos internacionales se celebrarían en el mismo año, 1953, nefasto para la oposición interior), los demócratas españoles consideran que el factor exterior que permanece como incompatible con la permanencia de Franco, es la integración en unas instituciones europeas definidas como inequívocamente democráticas.

El informe del diputado alemán al Parlamento Europeo, Bilkenbach, interpretando el preámbulo del Tratado de Roma en el sentido de que no cabía la adhesión de un país que no fuera una democracia representativa, alimentaría a lo que a partir de los años sesenta aparece como nueva oposición.

> "Europa, en los años que van de 1962 a 1984, no solamente es un objetivo político general, sino que es un mito. Con la capacidad de entusiasmo que éstos encierran"

En esta identificación de objetivo interno (restauración de la Democracia) y externo (participación en las instituciones comunitarias) es un hito esencial la celebración en Múnich de una conferencia del Movimiento Europeo en junio de 1962. Al que los servicios de propaganda del régimen denominaron "contubernio de Múnich" asistieron por primera vez representantes de las fuerzas políticas del interior y de las organizaciones del exilio. Uno de sus principales promotores, el monárquico juanista Joaquín Satrústegui, al prologar un libro en que se recogen las intervenciones del Congreso, califica la ocasión como aquella "en que se hizo posible el consenso".

Europa, en los años que van de 1962 a 1984, no solamente es un objetivo político general, sino que se convierte en mito. Con la capacidad de entusiasmo que los mitos encierran. Desprendiéndose de los mitos una carga sentimental necesaria a una operación en la que jugó tan profunda función la racionalidad pura como fue la Transición. Mito en que participaron en desigual medida, pero siempre suficiente, demócratas de izquierda y conservadores a la búsqueda de una renovación de sus ideas y de la permanencia de sus intereses.

Por último, Europa fue también un pretexto. Cobertura para la acción central la restauración democrática, obligación para hacer aquello que era necesario realizar. También para no

spaña a la CEE

Fernando Morán

Ex ministro de Asuntos Exteriores (1982-85). Eurodiputado socialista desde 1987

encararse con otros fines que la ideología reclamaba, pero que se estimaba no eran realizables dada la situación europea.

De 1962 -o aun antes, desde los años cincuenta en muchos grupos y embriones de partido- a la instauración de la Democracia en 1977-1978, la idea europea sirve de base a la especulación intelectual, a las acciones políticas, a los intentos de consenso y de compromiso.

Sin tener en cuenta lo anterior, es decir la función ideológica y legitimadora del proyecto de adhesión a lo que ya era la CE, no entendería la acción internacional de los gobiernos a partir de 1976, ni por qué el español vivió con pasión, también con inquietud, cada fase de las negociaciones formales que se inician en julio de 1977. Mucho menos habría explicación para el entusiasmo popular que produjo la firma del Tratado de Adhesión el 12 de junio de 1985.

En el periodo de los sesenta los gobiernos de tecnócratas del general Franco intentaron la operación de mantener -a ello estaban obligados- el aparato político del régimen -planeando reformas cosméticas y de funcionamiento- y entrar en estas condiciones en Europa. El resultado político vino marcado por el fracaso; en lo económico se concretó en el Acuerdo Preferencial de 1970 que arrojó resultados positivos para la industria española. Pero tal Acuerdo quedaba por debajo de lo que necesitaban la economía y la sociedad españolas.

En cuanto a los efectos de la negociación propiamente dicha iniciada en julio de 1977 -habiéndose celebrado ya elecciones generales pero antes de que la Constitución hubiese sido aprobada- sobre el desarrollo de la Transición, le he oído muy recientemente al profesor Carlos Seco Serrano identificar cómo las detenciones y eventuales fracasos negociadores aumentaron las tensiones en el proceso político interno. Detenciones de la marcha negociadora eran presentadas por los retardatarios como prueba de que hiciésemos lo que hiciésemos en el plano internacional el egoísmo europeo y el rechazo frente a España prevalecían. De la misma manera se ha podido decir que en la Transición española el asentamiento de la Democracia se corona en dos momentos: en octubre de 1982 con el juego de la alternancia y la llegada al Gobierno por primera vez de un equipo socialista, y en junio de 1985 con la adhesión a la CE.

Los intentos de acercamiento en la época preconstitucional datan de 1962, cuando el ministro Castiella solicita negociaciones para una asociación que condujera, eventualmente, a la plena adhesión, y de 1970 con la firma del Acuerdo Preferencial.

Ya en el periodo democrático, y cumpliendo España los requisitos democráticos para adherirse, las negociaciones se inician en julio de 1977 cuando el ministro Oreja Aguirre solicitó negociaciones.

Desde esa fecha hasta 1985 se pueden identificar distintas fases: 1) Fase inicial prenegociadora que termina en la primavera de 1978; 2) Negociaciones del Gobierno de UCD desde 1978 a 1980; 3) Pausa en las negociaciones impuesta por la Francia de Giscard d'Estaing desde junio de 1980 hasta la presidencia de Mitterrand en junio de 1981; 4) Periodo negociador de los gobiernos UCD desde esa fecha ➳

EFE

Recogida de firmas promovida por el PSOE para la convocatoria de un referéndum sobre la OTAN.

hasta octubre de 1982; 5) Fase final del gobierno socialista desde diciembre de 1982 a junio de 1985 en el que se firman los Tratados, entrando España a participar en la CE, una vez realizados los procesos de ratificación, el 1 de enero de 1986.

La fase previa a las negociaciones se concreta en la identificación de lo negociable. Es decir, los distintos ámbitos de la economía española y de la europea: el llamado fresco y la visión de conjunto ("vue d'ensemble"). Fue una labor importante, bien realizada técnicamente.

En ese momento en el plano interior se configura un consenso entre las fuerzas políticas, y en menor medida (la CEOE era más reticente) entre los sujetos económicos.

Comenzadas las negociaciones y antes de que cupiese cerrar capítulos en los que se definían los sectores a integrar, el presidente francés, Giscard d'Estaing, en un discurso en una población del sur de Francia, decreta la pausa de las negociaciones. Es decir, dejarlas dormir. La razón alegada era que antes de proceder a la ampliación de la CE era necesario profundizar la Comunidad. Había que resolver antes las cuestiones previas ("préalables"). Esta actitud francesa provoca las reacciones negativas que ha identificado Seco Serrano. Y alimenta un nunca dormido sentimiento de recelo ante lo francés. Una francofobia tradicional. A la pausa se unen para provocar la reacción antifrancesa el asalto a los camiones con productos españoles, los incidentes y capturas de pesca y la concesión de estatutos de refugiados políticos a vascos pertenecientes o conectados con ETA.

Mitterrand relanza la negociación. Durante el resto de 1981 y en la primavera de 1982 se cierran algunos capítulos. Pero lo esencial de la negociación estaba por realizar.

De diciembre de 1982 a marzo de 1985 es el periodo central de las negociaciones. Durante ese espacio de tiempo hay hechos comunitarios que iban a permitir llegar a puerto.

En el Consejo Europeo de Stuttgart, en noviembre de 1983, Alemania vincula el aumento de los fondos comunitarios (presupuesto y en concreto proporción de IVA al mismo) a la ampliación a España y Portugal. En el Consejo de Fontainebleau de la primavera de 1984, se consiguen superar los temas que paralizaban a la CE: cuestión de la participación británica en el presupuesto, recursos propios de la CE. Se produce un relanzamiento de la vida comunitaria.

EUROPA PRESS

González y Solana, en el inicio de la campaña pro-OTAN (febrero del 86).

Francia se había ido apuntando a la idea de que la entrada de los países ibéricos permitiría todo lo contrario de la lectura de los "préalables", abordar la construcción europea en la Comunidad.

"La actitud de bloqueo de Giscard d'Estaing alimentó el recelo ante lo francés, a lo que se sumaron incidentes con la pesca, el amparo a etarras y el asalto a los camiones"

En cuanto a las negociaciones propiamente dichas, el ritmo es constante hasta el otoño de 1984, cuando bajo la presidencia irlandesa y ante las dificultades que proyectan las cuestiones de pesca, el ritmo decrece. Pero a partir de enero de 1985, con la presidencia italiana se fija el Consejo Europeo de marzo como meta del fin de las negociaciones.

Como se sabe fue un largo maratón. En la segunda decena de marzo llegamos al acuerdo final. El 24 de marzo las negociaciones se estancan y amenazan con fracasar. Pero tras los contactos entre los ministros de Exteriores español, italiano y francés, se llega al acuerdo que se ratifica el 27 de marzo por la noche en Bruselas.

El 12 de junio tiene lugar la firma, por la mañana en Lisboa, en lo que se refiere a Portugal, en el Monasterio manuelino de Los Jerónimos, y por la tarde en Madrid en el Palacio Real.

De 1982 a 1985 se mantiene el consenso entre las fuerzas parlamentarias españolas en cuanto a la necesidad de adherirse a la CE. Las críticas de la oposición se dirigen a supuestas prisas del Gobierno para apuntarse el tanto de la adhesión durante aquella legislatura y a acusaciones de no negociar mejor. Pero eran críticas menores y casi rituales. Había mucho apoyo parlamentario incluida la oposición al Gobierno en su tarea negociadora, incluso muy explícitas a la tarea del ministro de Exteriores en este periodo. La CEOE publicó algún documento crítico. Los sindicatos no hacían reservas. Y la Conferencia Episcopal adoptaba el objetivo de la integración. Lo mismo hacían los gobiernos autonómicos que no estaban desempeñados por socialistas, en especial el catalán y el vasco. El PNV recordaba su larga tradición y ejecutoria europeísta. Y los catalanistas su supuesta vocación hacia Europa, desde la Marca.

Cuando el Gobierno solicita en el Congreso autorización para firmar el Acta de Adhesión y los Tratados se obtiene una unanimidad que no tiene precedentes en los otros países miembros; lo mismo ocurrió en el Senado.

La impresión general y así lo recogieron los medios de información fue que con la integración en Europa, la democracia española estaba consolidada.

Termina el cierre de la verja de Gibraltar

Fue una de las primeras medidas que tomó el Gobierno socialista

Javier Lorenzo

La espina siguió clavada, pero al menos se impidió que la infección fuera en aumento. Aquella madrugada del 15 de diciembre de 1982 se abría la verja que daba paso al Peñón de Gibraltar después de trece años de clausura -impuestos por el canciller franquista Fernando María Castiella- que si sirvieron para algo fue para exacerbar aún más "el hecho diferencial" de los "llanitos", así como su secular antipatía y recelo hacia España.

Las primeras aproximaciones para discutir el contencioso sobre la Roca tuvieron lugar durante el Gobierno de UCD. Primero con Suárez (Acuerdo de Lisboa, en 1980, por el que Gran Bretaña se mostraba dispuesta cuando menos a hablar sobre el asunto) y posteriormente con Calvo-Sotelo, quien alcanzó en enero de 1982 un compromiso con Margaret Thatcher para levantar algunas de las restricciones que pesaban sobre la colonia, entre ellas el acceso de personas a uno y otro lado de la verja, extremo que el recién llegado Gobierno del PSOE se apresuró a cumplir ocho meses después de lo previsto por el dirigente centrista.

La noticia corrió como la pólvora tanto por el Peñón como por el Campo de Gibraltar, y a ambos lados del límite se formaron enormes colas de personas que deseaban cruzar al otro lado. El primero en conseguirlo, tras dura pugna con la gibraltareña Carmen Worb, fue un linense que trabajaba en el enclave llamado Francisco Romo Martín. La escena se repetiría a lo largo de los tres años siguientes. Exactamente hasta el 5 de febrero de 1985, fecha en la que España decidió abrir todas las comunicaciones con Gibraltar.

EUROPA PRESS

La verja, vista en la fotografía desde el lado español, permaneció cerrada durante veintitrés años.

Pero para dar este paso fue imprescindible que antes tuviera lugar el único éxito de la diplomacia española en 280 años. El 27 de noviembre de 1984 Gran Bretaña aceptaba por primera vez negociar con España la soberanía sobre Gibraltar. Fue la llamada Declaración de Bruselas, fruto de las conversaciones entre Fernando Morán y su homólogo, Geoffrey Howe. Y aunque la voluntad de los 30.000 gibraltareños siguió manteniéndose como condición inexcusable para una futura cesión, en los términos del Tratado de Utrecht, el acuerdo supuso una importante conquista para las tesis españolas. Tesis que fueron recordadas por don Juan Carlos ante el Parlamento británico el 23 de abril de 1986.

Los desplantes británicos continuaron pese a todo. En 1987 se produjo el conflicto sobre el aeropuerto de la colonia, construido en el istmo, un terreno usurpado a España en 1908. España, miembro ya de la Comunidad Europea, a punto estuvo de usar su veto para evitar la liberalización del espacio aéreo. Finalmente, en diciembre de 1987 se alcanzó un acuerdo para su utilización conjunta, aunque hasta el momento el gobierno gibraltareño lo haya incumplido sistemáticamente.

A esto habría que añadir la transformación de Gibraltar en un paraíso fiscal, además de en un centro de distribución para el contrabando de tabaco y drogas, lo que llevó a Fernández Ordóñez a calificar de "tumor cancerígeno" a la colonia, y al resto de los españoles a preguntarse hasta qué punto fue o no positiva la apertura de la hiriente verja de Gibraltar.

1980: Isabel Preysler se casa de nuevo

La "víctima" en esta ocasión es el marqués de Griñón

Jaime Peñafiel

El 17 de enero de 1980, los restos mortales del rey **Alfonso XIII** son exhumados en la iglesia de Nuestra Señora de Montserrat, en Roma, para su definitivo traslado a España, donde fueron enterrados el día 20. Se cerraba así la cronología y reinado del último Rey de España. Habían pasado 49 años desde que, el 15 de abril de 1931, saliera hacia el exilio. **Don Juan** cumplió la promesa, cuando su padre agonizaba el 28 de febrero de 1941 en la habitación del Gran Hotel de la capital italiana, de devolverle a casa. Aunque sólo fuera para ocupar un puesto al lado de su madre en el Panteón Real del Monasterio de El Escorial.

Quedaban así enlazados los cuatro eslabones de la dinastía española: Alfonso XIII, el Rey que nació rey; Don Juan, hijo de rey, padre de rey y nunca rey; **Don Juan Carlos**, el Rey que ha cumplido un destino histórico, y **Felipe**, el príncipe de Asturias, confianza de un futuro de continuidad y testigo de una lección insobornable de prioridades: España, la Corona, la Dinastía y la Persona.

Alfonso XIII volvió por Cartagena porque por Cartagena salió. A bordo del destructor de la Marina española en la que los restos mortales del Rey regresaban a

FOTOS: EUROPA PRESS

Carlos Falcó e Isabel Preysler contrajeron matrimonio el 23 de abril del 80 en una finca de Malpica (Toledo).

la Patria, Don Juan recordaría a este periodista el dramático momento en que se vio obligado a identificar los restos mortales de su padre: "Me sorprendió el estado en que se encontraba. Tenía el rostro muy natural y compuesto y el bigote completamente blanco. No lo tenía así cuando murió, no así el cabello. Sus manos permanecían perfectamente en su sitio, cruzadas sobre el crucifijo. El hábito de las órdenes militares con el que fue amortajado, deshecho. El rostro estaba más oscuro y los ojos, muy hundidos, los tenía abiertos. Daban la impresión de mirarme. La contemplación de los restos mortales de mi padre ha sido algo que nunca olvidaré. Ha sido un momento terrible".

En este año de 1980, una reina, **Juliana de Holanda**, da un ejemplo a todos los reyes que se niegan a dar paso a su heredero y no sólo abdica en su hija **Beatriz**, de 42 años, sino que, incluso, renuncia al título de Reina. Desde ese momento, quiso ser llamada tan sólo princesa de los Países Bajos. Caso único en la historia de las monarquías. Tenía 71 años y había reinado 31.

Hoy me pregunto, ¿qué habrá sido de aquellos cinco niños de una inclusa de Murcia que fueron apadrinados por el entonces Príncipe Juan Carlos, en 1958, y para los que abrió una cartilla de ahorros en la aseguradora La Equitativa, con 5.000 pesetas de entonces para cada uno y que este año de 1980 cumplían la mayoría de edad? Sus nombres: **Francisco Antonio Romero Sánchez**, **Juan Salvador Hernández**, **Antonio María Leal**, **Fernando López González** y **Juan Ignacio Navarro Arori**.

El 15 de marzo de 1980, no lo olvidarán nunca los amigos de Félix, que en España eran millones. Ese día, el más famoso hombre de la tele, **Félix Rodríguez de la Fuente**, pierde la vida en Alaska cuando se disponía a filmar, desde una avioneta, la carrera de las mil millas de los huskies siberianos. Junto a él, también fallecieron, en aquel accidente de aviación, sus colaboradores **Teodoro Roa** y **Alberto Mariano Huéscar**. El país entero compartió el dolor de su esposa **Marcelle** y sus hijas **Mercedes**, **Leticia** y **Odile**.

En el mes de abril, los Reyes viajaban a Dinamarca. Por una vez, la reina **Margarita** tiene como pareja, en las cenas y recepciones, a un hombre que da la talla. No hay que olvidar que la soberana danesa mide 1,83 y don Juan Carlos, 1,94.

En la recepción a la colonia española, uno de sus miembros saludó al Rey diciendo: "Soy del PSOE, Señor". "Con que seas español, me basta", le respondió el Rey.

Aunque lo había desmentido, como en ella es habitual cuando las cosas son verdad, **Isabel Preysler** se casa de nuevo. La "víctima", en esta ocasión, se llama **Carlos Falcó** y es marqués de Griñón.

Miren ustedes por dónde, mientras su vecinita, la **duquesa de Cádiz**, lo que deseaba era envilecerse, La China, por el contrario, lo que ansía es ennoblecerse a toda costa. Y lo consigue ese domingo, 23 de abril, en la capilla de la finca Casa de Vacas, de la localidad toledana de Malpica. A su ex, el inefable **Julito**, no le ha dicho nada. Y eso que le ha telefoneado la víspera para quejarse de que todavía no ha recibido las 180.000 pesetas del mes, para los hijos, que asisten, eso sí, a la boda de mamá con tío Carlos. Al igual que la madre de Isabel; el **marqués de Cubas**; la **duquesa de Montellano**, su madre y su hermana, la **condesa de Beranteville**, así como la **duquesa de Arión**. También los señores **Gil de Biedma**, **Zulueta** y **Pérez Rubio**.

En este año de 1980, los Reyes visitan también Ecuador y las islas Galápagos. Es el viaje número 63 desde que, en 1969, fueran designados Príncipes de España. Durante su estancia en Quito, don Juan Carlos se dirigió una noche a este periodista para decirle: "Con lo amigo mío que eres y ni siquiera te acuerdas de felicitarme". Y es que, aquel día, que era 14 de mayo, hacía 18 años que los Reyes se habían casado. Y, posiblemente, todavía era agradable recordar esa fecha.

En junio se casan **Pepe Sancho** y **María Jiménez** en la iglesia de Santa Ana, en el corazón de Triana. Cuatro años más tarde, el simpático de Pepe Sancho me sacó siete millones por divorciarse. No sé cuántos le sacó a otra revista, meses después, por casarse de nuevo.

Y es que, entonces, no había tanta tele privada donde trabajar y ganar dinero.

Arriba, Pepe Sancho y María Jiménez en el altar de la iglesia de Santa Ana. Debajo, Philippe Junot y Carolina de Mónaco, que se divorciaron en este 1980.

Hoy, Pepe Sancho y María Jiménez siguen felizmente casados.

En el mes de julio y, gracias a una entrevista de **Aurora Fierro** con doña **Carmen Polo**, viuda de **Franco**, nos enteramos del sueldo de "su Paco". Cuando murió, no sé si llegaba a las 600.000 pesetas. La mayoría del tiempo cobró 250.000. ¡Vaya por Dios, qué pena!

Con los calores de agosto, asesinan a los marqueses de Urquijo -**Manuel de la Sierra Torres** y **María Lourdes Urquijo**- en sus respectivos dormitorios. Y lo hacen, nunca se sabrá quiénes, con la misma arma del calibre 22. Inexplicablemente, nadie oyó nada. El muerto -que, en este caso, eran dos- se lo echaron a un desgraciado, que no inocente, llamado **Rafi Escobedo**, que, desengañado por lo que le habían prometido y no le dieron, acabó ahorcándose en la cárcel de El Dueso.

El año termina con un divorcio anunciado. El de la princesa **Carolina de Mónaco** y su marido el "playboy", cazadotes, buscavidas y, más bien, chulo, llamado **Philippe Junot**. No podía terminar de otra manera.

EUROPA PRESS

Los ganadores del primer Oscar español posan junto a la estatuilla en el aeropuerto de Barajas. De izquierda a derecha, Bódalo, Garci, Paso, Alenda y Ferrandis.

Volver a empezar

José Esteban Alenda

En aquellas fechas (muy lejanas, han pasado 13 años) supuso un gran impacto; era el primer Oscar que conseguía España, un triunfo que siempre nos pareció un sueño. Particularmente, pienso que lo más bonito de la aventura fueron aquellos días en que la película que tuve el honor de producir fue seleccionada para representar a España, y después nominada para acudir a los Estados Unidos.

El primer viaje que realizamos a Los Angeles sirvió para promocionar la película y hacer las inevitables relaciones públicas. Un proceso que vivimos con gran ilusión. Para mí era mi primer viaje a la meca del cine, y conocer Hollywood me resultaba algo tremendo. El segundo viaje que hicimos fue ya para acudir a la ceremonia del 57 Annual Academy Awards Presentation, que se celebraba en el Dorothy Chandler Pavilion. Es un local con gran aforo y mi anécdota personal fue que cuando "la" Rainer "cantaba" el Oscar a la mejor película de habla no inglesa, yo me encontraba (un tanto sorprendido también) en el segundo anfiteatro (como el Monumental o el Calderón de Madrid), separado totalmente del resto del equipo.

No hay duda de que lo más bonito de aquel Oscar fueron los prolegómenos, la espera, la nominación y, por supuesto, Hollywood... En fin, todo lo que nos sucedió sobre todo antes, y no después del Oscar.

PRÓXIMO CAPÍTULO: **LA CRISIS DE LA DERECHA**

EXTRAÑA OPERACIÓN REFORMISTA. QUERELLA CONTRA PUJOL. EL RECURSO PREVIO DE INCONSTITUCIONALIDAD. LA LIBERTAD DE ENSEÑANZA. **ESCRIBEN:** JOAQUÍN BARDAVÍO, IÑIGO CAVERO, RAMÓN PI, RICARDO ARQUES, TEODORO G. BALLESTEROS, JAVIER LORENZO

{CAPÍTULO 34}

La "Operación Roca" no fue un acabado proyecto con éxito asegurado. Demasiados errores y una indefinición básica hicieron de él un fracaso sin paliativos.

LA CRISIS DE LA DERECHA

Poco después del contundente triunfo socialista de 1982, el centro-derecha empezó a moverse para recuperar su espacio. Desaparecida la coalición UCD, muchos de cuyos votantes habían recalado en el PSOE, la derecha de Fraga y los restos del centrismo trataron de reorganizarse. En 1986, Coalición Popular repitió resultado y el centrismo residual sufrió un tropezón espectacular. La "Operación Roca", que pilotó el "número dos" de Jordi Pujol, no logró ni un solo diputado. El PSOE, mientras la derecha no podía remontar su crisis, repitió mayoría absoluta.

Aquella extraña "Operación Roca"... con Pujol al fondo

La derecha no puede parar al socialismo de Felipe González ni con nuevas ofertas políticas

La fuerza del PSOE seguía siendo incontestable cuatro años después de su llegada al poder. La derecha, comandada por Manuel Fraga y su "techo" electoral, se encontraba desorientada. Con Suárez iniciando su "travesía del desierto", el centro político apostó por la llamada "Operación Roca", que resultó un fiasco electoral, aunque de ello salieron beneficiados tanto el CDS como Convergència i Unió.

Joaquín Bardavío

1984. El Partido Socialista Obrero Español es el amo absoluto de las Cortes y del Gobierno. Sus 202 escaños en el Parlamento y su holgada mayoría en el Senado tienen acorralados al resto de los partidos. Hundida la UCD, Adolfo Suárez no ha podido reconstruir el centro con su CDS y se encuentra en el hemiciclo con la única compañía de su tenaz amigo Agustín Rodríguez Sahagún. Sus votos se los ha llevado en parte la Alianza Popular de Manuel Fraga que consiguió 105 diputados, pero fue el PSOE quien aprovechó el desplazamiento centrista para conseguir su aplastante mayoría absoluta.

La arrogancia del PSOE ya se había manifestado chulescamente con la requisa de Rumasa por el procedimiento de un patadón nocturno y empezaban a percibirse arbitrariedades en su posterior privatización ante la indiferencia o ignorancia de la opinión pública. El poder omnímodo del PSOE comenzó a asustar a un importante sector de los poderes fácticos, quienes no veían en aquellos momentos posibilidad alguna de que la derecha fuera capaz de levantar la enorme y granítica losa socialista que había dado algún indicio y hasta alguna muestra de matonería.

No se trataba de ganar al PSOE en las elecciones que asomaban en el cercano horizonte de 1986. Hubiera sido una ingenuidad el planteamiento de una operación política en un par de años para desmontar al ciclópeo partido hegemónico. Aunque no era ninguna locura el impulsar un nuevo centrismo capaz de asentarse en un terreno que bien pudiera perder la izquierda y que entonces se veía como lejana probabilidad que ganara la derecha. Se trataba

EUROPA PRESS

Simpatizantes del líder derechista le piden que no se retire desde la sede de Alianza Popular. Minutos después, Fraga decía adiós a sus bases desde una de esas ventanas.

de una aventura intelectualmente solvente. Y habría que emprenderla desde algo construido. Una mirada al panorama político en aquellos momentos sólo mostraba un Centro Democrático y Social en la mínima expresión de dos diputados -un tándem atravesando el desierto- los nacionalistas y un partido joven y sin representación parlamentaria, el Demócrata Liberal, liderado por Antonio Garrigues Walker, hombre de perfiles "kennedystas", abogado de gran prestigio y con una prometedora foto de cabeza de cartel.

Antonio Garrigues había fundado el PDL sobre la base concienzuda de los clubes liberales. Había seguido el consejo de sus correligionarios ingleses y alemanes quienes le habían indicado que, antes de montar un partido, era necesario proceder a la creación de una base en la que se difundieran las ideas liberales que luego sustentarían la formación política. Y así lo hizo. Al menos 32 clubes estaban en funcionamiento cuando, en enero de 1983, se celebró el congreso constituyente del Partido Demócrata Liberal. Apenas unos meses después, de manera más impulsiva que reflexiva, sin asentimiento, se presenta a las elecciones municipales recogiendo un explicable fracaso. Fue más un experimento malogrado que una derrota y así se entendió en círculos políticos. Alguna broma sobre si Garrigues se presenta para alcalde y ni siquiera consigue ser concejal no empañó, como enseguida se verá, la seriedad doctrinal y conformación viable de un proyecto que había tropezado por precipitación.

El PDL bien podía ser la plataforma de lanzamiento del nuevo centro. Aunque, por su bisoñez, necesitaría la apoyatura experimentada de otra formación. Y ahí aparece Convergència y Unió, deseosa de exportar al resto de España su forma de hacer política, la tópica, por insistentemente recordada, fórmula de Cambó. Miguel Roca, "el catalán en Madrid", cuya brillantez nunca sería lo bastante recompensada, entretejió una "operación reformista" a la que los políticos y los medios de comunicación bautizarían con su apellido. Y ése iba a ser el anuncio de su desintegración. Roca y Garrigues pactaron el PRD -Partido Reformista Democrático- en el que se fusionaban el Partido Demócrata Liberal del primero y las ideas, no la persona, de Miguel Roca con el conocimiento, aprobación y apoyo de Jordi Pujol, lo que significaba de CiU. Lo que se llama "la banca" estaba dispuesta para abrir créditos sin apenas más garantías que una idea y el aval no firmado, aunque sobreentendido, de Convergència.

La banca estaba dispuesta para abrir créditos al PRD sin apenas más garantías que una idea y el aval no firmado, pero sobreentendido, de CiU

La persona que se encargó de encauzar la ayuda bancaria hacia la nueva formación política fue el profesor Rafael Termes, entonces presidente de la poderosa Asociación Española de Banca (AEB) y permanente invitado a las comidas que todavía en aquella época congregaban a los presidentes de los "siete grandes" del sistema financiero privado. Adolfo Suárez fue informado de los apoyos cuantiosos que recibiría el nuevo PRD como partido liberal centrista y que su CDS sería tratado por ventanilla sopesando para la concesión de créditos sus posibilidades de votos y otras garantías. La banca le pidió a Adolfo Suárez poco menos que su rendición. Se trataba de que se

El PSOE baja

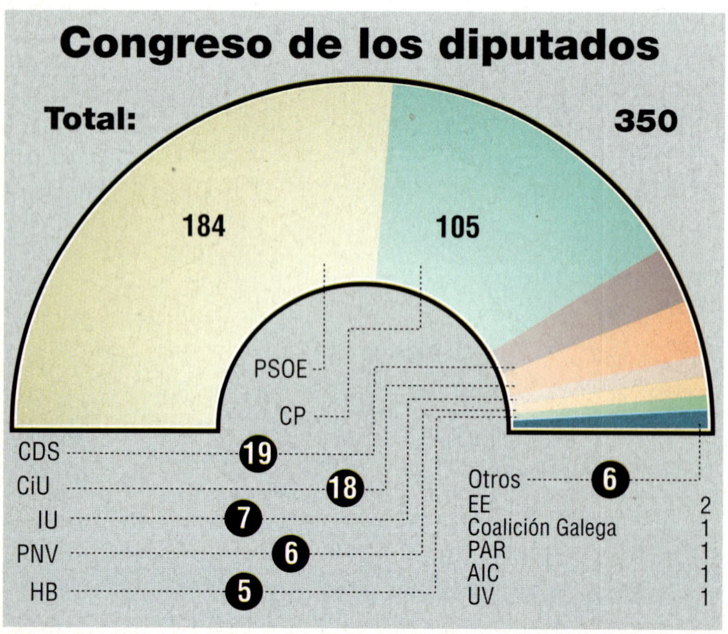

Las primeras elecciones generales a las que el Partido Socialista Obrero Español (PSOE) concurre desde el poder, las celebradas el 22 de junio de 1986, confirman su fortaleza. Desciende su cuota de votos de manera notable (pierde 1.225.000) pero sigue manteniendo una mayoría absoluta desbordada: 8.901.718 votos, que se traducen en 184 escaños. En porcentajes, la pérdida se sustancia en 4 puntos. El PSOE baja... pero arrolla.

Lo que pierde no lo gana, sin embargo, su principal oposición, la Coalición Popular (CP) de Manuel Fraga, que repite resultado con una ligera fuga de votos (270.000). Mantiene su porcentaje en el 26. Este resultado desanima a la derecha, que empieza a convencerse de que el "techo de Fraga", expresión que se haría familiar, no podría ser roto sin un cambio profundo en la organización política y en la oferta electoral.

El centro tampoco consigue remontar. El Centro Democrático y Social (CDS) de Adolfo Suárez recoge algunos de los votos antiguos de la Unión de Centro Democrático (UCD), pero se queda en 1.838.799, que representan el 9,16 % y significan 19 escaños. El CDS es la tercera fuerza política pero a

Antonio Hernández Mancha (izquierda) y Miguel Herrero y Rodríguez de Miñón posan juntos en un congreso de AP.

integrase en el nuevo partido. Florentino Pérez, secretario general del PRD, le visitaría para ofrecerle la resolución de su problema personal: número uno de la lista por Madrid para él y la misma posición por Avila para Agustín Rodríguez Sahagún. Así los diputados del CDS quedarían como estaban. Adolfo rehusó.

Otra operación secretamente preparada consistía en una alianza con Oscar Alzaga y su Partido Demócrata Popular (PDP) en virtud de la cual si los reformistas obtuvieran una representación suficiente como para situarse de bisagra en el nuevo Parlamento, abandonaría su pacto con Alianza Popular para integrar o coaligar sus diputados con los reformistas. Así se comenzaría a construir la futura alternativa al socialismo.

Los cuatro pilares que se presumieron muy sólidos para la operación PRD, fueron dos personas: Miguel Roca y Antonio Garrigues, un catalán y un madrileño, ambos en la cumbre del prestigio y dos instituciones pretendidamente en la sombra: Convergència y Unió, el gran partido de la derecha periférica heredero de las tradiciones señoriales catalanas y la banca que de hecho o de derecho está radicada en Madrid como resumen de las finanzas españolas. Brillantez en los líderes, un programa liberal bien ⋙

ero arrolla

tanta distancia que es incapaz de inquietar a los dos grandes.

En este campo centrista se produce el fracaso del Partido Reformista Democrático (PRD), que sirvió de base a la "Operación Roca". Logró sólo 194.538 votos, lo que no representó ni el 1 % de los emitidos y se quedó sin escaño. Por el contrario, Convergència i Unió (CiU) dio un importante salto del 3,68 al 5,05 %, lo que le valió agrupar 18 escaños. La otra gran oferta nacionalista, el Partido Nacionalista Vasco (PNV), se resintió de las divisiones internas y vio reducida su presencia en el Congreso de 8 a 6 escaños.

El Partido Comunista de España (PCE) se presentó por primera vez en la coalición IU (Izquierda Unida), que logró un notable avance: de 4 a 7 escaños.

Herri Batasuna (HB) experimentó un notable incremento, estableciendo el récord de su historia electoral. Otras cinco formaciones se repartieron el resto de los votos. Euskadiko Ezkerra (EE), que años después se uniría al Partido Socialista de Euskadi, ganó dos, y la Coalición Galega (CG), el Partido Aragonés Regionalista (PAR), las Agrupaciones Independientes de Canarias (AIC) y Unió Valenciana (UV) alcanzaron uno cada una.

En el Senado, el PSOE siguió controlando una elevada y cómoda mayoría absoluta.

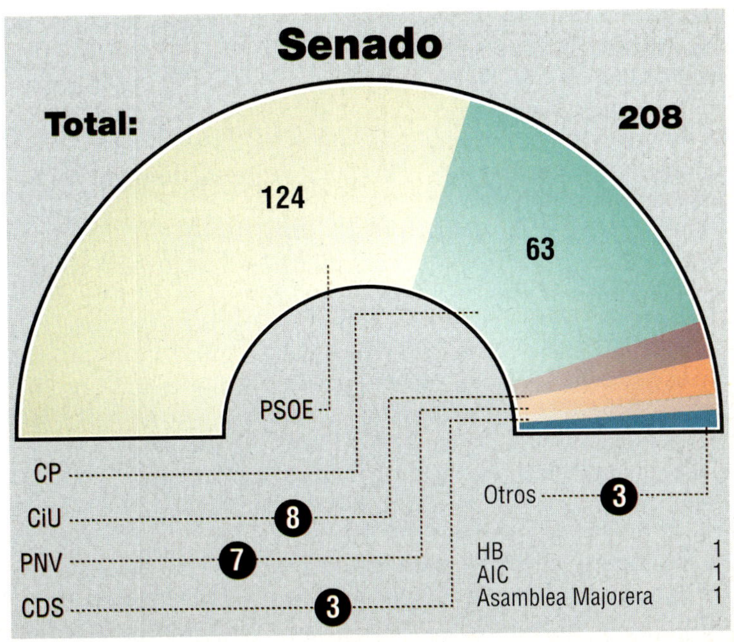

armado, el respaldo de la experiencia de un partido sólidamente organizado como el de Pujol y dinero. Cuatro musculosas piernas para echarse al camino. O, al menos, eso se pensaba.

Durante los días 23, 24 y 25 de noviembre de 1984 se celebró el primer Congreso Federal del Partido Reformista Democrático con el apoyo de la Federación Europea de Partidos Demócratas y Liberales a la que pertenecía el PDL de Garrigues. Numerosas personalidades respaldaron entonces el nacimiento de la nueva formación política, bien con su presencia física o con el envío de mensajes: Raymond Barre, Hans-Dietrich Genscher, Simone Veil, Pinto Balsemao y un largo etcétera de sonoros nombres del liberalismo europeo y sudamericano. Se elige el Comité Ejecutivo Federal y resulta presidente Antonio Garrigues Walker, secretario general Florentino Pérez y vicesecretario Pedro Pérez, un joven y muy acreditado gestor. En la larga nómina de directivos no aparece Miguel Roca. Y, sin embargo, sería el candidato a la Presidencia del Gobierno. Ello era y es técnicamente posible, aunque también es cierto que sería difícilmente entendible por un electorado. Siendo, además, que el señor Roca se presentaría como candidato al Parlamento por Convergencia y Unión.

Llegan las elecciones del 22 de junio de 1986. La precampaña del Partido Reformista Democrático es excelente. Se ha creado una gran expectativa. En los círculos más elitistas de Madrid y Barcelona se cantan las virtudes de la gran operación que va a empezar a rodarse y que significa modernización y empuje, calidad técnica y posibilidades de ilusión. Entre la crisis de la derecha y la altivez socialista va a surgir una tercera fuerza hasta entonces desconocida en España: centrípeta en cuanto aglutinadora de intereses comunes y centrífuga en cuanto a reconocedora de la peculiaridad -hoy se diría "hecho diferencial"- de las nacionalidades periféricas. De momento, sólo de la catalana, porque el PRD -otra curiosidad- no se presenta ni en el País Vasco ni en Galicia. Tampoco en Cataluña, ¿para qué, si su líder pertenece al partido nacionalista de esa comunidad?

EUROPA PRESS

De izquierda a derecha, los tres líderes del PRD, Garrigues Walker, Roca y Sáinz de Robles.

A finales de mayo el diario *Ya* da al Partido Reformista más de veinte diputados posibles. Entre treinta y cuarenta pensaban obtener sus responsables, militantes y auspiciadores. Sin embargo el día 30 de mayo la empresa "Sofemasa" entrega a la cúpula de la organización una encuesta mucho más próxima a la que sería la realidad: ningún diputado, aunque si se vuelcan en Baleares, donde cuentan con Jerónimo Albertí, conseguirían uno. Naturalmente aunque el aviso hace mella, a más de veinte días de las elecciones no se pierde la confianza. Treinta diputados se consideran asequibles.

El mensaje del PRD no fue asimilado por los potenciales votantes que siguieron entendiendo que era un partido montado en Cataluña

El cabeza de lista por Madrid no es Antonio Garrigues, que iría segundo, sino un ilustre jurista ex presidente del Consejo General del Poder Judicial: Federico Carlos Sáinz de Robles. Aunque sería Garrigues quien daría más la cara y que iba a desesperarse en las ruedas de prensa porque tendría que contestar mucho más a preguntas sobre la extraña composición de su partido que a su programa. Sus mensajes no llegaban a la opinión pública. Los periodistas, obviamente, estaban más interesados en saber qué habría detrás de la llamada "Operación Roca", cómo se articulaba realmente, el auténtico papel de Convergència y tantos asuntos que, aun explicados por el partido, no habían sido asimilados por los potenciales votantes que seguían entendiendo que el Reformista era un partido montado en Cataluña por Convergència. Y sobraban razones para así pensarlo.

Adolfo Suárez no se amilana ante el partido rival que cuenta con tan poderosos apoyos. En un programa de Mercedes Milá al que acude alentado por sus fieles, aunque sin ganas, su estatura crece enormemente. Se presenta gallardo, como en sus mejores tiempos y saca partido a su desamparo. Es un luchador prácticamente solitario y marginado por la banca mientras que Miguel Roca goza de los favores crediticios y además, y esto es importante, apenas se juega algo. Si su inspirado Partido Reformista pierde en las elecciones y se estrella, él tiene seguro su escaño por Convergència. Juega a dos paños y de producirse su caída en la operación nacional, lo haría sobre el mullido colchón catalán.

Por otra parte, se produce durante la campaña un hecho llamativo y es que Televisión Española -las privadas no habían empezado a funcionar- sacaba con excesiva frecuencia a Miguel Roca hablando en catalán con los correspondientes subtítulos. Algo terriblemente dañino en el ámbito nacional. Cierto que el partido en el Gobierno, el PSOE, estaba interesado en secar a los reformistas. Aunque aquella manipulación era demasiado descarada. Pedro Pérez, vicese- cretario del PRD, se puso en contacto con el responsable de la información electoral en TVE, Xavier Vidal Folch, para pedir explicaciones y obtiene una gran sorpresa: Convergència y Unió es quien presiona para que Roca salga hablando en catalán con subtítulos en castellano.

TVE sacaba a Roca hablando en catalán con los correspondientes subtítulos, pero era CiU quien presionaba en ese sentido

El 22 de junio se produce el desastre. El PRD no obtiene ni un solo diputado y la exigua cifra de 194.538 votos. Alianza Popular se mantiene, el PSOE baja pero sujeta una cómoda mayoría absoluta y el CDS de Adolfo Suárez brinca espectacularmente de dos a diecinueve diputados. La "Operación Roca" no ha servido absolutamente para nada. Aunque es rentable para Convergència que pasa de 12 a 18 diputados: Pujol se ha servido de ella para convencer a los emigrantes en Cataluña que el suyo era un partido de esfuerzo nacional. Antonio Garrigues, con honestidad y hombría, reconoce los errores del PRD y vuelve a su bufete sin reproches. Se han gastado 1.500 millones de pesetas en la fallida operación. 700 provenientes de la banca, 400 de empresarios, principalmente constructores, vinculados a Cataluña por negocio. 100 de la Confederencia de Cajas de Ahorro y AEB. Otros 300 de diversos créditos. CiU se hace cargo de negociar y pagar las deudas realmente exigibles. Los proveedores cobran. La banca engorda el capítulo de fallidos.

La crisis de la derecha sigue abierta. Manuel Fraga entiende que es hora de renovar su partido y comienza a pensar que un relevo joven que se produciría pronto en Antonio Hernández Mancha. Una experiencia que nada iba a resolver y que obligó el retorno del fundador.

El hecho de que el PSOE perdiera 18 escaños -de 202 a 184- se interpretó como un lógico desgaste de gobierno. La subida de Suárez sería episódica y el estancamiento de los populares alarmante. El abatimiento de la derecha estaba más que justificado. No se veía la forma de atacar con éxito a un líder, como Felipe González, que le sacaba una diferencia de tres millones y medio de votos a Fraga. Claro que Adolfo Suárez con su CDS había obtenido casi 1.850.000, lo cual recortaba sensiblemente distancias y aún más si se sumaban el millón de votos de CiU y los 300.000 del PNV. No se veía claro un entendimiento entre populares y nacionalistas, aunque todo se andaría. Lo que sí se entendió es que había que ir a por el centro de Suárez. No sólo no se había podido con el CDS, sino que remontó asombrosamente. Sería esa parcela en alza el primer objetivo de los populares en su lento ascenso hacia La Moncloa.

EUROPA PRESS

Oscar Alzaga, Manuel Fraga y José Antonio Segurado en la noche del 22 de junio de 1986.

Una querella política contra Pujol

Ramón Pi

Periodista. Editor del libro de Jordi Pujol, "Cataluña, España"

El 19 de mayo de 1984, *El País* publicó un explosivo titular en primera página: "Inminente querella del fiscal del Estado contra Jordi Pujol y otros responsables de Banca Catalana". Los fiscales de Barcelona José María Mena y Carlos Jiménez Villarejo tenían ultimado el texto de una querella criminal por apropiación indebida contra varios miembros del consejo del banco. Era una auténtica bomba informativa que estallaba a un mes mal contado de la resonante reelección de Pujol, por mayoría absoluta, en los comicios autonómicos.

La reacción del político catalán fue asomarse al balcón del Palau de la Generalitat ante una multitud encolerizada que abarrotaba la Plaça de Sant Jaume barcelonesa, y denunciar que había sido objeto de "una jugada indigna" por parte del Gobierno socialista. El enfervorecido gentío, sin embargo, fue exhortado por el carismático presidente a volver pacíficamente a casa, sin perturbar el orden público ni hacer manifestaciones externas contrarias al Gobierno. Pujol, que políticamente se sentía fuerte tras su victoria, dosificó hábilmente la arenga y el llamamiento a la calma: transmitió a Madrid el mensaje de que no se podría jugar así como así con él, y demostró al mismo tiempo hasta qué punto ➳

él, y sólo él, era capaz de asegurar la tranquilidad pública en Cataluña.

La crisis del grupo de Banca Catalana era conocida desde hacía tiempo, así como los esfuerzos del Banco de España por ponerle fin y propiciar alguna solución que no pusiera boca abajo el sistema financiero en conjunto. El propio ministro de Economía, Miguel Boyer, había señalado públicamente que la crisis de Banca Catalana era la más grave de todas las detectadas hasta entonces, y que estaba intentando todo lo posible para que el grupo no perdiera su catalanidad, a pesar de lo cual eso iba a resultar prácticamente imposible (como así fue: el Banco de Vizcaya, hoy integrado en el BBV, acabó absorbiéndolo). También en el Parlament de Catalunya había saltado el asunto en otoño de 1983.

Banca Catalana era ciertamente peculiar, mezcla de negocio bancario y de oficina financiadora de las más variadas iniciativas catalanistas. Nacida en 1959 de la compra de la Banca Dorca, un pequeño Banco de Gerona, por la familia Pujol y algunos amigos, fue la principal plataforma de la que Jordi Pujol se sirvió durante años para poner en práctica su obsesión vital: la regeneración social, económica y política de Cataluña. Por medio del banco y de empresas bajo su influencia, Pujol financió desde publicaciones periódicas a instituciones pedagógicas o iniciativas cívicas. Eran los años de "fer país" (hacer país), de dotar de vitalidad a la sociedad civil catalana, sin parar mientes en el color político o ideológico de esas iniciativas, siempre que fueran de signo catalanista.

Jordi Pujol, cuya figura era ya conocida y admirada en Cataluña a raíz de los hechos del Palau de la Música que le acarrearon una temporada de prisión a principios de los sesenta, se convirtió en banquero sin dejar por ello de ser una especie de apóstol de su patria catalana. Los accionistas y los empleados participaban muy mayoritariamente de esta misma mentalidad y de ese mismo espíritu regeneracionista, lo que les llevó a fiarse ciegamente del equipo dirigente y secundar todas sus propuestas.

El Banco creció espectacularmente al principio, y pronto pasó a convertirse en un grupo complejo extendido por toda Cataluña y aun fuera de su ámbito, en el resto de España y en París, Londres y Nueva York. Pero los generosos extratipos, una cierta mentalidad paternalista, la mala racha del Banco Industrial de Cataluña (una especie de "INI catalán" paralelo, integrado en el grupo), la gestión deficiente en más de un aspecto y muchos créditos otorgados con criterios que despreciaban las más elementales cautelas produjeron la catástrofe, que no se puso de manifiesto del todo mientras funcionaron los maquillajes contables que hacían

EUROPA PRESS

Manifestación de apoyo popular a Jordi Pujol por el "caso Banca Catalana".

aparecer beneficios al considerar como activos cantidades rigurosamente incobrables, y mientras no se desencadenó la desconfianza del público, asustado y huidizo al conocerse las primeras noticias de la crisis. El "agujero" fue ampliándose hasta que las autoridades económicas hubieron de intervenir.

Jordi Pujol había abandonado sus responsabilidades en Banca Catalana en 1977, cuando se dedicó a la política a tiempo completo. Lo había anunciado formalmente un año antes, en su famosa conferencia de ESADE, en Barcelona, cuando anunció que para él había terminado la época de "fer país" para comenzar la de "fer política".

Pero la impronta de su figura, la conciencia de muchos de que él seguía estando allí -aunque de forma invisible- y el hecho de que continuó siendo durante algún tiempo el principal accionista, aun después de haber abandonado el Consejo y cualquier función ejecutiva, hacían que los avatares del grupo gravitasen políticamente sobre él de forma inevitable. Los tecnicismos acerca de si las responsabilidades que se le imputasen habrían prescrito o no, eran cosa secundaria a efectos políticos, aunque pudieran ser determinantes a efectos penales. La querella, que los fiscales aseguraron haber redactado con ausencia absoluta de recámara política, constituyó desde el primer instante casi sólo una bomba política.

Pujol, que por su temperamento (y acaso también por su experiencia) tiene cierta propensión a adivinar intenciones descalificadoras de su persona y a ver maniobras persecutorias contra él, no dudó en ningún momento de que estaba siendo víctima de una operación destinada a destruirlo políticamente. Y no le faltaban indicios, desde luego: las declaraciones del fiscal general del Estado, Luis Burón Barba, en los primeros días de marzo anunciando una querella casi con seguridad; unas manifestaciones virulentas del vicepresidente del Gobierno, Alfonso Guerra, lamentando que Pujol se escapase "por los pelos" al haber prescrito para él los presuntos delitos que figuraban en la querella; el uso que parlamentariamente se estaba haciendo del asunto, y los rumores que le llegaban de muy diversas fuentes, a cual más alarmante, todo parecía confirmar sus sospechas de que se estaba urdiendo desde el poder una jugada encaminada a acabar políticamente con él.

Meses después de la presentación de la querella, el entonces delegado del Gobierno en Andalucía, Tomás Azorín, remachó estas sospechas con una frase emblemática: "No vamos a parar hasta meter a Jordi Pujol en la cárcel". Pero incluso para el superpoder socialista de la primera mitad de los años 80, Pujol era mucho Pujol: y si políticamente lo atacaban, políticamente se defendió, llenando la Plaça de Sant Jaume y exhibiendo su enorme capacidad de movilización (o de desmovilización, según las circunstancias) de muy amplios sectores de la sociedad de Cataluña.

El irresuelto asesinato de Santiago Brouard

El crimen del médico de Herri Batasuna tuvo lugar en su consulta

Ricardo Arques

Ya se habían producido demasiados asesinatos al otro lado de la frontera. Muchos muertos firmados por unas siglas, las de los Grupos Antiterroristas de Liberación (GAL), que irrumpieron a finales de 1983 en la escena terrorista para acosar a los miembros de ETA refugiados en el sur de Francia, el escenario que habían convertido en su "santuario". Pero la "guerra sucia" dio entonces un salto cualitativo. Era el 20 de noviembre de 1984 cuando el médico Santiago Brouard, dirigente de Herri Batasuna, moría asesinado en la consulta donde ejercía la pediatría en Bilbao.

La trayectoria política de Santiago Brouard y el significado de su figura dentro del llamado Movimiento de Liberación Nacional Vasco (el MLNV, que engloba a los partidos y asociaciones radicales vascos junto a la organización terrorista ETA) perfilaban el asesinato como un crimen político.

Brouard fue hasta su muerte el líder indiscutible de HASI, un partido integrado en la coalición de Herri Batasuna que servía de dinamizador de todo el movimiento. De temperamento dialogante y negociador, aunque muy firme en sus ideas, el gran interrogante abierto tras el crimen es si su asesinato pretendió dinamitar cualquier entendimiento entre ETA y el Estado, envueltos en innumerables contactos en aquellos años. Santiago Brouard ejercía sobre la izquierda abertzale un carisma similar al que Txomin Iturbe había proyectado en ETA hasta su muerte. Los funerales por el entierro del pediatra bilbaíno asesinado conformaron la mayor manifestación de condena del abertzalismo vasco.

EFE

Los asistentes al sepelio de Santiago Brouard intentan avanzar con el ataúd a través de un cordón policial.

El crimen de Santiago Brouard se instruye en el Juzgado de Instrucción número 1 de Bilbao y aún no está resuelto. Más de siete magistrados han dirigido la instrucción y, hasta el momento, sólo el traficante de armas Juan José Rodríguez Díaz, alias "El Francés", está procesado por el caso.

Las prolongadas diligencias judiciales se han enredado. El empresario Luis Morcillo, los hermanos López Ocaña y su cuñado, Alberto Granados Céspedes, un confidente policial y un heroinómano, asesinado por uno de ellos, aparecen como protagonistas principales de una trama cercana al culebrón.

Por añadidura, las indagaciones policiales se mostraron desde el principio parcas. Un informe de la Dirección General de la Policía, dirigida entonces por el comisario Jesús Martínez Torres, no contemplaba como hipótesis de trabajo que el carismático dirigente de HB fuera asesinado dentro de las operaciones de "guerra sucia" que estaban desarrollando los GAL.

Sólo el comisario Antonio Rosino, encargado en un principio de la investigación, hizo públicos algunos indicios que apuntaban hacia la teoría del crimen político. El comisario anunció que el asesinato se había programado en una reunión celebrada en Bilbao en la que habían participado, entre otras personas, un empresario, un abogado, dos guardias civiles y los autores materiales del asesinato.

Las altas instancias policiales, sin embargo, siguieron apuntando hacia la hipótesis del crimen común.

Todo un desafuero ju

Con su mayoría absoluta, el Gobierno de Gonzále

En total fueron trece las leyes sobre las que se aplicó el recurso previo de inconstitucionalidad, una de las pocas armas de las que disponía la oposición para combatir o anular las iniciativas del primer Gobierno socialista. De esas trece, el Tribunal se pronunció en siete ocasiones, concediendo amparo a cuatro de ellas.

En todo país que se constituya como un Estado social y democrático de Derecho existe el control de constitucionalidad de las leyes, que corresponde hacerlo al Tribunal Constitucional y que puede realizarse en tres momentos distintos: En primer lugar, el control previo, es decir, antes de que las leyes entren en vigor; en segundo, el control inmediato, después de su promulgación o vigencia; y, por último, el control permanente, que puede ejercerse cuando han de ser aplicadas.

Estos tres tipos de control venían regulados detalladamente en la Ley Orgánica 2/79, de 3 de octubre, de nuestro Tribunal Constitucional: el control previo, mediante el recurso previo de inconstitucionalidad, que había de interponerse en el plazo de tres días a partir de que el proyecto de Ley recurrido estuviese concluido; el control inmediato a su vigencia, a través del recurso de inconstitucionalidad; y el control permanente, por jueces y magistrados, mediante la cuestión de inconstitucionalidad.

Así las cosas, en 1985 el PSOE, que había llegado al poder en 1982 y tenía mayoría absoluta con 202 escaños en el Congreso de los Diputados, dispuso la modificación del art. 2.1.e) de la Ley de 3 de octubre de 1979, que decía: "El Tribunal Constitucional conocerá en los casos y en la forma que esta Ley determina: (...) e) "Del control previo de constitucionalidad en los casos previstos en la Constitución y en la presente Ley". "En los casos previstos en la Constitución", se refería a los tratados internacionales. La Ley del Tribunal, en su art. 79, normativizaba el recurso previo de inconstitucionalidad de los Estatutos de Autonomía y de las Leyes Orgánicas.

Pues bien, mediante la Ley Orgánica 4/85, de 7 de junio, el Gobierno socialista, con mayoría absoluta en el Parlamento, derogaba el citado art. 79, y se modificaba el apart. e) del núm. 1 del art. 2, con una nueva redacción, que reza así: "De la declaración sobre la constitucionalidad de los tratados internacionales". Es decir, ya no cabe el recurso previo sobre los Estatutos de Autonomía ni sobre las Leyes Orgánicas.

> **"El Gobierno socialista, con más de diez millones de votos, interpretó que su poder era absoluto y su capacidad legislativa ilimitada en el tiempo y en el espacio"**

Haciendo una estadística puramente referencial, hay que decir que los recursos previos instados ante el Constitucional, hasta que se modificó la Ley, fueron un total de trece. Todos durante la primera legislatura del Gobierno socialista. El Tribunal se pronunció en siete ocasiones -en el caso de la LOAPA se acumularon los presentados por el Parlamento y el Gobierno vasco, el Parlamento y el Gobierno catalán, y 50 diputados; y en el relativo a la Ley de Libertad Sindical, los presentados por el Parlamento y el Gobierno vasco, y por 65 diputados-. En cuatro ocasiones el alto tribunal estimó el amparo, parcial o total, solicitado por los recurrentes: reclamación contra el proyecto de Ley Orgánica de Armonización del Proceso Autonómico (LOAPA, sentencia 76/83); incompatibilidades de diputados y senadores (Sent. 72/84); reforma del Código Penal para la despenalización del aborto (Sent. 53/85); y derecho a la educación LODE (Sent. 77/85). Y en tres denegó el amparo: Ley de Elecciones Locales (Sent. 38/83); Ley de Libertad Sindical (Sent. 98/85); y, cómo no, la Ley que suprimía el recurso previo de inconstitucionalidad (Sent. 66/85).

La admisión de los recursos, y consiguiente paralización de las leyes, provocó un profundo malestar en aquel primer Gobierno socialista, que se agravó cuando el Tribunal declaró inconstitucionales determinados preceptos de la LOAPA, ley que había

rídico en 1985

Teodoro G. Ballesteros

Catedrático de Derecho de la Información de la Universidad Complutense de Madrid

uprimió el recurso previo de inconstitucionalidad

provocado enfrentamientos con vascos y catalanes; al anular la ley del aborto por vulnerar la Constitución; o al declarar inconstitucional una parte de la LODE. El efecto que causó la decisión del Constitucional, sobre todo en el caso de estas tres leyes que tenían una gran repercusión social, fue el llamamiento a un sometimiento más correcto a la Constitución, y una indudable censura jurídico-política que la soberbia de aquel Gobierno no estaba dispuesta a admitir.

La razón jurídica argumentada por el Gobierno socialista para cambiar la Ley era que el citado recurso provocaba una ruptura en el equilibrio de poderes. "Las Cortes Generales -se afirmaba en el preámbulo de la nueva Ley- pueden ver interferida su acción legislativa en cualquier fase del procedimiento de creación normativa, lo que no permite la plena conformación de la voluntad del órgano parlamentario. Por su parte el Tribunal Constitucional... se ve lanzado a una función que no responde al sistema de relación de poderes que la Constitución establece, interviniendo en el procedimiento de formación legislativa aun antes de que la voluntad parlamentaria se haya configurado definitivamente".

Esta interferencia en la fase de procedimiento no era exactamente cierta, porque el recurso había de presentarse en el plazo de tres días "desde que el texto definitivo del proyecto recurrible estuviere concluido", según el artículo 79.2 de la Ley, es decir, no "durante" el procedimiento.

Lo que realmente primó a la hora de cometer este desafuero jurídico fue la razón política. El Gobierno socialista, con más de diez millones de votos a sus espaldas y 202 diputados en el Congreso, interpretó que su poder era absoluto y su capacidad legislativa ilimitada en el tiempo y en el espacio. La Constitución sólo era un texto de referencia que podía ser vulnerado porque las Cortes, en tanto que representantes de la soberanía popular, y con esa legitimidad de origen, no aceptaban que sus actos plasmados en Leyes Orgánicas, es decir, reguladoras de derechos fundamentales y libertades públicas, fueran revisadas por ningún órgano, aunque fuera el Tribunal que tiene por misión ser intérprete de la Constitución. Confundían poder constituyente con poder constituido. Siendo como eran únicos y soberanos para gobernar, pensaban que también lo eran para legislar sin más límite que el de su propia voluntad.

El presidente del primer Tribunal Constitucional, Manuel García Pelayo, junto al Rey.

EUROPA PRESS

Desde que se suprimió el recurso previo de inconstitucionalidad, el Tribunal Constitucional ha tenido que pronunciarse sobre la constitucionalidad de innumerables leyes, que, una vez habían entrado en vigor, hubo de declarar, total o parcialmente, inconstitucionales. Recordemos, por todas ellas, la célebre Ley Orgánica 1/92 de Protección de la Seguridad Ciudadana, "Ley Corcuera", o también "de la patada en la puerta", que eximía a la Policía del mandamiento judicial para entrar en un domicilio privado, barbaridad que declaró inconstitucional el Tribunal pero que estuvo aplicándose desde febrero de 1992 hasta diciembre de 1993. Lo que, obviamente, no hubiera ocurrido de estar vigente el recurso previo de inconstitucionalidad.

Problemas de la libert

El derecho a la educación, inseparable de la libertad educativa, fue uno de los temas de la Constitución en los que resultó más trabajoso el consenso. Buena prueba es que el artículo 27 quedó "aparcado" para el último tren de acuerdos entre los dos partidos mayoritarios y aceptado finalmente por el resto de los partidos de la ponencia y de la Comisión Constitucional.

Como señala el profesor Alvarez Conde, el artículo 27 es "el más representativo del consenso constitucional, pues parecía requerir, posiblemente más que ningún otro, un desarrollo legislativo también consensuado". La realidad es que en la práctica ha habido un desarrollo razonable de la libertad de enseñanza y de los principios y previsiones más importantes del artículo 27, pero en cuanto al desarrollo constitucional la dialéctica parlamentaria ha sido más rupturista que pactista.

Los ministros de Educación de UCD, entre 1977 y 1978, iniciaron el desarrollo del artículo 27 todavía dentro del marco de la Ley de Educación "Villar" de 1970 y dedicaron especial atención entre 1978 y 1981 a convertir en una realidad la generalización de la enseñanza obligatoria y a ampliar las dotaciones de las enseñanzas medias mediante un espectacular plan de construcciones escolares que no había tenido parangón en la historia.

Sin embargo, la ley que venía a regular el Estatuto de Centros Escola-res (ley orgánica 5/1980) fue probablemente el proyecto que creó mayo- res tensiones en las dos legislaturas de mayoría relativa de UCD, pues los conceptos de "libertad de enseñanza", "participación del gobierno de los centros", "escuela pública y privada" y muy singularmente "ideario", pusieron de manifiesto hasta qué punto los temas educativos y culturales siguen siendo materia que delimita las ideologías de los partidos y su planteamiento normativo. El tema llegó al Tribunal Constitucional por recurso del Grupo Socialista y determinó la sentencia de 18 de febrero de 1981 con cuatro votos particulares, lo que ponía de manifiesto que la cuestión era de difícil coincidencia entre los magistrados. La sentencia consideró constitucionales los puntos más significativos de la LOECE.

El espectacular triunfo del PSOE en 1982 produce reacciones de distinto signo: de optimismo en el marco de la enseñanza pública y de pesimismo, en la práctica justificado, en la enseñanza privada.

En marzo de 1984, el PSOE obtiene la aprobación de la Ley Orgánica del Derecho a la Educación (LODE), que fue recurrida por el Grupo Parlamentario Popular con el aún vigente cauce del recurso previo. La sentencia, de junio de 1985, desestimaba el recurso, declarando únicamente inconstitucionales dos artículos de la LODE y produciendo la derogación de la LOECE de 1980. Todo ello evidenciaba una vez más la existencia de dos concepciones distintas y en gran parte antagónicas de la interpretación de la libertad educativa que postula el artículo 27.

> "Las discrepancias entre los partidos no han provocado una guerra escolar. Pero existen serios problemas para el derecho de los padres a que sus hijos reciban una formación religiosa y moral de acuerdo con sus convicciones"

Paradójicamente, la derogación de la LOECE supuso la aplicación en el sistema educativo de normas legislativas promulgadas en la etapa predemocrática. Luego se produce, a través de reformas de la Función Pública y de los Cuerpos de la Administración, un movimiento sísmico en las estructuras educativas con el acceso masivo de nuevo funcionariado, recluta de responsables de la inspección, mediante la libre designación, concursos de méritos, comisiones de servicio muy cuestionadas. En el fondo, en estas reformas que afectaban a la enseñanza pú-blica había un cierto afán de debilitar lo que habían sido durante muchos años importantes pilares de la enseñanza, como los Cuerpos de la Inspección de la Primera Enseñanza y de Bachillerato. Los concursos de méritos, como sucedáneos de las oposiciones libres, no garantizaron una mejor calidad de los técnicos y docentes del sistema educativo público.

El ministro Maravall culmina su gestión en 1987 presentando un proyecto de ley "para la Reforma de la Enseñanza" en cuyo prólogo señala la existencia de una inhibición de los poderes públicos ante las necesidades escolares, incluyendo indirectamente en esta crítica la gestión socialista educativa durante la II República. La proliferación de reformas parciales de la enseñanza pública y muy especialmente la obsesión derogatoria por cuanto había hecho UCD, creó importantes vacíos pretendidamente sustituidos por una fase experimental que, según el experto Pedro

ad de enseñanza

Iñigo Cavero
Ex ministro de Educación, Justicia y Cultura con Adolfo Suárez. Presidente del Consejo de Estado

Caselles, produjo "la confusión y menosprecio de la mayor parte del profesorado".

La nueva ley tenía una orientación innovadora en cuanto prolongaba la enseñanza obligatoria hasta los 16 años y la reestructuración de la EGB y el BUP, pero venía a crear una seria preocupación sobre la llamada ESO para el tramo educativo entre los 12 y 16 años (desplazamientos escolares) sin perjuicio de no haber dejado superadas las disputas entre el profesorado por asumir la responsabilidad educativa, amén de los requisitos académicos de este profesorado, readaptación de edificios e instalaciones, problemas curriculares, etc.

Todo lo prometedor que podía tener la nueva ley queda negativamente compensado por las escasas perspectivas de financiación adecuada. De otra parte, el bachillerato de dos años, con cuatro modalidades, va a ser de muy difícil implantación y va a determinar una insuficiente preparación para el acceso a la Universidad.

Entre tanto, la peculiar concepción de la libertad de enseñanza por el PSOE se traduce en dificultades para la enseñanza privada, especialmente para la subvencionada o concertada, ya que, si bien se aumenta notoriamente la dotación presupuestaria para su atención, las exigencias de requisitos para los centros privados, los controles a veces excesivos y otras condiciones producen una espectacular reducción de los centros de enseñanza privada. La realidad es que en 1982 la enseñanza privada suponía un porcentaje superior al 50 y en 1996 escasamente llega al 30.

Las movilizaciones populares contra la LODE se extendieron por todo el país. La educación fue uno de los frentes políticos más encarnizados.

EUROPA PRESS

Pero no en todo el territorio español ha sido igual la aplicación de la libertad de enseñanza. En el territorio MEC -donde no se han realizado transferencias educativas- la situación de la enseñanza privada se ha debilitado en contraste con algunas autonomías, como la vasca y la catalana, en las que mantiene razonables niveles de presencia debido a otras estrategias de ayuda de centros no estatales. Ahora, la LOGSE va a crear serias dificultades a los centros privados que pretendan impartir el nuevo bachillerato con sus cuatro especialidades, debido a las inversiones a que obliga.

Las discrepancias entre los partidos afortunadamente no han provocado una guerra escolar. Podemos decir, sin embargo, para concluir que existen serios problemas para el cumplimiento efectivo del derecho de los padres a que sus hijos reciban una formación religiosa y moral que esté de acuerdo con sus convicciones (art. 27.3), ya que la enseñanza es algo más que la mera transmisión de conocimientos científicos y debe comprender, como señala un voto particular de la sentencia del Tribunal Constitucional de 1981, "la comunicación de unas convicciones morales, filosóficas y religiosas conforme a una determinada ideología". El tema no lo resuelve el binomio escuela pública-escuela privada, puesto que en las zonas rurales sólo tiene sitio la escuela pública y los padres tienen legítimo derecho constitucional a aspirar a que sus hijos puedan recibir en la escuela pública unas convicciones religiosas congruente con sus ideas.

El balance, en definitiva, genera ciertas dudas sobre una auténtica aplicación del principio de libertad educativa. Hay que hacer referencia necesaria, finalmente, a que durante la gestión socialista han sido desarrolladas en la Ley de Reforma Educativa las normas que han permitido la creación y y puesta en marcha de universidades privadas, diferentes de las concordatarias, y que no habían conseguido superar los obstáculos para su creación, tanto durante el régimen de Franco, como durante la UCD.

1983

El calendario anterior, de 1982, fue publicado en el fascículo nº32

ENERO

Suprimido el anagrama "S". La clasificación "S" de las películas pornográficas empieza a desaparecer a comienzos de 1983, según decisión de la Dirección General de Cinematografía. Se regula el cine pornográfico y los filmes de esta temática pasan a clasificarse como "X" o, simplemente, para mayores de 18 años. El anagrama "S" fue creado por decreto en 1977.

FEBRERO

Desaparece la UCD. La Unión de Centro Democrático (UCD), el partido que pilotó la Transición, se disolvió tras la contundente victoria electoral el 28-O del PSOE. Con la dimisión de Landelino Lavilla y de Juan Antonio Ortega como presidente y secretario general de la formación, se precipitó la disolución del partido creado por Suárez.

MARZO

"La colmena", Oso de Oro en el Festival de Berlín. El mes de marzo se inició con una agradable noticia para el cine español: la película *La colmena*, de Mario Camus, conquistó el Oso de Oro del Festival de Berlín compartido con la película británica *Belfast, 1920*, de Edward Bennet.

Primer viaje al exterior de Felipe González. El flamante presidente del Gobierno decidió realizar su primer viaje al exterior a Marruecos, donde se entrevistó el día 29 con el rey Hassan II con el fin de instaurar un "régimen de confianza" entre ambos países.

ABRIL

Ballesteros, bicampeón en Augusta. Tres años después de que lo consiguiera por primera vez, Severiano Ballesteros se adjudicó el día 11 el torneo de golf de Augusta (EEUU).

EFE

Ballesteros, triunfador en Augusta.

MAYO

Las Vulpes, un grupo para la polémica. La sociedad española vivió este mes pendiente del conflicto que provocó la emisión, en un programa de TVE, de la canción *Me gusta ser una zorra* del grupo bilbaíno Las Vulpes. La Fiscalía General del Estado presentó una querella al considerarlo "escándalo público".

El Athletic de Bilbao de Javier Clemente gana la Liga. El Athletic de Bilbao de Javier Clemente conquistó la Liga 1982-83 al derrotar por 1 a 5 al Las Palmas y al perder el Real Madrid en Valencia. 27 años después, el club vizcaíno se adjudicó la séptima Liga de su historia. El recibimiento en Bilbao, con los campeones festejando el título por el Nervión desde una gabarra, fue apoteósico.

EUROPA PRESS

Javier Clemente, a la derecha, y los jugadores del Athletic celebran el título de Liga a su llegada en gabarra a Bilbao.

•Y TAMBIÉN•

- **"EL NOMBRE DE LA ROSA".** El lingüista y escritor italiano Umberto Eco presentó en España en enero el que sería su gran éxito editorial, *El nombre de la rosa*.
- **EXPROPIACIÓN DE RUMASA.** Otro 23-F para la Historia de España: el Gobierno de Felipe González expropia el grupo Rumasa.
- **CONTRA EL ABORTO.** El 5 de marzo, más de cien mil personas se manifiestan en Madrid contra el proyecto de ley de despenalización del aborto, que sería aprobado en octubre.
- **BORG ABANDONA EL TENIS.** El tenista Björn Borg se retiró del tenis, tras perder con Leconte en el torneo de Montecarlo, a sus 26 años.
- **PRIMER OSCAR ESPAÑOL.** Por primera vez, una película española, *Volver a empezar*, de José Luis Garci, obtiene un Oscar. Fue el 12 de abril.
- **PRIMERAS NOTICIAS SOBRE EL SIDA.** El profesor Luc Montaigner, del Instituto Pasteur, señala en París el 4 de mayo que el sida es causado por un virus. La enfermedad comienza a preocupar: el "síndrome de la AIDS".
- **EJECUCIONES EN GUINEA.** A pesar de las peticiones de clemencia del rey Juan Carlos, el 4 de julio son ejecutados los dos implicados en

EFE

Una canción del grupo Las Vulpes desató una viva polémica en 1983.

JUNIO

La reconversión industrial y la LODE. El mes de junio se vio caracterizado por dos iniciativas cargadas de polémica: la preparación de la reconversión industrial y la aprobación de la Ley Orgánica del Derecho a la Educación (LODE).

Los restos mortales de Charlie Rivel.

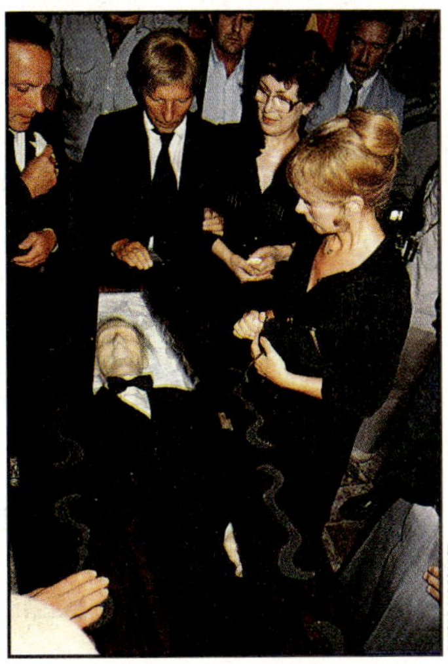

EUROPA PRESS

JULIO

Llanto por Charlie Rivel. Un fallo cardiorrespiratorio causó la muerte el día 26 al payaso Charlie Rivel, cuyo nombre verdadero era Josep Andreu Lasserre. Nacido en Cubelles (Barcelona), su característico aullido se convirtió en universal.

AGOSTO

Inundaciones en el norte. Un agosto trágicamente lluvioso. Más de 40 personas fallecieron por las inundaciones que se produjeron en el norte de España, principalmente en el País Vasco.

Muerte de José Bergamín. A sus 87 años, el escritor José Bergamín falleció el día 28 en San Sebastián. El féretro con sus restos mortales fue enterrado en Fuenterrabía envuelto en una ikurriña.

SEPTIEMBRE

El cante pierde a Antonio Mairena. Antonio Cruz García, conocido como Antonio Mairena, murió a los 74 años el día 5 en Sevilla víctima de un ataque al corazón. Mairena fue un maestro del cante.

Retirada la estatua de Franco en Valencia. Un hecho de gran valor simbólico: el día 9 fue retirada la estatua ecuestre de Franco situada desde 1964 en la plaza del País Valenciano de la capital del Turia.

OCTUBRE

Walesa, Nobel de la Paz. Por su defensa del sindicalismo independiente, el polaco Lech Walesa obtuvo el día 5 el premio Nobel de la Paz.

EEUU toma Granada. Bajo el argumento de "acabar con el caos", fuerzas estadounidenses ocuparon la pequeña isla de Granada el día 25 .

NOVIEMBRE

183 muertos al estrellarse un avión de Avianca. Faltaban sólo dos minutos para el aterrizaje cuando un "jumbo" de Avianca se estrelló el día 26 muy cerca de Barajas: hubo 183 muertos y sólo 11 supervivientes.

DICIEMBRE

Nueva tragedia en Barajas. Diez días después del accidente de Avianca, dos aviones (de Iberia y Aviaco, respectivamente) chocaron en una pista de Barajas. 93 personas perdieron la vida.

EFE

EUROPA PRESS

Arriba, soldados estadounidenses en Granada. Debajo, la tragedia de Barajas.

el intento de golpe contra Teodoro Obiang.

- **Comienza la "guerra de las banderas".** El Rey y Felipe González se manifiestan públicamente en contra de los ultrajes a la bandera que se producen en algunas poblaciones vascas.
- **Rock en verano.** En julio, agosto y septiembre de 1983, el cantante Miguel Ríos y su banda se recorren la geografía española con su espectáculo *Rock en una noche de verano*.
- **Clausura de la CSCE en Madrid.** El rey Juan Carlos clausura en Madrid el 9 de septiembre la Conferencia sobre Seguridad y Cooperación en Europa (CSCE).
- **Raúl Alfonsín, presidente.** El líder de la Unión Cívica Radical triunfa en las elecciones presidenciales argentinas (30 de octubre).
- **Terroristas "arrepentidos".** El Consejo de Ministros aprueba el 23 de noviembre la figura del terrorista "arrepentido", que podrá llegar a ser absuelto si coopera con la Justicia.
- **Secuestro de Segundo Marey.** Durante nueve días del mes de diciembre, Segundo Marey, residente en Hendaya, estuvo secuestrado por los GAL.
- **Incendio de Alcalá 20.** 79 personas murieron el 17 de diciembre en Madrid al incendiarse la discoteca Alcalá 20.

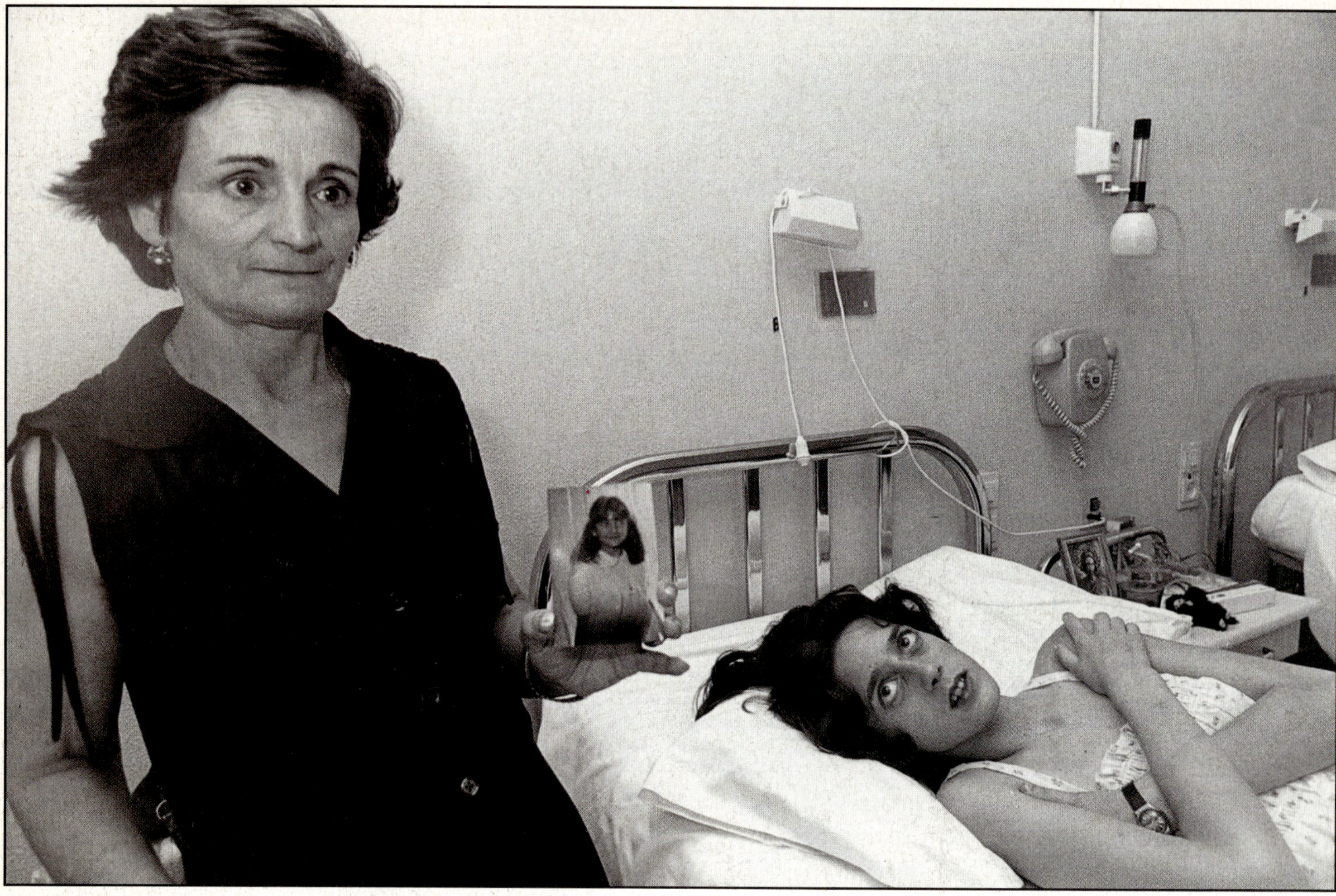

Dos víctimas de la colza. La madre sostiene la foto de otra hija ya fallecida. La sentencia que ha condenado al Estado a pagar indemnizaciones no les ha satisfecho.

El azote de la colza

Javier Lorenzo

No ser rico es un grave riesgo para la salud. Desde el 1 de mayo de 1981 lo saben los casi 20.000 afectados por el aceite de colza y las familias de los 1.200 fallecidos por una enfermedad que aún hoy sigue sin tener un origen preciso, pese a lo cual el entonces ministro de Sanidad, Jesús Sancho Rof, la definió como "un bichito que si se cae de la mesa se mata". Y si UCD no tuvo reflejos para afrontar el problema, el PSOE fue aún peor, permitiendo que la situación se pudriese sin diálogo a pesar de los 74.000 millones en prestaciones que el Estado había desembolsado . Las manifestaciones de afectados ante la sede socialista en Ferraz se hicieron comunes.

Por fin, el 24 de mayo de 1996 los tribunales condenan a 20.000 pesetas de multa por imprudencia simple al funcionario Manuel Hernández Bolaños, director del Laboratorio Central de Aduanas -quien una vez dijo del aceite que "olía a muerto"-. Una sentencia que convierte al Estado en responsable civil subsidiario y le obliga a pagar unas indemnizaciones que alcanzan los 300.000 millones de pesetas aproximadamente.

El objetivo principal, al margen de las anteriores condenas a los industriales, parecía conseguido. Sin embargo, el anunciado recurso de la Administración, así como que ningún otro funcionario fuera castigado, ha dejado un amargo sabor de boca en unas víctimas que ya han esperado demasiado.

PRÓXIMO CAPÍTULO: **EL FENÓMENO BUTRAGUEÑO**

UN JOVEN JUGADOR DE LA CANTERA DEL REAL MADRID REVOLUCIONA EL FÚTBOL. EL MUNDIAL DE MEXICO. LOS SINDICATOS EN LA DEMOCRACIA. **ESCRIBEN:** MIGUEL PARDEZA, AMANCIO AMARO, FERNANDO BERMEJO, JAVIER GARCÍA SÁNCHEZ, MARCELINO CAMACHO

1975-1995. Veinte años de nuestra vida

• HISTORIA DE LA DEMOCRACIA •

{CAPÍTULO 35}

La imagen muestra uno de los rasgos del fútbol de Butragueño, la velocidad. Tenía que ingeniárselas para romper el cerco que siempre le tendían varios defensas.

EL FENÓMENO BUTRAGUEÑO

Su fútbol fue una revolución para el espectáculo y un fenómeno social. Emilio Butragueño, un rubio chaval madrileño, con pinta de no poder resistir la primera tarascada del fornido defensa central de turno, emocionó a la afición del Real Madrid y de la selección. El estadio Bernabéu se llenaba para ver sus improvisaciones. Marcó una época y dio nombre a una promoción de jugadores, la "quinta del Buitre" (Michel, Sanchis, Pardeza, Martín Vázquez). Durante unos años fue la atracción nacional y dejó un rastro de genialidad y, pese a la fama y sin contradicción, de modestia.

Aquel muchacho rubio que llenaba el Bernabéu

Emilio Butragueño no dejó de ser madridista: "Todavía, cuando el equipo pierde, yo pierdo"

Mito, leyenda, prestidigitador. Emilio Butragueño marcó una época en el Real Madrid, dio nombre a una estupenda generación de jugadores y, con sus parones y diabluras en el área, hizo disfrutar y disfrutó. Tras once años en el club, se marchó al Celaya de México, un modesto que, con "El Buitre" en sus filas, quedó subcampeón. Su serena visión de la vida se ha acentuado con el paso del tiempo.

Fernando Bermejo

Butragueño, por las calles de Madrid, sigue siendo "asaltado" como en sus mejores años. Dejó huella. Y sigue dejándola en sus respuestas, largas, cargadas de contenido y muy meditadas. Ni una palabra de más y, ante todo, mucha humildad. Como siempre.

PREGUNTA.- Para valorar su trayectoria, siempre pidió tiempo. ¿Cómo enjuicia, doce años después de su debut en el Real Madrid, el "boom Butragueño"?

RESPUESTA.- Siempre viví un poco al margen de todo eso, porque tampoco creí demasiado en ello. Es muy difícil enjuiciarse a uno mismo, pero yo tengo muy claro que en la sociedad las cosas van y vienen. Sin saber por qué, escogen a uno. Y me tocó a mí, sin olvidar que fue una etapa magnífica de todo el equipo del Real Madrid. La gente me profesó un cariño que a otros no le daban. Y no sé por qué. Pero soy una persona de muchas inquietudes: el fútbol ha sido importantísimo para mí, ahora bien, siempre he pensado que por encima de todo está el ser humano. Que la gente en un momento dado se vuelque contigo hay que agradecerlo. A todos nos influye lo que le dicen los demás.

P.- ¿Cuál es el secreto de poder mantenerse al margen?

R.- Siempre he valorado mucho a la persona. Creo en la espiritualidad. Hay un ser superior que maneja todo. Creo mucho en el destino. La vida da muchas vueltas: hoy estás arriba, mañana estás abajo. Ser jugador del Madrid supone una gran presión y, aunque la gente te considere un privilegiado, seguro que hay muchas personas que viven con mayor tranquilidad. De todos modos, yo siempre me he preguntado qué es ➳

EL MUNDO

"El fútbol ha sido importantísimo para mí; ahora bien, siempre he pensado que por encima de todo está el ser humano".

Un clásico, un mito fundamental

Miguel Pardeza

Jugador del Real Zaragoza. Formó parte, en el Real Madrid, de la "Quinta del Buitre"

La prueba inequívoca de que Butragueño empieza a ser un clásico, o sea, una de esas referencias obligadas de una época, es que nadie que pretenda escribir la historia más o menos completa de los años ochenta puede obviar su figura. Un clásico. Es decir, un mito fundamental cuya trascendencia, acaso más social que profesional, explica -si no en gran medida, sí en una medida ilustrativa- cuál fue el alma balbuciente de aquel pueblo español que a la sazón principiaba su remontada histórica hacia la democracia. No exagero si afirmo que el fenómeno Butragueño fue un capítulo más de esa esperanzadora obra que firmó el espíritu colectivo de un país que entre nieblas y luces, amodorrado aún por el letargo de la dictadura, palpaba en el vacío del futuro para confeccionar ídolos a la altura de sus sueños. Uno de éstos fue sin duda Emilio Butragueño.

Yo lo conocí a principios de aquella década, cuando el socialismo acababa de trocar la pana por el azul ministerial, en una tarde inclemente de canícula. Todavía lo recuerdo con asombrosa nitidez. En la Ciudad Deportiva del Real Madrid yo hacía la cháchara intrascendente y futbolera con algunos compañeros de equipo cuando irrumpió una figura algo deslavazada de militar; la impresión fue unánime: de aquel canijo nadie sabía qué destacar más, si la ingenua y transparente seguridad que despedía su cara o el desatinado conjunto que ofrecía visto desde una perspectiva global.

Luego, al poco tiempo, todos fuimos testigos del ascenso veloz, brillante, inesperado de Butragueño, una circunstancia que aún estaba por depararnos a nosotros y a todo el país sorpresas más extraordinarias.

La biografía de Butragueño es harto conocida, así que no seré yo quien abunde en noticias y datos que están al alcance de cualquier aficionado al fútbol. Sí diré, sin embargo, que en lo que a mí respecta tuve la suerte de conocer y conservar una imagen de Emilio que nada tiene que ver con su proyección pública. Me refiero a ese Emilio oculto, vocacional, sensible, que muy pocos conocen y que, a mi modo de ver, representa su mejor faceta. Su amor al conocimiento, al destino del hombre y el desafío socrático de encontrarse a sí mismo han diseñado una personalidad exquisitamente equilibrada; un ejercicio de humildad y distanciamiento que le ha llevado a controlar -¡quién pudiera!- las más viscerales y bíblicas pasiones. En los ratos que he pasado con él jamás le he descubierto esos famosos pecados que hacen tan humano al hombre: la maledicencia, la envidia, el resentimiento, el odio. Creo que desde siempre supo reconocer la generosidad con que lo trataba la vida y aún sospecho que para sus adentros no debía ser infrecuente que se repitiera aquello que el narrador de *El gran Gatsby* soltaba, evocando a su padre, cuando lo acosaba alguna tentación: "Recuerda que no todo el mundo ha tenido la misma suerte que tú". Pero la suerte de Emilio, como digo, no está en todos sus logros, que no han sido pocos, sino en que haya sobrevivido a las añagazas del éxito, el dinero, la fama y que, en medio de semejante bacanal de púrpura falsa y oros pasajeros, siempre haya sabido acotar un mínimo espacio, sabio templo, donde conversar, alejado de pleitesías delusorias, con las realidades más íntimas y despiertas de todo hombre.

el éxito. Yo creo que es una cuestión mental. ¿Qué es triunfar? Todo es muy relativo: alguno puede decir de mí que soy un fracasado porque no he ganado la Copa de Europa ni un Mundial. Lo fundamental es tener un gran respeto por todo el mundo: desde el bedel al catedrático de la universidad. Siempre respetando a los demás, y eso, en mi caso, a lo mejor ha podido influir en la gente, que dice: "Mira que chico tan normal". El mejor amigo de un hombre es un hombre, y hay que actuar de acuerdo con uno mismo, no en el sentido egoísta, sino en el de estar a gusto con uno mismo. Hay una frase muy buena, creo que de Abraham Lincoln, que decía que si el 55% de la gente estuviera a su favor ya estaría contento. Es imposible que todo el mundo esté a favor.

P.- ¿Siente nostalgia al estar alejado del Real Madrid?

R.- Yo soy un tipo bastante realista. La etapa del Madrid pasó. Pero cada vez que voy al estadio, estando vacío (no digo ya estando lleno), se me acelera el pulso. Porque es mi casa. Pero la verdad es que no tengo nostalgia. Ser jugador del Madrid es el gran privilegio que me ha dado la vida. Yo he visto a jugadores mejores que yo, y ellos se quedaron en el camino. Lo que está claro es que, si eres mal jugador, no puedes jugar en el Madrid. Pero influye mucho no tener lesiones, jugar bien cuando te dan la oportunidad, etc.

P.- Meter dos goles en el debut con el Madrid (en su caso, el 5 de febrero de 1984) marca a un futbolista.

R.- Sí, es un día especial, te da la "posibilidad de", pero en el Madrid tienes que jugar bien siempre. Sólo cuando has adquirido cierto rango, te dan la oportunidad de jugar tres partidos mal. Hay muchos casos -pero no voy a dar nombres- de futbolistas que tienen un movimiento periodístico muy fuerte detrás y luego desaparecen. Ser jugador del Madrid es dificilísimo: estás en uno de los mejores clubes del mundo, y para mí eso implica que en tu puesto debes ser de los mejores jugadores del mundo.

P.- ¿Cómo le influyó a usted eso que ha llamado "movimiento periodístico"?

R.- Mi relación con la Prensa es profesional. Yo he tenido un gran maestro en la vida, que ha sido mi padre. Los hechos son las mejores palabras. Siempre me he fijado mucho en él, pues soy muy observador. Cualquier persona te supera en algo. Mi padre siempre me dijo, mucho antes de que entrase en el fútbol profesional, que jamás mezclase negocios con amistades. No quiero entablar una relación con un periodista. Ahora bien, tengo muy claro que en la vida estamos para ayudarnos. Pero lo que nunca he hecho es, si tengo que ir con mi mujer, dejarla para atender a un periodista. Considero que la familia es lo primero.

P.- ¿Era capaz de evadirse?

R.- Siempre me he evadido, en la facultad, en casa... En los últimos años, como surgieron nuevas cadenas de radio y de televisión, era más complicado, pero nunca me he sentido acosado.

P.- ¿Incluso el día de su boda, con salida en el maletero incluida?

R.- Aquel día no fue muy agradable, es de los que peor recuerdo tengo. Y no me refiero, lógicamente, al acto en sí de casarme con Sonia, que es una mujer excepcional. De todos modos, yo distingo a los periodistas deportivos de los de la prensa del corazón, con los que sí he tenido problemas. Nunca he concedido ninguna exclusiva y en mi casa no ha entrado ningún periodista; por eso no entendía por qué me perseguían, como en la época en que estaba saliendo con Sonia. Me incomodaba bastante.

P.- ¿Siguen siendo los futbolistas lo mejor del fútbol?

R.- Sin discusión. Eso lo vengo diciendo hace tiempo, y me refiero en general a los profesionales, al vestuario: el entrenador, los médicos, etc. El futbolista es noble por lo general y, por supuesto, es el gran personaje del fútbol. Los jugadores deben estar en puestos importantes, y no digo sólo presidentes como Beckenbauer.

P.- ¿Estaría dispuesto a trabajar en un puesto importante en el Real Madrid?

R.- No lo sé. Los que hemos estado mucho tiempo en el Madrid tenemos una deuda. Sólo ha habido un jugador que quizá ha dado él más al club, que el club a él, que es Di Stéfano. Todos los demás hemos salido beneficiados. Si uno va a realizar una actividad, qué mejor que hacerla en tu casa. Lo que hiciera sería para estar a gusto. No buscaría fama ni dinero, pues creo que tengo para comer. Lo que pretendo para el futuro es que los míos estén felices. Ejercería una labor en la que estuviera cómodo. El objetivo principal de la vida es ser feliz.

LARRY MANGINO

Emilio Butragueño afirma que con la Prensa ha mantenido siempre una relación estrictamente profesional.

"Yo soy un tipo realista. La etapa del Madrid pasó. Pero cada vez que voy al estadio, estando vacío, se me acelera el pulso. Porque es mi casa"

P.- ¿Qué es lo mejor que se ha encontrado en el fútbol?

R.- Sin lugar a dudas, lo mejor es el sabor de una buena victoria. La reacción del vestuario para conseguir un triunfo importante es lo más provechoso de una profesión cruel en ocasiones. Las sensaciones que vivió Michel en su despedida, con todo un estadio en pie aplaudiéndole, es muy difícil que se dé en otra profesión. Eso es gozoso. Si en la vida de una persona hay diez días o momentos clave, estoy seguro que para Michel ése fue uno de ellos. Igual que me pasó a mí en mi despedida. Es una forma de ego bienintencionada, partiendo de la base de que para mí salir a jugar al Bernabéu era una gozada.

P.- ¿Cuáles han sido sus partidos inolvidables?

R.- Los de Copa de Europa y los de la selección. Salir y escuchar el himno nacional es muy especial. El día de Querétaro jamás lo voy a olvidar, así como otros momentos muy agradables en Sevilla. Este mundo es capaz de unir a personas que se odian. Te abrazas con el de al lado sin conocerlo. Ser protagonistas de ese espectáculo es un gran privilegio.

P.- Días felices: la remontada contra el Anderlecht en el Bernabéu...

R.- Yo tenía 21 años. Estaba de suplente. Ahí empezó la leyenda del Bernabéu. Michel jugó con el 2 y yo con el 8 (sonrisas). El día del Borussia repetimos con esos números. Hay partidos clave en la historia de un jugador. En los momentos más difíciles hay que dar la talla. Y yo, en esos partidos, me mentalizaba especialmente. El entrenador era Amancio, que hizo una labor psicológica muy buena. Habíamos perdido 3 a 0 en Bruselas, estábamos jugando mal en la Liga, íbamos por detrás del Barcelona... Pero salimos con una fe y un orgullo impresionantes. Una mente positiva es capaz de dar la vuelta a cualquier situación. Fue uno de mis mejores partidos. Estuve muy inspirado. A partir de ahí, de titular. Mi padre no durmió, se abrazó a la mujer de un matrimonio joven, agarró a la muchacha, la dio dos besos, la abrazó, todo delante del novio. Pero lo único que decía era "¡Es que es mi hijo, es mi hijo!". Esto es, por cierto, de las mejores cosas que he vivido en el fútbol: dar alegrías a mi padre. A mi familia en general , pero a mi padre muy especialmente. Es un apasionado del fútbol y del Madrid.

P.- Un día negro: Eindhoven (1988). El Madrid, apeado de la final de la Copa de Europa.

R.- Hay oportunidades en la vida en las que uno se da cuenta de que ésa es la buena. Cuando acabó el partido, sabía que esa había sido nuestra oportunidad. Eramos el mejor equipo y con los mejores jugadores. Probablemente, fue el día más triste deportivamente de mi carrera. El vestuario era patético. Mucha gente llorando, gente de mucho nombre e historia. Yo lloré por dentro, que es peor que llorar por fuera. Eramos el mejor equipo y habíamos dejado pasar la oportunidad después de derrotar a todos los equipos fuertes.

P.- ¿Al Milan le vio batible?

R.- Batible, por supuesto. Pero era mejor equipo que nosotros. No es que tuviera mejores jugadores, porque en el medio del campo del Madrid estaban Gordillo, Michel, Martín Vázquez y Schuster, y arriba Hugo Sánchez y yo. Pero el sistema de Sacchi fue una revolución, con una zona muy presionante; tácticamente, eran más avanzados que nosotros.

P.- Otro día feliz: Querétaro (México'86). Cuatro goles contra Dinamarca. ¿Cómo lo celebró?

R.- Conmigo mismo. Fue un día de suerte. Con el Madrid nunca hice cuatro goles. Qué casualidad, en el día más importante del Mundial, ¡zas! Acabé el partido y todo era muy raro. Es lo que he venido comentando del destino. Me ha tocado y punto. Estaba superfeliz, muy contento y agradecido, pero tampoco le di demasiada importancia. Estaba Sonia, que por entonces era mi novia,estaba mi padre... Nada fuera de lo normal; nunca me han gustado los festejos. Será muy raro encontrar una fotografía mía levantando una copa.

P.- Raro fue lo de Tenerife.

R.- El partido del primer año fue increíble, incomprensible. Está claro que nos tocaba perder ese día. Ibamos ganando cero a dos. El primer gol de ellos fue de Quique Estebaranz, que empezó a regatear desde el medio campo; luego hubo un gol legal de Milla que fue invalidado, el gol en propia meta de Rocha... El equipo se mató, pero perdimos. Entonces dices: el deporte presenta unos parámetros que no controlas y que deciden un título. El destino dijo que el Barcelona iba a ser el campeón. La segunda Liga que perdimos en Tenerife fue distinto. Llegamos bastante cansados, pero con la particularidad de que el miércoles anterior habíamos ganado en el Nou Camp en partido de Copa del Rey, cosa que no ocurría desde hacía 10 ó 12 años. Si hubiéramos perdido, por cierto, el Tenerife tendría que haberse dejado ganar contra nosotros para coger un puesto de la UEFA. Y, en Barcelona, Koeman llegó a fallar un penalti... Desde luego, hizo más daño el primer año de Tenerife, porque habíamos sido los primeros toda la temporada, y el Barcelona sólo los últimos diez minutos de Liga.

P.- ¿Le llegó a molestar lo de la Quinta?

R.- No, es más, considero que es un honor. La Quinta va a pasar a la Historia. Hablarán de nosotros igual que del "equipo ye-yé". Michel, por ejemplo, que ha sido maltratado últimamente, dentro de diez años será recordado como uno de los mejores jugadores de la historia del Madrid. El apellido Sanchis ha conseguido 12 de las 26 Ligas del Madrid. Son jugadores de época.

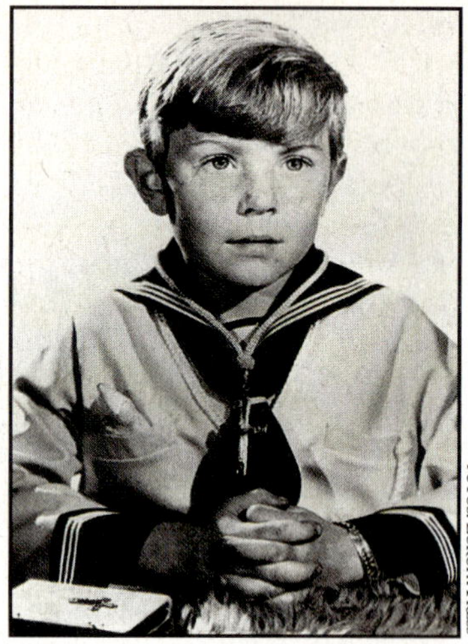

Dos imágenes de Emilio Butragueño de niño. Pronto se apasionó por el balón.

FOTOS: EUROPA PRESS

"En Eindhoven supe que habíamos perdido la oportunidad de ganar la Copa de Europa. Lloré por dentro, que es peor que llorar por fuera"

P.- Pero fueron acusados de millonarios en el peor de los sentidos.

R.- Si uno va a estar pendiente de lo que le dicen continuamente, se vuelve loco. El fútbol genera mucho dinero, y quien genera ese dinero es el jugador. Cuando alguien paga algo, cree que compensa. Cuanto más dinero gane el jugador, mejor. Eso lo tengo claro. Aparte, hay mucha gente que vive del jugador. Lo más importante no es que los demás te llamen "pesetero", sino cómo reaccionas tú cuando te lo llaman. Si te insultan y se acuerdan de tu madre y de tu padre en japonés, no te enteras. ¿Peseteros nosotros? ¿Por qué? Si nos ofrecían mucho más dinero en otros clubes. Lo que es absurdo es que, si te ofrecen 10 en un sitio, te quedes en otro con 0,1. Yo se lo digo a los chavales: "Mira, nene, si tienes suerte, vas a tener que ganar mucho dinero en muy poco tiempo". Porque cuando te retiras del fútbol tienes que seguir viviendo y manteniendo a tu familia.

P.- ¿Ramón Mendoza?

R.- El jefe, mi padre, mi amigo... Muy bien.

P.- Pero su padre es su padre.

R.- No, pero es que tenemos una relación muy fuerte. Hay un gran cariño recíproco. Probablemente, con otro presidente yo me hubiera ido del Madrid cuando me hicieron dos ofertas enormes. Me quedé ganando menos de la mitad de lo que me ofrecían. Y, personalmente, el tipo siempre estuvo cuando tenía que estar. Eso lo valoro mucho. Cuando salía del Bernabéu silbado, o el último año, que no jugaba, pasé por los momentos de soledad social. El boxeador que pierde el campeonato del mundo tiene en su vestuario al preparador y al masajista. En el vestuario del campeón quieren entrar todos los vecinos del barrio. Pues bien, cuando yo me sentía como el boxeador perdedor, recibí el apoyo de muy pocos amigos; entre ellos, Ramón Mendoza. Siempre he valorado mucho a aquél que me ha llamado cuando el entorno era hostil.

P.- ¿Con quién guarda más amistad?

R.- Entre los de la Quinta, fundamentalmente con Manolo Sanchis, con quien tengo muchas afinidades. Todos los veranos los pasábamos juntos, como Michel y Gallego, por ejemplo. También tengo mucha amistad con Michel; con Martín Vázquez algo menos pues se fue a Italia y luego a La Coruña. Y Pardeza me parece un tipazo. Fuera del Madrid, Zubizarreta. Pero el personaje más excepcional es Gordillo, probablemente la mejor persona que he conocido. Admiro también mucho a Camacho, un ganador nato, un tío honrado, cualidad que no se cultiva demasiado. Y Santillana, al que sucedí en el puesto, que me demostró una categoría y una caballerosidad tremendas. Como dicen en México, "mis respetos". En aquella época era terrorífico para un chico de la cantera vestir la camiseta del Madrid, no como ahora, que ya es más normal que asciendan al primer equipo. Charly (Santillana) nunca me puso una mala cara, aunque por supuesto que con dolor por dentro por no jugar.

P.- ¿Y Juanito?

R.- Un apasionado. Me quisieron mucho él y su mujer, Feini. Cuando yo estaba en la grada, era mi ídolo. Si no iba al campo, antes que el resultado, preguntaba cómo había jugado Juanito. Fue tan imprevisible dentro como fuera del campo.

P.- ¿Jorge Valdano, su último entrenador en el Madrid?

R.- Nunca se me ocurrió pedirle explicaciones. Un jugador siempre se siente útil, pero cuando el entrenador no le quiere, sus razones tendrá. De todos modos, yo era consciente de que debía tener respeto a los compañeros y a la entidad. El Madrid es más que un club: es un estilo de vida, una actitud ante las circunstancias. Si Santillana conmigo diez años antes nunca puso una mala cara, no me iba a poner yo, en esa situación, a patalear. Subió Raúl, y le ayudé lo máximo posible.

P.- ¿Qué futuro le ve a Raúl?

R.- La segunda temporada es la de la confirmación. El tipo ha hecho 19 goles. Impresionante. Y en un año en que el equipo no ha funcionado bien. Eso tiene muchísimo mérito. Ahora bien, ser titular del Madrid es muy difícil. Si dentro de cinco años lo sigue siendo, será la mejor respuesta. Tiene una gran facilidad para el gol, pero tenemos que esperar.

P.- ¿Ha seguido al Madrid esta última temporada?

R.- Por supuesto. En México, cuando el Madrid juega a las cinco de la tarde los domingos, televisan el partido en directo. Este año he sufrido, porque yo me sigo sintiendo de ese vestuario. Cuando el equipo pierde, yo pierdo. Me dolió en el alma que el equipo no ganara la Copa de Europa, cuando este año teníamos muchas opciones.

P.- ¿Cómo ha sido su experiencia en México, en el Celaya?

R.- Acoplarse a México fue muy fácil. El mexicano es una persona muy servicial y lo que quiere es que estés a gusto. Todos los niños te piden el autógrafo por favor. Sorprendente. ¡Todos los niños! Fui con cierto temor. Era la primera vez que me iba profesionalmente a otro país, con otros compañeros, cambiar de casa... Mi mujer está encantada. La ciudad se volcó. Según llegamos, teníamos seis mujeres a nuestro servicio: para la farmacia, para el supermercado... Vivimos en un campo de golf, pasan por nuestra casa y siempre te desean mucha suerte. Aunque empatemos a uno en casa jugando mal, te felicitan. ¡Increíble! El Real Madrid es el equipo de México, y todos los que compartimos equipo con Hugo Sánchez tenemos muy buena imagen. La gente nos quiere mucho, precisamente porque televisaban todos aquellos partidos del Madrid.

> "En los momentos de mi soledad social, recibí el apoyo de muy pocos amigos; entre ellos, Ramón Mendoza. Eso lo valoro mucho"

P.- ¿Cuánto más va a jugar?

R.- Tengo contrato para un año más. Con 33 años no se pueden hacer planteamientos a más largo plazo. Terminaré y a ver qué pasa.

Butragueño disputa un balón en un partido con el Celaya.

LAS CIFRAS DE "EL BUITRE"

EMILIO BUTRAGUEÑO SANTOS
Fecha de nacimiento: **22 de julio de 1963**
Lugar: **Madrid**
Altura: **1,70 m.**
Peso: **68 kilos**

DEBUT CON EL REAL MADRID: **5 de febrero de 1984**
Procedencia: **Castilla**
Partidos de Liga: **341**
Goles: **123**
MÁXIMO GOLEADOR LIGA 1990/91
Partidos con la selección: **69**
Goles: **26**

TÍTULOS:
6 LIGAS
2 COPAS DEL REY
2 COPAS DE LA UEFA
4 SUPERCOPAS
1 COPA DE LA LIGA
2 TROFEOS BRAVO
2 BALONES DE BRONCE

• DEBATE •

Butragueño, un fe

Bucles de oro

Javier García Sánchez

Escritor. Autor de "El Alpe d'Huez" y "La vida fósil"

NACIO para ser amado, ése era su destino. Emilio Butragueño, como persona y como jugador, tuvo la virtud de saber sacar partido incluso de sus presuntos defectos. Con el transcurso del tiempo lo que nos quedará de él son los goles contranatura que llegó a meter, sí, pero también su actitud general ante todo. Se le abordaba con preguntas sofisticadísimas, al estilo de: "¿Usted es consciente de que ese caño que le hizo al defensa del Betis tiene algo de algebraico-poliédrico, como una especie de raíz cuadrada de pi en regate?". A lo que el Buitre, cándido y sonriente, respondía encogiéndose de hombros: "Yo juego". No se trataba de modestia, ni siquiera de timidez excesiva. El era así. ¿Qué decir, pues, de un jugador del Real Madrid y madridista hasta la médula, por el que la afición barcelonista suspiró durante más de un lustro? Que tenía magia, duende, chispa, clase, educación y, sobre todo, encanto. Esto no abunda en el mundo del fútbol, por tal razón, porque Emilio parecía hablar siempre desde los parámetros de la más exquisita de las razones, nadie se atrevió a levantar la mano contra él. Tampoco los defensas se ensañaron. Pensemos en los patadones que se han llevado sistemáticamente delanteros como Hugo Sánchez o Zamorano.

También cierto que quien siembra, recoge. Emilio Butragueño no sembraba discordia. No jugaba con los codos, sino que sus brazos, sus manos, pendían fláccida, misteriosamente junto al tronco. Los defensas que le marcaban eran plenamente sabedores de que vivían un privilegio, de modo que, saboreando su genialidad, procuraban respetarlo. Aquellos instantes de quietud venenosa, de silencio en el estadio, de respiración colectiva en coma, todo ello pertenecía al estilo del Buitre. Y los rivales lo sabían. Y el público. Pero Emilio solía sorprendernos demasiado a menudo. Incluso a Valdano se le agotaron los elogios. Aquella cintura musical, aquellos tobillos etéreos, aquella rara euritmia de gestos, un pulso moderado y regular al que acompañaban latigazos de una desconcertante arritmia con el balón en los pies menudos. Ese era el Buitre, a quien el propio Migueli, luego de dar un buen trompazo en un Barça-Madrid, recogió amorosamente del césped, arreglándole la camiseta, más con una mueca de madre afligida que de marmóreo defensa central.

Con su aspecto de niño del coro, de buen estudiante y piadoso ciudadano, Butragueño impactó como un obús en el corazón de los españoles, incluidos los ateos y los de izquierdas. El simbolizaba la flor y nata de todas las contradicciones imaginables. El fútbol, hasta Butragueño, supuestamente pertenecía a un ámbito de brutos, donde aparentar dureza imponía lo suyo. A partir de él, la cosa cambió. Era posible la finura, se agradecían los modales en el campo. Su manera inverosímil de regatear calaba en la sociedad. Así, se mostraba evanescente, magistral e imprevisible con el esférico cosido al final de sus piernas, pero fue su pudoroso laconismo ante las cámaras, o en las situaciones comprometidas, lo que encandiló a las multitudes, hasta entonces ansiosas de caña. Sólo el Buitre pudo permitirse afirmar que admiraba al Barça, y que Cruyff era su ídolo. Nadie insinuó lincharlo, al contrario. Lo decía con tamaña dulzura que hasta parecía cierto. Y Cruyff, loco con él. Cuando por la forma de ser y hacer, en deporte de alta competición, los rivales te admiran: eso es clase. ¿Qué le contarán a sus nietos los rivales de Miguel Indurain? "Yo corrí junto a él". Ni siquiera contra él. Suficiente. ¿Qué pensarán algunos de los marcadores que tuvo el Buitre? Aquel central de la selección danesa, en Querétaro... ¿En cuántos yos se desdoblaba Emilio aquella tarde? De pesadilla. En el fondo, quizá gran parte de los buenos sentimientos que Butragueño despertó instintivamente en unas gentes tan implacables y poco dialécticas como las del fútbol, fue porque era el antifutbolista. Como los bebés circunspectos del pintor Reynolds, o los púberes rubicundos de Fragonard, o los risueños querubines del Bronzino, él mismo, con o sin el balón en los pies, era una obra de arte. Y lo echaremos siempre de menos.

EUROPA PRESS

Un joven Butragueño firma contrato con el Madrid.

nómeno

No tenía un gran físico, ni tampoco pegaba con fuerza a la pelota. Sin embargo, Butragueño silenciaba los estadios. Javier García Sánchez y Amancio Amaro analizan la figura de un jugador que ha marcado época.

El regate intuitivo

Amancio Amaro

Ex futbolista y ex entrenador del Real Madrid

BUTRAGUEÑO es el jugador que toda afición quiere para su equipo. Es un jugador carismático, educado, con una imagen muy brillante y con un don en el terreno de juego para llegar a las masas. Es el "jugador arte", el que cuando recibe el balón se hace el silencio porque todo el mundo espera su siguiente faena. Es un torero del fútbol.

Le conocí en el Castilla. Ya tenía esa habilidad en la frenada, en la arrancada, ya levantaba la cabeza y miraba al adversario con el balón parado. No era un jugador corpulento o agresivo, pero tenía ese "swing", ese algo que no es corriente. Era educado hasta en el campo. Y esto, que en un principio podría ser negativo, él lo convirtió en virtud. Sólo recuerdo a un jugador con una carisma similar, que fue Gárate. Siempre entendió el fútbol como una diversión que no debe traspasar la barrera de la deportividad. Nunca buscó encubrirse con recursos que no compartía o dominaba. Por eso, todo compañero y también el entrenador confiaban en darle juego porque eso significaba igualar o remontar un resultado. Aportaba confianza. Era el jugador que podía resolver en cualquier instante. Además, Butragueño era bondadoso, generoso. Daba muchos pases de gol. Eso le procuraba el cariño de sus compañeros. Y no lo hacía premeditadamente. Salía de él.

Cuando le cortaban en falta, lo que encrespaba tanto al público como a los jugadores, él no buscaba la tarjeta para el contrario, sino que se levantaba y le daba la mano, lo que dejaba en pelotas a los compañeros que se dirigían al árbitro. Nunca recurrió a su imagen de escasa fortaleza para sacar partido.

Emilio ha hecho muchas jugadas prodigiosas a lo largo de su carrera, pero la que más recuerdo fue el gol que metió al Cádiz tras regatear a cuatro o cinco jugadores en un ladrillo en su primer partido como profesional. Sin embargo, yo creo que a él no le valdría esa imagen, sino los tres goles que le marcó al Anderlecht o los cuatro goles a Dinamarca en el Mundial. Aquéllos que eran fundamentales para el equipo. El siempre trabajó para el equipo.

Butragueño siempre se sorprendía a sí mismo. Nunca se creyó lo que decían de él. Yo creo que hasta le daban vergüenza las alabanzas. Triunfaba, metía goles, pero insistía en que sus compañeros eran mejores. El siempre ha visto a Michel o a Martín Vázquez mucho más completos, quizá porque su carrera futbolística comenzó tarde, a los diecisiete años. Pero a pesar de todo, esa habilidad, ese don de Butragueño no se aprende en una escuela: nace con uno. El nació con ese regate intuitivo.

Butragueño es una estrella que no puede pasar desapercibida. Ha sido un jugador que ha dejado huella. Primero porque ha hecho mucho por el fútbol, y segundo porque su caballerosidad ha marcado una etapa que no se debe olvidar.

EUROPA PRESS

Butragueño celebra uno de los cuatro goles que marcó a Dinamarca en Querétaro, durante el Mundial de México de 1986.

•ENSAYO•

La larga marcha por la

Un objetivo imprescindible para los asalariados

Los sindicatos estuvieron en primera línea en la lucha contra el franquismo y por las libertades. Una lucha que supuso sacrificios, cuando no el paro, la miseria y hasta la vida. La Constitución recogió todos los anhelos de quienes buscaban la justicia social, pero la democracia no ha llegado por completo a los centros de trabajo.

Desde la instalación de la dictadura franquista la represión física se completaba con el intento de liquidar la conciencia de clase entre los asalariados/as, creando los sindicatos verticales, la CNS, trataba de domar a los trabajadores/as, poniéndoles una doble camisa de fuerza, material e ideológica.

El preámbulo de la "Ley de Bases de la Organización Sindical" de diciembre de 1940 (CNS) dice: "Cuantos con un servicio de producción contribuyen a la potencia de la Patria, quedan así como consigna de nuestro Movimiento ordenados en milicia".

"Las Centrales Nacional-Sindicalistas y los Sindicatos Nacionales, son la base del encuadramiento". Las primeras "constituyen el fondo del encuadramiento y disciplina en el que se inserta la articulación de intereses económicos de los que son exponentes los Sindicatos Nacionales".

Nuestra larga marcha, nuestro tránsito, nuestra Transición, parte de ahí, viví ese periodo como diputado comunista y como sindicalista; con el ser humano y la naturaleza en desarrollo entre uno y la otra, como eje central.

Un ser, además de humano, humanista, solidario; en estrecha simbiosis con la naturaleza; en equilibrio entre lo intelectual y lo material, decía en mi intervención en la Universidad Carlos III de Madrid el 11-12-91.

Un ser humano, ser social, que por el hecho de nacer y trabajando con sus manos o su cerebro, tiene con 'pleno empleo, salud, estudio-formación y vejez, asegurada hasta la muerte, sin lo cual hasta la sociedad más libre sería opresora, si no cubriera esas necesidades.

Una sociedad, para ser libre, necesita justicia social e igualdad; exige además poder elegir entre una o más soluciones, hacerlo con conocimiento de causa y disponer de los medios necesarios para que la democracia pueda darse y ser realmente "gobierno del pueblo". Sólo entonces un ser humano será igual a un ser humano, y un voto igual a un voto, sin la injusta "Ley d'Hondt" con la que por ejemplo Iz-quierda Unida ne-cesita una media de 125.000 votos para sacar un diputado, mientras que uno del Gobierno, ayer de UCD, y del PSOE, hoy del PP, o de CiU, PNV, o CC sale con una media de 50/60.000.

"Justicia social, libertad y democracia, humanismo, deben ser los atributos de todo ser que quiera ser libre, cualquiera que sea la clase a la que pertenezca"

Justicia social, libertad y democracia son inseparables, sin lo cual la dominación de unas personas y clases sociales sobre otras y en consecuencia cierto totalitarismo, existe de una forma más suave o más dura. Por supuesto que esta concepción no significa que sea insensible a las diferentes formas o grados de dureza.

Justicia social, libertad y democracia, humanismo, deben ser los atributos de todo ser que quiera ser libre, cualquiera que sea la clase social a la que pertenezca. Ahora bien, para unos/as puede ser un complemento, no imprescindible, mientras que para los o las asalariados/as manuales, técnicos, profesionales, constituye una necesidad vital.

Para que estas capas y clase social puedan defender eficazmente sus intereses materiales y morales, necesitan un cierto equilibrio de fuerza; y solamente la existencia de libertades democráticas, con los Derechos de Asociación, Reunión, Manifestación y de Huelga, además de poder elegir libremente con conocimiento de causa y medios para expresarse, hace posible conseguir un cierto equilibrio de fuerzas aún no suficiente para obtener esa Justicia Social, ese derecho a una vida digna.

Por eso luchamos tan denodadamente en nuestro país contra la dictadura franquista y por la libertad.

En un contexto político, económico y social, nacional e internacional, con una correlación de fuerzas determina-

libertad sindical

Marcelino Camacho
Ex presidente del sindicato Comisiones Obreras

das, después de largas y difíciles luchas, pudimos hacer después de la muerte de Franco una transición pacífica a la democracia sin guerra y sin intervención militar (aunque con varios intentos de golpe de Estado, 23-F... etc.) desde una dictadura cuyos orígenes y rasgos eran similares a los de Mussolini, Hitler y Salazar.

Todos recordamos que unos meses antes de morir Franco, él dijo que "todo estaba atado y bien atado", con lo que señalaba que le sucedería otra dictadura del mismo tipo. Incluso sus amigos aquellos que llamábamos "los 7 magníficos", que crearon Alianza Popular (AP) decían, "después de Franco el franquismo". Es verdad que los sindicatos, CCOO, la Junta Democrática, el PCE y otros apostamos por una ruptura neta, lo que llamábamos "Ruptura Democrática".

Ni "todo estaba atado y bien atado", para que "después de Franco continuara el franquismo", ni hubo "ruptura neta con el pasado", "Ruptura Democrática".

La Constitución supuso una ruptura jurídico-política, con el pasado y un continuismo económico.

Sin negar el papel positivo de la Transición del Rey, especialmente en el 23-F, o de Suárez, Martín Villa y otros, y sobre todo de la Constitución, que entre otras cosas incluye el derecho de asociación, el derecho de reunión, el derecho de manifestación y el derecho de huelga, no es menos cierto que la democracia no ha entrado en los centros de trabajo, y la Constitución no se aplica en lo que se refiere al empleo, y los poderes fácticos, Banca, banqueros, etc. siguen dominados por los mismos, por el gran capital.

"Nuestra larga marcha" está llena de sacrificios, cuando no de pérdidas de la vida, del paro o la miseria.

Desde los años 50 y 60, en su libro *Historia de la España franquista* Max Gallo habla de las huelgas en Barcelona, Granada, Madrid, Beasain-Fábrica, y el 24 de septiembre de 1964, 500 cargos sindicales creamos la Comisión Provincial de Enlaces y Jurados que posteriormente se llamaría Comisión Obrera Provincial del Metal, que se extiende a todas las ramas.

En 1966, firmamos una declaración de Principios que se titulaba "Ante el futuro del Sindicalismo", la firmamos 100 con nuestros nombres y apellidos. Manifestaciones, marchas, huelgas, se desarrollaron a lo largo y a lo ancho de todo el país.

En 1972 el 24 de junio, nos detendrían en el Convento de los Oblatos en Pozuelo de Alarcón, a los 10 miembros de la Comisión Coordinadora Estatal, y después con el sumario 1001, nos condenarían a Saborido y a mí a 20 años de prisión y a los restantes, desde 19 a 12 años, el día que mataron a Carrero el 20 de diciembre de 1973.

"Ya somos legales", decía yo, el autor de estas líneas, en "Unidad Obrera" nº 7 de la 1ª quincena de mayo de 1977. "Ya somos legales". En esta frase se encierra todo un proceso de cuarenta años de lucha de la clase obrera de nuestro país que, con cárceles y despidos ha rehecho, huelga a huelga, cárcel a cárcel, su organización de clase "en condiciones históricamente diferentes al pasado" queremos señalar que CCOO, durante los últimos quince años casi sola, ha podido cubrir el camino hacia la libertad, porque ha aplicado unos principios y una táctica correctas; casi en solitario en estos 15 años: el 90% de los presos por luchar por la libertad sindical, ligada a las libertades democráticas éramos de Comisiones Obreras y de este 90%, más de un 80% éramos comunistas.

"Hemos combinado la lucha legal con la extralegal; sin esta combinación no habríamos podido desarrollar las grandes luchas de los últimos 15 años".

"Quede claro que somos legales porque hemos luchado para ⋙

GUSTAVO CATALÁN

Los líderes sindicales Nicolás Redondo (izq.) y Marcelino Camacho.

conquistar el derecho a la legalidad. Nada nos han regalado”.

De todas formas, no faltaron las maniobras de los poderes fácticos. UGT fue autorizada a realizar en abril de 1976, su primer Congreso en la legalidad, después de Franco; a CCOO nos lo prohibieron, es más, yo estaba nuevamente en la cárcel.

Me detuvieron cuando iba al despacho de García Trevijano a presentar a los medios de comunicación la creación de Coordinación Democrática, que habíamos creado con la fusión de la Junta Democrática y la Plataforma Democrática, como habíamos acordado antes. Nos detuvieron a varios, pero sólo llevaron a la prisión a Alvarez Dorronsoro, a García Trevijano, a Aguado y a mí.

Hubo una selección político-policial, porque detuvieron a más pero los soltaron y nos tuvieron desde marzo de 1976 hasta finales de mayo en la cárcel.

Era parte de una operación para que el vacío político y sindical que dejaban los verticales y sectores franquistas lo ocuparan los que a los poderes del gran capital les parecían “menos malos”.

La creación de la Coordinadora de Organizaciones Sindicales en 1976 no duró mucho; su existencia no agradaba a la CIOSL, ni a los sectores más reaccionarios del capital, pues declaramos una huelga general para presionar a Suárez y a los que se oponían a nuestra legalización, y a ir a un proceso constituyente, y a la creación de una sola central sindical, de clase pluralista y unitaria.

El 18 de noviembre de 1982, publicó “El País” un artículo mío, que titulé: *El cambio posible y el cambio necesario*. Hoy a 14 años, puede verse la coherencia de los planteamientos que hacía a tres semanas de que el PSOE ganara las elecciones. No me resisto a transcribir unos párrafos:

“Sin faltar a la verdad nadie puede acusar de preparar por inducción radicalismos futuros a los autores de esta estrategia. Bien entendido que CCOO es una organización sindical pluralista, unitaria, con corrientes organizadas estatutariamente por el sistema de representación proporcional integral, independiente de partidos, empresarios y gobiernos. En su seno se expresan libremente como es lógico, los matices de ideas, capas y estratos que forman nuestra clase en momentos de grandes mutaciones científico-técnicas, y de modificación de la estructura interna de la clase; pero que aplica y aplicará la política de solidaridad de clase y nacional, política de cambios aprobada en sus congresos”.

GUSTAVO CATALÁN

Una de las muchas asambleas sindicales que tuvieron lugar en la Transición.

“Partiendo de que todo paso para dar contenido, económico y social a una democracia política pasa inexorablemente por conseguir la mayoría en el Parlamento y Gobierno, debemos valorar altamente este primer paso, no olvidando que los problemas claves siguen pendientes”.

“Es cierto que lo esencial del poder fáctico, del poder real, sigue en las manos del aparato del Estado, de la gran Banca, de la Iglesia, y con estos sectores no hay alternancia. Hay que partir de que cualquier democratización que afecte a estos sectores, disminuyendo su poder, encontrará como la historia nos demuestra su oposición más enérgica. Por eso, no debemos tampoco sobreestimar el poder político. Amplia mayoría parlamentaria y amplia mayoría de los trabajadores constituyen una condición imprescindible para que la democracia penetre en las fábricas y centros de trabajo. De todas formas, la gran patronal se resistirá a esta democratización”.

> “Cuando la Patronal se instala en el Ministerio de Economía y se nos amenaza con acabar con el sector público, hay que informar y movilizar a la opinión pública”

“Si nos plegáramos ante las dificultades y la oposición de los poderes fácticos, tendríamos el cambio posible, insuficiente, y el nuevo desencanto. Si unimos a todos los partidarios del progreso en torno a un plan o programa de solidaridad nacional y de clase, tendremos el cambio necesario, para consolidar la democracia frente a golpistas y a terroristas y para dar una salida progresista a la crisis. Despertaríamos el entusiasmo de nuestro pueblo, seríamos capaces de desplazar montañas, venceríamos la resistencia de los sectores oligárquicos”.

Hoy cuando se abre un nuevo ciclo político, con una vieja política, Convergencia con Maastricht, contrarreforma laboral con un comienzo de reducción del presupuesto público de 200.000 millones de pesetas para comenzar, y se anuncia otra rebaja de 500.000 millones para este año y se habla de reducir en dos billones el de 1997, cuando los hombres de la Patronal se instalan en el Ministerio de Economía y los que atacan sistemáticamente las pensiones y prestaciones sociales, nos amenazan con acabar con el sector público, hay que informar y movilizar la opinión. El PP, sigue la estrategia del PSOE, que ya votó y la agrava.

De Keynes y su Estado de Bienestar, aquí que no lo alcanzamos, nos están empujando al Estado de Beneficencia.

Y para colmo nos piden que asumamos lo que no sería ni Pacto, ni Social, sino la resignación, precisamente, cuando el BBV aumenta en el primer trimestre un 19,3% sus beneficios y el grupo Santander suma en el mismo periodo un 23%, Caja Madrid aumenta un 17,87% y el beneficio neto consolidado de los siete mayores grupos financieros creció también en el primer trimestre de este año un 14% más que en el mismo trimestre de 1995.

México´86 o el triunfo del genio de Maradona

Fernando Bermejo

Con los pies o con la mano, Diego Maradona dio nombre propio al Mundial de México en junio de 1986, aquél en el que Butragueño metió 4 goles a Dinamarca en un solo partido.

EUROPA PRESS

Maradona levanta la Copa del Mundo en México. Argentina derrotó en la final a Alemania por 3 a 2.

Casi nadie se acuerda de las galopadas avasalladoras de Preben Elkjaer Larsen. Pero él fue -junto a los Laudrup, Andersen, Molby y compañía- una de las figuras de la fase inicial del Mundial. Los daneses doblegaron a Escocia, a Uruguay -con un escandaloso 6 a 1- y a la mismísima Alemania en la primera fase. Hasta que se encontraron con "El Buitre". A sus 23 años, Emilio Butragueño tocó el cielo, y el balón por cuatro veces las redes que defendía el meta danés Hoegh, el 18 de junio en La Corregidora de Querétaro. Eran los octavos de final. Aquella tarde fue precisamente Elkjaer Larsen quien adelantó a Dinamarca, aunque la selección de Miguel Muñoz remontó hasta el 5 a 1 final con los cuatro goles de "El Buitre" y uno de Goicoechea. En los televisores españoles, sobreimpresionado, el anagrama del PSOE acompañaba a la alegría de Butragueño...

...Pero cuatro días después salió cruz. Eloy falló un penalti -el único que no se convirtió en gol de los diez lanzados, gracias a la intervención de Pfaff- y fue Bélgica la que se coló en semifinales. Pero allí se encontró a Argentina. La selección regresaba a España lamentándose de la mala suerte y acordándose de la familia del árbitro australiano Christopher Bambridge, que en el primer partido de la selección anuló un gol legal de Michel desde fuera del área. Los medios de comunicación españoles pocas veces han dado una fotografía tan ampliada, para demostrar que el balón traspasó la línea. Pero Careca dio a Brasil la victoria definitiva.

En los cuartos de final en que España dijo adiós al Mundial, comenzó a brillar el genio de Maradona. Argentina jugaba contra Inglaterra, y nadie podía imaginarse que estaba viendo uno de los partidos más significativos y espectaculares de toda la historia de los Campeonatos del Mundo. Maradona marcó dos goles: en uno dribló hasta su sombra y en el otro inmortalizó la "mano de Dios" (expresión con la que explicó este gol que el árbitro dio validez). Dos tantos que colocaban al equipo de Bilardo a las puertas de la gloria. Bélgica cayó en semifinales por 2-0, y el estadio Azteca de México D.F. esperaba abarrotado el 29 de junio la gran final: Alemania contra Argentina. Ocho años después del título que consiguió en el Mundial de su país, Argentina reeditaba el éxito al vencer por 3-2 a los germanos. Brown y Valdano pusieron las cosas de cara, pero de Alemania no hay que fiarse nunca. Rummenigge y Voeller empataron el partido a falta de nueve minutos para el final. Pero en el 84, Burruchaga dio el carpetazo y remató con un gol decisivo su siempre esforzada y eficaz aportación a la selección de su país.

Fue una competición inolvidable de la que el inglés Gary Lineker, con 6 tantos, salió como máximo goleador por delante de los 5 goles, respectivamente, de Butragueño, Careca y del "rey": Maradona.

Un fatídico y trágico mes de febrero

A la agitada vida políticade 1981 se sumó el desaire en la Casa de Juntas de Guernica y la muerte de la reina Federica

Jaime Peñafiel

1981 pasará a la historia por ser el año en el que, en un solo mes, el de febrero, pasaron tantas cosas. Pero el mes de febrero de 1981 difícilmente podrá ser olvidado por la reina **doña Sofía**. Tampoco por el **Rey**. Ni por **Suárez**, que dimite. Ni por **Calvo-Sotelo**, que se convierte en presidente. Ni por los diputados del Congreso, que son secuestrados a punta de pistola por un guardia civil con bigotes. Ni por todos los españoles, que viven la noche más acojonante de la democracia que casi no es. Como sc vc, en ese fatídico mes de 1981 hubo de todo y para todos.

Pero a la Reina le correspondió la peor parte ya que ella tuvo que sufrir de todo: la tensión en la Casa de Juntas de Guernica, en el País Vasco, la muerte de su madre y el intento del golpe de Estado del 23-F.

¿Caben más tragedias en el mes más corto del año?

Cuando el país aún no se había repuesto del impacto emocional del histórico primer viaje de los Reyes a Euskadi, con los graves incidentes en la Casa de Juntas de Guernica, España se sorprende, en la mañana del día 7 de febrero, con una noticia que afectaba, muy directa y profundamente, a la reina Sofía: la muerte de su madre, la **reina Federica**.

La sorpresa fue aún mayor ya que se desconocía, incluso por su propia hija, que la soberana estuviera enferma, que no lo estaba. Es más, toda España pudo verla por televisión en la tarde del día 5, en el aeropuerto de Barajas, cuando, acompañando al **príncipe Felipe** y a las **infantas Elena** y **Cristina**, acudió a recibir a los Reyes, que regresaban de su viaje al País Vasco. Precisamente, este delicado viaje había motivado la presencia de la reina Federica en Madrid para estar con sus nietos mientras Don Juan Carlos y Doña Sofía permanecían en Euskadi.

Tal vez ella, con su olfato político, intuyó lo que allí podía pasar y pasó. Lo que ignoraba es que, la muerte, absurda y repentinamente, le iba a sorprender seis días después de su llegada a Madrid. Y ¡oh ironía del destino, tan cerca de su hija, la más ama-da, y tan sola!

Cuando la reina Federica llegó a Madrid, en la tarde del 1 de aquel fatídico mes de febrero de 1981 (días antes había perdido a su madre, la **princesa Victoria Luisa de Prusia**) no solamente lo hacía como una abuela que deseaba estar junto a sus nietos, mientras los papás realizaban una delicada visita a una conflictiva zona de España llena de violencia, sino que también traía un proyecto oculto. Pensaba que, si todo salía bien, aprovecharía su estancia en España para algo que, desde hacía tiempo, deseaba llevar a cabo: extirparse unos pequeños acúmulos de colesterina que tenía en los párpados de ambos ojos. Un gesto de simple coquetería femenina en quien, todavía, conservaba la belleza en la madurez de su vida. La operación era tan inofensiva que no requería siquiera la presencia de su hija, la Reina Sofía. Esta, para descansar de la tensión y las emociones de días anteriores, decidió trasladarse, junto con el Rey, a la estación de Baqueira Beret para pasar el fin de semana. Cosa que hicieron en la mañana del día 6.

Después de haber despedido a sus hijos en Barajas, donde Doña Sofía recibió el que sería el último beso de su madre; la reina Federica se dirigió, inconscientemente, en busca de la muerte en una pequeña clínica, "La Paloma", de la calle Loma número 1.

Allí la esperaban el doctor **Carlos Zurita**, marido de la **infanta Margarita**; el doctor **Vilar Sancho**, quien había de intervenirla, y el doctor **Aguado**, quien debía controlar la anestesia que la mató.

Eran las 4.15 de la tarde cuando la reina Federica entraba en el quirófano. A las 6.15 estaba ya muerta. Un infarto masivo, post-operatorio, contra el que nada se puede hacer, había acabado con su vida. La máquina se quedó parada y, a pesar de que se hicieron todos los esfuerzos posi-bles, se negó a ponerse en marcha de nuevo.

Fácil es deducir todo el drama de la reina Sofía cuando conoció la noticia de la muerte de su madre, a la que encontró ya de cuerpo presente en el salón de audiencias del Palacio de La Zarzuela.

En esta habitación, el cadáver de la ex soberana de Grecia permaneció nada menos que seis días. Exactamente, hasta el 12 de febrero. ¿Por qué tanto tiempo?, se pregun-tará el lector. Simple y sencillamente porque su voluntad y la de sus hijos era que la enterraran junto a su amadísimo esposo, el **rey Pablo**, en el cementerio real de Tatoi. Pero los dirigentes griegos, con **Karamanlis** de presidente, se negaban a ello. De todos es bien conocida la aversión que hacia la reina Federica, muy en particular, y a la familia real en general, sentía el anciano líder heleno.

Y mientras télex iban y venían de Grecia a Ma-drid buscando una solución, no se sabía qué hacer con el cadáver de la Reina. En Atenas no acababan de decidirse y el **ex rey Constantino** imponía condiciones inaceptables para el Gobierno griego, que llegó a preguntar: "¿Quieren o no quieren enterrarla aquí?". "De seguir así, acabaremos enterrando a la Reina bajo el horreo", llegó a decir alguien de la casa.

Por fin, se autorizó a la Familia Real a viajar y permanecer en Atenas para dar sepultura a la ex reina Federica "sólo desde el amanecer al anochecer del 12 de febrero de 1981".

Mientras la Familia Real española vivía este drama, **Mari Carmen Martínez-Bordiú** comienza a vender exclusivas de su adulterio en el "Hola", una revista tan familiar... y en el primer reportaje aparece ya con **Jean Marie Rossi**, los hijos y los nietos de éste. Porque el gabacho es ya abuelo. Coincidiendo con estas primeras y escandalosas apariciones de la todavía duquesa de Cádiz, su suegra, doña **Emmanuela Dampierre**, realiza a quien esto escribe una explosivas declaraciones en su casa de Roma: "La única persona emocionada en el día de la boda, era mi hijo...". "A mi hijo siempre le han gustado las mujeres guapas y ella era sólo eso, una mujer guapa"... "No es porque sea mi hijo, pero ha sido un marido estupendo y un padre buenísimo. ¿Qué más quería ella?"... "Ella lo tenía todo y se marchó. ¡Qué vamos a hacer!"... "Ella no hace más que fotografiarse con sus hijos, las

FOTOS: EUROPA PRESS

Arriba, la Familia Real asiste al sepelio de la reina Federica. A la izquierda, doña Sofía con su madre. Junto a estas líneas, Emmanuela Dampierre y la duquesa de Franco.

pocas veces que los ve. Para justificarse. Es ridículo".

En este año de 1981, al menos, una buena noticia. Ponen en libertad a **Tony Isbert**, después de 33 meses de prisión en Inglaterra por tráfico de drogas. "Merezco que la sociedad me dé la espalda. Sin embargo, he purgado mi delito y estoy en paz con ella".

La sociedad, la alta y la baja, se sorprende con la detención de **Rafael Escobedo** como presunto autor del doble asesinato de sus suegros, los **marqueses de Urquijo**.

Y mientras en el país ocurren tantas cosas desagradables, el ex presidente Adolfo Suárez pone agua por medio y se va de España para olvidar la dimisión, el 23-F y la UCD. Pero no lo hace solo como lo haría **Felipe González** sino en compañía de su esposa **Amparo** y de sus en-tonces amigos **Chus Viana**, que murió años después, y **Alberto Aza**, con sus respectivas esposas.

El paraíso de la Isla Contadora, en Panamá, fue el lugar elegido, que no es malo, para olvidar este fatídico año 1981.

JAVI MARTÍNEZ

Emilio Butragueño es aupado por sus compañeros justo después del último partido que jugó con la camiseta del Real Madrid, el 15 de junio de 1995.

Forever

Fernando Baeta

Nadie pone en tela de juicio que siempre habrá un antes y un después. Tampoco se cuestiona que su intromisión en el universo futbolístico revolucionó no sólo el rectángulo de juego, sino que además, y de forma muy especial, sirvió de estímulo para sacudir a la entonces amuermada grada española.

Lo cierto es que se convirtió en mito más por lo que representó, sociológicamente hablando, que por lo que realmente hizo con un balón en los pies.

Emilio Butragueño, hay que decirlo, nunca estuvo a la altura de su mito, pero esto carece de importancia y no oscurece su biografía. Los mitos, y este lo era, están por encima de lo que son capaces de hacer, no tienen que verse en la obligación de demostrarlo cada siete días.

Los mitos lo son tanto por lo que hacen, como por lo que no hacen; por lo que creemos que son capaces de inventar, y por lo que intuímos que han inventando aunque no lo hayamos visto. A los mitos siempre se les ofrece el beneficio de la duda.

Al final, en su despedida española, Butragueño se fue por los aires. El aire lo trajo y el aire se lo llevó. El mito, como el aire que trae y se lleva, es intocable y por eso nadie pone en duda que siempre habrá un antes y un después de Emilio Butragueño. Siempre.

PRÓXIMO CAPÍTULO: **QUÉ ES EL FELIPISMO**

LA EXTENSIÓN DEL SECTOR PÚBLICO. LOS DISIDENTES EN EL PSOE. EL "BOOM" DEL ECOLOGISMO. LA LEGALIZACIÓN DE HB.

ESCRIBEN: RAMÓN TAMAMES, JOAQUÍN MADINA, FRANCISCO FRECHOSO, GUSTAVO CATALÁN, TEODORO G. BALLESTEROS, JUSTINO SINOVA

1975-1995. Veinte años de nuestra vida

• HISTORIA DE LA DEMOCRACIA •

{CAPÍTULO 36}

FOTO CEDIDA POR ULTIMA HORA

Felipe González, disfrutando sobre la cubierta del "Azor", el yate que perteneció a Franco, y con el que realizó dos singladuras veraniegas durante su mandato.

QUÉ ES EL FELIPISMO

La etapa de gobierno socialista (trece años largos: octubre 82-marzo 96) dio lugar a un estilo de hacer que fue llamado felipismo, derivado del nombre de su líder. El felipismo aprovechó los recursos del Estado más allá de lo prudente, fue una forma de imponer más que de mandar (aplastante empleo de la mayoría absoluta en el Congreso), un rechazo de la discrepancia, una demagogia inesperada. El uso por González del yate "Azor" de Franco quedó como la imagen de un propósito de adaptarse a las circunstancias más insospechadas, con tal de seguir arriba.

Un peculiar modo de mandar llamado felipismo

O cómo poner las grandes instituciones del Estado al servicio de los fines de perpetuación de un político

La paternidad de la expresión "felipismo" se la discuten varios escritores y periodistas, pero la cuestión decisiva no es quién fue realmente el primero en la autoría. Lo de verdad importante es la substancia. Y de eso va a tratarse aquí.

Ramón Tamames

Para empezar, será bueno hacer un poco de historia, subrayando que, a pesar de haberse creado el PSOE en 1878 por Pablo Iglesias y sus compañeros, la formación política liderada por Felipe González desde 1974, aun manteniendo el mismo nombre, poco tuvo y tiene que ver con aquella organización.

El PSOE nació como un proyecto típicamente de clase, obrerista, y bajo el signo del marxismo, en pro del cambio del sistema capitalista al socialismo. Y de ahí su nombre. Desde 1974, en la mayoría de los aspectos, la identificación con ese origen histórico pasó a ser pura referencia de "marketing", para obtener provecho de la memoria histórica. Ello se hizo más que evidente cuando se pusieron en marcha esloganes del tipo de "Cien años de honradez y firmeza", que algunos transformaron por la inactividad de la inmensa mayoría de los socialistas durante el franquismo en el contralema "Cien años de honradez y cuarenta de vacaciones".

En 1974, en el Congreso de Suresnes cerca de París, Isidoro (Felipe González) y sus compañeros llegaron a la cúpula de la organización. Nació así, a todos los efectos, un nuevo partido.

El grupo de Suresnes se aupó al poder supremo del PSOE gracias a Enrique Múgica y frente al núcleo histórico encabezado por Rodolfo Llopis. En esa batalla dialéctica, organizativa, de imagen y electoral, Felipe González, con el apoyo impagable de Múgica, arrolló a los históricos.

Luego, en la primera fase de la Transición, de 1974 a 1982, la dinámica del PSOE recibió su mayor impulso del esforzado tándem Felipe González/Alfonso Guerra, que presentaba una doble faz: González, de rostro más grato para los círculos económicos, financieros e intelectuales; la otra cara, en apariencia más relacionada con las bases y con el pasado obrerista, la ofrecía Guerra. Así lo dio a entender él mismo, ya en el poder, en una célebre conferencia en los Cursos de Verano de El Escorial al preconizar, como propio, un gobierno de obreros y campesinos; expresión que ya por entonces provocó la hilaridad del auditorio, conocedor del personaje.

El renovado Partido Socialista realizó su propio Bad Godesberg según el conocido modelo de Willy Brandt. En el cé-

EFE

Felipe González, con gafas y cazadora azul en el centro de la comitiva, durante su viaje a China en 1984.

lebre Congreso Extraordinario del 28 de septiembre de 1979, el PSOE renunció a su ideología con base central en el marxismo. Se pasó así a un socialismo "light", de conveniencia de Felipe González, con cada vez menos principios que respetar.

En este giro ideológico tiene gran importancia la relación Felipe González/Alfonso Guerra, que evolucionó de manera muy significativa. Así, han de destacarse dos circunstancias significativas y que pocas veces se consideran. La primera, la dureza política despiadada de Felipe González en sus comportamientos con los demás, siempre impulsada por su ambición y soberbia personales, lejos de cualquier humanismo. Y la segunda, su facilidad de expresión y, dentro de ella, su capacidad de análisis en el empleo de la jerga, al discutirse asuntos sociales y económicos, en tanto que Alfonso Guerra, su gran antagonista posible, nunca llegó a adquirir soltura en el tratamiento de esos temas. De modo que la participación de este último en muchas polémicas se limitó a expresiones más o menos contundentes, y a veces truculentas y tabernarias.

> **Alfonso Guerra nunca llegó a adquirir la soltura de González en el empleo de la jerga y para discutir los asuntos sociales y económicos**

No es extraño que Felipe González se entendiera mejor con economistas como Miguel Boyer, primero, y Carlos Solchaga, después. No solamente le dieron clase y él aprendió de ellos, sino que llegó un momento en que la compenetración entre los jóvenes maestros y el aún más joven discípulo se hizo total. Hasta el punto de que a González le costó gran esfuerzo prescindir de Boyer, a quien solamente la soberbia apartó del poder al exigir, en 1985, ser vicepresidente económico. Y otro tanto le ocurrió con Solchaga, cuando éste hubo de cesar de portavoz del grupo parlamentario por el oscuro caso de Rubio/Ibercorp/Banco de España. Esa afición a sus ministros la tuvo González hasta el final, no obstante sus grandes errores.

Las desavenencias Guerra/González y la decisión del primero de dimitir como vicepresidente del Gobierno en 1992, ¿a qué se debieron? Aparte de que el número dos sintiera de Boyer, Solchaga o Serra unos celos pavorosos, simplemente dejó de ser útil, o al menos imprescindible, para el supremo hacedor González. Al verdadero organizador del partido, en el año de los fastos, ya se le veía más que deslucido por la gestión de su hermano Juan al frente del célebre despacho de los duros sevillanos. En contraste, la prevalencia de González, a través de los medios de comunicación y de la política asistencial, en amplios grupos del electorado, le daba base propia, más amplia y fuerte que la alcanzable por Guerra de cara a cualquier convocatoria electoral.

Por consiguiente, cabe afirmar que personas como Boyer, Solchaga y también Narcís Serra fueron los máximos apoyos del felipismo emergente.

Pero en Felipe González -y, en definitiva, ésa es la clave del felipismo- además de un giro ideológico y de personas de su "entourage", y de una concentración personal del poder como se ha visto pocas veces (ni Robert Mitchel en 1914, en su libro sobre el caso de la SPD, *Los partidos políticos,* pudo prever tales extremos), lo más importante es cómo para sus fines de perpetuación política puso grandes instituciones del Estado democrático a su servicio total, organizó el Estado cleptocrático y no vaciló en recurrir al crimen de Estado. En esos tres asuntos están las claves, según veremos.

Empezando por las instituciones, es evidente que los descubridores de los trapos sucios de la cleptocracia no fueran ni TVE, ni Radio Nacional de España. Ni tampoco los medios privados más acomodaticios

Una industria nada liberal

Joaquín Madina

Periodista. Responsable de información del suplemento "Su Dinero"

De acuerdo con un informe elaborado por el Partido Popular en 1995, las empresas públicas costaron al Estado más de 24 billones de pesetas durante los 13 años de gobierno socialista. "Con este dinero -dijo Luis Gámir, responsable de la política industrial del PP en esa fecha- se hubiera podido configurar un sector público más competitivo".

En materia de política industrial, el PSOE accedió al poder en 1982 con algunas ideas claras, aunque con graves dificultades para llevarlas a la práctica porque, mientras por una parte pretendía dar una imagen de eficacia, por otra el partido estaba excesivamente próximo al sindicato Unión General de Trabajadores (UGT), lo que dificultaba la toma de decisiones en materia económica y social.

Otro obstáculo importante para la modernización de la estructura económica/industrial española fue la pertinaz oposición del vicepresidente del Gobierno, Alfonso Guerra, a toda idea reformadora propuesta por el binomio Boyer-Solchaga, o de cada uno de ellos por separado. (Está pendiente de realizar un trabajo académico sobre la responsabilidad de Guerra en los logros/fracasos económicos del Gobierno socialista en su etapa de poder).

Las ideas claras aportadas por el equipo Boyer-Solchaga fueron: la reconversión industrial, la reorganización de las empresas públicas, las privatizaciones y el recorte del poder de los sindicatos.

Por lo que se refiere a la reconversión industrial, no se alcanzaron los objetivos previstos aunque se dieron pasos al Ejecutivo; de hecho, el cuarto poder de la Prensa (Burke "dixit", 1774), hoy de los multimedia, pasó a estar controlado por Felipe González, con toda una galaxia de nombres y empresas: por citar sólo los de la última generación, Jordi García Candau, María Antonia Iglesias y Diego Carcedo (en RTVE); el grupo PRISA, salvo raras excepciones, con sus acólitos de *La Vanguardia*; los propios Zeta/Asensio durante largo tiempo, etc.

EUROPA PRESS

ANGEL CASAÑA

A la izquierda, Guerra y González sonríen antes de una reunión de la Ejecutiva del PSOE. Eran los tiempos de máxima felicidad. Arriba, más serios, durante el 33° Congreso del partido el 18 de marzo de 1994.

Igualmente, la Fiscalía General del Estado no hizo virtualmente nada para poner en claro las tramas de la pestilente corrupción; el hedor no llegaba a tan distinguidos olfatos. Eligio Hernández (alias "el Pollo del Pinar") y Carlos Granados resultaron ser personajes muy agradecidos, pues, una vez situados en la poltrona, se convirtieron en sumisos mandados del Gobierno y renunciaron al papel de velar por los intereses generales y defender el imperio de la Ley.

Tampoco el Defensor del Pueblo pasó a mayores en sus gestas. El primero de ellos, Joaquín Ruiz-Giménez, con su habitual candor, se comportó como un auténtico Defensor del Estado. En cuanto a su sucesor en el altisonante cargo, Alvaro Gil-Robles, quizá algo más profesional, se comportó como un denodado servidor de su partido, el PSOE. Y nunca suscitó nada molesto para el Gobierno.

En cuanto a las máximas instancias judiciales, la verdad es que bien poco aportaron a la transparencia de la vida política y económica española. Al Tribunal Constitucional (TC) no habría que hacer grandes referencias. Baste recordar que el célebre expediente de expropiación de Rumasa lo fue de confiscación, puesto que nunca se fijó un justiprecio ni una indemnización, como está previsto en el artículo 33 de la Constitución y demás legalidad vigente. Y en ese sentido, la ac- ➳

importantes. Algunos de los hitos del periodo 1983-87 fueron: el cierre de la cabecera de Altos Hornos del Mediterráneo, la remodelación de la estructura productiva de Ensidesa, la reducción en un 55% de la capacidad de producción de las empresas del sector naval, y la construcción por Enfersa de una nueva planta de nítricos-nitratos.

En lo que respecta a la reorganización de las empresas públicas, el Instituto Nacional de Industria (INI) se negó a seguir actuando como un hospital de empresas, dando cobijo a las que nadie quería. Las últimas en ingresar fueron Foarsa y Presur, en 1981, con la UCD. Los socialistas dividieron el Instituto entre empresas potencialmente rentables (Téneo) y empresas no rentables, hasta que en junio de 1995 desapareció el INI y se constituyeron la Agencia Industrial del Estado (para atender a las empresas con pérdidas) y la Sociedad Estatal de Participaciones Industriales, que incluía a Téneo, ➳

EMPRESAS DE LA AGENCIA INDUSTRIAL DEL ESTADO

Empresas	*Porcentaje*	*Titularidad*	*N° de acciones*
DIVISIÓN DE CONSTRUCCIÓN NAVAL, *integrada por las siguientes empresas:*			
Astilleros Españoles, S.A. (AESA)	100	INI	2.000.000
Astilleros y Talleres del Noroeste, S.A. (ASTANO)	100	INI	100.000
Hijos de J. Barreras, S.A. (BARRERAS)	99,99	INI	10.191.589
E. Nacional Sta. Bárbara Indust. Milit., S.A. (ENSB)	100	INI	1.000.000
E. Nacional Bazán Construcc.Naval Milit., S.A. (BAZAN)	100	INI	2.582.248
HULLERAS DEL NORTE, S. A. (HUNOSA)	100	INI	900.000
MINAS DE FIGAREDO, S. A. (FIGAREDO)	100	INI	100.000
PRODUCTOS TUBULARES, S.A.	100	INI	100.000
PRERREDUCIDOS INTEGR. SUROESTE ESPAÑA, S.A. (PRESUR)	99,5	INI	3.831.000
Sidenor, S.A.	50	INI	3.450.000
CSI CORPORACIÓN SIDERÚRGICA, S.A.	50	INI	5.000.000
AHV-ENSIDESA CAPITAL, S.A.	50	INI	26.803.000
ALTOS HORNOS DEL MEDITERRÁNEO, S. A. (AHM)	100	INI	2.188.000
POTASA DE NAVARRA, S. A. (sociedad en liquidación)			

Participaciones accionarialess, derechos y obligaciones de tituaridad pública transferidas a la AIE. BOE, 20 de Junio de 1995.

titud del TC en el enjuiciamiento del caso resultó vergonzosa por la reconocida y lamentable sumisión de su presidente -Manuel García Pelayo- a las presiones del poder ejecutivo, cuando Felipe González se empleó a fondo en forzar su voto de calidad. La antes aludida reprivatización de Rumasa -no se reprivatizará lo que haya sido reflotado con dinero público, González "dixit"- marcó el comienzo de todas las sórdidas y macroscópicas corrupciones del nuevo régimen, que con desfachatez e impunidad repartió prebendas.

Por su parte, el Tribunal Superior de Justicia (TSJ) tampoco brilló por sus inquietudes investigadoras. Hasta el punto de que algunos de los jerarcas del PSOE potencialmente procesables se resguardaron en su calidad de aforados, a fin de que, de llegar a inculpárseles, se les juzgara por el TSJ, tenido por mucho más tenue. Finalmente, el Tribunal de Cuentas se mantuvo en su tónica de TL2, es decir, "too little-too late" (demasiado poco y demasiado tarde).

Así pues, las instituciones más relevantes apenas funcionaron para desvelar los tejemanejes de un poder definitivamente corrupto. ¿Quiénes desempeñaron, entonces, el papel, clave en cualquier sociedad abierta, de sacar a la luz pública tanto desafuero,

FERNANDO QUINTELA

González, con Serra y Solana, dos de sus estrechos colaboradores.

semejante escandalera sin fin? La respuesta es bien sencilla: la Judicatura y la parte más sana de los medios de comunicación social -los a veces integrantes del llamado "sindicato del crimen"-, que no vacilaron en criticar al nuevo régimen y que contribuyeron a la segunda alternancia (3-M-1996) mucho más que cualquier genial inspiración o actuación de José María Aznar y del PP (de lo que éstos no parecen percatarse tan cumplidamente, lo cual podría llevarles en el futuro a cometer el grave error de pasar página).

La segunda gran clave, el asunto del Estado cleptocrático, por sí solo podría ocupar muchas páginas e incluso libros, desde *La Estafa*, de J. Cacho y C. García Abadillo, hasta el de I. Durán y J. Díaz Herrera *El saqueo del Estado*. Pero ciñéndonos al espacio disponible, creo que será muy ilustrativo hacer algunas consideraciones; empezando por el propio concepto que, en el *Diccionario de Economía y Finanzas* del que soy coautor en Alianza Editorial, reza de la siguiente manera: "Neologismo utilizado en los países anglosajones, que conecta las palabras griegas "clepto" -robo- y "cracia" -poder-. Para así hacer referencia al gobierno minado por la corrupción, desde el punto y hora en que sus miembros, o sus asociados políticos, utilizan los cargos y las facultades que le son inherentes, en beneficio crematístico propio, o de su partido".

En España, a lo largo de los años 1982-1995 fue configurándose gradualmente lo que hoy cabe diagnosticar como Estado cleptocrático avanzado.

El Estado democrático es incompatible

Repsol, Enagás y Gas Natural, entre otras (ver cuadro adjunto, con porcentajes de titularidad a esa fecha).

Por lo que respecta a las privatizaciones, el PSOE impulsó el traspaso a la iniciativa privada de numerosas empresas, sobre todo a partir de 1985.

En cuanto a los sindicatos, el Gobierno de Felipe González rompió las ataduras con la UGT y redujo sensiblemente el poder de Comisiones Obreras (CCOO), pese al éxito aparente (y popular) de la Huelga General de diciembre de 1988 y de las otras dos huelgas de mayo de 1993 y de enero de 1994. También hubo una huelga ¿general? convocada unilateralmente por CCOO en mayo de 1985 contra la reforma de las pensiones. Todas estas manifestaciones de fuerza desembocaron, sin embargo, en una clara pérdida de representatividad.

Es un hecho que los 13 años de Gobierno socialista modernizaron la estructura industrial española, que estaba absolutamente obsoleta en 1982, pero es igualmente cierto que, pese a las apariencias, el avance fue menor del que cabía esperar.

Las insuficiencias y los defectos de la estrategia socialista fueron muchos. Así, por ejemplo: se desaprovechó el buen momento económico de los años ochenta para sentar las bases de la industria del futuro; la reconversión ayudó mucho más a limpiar viejas estructuras que a crear otras nuevas; se vendió buena parte de la gran industria española a empresas extranjeras; las ayudas que recibieron las grandes empresas no descendieron en ningún momento a las pequeñas; las ayudas que recibieron las grandes empresas fueron -en muchos casos- a los bolsillos de especuladores; la disminución de las empresas estatales coincidió con un crecimiento equiparable de las empresas propiedad de los ayuntamientos y comunidades autónomas; las privatizaciones no se realizaron para impulsar la economía sino para tapar los agujeros del déficit público; se defendieron irregularmente los privilegios de algunas grandes empresas públicas (Endesa frente a las compañías eléctricas privadas; Telefónica frente a otros operadores), etc.

El legado socialista en el mes de marzo de 1996 no era ningún regalo. El ajuste industrial se había hecho a precio de oro, incentivando jubilaciones anticipadas y creando parados de lujo, con retiros del 100% del sueldo.

Por sectores, el mejor posicionado era el siderúrgico, con la planta de Sestao, muy moderna y capaz de competir internacionalmente. No se podía decir lo mismo del sector naval, condenado a recortar los precios incluso por debajo del costo para hacer frente a la competencia de Corea y Japón.

La automoción y la distribución

con la cleptocracia. Porque cuando las corrupciones se constituyen en comportamiento normal, y no en la excepción perseguible rápidamente y con eficacia, el desánimo cunde por doquier. Se pierde el concepto de ejemplaridad, y sin bases éticas de ninguna clase, deja de actuarse según una norma respetada, para simplemente procurar que las fechorías no lleguen a salir en los papeles.

Aunque existe una amplia bibliografía sobre todas las cuestiones relacionadas con el Estado cleptocrático, me pareció que sería interesante hacer una relación de los principales escándalos y corrupciones:

Alonso Puerta: matar al mensajero.

FACA: de las armas también se vive.

La rebatiña de Rumasa.

Inconfesables plusvalías en Renfe.

AVE, Pellón, Sevillón.

Cuentas Expo'92: nunca más se supo.

El PER: el maná que no cesa.

El despacho del hermanísimo: Juan Guerra en acción.

Aida (Alvarez), alias "Opera".

Salanueva, el BOE y los galeristas.

Maletines para Ollero (obras públicas en Andalucía).

Palomino: el cuñadísimo impresentable y el búnker de La Moncloa.

Filesa, extorsiones a empresas y las fotocopiadoras.

Focoex: subdesarrollados y paniaguados del FAD.

Ibercorp y los deslices del Banco de España del Gobierno.

Maniobras paramilitares en Turiben.

Banesto "not for" Mario.

Fondos reservados: saqueo del erario.

El GAL: matar desde el Estado.

Serra/Crillon: espía, y mira bien a quién.

PSV: Tekito Kasita.

Convolutus Brunner/SEAT.

¿Dónde están los fondos... Intelhorce?

Y además de giro ideológico, concentración de poder en el partido postergando a Guerra, deterioro de instituciones básicas del marco constitucional de la democracia, y de la conversión del Estado a la cleptocracia, Felipe González no vaciló tampoco -tercera de las claves- en recurrir al crimen de Estado vía GAL.

Las declaraciones de los ex policías Amedo y Domínguez sobre la organización por el Estado de los Grupos Antiterroristas de Liberación (GAL) estremecieron a la opinión pública en 1995. En la instrucción del caso por el juez Garzón se demostró el uso reiterativo de fondos reservados para financiar las acciones de los GAL, que entre 1983 y 1987 ocasionaron al menos 26 víctimas mortales (según la estimación de Melchor Miralles en su libro *El Estado contra ETA*).

Si desde el Gobierno se tratara de ocultar responsabilidades del "caso GAL", el felipismo habría sobrevivido a Felipe González

Las acciones de los GAL se financiaron con fondos reservados distribuidos por medio de maletas llenas de billetes del Banco de España, o de divisas. También con recuerdos de este género se retribuyó a Amedo y Domínguez durante los años que pasaron en la cárcel; y con el mismo dinero se quiso comprar su silencio. Los implicados en el caso GAL son muy numerosos. Es el auténtico proceso al régimen de Felipe González, y ése es, junto a las demás miserias ya inventariadas, el gran legado del felipismo de cara al futuro; que sólo podrá ventilarse, caiga quien caiga, en los tribunales de justicia durante la segunda alternancia iniciada con el 3-M-1996. Si así no se hiciera, o si desde el Gobierno se tratara de ocultar responsabilidades -para no perjudicar a las instituciones, se dice en ocasiones del modo más cínico-, ello equivaldría a que el felipismo sobrevive a Felipe González. Y eso sería lo más dramático del caso.

estaban en manos de compañías multinacionales (Renault, Volskwagen, Pryca, Continente...), mientras en la aviación se negociaba con algún grupo extranjero (Lufthansa, British Airways...) y en petróleo el sector estaba a caballo entre la iniciativa pública, la privada nacional y las multinacionales.

Desde la izquierda del PSOE se ha acusado a González de haber realizado una política "liberal" en materia industrial, pero esta acusación sólo se entiende desde una posición "no-liberal".

Las privatizaciones para "tapar" el exceso de gasto no tienen fundamento liberal, ni lo tiene el mantenimiento de empresas con pérdidas (ayudas superiores a los 390.000 millones de pesetas y un coste global de 430.000 millones), ni lo es la misma existencia de una banca pública.

Tampoco es liberal la posición dominante de Endesa en el sector eléctrico, ni el monopolio de Telefónica (mantenido hasta el último momento) o el control energético de Repsol. Ni fue liberal la moratoria nuclear que el PSOE defendió en la campaña electoral de 1982 y que aprobó al poco tiempo.

Y para rizar el rizo, el supuesto "liberalismo" tampoco tiene nada que ver con los *modos* -los hábitos- con los que algunos ministros dirigieron sus respectivos departamentos, como pudo ser el caso de José Borrell o de Julián Campo, que en ningún caso aceptarían un calificativo de esa naturaleza.

EMPRESAS DE LA SOCIEDAD ESTATAL DE PARTICIPACIONES INDUSTRIALES

Empresas	*Porcentaje*	*Titularidad*	*Nº de acciones*
REPSOL, S.A.	**21**	INH	63.002.859
ENAGAS, S.A.	**9**	INH	1.893.162
SAGANE, S.A.	**91**	INH	273.000
GAS NATURAL, SDG., S.A.	**3,81**	INH	1.423.520
NEWCOMAR, S.L.	**10**	INH	22
EUROFORUM-ESCORIAL	**0,22**	INH	4.564
TENEO	**100**	INI	81.304.100
INI FINANCE BV	**100**	INI	4.200
DIQUES DEL ATLÁNTICO, S.A. (DIATLANSA)	**45**	INI	153.000

Participaciones accionariales, derechos y obligaciones de tituaridad pública transferidas a la SEPI. BOE, 20 de Junio de 1995.

Los disidentes del PS

Del marxista Luis Gómez Llorente al neoliberal Mi

La línea oficial del PSOE no admite muchas alegrías. Desde 1979 cualquier corriente que se apartara de ella era postergada, cuando no expulsada. La nómina de disidentes es larguísima: Pablo Castellano, Nicolás Redondo, Alonso Puerta, Francisco Bustelo, García Damborenea, Peces-Barba o, el último, Miguel Boyer.

Francisco Frechoso

La historia de cualquier organización política es también la historia de sus disidentes, de sus discrepantes, de aquellos que, a contracorriente de la mayoría, suelen pagar con el aislamiento, el exilio interior o la expulsión la reivindicación de principios tan básicos como la ética, la democracia y la coherencia ideológica o el ejercicio de cualidades tan elementales de la condición humana como la soberbia y la ambición. La historia reciente del PSOE es también la historia de sus disidencias, aunque esté parcialmente relatada en letra pequeña dentro de la gran crónica de las victorias electorales y de los casi catorce años de poder.

Sólo parcialmente. La última gran disidencia, protagonizada por el "número dos" del partido, Alfonso Guerra, ha suministrado un cuantioso material a los medios de comunicación y ha dado lugar, al menos, a una docena de libros.

Guerra anunció su dimisión como vicepresidente del Gobierno un 12 de enero de 1991 en el convento cacereño de San Francisco, tras haber soportado durante un año las consecuencias del escándalo de corrupción en el que se vio involucrado su hermano Juan. En ese momento se encontraba visiblemente debilitado y esta circunstancia fue aprovechada por sus enemigos para intentar defenestrarle. Los enemigos contaron en su ofensiva contra el guerrismo con la inhibición, en unos casos, y el placet, en otros, del "número uno", cada vez más distanciado de su lugarteniente.

La ruptura del "tándem de Suresnes" abrió enormes expectativas. Guerra comenzó a trabajar en la definición de un proyecto político más incardinado en las esencias socialistas, lo defendió en foros públicos sin importarle los ataques, a veces feroces, de González y disputó a éste la hegemonía en la Ejecutiva y en las organizaciones provinciales y regionales. Al líder socialista se le atribuye la frase: "El que me echa un pulso, lo pierde". Guerra lo ha perdido. Comenzó a perderlo en 1993, cuando el entonces presidente del Gobierno logró ganar las elecciones generales, continuó perdiéndolo a lo largo de ese año en la fase previa del XXXIII Congreso, celebrado en marzo de 1994, y su derrota se materializó en esa misma asamblea donde perdió el control del aparato del partido.

A González se le atribuye la frase: "El que me echa un pulso, lo pierde". Guerra lo ha perdido. Comenzó a perderlo en 1993

Las elecciones de 1996, con la "dulce derrota" de González -Guerra lo tenía todo preparado para la hecatombe- y los Congresos provinciales celebrados posteriormente -Granada, Málaga y Aragón- no han hecho sino confirmar el declive del guerrismo, cuyo futuro pasa, según todos los indicios, por abandonar la disidencia y las veleidades izquierdistas para reintegrarse a un proyecto mayoritario que, en la oposición, perderá sus perfiles más derechistas y, sin duda, será notablemente más cómodo para él. ¿Tenía Guerra otra alternativa que la de esperar a un fracaso electoral para disputar el último pulso al "número uno"? La tenía, pero nunca le convenció. Era una alternativa auspiciada por el otro gran disidente, que también contribuyó decisivamente a situar a la cabeza del socialismo español a González en Suresnes, Nicolás Redondo.

El veterano sindicalista comenzó su particular exilio interior en 1985 cuando, tras votar en contra de su Gobierno la Ley de Pensiones, abandonó el escaño de diputado. Un año después subrayaría sus diferencias con motivo del referéndum de la OTAN y, posteriormente, protagonizaría tres huelgas generales contra el Ejecutivo presidido por Felipe González -la del 14 de diciembre de 1988 fue la más emblemática- que acabaron creando un abismo entre el partido y el sindicato hermano.

Tras su abandono de la Secretaría General de UGT en 1994, en parte moti-

OE

el Boyer

vado por el escándalo de la PSV -asunto en el que el Gobierno le cobró todas las facturas pendientes-, Redondo se reunió en numerosas ocasiones con Alfonso Guerra para animarle a dar un paso al frente, junto con otros dirigentes históricos como él, para crear una poderosa corriente dentro del PSOE que permitiera recuperar las señas de identidad socialdemócratas abandonadas durante tantos años de ejercicio de poder.

Guerra le dio largas, le citó para más adelante y, finalmente, le concretó una fecha: las elecciones del 3 de marzo de 1996. Pero, para entonces, Redondo ya era consciente de que el vicesecretario general del PSOE nunca se atrevería a hacer frente a González y, por su cuenta, el 9 de febrero de 1996, se reunió a almorzar con Pablo Castellano, y con el coordinador general de Izquierda Unida, Julio Anguita, en el restaurante Villalobillos, próximo a la sede del PCE. A los postres, tres periodistas fueron testigos de su arriesgada apuesta por IU. A su juicio, en ese momento, el voto útil de la izquierda no era el voto al PSOE.

Después de abandonar UGT, Redondo también celebró múltiples reuniones con el protomártir de la disidencia, Luis Gómez Llorente, voluntariamente alejado de la política desde 1982. Como a Guerra, le propuso hacer frente al felipismo pero, acostumbrado a la paz de su exilio interior, el cofundador de Izquierda Socialista declinó las tentadoras invitaciones. Cierto que el momento en que se plantearon coincidió con la etapa más negra del socialismo español, inmerso en los escándalos de la corrupción y la "guerra sucia" contra ETA. El "acoso" que sufrió el Gobierno de González fue uno de los argumentos más hábilmente utilizados por Gómez Llorente para rechazar la propuesta de Redondo.

Gómez Llorente merece, en la historia de la disidencia, un capítulo aparte. Fue el primero que se enfrentó a Felipe González. Ocurrió en 1979 durante el XXVIII Congreso Federal. Le plantó cara porque consideraba que abandonar el marxismo era una forma encubierta de empezar a arrojar por la borda los principios socialistas. El primero y el único que, unos meses después, junto a Francisco Bustelo y Pablo Castellano, entre otros, tuvo la osadía de presentar una candidatura alternativa a la de González para la Ejecutiva en el Congreso extraordinario conocido como "veintiocho y medio".

GUSTAVO CATALÁN
Gómez Llorente con González. Aún no se habían separado.

Después, junto a los citados, y a Alonso Puerta, Carlos López Riaño, Manuel de la Rocha y Antonio García Santesmases, por citar sólo a algunos, creó Izquierda Socialista (IS), la única corriente oficialmente reconocida que ha existido, y aún existe en el PSOE, gracias a los esfuerzos de los dos últimos y del valenciano Vicent Garcés. En las elecciones de 1982 renunció a presentarse candidato por Asturias y, desde entonces, vive apartado de la política, a pesar de que los actuales dirigentes de la corriente crítica sigan considerándole su "líder espiritual".

Tras su retirada fue Pablo Castellano quien se hizo cargo de Izquierda Socialista, pero sus enfrentamientos constantes con el aparato del partido y su participación en la campaña anti-OTAN durante el referéndum de 1986 le situaron en una difícil posición. El presidente del PSOE, Ramón Rubial, le pidió que se diera de baja, aunque no logró su objetivo. Un año después, la dirección aprovechó unas declaraciones suyas en las que implicaba a José María Benegas en oscuros negocios con el hoy ministro de Asuntos Exteriores, Abel Matutes -manifestaciones publicadas sin su permiso en "El Independiente"- para expulsarle.

Castellano y un grupo de militantes de IS, en el que destacaba el murciano Froilán Reina, se incorporaron en 1989 a IU a través del PASOC, el pequeño partido socialista heredero del PSOE histórico, que lideraba y lidera Alonso Puerta y que contaba en sus filas con ilustres represaliados, como Luis Alonso Novo. Puerta había sido expulsado del partido unos años antes, en 1981, tras denunciar los primeros casos de ⋙

corrupción -contratas irregulares en el Ayuntamiento de Madrid- que comenzaban a manifestarse como preocupante síntoma en el PSOE.

Al PASOC y a IU se incorporaría también, poco después, otro histórico de la corriente, Francisco Bustelo, decepcionado por el rumbo que había tomado el partido bajo la dirección de Felipe González. El que fuera rector de la Universidad Complutense llegó a formar parte de la dirección de IU, pero, nuevamente decepcionado abandonó las dos organizaciones hace un par de años. Su triste experiencia política la ha reflejado en un libro editado este mismo año, que tiene un título tan expresivo como este: *La izquierda imperfecta. Memorias de un político frustrado.* También frustrado, ha abandonado muy recientemente el PASOC otro de los citados, Luis Alonso Novo, aunque continúa en IU.

La judicialización de la política dio lugar a dos disidencias peculiares, la de Baltasar Garzón y la de Ventura Pérez Mariño

Castellano no ha sido el único disidente perseguido y arrojado a las tinieblas exteriores por el aparato de Ferraz. Apenas dos años después se produjo otra expulsión sonada, la del hoy todavía polémico Ricardo García Damborenea. El ex secretario general de los socialistas vizcaínos comenzó a distanciarse a finales de 1988, a raíz de la huelga del 14-D. Poco después crearía la corriente Democracia Socialista, junto con otros reputados miembros del partido como el economista Juan Francisco Martín Seco -hoy miembro de la dirección de IU-, que nunca fue aceptada por el partido.

A pesar de las dificultades, Damborenea mantuvo la actividad de la corriente en medio de continuos y cada vez más virulentos enfrentamientos con la dirección, que le acarrearon en 1989 una suspensión de militancia por dos años. La sanción precipitó su abandono definitivo del PSOE y la transformación en partido de la corriente. El exiguo resultado cosechado por Democracia Socialista en las elecciones andaluzas de ese mismo año desanimó a su artífice, que se retiró temporalmente de la política.

En 1990 se ofreció a IU para encabezar su lista en las elecciones vascas, pero la formación de Anguita desestimó el ofrecimiento. Tres años más tarde, en una rocambolesca pirueta política, compareció junto al presidente del PP, José María Aznar, durante la campaña de las elecciones generales, en un mitin celebrado en la plaza de toros de Zaragoza. Mantuvo una discreta colaboración con este partido hasta 1995. El 2 de febrero de ese año su nombre volvió, de nuevo, a las portadas de la prensa. Fue encarcelado por orden del juez Baltasar Garzón, instructor del "caso GAL", bajo la acusación de tentativa de asesinato y detención ilegal del ciudadano francés Segundo Marey. Poco tiempo después abandonó la prisión y decidió colaborar con la Justicia en el esclarecimiento de la "guerra sucia" contra ETA que, según ha denunciado sistemáticamente, conocía Felipe González en todos sus extremos.

La judicialización de la política que ha marcado la última etapa socialista también ha dado lugar a dos casos peculiares de disidentes del PSOE, ambos procedentes de la magistratura.

Abrumado por los escándalos, González "fichó" en 1993 para las listas electorales de su partido a dos destacados jueces, el citado Baltasar Garzón y Ventura Pérez Mariño, con el fin de acallar las voces que acusaban a los socialistas de practicar y amparar la corrupción.

La "actitud pasiva" de González ante este fenómeno llevó a Garzón a dimitir como diputado y delegado del Gobierno para el Plan Nacional contra la Droga, apenas un año después. Unos meses más, hasta febrero de 1995, aguantó Pérez Mariño, que alegó similares motivos para abandonar su escaño. Entre medias se produjo el abandono del PSOE por parte de un destacado dirigente, Luis Velasco, que desde hacía años manifestaba sus discrepancias desde foros como el Grupo del Palace, junto al ex ministro Julián Campo -otro exiliado interior- o el CEPES, que aún hoy mantiene su actividad gracias, sobre todo, al voluntarismo de los dirigentes de IS.

En una carta abierta, que vio la luz el 20 de abril de 1994, el que fuera secretario de Estado de Comercio durante la etapa de Miguel Boyer, denunciaba, entre otras cosas, que "en el caso GAL existe la certeza de un comportamiento absolutamente reprobable de las altas esferas del poder".

En los últimos meses de 1995, en el PSOE se avivó el fuego disidente, tras el anuncio de la convocatoria de elecciones y el debate abierto y cerrado por González sobre su posible sucesión, operación desbaratada por el nombramiento de quien era el delfín, Javier Solana, como secretario general de la OTAN.

Ambos hechos contribuyeron a que un grupo de intelectuales socialistas y de dirigentes del partido suscribieran un texto, conocido como el "Manifiesto de los 19", en el que reclamaban "un nuevo liderazgo", denunciaban los "errores cometidos por el Gobierno y el partido" y exigían la asunción de responsabilidades políticas a los responsables de los casos GAL, CESID y Filesa.

Entre los firmantes figuraban el rector de la Universidad Carlos III y ex presidente del Congreso, Gregorio Peces-Barba -su distanciamiento de González está detallado con toda crudeza en su libro *La democracia en España*-; el ex ministro de Asuntos Exteriores, Fernando Morán; el coordinador del Programa 2000, Manuel Escudero; la ex senadora y catedrática de Etica, Victoria Camps, que renunciaría a repetir como candidata del PSOE; el miembro del Comité Federal Ramón Vargas Machuca, los intelectuales guerristas Elías Díaz y Andrés de Blas y los críticos Antonio Santesmases y Manuel de la Rocha. El documento levantó ampollas. El propio González no ocultó su contrariedad cuando, al ser preguntado por la iniciativa, la descalificó con una demoledora frase: "Ahí se mezclan churras con merinas".

En el fragor de la precampaña, la disidencia se vio ampliada, pero esta vez con un trasvase a la derecha. Fue el del ex ministro de Economía, Miguel Boyer, que el 10 de febrero de 1996 compareció con Aznar y alabó sus recetas económicas. Una semana después, tras el amago de suspenderle de militancia, Boyer anunció por carta su abandono del partido. En la misiva aclaraba que en 1992 ya había comunicado a Felipe González su decisión de dejar el PSOE porque, a estas alturas de siglo, el, hoy por hoy, último disidente ya no se sentía socialista.

•ENSAYO•

HB y la Ley

Teodoro G. Ballesteros

Catedrático de Derecho de la Información de la Universidad Complutense de Madrid

Acataron la Constitución por "imperativo legal"

Tras las elecciones generales de 1982, Herri Batasuna obtuvo dos escaños. Sus representantes se negaron a jurar o prometer la Constitución, por lo que se les retiraron los derechos que tenían como diputados. Finalmente, el Constitucional les permitió usar un subterfugio que sustituyera a la fórmula de acatamiento.

En la historia de la joven Democracia hay pasajes que pusieron a prueba nuestro sistema político de convivencia, y hasta la propia Constitución que los españoles nos habíamos dado en referéndum. Uno de éstos, y tal vez el más trascendental por el momento en que tiene lugar a cuatro años de vigencia de la Carta Magna lo provocó la Agrupación Electoral Herri Batasuna (HB).

HB se había presentado a las elecciones del 28 de octubre de 1982, por Guipúzcoa y Vizcaya, obteniendo dos actas de diputados correspondientes a Ignacio Esnaola Etcheverry y Pedro Solabarría Bilbao. Constituida formalmente la III Legislatura sin la presencia de los representantes de HB, el presidente del Congreso de los Diputados en la tercera sesión plenaria les requirió para que prestaran juramento o promesa de acatamiento a la Constitución y, ante la ausencia de los mismos, el presidente resolvió: "No estando presentes, señoras y señores diputados, los parlamentarios cuyos nombres han sido leídos, y siendo la tercera Sesión Plenaria en que se produce el tal llamamiento, conforme al apart. 1º del art. 20 del Reglamento, queda declarado que estos señores diputados no tendrán derechos ni prerrogativas hasta que dicha adquisición de la condición plena de Diputado, tras el acatamiento de la Constitución, por juramento o promesa, se produzca".

Meses más tarde, el 14 de marzo de 1983, los diputados referidos presentaron recurso de amparo ante el Tribunal Constitucional, contra el Acuerdo del Congreso de los Diputados que declaró en suspenso sus derechos y prerrogativas parlamentarias, argumentando, entre otras causas meramente formales, las dos siguientes: a) Que el juramento rompería la necesaria identificación entre representantes y representados, de cuya opinión contraria a la Constitución partían, deducida de su voto negativo en el referéndum constitucional; y b) Que se vulneraba su libertad ideológica al obligárseles a jurar o acatar la Constitución.

"Nada dijo el Constitucional sobre el maniqueísmo de HB, que al tiempo que negaba la Constitución, también la aceptaba al participar en las elecciones"

El Tribunal Constitucional, mediante su Sentencia 101/83, de 18 de noviembre, desestimó el amparo solicitado, fundamentada, en lo que hace a los extremos señalados, de la forma siguiente: 1) La Constitución tiene validez y obliga a todos los ciudadanos españoles por haber sido ratificada por la mayoría del pueblo español, con independencia de cuál fuera el voto de éste o aquél grupo de electores, ya que de no ser así, ninguna norma aprobada por una mayoría con el voto en contra o la abstención de una minoría podría pretender obligatoriedad general. De otro lado los diputados, en cuanto integrantes de las Cortes, representan al conjunto del pueblo español, lo contrario sería abrir el camino a la disolución de la unidad de la representación y con ello de la unidad del Estado; y 2) Las manifestaciones de la libertad ideológica de los titulares de los poderes públicos han de armonizarse en su ejercicio con el necesario cumplimiento del deber positivo inherente al cargo público de respetar y actuar en su ejercicio su sujeción a la Constitución.

Nada dijo el Constitucional, quizás porque no era el lugar para hacerlo, sobre el maniqueísmo político de HB, que, al tiempo que explícitamente negaba la Constitución, implícitamente la aceptaba participando en las elecciones o utilizando el mecanismo de defensa del Tribunal Constitucional.

A partir de entonces, y en posteriores legislaturas, los diputados de HB estarán con pleno derecho en la Cámara, tras haber acatado la Constitución con la fórmula, jurídicamente estrafalaria, de "por imperativo legal".

Origen de la concienc

La protección de la Naturaleza se convierte en obje

En España, las organizaciones de protección de la Naturaleza se implantaron más tarde que en otros países, pero casi al mismo tiempo que la democracia. Este hecho, unido a la gravedad de algunos desastres -tanto por pesticidas como por centrales nucleares o puro vandalismo-, creó una poderosa conciencia ecologista.

Gustavo Catalán Deus

La historia del ecologismo español es paralela a la lucha que llevó a cabo la sociedad española para lograr la democracia. Ya en la década de los sesenta, en pleno franquismo, surgieron personalidades que, al igual que aquellos firmantes del manifiesto de Múnich, fueron las primeras expresiones de defensa de la Naturaleza.

José Antonio Valverde podría ser la primera figura de este movimiento. El, junto a otros biólogos, fue el precursor y salvador ante el mismo general Franco de lo que hoy es la joya más emblemática de la Naturaleza de nuestro país: Doñana.

Entre estas personalidades merece la pena destacar la de ese dentista reciclado que divulgó con una maestría sin precedentes a través de la pequeña pantalla el amor a la fauna española: Félix Rodríguez de la Fuente. Pero esto fue a finales de los sesenta.

La eclosión vino en la siguiente década. A la labor meritoria y aislada de Francisco Bernis, Jaime de Foxá, Jesús Garzón, Castroviejo, y algunos más, además de los ya citados, se sumó el desembarco en España del movimiento naturalista internacional. La cumbre ecologista de la ONU en Estocolmo de 1972 no fue más que el reflejo del ya pujante movimiento ecologista internacional. Aunque España seguía aislada de los movimientos internacionales, la sección española de WWF, bajo la denominación de Adena, se implantó en España con su logotipo del oso panda antes de 1970.

Y paralelamente empezaron a surgir las primeras organizaciones conservacionistas, más vinculadas a la fauna que al amplio concepto del medio ambiente. Sus estatutos, cribados por el franquismo, eran lo más descafeinados posible para conseguir un lugar en aquella retrógrada Ley de Asociaciones.

Según crecía la marea por la democracia, el movimiento ecologista fue tomando forma. Numerosas pequeñas organizaciones locales nacieron para defender los patrimonios de sus comarcas. Galicia, Extremadura, Baleares y Euskadi, vieron crecer estos movimientos, que mantuvieron una primera convención nacional en Pamplona, en agosto de 1974.

Entre tanta división, nunca un partido ecologista ha conseguido un escaño parlamentario. Y todo parece indicar que nunca lo logrará

Una segunda convención menos amplia tuvo lugar en octubre de 1975 en Oviedo. El tercer encuentro, previsto para 1976, no se celebró. Pero fue en 1977, en los pinares de Valsaín, en Segovia, donde se fundó la Federación del Movimiento Ecologista con una treintena de grupos procedentes de todo el Estado.

Para entonces ya habían tenido lugar la primeras elecciones democráticas. Tras un cierto éxito electoral en Francia de los postulados verdes, nació el primer partido verde español. El Partido Ecologista, creado oportunistamente, fue desenmascarado ante la opinión pública por el movimiento ecologista y su fracaso en las urnas fue estrepitoso. Este es el fin, convocatoria tras convocatoria electoral, de todos los grupos políticos de carácter ecologista hasta nuestros días.

Contrariamente a lo ocurrido en otros países europeos, la ecología política española no ha sabido ganarse los votos de un movimiento social creciente. La amalgama y rivalidades entre los que pretendían representar en el Parlamento a los ecologistas provocaron que en algunas convocatorias electorales haya habido hasta seis candidaturas distintas.

Entre tanta división, nunca los verdes han conseguido un escaño parlamentario. Y todo parece indicar que nunca lo lograrán, una vez que todos los partidos parlamentarios han incor-

a ecológica en España

o social, pero los "verdes" no incrementan sus votos

porado a sus programas parte del programa ecologista. Sin embargo, ese fracaso político nada tiene que ver con el movimiento ecologista. Su expansión e implantación en nuestra sociedad es un hecho de la década pasada.

Acontecimientos como la muerte del oso pardo "El Rubio", la muerte de 20.000 patos en Doñana o el incendio en Vandellós I y su posterior cierre definitivo, impulsaron la conciencia ecologista.

Un acontecimiento exterior marca una nueva pauta de comportamiento para el movimiento: la acción directa protagonizada por Greenpeace. Su proximidad a las costas españolas a través de las campañas contra la caza de ballenas cerca de Galicia, y el vertido de residuos radiactivos en la fosa atlántica, abre los ojos a los ecologistas españoles. De los escritos y manifiestos, los militantes ecologistas pasan a los encadenamientos y otras acciones; del manejo de unos miserables recursos, derivan a la captación de socios de pago; y, por último, montan redes de contacto con los medios de comunicación para tener un mayor impacto social.

Esta transición, provocada por la irrupción de Greenpeace en España, deja a muchos grupos ecologistas en el camino, pero logra vertebrar en una decena de organizaciones muy amplias, especializadas en distintos campos, el actual movimiento ecologista.

EFE

En Doñana ocurrió uno de los peores desastres ecológicos de la Transición. Miles de patos muertos llenaron las marismas.

El nacimiento en 1981 de la revista "Quercus" fue otro punto de inflexión. Tras esta pionera publicación, una pléyade de ellas sale al mercado con más o menos éxito para dar voz al creciente movimiento ecologista.

Hoy ya se puede hablar de cuáles han sido las relaciones entre este movimiento y el Gobierno socialista durante más de una década. Lo que se inició en 1982 más o menos cordialmente, terminó como el rosario de la aurora a principios de 1996. Los ecologistas han tenido que hacer frente durante este tiempo a la deglución que a través de subvenciones han querido amordazar su existencia. En parte lo consiguieron, pero no acabaron con él. La espantada de los ecologistas al único órgano de discusión creado durante el último Gobierno, fue el último capítulo de un desencuentro que duró 13 años.

Con el Ministerio de Medio Ambiente creado por el Gobierno Aznar se abrió una nueva etapa. Los ecologistas, más maduros y fuertes que nunca, pusieron un listón de mínimos y su disposición al diálogo. La nueva ministra, Isabel Tocino, tenía ante sí un reto del que dependía que España siga siendo una reserva natural sin parangón en el Viejo Continente. La pregunta del millón continuaba siendo: ¿se logrará legar a las futuras generaciones un país tan diverso como el que conocemos?

•CALENDARIO•

1984

El calendario anterior, de 1983, fue publicado en el fascículo nº34

ENERO

Adiós al Tarzán más célebre. El actor estadounidense Johnny Weissmuller, que encarnó al célebre personaje de Tarzán, falleció el día 21 en Acapulco (México). Nacido en 1904, fue un deportista nato y ganó cinco medallas de oro en dos juegos olímpicos.

FEBRERO

Chernenko releva a Andropov. Constantin Chernenko, de 72 años, releva en la secretaría general del Partido Comunista de la Unión Soviética a Yuri Andropov, quien, a sus 69 años, falleció el día 9 en Moscú. Se le conoció como "Yuri el Breve" ya que sólo estuvo en el cargo 15 meses tras suceder a Leonidas Breznev.

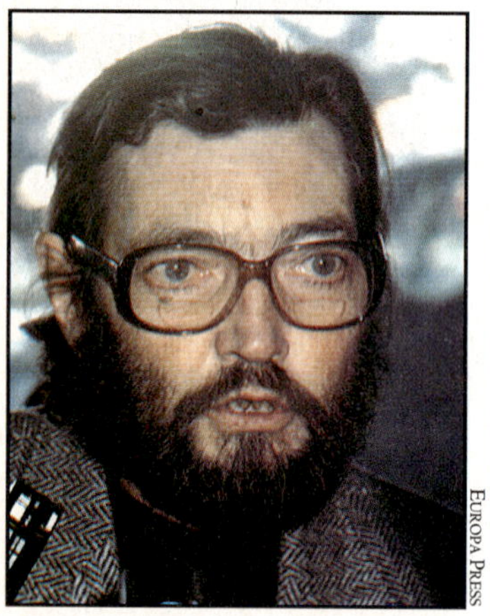
EUROPA PRESS

Cortázar falleció el 12 de febrero.

EUROPA PRESS

El poeta vallisoletano Jorge Guillén.

La literatura hispana pierde a Guillén y Cortázar. Una semana infortunada para las letras hispanas. El día 6, a sus 91 años, muere en Málaga el poeta vallisoletano Jorge Guillén, miembro de la Generación del 27. El día 12, en un hospital de París, fallece el escritor Julio Cortázar a los 69 años.

MARZO

Dos millones y medio de parados. Malas noticias para la economía española: según la encuesta de población activa hecha pública este mes, la cifra de parados a 31 de enero ascendía a 2.558.500 personas.

Indultado Xavier Vinader. El periodista Xavier Vinader, condenado a siete años de cárcel, fue indultado por el Gobierno el día 21.

ABRIL

Pujol arrasa. En las elecciones autonómicas celebradas en Cataluña el día 29, Pujol arrasó al lograr el 46% de los votos. El socialista Obiols fue el gran derrotado.

MAYO

Final de Copa a tortazos. La final de la Copa del Rey que

EUROPA PRESS

Pujol celebra el triunfo electoral.

EUROPA PRESS

Sarabia, a la izquierda, y Maradona, que es sujetado por Angel Mur, durante los incidentes de la final de la Copa del Rey.

•Y TAMBIÉN•

● **Cadáver descuartizado.** El cadáver de María Teresa Mestre, esposa del industrial aceitero Enrique Salomó, apareció descuartizado el 21 de enero. Algo más de dos meses después, Angel Emilio Mayayo (amigo de la familia) se confiesa autor del asesinato.

● **Triunfo del PNV.** En las elecciones autonómicas del 25 de febrero, el Partido Nacionalista Vasco (PNV) logra la mayoría.

● **Los chistes de Morán.** Es por estas fechas de marzo de 1984 cuando se popularizan los chistes sobre el ministro socialista de Asuntos Exteriores Fernando Morán .

● **Ruiz Mateos, detenido en Francfort.** El empresario José María Ruiz Mateos, que viajaba con pasaporte falso, fue detenido el 25 de abril en el aeropuerto de Francfort (Alemania).

● **Otra Liga para el Athletic.** Por segundo año consecutivo, el Athletic de Bilbao se proclama campeón de Liga.

● **Los Reyes, en la URSS.** Dos días después de que la URSS anunciara su ausencia en los Juegos Olímpicos de Los Angeles (EEUU), los Reyes de España inician el 9 de mayo su histórico viaje a aquel país.

el Athletic de Bilbao -hizo doblete este año- ganó al Barcelona el día 5 acabó a tortazos. Maradona y varios jugadores del Athletic intercambiaron golpes. Más de 60 hinchas fueron atendidos en la enfermería del Santiago Bernabéu.

J U N I O

Maceda hace historia. El defensa Antonio Maceda, a un minuto del final, marcó el gol a Alemania que clasificaba a España para las semifinales de la Eurocopa de Francia. El equipo anfitrión derrotó a la selección de Miguel Muñoz en la final.

J U L I O

Nace el primer "bebé probeta" español. A las 19,40 horas del día 12 nació en el Instituto Dexeus de Barcelona el primer "bebé probeta" español, la niña Victoria Ana Perea Sánchez, que pesó casi dos kilos y medio.

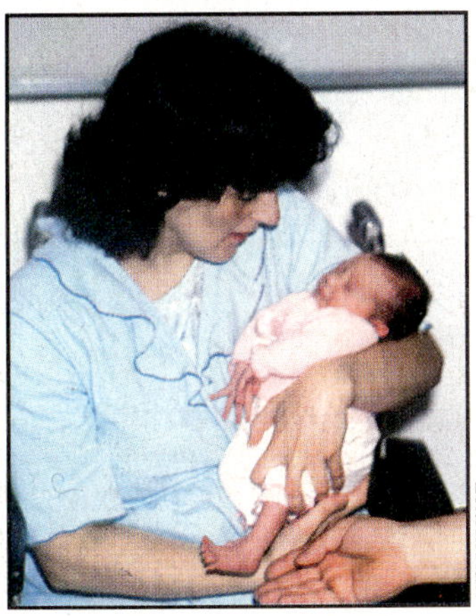

EUROPA PRESS

El primer bebé probeta español.

A G O S T O

Exito del baloncesto español en Los Angeles. La selección de Antonio Díaz Miguel tocó el cielo en los Juegos Olímpicos de Los Angeles (EEUU) -en los que Carl Lewis fue la estrella- al lograr la medalla de plata.

Mueren Richard Burton y Truman Capote. El día 5 falleció el actor británico Richard Burton. El protagonista de *Cleopatra* y *La túnica sagrada* falleció a los 59 años en Ginebra. Curiosamente, a esa misma edad falleció, en Los Angeles, el célebre escritor Truman Capote.

EFE

Imagen tomada del vídeo que grabó la cornada mortal de Paquirri en Pozoblanco.

EFE

Fernando Martín, Romay y Andrés Jiménez, con la medalla de plata.

S E P T I E M B R E

Extradición de etarras. El día 23, el Gobierno francés concedió por primera vez la extradición a España de tres presuntos miembros de ETA, tal y como había sido solicitado por la Justicia de nuestro país.

La tragedia de Pozoblanco. "Avispado", de la ganadería de Sayalero y Bandrés, trunca la vida de Francisco Rivera, Paquirri, el día 26. El torero, de 36 años, fue trasladado desde la plaza de Pozoblanco hasta el Hospital Militar de Córdoba, adonde llegó agonizante. Paquirri era considerado máxima figura del toreo.

O C T U B R E

Firmado el AES. Tiempos de consenso en la economía. Felipe González, José María Cuevas y Nicolás Redondo firmaron el Acuerdo Económico y Social (AES) el día 8.

N O V I E M B R E

El regreso de María Zambrano. Tras 45 años en el exilio, la escritora y pensadora malagueña María Zambrano regresó a España el día 20 a sus 80 años. Desde 1978 vivía en Suiza.

D I C I E M B R E

Entrevista González-Gaddafi. Fue un encuentro rodeado de grandes medidas de seguridad en Palma de Mallorca. Felipe González y el líder libio Muammar el Gaddafi se reunieron el día 19. Gaddafi dijo entonces que "entrar en la OTAN es como entrar en el infierno".

- **Lendl irrumpe en el tenis mundial.** Al derrotar en la final de Roland Garros a John McEnroe el 10 de junio, el checoslovaco Ivan Lendl irrumpe con fuerza en la elite del tenis.
- **Bob Dylan, en España.** El cantante norteamericano Bob Dylan inició el 26 de junio su primera gira por nuestro país.
- **Muere Claudio Sánchez Albornoz.** El historiador Claudio Sánchez Albornoz falleció el 8 de julio en Avila a los 91 años.
- **Mariano Rubio toma posesión.** Mariano Rubio tomó posesión de su cargo como gobernador del Banco de España el 24 de julio.
- **Semana Grande violenta.** La "guerra de las banderas" y las manifestaciones contra las extradiciones eleva a más de 200 el número de heridos por los incidentes acaecidos en Bilbao.
- **François Truffaut fallece en París.** El realizador de cine francés François Truffaut falleció a los 52 años en un hospital de las cercanías de París el 21 de octubre.
- **Adiós a Vicente Aleixandre.** El Nobel de Literatura Vicente Aleixandre (Sevilla, 1898) falleció el 14 de diciembre en Madrid.
- **Roca sucede a Porta.** El turolense José Luis Roca relevó, en diciembre, a Pablo Porta en la presidencia de la Federación de Fútbol.

Felipe González, asaltado por una bailarina de Tropicana durante su visita a Cuba. Castro tuvo gran parte de la culpa de lo que luego se le reprochó a Felipe aquí.

Besos caribeños

Justino Sinova

La verdad es que fue un espectáculo añadido: Felipe González en el escenario rodeado de espléndidas bailarinas. Luego aquí se le sacudió a modo por lo que parecía una juerga pachanguera impropia de todo un presidente. Ocurrió durante un viaje a Cuba en noviembre de 1986. Una noche, Fidel Castro le invitó a Tropicana, la sala de fiestas habanera para enseñar al turismo y que tiene un acusado sabor rancio. El comandante y el presidente ocuparon una mesa de la primera fila mientras los periodistas nos situábamos a distancia estratégica para contemplar las dos escenas. Al final, cuando las chicas agradecían los aplausos, Castro subió de improviso al escenario y desde allí, entre las plumas y los besos, hizo gestos insistentes a González para que le acompañara. Felipe no pudo resistir la invitación y se encaramó también al escenario. Los fotógrafos tardaron segundos en obtener imágenes del líder socialista asaltado por las bellezas caribeñas. Fue todo un espectáculo imprevisto, que también ofreció otra sorpresa. En medio de la refriega, apareció por allí, salido de no se sabía dónde, Sancho Gracia, el famoso "Curro Jiménez", que estaba rodando en Cuba. Parecía que en cualquier momento podía hacerse presente hasta Lola Flores. Luego vino la broma nacional por el papelón de González... al que le obligó Castro.

PRÓXIMO CAPÍTULO: **LA DROGA INVADE ESPAÑA**

LA VERDAD DE UNO DE LOS PROBLEMAS GRAVES QUE HA SUFRIDO LA SOCIEDAD ESPAÑOLA. LA DIFÍCIL VIDA DEL ARREPENTIDO PORTABALES. LOS SORPRENDENTES BANDOS DE TIERNO. **ESCRIBEN:** JOAQUÍN BARDAVÍO, BALTASAR GARZÓN, JAVIER LORENZO.

1975-1995. Veinte años de nuestra vida

• HISTORIA DE LA DEMOCRACIA •

{CAPÍTULO 37}

Escenas como esta, en que dos jóvenes se inyectan heroína, comenzaron a ser vistas en España. La droga y sus consecuencias se hicieron tristemente presentes.

LA DROGA INVADE ESPAÑA

La droga se convirtió en un problema desde fines de los años setenta. Una consideración pseudoprogresista en favor de las drogas, que se acrecentó en los ochenta, junto con la no penalización de su consumo y la apatía oficial durante un tiempo con respecto a su incidencia social fueron algunas de las causas de la extraordinaria proliferación de estupefacientes que se registró en España. Cuando se cayó en la cuenta de su gravedad, el problema era ya un drama. Una parte de la juventud "enganchada" y un incremento de la delincuencia fueron las consecuencias más notables.

RELATO

Hachís, heroína, cocaína y un largo etcétera

El consumo de estupefacientes fue una de las causas en el incremento de la delincuencia

Hasta finales de los años setenta, las únicas drogas que los españoles conocían se limitaban al optalidón, el alcohol y la grifa del legionario. Pero en apenas tres años, el país se inundó de todo tipo de substancias que eran consumidas por una juventud que pedía nuevas sensaciones. La droga había cambiado la faz de España.

Joaquín Bardavío

La llamada "reforma Ledesma" del Código Penal en 1983 se captó socialmente, y posiblemente con error, como una "despenalización" del consumo de drogas cuando, realmente, nunca había estado penalizado anteriormente. Lo ocurrido fue que se tipificaron con tratamientos penales diferenciados la producción y el tráfico de narcóticos en función de su peligrosidad. Y el consumo no fue tipificado; se consideraba, como antes, ilícito y por tanto, podían incautarse policialmente las cantidades de droga consideradas para uso personal, aunque no existía, ni existe hoy, sanción penal. Sin embargo, esta omisión de penalidad para el consumo fue interpretada por amplias capas sociales como un estímulo a la drogadicción. Fueron muchas las voces que se levantaron para denunciar esta permisividad explícita a la que, posteriormente, se culparía del aumento del narcotráfico y de la delincuencia.

La permisividad era antes implícita puesto que el consumo de drogas se asociaba a ciertas conductas sociales que se incluían en la denominada Ley de Vagos y Maleantes, de tal modo que lo que se castigaba era el resultado de estar drogado y no el haberse drogado. Existía jurisprudencia que liberaba penalmente el consumo.

Pero desde que se agudizó la problemática de los tóxicos, desde hacía algunos años se había criticado duramente desde importantes sectores el hecho de que algunas personalidades del ámbito socialista y genéricamente de la izquierda, incluso algún ministro, había reconocido en medios de comunicación el haber fumado porros ocasionalmente. Tal actitud, ciertamente frívola, era una respuesta "progre", que quería ser definitoria de una postura rebelde en los últimos años del franquismo y de un talante insurgente respecto a una sociedad

Cristóbal Ortega

Un toxicómano ayuda a otro a inyectarse una dosis de droga. La heroína se convirtió en el principal origen de la delincuencia y la violencia en España.

conservadora. Muchos no lo entendieron así, sino que culparon a estos modales de que parte de la juventud entendiera que el fumar hierba no era algo perjudicial. Aquella frase del profesor Tierno Galván que, siendo alcalde de Madrid, dirigió a unos jóvenes tras una alocución "y ahora, a colocarse" suscitó las iras de no pocos padres de familia. En definitiva, desde diversos e influyentes sectores se acusó al PSOE, o al menos a ciertos de sus más cualificados representantes, de no contribuir con la debida eficacia a la lucha contra la drogadicción e incluso a tomarse a la ligera el consumo de las llamadas drogas blandas.

Llegar a saber si tanto la no tipificación penal de consumo de drogas, como algunas frivolidades cometidas por personajes al tratar el asunto, influyeron negativa- mente en la lucha contra las drogas en aquellos primeros años de los ochenta es realmente difícil. Los expertos en la lucha y prevención del consumo de narcóticos opinan, a la vista de las situaciones comparativas con diversos países europeos en aquel tiempo, que no influyeron significativamente. A lo sumo, que algunas desafortunadas banalizaciones retrasaron una toma de conciencia más profunda del problema y la adopción de medidas más drásticas. Pero no ven aumento en el crecimiento de la drogadicción ni consideran efectos negativos apreciables. En cualquier caso, sobre este asunto han cabido lecturas o interpretaciones contrapuestas. Como es natural, la oposición política del momento era mayoritariamente la de Alianza Popular, que entendió que los pronunciamientos permisivos fueron nefastos y así lo declaró con énfasis. Los portavoces o expertos del partido en el Gobierno cumplieron su papel, muy posiblemente basados en datos, proclamando la inocuidad de tales manifestaciones.

En Europa, bien por vía legislativa o por praxis judicial, se ha ido llegando a una situación en que el consumo no se penaliza. Es dificilísimo, o imposible, meter en la cárcel a cuantas personas se sorprenda consumiendo droga porque las poblaciones reclusas serían ingentes. Se pone como ejemplo el caso de Portugal, país que tiene penalizado el consumo de estupefacientes. Pues bien: en las cárceles portuguesas no llegan ni a una docena los presos por ese motivo, cuando hay que suponer varias docenas de miles de usuarios de drogas.

En Europa el consumo no se penaliza porque es imposible meter en la cárcel a cuantas personas consuman droga

Hasta 1965 la drogadicción en España se mantenía en una situación tradicional: alcoholismo, fármacos -especialmente morfina entre algunas personas del ámbito sanitario- y kifi o grifa entre legionarios, soldados destinados en Africa y otros grupos minoritarios. Apenas cocaína. Sin embargo, a partir de ese año se aprecia un fuerte movimiento extensivo del hachís y aparecen sustancias psicodélicas como el LSD. Lo más importante del fenómeno es que la droga sale de los grupos de población donde estaba prácticamente acotada e invade capas sociales cada vez más amplias. Con cierta rapidez, el fenómeno se expande en crecimiento preocupante. ¿Cuál es la explicación más convincente? Parece ser que la droga se asocia a los movimientos de contracultura que se desarrollan en

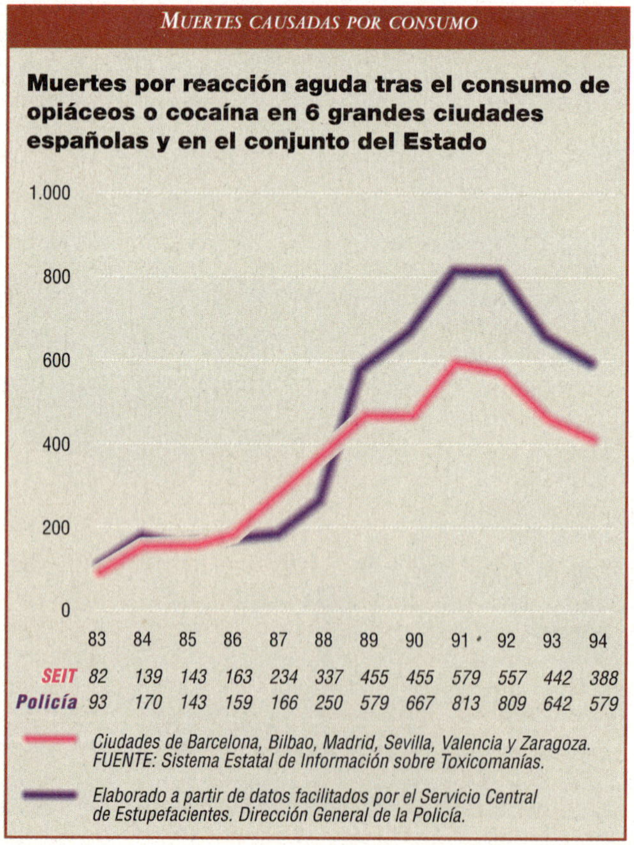

A la izquierda, número de fallecidos a causa de la droga en España durante los últimos años. Arriba, eslóganes de diversas campañas de prevención.

ÁNGEL CASAÑA

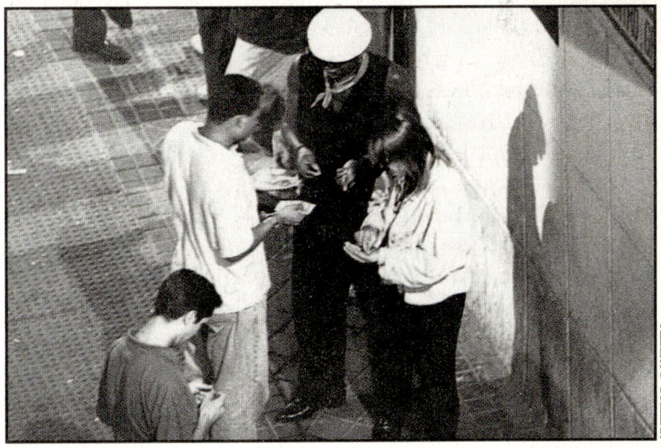

ALBERTO CUELLAR

Arriba, un policía cachea a varios toxicómanos que están en un subterráneo madrileño. A la derecha, una imagen común: pequeños traficantes realizan su negocio en plena calle.

aquellos años, con la rebeldía, los fenómenos más o menos "hippies" y otros social o culturalmente insurrectos respecto al orden establecido durante décadas.

El problema tiene un crecimiento que podría calificarse de vegetativo y comienza a manifestarse una incipiente alarma social. Pero cuando, curiosamente, el problema estalla con su mayor virulencia es en el periodo comprendido, aproximadamente, entre el verano de 1978 y finales del año 1979. Con poco retraso respecto al resto de Europa, aparece en España la heroína y los heroinómanos se manifiestan repentinamente, sin pasar por un proceso gradual desde drogas más blandas. No se trataba de personas que habían llegado a esa dependencia tras un periodo con LSD, o con psicofármacos, metadona, tilitrate o anfetaminas. No provenían del mis-mo grupo social de universitarios o cultistas. En un corto periodo de tiempo la droga más temible afecta a un muy alto número de jóvenes de manera explosiva. Se produce una auténtica crisis. Aquí ya no se aprecian fenómenos culturales. La heroína entra en grupos juveniles periféricos al borde de la desestructuración social. La delincuencia se dispara. En España se ha llegado a una situación calificada técnicamente de epidemia o crisis de droga.

La confusión es grande. La alarma social alcanza sus cotas más altas que coinciden con los últimos coletazos de algunos grupos minoritarios de políticos, psiquiatras e intelectuales que todavía mantenían posturas de cierta tolerancia sobre la droga, basadas en ocasiones en una especie de romanticismo o añoranza de los tiempos de la contraideología en el tardofranquismo.

Y la inflexión positiva, en el sentido de que la explosión epidémica empieza a ceder ligeramente, comienza a manifestarse precisamente en 1983, año de la "reforma Ledesma". No porque ella tenga efectos positivos que opiniones autorizadas dicen que tampoco los tuvo negativos sino porque la situación parece estabilizarse e iniciar un lento decrecimiento. A ello sí contribuye una toma de conciencia del terrible problema. La perturbación social había llegado a límites difícilmente sostenibles y la Administración comenzaba a tomar medidas preventivas. Los atracos a bancos, a farmacias, a cualquier tipo de establecimientos, los asaltos en las calles para procurarse dinero con el que adquirir la dosis de droga, eran una pesadilla en muchas ciudades españolas.

La presión de la sociedad se convierte, obviamente, en presión política y en 1985 entra en funcionamiento el Plan Nacional sobre la Droga que intenta, básicamente, poner en marcha un modelo de actuación de todos los niveles de las Administraciones y coordinar las iniciativas privadas. En 1986 se crea, entre éstas últimas, la Fundación de Ayuda contra la Drogadicción. En tanto, la epidemia crece "vegetativamente", sin estallidos como a finales de los años setenta.

Sobre 1990-91 los indicadores comienzan a cambiar. Desde entonces, año a año, se va confirmando que el consumo de heroína decrece. Hay menos muertes por su causa, menos casos de urgencia en los hospitales, menos solicitudes de tratamiento y, como es natural, menos delincuencia inducida por motivos de drogadicción. Se aprecia que la población heroinómana envejece y que apenas se renueva con jóvenes. Afortunadamente, es una droga en decadencia por vía parenteral o intravenosa, aunque su consumo continúa mantenido por aspiración en la modalidad de lo que se llama "chinos". El "crack", afortunadamente, no aparece en España sino de forma testimonial.

A primeros de los noventa la droga dominante es la cocaína, cuyo consumo había venido subiendo de manera importante durante toda la década anterior. Excepto los heroinómanos, los adictos a la cocaína no la usan por vía parenteral, sino que la esnifan. Se considera una droga mucho menos peligrosa socialmente porque su consumo está muy extendido con objetivos que podrían denominarse recreativos y se usa más especialmente los fines de semana. Es más compatible con una vida normalizada y los daños que produce llegan más lentamente. La aparición de las llamadas drogas de diseño, estimulantes, anfetaminas, éxtasis y otras también se pueden compatibilizar con quehaceres profesionales y suelen utilizarse asociadas a la

NACHO ALVAREZ

La Administración descubrió rápidamente que la prevención debía acometerse desde la infancia.

diversión. Su riesgo social más llamativo independientemente del daño que puedan causar al propio organismo son los accidentes de tráfico de quienes conducen bajo sus efectos y que causan alta mortalidad.

A los especialistas en drogadicción les preocupa de forma creciente el alcohol como droga legalizada. En España estamos pasando del patrón mediterráneo -vino en las comidas y algunas fiestas- al nórdico, que es moderación o abstención en días laborables y consumo extraordinariamente excesivo los fines de semana. Curiosamente, de manera global, el consumo de alcohol ha descendido. Pero está más concentrado. Parece ser que cada vez hay más abstemios y, al tiempo, más alcohólicos o personas en vías de alcoholizarse con especial relieve en la juventud. En tanto que el consumo de vino ha bajado de manera importante, ha subido el de la cerveza y bebidas destiladas.

En baja la heroína, a los expertos en la lucha contra la drogadicción les preocupa ahora extraordinariamente el hecho de que el problema subsiste gravemente en España y que se baje la guardia respecto a los tóxicos que ahora dominan el mercado por la simple razón de que no producen alarma social. El gran movimiento de la sociedad contra la droga no fue debido a la droga en sí misma, sino a sus efectos mortales a corto plazo y a la generación de una delincuencia salvaje que producía la heroína. Hoy un número muy significativo de heroinómanos están tan enfermos que resultan imposibilitados para la violencia. Al disminuir los delincuentes drogadictos se tiene la impresión de que el problema de la droga ya no es tal porque no nos agrede por la calle. Pero está ahí. Ha disminuido el dramatismo, sólo eso. Lo malo es que por ello también ha disminuido la preocupación social.

Dos detalles de campañas que se han emprendido contra la droga. A la derecha, una manifestación popular en una población de Madrid.

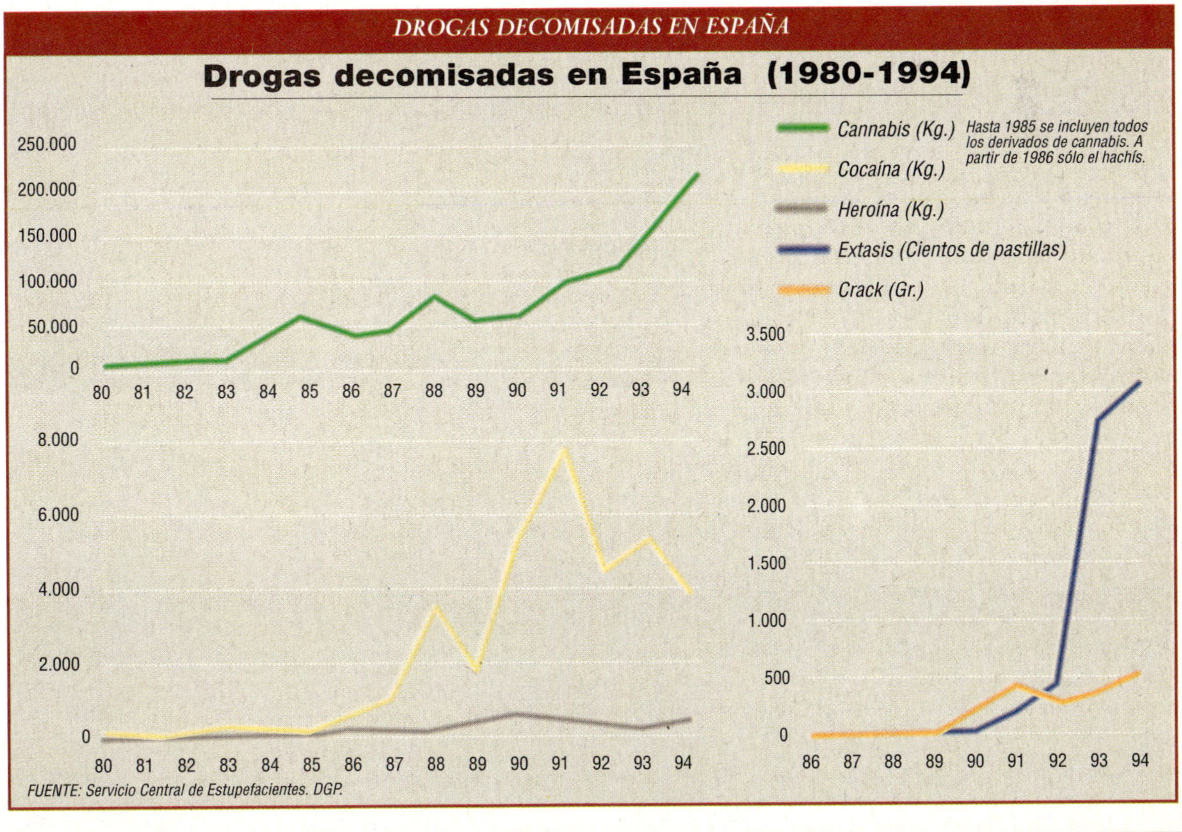

Drogas: fenómeno y

El objetivo es combatir el crimen organizado

Un 94% de los españoles rechaza cualquier fórmula de legalización de las drogas. Esta es una premisa incuestionable para abordar el problema, según el autor, que repara en un dato fundamental: hoy por hoy, el tráfico de drogas es un hecho mundial y constituye uno de los instrumentos más eficaces del crimen organizado.

En España, unas 700.000 personas se declaran consumidores de hachís, 200.000 de cocaína, 40.000 de heroína, 125.000 de "speed", 105.000 de drogas sintéticas, 30.000 de inhalantes y 10.000 de "crack". En 1994, 579 personas murieron por sobredosis; nuestro país tiene la tasa más alta de mortalidad de Europa de VIH; en 1995, 30.354 personas fueron detenidas por 9.436 delitos relacionados con las drogas. Y todo esto sin citar los casi 14.000 fallecimientos anuales por consumo de alcohol.

Frente a esta situación, común por lo demás a la práctica totalidad de los países, cualquier persona sensible percibe las drogas como un gravísimo problema que algunos no han dudado en calificar como el más grave del siglo XX.

Las posturas frente a este fenómeno son muy dispares, y así, frente a la posición inmovilista de los gobiernos y de los sectores más conservadores de la sociedad que propugnan una represión a ultranza -que, dicho sea de paso, ha fracasado estrepitosamente tras más de 50 años de política prohibicionista-, se encuentra la de aquellos sectores políticos, médicos e intelectuales que encuentran la solución en la liberalización absoluta del consumo de drogas.

> "La duda que me embarga es si alcanzamos a ver la gravedad del fenómeno del crimen organizado, y la pregunta es si nos interesa remediarlo"

Desde mi punto de vista, la solución no es tan sencilla. Como cuestión básica ha de partirse de un hecho incuestionable: los españoles, en un 94%, rechazan cualquier fórmula de legalización, por lo que una solución impuesta estará abocada al fracaso. Ello no significa renunciar a la búsqueda de otras alternativas que hagan superar el "impasse" en el que actualmente nos hallamos.

En primer lugar, es preciso establecer que el toxicómano no es el responsable del fenómeno, como siempre se le ha presentado por el mundo bienpensante, sino la víctima inmediata del mismo.

En segundo lugar, hay que abogar por soluciones que acepten, al menos como fórmula de reducción del daño, el suministro controlado de sustancias estupefacientes. En tercer lugar, la única posibilidad de solucionar parcialmente el problema ha de venir por el lado de la educación para conseguir que arraigue una cultura de rechazo que permita abrir espacios de vida saludable y convivir con las drogas sin usarlas y utilizándolas para obtener los potenciales efectos beneficiosos que sin duda tienen.

Este planteamiento no debe alejarnos de otro aspecto fundamental de la cuestión. El tráfico de drogas, hoy por hoy, es un hecho mundial y constituye uno de los instrumentos más eficaces del crimen organizado que también va a aglutinar otras formas delictivas y que en países como Colombia, Bolivia o Italia ha cohabitado con el poder político contaminándolo y corrompiéndolo; ha embargado a la sociedad y sus representantes, ha extorsionado a unos y asesinado a otros.

Hoy día, nadie duda de la existencia de pactos entre la Mafia y los cárteles colombianos, ni del asentamiento de los grupos más diversos, (Cosa Nostra, Yakusas, Triadas Chinas, mafias rusas, turcas, etc.) en cualquier país. Este universo mafioso plantea una realidad: el hilo conductor que conecta sus actividades es una de las manifestaciones clásicas del tráfico de drogas, pero a la vez común a cualquier tipo de delincuencia violenta organizada, esto es, el blanqueo del dinero procedente de las mismas.

En España el fenómeno de la criminalidad organizada es relativamente nuevo. Es a finales de 1989 cuando se constata la actuación de diversos grupos estructurados y coordinados en el ámbito del tráfico de drogas y arraigados en determinadas zonas de nuestro país (Galicia, costa catalana, costa andaluza y Madrid, principalmente). Asimismo se descubre la implantación de organizaciones criminales externas (Cosa Nostra-Clan Santapaola; Camorra napolitana-Clan don Pepino; Ndrangueta calabresa-Clan Di Giovine; y representantes de todos los cárteles colombianos), cuyas actividades se entrecruzan con las de las organizacio-

problema

Baltasar Garzón

Juez central nº 5 (Audiencia Nacional). Ex delegado del Gobierno para el Plan Nacional sobre Drogas

SALVADOR SAS

El juez Baltasar Garzón supervisa "in situ" el desarrollo de la "Operación Nécora". Al fondo, el pesquero Rand, uno de los barcos que fueron apresados.

nes españolas a las que ayudan y de las que se sirven para sus fines criminales.

A principios de 1990 y hasta 1992, en los ámbitos políticos oficiales no se quiere aceptar esta realidad e incluso se niega la existencia de la delincuencia organizada como fenómeno real. No obstante, el empeño de un grupo de funcionarios de policía, (Servicio Central de Estupefacientes), de fiscales de la Fiscalía Antidroga y de algunos jueces centrales de Instrucción consigue demostrar que el crimen organizado era una terrible realidad en España.

Nunca se sabrá si la tardía aceptación de esta realidad tantas veces denunciada ha contribuido al desarrollo del problema. En cualquier caso, la línea de trabajo iniciada se ha impuesto y poco a poco se van dictando normas -todavía insuficientes- para hacer frente a un fenómeno multiforme y cambiante que extiende sus tentáculos pausada, pero persistentemente, por todas las estructuras del Estado hasta hacerlas estallar.

Sólo una actuación contundente y audaz que imponga una coordinación de actuaciones y que dinamite la burocracia imperante en la estructura de los foros internacionales, principalmente en la ONU, puede decidir el fiel de la balanza.

La duda que me embarga es si alcanzamos a ver la gravedad del fenómeno, y la pregunta es si nos interesa remediar el problema.

Mensajes de la Reir

"Entre todos debemos hallar respuestas eficaces"

Al frente de la Fundación de la Ayuda contra la Drogadicción (FAD) como presidenta de honor, la Reina doña Sofía ha dado numerosas muestras de su interés por combatir esa lacra social que es la droga. Estas son algunas de sus ideas expuestas en distintos foros nacionales e internacionales.

... Si el uso de la droga representa la agresión sistemática e ilimitada de un mal, que no sólo se dirige contra la convivencia de las comunidades, sino que afecta a la esencia más íntima de la persona, el simbolismo que se encierra en el nombre de este premio ("El arbol de la vida") grita a todos los vientos las palabras vida, paz y libertad.

Porque la droga no es para todos nosotros un problema, sino un drama con rostro humano. Es el rostro de los jóvenes, de los hombres y mujeres afectados, de las familias destruidas. Es el rostro de la desesperanza en un camino muchas veces sin retorno...

Ya en los umbrales del próximo milenio, de nada nos ha de servir conquistar el espacio, racionalizar el planeta, esclarecer los misterios que nos rodean, realizar las utopías más atrayentes, si somos incapaces de recuperar y mantener la libertad y la dignidad de parte de nuestros semejantes.

El paraíso momentáneo y deslumbrante que ofrece la drogadicción se consigue a cambio de la pérdida de la dignidad personal y la autoestima.

La vida de las personas en su más alta definición humanística es la vida en libertad, y a conseguir este logro debemos dedicar todos nuestros esfuerzos.

No quiero terminar mis palabras sin hacer una breve referencia al ámbito familiar en el problema de la droga. La familia constituye el más sólido apoyo, el más dulce consuelo y el ejemplo más vivificante para el drogadicto.

Que no se una el desamor al desarraigo. A las familias les corresponde iluminar las zonas de sombra de una vida rota con el radiante sol del afecto y la generosidad...

Nuestro presente, tan lleno de esperanza y buenas perspectivas, está amenazado por la droga. Conquistemos el futuro sin ella.

Recepción del premio internacional "El árbol de la vida". Buenos Aires, 21 de mayo de 1992.

◆

...El problema de las drogas y el alcoholismo está presente en nuestra vida cotidiana igual que lo están otros problemas de notoria gravedad, pero de forma más penetrante y continuada, y ambos influyen de manera patológica en la tendencia irrenunciable de la persona humana a la búsqueda de la felicidad.

La droga altera esas aspiraciones, las degenera y las destruye, ofreciendo sugerentemente una fórmula engañosa para librarnos de nuestros males. Engañosa, porque para evadirnos de las dificultades que encontramos en la vida, nos quita la propia vida. Es un mito al revés. Y ha elegido prioritariamente a la juventud porque es en ella donde se da el terreno más fértil y permeable para esa seducción que proporciona un paraíso que llega rápido y secuestra eficazmente...

Las drogas y el alcohol dañan la biología y modifican el comportamiento del individuo y la sociedad, y es ahora, en los umbrales de una nueva era, cuando ambos aparecen como un freno radical a la libertad, la convivencia y la felicidad de los hombres...

Ante esta realidad, ¿cuál es la tarea que deben afrontar los responsables políticos de la sociedad, los maestros, educadores, padres de familia y, en este caso concreto, los agentes sanitarios, pra romper este dogal que atenaza a nuestra sociedad? En primer lugar, pienso que es necesario actuar a través de una política preventiva global. Sólo por medio de la educación integral de los niños, del relanzamiento de los proyectos personales de los adolescentes, de la atención a las exigencias sociales de integración, de la mejora de la calidad de vida, podrá eliminarse una buena parte de la demanda de droga y de sus consecuencias, sin olvidar, naturalmente, la asistencia completa, global y personalizada que precisan las personas ya afectadas...

En segundo lugar, parece indiscutible que, tanto la política preventiva como el establecimiento de respuestas terapéuticas para los afectados, sin que dejen de ser una responsabilidad de los poderes públicos, nunca podrán ser eficazmente desarrolladas sin el imprescindible apoyo familiar, y el compromiso solidario de la sociedad en conjunto.

La aceptación de las personas con adicción, para que la corrección de su problema no se confunda con la marginación, la discriminación o el ais-

a contra la droga

lamiento descalificador, el apoyo mutuo que permita y refuerce el largo proceso de rehabilitación; la generosa y debida ayuda que facilite la obligada reinserción son exigencias que dependen de nosotros, y que sólo pueden llegar a feliz término cuando, lejos del egoísmo, del miedo o de la insolidaridad, sean acometidas con la conciencia social de estar prestando ayuda a nuestros hermanos más desfavorecidos...

VI Conferencia Internacional "Contra spem in spem" Droga y Alcoholismo contra la vida. 23 de noviembre de 1991.

....En Europa hemos sido capaces de elevar a niveles muy altos el conocimiento científico y el desarrollo cultural, sobre la base del respeto a la dignidad humana y a la libertad individual. Es necesario perfeccionar ahora el ejercicio de la solidaridad colectiva para dar respuesta a otro tipo de fenómenos, como el de las drogas, que forman parte ya de nuestro quehacer diario.

BERNARDO PAZ

Para la Reina, que preside la Fundación para la Ayuda contra la Drogadicción, la droga es "un drama con rostro humano".

Es evidente la preocupación y el gran trabajo que están llevando a cabo los poderes públicos para solucionar los problemas derivados del consumo de drogas. Sin embargo, con ser notorio este esfuerzo, nunca será suficiente sin el concurso de iniciativas, cuyas raíces e implantación surgen de la propia sociedad y de los movimientos cívicos y ciudadanos.

Hoy podemos ver hecho realidad el inicio de este proyecto colectivo por el que tantas veces se han manifestado las Organizaciones No Gubernamentales y las distintas Administraciones...

Es cierto que cada realidad local puede ser contemplada desde una óptica y una cultura diferente. Pero por encima de particularidades y problemas específicos debe establecerse un compromiso de cooperación que sea la base de la defensa de unos valores esenciales que los europeos compartimos: la libertad, el respeto a la dignidad humana y el desarrollo armónico de la persona. Valores que la dependencia de las drogas no pueden destruir...

Encuentro europeo de ONGs que trabajan en drogodependencias. Madrid, 17 de noviembre de 1995

...Estamos convencidos de que la prevención es siempre el método más eficaz, educativo y realista que existe para anticiparse a cualquier problema. El consumir drogas... constituye un riesgo fundamental para la salud pública y para la integración de la persona en la comunidad, y una amenaza a las libertades individuales y colectivas. Estos factores, unidos a la gran preocupación social que la droga representa, hace que nos afecte a todos, y entre todos debemos encontrar respuestas imaginativas y eficaces para combatirla...

Mensaje radiofónico en prevención de las drogas. La Zarzuela, 25-IX-1995

Ricardo Portabales / *Arrepentido*

"La Justicia no está hecha para aceptar arrepentidos"

Javier Lorenzo

Su vida, como la de su familia, sigue amenazada. Sin sus declaraciones, la "Operación Nécora", uno de los mayores golpes que se han dado contra el narcotráfico, jamás hubiera tenido lugar.

PREGUNTA.- ¿Le molesta la palabra "arrepentido"?

RESPUESTA.- Ni me gusta ni me disgusta. Por una parte, fue arrepentimiento. No fue ni porque me debiesen dinero, ni por revanchas, ni por odio, ni por nada. Lo que pasa es que hasta que no llegas a una prisión no te das cuenta de lo que pasa. La prisión te convierte en una especie de anacoreta metido en una cueva en la que te da tiempo a ver las cosas más reales.

P.- ¿Estaba la Justicia preparada entonces para asumir la figura del arrepentido?

R.- Ni estaba preparada, ni lo está. Yo no creo que quieran a gente como nosotros. Hombre, no es que... Quieren gente que colabore, que les haga confidencias donde ellos puedan trabajar a tiro fijo, porque hay confidencias que vienen de cuartos o quintos oídos. Poner en marcha un equipo de diez hombres para que siga una información cuesta mucho dinero... Y hay mucha gente que se arrepiente cuando les cogen. Yo colaboré cuando me faltaban cinco meses para cumplir la sentencia. Mi situación no se la quiero a nadie. Rompes con todos los moldes. Tu intimidad y la de tu familia ya no existe. Yo ando con cuatro hombres. Y otros seis en turnos en mi casa. O sea, que estás controlado las 24 horas. Y es duro. Así que yo le digo a la gente que pueda estar en una situación como la mía que colabore, pero sin dar la cara constantemente.

P.- ¿No hubo también algo de protagonismo por su parte?

R.- Protagonismo, no. Miedo. Era miedo. Más del que tengo ahora. Podía suceder al igual que en Estados Unidos o Colombia, donde mandan matar al arrepentido o a algún miembro de su familia. Y eso hubiera sido una gran victoria para los narcotraficantes. Por eso, al final decidí darle publicidad al asunto. Pensé que era una forma de protección. Y también le coges un poco de gustillo. Y el que diga que no, miente.

> "Hay gente que se mete en fundaciones contra la droga para aparentar, cuando han sido, y siguen siendo en algunos casos, narcotraficantes"

P.- ¿Cómo es que empezó a recoger información en agendas?

R.- Es que gastas tantas horas. En los primeros meses yo estaba en prisión de puta madre. Pero estupendamente. Habían entrado además Laureano Oubiña, los hermanos Charlín, otros que llamaban los Pitufos, que habían quitado las pistolas y el tabaco que custodiaban a una pareja de la Guardia Civil... Unas veces contábamos batallitas, otras nos tomábamos un café, pero la prisión se convirtió en una sala de negocios impresionante. Así, todos juntos, cómo se hacen las cosas: yo sé, yo conozco, yo te doy. Muchos grandes negocios salen de la cárcel.

P.- Con el consentimiento de los funcionarios.

R.- No de todos. Como en todas partes. Lo que pasa es que a algunos les tienta el diablo y lanzan metáforas sobre su casa y sus problemas. A cambio, hablas más por teléfono, los "vis a vis" o los locutorios son más largos... Pero para un narcotraficante, la prisión es un escudo. ¿Quién les va a acusar de algo si están dentro? Claro, que hay prisiones en las que los móviles los tienen los detenidos cuando está prohibido. ¿Y quién les pasa esos móviles? Alguien que está dentro. Se hacen las cosas mejor desde la cárcel que desde fuera.

P.- ¿Cómo recuerda la actuación de Garzón durante el tiempo en que usted estuvo colaborando con la Justicia?

R.- Fue un tema chocante. Para él y para el fiscal. Durante dos días no dije nada. Bueno, dije que mi primera declaración me la había inventado. Venía de pasar tres atentados en la prisión, uno de los cuales me causó heridas graves. Luego, poco a poco fueron ganándose mi confianza. Yo también me gané la suya cuando vieron que les hablaba de personas que ni siquiera conocían. Garzón era un hombre muy frío escuchando.

P.- ¿La "Operación Nécora" supuso un antes y un después para el narcotráfico?

R.- Sí. Se infló como un globo. Se hinchó mucho. Si aquello hubiera llevado más tiempo... Yo no sé si por novatada, no le llamo novatada de juez o de fiscales, pero hubo filtraciones y la cosa se adelantó. Yo sé que de aquí salieron trescientos y pico policías cuando se contaba con la Guardia Civil, pero como de ella había salido la filtración. No estoy seguro, pero parece que lo hubo, y por eso se adelantó varios días la operación, aunque ya se habían esfumado Brito, Sito Miñanco o alguno de Los Charlines.

P.- Corrieron rumores de que también había filtraciones desde el despacho del juez Garzón.

R.- No. Allí se llevó la cosa muy tapada. Nada más que había dos mujeres y un hombre, aparte del secretario. De todos modos, la operación dio pie a otras muy importantes. Hombre, que se pudo meter la zarpa... Psch. El tiempo lo dijo todo. La gente que quedó en libertad tras el "juicio Nécora", ya está otra vez detenida. Yo ya lo avisé durante el juicio.

P.- ¿No se cansarán nunca de buscarle?

R.- La última noticia que tengo al respecto fue la de dos agentes de la policía que se habían prestado a acabar con mi vida pidiendo un dinero a la familia Oubiña. Le doy las gracias al señor Oubiña por denunciarlo. Claro, eso levantó mucho revuelo en la dirección policial. Ahí empezaron a tomar más medidas. Hombre, yo he tenido atacadas muy gordas y muchas presiones de la comisaría. Me he llevado a muerte con muchos agentes, pero dese cuenta de que hubo muchos sinvergüenzas dentro de mi escolta. A veces, me secuestraban cartas en las que me daban información para pasársela al juez. Y hubo algunos que pasaron información a la otra parte durante el juicio. Estuve a punto de dar marcha atrás y no contestar ni a la sala ni a nadie. Yo llegué a tener dos enemigos: los que había acusado y los que daban protección. Por eso, luego me escapé a Brasil. Actualmente, me considero una persona, si no bien vista, en una parte reconocida por la Policía.

CARLOS BARAJAS

Ricardo Portabales sigue ocultando su rostro a las cámaras.

P.- ¿Pensó en hacerse la cirugía?

R.- Para qué, si no tengo un duro. Lo poco que tenía lo entregué. Además, en estos siete años habré cambiado de casa más de veinte veces.

P.- Usted trabaja ahora para la Policía.

R.- Bueno, no estoy trabajando. Lo que pasa es hay gente que después de haber caído presos me preguntan sobre cómo he dado yo el paso, por si quieren darlo también. Yo no soy quién para dar consejos, pero en algunos sí he influido, y ahora trabajan en el campo de la información. Yo sigo colaborando en todo lo que se me pida. Y no porque deba más a la sociedad, que creo ya he cumplido con ella.

P.- ¿Le gustaría abandonarlo todo?

R.- Se lo pido a Dios todos los días, pero qué otra cosa puedo hacer.

P.- ¿A qué se debió que los jueces consideraran su testimonio contradictorio e inconsistente?

R.- No me dejaron decir todo lo que quería. En cuanto mencioné ciertos nombres importantes me quitaron la palabra, y tampoco me dejaron usar mis agendas.

P.- Usted implicó a grandes banqueros en operaciones de blanqueo de dinero. ¿No se ha investigado lo suficiente al respecto?

R.- Para meterse con la Banca hay que tener tanto dinero como ella, pero es indudable que la Banca se ha hecho rica lavando el dinero del narcotráfico.

P.- ¿Cuál es su opinión sobre las fundaciones que luchan contra la droga?

R.- Todo lo que sea luchar contra la droga está bien, pero la droga no se va a acabar nunca. Hay gente que se mete en estas organizaciones para dar a conocer que están ahí cuando han sido, y siguen siendo en algunos casos, narcotraficantes. Gente que se siente invulnerable. A veces, veo la televisión y no sé cómo son capaces de engañar a personas que son un símbolo en nuestro país, como el Rey y la Reina. No sé cómo sus asesores no investigan quién entra en ese círculo.

P.- ¿Sigue siendo Galicia la principal entrada de droga en España?

R.- Sí, aunque ahora se está desviando hacia el Mediterráneo y Canarias. Hay dirigentes de países del norte de Africa que están metidos hasta las cejas.

P.- ¿Galicia es una nueva Sicilia?

R.- No. No hay mafia en Galicia. O la hay como en Asturias o el País Vasco. Y luego, en la zona de Marbella, es donde todos se reúnen. No sé cómo Jesús Gil no mira un poco más eso.

P.- Después de tanto tiempo, ¿le ha acabado gustando el vivir peligrosamente?

R.- Tiene su morbo, tiene su morbo. Es una película basada en hechos reales que te hace funcionar la adrenalina por el cuerpo que es una maravilla. Es una droga.

El secuestro del padre de Julio Iglesias

Marta Chávarri inició su andadura en las revistas del corazón al contraer matrimonio con Fernando Falcó

Jaime Peñafiel

El año 1982 se inicia con una boda franquista: la de **Francis Franco**, el heredero que no fue, a pesar de la alteración de los apellidos para perpetuar la saga. La novia, **María Suelves Figueroa**, hija de los **marqueses de Tamarit** y miembro, también, de otra saga: la de las hermanas Suelves, que cobraban hasta por respirar. Buenos dineros le sacaron al *Hola* del **"hijo de Sánchez"**, **Victoria** y **Cristina**, escribiendo la crónica de la boda.

Más que una boda, aquello parecía un baile de disfraces por los uniformes. El novio vestía el mismo que lució en la "boda de la conspiración" de su hermana **Carmencita** con el malogrado **duque de Cádiz**, que más parecía de opereta. El padrino también iba de maestrante. Y **José Cristóbal**, el hermano, de teniente a la fuerza ya que, por aquel entonces, tenía preparada la deserción.

Esta boda motivó la primera comparecencia, en familia, de la adúltera «señora de París», como la denominaba su abuela, la **señora de Meirás**, que ese día hizo honor a lo de Carmen "Collares". Por falta de uno, lucía dos con un total de siete vueltas. Se decía que en una de las perlas llevaba el "sonotone".

El notición del 82 se produce nada más comenzar el año: el **padre de Julio Iglesias**, secuestrado.

A pesar del tiempo transcurrido, el asunto sigue sin estar claro. No el motivo, dinero; sino los autores. Dicen que fue ETA (p-m). Yo pienso que quienes lo llevaron a cabo fueron unos vulgares delincuentes que, para presionar al famoso hijo y sacarle los dos millones de dólares que pedían, amenazaron con traspasar al viejo a ETA. Tal cosa dijeron al abogado de la familia, **Fernando Bernáldez**, en la cafetería Bruselas, del Parque de las Avenidas, de Madrid: "Si no pagan el rescate, se lo traspasamos a ETA".

Si llegan a hacerlo, no encuentran al pobre diablo del doctor Iglesias con la facilidad que lo hicieron cuarenta inspectores de la Brigada Central de Información; 40 geos; 40 antiterroristas y 25 guardias civiles. Todos ellos al mando de

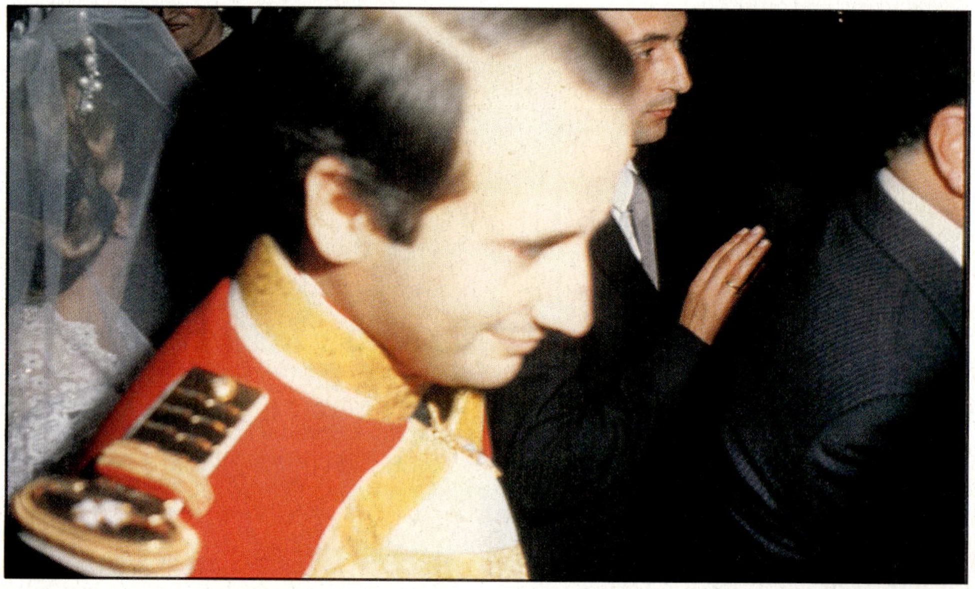

FOTOS: EUROPA PRESS

Francis Franco y María Suelves, detrás, tras pasar por el altar. El nieto del Generalísimo llevaba el mismo traje que lució en la boda de su hermana Carmen.

El padre de Julio Iglesias (dcha.), tras ser liberado.

Marta Chávarri, al casarse con Fernando Falcó, a su lado, comenzó su andadura por el mundo de la jet-set.

los comisarios **Ballesteros** y **Martorell**.

Todo un despliegue tan espectacular, y luego resultó que tenían al padre de Julito en una casa situada en la plaza del pueblo zaragozano de Trasmoz, una aldea de 110 habitantes y 40 familias.

Los secuestradores, que de "etarras" tenían lo que yo de guardia civil, eran **José Luis Gutiérrez**, de 50 años; su hija, **Gloria**, de 22, y el novio de ésta, **Baltasar**, de 25.

Cuando las Fuerzas de Seguridad, en el mayor despliegue que se recuerda, asaltaron, a bombazos, la casa a las 3 de la madrugada, los "etarras" dormían. Así como el doctor, a quien encontraron en una habitación de 12 metros cuadrados, con cama, mesilla de noche, un lavabo con jarro y palangana. ¡Menudo zulo! En un carrito, restos de la cena: dos huevos duros, pan, agua y leche. En la cocina: conservas, un jamón de Jabugo, chorizo, un conejo recién matado, cervezas y mucho Vega Sicilia. ¡Menudos "etarras"!

El "heroico" rescate fue presentado a la Prensa por las autoridades del Ministerio del Interior, cuyo titular era el buenazo de **Rosón**, como una de las operaciones más brillantes de la lucha antiterrorista.

No era para menos: habían logrado detener al "peligroso" comando, compuesto

José Cristóbal Martínez Bordiú abandonó en 1982 el Ejército.

por el padre, la hija y el novio, y rescatar al infeliz de Julio Iglesias padre sano y salvo aunque sin dentadura, que ésta se quedó en un vaso sobre la mesilla.

La gesta le valió al comisario Joaquín Domingo Martorell el premio, envenenado, de trabajar con Julito como "mánager" en sustitución de **Alfredo Fraile**, que así quiso recompensarle por la liberación de su padre.

La relación laboral entre el ex policía y el cantante duró unos tres años. Si hubieran sido más, o Martorell se pega un tiro o se lo da al inaguantable de Julito. Trabajar con él, ¡ni por todo el oro del mundo!

En el mes de abril, la ex nuera del secuestrado, **Isabel Preysler**, ofrece a la Prensa su nueva nariz: "Me he operado en primer lugar para facilitar mi respiración y, de paso, para mejorar estéticamente".

En este mismo año de 1982, José Cristóbal Martínez Bordiú abandona el Ejército con el grado de teniente y realiza unas escandalosas declaraciones a *Interviú* en las que define a su padre como "un señorito andaluz, con fama de conquistador, que pegó un braguetazo"; desvela "la debilidad de su abuela por el dinero" y reconoce que su hermana Carmen "se casó por interés". Todo eso lo sospechaba el personal. Lo único que hizo fue confirmarlo.

Una nueva estrella de la jet comienza con una boda su escandalosa andadura. **Marta Chávarri** se casa con **Fernando Falcó**, marqués de Cubas y nuestro único "playboy" internacional.

Los invitados forman un extraño popurrí: Isabel Preysler, marquesa de Griñón; su esposo, el marqués y hermano del novio; **Chabeli**, hija de Julito y "La China"; **Sandra** y **Manolo**, hijos del **marqués de Griñón** y **Jeanine Girod**; y **Tamara**, hija del marqués y la Preysler. Algo así como los primos y los hermanos de la **mujer de Angustias**...

Mientras tanto, Julito Iglesias, allende los mares, declara: "No soy feliz. ¡Claro que no! La única mujer que quise, me dejó en la calle". ¡Qué cara!

En junio, la ex duquesa infiel de Cádiz obtiene el divorcio de Alfonso de Borbón, a quien tan sólo le cabe el derecho al pataleo de un recurso de apelación contra dicha sentencia ante la Audiencia Territorial de Madrid.

El 14 de septiembre, a la 10,30 de la noche, el mundo entero se conmueve porque a esa hora muere en accidente de coche la princesa soberana **Grace de Mónaco**, la gracia irrepetible del Principado.

Y ese mismo año, fallece, también, la mujer más perversa del mundo, **Gala**, la esposa de **Dalí**.

Un año, el 82, en el que, como se ve, hubo de todo y para todos.

Amparo y el tiempo

Javier Lorenzo

Desde estas fotografías veintidós años nos contemplan. La primera recuerda los instantes (1974) en que Amparo Muñoz se proclamó Miss Universo. La segunda pertenece a su época más esplendorosa, cuando los directores y las productoras no paraban de husmear su rastro, de contornear sobre volutas de humo su perfil de princesa. La última nos muestra su realidad al día de hoy.

Un 12 de abril de 1987, Amparo era detenida por la Policía durante el transcurso de la por entonces famosa "Operación Primavera". En su bolso hallaron ciertos polvos que no eran precisamente de maquillaje. La Prensa se cebó con ella. Sacó la lupa para descubrir y analizar la vida de una muchacha que se había mostrado incapaz de asumir el éxito.

La espiral descendente parecía haberse iniciado. Las noticias que aparecían sobre ella eran cada vez más sórdidas. Su nombre resonaba ya tan hueco como el de cualquier otra víctima. Sin embargo, un último intento por sacar la cabeza apuntó unas esperanzas que, parece ser, han acabado por cumplirse. Amparo ha vuelto al cine y ha recobrado su propio pulso, pero su rostro no puede ocultar el cansancio que siempre causa jugar con la muerte.

1974

1985

EUROPA PRESS

1996

EFE

PRÓXIMO CAPÍTULO: **LLEGA LA TELEVISIÓN PRIVADA**

UNA TELEVISIÓN ESPERADA Y BAJO CONTROL. POLÉMICO REPARTO DE NUEVAS EMISORAS DE RADIO. EL DESARROLLO DE LA PRENSA REGIONAL. CRECEN LAS LISTAS DE ESPERA. **ESCRIBEN:** TEODORO G. BALLESTEROS, JUSTINO SINOVA, JUAN MACIÁ, JORGE FERNÁNDEZ.

1975-1995. Veinte años de nuestra vida

• HISTORIA DE LA DEMOCRACIA •

{CAPÍTULO 38}

FERNANDO QUINTELA

Algunos de los rostros más conocidos de 1990, el año en que empezaron a emitir las cadenas privadas: de izquierda a derecha, Rita Irasema, Mercedes Rodríguez de la Fuente, Elena Nieto, Nieves Herrero, Carmen Tomás, Emilio Aragón, Julio Fernández, Cristina Morato y Elena Ochoa.

LLEGA LA TELEVISIÓN PRIVADA

Después de muchos años de espera y de monopolio la televisión privada llegó a España. Sin embargo, su aparición no se produjo con la claridad y limpieza que se esperaba y tampoco supuso una revolución en el campo audiovisual. El Gobierno del PSOE preparó una ley que más que facilitar el desarrollo de las nuevas cadenas lo limitaba, arrogándose de paso cierta capacidad de intervención sobre ellas. Guiados por intereses muy distintos a los de los espectadores, los socialistas demostraron que la televisión es una cosa demasiado importante para que se ocupen de ella los políticos.

Cómo romper un monopolio sin perder su control

Antena 3, Tele 5 y Canal Plus fueron los tres canales autorizados por el Gobierno para competir con TVE

La aparición de las primeras televisiones privadas en España no hubiera sido posible sin el empuje de diversos profesionales y empresarios empeñados en romper el monopolio de la cadena estatal. La ley que aprobó los nuevos canales nació viciada por un marcado acento intervencionista del Gobierno.

Teodoro González Ballesteros

La gestión indirecta del servicio público de la televisión, en cualquiera de sus modalidades, tiene en nuestro país una historia que necesariamente debe ser contada antes de que el silencio ahogue nuestro inmediato pasado, y cuanto menos para que en la memoria colectiva de los españoles quede plasmada la desigual lucha por las libertades públicas fundamentales, frente a la negativa de los poderes gubernamentales a su reconocimiento.

La historia del logro de la TV privada en España nace con un escrito presentado por "Antena 3, S.A.", dirigida por el periodista Manuel Martín Ferrand, el día 12 de diciembre de 1980 ante el Ministerio de Cultura, en el que se solicita autorización administrativa para poder gestionar y explotar la transmisión de imágenes y sonidos a través de la televisión en todo el ámbito nacional, por ser, a su juicio, un derecho que ampara el artículo 20.1 de la Constitución. Tras el silencio administrativo de los poderes gubernamentales, y de una larga discusión sobre la competencia jurisdiccional, "Antena 3, S.A.", mediante escrito de 5 de agosto de 1981, solicita el amparo del Tribunal Constitucional por considerar que se está vulnerando el derecho que el art. 20 de la Carta Magna le reconoce y protege. Precepto que en su apart. 1 dice: "Se reconocen y protegen los derechos: a) A expresar y difundir libremente los pensamientos, ideas y opiniones mediante la palabra, el escrito o cualquier otro medio de reproducción... d) A comunicar o recibir información veraz por cualquier medio de difusión". Si tal y como entonces decía el artículo 1.4 del Estatuto de la Radio y la Televisión de 10 de enero de 1980 en su artículo 1.4: "Se entiende por televisión la producción y transmisión de imágenes y sonidos simultáneamente a través de ondas o mediante cables destinados mediata o inmediatamente al público en general, o a un sector del mismo, con fines políticos, religiosos, cul- ⋙

Aunque a muchos les parecieron pocas, la aparición de las cadenas privadas supuso un vuelco en el panorama audiovisual e informativo español.

turales, educativos, artísticos, informativos, comerciales, de mero recreo o publicitarios", es obvio que constitucionalmente no existía impedimento legal para que "Antena 3" pudiera ejercer dicho derecho.

El Pleno del Tribunal Constitucional, a la sazón presidido por Don Manuel García-Pelayo, y siendo ponente el magistrado Don Luis Díaz Picazo, mediante su Sentencia 12/1982, de 31 de marzo, resolvió desestimar el recurso de amparo. La doctrina que sienta el Tribunal Constitucional tiene dos partes claramente diferenciadas. La primera se refiere al sentido y significado de la libertad de expresión en una sociedad democrática. En la segunda, a mi entender desafortunada, somete el reconocimiento y ejercicio de un derecho fundamental a una decisión política.

En lo que hace al sentido y significado de la libertad de expresión, el Tribunal Constitucional, en su Fundamento Jurídico 3º, dice: "Los derechos que reconoce y protege el artículo 20, son derechos de libertad, por lo que básicamente significa ausencia de interferencias o de intromisiones de las autoridades estatales en el proceso de comunicación... Por otro lado significa el reconocimiento y la garantía de una institución pública libre, indisolublemente ligada con el pluralismo político, que es un valor fundamental y un requisito del funcionamiento del Estado democrático. El artículo 20 defiende la libertad en la formación y en el desarrollo de la opinión pública, pues la libertad de expresión de las ideas y los pensamientos y en la difusión de noticias es necesaria premisa de la opinión pública libre". "La libertad de expresión que proclama el artículo 20 en su apartado primero es, continúa diciendo el Constitucional, ante todo, un derecho fundamental del que gozan por igual todos los ciudadanos, y que les protege frente a cualquier injerencia de los poderes públicos que no esté apoyada en la Ley, e incluso frente a la propia Ley, si ésta intentara fijar otros límites distintos de los que la Constitución admite.

La lúcida interpretación del Constitucional se deshizo al someter el ejercicio del derecho a la información a una decisión política

EUROPA PRESS

EUROPA PRESS

EUROPA PRESS

Arriba, el primer presidente de Tele 5, Miguel Durán, junto al primer accionista, Silvio Berlusconi.
Debajo, aspecto de la gala de presentación de la cadena y el logotipo de la misma.

De este modo, el derecho a comunicar y recibir comunicación veraz, y el derecho a comunicar y recibir ideas y opiniones, son derechos de libertad frente al poder, que hay que considerar comunes a todos los ciudadanos. En cuanto derecho de los ciudadanos, se concreta en la realización de las posibilidades que literalmente el precepto reconoce, es decir, expresar y difundir pensamientos, ideas y opiniones por cualquier medio de reproducción. No hay inconveniente en entender que el derecho a difundir las ideas y opiniones comprende, en principio el derecho de crear los medios materiales a través de los cuales la difusión se hace posible".

Esta lúcida interpretación que hace el Tribunal del artículo 20, coloreada por los valores superiores que conforman el Estado social y democrático de Derecho, la deshace lamentablemente en su Fundamento 6º, al someter el reconocimiento y ejercicio de los derechos fundamentales en juego a una decisión política, cuando dice: "La llamada «televisión privada» no está necesariamente impuesta por el artículo 20, aunque, como es obvio, no está tampoco constitucionalmente impedida. Su implantación no es una exigencia jurídico-constitucional, sino una decisión política que puede adoptarse, dentro del marco de la Constitución, por la vía de una Ley orgánica en la medida en que afecte al desarrollo de algunos de los derechos constitucionalizados en el artículo 20...". Frente a esta decisión, la sentencia tiene un voto particular del magistrado Rubio Llorente, en el que disiente de la interpretación dada al artículo 20.1.a) y d), por considerar que la Constitución, al consagrar los derechos de expresión y comunicación, consagra también el derecho a crear los medios indispensables para su ejercicio. Por tanto, la Constitución no admite el monopolio estatal sobre ningún medio de comunicación y tampoco sobre la televisión. Para el constitucionalista Rubio Llorente, la naturaleza de la televisión hace imposible el ejercicio del derecho constitucional a difundir a través de ella ideas o informaciones sin unas previas normas de organización que el legislador debe establecer, "pero el legislador está constitucionalmente obligado a establecerlas; no

Europa Press

Europa Press

Europa Press

Arriba a la izquierda, cuatro de las personas que ayudaron a la creación y consolidación de Antena 3. Miguel Angel Nieto, José María Carrascal, Manuel Martín Ferrand y Bartolomé Beltrán. Arriba, el presidente de la cadena privada, Antonio Asensio. Sobre estas líneas, el primer logotipo que se emitió de Antena 3.

es competencia suya resolver sobre si debe hacerlo o no".

Con estos antecedentes, el PSOE que llegó al poder en octubre de 1982, y que tenía en su programa electoral la implantación de la televisión privada, esperó hasta la mitad de su segunda legislatura para iniciar el trámite parlamentario de la aprobación de la Ley, que según la sentencia examinada debería ser orgánica. Así el Gobierno, en fecha 6 de abril de 1987, presentó ante la Mesa del Congreso de los Diputados el Proyecto de Ley ordinaria que, un año después, acabaría siendo la Ley 10/88, de 3 de mayo, de Televisión Privada.

La Ley, promulgada en 1988 era, básicamente, la presentada como Proyecto el año anterior, teniendo en cuenta que el Partido Socialista contaba con la mayoría absoluta: 184 de votos en el Congreso. Al Proyecto se presentaron 405 enmiendas, de las que nueve eran de totalidad, seis de devo- lución y tres de texto alternativo. Las de devolución fueron firmadas por los grupos Minoría Catalana, Izquierda Unida-Esquerra Catalana, y del mixto Joseba Azkárraga, diputado por Guipúzcoa, Gabriel Camuñas Solís, Jon Larrinaga, diputado por Vizcaya y por la Agrupación de Diputados del Partido Liberal. Las enmiendas a la totalidad con texto alternativo, correspondieron al Partido Demócrata Popular, Coalición Popular, y Centro Democrático y Social. Todas las enmiendas a la totalidad fueron rechazadas en el Pleno -sesión del 28 de mayo- con los votos del Grupo Parlamentario Socialista. De las 396 al articulado fueron aceptadas seis, referidas a cambios circunstanciales y semánticos del Proyecto.

Esta Ley de Televisión Privada sólo tiene un aspecto positivo, el ser cobertura jurídica para la existencia de canales de televisión gestionados por empresas privadas. Aparte de la poco afortunada redacción del texto, la Ley se caracteriza por ser fundamentalmente intervencionista. El Gobierno socialista buscó un control sobre las empresas televisivas, no tanto para hacer respetar la Ley, sino, y tal como se vería después, para tenerlas bajo su dominio, ya fuera por la vía administrativa o la económica.

Aparte de la poco afortunada redacción del texto, la Ley de Televisión Privada se caracteriza por ser fundamentalmente intervencionista

El anunciado Plan Técnico Nacional de la Televisión Privada, para el desarrollo de la Ley, fue aprobado por el Real Decreto 1362 /88, de 11 de noviembre. El Plan tenía como finalidad regular las condiciones de carácter técnico necesarias para garantizar la adecuada prestación del servicio por parte de las empresas concesionarias. Posteriormente, por Resolución de 25 de enero de 1989, se publicó el Pliego de Bases del Concurso para la adjudicación del servicio público de televisión, en gestión indirecta, y las cláusulas de explotación del mismo. El plazo de presentación de ofertas era de 90 días a contar desde el 26 de enero de 1989.

En el tiempo establecido al efecto presentaron ofertas las entidades siguientes: "Antena 3 de Televisión, Sociedad Anónima"; "Sociedad de Televisión Canal Plus, Sociedad Anónima"; "C. Televisión, Sociedad Anónima"; "Gestevisión, Sociedad Anónima"; "Univisión Canal 1, Sociedad Anónima"; e "Información y Televisión, Sociedad Anónima". Esta última fue excluida por la Mesa de Contratación, al no estar inscrita como Sociedad en el Registro Mercantil, ni presentar resguardo de haber constituido la fianza provisional exigida en el Pliego de Bases del Concurso.

La polémica concesión de las FM

Javier Lorenzo

En julio de 1989, el sector radiofónico español estaba en plena transformación. La Onda Media declinaba, mientras que la pujante Frecuencia Modulada (FM) no se había asentado lo suficiente. Todos esperaban que la concesión de 153 nuevas emisoras locales -para las que había 1.325 solicitudes que procedían de 374 peticionarios- cubriera en buena parte una demanda que no dejaba de crecer. La realidad, sin embargo, se mostraría muy distinta a esas esperanzas.

La decisión de último Consejo de Ministros previo al verano de ese año -en el que, de paso, se retrasó la adjudicación de las televisiones privadas- supuso un mazazo para muchos de los profesionales que habían solicitado alguna concesión y provocó una marea negra de opinión contra una medida que inmediatamente se calificó de dictatorial e intervencionista. Personas tan vinculadas al medio como Luis del Olmo o Pepe Cañaveras no obtuvieron ni una sola de las emisoras a las que optaban, al tiempo que algunas de las 153 en litigio se entregaban a dedo a personas o empresas con poca o ninguna trayectoria relacionada con los micrófonos.

Luis del Olmo

Blas Herrero

Europa Press

Pepe Cañaveras

Efe

El caso más notable ocurrió con un empresario llamado Blas Herrero, quien ya se había ganado el apodo de "el Sarasola asturiano". Veinticuatro emisoras de todas partes de España fueron a parar a sus manos, aunque la titularidad de algunas de ellas correspondiera a testaferros -con su correspondiente poder notarial-, quienes, por cierto, utilizaban en ciertos casos instalaciones cedidas por el sagaz empresario. La concesión a Blas Herrero se interpretó en algunos medios como parte de una estrategia encaminada a que el PSOE dispusiera de una cadena fiel a sus postulados.

Por otra parte, las empresas más favorecidas en el reparto fueron la SER (diez emisoras, cinco de ellas asociadas), la cadena Rato (ocho), la COPE (siete), y Antena 3 y la ONCE, con tres cada una, aunque al final todas salieron mucho mejor paradas, ya que no habían pasado cinco años cuando gran parte de las 153 emisoras se habían vendido sin permiso oficial a cadenas estatales, con lo que se vulneraban las condiciones de la concesión, además de fomentar de este modo la concentración de la información, ya que resulta mucho más sencillo y rentable ofrecer una programación en cadena para todas las emisoras que llevar a cabo multitud de programas locales.

El periodista Luis del Olmo -que entonces trabajaba en la COPE- impugnó ante los tribunales la medida adoptada por el Consejo de Ministros. Sin embargo, unos años después tuvo que retirar la demanda, ya que Blas Herrero se había asociado con Onda Cero -cediéndoles diversas emisoras en zonas en las que no disponían de cobertura-, cadena a la que había pasado el artífice de *Protagonistas*. Posteriormente, tanto Gobierno como Comunidades Autónomas han incrementado el número de emisoras de FM, pero con la ventaja de saber cómo no deben hacerse nunca las cosas.

El Consejo de Ministros, en su reunión del día 25 de agosto de 1989, acordó otorgar las tres concesiones objeto de concurso a las sociedades por el orden siguiente: a) "Gestevisión, S.A. (Tele 5)"; b) "Antena 3 de Televisión, S.A."; y c) "Sociedad de Televisión Canal Plus, S.A.".

En el caso de Canal Plus, S.A., gestionada por el grupo Prisa, con autorización del Gobierno, se convirtió en un canal cerrado, codificado o de pago, que requiere el abono de una cantidad concreta para que el ciudadano pueda recibir sus mensajes. Esta situación, que carece de una configuración jurídica definida en las normas que regulan el sector, puede calificarse como de alegal. Ciertamente ni la Ley de 1988, ni el Pliego de Bases del Concurso, ni ninguna otra disposición se oponen explícitamente a su existencia, pero no es menos cierto que toda esa legislación tiene como finalidad reglamentar televisiones abiertas, o aquellas en las que los ciudadanos no pagan cantidad alguna a la empresa que les sirve los mensajes. Cuestiones concretas como el interés público, la protección de los telespectadores, la pluralidad de ideas y corrientes de opinión, el límite de tiempo publicitario, los porcentajes de programación propia y ajena, y un largo etcétera no parecen tener cabida en este canal, fundamentalmente porque todo ello está subsumido en una relación contractual que la entidad formaliza con cada uno de los abonados a la misma.

La Ley de 3 de mayo de 1988, que como ya se ha dicho incurría en graves defectos de fondo y singulares vicios formales, fue recurrida ante el Tribunal Constitucional. Efectivamente presentaron recursos de inconstitucionalidad, después acumulados, el Gobierno catalán, el Parlamento de Cataluña, el Parlamento Vasco y el Grupo Parlamentario Popular en el Congreso.

Los aspectos fundamentales de los recursos, eran: Que la Ley debería ser Orgánica al desarrollar el art. 20.1 de la Constitución, es decir, un derecho de libertad de la persona. Improcedencia de la consideración de "Servicio Público" de la televisión, que acarreaba el monopolio sobre su desarrollo y la concesión administrativa como figura jurídica para la adjudicación de canales. La falta de razonamiento para limitar a tres las con-

JUAN LUIS JAÉN

Arriba, la llave de un decodificador, objeto que resulta imprescindible para acceder a la señal de Canal Plus, cuyo logotipo y presidente, Jesús de Polanco, aparecen a la derecha.

EUROPA PRESS

BEGOÑA RIVAS

cesiones, cuando técnicamente cabían más en el espectro radioeléctrico. Falta de garantías en el procedimiento establecido para la adjudicación. El que la Ley no concedía competencias sobre la materia a las Comunidades Autónomas. Y por último, la falta de reconocimiento del pluralismo cultural y lingüístico que existe en el Estado.

El Constitucional se pronunció mediante su Sentencia 127/94, de 5 de mayo -exactamente seis años después, día por día, de la publicación de la Ley, y cuando las cadenas de televisión privada llevaban funcionando cuatro años- en el sentido de desestimar los recursos. La Sentencia fue acordada por el Pleno del Tribunal, compuesto de 12 miembros, de los cuales seis votaron en contra, con expresión de sus votos particulares. Es decir, la mitad de los magistrados estaba en desacuerdo con la decisión del Tribunal, y fue el voto de calidad, doble voto, del presidente Miguel Rodríguez Piñero, el que inclinó la balanza hacia el lado de la desestimación.

Dentro del espectro audiovisual, y en las distintas modalidades de la TV privada, ha de hacerse mención a los tipos de canales que han sido reglamentados con posterioridad a 1988, y a través de los cuales se puede realizar la gestión indirecta de este servicio. Así, y en primer término, hay que señalar la Televisión por Satélite, vigente desde la promulgación de la Ley 35/92, de 22 de diciembre. Esta norma, tramitada en tres meses por el procedimiento de urgencia ante las Cortes, permite la existencia de canales cuyo objeto sea la emisión de programas con cobertura nacional o comunitaria. Lo más llamativo de la Ley es la forma de adjudicación de canales. Al igual que en las televisiones privadas, se indica en su art. 3.2 que el sistema sería el de concurso público; no obstante, autorizaba al Gobierno a utilizar el procedimiento de adjudicación directa, es decir sin concurso previo, cuando lo considerara oportuno. No menos llamativo es que en la citada Ley se diga art. 3.1 que no se establece el número de concesiones a otorgar hasta que se conozcan las peticiones que se produzcan. Posteriormente, y por Resolución de 1º de marzo de 1993, se publicó el Acuerdo del Consejo de Ministros que aprobaba las tarifas máximas del servicio portador del Servicio de Televisión Vía Satélite. Más tarde, Real Decreto 409/93, de 18 de marzo, se aprobó el Reglamento Técnico y de Prestación de Servicio de Televisión por Satélite y del Servicio Portador soporte del mismo, Reglamento que, en su art. 1, admite ya la emisión de programas de televisión para su difusión al público "codificados o no", lo que no ocurría en el Plan de la Televisión Privada. Por último, el 3 de mayo de 1993 se promulgó el Pliego de Cláusulas para la explotación del servicio; y el Consejo de Ministros del 1º de octubre, a la vista de las solicitudes existentes, acordó señalar que eran tres las concesiones que se ofertaban, adjudicándolas a las entidades siguientes: "Sociedad de Televisión Canal Plus, S.A."; "Gestevisión Tele 5, S.A."; y "Antena 3 de Televisión, S.A.".

Un Tribunal Constitucional dividido resolvió en contra de los recursos cuando las cadenas privadas ya llevaban cuatro años funcionando

Las últimas modalidades reglamentadas han sido la Televisión Local por ondas terrestres, mediante la Ley 41/95, de 22 de diciembre; y la Televisión por cable, Ley 42/95, también del 22 de diciembre, normas que aún están en periodo de desarrollo normativo.

Una ley para contro

El PSOE se quedó solo en su diseño de la tv privada

Apoyándose en su mayoría absoluta, el PSOE logró una ley sobre televisión privada que no satisfizo a nadie. Diseñó un medio sometido a vigilancia, limitó los nuevos canales a tres, y luego autorizó un canal de pago. Además, previó una batería de sanciones administrativas. No fue la suya una ley precisamente liberal.

En la primavera de 1988, el Parlamento español daba vía libre a la televisión privada. La noticia, así enunciada, era rigurosamente cierta, pero algunos detalles significativos reducían su aparente importancia.

En primer lugar, la ley -que sería conocida como la 10/1988, de 3 de mayo, de Televisión Privada- nacía apoyada exclusivamente por el Grupo Parlamentario socialista, que se bastaba con su mayoría absoluta para hacer y deshacer en las Cámaras; los demás Grupos se habían opuesto o se habían abstenido. En segundo lugar, y lo que era más relevante, la ley estaba llena de cautelas y revelaba un interés desmedido por controlar las nuevas posibilidades del medio de comunicación más influyente.

Todo ello era lógico: el Partido Socialista se había opuesto siempre a la televisión privada -en una actitud incoherente, pues no había manifestado la misma oposición a las radios y a los periódicos privados- y había concebido una ley notablemente limitadora de las posibilidades del medio reservándose la capacidad de inspeccionarlo de cerca. Había advertido el deseo social de romper el monopolio de la televisión oficial, pero no quiso arriesgar el paso. En otras palabras, anunció la libertad de televisión pero diseñó una libertad fuertemente vigilada.

"El Gobierno de González se opuso siempre a la televisión privada. Concibió una ley limitadora, reservándose la capacidad de inspeccionarlo"

El límite más sobresaliente de la ley fue la reducción de todas las posibilidades de la televisión privada a tres emisoras de "cobertura nacional". De ese modo, quedaban fuera de su ámbito la televisión local, que desde entonces se desarrolló en condiciones de semiclandestinidad, la televisión provincial y regional y cualquier otra posibilidad técnica, como la televisión por cable. Lo sorprendente es que el Gobierno justificara esta decisión en una razón inaceptable, un dato falso y un argumento insostenible, todos ellos incluidos en la exposición de motivos de la ley.

La razón inaceptable era lo que el redactor del proyecto llamaba "cálculos de viabilidad económica para las empresas concesionarias". Es decir, el Gobierno se constituía en paternalista vigilante de las inversiones empresariales y basaba sus afanes controladores en la prohibición de lo que alguien llamó la "libertad de arruinarse". El Gobierno, en un tic autoritario plenamente conforme con lo que se ha llamado "felipismo", prohibía, y pretendía que se le agradeciera la prohibición.

El dato falso era las "exigencias o limitaciones técnicas" existentes. Ningún informe avalaba que sólo pudieran entrar en funcionamiento tres emisoras sino que, por el contrario, los informes técnicos sostenían que el número de emisoras podía ser mucho mayor. Pero el Gobierno resolvió por el método expeditivo de no discutir la cuestión. Ni siquiera prestó importancia al argumento de que los satélites de comunicación multiplicaban las posibilidades técnicas. Fue como si decidiera por decreto que no había capacidad para más emisoras y *no hubo* capacidad para más emisoras. En realidad, resolvió, a los efectos, *por decreto*.

Y el argumento insostenible era "el interés del público por una programación diversificada". Aunque parezca mentira, el interés del público lo utilizó el Gobierno no para abrir la mano a todas las emisoras posibles sino a sólo tres. Pero la mayoría absoluta mandaba en el Parlamento con su concluyente peso matemático, sin pararse a pensar no ya en las mi-norías sino ni siquiera en que las razones ajenas pudieran ser válidas. Y la ley nació como un instrumento útil para el control.

El Gobierno de Felipe González contaba con un apoyo inmejorable para fundamentar la operación. Nada menos que el Tribunal Constitucional, en una sentencia de 1982, había hecho depender la televisión privada de una "decisión política", lo que equivalía a condicionar el disfrute del derecho fundamental a la información, por un determinado medio, a un capricho del Gobierno de turno, sino que también la había concebido como una

ar la televisión

Justino Sinova
Periodista. Profesor.
Director de *Historia de la Democracia*

ÁNGEL CASAÑA

ANTENA 3

JULIÁN JAÉN

Arriba, Jesús Hermida y Olga Viza. Debajo, José María Carrascal. Las caras más conocidas de los informativos de Antena 3 Televisión.

"gestión indirecta" del "servicio público esencial" que es la televisión según la ley española. Dejando al margen la polémica acerca de esta discutible consideración, el hecho es que el concepto de servicio público y el oxígeno argumental del Tribunal Constitucional -sin duda en una de sus peores sentencias- sirvieron para que el Gobierno redondeara su operación y se constituyera en el repartidor (art. 8) de las concesiones para emitir. Así fue cómo el Gobierno dio una concesión de televisión de pago -Canal Plus- a pesar de que esta modalidad no está prevista en la ley. De nada sirvió el argumento de que, siendo la televisión privada una derivación de un servicio público, como quería el Gobierno, resultaba incoherente aceptar que se pudiera cobrar por él. Como en tantas ocasiones, González aprovechó para mirar hacia otra parte.

No terminaban aquí las vías de control establecidas en la ley, que partía de la lógica de que quien reparte y puede repartir de nuevo al cabo de diez años, término de las concesiones, tiene mucho que decir. Otras medidas ponían en evidencia que la ley había nacido para controlar una forma de comunicación que se consideraba inevitable. Así, por ejemplo, se estableció que las sanciones a las empresas concesionarias -por no cumplir, por ejemplo, los porcentajes de producción propia (15 %), o rebasar los tiempos de emisión de publicidad (diez minutos) o la violación de la legislación sobre el derecho al honor- serían impuestas por autoridades administrativas, el ministro de Transportes o el Consejo de Ministros. Esta facultad sancionadora de la Administración había sido el punto flaco de la Ley de Prensa de 1966, duramente criticada y combatida, incluso por algunos socialistas, pero eso no les impidió reproducir su táctica en plena democracia. Hasta un artículo de la Ley de Televisión Privada estaba inspirado exactamente en aquélla llamada *ley Fraga*: el 16, que obliga a las televisiones a difundir los comunicados que guste enviar el Gobierno. La *ley Fraga* abrió un portillo en el franquismo pero muchas de sus decisiones significaban cerrar otros en plena democracia.

TELE 5

JULIÁN JAÉN

Luis Mariñas y José Ribagorda, arriba; a la derecha, Fernando Onega. Mariñas y Onega aportan experiencia a los informativos de Tele 5, en los que Ribagorda se está consolidando a pesar de su juventud.

CANAL +

Hilario Pino fue uno de los fichajes estrella de Canal Plus, tras su paso por diversos medios. Arriba, Ana Ortas y Carlos Martínez.

La ley, en fin, contenía otras disposiciones tendentes a evitar la excesiva concentración de poder. Estas son unas de las escasas medidas anticoncentración que se hallan en la legislación española sobre comunicación. En concreto, la ley prohíbe a un socio de una emisora disponer de más del 25% de las acciones. Igualmente limita la presencia extranjera al mismo porcentaje. Lamentablemente, el Gobierno no fue tan diligente con esta cautela y el italiano Silvio Berlusconi llegó a controlar, directa e indirectamente, el 80 % de Tele 5. Pero este problema no debió de preocupar al Gobierno González, no debió afectar a sus facultades de control porque no actuó para reparar la situación.

El auge de la Prensa

En los años 60 se iniciaron acciones significativas orientadas a potenciar el desarrollo de la Prensa regional en España. Fueron sus protagonistas *La Gaceta del Norte* -desaparecida-, *El Correo Español/El Pueblo Vasco* -que hoy lidera este desarrollo expansivo-, *La Vanguardia, La Voz de Galicia* y varios periódicos de la Editorial Católica.

Por parte de los diarios nacionales, *ABC* ya contaba entonces con una edición especial para Sevilla. *Pueblo* había iniciado en 1960 el sistema de ediciones periféricas para cuatro regiones; experimentó, después, con páginas especiales para Getafe y Leganés, y se anticipó con la fórmula de "periodismo de barrio" en Vallecas, aunque no cuajó. Y *Ya*, portaestandarte de la Editorial Católica, puso en marcha su edición para Toledo.

En 1975, siete grupos controlaban más de las tres cuartas partes de la difusión de la prensa escrita de información general: Prensa del Movimiento, Prensa Española, Edica, Grupo Godó, Grupo Correo, Grupo Mundo (de Sebastián Auger) y Grupo Moll. Predominaban los grupos con sede en Madrid, que controlaban más de la mitad de la difusión total, frente a los grupos empresariales residenciados en regiones, cuyas cabeceras abarcaban en torno a una cuarta parte de dicha difusión global.

"Los nueve grupos principales controlan el 80% de la difusión de la prensa: el 45%, de carácter regional, y el 35%, a editores de ámbito nacional"

Veinte años después, el escenario se ha transformado. Unos grupos han desaparecido, otros han surgido con gran ímpetu, y la corriente regional se impone. Los nueve grupos principales -seis de ellos con más peso- controlan el 80 % de la difusión de la prensa: el 45% corresponde a grupos editores de carácter regional y el 35 % a editores de prensa de ámbito nacional.

Otros grupos menores, que existían al inicio de la Transición y que permanecen actualmente son el Grupo Joly (dos diarios en Andalucía) y el de Leoncio Rodríguez (con 2 diarios en la Comunidad canaria).

Otros grupos relevantes surgieron al calor del súbito interés por la prensa que se produjo efímeramente en los primeros años del posfranquismo y alcanzaron, casi todos, en 1995, una alta cuota de participación en la difusión global de la prensa de información general: Prisa (*El País*), 12,71; Grupo Zeta, 7,60; Unidad Editorial (EL MUNDO), 7,07; Pool 6, 4,60; Grupo 16, 4,05, Grupo Serra (Baleares), 1,33; y Prensa Sur, 0,49. Aparte, hay que mencionar a la ONCE, con incursiones poco duraderas.

Varios factores han transformado el mapa periodístico español y han potenciado la fuerza de la prensa de regiones (local, provincial, regional), a la par que han desencadenado, como respuesta defensiva, la descentralización y edicionalización de la prensa de ámbito nacional:

-La nueva configuración política y administrativa de España en comunidades autónomas, con sus propios gobiernos y parlamentos y asunción de competencias directas, entre ellas las que atañen a los medios de comunicación social.

-La privatización de la antigua Prensa del Movimiento (43 cabeceras), buena parte de ella de carácter local o regional.

-La práctica desaparición de las *Hojas del lunes*.

-La crisis de los 80, que propició la renovación tecnológica desde 1985, la dominicalización, la mejora de contenidos y presentación gráfica y, desde 1990, la descentralización y la edicionalización. A finales de la década se constata una progresiva concentración empresarial, con proyección multimedia y una captación de capital extranjero.

Las nuevas tecnologías de la información -NTI- han contribuido decisivamente a eliminar la distancia operativa que existía entre la prensa de alcance nacional y la de dimensiones regionales, provinciales e, incluso, locales.

Una estrategia de la Prensa regional ha sido la de establecer vínculos para compaginar servicios comunes, como en el caso del Pool 6, mediante el que ocho diarios provinciales actúan como una central de compra de bienes tales como papel y maquinaria y como central de venta de espacios publicitarios. En Taller de Editores, nueve diarios regionales más COMECOSA se unieron para editar dos suplementos conjuntos, y a principios del presente año han absorbido la Agencia Colpisa. *La Voz de Galicia* figura en cabeza de la oferta diversificada con 17 ediciones zonales, además de contar con una agencia de prensa, una productora de televisión y participar en una emisora de radio.

La comunidad con mayor número de ediciones zonales es Galicia. La expansión de los diarios gallegos se fundamenta en la potenciación de la información local, a través de las ediciones territoriales, treinta en total. En el País Vasco se registran otras veinticinco y en la Comunidad Valenciana, dieciocho. Los grupos de Prensa regional, con una dinámica empresarial muy parecida a la de los grupos centrales, han intensificado su expansión a través de la diversificación zonal: *El Correo*

regional

Juan Maciá

Profesor de Periodismo en la Universidad San Pablo CEU. Autor de *La Comunicación Regional y Local*

desdobla sus diez cabeceras en 28 ediciones; Prensa Ibérica, titular de 10 periódicos, produce 26 ediciones.

La competencia presiona de modo ascendente, de abajo arriba. Para hacerle frente, los diarios nacionales han tenido que descentralizarse y recurrir a la edicionalización, lo mismo que las grandes cabeceras regionales. Los diarios provinciales se comarcalizan, y, a su vez, los diarios locales se enfrentan a la proliferación de las publicaciones municipales, de barrio y gratuitas. Lo confirma la expansión de Pool de Medios, con publicaciones gratuitas para universitarios, para barrios de Madrid y para el colectivo de médicos.

Globalmente, en Madrid se distribuyen 20 títulos de publicaciones de barrio, con una difusión conjunta de 450.000 ejemplares. Por su parte la Prensa "nacional" de la capital de España no renuncia a su mercado local. Seis de cada diez diarios editados en Madrid se difunden en otras comunidades, pero, al mismo tiempo, los diarios madrileños realizan un enorme esfuerzo para ganar mercado en su Comunidad.

El actual primer grupo de la Prensa regional, COMECOSA (también conocido por Bilbao Editorial o Grupo Vasco), es otro ejemplo del avance de esta modalidad en el mapa periodístico español: a sus diez cabeceras une su participación en Espacio Editorial (publicaciones económicas y deportivas) y en Pool de Medios, su participación en empresas de distribución, edición de revistas, imprentas, emisoras de radio, productoras de cine, agencias de publicidad, ediciones de suplementos, participación en la COPE, aparte de la reciente operación para adquirir el 25% de Tele 5, liderando un grupo en el que también participan Prensa Española, Grupo Moll y varios diarios regionales.

Más indicadores del creciente desarrollo de la Prensa regional se observan al analizar las tallas de la Prensa española, la posición comparada de los diez diarios más difundidos, o la evolución del consumo de diarios propios en las comunidades autónomas.

Porcentaje de consumo de diarios propios, en relación con el consumo total de prensa

	1984	1994
Andalucía	41,9	78,4
Aragón	66,3	80,6
Asturias	25,5	84,8
Baleares	64,2	87,8
Canarias	91,1	90,9
Cantabria	63,8	74,5
Castilla y León	46,3	58,5
Castilla-La Mancha	0,0	12,5
Cataluña	96,2	85,1
Extremadura	61,0	73,4
Galicia	82,1	88,0
Madrid	99,3	97,9
Murcia	62,3	78,9
Navarra	75,4	81,1
País vasco	89,2	86,6
Rioja	45,6	58,5
Valencia	55,2	67,7

Entre la década del 80 y la del 90 los diarios con una difusión superior a los cien mil ejemplares han aumentado en número de cabeceras y en cuota de difusión, pasando de un 30,5% a un 47,8%. Las cabeceras que difunden de 15 a 100.000 ejemplares han disminuido en número y en cuota. En cambio, los diarios de hasta 15.000 ejemplares de media, han cuadruplicado su número y han pasado del 6 al 16 % de cuota de difusión.

En cuanto a los diez primeros diarios de España por el número de ejemplares difundidos, en 1976 se equiparaban en número: cinco y cinco (*ABC*, *Ya*, *El País*, *Pueblo* y *Diario 16*, frente a *La Vanguardia*, *El Correo*, *La Voz de Galicia*, *La Gaceta del Norte* y *Heraldo de Aragón*). En 1994, con casi setecientos mil ejemplares más de difusión global, seis cabeceras son regionales y cuatro nacionales (*La Vanguardia*, *El Periódico de Catalunya*, *El Correo*, *La Voz de Galicia*, *El Diario Vasco* y *Diario de Navarra*, por una parte, y por la otra *El País*, *ABC*, EL MUNDO y *Diario 16*). Si analizamos el consumo de prensa propia en cada autonomía, en el periodo 1984-1994, en 14 de las 17 comunidades se ha producido un avance muy importante en favor de la prensa propia y regional.

En Estados Unidos y en gran parte de la Europa occidental se está produciendo el mismo fenómeno de descentralización y zonificación de la Prensa nacional y de potenciación de las cabeceras regionales. El caso francés es el más elocuente.

Nuestra sociedad está cambiando desde la "mente-masa" forjada por los "mass-media" en su primera etapa, a la personalización comunicacional que la multiplicidad y variedad de los media produce, dando lugar a que, como señala Alvin Toffler, numerosos grupos desmasificados más pequeños se intercambien sus propias imágenes. A medida que la sociedad entera se desplaza hacia la diversidad, nuevas modalidades de medios de comunicación colectiva, más próximos a sus receptores, reflejan y aceleran este proceso.

Momento en el que las familias gitanas recogen los enseres de sus casas antes de huir de Martos.

JULIÁN ROJAS. DIARIO JAÉN

El racismo llega a Martos

Una pelea fue la causa de que doscientos vecinos de Martos (Jaén) prendieran fuego a 38 casas de gitanos un 13 de julio de 1986. El racismo volvía a asomar su terrible rostro en España.

Javier Lorenzo

No era la primera vez que payos y gitanos se enfrentaban en la localidad olivarera de Martos, un pueblo cercano a Jaén en el que habitan 20.000 personas, pero las heridas que recibió un 12 de julio de 1986 el vecino Francisco Expósito a manos de Amador Cortés Cortés -gitano y que se encontraba presumiblemente embriagado- fue la gota que desbordó el vaso.

Ante la pasividad de las fuerzas del orden y la corporación municipal -dos extremos que quedaron meridianamente demostrados en el juicio-, doscientos vecinos airados -que momentos antes habían pedido la liberación de Amador con el fin aparente de tomarse la justicia por su mano- se dirigieron aquella madrugada hacia Cerro Bajo, el barrio donde vivían hacinados y en condiciones infrahumanas cerca de 500 gitanos, quienes al ver la actitud de los asaltantes huyeron al campo por las puertas traseras que, afortunadamente, tenían cada una de las viviendas. Sin nadie con quien volcar la rabia, a alguien se le ocurrió que nada mejor que el fuego para dar un escarmiento. Dicho y hecho, aparecieron numerosos bidones de gasolina que se volcaron sobre las casas, que empezaron a arder inmediatamente. Algunas pertenecían a personas que no se hallaban en el pueblo por encontrarse trabajando en la recolección del melocotón. “No importa -decían algunos de los incendiarios- porque todos los gitanos son iguales”. Al día siguiente, varios centenares de payos se manifestaron por las calles de la localidad pidiendo la expulsión de los gitanos.

No acabó ahí la tragedia de éstos, ya que cuando acudieron a algunos pueblos próximos en busca de refugio -como en Monte Lope Alvarez- también fueron rechazados por sus habitantes. Además, desde que tuvo lugar la agresión su regreso a Martos era considerado por ellos mismos como algo imposible. Estaban en lo cierto.

Dos días después del incendio, la Guardia Civil detuvo a dos de las personas implicadas en los hechos: Antonio Espejo Cañadas y Antonio Espejo Gay. Martos se volcó con ellos, pidiendo bien su absolución, bien su indulto.

Finalmente, la Audiencia Provincial de Jaén sentenció a ambos a una condena de tres años de prisión menor y doscientas mil pesetas de multa. Su recurso fue asimismo desestimado en enero de 1993 por el Tribunal Supremo. Actualmente, los dos se encuentran en libertad tras haber cumplido su condena, pero eso no podrá evitar ya que el nombre de Martos permanezca en la conciencia de toda España asociado inevitablemente y para siempre con el peor de los racismos.

250.000 enfermos en lista de espera

Las huelgas médicas de 1987 colapsaron la Sanidad española

Vicente Mateu

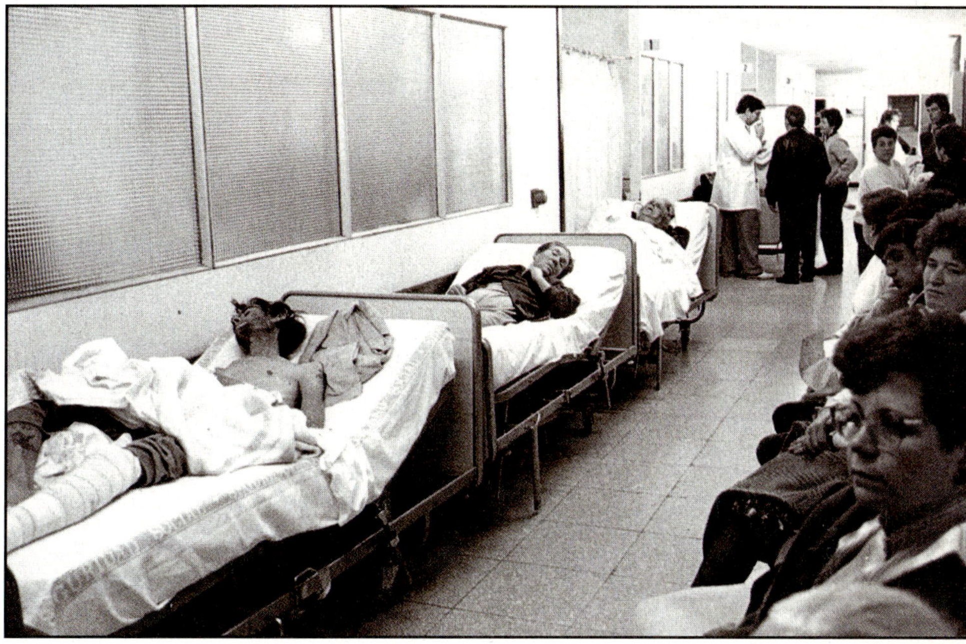
EUROPA PRESS

La falta de camas suele ocasionar escenas como la que muestra la fotografía, tomada en un hospital de Madrid.

Agosto. 1987. A las puertas de los quirófanos se agolpa un cuarto de millón de enfermos. La salas de espera rebosan y el Ministerio de Sanidad opta por meter la tijera en un sistema sanitario convertido en un gigante con pies de barro.

Octubre. 1987. La Coordinadora de Hospitales pone en pie de guerra a la práctica totalidad de los médicos del país. Dicen que no es por cuestión salarial. Sólo piden más medios para desmasificar sus consultas. La huelga se vuelve casi salvaje y la actividad sanitaria prácticamente queda paralizada durante meses. Un acuerdo para pagar más a los facultativos que acepten dedicarse en exclusiva a la Sanidad pública sellará una paz imposible.

El fin de año de 1987 marcó un punto fatídico en la crisis del sistema sanitario español. Teóricamente, según la OMS, sobraban (y sobran) médicos. Y lo mismo ocurría con los recursos disponibles, aunque su mala distribución agudizaba los problemas. Miles de enfermos debían acudir (y aún siguen haciéndolo para las patologías más graves) a los grandes hospitales madrileños, tan enormes como incapaces de hacer frente a la avalancha.

Los facultativos, desilusionados a pesar de la subida salarial, empiezan a quejarse de los nombramientos a dedo en la cúspide de la escala profesional. Se sienten desmotivados, dicen. Felipe González, por su parte, opta por darles más trabajo y universaliza la Sanidad pública. Varios millones de españoles entran de golpe en el sistema y buscan su sitio en unas ya sobradamente abarrotadas salas de espera.

El dinero, sin embargo, no llega. Se cambia el sistema de financiación, pero el presupuesto crece sólo de cara a la galería. La imposibilidad de pagar a los proveedores empieza a generar una deuda que se aproxima año a año con insistencia a los doce ceros.

Las listas de espera, mientras tanto, siguen su curso. Es decir, se mantienen por encima de las 200.000 personas. La Administración se aprovecha de que se trata de enfermedades leves que pueden esperar. Lo que prima es lo urgente. Los casos de vida o muerte. El resto, si no se puede publicar en una revista científica, puede esperar. En 1992 comienzan los "planes de choque" para operar a unos enfermos cada vez más impacientes. Los médicos, de todas formas, siguen sin estar por la labor.

Cuando el PP llega al poder, las "listas" son ya por derecho propio el principal problema de la Sanidad pública. La escasez de los presupuestos se convierte en la enfermedad crónica y el envejecimiento tecnológico uno de sus síntomas. La cifra "oficial" sigue en los mismos términos: 168.000 personas a 31 de marzo de 1996, y sigue sin incluirse el dato autonómico.

El nuevo Gobierno no parece tampoco tener la solución mágica y de nuevo recurre al "plan de choque". Los médicos, por boca de su sindicato profesional, repiten también el mismo discurso. Muestran su "escepticismo" y siguen trabajando al mismo ritmo de siempre. Les dicen que les pagarán por operar por las tardes. Pero llevan así casi un lustro y todo sigue igual. Como sus enfermos, suspiran por una reforma cien veces anunciada que nunca llega.

La más grave caída de don Juan Carlos

"Un rey sólo puede venir así de una guerra", le dijo el general Sabino al verle en camilla.

Jaime Peñafiel

En cierta ocasión, el que fuera médico de cabecera de Su Majestad el Rey, el **doctor Salgado**, declaró con sentido del humor que **don Juan Carlos** no tiene sangre azul sino roja como todos los mortales. Por ello, está sujeto a enfermedades más o menos graves. Algunas de ellas son consecuencia de las innumerables caídas sufridas durante los últimos años. La más grave de ellas, el día 3 de enero de 1983. Sólo había dos precedentes: el 8 de mayo de 1962, cuando en vísperas de su boda con la entonces **princesa Sofía**, se lesionó seriamente el brazo izquierdo que llevó en cabestrillo hasta el día antes de la ceremonia, al resbalar en el palacio real de Tatoi. El segundo accidente se produjo el 21 de junio de 1981, cuando, al dirigirse a la piscina del palacio de La Zarzuela, tropezó con una puerta de cristal, que rompió, produciéndose múltiples heridas y la fractura del brazo derecho que llevó escayolado durante un mes.

Pero esta caída de 1983, ocurrió durante las vacaciones navideñas en Gstaad, donde la Familia Real española pasaba

FOTOS: EUROPA PRESS

El Rey se vio en la necesidad de usar muletas durante una larga temporada tras su accidente en Gstaad.

unos días en la residencia de la familia griega **Goulandris**.

Aquel día, el Rey resbaló sobre una capa de hielo y, al caer, el radioteléfono que llevaba se incrustó en la pelvis, produciéndose una grave fisura que exigió su urgente traslado en helicóptero hasta el hospital de Ginebra. Reconocido por los médicos, se decidió el inmediato regreso a Madrid en el avión de las Fuerzas Aéreas Españolas llegado al efecto.

Cuando el general **Sabino Fernández Campo**, que le esperaba en el aeropuerto de Barajas, vio descender a don Juan Carlos en camilla, se dirigió a él con estas palabras: "Señor, un rey sólo puede regresar así de una guerra". Posiblemente, estas palabras llevaban implícita una crítica a las vacaciones suizas de Su Majestad.

La caída dejó al Rey como secuelas una lesión interna que originó una fibrosis reactiva, exigiendo una delicada intervención quirúrgica. La operación se llevaría a cabo el 19 de junio de 1985, abriendo una auténtica avalancha de rumores sobre la salud de Su Majestad, algunos de ellos totalmente desestabilizadores.

Por lo demás, 1983 es, como todos, uno de "bodas del año" y también de divorcios sonados.

Para empezar, **Conchitín Márquez Piquer** se casa con el actor **Ramiro Oliveros**. Aunque a **doña Concha** le hubiera gustado que la boda de su hija hubiera sido por la Iglesia, es por lo civil y en el Juzgado de Buenavista, de Madrid. Cada uno de los contrayentes aporta al nuevo matrimonio dos hijos: **Conchitín** de 18 años y **Coral** de 15, nacidas del anterior matrimonio de ella con **Curro Romero** con quien se casó cuando tan sólo tenía 17 años; y **Ramiro** de 13 y **Hugo** de 11, de él.

La segunda boda, el 28 de enero, tiene lugar en México, aunque los novios son españoles. Pero la defensa de la exclusiva puso agua de por medio. En esto de vender hasta el alma al mejor postor, el novio era todo un experto. Este no es otro que **Gonzalo de Borbón Dampierre**, el primo hermano del Rey de España. La novia, **Carmen Harto Montealegre,** una buena muchacha que fue periodista de la "telefónica", y que hoy intenta no sólo olvidar sino vencer una grave enfermedad.

La ceremonia se celebra ante la directora del Registro Civil de Puerto Vallarta. Pero no dio tiempo ni a inscribir el matrimonio en el Consulado español. Dos meses más tarde, Gonzalito y Carmen se separaban. El cobró. Ella no vio ni cinco. Que así se las gastaba el primito.

Un momento de una de las bodas más famosas del año 1983: la tonadillera Isabel Pantoja, vestida de blanco inmaculado, y el torero Francisco Rivera "Paquirri".

En abril, **Lolita Flores** vende a *Hola* la exclusiva de su boda civil con **Guillermo Furiase** y anuncia la canónica para el 23 de agosto de este año de 1983, boda que es todo un espectáculo, lamentable espectáculo él. Se celebra en Marbella y con **El Cordobés** de padrino. A punto estuvo de no poderse casar Lolita, tal fue la multitud que invadió la iglesia parroquial de La Encarnación y los alrededores. Peor fue la de la folclórica y el torero, la de **Isabel Pantoja** y **Paquirri**, celebrada el día 1 de mayo en Sevilla. No se recordaba nada igual. A duras penas los novios, después de la ceremonia, en la iglesia del Cristo del Gran Poder, pudieron llegar hasta la carroza, tirada por cuatro yeguas blancas y vírgenes. Así lo exigió la novia. Dicen que porque era soltera y entera. Como **doña Reme**.

Aquel año de 1983, se matrimonia **Manolo Santana** con **Milagros Ximénez de Cisneros**, también conocida por **Mila**. Testigo de este desaguisado de boda, **Adolfo Suárez**. Lo que se dice buena mano no tuvo, el duque.

Y otra famosa, **Amparo Muñoz**, nuestra Miss Mundo, se casa. Casarse es un decir, ya que aquello fue una mascarada. Lo hace por el rito hindú dharme. El novio, **Flavio Labarca**, un joven presuntamente dedicado a turbios negocios que la inició en un camino peligroso y de difícil retorno. El lugar, la lejana Bali. Por supuesto, se trataba de una exclusiva pagada, pagada por **"el hijo de Sánchez"**, más conocido por Edu-bank.

A pesar de los recursos del pobre **Alfonso de Borbón**, los tribunales conceden definitivamente, el divorcio a los duques de Cádiz. Días después, el Cardenal Primado y Arzobispo de Toledo, **don Marcelo González Martín** niega la comunión a la adúltera duquesa en el transcurso de la misa con motivo de la Primera Comunión de sus hijos, **Fran** y **Luis Alfonso**, ceremonia celebrada en la residencia del desgraciado duque en Pozuelo.

"No pienso volver a España. Estoy totalmente harta de España", declararía **Carmencita** en el mes de agosto.

Más harta debía haber estado de Francia. Si en Madrid dejó la honra, en París le robaron más de sesenta millones en joyas, entre ellas la pulsera de brillantes y zafiros del día de su boda y la sortija de oro y brillantes, regalo de su abuela, por el mismo motivo, así como otra serie de "baratijas". Y, para no ser menos que su hermana Mari Carmen, **Merry** también obtiene el divorcio de **Jimmy Jiménez Arnau** en un juzgado de Madrid.

¡Vaya par de hermanas! ¡Vaya familia!

FOTOIMPACTO

Pánico en Madrid

Jorge Fernández

A finales de julio de 1986, ETA llevó a cabo uno de sus atentados más espectaculares en Madrid, aunque milagrosamente no hubo víctimas mortales. Los terroristas colocaron un coche cargado con doce tubos lanzagranadas frente al Ministerio de Defensa, situado en el Paseo de la Castellana, y dispararon once cohetes. Dos de ellos penetraron en el edificio. La acción, llevada a cabo una semana después de que diez guardias civiles murieran en otro atentado en la plaza República Dominicana, provocó el pánico y sumergió a la ciudad en el desconcierto. ¿Cómo era posible que este centro neurálgico militar estuviera tan desprotegido? ¿Cómo podía actuar con tanta audacia e impunidad el "Comando España", ahora "Comando Madrid"? Estas preguntas no tuvieron respuesta. Y, lo que es peor, diez años después la situación continúa igual. Narcís Serra se asomó a una de las ventanas que sufrieron el impacto de uno de los artefactos y es fácil adivinar cuál era su estado de ánimo, sabiendo que ese mismo día iba a celebrarse la sesión de investidura de Felipe González, quien dijo entonces en vano: "Tengan ustedes la seguridad de que vamos a acabar con el terrorismo y con el comando que opera en Madrid".

EUROPA PRESS

Narcís Serra se asoma a la ventana de su despacho del Ministerio de Defensa, que sufrió el impacto de uno de los artefactos.

PRÓXIMO CAPÍTULO: **LAS PRIMERAS CORRUPCIONES**

EL DESPACHO DEL HERMANO DEL VICEPRESIDENTE. LA CORRUPCIÓN DESDE LA ÉTICA Y EL DERECHO. BATALLAS POR LA IKURRIÑA. JUSTICIA CONTROLADA. **ESCRIBEN:** RAÚL HERAS, ADELA CORTINA, LUIS R. RAMOS, L. BLANCO VILA, TEODORO G. BALLESTEROS, JAVIER VILLÁN

1975-1995. Veinte años de nuestra vida

• Historia de la Democracia •

{Capítulo 39}

EFE

Juan Guerra, hermano del vicepresidente del Gobierno, protagonizó el primer caso sonoro de corrupción que la Prensa se encargó de denunciar.

Las primeras corrupciones

Como habían llegado portando la bandera de la ética, los ciudadanos tenían que frotarse los ojos ante las primeras noticias de corrupción. No podía ser. Pero lo que decían los periódicos era cierto. El primer caso sonoro fue el de Juan Guerra, hermano del vicepresidente, quien también fue sorprendido en un abuso de poca monta pero muy significativo. Alfonso Guerra acabó mintiendo al Parlamento para salvar a su hermano y salvarse él. No lo logró y pagó con el apartamiento del poder. Lo malo de aquello fue que era sólo el principio de una corrupción y un abuso desmedidos.

• RELATO •

Y Juan Guerra fue sólo el principio de una turbia historia

La corrupción en el Gobierno y el partido de González sorprendió y enojó a la sociedad española

El fuego prendió fuerte con el tristemente famoso "caso Juan Guerra". La utilización indebida, como centro de multitud de operaciones, de un despacho de la Delegación del Gobierno en Sevilla por parte del hermano de Alfonso Guerra, vicepresidente del Gobierno, fue el asunto que terminó de escandalizar a la sociedad española. Hasta entonces, otras corruptelas ya habían salido a la luz pública.

Raúl Heras

Rodeado de periodistas y micrófonos, el presidente del Ejecutivo cambió la media sonrisa que aparecía en su rostro ese 1 de febrero de 1990 y con rabia mal contenida y gesto fiero desafió a todos: "Si el vicepresidente del Gobierno sintiera la tentación de dimitir por el cuestionamiento que se hace de su honradez, o le forzaran a ello, habrán ganado dos batallas por el esfuerzo de una, la dimisión de Alfonso Guerra y la de Felipe González".

En el Congreso de los Diputados acababa de terminar uno de los debates más duros de la historia democrática. Acosado por las informaciones y comentarios de los medios de comunicación, presionado por sus propios compañeros de Gabinete y de partido, el todopoderoso "número dos" del socialismo hispano no había tenido más remedio que aceptar y protagonizar un cuerpo a cuerpo con la oposición sobre los negocios de su hermano Juan y la utilización por éste de un despacho oficial en la Delegación del Gobierno en Andalucía.

El inicio de la cuenta atrás del PSOE en el poder comenzó ese día, aunque tendrían que pasar cinco años para que cristalizara, y por tan sólo trescientos mil votos, en un relevo en el palacio de La Moncloa; y la particular de Alfonso Guerra se aceleró de tal manera que doce meses más tarde hacía pública su dimisión durante la celebración del Congreso de los socialistas extremeños. Las palabras de Felipe González se quedaron prendidas en los alfileres de la Historia, y el guerrismo como movimiento, como corriente interna del PSOE, tomaba carta de naturaleza. Las aventuras empresariales de Juan ⋙

RAÚL PASTOR/EFE

El 12 de enero de 1991, un año después de que estallara el "caso Juan Guerra", su hermano Alfonso anunció en Cáceres (la imagen es de aquel día) su dimisión.

Guerra representaban la punta de un iceberg gigantesco, de cuya configuración ya se tenían perfiles desde los primeros años de poder del antiguo "clan de la tortilla" sevillano. Varios sumarios y juicios en la Audiencia de la capital andaluza llevarían al banquillo, y a recibir condenas suaves, al "hermanísimo", pero representaron la caída del poderoso "cocinero" que llevaba veinte años "sirviendo" los platos políticos a Felipe González. Roto el dúo, los enfrentamientos y luchas intestinas dentro del PSOE acabarían por sacar a la luz las grandes y pequeñas corruptelas con las que se había beneficiado el partido, y de las que habían sacado un jugoso beneficio muchos de sus protagonistas.

El "caso Juan Guerra" se convirtió en el punto de mira de la oposición, dentro del acoso al Gobierno por parte de PP e Izquierda Unida, y en el revulsivo que, junto a la crisis económica, necesitaba la sociedad española para plantearse un cambio en el poder. Comenzaron a salir a la superficie más y más casos de nepotismo, información privilegiada, uso indebido de los fondos reservados, junto a empresas que se habían beneficiado y se beneficiaban de su cercanía al socialismo. Al escándalo Flick, que había obligado a un diputado alemán a presentarse ante el Parlamento español para explicar las "donaciones" de los "primos" tedescos al PSOE -ciento veintisiete millones entre 1975 y 1980 a través de la Fundación Ebert, y provenientes del consorcio industrial que había "regado" generosamente la política alemana con sus donaciones-, se sumó el escándalo de las contratas de basuras de la empresa sueca Sellberg, denunciado por unos empleados despedidos, de la misma forma que ocurriría años más tarde con el escándalo Filesa, y que llevó a la dimisión de su denunciante, el concejal Alonso Puerta, en el Ayuntamiento de Madrid, y al abandono de sus funciones "financieras" al responsable del partido, Emilio Alonso Sarmiento. La empresa sueca había "copiado" los métodos de sus competidores y había obtenido importantes contratas en Murcia, Lorca y Mérida a través de las gestiones de Vicente Torres. La anunciada investigación parlamentaria sobre la financiación de los partidos políticos, anunciada a finales de 1984 por el propio González, se quedó en nada. Aquellos eran los tiempos de la mayoría absoluta y del gran despegue económico, y el Partido Socialista no sufrió aún en sus carnes el desgarro de votos al que tendría que enfrentarse a partir de 1989, y sobre todo a partir de 1993. Eran las primeras corrupciones, aunque lo peor para todos -para los socialistas, para la clase política y para la sociedad española en su conjunto- estaba por llegar.

El "caso Juan Guerra" se convirtió en el punto de mira de la oposición y en el revulsivo que necesitaba la sociedad para plantearse el cambio

Si el PSOE tenía sus trapos sucios, que comenzaban a lavarse a la vista de todos, la mayoría de las fuerzas políticas del arco parlamentario tampoco podía presumir demasiado: los catalanes de CiU ocultaban como podían el escándalo de los casinos de juego, y otro tanto hacían los vascos del PNV con el de las máquinas tragaperras; eso sin contar con prácticas tan viciadas y perversas como las de las escuchas telefónicas, el espionaje de los adversarios y el uso de dossieres sobre los poderosos, que comenzó a generalizarse a finales de la década de los ochenta.

En Cataluña, el 14 de diciembre de 1989, el ex director financiero de Casinos de Cataluña y la sociedad Inverama, Jaime Sentís, presentó una querella contra el presidente de la sociedad, Arturo Suqué, por presunta apropiación de dos mil millones de pesetas, de los que seiscientos habrían ido a parar a las arcas del partido de Jordi Pujol. Los nombres de Francesc Gordo, Alberto Serra y Joan Piqué Vidal saltaron a la palestra, en una complicada maniobra que llevó a Sentís a abandonar España y regresar un año

Los primeros escándalos de la etapa socialista

Tras la llegada del Partido Socialista al poder en 1982, el nuevo aire prometido se convirtió pronto en una cortina de escándalos. He aquí los primeros.

• EL "CASO FLICK": Con el nombre de una de las multinacionales alemanas más potentes se conoció el primer caso de corrupción que acechó a las filas socialistas. Todo partió del comentario del diputado del SPD (Partido Socialdemócrata Alemán) Peter Struck, quien el 30 de septiembre de 1984 afirmó que buena parte del dinero entregado por el consorcio Flick al SPD había sido desviado hacia España para financiar las actividades del PSOE. Después se conocería que la fundación socialdemócrata Frederik Ebert actuaba de intermediaria en esta trama. El 14 de noviembre de 1984, ante el Congreso de Diputados, Felipe González dijo: "Ni de la Fundación Ebert, ni de Flick ni del SPD hemos recibido ni un marco, ni un duro ni una peseta". Un mes después pronunció la famosa frase: "Ni Flick ni Flock. Que quede claro: ni yo ni mi partido hemos recibido dinero ni de Flick ni de Flock. Y ésta es una afirmación que

EUROPA PRESS

Felipe González se dirige a los diputados en 1984.

Verstrynge y Galeote polemizaron agriamente durante el "caso Flick".

más tarde. En el País Vasco, otro tanto ocurrió con el mundo de las máquinas tragaperras: desde 1984 a 1988 la Consejería de Interior autorizó la concesión de permisos y licencias de explotación a través de José Joaquín Portuondo, y de las irregularidades denunciadas por miembros de la Ertzaintza se beneficiaron personas ligadas al PNV y al Gobierno vasco. Las investigaciones alcanzaron a Luis María Retolaza, y llevaron finalmente a descubrir el espionaje ilegal al que había sido objeto el ex lendakari, Carlos Garaikoetxea.

El Partido Popular, por su parte, tuvo que pasar por el calvario valenciano del "caso Naseiro" (estaba implicado el concejal Salvador Palop) , con escuchas telefónicas ordenadas en la lucha contra el narcotráfico y en las que aparecieron tráficos de influencia respecto a comisiones urbanísticas. El caso quedaría sobreseído, por defectos procesales, en el Tribunal Supremo, pero dejaría en la cuneta al propio Naseiro, a Angel Sanchís y a Arturo Moreno, uno de los hombres de confianza del recién nombrado presidente del partido, José María Aznar. El ventilador de corrupciones salpicaba por todas partes, en un intento de convertir las investigaciones y denuncias concretas, sobre comportamientos concretos y personalizados, en un clima generalizado de sospechas hacia toda la clase política.

Dentro del socialismo, las víctimas de las primeras corrupciones aumentaron sin cesar: si en Murcia tenía que presentar la dimisión el presidente autonómico, Hernández Ros, su sucesor, Carlos Collado, corría en muy poco tiempo la misma suerte, con claras pruebas de nepotismo con familiares y amigos en puestos claves de la Administración y los negocios. Lo mismo comenzaba a destaparse en Andalucía con la concesión de obras públicas -que cristalizaría en el "caso Ollero", al que se le ocupó en el mismísimo aeropuerto de Sevilla un maletín con 22 millones de pesetas- , y se iniciaban las primeras y graves sospechas sobre todo el enorme y multimillonario montaje de la Exposición Universal del 92 y del AVE. Firmas nacionales y europeas aparecieron en los entresijos, que llevaron a la dimisión del primer Comisario, Manuel Olivencia, y su sustitución por Jacinto Pellón, un gestor de la construcción muy bien relacionado con el abogado Jesús Bores y el empresario Francisco Palomino, amigo el primero y cuñado el segundo del presidente del Gobierno y secretario general del PSOE.

nunca me veré obligado a rectificar". Sin embargo, a finales de mayo de 1990, la Fiscalía alemana desveló que, entre 1978 y 1985, se utilizaron 22 millones de marcos (1.400 millones de pesetas) procedentes de la Fundación Ebert para financiar al PSOE y a los socialistas portugueses.

● EL MYSTÈRE DE ALFONSO GUERRA: El entonces vicepresidente del Gobierno Alfonso Guerra utilizó el 3 de abril de 1988, con cargo al erario público, un avión Mystère del Ejército del Aire. Ante el atasco de vehículos que había en la frontera hispanoportuguesa por el regreso de las vacaciones de Semana Santa, la comitiva de Alfonso Guerra, que iba acompañado por su hijo Pincho, "se saltó" el atasco y se dirigió a Faro, desde donde partió el vuelo. El vicepresidente tuvo que comparecer dos semanas después en el Congreso para dar cuenta del incidente. Guerra acusó a los periódicos que habían desvelado el incidente de originar un "vendaval antidemocrático". De esa manera trató de identificar su persona con la democracia y a la Prensa con la reacción.

● EL "CASO JUAN GUERRA": El 8 de enero de 1990, el alcalde socialista de Barbate (Cádiz), Serafín Núñez, admite que Juan Guerra, hermano del vicepresidente del Gobierno, medió en la operación de especulación inmobiliaria Puerto Zahara. En fechas sucesivas se desvela que Juan Guerra intervino en toda clase de negocios, obtuvo favores de instancias oficiales y utilizó para

Los Guerra en Sevilla: Alfonso y Juan, con barba.

todo ello, desde julio de 1982, un despacho en la Delegación del Gobierno en Sevilla que estaba asignado a su hermano Alfonso y le fue procurado por el secretario personal de éste, "Fali" Delgado. Felipe González salió en defensa de Alfonso Guerra,

Nombres tan sonoros como los de Julio Feo, ex secretario general de la Presidencia, y Guido Brunner, ex embajador alemán en España, se aprestaron a ocupar sus puestos en las portadas de los periódicos, junto a los de empresas como Siemens, Alsthom y Consultores de Comunicación y Dirección. De forma inmediata, y desaparecido el "tapón" de Juan Guerra, la riada de escándalos y corruptelas ligadas al partido del Gobierno alcanzó a todos los sectores de la actividad empresarial y a todas las regiones españolas: Viajes Ceres, en relación a las promociones para la tercera edad del Inserso; Aida Alvarez, como "conseguidora" de terrenos, permisos y demás "zarandajas" urbanísticas en Madrid; Renfe y el ex ministro de Sanidad y ex presidente de la compañía de trenes, Julián García Valverde, en trato directo con el Ministerio de Obras Públicas y la Comunidad de Madrid en recalificaciones millonarias en San Sebastián de los Reyes. El también ex ministro de Agricultura, Vicente Albero, implicado en manejos de dinero negro a través de inversiones "gobernadas" desde Ibercorp. El ex gobernador del Banco de España, Mariano Rubio; la ex directora del BOE, Carmen Salanueva; la ex directora de la Cruz Roja, Carmen Mestre; los ex presidentes de Asturias y Navarra, el primero por ineficacia y el segundo por cobro de comisiones a empresas constructoras...La maraña se extendía por todos los rincones, como si se tratara de una gigantesca tela de araña, cuyo centro se presentía, hasta que se hizo visible de forma explosiva: Filesa.

El gran escándalo de la financiación ilegal del PSOE, a través de un conjunto de sociedades que emitían facturas falsas sobre trabajos no realizados tanto a empresas constructoras como a bancos de la importancia del BBV o del BCH, estalló a finales de mayo de 1991, con la publicación en EL MUNDO de las primeras denuncias del ex contable de la empresa, el chileno Carlos von Schowen. Rápidamente, los nombres de Carlos Navarro, Alberto Flores y Luis Oliveró se unieron a los de las entidades Malesa, Filesa y Time Export. Ramificaciones en Suiza, fraudes fiscales, una amplia red de empresas ligadas entre sí llegaron al corazón del PSOE, y a uno de los amigos y compañeros de juventud de González y Guerra, el médico cordobés Guillermo Galeote, responsable de las finanzas del partido. "Willy", como se le conocía en los ambientes políticos, no tuvo más remedio que dimitir, alejándose poco a poco de la política y del ambiente en el que había vivido los últimos quince años de su vida.

CiU ocultaba como podía el escándalo de los casinos de juego, y otro tanto hacía el PNV con el caso de las máquinas tragaperras

QUIQUE FIDALGO

El "caso Juan Guerra" caló hondo y fue tratado de muy diversos modos en la sociedad española.

Los "muertos" mal enterrados salían a la luz, y reclamaban venganzas muy singulares. Uno de ellos, José María Ruiz Mateos, el ex todopoderoso presidente de Rumasa, iniciaba su particular cruzada contra el poder

Los primeros escándalos...

quien declaró ante el Congreso ignorar las actividades de su hermano. El vicepresidente anunció su dimisión en Cáceres el 12 de enero de 1991. Su hermano fue condenado a inhabilitación de cargos públicos y a un año y medio de cárcel por uso indebido de un despacho oficial. Ha recurrido todas las sentencias y ha logrado eludir la cárcel.

● **EL "CASO PILAR MIRÓ":** Ex directora general de RTVE que sustituyó a José María Calviño. Tras una denuncia del diputado popular Luis Ramallo el 30 de noviembre de 1988, Pilar Miró fue procesada por un delito de malversación de caudales públicos. Se estima que en sus tres años de gestión se gastó en regalos y comidas 30 millones de pesetas, de los cuales devolvió cuatro. Cesó el 13 de enero de 1989. Se supone que su caso fue utilizado por los guerristas en una de las peleas internas del PSOE. La Audiencia de Madrid la absolvió en julio de 1992 al considerar que la cineasta y realizadora creía que actuaba correctamente.

ÁNGEL CASAÑA

Pilar Miró.

● **EL "CASO NASEIRO":** Rosendo Naseiro, ex tesorero del PP y amigo personal de Manuel Fraga, fue detenido el 9 de abril de 1990 acusado de "cohecho en grado de conspiración". La interceptación telefónica de las conversaciones mantenidas por Salvador Palop (concejal valenciano del PP que presidía la comisión municipal de compras del Ayuntamiento) con Naseiro y con el diputado popular Angel Sanchís fue la clave para descubrir la trama que habían urdido para el cobro de comisiones por recalificaciones de terrenos como forma de financiación irregular del partido. El juez Luis Manglano ordenó la detención incomunicada de Naseiro, Palop y otras tres personas vinculadas al PP. En

ARCHIVO PP

Rosendo Naseiro.

socialista, en general, y contra Felipe González y Miguel Boyer, en particular. Su paso por las prisiones alemanas y españolas había quedado grabado en su mente, y la expropiación y posterior venta de su imperio eran dos heridas que no pararían -y no han parado- de supurar escándalos. Si la decisión del 23 de febrero de 1983 del Consejo de Ministros colocó al propio Tribunal Constitucional ante uno de sus grandes retos, malamente saldado, la posterior privatización proporcionó a numerosos "amigos" del poder obtener más que jugosos beneficios, con los venezolanos hermanos Cisneros ganando más de treinta mil millones de pesetas en una gigantesca operación especulativa con Galerías Preciados. La firma comercial pasaría de mano en mano hasta arribar a las playas de su rival, El Corte Inglés. Dentro de Rumasa, y esperando un juicio dilatado año tras año, se encuentra una de las mayores bombas de relojería de la democracia española. Las otras dos, que aparecerían años más tarde, serían las de la "guerra sucia" contra ETA a través del GAL, con la utilización de ese bolsillo sin fondo que fueron los fondos reservados; y la de la intervención por el Banco de España de Banesto, con su conjunto de empresas, operaciones financieras y querellas que llevaron al hasta aquel mo-mento, 28 de diciembre de 1993, líder social, Mario Conde, a la prisión de Alcalá-Meco.

MASTER PRESS

EUROPA PRESS

A la izquierda, el concejal de Valencia Salvador Palop. Arriba, el lema socialista en las elecciones de 1986.

Si el PSOE tenía sus trapos sucios, la mayoría de las fuerzas del arco parlamentario tampoco podía presumir demasiado

Las familias y clanes del PSOE, claramente enfrentados desde la llegada al poder, y que en un primer momento se dividieron entre "beautiful" y "guerristas", con Felipe González "reinando" entre Miguel Boyer y Carlos Solchaga, por un lado, y Alfonso Guerra y José María Benegas, por otro, entrarían en una guerra fratricida y suicida a partir de 1989, tras declarar el indiscutible "número uno" del partido que estaba pensando en retirarse. La lucha feroz por la sucesión llevó a intentar "matar" al adversario, lo que unido al cansancio por la larga permanencia en el poder ayudó a destapar los escándalos que permanecían ocultos. Si las primeras corrupciones se habían centrado en cientos de millones de pesetas, y con protagonistas de segunda y tercera fila, las siguientes mostraron a la sociedad todo el inmenso lodazal en el que algunos habían convertido la actividad pública. La utilización partidista y personal de los mecanismos de poder, desde los financieros a los de la propia seguridad nacional, desde el Banco de España al CESID, hizo que, si bien aquellos 10 millones de votos de 1982 se "quedaban" en 9 catorce años más tarde, el ejercicio del mando en ayuntamientos, comunidades autónomas y Gobierno central pasaba al centro- derecha, en un país que sociológicamente se definía de centro-izquierda. Era el pago a una soberbia y al olvido de las normas escritas y no escritas de la democracia, con esta frase al frente: No se puede engañar a todo el mundo, todo el tiempo.

junio de 1992, el Tribunal Supremo anuló las pruebas de las escuchas telefónicas, ordenó la destrucción de las cintas y consideró que, durante la instrucción del juez Manglano, hubo "indudables y graves irregularidades"; al mes siguiente, el Supremo absolvió a los encausados.

● **El "caso Collado"**: El ex presidente socialista de Murcia Carlos Collado colocó a buena parte de los 33 parientes y amigos suyos que trabajaban para la Administración autonómica.

● **El "caso Alonso Puerta"**: Concejal del PSOE desde 1979 en el Ayuntamiento de Madrid presidido por Enrique Tierno Galván, fue inhabilitado por el partido al denunciar irregularidades en la adjudicación por el equipo socialista de los servicios de recogida de basuras en tres distritos de la capital. En vez de poner freno a la corrupción, el PSOE se ensañó con Puerta, que pudo rehacer su vida política en IU.

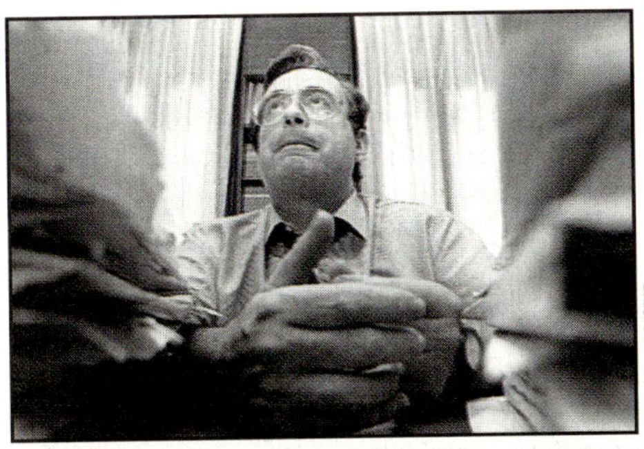
CARLOS MIRALLES

Alonso Puerta, ex concejal del Ayuntamiento de Madrid.

● **El "caso José María Peña"**: Alcalde de Burgos entre 1979 y 1992, José María Peña fue obligado a dimitir tras una sentencia de junio de 1992 que le condenó a 12 años de inhabilitación especial y siete de suspensión de todo cargo público por diversas irregularidades urbanísticas de las que se favoreció el constructor Antonio Miguel Méndez Pozo, condenado a siete años de cárcel. Fue el "caso de la construcción", en el que el propio José María Aznar tuvo que intervenir para que Peña aceptara dimitir.

José María Peña.

La corrupción p

La acción de la Justicia

Luis Rodríguez Ramos
Catedrático de Derecho Penal y abogado

Durante el régimen de Franco oficialmente sólo había un partido político, FET y de las JONS, perfectamente imbricado en la organización del nuevo Estado nacido en 1936, pues el propio Generalísimo era su máximo jefe y un ministro secretario general del Movimiento, su gestor en el Gobierno. Su financiación era, pues, con cargo a los presupuestos generales sin que precisara el partido único "ingresos extraordinarios".

Los restantes grupos o partidos políticos, tanto los tolerados (movimientos cristianos) cuanto los clandestinos y prohibidos (todos los contrarios a la dictadura), se financiaban con sus propios medios, recibiendo subvenciones del extranjero en algunos casos, pero su escasa actividad por razones obvias (no había libertad efectiva de reunión, asociación, información, expresión, acceso a cargos públicos, etc.) tampoco exigía mayores ingresos.

Reinstaurada la democracia, los partidos asumen el protagonismo en las políticas estatal, autonómica y municipal, dándose de inmediato cuenta de que el número de votos -su fuente de poder- estaba en relación directa a su infraestructura administrativa y a su capacidad de propaganda (sedes en todos los núcleos de población, personal a su servicio, etc.), medios que precisaban una financiación muy superior a la oficial (subvenciones por voto obtenido y cuotas de militantes), por lo que surgió de inmediato una financiación paralela, procedente de cohechos realizados por sus militantes o de tráficos de influencia desde las sedes de los partidos, principalmente derivada de las empresas contratistas de obras públicas o de entidades que precisaran favores del poder.

La "financiación ilegal del partido" no era, y posiblemente siga sin serlo aún hoy, mal vista entre los políticos, ni considerada como corrupción, de ahí que no se propiciara una reforma legal de tal aspecto. Los políticos sí consideraron en cambio corrupciones las "apropiaciones indebidas" por los militantes de la totalidad o de parte de las cantidades recibidas para el partido e incontroladas por ser "negras". Tal corruptela se extendió también, en algunos casos, al apoderamiento por parte de funcionarios y autoridades de los "fondos reservados", principalmente destinados a la lucha antiterrorista en el Ministerio del Interior.

Como todos o casi todos los partidos estaban de acuerdo en no cegar esas fuentes ilegales de financiación, tuvieron que ser los jueces, ayudados por los medios de comunicación, los encargados de perseguir tales delitos, de cohecho en unos casos (pagos a funcionarios para que resuelvan en un sentido determinado asuntos de su competencia) y de malversaciones (apoderamiento de fondos públicos por funcionarios) en otros, sazonándolos con posibles delitos fiscales y de falsedad documental. Pero ante la impunidad de los casos llamados de "tráfico de influencias", por inexistencia de tipos penales que los prohibieran, e impulsados por el clamor de los medios de comunicación contra la corrupción, los políticos se vieron obligados, en una reforma del Código Penal de 1991 (Ley Orgánica 9/91 de 22 de marzo), a introducir tales delitos en los artículos 404 bis a), b) y c) del Código Penal. Lo que no hicieron los políticos ni entonces ni después, porque el elefantiásico aparato de los partidos sigue precisando financiación irregular, es propiciar una reforma legislativa que garantizara la transparencia de sus cuentas, para evitar esta doble contabilidad que oculta delitos de esta índole.

La Justicia y los medios de comunicación han frenado sin duda la corrupción de los políticos, ante la falta de voluntad de éstos para erradicarla al estar, todas o casi todas las conductas de corrupción, directa o indirectamente conexas con la irregular financiación de los partidos. El nuevo Código Penal nada añade a la situación anterior, que sólo considera delito en la ley electoral la financiación irregular de una campaña electoral y no del partido, comportamiento que además sólo afecta al administrador o administradores generales de los partidos o de las agrupaciones electorales.

Felipe González y Mariano Rubio se estrechan la mano durante la toma de posesión de este último como gobernador del Banco de España (24 de julio de 1984).

olítica

La Justicia y los medios de comunicación han frenado la corrupción de los políticos, una mala práctica que se ha extendido en España y de la que el pueblo soberano es finalmente la víctima "cornuda y apaleada"

Una valoración ética

Adela Cortina

Catedrática de Etica y Filosofía Política en la Universidad de Valencia

Gustan los intelectuales, por lo general, de etiquetar determinados periodos históricos con un rótulo que los caracterice ante la opinión pública y, siguiendo esta añeja costumbre, ha calificado Yves Mény los años 80 como "la década de la corrupción"; calificación que, tras lo visto, ha quedado temporalmente corta, porque los seis años que ya va cumpliendo la década de los 90 merecen igualmente tan "honroso" título.

EFE

Los escándalos de corrupción, sobre todo de corrupción política, han estallado de forma espectacular en estos tiempos en países como Brasil, Venezuela, Colombia, Argentina o México, cosa que a todo el mundo parece normal, porque se da como cosa hecha que la corrupción es mal endémico en los países de la América Latina, sin pararse a reflexionar siquiera qué cuota de responsabilidad tenemos los demás al respecto. Pero lo verdaderamente asombroso fue descubrir que el mismo mal aqueja al Japón milenario y a países del área europea, como Grecia, Italia, Francia, Bélgica, Alemania, el Reino Unido y también a España. Ante semejantes descubrimientos, las gentes se llevan las manos a la cabeza y diagnostican una corrupción universal sin precedentes, reclamando a la par un aumento de moralidad.

Aquella vieja historia del valor inconmovible de la palabra dada, aquel Tribunal de las Aguas sentenciando los jueves a mediodía sin necesidad de escribas, todo aquello parecía quedar en la noche de los siglos, y descubrirse ahora que los papeles son imprescindibles y que, aun con ellos, estamos en manos de unos pícaros de lujo. Porque del Lazarillo al director de la Guardia Civil, de la "residencia" de Dómine Cabra al Banco de España, de la vida del Buscón don Pablos a la de Mario Conde, va todo un mundo indicativo de que el pícaro español progresa a ojos vistas, y ha cambiado el polvo de los caminos por la moqueta de los despachos financieros o ministeriales. La trampa, la estafa y el fraude -dicen algunos- han llegado por primera vez en la historia a las más altas instancias.

Ciertamente, quienes así piensan se equivocan en afirmar que la corrupción política de las dos últimas décadas carece de precedentes, porque lo que nosotros llamamos "corrupción" y consideramos un mal ético y jurídico ha sido la sustancia nutricia de las políticas no democráticas, muy especialmente de dictaduras y totalitarismos. Lo que ocurre más bien es que en las democracias se acaba conociendo al menos la punta del iceberg y, sobre todo, que el orden democrático cobra toda su legitimidad de servir al pueblo sobre la base de tres requisitos al menos, alevosamente masacrados en los casos de corrupción: la transparencia, la publicidad y la confianza.

Consiste la corrupción de cualquier actividad humana, y también de la actividad política, en olvidar el fin legítimo desde el que cobra su sentido y en realizarla por fines espurios. Con lo cual, igual que sucede con cualquier sustancia, degenera, empieza a pudrirse y acaba oliendo mal. Y esto es lo que hace quien aprovecha el puesto de privilegio que los votantes le han concedido para facilitar una información obtenida desde él, embolsarse directamente un dinero de fondos -reservados o no-, conseguir unas prebendas a las que no hubiera tenido normalmente acceso, ordenar unas acciones ajenas al Estado de derecho.

La corrupción de las actividades humanas -política, económica, docente, sanitaria y cuantas quepa imaginar- es de lo peor que puede suceder a una sociedad, y no sólo porque se pierde la innegable riqueza que cada una aporta, sino porque se va quebrando la confianza mutua, un bien inapreciable y difícil de recuperar.

Por eso, cuando algunos autores, dándoselas de humanitarios y comprensivos, apuntan que el aceite de una cierta corrupción es imprescindible en política para engrasar esos engranajes que en caso contrario chirrían, conviene recordar que la transparencia es lema de la democracia; la publicidad, requisito de cualquier actuación para ser legitimada en el mundo de la política moderna, y la confianza del pueblo, el principal recurso del que vive una sociedad democrática. Y si no es así, dígase abiertamente, que bien se nutren las campañas políticas de apelaciones a esos valores, y bien se surten de llamadas a la responsabilidad a un "pueblo soberano", cuya voluntad todos dicen representar. Un pueblo que, a fin de cuentas, es el "cornudo y apaleado" de esa mala práctica llamada corrupción.

•TESTIMONIO•

Ikurriña: a muerte po

En agosto de 1988 el independentismo vasco declar

A pesar de que la ikurriña llevaba legalizada y era aceptada desde hacía mucho tiempo, el radicalismo abertzale consideró que no era suficiente. El siguiente paso debía ser expulsar del País Vasco a la bandera rojigualda. Con esta intención, miembros de Jarrai asaltaron decenas de ayuntamientos. Y el primero fue el de Bilbao.

Aquella mañana nebulosa de agosto de 1988 tenía pensado ir a dar una vuelta a Bilbao. Pero no bajé temprano porque habíamos prolongado la sobremesa de la cena en el Real Club. Bilbao entraba en su Semana Grande aquella mañana con la izada de banderas en el balcón central del Ayuntamiento, coqueta y ecléctica arquitectura de Rucoba, inaugurada en abril de 1892, el mismo año que Sebastián de Amorrortu, de la calle Jardines, publica *Bizkaya por su independencia* de Sabino Arana y Goiri.

Así que no bajé a Bilbao temprano. Y así, casualmente, no entré en batalla. La iba oyendo por la radio; se disparaban los últimos cartuchos. De nuevo la guerra de las banderas había volcado en el Arenal y el Campo de Volantín, sobre todo, su carga de violencia.

La primera vez que yo vi una ikurriña de cerca fue en casa de mis suegros, bilbaínos, mucho antes de que muriera Franco. Pero fue una visión teórica y táctil, como quien observa una pistola envuelta en algodones aceitados que alguien acaba de sacar de la caja fuerte. La primera vez que la vi en su condición de símbolo y de provocación fue en Ondárroa, también con Franco vivo y con ETA a punto de escindirse. Fue en el verano de 1974, cuando la banda terrorista hacía su propia depuración y abandonaba a los "polis-milis" a su suerte. La habían clavado en la barandilla del puente sobre el río Artibai. Todos la mirábamos al tiempo que nos alejábamos lo más posible, sin perderla de vista. Podía irrumpir la Policía e incluso podía ser un reclamo. No sería la primera vez que una ikurriña clavada en la cima de un poste de alta tensión o en la veleta de una torre de iglesia, se convertía en trampa explosiva para quien había subido a retirarla. Era un precio demasiado elevado el que se estaba cobrando la ikurriña. Era más rentable políticamente que el nacionalismo moderado la hiciera suya que ver cómo los radicales envolvían en ella el ataúd de sus muertos. Los vascos aman demasiado sus símbolos.

En 1988, el Gobierno socialista hacía ya mucho tiempo que había reconocido la ikurriña. Hasta los conservadores la aceptaban de facto, y algunos, de viejas familias nacionalistas pasadas por el capital nacional empezaban a verla con ojos velados por la nostalgia. De hecho, la guerra de las banderas es la guerra por la exclusiva. No basta que el alcalde ice la ikurriña; lo patriota es excluir la enseña española. Odiar lo español es la auténtica credencial del abertzalismo, del patriotismo vasco.

> "No basta que el alcalde ice la ikurriña. Lo patriota es excluir la enseña española. Odiar lo español es la auténtica credencial del patriotismo vasco"

Ramón Jáuregui, vicelehendakari con Ardanza en el gobierno PNV-PSE (1987-1990), dice, en su libro *El país que yo quiero*, que el PNV considera la ikurriña como la bandera de todos los "vascos étnicos" pero no de los vascos no nacionalistas. A éstos, apostilla Jáuregui, Xabier Arzalluz "nos dice que deberíamos sentir vergüenza de mirar la ikurriña". Jáuregui no acaba de entender el porqué de esa advertencia que tiene algo de admonición pública. Pero Arzalluz tiene razón, y difícilmente el PSE puede extrañarse, si recordamos que la ikurriña, signo del bizcainismo independentista en la idea de Arana, ha desencadenado la guerra civil entre los partidos vascos. Ganar la ikurriña será quedarse con el "label" de autenticidad que el pueblo demanda. La guerra ya no va con Madrid. Jon Juaristi dice que Sabino Arana decidió fundar el PNV cuando, al unirse la anteiglesia y República de Abando al municipio de Bilbao, perdió la posibilidad de ser alcalde de su pueblo. Lo cierto es que el primer objetivo del joven Sabino no era Euzkadi -palabra que él acuña- sino Bizkaya, como muestra su libro citado y el discurso que pronuncia en el caserío

r una bandera

Luis Blanco Vila
Escritor, periodista
y profesor universitario

a guerra a la enseña española de los ayuntamientos

Larrazábal, en Begoña, y que remata diciendo: "Gritad conmigo: ¡Viva la independencia de Bizkaya!".

FOTOS EFE

Tres fotografías que reflejan la tensión que se vivió en Bilbao con la "guerra de las banderas".

El 14 de julio de 1894, Ciriaco de Iturri iza en el balcón de la sede del partido la bandera más grande de Bilbao: la ikurriña. Es roja, verde y blanca, y bicrucífera. ¿Qué te parece este diseño de la bandera para Bizkaya?, le había preguntado Sabino a su hermano Koldika (Luis), mostrándole un dibujo que estaba haciendo. Sólo en 1897 recibirá, del propio Sabino, el nombre recién creado por él de ikurrin (ikur=signo, y eun=tela).

El fetichismo de Arana y Goiri lo llevó a una densa simbología de la ikurriña: fondo rojo del escudo de Bizkaya; cruz de San Andrés verde; la blanca, superpuesta, también del escudo bizkaíno y el lema de "leyes antiguas e independencia". Rojo de la raza; verde de Bizkaya y sus fueros; el blanco es la religión, objetivo último del proceso. Sabino muere en 1903; años después su hermano Luis seguía sin querer que la ikurriña fuera bandera de Euzkadi.

Cuando llegué, lo que vi fue la representación viva de lo que el escritor catalán, de apellido evidentemente vasco, Juan Goytisolo, denominaría "paisaje después de una batalla". Pasado el puente del Ayuntamiento, los restos del combate eran escombros de mobiliario urbano. En el balcón central del edificio municipal, sin embargo, estaban las tres banderas.

Entré en un bar y pedí zumo de naranja. En una mesa próxima, un pequeño grupo celebraba el "éxito de la operación (así lo calificó uno de ellos) contra el jodido moquero español". Reconocí a algún diputado de HB. Otro dijo: "Los zipayos han dado demasiada estopa a los borrokas".

Por entonces, los "borroka mutiak", chicos de pelea de Jarrai, aún no se habían erigido en auténticos arietes de la lucha callejera. Los "borrokas" eran una suma de jóvenes militantes de HB y de advenedizos de cuya procedencia variadísima y próxima, en buena parte, a la pequeña delincuencia nadie hacía problema.

La guerra de las banderas seguirá siendo un pulso de competencia política entre los partidos vascos. No hay, que se sepa, razón histórica contra la visión conjunta de las banderas en las raíces del nacionalismo de Sabino Arana, salvo la memoria de su odio feroz a lo "español". Pero eso ya había sido suavizado por el PNV de la II República y puesto al día políticamente por los actuales hombres fuertes del Partido, Xabier Arzalluz e Iñaki Anasagasti.

Era la hora del aperitivo y decidí ir a tomarlo con un viejo amigo periodista. El trabajo se le acumulaba en su despacho de Bolueta, lejos del paisaje después de la batalla, pero con las fotografías todavía húmedas sobre su mesa. "HB y ETA asumen la representación de todo el pueblo vasco antes de que nadie se la confíe", me dijo entre pote y pote. "Pero no olvides que también Hitler, mucho antes de tener las masas detrás, decía que el pueblo alemán era él". ¿Y por qué la guerra de la ikurriña, que es, en todo caso, del PNV? "Los signos son, para ellos, necesarios y excluyentes. Saldrían desfilando marcialmente, si pudieran, por las calles de Bilbao con ikurriñas y lábaros abriendo el desfile". Lo habían hecho aquella mañana. Sin lábaros. Con armas y palos. Y la ikurriña.

•ENSAYO•

La tortuosa historia d

El órgano de gobierno de los jueces ha estado son

En 1980 nace el Consejo General del Poder Judicial. La elección de sus vocales -que según la Constitución debía hacerse por jueces y magistrados- pronto se convirtió en campo de batalla para los partidos. Cinco años después, el sistema del Gobierno socialista implicó que esa elección se realizara en el Congreso y el Senado.

La configuración del Poder Judicial exige que disponga de una forma de autogobierno que impida la injerencia de los otros poderes, y en especial del Ejecutivo. Nuestra Constitución al referirse a él, dice en su art. 117.1 que: "La justicia emana del pueblo y se administra en nombre del Rey por jueces y magistrados, integrantes del poder judicial, independientes, inamovibles, responsables y sometidos únicamente al imperio de la Ley", para después concretar que: "El Consejo General del Poder Judicial es el órgano de gobierno del mismo. La Ley orgánica establecerá su estatuto y el régimen de incompatibilidades de sus miembros y sus funciones, en particular en materia de nombramientos, ascensos, inspección y régimen disciplinario" (art. 122.2). En consecuencia la Carta Magna determina, de una parte, a quién le corresponde administrar Justicia, y de otra, cuál es su órgano de gobierno.

En cuanto a la forma de elegir a los veinte componentes del Consejo, la Constitución dice que doce lo serán de entre jueces y magistrados de todas las categorías judiciales, "en los términos que establezca la ley orgánica"; cuatro a propuesta del Congreso y cuatro a propuesta del Senado, entre abogados y otros juristas, todos ellos de reconocida competencia y con más de quince años de ejercicio en su profesión.

Conformado así el CGPJ, el 10 de enero de 1980 se promulga su Ley reguladora que la Constitución concretaba en su art. 8: "Los doce vocales de procedencia judicial serán elegidos entre jueces y magistrados pertenecientes a todas las categorías judiciales, en los términos establecidos en la presente Ley. Integrarán el Consejo tres magistrados del Tribunal Supremo, seis magistrados y tres jueces". La propia Ley establece la forma de elección, por los jueces y magistrados que se encuentren en activo. Posteriormente y mediante acuerdo del 6 de octubre de 1982, el CGPJ aprobaría su Reglamento de Organización y Funcionamiento.

> "El Gobierno socialista no tarda en darse cuenta de que el Poder Judicial es independiente, y se plantea su «ocupación» bajo la teoría falaz de su apoyo social"

Con la llegada de los socialistas al Gobierno, la norma de 1980 es derogada y se promulga una nueva, la Ley Orgánica 6/85, de 1º de julio, del Poder Judicial. De entre los cambios, hay uno fundamental, la elección de los doce vocales de procedencia judicial. El nuevo sistema determina que todos sean propuestos/elegidos por el Congreso de los Diputados y por el Senado.

No debe olvidarse que entre las competencias del Consejo están, además de proponer al Rey el nombre de la persona que ocupe la Presidencia del Tribunal Supremo y del propio Consejo, y de los miembros del Tribunal Constitucional, las relativas a la provisión de destinos, ascensos, situaciones administrativas y régimen disciplinario de jueces y magistrados.

La Ley de 1º de julio de 1985, fue llevada en dos ocasiones ante el TC. En un primer momento, cuando se aprobó como "Proyecto" por el Congreso, en su sesión del 28 de marzo, fue recurrida por el presidente del CGPJ, Federico Carlos Sainz de Robles, a través de un conflicto de atribuciones entre órganos constitucionales del Estado, por entender que el Proyecto de Ley invadía competencias del Consejo, al quitarle la elección de los doce vocales de procedencia judicial, y atribuirle la potestad reglamentaria en materia de régimen judicial al Gobierno, en lugar de al Consejo. El TC, mediante su Sentencia 45/86, de 17 de abril, desestimó los conflictos de atribuciones formulados por el presidente del CGPJ, con una interpretación que no dejaba de ser puramente formal.

Cuando la Ley ya estaba en vigor, se interpuso contra la misma, en fecha 26 de septiembre de 1985, recurso de

l Poder Judicial

Teodoro G. Ballesteros

Catedrático de Derecho de la Información de la Universidad Complutense de Madrid

ido a los vaivenes y enfrentamientos políticos

inconstitucionalidad firmado por el diputado José María Ruiz-Gallardón, sustentado, en líneas generales, sobre idénticos motivos que el conflicto anterior. El resultado fue la desestimación del recurso mediante la Sentencia 108/86, de 26 de julio. El TC, ante el hecho de que nada específico se dice en la Carta Magna, y por tanto es admisible la interpretación de la Ley recurrida, dice, no obstante, lo siguiente: "Ciertamente, se corre el riesgo de frustrar la finalidad señalada en la norma constitucional si las Cámaras, a la hora de efectuar sus propuestas, olvidan el objetivo perseguido y, actuando con criterios admisibles en otros terrenos, pero no en éste, atiendan sólo a la división de fuerzas existente en su propio seno y distribuyen los puestos a cubrir entre los distintos partidos, en proporción a la fuerza parlamentaria de éstos. La lógica del Estado de partidos empuja a mantener al margen de la lucha de partidos ciertos ámbitos de poder y entre ellos, y señaladamente, el Poder Judicial. La existencia y aun la probabilidad de ese riesgo, creado por un precepto que hace posible una actuación contraria al espíritu de la norma constitucional, parece aconsejar su sustitución, ya que es doctrina constante de este Tribunal que la validez de la Ley ha de ser preservada cuando su texto no impide una interpretación adecuada a la Constitución".

EUROPA PRESS

De izquierda a derecha: Javier Moscoso, Antonio Hernández Gil, el Rey y Enrique Múgica.

Este pedregoso camino jurídico para "intervenir" el Poder Judicial, va parejo a una realidad político-social que se produce en España cuando el PSOE obtiene 202 escaños. El Gobierno socialista no tarda en darse cuenta de que el Poder Judicial es independiente, no sometido al Legislativo, más allá de lo constitucionalmente ordenado, ni al Ejecutivo, y se plantea la necesidad de su "ocupación", bajo la teoría falaz de que el abrumador respaldo popular les legitima para subordinar a la Justicia.

La forma de "ocupación" es simple, y se refleja en el Consejo que se elige en 1985. Se aplica el sistema de "cuotas", lo que equivale a que las Cámaras, dominadas por el voto socialista, proponen al Rey, que nombra, la mayoría absoluta de los miembros del CGPJ, quienes a su vez eligen para presidente del Supremo y del propio CGPJ, a la persona que decide el Gobierno: en el presente caso, a Antonio Hernández Gil, que lo sería hasta 1990, y a quien sucedería Pascual Sala desde ese año hasta 1995.

A partir de aquí, el CGPJ resuelve los concursos para la provisión de destinos de la carrera judicial, y decide el nombramiento de los presidentes de las audiencias, de los tribunales superiores de Justicia, de la Audiencia Nacional, y presidentes de Sala y magistrados del Tribunal Supremo, así como qué personas, no provenientes de la carrera, ingresan en los correspondientes escalafones por el turno de juristas de reconocido prestigio. El "rodillo socialista" ha conseguido desacreditar socialmente, a través de una profunda politización, el órgano de gobierno y organización de jueces y magistrados, y sólo queda esperar que otro Gobierno, con sentido de Estado, reestablezca la independencia y la dignidad que merece el Poder Judicial.

"Mon Dieu, mon Dieu... ¡Cuánta tragedia!"

El hijo menor de los duques de Cádiz falleció en accidente de tráfico el mismo año de la muerte de Paquirri en Pozoblanco

Jaime Peñafiel

1984 pasará a la pequeña historia social de España por dos sucesos terribles con los que se abrió y cerró el año. También por la gran cantidad de bodas y nacimientos. Nada extraño, ya que la vida es eso: nacer y morir. Aunque existen muchas maneras de morir y también de nacer. Lo que se ha dado en llamar muerte natural y forma natural de nacer.

Pero las muertes que se produjeron en este año de 1984 fueron tan dramáticas, tan terribles, que supusieron auténticas tragedias nacionales, explotadas al máximo durante semanas no sólo por la prensa llamada del corazón o de evasión, sino también por la sesuda o de opinión. Nunca el personal tuvo más motivos para hartarse de llorar. No ha habido un año igual.

El primero de estos muertos se llamaba **Fran** y era un niño que acababa de cumplir once años. En compañía de su padre, **Alfonso de Borbón Dampierre**, duque de Cádiz; de su hermano **Luis Alfonso**, y de la "nurse" **Manuela Sánchez Prat**, regresaba el 5 de febrero de unas cortas vacaciones en las nieves de Astún.

¿Y la esposa? ¿Y la madre? ¿Y la señora?, se preguntará el lector. **Mari Carmen Martínez Bordiú**, la duquesa, no hacía mucho los había abandonado para correr tras un viejo amante francés que vivía en París, llamado **Jean Marie Rossi**. ¿Sería por ello que "la seño" se refería a ella llamándola "la pecadora"? Sería. Pero también la llamaban cosas peores. Como consecuencia de este adulterio, el duque se había convertido en padre y madre de aquellos dos niños a los que, para ayudarles a olvidar, había llevado a esquiar aprovechando un largo fin de semana con puente. Y, felices y contentos -todo lo felices y contentos que las circunstancias de ser un marido engañado y unos hijos abandonados permitían- regresaban a Madrid cuando, a las 11,15 horas de aquel malhadado 5 de febrero, el CX GLI M-7751-EL que conducía el triste duque se saltó un "stop", del tamaño de un sol, en la intercesión de la salida de la autopista de Navarra con la carretera nacional, entre Cintruénigo y Castejón. El resultado de esta irresponsable imprudencia fue el violentísimo choque con el camión SO-4808-B, conducido por **Angel Alcalde García** y cargado con 20 toneladas de blanco de España.

Jesús Vietro Librado, el conductor de la ambulancia que transportó al duque hasta Pamplona, creyó que el herido era francés: "Yo le hablaba pero él no me respondía. Solo decía: «Mon

FOTOS: EUROPA PRESS

En este fatídico cruce de carreteras en Navarra se produjo el accidente que costó la vida a Fran, el menor de los dos hijos de los duques de Cádiz. Fue el 5 de febrero al regreso de unas cortas vacaciones en la nieves de Astún.

Dieu, mon Dieu»". Y es que, aunque el pobre Alfonso se esforzaba en ser español, pensaba, sufría y se lamentaba en francés. No en balde, cuando no pudo ser rey de España, los legitimistas franceses le eligieron como futuro rey de Francia. Y, como tal, murió guillotinado años más tarde.

De milagro no se murieron los cuatro ocupantes. Y aunque hubo heridas, shocks, conmociones, fracturas y contusiones a go-gó, la peor parte se la llevó Fran, el menor de los dos hijos del malogrado matrimonio de la conspiración. La situación clínica de fracaso multisistémico le produjo al niño una parada cardíaca en asístole y el "exitus" consiguiente, que no es otra cosa que la muerte.

La otra muerte de 1984 figurará para siempre en los romances de ciego en la eterna España de pandereta. Y también en la historia más negra de la tauromaquia. Un toro, negro zaíno, llamado "Avispado", que, como "Pocapena", "Bailaor" e "Islero" segó con sus astas la vida de un joven y famoso torero de ojos azules. Se llamaba **Paquirri** y estaba casado, desde hacía poco, con la famosa folclórica **Isabel Pantoja**, que había parido, cuatro meses antes, a su primer hijo.

Fue tan grande el dolor que "la viuda de España" quiso introducirse en el féretro con su marido. El entierro alcanzó cotas de histerismo colectivo superior al de **Joselito El Gallo**.

Lo de las novias embarazadas no es de hoy. También se casaron varias de penalti en 1984.

La primera de ellas, **Carolina de Mónaco**, con **Stefano Casiraghi**. También **Gloria Monis** con **Patxi Andión**. La embarazadita era hija de **Ana Castor**, una famosa de la jet a la que el multimillonario **Alfonso Fierro** no sólo le puso todos los pisos del mundo y por el mundo sino que le entregó lo que le quedaba de vida. Aunque no era hija suya, actuó de testigo.

Otra embarazada que pasó por el juzgado, como las dos anteriores, fue Mari Carmen, la ex duquesa adúltera. Estaba de cuatro meses cuando el 11 de diciembre y en Nueva York se casa con Jean Marie Rossi, con quien vive desde septiembre de 1979. En Miami lo hace **Carmina Ordóñez** con **Julián Contreras**, y no consta que estuviera embarazada.

El multitudinario entierro de Paquirri (arriba) alcanzó cotas de histerismo colectivo. Debajo, el periodista de TVE Jesús Alvarez y Margarita Revilla -hija del empresario Emiliano Revilla- cortan la tarta nupcial.

Con una diferencia de un mes, contraen matrimonio dos simpáticas figuras de la tele única. Simpáticos entonces y simpáticos lo siguen siendo. El primero en pasar por la vicaría, que éstos sí que se casaron por la Iglesia, es **Matías Prats jr**. La novia, **Maite Chacón**. La lectura del Evangelio corrió a cargo de la más hermosa voz de la radio, **Matías Prats sr.** No podía ser otro.

Si su compañero lo había hecho en abril, **Jesús Alvarez** lo hace en mayo con **Margarita Revilla**, la hija del rey del chorizo, **Emiliano Revilla**, que de chorizo no tiene nada y sí mucho de trabajador desde la infancia, en que los vendía por los pueblos y en borrico. La boda se celebra en Los Jerónimos, como corresponde a la hija de un rey, aunque sea del embutido.

Y en este año 1984, el primo **Gonzalito** vuelve a hacer de las suyas casándose de nuevo. En esta ocasión, por la Iglesia. La víctima se llama **Mercedes Licer** y tiene 20 años. El le dobla la edad. Como en ocasiones anteriores, Gonzalo de Borbón puso precio al tinglado para el que lo quisiera comprar. Y, como siempre hay un tonto para una boda, *Hola* se quedó con la ceremonia y el festejo, que tuvo como escenario la casona hidalga de los Olmedilla, en Olmedo. No asistieron ni doña **Manuela Dampierre**, la sufrida madre del novio, ni don Alfonso, duque de Cádiz, hermano del contrayente. Posiblemente, ya estaban escarmentados. Esto ocurría en el mes de junio. En diciembre, Mercedes y Gonzalito encontraron otro tonto, y me vendieron la exclusiva de la pérdida del hijo que no esperaban. Meses después, le mercaron a otro imbécil el fin de la historia de este matrimonio que, si no fue "ful", al menos lo parecía.

• FOTOIMPACTO •

Lola Flores, en el banquillo

Javier Villán

Parecía un sacrilegio, pero ocurrió. El mito del baile y la juerga, la divinidad folclórica al banquillo. Por una cuestión de parné, la Faraona bajo amenaza de irse al trullo. La Faraona fue un sobrenombre innecesario. O insuficiente. Las divinidades no necesitan sobrenombre; su identidad es sólo el torrente emocional que engrandece los perfiles de su corazón desmesurado. Lola Flores era la pasión en estado puro. La pasión de un espíritu incendiado e incendiario. Mortal y humana hasta los centros, Lola Flores no se sabía sujeta a lo cotidiano perecedero y burocrático. Verla en el banquillo de los acusados por no aforar a Hacienda fue como ver reducido a la mortalidad de escombros y cenizas un mito. Franquista o demócrata, cotizante o defraudadora, genial u hortera: todo era la misma categoría para una personalidad de molde único. Al fin, la dura letra de la legislación le recordó sus obligaciones cívicas, su fraude al fisco. Le sentaron las costuras, le aplicaron la mano, la llevaron a los tribunales. Como a cualquiera. Y eso debió de ser duro para ella, confaloniera de todos los pendones y todas las enseñas del españolismo patriota. Hermoso y conmovedor espectáculo su tristeza llorando por la divinidad perdida. Debió de ser como perder la virginidad a manos de un amante torpe y desconsiderado.

EFE

Rodeada de periodistas y curiosos, la mítica Lola Flores, la "Faraona", permanece sentada en el banquillo de los acusados.

PRÓXIMO CAPÍTULO: LAS AVENTURAS DE LA "BEAUTIFUL PEOPLE"

AQUEL PAÍS EN QUE UNO PODÍA ENRIQUECERSE EN MENOS TIEMPO... MIENTRAS EL DÉFICIT Y EL PARO SUBÍAN SIN CONTROL. MUERE DALÍ .

ESCRIBEN: JOAQUÍN MADINA, CARMEN RIGALT, J.F. MARTÍN SECO, CASIMIRO G. ABADILLO, ELVIRA HUELBES, RUBÉN AMÓN, ALVARO POMBO

1975-1995. Veinte años de nuestra vida

• HISTORIA DE LA DEMOCRACIA •

{CAPÍTULO 40)

EFE

Alberto Cortina y Alberto Alcocer, en la "foto de la gabardina". Los ex esposos de las hermanas Koplowitz, "los Albertos", fueron unos imprescindibles de la "beautiful".

LAS AVENTURAS DE LA "BEAUTIFUL PEOPLE"

Un día, Carlos Solchaga dijo que España era el país en que se podía ganar más dinero en menos tiempo. Posiblemente no haya una sentencia más definitoria del ambiente en que nació y prosperó la "beautiful people" que ésta, una sentencia llena de contradicciones; primero, porque su autor era ministro de Hacienda y parecía gozar con la cultura del "pelotazo"; segundo, porque los socialistas gobernantes se comportaban como capitalistas salvajes. Las aventuras de la "gente guapa" no duraron mucho pero dejaron un largo y triste recuerdo.

•RELATO•

La "beautiful" era menos guapa de lo que parecía

Una larga lista de nombres: Boyer, Rubio, Sarasola, De la Concha, "los Albertos", De la Rosa, Conde...

La expresión inglesa "beautiful people" significa exactamente "gente maravillosa", aunque la traducción más usual en nuestro país es la de "gente guapa". Y la verdad es que algunos lo parecían, aunque luego, con el paso del tiempo y a la vista de sus actividades públicas, no lo fueran tanto. Sino todo lo contrario.

Joaquín Madina

Por "gente guapa" se ha considerado a determinados grupos de personas con importantes ingresos mensuales, con un "tren de vida" envidiable, con excelentes relaciones sociales, económicas y políticas en el felipismo, con maridos o mujeres populares..., que fueron en cierto modo una referencia obligada tanto de los periódicos de información general como de las revistas del corazón.

No toda la gente guapa era millonaria en origen, aunque toda ella terminó moviendo mucho dinero y ocupando puestos de relevancia que le brindaron contactos interesados al máximo nivel.

No hubo una única lista de personas que pertenecieran a la "beautiful people", si bien la mayor parte de las tribus mantuvieron algún tipo de relación de amistad o de consanguinidad entre ellas. Este fue el caso, por ejemplo, de personas aparentemente tan dispares en su educación y en sus aficiones como Miguel Boyer, Mariano Rubio, los Bustelo, las Koplowitz, Mario Conde, Javier de la Rosa, Enrique Sarasola y tantos otros.

En el origen de lo que comúnmente se conoce por la "beautiful" estuvo un político republicano, Justino de Azcárate, que regresó a España desde Venezuela en 1977 a raíz de que el rey don Juan Carlos le invitara a ser uno de los primeros senadores reales. El fue quien hizo posible que en su finca de La Dehesilla, de 500 hectáreas, en las estribaciones de Gredos, se conocieran personajes de muy diversa procedencia.

Justino de Azcárate había sido subsecretario de Gobernación en 1933 y fue nombrado ministro de Estado el 17 de julio de 1936 -un día antes de que estallara la Guerra Civil-, aunque no llegó a hacerse cargo de su departamento. Fue encarcelado en Valladolid y posteriormente canjeado por el falangista Raimundo Fernández Cuesta.

La hija de Justino de Azcárate, Isabel de Azcárate, estaba casada con Mariano Rubio, futuro gobernador del Banco ➤

EFE

Dos ex ministros de Economía juntos: Carlos Solchaga y Miguel Boyer, en una de las fiestas nocturnas de verano que tanto frecuentó la "beautiful people".

Los yuppies y el chándal

Carmen Rigalt

Periodista. Autora de "La vida empieza en lunes"

En aquella época todos llevábamos un yuppy dentro. Un yuppy o muchos yuppies repetidos. Hablábamos de ellos como si fueran especímenes que habitaban en galaxias extrañas, pero muy pronto empezamos a reconocer sus señas de identidad al mirarnos en el espejo de nuestras propias existencias. Estábamos en pleno despegue. El yupismo trepaba ansiosamente en la sociedad y los sociólogos volvían los ojos hacia América para tratar el fenómeno.

Lo primero que hizo el yuppy español fue apuntarse al tenis para bajar tripa. Tenía su lógica. La estética de los nuevos ejecutivos traía aires de Eau Sauvage, elegancia de puente aéreo, toque pre-Armani, gimnasia extramatrimonial, estrés bancario y un leve hervor de psicoanálisis, que en el mejor de los casos sólo servía para aprender a tumbarse en el diván sin que se desparramaran las carnes y las flatulencias. Había que estar en forma. La moda sorprendió al yuppy con un apresurado historial de comidas de negocios, pero las comidas de negocios en vez de hacer "curriculum" le hacían rodillo en el estómago, adiposidad prematura y colesterol a tope. No tuvo pues otro remedio que ponerse manos a la obra. O sea, a la raqueta. Cuando ya dominó el revés para lucirse ante los contrincantes de la comunidad de vecinos, el yuppy cayó en la cuenta de que pronunciaba "passing-shot" con una eufonía doméstica y demasiado chapucera, impropia de un titulado superior que pretendía oxigenarse en el extranjero. Había aprendido a chapurrear el inglés en sus años universitarios, cuando recitaba las letras de los Beatles y mascullaba aquello del "yanquis go home" creyendo ingenuamente que los americanos sólo estorbaban en Vietnam. La madurez, o el simple transcurso de los años, le hicieron cambiar de opinión, y si en algunas cosas pasó del amor al odio sin enterarse, en otras -mismamente en lo de los yanquis- pasó del odio al amor enterándose demasiado. Dado que su precario conocimiento de los idiomas no le servía para viajar en gran "class" ni para poner verborrea en una reunión de trabajo, pidió refugio veraniego en Pensilvania y echó horas extras traduciendo los prospectos de las pijadas electrónicas compradas en Nueva York.

Su estilo de vida pronto estuvo listo. Anidó fuera de la ciudad, en un chalé adosado de una urbanización ajardinada donde germinaban grupos numerosos de yuppies que, como él, jugaban a tenis, hablaban poco inglés y tenían esposas adictas a las mesitas de metacrilato y a los portarretratos de plata. Con sus vecinos hubiera podido fundar el club de los chicos del chándal, pues todos coincidían así los domingos en el quiosco, dispuestos a fingirse interesados por la actualidad económica. El chándal también le sirvió para aficionarse a las marcas, detalle del que había abominado repetidamente. Empezó con un cocodrilo en la tetilla y acabó con un BMW pegado al culo. Y tan contento. Eran los comienzos de los 80, y el yuppy seguía medrando, fiel a las consignas estéticas que le habían promocionado. Ahora el yuppy ya no se llama yuppy ni acapara el interés de los sociólogos, pero su filosofía de vida, ese culto a las apariencias clónicas y despersonalizadas, se repite en sus herederos con el mismo grado de estulticia y gilipollez.

de España y una de las personas más relevantes (bien a su pesar) de la "biútiful" (formulación española del manido término inglés).

Mariano Rubio, hijo de un coronel de Artillería, era un técnico que había trabajado en la OCDE de París, con poca facilidad para hacer amigos. Tenía un carácter reservado y se comportaba -y hablaba- con cierta osquedad.

Entre los visitantes de la La Dehesilla figuraban Miguel Boyer acompañado de su mujer, Elena Arnedo; Manuel de la Concha -síndico presidente de la Bolsa de Madrid- acompañado de su mujer, Paloma Giménez Altolaguirre; Juan Lladó, hermano del ex ministro José Lladó; José María Entrecanales, de la empresa del mismo nombre; Plácido Arango, propietario de los Vips, etcétera, etcétera.

Por su relevancia política y económica, Miguel Boyer y Mariano Rubio -el primero, ministro de Economía y Hacienda en el Gobierno de Felipe González, y el segundo, gobernador del Banco de España-, congregaron a su alrededor a personas con las que habían coincidido a lo largo de su vida profesional: Carlos Solchaga, José Antonio García Díez, Petra Mateos, Claudio Boada, José María Amusátegui, Manuel de la Concha, etcétera, todos ellos de "primera división" en el equipo de la gente guapa durante los primeros años del felipismo.

A su vez, la mujer de Mariano Rubio, Isabel de Azcárate, estaba relacionada familiarmente con los Bustelo, a través de su madre. Esta otra tribu de la "biútiful" mantenía relaciones familiares y de amistad con personas tan relevantes como Carlos Bustelo (ex ministro de Industria), Rafael del Pino (presidente de Ferrovial), José María López de Letona (ex gobernador del Banco de España), Pedro Schwartz (economista liberal) y Juan Tomás de Salas (editor del Grupo 16), entre otros. Todos ellos "gente maravillosa", si bien ninguno provocó los escándalos financieros con los que finalmente se relacionó a la gente guapa.

Además de estas dos grandes ramas, durante los años ochenta hubo otras "familias en technicolor" de igual o mayor prestigio, aunque con más peso económico que político. Este fue el caso, por ejemplo, de la tribu de las Koplowitz, las hijas de Ernesto Koplowitz, amigo de Ra-

FOTOS EUROPA PRESS

El ex gobernador del Banco de España Mariano Rubio, casado en primeras nupcias con Isabel de Azcárate, contrajo después matrimonio con Carmen Posadas, con la que aparece en una fiesta oficial y tomando el sol.

món Areces, fundador de El Corte Inglés, que se ocupó personalmente de la educación de las dos muchachas. Areces, que nunca contrajo matrimonio, orientó a las hermanas con una extraordinaria visión de sus negocios.

Las hermanas Koplowitz, Alicia y Esther, contrajeron matrimonio con los "Albertos", los primos Alberto Cortina y Alberto Alcocer, que un día desafortunado (para ellos) surgieron del anonimato y se dejaron fotografiar, ambos con gabardina, junto a una estación depuradora. En el momento de casarse habían firmado capitulaciones matrimoniales, según las cuales tenían derecho a una parte de los incrementos patrimoniales que se produjeran en las empresas de sus mujeres como consecuencia de su dedicación profesional. Los dos se habían ocupado con éxito durante años de la gestión de Conycon (Construcciones y Contratas) y se consideraban accionistas importantes de la empresa.

En el origen de lo que se conoce por la "beautiful" estuvo un político republicano, Justino de Azcárate, que regresó de Venezuela en 1977

Otra tribu que removió las aguas de la "biútiful" durante el felipismo fue la que se creó en torno a Mario Conde, cuya rapidísima ascensión en la escala social fue una de las notas características del socialismo felipista: el pelotazo. La carrera de Conde (de la que nos ocuparemos en otro capítulo de esta serie) tuvo su origen en su amistad con el millonario Juan Abelló, con quien hizo sus primeras operaciones financieras en Antibióticos. La venta de esta empresa farmacéutica al grupo Montedison, presidido por Mario Schimberini, le permitió ganar los primeros seis mil millones de pesetas. Los primeros cien millones los había conseguido, como comisionista, con la venta de Laboratorios Abelló al grupo Merck algunos años antes.

El círculo de Conde estaba formado por Juan Belloso, Enrique Lasarte, Fernando Garro, Arturo Romaní, Rafael Pérez Escolar -personas que trabajaban a su lado- y por financieros de los que esperaba conseguir algún provecho, como Jacques Hachuel o Javier de la Rosa. En este caso, como en la tribu de Mariano Rubio, algunos de sus miembros resultaron salpicados (o, lo que es peor, fueron encausados por falsedad, estafa o apropiación indebida) en futuros escándalos.

Todas estas ramas -y algunas otras de menor entidad- tuvieron en Alfonso Guerra a un enemigo común. En un principio, la oposición que ejercía el vicesecretario general del PSOE -y vicepresidente del Gobierno- fue fundamentalmente ideológica, pero luego los hechos demostraron que las conductas "maravillosistas" de alguna gente de la "biútiful" escondían buenos negocios y no pocas estafas.

Así, en la rama Boyer/Rubio el principal escándalo económico tuvo como protagonista al gobernador del Banco de España, Mariano Rubio, por operaciones de compraventa de acciones de Sistemas AF a través del despacho de su amigo Manuel de la Concha, síndico de la Bolsa de Madrid.

Este proceso coincidió con el máximo grado de popularidad de todos los protagonistas de esta tribu en la revistas del corazón, como consecuencia de sus repectivos divorcios y sucesivos matrimonios. Boyer se había casado con la ex mujer de Julio Iglesias y del marqués de Griñón, Isabel Preysler, la "reina del papel couché". Hastiado de la persistente oposición de Alfonso Guerra, y de la insolidaridad de sus colegas socialistas, Boyer dio un salto en el vacío, dimitió como "superministro económico" y se pasó con todos sus bagajes a la iniciativa privada.

Mariano Rubio acababa de casarse con Carmen Posadas, una mujer noto- ➳

riamente más joven, atractiva y con vocación literaria. En cuanto a De la Concha, su divorcio y posterior matrimonio con Isabel Falabella fue el segundo más caro de la Historia de España (después del de las hermanas Koplowitz), con un coste aproximado de 1.800 millones de pesetas a favor de su ex mujer, Paloma Giménez Altolaguirre.

Nada de esto hubiera tenido importancia para la vida política nacional si en este melodrama de superlujo no se hubiera metido de por medio el escándalo económico.

La bomba estalló el 12 de enero de 1992. El periódico EL MUNDO adelantó en exclusiva que Manuel de la Concha había ordenado la falsificación de un listado de vendedores de acciones de Sistemas AF para ocultar a todos -incluida la Comisión Nacional del Mercado de Valores (CNMV)- los nombres reales de quienes se favorecieron con estas operaciones irregulares, que beneficiaron a unos pocos en contra de los intereses de la mayoría.

El gobernador del Banco de España, Mariano Rubio, negó en primera instancia tener ningún conocimiento de los hechos, y posteriormente se presentó como víctima inocente de los enjuagues de De la Concha (que escondió su identidad bajo las claves M. Jiménez o RU 7 MM). En todo caso, eludió el pago de los impuestos correspondientes a unos beneficios de 115 millones y finalmente ingresó en prisión (Carabanchel) durante quince días.

Los silencios y las mentiras de Rubio (también ante la Comisión de Economía del Congreso) ocasionaron un grave perjuicio a Felipe González, que dio la cara por él en repetidas ocasiones y que defendió su continuidad al frente del banco central hasta el final de su mandato. Más tarde, González reconoció que había sido engañado.

Nada hubiera tenido importancia para la vida política nacional si en este melodrama de superlujo no se hubiera metido el escándalo económico

Rubio lamentó públicamente en el mes de junio de 1994 "el daño que haya hecho a Felipe González" y a Carlos Solchaga (su gran amigo), aunque aseguró no haber traicionado su confianza como gobernador del Banco de España. Pero ya era demasiado tarde. "Mis únicas irregularidades -dijo- fueron de tipo fiscal, cometidas en mi declaración de 1987. Jamás realicé ningún tráfico de influencias".

De la Concha ingresó también en prisión durante 57 días y se declaró insolvente. De una fortuna estimada en 18.000 millones de pesetas pasó a la (supuesta) nada absoluta en un plazo de tiempo demasiado corto.

Manuel de la Concha consideró que había sido objeto de una "campaña". Se lamentó de que la presión psicológica había sido abrumadora, de que había sido amenazado personalmente, de que sus empresas habían sido violentadas y sus conversa ciones telefónicas interceptadas. Las carreras profesionales de ambos personajes -que a finales de los años ochenta eran dos de las personalidades más influyentes en la vida económica nacional- se derrumbaron estrepitosamente a partir de este momento.

En la tribu de las hermanas Koplowitz -a la que había saltado Miguel Boyer como gran gestor financiero- no se produjo ningún escándalo económico, aunque sí hubo lío de faldas y alguna batalla financiera que tuvo a los Bancos Central y Banesto en el ojo del huracán.

LAS FRASES MÁS "BEAUTIFUL"

A lo largo de los años, la "gente guapa" ha dicho muchas cosas, algunas de ellas contradictorias. Lo sorprendente es el tono de defensa de la mayoría.

EUROPA PRESS

CARLOS SOLCHAGA

- Este es el país en el que es más fácil hacerse rico, y en menos tiempo. (Como titular del Ministerio de Economía y Hacienda, Solchaga pronunció en 1987 esta frase, definitoria del estilo del pelotazo durante la etapa felipista).

MARIANO RUBIO

- Estoy satisfecho por el apoyo que me ha prestado el presidente González (febrero de 1992, al poco de darse a conocer la noticia sobre sus irregularidades).
- No me arrepiento de nada, salvo quizá de mi tendencia a intentar resolver los problemas bancarios, aunque ello pueda comprometerme (1992).
- Nadie hizo tanto por el Banco de España como yo (1994).
- Lamento muy profundamente el daño que haya hecho a Felipe González (1994).
- He sido víctima de una serie de circunstancias políticas. Conmigo se ha intentado distraer la atención de otras cosas que me parecen más importantes, como el tema de los Casinos de Cataluña o Filesa.

MANUEL DE LA CONCHA

- El prestigio mío viene de mi solvencia económica y de mi solvencia profesional (22 de mayo de 1992).
- Los traidores nunca originan las batallas. Aquí estamos frente a una maniobra, planificada desde hace mucho tiempo, probablemente un año o quizás más, y ejecutada con una perfección y una perversión formidables. Los primeros indicios de que se estaba preparando algo provienen del verano de 1991. Hay un asalto nocturno donde se sustrae un ordenador.
- Poner unas iniciales y el número del DNI no supone una ocultación ni una falsedad. No hubo afán de ocultación.
- No hubo ningún tipo de información confidencial. Pensar que el gobernador del Banco de España va a llamar a su amigo Manuel para contarle lo que va a ocurrir

FOTOS: EUROPA PRESS

Tras dimitir como "superministro" económico, Miguel Boyer pasó a la iniciativa privada. En las fotografías aparece en distintos momentos junto a Isabel Preysler, su actual esposa.

La batalla se inició cuando los primos "Albertos", en colaboración con Javier de la Rosa (representante en España del grupo KIO, de capital kuwaití), diseñaron una estrategia para hacerse con el futuro Banco Central Español de Crédito (fusión del Central de Escámez con el Banesto de Conde), que nunca llegó a crearse. Con este fin, adquirieron un 13% del Banco Central y constituyeron la autodenominada Cartera Central ante la sorpresa y el malhumor del presidente de la entidad.

Ellos reconocieron con posterioridad que habían hecho mal las cosas, que habían sido demasiado puntillosos y que no habían sabido tratar a Alfonso Escámez como se merecía. "Le pre- ➳

con los tipos de interés es sencillamente una broma.

● (Declaraciones en la cárcel de Carabanchel) Nos propusieron la fuga a través de Carmen Posadas el día 9 de abril de 1994. Un alto cargo le dijo que tanto Mariano (Rubio) como yo acabaríamos detenidos y en la cárcel, aconsejándonos la huida fuera de España, para lo que "ellos" nos ayudarían.

● No estaríamos aquí si hubiéramos tenido el carné del partido socialista en la boca.

Carmen Posadas

● Mariano es un hombre fuerte. En los momentos complicados es cuando se ve el temple de las personas (1994).

● Siempre he querido mucho a Mariano, pero ahora tengo la sensación de haber pasado juntos una tormenta en el mismo barco.

Los "albertos"

● Con mi mujer, Esther, me llevo bien, pero las cosas no son blancas ni negras. No sé si nos reconciliaremos o no. De cualquier forma, las instituciones quedan y las personas pasan (Alberto Alcocer).

● A nuestras mujeres les molestó mucho todo el tema de la popularidad que llegó con la operación de Cartera Central. Al margen de ello, los negocios siempre los llevamos nosotros.

● Cometimos bastantes errores en Cartera Central. Lo reconocemos.

● Esther y Alicia tienen el control casi absoluto de la empresa Construcciones y Contratas que heredaron de su padre y que nosotros hemos gestionado y hemos hecho crecer. Primero, con el apoyo de Ramón Areces y su equipo, a los que estamos muy agradecidos, y en los últimos tiempos, solos.

● No nos queda otro remedio que llegar a pactos inteligentes con nuestras esposas.

Marta Chávarri

● Soy muy feliz con la vida que hago, que es, además, la que quiero hacer (1992, en una de sus raras salidas públicas después de su matrimonio con Alberto Cortina).

● Necesito tranquilizarme, porque tengo muchas cosas que pensar (1995, al conocer las supuestas infidelidades de su marido que condujeron a la separación).

EFE

Javier de la Rosa

● KIO nunca se marchará de España (1986).

● El único amigo personal que yo tenía en Cartera Central, Alberto Cortina, lo perdí..., por cuestiones de divergencias morales.

● Siempre ha fallado la química para entenderme con Mario Conde, había algo en él que me inquietaba. Tenemos un universo (distinto) de valores que no pueden encajar.

● KIO ha ganado en este país 150.000 millones desde 1986. Yo he ganado 5.000 millones con ellos.

● Yo nunca he dado un pelotazo.

● Yo nunca he amenazado a nadie.

sionamos en exceso", dijeron.

Al poco tiempo de producirse este fracaso, la prensa del corazón publicó las primeras fotografías de Alberto Cortina (marido de Alicia Koplowitz) con Marta Chávarri (mujer de Fernando Falcó, marqués de Cubas) en Viena, donde habían ido a pasar un fin de semana. La publicación de estas instantáneas desencadenó el proceso de divorcio en ambos matrimonios.

Más tarde, otras fotografías de Marta Chávarri en una discoteca de Madrid que mostraban la ausencia de ropa interior, publicadas en la revista *Interviú*, ocasionaron un revuelo económico de primera magnitud allí donde los "Albertos" tenían una posición accionarial destacada. La Prensa internacional se hizo también eco de este "instinto básico" nacional.

Paralelamente al divorcio de Alberto Cortina y Alicia Koplowitz se produjo la separación y posterior divorcio de Alberto Alcocer con Esther Koplowitz, como consecuencia de la relación sentimental de Alcocer con su secretaria Margarita Hernández, con quien más tarde contrajo matrimonio. La rotura de estos vínculos ocasionó que el escándalo salpicara los negocios familiares, de donde se les invitó a salir. Tras el fracaso de la operación Cartera Central, los "Albertos" fueron dando algunos tumbos hasta encontrar un buen acomodo en Pacsa (Peninsular de Asfaltos y Construcciones, SA) y en el Banco Zaragozano.

EUROPA PRESS

Las fotos de Alberto Cortina con Marta Chávarri (en la imagen) desencadenaron el escándalo.

Por lo que se refiere a Javier de la Rosa, con quien los "Albertos" diseñaron la estrategia de Cartera Central, su trayectoria económica también le ha hecho pasar por la cárcel.

Javier de la Rosa, hijo de Antonio de la Rosa, procesado por la estafa del puerto franco de Barcelona y prófugo en Brasil, entró en la Banca Garriga Nogués de la mano del viejo presidente de Banesto, Pablo Garnica. Durante su mandato como vicepresidente y consejero delegado, la banca fue a la quiebra, lo que no fue obstáculo para que él llevara a cabo una de sus mejores operaciones, la compra de la papelera Torras Hostench -condenada a desaparecer-, que adquirió a precio de saldo y que vendió posteriormente a KIO por 10.000 millones de pesetas.

Convertido en el hombre de KIO en España, entre 1986 y 1992 llegó a mover más de 1,2 billones de pesetas a través de su empresa Quail y con su propia firma. La designación de De la Rosa al fren-

Tercer triunfo cons

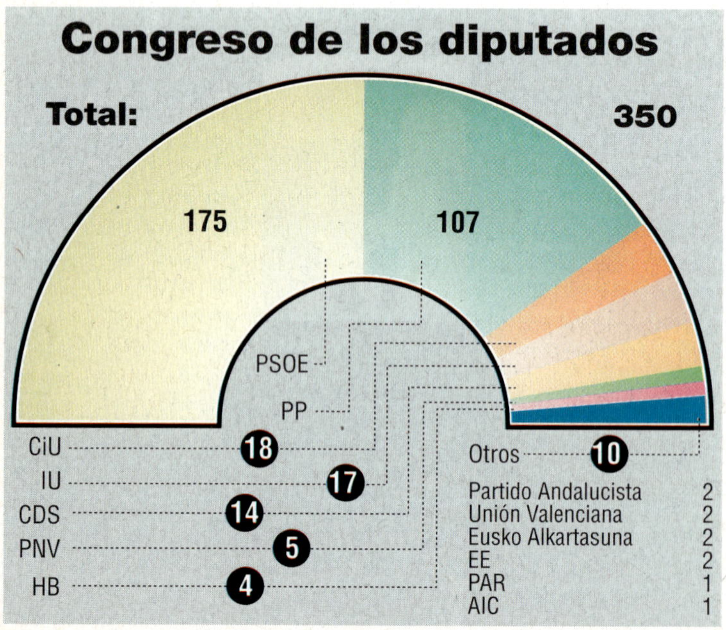

El 29 de octubre de 1989, el Partido Socialista (PSOE) de Felipe González logra su tercer triunfo consecutivo en elecciones generales. Es un triunfo también arrollador, pero deja entrever los efectos del desgaste. Pese a que la cifra de votos (ligeramente por encima de los 8 millones) es aún muy alta, el PSOE ha perdido 800.000 con respecto a 1986 y 4 puntos porcentuales; la caída es del 10 % y anuncia problemas de futuro, pero no impide la formación de Gobierno. Obtiene 175 escaños, la mitad del Congreso, y disfruta de mayoría absoluta gracias a la ausencia de los diputados de Herri Batasuna (4, uno menos que en 1986), que siguen con su táctica de participar en elecciones y no ocupar los escaños.

El Partido Popular (PP) no se beneficia de la bajada socialista. José María Aznar, que llegaba de ganar a los socialistas en la comunidad de Castilla y León, sustituye a Manuel Fraga pero el partido no logra despegar. Tiene que conformarse con una cuota de votos muy parecida a la de las elecciones precedentes (5.282.000 votos, sólo 37.000 más que entonces) y suma 107 escaños (dos más). Aunque Aznar, tras la fallida experiencia de Antonio Hernández Mancha, ha empezado a mover el partido,

te de los negocios kuwaitíes se produjo contra el criterio del Gobierno de Felipe González, que señaló expresamente a las autoridades kuwaitíes su preocupación por esta responsabilidad. Esta "preocupación" del jefe del Gobierno español no fue atendida.

Tras el conflicto bélico Irak-Kuwait y como consecuencia del mal comportamiento de las inversiones sugeridas por De la Rosa, los nuevos gestores de KIO le reclamaron 100.000 millones de pesetas por daños y perjuicios.

El financiero catalán pretendió contraatacar a través de lo que dio en llamarse "chantaje al Rey", esto es, involucrando a don Juan Carlos en el desvío de importantes cantidades de dinero para defender los intereses de Kuwait en España durante la guerra del Golfo. En esta conspiración también alcanzó protagonismo el embajador Manuel Prado y Colón de Carvajal, amigo personal del Rey, que negó en todo momento la intervención del Monarca. De la Rosa también lo negó todo, de la A a la Z.

Los estudiantes, que durante años se dejaron deslumbrar por la "gente guapa", acabaron dando la espalda a estos grupos económicos

Javier de la Rosa, sin embargo, no entró temporalmente en la cárcel por cuestiones relativas a KIO, sino por sus operaciones en Grand Tibidabo. En este caso, los accionistas le acusaron de haber dejado al borde de la quiebra una sociedad que en 1991 llegó a valer 30.000 millones de pesetas y también se le acusó de haber desviado, para cuidar de su intereses personales, un crédito de la Generalitat de varios miles de millones.

En la instrucción contra De la Rosa se le imputan delitos de estafa, apropiación indebida y falsedad en documento mercantil. El nuevo consejo de dirección de la compañía ha recordado que en poco más de tres años, durante su mandato como presidente y máximo responsable, la sociedad perdió más de 40.000 millones de pesetas. Además, De la Rosa no devolvió una deuda contraída del orden de 4.500 millones, ni cumplió su compromiso de ceder sin coste un paquete de más del 20% del capital.

Esta gestión disparatada hizo recordar a los analistas económicos que las técnicas administrativas de De la Rosa habían ocasionado un "agujero" de 100.000 millones en la Banca Garriga Nogués, y que en el Grupo Torras se había llegado a la suspensión de pagos con unas pérdidas de 500.000 millones de pesetas, además de otros entuertos y heridas de menor importancia.

En este caso no hubo lío de faldas, sino (además de las cuantiosas pérdidas económicas y del recurso a echar mano de la caja común) lío de dossieres, en el que supuestamente también intervinieron otros protagonistas -como Mario Conde-, todos los cuales se sintieron desasistidos a la hora de la verdad por la Corona, las fuerzas económicas y las fuerzas políticas.

La caída de este castillo de naipes -que curiosamente se levantó durante la administración socialista-, arrastró consigo a lo más granado de la "beautiful people", terminología que cayó en desuso a mediados de los años noventa. Los jóvenes estudiantes, que durante algunos años se dejaron deslumbrar por la "gente guapa", volvieron las espaldas a estos grupos económicos y se fijaron como objetivo otros ideales menos codiciosos.

ıtivo del PSOE

la distancia que lo separa del PSOE es todavía abismal: casi tres millones de votos. Pero quienes siguen de cerca al nuevo líder apuntan algunos datos positivos, como que haya ganado en estos comicios a González en Madrid. El PP pone su esperanza en las siguientes elecciones.

Parte de los votos perdidos por el PSOE son recogidos por Izquierda Unida (IU), que dobla su cuota (para sumar 1.851.000) y pasa a ocupar 17 escaños (tenía 7). El Centro Democrático y Social (CDS), por el contrario, continúa su lánguida marcha hacia la desaparición (pierde unos 150.000 votos y 5 escaños). Convergència i Unió (CiU) conserva el espacio ganado en 1986 y el Partido Nacionalista Vasco (PNV) pierde un escaño, mientras irrumpe Eusko Alkartasuna, producto de una disidencia, y conquista dos. También es una novedad que el Partido Andalucista (PA) se alce con dos escaños. Salvo el auge de la también centrista Unió Valenciana (que pasa de uno a dos escaños), las elecciones de 1989 no ofrecen más novedades.

En 1989 también se celebran **elecciones europeas**, que no difieren de las generales. El PSOE obtiene 27 escaños; el PP, 15; el CDS, 5; IU, 4 y CiU, 2. Ruiz Mateos, en su constante acción de protesta contra el PSOE por la expropiación de Rumasa, se presenta y gana 2.

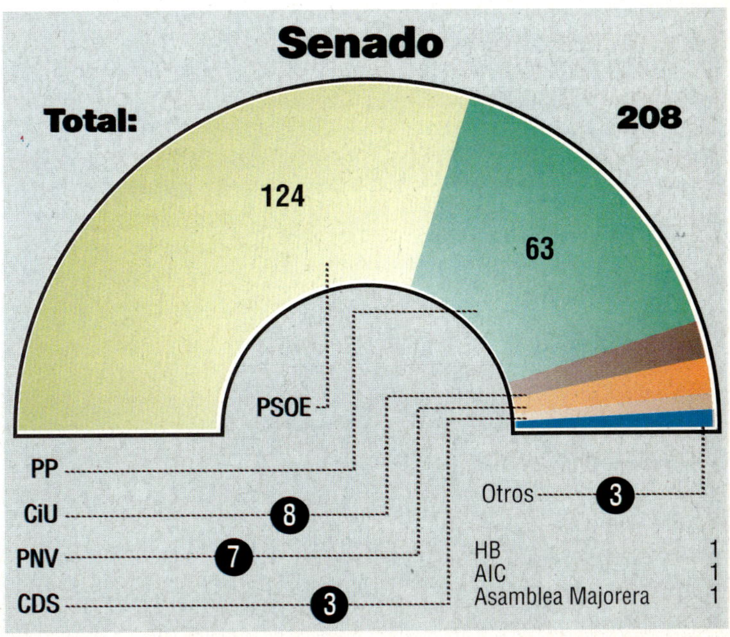

• D E B A T E •

Cuadro clínico de

Desempleo: Un pretexto para el felipismo

Juan Francisco Martín Seco

Economista. Miembro del Consejo Editorial de EL MUNDO

Un Gobierno se legitima por su capacidad para dar respuesta a los problemas que tiene el país, y el problema fundamental que tiene un país con un millón y medio de parados es el paro... y quiero decir con toda claridad que, sea lo que sea lo que digan los técnicos en economía, esos planteamientos valdrán si resuelven el problema y, si no, no valen". Estas palabras, entresacadas del diario de sesiones de las Cortes, aunque pueda parecer extraño a estas alturas, son de Felipe González; las pronunció en 1980 en el debate de moción de censura contra Suárez.

González tenía razón entonces, pero sus propias palabras le condenan. Porque, ¿qué decir cuando el problema de ese millón y medio de parados se ha agravado hasta extremos difícilmente imaginables en aquel momento: tres millones seiscientos mil al final de su mandato? Aunque únicamente fuera por eso, su Gobierno, según él mismo afirmaba, se habría deslegitimado.

Casi desde el primer momento en que alcanzó el poder, González se olvidó de su discurso de la oposición y, lejos de rechazar aquellos planteamientos tecnócratas que no solucionaban el problema, se entregó a ellos con devoción. La política económica nunca es neutral y los consejos de los técnicos en economía, tampoco. La gran mayoría se encuentra a sueldo del poder económico y son conscientes de que tan sólo contarán y se les reconocerá la condición de expertos -y, por lo tanto, los ingresos- en tanto en cuanto suministren el análisis y los consejos que la oligarquía requiere.

El paro es, sin lugar a dudas, una lacra social, afecta gravemente a la mayoría de los ciudadanos; pero tal vez un gran número de empresarios y miembros de las clases pudientes no lo consideren tan nefasto. El ejército de reserva sirve para que los salarios y las reivindicaciones de los trabajadores se reduzcan. Es por esa razón por la que a lo largo de todos estos años, a pesar de las frecuentes declaraciones de intenciones de los gobernantes, la política económica aplicada nunca ha considerado como objetivo principal la lucha contra el desempleo. Es más, da la impresión de que el elevado nivel de paro ha servido para introducir múltiples medidas lesivas y socialmente injustas que, de otra manera, jamás se hubieran aceptado.

El paro se ha utilizado de pretexto para reclamar permanentemente moderación salarial y, en efecto, los salarios reales han crecido a lo largo de todo este período por debajo de la productividad. Sin embargo, el paro ha continuado incrementándose. El paro se ha utilizado también de coartada para desregular el mercado laboral y desmantelar progresivamente muchos de los derechos conseguidos por los trabajadores. La causa del desempleo se ha atribuido cínicamente a las rigideces del mercado de trabajo, y con este pretexto se ha introducido una reforma laboral salvaje, que ha dejado a gran número de trabajadores en la mayor indefensión. Hablar de rigideces laborales con el 24% de los trabajadores en paro y el 35% con contratos temporales no deja de ser profundamente irónico.

El desempleo presenta desde hace veinte años una tendencia ascendente, y en cada punto de auge o de depresión la tasa de desempleo se sitúa a un nivel superior al que tenía su equivalente del ciclo anterior. La causa de este desastre ha de buscarse en el tipo de política económica aplicada, bajo los presupuestos del neoliberalismo económico. Habrá que admitir que no ha sido muy distinta de la que se ha impuesto en el resto de los países europeos, pero por eso hoy el paro se ha disparado en toda Europa. Si en España el problema es más grave, se debe a que esta política castiga con más fuerza cuanto más periférico y pobre es el país y a que quizás aquí se ha aplicado con más fanatismo que en otros sitios.

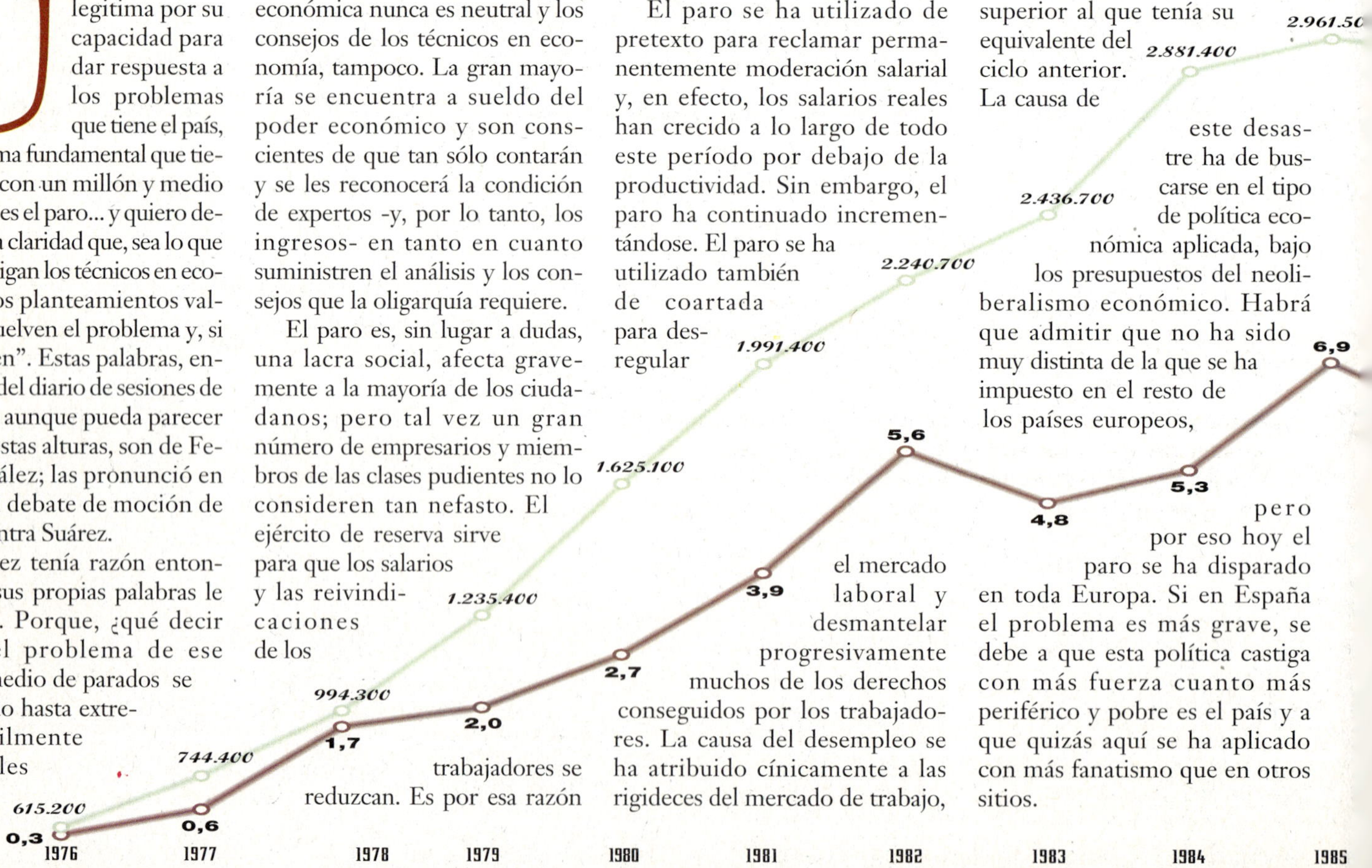

un país

Los dos grandes problemas de la economía española han sido desde hace años el desempleo y el déficit público. Juan Francisco Martín Seco y Casimiro García Abadillo analizan en estos artículos ambas lacras.

Déficit público: El problema de la convergencia

Casimiro G. Abadillo

Periodista. Subdirector de EL MUNDO

Cuando el PSOE llegó al poder en 1982 los niveles de cobertura social en España eran comparativamente bajos en relación a los estándares europeos. Aunque en un primer momento la política económica dirigida por Miguel Boyer se orientó a corregir los desequilibrios básicos, tras la fase de ajuste inicial, se pasó a una etapa expansiva del gasto público. La orientación liberalizadora de la economía como consecuencia de la integración de España en la Comunidad en 1985 se conjugó con políticas encaminadas a generalizar las prestaciones sociales. El Gobierno no modificó la legislación laboral franquista, que protegía al trabajador frente a la patronal con fuertes indemnizaciones por despido y, a la vez, generalizó y amplió las prestaciones por desempleo, universalizó la cobertura sanitaria y las pensiones y llevó a cabo una reforma educativa tendente a generalizar la enseñanza media a toda la población.

Como consecuencia de estas políticas, el gasto público se ha disparado hasta representar en 1995 casi el 50% del Producto Interior Bruto (PIB).

Para financiar el enorme aumento del gasto público sin desequilibrar las cuentas del Estado, se llevó a cabo una política fiscal expansiva. Las reformas en este campo produjeron una elevación de la presión fiscal en España durante los trece años de Gobierno socialista de 10 puntos.

A pesar del incremento de la presión fiscal y del aumento de los ingresos fiscales, el déficit público estructural fue en aumento. Las consecuencias de la huelga general del 14 de diciembre de 1988, tras la que el Gobierno asumió la llamada "deuda social", el comienzo de la crisis económica a partir de 1990 y el aumento del gasto en partidas extraordinarias derivadas de los acontecimientos que confluyeron en 1992 (Expo 92, Juegos Olímpicos, AVE), aumentaron el desequilibrio de las cuentas públicas .

La puesta al día de estos desequilibrios, llevada a cabo por el ministro de Economía y Hacienda, Pedro Solbes, elevó el déficit público en 1993 al 7,5% del PIB.

En paralelo al fuerte aumento del déficit, la deuda pública se disparó hasta alcanzar un volumen del 65% del PIB, dejando a España también en esta magnitud fuera de los criterios de convergencia establecidos en el Tratado de Maastricht. La política expansiva del gasto llevada a cabo durante los años en los que Carlos Solchaga ocupó la cartera de Economía y Hacienda, agudizó aún más los desequilibrios básicos de la economía española.

En 1989 España entró en el Sistema Monetario Europeo, y para evitar que el aumento del gasto público terminara por arruinar la inflación, el Gobierno obligó al Banco de España a aplicar una política monetaria restrictiva con elevados tipos de interés. La alta rentabilidad ofrecida por el Estado para financiar la deuda pública, así como las facilidades fiscales ofrecidas a los inversores extranjeros, elevaron hasta el máximo la cotización de la peseta dentro del SME.

El efecto de esta política sobre la economía real fue nefasto. Los elevados tipos de interés encarecieron la financiación de las empresas y deprimieron la inversión. Además, los distorsionados tipos de cambio de la peseta dificultaron las exportaciones españolas y dieron como resultado un fuerte desequilibrio de la balanza comercial.

El resultado de esta política fue el aumento del paro. El esfuerzo de contención del déficit llevado a cabo en la última etapa del Gobierno socialista (la etapa Solbes) sólo ha servido para rebajar en 0,7 puntos el récord alcanzado en 1993.

España no cumple ninguno de los criterios de convergencia establecidos en el Tratado de Maastricht. Y todo a sólo 18 meses de que se produzca el "examen final" para determinar qué países de la UE entrarán en la tercera fase (la de la moneda única) de la Unión Económica y Monetaria.

Tasa de paro: 7.100 · 2.948.900 · 2.847.900 · 2.560.800 · 2.441.200 · 2.463.700 · 2.788.500 · 3.481.300 · 3.698.400 · 3.579.300 · 3.596.900 (abril)

Déficit público: ,0 · 3,2 · 3,2 · 2,8 · 3,9 · 5,0 · 4,5 · 7,2 · 6,9 · 5,8 · 4,4 (previsión)

36 · 1987 · 1988 · 1989 · 1990 · 1991 · 1992 · 1993 · 1994 · 1995 · 1996

Cela adquiere en 1989 la categoría de Nobel

Su nombre ya fue propuesto para este galardón en 1975

Elvira Huelbes

A Camilo José Cela le llegó el Premio Nobel de Literatura de 1989 a los 73 años de edad. Un sueño cumplido después de trabajar toda la vida con entusiasmo.

EUROPA PRESS

Cela, durante la entrega del Premio Nobel de Literatura de 1989.

A los doce años, Camilo José Cela (Iria Flavia, Padrón, 1916) era un chico patilargo, de mirada limpia e inteligente, que le sacaba la frente a su padre, una frente que ya apuntaba alto y ancho. Entonces el mozo soñaba con que le dieran el Premio Nobel de Literatura cuando fuera mayor. Tuvo que pasar algún tiempo, sesenta y un años, para que se cumpliera el sueño. Seis décadas y un trabajo seguramente entusiasta que empezó dejándose notar sin disimulos con la publicación, a los 26 años, en 1942, de *La familia de Pascual Duarte*. Poesía y otros tanteos habían esbozado solamente al escritor, algunos años antes.

Un francés ("franchute", diría Cela), Marcel Bataillon, al frente de un nutrido grupo de intelectuales galos, propuso su nombre para Nobel, en 1975, de modo que la Historia se tomó su tiempo. Más tiempo aún pasó para que recibiera el Cervantes, que parecía alejarse cada vez más, debido a los desplantes del propio Cela, a su falta de remilgos en expresarse o quizá al empecinamiento histérico... pánico de negarle el pan a quien claramente lo merece.

O lo pide. Cela ha dicho muchas veces que ningún escritor que se precie ha de tomarse en serio. El ha sido muchas cosas en la vida; seguramente, todas las que ha querido: poeta, periodista, actor de cine, torero, académico, senador, catedrático de universidad (¡lo consiguió también!), yudoca, vagabundo. Hasta novelista ha sido.

De sus malos modos se ha especulado más que hecho justicia. De niños nos enseñaban que Cela ponía tacos en sus libros. Luego se veía que no era de tacos de lo que se trataba, sino de cosas dichas sin rodeos. Puede que esto molestara entonces. Ahora asistimos a tontunas ordinarias y ordinarieces sobrantes de las nuevas generaciones de presuntos escritores, que no parecen molestar a algunos palafreneros de la crítica.

Cuando le dan el Nobel a Cela hay voces de jóvenes escritores (nada que ver con los "kronen", quede claro) que se levantan airadas. Cela tiene pasado fachondo, dicen. Ycircula por ahí una hoja volandera que no deja airoso al escritor. Puede que vivir tiempos duros sea un oficio difícil.

Cuando la guerra,un militar del puesto fronterizo de ambas zonas preguntó a Cela que por qué no se había pasado antes con los nacionales. El contestó: "Estaba esperando a ver quién ganaba". Esto lo cuenta él en este periódico (EL MUNDO 3-3-96), y de su sinceridad pueden sacarse las conclusiones que se quieran, pero no que haga trampas.

Camilo José Cela ya lo tiene todo, o casi. Trabaja -según él mismo cuenta- en un diccionario que no será secreto en ningún concepto. Es un escritor del que no puede prescindirse en la Historia de la Literatura Española y, desde el premio, de la Mundial.

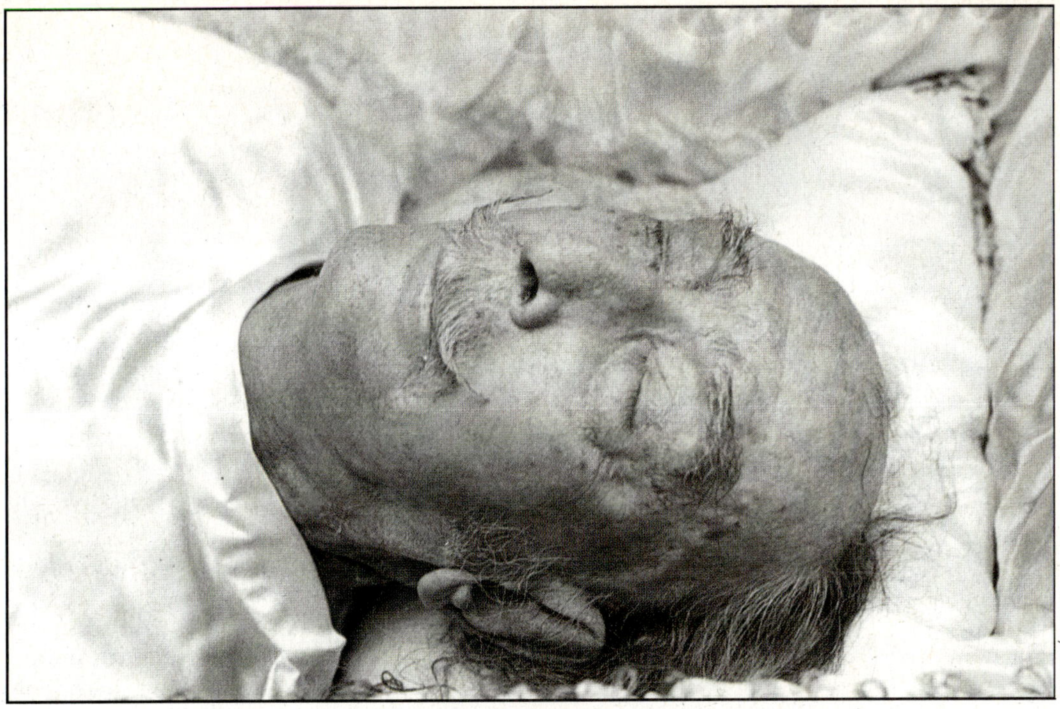

BARTOLI/GAMMA

Aspecto de los restos mortales del genio de Cadaqués, Salvador Dalí.

Muerte de un gran genio, Dalí

Rubén Amón

El 23 de enero de 1989 falleció Dalí, quien "tuvo una muerte tranquila y digna", según su abogado. Dejó un legado artístico de 40.000 millones de pesetas.

El 20 de enero de 1989, Narcís Costabella, párroco de la iglesia de Sant Pere, administró los últimos sacramentos a Salvador Dalí, convencido de que el maestro de Port Lligat "se encontraba plenamente confortado porque así lo hacía notar con su mirada". Tres días más tarde, la muerte de Dalí no sorprendía a nadie, incluso existía la sensación de que el fatal desenlace se había alargado en exceso; que los siete años transcurridos desde la desaparición de Gala precipitaron una absurda e inexplicable agonía; que el incendio declarado en el castillo de Púbol no hizo sino otorgar al final del genio de Cadaqués un premonitorio epílogo surrealista entre las llamas infernales; y que, en todo caso, la muerte de Salvador Dalí mantuvo en vilo los intereses comerciales en juego, la incógnita del testamento y la definitiva valoración de su legado artístico: 40.000 millones de pesetas.

Miguel Domenech, abogado del polifacético artista, prefirió entonces obviar los pormenores de la herencia y quiso resaltar la sospecha de que "Dalí tuvo una muerte tranquila y digna".

El parte médico atribuía las causas del fallecimiento a una insuficiencia cardiaca aguda que debía añadirse al problema de una inflamación pulmonar, así que no había otra alternativa que la de asumir la última voluntad del artista: su tumba sería instalada debajo de la cúpula geodésica del museo de Figueres y su cuerpo había de cubrirse con una impoluta túnica sobre la cual aparecería inscrita una "d" mayúscula.

¿Cuál ha sido la huella de Dalí? El tópico insiste en una imagen provocadora, extravagante, singular y altiva, cuya evidencia ha dado lugar al estereotipo de un personaje en el que se advierte la singular confluencia de las más dispares manifestaciones artísticas.

Dalí, el "poeta desalmado" -según el escritor Manuel Vázquez Montalbán-, el pintor surrealista y visionario, el escultor más desconocido, el arquitecto seducido por Gaudí, el impenitente iconoclasta, el dandi, el destructor de la realidad, el amigo de Buñuel y de Lorca, el fenómeno sociológico, el soñador, el terreno, el aparente, el real...

Quizá, sus *Confesiones inconfesables* nos ofrecen la perspectiva más elocuente de quien Federico García Lorca afirmó: "Tu fantasía llega donde llegan tus manos".

"Al nacer -escribe Dalí-, puse los pies sobre las huellas de un muerto a quien adoraban y al que a través de mí se seguía amando más aún tal vez. Este exceso de amor fue una herida narcisista que me infligió mi padre desde el día de mi nacimiento, y que yo presentía ya en el vientre de mi madre. Gracias a la paranoia, es decir, a la exaltación orgullosa de mí mismo, he conseguido salvarme de la anulación que me produce la duda sistemática de mi persona. Aprendía a vivir llenando con mi amor por mí mismo el vacío de un afecto que no me daban. Así vencía por primera vez a la muerte: mediante el orgullo y el narcisismo".

•CALENDARIO•

1985

El calendario anterior, de 1984, fue publicado en el fascículo nº36

ENERO

Robo en Banesto. El mes en que se dan a conocer los solteros de Plan (Huesca), José Antonio Ardanza releva a Carlos Garaikoetxea como lehendakari, consecuencia del conflicto en el Partido Nacionalista Vasco. Y, el día 31, un grupo de delincuentes se lleva como botín 1.200 millones de pesetas de la sede de Banesto de la plaza de la Lealtad (Madrid).

FEBRERO

Evasión de divisas. El día 4 quedan abiertas todas las comunicaciones con Gibraltar. Una jornada después, salta el escándalo de la evasión de divisas de personalidades de la alta sociedad. El día 19, la tragedia toma sitio en el monte Oitz, cerca del aeropuerto de Bilbao: mueren los 148 ocupantes (entre ellos, el ex ministro Gregorio López Bravo) del avión de Iberia.

MARZO

Gorbachov, al poder. Tras la muerte de Chernenko, Gorbachov es elegido el día 11 secretario general del PCUS y, por tanto, líder de la URSS. En el mes de la muerte de Marc Chagall (día 28), en España causa impresión la detención del torero Rafael de Paula por incitación al homicidio.

ABRIL

Atentado a "El Descanso". Dieciocho personas mueren en el atentado que la Yihad Islámica perpetra el día 12 en el restaurante "El Descanso" de las cercanías

SIPA PRESS

Mijail Gorbachov, de pie.

de Madrid. Alan García gana las elecciones en Perú y el líder albano Enver Hoxha fallece (día 11).

MAYO

Tragedia de Heysel. Luto en el fútbol: en el estadio de Heysel (Bruselas) mueren 41 personas y resultan heridas 250 el día 28 a raíz de los incidentes entre aficionados ingleses e italianos antes de la final de la Copa de Europa. En Algeciras, dos días antes, perecen 16 personas al incendiarse dos petroleros.

JUNIO

Firma del acuerdo con la CEE. El día 12, el presidente del Gobierno Felipe González y el ministro de Asuntos Exteriores Fernando Morán, ante los mandatarios europeos, firman en el Palacio Real de Madrid el tratado de adhesión de España a la Comunidad Económica Europea.

JULIO

Hundido el Rainbow Warrior. Remodelación en el Gobierno: salen Boyer y Morán. El día 10 es hundido en Nueva Zelanda, en un atentado, el barco de Greenpeace Rainbow Warrior. El día 22 el embajador de España en Zimbabue, José Luis Blanco, es asesinado a palos.

AGOSTO

Primeros abortos legales. El mes trae la legalidad, en tres

EFE

Rock Hudson, en sus últimos años.

supuestos, del aborto. Y termina con la muerte en el ruedo de Colmenar Viejo de José Cubero, El Yiyo.

SEPTIEMBRE

Intensa actividad diplomática. Felipe González visita China y Japón, recibe en Madrid al líder egipcio Mubarak y viaja a final de mes a Nueva York. El Gobierno, tras un incidente marítimo, expulsa de España al Frente Polisario y cierra sus oficinas. Masacre en México: un terremoto causa más de 35.000 muertos.

OCTUBRE

Mes negro para el cine. El sida acaba con la vida del actor Rock Hudson, en un mes negro para el cine ya que también fallecen Orson Welles y Yul Brynner. Y, el día 17, nace la lotería primitiva.

NOVIEMBRE

Contactos con ETA. Se empiezan a conocer las noticias de los contactos Gobierno-ETA en Argel. La erupción del volcán Nevado del Ruiz (Colombia) causa la muerte de 25.000 personas.

DICIEMBRE

Baja la gasolina. Por primera vez en la historia, el día 11, el Gobierno decide bajar el precio de la gasolina. El cadáver de Mikel Zabalza se encuentra el día 15 en el río Bidasoa: se desatan los incidentes y las manifestaciones en Euskadi. Calviño suprime el programa *La clave* (TVE).

41 muertos y 250 heridos el 28 de mayo en el estadio de Heysel, en Bruselas (Bélgica). La final de la Copa de Europa se tiñó de sangre.

FOTOS: EFE

1986

ENERO

"Ya somos europeos". Desde el 1 de enero, España y Portugal forman parte de la CEE. La aplicación del IVA dispara la picaresca. El escritor Juan Rulfo muere el día 7, y el 19 desaparece el ex alcalde de Madrid Enrique Tierno Galván, cuyo entierro supuso una de las mayores muestras de dolor popular por las calles de la capital.

FEBRERO

Adiós a Olof Palme. En pleno centro de Estocolmo, el líder socialista sueco es asesinado a tiros el día 28. Tres jornadas antes, Marcos huye de Filipinas y Cory Aquino llega al poder. Seat deja de ser española al comprar Volkswagen el 51% del capital. España, mientras, debate sobre la OTAN.

EUROPA PRESS

La multitud en el entierro de Tierno.

MARZO

Sí a la OTAN. En el referéndum del día 12, el sí a la entrada de España en la Alianza Atlántica triunfa con un 52,53% de los votos. Jacques Chirac es, desde el día 20, nuevo primer ministro de Francia.

ABRIL

Desastre en Chernobil. La central de Chernobil (URSS) sufre un accidente en un reactor que provoca un escape nuclear de gravísimas consecuencias. Sesenta mil niños fueron evacuados por la catástrofe. El día 23, el Rey don Juan Carlos reivindica Gibraltar ante el pleno del Parlamento británico. El día 29 se presenta en público la formación Izquierda Unida.

MAYO

Cara y cruz del fútbol español. El Real Madrid de la Quinta del Buitre logra la Copa de la UEFA. Sólo un día después -el 7 de mayo- el Barça pierde la Copa de Europa frente al Steaua de Bucarest. La niña Azucena Hernández muere en el "pulpo" del Parque de Atracciones de Madrid. Se inaugura el Centro de Arte Reina Sofía.

JUNIO

Segunda mayoría absoluta del PSOE. En las elecciones del día 22 se registran dos datos incuestionables: la segunda mayoría absoluta consecutiva del PSOE y el fracaso de la Operación Reformista liderada por Miguel Roca. Argentina, con Maradona de estrella, gana el Mundial de México, en el que brilla Emilio Butragueño. El día 14 muere en Ginebra el escritor Jorge Luis Borges.

JULIO

Ofensiva de ETA en Madrid. Once guardias civiles caen asesinados el día 14 en la plaza de la República Dominicana de Madrid. ETA, una semana después, vuelve a actuar lanzando 9 granadas contra el despacho del ministro de Defensa. El capitán José Luis Peciña sale en libertad el día 19 tras dos años prisionero en Nigeria.

Imágenes de la central de Chernobil y de uno de los niños afectados.

FOTOS: EFE

AGOSTO

Escuchas telefónicas en Euskadi. El ex lehendakari Carlos Garaikoetxea acusa al Gobierno vasco de intervenir su teléfono. El día 18 fallece el ex ministro del Interior con UCD Juan José Rosón, y el día 31, el escultor Henry Moore.

SEPTIEMBRE

Asesinato de Yoyes. El día 10 es asesinada en Ordizia (Guipúzcoa) la etarra reinsertada María Dolores González, Yoyes. Crisis en Alianza Popular: Fraga sustituye a Jorge Verstrynge por Alberto Ruiz-Gallardón en la secretaría general. Luis Olarra es suspendido como militante y Carlos Ruiz Soto como presidente de AP en Madrid. El día 22, Indurain gana el Tour del Porvenir.

OCTUBRE

Barcelona, sede olímpica. El día 17 se asigna a Barcelona la organización de los Juegos Olímpicos de 1992. También en este mes: la creación de Eusko Alkartasuna, KIO "aterriza" en el Banco Central y la viuda de Picasso, Jacqueline, se suicida a los 60 años.

NOVIEMBRE

Estalla el "Irangate". Venta de armas a Irán para financiar a la "contra" nicaragüense. Este es el motivo del escándalo del "Irangate" que salpica a la Administración Reagan. En España, muere José María Ruiz-Gallardón el día 17.

DICIEMBRE

Huelga de estudiantes. El mes comienza con la dimisión de Fraga como presidente de AP y sigue con la huelga de estudiantes contra la selectividad.

Los sucesos de Reinosa del 13 de marzo de 1987 tuvieron gran resonancia, debido sobre todo a esta foto en la que la Guardia Civil aparece arrinconada.

Todos ciudadanos

Alvaro Pombo

Qué es lo impactante aquí? Vemos tres o cuatro guardias civiles defendiéndose contra un invisible enemigo que, por lo que sabemos, aunque no se vea en la foto, son sus propios conciudadanos. Nadie en sus cabales ignora hoy día que esos guardias civiles pertenecen a la misma clase social que sus agresores. Y tampoco ignora nadie que muy posiblemente simpatizaban con los huelguistas que protestaban contra unas medidas de reconversión industrial. Pero esos guardias civiles habían recibido una orden del Ministerio del Interior: tenían que disolver esa manifestación. No tenían que considerar si simpatizaban o no con los manifestantes: sólo disolverlos. ¿Actuaron con excesiva violencia? Lo dudo mucho. Eran, ciertamente, muy inferiores en número a los manifestantes. Puesto que no se trata ahora de juzgar aquella situación, voy a lamentar sólo el trágico destino de un cuerpo de la Seguridad del Estado, que sólo cuando yerra nos parece significativo: cuando simplemente cumplen con el deber que nosotros todos les hemos asignado: mantener la Ley y el orden: entonces no reciben ningún reconocimiento. La dificultad radical de la existencia de la Policía consiste en que su existencia es tan esencial para todos nosotros que olvidamos que nosotros mismos somos esa Policía que, sin embargo, vista desde fuera, criticamos como si las órdenes que reciben no las hubiéramos dado implícitamente nosotros mismos. Si soy sincero, tengo que reconocerme por igual como uno de los manifestantes que lucharon contra los guardias civiles y también como uno de los guardias civiles que lucharon contra los manifestantes. Eso es lo que significa ser ciudadano libre de una democracia.

PRÓXIMO CAPÍTULO: LOS JÓVENES RECHAZAN LA MILI

EL MOVIMIENTO DE OBJECIÓN AL EJÉRCITO. CÓMO CAMBIARON LOS JÓVENES. DEL SECED AL CESID: LA ORGANIZACIÓN DE LA INTELIGENCIA MILITAR. **ESCRIBEN:** MIGUEL PLATÓN, ALBERTO MONCADA, JOAQUÍN BARDAVÍO, FERNANDO BERMEJO, JOSÉ MARÍA MARTÍN PATINO.

1975-1995. Veinte años de nuestra vida

• HISTORIA DE LA DEMOCRACIA •

{CAPÍTULO 41}

Una pancarta cuelga de la entrada principal del Cuartel General del Ejército en Madrid reclamando libertad para "objetores presos en Alcalá".

LOS JÓVENES RECHAZAN LA MILI

En el año 2000, cuando sea suprimido el Servicio Militar, como previó el Gobierno Aznar en mayo de 1996, habrán pasado 41 años desde que un joven se declaró por primera vez objetor de conciencia. Desde entonces, 1959, ha ido creciendo el rechazo de los jóvenes. La protesta, alentada por los aires pacifistas que empezaron a soplar en los años 60 en medio mundo, habrá tardado menos de medio siglo en clausurar una de las obligaciones tradicionales de los jóvenes, que al tiempo que rechazan la mili se hacen más conservadores y también más solidarios. Nadie podía preverlo.

• RELATO •

El auge imparable de la objeción de conciencia

Desde el primer caso de 1959 hasta la supresión del Servicio Militar en el 2000

Uno de los fenómenos sociales característicos de los 90 fue el auge de la objeción de conciencia a la prestación del Servicio Militar. En apenas un decenio (1986-96), la objeción pasó de ser una actitud simbólica -era solicitada por menos del 3%- a ser asumida por una tercera parte de los jóvenes durante el trienio 1993-95.

Miguel Platón

El aumento y la importancia de esa actitud tuvo una evidente influencia para que en abril de 1996 el Partido Popular y Convergència i Unió estableciesen, en los acuerdos que permitieron a José María Aznar convertirse en presidente del Gobierno, la supresión del Servicio Militar a partir del año 2000, fecha en la que se prevé que las Fuerzas Armadas sean profesionales.

Una breve historia y las cifras básicas resultan imprescindibles para comprender el fenómeno. El primer caso de objeción de conciencia se produjo en 1959. Uno de los reclutas llamados ese año declaró ser testigo de Jehová y afirmó que sus convicciones religiosas le impedían realizar el Servicio Militar. La legislación de la época ni siquiera tenía previsto ese supuesto. El joven fue condenado a una pena de tres años, por desobediencia al superior que le ordenaba vestir el uniforme y llevar a cabo las tareas propias del servicio. Una vez cumplida la condena, se le invitó de nuevo a cumplir sus obligaciones castrenses. Volvió a negarse y recibió una nueva condena. El proceso amenazaba con prolongarse durante casi veinte años, hasta el final de la edad teórica de prestación del servicio en filas -38 años-. Otros casos de testigos de Jehová se presentaron durante los sesenta, y se repitió el ciclo de las condenas encadenadas.

Los militares españoles advirtieron, tanto por su experiencia como por la situación en otros países, que se trataba de una actitud nueva pero auténtica: la disposición a pasar toda la juventud en la cárcel y el manifiesto pacifismo de los testigos de Jehová podía ser una posición no compartida, pero desde luego respetable. El tratamiento que recibían, debido al vacío legal, se consideró desproporcionado e incluso lesivo para los valores morales de la milicia. Aquellos jóvenes podían estar equivocados, pero mostraban un valor muy superior al de sus compañeros que realizaban el Servicio Militar. A finales de los años sesenta, los Ejércitos propusieron un primer reconocimiento de la objeción, limitado a motivos religiosos -los únicos que hasta

El Congreso de los Diputados fue escenario frecuente para la protesta juvenil contra el servicio militar obligatorio. Algunos se encadenaron a la vista del Parlamento.

entonces se habían presentado- y que supondría la realización de un servicio civil alternativo, cuya duración máxima sería el doble de la permanencia en filas de los mozos que realizaban el Servicio Militar. Un proyecto de ley en tal sentido fue aprobado por el Consejo de Ministros y remitido a las Cortes en 1970. Se produjo entonces uno de los raros casos de oposición al Gobierno por parte de las Cortes españolas, una cámara legislativa nombrada o condicionada por el poder, lo que limitaba la discrepancia a cuestiones menores.

A pesar de que el proyecto de ley contaba con el visto bueno de los tres Ejércitos y había sido aprobado por un Consejo de Ministros presidido por el mismísimo Franco, con el almirante Carrero Blanco como vicepresidente, tres ministros militares -uno por cada Ejército- y otro general en el Ministerio de la Gobernación -Garicano Goñi-, los procuradores en Cortes fueron más papistas que el Papa y rechazaron el proyecto. La influencia de generales retirados que eran procuradores resultó muy importante, sobre todo porque fueron apoyados por la ultraderecha. Al año siguiente, el Consejo de Ministros volvió a presentar otro proyecto de ley, algo más duro pero sustancialmente idéntico. Fue de nuevo rechazado, caso sin precedentes en todo el régimen de Franco y que, en términos políticos, situó a las Fuerzas Armadas y al propio Gobierno a la izquierda de las Cortes. Por fin, en 1973, las Cortes aceptaron un proyecto en el cual se tipificaba la objeción a la prestación del Servicio Militar como delito, castigado con penas que en tiempo de paz oscilarían entre tres años y un día y ocho años de prisión. La fórmula quedaba muy lejos de la propuesta militar inicial, pero al menos permitía evitar el despropósito de las condenas encadenadas. Todos los objetores que llevaban cumplidos tres años fueron puestos en libertad de forma inmediata y la pena se aplicaría siempre en su grado mínimo. No se estableció, en consecuencia, un servicio civil alternativo.

> **El primer caso de objeción de conciencia se dio en 1959. Un testigo de Jehová afirmó que sus convicciones le impedían realizar el servicio**

El autor tuvo ocasión, cuando realizó el Servicio Militar en 1974, de vigilar durante las visitas de sus familiares a dos jóvenes testigos de Jehová que permanecían en el calabozo, a la espera de juicio, y puede dar fe del espíritu pacífico y colaborador de todos ellos, así como de la evidente incomodidad que su caso producía en los mandos y la tropa. Por lo menos, el trato humano y el respeto no faltaban; las normas de reclusión y vigilancia se aplicaban con la mayor benevolencia posible, lo que era facilitado por la circunstancia de que no causaron nunca el menor problema. La verdad era que el soldado encargado de vigilarles ni siquiera tenía balas en el Cetme, como tampoco en las cartucheras, previsión habitual para evitar desgracias.

La objeción en la Constitución. La conciencia, incluso en las propias Fuerzas Armadas, de que la legislación era inadecuada, facilitó un nuevo cambio legal al establecerse la democracia. En diciembre de 1976, el primer Gobierno Suárez -con el teniente general Gutiérrez Mellado como vicepresidente para Asuntos de la Defensa- reguló por decreto la objeción por motivos religiosos y estableció un servicio civil de tres años de duración. Ello significó una vuelta al proyecto de 1970 rechazado por las Cortes. Dos años más tarde, la objeción fue recogida en la Constitución, lo que ocurría por vez primera. El artículo 30 dice lo siguiente: 1. Los españoles tienen el derecho y el deber de defender a España.

2. La ley fijará las obligaciones militares de los españoles y regulará, con las debidas garantías, la objeción de conciencia, así como las demás causas de exen-

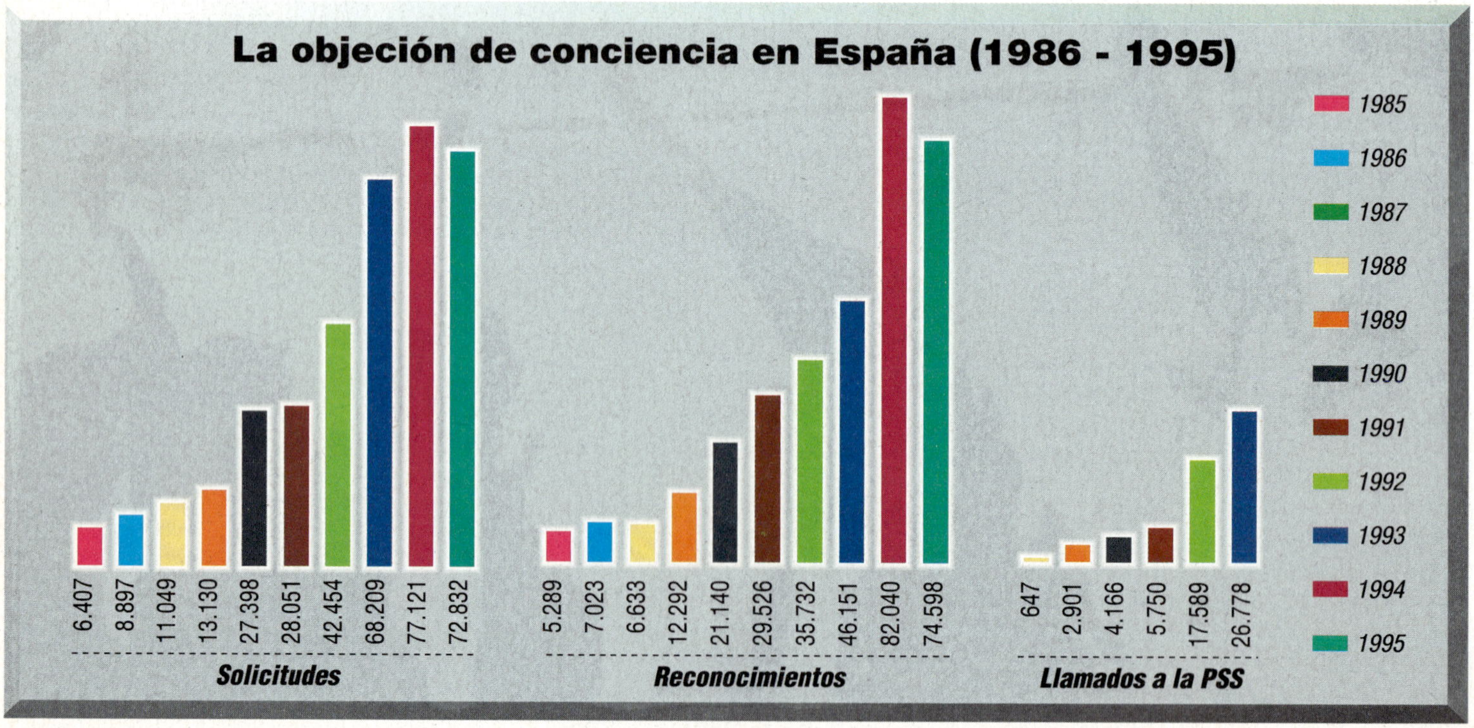

Las condiciones de vida durante el servicio militar retrajeron a muchos jóvenes. En la foto, un grupo de soldados descansa durante unas maniobras.

ción del servicio militar obligatorio, pudiendo imponer, en su caso, una prestación social sustitutoria.

La aprobación de la Constitución supuso, por tanto, la plena despenalización de la objeción de conciencia. A partir de ese momento, los mozos que se declararon objetores quedaron a la espera de la norma legal que regularía su situación. Esta norma se retrasó varios años, debido a la existencia de otras prioridades legislativas. El Decreto de 1976 había quedado superado, de acuerdo con una sentencia del Tribunal Constitucional que estableció la necesidad de una ley específica para regular la objeción. Esta Ley de Objeción de Conciencia no fue aprobada por las Cortes hasta diciembre de 1985. Durante los siete años que mediaron entre la Constitución y la Ley, sin embargo, apenas si hubo objetores. Su número total ascendió a 12.170, cifra inferior al 1% de los mozos llamados a la prestación del Servicio Militar. El Reglamento que reguló la Prestación Social Sustitutoria (PSS) se retrasó tres años más, hasta 1988, y fue entonces cuando la objeción empezó a crecer. Lo que hasta entonces había ocurrido, en la práctica, era que la declaración de objetor equivalía a no realizar servicio alguno. Por otra parte, la condición de objetor se reconocía a la práctica totalidad de los solicitantes. En un pequeño número de casos se aplazaba el reconocimiento, pero las solicitudes rechazadas fueron mínimas: apenas 30 entre 1978 y 1985 y porcentajes muy bajos en los años siguientes.

El Reglamento que reguló la Prestación Social Sustitutoria se retrasó hasta 1988, y fue entonces cuando la objeción empezó a crecer

La situación apenas sí cambió cuando la PSS empezó a aplicarse. En 1988 ya habían sido reconocidos, durante los diez años de vigencia de la Constitución, casi 30.000 objetores, pero los llamados a la PSS apenas fueron 647. Los porcentajes no experimentaron grandes alteraciones en los años siguientes. Prescindiendo incluso de los numerosos objetores pendientes, en 1989 los llamados a realizar la PSS equivalieron al 23,6 % de los objetores reconocidos ese año; en 1990, al 19,7 y, en 1991, al 19,5. Varias decenas de miles de objetores cumplieron la edad máxima para realizar el servicio -29 años- y fueron licenciados sin que hubieran tenido que realizar prestación social alguna. El progresivo desequilibrio entre plazas de la PSS y objetores dio lugar a que la mayoría de estos últimos se encontrasen en una situación similar. La alternativa real para los jóvenes, por lo tanto, no fue nunca entre el Servicio Militar y una Prestación Civil. Para la mayoría de los casos, la disyuntiva era el Servicio Militar o una probabilidad mayoritaria de no hacer nada.

A partir de esa constatación estadística, empezó a funcionar de manera progresiva la ley de la oferta y la demanda, o, si se prefiere, la estimación personal de ➳

coste-beneficio. Es probable que entre los objetores exista una parte que manifieste convicciones sólidas, pero la experiencia indica que el auge de esa actitud sólo tuvo lugar cuando su coste se redujo de forma considerable, hasta convertirse en un problema que la Administración del Estado no fue capaz de resolver.

En 1990 el número de solicitudes se dobló, lo que se debió con toda probabilidad al temor a tener que participar en la guerra contra Irak. Así lo prueba el hecho de que la cifra permaneció estable el año siguiente. El episodio tendría gran importancia por tres factores: el primero, que se propagó notablemente entre los jóvenes el recurso a la objeción, con lo que dejó de ser una actitud marginal para convertirse en una opción creciente, signo de identidad generacional, "a la moda"; el segundo, que comenzó la participación de unidades militares españolas en conflictos internacionales, hasta el punto de adquirir en 1992 un serio compromiso en Bosnia, que costó más de una docena de muertos y numerosos heridos, y cuyo riesgo evidente aumentó la reticencia a prestar el Servicio Militar; el tercero fue que el Ministerio de Justicia, incapaz de aplicar la PSS cuando la cifra de objetores era "manejable", quedó desbordado y aumentó el número de quienes no eran llamados a realizarla, lo que a su vez estimuló la objeción.

En 1991, el nuevo ministro de Defensa, Julián García Vargas, adoptó una política más severa, tras manifestar su convencimiento de que la mayoría de los objetores lo eran más de conveniencia que de conciencia. A demanda suya, el Ministerio de Justicia adoptó una actitud más estricta en el reconocimiento de la objeción -aunque en la práctica se tratase de aplazamientos que fueron reconocidos en los años siguientes, no de rechazos- y, sobre todo, aumentó el número de los llamados a realizar la PSS. En 1992 fueron ya 17.589 (el 49,2 % de los objetores reconocidos), y en 1993 ascendieron a 26.778 (el 58%).

En 1990 el número de solicitudes de objeción se dobló, lo que se debió al temor a tener que participar en la guerra contra Irak

Esa política frenó el crecimiento de la objeción: entre 1989 y 1993 las solicitudes se multiplicaron por más de cinco, al pasar de 13.130 a 68.209. En 1994 el crecimiento fue de sólo el 13 % -77.121- y en 1995 se

GUSTAVO GALÁN

Una protesta antimilitarista en Madrid. Eran los primeros años de la Transición.

registró por vez primera una disminución, del 5,5 %, hasta situarse en 72.832 solicitudes. Con toda probabilidad, no fue ajeno a este hecho la circunstancia de que ese año se alcanzó el porcentaje máximo de llamados a realizar la PSS: 54.139, equivalentes al 72,57 % de los reconocimientos.

Nunca ha podido llegarse, sin embargo, a la situación de que el reconocimiento de la objeción suponga la realización automática de la PSS. Por otra parte, esta última presenta algunas ventajas objetivas respecto al Servicio Militar. En primer lugar, suele representar un riesgo menor y, sobre todo, una menor responsabilidad, tanto por la no existencia de uso de armas o de manejo de elementos pesados, como por el sometimiento al Código de Justicia Militar. Según datos de 1993, sólo el 75% de los soldados cumplía la mili en su región, en tanto que el 98 % de los objetores realizaba la PSS no ya en su región, sino en su propio municipio. La mayor duración de la PSS -trece meses en lugar de nueve del Servicio Militar- queda compensada por la menor dedicación (de 35 a 40 horas semanales) y, en muchos casos, por la naturaleza menos exigente del trabajo. Además, es posible cumplir la PSS en organizaciones de voluntarios de libre elección, según la Ley del Voluntariado (enero de 1996).

La consecuencia de todo ello fue que, a comienzos de los años noventa, España se convirtió en el país de Europa -y probablemente del mundo, aunque no ha sido posible encontrar datos- con mayor porcentaje de objeción de conciencia en la juventud. Las encuestas muestran que el rechazo al Servicio Militar es mayor en los grupos de opinión que se consideran más alejados de los valores políticos tradicionales atribuidos a las Fuerzas Armadas. Las Juventudes del Partido Socialista fueron, a finales de los años setenta, las primeras en protagonizar acciones antimilitaristas. En la actualidad, los votantes de Izquierda Unida rechazan más el Servicio Militar que los del PSOE y los del PP, aunque la oposición se dirige más a la Defensa en general que a la "mili" propiamente dicha. Debe citarse, asimismo, que en 1994 el presidente de las Nuevas Generaciones del Partido Popular, Pedro Calvo, se declaró objetor.

La segunda motivación surgió en los nacionalismos, por rechazo a unas Fuerzas Armadas que son los Ejércitos de España y a quienes la Constitución encomienda preservar la integridad territorial. La crítica de grupos políticos como el Partido Nacionalista Vasco es, a este respecto, constante. De hecho, el País Vasco está a la cabeza en cuanto al porcentaje de jóvenes que se declaran objetores. Según los últimos datos disponibles, de 1993, el 55,5 % de los reclutas del País Vasco se declaraban objetores, seguidos por el 53,9 % en Navarra y el 43 % en Cataluña. Así como la izquierda no rechaza tanto la Defensa como un Ejército que consideran muy conservador, los jóvenes influenciados por el nacionalismo no están tanto en contra de las Fuerzas Armadas como de España.

Misiones como la de Bosnia volvieron a demostrar que el Ejército tiene poco que ver con la caricatura antimilitarista de que es víctima

La actitud de autoridades locales y de grupos sociales ha resultado asimismo muy importante, a los efectos de facilitar o de obstaculizar el cumplimiento de la PSS. La aplicación de esta última tiene dos problemas básicos: el económico y la disposición del suficiente número de plazas, que son proporcionadas por numerosas entidades públicas y organizaciones de voluntarios: desde la Cruz Roja hasta ayuntamientos. Según la Bolsa de Puestos de Actividad donde realizar la PSS, editada en diciembre de 1995, una provincia como Vizcaya, con más de un millón de habitantes y muy elevado porcentaje de objetores, sólo ofrecía 37 plazas, la mayoría de la Cruz Roja y prácticamente ninguna de entidades públicas locales. La que más se aproximaba era una en la Federación Vizcaína de Pelota Vasca. En Guipúzcoa las plazas eran 27, también la mayoría de Cruz Roja. Por el contrario, en Navarra se ofrecían 120 -muchas de ayuntamientos-; en La Rioja, con apenas un cuarto de millón de habitantes, 70, y en Teruel, una de las provincias menos pobladas de España, 47.

Por si no fuera suficiente, fue en el País Vasco donde comenzó la insumisión, es decir, los objetores que se negaban a realizar la Prestación Social Sustitutoria. Los primeros casos se dieron en 1989, y en 1993 el número de insumisos ascendía a 3.500, de los que 1.571 procedían del País Vasco y Navarra. Esta negativa constituye un delito y por ello los insumisos fueron condenados y comenzaron a cumplir penas de cárcel. Algunos jueces dictaron, en primera instancia, sentencias absolutorias, pero la polémica fue zanjada por el Tribunal Constitucional, por sentencia de 28 de marzo de 1996: "Con independencia del juicio de oportunidad que pueda merecer la pena que se asigna al objetor que se niega a realizar la prestación social sustitutoria -juicio que no compete a este Tribunal y sobre el que, por lo tanto, nada se afirma- no cabe sostener que atente contra el artículo 17.1 de la Constitución Española, en cuanto desproporcionada por innecesaria, ni la previsión de imposición de una sanción penal consistente en una pena privativa de libertad, ni su cuantía de dos años, cuatro meses y un día a seis años -disminuible en su esencia por la posible concurrencia del beneficio de la libertad condicional y de beneficios penitenciarios- ni, en fin, la de inhabilitación absoluta durante el tiempo de la condena para aquéllos que se oponen a la realización de una prestación de carácter social".

Todo el debate, sin embargo, se vio modificado sólo un mes más tarde, cuando el PP y CiU acordaron el establecimiento, a medio plazo, de un Ejército profesional. En 1991, con la sola oposición significativa de Izquierda Unida, el Congreso acordó un modelo mixto de Fuerzas Armadas, con mayor presencia de voluntarios pero con permanencia del Servicio Militar obligatorio, unos efectivos de 170.000-190.000 hombres y un gasto del orden del 2% del PIB. La mili se redujo a nueve meses efectivos por la Ley del Servicio Militar de 1991 y mejoraron de forma considerable las condiciones de su prestación. En el programa electoral de 1996, el PP incluyó una reducción del Servicio a seis meses, sin que ello respondiese a otro criterio que el puro electoralismo. La prueba de que fue así es que a las pocas semanas de ganar las elecciones se decidió, por interés de CiU, una medida tan drástica como la supresión total del Servicio Militar.

EUROPA PRESS

Una sentada juvenil antimilitarista en favor de la insumisión en una calle de Madrid.

Cabe referirse, por último, a los efectos de la objeción en los Ejércitos. Desde hacía decenios, los mandos militares sabían mejor que nadie la falta de adecuación del Servicio Militar a las expectativas de los jóvenes, lo que se debía básicamente a la carencia de medios económicos. Hasta finales de los años setenta, se palió con la realización de servicios paralelos, como los programas de alfabetización y de formación profesional. Pero esas Fuerzas Armadas mal dotadas y aburridas fueron capaces de cumplir su misión básica: la disuasión ante las posibles amenazas. Cuando fue necesario intervenir en Ifni, Guinea y el Sahara, el comportamiento de esa tropa de reemplazo fue extraordinario. Las misiones internacionales de los últimos años, como la de Bosnia, han vuelto a poner de manifiesto que los Ejércitos españoles tienen bien poco que ver con la caricatura antimilitarista de que a menudo son víctimas. El fuerte aumento de la objeción, así como la plena convicción de que se trató de un fenómeno estimulado por la inoperancia de la Prestación Social Sustitutoria, no dejó de ser visto con tristeza. Sin embargo, los jefes y oficiales que están en contacto directo con los soldados llaman la atención acerca de la sensible mejora de su disposición. A este efecto, la objeción supuso una criba beneficiosa. La mayor parte de quienes ahora juran defender la bandera saben, más que en ningún otro momento del último siglo, que lo hacen porque quieren, puesto que disponen de una alternativa que con frecuencia puede resultar más cómoda. Esa es la otra cara de la moneda de la extensión de la objeción de conciencia.

Los jóvenes se hacen

Paro y competitividad son sus peores problemas

En veinte años la juventud española ha dado un giro radical. Hoy es mucho menos utópica y más realista. La droga, el alcoholismo, el paro, el racismo se han incrementado, pero también ha aumentado entre ellos el sentido de solidaridad.

La relatividad del concepto de juventud ha sido bastante obvia hasta que la sociología americana, en los años sesenta, empezó a construir una definición casi exclusivamente basada en la edad. Esa sociología de la juventud se hizo analizando el tiempo de preparación para el empleo, la dedicación principal al estudio y esa moratoria de responsabilidad social que se concedía a cada vez más jóvenes y que, consecuentemente, definía sus actitudes y sus valores. La vida era una especie de escenario provisional, un laboratorio de experiencias donde parece que hubiera permiso para probarlo todo.

El corolario económico de esa permisividad fue la industria de consumo juvenil, la creación de un mercado conspicuo y que puso en manos de tantos jóvenes la oportunidad de significarse como tales en la moda, la música, los estilos de vida, hasta incluso crear un modelo humano que los adultos imitaban. Los sociólogos europeos, importamos la metodología americana , pero esa sociología que fue válida para los años sesenta, para los setenta, en unas circunstancias que favorecían la existencia de lo que yo he llamado "la adolescencia forzosa" (Dopesa, 1976) no es tan válida para los ochenta y menos para los noventa donde la edad ya no es tan determinante. La clase social, la situación familiar, la educación y sobre todo el empleo, o falta de él, empiezan a ser cada vez más determinantes de lo que piensan y hacen los españoles de 15 a 25 años.

"Es paradójico que esta juventud, que está más sana y mejor escolarizada que sus mayores, tenga, sin embargo, menos oportunidades laborales"

En los años ochenta empezaron a salir del sistema educativo generaciones más abundantes de jóvenes concebidos en los optimismos de los sesenta. Nunca ha habido tantos jóvenes en nuestro país ni los habrá en los próximos veinte años. Las españolas de hoy no tienen tantos hijos como sus madres. Son, con las italianas, las mujeres menos prolíficas del mundo entre otras razones porque tienen que compartir con los varones las carencias e incertidumbres del mercado de trabajo. Ya hacen falta dos ingresos para pagar las facturas de la mayoría de los hogares. El telón de fondo de la inseguridad laboral determina el comportamiento de los jóvenes y les hace más asustadizos, más conservadores.

Es paradójico. Esta juventud más abundante, más sana, mejor escolarizada que sus mayores tiene, sin embargo, menos oportunidades laborales. De ahí esa extraña combinación de celebración y desesperación, ese derroche de energías vitales y pasotismo de los que da muestra. Nunca como hasta ahora ha habido tantos creadores, tanta sensibilidad estética entre la juventud ni nunca se han dado tantos casos de abstencionismo, de autodestrucción.

El alargamiento de la edad para contraer matrimonio es un componente de esa nueva adolescencia forzosa que, esta vez, se subdivide en diferentes grupos. A pesar de que tienen cosas en común, sobre todo aspiraciones y modas, los españoles menores de veinticinco años se distinguen, sobre todo, por la clase social, por el origen familiar. Es verdad que todas las familias españolas, son el gran colchón amortiguador de la crisis económica, pero algunas están encantadas de tener a los hijos en casa hasta los 35 años y otras tienen que repartir con ellos escaseces. No hay que olvidar que, a primeros de 1996, los hogares españoles en donde ningún miembro de la familia trabaja son ya un millón.

Un reciente estudio realizado en la Comunidad de Madrid analiza a los jóvenes desde el punto de vista de las relaciones sexuales y sentimentales. En los años sesenta, con el descubrimiento de los anticonceptivos y la incorporación creciente de la mujer al estudio y al trabajo, se rompieron viejos moldes del cortejo, se entronizó el amor como fuente principal de gratificación privada y ellos y ellas devaluaron la virginidad. Ligar en América, en Europa, era una ocupación de ocio. Las españolas tuvieron que competir en ese terreno con las francesas y las suecas y empezaron a hacer cosas que sus madres y sus hermanas mayores jamás pensaron. Veinte años después las cosas han cambiado. Por una parte el espectro del sida lo condiciona todo. Por otra, las mujeres han ido averiguando que las reglas del mutuo disfrute favorecen a los varones. Por eso en ese estudio madrileño se documenta que la edad media de la iniciación sexual femenina ha ido descendiendo hasta los diecisiete años pero que ese primer encuentro tiene lugar casi exclusivamente con el novio, es decir, que forma

conservadores

Alberto Moncada

Sociólogo. Autor, entre otros libros, de "España americanizada"

parte de un compromiso. Los largos noviazgos vuelven a estar de moda sólo que ahora incluyen la sexualidad, y las familias, incluso las más conservadoras, no ven mal que las jóvenes parejas se vayan juntos de fin de semana o disfruten de la casa familiar cuando los padres no están. Alguna ventaja tenía que tener el desempleo.

Los escenarios del estudio y el trabajo, de la ocupación y la diversión se han hecho más clasistas. Los chicos y chicas ricos hacen "masters" e internados mientras los pobres tienen que interrumpir los estudios o hacerlos compatibles con las chapuzas y los oficios de temporada. La competencia es tremenda. En la Universidad de Madrid se ha comprobado que los estudiantes ya no se ayudan en los exámenes. Los niños y niñas pijos rehuyen la compañía de los comunes y las diversiones, que se hicieron bastante interclasistas en la "movida", recobran su carácter discriminatorio. Hay como una vuelta al elitismo original y la prueba es la organización del sistema educativo. Otro distintivo de los sesenta fue la apetencia de una escolaridad igualitaria. La plataforma para la enseñanza pública, compartida incluso por partidos y grupos no de izquierda, preconizaba una escolaridad pública de calidad, urbana e interclasista. Veinte años después aumentan las clientelas de una escolaridad privada.

EL MUNDO

La rebeldía no está muy en boga entre gran parte de la juventud española.

Los jóvenes españoles han incorporado a su modo y manera las características negativas de sus coetáneos. La expansión de la fiesta juvenil a la noche, el que en los fines de semana la "marcha" dure desde la medianoche hasta el día siguiente se ha convertido en una fuente de complicaciones y accidentes. Por lo pronto la precocidad en el acceso al alcohol y la omnipresencia de las drogas han creado un clima de violencia e inseguridad. Los jóvenes de clase media y baja se arremolinan en los polígonos de copas. La mezcla de alcohol, nocturnidad, malos coches y malas carreteras aumenta el índice de siniestralidad. Los accidentes son, con el sida, la principal causa de mortalidad juvenil y parece como si las generaciones jóvenes, que se sienten rechazadas por la cultura diurna del trabajo compensaran ese rechazo con su dominio de la gratuidad nocturna. España es también escenario de violencia juvenil. Hay quien la achaca a la desesperación del desempleo, a la ruptura del pacto de solidaridad nacional, al clima de competitividad feroz. Pero, por debajo de las nuevas razones, emergen las viejas. El racismo, la xenofobia, se hacen cruzada y diversión en los grupos que dan rienda suelta a sus convicciones y a sus frustraciones con el bate de béisbol, el cuchillo o la pistola. Los mayores echan de menos estructuras de integración y se duelen de que ni la política ni la religión lo sean. Los jóvenes pasan bastante de política aunque comienzan a no pasar de solidaridad. España tiene el índice europeo más alto de insumisos pero está a la cabeza de miembros de ONG. A los jóvenes españoles no les atrae la "mili" pero muchos se apuntan a pacifismos y ecologismos. Son las luces y las sombras de unas generaciones que viven en el periodo más largo de paz, en Europa y en España, del siglo XX.

Ninguna sociología de la juventud estaría completa sin una referencia a las mujeres, que hoy compiten ventajosamente con el hombre. Las jóvenes españolas estudian más y sacan mejores notas que los hombres. Se ha extendido la idea de que son más responsables y rinden más. Y eso que la mayoría tiene que hacer doblete hogareño porque el varón aún no es de fiar en casa. Las mujeres todavía no ocupan los ápices de poder pero están en ello y la solidaridad femenina es la fuerza de cohesión mayor de la sociedad contemporánea. El feminismo militante es hoy intergeneracional e interclasista y hasta la Iglesia católica ha tenido que reconocer que sus feligresas toman anticonceptivos y no son partidarias de castigar a las que deciden abortar voluntariamente. Hasta quieren tomar el poder eclesiástico y ser sacerdotisas y obispesas. Terminarán consiguiéndolo.

Del SECED al CE

La agitada historia del servicio español de inteligencia

El actual CESID, concebido por Gutiérrez Mellado tras las elecciones generales de 1977, tuvo como precedente el SECED, el Servicio Central de Documentación, dependiente del ex presidente Carrero Blanco.

Joaquín Bardavío

Andrés Casinello fue el hombre de confianza que Suárez, al llegar al poder, colocó en el SECED.

El teniente coronel José Ignacio San Martín había conseguido su objetivo al crearse el 3 de marzo de 1972 el SECED (Servicio Central de Documentación), dependiente de Presidencia del Gobierno. Tras las revueltas estudiantiles del célebre mayo del 68 en Francia, el ministro español de Educación, profesor Villar Palasí, que entonces estudiaba el japonés como su sexto o séptimo idioma y ascendía el color de su cinturón en judo, quiso contar con un servicio para evitar la subversión en medios universitarios. Hechas las consultas pertinentes, le encargó el trabajo a un militar, precisamente a San Martín, quien, desvinculado de su procedencia del Alto Estado Mayor aunque conectado con él, montaría el antecedente de lo que sería el SECED.

En conexión con diversos organismos del Gobierno y de la entonces Secretaría General del Movimiento se organizó la "asesoría" en un domicilio camuflado

SID

con gabinete de lectura, pensamiento y fondo documental, y se comenzó la tarea de reclutar informadores y coordinar los bedeles que, jubilados de la Guardia Civil, prestaban servicio en las distintas facultades o escuelas. Se tejió una red de infiltrados en grupos violentos o de simple oposición doctrinal y se impulsaron organizaciones adictas al franquismo como la ANUE (Asociación Nacional de Universitarios Españoles) con su revista del mismo nombre que camuflaba sus mensajes con concesiones progresistas en algunos asuntos culturales.

Efe

José Ignacio San Martín fue el responsable del SECED desde su creación en 1972 hasta enero de 1974.

En 1971, el antiguo servicio se reestructura y amplía a los sectores religioso, sindical e intelectual. Pasó a depender del Ministerio de Gobernación, cuyo titular, Tomás Garicano, no quiso despachar con San Martín y delegó la tarea en su subsecretario Santiago de Cruylles. Curiosamente, aquel montaje de información e inteligencia no sólo no despertaba apetencias de uso, manejo o ampliación de poder, sino rechazo en algunos miembros del Gobierno. De aquella época data el inicio del Plan Jano para realizar fichas y expedientes de 10.000 personas relevantes y que, como indica la alusión bifronte del personaje mitológico, se confeccionarían en sus dos “caras”, la pública y la privada. Se iniciaron relaciones con el exterior, aunque muy escasas, a través del recién creado SDEC (Servicio de Documentación Exterior y Contraespionaje) en contacto con DST de Francia y SID italiano.

La incomodidad de San Martín con su ministro Garicano -quiso ir de gobernador civil a Guipúzcoa y le vetó- y con otros titulares del departamento se vio altamente compensada con la creación del SECED, dependiente de la Presidencia del Gobierno y con despacho directo con el vicepresidente Carrero Blanco. El poder del teniente coronel se vio acrecentado a cotas más altas que las de su rango orgánico -director general- y entre sus planes inmediatos estuvo el del estudio de personas y su proposición para altos cargos, lo que le daba en potencia una enorme fuerza. Aunque varios ministros le tuvieron en la ignorancia o en el rechazo. Torcuato Fernández-Miranda, en la Secretaría General del Movimiento, se negó a su sugerencia para que nombrase a un cualificado militar como delegado nacional de la Juventud.

> “San Martín había conseguido su objetivo al crearse el 3 de marzo de 1972 el SECED (Servicio Central de Documentación), dependiente de Presidencia del Gobierno”

El SECED se estructuró con una organización visible con las secciones de Régimen Interior, Estudios e Información y Coordinación y Enlace con otros Organismos, sobre una gran base secreta con las divisiones de Información y Operaciones que contaba aproximadamente con una plantilla fija de 200 personas, 1.500 colaboradores directos, 3.000 indirectos y 500 informadores para atender las áreas laboral, religiosa, intelectual y universitaria. Un gabinete de acción psicológica completaba, en grandes líneas, el servicio, y estaba dedicado a asuntos doctrinales y colaboraciones en prensa, principalmente. La inteligencia exterior y la contrainteligencia eran cuestión de Alto Estado Mayor. Y se puso en marcha el Plan IRA -sobre irregularidades administrativas- u “Operación Escoba” para descubrir y perseguir la corrupción de políticos y funcionarios.

La promoción de Carrero a presidente del Gobierno aumentaría el poder de San Martín y el SECED, aunque por poco tiempo. El asesinato del almirante, el 20 de diciembre de 1973, descubriría su debilidad muerto su máximo valedor. Inmediatamente después del magnicidio, San Martín se pone a las órdenes del presidente en funciones Fernández-Miranda, quien no quiere saber de él y le indica que se ponga a las órdenes del ministro del Ejército. Elevado Carlos Arias a presidente, San Martín intenta que el SECED pase al Alto Estado Mayor porque ve peligrar su puesto y su obra. Fracasa y Arias le destituye el 17 de enero de 1974.

Le sucede en el cargo un militar “muy civil”, Juan Valverde, ex concejal del Ayuntamiento de Madrid, hombre simpatiquísimo que, siguiendo consignas, dejó languidecer el servicio. Y cuando Adolfo Suárez es nombrado presidente del Gobierno, coloca a un hombre de su confianza en el SECED, Andrés Casinello, aunque sin graduación suficiente -era comandante- como para tomar el mando. Tras las elecciones de 1977, Casinello es jefe interino del servicio, precisamente cuando Gutiérrez Mellado concibe el CESID, que se basaría en hombres del SECED y en la sección de información del servicio exterior del Alto Estado Mayor.

El centro nace junto con el nuevo Ministerio de Defensa, por Real Decreto que se desarrolla en otro del 2 de noviembre del mismo año. La vigilancia e información militar quedan expresamente fuera de sus cometidos. Andrés Casinello no puede ser el nuevo director general del centro porque, por el nivel orgánico del nuevo organismo, tendría que ser dirigido por un general, que lo sería el de brigada de Artillería Luis Bourgón. Son tiempos del inicio de la democracia y en el nuevo CESID pesa más su componente exterior y de contrainteligencia procedente del Alto Estado Mayor de la Defensa, que venía funcionando con eficacia superior a sus medios y que se pondría posteriormente bajo la jefatura del comandante Florentino Ruiz Platero, contrastado experto en contrainteligencia. El entonces teniente coronel Javier Calderón, uno de los militares más progresistas que recibió la democracia, fue nombrado secretario general. El centro, al que luego se le conocería por "La Casa", al principio es llamado "La Empresa".

El CESID nace en la rivalidad de los hombres y las filosofías de los dos grandes servicios que fusiona. Hay abandonos por nuevos destinos, y en aunar y recomponer las fracciones del nuevo organismo se le van a Bourgón los menos de dos años que estaría en el puesto. El servicio exterior funciona por la inercia y con impulso. El resto de la organización se resiente. Otro general, Gerardo Mariñas, toma el mando en junio de 1979 y, tras año y medio, le sucede el coronel de infantería de Marina Narciso Carreras, a quien le sorprende, y nunca mejor dicho, el intento de golpe del 23 de febrero de 1981. Las críticas contra el CESID son durísimas, pero

Fotos Efe

Alonso Manglano llegó al CESID tras el 23-F. A la izquierda, Javier Calderón, nombrado director por el Gobierno Aznar en 1996

se obvia algo fundamental: el centro tenía expresamente fuera de sus funciones la vigilancia e información sobre militares, lo que entonces correspondía a las secciones de información de Estado Mayor de las regiones militares. Mal podía controlar el CESID lo que en aquel tiempo reglamentariamente se le hurtaba. Bien es cierto que, además, fue presuntamente cortocircuitado desde dentro.

Tras la intentona, el nuevo presidente Calvo-Sotelo quiere potenciar el centro, especialmente en información interior y contrainvolución. Nombraría director general, a propuesta del ministro Oliart, a Emilio Alonso Manglano -aun cuando era teniente coronel-, quien se ganaría la total confianza de los socialistas tras su éxito electoral en 1982. A su propuesta se concentraron los servicios en un gran edificio con un coste superior a los tres mil millones de pesetas de aquel tiempo. El presupuesto se disparó, los medios se sofisticaron, el personal aumentó, los gastos reservados se multiplicaron. El servicio exterior fue potenciado hasta alcanzar altas cotas de prestigio internacional. En el interior, por desgracia, estalló el escándalo en 1995. El teniente general Alonso Manglano tuvo que dejar el centro, y el 7 de julio de ese año el Gobierno -quizá previendo su cese próximo- optó por nombrar una codirección provisional con el general de división Félix Miranda y con el jurídico de brigada Jesús del Olmo, quien a primeros de marzo de 1996 asumió en solitario, durante poco más de dos meses, la jefatura única tras cesar Miranda por motivos de incompatibilidad.

"El CESID nace en la rivalidad de las filosofías de los dos servicios que fusiona: el SECED y la sección de información del servicio exterior del Alto Estado Mayor"

En mayo de 1996, el Consejo de Ministros nacido de las elecciones que gana el Partido Popular nombra director general de "La Casa" al teniente general Javier Calderón. Su nombre se había barajado ya tras el cese de Manglano, lo que le señalaba como un profesional independiente. Experto en inteligencia, siempre fue considerado como una simbiosis equilibrada de talante civil y militar, conocido dentro y fuera del Ejército, a través de toda su carrera, como hombre abierto y firme defensor de los valores democráticos. Fue un destacado impulsor de la reforma de la enseñanza militar. "La Empresa" comienza una necesitada fase de reestructuración.

El transfuguismo echa raíces en la política

Piñeiro, Barreiro y Gomáriz: tres historias de cambio de partido

Fernando Bermejo

CARLOS MIRALLES

Nicolás Piñeiro, ataviado de castizo, haciendo campaña en favor del PRIM, partido que él fundó en 1988.

La jugada era la siguiente: a través de sendas mociones de censura en el Ayuntamiento y en la Comunidad de Madrid, el PP y el CDS desbancaban a los socialistas. La primera parte salió bien, y el centrista Agustín Rodríguez Sahagún cogía la vara municipal el 29 de junio de 1989, con lo que concluían diez años de gobierno socialista en la alcaldía de la capital. La segunda mitad del pacto resultó una pifia por mor de uno de los casos más sonados de transfuguismo político en la nueva democracia española.

El protagonista del inesperado cariz de los acontecimientos fue Nicolás Piñeiro, diputado de Alianza Popular en la Asamblea de Madrid que decidió fundar un nuevo partido -PRIM: Partido Regionalista Independiente de Madrid- en junio de 1988, de tal manera que restaba a la derecha un voto fundamental. Y así fue. En la moción de censura contra el presidente socialista Joaquín Leguina, en mayo de 1989, Piñeiro se abstuvo y la operación de derribo pergeñada por las fuerzas de centro-derecha quedó en nada. Leguina sobrevivió políticamente gracias a la maniobra de Piñeiro, quien desapareció progresivamente de la vida política hasta acabar postergado como concejal de la localidad madrileña de Algete.

TRAICIÓN A FRAGA EN SU FEUDO GALLEGO. Pero el transfuguismo político echó raíces. Prueba de ello fueron las numerosas promesas para combatirlo que los partidos incluyeron en la campaña electoral del 3 de marzo de 1996.

El caso de Piñeiro tuvo como precedente más notorio la actitud de Xose Luis Barreiro en Galicia. Este pontevedrés de Forcaeri traicionó al mismísimo Fraga en su tierra. Quien fuera vicepresidente de la Xunta por Alianza Popular decidió en 1986 dejar el partido para fundar Coalición Galega. El presidente Gerardo Fernández Albor tuvo que precisar del respaldo del nuevo partido para gobernar hasta que se consumó la traición: Barreiro le retiró el apoyo para dárselo al socialista Fernando González Laxe en la moción de censura que derribó al Gobierno de AP. Barreiro se convirtió entonces en vicepresidente bajo el mandato socialista. Pero los días felices no tardaron en torcerse: Fraga arrasó en las elecciones de 1989 y, en 1990, el Tribunal Supremo condenó a Barreiro a más de seis años de inhabilitación por un delito de prevaricación.

Con todo, los populares no tardaron en volver a tener motivos para el dolor de cabeza por la actuación de un hombre de la casa: Emilio Gomáriz en Aragón. El voto de Gomáriz abrió la puerta del Gobierno autonómico al socialista José Marco, que relevó de esta manera a Emilio Eiroa, líder de la coalición PAR-PP.

El beneficiario del voto tránsfuga fue, en este caso, el que salió peor parado. José Marco fue condenado el 22 de junio de 1995 a 13 meses de prisión menor y a seis años de inhabilitación por falsedad de documento y malversación de caudales públicos. La compra, con fondos de los contribuyentes, de un sillón que no llegaba a las 80.000 pesetas supuso el principio del fin de quien el tránsfuga Gomáriz fue principal valedor.

Divorcios, nupcias y bautizos de conveniencia

Enlace del barón Thyssen con Carmen Cervera y rupturas de Preysler con Falcó y Gonzalo de Borbón con Mercedes Licer

Jaime Peñafiel

El fin de la historia del último matrimonio de **Gonzalo**, el primito real, con la ingenua **Mercedes Licer** fue mezquino y cobarde. Al regreso de la joven de un viaje a Venezuela, se encontró con el domicilio conyugal desvalijado. No precisamente por los ladrones sino por su propio marido, que sólo le dejó la alianza sobre la cama. En esto el impresentable Gonzalo de Borbón fue respetuoso con la Ley. Ni por decisión judicial se puede embargar el lecho conyugal. Este desvalijamiento apareció fotografiado en el *Hola*, que había pagado la exclusiva siendo testigo de tal atropello.

Como el que no se consuela es porque no quiere, en este caso había razones para ello. **Carmen Harto**, la anterior "ex", declaró: "Entre mi matrimonio y el de Mercedes no hay ningún punto de similitud. Yo me fui de casa y me llevé mi maleta. Ella se ha encontrado, a su regreso, un piso vacío".

Peor lo tuvo el pobre **Carlos Falcó**, marqués de Griñón, y segundo señor de **Preysler**. Después del ridículo de las declaraciones conjuntas y las ruedas de prensa realizadas semanas antes para salir al paso de "tanta infamia y mentira" sobre una presunta relación adúltera de la marquesa con el ministro socialista **Miguel Boyer**, en este año de 1985 y con los calores del verano, el maltrecho matrimonio de los marqueses hace público un comunicado-tipo (posiblemente Isabel debe hacerlos con ciclostil) idéntico al que años antes utilizó para anunciar su ruptura con **Julio Iglesias**. Este se diferenciaba del anterior tan sólo en el nombre del afectado. Por lo demás, la redacción gramaticalmente era un desastre: "Hemos decidido hacer pública nuestra decisión, tomada hace ya algún tiempo, de separarnos legalmente...". Lo de "hace ya algún tiempo" debía referirse a cuando el buenazo de Carlos, todo un caballero español, se enteró de que su esposa no sólo no le quería, sino que le engañaba. Y lo supo la noche que, viendo la televisión en familia, en el hogar de Arga nº 1, al aparecer en la pequeña pantalla el ministro Boyer, la pequeña **Tamara**, hija de Carlos e Isabel, con la graciosa espontaneidad de los niños exclamó: "¡Mira, papá, ayer estuvimos mamá y yo toda la tarde en casa de ese señor!".

La "china" no se anduvo por las ramas y decidió poner a todos en la calle: a su marido, a los hijos de su

FOTOS: EUROPA PRESS

Carmen Cervera y el barón Thyssen sonríen momentos después de celebrarse su aristocrática boda.

marido y a los trofeos de caza del marqués que colgaban de las paredes de la casa. ¡Menudo cachondeo el de los empleados de la agencia de transportes que hacían la mudanza!

A pesar de haberlo negado, no tres sino trescientas veces, aquella misma noche, la noche del día en la que Carlos abandonaba el hogar, Miguel allí dormía.

- "No quiero negar que mi amistad con Miguel existe. Pido comprensión en este momento tan trascendental de mi vida".

El año 1985, que había iniciado su andadura con la trágica muerte en carretera de **Rocío**, la hija de **María Jiménez**, y cuatro jóvenes más, y se cerraba en noviembre con la muerte, también en carretera, de una hija de **Concha Márquez Piquer** y **Curro Romero**, se vuelve a vestir de luto en febrero, concretamente el día 19, con un extraño accidente aéreo. Se trata de un Boeing 727 de Aviaco que cubría el trayecto Madrid-Bilbao y que, al encontrarse a 30 kilómetros del aeropuerto de Sondica, dicen que se "estrelló" al "chocar" con el monte Oiz, de 1.026 metros de altitud. En el accidente perdieron la vida 138 pasajeros. Entre ellos, el ex ministro **Gregorio López Bravo**. España entera se conmueve, no tanto por la muerte del político, sino por la reacción de su viuda, **María de los Angeles Velasco**, y sus nueve huérfanos: "A mis hijos les pude dar la alegría de decirles: «Vuestro padre ya está en el cielo»".

Y esto, dicho en la portada de *Hola*, posando todos ante un gran cuadro del fallecido, al mejor estilo de la resignación cristiana predicada por **José María Escrivá**, fundador del Opus. Esta actitud chocaba con las declaraciones, más comprensiblemente humanas, de **Pilar**, la viuda del mecánico del avión **Gregorio Arroba**: "Ha sido algo horrible... No me lo puedo creer... Sigo pensando que esto es un sueño horrible".

En abril, la señora **Martínez**, la adúltera ex duquesa, tiene la niña que el duque nunca le pudo dar y sí el viejo anticuario **Rossi**. La bautizan con el nombre de **Cinthya Francisca**. Lo de Paca, por el bisabuelo, que también

Un instante de la solemne ceremonia, celebrada en el Congreso de los Diputados, en la que el príncipe Felipe juró la Constitución.

son ganas de recordar. **Massiel** y **Carmen Cervera** se casan en este verano de 1985. La primera en México, con **Pablo Lizcano**. Una exclusiva que me costó mis millones, ya que la adquirí para la revista que dirigía, en subasta con el *Hola* de Sánchez. La

Julio Iglesias y El Cordobés se emparentaron.

hoy baronesa lo hace con su barón en el condado de Gloucester: "Me caso con Carmen porque en ella he encontrado lo que no me dieron mis cuatro anteriores esposas: amistad, compañía y bondad". A su edad no podía pedir otra cosa. Y mucho menos dar que no fuera dinero.

En enero de 1986, Julito lleva a cabo una de sus paridas publicitarias. De repente, descubre que **Manuel Benítez, El Cordobés**, es su mejor amigo. Y como se encuentra en un momento bajo, anímica y artísticamente hablando, y su "ex" Isabel le está robando las portadas de las revistas con sus escándalos sentimentales, no se le ocurre otra cosa que ofrecerse para ser el padrino del último hijo de Manolo. Para darle mayor exotismo, se lo monta en Bahamas, su paraíso fiscal. La iglesia es la de San Francisco Javier, de Nassau. El oficiante fue un simpático sacerdote de color, el reverendo **Moss**, quien impuso al pequeño el nombre del padrino, padrino que ha debido olvidarse ya de su ahijado. La plática del oficiante no tiene desperdicio: "No conozco a ninguno de los dos; ni al padre ni al padrino. Porque aquí no hay torero y, por otro lado, porque el señor Iglesias no ha venido ni un solo día a misa en el año que lleva viviendo entre nosotros".

El **príncipe Felipe**, XXV Príncipe de Asturias, alcanza la mayoría de edad en 1986. Con tal motivo, jura la Constitución en una solemne ceremonia que tiene como escenario el Congreso de los Diputados. Su padre, el **Rey**, le impone el collar de la Orden de Carlos III y le regala un Seat Ibiza.

En este año, los reyes de España realizan su primer viaje oficial a la Inglaterra de la **reina Isabel**. En el transcurso de esta visita fue cuando la impresentable **princesa Diana**, todavía alteza real, dijo delante de los Reyes y en público: "Yo, de España, sólo conozco el *Hola*". Con tan sólo este bagaje "cultural" la muchacha no podía acabar de otra manera que como acabó: con las bragas en la mano.

El año no podía terminar mejor, aunque luego se vería que mejor hubiera sido que no. Que a causa de los Juegos Olímpicos y la Expo de deudas estamos llenos. Eran las 13,30 en todos los relojes de Suiza del 17 de octubre cuando **Juan Antonio Samaranch** -el marqués sin grandeza de España, que esa es su espina- pronunciaba, con emoción y musicalmente, las nueve letras, una a una, de un nombre mágico que todos los españoles esperaban: B-a-r-c-e-l-o-n-a, como sede de los Juegos de 1992.

Imagen de los cadáveres de los jesuitas de la Universidad Católica Centroamericana (UCA) el 16 de noviembre de 1989. Murieron el rector Ignacio Ellacuría y otros cinco compañeros: los españoles Segundo Montes, Ignacio Martín Baró, Amando López y Juan Ramón Moreno, y el salvadoreño Joaquín López, así como la cocinera del centro Elsa Julia Ramos y su hija Celina, de 15 años. El Gobierno salvadoreño de Cristiani amnistió en 1993 a los autores de la matanza.

Tenían que morir

José Mª Martín Patino

Seis jesuitas, profesores de la Universidad Católica Centroamericana (UCA), yacían asesinados en la madrugada del 16 de noviembre de 1989.

Los "defensores del orden" no soportaron la verdad sobre la realidad social de El Salvador. Y ellos -encabezados por Ignacio Ellacuría- se habían identificado con esa verdad. En el marco de una guerra civil, la verdad no tiene sitio. Se prefiere la exclusión y hasta la ocultación de la realidad.

La Universidad, como cualquier otra institución, puede servir a unos intereses o a otros. El saber puede descubrir la verdad o encubrirla y oprimirla. Este equipo de profesores de la UCA se comprometió con el rigor de su conocimiento, que les llevaba a contemplar la realidad humana desde el reverso de la Historia, no sólo desde el "ser", sino también desde el "no-ser". Se hicieron cargo de la realidad y cargaron con ella. Fueron consecuentes con su fe evangélica y con su vocación intelectual hasta la sumersión en la realidad crucificada del pueblo salvadoreño. Podrá discreparse de sus ideas, pero resulta imposible dudar de su autenticidad. Los asesinos cargaron su muerte de elocuencia.

PRÓXIMO CAPÍTULO: **EL MAYOR GOLPE POLICIAL A ETA**

LA DETENCIÓN DE LA DIRECCIÓN ETARRA EN BIDART. LA AUDIENCIA NACIONAL Y SU LUCHA CONTRA EL TERRORISMO. CAE EL MURO DE BERLIN. **ESCRIBEN:** RICARDO ARQUES, BALTASAR GARZÓN, FELIPE SAHAGÚN, ANTONIO BURGOS.

1975-1995. Veinte años de nuestra vida

• HISTORIA DE LA DEMOCRACIA •

{CAPÍTULO 42}

En esta villa -"Etxea Maitia"- de la localidad francesa de Bidart fue detenida la cúpula de ETA, con "Pakito" al frente, el 29 de marzo de 1992.

EL MAYOR GOLPE CONTRA ETA

Fue todo un éxito policial, un éxito del Ministerio del Interior, con Corcuera al frente. En la operación participaron todos los que luego se harían tristemente célebres: Vera, Roldán, Rodríguez Galindo... Fue un golpe a la cabeza de ETA, que cayó en redondo, junto con un arsenal de documentación que desactivó numerosas operaciones terroristas programadas. Los máximos dirigentes fueron detenidos, entre ellos "Pakito", que bajo una cara de niño escondía un corazón de hielo. España recibió una sensación de alivio en el año 1992, el de las grandes fiestas.

El éxito policial de Bidart alivió el año de los fastos

El 29 de marzo de 1992 la Policía francesa remató el mayor golpe a la banda terrorista

Y Pakito también?". El ministro Corcuera inquirió por tres veces para convencerse de la buena nueva que le estaba dando Luis Roldán, el responsable de la Guardia Civil: el colectivo Artapalo de ETA había sido detenido en una villa de Bidart (suroeste francés). El golpe había sido diseñado años atrás por Rodríguez Galindo.

Ricardo Arques

Cuando Luis Roldán, director general de la Guardia Civil, informó a José Luis Corcuera sobre la caída de la cúpula de ETA en Bidart, el ministro preguntó por tres veces: "¿Pero Pakito también?".

Eran las 18.41 horas de la tarde del 29 de marzo de 1992. En tan sólo nueve minutos se había resuelto una operación planificada durante más de tres meses. En ese tiempo, el intercambio de llamadas telefónicas entre Madrid, San Sebastián, Bayona y París se había convertido en una actividad frenética, pero aun así, el ministro del Interior seguía preguntando incrédulo: "¿Pero Pakito también?".

Francisco Mujika Garmendia, "Paco" y "Pakito"; José Luis Alvarez Santacristina, "Txelis", y José Luis Arregi Erostarbe, "Fiti", el colectivo Artapalo de ETA, es decir, su dirección, habían caído en manos de la Policía francesa en la villa "Etxea Maitia" de Bidart.

Los "hombres araña" de la RAID -agentes especiales de asalto- acababan de culminar una operación dirigida por Roger Boslé, el coordinador de la lucha antiterrorista en Francia, y Regis Abribat, el comisario de la Policía Judicial en la Antena de Bayona. Aunque, realmente, la captura de la cúpula etarra había sido diseñada y auspiciada años atrás por el coronel de la Guardia Civil Enrique Rodríguez Galindo.

Más que nadie, al ministro Corcuera le preocupaba Francisco Mujika Garmendia, por eso le preguntó a Roldán por tercera y última vez antes de convencerse: "¿Y Pakito también?".

Dos razones motivaban la insistencia del máximo responsable del Ministerio del Interior español. La primera: Mujika Garmendia, el hombre sobre cuyas espaldas recaía el gran peso de la actividad terro-

EFE

La matanza de 21 civiles en el Hipercor de Barcelona (20 de junio de 1987) suscitó el primer comunicado de Herri Batasuna que condenaba una acción de ETA.

rista de ETA, se había revelado escurridizo como una anguila para la Policía. La segunda: 1992, con la Exposición Universal de Sevilla y las Olimpiadas de Barcelona en el horizonte inmediato, suponía una prueba definitiva para el relanzamiento internacional de la imagen de España. Atrapar en la misma redada a "Pakito" junto a sus lugartenientes en la dirección de ETA, "Fiti" y "Txelis", era como acertar en el mismo centro de una diana.

Los militares pasaron a encabezar las listas negras de ETA, que culminó su estrategia con un espectacular y sangriento atentado en la plaza de la Cruz Verde de Madrid al paso de una unidad

Con todo, aún existían más razones para pensar que se había logrado un pleno. Los actos del V Centenario del Descubrimiento de América y la capitalidad de la Cultura europea instalada en Madrid, otorgaban al año de 1992 mayor carácter de fecha emblemática. Por eso, ETA y el Estado se enfrentaban tal vez en el mayor pulso de la Historia. Si España estaba jugándose el prestigio en el escaparate internacional, ETA conseguía con ello la mejor baza para lograr su objetivo prioritario: la negociación.

En la práctica, el aviso fue tan claro que superó la teoría especulativa de los movimientos. ETA comenzó 1992 como la etapa más sangrienta de los últimos años.

Un comando "itinerante" encabezado por José Luis Urrosolo Sistiaga, "Demonio", estaba haciendo estragos en la costa mediterránea. Los militares pasaron a encabezar las listas negras de ETA como objetivos prioritarios y la organización culminó su estrategia con un espectacular y sangriento atentado en la plaza de la Cruz Verde de Madrid al paso de una unidad del Ejército.

Sin que la sociedad presintiera ruido de sables, García Vargas tuvo que actuar como ministro competente para pedir calma en la institución. El mismo presidente González se reunió con la Junta de Jefes de Estado Mayor con igual propósito, aunque implícitamente disfrazado en forma de agradecimiento por no caer "en la provocación etarra".

La captura de la cúpula etarra fue un balón de oxígeno para el Gobierno en un tercio de año de continuo azote terrorista. Y, entre la dirección capturada, estaba el "número uno".

"Pakito" reflejaba en la cara lo que no llevaba en el alma. Rubio, con flequillo de colegial y aspecto aniñado, escondía bajo esa imagen un corazón de acero. Solamente sus ojos azul de hielo transmitían a través de la mirada fría una personalidad forjada sin sentimientos.

LARRY MANGINO

ETA culminó su estrategia con el atentado en la plaza de la Cruz Verde de Madrid (arriba) el 6 de febrero de 1992. El ministro de Defensa García Vargas (debajo) impone una condecoración a una de las víctimas.

ALBERTO F. DE AGUIRRE

GARCÍA FRANCÉS/COVER

"Primero dispara y después pregunta", una de las máximas de "Pakito" cuando lideraba la banda terrorista (en la imagen, una rueda de prensa de ETA).

Su liderazgo en ETA dejó dos máximas como impronta: "Primero dispara y después pregunta" era una de ellas. La otra: "Hacer el mayor daño posible con el menor riesgo posible". Su mandato en la organización auspició, por eso, el uso de los coches-bomba como arma frecuente de los terroristas.

¿Pero quién era este joven líder de una organización que ponía constantemente en jaque al Estado?

Francisco Mujika Garmendia, nacido en el caserío "Toki Alai" (Lugar Alegre) de la localidad guipuzcoana de Ordizia, comenzó a militar en ETA desde muy joven y su trayectoria estuvo ligada a los grandes procesos evolutivos de la organización.

El proceso de Burgos contra ETA en diciembre de 1970 impulsó definitivamente a Francisco Mujika Garmendia a la militancia activa

Electricista de profesión, callado, solitario y observador; siempre desconfiado, incluso de sí mismo, el proceso de Burgos contra ETA celebrado en diciembre de 1970 le impulsó definitivamente a la militancia activa en las filas de la organización.

La decisión estaba compartida con sus amigos, una cuadrilla de Ordizia que se autobautizó con el nombre de "Oiangu". Ingresaron todos ellos en bloque: Koldo Iztueta, Tanque Arua-barrena, Juan Ramón Aramburu, José Miguel Goiburu Mendizábal, Jon García y Jokin Pérez de Viñas, aunque estos dos últimos pronto abandonaron.

En cuanto a sus propósitos, el ingreso en ETA estuvo más ligado al fracaso que al éxito. La organización vivía en aquellos momentos enredada en una fuerte convulsión interna que desembocó en la V Asamblea y la división en cuatro grupos: político-militar, militar, obrero y cultural.

"Pakito" se integró, junto con Iztueta y Aramburu, en el bloque político. No fueron años de actividad armada, y Mujika ni siquiera participó en los robos -una fotocopiadora en el seminario de San Sebastián y una multicopista en el colegio de Beasain- que protagonizó su comando.

La estructura nacida de la V Asamblea no lograba poner fin a los movimientos de discrepancia interna en la organización. "Pakito", Iztueta y Aramburu huyeron entonces por primera vez a Francia tras la captura de su compañero Serrano Izko por la Policía. Pero Mujika regresó al País Vasco en 1973, después de que ETA asesinara al almirante Carrero ➳

Blanco, para hacerse cargo de la infraestructura y los comandos en la zona de Mondragón.

En la segunda y definitiva huida al santuario francés de Iparralde, "Pakito" se volvió a encontrar con una ETA dividida y ahogada en una profunda crisis interna. El atentado contra la cafetería Rolando de Madrid y los muertos indiscriminados provocados por la acción estaban aflorando las diferencias entre los polimilis (de ETA político-militar) y los milis (de ETA militar) y sus dos formas de interpretar la lucha armada.

Mujika Garmendia lo vio claro y se integró en los grupos "bereziak" (comandos especiales) de los polimilis, un sector que diez años más tarde acabaría dirigiendo el destino de la organización.

Pero aún quedaba mucho camino para llegar a una ETA unificada como la actual. Entre la dirección política de ETA (p-m) y los "bereziak" surgieron pronto las tensiones, sintetizadas en acusaciones de indisciplina y de quedarse con dinero.

Las diferencias se centraron en la figura de Eduardo Moreno Bergaretxe, "Pertur", el líder de los políticos más significado dentro de ETA (p-m).

Este grupo iniciaría una andadura delictiva que acabaría por abocarle a su propia desaparición. Utilizaron los secuestros como la principal arma de sus acciones. En enero de 1976 tomaron como rehén al industrial Arrasate, a quien acabarían liberando tras enconadas discusiones que marcaban cada vez más las diferencias entre las ramas política y militar dentro del grupo.

Pero el secuestro de Angel Berazadi, empresario y militante del PNV, forjaría su ruptura total. La llamada "dirección ampliada" de ETA (p-m), un órgano de consenso del que formaba parte Mujika Garmendia, decidió asesinar al industrial al ver que no se cumplían las exigencias económicas. Suponía un aviso para dar ejemplo, y el cadáver de Berazadi apareció con un tiro en la nuca en la cuneta de una carretera.

F. Mujika Garmendia, "Pakito".

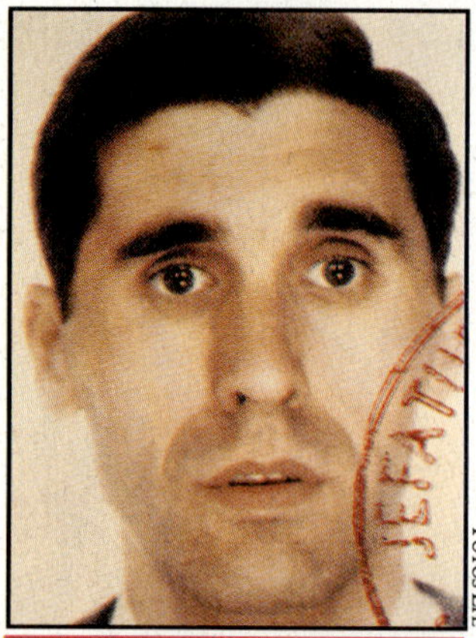

Jose Luis Urrusolo Sistiaga

FOTOS EFE

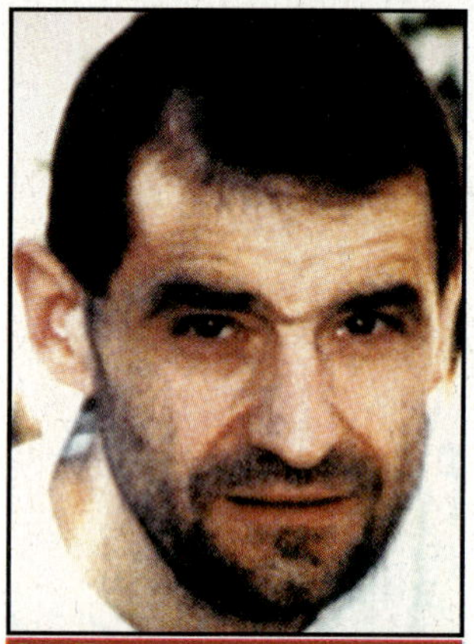

Josu Ternera.

María Dolores González, "Yoyes."

Eran los prolegómenos de la VII Asamblea y la culminación de un proceso de discordia que desembocó irremediablemente en la ruptura. Un sector de ETA abandonó las armas y se integró a la actividad política con la fundación del partido Euskadiko Ezquerra. "Pakito" y los "bereziak" prosiguieron la actividad armada fusionándose finalmente con ETA militar.

"Soy de ETA y vengo a matarte", advirtió "Kubati" antes de descerrajar tres tiros a "Yoyes" cuando paseaba con su hijo en Ordizia

Ya en la VI Asamblea de la organización se había vivido un ambiente borrascoso. Pese a las acusaciones de "liquidacionismo" esgrimidas por los "bereziak", triunfaron las tesis de "Pertur", quien abogó por una clara separación entre la organización política y militar y la creación de un partido que actuara en Euskadi como motor de masas.

Se fundó EIA, el embrión de HB, pero "Pertur" no llegó a verlo, ya que Eduardo Moreno Bergaretxe murió asesinado por sus propios compañeros. Alguien le vio vivo por última vez el 23 de julio de 1976. Aquella noche le acompañaban Francisco Mujika Garmendia, "Pakito", y Miguel Angel Apalategi, "Apala".

Las disensiones en ETA siempre han traído un mal presagio. "Quienes abandonan son traidores y ETA tomará medidas contra ellos". Esta es la clara advertencia que lanzó públicamente José Antonio López Ruiz, "Kubati", cuando el 20 de diciembre de 1990 era juzgado en la Audiencia Nacional de Madrid.

"Kubati", que tras su captura se limitó a no reconocer a los tribunales españoles y no declarar en los juicios a los que era sometido, aprovechó esta ocasión para romper su silencio y enviar el mensaje.

Tres magistrados de Sala enjuiciaban al etarra por la muerte de María Dolores González Cataraín, "Yoyes", una ex dirigente de la organización huida a México que regresó a España tras acogerse a las medidas de reinserción habilitadas por el Gobierno.

Un mal ejemplo que la dirección de ETA decidió cortar de raíz.

A Francisco Mujika Garmendia no le tembló la mano cuando José Antonio Urrutikoetxea Bengoetxea, "Josu Ternera", dio la orden de asesinar a su antigua compañera, ni tampoco la voz al dar su consentimiento.

"Pakito" y "Yoyes" habían nacido y crecido en Ordizia. Militaron juntos en ETA e incluso un miembro de la cuadrilla "Oiangu", Juan Ramón Aramburu, fue quien creó el comando en el que se integró "Yoyes" junto a Bixen Mujica y Ana Zurutuza. "Paco" estaba entonces integrado en otro talde del que también formaba parte un hermano de María Dolores González Cataraín.

Con todo, "Pakito" fue implacable; tan duro y frío como la mirada azul de hielo que vencía a su apariencia de colegial.

El 10 de septiembre de 1986, Miguel Angel Latasa Getaria, "Fermín", marcaba a la víctima y "Kubati" ejecutaba la orden de asesinato. "Soy de ETA y vengo a matarte", advirtió antes de descerrajar tres tiros a quemarropa que acabaron con la vida de "Yoyes" cuando paseaba con su hijo de la mano por la plaza de Ordizia.

"Kubati" pagaba a "Yoyes" con la moneda de la muerte por su abandono y escribía con sangre la respuesta de ETA a quienes tuviesen tentaciones de renuncia.

Pero toda moneda tiene dos caras, y en el revés aparecían acuñados los efectos que provocaban estas medidas de disuasión y fuerza. Como sucedería nueve meses más tarde con el atentado de Hipercor. Con esa acción quedó demostrado que las divergencias en ETA y su entorno sobre la dirección que tomaba la lucha armada estaban latentes.

Veintiún muertos civiles, provocados por un coche-bomba colocado el 20 de junio de 1987 en el aparcamiento del supermercado en Barcelona, abrieron las fisuras. HB emitía tras la tragedia un comunicado en el que, por primera vez, condenaba una acción de ETA. "Mostramos nuestra más enérgica crítica a este tipo de atentados", decía públicamente la coalición abertzale.

La nota de HB tras Hipercor abría, por fin, el punto de inflexión entre los partidarios de la violencia indiscriminada e irracional de ETA y los que comenzaban a cuestionarla desde dentro de la propia coalición como un instrumento válido para sus objetivos políticos.

Importantes sectores del Movimiento

FOTOS EFE

En la imagen superior, un policía francés da el visto bueno a la operación de retirada de la maquinaria pesada encontrada en Bidart. Debajo, la juez Laurence Le Vert llega al caserón para inspeccionarlo.

de Liberación Nacional Vasco (MLNV), el conglomerado político donde se integran organizaciones como HB y ETA, apostaban por una negociación rápida y definitiva con el Estado. La negociación en sí misma ha constituido siempre el objetivo prioritario de ETA, pero el problema que plantea en su entorno ha sido la forma de abordarla. ¿En qué condiciones habría que instrumentar esas conversaciones y quiénes deberían ser los interlocutores del Estado? Y una cuestión con idéntico fondo se ha suscitado en la parte contraria: ¿Sobre qué coyuntura puede sustentarse una negociación con ETA?

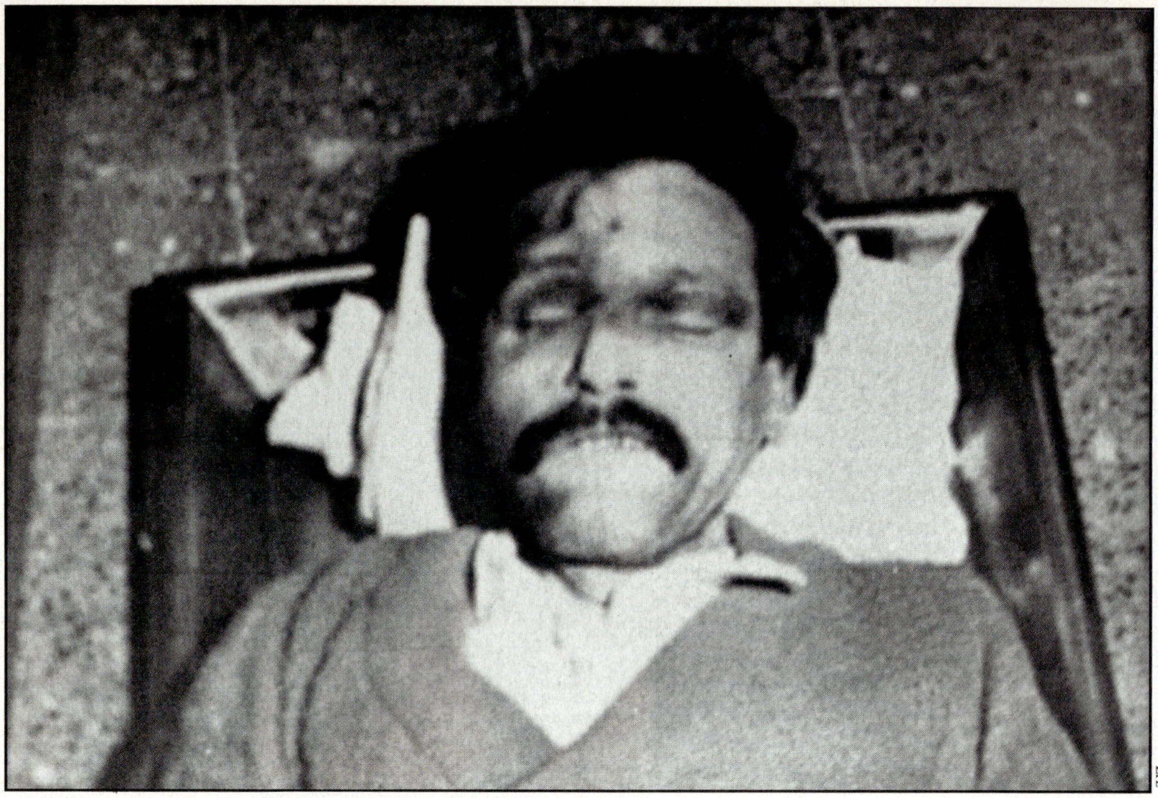
EFE

Cadáver del etarra Domingo Iturbe Abasolo, "Txomin", tras el accidente fortuito que sufrió en Argelia el 3 de julio de 1987.

Las respuestas se encuentran encerradas hasta ahora en un callejón sin salida por posiciones en teoría inmovilistas. Si el Estado (a través del Gobierno) ha exigido como condición indispensable una tregua de ETA en sus acciones antes de cualquier movimiento, la organización terrorista sólo contempla el cese de atentados en caso de que se llegara a acuerdos concretos.

Argelia enmascaró la muerte de "Txomin" como accidente de tráfico para ocultar la presencia de los dos etarras más buscados por la Policía

Sólo el intento de las conversaciones de Argel, en enero de 1989, pudo acabar con esta dinámica. Pero aquellos contactos desembocaron en el fracaso.

El contacto político entre el Estado y ETA ha provocado no pocas fricciones en ambos lados. Las tensiones fueron patentes en la época en la que el Ministerio del Interior se encontraba bajo el mandato socialista.

El secretario de Estado para la Seguridad, Rafael Vera, trazó toda suerte de puentes hacia la organización terrorista para sondear su estado de ánimo de cara a hipotéticos acuerdos de paz. Por contra, otros sectores, como el encabezado por el entonces delegado del Gobierno en el País Vasco, Julen Elgorriaga, consideraban "totalmente erróneas" las posiciones de Vera. "Al enemigo, ni agua", resumía Elgorriaga para significar que los contactos con ETA provocaban "aumentar las expectativas de los terroristas" como único resultado.

Las fisuras en torno a esta cuestión tampoco han sido ajenas en el seno de ETA.

El 3 de julio de 1987 la organización perdía a Domingo Iturbe Abasolo, "Txomin", el líder más carismático de su historia, con capacidad para aglutinar a todos los sectores de la organización.

Una pregunta de muy difícil respuesta ha surgido desde la muerte de "Txomin" el 3 de julio de 1987: ¿Quién manda en ETA?

"Txomin" murió en Argelia en un accidente fortuito mientras trabajaba en la construcción de una vivienda donde se alojarían nuevos elementos de ETA llegados al país magrebí. Las autoridades argelinas, interesadas en ocultar a las españolas la realidad de ETA en su país, acabarían disfrazando aquella muerte mediante una rocambolesca historia a la que dieron carácter de versión oficial.

De acuerdo a ella, "Txomin" perdió la vida en accidente de tráfico. Lo que se pretendía ocultar era la presencia en territorio argelino de Ignacio Arakama Mendía, "Makario", y de Belén González Peñalba, entonces los miembros de ETA más buscados por la Policía por los asesinatos que ambos habían perpetrado desde las filas del "comando Madrid". La desaparición de "Txomin" cambió el destino de la organización. Ninguno de sus sucesores (como "Txkierdi", "Josu Ternera", "Pakito"...) consiguió su carisma. Una pregunta de muy difícil respuesta ha surgido desde su muerte: ¿Quién manda en ETA?

•ENSAYO•

Frente al terrorismo

Los problemas de la respuesta judicial a ETA

Uno de los jueces que se ha distinguido por la persecución de todo tipo de terrorismo, afirma aquí la necesidad de entender el fenómeno para erradicarlo, desde la formación de un frente común y con el principio de respeto a la legalidad.

Baltasar Garzón

Juez central nº 5 (Audiencia Nacional)

En este análisis quiero ofrecer una visión de conjunto que permita obtener las claves de reflexión sobre un fenómeno que lacera a la sociedad española, comprometida frente al mismo, pero sobre el que, cuando se trata de solucionar, se cometen errores, no siempre inevitables por los responsables de la política antiterrorista, o por parte de los que investigan y enjuician los hechos, e incluso por los que informan al ciudadano.

Las cifras del terrorismo de todo tipo en España, sin incluir el de generación árabe o internacional, nos ponen frente a la cruda realidad de los últimos treinta años:

a) 4.570 acciones violentas; de ellas 3.110 de ETA; **b)** 921 muertos; de ellos 772 de ETA y 76 de GRAPO; **c)** 2.213 heridos; de ellos 1.904 de ETA y 128 de GRAPO. No obstante, el hilo conductor de mi exposición va a ser ETA.

Hoy no puede hablarse de ETA como de una mera organización que ejecuta actos delictivos para subsistir. Este sería un análisis muy simplista. Por el contrario, ETA forma parte de un entramado político estratégico encuadrado en el MLNV (Movimiento de Liberación Nacional Vasco), que incluye estructuras políticas como, por ejemplo, Herri Batasuna, que a través de decisiones de su Mesa Nacional fija actuaciones y finalidades comunes con la organización terrorista; u otras organizaciones como Jarrai, que en forma organizada con otros grupos de apoyo patrocina el ejercicio de la violencia callejera; y otras organizaciones como el sindicato LAB, los comités abertzales socialistas (ASK), que impulsan y coordinan los diversos grupos, asociaciones, etc., dedicados a la defensa de las reivindicaciones sectoriales con el fin de atraer a grupos sociales hacia el MLNV; EGIZAN (organización feminista), AEK (órgano de enseñanza de Euskera), EGUZKI (grupo dedicado a la reivindicación ecologista, antinuclear y anticapitalista), Gestoras proamnistía y ASKAPENA (grupo de solidaridad), que forman la llamada Koordinadora Abertzale Socialista (KAS), dirigida en forma mancomunada por un reducido número de personas y la dirección de ETA. Este entramado se proyecta en una dirección: lograr, mediante la acción política y violenta, los puntos fundamentales de la alternativa KAS. Es decir:

-La amnistía total e incondicional.

-La salida de las Fuerzas Armadas Españolas de Euskalherria.

-La autodeterminación del País Vasco. Todo ello con la dirección de una organización de vanguardia que ejerce la lucha armada -terrorista- y que está rígidamente jerarquizada y aplica un férreo control sobre sus miembros y demás sectores del MLNV. El organismo máximo está constituido por una dirección colegiada, identificada durante mucho tiempo como "Artapalo", cuyos componentes toman las decisiones de consuno, aunque con distribución de funciones -comandos ilegales, aparato de mugas, comandos legales, aparato internacional, de refugiados, de explosivos, etc...-, diseñando las acciones por medio de campañas y desplegando una compleja trama de infraestructura, colaboradores y financiación económica a través del llamado impuesto revolucionario que genera las ganancias suficientes para financiarse e invertir a través de complejos mecanismos de blanqueo de dinero.

"Algunos miembros del Poder Ejecutivo, en aras a una mal entendida razón de Estado, han utilizado métodos ilegales para combatir el terrorismo"

No debe olvidarse el aparato de propaganda, que utiliza como portavoz, siempre y en todo caso, un mismo medio de comunicación: el periódico *Egin*; como tampoco el bloque de presos que constituye una de las preocupaciones fundamentales de la organización, que en reiteradas ocasiones ha hecho objetivo de sus acciones criminales a los funcionarios de prisiones llegando incluso al secuestro de un funcionario, Ortega Lara, para chantajear al Gobierno y forzarle a concluir la política de dispersión.

Frente a este complejo entramado, la respuesta estatal se produce desde diferentes ámbitos: el legislativo, el policial, el judicial y el político, aparte de la propia respuesta de la sociedad. España, tanto en dictadura como en democracia, ha afrontado el terrorismo con excepcionalidad. Desde la regulación del Código de Justicia Militar o el decreto-ley de 1975, pasando por las leyes de 1978 y 1980 o la ley orgánica de 26 de diciembre de 1984 hasta la reforma ➛

de mayo de 1988 y, de alguna forma, el Código Penal de 1995, se ha buscado más la eficacia que el respeto a la legalidad ordinaria y a la constitucional. En cada momento se ha buscado la acomodación que imponía la intensidad de la acción terrorista (ETA, GRAPO, extrema derecha...). Así, hemos pasado de la jurisdicción militar a la ordinaria sin solución de continuidad y modificando las normas generales de competencia para adjudicársela a la Audiencia Nacional.

Por otra parte, y utilizando normas coyunturales, y en gran medida contrarias a la legalidad, se ha exacerbado el ámbito de aplicación del artículo 55.2 de la Constitución española y se han fijado unos límites tan amplios a determinados derechos que prácticamente los han hecho desaparecer o los han mermado sustancialmente en su eficacia, hasta que se ha dado entrada a una normativa "ordinaria" que, a pesar de todos los esfuerzos, aún limita tales derechos.

De alguna forma se ha vivido en los últimos treinta años bajo una legislación de emergencia para combatir al terrorismo, legislación que ha buscado castigar más por el autor que por el hecho cometido, dando entrada a formas repugnantes de derecho penal de autor. Buen ejemplo de este tipo de legislación y de aquella limitación son las normas que han regulado: a) la detención, que ha llegado a ser prorrogable hasta diez días; b) la asistencia letrada con imposición de abogado de oficio y limitación de entrevistas; c) la posibilidad de practicar intervenciones telefónicas y entradas y registros sin previa autorización judicial; d) la incomunicación cautelar -Sartre la llamaba "fuente de toda violencia" y por ello aconsejaba desconfiar de ella-; todo esto ha dado lugar a una imposibilidad objetiva de control, que apenas fue atenuada por el Tribunal Constitucional cuando declaró parcialmente inconstitucional la ley 9/84, de 26 de diciembre, que propició la tortura y los malos tratos tantas veces denunciados y que van más allá de constituir una mera estrategia de la organización terrorista.

> "La respuesta policial frente al terrorismo en bastantes aspectos no ha sido ni es todo lo eficaz que se desearía. Ha faltado dirección y coordinación"

El Poder Ejecutivo se ha visto desbordado en su capacidad de aguante y reacción, y algunos, en aras a una mal entendida razón de Estado, han utilizado métodos ilegales pra combatirlo, pretextando que España se encontraba en una situación crítica y desesperada que justificaba el uso de cualquier arma frente al terrorismo.

Parece claro que, si esto se acepta, se confunden las esferas legal e ilegal en una sola que se ubicará siempre bajo la rúbrica de la arbitrariedad y la excepcionalidad -"la necesidad no conoce ley"- y permitirá actos que, al socaire de la seguridad del Estado y la defensa nacional, conceptos bastante devaluados, se traducirán en una violación masiva de normas básicas que regulan la convivencia humana en una sociedad democrática y que protegen derechos fundamentales y repudian el hecho de tener que pisar sobre cadáveres en beneficio del Estado.

> "Hemos de ser honrados con nosotros mismos y reconocer que los jueces no han tenido un papel excesivamente activo hasta 1987"

Pero lo más grave de esta situación es que el ciudadano va a aceptar la dicotomía perversa del terrorismo bueno (amparado en las estructuras del Estado) frente al malo (el de la organización terrorista normal) y va a desear incluso que aquél acabe con éste, y la única repulsa que va a experimentar será cuando la acción no haya sido eficaz. A su vez, a los causantes del fenómeno esta actitud les va a permitir defender que el consentimiento popular a esa violencia ilegal les otorga el derecho a ejercerla.

Con esta posición -bastante clara en parte de la sociedad española- se deslegitima la esencia de un Estado democrático y de Derecho y de alguna forma se participa en la justificación de aquella conducta. El ejemplo lo tenemos en los llamados Grupos Antiterroristas de Liberación (GAL); el respaldo social a su actuación cuestiona, como dice Ignacio Sotelo, los propios cimientos sobre los que se levanta el Estado democrático y olvida que el esclarecimiento de los hechos es el único pasaporte para acabar con cualquier otra forma de terrorismo.

La respuesta policial frente al terrorismo en bastantes aspectos no ha sido ni es todo lo eficaz que se desearía. Con carácter general puede decirse que ha evidenciado una falta de visión global del fenómeno y una ausencia reiterada y llamativa de dirección y coordinación de las acciones. Lo normal será la ausencia de comunicación y de información entre los distintos cuerpos competentes (Policía, Guardia Civil y Ertzaintza), lo que ha dado lugar a que informaciones sensibles o documentaciones intervenidas a la organización terrorista hayan sido "sustraídas" de la circulación de información que en teoría debe existir entre los diferentes cuerpos, tanto en sus estructuras políticas como técnicas.

Ausente toda idea de coordinación desde arriba, ha arraigado el corporativismo y la compartimentación de la información, de modo que se han solapado investigaciones o, incluso, se han filtrado las de otros cuerpos para abortar líneas de investigación. Bastantes veces los funcionarios se han visto frustrados cuando, tras meses de trabajo, todo lo conseguido se ha ido al traste por una indiscreción o por celos entre jefes. Es decir, no ha existido ni existe una auténtica comunidad de inteligencia, ni unos archivos centrales, ni una disposición común de información, lo que hace que sistemáticamente haya de acudirse a cada uno de los cuerpos policiales para poder conseguir la realidad del supuesto. Pero es que tampoco existe un archivo informático que reúna los datos policiales y judiciales de las personas relacionadas con el terrorismo, con lo que se conseguiría mucha mayor eficacia.

Otro elemento negativo es que los medios económicos dedicados a la lucha contra el terrorismo no siempre han sido suficientes ni han llegado a su destino, o se han cubierto con ellos otras atenciones, y tampoco se ha desarrollado una preparación técnico-científica en los funcionarios que impida cualquier tentación de acudir a las vías de hecho y que favorezca la aportación de elementos de prueba, piezas de convicción, etc., en forma adecuada y cumplidora de las normas básicas de las leyes procesales y sustantivas. Por el contrario, la mayoría de las veces la falta de los requisitos mínimos de garantía va a hacer muy difícil la incriminación y el enjuiciamiento.

No menos críticas ha de recibir la actuación judicial en la investigación de los delitos de terrorismo y sus conexos. Hemos de ser honrados con nosotros mismos y reconocer que los jueces, en esta materia, no han tenido un papel excesivamente activo hasta

1987. Me explico. El juez de Instrucción, en la gran mayoría de los supuestos -cosa normal en cualquier juzgado- se ha limitado a ratificar el atestado policial, y el tribunal, a conceder eficacia a las meras declaraciones policiales y elementos aportados por la fuerza instructora.

Asimismo, como norma general, se ha rechazado cualquier elemento perturbador del procedimiento, principalmente las alegaciones de torturas o malos tratos. Du-rante mucho tiempo, se ha tenido una actitud pasiva contra los potenciales abusos que proporcionaba la legislación antiterrorista ya mencionados. Probablemente, de haber existido la conciencia de respeto a la legalidad y no sólo de culto a la eficacia, se habrían evitado muchos excesos. Esta realidad se tuvo en cuenta por el TC cuando en 1987 declaró inconstitucionales algunos artículos de la ley orgánica de 26 de diciembre de 1984.

Es asimismo cierto que jueces y fiscales no han querido comprometerse en la exigencia de control y eficacia de la acción policial, permitiendo que los responsables políticos y policiales marginaran de cualquier investigación la acción judicial de control durante la actuación policial. Lo normal era que el juez se enterase cuando el comando estaba detenido y se le utilizaba para "legalizar" las actuaciones.

Es cierto que ha reinado el desinterés, asociado probablemente al riesgo y miedo a comprometerse. Ello justificaría la falta de impulso de las investigaciones una vez que los detenidos han sido puestos a disposición judicial y la falta de control de las intervenciones telefónicas y las actividades policiales atentatorias a otros derechos fundamentales. No recuerdo que se haya aplicado positivamente en ocasión alguna la ley de "habeas corpus" y casi en ningún caso se han incorporado a la fase de juicio oral las investigaciones telefónicas.

A partir de 1987, una serie de circunstancias hace que se judicialice la actividad investigadora en delitos de terrorismo. Algunos jueces y fiscales comienzan a entender que la línea de actuación no puede ni debe ser pasiva y salen de sus despachos para trasladarse a Francia en cumplimiento de comisiones rogatorias -el primero que lo hace es Carlos Bueren con motivo de la "Operación Sokoa"-, teniendo que soportar a veces con sonrojo las "acusaciones" de es-tar persiguiendo delitos políticos, hasta que en 1989, durante un interrogatorio de San-tiago Arróspide Sarasola, "Santi Potros", por el juez Legran en presencia de la fiscal Carmen Tagle y de mí mismo, pusimos so-bre la mesa del magistrado francés un dossier con más de cuatrocientos asesinatos y atentados cuyo autor intelectual podía ser el mencionado responsable de los comandos ilegales de ETA. El examen de ese dossier cambió el semblante al magistrado que, un tanto estupefacto, comentó: "En Francia no se conocía esta ETA". ¿De quién era la responsabilidad? ¿O era una actitud de desinterés sobre un problema que nunca se tuvo como propio?

EFE

La fábrica Sokoa era utilizada como arsenal por ETA. El juez Carlos Bueren viajó a Francia para investigar.

Antes, en 1988, se produce un acontecimiento judicial importantísimo en la Audiencia Nacional que va a influir decisivamente en todas las actuaciones judiciales posteriores y que iba a poner a prueba la fortaleza de las propias estructuras democráticas del Estado. Me refiero a la investigación sobre los GAL.

Se reveló así que la Audiencia Nacional también podía hacer frente a estas investigaciones en las que todo o casi todo se iba a tener en contra; pero además produjo un efecto importantísimo: abrir definitivamente las puertas a la colaboración judicial francesa en materia de terrorismo etarra, actividad que poco a poco se ha ido consolidando como consecuencia de las buenas relaciones personales y ha producido éxitos importantísimos en la lucha contra ETA que, aunque no son noticia de prensa, han desplegado sus efectos calladamente, como debe ser.

En el camino se nos ha quedado alguna compañera y otros han sido mutilados; por ello, este puñado de profesionales merece el respeto ciudadano y es necesario afirmar la necesidad de la Audiencia Nacional como instrumento adecuado, siempre que se incluyan las necesarias reformas para continuar desarrollando un papel eficaz que contribuya a la erradicación del terrorismo y a combatir el crimen organizado.

Tanto o más decisiva es la labor de los grupos políticos a través de los pactos de Ajuria Enea y Madrid, presentando un frente común a los terroristas pero, a la vez, tendiendo la mano a la posibilidad de una solución final dialogada que pasaría por la entrega previa de las armas y un sometimiento a las normas del Estado.

En cualquier caso, se ha de estar preparado para que el fenómeno continúe y ello no debe sino reafirmarnos en que la única forma de contestar al terrorismo es el principio de respeto de la legalidad, la coordinación policial y judicial -nacional e internacional-, el repudio social frente a este tipo de delincuencia y la solidaridad con las víctimas de la misma.

El mundo tras la caíc

La Europa central y oriental vuelve a crecer. El declive ruso ha tocado fondo

Felipe Sahagún

Diseñar nuevos mapas e imaginar nuevas geografías lleva tiempo. Aunque los satélites y la televisión global hayan comprimido el tiempo histórico, siete años no es nada para una transición entre dos sistemas como la que se vive desde el 89.

El fin del mundo bipolar sorprendió a todos. El sistema que se derrumbó con el muro de Berlín en noviembre del 89 y la ruptura de la URSS a finales del 91 había resistido varios bloqueos, un peligro cierto de guerra nuclear por Cuba, las guerras de Corea y Vietnam, cinco grandes confrontaciones árabe-israelíes, la descolonización, la coexistencia, la distensión, una costosísima carrera de armamentos y el "imperio del mal" de Reagan. El final del sistema soviético -lo que el historiador británico Garton Ash denomina "refolución" por estar a medio camino entre la revolución y la reforma- se debió a una combinación de causas estructurales y coyunturales.

Entre las primeras destacan el fracaso económico, el desafío de la llamada "guerra de las estrellas", la presión del Vaticano y de algunas iglesias protestantes, el efecto de la información occidental y los movimientos disidentes fortalecidos por el proceso de Helsinki. Entre las causas coyunturales sobresalen la personalidad de Mijail Gorbachov, la explosión nacionalista y accidentes como el de Chernobyl.

Casi siete años después de la caída del muro y en el quinto año de la nueva Rusia, las consecuencias positivas, si exceptuamos los Balcanes y la guerra de Chechenia, superan con creces a las negativas.

El mapa continental, aunque lentamente, se va rehaciendo. Las "economías de guerra", aunque de forma muy desigual, van convirtiéndose en economías de mercado. Los sistemas políticos autoritarios dominados por los partidos comunistas han dejado paso a un arcoiris en el que empieza a brillar la democracia parlamentaria en Europa central, sobreviven los presidencialismos autocráticos sobre fachadas parlamentarias en Europa oriental, el Báltico, Ucrania, Bielorrusia y Rusia, y se han consolidado autocracias unipersonales en casi todas las demás ex repúblicas soviéticas.

El mal llamado retorno de los ex comunistas al poder por las urnas se explica por los sacrificios que están exigiendo las reformas económicas y políticas. A expectativas tan exageradas sólo podían seguir grandes frustraciones. La ayuda exterior soñada y solicitada va llegando a cuentagotas. Los mejores profesionales, ejecutivos y gestores sólo podían estar, salvo excepciones, en los antiguos partidos comunistas.

Tan superficial como la visión de los ex comunistas cabalgando de nuevo en el Este es la visión de su fracaso tras los resultados de las últimas semanas en las elecciones de la República Checa, Rusia y Mongolia -en las tres perdieron los comunistas- o en la nueva Constitución aprobada a primeros de julio por el Parlamento de Ucrania.

Los nuevos dirigentes son, en su mayor parte, como nos recuerda Vaclav Havel, "personas que han roto con el pasado". Sus éxitos en las urnas se deben, sobre todo, a lo que Garton Ash llama "el empobrecimiento miserable" de la región. Siete años de inflación de dos y hasta de tres dígitos liquidaron los ahorros. Las privatizaciones esquilmaron al Estado y destruyeron empleo. Con el debilitamiento de las viejas policías, las mafias se apoderaron de muchos países.

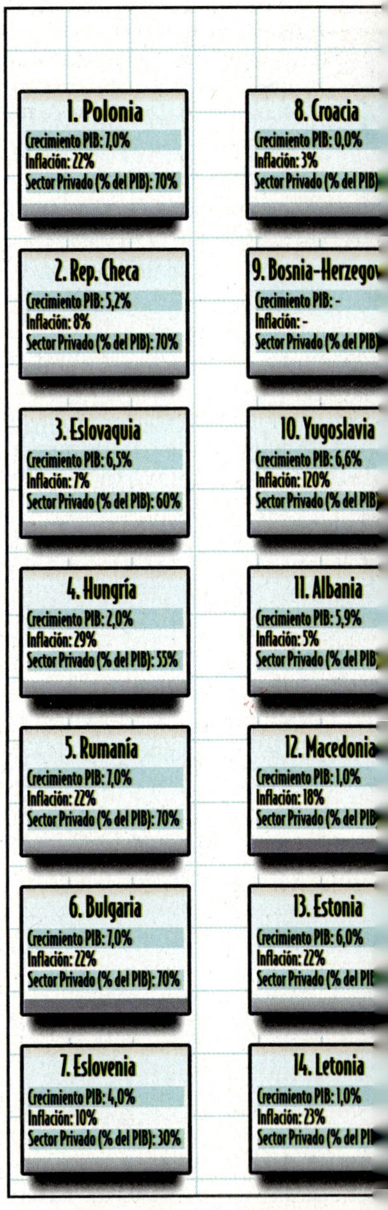

La desmembración de la antigua Unión Soviética tras la caída de los comunismos. Sobre la ex República Democrática de Alemania no existen datos después de su reunificación con la República Federal. Todos los países de la órbita soviética obtuvieron su libertad en el año 1991 , salvo Lituania, que consiguió la independencia antes, en 1990.

A pesar de todo, el 80% de la población del Este responde en cada encuesta que prefiere la economía mixta al sistema de planificación central anterior. En Europa central y oriental, la inmensa mayoría quiere entrar cuanto antes en la Unión Europea y en la OTAN. Aunque la microeconomía ofrezca datos muy pesimistas, las cifras

del muro de Berlín

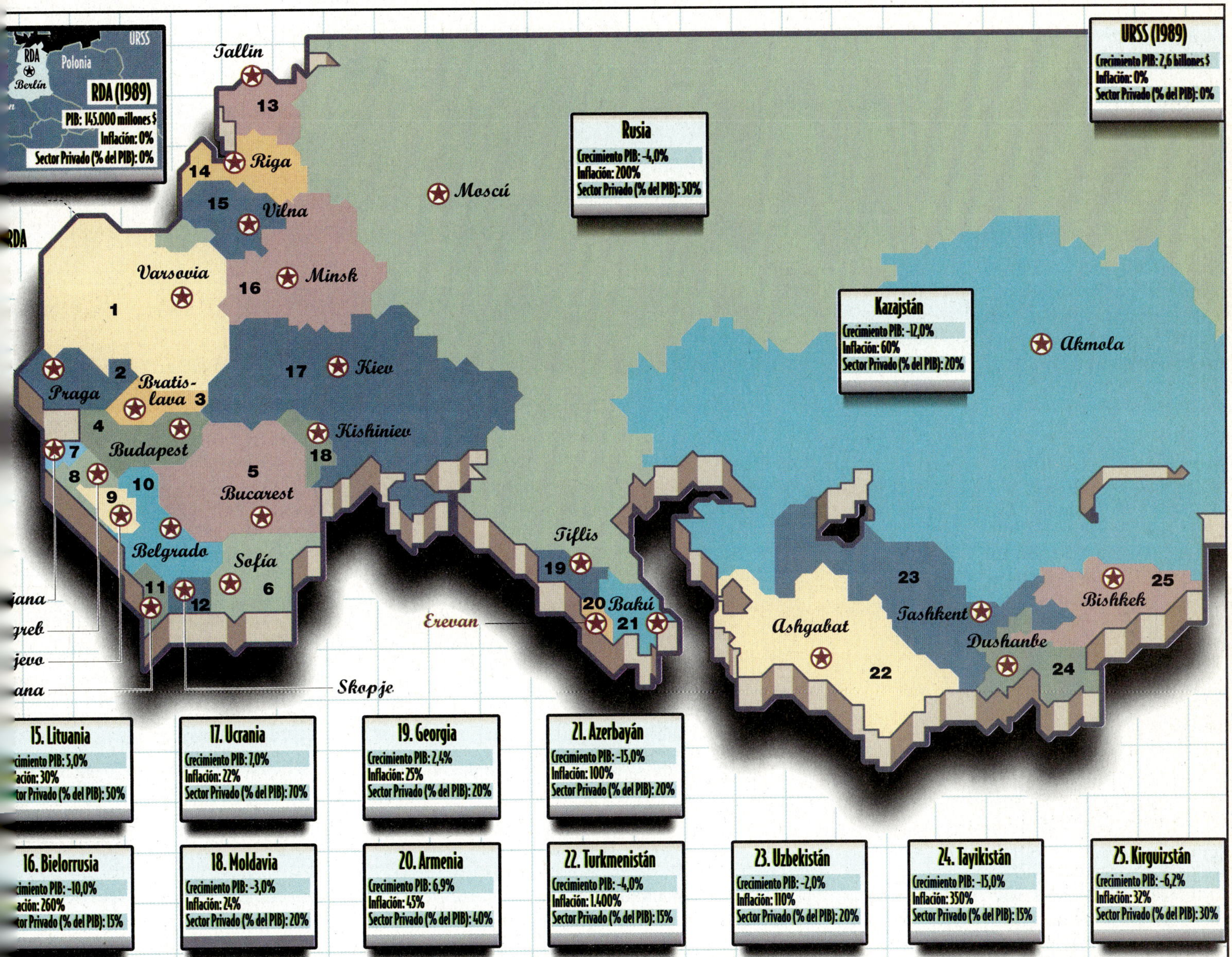

F. J. Alvarez. Fuente: The Wall Street Journal

macroeconómicas alumbran ya luces al final del túnel.

Los países de Europa central y oriental vuelven a crecer. El declive en Rusia parece haber tocado fondo, pero queda aún mucho por hacer. Un dato como botón de muestra: los países que más se han recuperado (Polonia y Eslovenia) han alcanzado este año la producción que tenían en el 89. El PIB de Rusia todavía es la mitad, aproximadamente, del de 1989, cifrado entonces en unos 2'6 billones de dólares, casi el doble que el de la RFA y el tercero más importante del mundo tras los EEUU y Japón.

El mundo bipolar no volverá. Si el siglo XX fue el siglo de los EEUU, los primeros siete años del nuevo siglo indican que el XXI será mucho más estadounidense todavía. "La hora de Europa" proclamada por el luxemburgués Jacques Pool en el 91 fue, para desgracia de los europeos, un espejismo que la guerra de Bosnia se encargó rápidamente de corregir.

1987

Los calendarios de 1985-86, publicados en el fascículo nº 40

ENERO

Detenido el comando Madrid. El comando Madrid de ETA es desarticulado el día 16 al detenerse a seis de sus miembros. Durante los disturbios de la huelga de enseñanzas medias, una estudiante resulta herida de bala El día 19 muere el escritor Gerald Brenan.

FEBRERO

El "cojo Manteca". La huelga estudiantil es la principal noticia de este mes: el joven apodado "cojo Manteca" se hace popular durante los incidentes entre los jóvenes y la Policía. El día 7, Antonio Hernández Mancha alcanza la presidencia de Alianza Popular, y el día 24, Angel Suquía la de la Conferencia Episcopal tras cinco votaciones. El artista Andy Warhol muere el día 22.

Angel Suquía, recién nombrado.

FOTOS EUROPA PRESS

MARZO

Surge la "perestroika". El término ruso "perestroika", que sintetiza la línea reformista de Gorbachov en la URSS, se pone de moda.
El día 2, el dirigente etarra "Txomin" Iturbe muere en Argelia.
El día 30 comienza el juicio de la colza.

ABRIL

Conflictividad laboral. Las jornadas de huelgas se multiplican en Iberia, Renfe, sanidad, transportes, etc.
El presidente Felipe González se ve obligado a proponer un pacto sobre las huelgas.
El día 11 se realiza una redada antidroga con más de 700 detenidos (Amparo Muñoz, entre ellos).

MAYO

Conversaciones de Argel. El Gobierno envía a Rafael Vera a Argel el día 5 para contactar con representantes de ETA.
El día 15 fallece la actriz Rita Hayworth y, el 29, el joven Mathias Rust aterriza en la Plaza Roja de Moscú después de burlar el sistema de vigilancia.

JUNIO

El PSOE retrocede. En las elecciones municipales, autonómicas y en las primeras europeas se registra la victoria del PSOE, aunque retrocede en número de votos. El día 19, atentado de ETA en el Hipercor de Barcelona: 15 muertos y 35 heridos.
En este mes muere Andrés Segovia y Jesús Gil llega a la presidencia del Atlético de Madrid.

JULIO

El aterrizaje de KIO. El grupo inversor kuwaití KIO inicia sus inversiones en España al comprar el 15% de ERT, el 5% del BBV y el 2% del Banco Central. El día 9 muere el poeta Gerardo Diego. En Riaño se suicida un vecino el día 11 por la amenaza de la construcción de un embalse.

En la primera reunión de este tipo a la que acudía, Mario Conde (el segundo por la izquierda) es felicitado por los presidentes de la banca privada.

AGOSTO

Guerra, zarandeado. El vicepresidente del Gobierno Alfonso Guerra es zarandeado el día 17 en La Coruña por trabajadores de Sidegasa. El director de cine estadounidense John Huston muere el día 28.

SEPTIEMBRE

Incendio en los Almacenes Arias. Diez bomberos perecen el día 4 al intentar sofocar el incendio en los populares Almacenes Arias de Madrid. El día 18, Washington y Moscú acuerdan por primera vez destruir arsenal nuclear.
La peste equina obliga al cierre de las fronteras españolas.

OCTUBRE

Cae la Bolsa. La caída de más de 500 puntos de la Bolsa de Nueva York provoca inmediatamente fuertes descensos en las Bolsas españolas: el día 29, la de Madrid pierde 22 enteros.
El empresario venezolano Gustavo Cisneros vende Galerías Preciados a Mountleigh por 20.000 millones de pesetas.

NOVIEMBRE

El ascenso de Mario Conde. A la par que el Banco de Bilbao lanza una OPA hostil sobre Banesto, Mario Conde es nombrado presidente de esta última entidad.
Los "Albertos" se convierten en los primeros accionistas del Central.

DICIEMBRE

Incendio del "Casón". 23 personas mueren en las costas gallegas al incendiarse el día 5 el mercante panameño "Casón".
Gorbachov y Reagan firman el día 9 el primer acuerdo sobre desarme.
El día 11, atentado de ETA contra la casa cuartel de Zaragoza: cinco niños entre los once muertos.
El día 12 comienza la "intifada" en Israel.

1988

ENERO

Pacto por la paz. Todas las fuerzas políticas vascas, excepto HB, firman un pacto contra la violencia de ETA. El día 21, los bancos Bilbao y Vizcaya anuncian su fusión. Estados Unidos comienza este mes las pruebas de la "guerra de las galaxias".

FEBRERO

Anguita toma el poder. Julio Anguita es, desde el día 21, nuevo secretario general del PCE en lugar de Gerardo Iglesias. Tras la reanudación de las conversaciones de Argel entre Julen Elgorriaga y Antxon Etxebeste, Alfonso Guerra anuncia la ruptura de los contactos con ETA a raíz del secuestro, el día 24, del empresario Emiliano Revilla.

Julio Anguita y Gerardo Iglesias.

MARZO

Golpe al IRA en Gibraltar. Tres miembros del IRA resultan muertos en Gibraltar a manos de la Policía británica. El entierro de las víctimas, el día 16, causa tres muertos y sesenta heridos. Escalada de violencia de ETA contra funcionarios de prisiones.

ABRIL

Tráfico de influencias. Mil altos cargos tendrán que rendir cuentas sobre el origen de sus bienes. Y es que salta a la palestra el tráfico de influencias, a la vez que el uso irregular de Alfonso Guerra de un avión Mystére el 3 de abril dispara la polémica. Guerra dice que es víctima de un "vendaval antidemocrático".

Emiliano Revilla saluda desde el balcón de su casa una vez liberado.

MAYO

Tercera victoria de Pujol. La coalición CiU que encabeza Jordi Pujol logra su tercera victoria en las elecciones catalanas. El día 27, el Consejo de Ministros de la Comunidad Europea nombra a Madrid Capital Cultural Europea para 1992.

JUNIO

Los famosos y el fisco. Hacienda se esmera en su campaña ejemplificadora con los famosos. El fraude fiscal apunta a Lola Flores, Julio Iglesias, Pedro Ruiz, Marujita Díaz y hasta al futbolista Bernd Schuster. El día 10 muere, a los 89 años, Tarradellas. La directora de Tráfico Rosa de Lima y el catedrático, crítico y escritor Santiago Amón mueren el día 30 en accidente de helicóptero.

JULIO

Amedo y Domínguez, encarcelados. El día 13, el juez Garzón envía a la cárcel a los policías Amedo y Domínguez acusados de organizar el GAL. El día 18, Severiano Ballesteros gana por tercera vez el Open Británico. El día 27, Rafi Escobedo se suicida en el penal de El Dueso. Pedro Delgado gana el Tour de la polémica del "doping".

AGOSTO

El Chiado, en llamas. En un mes en que ETA recrudece sus actos vandálicos, el barrio lisboeta de El Chiado es pasto de las llamas. España curiosea con la detención en Holanda del futbolista del Barça Alexanco, acusado de violación; al final, es puesto en libertad por falta de pruebas.

SEPTIEMBRE

Ben Johnson y el "doping". Tras ganar a Carl Lewis en la "carrera del siglo" celebrada en los Juegos de Seúl, Ben Johnson es desposeído de la medalla de oro por dóping. La mujer se incorpora al Ejército español.

OCTUBRE

Revilla, liberado. Tras pasar 249 días secuestrado, Emiliano Revilla es liberado el día 30. Este mes, el Gobierno empieza a dispersar a los presos de ETA, Pilar Miró se ve obligada a dimitir como directora de RTVE y Mario Conde y Juan Abelló acuerdan separar su patrimonio.

NOVIEMBRE

Bush, presidente USA. Desde el día 8, George Bush es el presidente de los EEUU. El día 25, María Zambrano se convierte en la primera mujer que gana el Premio Cervantes de Literatura.

DICIEMBRE

España se paraliza. La huelga general que convocan los sindicatos para el día 14 paraliza toda actividad en España. González reconoce que ha sido "un duro golpe político contra el Gobierno". Tras 7 años de cárcel, Alfonso Armada -condenado por el 23-F- es indultado.

Antonio Gutiérrez y Nicolás Redondo estrechan sus manos el 14-D.

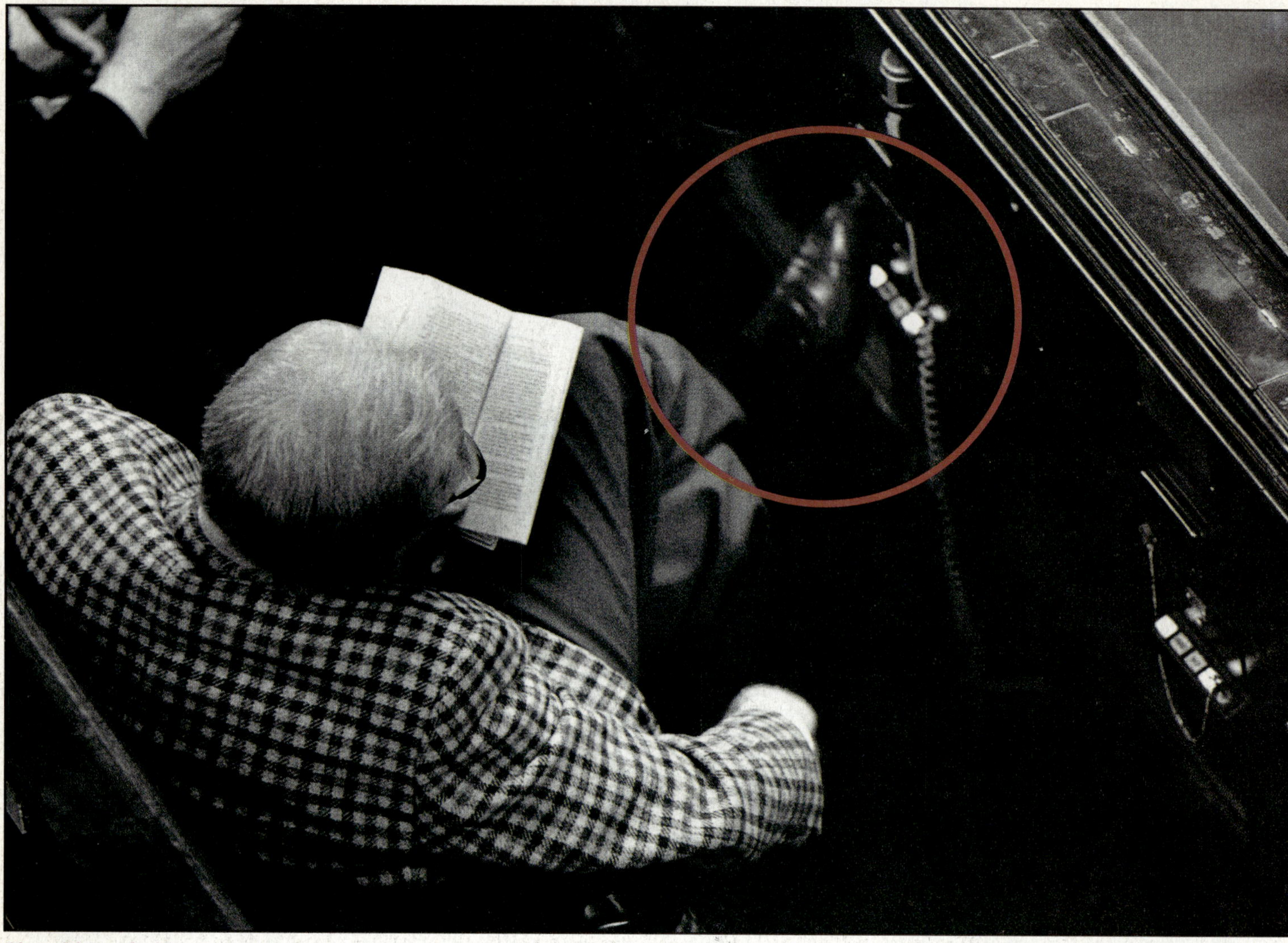

CARLOS DE ANDRÉS/EL SOL

Pleno del Senado del 9 de mayo de 1991: el acierto del objetivo fotográfico desvela la artimaña del senador votando con el pie en ausencia de un compañero.

La mano y el pie

Antonio Burgos

El senador, aquel día, se puso una chaqueta a cuadros, los cuadros más grandes que halló en el ropero del cuarto del hotel, los más parecidos a los que usar solían Gaby, Fofó y Miliki.

El numerito que iba a montar en el Senado era de circo. ¿No decían que el Senado no servía para nada? Pues ahí lo tienen: por lo pronto, aquel día sirvió para renovar las altas tecnologías del voto. La imaginación al poder legislativo. Cada hombre, un voto, y cada senador, cuatro: uno por cada mano y por cada pie. Le habían dicho: "Quino, haz el favor, vota por mí, que me voy a fumar un cigarrito". Y Galán cumplió como un caballero por el compañero.

Muy antes, en el partido, habían proclamado: "Podremos meter la pata, pero no la mano". Bueno, pues se hartaron de meter la mano en el cajón y, encima, metieron la pata, las dos patas, las de atrás, para votar leyes que les permitieran seguir metiendo la mano. De arte.

PRÓXIMO CAPÍTULO: **LA PEOR HISTORIA DEL FELIPISMO: LOS GAL**

LOS EFECTOS DE LA "GUERRA SUCIA" ANTES Y DESPUÉS DE SU DESCUBRIMIENTO. EL "CASO GAL" DESDE LA AUDIENCIA. LA GUERRA DEL GOLFO. **ESCRIBEN:** MANUEL CERDÁN, ANTONIO RUBIO, IGNACIO GORDILLO, MELCHOR MIRALLES, ALFONSO ROJO, FERNANDO BAETA.

1975-1995. Veinte años de nuestra vida

• HISTORIA DE LA DEMOCRACIA •

{CAPÍTULO 43}

Los policías Míchel Domínguez y José Amedo -fumando- el día que destaparon a EL MUNDO muchas de las incógnitas de los GAL.

LA PEOR HISTORIA DEL FELIPISMO: LOS GAL

Al poco de estar en el poder Felipe González, instancias oficiales entraron en una "guerra sucia" contra ETA. Los policías Amedo y Domínguez fueron condenados a 108 años por diversas acciones en este contexto y con el tiempo llegaron a contar lo que pasó, confirmando así las revelaciones de la Prensa. Otros imputados ratificaron la historia, que fue reconstruyéndose paso a paso entre informaciones periodísticas y acciones judiciales. A mediados de 1996, los jueces estrechaban el cerco en torno a varios altos cargos felipistas, con González de inquieto espectador.

• RELATO •

GAL (I): Cómo se organizó la "guerra sucia"

Los autores de la trama llegaron tan lejos que implicaron al aparato del Estado

Cuando los socialistas alcanzan el poder en 1982 están obsesionados con el problema del terrorismo en el País Vasco, que ha propiciado el frustrado golpe del 23-F. El primer paso es dejarse asesorar por los "halcones" de la "guerra sucia", como son los generales Andrés Casinello y José Antonio Sáenz de Santamaría.

Antonio Rubio/Manuel Cerdán

"La izquierda suele fracasar siempre en su política de seguridad y orden público". En octubre de 1982, Felipe González se convierte en inquilino de La Moncloa. El nuevo y flamante presidente del Gobierno, que llega al poder con el respaldo de diez millones de votos, no olvida estas palabras que, en uno de sus últimos viajes a París, le han recordado sus colegas socialistas del país vecino.

González, el "Isidoro" de la clandestinidad, está obsesionado con el problema del terrorismo del País Vasco, que ha desestabilizado a los últimos Gobiernos de la UCD y ha propiciado el frustrado golpe del 23 de febrero de 1981. El grado de obcecación de González sobre ETA es igual al de su ignorancia en lo que respecta a su política antiterrorista. En esta estrategia está marcado por la línea dura del ministro del Interior, José Barrionuevo, y por los dirigentes del partido en Euskadi (José María Benegas, Ricardo García Damborenea, Julián Sancristóbal, Enrique Casas, Julen Elgorriaga, Ramón Jaúregui...). En Euskadi, los partidos nacionalistas les llaman "españolistas".

El PSOE llega al poder con un miedo latente al involucionismo. Su programa de las elecciones del "28-O" deja claro cuál es su postura con respecto a la violencia. Los socialistas relacionan involución con terrorismo de ETA y meten en un mismo saco el problema. La tesis mayoritaria de los teóricos socialistas es la siguiente: "No hay golpismo sin terrorismo, por lo que hay que acabar con ETA, aunque haya que utilizar sus propias armas".

Al peligro involucionista -todavía estaba grabada en las retinas de los demócratas la escena del teniente coronel Antonio Tejero en el Congreso con la pistola en alto- hay que añadir las facilidades que Francia concede a los militantes de ETA.

El sur de Francia sigue siendo el santuario etarra, donde los terroris- ➳

JULIO PALOMAR

Rafael Vera y Luis Roldán escuchan a José Luis Corcuera en un acto oficial de la Guardia Civil. Años después, los tres se verían implicados en la trama de los GAL.

tas se mueven como Pedro por su casa y el Gobierno socialista francés, socio del PSOE en la Internacional Socialista, no da facilidades en el terreno de las extradiciones. La primera de ellas sólo se llega a conseguir en 1984.

Las dificultades del Gobierno únicamente se ven compensadas con los diez millones de votos obtenidos en las elecciones y el gran carisma de Felipe González. El éxito es tan avasallador que, en el País Vasco, quedan a dos puntos del PNV (31% por los nacionalistas y 29% por los socialistas). El "rodillo" socialista propicia arrogancia e impunidad en su política antiterrorista.

En esta línea, el PSOE echa mano de lo que tenía a su alcance: la vieja estructura policial de la Transición y de la Dictadura. Cuida un tanto su imagen dejando fuera a personajes malditos como el comisario Manuel Ballesteros, pero se deja asesorar por los "halcones" de la "guerra sucia", como los generales Andrés Casinello o José Antonio Sáenz de Santamaría, entre otros.

Casinello y Sáenz de Santamaría son los típicos militares que "flotan" con los cambios políticos, pero que practican los mismos métodos policiales ya sea en la dictadura, ya sea en la democracia. La imagen de ambos se había visto beneficiada por el golpe frustrado de Tejero. Barrionuevo, a partir de entonces, los descubre como descubre a la Guardia Civil.

A la política dura de Interior hay que sumar las posturas de los dirigentes socialistas vascos que viven en sus propias carnes los efectos de ETA. Ellos también son partidarios de ajustar cuentas con la banda terrorista y se apuntan a tesis del "antiterrorismo inconstitucional".

En enero de 1983 el entonces lehendakari Carlos Garaikoetxea propone a todas las fuerzas políticas la formación de una "mesa para la paz". De sus deliberaciones tenía que salir un manifiesto para acabar con el terrorismo y lograr la pacificación de Euskadi. El punto de partida se basa en varios puntos: legalización de las alternativas independentistas, reinserciones para quien abandonase las armas, búsqueda de una solución al problema de Navarra y una mayor cuota de autogobierno vasco.

Comienzan las conversaciones, pero HB impone unas condiciones difíciles de superar. Al mismo tiempo, ETA comete una serie de atentados durante los meses de enero y febrero.

Los restos de Lasa y Zabala permanecieron olvidados diez años en un tanatorio alicantino hasta que un policía se preocupó por el caso y dio con ellos

El Gobierno de Felipe González desempolva un viejo proyecto de UCD, del ex ministro Juan José Rosón, el plan "Zona Especial Norte", más conocido como "plan ZEN", con el que se crean las bases para la nueva etapa de lucha contraterrorista.

A pesar de que el PSOE se encuentra con un panorama terrorista menos grave que el de sus predecesores en los Gobiernos de UCD, los socialistas optan por soluciones policiales. Juan José Rosón, el último ministro del Interior centrista, había llegado a un acuerdo con los "polimilis", y consiguió su autodisolución organizativa. Por su parte, ETA había reducido el número de atentados.

Paralelamente a las acciones de ETA, cuando González llega a La Moncloa, un ramillete de siglas ultraderechistas habían llevado a cabo acciones de "guerra sucia" en el sur de Francia. La Triple-A (Alianza Apostólica Anticomunista), Batallón Vasco Español y Antiterrorismo ETA (ATE), entre otras formaciones, habían asesinado a decenas de dirigentes de ETA y refugiados vascos en el sur de Francia. También habían realizado atentados en el País Vasco.

La "guerra sucia", ejercida en territorio francés por las entonces llamadas "tramas negras" -grupos incontrolados formados por residuos del régimen franquista y ultraderechistas italianos- había fustigado a ETA con sus propias armas: el tiro en la nuca y el coche bomba.

El Gobierno socialista decide recoger el relevo de los "mercenarios de la Transición", pero llega aún más lejos otorgando a la "guerra sucia" un rango político y la estructura desde el propio Gobierno. Los socialistas implican al aparato

La trama de los GAL

El cruce de imputaciones en la "trama GAL" puso en tela de juicio a muchos nombres propios que aquí aparecen como acusados y como acusadores.

José Amedo y Míchel Domínguez

● El subcomisario Amedo y el inspector Míchel Domínguez admitieron su participación en la trama de los GAL , en el secuestro de Segundo Marey, en el reclutamiento de mercenarios y en los contactos con policías franceses. Así lo testificaron ante el juez Garzón. Condenados a 108 años de cárcel por inducción al asesinato y asociación ilícita, entre otros delitos.

Miguel Planchuelo

● Comisario de Policía de Bilbao. Fue el primero en admitir el secuestro de Marey.

Francisco Alvarez

● Ex jefe del Mando Unico de la Lucha Antiterrorista. Reconoció ante Garzón su participación en el secuestro de Segundo Marey. Ismael Miquel (mercenario de los GAL) le acusa del atentado contra Robert Caplane.

Carlos Barajas

Francisco Alvarez

Rafael Vera

● Ex secretario de Estado para la Seguridad. Sancristóbal le acusó a él y a Barrionuevo de impartir, desde Madrid, las órdenes del secuestro de Marey. Alvarez precisó que fue Vera quien advirtió que se habían equivocado de persona. Planchuelo aseguró que estaba al corriente de la operación. Luis Roldán le implicó en la financiación de los GAL, en participar en los casos Lasa y Zabala y García Goena y en del Estado en su "cruzada" antiterrorista: Ejército, Policía, Guardia Civil y servicios de información del CESID.

En el verano de 1983 todo está preparado para que las Fuerzas de la Seguridad del Estado pongan en marcha el plan diseñado por Interior y el CESID, que avala el Gobierno y atan en corto los socialistas vascos. El 6 de julio, Emilio Alonso Manglano, director del CESID, entrega al Gobierno un informe de ocho folios explicando cómo se debe combatir a ETA. Los espías españoles mantienen que "en cualquier circunstancia se considera que la forma de acción más aconsejable es la desaparición por secuestro".

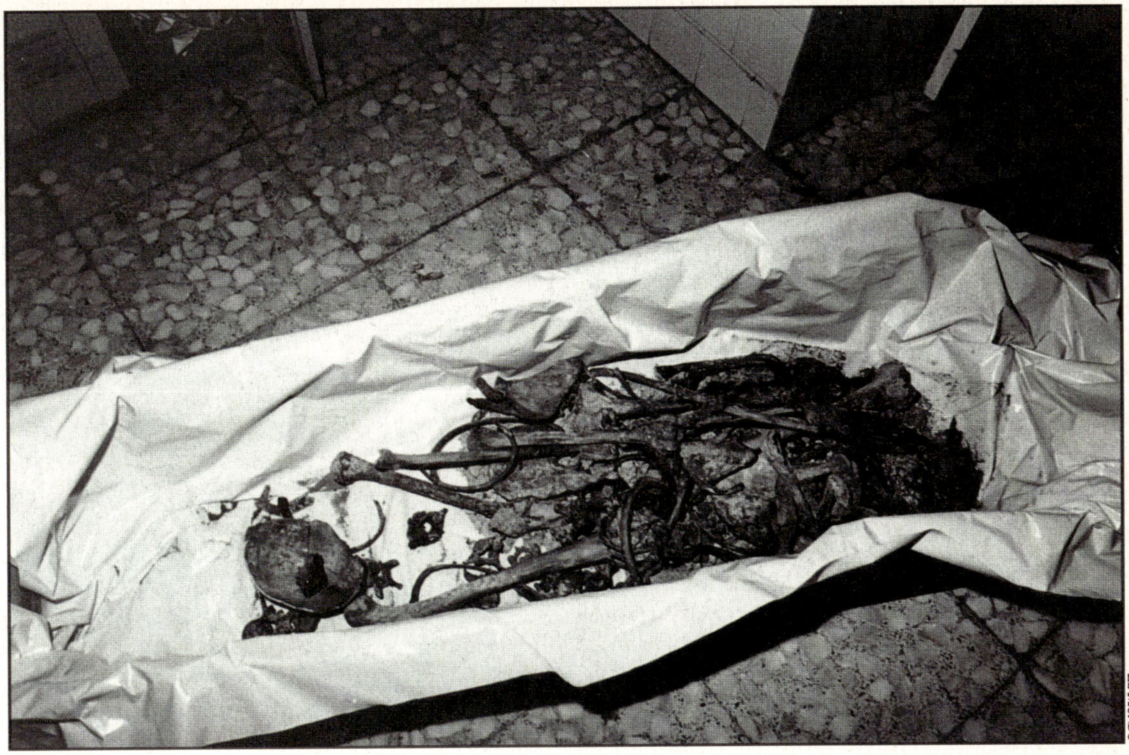
EL MUNDO

Los restos mortales de José Antonio Lasa y José Ignacio Zabala fueron encontrados en un paraje de Bussot (Alicante).

La "nota de despacho", que los expertos del CESID elaboran por encargo de Manglano y que ha sido considerada como "acta fundacional de los GAL", propone el empleo de mercenarios y la ejecución de secuestros y asesinatos para acabar con ETA. Bajo el epígrafe "Acciones en Francia", los analistas de "La Casa" mantienen que la eliminación de etarras proporcionaría buenos resultados ya que "el descabezamiento simultáneo de los órganos de dirección supondría un serio quebranto para la continuidad de su estrategia".

Cuando la máquina de la nueva "guerra sucia" estaba engrasándose, un hecho inesperado precipita los acontecimientos: el miércoles 5 de octubre, ETA político-militar -lo poco que queda de esta facción- decide secuestrar en Bilbao al capitán de Farmacia Alberto Martín Barrios.

Tras el secuestro, los etarras emiten un comunicado exigiendo la liberación de nueve militantes de su organización que iban a ser juzgados militarmente por el asalto al cuartel de Berga y para quienes pedían penas de cerca de mil años de cárcel.

ETA (p-m) exige para liberar a Martín Barrios la lectura de un comunicado en el *Telediario* de mayor audiencia. La dirección de TVE y el Gobierno se oponen al chantaje.

realizar los pagos a Amedo y Domínguez para comprar su silencio. Estos denunciaron que Vera decidió dar a sus respectivas esposas200 millones de pesetas a cambio del silencio. Imputado en el "caso Urigoitia".

JOSÉ BARRIONUEVO.

● Ex ministro del Interior. Sancristóbal confesó que recibía instrucciones suyas relativas al secuestro de Marey. Confirmó las conversaciones telefónicas, en las que Damborenea declaró haber estado presente. Tachó a Barrionuevo de "imprescindible" y "brazo ejecutor" de la operación. Planchuelo declaró que había escuchado la conversación entre Sancristóbal y Barrionuevo; el comisario añadió que el ex ministro afirmó: "Hay que seguir para dar un escarmiento a los franceses". Alvarez también confirmó esas conversaciones y agregó que Barrionuevo decidió seguir con el secuestro pese a ser advertido de la equivocación. Amedo y Domínguez dijeron que el ex ministro daba instrucciones a Sancristóbal y que éste, el día de la liberación de Marey, llamó a Barrionuevo y le dijo: "Oye, ministro, esta noche soltamos a éste". Roldán le acusa de participar en los casos Lasa y Zabala y García Goena.

LARRY MANGINO

R.G. Damborenea

RICARDO GARCÍA DAMBORENEA

● Ex secretario general del PSOE de Vizcaya. Admitió su colaboración en el secuestro de Marey y su apoyo a la estrategia antiterrorista de la que surgieron los GAL. Sancristóbal afirmó ante Garzón que Damborenea era el "aval del PSOE en la guerra sucia contra ETA". Alvarez y Planchuelo dijeron que estuvo presente en las conversaciones entre Barrionuevo y Sancristóbal sobre el secuestro de Marey. Amedo y Domínguez denunciaron las constantes visistas de Damborenea a la Jefatura de Policía.

ANGEL GAVILÁN Y J.A. MATURANA

● Damborenea, sin mencionarlos expresamente, indicó que los secretarios generales del PSOE de Guipúzcoa (José Antonio Maturana) y Alava (Angel Gavilán) estaban al tanto del nuevo diseño estratégico de la lucha antiterrorista.

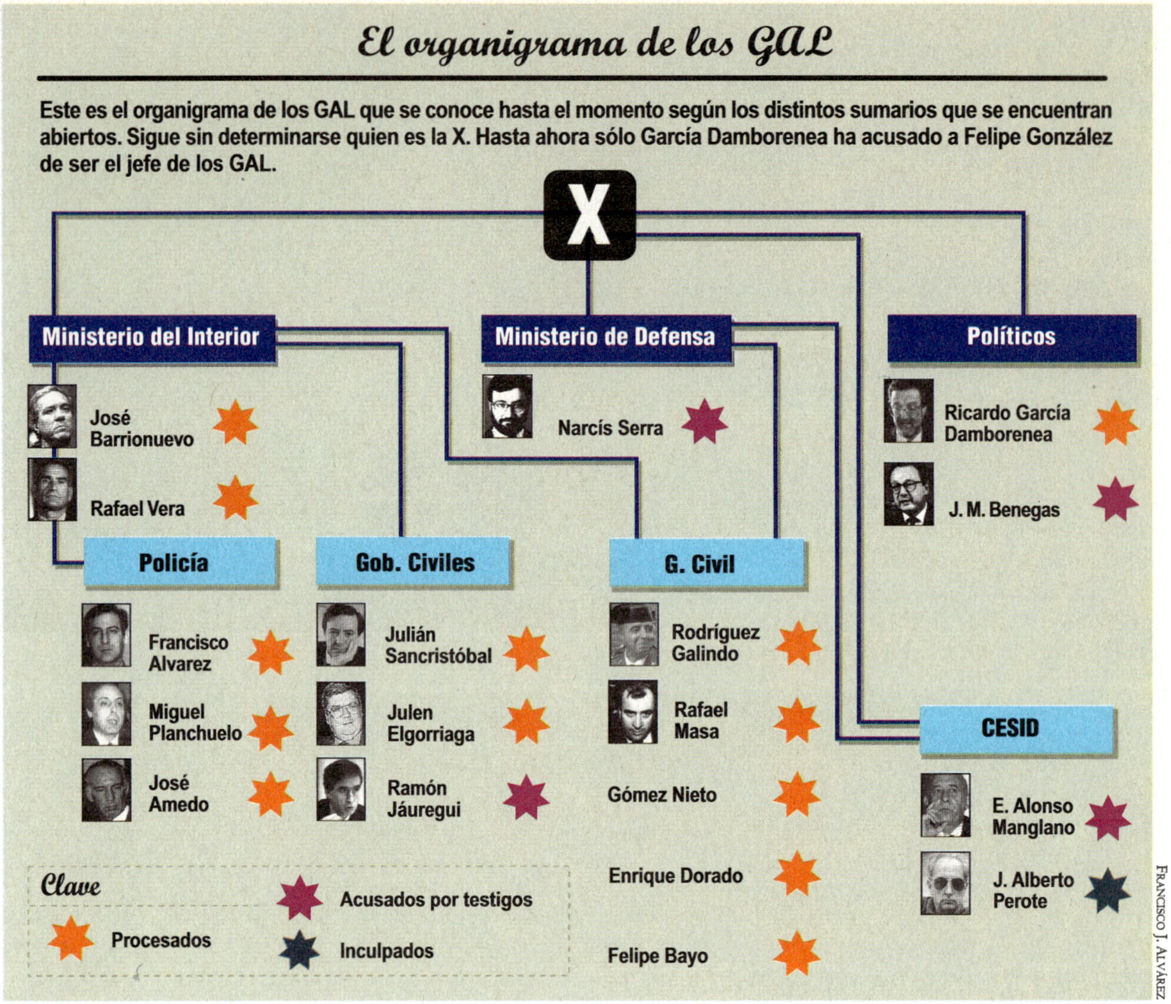

FRANCISCO J. ALVAREZ

En la madrugada del 15 al 16 de octubre, un comando formado por agentes de la Guardia Civil del cuartel de Intxaurrondo de San Sebastián secuestra en Bayona a dos jóvenes colaboradores de ETA: José Antonio Lasa, de 21 años, y José Ignacio Zabala, de 20, lo que supone la primera acción de los Grupos Antiterroristas de Liberación (GAL). Nunca más se supo de ellos hasta que un cazador encontró los restos de sus cadáveres a comienzos de 1995 en Bussot (Alicante).

Los restos de los presuntos etarras permanecieron olvidados en un tanatorio alicantino durante diez años hasta que, tras las declaraciones de José Amedo y Míchel Domínguez a EL MUNDO a finales de 1994, un policía alicantino se preocupó por el caso y dio con ellos.

Semanas antes del secuestro de los jóvenes vascos, agentes del CESID destinados en la Comandancia de la Guardia Civil en San Sebastián avisan a sus superiores de que guardias del cuartel de Intxaurrondo piensan llevar a cabo acciones antiterroristas en Francia. El coronel Juan Alberto Perote, jefe de la Agrupación Operativa de Misiones Especiales (AOME) entrega una "nota de despacho" a Manglano informándole de los hechos. El director del

LA "TRAMA GAL"

RAMÓN JÁUREGUI

● Ex delegado del Gobierno en Euskadi. Amedo y Domínguez declararon que Damborenea y Planchuelo, constantemente, informaban a Jáuregui de todas las operaciones. "Sancristóbal siempre nos dijo que Jáuregui estaba informado", agregaron. Damborenea, indirectamente, le implicó en el diseño de los GAL.

JOSÉ MARÍA BENEGAS

● Ex secretario general del Partido Socialista de Euskadi. Apelando a tal cargo, Damborenea se preguntó públicamente: "¿Usted cree que yo podría tener una opinión que fuera a ninguna parte si no estuviera compartida?". Amedo y Domínguez revelaron que Benegas les telefoneó varias veces para comunicarles que Ferraz también estaba detrás de este asunto y les garantizaba que se estaba intentando concederles el indulto o su pase al tercer grado.

LUIS ROLDÁN

● Ex director general de la Guardia Civil. Imputado en los casos Oñaederra y Lasa y Zabala. Francisco Alvarez dijo que Roldán fue la primera persona que supo que había habido un error en el secuestro de Mikel Lujua y se lo comunicó a Vera. Amedo y Domínguez denunciaron que, en la etapa en que Roldán era delegado del Gobierno en Navarra, estaba al corriente de toda la trama de los GAL.

JOSÉ LUIS CORCUERA

● Ex ministro del Interior. Imputado en el "caso Oñaederra" tras la declaración de Roldán, que asimismo le acusó ante Garzón de ser el responsable de un paquete bomba que le costó la vida a un cartero en Rentería en 1988.

JULIÁN SANCRISTÓBAL

● Ex director general para la Seguridad del Estado. Admitió su participación en el secuestro de Marey y que cobró sobresueldos de los fondos reservados. Planchuelo declaró que Sancristóbal coordinaba el secuestro de Marey y que estaba en contacto con Barrionuevo. Alvarez afirmó que recibía órdenes de Sancristóbal y confirmó las conversaciones con

CARLOS BARAJAS
Julián Sancristóbal

CESID escribe, de su puño y letra, al margen: "Me lo quedo. Pte. Para el viernes". "Pte." es la abreviatura de "presidente".

Mientras los agentes del cuartel de Intxaurrondo interrogaban a Lasa y Zabala en el palacio de La Cumbre de San Sebastián para obtener información del paradero de Martín Barrios, policías de Bilbao remataban los preparativos para secuestrar en Francia a Múgica, dirigente de ETA (p-m VIII Asamblea).

El plan diseñado por Francisco Alvarez, que contaba con el beneplácito de Julián Sancristóbal (gobernador de Vizcaya) y del ministro del Interior José Barrionuevo, consistía en secuestrar al líder de ETA para someterlo a un duro interrogatorio o, en todo caso, canjearlo por el capitán Martín Barrios.

El 18 de octubre, cuatro policías, un inspector de Barcelona y tres geos cruzan la frontera en busca del objetivo, con tan mala suerte para los funcionarios españoles que, cuando iban a secuestrar al dirigente etarra, pasa por el lugar de los hechos un vehículo de la Gendarmería francesa y hace fracasar la operación. Los agentes españoles son arrestados y, semanas después, puestos en libertad.

La operación habría servido de poco, ya que el 19 de octubre el cuerpo del capitán de Farmacia es encontrado en un paraje de Galdácano con un tiro en la nuca.

La muerte de Martín Barrios, que sirve para justificar y acelerar los planes del Gobierno, desencadena una escalada de acciones de los GAL que dura desde finales de 1983 a febrero de 1986. En total, los atentados de los comandos antiterroristas-terroristas ocasionan 26 muertes. A las que también hay que añadir la de Juan Carlos García Goena, en julio de 1987. La Justicia, en un principio, acusó a José Amedo y Míchel Domínguez de ser los autores materiales de esa acción "extrauterina" de los GAL, aunque los policías quedaron absueltos. Según las investigaciones iniciales, Amedo y Domínguez organizaron el atentado para presionar a sus jefes con el fin de que no les dejaran tirados.

BERNARDO DÍAZ

Rodríguez Galindo (izquierda) y Barrionuevo (derecha) se saludan en un acto de homenaje a este último.

El subcomisario Amedo fue una pieza clave en la puesta en marcha de los GAL, pero siempre fue superado por Enrique Rodríguez Galindo, que dirigió a los "GAL verde" desde su despacho del cuartel de Intxaurrondo. Las primeras acciones de "guerra sucia" pasaron por este cuartel. Agentes del Servicio de Información de la Guardia Civil (SIGC) de San Sebastián ejecutaron los primeros atentados de los GAL.

Al secuestro de Lasa y Zabala le siguieron los asesinatos de Ramón Oñederra "Kattu", Mikel Goikoetxea "Txape- ➳

Barrionuevo, tal y como declararon Amedo, Domínguez y Damborenea.

ENRIQUE RODRÍGUEZ GALINDO

● General de la Guardia Civil y ex jefe del cuartel de Intxaurrondo. Imputado en los casos Oñaederra y Lasa y Zabala; en este último caso por las declaraciones del ex contrabandista Pedro Miguéliz, de los guardias civiles Angel López Carrillo, José María Velázquez y Julio Vázquez, y por Luis Roldán. Los documentos del CESID demuestran su participación en actividades de los GAL durante 1983 y 1984. El teniente Pedro Gómez Nieto y los ex guardias Enrique Dorado Villalobos y Felipe Bayo Leal fueron también procesados por su implicación en el caso Lasa y Zabala. Ingresaron en prisión junto a Galindo en mayo de 1996.

ANDRÉS CASINELLO

● General de la Guardia Civil y ex jefe de Estado Mayor. Imputado en el "caso Oñaederra" por Garzón tras las declaraciones de Roldán y Perote.

JOSÉ ANTONIO SÁENZ DE SANTAMARÍA

● Director de la Guardia Civil entre 1983 y 1986. Imputado en el "caso Oñaederra" por Garzón tras la declaración de Roldán y Perote.

JORGE ARGOTE

● Ex abogado del Ministerio del Interior y abogado de varios guardias civiles. Procesado en el "caso Lasa y Zabala" junto a Galindo y G. Nieto. Imputado en el "caso Urigoitia".

JULEN ELGORRIAGA

● Ex gobernador civil de Guipúzcoa. El juez Gómez de Liaño le envió a prisión por su participación en el "caso Lasa y Zabala".

JUAN ALBERTO PEROTE

● Ex jefe de la Unidad Operativa del CESID. Imputado en los casos Monbar y Oñaederra, ingresó en prisión acusado de sustraer documentos del CESID.

JULIÁN JAÉN

Juan Alberto Perote

FELIPE GONZÁLEZ

● Ex presidente del Gobierno. Sancristóbal, Alvarez, Planchuelo, Amedo, Domínguez y Damborenea confesaron su creencia de que González estaba implicado en el montaje de los GAL. El Supremo decidirá si comparece, junto a Narcís Serra y José María Benegas, como imputado en el "caso Marey".

la", Vicente Perurena "Peru" y Angel Gurmindo "Stein" y Eugenio Gutiérrez Salazar "Tigre".

Tras una primera etapa "verde", el ritmo de los GAL fue imprimido por los mercenarios contratados por Amedo en Francia y Portugal. Esta fase de atentados "azules" está llena de objetivos erróneos y de acciones indiscriminadas.

Las "chapuzas" terroristas de los comandos contratados por el subcomisario Amedo dejan un sinfín de rastros que son seguidos por los policías franceses y por los periodistas. Todos ellos conducen a un policía de Bilbao que se hace pasar por "Ricardo" y "Genaro" y que financia sus operaciones con dinero de los fondos reservados del Ministerio del Interior.

El nombre de Amedo, que ya se barajaba en medios periodísticos, aparece por primera vez en el ámbito judicial a mediados de 1987. En el proceso judicial desarrollado en Portugal contra el intermediario de los GAL, Jean Philippe Labade y los mercenarios portugueses Antonio Macedo y Rogerio de Carvalho, el nombre del policía Amedo queda al descubierto.

La máquina judicial se pone en marcha y nadie la puede parar. En noviembre de 1987, Amedo es interrogado en Madrid por un juez de Bayona que investiga a los GAL en Francia. Días después, emite una orden internacional de busca y captura contra el subcomisario.

Un mes después, la Audiencia Nacional solicita que se investiguen los movimientos de los fondos manejados por Amedo, presumiblemente procedentes de la caja de los fondos reservados de Interior. Se averigua que Amedo ha gastado, entre 1985 y 1987, 27 millones de pesetas.

En febrero de 1988, Baltasar Garzón llega al Juzgado Central de Instrucción número 5 sin saber quiénes eran los GAL y sin apenas conocimientos de la estructura de ETA. El joven juez, que procede de la inspección del Consejo General del Poder Judicial, pone contra las cuerdas al Ministerio del Interior y al propio Felipe González.

En julio, Garzón lleva a la cárcel a Amedo y Domínguez e inicia el final de la cuenta atrás de los GAL. En noviembre, la Audiencia Nacional procesa a los dos policías por seis asesinatos frustrados y colaboración con los GAL.

Los atentados de los GAL

16/10/83	Bayona	Desaparición de José Mª Lasa Arostegui y José I. Zabala
19/10/83	Bayona	Secuestro frustrado de José Mª Larraetxea
04/12/83	Hendaya	Secuestro, por error, de Segundo Marey. Liberado el día 14
19/12/83	Bayona	Asesinato de Ramón Oñaederra «Katu»
28/12/83	S. Juan de Luz	Miguel Goikoetxea Elorriaga «Txapela» recibe un disparo. Muere en Burdeos el 02/01/84.
08/02/84	Hendaya	Asesinato de Angel Gurmindo Lizarraga (guardaespaldas de «Txomin»)
25/02/84	Maunleon	Asesinato de Eugenio Gutiérrez Salazar «Tigre»
01/03/84	Hendaya	Asesinato por error de Pierre Leiba (ferroviario francés)
23/03/84	Biarritz	Asesinato de Javier Pérez de Arenaza (cuñado de «Txomin»)
03/05/84	S. Etienn de Baigorri	Asesinato de Rafael Goikoetxea Erratzin. Jesús Zugarramundi resulta herido.
15/06/84	Biarritz	Tomás Pérez Revilla y Ramón Orbe, sacerdote, resultan heridos por una moto bomba. Pérez Revilla muere el 28 de julio.
10/07/84	San Juan de Luz	Bomba contra el bar Consolation. Heridos Bonifacio García Muñoz, José L.. Oliva Gasategui y Juan Vicente Jaureguzuría
18/11/84	Biriatou	Asesinato de Christian Olascoaga. Herido su hermano Claude.
20/11/84	Bilbao	Asesinato de Santiago Brouard (dirigente de HB)
11/12/84	Hendaya	Herido por una bomba Juan J. Aradi Lizarazu
04/03/85	Bayona	Heridos en el bar Lagunequin José Amantes Arnaiz y Angel Zabaleta Mendía
26/03/85	Ciboure	Herido Juan R. Basáñez Jáuregui en el bar Vittor
29/03/85	Bayona	Ametrallamiento en el café des Pyreneés. Benoit Pescataing resulta muerto. Heridos Pedro Picabes y tres clientes
30/03/85	San Juan de Luz	Asesinato de Xabier Galdeano, delegado de Egin
14/06/85	Ciboure	Asesinados Emile Veiss y Calude Doer (sin relación con ETA) en el bar Trinket Txiki
26/06/85	Bayona	Asesinato de Santos Blanco González
08/07/85	Ciboure	Herido Juan C. Lacertúa en el bar Vittor
16/07/85	Anglet	Bomba en el coche de Fernando Eguilior
02/08/85	S. Jean Pied de Port	Asesinato de Juan Mª Otaegui Elizegui «Txato»
04/09/85	S. Jean Pied de Port	Bomba en el coche de José Arrastroa
25/09/85	Bayona	Atentado en el bar Mombar. Mueren José Mª Etxaniz «Potro», Iñaki Astiasuinzarra «Beltza», José Irazusta «Legra» y Xabin Etxaide. Es herido el francés Jean Iriarte
04/12/85	Heleta	Fernando Biurrun sale ileso de un atentado
06/12/85	Hendaya	Atentado frustrado contra la sociedad cultural Argilo
24/12/85	Hendaya	Robert Caplanne es herido por error. Muere el 3 de enero
08/02/86	Hendaya	Heridos por ametrallamiento del bar Batzoki, Frederic Haramboure, José Cau, Juan L.. Zabaleta, Carmen Otegui y las niñas Nagore Otegui y Ainitze Zabaleta
13/02/86	San Juan de Luz	Herido en el bar Consolation Juan R. Basáñez Jáuregui
17/02/86	Bidarray	Asesinato de Christophe Machicotte y Catherine Brion al ser tiroteado su vehículo
24/07/87	Hendaya	Asesinato de Juan C. García Goena al explotar una bomba en su automóvil

FRANCISCO J. ALVÁREZ

GAL (II): Amedo y Domínguez lo cuentan todo

De cómo el biministro Belloch facilitó que el escándalo estallara en las manos del Gobierno

Juan Alberto Belloch, dentro de su estrategia de lavar la imagen de González, quitó la subvención mensual de 500.000 pesetas que recibían Amedo y Domínguez. Los dos policías empezaron entonces a rumiar la idea de tirar de la manta, y así lo hicieron. Primero, en sus declaraciones a EL MUNDO; después, ante el juez Garzón.

Antonio Rubio / Manuel Cerdán

Cuando el subcomisario José Amedo y el inspector Míchel Domínguez se sentaron en el banquillo de la Audiencia Nacional, en junio de 1991, ya llevaban tres años privados de libertad.

Los dos policías, que fueron conducidos desde la cárcel de Guadalajara, tenían la promesa del Ministerio del Interior de que la sentencia no sería dura y que sumando el periodo que llevaban en prisión en poco tiempo estarían en la calle.

Los policías, en principio, se creyeron las promesas de sus protectores y no les preocupó que el fiscal solicitara 60 años de prisión y que la acusación particular elevara la petición a 190 años.

El juicio duró dos meses -junio y julio- y el tribunal necesitó otros dos para estudiar, elaborar y hacer pública la sentencia. Al final, los dos funcionarios del Ministerio del Interior fueron condenados a 108 años y 8 meses de prisión.

Amedo y Domínguez no se creían lo que había ocurrido. Las promesas, múltiples, de los enviados de Interior no se habían cumplido. Los dos policías estaban furiosos, pero de nuevo los enviados y mensajeros de Interior pusieron paños calientes y les hicieron ver que el tema se solucionaría en el Tribunal Supremo. "La sentencia será modificada y, en cualquier caso, notablemente rebajada y, en cuanto sea firme, no pasarán más de tres meses hasta que seáis indultados", les dijo a Amedo y Domínguez un abogado que durante muchos años ha estado cobrando de los fondos reservados del Ministerio del Interior por sus "trabajos sucios".

Seis meses más tarde, en marzo de 1992, el Tribunal Supremo confirmó la sentencia contra los dos policías, aunque eliminó el termino "banda armada" en su dictamen. Amedo y Domínguez cayeron en una profunda depresión y, por primera vez, se dieron cuenta de que sus superiores les habían abandonado a su suerte.

Los dos policías fueron conscientes de que su única vía para salir de la cárcel de Guadalajara era el indulto. Los emisarios del Gobierno y de Interior solicitaron, una y otra vez, a los dos policías calma y paciencia porque el Ministerio de Jus- ➛

ticia ya estaba estudiando llevar el indulto al Consejo de Ministros.

Mientras tanto, el Gobierno socialista anunció elecciones generales para junio de 1993 y los dos policías, cansados de tantas promesas, decidieron moverse por su cuenta. Amedo se entrevistó con Eligio Hernández, fiscal general del Estado, y Domínguez hizo lo propio con el juez Baltasar Garzón.

El subcomisario recibió del fiscal general, según ha contado él mismo, la promesa de que ya estaba preparado el informe favorable al indulto, aunque no podía tramitarse hasta que Felipe González lo ordenase. Domínguez, según declaró en junio de 1996 en el Tribunal Supremo, le contó al juez Baltasar Garzón parte de lo que sabía sobre el secuestro de Segundo Marey y otras cosas de los GAL. Garzón propuso al policía que plasmara en una declaración formal todo lo que le había contado, pero Domínguez se negó en redondo.

Las elecciones generales, a las que el juez Baltasar Garzón se presentó como "número dos" del PSOE por Madrid, dieron como ganadores a los socialistas, pero el indulto de Amedo y Domínguez seguía sin llegar.

La carrera política de Garzón, el "azote de los GAL", no duró mucho. En mayo de 1994 -aún no había transcurrido un año desde su elección como diputado- el juez en excedencia dio la espantada y denunció que González no tenía la intención de regenerar el PSOE ni de cortar la corrupción.

Baltasar Garzón regresó a su Juzgado, el número 5 de la Audiencia Nacional, y se encontró con que el "caso Segundo Marey" aún no había prescrito. Algunos de sus compañeros, jueces y fiscales, siguieron investigando e intentaron saber quiénes fueron los autores del secuestro del ciudadano francés Segundo Marey, acción que fue perpetrada por un comando de los GAL en diciembre de 1983, en Hendaya.

George Mendaille era un tipo muy peligroso para el Gobierno: "Si me envían a Francia canto todo lo que sé sobre los GAL", afirmó.

En mayo de 1994, después de que Antoni Asunción dimitiera como ministro del Interior por la fuga de Luis Roldán, Juan Alberto Belloch fue nombrado por Felipe González "superministro" de Interior y Justicia. Belloch prometió a González que estaba dispuesto a lavarle su imagen y que contrarrestaría los ataques que estaban sufriendo el Gobierno y el PSOE.

Belloch, rápidamente, puso la maquinaria en marcha e intentó hacer una limpia en Interior. Primero, por exigencias de Margarita Robles, secretaria de Estado, cortó las subvenciones económicas que recibían todos los meses Amedo y Domínguez -500.000 pesetas cada uno-. Después llevó al Consejo de Ministros la extradición de George Alphonse Mendaille, un colaborador de los GAL. Por último, prometió deshacerse de Rodríguez Galindo, jefe del cuartel de Intxaurrondo de la Guardia Civil.

Con sus acciones Belloch encendió la mecha de una bomba. El ministro estaba convencido de que podía controlar la explosión, pero los acontecimientos se precipitaron y el estallido del artefacto se produjo en sus propias manos.

Fue en junio de 1994, un mes después del nombramiento de Juan Alberto Belloch como ministro de Justicia e Interior y de la espantada de Garzón de la política, cuando llegó al Juzgado de Carlos Bueren un escrito del Ministerio de Justicia por el que se concedía la extradición de George Alphonse Mendaille a Francia.

Mendaille, francés de nacimiento, era uno de los reclutadores de mercenarios de los GAL en España. Durante más de diez años residió en Sant Antoni de Ca-

PEDRO CARRERO

Enrique Rodríguez Galindo y su abogado Jorge Argote, con pajarita, a la salida de la Audiencia Nacional tras prestar delcaración el 23 de mayo de 1996.

longe (Girona) sin que nadie le molestara, a pesar de que la Justicia francesa lo reclamó en cuatro ocasiones por sus vinculaciones terroristas.

En diciembre de 1987, dimos con el paradero de Mendaille, pero logró huir tras se advertido por fuerzas policiales. Dos años más tarde, en febrero de 1989, volvimos a encontrarlo y a fotografiarlo. El juez Carlos Bueren dictó una orden de detención y el francés dio con sus huesos en la cárcel.

Después de un tiempo en la cárcel de Carabanchel, la Audiencia Nacional vio la petición de extradición de Mendaille y concedió su traslado a Francia. Inesperadamente, el Gobierno se opuso y Mendaille quedó en libertad.

Sin embargo, en junio de 1994, Belloch tomó la decisión que no había adoptado José Luis Corcuera: mandó detener a Mendaille y entregarlo a Francia. Bueren, sorprendido por la petición del ministro que reclamaba la localización, detención y expulsión de Mendaille, se puso en contacto con Belloch para que no volvieran a surgir imprevistos.

Mendaille era un tipo muy peligroso para el Gobierno. Antes que Amedo y Domínguez, ya había enviado varios avisos al Ministerio del Interior: "Si me envían a Francia canto todo lo que sé sobre los GAL".

El nuevo titular de Interior tranquilizó a sus compañeros de Consejo de Ministros, haciéndoles ver lo que se llevaba entre manos. También informó al magistrado de que podía contar con toda su colaboración.

Sin pérdida de tiempo, Carlos Bueren puso la maquinaria policial en marcha y a los pocos días el colaborador de los GAL fue detenido en Sant Antoni de Calonge (Girona), en su residencia habitual. Días más tarde, Mendaille reposaba en una cárcel gala.

La detención y extradición del colaborador de los GAL fue el primer paso que se marcó el nuevo ministro de Justicia e Interior para lavar la cara al Gobierno socialista y a Felipe González.

Belloch, que a veces se sobreestima, creía que con la expulsión de Mendaille iba a conseguir una imagen de regeneración del Gobierno socialista ante la opinión pública y, además, contrarrestar los comentarios de Baltasar Garzón.

Belloch también sabía que Mendaille, si decidía "tirar de la manta", sólo podía llegar hasta un comisario apodado "La Mosca", que era con quien estuvo trabajando durante más de diez años. Es decir, que todo se quedaba en una escala inferior de Interior. El "superministro" estaba dispuesto a sacrificar algunas cabezas más para lavar la imagen de su presidente.

Belloch, que se considera muy listo, no calculó que, durante el período que Garzón estuvo en la escena política, los temas de los GAL que aún había en la Audiencia Nacional no se habían cerrado.

El "caso Marey" permaneció abierto en el Juzgado de Instrucción número 5 de la Audiencia Nacional durante el tiempo que Garzón estuvo dedicado a la política. El fiscal Ignacio Gordillo presentó una

CHANO MONTELONGO

Mendaille, uno de los reclutadores de mercenarios de los GAL, sorprendido por EL MUNDO en 1992.

denuncia en julio de 1993 para que el asunto no prescribiera, ya que faltaban unos meses para que se cumplieran los diez años del secuestro, plazo legal para su prescripción.

El juez Ismael Moreno, que temporalmente sustituyó a Garzón, admitió la denuncia del fiscal. Otro juez, Carlos Bueren, que durante el verano de aquel año se hizo cargo del Juzgado, tomó declaración a Amedo y Domínguez, quienes negaron su participación en el secuestro.

Un tercer juez, Manuel García-Castellón, que también fue sustituto de Garzón por un tiempo, llamó a declarar en septiembre de ese mismo año a un grupo de policías de Bilbao y guardias civiles que estaban destinados en la frontera de Irún cuando ocurrieron los hechos. Todas estas acciones legales evitaron que se cerrara el "caso Marey".

Así las cosas, se llegó al verano de 1994, fecha en la que Amedo y Domínguez habían conseguido salir de prisión por medio del tercer grado. Pero los dos ex policías se encontraron con una pequeña sorpresa: ya no recibían su asignación mensual de 500.000 pesetas.

Amedo y Domínguez estaban furiosos porque les habían cortado el grifo económico y comenzaron a darle vueltas a su cabeza. Mientras tanto, el periodista Melchor Miralles, director de EL MUNDO DEL PAIS VASCO, comenzó a "trabajarse" a Jorge Manrique, el nuevo abogado de los dos policías.

Unos meses más tarde, hacia octubre,

Belloch se puso nervioso por las acciones de Amedo y Domínguez, pero tranquilizó a González: "Todo quedará en Sancristóbal"

Miralles, Amedo y Domínguez comenzaron a hablar sobre la posibilidad de que los dos policías "tiraran de la manta". Amedo y Domínguez no olvidaban que Luis Roldán, en la entrevista que concedió a EL MUNDO cuando estaba huido, dijo que "a mí no me van a engañar como a Amedo".

Y dicho y hecho. En diciembre de 1994 Amedo y Domínguez dieron el paso y se presentaron ante el juez Baltasar Garzón. Allí, en el Juzgado, cantaron todo lo que sabían sobre el secuestro de Segundo Marey e involucraron en la trama a sus superiores: José Barrionuevo, Rafael Vera, Julián Sancristóbal, Francisco Alvarez y Miguel Planchuelo. Antes, reflejaron esas mismas declaraciones ante Melchor Miralles en EL MUNDO.

Belloch se puso algo nervioso por los

JAIME VILLANUEVA

Rafael Vera, en el centro de la imagen, da explicaciones a los periodistas el 7 de junio de 1996.

Los jueces y los casos

Un puñado de jueces tiene en su mano el esclarecimiento del capítulo más oscuro de la democracia española: la trama de los GAL.

BALTASAR GARZÓN.

● Juzgado Central número 5 de la Audiencia Nacional. Su breve incursión política en las filas del PSOE suscitó controversia. Al regresar a la judicatura, retomó el caso del secuestro de Segundo Marey, por el que el Tribunal Supremo ha procesado al ex ministro del Interior José Barrionuevo. Se ocupa del "caso Oñaederra" (que abarca cuatro asesinatos en el sur de Francia entre 1983 y 1984), del "caso Monbar" (cuatro muertos en este bar de Bayona en 1985) y de los casos Mikel Goikoetxea, Rafael Goikoetxea y García Goena".

LARRY MANGINO

Los jueces Baltasar Garzón y Carlos Bueren, en una ponencia de un curso de verano en El Escorial. El 1 de Agosto de 1994.

CARLOS BUEREN.

● El 17 de enero de 1994 decidió dejar la Audiencia Nacional (Juzgado Central número 1) sin concluir su investigación sobre el asesinato de Lasa y Zabala. Solicitó dos años de excedencia voluntaria para trabajar en un bufete de abogados.

CARLOS DÍVAR.

● Juzgado Central número 4 de la Audiencia Nacional. Encargado de la "trama catalana" de los GAL, a raíz de unas declaraciones del mercenario de los GAL, preso en Bangkok, Ismael Miquel, quien implicó en la "guerra sucia" (concretamente, en el asesinato movimientos de Amedo y Domínguez, pero tranquilizó a Felipe González: "Todo quedará en Julián Sancristóbal".

El "superministro" se equivocó de nuevo. EL MUNDO consiguió una serie de documentos del CESID donde se demostraba que la Guardia Civil y los servicios de información militar también estaban involucrados en la trama de los GAL.

Sancristóbal, Alvarez y Planchuelo ya estaban en la cárcel y las expectativas de salir de prisión eran cada día menores. Los ex altos cargos de Interior comprobaban, día a día, que sus antiguos jefes comenzaban a dejarles tirados. El primero en romper la baraja fue Miguel Planchuelo, ex jefe superior de la Policía de Bilbao.

"Plancha", como conocían a Planchuelo en Interior, pidió audiencia a Garzón y en el verano del 95 le contó al juez todo lo que sabía sobre los GAL y el secuestro de Segundo Marey: "Barrionuevo y el Gobierno estaban al tanto de todo y dieron el visto bueno".

Pocos días después, Julián Sancristóbal, ex director de la Seguridad del Estado, asumió que él mismo había dirigido el secuestro, pero que Barrionuevo, Vera y González estaban al corriente de los hechos.

Francisco Alvarez, ex jefe del MULC (Mando Unificado de la Lucha Contraterrorista), fue el último en vaciarse. El ex alto cargo de Interior confesó que "en los GAL hay tres tres colores: Azul (Policía), Verde (Guardia Civil) y Marrón (CESID)".

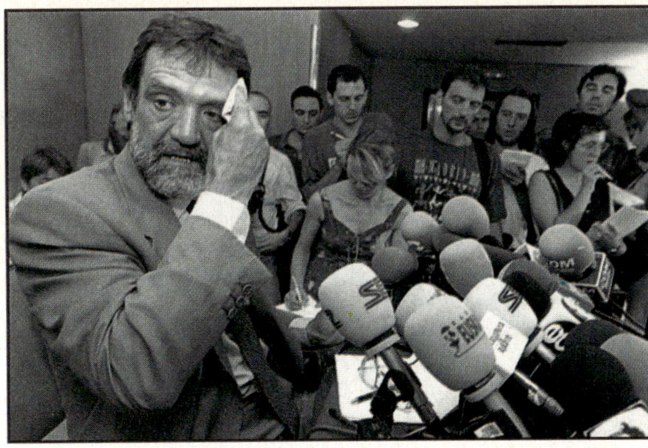

LARRY MANGINO

García Damborenea (arriba), la tarde en que reveló su versión sobre el origen de los GAL. Debajo, el ex ministro Barrionuevo.

CARLOS BARAJAS

Era evidente que Belloch se había equivocado una vez más. Los resortes que había puesto en marcha para lavar la cara a González se habían vuelto en su contra y ahora ya nadie podía parar el aluvión de testigos y testimonios que señalaban a Felipe González y a Barrionuevo como los auténticos organizadores de los GAL.

El "caso Marey" pasó al Tribunal Supremo porque José Barrionuevo, ex ministro del Interior y diputado del PSOE, aparecía directamente implicado. El juez Eduardo Móner, de la Sala Segunda del Supremo, procesó a Barrionuevo y le fijó una fianza de 15 millones de pesetas.

Pero la guinda de los GAL llegó el 24 de junio de 1996. EL MUNDO publicó la transcripción de una conversación entre José Barrionuevo y Julián Sancristóbal. El diálogo entre los dos ex altos cargos de Interior se produjo en la primera semana del mes de junio de 1995 y en ella el ex ministro asumía sus responsabilidades en los GAL y decía que había que salir en plan Thatcher (ex primera ministra británica) y dar la cara. Barrionuevo, por último, planteó a Sancristóbal la posibilidad de salir ante la opinión pública con un manifiesto, en plan "Fuenteovejuna", donde todos los implicados en los GAL asumieran sus responsabilidades.

El ex ministro, ante la evidencia de la cinta magnetofónica donde se reconocía perfectamente su voz, no pudo negar los hechos y simplemente se limitó a decir que emprendería acciones legales contra EL MUNDO. La "X" de los GAL está cada día más clara.

---

de Robert Caplane, ciudadano francés confundido con un etarra, en diciembre de 1985) a varios ex altos cargos de Interior. Dívar investiga también el atentado con paquete bomba que costó la vida a un cartero en Rentería.

ISMAEL MORENO.
● Juzgado Central número 2 de la Audiencia Nacional. Investiga el "GAL navarro": las actividades organizadas a mediados de los ochenta en la Jefatura Superior de Policía de Pamplona con el consentimiento de Luis Roldán, entonces delegado del Gobierno en Navarra. Moreno ordenó encarcelar a Miguel Brescia en octubre de 1995, un camionero implicado en el caso.

M. GARCÍA-CASTELLÓN.
● Como sustituto del juez Garzón en 1993, llamó a declarar a un grupo de policías de Bilbao y de guardias civiles destinados en la frontera de Irún cuando ocurrió el secuestro de Marey. García-Castellón paralizó parte de las actuaciones de Garzón.

JAVIER GÓMEZ DE LIAÑO.
● Juzgado Central número 1 de la Audiencia Nacional. Solicitó, y consiguió, la plaza ante la petición de excedencia de Carlos Bueren. Se metió de lleno en el "caso Lasa y Zabala", en el que ha procesado a Rodríguez Galindo, al teniente Gómez Nieto y al abogado Jorge Argote.

FOTOS: EFE

Javier Gómez de Liaño.

EDUARDO MÓNER.
● Sala Segunda del Tribunal Supremo. Se ocupa de los casos Segundo Marey, Consolation y Batzoki, y de los presuntos pagos para comprar el silencio de Amedo y Domínguez. Móner, como juez instructor, rechazó la petición de que Felipe González, Narcís Serra y José María Benegas sean citados como imputados en el "caso Marey" al no existir en la causa indicios racionales de criminalidad. Tras un recurso de apelación, el Pleno de la Sala Segunda del Tribunal Supremo deberá decidir si cita como imputados a Felipe González, Narcís Serra y José María Benegas.

Eduardo Móner.

• ENSAYO •

La acción de la Justic

El avance en la investigación ha sido espectacular

En la investigación de las acciones de los GAL, cada vez se está judicialmente más cerca de conocer al señor X. Así opina el fiscal de la Audiencia Nacional, quien apuesta por que el Estado de Derecho no se convierta en un Estado de Barbarie.

Cuando en 1977 se creó la Audiencia Nacional nadie podía pensar en la importancia que sus resoluciones iban a alcanzar en el futuro. Si bien es cierto que el Real Decreto de 4 de enero de 1977 señalaba que el nuevo órgano judicial tenía como finalidad abordar nuevas y complejas formas de delincuencia, "superando las limitaciones de investigación y dificultades de actuación", no se puede olvidar que una de sus principales competencias eran, y siguen siendo, los delitos de terrorismo. Y así, desde el primer momento ha venido enjuiciando las conductas delictivas de bandas terroristas como ETA, GRAPO, Terra Lliure..., sin olvidar las de extrema derecha como el Batallón Vasco Español o los autores del atentado contra los abogados laboralistas de la calle de Atocha en Madrid.

Sin embargo, hasta entonces los Grupos Antiterroristas de Liberación (GAL) apenas habían aparecido en la vida judicial española. Sólo dos atentados (Jean Pierre Leiba y Robert Caplane) habían sido enjuiciados por la Audiencia Nacional en sentencias de 9 de diciembre de 1985 y 13 de noviembre de 1987, respectivamente. Pero, a decir verdad, en ambas ocasiones parecían acciones cometidas por personas más bien a título individual que por decisiones de la dirección de los GAL.

> **"Intentar pasar la página con una pretendida ley de punto final sería no sólo un grave error sino un enorme atentado contra el Estado de Derecho"**

Pasaban los años y en la mente de todos los jueces y fiscales de la Audiencia Nacional seguían estando esas 27 personas que desde 1983 hasta 1989 habían sido asesinadas o heridas de gravedad en territorio español o francés, acciones que fueron en su día reivindicadas por los GAL. Seguíamos pensando, ¿qué ocurrió con Lasa y Zabala?, ¿y con García Goena?, ¿y con Francisco Javier Galdeano? Nadie encontraba respuestas.

El 16 de noviembre de 1987 ocurrió un hecho decisivo en la investigación de los GAL en el Juzgado Central de Instrucción número uno de la Audiencia Nacional. Ese día, el juez francés Seys Christophe Volmy Valery entregó una importante comisión rogatoria de la Justicia francesa a la española. En ella aparecía, por primera vez, la implicación en los atentados de los GAL de policías españoles. El cambio en la investigación iba a ser espectacular. Ya no se podía pensar que los GAL estaban formados por unos jóvenes extremistas ni tampoco que eran acciones esporádicas en España o Francia.

Estábamos ante una auténtica banda terrorista y, lo que es peor, apoyada en ocasiones por el propio Gobierno español. ¿Qué hacía entonces en esa terrible historia un comisario español manejando diariamente importantes cantidades de dinero en el casino de San Sebastián y disponiendo de identidad falsa a nombre de Genaro Gallego Galindo? La respuesta aparecería años más tarde.

Desde el mismo día que el juez francés entregó en la Audiencia Nacional las fotocopias testimoniales del procedimiento judicial que seguían en Francia, los jueces y fiscales españoles comenzamos una dura y difícil tarea. De lo que personalmente estábamos convencidos había que demostrarlo o, más bien, probarlo ante la Justicia, y sabíamos que las dificultades que íbamos a encontrar serían enormes pero, con sinceridad, nunca pensamos que alcanzarían los extremos que más tarde comprobaríamos.

A pesar del tiempo transcurrido, nunca olvidaremos los obstáculos que tuvimos que sufrir hasta que llegamos a la sentencia condenatoria del 20 de septiembre de 1991. Las negativas de los entonces procesados Amedo y Domínguez a declarar incluso sobre su propio nombre y lugar de destino, la historia de las tres cartas portuguesas que luego resultaron ser falsas, la orden por escrito del entonces Fiscal General de Estado para que el fiscal encargado del caso no se opusiera a la libertad de los procesados en septiembre de 1988, la orden del Ministerio del Interior para que sus funcionarios no declarasen sobre cualquier pregunta relacionada con fondos reservados, la negativa de los procesados a realizar un cuerpo de escritura u obtener sus huellas digitales en la prisión para cotejarlas posteriormente con otras obtenidas en algunos de los hechos investigados, la separación del fiscal encargado del caso por otro nombrado por el Gobierno por el hecho de querer investigar ciertas partidas en Francia y Portugal a interrogatorios de personas relacionadas con los GAL con meses de retraso haciendo imposible lógicamente su asistencia, las declaraciones

a ante los GAL

Ignacio Gordillo
Fiscal de la Audiencia Nacional

desde el propio Gobierno en defensa de los procesados afirmando reiteradamente que “no hay pruebas ni las habrá” -y que son “funcionarios ejemplares”-, la constante instrumentalización de la sociedad española intentando convencerla de que en todos los países existen asuntos “sucios” y que no se debe entrar en los desagües del Estado porque “al Estado también se le defiende en los desagües”, las constantes críticas personales, difamaciones y calumnias contra los jueces encargados de las investigaciones, la clasificación de materia reservada de todos los aspectos relacionados sobre la financiación y creación de los GAL, la falta de colaboración de los organismos dependientes de cualquier Administración del Estado...

A pesar de todo ello, la Justicia española obtuvo un importante éxito cuando en 1991, después de celebrar un juicio con toda publicidad y con las garantías de un Estado de Derecho, dictó sentencia condenando a 108 años de cárcel a Amedo y Domínguez. Sentencia que el 12 de marzo de 1992 confirmó el Tribunal Supremo añadiendo una importante cuestión: la corresponsabilidad civil subsidiaria del Estado, lo cual venía a certificar que los GAL no eran como al principio parecía -la conducta en solitario de dos policías españoles- sino que detrás o, más bien, dirigiéndoles como subordinados, se encontraban importantes personalidades con responsabilidades en el Gobierno español. Que los tribunales españoles estimasen en sus sentencias que existía asociación ilícita y no organización terrorista no venía a modificar nuestra creencia de que los GAL eran una banda de asesinos financiada con fondos públicos.

Pero si la sentencia de la Audiencia Nacional resolvía judicialmente dos importantes atentados contra los bares “Batzoki” de Bayona y “Consolation” de San Juan de Luz, otros muchos cometidos por los GAL seguían impunes: secuestro del ciudadano francés Segundo Marey, asesinato de Ramón Oñaederra, asesinato de Miguel Goikoetxea, atentado de “Monbar” en Bayona, asesinato de García Goena en Hendaya, lesiones de Fernando Biurrun, atentado contra Tomás Pérez Revilla en Biarritz... Pero, sobre todo, existían dos preguntas que a todos nos inquietaban: ¿Qué ocurrió con Lasa y Zabala?, ¿quién era realmente el señor X que el juez Garzón ponía como responsable máximo de los GAL en su organigrama?

Identidad de quienes intervinieron en el juicio a Amedo y Domínguez resuelto en septiembre de 1991.

La primera pregunta desgraciadamente tuvo triste respuesta: después de ser secuestrados y torturados, Lasa y Zabala fueron asesinados y enterrados en Alicante, en la localidad de Bussot (en el paraje conocido como “Foya de Covés”). Desde 1985 en que aparecieron los restos humanos hasta que el inspector de policía Jesús García concluyó su importante investigación, los cadáveres de Lasa y Zabala permanecieron en el cementerio de Alicante sin que nadie, ni incluso los culpables, se preocupasen de darles otro destino. Con la comparecencia el día 17 de marzo de 1995 ante la Fiscalía de la Audiencia Nacional del citado inspector de policía, así como del Dr. Etxeberría, en la que hacían entrega de un informe sobre los cadáveres de los desaparecidos Lasa y Zabala, se iniciaba -una vez que las correspondientes pruebas del ADN acreditaron la identidad de Lasa y Zabala- un nuevo proceso en la Audiencia Nacional que hasta entonces estaba archivado por falta de autores. Estábamos ante uno de los hechos más graves cometidos por los GAL: se secuestra a dos jóvenes en Bayona (Francia), se los traslada al Palacio de La Cumbre en San Sebastián, se les interroga violentamente para lograr información y, finalmente, tras darles muerte y hacerles cavar previamente su propia fosa, se les entierra con 50 kilos de cal viva en Alicante. Más atrocidad no es posible.

Mientras, los demás procesos siguen su curso judicial, alguno de ellos ante la Sala de lo Penal del Tribunal Supremo al haber aparecido como presuntos culpables personas aforadas como el ex ministro del Interior en el secuestro del ciudadano francés Segundo Marey, hecho ocurrido en 1983 y que el fiscal impidió que prescribiera al denunciarlo en 1993.

El avance de la Justicia en la investigación de los atentados cometidos por ➵

los GAL ha sido espectacular. Gracias a las investigaciones de diferentes medios de comunicación así como a los testimonios de algunos responsables de los hechos, la Justicia ha continuado la investigación y ha dictado importantes resoluciones judiciales (autos de prisión, procesamiento...) en los que se acredita, sin ningún género de dudas, que, además de existir un GAL verde, otro marrón y otro azul, por encima de, en su caso, las condenas de Amedo o Domínguez, existían superiores jerárquicos de los mismos que ordenaban la comisión de los atentados. Cada vez se está judicialmente más cerca del famoso señor X. Todo es cuestión de tiempo.

Todo ello sin olvidar que las acciones cometidas por los GAL eran financiadas con fondos reservados. Es más, aprovechando esa ilícita financiación, alguno de los encausados se apropió en beneficio propio de cantidades que iban destinadas a fondos reservados. Es decir, que con dinero de todos los españoles se atentó contra otros ciudadanos de nuestro país, cuando no se apropiaban de diferentes cantidades situando el dinero en paraísos fiscales imposibles de investigar judicialmente. El pago en Suiza a los condenados con varios millones de pesetas es buena prueba de ello.

Y ante esta situación, ¿qué hará la Justicia española? Si la sentencia de la Audiencia Nacional de 1991 fue una demostración de la independencia judicial, aunque no se pudiera llegar a conocer a los diseñadores de las acciones de los GAL ni tampoco se permitiera investigar la financiación de dicho grupo terrorista, lo cierto es que los tribunales, aun con todas las dificultades que se les ponen diariamente, hacen una importante labor para que los culpables sean juzgados y condenados.

No cabe otra respuesta en un Estado de Derecho. Intentar pasar la página con una pretendida ley de punto final sería no sólo un grave error, sino un enorme atentado contra el Estado de Derecho. La legitimidad en la lucha contra el terrorismo, basada únicamente en la aplicación de la Ley, viene dada precisamente en que el Estado no puede emplear los mismos medios que los terroristas.

Entonces pasaríamos de un Estado de Derecho a un Estado de barbarie. Y esto no lo hemos permitido ni lo podemos permitir los que tenemos la tarea de aplicar la Ley a todos por igual.

Los documentos del CESID

En su edición del 20-IX-1995, EL MUNDO publicó una serie de documentos del CESID que demuestran que el Gobierno de Felipe González y el cuartel de Intxaurrondo estaban implicados en, al menos, siete homicidios o asesinatos. Estos documentos forman parte de las 18 notas internas que el juez Garzón reclama su desclasificación al Gobierno de Aznar.

1) Despliegue de agentes. En este documento de inicios de 1983 se explica cuántos miembros del CESID estaban en Francia.

2) Acta fundacional. Recoge el montaje de operaciones delictivas encaminadas a la eliminación física de los etarras y se recomienda que las desapariciones se realicen mediante secuestros.

3) Galindo y Gómez Nieto. Transcripción de una cinta (26-IX-1983) que el entonces sargento Gómez Nieto grabó al comandante Rodríguez Galindo, en la que éste da órdenes de cómo actuar contra los etarras.

4) Pendiente o Presidente. Dos días después de la grabación y transcripción de la conversación entre Gómez Nieto y Rodríguez Galindo, el coronel Juan Alberto Perote informa a su director, mediante "nota interna", que "es inminente el comienzo de las acciones contra ETA". El documento tiene una nota manuscrita de Alonso Manglano: "Me lo quedo Pte. para el viernes". Perote mantiene que "Pte." corresponde a presidente, y Manglano a pendiente.

5) Localización de etarras. Este documento informa de que los agentes del CESID están localizando a algunos de los dirigentes de ETA.

6) Gómez Nieto. Esta nota informa a la dirección del CESID sobre quién es y a qué se ha dedicado Pedro Gómez Nieto.

7) Lucía Urigoitia. Se detalla la actuación de la Guardia Civil en el "caso de Lucía Urigoitia" para evitar la intervención de los jueces.

8) Mikel Zabalza. Informe de Gómez Nieto sobre la muerte de Mikel Zabalza.

9) Lasa y Zabala. Gómez Nieto informó verbalmente y por escrito sobre el secuestro y muerte de los dos etarras.

10) Comprar armas. La dirección de la Seguridad del Estado solicitó un informe al CESID sobre cómo podían adquirir "armas limpias".

11) Sello de los GAL. Antes de que los GAL comenzaran a actuar, el general Andrés Casinello solicitó a Perote la elaboración de dos sellos de los GAL.

12) Ejecución de "El Tigre". Informe de Gómez Nieto sobre el asesinato del etarra Gutiérrez Salazar, "El Tigre".

13) Legislación francesa. El CESID solicitó un informe para saber qué podía sucederles a sus agentes si eran detenidos en Francia.

14) Memoria del Centro. El 80 % de la actividad de los agentes del CESID está centrada en el sur de Francia.

15) Notas varias. Actividades de los agentes destacados en el sur de Francia.

16) Fusiles ametralladores. Para el atentado contra los etarras Gurmindo y Perurena se solicitaron dos subfusiles ametralladores que no fueron utilizados.

17) Hostigamiento contra ETA. El CESID recomienda la reanudación del hostigamiento contra la banda terrorista.

18) Contactos con la mafia. El CESID se plantea la colaboración con la mafia para eliminar a la cúpula etarra.

El "caso Felipe González"

Melchor Miralles
Director de EL MUNDO DEL PAÍS VASCO.
Autor de "Amedo. El Estado contra ETA"

Un escaparate de corrupción ética y política

Que triunfe la verdad sobre el ocultamiento y que se haga Justicia. Este es el corolario que el autor reclama como final de la historia del que no duda en llamar "caso González". Miralles fue el primer periodista que investigó los GAL

Cuando el 17 de octubre de 1983, día en que cumplí veinticinco años, sobrevolaba el diminuto aeropuerto de Fuenterrabía a bordo de un destartalado Focker de Aviaco no se me ocurrió pensar que estaba iniciando una investigación periodística que se iba a prolongar más de diez años y que iba a señalar mi vida profesional. Pensaba, o más bien deseaba, que al marcar el número de teléfono que llevaba anotado en mi libreta como oro en paño respondiera quien me habían anunciado que lo iba a hacer. Me imaginaba que la desaparición de Josean Lasa y Joxi Zabala iba a dar que hablar. Pero no alcanzó mi imaginación a bosquejar siquiera que estaba ante el nacimiento de un grupo terrorista organizado y financiado por el Gobierno de los jóvenes socialistas que habían prometido dejar España que no la iba a reconocer ni la madre que la parió.

Con el ruido de los motores de hélice atronando todavía mis oídos, desde un teléfono público del aeropuerto marqué el número y me respondió quien me habían anunciado. Crucé la frontera en un coche alquilado y el policía francés con el que me cité en la cafetería de la estación de Hendaya formuló un pronóstico que se reveló certero durante doce años: "A estos chicos no volvemos a verlos".

Doce años después, esos chicos, Lasa y

CARLOS MIRALLES

El autor del artículo -en la imagen- descubrió en territorio francés, junto a su compañero de "Diario 16" Ricardo Arques, un zulo de los GAL en el verano de 1987. Fue el primer gran paso de la investigación.

Zabala, o por mejor decir, los restos de sus cadáveres salvajemente torturados y mutilados, aparecieron en una fosa de Alicante. Para entonces, hasta los más incrédulos, incluso los más predispuestos a creer en lo increíble, daban por bueno que teníamos razón los pocos que desde muy pronto apuntamos a que detrás de los GAL, en su origen, estaban González y sus secuaces.

Desde ese 17 de octubre han pasado muchas cosas. Pero podrían sintetizarse de este modo: Aparecieron los GAL formalmente; cometieron treinta asesinatos; muchos de sus mentores se forraron llevándose el dinero público a manos llenas; unos pocos periodistas, abogados, ciudadanos y jueces se empeñaron en cumplir con sus respectivas obligaciones y buscaron la verdad; el Gobierno hizo todo lo que estuvo en su mano por evitar que se conociera esa verdad, arropado por buena parte de una sociedad dispuesta a mirar para otro lado, y vulnerando principios legales y éticos sagrados teóricamente en democracia; dos de los implicados, cansados de sentirse engañados, tiraron de la manta; quienes protegían a los capos insistieron en seguir protegiéndoles y contribuyeron eficazmente a que se impusiera la mafiosa "omertá"; se produjeron arrepentimientos y confesiones en cadena; los jueces investigaron entonces lo que pudieron; el jefe de la banda se empeñó en negar las evidencias y aquí estamos aún en la encrucijada de que de una vez por todas aquél que todos sabemos tenga el valor (¡iba a escribir la decencia!) de reconocer lo que a estas alturas nadie duda.

El "caso GAL", metáfora y a la vez compendio de casi todos los males del felipismo, es el eslabón que une lo más negro del pasado de España con lo peor de nuestro presente. Nunca en la historia de nuestro país, y muy pocas veces a lo largo de la Historia, los ciudadanos de un país democrático han tenido que afrontar que se le impute a cualificados altos cargos de su Gobierno la responsabilidad última de secuestros, asesinatos y malversaciones sistemáticas de caudales públicos. Es decir, crímenes terribles, delitos gravísimos.

González, Barrionuevo y compañía, negando la evidencia, pasarán a la Historia por haber cimentado sus carreras políticas en lo que el poco sospechoso historiador Santos Juliá definió en un magnífico artículo en *El País* como "la mentira como forma de ejercicio del poder". Es decir, el vértigo de "mentir para decir al otro: tengo poder para negar que eso haya sucedido, por mucho que tú sepas que ha sucedido".

La lección que cualquier demócrata extrae de los hechos es sencilla de exponer: ni la democracia ni el Estado de Derecho resultan compatibles con el terror promovido desde ámbitos institucionales. O, por decirlo de otro modo: ni la convivencia ni los valores que articulan la vida de un pueblo pueden subsistir doblegados a la "razón de Estado" ni a un programa sostenido, a la postre, por una visión alcantarillesca de la realidad.

> "Con tantas cosas bochornosas sucedidas durante el felipismo, ninguna tan grave como este caso. Que triunfe la verdad sobre el ocultamiento"

Esto, que puede parecer un lugar común y alimenta la moraleja básica y aleccionadora de tantos y tantos alegatos de urgencia que se camuflan con la tinta simpática de la hipocresía y el cinismo político, el travestismo partidario e interesadas interpretaciones supuestamente intelectuales, esto, no se aceptaba de buen grado en los albores del felipismo. Lo recuerdo con una claridad que ha evolucionado desde la amargura, el desconcierto y en alguna oportunidad la rabia provocada por tantas incomprensiones, hasta experimentar el alivio de quien contempla la progresiva y no siempre apacible descomposición de una pesadilla. Lo recuerdan igualmente los compañeros de una investigación difícil, prolongada, no exenta de riesgos.

> "El «caso González» demuestra un estilo de ejercer el poder basado en el perverso, y a veces incluso criminal, concepto de que el fin justifica los medios"

Los interrogantes del "caso GAL" no se reducen a una sopa de letras donde bailan la X, la Z o la V, como algunos pretendieron malintencionadamente con intereses exculpatorios. Sobrepasan con mucho este campo, hasta comprometer la legitimidad de una democracia joven. Sólo al restituir la transparencia al proceso democrático, cuando los nombres designan responsabilidades en lugar de chapuceros malabarismos y enigmáticos y amenazadores organigramas, será posible el desenlace de esta historia negra.

Cuando en mayo de 1993 José Amedo y Míchel Domínguez se entrevistaron con Eligio Hernández y Baltasar Garzón en secreto, escribí que, sin ser conscientes de ello, habían hecho un servicio impagable a todos los ciudadanos y, a su vez, un mal favor a sus mentores y a sus propios intereses. Sus visitas al entonces fiscal general del Estado y a quien en esas fechas había optado ya por abandonar la judicatura para subirse al carro de las listas del PSOE contribuyeron más al esclarecimiento ante la opinión pública de la trama de los GAL que muchos meses, incluso años, de investigación periodística y judicial. El bochornoso espectáculo de puertas que se abrieron y cerraron, el grotesco ir y venir de altos cargos por el que los sicarios hicieron pasar a las instituciones del Estado significó que muchos, entonces, se vieran forzados a quitarse la careta.

El "caso GAL", al que a estas alturas del partido es inevitable denominar "caso González", no está delimitado por una simple cadena de acontecimientos, sino por todo lo que evidencia o implica. Es algo más que una novela negra que abandona la atmósfera de ficción, como señaló lúcidamente el profesor Aranguren; es algo más que un ejemplo de conculcación interna de los fundamentos del Estado de Derecho, como expuso con minucia Rafael Sánchez Ferlosio al analizar el asunto. Es, me atrevo a decir, algo peor que la manipulación de una sociedad con fines perversos. Es la demostración de que, ya desde 1983, desde el mismo momento en que llegaron al poder, los jerifaltes de esto que hemos venido a denominar felipismo afrontaron sus responsabilidades políticas e históricas partiendo de un concepto absolutamente desviado de lo que en democracia significa gobernar. La muestra de que, desde el inicio, se puso en práctica un estilo de ejercer el poder basado en el perverso, y a veces incluso criminal, concepto de que el fin justifica los medios. El ejemplo más palpable de corrupción, porque el "caso González" es un escaparate de corrupción ética, moral, política y económica.

Como ciudadano y como periodista, estoy siempre a favor de la luz, de que todo se ventile, de la verdad, es decir, milito contra las puertas cerradas, contra las habitaciones en las que asfixia el humo, contra la mentira. Ceder un milímetro de terreno de este principio básico en democracia es abrir la puerta a la victoria de la falsedad y el crimen. Así de claro, y así de duro. Y el "caso González" así lo atestigua.

Con tantas cosas bochornosas sucedidas durante el felipismo, ninguna tan grave y tan inaceptable como este caso que nos ocupa. Que triunfe la verdad sobre el ocultamiento, que se sepa toda la verdad, que se resuelva la sopa de letras y que se haga Justicia. Esa sí que es una cuestión de Estado.

•TERRORISMO•

Aparece el cadáver de Mikel Zabalza

El joven navarro pudo haber sido torturado por la Guardia Civil

Javier Lorenzo

El 26 de noviembre de 1985, la Guardia Civil detenía a Mikel Zabalza Gárate -32 años, natural de Orbaiceta (Navarra) y conductor de autobuses- junto a su novia y otros dos amigos. Esa misma noche, el Gobierno Civil de Guipúzcoa emitía una nota oficial que daba cuenta de su fuga cuando, acompañado de cuatro agentes a los que iba a enseñar un zulo, se arrojó esposado al río Bidasoa. Veinte días después, su cadáver aparecía en una de las márgenes del río con las manos todavía atadas a la espalda.

Su muerte encrespó los ánimos en el País Vasco, y ni siquiera las autopsias que se le realizaron -señalando que había fallecido por ahogamiento y que sus pulmones contenían agua del mismo río-, evitaron la sospecha de que la Guardia Civil sabía más de lo que decía. A Zabalza no se le conocía relación con grupos radicales, pero su novia aseguró que le vislumbró con una bolsa de plástico en la cabeza y que posteriormente le había visto en una camilla, tapado con una manta. por otra parte, tanto sus familiares como sus amigos recordaron que el ahogado no sabía apenas nadar, por lo que difícilmente habría escogido el agua para darse a la fuga.

En julio de 1988, el caso se sobreseía por los tribunales al no encontrarse pruebas que contradijeran la versión policial. Sin embargo, diez años después, el testimonio de varios guardias civiles destinados por aquellas fechas al cuartel de Intxaurrondo, aportaron una siniestra luz sobre lo acaecido aquella madrugada. Según estas declaraciones, Zabalza sufrió diversas torturas tras ser detenido. Una de ellas, conocida como "la bañera", le causó la muerte, debido probablemente a que los guardias a los que "se les fue la mano" -curiosa y presuntamente los mismos que están implicados en la muerte de Lasa y Zabala- ignoraban que el joven había sufrido dos operaciones importantes meses atrás.

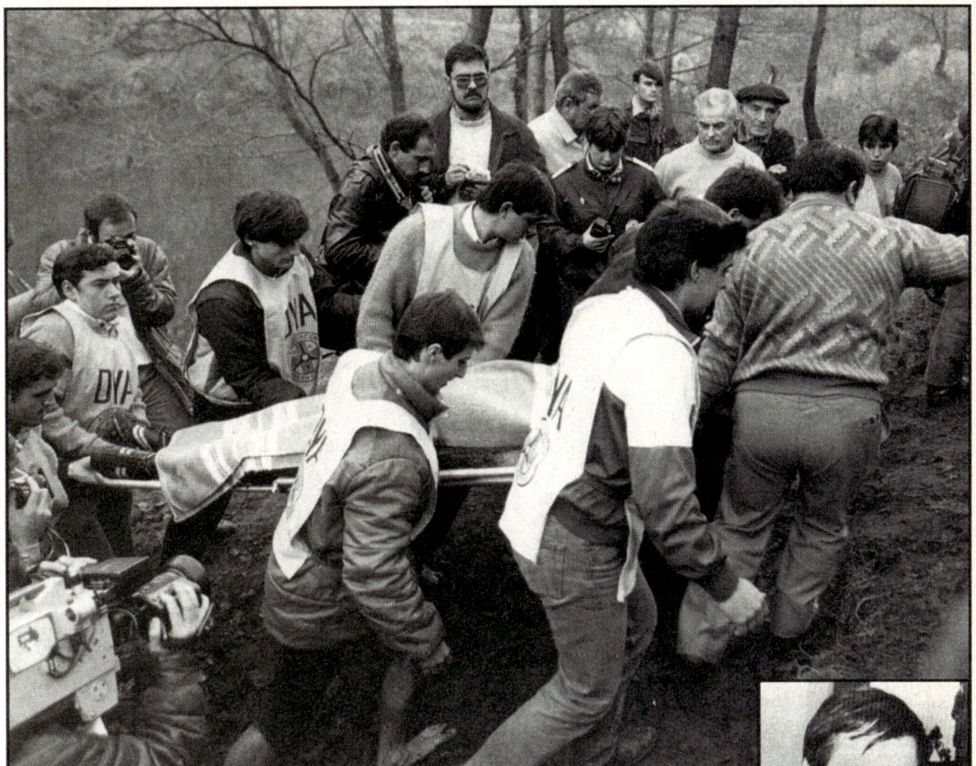

Miembros de los equipos de rescate sacan del río Bidasoa el cadáver de Mikel Zabalza, a la izquierda.

FOTOS EFE

A estas informaciones siguieron otras en las que se daba cuenta de cómo el general Rodríguez Galindo -actualmente en prisión por considerársele presunto instigador de las muertes de Lasa y Zabala-, decía a los torturadores "me habéis hundido" tras conocer el fallecimiento de Zabalza, de cómo un ATS inyectaba agua del Bidasoa en el cuerpo ya inerte de Zabalza para que la autopsia confirmara la versión oficial, y de cómo se produjo un macabro sorteo entre veinte números de la Guardia Civil para escoger a quienes debían declarar ante los jueces al respecto.

El día 3 de noviembre de 1995, el Juzgado de Instrucción número 1 de San Sebastián ordenaba reabrir el caso. Finalmente, en julio de 1996, un informe de dos médicos forenses contradecía la versión oficial y acrecentaba las sospechas de que Zabalza fue una víctima más de la tortura.

La guerra de Irak, ba

Así vivió Alfonso Rojo el ataque aéreo a Bagdad

El enviado especial de EL MUNDO a la guerra del Golfo fue uno de los dos periodistas -el otro fue el enviado de la CNN- que permanecieron en Bagdad durante el ataque de los aliados occidentales. En este texto relata aquella aventura periodística.

"Tu mujer y tu familia están bien, pero tus hijos han cogido la gripe".

Larry Dole pegó un respingo y se incorporó haciendo gestos para que bajásemos la voz los periodistas que charlábamos en la habitación 504 del hotel Rachid.

"¿Cómo dices?".

Al otro lado del hilo, su interlocutor se limitó a repetir con voz neutra: "Tus hijos tienen la gripe".

Antes de abandonar Washington camino de Bagdad, el tripudo y desastrado jefe de equipo de la CBS se había preocupado de establecer un código secreto con los corresponsales de su cadena en el Pentágono. El compromiso era simple: en cuanto tuvieran la certeza de que el ataque norteamericano era inminente se lo harían saber con una frase en clave. El aviso acababa de llegar.

Se iniciaba la larga madrugada del 17 de enero de 1991. La capital iraquí estaba iluminada y por las calles el tráfico era todavía intenso. Dole se volvió lentamente.

"¡Muchachos!".

El norteamericano hizo una larga pausa, consciente de que todos estábamos pendientes de él.

"Antes de tres horas tendremos aquí a los aviones".

Al ver que nadie se movía, preso del pánico, dio dos palmadas, como si fuera un director de teatro en pleno ensayo.

"¡Todos manos a la obra! ¡Hay que salir corriendo de Bagdad!".

"Sadam situó en primera línea a los inermes soldados de reemplazo como carne de cañón y reservó en la retaguardia a las unidades de elite"

Tres pisos más arriba, en la habitación 828, hacía largo rato que la mayor parte de los veinticinco periodistas españoles destacados en Irak discutían acaloradamente qué hacer. Alrededor de las dos de la madrugada, tras recibir sombrías advertencias telefónicas de Miguel Gil, portavoz de la Presidencia española, de Jordi García Candau, director de RTVE, y de sus respectivos jefes, los reporteros españoles decidieron evacuar en masa la capital iraquí. Al día siguiente, en medio de un tumulto indescriptible y junto a la inmensa mayoría de los 350 periodistas extranjeros, salieron por tierra hacia Jordania.

De la veintena de periodistas que permanecimos en Bagdad, todos menos dos fueron expulsados del país veinticuatro horas más tarde. En Bagdad y durante los primeros doce días de la guerra, sólo hubo dos corresponsales extranjeros: el neozelandés Peter Arnett, de la CNN, y yo.

Constantemente vigilados por los agentes de la seguridad iraquí, obligados a ir casi siempre en compañía de un traductor a sueldo del Ministerio de Exteriores y recluidos buena parte de la jornada en el Rachid, era complicado seguir el curso general de la guerra, pero tanto Arnett como yo tuvimos la oportunidad única de cubrir el conflicto desde un lugar excepcional: bajo las bombas. Ese emplazamiento, unido a una serie de oportunas escapadas a la embajada rusa, a charlas informales con los diplomáticos cubanos, a fructíferos almuerzos con el informado nuncio de Su Santidad Juan Pablo II y a furtivos encuentros con los camareros argelinos, tunecinos y egipcios del hotel, nos permitieron acceder a detalles reveladores.

Uno de ellos fue que Sadam Husein, sus asesores y generales actuaron hasta el final convencidos de que Estados Unidos y sus aliados no desatarían las hostilidades. Uno de los hechos más asombrosos del inicio de la guerra fue que las luces de la capital, las farolas de las calles y las bombillas de los ocho puentes del Tigris, estaban encendidas cuando se inició el bombardeo. Los aviones aliados iban dotados de visores infrarrojos que les permitían ver en plena noche, pero ayudarles a localizar los blancos con el alumbrado público de Bagdad era suicida y sólo se explica por la obcecación del dictador iraquí en la idea de que sus enemigos nunca se atreverían a atacar. Sadam, que había visto al enérgico Ronald Reagan suspender a toda prisa sus operaciones en Líbano, cuando los fanáticos islámicos volaron con un coche bomba a 241 marines, dio por supuesto que el titubeante George Bush no se arriesgaría a sufrir miles de bajas para ayudar a los poco fiables y voraces gobernantes de Kuwait.

Se equivocaba, tanto en la determinación de Bush, como en lo que se jugaba Estados Unidos o en el riesgo que corrían las tropas aliadas. Para el presidente norteamericano era prioritario impedir que Irak controlase el 30% de las reservas de petróleo mundial. A eso se sumó la certeza de

o las bombas

Alfonso Rojo
Adjunto al director de EL MUNDO.
Autor de "Diario de la guerra"

que la operación militar no costaría apenas vidas humanas, al menos en las filas de la coalición liderada por Estados Unidos.

Como me explicó el coronel Viktor Pazaluk, semiescondido en uno de los cuartuchos anejos a la embajada rusa en Bagdad, Sadam estructuró toda su defensa situando en primera línea a los inermes soldados de reemplazo, para que sirvieran de carne de cañón y reservó en la retaguardia a las unidades de elite de la fiel Guardia Republicana. El dictador iraquí confiaba en sobrevivir al bombardeo aéreo y que, una vez iniciadas las operaciones terrestres, sus tropas fueran capaces de infligir suficientes bajas a los aliados como para hacerles reconsiderar toda la ofensiva. Una oferta de alto el fuego que no fuera precedida de su derrota total, se convertiría automáticamente en un triunfo político luminoso para él. Estaba dispuesto a sacrificar 200.000 hombres, si sus enemigos perdían 10.000.

Su desgracia y, sobre todo la de los soldados y milicianos iraquíes, fue que los aliados ejecutaron la masacre, despedazándolos con sus aviones y sus misiles o los enterraron vivos en la arena, sin sufrir apenas muertos o heridos. Uno de los espectáculos cotidianos favoritos de los extranjeros desde que estalló la guerra hasta el alto el fuego del 28 de febrero, consistía en sentarnos en el jardín y observar el paso lento y majestuoso de los destructivos misiles aliados en dirección a los edificios oficiales. A veces perdían el rumbo, alcanzados por las ametralladoras antiaéreas, pero la mayor parte de las veces acertaban de lleno en sus objetivos, al igual que ocurría con las bombas lanzadas por los aviones o con el fuego de la artillería en el desierto. Y todo ello sin ocasionar apenas víctimas civiles.

Tras un accidentado viaje a Basora y una visita a las montañas del norte, donde los kurdos habían comenzado a levantarse ya contra Sadam, no nos quedó duda alguna de que las horas del régimen estaban contadas. Lo que no fuimos capaces de prever fue que el dictador sobreviviría a la derrota.

A las cinco de la mañana del 28 de febrero, cuando comenzaron a escucharse miles de disparos y cientos de ráfagas de ametralladora, muchos habitantes de Bagdad saltaron de la cama convencidos de que estaban entrando en la ciudad los paracaidistas norteamericanos. Tardamos un rato en descubrir que aliados e iraquíes no combatían en las calles de la capital y que tampoco se

SYGMA

Momento en que una bomba aliada impacta contra un edificio de la capital iraquí.

estaba produciendo un golpe de Estado. Los soldados celebraban la paz, pero muchas de las lágrimas que corrían no eran sólo fruto de la tristeza por la derrota.

El presidente Bush había aceptado un cese de hostilidades, que comenzaría a las 0.00 a.m. de Nueva York: las 8.00 a.m. en Irak. El comunicado de Bush era somero: "Kuwait ha sido liberado. El Ejército de Irak ha sido derrotado y nuestros objetivos se han cumplido. Después de consultar con el secretario de Defensa, Dick Cheney, y el jefe del Estado Mayor conjunto, general Colin Powell, así como con nuestros socios en la coalición, me complace anunciar que las fuerzas de Estados Unidos y de la coalición suspenderán todas las operaciones ofensivas de combate a partir de la medianoche, exactamente 100 horas después del comienzo de la ofensiva terrestre. Esta guerra ya ha quedado atrás".

El cese de hostilidades fue recibido con alivio por la población iraquí, pero también con una enorme frustración. Mucha gente murmuraba a escondidas que ya podían haber terminado el trabajo y "llevárselo a él por delante".

Más de cinco años después y con Sadam todavía en el poder, parecen claras las razones de la pasividad final de los occidentales. Una vez desarticulada la maquinaria bélica iraquí, llegaron a la conclusión de que la única manera de evitar que los chiítas proiraníes se hicieran con el control de la zona y los kurdos crearan un Estado que desestabilizara a Turquía, era dejar a Sadam en el poder. Esa fue la razón por la que los carros blindados del general Norman Schwarzkopf no entraron en Bagdad.

Apellidos famosos, reporteras millonarias

Isabel Preysler inicia en el "Hola" la moda de las "curanderas" del periodismo cobrando un millón de pesetas por artículo

Jaime Peñafiel

En los años 1987-88 surge en España, de la mano del nuevo propietario-director del *Hola*, "el hijo de **Sánchez**", una plaga llena de gula dineraria, compuesta por marquesas y "trabajadoras de la alta frivolidad española", dijo alguien, que sin haber pisado nunca una universidad se convierten en "periodistas", en curanderas del periodismo (¿no se llama curandero a quien ejerce la Medicina sin estar titulado?).

"El hijo de Sánchez" fue el encargado de dar la alternativa, en esta plaza de confusión que son las revistas del corazón, a una matadora (de hombres) que, animada por el "éxito" de sus memorias, decidió convertirse, para matar el aburrimiento que le producía su segundo matrimonio, en ágil reportera. Si no de cinco estrellas, sí en la estrella única de la revista *Hola*. Aunque la estrella sólo ponía la cara en el cartel. Pero se lo llevaba crudo. A millón por corrida. Y es que las corridas de doña **Isabel** le han costado, siempre, mucho dinero a sus maridos. El director de *Hola* no iba a ser una excepción pagando menos. Y la reportera se pasó por el magnetofón a un puñado de famosos, entre ellos **Clint Eastwood**, **Paul Newman**, **Ted Kennedy** y otros. No todos sucumbieron a sus encantos. Clint Eastwood se quedó de una pieza al escuchar la pregunta de la intrépida periodista:

-¿Cuándo dirigirá su primera película?

- Señorita, ya he dirigido trece películas. ¿Usted no lo sabía?

Eastwood telefonearía a quien había negociado la entrevista "con la mejor reportera de la más importante revista de España" recriminándole enfurecido:

-¿Pero qué periodista de mierda me han recomendado ustedes? Que no se le ocurra aparecer otra vez.

A la Preysler reportera, con su magnetofón y su chuleta de preguntas previamente preparadas, le siguieron otras intrépidas curanderas: **Sofía de Habsburgo**, que de la mano de **Alfredo Fraile** intentó también llevárselo como la otra: poniendo sólo la cara. Y **Carmen Ordóñez**. E incluso **Caetana Enders**, la pequeña embajadora de los Estados Unidos que se dedicó a realizar entrevistas para el *Hola* valiéndose del cargo.

A la marquesa de Griñón le sucedió otra marquesa, aunque sin derecho ésta a utilizar el título ya que hacía tiempo su marido le había dado puerta, divorciándose de ella. Su nombre, **Nenetta Varela**. En la lista también se encuentra **Mona Jiménez** y la inefable e infiel **Carmen Martínez Bordiú**.

El famoso sociólogo **Thornstein Veblen**, el de la teoría de la clase ociosa,

FOTOS: EUROPA PRESS

Isabel Preysler, al poco tiempo de colaborar en "Hola", se casó con Boyer.

quedaría asombrado con la ajetreada clase ociosa española al ver a marquesas entrevistadoras, famosas metidas a biógrafas de sí mismas, "señoritas del sector primario que trafican sin pudor con el terciario", apellidos ilustres vendiendo exclusivas de noviazgos y divorcios. Y todo por la "gula dineraria". Y como los duelos con pan son menos, en el *Hola* aparece, en este 1987, la separación de **Manolo Santana** y **Mila**. De este divorcio sacan partido vendiendo exclusivas todos los protagonistas. Y los que se destapan cuando se descubre a la hija desconocida de Manolo y a la madre que la parió, una azafata llamada **Bárbara Oltra**, que también vende la suya.

1987 es el año en que la Fiscalía de Madrid presenta, en el juzgado de guardia, querella por delito fiscal contra **Dolores Flores Ruiz**, la Lola de España, y su marido **Antonio González**. "Nunca quise hacer un fraude al fisco y siempre respeté las leyes, comportándome como buena española, aunque reconozco que he tenido un fallo", declaraba "La Faraona". El fallo fue no hacer la declaración a Hacienda desde 1979. ¡Ahí es "na"! Y la sentaron en el banquillo mientras gritaba: "¿A quién he matado? ¿Qué coche bomba he puesto? ¿Qué terrorista soy?". Nada de esto era. Pero resulta que por venta de exclusivas en la prensa del corazón había ingresado, ella solita, más millones que todas las estrellas del periodismo español juntas. Y, además, no lo había declarado porque "creía que era dinero negro", justificó.

Con la primavera, los **príncipes de Gales**, todavía sin escándalos -porque Diana aún no se había enterado de lo de **Camila** y el támpax- visitan por primera vez España, invitados por **don Juan Carlos** y **doña Sofía**. Se hospedan en el Palacio de El Pardo. Y para que la princesa pueda bañarse, se prepara la piscina, que llevaba diez años sin ser utilizada.

Este año nuestros Reyes celebran sus bodas de plata, ofreciendo una recepción a diecisiete matrimonios que se habían casado el mismo día que ellos lo hicieron en Atenas. "Os espero aquí para las bodas de oro", les dijo Su Majestad. "Todos nos merecemos la enhorabuena por esta celebración tan señalada", apostilló la Reina.

A la izquierda, Julián Contreras y Carmen Ordóñez, que contrajeron matrimonio en Miami. A la derecha, Carmen Posada y Mariano Rubio, que hicieron lo propio en Viena. Estaba de moda casarse en el extranjero.

En julio de 1987, la Preysler obtiene el divorcio de su matrimonio con el **marqués de Griñón**. Y el 2 de enero de 1988 se vuelve a casar en el juzgado de Madrid con Miguel Boyer. ¡Y ya van tres!

Lola Flores recibió una querella por delito fiscal.

La familia Franco, junto al féretro de Carmen Polo.

El 8 de febrero muere en el mayor de los olvidos quien fue más que reina, Generalísima de España: **doña Carmen**. Una bronconeumonía agravada por la esclerosis vascular acaba con su vida. Además, tenía ya 87 años.

Lo que sí hubo entre 1987 y 1988 y años posteriores fueron separaciones a gogó. Así, se rompen los matrimonios de los duques de Aliaga, **Alfonso Fitz James Stuart** y **María Hohenlohe**, con diez años de renqueante felicidad y dos hijos.

Bertín Osborne y **Sandra Domecq**, a pesar de que ella espera un hijo: de él, "of course". **Massiel** y **Pablo Lizcano**, con sólo tres años de felicidad. Y, por último, los duques de Feria, **Rafael Medina** y **Nati Abascal**, que nunca debieron haberse casado.

Cuando 1988 termina, se ponen en entredicho la estabilidad matrimonial de los **marqueses de Cubas**, que viven momentos de inquietud y reflexión.

Respecto a las bodas, se impone, por aquello de defender la exclusiva vendida a la prensa del corazón, que ésta se celebre en el extranjero. Y, salvo las excepciones de **Luis Miguel Dominguín** y **Rosario Primo de Rivera** y la de **Carlos Fitz James Stuart**, duque de Huéscar, con **Matilde Solís**, los restantes famosos o famosillos eligen Costa Rica: **María Jiménez** y **Pepe Sancho**, que le dan el pelotazo al *Hola* como antes me lo habían dado a mí en *La Revista*.

En Miami, **Carmen Ordóñez** y **Julián Contreras**. Padrinos: **Francisco Rivera**, el hijo de la novia, y **Lolita**, la ex amante del anterior marido de la desposada y padre del padrino.

En México, y de charros, **Tony Isbert** y **Eva Esteban Bellamy**.

En Liechtenstein, **Vicente Sartorius** y la **princesa Nora**.

En Estados Unidos, **Miriam de la Sierra** y **Dennis Rew**.

Y, en Viena, **Mariano Rubio** y **Carmen Posada**.

Precisamente, la ciudad austriaca sería el escenario desencadenante de una de las crisis matrimoniales más importantes de la década.

• FOTOIMPACTO •

Huevos contra el Gobierno

Fernando Baeta

Pistolas contra huevos. Matilde Fernández, entonces ministra de Asuntos Sociales, fue el blanco de las iras de los trabajadores de Sniace, que veían peligrar sus puestos de trabajo. La ex dirigente ugetista estaba comiendo tranquilamente con sus camaradas socialistas de Santander cuando le empezaron a llover tortillas a diestro y siniestro. Su guardaespaldas no tuvo más remedio que sacar el arma reglamentaria para que todo se quedara en huevos. Al final, ganó la pistola y todo quedó en huevos.

Ocurría esto el 21 de febrero de 1993, y los huevos no sólo iban contra la ministra, sino contra todo un Gobierno. Los casos de corrupción empezaban a llenar las páginas de los periódicos, de algunos más que de otros, y Matilde Fernández no fue sino la diana oportuna en la que se clavó buena parte de la rabia nacional.

No fueron buenos días para la buena de Matilde. Veinticuatro horas después de que le llovieran huevos, le llovieron insultos, esta vez por la ley de Extranjería. "Racista" y "choriza" fueron algunos de los epítetos que le corearon en Madrid, cuando iba a entrar a un teatro. Pero los huevos le habían dolido mucho más que las palabras. Y le dolieron aún más el 29 de abril de 1994, cuando los presuntos "agresores" de la ministra fueron absueltos por "falta de pruebas".

José Antonio Peret

Un guardaespaldas protege a la entonces ministra Matilde Fernández del lanzamiento de huevos (21-II-1993).

PRÓXIMO CAPÍTULO: **1992,** UN AÑO PARA RECORDAR

AQUEL AÑO FUE UN PARÉNTESIS MÁGICO EN UNA ESPAÑA PREOCUPADA. LOS MEDALLISTAS DE BARCELONA. LUCES Y SOMBRAS DE LA EXPO DE SEVILLA. EL RETO DE MAASTRICHT. **ESCRIBEN:** JAVIER LORENZO, JOAQUÍN MADINA, JESÚS MARAÑA, CARLOS TORO

• HISTORIA DE LA DEMOCRACIA •

{CAPÍTULO 44}

EFE

La Familia Real no dudó en abandonar las normas de protocolo a la hora de animar a los equipos españoles que participaron en los Juegos Olímpicos de Barcelona.

1992, UN AÑO PARA RECORDAR

Quinientos años después del Descubrimiento de América, España se embarcó en un gran proyecto que le permitiera recuperar su orgullo herido y olvidar la frustración y el sentimiento de inferioridad que padeció durante tantos siglos. Los Juegos Olímpicos de Barcelona, la Exposición Universal de Sevilla y la capitalidad cultural europea de Madrid consiguieron en gran parte esos objetivos y regalaron al mundo una imagen pujante de la nueva España. Sin embargo, 1992 supuso también el principio del fin de una época de prosperidad como jamás se había conocido.

1992, un paréntesis mágico en una España preocupada

El éxito de organización y la recuperación del orgullo fueron las claves en Barcelona, Sevilla y Madrid

El V Centenario del Descubrimiento de América fue la fecha en la que España recuperó pulso ante el mundo y ofreció una imagen alejada de los estereotipos. A pesar del escepticismo y hasta del pavor por la coincidencia de tantos acontecimientos en el plazo de un año, Barcelona, Sevilla y Madrid resolvieron con algo más que dignidad la apuesta que, por encima de todo, se habían lanzado a sí mismas.

Javier Lorenzo

De tantos como hubo, hoy sería casi imposible escoger un símbolo que refleje en toda su extensión lo que el año 1992 supuso para España. Un país que con los fastos internacionales que acaparó en apenas unos meses quiso -y posiblemente logró- dar la apariencia de modernidad y pujanza. De hallarse por derecho propio en el seno de las naciones desarrolladas. Los Juegos Olímpicos de Barcelona, la Exposición Universal de Sevilla y, en menor medida, la capitalidad cultural europea de Madrid situaron a España en el centro de todas las miradas y su éxito no sólo relanzó el maltrecho orgullo hispano, sino que tapó las bocas de los agoreros -internos y externos- que desde el mismo instante en que se emprendió la carrera pronosticaron, amparándose en la tradicional imprevisión española, todo tipo de fallos y desastres. Pero España estaba preparada. Unos meses antes, y convocada en sólo diez días, se había celebrado sin problemas en Madrid la primera conferencia de la Historia que reunía a árabes e israelíes en la misma mesa. Era una buena señal.

Desde que el 17 de octubre de 1986 la voz trémula y emocionada del presidente del Comité Olímpico Internacional, Juan Antonio Samaranch, anunciara que la ciudad escogida para celebrar los Juegos Olímpicos de 1992 era Barcelona, el país se vio inmerso en una fiebre organizativa sin precedentes. Cuatro años antes ya se había escogido Sevilla para albergar los actos del V Centenario del Descubrimiento de América -que dio en llamarse *Encuentro de dos mundos* para no herir susceptibilidades- y de la Exposición Universal. Chicago renunció finalmente a ➛

Uno de los momentos más emocionantes de los Juegos Olímpicos. El príncipe Felipe, como abanderado, encabeza la delegación española en el desfile inaugural.

EUROPA PRESS

SYGMA

BARCELONA 92. Arriba, Antonio Rebollo lanza la flecha hacia el pebetero, Cobi avanzando por el estadio y un instante de la espectacular ceremonia de clausura (dcha).

organizar una Exposición paralela y España pagó a varios países hispanoamericanos las cuotas de ingreso en el organismo que concede las sedes -el Buró Internacional de Exposiciones- con el fin de conseguir el mayor número de votos. Por su parte, y dando la impresión de que lo que menos deseaba era quedar descolgada, Madrid se enfrentó a Salamanca para conseguir la capitalidad cultural europea en tan magna fecha.

Se vivía una etapa de expansión económica -España crecía alrededor de dos puntos por encima de la media europea y Alfonso Guerra aseguraba que jamás se había conocido tanta prosperidad desde el siglo XVI-, se incrementaba el prestigio internacional -definitivo anclaje en la Alianza Atlántica y la Comunidad Europea, primeras misiones de tropas españolas en el exterior- y se comenzaba a forjar -casi al estilo de la Commonwealth- una comunidad ibérica de naciones en la que España pretendía jugar un relevante papel. Y qué mejor representación de tanto logro que un espectáculo grandioso en el que se dieran cita 110 naciones -todo un récord- y que durara seis meses.

El éxito de los fastos del 92 no sólo relanzó el maltrecho orgullo hispano sino que tapó las bocas de los agoreros que pronosticaron fallos y desastres

La isla de la Cartuja -donde reposaron los restos de Colón- fue el lugar escogido para levantar la Expo 92. La nueva ciudad costaría 144.000 millones de pesetas -más tarde se ampliarían con otros 40.000- y acarrearía a su vez un billón de pesetas en inversiones. Sevilla y Andalucía se transformaron. Se mejoraron las redes viarias y el acceso a la capital hispalense, se hizo el AVE, se construyeron siete puentes sobre el Guadalquivir -algunos tan espectaculares como el de El Alamillo o la Barqueta-, se remozaron algunos de los barrios más castigados de la ciudad y se levantaron 17 nuevos espacios escénicos para atender a la demanda cultural. En cuanto a la propia Expo, además de los edificios temáticos y los pertenecientes a los diferentes países, el visitante podía hallar 120 fuentes, decenas de cascadas y estanques, así como catamaranes, telecabinas, monorraíles, una esfera bioclimática y un tren turístico. Todo dentro de un vergel compuesto por 350.000 árboles de mil especies diferentes.

El Gobierno escogió como comisario general de la muestra a Manuel Olivencia, un prestigioso profesor de Derecho Mercantil que había dado clases a Felipe González. Sin embargo, el apoyo del presidente no impidió que el sector guerrista andaluz intentara desde el primer momento cortar la hierba bajo los pies del flamante comisario. Olivencia dimitiría en julio de 1991, sustituyéndole el diplomático Emilio Cassinello.

Quien no se movió fue Jacinto Pellón, consejero delegado de la muestra, pese a que su nombramiento se entendió en Sevilla como un desprecio a la ciudad -él es de Santander- y algunos aspectos de su gestión, como el excesivo precio de las entradas -4.000 pesetas los adultos-, fueran duramente criticados.

Los meses previos a la inauguración fueron especialmente difíciles. La guerra del Golfo retrajo inversiones -la participación de Estados Unidos dependió de un senador de Iowa-, la amenaza del

PABLO MONTERO

PABLO MONTERO

PABLO MONTERO

EXPO 92. El futuro llegó a Sevilla. A la izquierda, un monorraíl sobre la Expo. A la derecha, la mascota Curro, el nuevo teatro de La Maestranza y una lancha surcando el lago con el pabellón de España al fondo.

retraso obligó al Rey a decir que eso eran "maledicencias de los periódicos", muchas comunidades autónomas mostraron poco o ningún entusiasmo por estar presentes y para más inri la nao *Victoria* -réplica de la usada por Elcano para dar la vuelta al mundo- naufragaba al poco de ser botada -Curro, la mascota ideada por el checo Heinz Edelmann, sabía nadar, afortunadamente-, mientras que en febrero de 1992 la chispa de un soplete acababa con el Pabellón de los Descubrimientos, quizá el más atractivo de la Expo y que contenía, entre otras cosas, el primer coche de la Historia y el primer avión fabricado en España.

Las malas lenguas acusaron a Luis Yáñez, presidente de la Comisión Nacional V Centenario, de gafe, pero nada se pudo probar al respecto. Lo que sí se supo fue que su regreso al cargo se debió a que Felipe González se lo había prometido si no conseguía la alcaldía sevillana, que recayó en Rojas Marcos.

Pese a todo, el 20 de abril de 1992 la Expo abría sus puertas e iniciaba su andadura de 176 días. Una sola jornada era insuficiente para apreciar tanto exotismo: el edificio de madera más grande del mundo (Japón), un inmenso iceberg chileno, los espectáculos de El Palenque, los juegos de rayos láser o los fuegos artificiales, guerreros maoríes, gigantescas pantallas panorámicas o pabellones futuristas desde los que se podían emitir mensajes a los extraterrestres. Tal fue el éxito que se sobrepasó en casi cuatro millones la afluencia de asistentes -calculada en 38 millones de personas- y hasta se tuvieron que dejar de vender los pases de temporada debido a la torrencial afluencia de un público que incluyó a 36 familias reales, 43 jefes de Estado y 26 primeros ministros. Mientras tanto, las réplicas de las tres carabelas con las que Colón alcanzó América recalaban en Nueva York tras rememorar la gloriosa travesía.

La nueva ciudad costaría 144.000 millones y acarrearía a su vez un billón de pesetas en inversiones. Sevilla y Andalucía se transformaron

Cuando el 12 de octubre de 1992 la Expo se despidió del mundo, el sentimiento de satisfacción era casi unánime, aunque el proyecto Cartuja 93, con el que se pretendía crear un parque tecnológico y de investigación en los terrenos de La Cartuja, no captó las inversiones esperadas e inició así un triste languidecer que aún no ha concluido.

En Madrid, la capitalidad cultural europea se vivió de forma muy distinta a la Expo. Si ésta fue un continuo espectáculo al aire libre, aquélla se refugió en los teatros de siempre. Si Sevilla se inundó de curiosos y turistas, Madrid apenas recibió poco más que los visitantes habituales. Si en el Guadalquivir se ofreció una imagen de futuro, en el río Manzanares recurrieron sobre todo a la tradición y el clasicismo. El único espectáculo realmente grandioso que vivió Madrid fue la Fiesta Barroca que se paseó durante varios días por la ciudad y de la que era responsable Miguel Narros para desgracia del Ayuntamiento, que lo había defenestrado de la dirección del Teatro Español tres años antes.

De la organización se hizo cargo el arquitecto Pablo López Osaba, quien pronto se vio superado por las ➤

ambiciones de quienes le rodeaban. El mismo tuvo que reconocerlo. "Los políticos han dañado Madrid 92".

En total, fueron 1.800 los actos que tuvieron lugar, de los cuales 500 fueron musicales. Sin embargo, el presupuesto de 6.500 millones de pesetas no dio para traer, como se prometió en un principio, a Bruce Springsteen, Tina Turner, Sinnead O'Connor o Michael Jackson. Con razón se declaró finalmente un superávit de 250 millones.

El resto de los actos tuvieron una escasa afluencia de público -en todo el año hubo 1.270.000 espectadores-, debido sobre todo al gran número de invitaciones que se cursaron y que no fueron usadas, al abandono de la periferia en beneficio del centro -tal como denunció el concejal de Cultura Pedro Ortiz-, y a la escasa publicidad que se dio a los eventos. De nuevo López de Osaba resumió el origen del problema: "Hemos tenido falta de comunicación con los ciudadanos".

La capitalidad cultural no tenía mascota, pero el concejal Matanzo se encargó en cierta medida de solucionarlo al impedir los ensayos que realizaba junto a la catedral de La Almudena -ya a punto de inaugurarse- una compañía británica que representaba a Shakespeare. Mientras tanto, en el otro extremo de la ciudad se paralizaba poco a poco el gran proyecto arquitectónico del nuevo Madrid: la Esfera Armilar, cuya primera piedra había sido colocada por la Reina Sofía el 17 de junio de 1991, ignorante de que algunos de quienes la rodeaban iban a acabar años después en la cárcel por el escándalo de la cooperativa de viviendas PSV.

El único éxito del Madrid cultural fue la inauguración del museo Thyssen Bornemisza y del Centro de Arte Reina Sofía, que conformaron lo que hoy se conoce como "la milla de oro" del arte mundial.

Los Juegos Olímpicos tuvieron mejor suerte. Hasta el punto de que el propio Rey, además de Samaranch, los calificó como los mejores de la Historia. No le faltó razón. Ya en la ceremonia inaugural se vio lo que podía dar de sí la cultura mediterránea en cuanto a imaginación, alegría y entusiasmo. El espectáculo creado por La Fura dels Baus dejó anonadados a los 2.500 millones de espectadores que se calcula contemplaron el acto en todo el orbe. La entrada de Epi como último relevista de la antorcha olímpica y la flecha con la que el arquero Antonio Rebollo encendió el pebetero fueron la señal para que dieran comienzo los Juegos. En el desfile de las selecciones participantes se alcanzaron cotas de emoción insospechadas cuando la representación española apareció. Las lágrimas de la infanta Elena al ver a su hermano como abanderado eran de algún modo las lágrimas de un país que había sufrido demasiado tiempo y ahora quería y necesitaba disfrutar.

El responsable del Madrid cultural resumió el origen del problema: "Hemos tenido falta de comunicación con los ciudadanos"

FERNANDO SACRISTÁN

PABLO MONTERO

PABLO MONTERO

De izquierda a derecha, y de arriba abajo, algunos responsables de los Juegos Olímpicos y la Exposición Universal: Pascual Maragall, Emilio Cassinello y Jacinto Pellón.

Antes de que llegaran tan faustos momentos, y como era de esperar, hubo que superar numerosos problemas. Desde la compleja reconstrucción del estadio de Montjüic, que fue definido por el vallista Carlos Sala como "una plaza de toros", hasta la exacerbación del nacionalismo, materializado en el Comité Olímpico Catalán, que no logró ser reconocido por el Comité Olímpico Internacional, y la campaña de La Crida -apoyada entre otros por un hijo de Jordi Pujol- en la que sorprendentemente se pedía la libertad para Cataluña en inglés y no en catalán.

Unos meses antes de que dieran comienzo los Juegos, el nacionalismo radical reventó la primera reunión atlética que tenía lugar en el remozado estadio de Montjüic con la presencia del Rey, quien fue abucheado por gran parte de los representantes al tiempo que la lluvia se colaba por todas las rendijas de la instalación hasta el punto de que llegó a inundar algunas dependencias.

El hecho no podía pasar desapercibido, de modo que tanto los obreros como los jefes de protocolo tuvieron que hacer horas extras. Finalmente, se encontró una solución salomónica que dio buen resultado: cuando el Rey apareciera en el estadio lo haría al son de *Els segadors,* el himno nacional catalán. Una vez en el palco, la megafonía daría paso a la Marcha Real. Aun así, los organizadores no las tenían todas consigo. La víspera de la inauguración, durante el ensayo de la ceremonia inaugural, la protesta de las gradas se volcó, aunque en menor medida que en la anterior ocasión, en contra del doble que hacía el papel de monarca. Por fortuna, al llegar la hora de la verdad, el público se mostró, casi por completo, respetuoso con el jefe del Estado español. Ese respeto se fue acrecentando a medida que transcurrían las jornadas y se sucedían los éxitos españoles. La situación evolucionó de tal manera que el día de la final de fútbol que enfrentó a España y Polonia, el Camp Nou fue un apasionado flamear de banderas rojigualdas.

Los XXV Juegos Olímpicos de la Era Moderna fueron además los de la reconciliación. Las ediciones de Moscú, Los Angeles y Seúl se habían visto afectadas negativamente por la política. Barcelona, y los buenos oficios de Samaranch, fueron un bálsamo que curó esas heridas, y si bien no hubo una gran figura deportiva que destacara, al estilo de Mark Spitz o Nadia Comaneci, nadie puede negar los records que se acumularon: 10.500 atletas, 171 plusmarquistas, 25 deportes oficiales, 635 millones de dólares por derechos de televisión, 516 millones de dólares por explotación comercial y una audiencia estimada en 3.500 millones de personas. Además, participaron países como Suráfrica, la Alemania unificada, seis nuevas naciones -entre las que se contaban las bálticas-, el Equipo Unificado -heredero de la antigua URSS- y hasta Bosnia, Croacia y Serbia -ésta tuvo representación individual para salvar las sanciones de la ONU-. Fueron también los primeros Juegos en los que se permitió participar a profesionales -el famoso "Dream Team", por ejemplo-.

ALBERTO CUÉLLAR

GUSTAVO CATALÁN

DOS ASPECTOS DEL 92. Arriba, un momento de la espectacular Fiesta Barroca en la Plaza Mayor. Abajo, las réplicas de las carabelas de Colón llegan al puerto de Nueva York.

Para España las previsiones señalaban alrededor de doce medallas. Al final fueron 22 -lo que supuso que ocupara el sexto puesto del medallero tras el Equipo Unificado, Estados Unidos, Alemania, China y Cuba-, pero pudieron haber sido aún más.

Barcelona fue un punto de inflexión definitivo para el deporte español. La contratación de los mejores técnicos extranjeros y la compensación económica para los deportistas a través del plan ADO -que tuvo por otro lado fallos tan lamentables como dar la mayor beca al tenista Emilio Sánchez Vicario-, permitieron un rotundo éxito que casi nadie esperaba.

Los casi 800.000 millones de pesetas en inversiones habían valido la pena. Barcelona cambió de cara y recuperó un mar que tenía un tanto perdido. José Miguel Abad, consejero delegado del COOB 92, no podía estar más satisfecho, a pesar de que en el aspecto económico no se pudieron evitar los números rojos. Cuatro años después aún queda deuda olímpica por enjugar.

1992 fue el año de España. Nunca un país ha realizado tanto esfuerzo en tan poco tiempo, y a pesar de que los tópicos sigan planeando sobre la piel de toro, no cabe duda de que el país obtuvo con ello un espaldarazo de modernidad y respeto.

Símbolos guarda muchos la memoria, y todos valen, pero si hubiera que quedarse con alguno, quizá habría que apuntar a esos miles de voluntarios anónimos que en Sevilla, Madrid o Barcelona trabajaron no sólo para ayudar y sonreír a los visitantes, sino para que España recuperara por fin la autoestima y el viejo orgullo perdido.

¡Veintidós medallas!

Trece oros, siete platas y dos bronces

La expedición estaba formada por 502 atletas, de los cuales 361 eran hombres y 141 mujeres. Ellos hicieron posible los mejores resultados de España en unos Juegos en los que además de las 22 medallas oficiales -a las que habría que añadir otras 17 en deportes de exhibición se consiguieron 41 diplomas.

S. CARMONA

JAVIER GARCÍA CHICO.
BRONCE.
Atletismo. *Salto con pértiga.*
Superó 5, 75 metros.

PATRICK DURAND/SYGMA

VÁZQUEZ, MENÉNDEZ Y HOLGADO.
ORO.
Tiro con arco. *Categoría 70 m. Equipos*

EUROPA PRESS

ANTONIO PEÑALVER.
PLATA.
Atletismo. *Decatlón.*
Alcanzó 8.412 puntos.

EUROPA PRESS

DANIEL PLAZA.
ORO.
Atletismo. *20 kilómetros marcha.* **Hizo un tiempo de 1h. 21m. 45s.**

EUROPA PRESS

FERMÍN CACHO.
ORO.
Atletismo. *1.500 metros.* **Su marca fue de 3m. 40,66 s.**

FAUSTINO REYES.
PLATA.
Boxeo.
Categoría 57 kilos.

EUROPA PRESS

JOSÉ MANUEL MORENO.
ORO.
Ciclismo. *Categoría Kilómetro contrarreloj.* 1m. 03,34s.

EUROPA PRESS

FÚTBOL.
ORO.
Venció en la final del Camp Nou a Polonia por 3-2.

EUROPA PRESS

CAROLINA PASCUAL
BRONCE.
Gimnasia rítmica.
Competición individual.

QUIM LLENAS / COVER

HOCKEY FEMENINO.
ORO.
Venció en la final a Alemania.

EPPRESS

MIRIAM BLASCO.
ORO.
Judo.
Categoría de 56 kilos.

EUROPA PRESS

ALMUDENA MUÑOZ.
ORO.
Judo.
Categoría de 52 kilos.

MARTÍN LÓPEZ ZUBERO.
ORO.
Natación. *200 metros espalda.*
Su marca fue de 1m, 58,47s.

JORDI ARRESE.
PLATA.
Tenis. Perdió la final ante el suizo Marc Rosset.

EUROPA PRESS

ARANTXA SÁNCHEZ VICARIO
CONCHITA MARTÍNEZ.
BRONCE Y PLATA.
Tenis femenino. *Individual y dobles.*

EUROPA PRESS

FERNANDO SÁNCHEZ
JORDI CALAFAT
ORO.
Vela. *Categoría 470.*

EUROPA PRESS

JOSÉ MARÍA VAN DER PLOEG.
ORO.
Vela.
Clase Finn.

EUROPA PRESS

LUIS DORESTE
DOMINGO MANRIQUE.
ORO.
Vela. *Categoría Flying Dutchman.*

EUROPA PRESS

PATRICIA GUERRA
THERESA ZABELL.
ORO.
Vela. *Categoría 470.*

EUROPA PRESS

NATALIA VIA DUFRESNE.
PLATA.
Vela.
Categoría Europe.

EUROPA PRESS

WATERPOLO.
PLATA.
Perdieron en la final ante Italia.

Luces y sombras de

Del éxito del AVE al fracaso económico de la Expo

En 1992, Sevilla fue una fiesta con sus luces y sus sombras. A la vista de los resultados económicos, la luz fue el AVE y la sombra fue la Expo, aunque en ambos casos el éxito popular fuera indiscutible. Lo malo es que, como tantas otras veces, hubo despilfarro, comisiones y desvío de fondos.

Joaquín Madina

Javier Arenas, ministro de Trabajo en el primer Gobierno de Aznar, le llama "pájaro" a la gaviota que vuela en la bandera del Partido Popular.

Hace algunos años, cuando Arenas era el hombre fuerte del PP en Andalucía, esta referencia llegó a oídos del presidente del partido, José María Aznar, quien le hizo notar que "ave" era una denominación más elegante.

- Nunca diré lo de ave, presidente -dijo Arenas-, para que no nos confundan con el otro AVE.

En el Partido Popular (y en Izquierda Unida) existe la convicción de que el PSOE ha evitado a hoz y coz el control parlamentario del AVE y de la Expo de Sevilla. Y, como ellos dicen, cuando algo se oculta es que hay algo que ocultar.

Lo cierto es que, en 1992, Sevilla fue una fiesta, pero en esta ocasión los toros saltaron la barrera. Con la perspectiva que da el tiempo se ha comprobado que el control parlamentario fue insuficiente: el pago de comisiones, la financiación irregular del Partido Socialista, las fortísimas pérdidas de la Exposición Universal y la ausencia de previsiones sobre el futuro de la Expo han echado por tierra muchos de los éxitos obtenidos.

El pago de comisiones y la ausencia de previsiones sobre el futuro de la Expo echaron por tierra muchos de los éxitos conseguidos

En un universo de luces y sombras, la luz del AVE está en su propia eficacia, pese a la fuerte inversión realizada: en torno al medio billón de pesetas, que multiplicó por dos la previsión inicial. Es posible que el trazado andaluz se realizase con manifiesta voluntad electoralista y festivalera (los fastos sevillanos), pero lo cierto es que el tren ha ayudado a acercar Andalucía al centro de España y que cada año aumenta el número de viajeros y de ingresos.

El AVE Madrid-Sevilla se inauguró el 21 de abril de 1992 con 6 trenes en cada sentido, sobre una vía construida por el ministerio de Obras Públicas (no por Renfe). Cada unidad de AVE, fabricada por el consorcio franco-británico GEC-Alsthom, estaba formada por 8 coches y 2 cabezas tractoras, capaz de alcanzar una velocidad máxima de 300 kilómetros por hora en servicio comercial con pasajeros, y 357 kilómetros a la hora en pruebas internas.

En el mes de junio de ese mismo año, el número de unidades en cada sentido aumentó a 7 y, en agosto, a 9, debido a la gran afluencia de público. Durante los seis meses que duró la Expo, el AVE transportó a 922.110 viajeros.

Los siete trenes iniciales se convirtieron más tarde en 14 de ida y otros 14 de vuelta, además de otras 7 lanzaderas (en la ida, y otras tantas a la vuelta, desde Madrid a Puertollano, pasando por Ciudad Real). Incluso, el éxito es tan incuestionable que se ha utilizado la vía del AVE para el talgo Madrid-Málaga y Madrid-Cádiz (locomotoras modelo 252) con una velocidad máxima de 200 kilómetros por hora.

El escándalo de las comisiones. Todo esto suena muy bien y sonaría aún mejor si de por medio no hubiera estallado el escándalo de las "comisiones del AVE", que salpicaron al ex presidente de Renfe, Julián García Valverde; al responsable de finanzas del partido socialista, Guillermo Galeote; al embajador alemán en España, Guido Brunner; a la coordinadora de finanzas del PSOE, Aida Alvarez; al presidente de Siemens, Hans Ger Neglen, etcétera, etcétera.

Sólo la maldita costumbre de meter la mano en la caja y la ilegalidad tolerada desde los responsables máximos (Siemens, por ejemplo, pactó pagar 2.700 millones a tres empresas vinculadas al PSOE) empañan el historial del AVE, hasta precipitar el triunfo técnico del tren de alta velocidad en un negociado político de "alta basura".

En cuanto a la Expo, fue el juguete más caro de la Historia de España y el menos transparente.

Sevilla

El AVE Madrid-Sevilla se inauguró el 21 de abril de 1992 con seis trenes en cada sentido.

A la Expo le ha gustado alardear del número de actos culturales que montó en Sevilla (todos los cuales se saldaron con cuantiosas pérdidas), pero nunca ha facilitado el estado de sus cuentas con el mismo apremio.

A la hora de analizar la Exposición de Sevilla, hay que trazar una línea divisoria entre la época de Manuel Olivencia y la de Jacinto Pellón. En la primera hubo una cierta voluntad de eficacia económica, mientras que en la segunda se disparó el descontrol del gasto.

Como simple botón de muestra, en los tiempos de Olivencia se puso en marcha una auditoría interna, que dio a conocer 165 recomendaciones, de las que sólo se atendieron 5. Con Jacinto Pellón desapareció incluso la auditoría, según le acusa el PP.

Tras la caída de Olivencia, se vendió la idea de que había ganado el propósito de Pellón de que la Expo "no costase un duro" y de que "las instalaciones sirvieran para después". Esta argucia venció sobre la independencia de criterio y la prudencia, si bien fue reo de absoluta falsedad. Para rizar el rizo de la confusión, a la hora de la verdad Pellón se indemnizó (se desagravió) al dejar la Expo con varios millones de pesetas acogiéndose al absurdo de que no se "autonotificó" el preaviso de despido.

Sólo la maldita costumbre de meter la mano en la caja y la ilegalidad tolerada desde los responsables máximos empañan el historial del AVE

El Partido Popular ha acusado a la Expo de que se elaboraran "expedientes B" que no reflejaban exactamente los documentos originales de ingresos y gastos con objeto de burlar el control del Tribunal de Cuentas.

Este supuesto maquillaje, sin embargo, no tenía aparentemente ningún sentido, porque los originales estaban recogidos en el denominado "archivo óptico", que no se podía manipular. Pero la imposibilidad de manipulación se pasó de rosca. Tanto es así que cuando el Tribunal de Cuentas intentó abrirlo, descubrió con sorpresa que no podía hacerlo operar, lo que le obligó a utilizar los supuestos documentos maquillados.

Pese a todas estas cautelas, el Tribunal ha detectado unas pérdidas superiores a los 37.000 millones de pesetas, cifra que contrasta frontalmente con los supuestos beneficios de varios miles de millones dados a conocer por la Sociedad de la Expo.

A juicio de Izquierda Unida, las pérdidas reales superan los 113.000 millones ya que, a los 37.046 millones descubiertos por el Tribunal de Cuentas, IU suma el crédito de 76.399 millones concedido por un sindicato bancario, con participación mayoritaria de Argentaria.

A juicio del Partido Popular, las pérdidas son también sensiblemente mayores, ya que al desaparecer la sociedad Estatal se constituyó la sociedad Agesa para liquidar la Expo, y esta compañía ha perdido 30.000 millones de pesetas en cada uno de los ejercicios 1994 y 1995, porque en realidad está enjugando las pérdidas que no se dieron a conocer en su momento.

Al mismo tiempo, el informe del Tribunal de Cuentas ha reprochado la alta comisión (6.500 millones de pesetas) que se pagó a la firma holandesa Telemundi por buscar la aportación de algunas empresas a cambio de figurar como "proveedores, patrocinadores o colaboradores" de la Expo. En Telemundi figuraron personas relacionadas con la presunta trama de financiación del Partido Socialista a través de Viajes Ceres.

El gran fracaso de la Expo, sin embargo, no fueron sólo las pérdidas, o las comisiones, o la financiación ilegal, o el solemne despilfarro en tiempos de crisis..., sino la falta de previsión de cara al futuro, lo que convirtió todo aquel juguete en un inmenso esqueleto de dinosaurio sobre la isla de La Cartuja.

Los buenos propósitos de financiar las pérdidas y los créditos con la explotación y progresiva liquidación de la Expo no se han cumplido de ninguna manera, sino todo lo contrario. A los restos de este naufragio, Felipe Alcaraz, de IU, los ha calificado de "águila destrozada" o "monumento a la inutilidad".

Para qué firmamos M

La prioridad del Tratado es la Moneda Unica

La ciudad holandesa de Maastricht alumbró el 11 de diciembre de 1991 el bautizo de la Unión Europea. Si se cumplen los acuerdos firmados aquel histórico día, en el año 2002 la peseta pasará a mejor vida: llega la moneda única. 350 millones de ciudadanos se verán afectados por los documentos del Tratado.

Jesús Maraña

Por estos lares, el nombre de Maastricht sólo resultaba familiar a los estudiantes de Historia y a los turistas nacionales que cada verano visitan los Países Bajos. Los primeros sabían que a Alejandro Farnesio le costó cuatro meses tomar la ciudad al frente de sus tercios. Los segundos han fotografiado su puente sobre el río Mosa, sus palacios y murallas. Desde la fría madrugada del 11 de diciembre de 1991, Maastricht ha quedado en la Historia como escenario del bautizo de la Unión Europea. Una criatura enorme y frágil, con múltiples cabezas y un cuerpo retorcido que había nacido en Roma en 1957 con el nombre de Comunidad Económica Europea.

En el 2002, si se han cumplido los acuerdos aprobados en la ciudad holandesa, la peseta, la "rubia", los veinte duros o el billete verde serán sólo objetos de recuerdo. Los jefes de Estado y de Gobierno de los doce países que formaban la CE (hoy ya son quince) estamparon sus firmas en un documento que marcará la vida, o al menos las relaciones económicas y políticas, de 350 millones de ciudadanos. El filósofo y convencido europeísta francés Maurice Duverger va mucho más lejos y confía en que el camino iniciado en Maastricht desembocará en una comunidad cultural, política y económica que unirá a 500 millones de personas en cinco millones de kilómetros cuadrados, incluidos los países del Este.

Ese sueño federal que ya desveló a Churchill, a Jean Monnet y a tantos otros queda aún lejos, pero la primera consecuencia trascendental del Tratado de Maastricht está aquí mismo, delante de nuestros ojos y removiendo nuestros bolsillos: la Unión Monetaria. Los doce firmantes no lograron ponerse de acuerdo (Inglaterra de nuevo "dejó aislado al continente") para crear la Federación de los Estados Unidos de Europa. Y ya que ese matrimonio múltiple no parece funcionar "por amor", se decidió que funcionase "por dinero".

A Europa le interesa competir en el comercio internacional y no dejarse atrapar en la pinza que forman el dólar y el yen

Había motivos sobrados para impulsar la idea de una Europa federal. La caída del Muro de Berlín en 1989 y la democratización de los países de la órbita soviética eran frutas maduras para colocar al viejo continente "de tú a tú" con Estados Unidos y las potencias asiáticas. Pero las disputas de liderazgo y los conflictos de los Balcanes descubrieron la debilidad interna del viejo sueño político. Sin embargo, la economía, o ese ente indefinible y todopoderoso denominado "mercados", se anticipa una vez más a las ideas. A Europa le interesa competir en el comercio internacional y no dejarse atrapar en la pinza que forman el dolar y el yen. Así que la prioridad que marca el Tratado de Maastricht es la Moneda Unica, que aún no tiene rostro pero sí nombre: el euro.

LOS SACRIFICIOS. Para que Europa funcione entre sus miembros y ante el resto del mundo con una sola moneda hay que acercar las economías de los países de la Unión a unos listones comunes. De modo que en Maastricht se establecen unos criterios sobre déficit público, deuda, inflación y tipos de interés y un calendario estricto de cumplimiento de esos baremos para decidir, a mediados de 1998, qué países están preparados para compartir una moneda única y cuáles tendrán que esperar a coger ese tren más adelante. Sin perdernos en cifras, lo que interesa saber es que España no cumple hoy ninguna de las cuatro exigencias de la Unión Monetaria. Para conseguir estar entre los elegidos, debemos reducir sensiblemente en el próximo año y medio el déficit (la desproporción entre gastos e ingresos), la inflación (pérdida de la capacidad adquisitiva respecto al resto de la UE), la deuda del Estado (lo que debe y no ha pagado) y los tipos de interés (el precio del

aastricht

Escenario en el que se desarrollaron las conversaciones que culminaron en el Tratado de Maastricht.

dinero). Si se superan los cuatro obstáculos, el euro comenzará a operar en los grandes mercados financieros en 1999 y sustituirá a la peseta el 1 de julio del 2002.

La primera consecuencia de ese proceso ya la estamos viviendo. Toda la política económica tiene como meta situarnos en la Unión Monetaria. Por tanto, seguiremos la senda de los elefantes (Alemania, Francia...) en los recortes de los presupuestos, ajustes salariales, privatizaciones de empresas públicas, venta de bienes del Estado y todas aquellas medidas encaminadas a rebajar el gasto público y a aumentar el peso de la iniciativa privada.

¿Cuál es el premio? ¿Qué ganamos en esta desenfrenada carrera? Los defensores de luchar contra el reloj para estar desde el primer momento en la Unión Monetaria (el Gobierno y todos los partidos, excepto Izquierda Unida) manejan múltiples argumentos. En primer lugar, España necesita de todos modos hacer esos ajustes y sacrificios para sanear la economía nacional. Además, la Moneda Unica acarrea ventajas tanto para las empresas como para los ciudadanos. Al no tener que cambiar divisas, los costes del comercio entre empresas de la Unión serán mucho menores. Los mercados financieros quedarán integrados, de modo que cualquiera podrá invertir en cualquier lugar sin riesgos de que varíen los tipos de cambio. Los precios de los productos serán equiparables en los distintos países, por lo que habrá mayor competencia y, por tanto, beneficios para el consumidor. La fortaleza de una moneda única evitará los riesgos de inflación, hará bajar los tipos de interés y permitirá un mayor crecimiento económico, todo lo cual se traduce en que aumentará el empleo. Incluso en el ocio y en el turismo se apreciarán las ventajas, tanto para los españoles que viajen por Europa (ya con su propia moneda y sin sufrir las pérdidas del cambio) como para el resto de los europeos, que pueden disparar la actividad turística en nuestra economía.

Realmente viviremos unos años más necesitados de calculadoras que de teléfonos móviles. Porque en la primera fase, el euro y la peseta compartirán su existencia. Y quizás un ciudadano cobre su nómina en euros y tenga que comprar la leche y el pan en pesetas, o viceversa. Quizás reciba la letra de la hipoteca en pesetas y la cuenta de la Visa en euros... En fin, un cierto caos, comparable al de tener que cambiar todas las máquinas expendedoras (de bebidas, tabaco, cafés, chicles...) y todos los cajeros automáticos (los bancos ya andan preguntando quién les ayudará a pagar su transformación tecnológica).

¿MERECE LA PENA? Todo el proceso que desembocó en Maastricht y el Tratado que allí se elaboró fue realizado desde arriba, sin un debate previo en casi ninguno de los países afectados. Los ciudadanos se han visto de pronto retados a un "sprint" no para llegar a una meta y descansar, sino para alcanzar una línea de salida para una carrera de fondo. De modo que se han alzado ya voces autorizadas (la del ex ministro de Economía Miguel Boyer, por ejemplo) que ponen en entredicho las supuestas bondades de esta carrera contra el reloj europeo. Economistas de distintas líneas de pensamiento advierten también del riesgo de que la precipitación en el proceso dé al traste con sus mejores objetivos y ahogue la lenta recuperación económica. Incluso algunos confían en que, finalmente, esos criterios estrictos e inamovibles no lo sean tanto (hoy por hoy, ni siquiera Francia y Alemania cumplen los compromisos de la Unión Monetaria).

España es el país más europeísta de Europa, pero el alto precio que se ha de pagar por las exigencias de Maastricht amenaza ese sentimiento civil nacido de varias décadas de aislamiento y de la identificación de Europa con democracia, progreso económico y libertad.

En 1997, al tiempo que nos apretamos un poco más el cinturón, los países de la UE tienen prevista la mayor campaña de divulgación jamás realizada. Se trata de explicar a los ciudadanos en qué consiste la Moneda Unica y para qué servirá. Es posible que en esa macrocampaña se utilice también el único argumento en el que parecen estar de acuerdo defensores, críticos y escépticos del proceso iniciado en Maastricht: quizás el tren de la Unión Monetaria no sea el mejor tren, pero si arranca, es mejor ir dentro que tener que subirse en marcha.

•CALENDARIO•

1989

Los calendarios de 1987-88, publicados en el fascículo nº 42

ENERO

Tregua de ETA. El año comienza con el anuncio de una tregua de ETA, que durará más de dos meses. El etarra "Josu Ternera" es detenido en Francia el día 11. El día 6, muere el emperador de Japón Hiro-Hito. Fraga transforma AP en PP y, el día 23, muere Dalí.

FEBRERO

Declarar por separado. Los matrimonios españoles son facultados a realizar la declaración de la renta por separado a raíz de una sentencia del Tribunal Constitucional hecha pública el día 20. Los integristas islámicos condenan el día 14 a muerte al escritor Salman Rushdie. El Banco Central y Banesto anuncian a final de mes la ruptura de su fusión.

MARZO

Victoria de Yeltsin. El día 26, Boris Yeltsin obtiene la victoria en las primeras elecciones democráticas en la URSS. KIO da plenos poderes a Javier de la Rosa en Cartera Central. Se consigue por primera vez la fusión fría.

ABRIL

Muere el embajador Arístegui. La explosión de un obús sirio causa la muerte del embajador de España en Líbano Pedro Manuel de Arístegui el día 16. Una jornada antes, perecen 95 seguidores del Liverpool en el estadio de Sheffield.

MAYO

"Te pego leche". Toda España se quedó estupefacta con la agresión de José María Ruiz Mateos a Miguel Boyer el día 3.
El Gobierno no se hace cargo de las indemnizaciones del caso de la colza, según la sentencia de la Audiencia Nacional. Carlos Menem, nuevo presidente de Argentina.

JUNIO

Matanza de Tiananmen. El día 3, el Ejército chino carga contra los estudiantes concentrados en la plaza de Tianamen en Pekín: hubo cientos de muertos. El día 10, en Roland Garros, Arantxa Sánchez Vicario se convierte en la primera española que gana un Grand Slam. El PSOE gana en las elecciones europeas y, desde el día 18, la peseta forma parte del Sistema Monetario Europeo.

JULIO

"El Dioni" se hace famoso. Dionisio Rodríguez, El Dioni, se fuga con los 320 millones de pesetas de un furgón que custodiaba. Sería detenido en Brasil el 21 de septiembre siguiente. Este mes mueren Laurence Olivier, Karajan y Ramón Areces.

BEGOÑA RIVAS

El Dioni, en el banquillo.

AGOSTO

Fin del monopolio televisivo. El Consejo de Ministros decide el día 25 conceder tres canales privados de televisión a Tele 5, Antena 3 TV y Canal Plus. El empresario español Pablo Martín Berrocal es secuestrado en Ecuador.

SIPA PRESS

Un joven chino hace frente a los tanques del Ejército chino que se dirigen a la plaza de Tiananmen en Pekín y que provocaron la muerte a cientos de personas.

SIPA PRESS

Arantxa Sánchez celebra su triunfo.

SEPTIEMBRE

Aznar inicia su andadura. José María Aznar es elegido el día 4 candidato del PP para las elecciones del 29 de octubre. ETA asesina el día 12 a la fiscal Carmen Tagle.

OCTUBRE

Nace EL MUNDO. El día 23 sale a la calle el primer número de EL MUNDO, en un mes en el que Camilo José Cela gana el Nobel de Literatura y el PSOE obtiene por tercera vez consecutiva la mayoría absoluta en las elecciones del 29-O. Un terremoto en San Francisco provoca cerca de cien muertos y, el día 19, la central Vandellós 1 (Tarragona) sufre el accidente nuclear más grave jamás ocurrido en España.

NOVIEMBRE

Cae el Muro de Berlín. La noticia del año: el día 9, cae el Muro de Berlín, último símbolo de la guerra fría. El día 12, muere La Pasionaria; el 16, Ellacuría y siete personas más en El Salvador; el 20, Muguruza en Madrid. Los "narcos" matan a 107 personas en un avión colombiano el día 27.

SYGMA

Ceaucescu y su mujer, sentados.

DICIEMBRE

Ceaucescu, ejecutado. El dictador rumano Ceaucescu y su mujer son ejecutados el día 25. EEUU invade Panamá, donde es asesinado el fotógrafo español Juan Antonio Rodríguez. Mueren Pedro Toledo y Fernando Martín.

1990

ENERO

Noriega se entrega. Tras la invasión de las tropas estadounidenses, Noriega se entrega el día 4. En la discoteca Flying de Zaragoza, 43 personas mueren en un incendio el día 14. Emilio Ybarra es elegido nuevo presidente del BBV y, a raíz de la publicación del “caso Juan Guerra”, el fiscal general se querella contra EL MUNDO: el 20 de febrero será desestimada la querella.

FEBRERO

Liberados de distinto signo. Aunque de muy distinto signo, este mes se producen dos liberaciones muy celebradas: en Suráfrica, el líder Nelson Mandela el día 10; en España, el día 16, el industrial Adolfo Villoslada, que había estado tres meses secuestrado por ETA. Violeta Chamorro derrota a los sandinistas en Nicaragua.

MARZO

Independencia de Lituania. El proceso de descomposición de la URSS tiene en la independencia de Lituania (día 10) uno de sus jalones más importantes. En Chile, la investidura de Patricio Alwyn pone fin a 16 años de dictadura.

ABRIL

Naseiro, detenido. El tesorero del Partido Popular Rosendo Naseiro es detenido por presunto cohecho. Martín Berrocal es liberado el día 15. En tal fecha muere a los 84 años Greta Garbo.

MAYO

Trágica huelga de hambre. El miembro del GRAPO José Manuel Sevillano muere el día 25 en Madrid tras 176 días en huelga de hambre. Sigue la desmembración de la URSS: Letonia se declara independiente el día 4.

JULIO FUENTES

Un soldado estadounidense detiene a un panameño durante la invasión.

JUNIO

Fujimori gana a Vargas Llosa. En las elecciones presidenciales en Perú, Alberto Fujimori derrota a su rival el escritor Mario Vargas Llosa. El día 12, mafiosos y personajes de la jet son apresados en la “Operación Nécora” antidroga. El PSOE logra una amplia victoria el día 23 en las elecciones andaluzas.

JULIO

Havel, presidente. El día 5, el Parlamento elige a Vaclav Havel nuevo presidente de Checoslovaquia. El día 2, Eslovenia se proclama independiente de Yugoslavia. Gorbachov consagra la división de poderes.

AGOSTO

Invasión de Kuwait. Un mes de agosto especialmente conflictivo. Comienza con la invasión de Kuwait por tropas iraquíes el día 2. En menos de tres semanas, el Gobierno español decide enviar barcos y tropas al Golfo Pérsico. La España negra se revela en su máxima crudeza en el pueblo pacense de Puerto Hurraco, donde dos hermanos matan a tiros a siete personas el día 27.

BRÍGIDO

Puerto Hurraco: el autor de la matanza.

SIPA PRESS · TACEVSKI · CARLOS ANGEL

Tres rostros nuevos para el poder en 1990: Walesa, Havel y Fujimori.

SEPTIEMBRE

Guerra civil en Liberia. Tras un mes de guerra civil, los guerrilleros rebeldes descuartizan en Liberia el día 10 al presidente Doe. La URSS e Israel reestablecen relaciones. En España, el Ministerio de Justicia decide dispersar a los máximos dirigentes de los GRAPO.

OCTUBRE

Reunificación alemana. El día 2 nace la gran Alemania con la reunificación de la RFA y la RDA. Gorbachov, que durante este mes visita España y pide comprensión para la “perestroika”, es designado premio Nobel de la Paz. En las elecciones vascas el PNV se consolida como primer partido y Carlos Sáinz logra el campeonato mundial de rallies.

NOVIEMBRE

Major sucede a Thatcher. El día 22 dimite Margaret Thatcher, la “Dama de Hierro”, a quien sucede al frente del Gobierno conservador británico John Major. El día 12, entronización de Akihito como emperador de Japón. En España, el juez Garzón procesa a 51 implicados por narcotráfico en la “Operación Mago”.

DICIEMBRE

Walesa llega al poder. Lech Walesa gana el día 9 en las elecciones presidenciales en Polonia. Triunfo de Kohl en la Alemania unificada mientras el Parlamento soviético otorga superpoderes a Gorbachov. En nuestro país, tres novilleros mueren a tiros en Murcia y ETA mata a seis policías en Sabadell. La cantante Marta Sánchez visita a las tropas españolas destinadas en el Golfo Pérsico el día 22 acompañada por el ministro de Defensa, Narcís Serra.

EFE

Marta Sánchez, con la tropa española.

Fermín Cacho atraviesa la meta en primer lugar durante la final olímpica de los 1.500 metros. El tiempo con el que consiguió el oro fue de 3 m. 40,66 segundos.

Extasis profano

Carlos Toro

Los brazos en cruz y las manos abiertas a más no poder. Un gesto que puede expresar el sufrimiento extremo y también el paroxismo del éxtasis. Fermín Cacho, en el colmo de la felicidad, abre los brazos abrazando al mundo, anunciándole la buena nueva y haciéndole partícipe de un júbilo que no le cabe en el cuerpo. Esa postura, cristalizada en el tiempo por la capacidad congeladora de la fotografía, casi ya no es terrenal. Pertenece al cielo, la segunda residencia de los campeones olímpicos. La mirada extraviada en algún punto de la gloria interior, que se pierde hacia el infinito. Cacho, probablemente está gritando. ¿Qué? Su éxtasis no es religioso. Es profano. Fieramente humano. No llega como consecuencia de una pasividad contemplativa, sino que es fruto de una actividad esforzada y doliente, finalmente rescatada del barro por un rayo de oro. Un éxtasis arrancado al destino y no regalado por la casualidad o el favoritismo.

Un dorsal capicúa. La suerte cosida al abdomen con unos imperdibles. Cacho ha levitado hace unas décimas de segundo y ahora, aunque no se ve, tiene un pie sobre el suelo. Sobre la tierra. En la realidad del éxito asumido y en la certeza de tenerlo que defender más adelante. Los demás competidores ya están relajándose, con el rictus de la derrota en el rostro. Sólo Cacho sigue en tensión. El descanso es el alivio de los vencidos.

PRÓXIMO CAPÍTULO: UNA OSCURA TRAMA LLAMADA FILESA
LA HISTORIA DE UN INVENTO PARA CONSEGUIR DINERO FÁCIL PARA EL PARTIDO. QUIÉN ES QUIÉN DEL ESCÁNDALO FILESA. OTRAS CORRUPCIONES. **ESCRIBEN:** JUAN LUIS GALIACHO, CARLOS VAN SCHOUWEN, FERNANDO BERMEJO, MELCHOR MIRALLES.

1975-1995. Veinte años de nuestra vida

• HISTORIA DE LA DEMOCRACIA •

{CAPÍTULO 45}

EUROPA PRESS

Parte de la ejecutiva del PSOE. De espaldas, Martín Toval. Le siguen, Galeote, Eguiagaray, Benegas, Guerra, Rubial, González y, medio oculto, Fernández Marugán.

UNA OSCURA TRAMA LLAMADA FILESA

Los gastos de las campañas electorales para el Parlamento Europeo y el español en 1986, así como la campaña de la OTAN, habían aumentado considerablemente la deuda del PSOE. Para salir del atolladero, se creó una trama de financiación a través de las sociedades Filesa, Malesa y Time Export, que cobraban a distintas empresas cantidades millonarias por informes inexistentes. Una red de ingresos irregular que la Justicia, cinco años después de ser destapado el caso por EL MUNDO, todavía no ha logrado clarificar.

Cómo conseguir dinero fácil para el partido

Informes inexistentes cobrados a precio de oro, un recurso infalible para llenar la caja

El "caso Filesa" constituye uno de los escándalos más complejos e inéditos de financiación irregular de un partido gobernante. El costo económico que el PSOE tuvo que afrontar con la llegada al poder fue muy considerable: la deuda crecía y crecía de forma meteórica. La fuente de ingresos "extras" no tardó en llegar.

Juan Luis Galiacho

Al inicio del año 1987 la situación en las finanzas del PSOE era caótica. Las deudas se acercaban a los 7.000 millones de pesetas. Las subvenciones oficiales, las aportaciones de los altos cargos, las cuotas retenidas a los diputados y las "donaciones" de las empresas habían sido utilizadas para tapar el agujero negro, pero no habían servido para casi nada. La profundidad era tan grande que apenas se había notado la inyección.

La alarma surgió inmediatamente en la ejecutiva del partido y los hombres del secretario de Finanzas, Emilio Alonso Sarmiento, elaboraron una relación exhaustiva de la situación. Sólo las cuentas bancarias en números rojos sumaban más de 1.000 millones de pesetas. Los dirigentes socialistas habían pasado del autobús electoral al "jet" privado, y de los bocadillos de caballa a los manjares de los restaurantes de cinco tenedores.

Sobre la mesa de Alfonso Guerra en la sede de Ferraz se encontraba un detallado informe de la salud financiera del partido. Los gastos de las campañas electorales al Parlamento Europeo y al español en 1986, y la campaña de la OTAN, donde Felipe González echó el resto enfrentándose a la derecha de Manuel Fraga, habían entrampado las finanzas socialistas.

Los resultados económicos negativos, relativos a estas campañas, fueron concluyentes: referéndum OTAN, 1.293.252.745 pesetas; elecciones generales, 1.120.289.642 pesetas; elecciones autonómicas Euskadi, 208.115.322 pesetas; elecciones autonómicas andaluzas, 48.556.770 pesetas.

El triunfo se había pagado muy caro. La deuda del PSOE seguía creciendo de forma meteórica. Y eso, a pesar del control de las cajas de ahorro, de la instrumentalización de las contratas del Estado y de las subvenciones estatales. El PSOE soportaba un auténtico "crack" económico, aunque sus máximos adversarios tampoco se quedaban atrás.

Marino Barbero, el juez del Tribunal Supremo que se hizo cargo de la investigación sobre Filesa y que, finalmente, abandonó la judicatura.

EFE

Martín Toval encargó a Carlos Navarro las finanzas del PSOE.

Alianza Popular, refundada luego en el Partido Popular, había acumulado 3.281 millones de pesetas al final de 1986, 1.284 millones más que en 1985; el PNV pasó de 744 millones de pesetas en 1985 a 1.034 millones en 1986; CiU de 221 millones de pesetas en 1985 a 273 millones en 1986. La deuda de Izquierda Unida, coalición nacida ese año, era de 231 millones de pesetas.

La situación era propicia para que la totalidad de las fuerzas políticas del arco parlamentario se pusieran de acuerdo para acometer la crisis de la forma más simple y beneficiosa para ellas: aumentando en un 150 por ciento la financiación pública (subvenciones), con lo que se pasó de los 3.012 millones presupuestados en 1986 a los 7.500 millones asignados para el año siguiente.

Con el fin de hacer más digerible ante la sociedad este salto se acordó que en la legislatura que comenzara se elaborara, con naturaleza de prioridad uno, el proyecto de Ley Orgánica de Financiación de Partidos Políticos. El 3

El 3 de julio de 1987 el PSC compró Time Export por 400 pesetas, pero 22 días antes la empresa ya había cobrado el primer informe

de diciembre de 1986, recién estrenada la legislatura, ya estaba presentada la proposición de ley y formada la comisión de estudio: Carlos Navarro (PSOE), Juan de Dios Izquierdo (PSOE), José Luis Rodríguez Zapatero (PSOE), Juan Ramón Calero (PP), Iñigo Cavero (PP), José Ramón Caso (CDS), José María Trías de Bes (CiU) e Ignacio Mª Echevarría (PNV).

Este fue el bautismo de fuego del diputado Carlos Navarro, el hombre que Eduardo Martín Toval entonces presidente del Grupo Socialista en el Congreso había traído de Cataluña para acometer las reformas de las finanzas del PSOE.

Era una Ley para salir del paso y tapar los agujeros sin provocar ningún escándalo. Sin embargo, hacía ilegales los maletines con dinero y su posterior ingreso en las cuentas bancarias. Se rompía así con la tónica generalizada que

Quién es quién

ALVERICH OLIVÉ, MANUEL
Amigo de Luis Oliveró. Persona jubilada que prestó su nombre para constituir las empresas del "holding" socialista.

ALFONSO OLIVERÓ, MARÍA LUISA
Esposa de Carlos Navarro y sobrina de Luis Oliveró. Era cotitular de ciertas cuentas corrientes a través de las cuales Carlos Navarro manejaba el dinero negro del PSOE.

ALFONSO OLIVERÓ, JUAN MARÍA
Cuñado de Carlos Navarro y sobrino de Luis Oliveró. Fue nombrado director general del proyecto de los contenedores ideado por Van Schouwen. Su nombramiento fue uno de los motivos de la salida del chileno del "holding".

ALONSO SARMIENTO, EMILIO
Secretario de Finanzas del PSOE desde 1979 hasta 1987. Antecesor de Guillermo Galeote en el cargo. Sus hombres Juan Piña y Juan Bautista Calatayud jugaron un papel principal en el escándalo de Viajes Ceres.

ALVAREZ ALVAREZ, ANGEL
Accionista del Grupo de empresas 2020. Hermano de Aida Alvarez. Participó como testaferro en la creación del "holding" ideado por su hermana.

ALVAREZ ALVAREZ, DIONISIO
Accionista Grupo 2020. Hermano de Aida Alvarez.

ALVAREZ ALVAREZ, MARÍA DE LOS ANGELES
Consejera delegada del Grupo de empresas 2020. Hermana de Aida Alvarez.

ALVAREZ ALVAREZ, MARÍA AIDA
Directora gerente y accionista del Grupo de empresas 2020. Sus empresas sirvieron de puente entre Filesa y el PSOE para pagar los gastos de la campaña electoral de 1989 y de 1990. El 92% de la facturación de Distribuidora Express 2020 lo generaba el PSOE. Era persona de máxima confianza de Alfonso Guerra.

ALVAREZ GARCÍA, CARMEN
Consejera Grupo de empresas 2020. Madre de Aida Alvarez.

ALVAREZ PADILLA, CONSUELO
Abogada del PSOE. Esposa de Ramón Moreda Luna, mano derecha de Guillermo Galeote cuando éste ocupaba la secretaría de Finanzas del PSOE. Trabaja a las órdenes de Francisco Virseda, máximo responsable de la asesoría jurídica de la Comisión Ejecutiva Federal del PSOE.

ANDREU MUSTE , NARCISO
Accionista y fundador de Time Export. Ex presidente de Simago, de Iberia y del Banco de Crédito

imperaba hasta ese momento. Y se daba inicio a otra nueva era de financiaciones irregulares.

El PSOE no tardaría en apuntarse el primer tanto. Desde Moncloa se daba luz verde a la creación de grupos empresariales que dieran cobertura al cobro de comisiones ilegales. Aparecían por primera vez en escena los llamados "conseguidores" del partido, como Aida Alvarez, Sotero Jiménez, Juan Carlos Mangana, Joaquín Mundo Aragó, José Ramón de la Torre Escandón y Eduardo García Basterra, la mano derecha del presidente del PSOE Ramón Rubial. Militantes socialistas que comenzaron a recaudar fondos para el partido y para sus propios bolsillos, bajo la excusa de servir al socialismo de Pablo Iglesias.

Era el mecanismo alternativo para la financiación paralela del partido. Y en este concepto apareció el "holding" Filesa. El mismo día que la nueva Ley de Financiación se publicaba en el BOE, el 3 de julio de 1987, el diputado Carlos Navarro y el senador José María Sala compraban la empresa Time Export, S.A..

La empresa se compró a un militante del partido, Carlos Ponsa Ballart, entonces presidente del Puerto Autónomo de Barcelona y decano del Colegio de Ingenieros Industriales, de cuya junta formaba parte el senador Sala, amigo suyo desde 1975.

Ponsa Ballart tenía una larga carrera profesional y política, había sido ingeniero municipal en el Ayuntamiento de Hospitalet de Llobregat durante trece años, actividad que compaginó con negocios familiares de promoción ➛

EFE

El senador catalán José María Sala fue quien compró la empresa Time Export para el PSC.

Local. Vendió sus acciones en Time Export a Carlos Ponsa Balart.

Aranzadi Martínez, Claudio

Ministro de Industria durante el "caso Filesa". Negoció con Perci Barnewik, presidente de ABB, y Bert Olof Svalhom, vicepresidente de ABB para España, la compra de Cenemesa como contrapartida. ABB pagó a Filesa 111 millones de pesetas por informes ficticios.

Barbero Santos, Marino

Juez Instructor del "caso Filesa" desde el 18 de noviembre del 91. El 31 de julio del 95 presentó su renuncia a la carrera judicial al no encontrar amparo del CGPJ.

Bartolomé Zuloaga, José Antonio

Consejero delegado de Mabuse. Esta empresa hizo los vídeos electorales del PSOE en 1989.

Benegas Haddad, José María

Secretario de Organización del PSOE durante Filesa. Junto a Guillermo Galeote y Francisco Fernández Marugán formaban el círculo de confianza del vicesecretario general del PSOE, Alfonso Guerra.

Jefe de la Secretaría General Técnica y consejero ejecutivo del Banco Central durante Filesa. Coordinador de la comisión de expertos juristas que encargaron informes a Filesa, según Alfonso Escámez. Hoy es consejero de Economía de la Comunidad de Madrid.

Bores Saiz, Pedro

Consejero, presidente y administrador único de la Sociedad de Intermediación de Activos Financieros, S.A. (SIAF). SIAF está relacionada con el pago a Aida Alvarez de tres talones del Banco de España de 10, 20 y 70 millones de pesetas. Bores es amigo personal de Felipe González.

Borrell Marco, Esteban

Fue uno de los tres fundadores de Time Export, junto con Narciso Andreu y Carlos Ponsa Ballart.

Brunner, Guido

Ex embajador alemán y supuesto comisionista de SEAT y de Siemens. Investigado por la juez Teresa Chacón, titular del Juzgado de Instrucción número 39 de Madrid.

Calatayud Montell, Juan Bautista

Abogado y accionista de Viajes Ceres, Trade Managers, Telemundi España, Lubeh Holding y Apartahotel Aguamar. Transfirió, presuntamente, 800 millones de pesetas de estas empresas a Filesa. Era uno de los hombres de confianza de Emilio Alonso Sarmiento.

Cambronero Trías, Angel

Fundador y administrador único de Condal Valencia, Condal Galicia, Condal Madrid, Publicidad Condal e Impulsos Eléctricos. Amigo íntimo del ex director general de RTVE, Jordi García Candau. «Las condales» estaban participadas por Filesa (48% al igual que ocurría con Impulsos Eléctricos (48%). Estas empresas pretendían ser la cabecera pu- ➛

Efe

Carlos Navarro era el experto en finanzas que el PSOE necesitaba para levantar la trama de Filesa.

inmobiliaria. En 1978, tras su salida del consistorio catalán, Ponsa se unió a un viejo compañero de carrera técnica, Esteban Borrell Marco, con el que mantenía una estrecha relación, y a Narciso Andreu Muste, amigo del anterior y cargo socialista, para fundar Time Export dedicada al asesoramiento de empresas y a la importación-exportación.

La sociedad se constituyó, con un ca-

Filesa, Malesa y Time Export funcionaban perfectamente en 1989, emitiendo facturas millonarias por informes fantasmas

pital social de 400.000 pesetas, en la calle Lauria 118, de Barcelona. En este mismo edificio tenía su sede la sociedad E & R, un "consulting" de abogados y economistas que dirigían dos importantes militantes socialistas, Eduardo Martín Toval y Ramón Salaber, que después fuera director general del INEM y director general de Cooperativas.

Time Export iba a comisión sobre las ventas que realizaba. Pero a pesar de todo, el negocio no marchaba bien. En la mente de Carlos Ponsa anidaba la intención de vender la empresa. Y así ocurrió. Los primeros contactos para la venta se realizaron con el secretario de Organización PSC-PSOE, el senador José María Sala, que puso a trabajar en el tema a su mano derecha en las finanzas, Carlos Navarro.

El 3 de julio de 1987, los socialistas catalanes compraban Time Export por 400 pesetas (1 peseta por acción). Sin em-

Quién es quién

blicitaria de una frustrada red de comunicación del PSOE.

CARRETERO PÉREZ, ADOLFO
Presidente del Tribunal de Cuentas durante Filesa. Eximió de culpa al PSOE en el caso Filesa en un informe sobre su financiación.

COROMINAS PONS, JUAN
Administrativo en el grupo Filesa. Compañero de estudios de Carlos Navarro y hombre de confianza suyo.

DE LA TORRE ESCANDÓN, JOSÉ RAMÓN
Accionista y apoderado de Clotine, GTP Consultores, Alcalá 121, Parcaman, Gitesa RYC 67 y Masesa. Ex militante socialista de Leganés (Madrid), cobraba comisiones. Sus empresas están vinculadas a otros importantes comisionistas, como Juan Carlos Manganа, Sotero Jiménez y Joaquín Mundo.

GRADO VAL, ARACELI
Presidenta del consejo de administración de Mabuse. Esposa del propietario, Ramón Gómez Redondo. Su empresa elaboró el vídeo electoral para el PSOE llamado Momentos, de 1989, que fue abonado después por Time Export (13.404.023 pesetas).

DELGADO ROJAS, RAFAEL "FALI"
Secretario particular de Alfonso Guerra. Llevaba el dinero recaudado en un maletín a Ferraz.

DOLORES TORRES, MARÍA DEL CARMEN
Esposa del comisionista Joaquín Mundo, presidente de Clotime. Fue secretaria de Felipe González.

DORADO ZAMORANO, ROBERTO
Secretario general de la Presidencia de Gobierno. Su nombre se vio relacionado con el cobro de parte de las comisiones pagadas por Siemens para obtener el contrato de electrificación del AVE.

ESCÁMEZ LÓPEZ, ALFONSO
Presidente del Banco Central hasta octubre de 1992 y presidente de CEPSA. Fue señalado por algunos como el que apuntó a Felipe González el sistema a seguir.

FAJULA DOLTRA, FRANCISCO
Fue el coadministrador de Time Export, junto a Luis Oliveró, hasta noviembre de 1988. Participó también en otros proyectos del grupo.

FEO ZARANDIETA, ROBERTO
Accionista de Omni Video, S.A. empresa vinculada al accionariado de Viajes Ceres. Roberto Feo es hermano de Julio Feo, que fue jefe de Gabinete de Felipe González en Moncloa hasta 1988.

FERNÁNDEZ MARUGÁN, FRANCISCO
Fue secretario de Administración del PSOE durante el caso Filesa y ejerció como secretario de

bargo, ya 22 días antes de esta fecha oficial, Time Export cobraba el primer informe millonario de su historia por valor de 8.400.000 pesetas a Catalana de Gas y Electricidad, empresa entonces presidida por Pedro Grau Hoyos. El supuesto informe trataba sobre la "operatividad de las exportaciones de tecnología básica a los países del área mediterránea". El dinero cubrió prácticamente el déficit de 8.963.287 pesetas que en el momento de la venta arrastraba la empresa.

Con la compra de Time Export por los dirigentes catalanes, se ponía en funcionamiento la versión española de la "Filesa Francesa" (empresas Urba, Gracco y Urbatechnic), un sistema que conocía muy bien el propio presidente del PSC-PSOE, Joan Raventós, quien fuera embajador español en París entre el 13 de abril de 1983 y el 2 de mayo de 1986.

Se lavaba el dinero negro de las comisiones irregulares por medio de facturas que se emitían por informes técnicos inexistentes. Se trataba de dar así un mínimo soporte jurídico a las "ayudas" al partido, en forma de pago por los servicios prestados.

Fuera de la formación socialista, la paternidad de la idea de Filesa fue atribuida al ex presidente del Banco Central, Alfonso Escámez. El banquero fue posteriormente llamado a declarar por el juez Marino Barbero, que instruyó el "caso Filesa" en el Tribunal Supremo, porque había un cheque de su empresa CEPSA, por valor de 244 millones de pesetas, endosado a Filesa a cambio de un supuesto informe sobre el sector petroquímico.

El sistema de los informes fantasmas estaba en la calle y sólo se tenía que aplicar a la realidad. Ponerlo a caminar de la mano de una persona experta en números y fiel al partido. El elegido fue el diputado Carlos Navarro. La interconexión entre el "aparato" de Ferraz y los socialistas catalanes era perfecta, gracias a Eduardo Martín Toval, entonces presidente del Grupo Parlamentario Socialista y valedor de Carlos Navarro.

La primera medida de Carlos Navarro fue introducir a su tío político, Luis Oliveró, como administrador de Time Export

La primera medida del diputado catalán fue introducir a su tío político, Luis Oliveró Capellades, como administrador de Time Export. Oliveró inició una profunda reorganización y pocas semanas después contrataba como contable al chileno Carlos Alberto Van Schouwen, un viejo amigo suyo de sus tiempos en México.

Van Schouwen sería quien con el tiempo destapara ante la opinión pública el llamado "caso Filesa", uno de los escándalos más complejos e inéditos de financiación irregular de un partido gobernante.

Durante los primeros meses de puesta en funcionamiento de la red de financiación irregular del PSOE, el senador José María Sala y el diputado Carlos Navarro desempeñaron un papel fundamental. El 23 de noviembre de 1987 firmaban, como apoderados del PSC-PSOE, un cheque para trasvasar 3.000.000 de pesetas de una cuenta del partido, en la Caixa de Barcelona, a Time Export.

El cheque era la prueba definitiva entre PSOE y Time Export. El "holding" Filesa no era el invento de un tío político de Carlos Navarro, sino una so- ➳

Finanzas desde 1991 hasta 1994, periodo en el que Galeote desapareció. Hombre de confianza de Alfonso Guerra.

Flores Valencia, Elena
Secretaria de Internacional de la Ejecutiva Federal Socialista hasta 1994. Senadora por Ciudad Real. Hermana de Alberto Flores. Compañera sentimental de Guillermo Galeote y fiel a Alfonso Guerra.

Flores Valencia, Alberto
Accionista y delegado en Madrid del grupo Filesa. Era el «comisario político» del PSOE. Aterrizó en el grupo Filesa impuesto por Ferraz porque en el PSOE no conocían a Luis Oliveró, ni se fiaban de él.

Galeote Jiménez, Guillermo
Diputado y secretario de Finanzas del PSOE hasta junio de 1991. Fue presuntamente el cerebro de toda la trama Filesa, junto a Carlos Navarro. Asumió toda la responsabilidad del "caso Filesa" y afirmó que no había que buscar ningún culpable más.

García Gordillo, José Luis
Presidente de Austral Ingeniería. Se vio beneficiada con varios contratos del AVE.

García Lucero, María del Rosario
Accionista de Turn Key y Producciones Dobbs. «Charo» García organizaba, desde 1982, los principales mítines electorales del PSOE. Persona de confianza de la ejecutiva del PSOE.

García Pardo, Carlos
Accionista de Producciones Dobbs y Dorna. Filesa satisfizo a Dorna 40 millones de pesetas utilizando para tal finalidad una factura emitida por Tecnología Informática 2020.

García Sánchez, Isidoro Gerardo
Representó a Filesa en todas las empresas en las que ésta participaba. Fue la persona que intermedió, en primer lugar, ante Carlos Van Schouwen para llegar a un acuerdo e impedir que estallara el escándalo.

Gómez Basterra, Eduardo
Coordinador de la presidencia del PSOE. Fue señalado como uno de los «conseguidores» de dinero negro para las arcas del PSOE. Era jefe de compras, cuando ocupaba la secretaría de Finanzas del PSOE Emilio Alonso Sarmiento. Al ser relevado por Galeote, en 1988, pasó a convertirse en coordinador y hombre de la máxima confianza del presidente del PSOE, Ramón Rubial.

Gómez Redondo, Ramón
Propietario y director general de Mabuse. Fue el responsable de la imagen televisiva del PSOE en todas las campañas electorales de la democracia hasta 1989. Guerrista. Director de programas de TVE durante la etapa de José María Calviño.

González Campoamor, Isabel
Esposa de Alberto Flores. Era cotitular de varias cuentas ➳

fisticada máquina que se había montado desde Barcelona para recaudar fondos para el Partido Socialista.

Este entramado financiero encontró pronto el visto bueno del aparato de Ferraz, aunque no la confirmación definitiva hasta después de la celebración del XXXI Congreso Federal del PSOE celebrado en enero de 1988. Allí se fraguó la salida del mallorquín Emilio Alonso Sarmiento y la entrada de Guillermo Galeote y Carlos Navarro en la secretaría de Finanzas. Se trataba de reorganizar la economía del partido y acabar con la anarquía de las fuentes de financiación, que reinaba hasta entonces.

Tres semanas después del Congreso ya se constituían las empresas Filesa y Malesa, que se unían así a Time Export. La maquinaria empezaba a rodar con velocidad. La empresa constructora FOCSA, propiedad de "los Albertos y las Koplowitz", era la primera en abrir la primera etapa del "holding". El 19 de julio de 1988 abonaba a Time Export 19 millones de pesetas por un supuesto estudio de mercado sobre "las nuevas tecnologías aplicadas al saneamiento urbano en la CEE".

FOCSA estaba presidida entonces por Jesús Roa, que años más tarde se viera implicado en el "caso Ollero", (pago de comisiones ilegales por adjudicaciones de obras de la Junta de Andalucía a la constructora Ocisa, empresa que después presidió). La cartera de contratos de FOCSA provenía, principalmente, del sector público.

El "holding" Filesa comenzaba a aportar dinero a las arcas del partido. Pero el aparato guerrista de Ferraz no quería que la maquinaria, sólo estuviera controlada por los catalanes. Recelaban de Luis Oliveró, una persona a quien no conocían y más cercano ideológicamente a CiU. Por eso, a través de Guillermo Galeote, impusieron a un hombre de su total confianza como principal accionista del "holding". Se trataba de Alberto Flores Valencia, asesor fiscal y hermano de la compañera sentimental del secretario de finanzas, la senadora por Ciudad Real, Elena Flores.

> **La Ley Orgánica de Financiación de Partidos Políticos sirvió para salir del paso y tapar los agujeros sin provocar ningún escándalo**

El abanico de acción de Filesa se extendía así hasta Madrid, donde Alberto Flores fue puesto como encargado de la delegación abierta en un lujoso piso de la calle Barquillo, 9. El local fue comprado al bailarín Víctor Ullate por 50 millones de pesetas, 20 al contado y 30 con un crédito hipotecario que solicitó Luis Oliveró al BBV a través del militante socialista José Aureliano Recio Arias, director general de la entidad bancaria. Recio era amigo del entonces ministro de Economía, Carlos Solchaga, y del jefe de Gabinete de Felipe González, Julio Feo.

Paralelamente a este nombramiento, los socialistas catalanes lograron introducir en el "holding", como secretario del consejo de administración, al abogado mercantilista Isidoro Gerardo García Sánchez, colaborador de Salvador Clotas, entonces secretario de Cultura y Educación del PSOE. Dos de las sociedades donde el abogado aparecía como administrador único eran PREC Industrial S.A. y Vitesse S.A. Esta última fue a la que se derivaron distintas transferencias de dinero desde bancos suizos a través de la empresa Anstalt Salimas, en la que García Sánchez también actuaba como apoderado único. Según fuen-

Quién es quién

corrientes de su marido. Trabajaba (en 1987) como asistente de su cuñada, la entonces eurodiputada socialista Elena Flores.

González Márquez, Felipe

Presidente del Gobierno español y secretario general del PSOE durante el "caso Filesa".

Guerra González, Alfonso

Vicesecretario general del PSOE desde 1979. Coordinador general de las campañas electorales del PSOE.

Hernández Gutiérrez, Eligio

Fiscal General del Estado durante la mayor parte del "caso Filesa". Hizo todo lo posible para frenar la investigación.

Jiménez Hernández, Sotero

Accionista de GMP Consultores y GMP Ingeniería Corporativa, S.A., Inmobiliaria GMP Costa Rica, Caferne, Bleker y Clotime. Fue colaborador directo de Guillermo Galeote hasta 1987. Vinculado al caso de las comisiones de Siemens en el AVE a través de GMP, que quería decir "Ganaremos mucha pasta"; su empresa anterior, GTP, significaba: "Ganaremos toda la pasta".

Larrazábal Uribasterra, Iñigo

Presidente de El Viso Publicidad, S.A.. Militante del PSOE. Fue responsable del área de publicidad del comité electoral del PSOE en las elecciones generales de 1989.

Mangana Morillo, Juan Carlos

Accionista de GMP Consultores, GMP de Ingeniería y Obras, GMP Ingeniería Jurídica Corporativa, Inmobiliaria GMP Costa Rica, Caferne, Bleker y Clotime. Trabajó en el área de comunicación de la Ejecutiva Federal del PSOE entre 1979 y 1986, a las órdenes directas de Guillermo Galeote. Vinculado al caso de las comisiones de Siemens en el AVE.

Martín Pérez, Araceli

Consejera del Grupo de empresas 2020. Madre de Miguel Molledo, compañero de Aida Alvarez. Sirvió como testaferro para la creación del "holding" de empresas.

Martín Toval, Eduardo

Presidente del Grupo Parlamentario Socialista durante Filesa. Guerrista de pro. Intimo amigo y valedor de Carlos Navarro. Los hermanos Martín Toval tenían un despacho de abogados en la calle Roger de Lauria, 118, de Barcelona, que coincidía con la primera sede de Time Export.

Medel Ortega, Mercedes

Esposa de Sotero Jiménez. Fue secretaria del ex ministro José Luis Corcuera, y es hermana de Valentín Medel, ex responsable del área

Los informes fantasmas fueron recibidos con alivio en el sector financiero y de la construcción. Las facturas encajaban en sus balances y además desgravaban

tes de la investigación judicial, estos importes correspondían a presuntos pagos de comisiones al "holding" realizados por empresas en el extranjero.

El engranaje de Filesa, Malesa y Time Export, marchaba ya perfectamente en el primer trimestre de 1989. El "holding" emitía facturas millonarias por informes fantasmas a grandes empresas, como el BBV, el Banco Central, CEPSA, Enasa, Eusis, Focsa, ABB Energía. Era un año vital para las finanzas del PSOE, ya que el 29 de octubre iban a tener lugar las elecciones generales. Un nuevo reto para una economía estancada en números rojos.

Con la ayuda económica de Filesa el PSOE volvía a derrotar por tercera vez consecutiva a sus adversarios. El coste oficial de la campaña fue de 2.000 millones de pesetas y Filesa había aportado más de 778 millones. Con estos fondos extraordinarios, el PSOE sobrepasaba "a hurtadillas" y con creces el límite de gastos electorales impuesto por la Junta Electoral Central. Competía así con ventaja a la hora de llegar ante la ciudadanía con más garantías de éxito.

Pero la solución de los informes fantasmas fue recibida con cierto alivio tanto en el sector financiero como en el de la construcción, principales financiadores pagadores de comisiones de los partidos políticos. Las facturas emitidas por Filesa encajaban perfectamente en sus balances y, además, eran desgravables ante el fisco.

Las entidades crediticias que más apoyaron la nueva iniciativa fueron aquéllas que sufrieron el intento de penetración del PSOE en la gran banca: el BBV, que se fusionó en enero de 1988, y el Banco Central, que soportó la operación hostil de Cartera Central ("los Albertos"). A ambas entidades no les quedaba otra solución que adaptarse al nuevo sistema "revolucionario". Pero, eso sí, a cambio de recibir alguna que otra contrapartida.

EFE

Aida Alvarez, con la cabeza gacha, fue una "conseguidora" del PSOE.

de circulación y transportes del Ayuntamiento de Madrid cuando Juan Barranco era alcalde.

MEDEL ORTEGA, VALENTÍN

Ex concejal del PSOE en Madrid, hermano de Mercedes Medel y representante de Rolme, S.A., que firmó un contrato de colaboración con GMP Consultores, propiedad de su cuñado, Juan Carlos Mangana.

MOLLEDO MARTÍN, MIGUEL

Accionista del Grupo de empresas 2020. Piloto comercial de segunda y compañero de Aida Alvarez.

MOLLEDO MARTÍN, FRANCISCO JAVIER

Accionista del Grupo de empresas 2020. Hermano de Miguel Molledo y testaferro.

MORALES JIMÉNEZ, EUGENIO JAVIER

Accionista del Grupo de empresas 2020. Hermano de María Soledad Morales Jiménez, secretaria particular de Aida Alvarez. Fue vigilante jurado en el PSOE desde enero de 1981 hasta la primavera de 1992. Trabajó embuchando propaganda electoral para Distribuidora Express durante las elecciones de 1989.

MORALES JIMÉNEZ, MARÍA SOLEDAD

Consejera delegada de Somoji. Secretaria personal y testaferro de Aida Alvarez. Fue quien preparó personalmente las facturas para cobrárselas a Filesa.

MOREDA LUNA, MANUEL RAMÓN

Gerente de la Comisión Ejecutiva Federal del PSOE. Fue nombrado, por la ejecutiva del PSOE, administrador de las campañas electorales europeas y generales de 1989 y manifestó ante Barbero que el coordinador era Alfonso Guerra. Asimismo, admitió haber pagado 70 millones de pesetas en metálico a Aida Alvarez.

MUNDO ARAGÓ, JOAQUÍN

Accionista de Clotime, GTP Consultores, Parmacán, Alcalá 121 y Gitesa. Socio del intermediario José Ramón de la Torre Escandón, de Sotero Jiménez y de Juan Carlos Mangana. Relacionado con las comisiones del AVE.

NAVARRO GÓMEZ, CARLOS

Diputado y responsable de las finanzas del Grupo Parlamentario Socialista hasta 1991. Calificado como el cerebro financiero del "holding". Hombre de máxima confianza de Eduardo Martín Toval, ex presidente del Grupo Parlamentario Socialista.

OLIVERÓ CAPELLADES, LUIS

Administrador único de Time Export, Malesa y Filesa. Ingeniero industrial. Tío político del diputado Carlos Navarro y organizador del "holding" secreto de empresas del PSOE.

OLIVERÓ DOMÉNECH, FERNANDO

Accionista en nombre de Filesa en Pecte, S.A., Dial Ponent, S.A. e Innovación y Formación, S.A.. Testaferro de su tío Luis Oliveró Capellades.

GATXU

Alfonso Escámez, ex director del Banco Central, sale del juzgado donde prestó declaración por las facturas falsas que su entidad abonó a las empresas del "holding" socialista.

El BBV consiguió el visto bueno del Gobierno para la exención de impuestos en su fusión. Y, además, el 7 de junio de 1989 el entonces ministro de Justicia, Enrique Múgica, firmaba el convenio por el cual se entregaba la gestión de los depósitos judiciales al BBV, que concentraba más de 400.000 millones de pesetas.

Por su parte, una discreta comida entre el entonces vicepresidente del Gobierno español, Alfonso Guerra, y el presidente del Banco Central, Alfonso Escámez, sirvió para limar asperezas. El Central se convirtió en el gran cliente del "holding" socialista, con 448 millones de pesetas pagados en supuestos informes. Paralelamente, Cartera Central cesó las hostilidades contra Escámez.

El Banco Central se convirtió en el gran cliente del "holding" socialista, con 448 millones de pesetas pagados en supuestos informes

Durante los años siguientes la maquinaria siguió funcionando sin roturas. En 1990 se facturaron 114 millones de pesetas por informes fantasmas (Pryca, BBV, Abengoa y ABB Energía). Y en 1991, 164 millones de pesetas (Pryca, BBV y Elsan). En el cambio, las empresas relacionadas con Filesa recibieron casi medio billón de pesetas en contratas del Estado entre el 1 de enero de 1990 y el 31 de agosto de 1991.

Sin embargo, ese mismo año aconteció un hecho inesperado que rompió la tranquilidad de la otrora inexpugnable fortaleza socialista de Ferraz. El día 29 de mayo, el contable del "holding", el chileno Carlos Van Schouwen, destapaba en el diario EL MUNDO el llamado "caso Filesa". Todo se paralizaba. El escándalo alcanzaba cotas mayúsculas y removía los cimientos de la vida pública española.

Filesa se había convertido hasta entonces en la principal fuente de ingresos irregulares del PSOE, con más de 1.000 millones de pesetas contratados. Pero el "caso Filesa" no terminó en un solo día como hubieran deseado en Ferraz. Se convirtió en un diluvio que amenazaba con ahogar a los dirigentes socialistas. El Tribunal Supremo comenzaba una investigación judicial que hoy, cinco años más tarde, todavía está pendiente de resolución. Felipe González, Alfonso Guerra, Guillermo Galeote, Francisco Fernández Marugán, etc., nombres sagrados del actual socialismo, salían salpicados.

Filesa se convertía así en un hilo de corrupción que permanecerá irremediablemente unido para siempre a la historia del Partido Socialista Obrero Español.

¿Por qué lo hice?

La respuesta es simple: en defensa propia. El antiguo contable de la empresa Time Export, Carlos Van Schouwen, relata las presiones que padeció por parte de la Policía, previas a sus declaraciones sobre la financiación del PSOE y el "caso Filesa".

Carlos Van Schouwen

"El día viernes 12 de abril de 1991, ya cerca de la medianoche, tocaron al timbre de la casa que está sobre la avenida Travessera de les Corts, en Barcelona. Mi mujer tomó el auricular del interfono y del otro lado se anunció la Policía preguntando por mí. Ella, les contestó que efectivamente allí vivía y, a solicitud de ellos, les franqueó la entrada. Yo, al escuchar que el elevador subía y sabiendo ya que era la Policía que venía, abrí la puerta de acceso al piso y a los pocos minutos se abrió, a su vez, la del ascensor en el cuarto nivel, donde vivíamos, y de él salieron dos hombres. Un tercero que subió a pie, por las escaleras, hizo su arribo casi junto con ellos. Los saludé y les hice pasar al interior. El que había subido solo, se quedó afuera. Los otros dos pasaron y me interrogaron acerca de mi residencia. Una vez que les hube explicado que estaba en trámite y ante la fuerza de un documento, que les exhibí, emitido por un juzgado de Barcelona, en el cual ya estaba radicado mi trámite oficial, se retractaron y me entregaron una citación a la comisaría de Sants, para el día siguiente...

La historia que sigue ya es de todos conocida, pero ese día yo comprendí algo muy importante: si ellos, los que enviaron a un grupo operativo de la policía a amedrentarme; los mismos que, en un juego de chantajes mutuos con algunos empresarios privados, venían cobrando grandes cantidades de dinero a cambio de favores políticos y concesiones materiales, me habían demostrado que, en la España democrática y socialista, existía la extorsión de Estado, con el envío de aquellos hombres me estaban demostrando que también era posible el terrorismo de Estado.

Una situación similar había ocurrido años antes, cuando cerca de la medianoche de un día de fines de 1973, otro grupo operativo, esta vez de uniforme militar, fue a buscarme a mi casa en Santiago de Chile. Afortunadamente, pocos meses antes, yo ya me había mudado a vivir a México, y aquel designio no se cumplió. Tampoco este otro, pero la amenaza se continuaba en el tiempo y yo tomé la decisión de actuar, con todos los instrumentos posibles. Lo primero que hice fue solicitar protección oficial en el Consulado de Chile en Barcelona -para esa época ya había caído la dictadura de Pinochet- y, casi simultáneamente, me puse en contacto con la Prensa.

Entonces comenzó una dura batalla, para la cual conté con grandes aliados, a quienes doy mi más profundo agradecimiento. Los enemigos trataron de comprarme, pero yo sabía que, de aceptar, sería un cadáver muy rico. Es más, supe con certeza que todo aquel que, sin importar el motivo o la justificación, me ofreciera dinero, era mensajero de ellos.

La verdad, es que la pregunta inicial tiene fácil respuesta: lo hice en defensa propia."

FELIPE ALONSO

El chileno Carlos Van Schouwen, autor de estas líneas, poco antes de una comparecencia ante el juez (7-IV-91).

Historias corruptas (II)

En el capítulo 39 del coleccionable se abordaban las corrupciones descubiertas hasta 1990. A partir de este año, el número de casos aumentó. Los que no aparecen en este informe merecen otro tratamiento especial.

Fernando Bermejo

Valverde y el "caso Renfe"

El que fuera titular de la cartera de Sanidad, Julián García Valverde, fue el primer ministro de un Gobierno de Felipe González que se vio obligado a dimitir a consecuencia de un escándalo. En su etapa al frente de Renfe (entre 1985 y 1991) se vio involucrado en el caso de una especulación de terrenos en San Sebastián de los Reyes, que provocó su dimisión el 14 de enero de 1992. Sólo tres meses después, era nombrado jefe de la Oficina Comercial en la Embajada de España en Londres. El 26 de julio de 1996, la juez Teresa Chacón, que investiga la presunta financiación del PSOE a través de las obras del AVE, dictó un auto en el que le cita a declarar para septiembre de este año en calidad de imputado en un total de seis delitos: malversación de caudales públicos, cohecho, tráfico de influencias, maquinación para alterar el precio de las cosas, fraude, exacciones ilegales e información privilegiada.

Mercè Sala, que sustituyó en Renfe a Valverde, también ha sido imputada en este caso al igual que otras 22 personas.

Aida Alvarez

El 13 de julio de 1993 es admitida una querella contra la ex empleada del PSOE Aida Alvarez, Miguel Molledo y Juan Carlos Mangana por estafa y falsedad. Según testigos, Alvarez se jactaba de estar "ayudando al PSOE a recaudar 6.000 millones de pesetas". Tenía firma en cuentas del PSOE, al igual que Guillermo Galeote. Aparece mezclada en el manejo de cheques al portador de empresas como Seat (150 millones de pesetas) y en las comisiones del AVE. Así, un informe de peritos de Hacienda la implica a ella y a sus compañeros Mangana, Florencio Ornia y Sotero Jiménez en cobrar de la empresa Siemens 2.618 millones de pesetas en comisiones por la adjudicación de las obras del AVE, en calidad de contrato de "consultoría y asesoramiento". Su compañero Molledo, piloto comercial, organizaba para los líderes socialistas vuelos en aviones particulares en campaña electoral.

EFE

Mariano Rubio, ex gobernador del Banco de España, en el centro, sale de la cárcel (19-V-1994).

"Caso PSV"

El 13 de septiembre de 1993, el vicepresidente Narcís Serra asume la responsabilidad de buscar una solución al "agujero" detectado en la cooperativa de viviendas PSV de UGT, cifrado en 20.000 millones de pesetas. El gerente de la cooperativa, Carlos Sotos, dimite el 15 de septiembre. PSV presenta suspensión de pagos el 27 de diciembre, con un pasivo de 130.000 millones. El 29 de junio de 1994, Sotos ingresa en prisión, acusado de estafa y malversación de caudales, y no recupera la libertad hasta trece meses después. El dirigente de UGT Paulino Barrabés pasa por la cárcel del 5 al 20 de junio. El juez Moreiras también implica a Francisco Hernando y a Fermín Bretón y, subsidiariamente, a UGT y PSV-IGS, bajo una fianza de 42.000 millones de pesetas. La última promesa es que las más de 12.000 viviendas pendientes serán entregadas, como máximo, en 1997.

"Caso Turibén"

El 15 de noviembre de 1993, EL MUNDO descubre una red de facturas falsas utilizadas por miles de militares y agentes de Policía para estafar al Estado justificando dietas. El comandante interventor de Pamplona lo había denunciado al Ministerio de Defensa en 1992, pero no se le hizo caso. Para el entonces titular de la cartera, Julián García Vargas, se trataba de "una corruptela".

Carmen Salanueva

Directora general del Boletín Oficial del Estado (BOE) entre 1985 y 1991. Fue detenida el 29 de noviembre de 1993 por malversación de caudales públicos, fraude y prevaricación al comprar papel a un precio superior al existente en el mercado. Se estima que pudo cometer un fraude de más de mil millones de pesetas. El Juzgado de Instrucción número 16 reabrirá el sumario para realizar nuevas diligencias y que, antes del final de 1996, la Audiencia Provincial pueda fijar la fecha del juicio. Por otro lado, Carmen Salanueva ingresó en la prisión de Soto del Real (Madrid) el 29 de abril de 1996 para cumplir una condena de cuatro años por comprar cuadros haciéndose pasar por la reina doña Sofía y por Carmen Romero, la esposa del ex presidente del Gobierno Felipe González. “Me quitan el honor, me queda la inocencia”, declaró antes de ser encarcelada.

Bernardo Díaz

“Me quitan el honor, me queda la inocencia”, declaró Carmen Salanueva al entrar en la cárcel de Soto del Real.

“Caso Ibercorp”

En la portada del 12 de febrero de 1992, EL MUNDO desvelaba que el ex síndico de la Bolsa de Madrid Manuel de la Concha había engañado a la Comisión Nacional de Valores para ocultar los nombres de Miguel Boyer y Mariano Rubio. Este último no dimitió y agotó su mandato al frente del Banco de España hasta el mes de julio, cuando es sustituido por Luis Angel Rojo. Concluía así la primera fase del “caso Ibercorp”, que EL MUNDO reabría el 5 de abril de 1994 al denunciar que Rubio tenía 130 millones en dinero negro en una cuenta secreta en Ibercorp que gestionaba De la Concha. Como dueño de un 4% de Ibercorp, Rubio estuvo ocultando dinero a Hacienda cuando era gobernador del Banco de España. El Congreso abrió una comisión de investigación y, el 4 de mayo de 1994, Rubio y De la Concha eran detenidos. Ingresaron en la prisión de Alcalá-Meco, mientras el ministro de Agricultura, Vicente Albero, se veía obligado a dimitir al descubrirse que tenía una cuenta con dinero negro -21 millones- en Ibercorp. Rubio quedó en libertad el 19 de mayo, bajo una fianza de 15 millones; De la Concha salió de la cárcel el 30 de junio, con una fianza de 50 millones. El 12 de julio de 1996, la juez Gema Ortega decide continuar la causa contra el ex gobernador del Banco de España y el ex síndico de la Bolsa sólo por falsedad en documento y sobreseerla respecto a otros cuatro delitos: cohecho, negociaciones prohibidas a los funcionarios públicos, tráfico de influencias y delito contra la Hacienda Pública.

El 12 de julio de 1996 la juez Gema Ortega decide continuar la causa contra Rubio y De la Concha sólo por falsedad en documento

“Caso Palomino”

El 7 de noviembre de 1994, EL MUNDO titulaba en portada: “Moncloa adjudicó a dedo un contrato para electrificar su búnker secreto a la empresa que compró a Palomino”. La empresa en quiebra del cuñado de Felipe González fue adquirida a un precio exorbitado por la empresa CAE, que se aseguraba así sustanciosos contratos públicos. La mayoría socialista en el Congreso impidió cualquier investigación del asunto.

Carmen Mestre

Fue destituida en 1994 al frente de la Cruz Roja al detectarse irregularidades inmobiliarias en dicha institución.

Javier de la Rosa

Entró en prisión el 18 de octubre de 1994 acusado de estafa, apropiación indebida y falsificación de documentos mercantiles por 9.000 pequeños accionistas de la empresa Gran Tibidabo, que se consideraron perjudicados por su gestión. El 13 de febrero de 1995 queda en libertad provisional.

Gabriel Cañellas

José María Aznar se vio obligado, en el verano de 1995, a forzar que el presidente autonómico de Baleares Gabriel Cañellas dimitiera al descubrirse que el PP recibía comisiones irregulares por la concesión de la construcción del túnel de peaje de Sóller. Algo menos de un año después, fue Cañellas quien forzó la dimisión de su sucesor en la presidencia, Cristóbal Soler.

Javier Otano

Presidente de Navarra. Presentó su dimisión el 18 de junio de 1996 al admitir que tenía cuentas corrientes en Suiza.

Jaime Montaner

El ex consejero de Política Territorial de la Junta de Andalucía, Jaime Montaner, fue imputado en el caso del cobro a Jesús Gil de 85 millones de pesetas a cambio de favores urbanísticos en Marbella.

Isabel Sartorius, la princesa prometida

El noviazgo del príncipe Felipe y la separación de las hermanas Koplowitz de "los Albertos" marcaron el final de los ochenta.

Jaime Peñafiel

INPHOTO

El príncipe Felipe e Isabel Sartorius fueron sorprendidos durante unas vacaciones a bordo de una lancha.

Ignoro si **Ramón Areces**, el gran empresario hispano-cubano, se murió, en agosto de 1989, sabiendo que **"los Albertos"**, esos primos que se presentaron en sociedad con gabardina blanca, habían hecho desgraciadas a las dos niñas de sus ojos, **Alicia** y **Esther Koplowitz**. Posiblemente, cuando estalló el escándalo de Viena, todavía no bien explicado, el gran don Ramón estaba ya más allá que acá. ¡Que si hubiese estado en su plenitud otro gallo hubiese cantado a los primitos! Quizá, el braguetazo hubiese tenido otros costes.

De todas formas, cuando **Alberto Cortina** y **Marta Chávarri** son sorprendidos a la salida del hotel Palais Schawarzenberg de la capital vienesa, después de una noche bailando valses de amor, Alicia ya ha decidido separarse. No sé si él lo deseaba. A lo peor, no. De lo que no hay la menor duda es de que la única ganadora de este escándalo fue la mosquita muerta de Marta que siempre había deseado casarse con un multimillonario pero nunca ser su amante. Para eso, no se había separado de un marqués.

Cual si fueran hermanas siamesas, en la suerte y en la desgracia, Esther también rompe su matrimonio con el otro primo, **Alberto Alcocer**. Lo que está por ver es dónde estaba la suerte y la desgracia de las famosas y discretas hermanas a quienes los escándalos de sus maridos las hacen famosas a la fuerza. A lo mejor, la suerte estuvo en sus separaciones.

Quien no hay duda que nunca tuvo la menor suerte fue **Alfonso de Borbón Dampierre**, un hombre desgraciado desde la cuna a la sepultura. El 30 de enero de 1989, muere guillotinado, como rey de Francia que no pudo ser, en las pistas de Beaver Creek, en Colorado. Un cable le segó la arteria carótida en 180 grados, afectando a la misma médula y fracturando el cráneo.

Tuvo que morirse para que nos enteráramos que también fue llorado por dos mujeres a las que él parecía amar, aunque de distinta forma: por un lado la princesa **Constanza de Habsburgo** ("íbamos a casarnos en junio"); por otro **Mirta Miller**, con quien se veía en la intimidad pero no gustaba mostrar en público. Que en esto, el duque era muy clasista y muy antiguo.

Le amortajaron con un traje gris y una corbata roja que no eran suyos. Un símbolo de lo que fue su vida.

En este 1989, continúa la fiebre de las separaciones y los divorcios. Por fin **Gunilla von Bismarck** y **Luis Ortiz** encuentran quien les pague, si no los catorce millones de pesetas que pedían cuatro años antes por el divorcio "ful", si al menos cinco. Y, como todo era una farsa para sacar unos milloncetes, la pareja sigue tan felizmente "separada" como antes de cobrar por ello.

María José Goyanes y el doctor **Luis García Fariñas** continúan la moda, iniciada el año anterior, de casarse en el extranjero por aquello de la exclusiva. Estos eligen Estambul donde ningún famosillo español lo había hecho.

Miami vuelve a ser el escenario de otra de estas bodas, patrocinadas por una revista del corazón: la segunda de **Manolo Santana** con **Oti Gabriella Glanzielus**. Aún siguen felizmente casados. La periodista **Angeles Caso** lo hace en 1990 en el Consulado de España en París, con el abogado **Gerardo Viola y Fernández Velilla**. Me imagino seguirán casados.

Quienes sí lo están, y yo me alegro mucho de ello, porque los dos me parecen buena gente y me caen la mar de bien, son **Cristóbal Martínez Bordiú Franco** y **María José Toledo** que se casan por la Iglesia y bautizan a su hijo de seis meses el mismo día, después de seis años de haberlo hecho por lo civil.

No le ocurre lo mismo a **Francis Franco** y **María Suelves** que deciden separarse cuando 1990 termina, después de diez años de matrimonio. "No hemos sabido hacernos felices el uno al otro".

A quienes se les rompe el amor, a lo peor de no usarlo, es a **Rocío Jurado** y **Pedro Carrasco**. Ocurrió en julio de 1989 y cuando se cumplían trece años de matrimonio. ¡Lagarto, lagarto!

Esta fiebre de separaciones afectó también a **Jorge Verstrynge** y a **María Vidaurreta** así como al presidente del Senado, **José Federico de Carvajal** y **Matilde González**. El motivo en este caso, se llama **Elena Boyra**. Es muy joven y tiene los ojos azules.

1989-90 pasará a la historia porque en estos años surge el primer amor en el corazón del **príncipe Felipe**. En el mes de agosto de 1989 y a bordo de una embarcación bautizada con el nombre de *Njao*, el heredero es fotografiado junto a una joven, de 23 años, llamada **Isabel Sartorius**, hija de los marqueses divorciados de **Mariño**.

Las fotografías, publicadas por toda la Prensa española, se prestan a una y mil lecturas. En julio de 1990, el tema amoroso del Príncipe con Isabel no es sólo un tema recurrente cuando no hay otra cosa de qué hablar. Es que continúa. Cuando se le pregunta al hijo de nuestros Reyes si está enamorado, no dice ni sí ni no. "Si el Príncipe se casa con una española, mejor", declara la abuela paterna, **condesa de Barcelona**. "Mi nieto tiene en su madre el espejo de las cualidades que debe tener su futura esposa", puntualiza doña María.

FOTOS: EUROPA PRESS

Boda de Simoneta Gómez Acebo con José Miguel Fernández Sastrón.

Arriba, las hermanas Koplowitz -Alicia y Esther- poco después de su separación. Debajo, Carlos Goyanes, acusado de vínculos con el narcotráfico.

En el mes de agosto, al año justo de haber sido sorprendido en el mar dándose crema, unos reporteros fotografían a Felipe e Isabel cuando, solos, cenan en un restaurante de Madrid de la calle Velázquez. El menú: hamburguesas y mazorcas de maíz. La factura, 3.000 pesetas. La propina, 500.

En el mes de junio de 1990, la "jet", ese ridículo colectivo que no se sabe de qué vive, se conmueve porque uno de sus más "famosos" miembros, **Carlos Goyanes** es detenido por presunto tráfico de drogas junto a otros "pájaros", entre ellos **Celso Barreiros**. La orden viene del gran juez **Baltasar Garzón** al que la sociedad española no agradecerá nunca su labor en la Audiencia Nacional, para meter en la cárcel a traficantes, corruptos, asesinos y demás ralea del celtiberia show.

En este año de 1990, muere una famosísima actriz que siempre tuvo a España, a los españoles sobre todo, a algunos de ellos, en su corazón, pero sobre todo en su sexo. Tenía 67 años y se llamaba **Ava Gardner**. El año podríamos terminarlo con una gran boda, polémica boda, ella: la de **Simoneta Gómez Acebo y Borbón**, esa sobrina de **don Juan Carlos** que tanto partido le está sacando al parentesco real. Muy comentada fue la fotografía, publicada en el *Hola*, y tomada en la Plaza de la Armería del Palacio Real, por **Norman Parkinson**, en la que, por ser vos quien sois, el fotógrafo utilizó, como extras, a los alabarderos de Palacio, en traje de gala.

A la boda de la "sobrinísima" con **José Miguel Fernández Sastrón**, asistió toda la Familia Real. No era para menos: se trataba de la primera nieta de **Don Juan** y la primera sobrina carnal de Su Majestad que se casaba.

DANIEL GLÜCKMANN/DIARIO 16

El 30 de noviembre de 1988, Francisco Paesa se puso en contacto con Blanca Balsategui, la amiga de Míchel Domínguez. La imagen de Paesa es de aquel día.

Paesa es mucho Paesa

Melchor Miralles

Simpático, elegante, hablador, viajero, adinerado, listo, astuto, rápido, bien relacionado. Cuando le descubrí coaccionando en nombre del Gobierno socialista a Blanca Balsategui, una testigo de cargo del "caso GAL", no sabía quién era. Pensé que se trataba de un policía cualificado. Enseguida supe que Alberto Seoane, el nombre que utilizaba, era falso. Al conocer su verdadera identidad, Francisco Paesa, le recordé como amante de la Dewi Sukarno. Un hombre de la "jet". Después ha estado en todas las salsas. Ha sido algo más que un espía, que un agente del Gobierno captado por Julián Sancristóbal. Se ha enriquecido. Y ha ocupado todas las portadas por su mediación en el chusco episodio de la fuga y captura de Luis Roldán. Y, al final, se ha ido de rositas. Siempre en la frontera, bordeando las rejas de la prisión. Pero, al final, sigue con lo suyo. Y, seguro, sonríe mientras prepara el siguiente trabajo. Paesa, a la vista está, es mucho Paesa. Mejor para él. Peor para todos. ¿Para todos?

PRÓXIMO CAPÍTULO: **LOS ESCÁNDALOS DE LUIS ROLDÁN**
EL SÚBITO ENRIQUECIMIENTO DEL DIRECTOR GENERAL DE LA GUARDIA CIVIL. DEBATES ELECTORALES. LOS TENORES. INDURAIN. **ESCRIBEN:** MANUEL SÁNCHEZ, FERNANDO LÁZARO, JUSTINO SINOVA, RUBÉN AMÓN, BENITO MUÑOZ, MARTÍN PRIETO.

1975-1995. Veinte años de nuestra vida

• HISTORIA DE LA DEMOCRACIA •

{CAPÍTULO 46}

ALENDA CAMPAÑA

El que fuera director de la Guardia Civil, durante la entrevista que le hicieron Manuel Cerdán y Antonio Rubio de EL MUNDO cuando se hallaba huido de la Justicia.

LOS ESCÁNDALOS DE LUIS ROLDÁN

El caso conmocionó a la opinión pública. Luis Roldán logró un espectacular enriquecimiento ilícito mientras ocupaba la Dirección General de la Guardia Civil. Lo consiguió mediante la apropiación de fondos reservados y el cobro de comisiones ilegales por la construcción de diversos cuarteles. Luego reconoció ante la Justicia que el equipo directivo del Ministerio del Interior participó en el reparto de dichos fondos destinados a las necesidades del Ministerio. Y aportó muchos otros datos que demostraron que la corrupción no fue un simple episodio aislado.

Luis Roldán y un largo historial de fechorías

El director general de la Guardia Civil se enriqueció con comisiones ilegales y fondos reservados

Aunque la opinión pública española ya estaba tristemente acostumbrada a escándalos de muy diversa índole, el que provocó Roldán traspasó todos los límites. Su huida en abril de 1994 suscitó una enorme conmoción. A su regreso, la juez Ana Ferrer se puso manos a la obra para enjuiciar al ex responsable de la Benemérita.

Manuel Sánchez

Luis Roldán, hasta el 22 de noviembre de 1993, hubiera pasado a la Historia como el primer civil que estuvo al frente de la Guardia Civil. Si su biografía hubiera sido algo más extensa, también se le habría reconocido su labor al frente de la Delegación del Gobierno en Navarra, su preocupación y sus éxitos en la lucha antiterrorista e, incluso, se les describiría como un hombre afable, con gran facilidad para conectar con los medios de comunicación y que impuso en el Instituto Armado una impronta más democrática.

El que fuera director general de la Guardia Civil de 1986 a 1993 tenía hasta el mencionado 22 de noviembre, apenas quince días antes de su dimisión, todos estos méritos para haber encontrado un hueco en la historia de la democracia, en algún "who is who" o en cualquier índice onomástico de cualquier publicación que analizara la historia del Instituto Armado o la política de los distintos Gobiernos socialistas.

Pero Luis Roldán Ibáñez tuvo que intuir el 23 de noviembre de 1993 que su suerte iba a cambiar, que su biografía oficial y pública iba a tener un perfil radicalmente diferente y que su vida iba a seguir un destino que difícilmente hubiera imaginado. Ese día, un periódico madrileño -*Diario 16*- abría su portada con un conciso titular a cuatro columnas: "El patrimonio de Roldán se incrementó en 400 millones desde que es jefe de la Guardia Civil". La información aportaba datos de las adquisiciones de Roldán en esta etapa (dos pisos, tres chalés, un dúplex, cinco parcelas urbanizables en la costa y una finca), y recordaba, además, que su sueldo en 1993 era de unas 400.000 pesetas netas mensuales. Hablando claro: las cuentas no cuadraban y se apuntaba ya un presunto enriquecimiento ilícito del todavía director del Instituto Armado. La bola de nieve no había hecho más que empezar a rodar.

Roldán intenta reaccionar al día siguiente. Anuncia que acudirá a los tribunales para demostrar que no se ha enriquecido irregularmente e insiste ⋙

ROGELIO ALLEPUZ

En su etapa al frente de la Guardia Civil, Luis Roldán -observado a la derecha por Rafael Vera- y su esposa Blanca Rodríguez asisten a una ceremonia religiosa.

constantemente en que todo es un campaña en su contra, que ya esperaba. El entonces ministro del Interior, José Luis Corcuera, ese mismo día, le tiende la mano a su más peculiar estilo: "Es un patrimonio ortodoxo e inferior al de miles de personas".

De cualquier forma, difícil era prever en aquellas fechas que aquello no se iba a quedar en una tormenta de otoño. Pero el PP, entonces en la rabiosa oposición a la que le habían condenado las elecciones de junio de 1993, no dudó en abanderar el caso. La intuición política de Luis Ramallo y de Rodrigo Rato así lo entendieron, y no tardaron más de cuarenta y ocho horas en condenar el "silencio cómplice" del Ejecutivo y en exigir en el Congreso todo tipo de explicaciones. A esto se unió que la primera información sobre el patrimonio de Luis Roldán no era un hecho aislado, sino el trabajo de investigación de unos periodistas que habían atado muchos cabos en torno al todavía director de la Guardia Civil.

LA TOZUDEZ DE LOS DATOS. Así, a los dos días ya aparece la empresa Europe Capital (donde Roldán tenía escriturado sus bienes) y la figura clave de Jorge Esparza, el testaferro del director general y administrador único de sus propiedades. Los datos son más que concluyentes. Una sociedad familiar de Esparza en sólo tres años pasa de un capital social de 200.000 pesetas a 130 millones.

Roldán vuelve a contestar públicamente una y otra vez en todos los medios. Admite que compró inmuebles escriturados en 172 millones, pero asegura que gran parte de ellos están hipotecados. Explica que pudo adquirir este patrimonio gracias a una reciente herencia que había cobrado tras el fallecimiento de su padre y como producto del trabajo de 20 años. También defiende a su amigo Esparza e insiste constantemente en que todo es un "montaje" preparado por personas relacionadas con el "caso UCIFA", que no le perdonan haber colaborado con la Justicia en el esclarecimiento de estos hechos.

EFE

Roldán condecora a un policía en presencia de Colorado, Vera y Corcuera (2-X-1989).

Sólo unas semanas después, muy pocos de los argumentos dados por Roldán quedan en pie. El que podría haber sido ministro del Interior, tras la dimisión de José Luis Corcuera por la inconstitucionalidad de la "ley de la patada en la puerta", dimite el 9 de diciembre de 1993 como director general de la Guardia Civil, entre una batería de denuncias periodísticas que no cesan.

El que podría haber sido ministro del Interior dimite el 9 de diciembre de 1993 al frente de la Guardia Civil entre una batería de denuncias

Y el caso se abre en más frentes. El PP inunda el Congreso con iniciativas parlamentarias de todo tipo; el empresario José María Ruiz Mateos no desaprovecha la ocasión para presentar una denuncia contra Luis Roldán por malversación y falsedad; y la Prensa empieza a volcarse en saber más de lo que ya empezaba a conocer como el "caso Roldán".

En esta etapa, ya en los primeros meses de 1994, ocurren, además, tres hechos claves que explican gran parte de los posteriores acontecimientos en torno a este caso.

El primero de ellos nace del entonces desconocido Juzgado de Instrucción número 16 de Madrid y de la juez Ana María Ferrer. Esta magistrada admite a trámite la denuncia de José María Ruiz Mateos presentada a través del abogado Marcos García Montes, e inicia la investigación. Roldán declara el 15 de febrero durante más de dos horas en este juzgado. A la salida, con aspecto avejentado y un carácter arisco, baja por interminables escaleras de la plaza de Castilla discutiendo y discrepando de cada pregunta que le hacía un periodista, revelando un tono de desesperación y de derrota. No obstante, insiste en afirmar que no hay nada irregular y que todo es fruto de su trabajo. El segundo hecho -tal vez el más fundamental de todos de cara al futuro desarrollo de los acontecimientos- fue la solicitud presentada por el Partido Popular en el registro del Congreso para la creación de una comisión de investigación sobre el "caso Roldán". A los cuatro días, en contra de todos los pronósticos y las manifestaciones que habían hecho los diputados socialistas, Felipe González anuncia que ha dado órdenes a su grupo parlamentario para que acepte la creación de dicha comisión de investigación. El 17 de febrero de 1994 se acuerda su formación y sus competencias en este turbio asunto.

La tercera clave es que se empieza a desvelar las fuentes del presunto enriquecimiento ilícito de Luis Roldán: las comisiones ilegales por las obras adjudicadas desde la Dirección General de la Guardia Civil; y el cobro mensual de sobresueldos con cargo a los fondos reservados.

Sobre el presunto pago de comisiones ilegales, es el diputado del Partido Popular Rogelio Baón quien destapa la caja de los truenos. Nada más conocer el escándalo, interpela por su propia iniciativa al Gobierno sobre cómo se adjudicaron las obras realizadas en los cuarteles de la Guardia Civil entre 1991 y 1993. La respuesta del Ejecutivo es sorprendente: Roldán adjudicó "a dedo" las 309 obras que se realizaron en esos años, en las que se invirtieron 40.000 millones de pesetas de dinero público.

La otra vía de su presunto enriquecimiento ilícito la descubre EL MUNDO. Este periódico desvela en las primeras semanas de marzo de 1994 que "Luis Roldán y otros mandos de Interior cobraban un sobresueldo a cargo de los fondos reservados".

En esta información se explicaba que Roldán, además de su sueldo, recibía mensualmente otra paga en dinero negro del

BEGOÑA RIVAS

La comisión parlamentaria encargada de investigar el "caso Roldán" fue constituida el 17 de febrero de 1994. Aquí aparecen fotografiados el 1 de marzo siguiente. Entre ellos, los miembros más activos fueron Pilar Rahola (de pie), Antonio Romero (a su derecha) y Luis Ramallo, sentado a la derecha.: la llamada "triple R".

Ministerio del Interior, mediante un sobre repleto de billetes y cerrado con papel de celo. Entonces, se calculaba en sólo 600.000 pesetas lo que Roldán ingresaba "en negro" cada mes.

El ex director general de la Guardia Civil, a estas alturas, se encuentra totalmente cercado en varios frentes: las constantes informaciones periodísticas que van aportando más datos; la investigación judicial que, poco a poco, va corroborando gran parte de estas informaciones, y una pujante e inusual iniciativa política que consigue acceder a cuestiones que, posteriormente, serían claves en todo el proceso.

La comisión de investigación empieza a funcionar a mediados de marzo y, a las puertas de las primeras reuniones, los datos solicitados a las distintas Administraciones que van llegando al Congreso resultan más que relevantes para los diputados que componían dicha comisión y, en especial, para lo que se dio en denominar la "triple R": Pilar Rahola, Antonio Romero y Luis Ramallo. Estos tres parlamentarios, de ideología política tan dispar, acumularon todo tipo de críticas por sus formas, pero el intenso trabajo que desarrollaron jugó un papel fundalmental en el esclarecimiento de numerosos hechos.

El intenso trabajo que desarrollaron Pilar Rahola, Antonio Romero y Luis Ramallo jugó un papel fundamental en el esclarecimiento de los hechos

Ante estas circunstancias, Luis Roldán se enfrenta el 5 de abril de 1994 a la comisión parlamentaria que investiga su caso. Durante más de diez horas, el ex director general de la Guardia Civil contesta a las preguntas de los comisionados y, a la salida, manifiesta su confianza en que la comisión aclare todos los hechos y llegue a la verdad sobre su patrimonio y su actuación al frente del Instituto Armado.

Durante su comparecencia, Roldán niega haber cobrado comisiones por las adjudicaciones de obras, justifica por motivos de seguridad su designación "a dedo", y niega tajantemente haber cobrado sobresueldos de los fondos reservados, así como haberlos pagado él durante los años en que fue director general.

No obstante, apunta que sí hay constancia documental de en qué se han utilizado los fondos reservados, en contra de lo que previamente habían manifestado numerosos altos cargos de Interior.

A medida que la comisión avanza en su investigación, Luis Roldán avanza en su protagonismo público. Por el Congreso pasa Esparza (revela que Roldán ➼

El caso de los "papeles de Laos"

Manuel Sánchez

Juan Alberto Belloch estaba radiante. Acompañado por "sus policías" y toda la cúpula del Ministerio del Interior, se presentaba ante la opinión pública como el ministro que había capturado a Luis Roldán. No había pacto con el prófugo, no estaba muerto, no había desaparecido con el apoyo del Gobierno. Todas las denuncias realizadas por el PP eran calumnias. Roldán había sido detenido y estaba a disposición judicial.

Pero poco le duraría al ex ministro tanta felicidad contenida. EL MUNDO, apenas doce horas después de la radiante conferencia de prensa dada por el "biministro", publica el 1 de marzo de 1995 que Luis Roldán pactó su entrega a través de Laos por medio de una extradición limitada. Es decir, el ex director general de la Guardia Civil se había entregado tras firmar una extradición a España por la que sólo podía ser juzgado por dos delitos: malversación y cohecho. Además, en los documentos se rechazaba "irrevocablemente" que pudiera ser acusado de cualquier otra figura delictiva del Código Penal español.

Belloch había ocultado estos datos y con su silencio había provocado un nuevo escándalo que ya tenía nombre: el caso de los "papeles de Laos". El ministro vuelve a comparecer al día siguiente. Más serio que nunca, reconoce que había ocultado la víspera estos datos porque considera "escandaloso" que la juez se enterase por la Prensa; y admite que si la Justicia toma en consideración los documentos, Roldán sólo podrá ser juzgado por dos delitos.

El debate jurídico se extiende por todos los rincones. ¿Será juzgado Roldán por sólo dos delitos? ¿Ha pactado con el Gobierno para entregarse en estas condiciones? ¿Son verdaderos o falsos los documentos? ¿Qué papel jugó el ex agente del Gobierno Francisco Paesa en toda la operación?

La juez Ana Ferrer despeja alguna duda. Continuará la instrucción manteniendo los seis delitos que ha encontrado contra Luis Roldán. Belloch respira hondo. Pero los abogados del ex director general de la Guardia Civil presentan una querella por prevaricación y falsedad contra Belloch, Robles y Angel Olivares, entonces director general de la Policía. Tras unos problemas de competencias, la titular del juzgado de Instrucción número 11 de Madrid, María Tardón, se queda finalmente con la instrucción de la causa que, a finales de 1996, continúa abierta.

Declaran en los juzgados los policías que detuvieron a Roldán; el ex ministro del Interior, Antonio Asunción; Angel Olivares, y hasta Francisco Paesa. Además, la juez ordena decenas de diligencias.

Pero las declaraciones de los testigos citados por la juez -llenas de silencios, contradicciones y verdades a medias- junto con la nula colaboración del Ministerio del Interior hacen que la instrucción vaya camino del archivo.

La juez, pese a todo, insiste, y se encuentra hasta con la oposición del Ministerio Fiscal y el abogado del Estado. Sin embargo, cuando el archivo de la causa sobrevolaba por el Juzgado número 11, los abogados de Roldán incorporan un nuevo dato. Belloch, en una larga entrevista publicada en *La Vanguardia*, admite, entre otras cosas, que conocía que los documentos que posibilitaron la extradición de Luis Roldán eran falsos y que, de haberlo comunicado a la Justicia, el ex director general de la Guardia Civil hubiera quedado en libertad.

La juez reactiva la causa y, en un auto dictado el 31 de julio de 1996, la juez afirma de manera tajante que cree que Olivares y los policías que trajeron a Roldán ocultan datos, por lo que son necesarias nuevas diligencias de pruebas. De cualquier forma, el caso de los "papeles de Laos" continúa sin aclararse, sin conocerse quién engañó a quién, y si tendrá alguna influencia, no ya en el juicio, sino en la sentencia que recaiga contra Luis Roldán.

le daba bolsas de dinero en efectivo para ingresarlo en Europe Capital y adquirir propiedades); el presidente del Tribunal de Cuentas, Adolfo Carretero (acusa a Roldán de haber abusado de las adjudicaciones a dedo); Antonio Asunción (contradice totalmente la versión de Roldán sobre la existencia de base documental de los fondos reservados); trabajadores y constructores que aseguran haber "pasado por caja" para conseguir obras; así como un rosario de personajes que van sumando acusaciones contra el ex director general.

Uno de los testimonios más significativos fue el del coronel Joaquín Velasco, ex jefe de contabilidad de la Guardia Civil, quien manifestó ante la comisión que una de las primeras decisiones de Luis Roldán tras su nombramiento como director general del Instituto Armado fue modificar el sistema de utilización de los fondos reservados.

El coronel relató que, antes de la llegada de Roldán, estos fondos estaban depositados en el Banco de España y que existía un control exhaustivo de este dinero, a través de tres libros de contabilidad: diario, mayor y caja. Cuando Roldán llegó al cargo, siempre según este testimonio, ordenó instalar una caja fuerte junto a su despacho y trasladar el dinero de la cuenta del Banco de España a esta caja. En total, 109 millones de pesetas de fondos reservados destinado a la Guardia Civil fueron a parar a esta caja fuerte y nunca más se supo de ellos.

Hundido psíquicamente. Luis Roldán, según se empieza a rumorear, está hundido psíquicamente y, ante una citación de la juez Ana María Ferrer, el 26 de abril, no comparece en los Juzgados de plaza de Castilla. Su entonces abogado defensor, Gonzalo Casado, acude al juzgado y asegura a la magistrada que Roldán se personará al día siguiente, que no puede acudir porque está muy deprimido y que, en ningún caso, su intención es eludir la acción de la Justicia.

Ante la irregular situación, la Fiscalía no tiene más remedio que reaccionar y pide a la juez que, cuando comparezca Roldán, se le retire su pasaporte y se adopten medidas cautelares de comparecencia periódica en el juzgado.

El 28 de abril, Roldán sigue sin aparecer y sin acudir a los Juzgados de plaza de Castilla. Gonzalo Casado solicita a la juez un día más para localizar a su cliente, mien-

IMÁGENES EN PRIMICIA PARA EL PROGRA MA "TIEMPOS DIFÍCILES" DE ANTENA 3 TELEVISIÓN

ÁNGEL CASAÑA

A la izquierda, tres imágenes que emitió en primicia Antena 3 Televisión de la "detención" de Roldán en el aeropuerto de Bangkok. Uno de los policías que participó en la operación -Miguel Angel Alonso, subdirector general operativo- es felicitado por Belloch el 28 de febrero de 1995 en la rueda de prensa en que explicó la "captura" de Roldán.

tras que el entonces ministro del Interior, Antonio Asunción, afirma en unas declaraciones públicas -que días después le costarían el cargo- que Roldán no ha abandonado el país, que está en Galicia y que no eludirá la acción de la Justicia.

Al día siguiente, la fuga de Roldán es ya un hecho. En un intento desesperado, su esposa, Blanca Rodríguez Porto, vuelve a intentar pedir comprensión y paciencia en el juzgado, pero la juez Ferrer toma la decisión de dictar orden de búsqueda y captura contra el ex director general de la Guardia Civil. Luis Roldán había huido.

Las horas siguientes, a nivel político, periodístico y social son frenéticas. Nadie daba crédito a lo que había ocurrido y en todos los ámbitos se sospecha que la fuga sería abortada en cuestión de horas, pero Roldán seguía sin aparecer.

Asunción ya anunciaba su intención de dimitir si se confirmaba plenamente la huida, mientras que el Gobierno, a través de su cara más amable (Alfredo Pérez Rubalcaba), aseguraba una y otra vez que la Policía entregaría a Roldán ante la juez.

En medio de todo el escándalo y ante un país conmocionado por los hechos, EL MUNDO publica una amplísima entrevista con el entonces ya prófugo el 3 de mayo. Las contundentes declaraciones de Roldán, sus amenazas y advertencias, ponen en vilo a toda la sociedad. El ex director general de la Guardia Civil no se muestra deprimido o hundido, tal y como se había dicho, sino como una persona que había tomado una drástica decisión: "Tengo dos alternativas -afirmó-: o pegarme un tiro o tirar de la mana". Y a esto añadía: "A mí no me van a engañar como Amedo; si voy a la cárcel, no iré solo".

A partir de esta entrevista, el "caso Roldán" empieza a diluirse informativamente de forma momentánea. La comisión de investigación acaba sus trabajos con unas conclusiones descafeinadas, impuestas por el PSOE y aceptadas por CiU, en aquellos tiempos socio del Gobierno socialista. La "triple R" denuncia el fraude y que la comisión se ha cerrado en falso.

Las semanas pasaban y Roldán seguía sin ser encontrado. Las especulaciones sobre su paradero se disparan en los medios de comunicación. Venezuela, Suráfrica, Siria, Argentina, Argelia, etc., son los lugares más citados, aunque hay versiones para todos los gustos. Pero las especulaciones no se quedan sólo en su paradero. Desde el PP se inicia una campaña constante con dos duros mensajes para el Gobierno: o Roldán está muerto y enterrado bajo tierra, o ha huido con el beneplácito del Ejecutivo y jamás será encontrado.

Y el deterioro total de la imagen del ex director del Instituto Armado llega a los pocos días. La revista *Interviú* publica unas sorprendentes fotos de Roldán en calzoncillos, acompañado de dos mujeres en ropa interior. Ni Filesa, ni el "dinero negro" de Mariano Rubio, ni las decenas de escándalos que habían marcado los últimos años de los Gobiernos del PSOE habían calado y escandalizado tanto a la sociedad como este caso.

En medio del escándalo y ante un país conmocionado por los hechos, EL MUNDO publica una amplísima entrevista con el prófugo el 3 de mayo de 1994

A mediados de julio, Roldán vuelve a dar señales de vida. EL MUNDO desvela una carta manuscrita del prófugo, que había entregado al ministro Antonio Asunción, para que se la hiciera llegar éste al presidente del Gobierno, Felipe González.

En la misiva, Roldán revela todo el entramado sobre el cobro de sobresueldos con fondos reservados: no eran 600.000 pesetas lo que recibía al mes, sino 10 millones. Y, además, no sólo se enriqueció él, sino toda la cúpula de Interior, tal y como había denunciado este diario meses antes.

El ex director general de la Guardia Civil explica que en enero de 1990 participó en una comida en el restaurante *El cenador de Salvador* con José Luis Corcuera, Rafael Vera y José María Rodríguez Colorado, en la que se acordó fijar esta cantidad mensual como una fórmula de indemnización para cuando dejaran el cargo.

En el otoño de 1994, el "caso Roldán" pasa a un segundo plano informativo. Sólo en una instancia judicial se seguía el caso con interés. El Juzgado de Instrucción número 16 de Madrid, con la juez Ana María Ferrer y el fiscal Alejandro Luzón, continuaba minuciosamente con la investigación.

Poco a poco, atando los complicados cabos de la trama financiera que había desarrollado el entorno de Roldán para ocultar el dinero ilícito, la juez instruc- ➳

tora y el Ministerio Público iban logrando reconstruir el presunto enriquecimiento ilícito de Luis Roldán.

Es a finales de febrero de 1995 cuando el ya casi olvidado ex director general de la Guardia Civil, en medio de la tormenta informativa del "caso GAL", vuelve a las portadas de los periódicos. La Policía había localizado y detenido a Roldán en Laos (Bangkok). Unas imágenes del ex director general, vestido con gabardina y aspecto avejentado, se difundían por todas las televisiones a todas horas. El prófugo había sido apresado.

JULIO PALOMAR

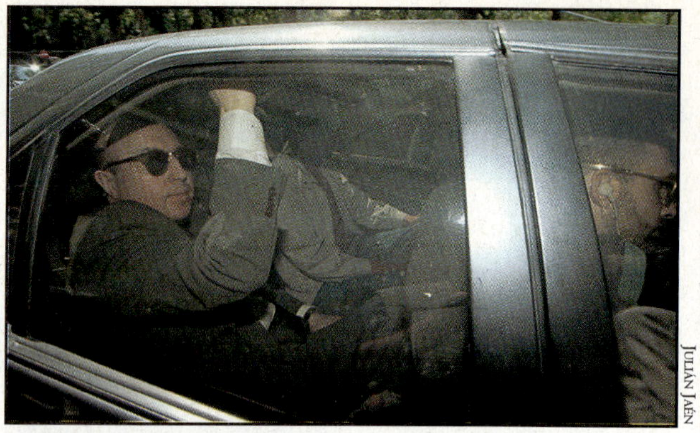

JULIÁN JAÉN

BERNARDO DÍAZ

La juez Ana Ferrer, en la imagen superior, citó a declarar a Luis Roldán -arriba, a la salida del juzgado- nada más llegar a España el 28 de febrero de 1995. A la derecha, su testaferro Jorge Esparza.

En medio de unas impresionantes medidas de seguridad, el 28 de febrero Roldán llega a España e, inmediatamente, es conducido a la cárcel de Brieva (Avila). La juez Ana Ferrer no pierde ni un minuto y cita a declarar a Luis Roldán. Pero éste se niega a contestar cualquier pregunta hasta que no se aclare en qué condiciones ha llegado a España para responder ante la Justicia y qué parte de verdad tenían los documentos que firmó por los que sólo podría ser juzgado por dos delitos (ver información adjunta, pág. 886).

El silencio de Luis Roldán es respondido por la juez con una callada investigación. Su trabajo concluye en el verano de 1995 al decretar el procesamiento del ex director general y otras trece personas.

Roldán es procesado por seis delitos: malversación, cohecho, estafa, prevaricación, falsedad documental y delito mercantil. Además, la juez fija el enriquecimiento ilícito de Roldán: el ex director general de la Guardia Civil, durante la etapa que estuvo en este cargo, se apropió de más de 1.412 millones de pesetas a través de los fondos reservados y de comisiones pagadas por empresas constructoras por la adjudicación de obras del Instituto Armado.

Durante la etapa que estuvo al mando de la Guardia Civil, Roldán se apropió de más de 1.412 millones a través de fondos reservados y comisiones

Pero los 1.412 millones que figuran en el auto de procesamiento sólo se refieren a lo instruido por la juez. La magistrada, al ser una causa con preso preventivo, prefiere cerrarla ante los numerosos indicios delictivos que ya posee contra Roldán, dejando a un lado asuntos como las cuentas de Suiza -más de 1.500 millones desaparecidos aunque, según Roldán, eran fondos reservados que devolvió al entonces ministro del Interior Antonio Asunción cuando estalló el caso- o los 600 millones de cheques procedentes de la multinacional alemana Siemens que terminaron en sus cuentas corrientes.

No obstante, estas partes del sumario se siguen investigando en un juzgado de Pamplona, dentro del denominado "caso Urralburu", en el que se quiere averiguar si este dinero, además de para el presunto enriquecimiento ilícito de los miembros de lo que se ha dado en llama el "clan navarro" (Esparza, Urralburu, Aragón, Otano, etc), sirvió para financiar ilegalmente al PSOE.

Roldán, ante esta situación, mantiene el espíritu que mostró en la entrevista que concedió a EL MUNDO en mayo de 1994. Y su "manta" comienza a extenderse por todos los juzgados del país. Declara en el caso del "informe Crillón", desvelado también por EL MUNDO; en multitud de sumarios relacionados con el "caso GAL", en el caso de los fondos reservados, en el "caso Urralburu", etc. Sin embargo, mantiene su empecinado silencio en torno a su caso a la espera de la celebración del juicio que, previsiblemente, se fijará para finales de octubre de 1996 o principios de noviembre.

Esto supondrá que Roldán -que justificó su huida de España porque no quería pasarse ocho meses en prisión provisional- cuando se enfrente a la vista oral llevará más de año y medio en prisión. El fiscal y el abogado del Estado, en sus conclusiones provisionales, solicitan 32 años de cárcel.

Aún queda la duda de poder definir con acierto a qué se puede llamar "caso Roldán" o si este escándalo se cerrará definitivamente con el juicio. Es decir, si Roldán es sólo un delincuente que se aprovechó impunemente de sus cargos públicos o la punta del iceberg de un sistema que lucró a altos cargos con fondos reservados, que cobró todo tipo de comisiones ilegales por obras públicas, que desvió fondos para financiar a un partido político, que utilizó y pagó la "guerra sucia" contra ETA y que, además, consintió el enriquecimiento ilícito de aquellos que le habían servido: Luis Roldán y otros.

Todos estos escándalos, de una u otra forma, revolotean como moscas en torno al ex director general de la Guardia Civil, y a todo lo que comprende su caso que, tal vez, sólo haya sido el primero, o, tal vez, sean todos los casos en uno.

El despilfarro de los fondos reservados

20.000 millones derrochados entre 1982 y 1992

Fernando Lázaro

La legislación previa al nuevo Código Penal era muy vaga sobre los fines que se debían perseguir con la utilización de los fondos reservados. Por este motivo, al menos desde 1982, esta partida, además de para las misiones lógicas en que debe ser utilizada, ha servido principalmente para enriquecer a casi todos los ex responsables del Ministerio del Interior. En una década (desde el 82 al 92) se han derrochado más de 20.000 millones de pesetas, sin que existiera control alguno, ni parlamentario ni presupuestario.

La "caja de los truenos" sobre el todavía presunto uso irregular de los fondos reservados la abrió Luis Roldán, ex director general de la Guardia Civil, tras ser capturado. El ex jefe de este cuerpo declaró ante la Justicia que desde al menos 1982, etapa en la que José Barrionuevo era el máximo responsable de Interior, todos los responsables de este departamento recibieron pagos mensuales de los fondos reservados.

De hecho, inicialmente, todos, incluidos gobernadores civiles y delegados del Gobierno (al menos en el País Vasco, Navarra, Cataluña y Madrid), percibían mensualmente entre 500.000 y 600.000 pesetas, siempre según la denuncia inicial de Roldán, que después fue corroborada por el ex director de la Seguridad del Estado Julián Sancristóbal.

Fruto de estas "gratificaciones" mensuales, en sobres cerrados con efectivo o a través de cheques de la cuenta de fondos reservados que existe en el Banco de España, muchos de los ex responsables de Interior han incrementado considerablemente su patrimonio.

CARLOS BARAJAS

Corcuera, Barrionuevo y Vera están ligados al oscuro asunto de los fondos reservados.

Sin embargo, esta situación inicial, en vez de ir a menos, fue a más. Tan sólo la mitad de los 20.000 millones de pesetas gastados en diez años estaba recogida en los Presupuestos Generales del Estado. El resto fueron partidas extraordinarias.

El sistema de sobresueldos se modificó radicalmente con la entrada en Interior de José Luis Corcuera. Tanto con este último como con Barrionuevo, el "número dos" de Interior fue Rafael Vera, auténtico cerebro de Interior durante la década de los ochenta, que también está imputado por el uso irregular de los fondos reservados.

A partir de 1990, Interior fagocitó parte de la recaudación de las multas de tráfico para sufragar el "déficit" de tales fondos reservados.

Es también durante la etapa de José Luis Corcuera cuando se comienza a gratificar a algunos responsables de la lucha antiterrorista por la desarticulación de comandos de ETA. El citado ex ministro utilizó los fondos reservados para regalar joyas a las mujeres de sus colaboradores en las fiestas de Navidad.

Sin embargo, el punto álgido de este oscuro asunto sobrevino cuando Luis Roldán informó al secretario general del PSOE, Felipe González, que en "enero de 1990 comimos en el restaurante *El Cenador de El Salvador* (Moralzarzal) Corcuera, Vera, Colo (se refiere a Rodríguez Colorado) y yo... Corcuera dijo que estudiaría con Vera una fórmula indemnizadora".

Poco después llegó el pacto final: "Vera nos dice que Corcuera ha dicho que se fijen unas cantidades mensuales de 5.000.000 hasta 125.000.000 de pesetas. Y ésto es así. Incluso, a Colo, que cesó en julio del 91 y aún no había llegado a esa cifra, se lo completaron, como nos habían dicho".

Así de contundente fue Luis Roldán en sus declaraciones ante la Justicia.

Los debates electora

Las elecciones del 93 obligaron al PSOE a cambiar

Por primera vez en elecciones generales los líderes de los dos grandes partidos se enfrentaron en dos debates televisados. Fue la novedad de 1993, que fue seguida con máxima atención. Ganó el PSOE por cuarta vez, desafiando al PP... y a las encuestas.

Justino Sinova

A primeros de junio de 1993, la impresión general era que al Partido Socialista le quedaban meses contados de poder. Sólo faltaba que Felipe González anticipara la convocatoria de elecciones para firmar con ello la fecha de su salida de La Moncloa. El descubrimiento de prácticas corruptas, sobre todo de los casos Filesa y Roldán, más las noticias acerca del sofocante "caso GAL", habían generado la impresión de que los ciudadanos pedían un turno en el poder.

En el bando del Partido Popular había crecido la confianza en sus posibilidades de alcanzar por primera vez el Gobierno del Estado. José María Aznar había cambiado notablemente el partido mediante la formación de un equipo dirigente joven y un programa con numerosos proyectos e ideas centristas. Para muchos populares, había llegado la ocasión de derrotar a un PSOE que se había hecho viejo en el poder y había caído en el abuso de la corrupción.

Agobiado por el conocimiento público de la corrupción y los problemas internos de su partido, González convocó por fin las elecciones para el día 6 de junio. Al mismo tiempo, tomó la decisión de conducir la campaña personalmente, evitando la presencia en primera línea, ya perjudicial para la imagen de marca del partido, de Alfonso Guerra, que había pilotado todas las campañas. El PP arrancaba en mejores condiciones, con un equipo unido en torno a Aznar y una dirección indiscutida de campaña en manos de Javier Arenas. Prácticamente nadie dudaba de que esta era la ocasión de un verdadero cambio.

La novedad más importante de la campaña electoral fue la organización de dos debates en televisión entre González y Aznar. En ellos se fue construyendo la gran sorpresa de las elecciones, que se creía que iba a ser el salto de Aznar y acabó siendo la confirmación de González. Los debates eran una fórmula importada de las campa-

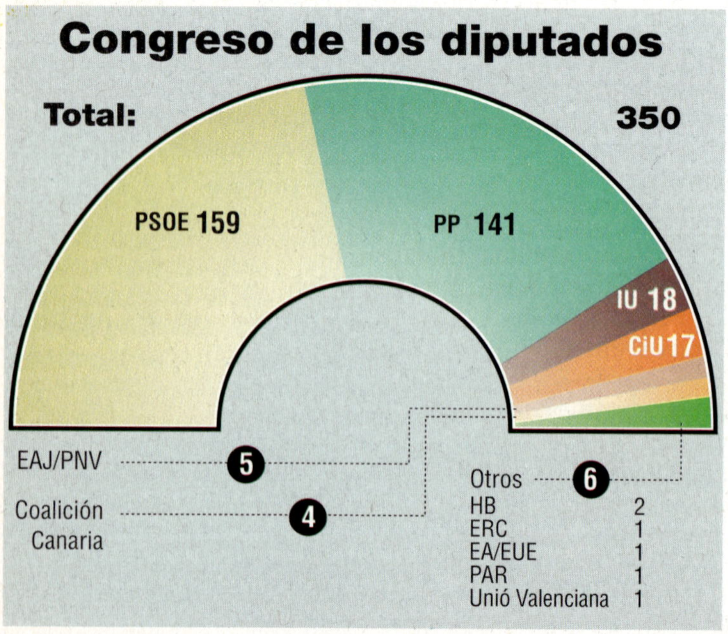

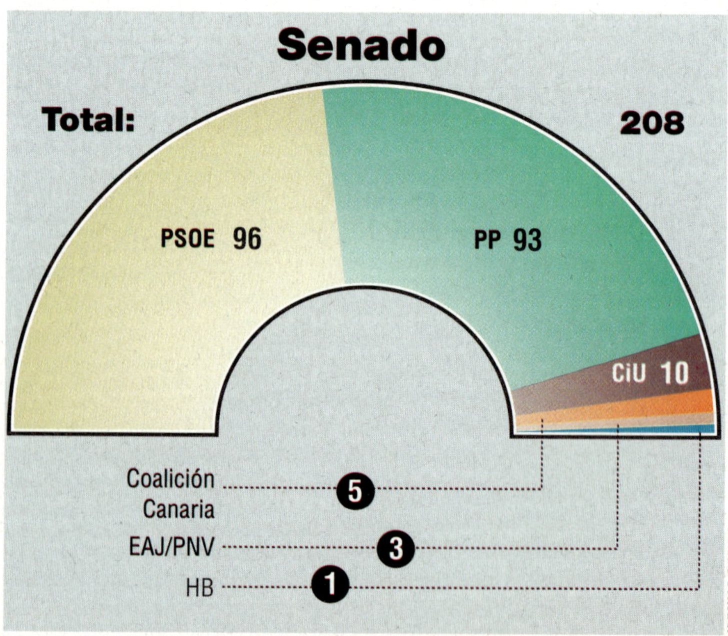

MATÍAS CORTINA

es fueron decisivos

ñas estadounidenses desde que la pusieran en práctica, de forma más notoria, Richard Nixon y John F. Kennedy. La historia electoral dice que Kennedy ganó a Nixon gracias al debate televisado, que mostró a la nación un candidato joven, atractivo, preparado y con un mensaje ilusionante.

En el PP pensaron que Aznar podía ser un Kennedy emergente frente a un gastado González-Nixon. Y, en realidad, el primer debate, celebrado en Antena 3, mostró a un joven Aznar dinámico, con ideas y con energía para apabullar a González, que se mostró falto de recursos y hasta despreciativo con su oponente: llamó la atención que evitara mirarle para dirigir sus ojos intencionadamente a las cámaras. Aznar salió triunfante y eufórico del primer encuentro.

Pero a veces las victorias encierran una derrota. Y para muchos analistas, lo que Aznar logró con aquel primer éxito fue empezar a fabricar un fracaso. El electorado se inclinaba hacia Aznar, según las encuestas, pero no de manera decidida. Aznar iba a ganar por la mínima. En los días en que se celebró el debate, además, muchos votantes del PSOE que habían planeado "huir" a Izquierda Unida estaban reconsiderando su decisión tras el infarto que sufriera Julio Anguita al comienzo de la campaña. La idea de una contundente victoria de Aznar sobre González, unida a la posibilidad de una crisis en IU si le fallaba el líder, empezó a asustar a los disidentes, que volvieron a apoyar a González. Tras el primer debate empezó a cundir en esa zona del electorado el propósito de evitar que Aznar barriera.

> **"A veces las victorias encierran una derrota. Para muchos analistas, lo que Aznar logró con el éxito en el primer debate fue empezar a fabricar un fracaso"**

El segundo debate, celebrado una semana después en Tele 5, reforzaría la caída de votos de Aznar. Ganó un González recuperado y su imagen sirvió para consolidar los vo-tos a su partido. Volvió a utilizar su recurso al miedo a la derecha, mientras Aznar cometió el error de olvidarse de la corrupción socialista. Esa táctica, seguida por su partido en la última semana de campaña, borró de la agenda de las elecciones el tema que más daño hacía al PSOE. Se dio una situación absurda: mientras el PP escondía una verdad -la corrupción del socialismo en el poder-, el PSOE enarbolaba una mentira -el franquismo agazapado tras el PP. Esta idea caló en algunos ambientes, en los que se votó "contra" el PP "y lo que representaba" más que a favor del partido de González. Al final, el PSOE ganó, y con la apreciable diferencia de casi un millón de votos, aunque por primera vez quedó lejos de la mayoría absoluta. Las elecciones no sirvieron para determinar un turno de poder, pero anunciaron claramente que la oportunidad del PP estaba ya muy cerca.

El PSOE sumó 9.150.000 votos y reunió 159 escaños (a 17 de la mayoría absoluta). Necesitaba un apoyo y lo encontró en Convergència i Unió (CiU), que puso a su disposición los 17 escaños que le faltaban.

González y Aznar antes del segundo debate, celebrado en Tele 5 con Mariñas (en el centro) de moderador.

El PP experimentó un crecimiento muy notable (más de tres millones de votos), pero sus 8.200.000 votos le dieron 141 escaños, una cuota superior en 34 a la de las anteriores elecciones pero inferior en 18 a la de los ganadores.

El resto de los resultados tenía menos importancia (pese a algunos detalles significativos: el hundimiento definitivo del CDS, que perdió sus 14 escaños, y el surgimiento de Coalición Canaria, que conquistó 4). Lo que las elecciones determinaron fue un cambio en el ejercicio de poder. Por primera vez desde su llegada al Gobierno, el PSOE se vio obligado al pacto. Eso iba a transformar el tono de la legislatura.

Cultura de masas

La difusión multitudinaria de las artes en España

Las inclinaciones masivas hacia la cultura -aunque tradicionalmente permanezca en un ámbito minoritario- suelen estar dirigidas por mecanismos comerciales y de márketing que son impredecibles. Con todo, en España ha habido una irrupción popular en determinadas manifestaciones de ópera, pintura y literatura.

Rubén Amón

El 16 de abril de 1991, el Premio Príncipe de Asturias de las Artes recaía en las voces de Victoria de los Angeles, Montserrat Caballé, Pilar Lorengar, Teresa Berganza, José Carreras, Plácido Domingo y Alfredo Kraus en reconocimiento a los méritos de "una histórica generación de cantantes". Sin embargo, la concesión de un galardón colectivo no sentó demasiado bien en el seno de las estrellas, entre otras razones porque cada una de ellas estaba convencida de merecerlo individualmente y porque la rivalidad/enemistad que les separaba hacía muy difícil imaginarlas sobre un mismo escenario el día de la entrega.

Efectivamente, Plácido Domingo, Carreras y Victoria de los Angeles no asistieron, de modo que semejante desplante fue unánimemente aceptado como el último testimonio de una lucha de intereses cuya evidencia también ayuda a explicar los pormenores de la hegemonía española en la vida operística occidental.

Y es que la profunda huella de los siete premiados -habría que añadir los nombres de Aragall y Pons- es imprescindible para explicar de forma coherente y rigurosa la reciente historia de la ópera: desde que Victoria de los Angeles se presentó en París (1949) como una soprano inconmensurable, hasta que José Carreras y Plácido Domingo se han unido a Pavarotti en el mayor fenómeno sociológico-musical que pueda imaginarse.

Un país que apenas tiene compositores de ópera ha impuesto su influencia a partir de una decena de cantantes líricos excepcionales

Sí, un país que apenas tiene compositores de ópera y que carecía de una infraestructura musical más o menos estimable ha impuesto su influencia en la cultura occidental desde la importancia de una decena de cantantes líricos excepcionales. ¿Qúe razones explican semejante coincidencia de voces? ¿Cómo es posible que dos de los "tres tenores" sean españoles y que el cuarto, canario, esté considerado por muchos como el primero? ¿Qué motivos han favorecido que la ópera española haya adquirido en el último tercio del siglo la misma importancia que le dieron Miguel Fleta, Hipólito Lázaro y Mardones? ¿Por qué han aparecido casi al mismo tiempo las voces de Caballé, Lorengar y Berganza?

"Decir que se había comprado «El nombre de la rosa» era un síntoma de alta cultura y de prestigio", explica el escritor Luis Antonio de Villena

No pueden manejarse sino hipótesis sutiles y teorías en cuarentena para atribuir la irrupción de semejante generación lírica a las condiciones propicias del panorama musical español o a los puntos en común que pudieran establecerse entre los distintos intérpretes: más allá del talante genial e individualista que se le presupone al artista mediterráneo, los hechos nos demuestran que sus respectivas carreras se han iniciado por caminos radicalmente distintos.

¿Ejemplos? Plácido Domingo se convirtió en un tenor porque sus padres tenían una compañía de zarzuela en México, y José Carreras lo hizo porque esa fue su obsesión desde el día en que presenció *El gran Caruso* en el cine Gayarre de Barcelona.

Ciertamente, sería injusto obviar el caldo de cultivo que proporciona la tradición musical catalana -que catalanes son Caballé, Carreras, Aragall y Victoria de los Angeles- ni tampoco resultaría prudente eludir el papel de Mercedes Llopart como punto de referencia en la educación de las voces españolas -incluida la de Kraus-, pero, como suscribe el propio Carreras, la razón que explica esta insólita coincidencia de estrellas es "la casualidad".

Tampoco parece sencillo razonar los motivos por los que la ópera ha trascendido los límites del teatro y se ha erigido en un vehículo de difusión multitudinario amparado en la insólita naturaleza de los macroconciertos. El fenómeno, juzgado por los puristas como una intolerable transgresión -en buena parte lo es-, no se remonta únicamente al famoso espectáculo de los tres tenores en las Termas de Caracalla (1990); de hecho, antes de aquel punto de referencia, proliferaron en España otros ejemplos bastante llamativos: Plácido Domingo reunió en la Ciudad Universitaria a cerca de 300.000 personas y llevó una producción de *Otello* al Vicente Calderón; Alfredo Kraus prodigó en algunas plazas de toros el espectáculo *Opera stars in concert*, e incluso el propio José Carreras alumbró un concierto multitudinario ante el Arco de Triunfo de Barcelona -más de 150.000 personas- como argumento definitivo de su reaparición después de la leucemia.

Plácido Domingo, José Carreras y Luciano Pavarotti, los "tres tenores", todo un fenómeno sociológico universal.

José Carreras y Plácido Domingo se han unido a Pavarotti en el mayor fenómeno sociológico-musical que pueda imaginarse

Las inclinaciones masivas hacia la cultura, los arrebatos populares en la búsqueda común del solaz espiritual, suelen estar dirigidos por mecanismos comerciales y de estricto marketing cuya incidencia social resulta muchas veces imprevisible. Vender la voz de José Carreras o la pintura de Velázquez no parece requerir un gran esfuerzo de imaginación, pero es indudable que, más allá de estos ejemplos sometidos a motivos circunstanciales, la cultura permanece en un espacio minoritario.

Son muchos los proyectos artísticos alumbrados con grandes expectativas y muy pocos los que cuajan en las listas de éxitos, de modo que aunque una campaña de marketing resulte fundamental en la tarea de popularizar un producto elitista, aún es más importante el comportamiento del público, cuya complicidad está condicionada a una serie de factores que no pueden medirse ni pesarse: las modas, los gustos determinados en una época concreta, las inclinaciones al terreno exótico y desconocido, el grado de comunicación entre el artista y el espectador, y, muy especialmente, la casualidad como una fórmula idónea para explicar lo que no tiene explicación. Otra vez la casualidad.

No son pocos los ejemplos universales en boga que nos hablan de fenómenos artísticos de masas -los monjes de Silos, los "tres tenores", *El péndulo de Foucault*, el mito de Van Gogh-, incluso podría afirmarse que los últimos cinco o seis años de la vida cultural española han permanecido marcados por similares arrebatos.

Sin duda, el más llamativo fue el de la exposición de Velázquez celebrada en el Museo del Prado en 1990. 500.000 personas asistieron a la pinacoteca madrileña en forma de colas multitudinarias más o menos ajenas a la evidencia de que el noventa por ciento de las obras expuestas se encontraba desde hacía décadas entre las salas del museo. Sí, efectivamente, aquél no era un fenómeno estrictamente cultural ni una epidemia velazquista, sino una prueba más de que las modas se desencadenan por razones insospechadas. Entonces, Velázquez.

¿Cómo explicar el alboroto callejero que sucedió a la exposición escultórica de Botero en el Paseo de la Castellana? ¿Imaginaba la dirección del Centro de Arte Reina Sofía que el reclamo de Antonio López García podía atraer a 350.000 espectadores en la antológica inaugurada en mayo de 1993? Antoni Tàpies atribuía semejante éxito a una idea equivocada de lo que es el arte y al resultado de los ardides publicitarios: "Este tipo de pintura, que arrastra un naturalismo más o menos académico, es lo que la mayoría de la gente cree que es ➤

arte. Para mucha gente saber pintar bien es saber copiar bien las apariencias visuales. A esto hay que añadir los lanzamientos publicitarios que hacen las instituciones que los exponen y la gente que los protege".

Las grandes exposiciones, de hecho, establecen una de las constantes en la reciente historia de la cultura española cuya evidencia redunda en determinados fenómenos sociológicos que podrían resumirse en el último ejemplo de la muestra dedicada a Goya: 300.000 visitantes.

Sin embargo, los hechos nos demuestran que esta clase de acontecimientos no son únicamente característicos de la ópera -los tres tenores vendieron 500.000 discos en 1991- ni del mundo del arte. La literatura ha dado elocuentes pruebas al respecto, y no sólo por las espectaculares cifras que nos proporciona el "regalo navideño" del premio Planeta, sino por el eco popular de determinados escritores y la influencia de algunas obras señeras en el "hit parade". El ejemplo de Antonio Gala así lo demuestra y así lo explica el insólito caso de *El nombre de la rosa*, que disparó las ventas en España a la descomunal cifra de un millón de ejemplares.

¿Un mero fenómeno literario? Probablemente, no. "Hay que diferenciar el fenómeno literario del sociológico -explica el escritor Luis Antonio de Villena-; es decir, el público que lee un libro y el público que lo compra. Y es a partir de la cifra de 100.000 lectores cuando puede establecerse esa división, porque estoy convencido de que no son más las personas que en España leen una obra literaria con pleno conocimiento. El caso de *El nombre de la rosa* es muy significativo en este sentido, porque decir que se había comprado era un síntoma de alta cultura y de prestigio, por mucho que, dadas las dificultades del libro, fueran muy pocos los que lo terminaran".

Suceda así o no con el ejemplo de Javier Marías o con el de Bernardo Atxaga, Antonio Muñoz Molina y Almudena Grandes, parece indudable que el autor de *Corazón tan blanco* se ha erigido en uno de los fenómenos literarios con mayor repercusión

Las colas de la exposición de Velázquez eran más o menos ajenas a la evidencia de que el 90% de las obras expuestas estaban desde hacía décadas en el museo

social en nuestro tiempo, a pesar de que su obra no es tan asequible como la de Arturo Pérez Reverte. Y es que *Territorio comanche*, *La tabla de Flandes* y *La piel del tambor* parece una trilogía en el límite de la literatura y del fenómeno sociológico.

BEGOÑA RIVAS

Colas a la puerta del Museo del Prado: medio millón de personas visitaron la exposición de Velázquez en 1990.

Alfredo Kraus / *Tenor*

"El show de los tres tenores ni siquiera respeta la música"

Rubén Amón

Alfredo Kraus es uno de los puntos de referencia fundamentales en la histórica generación de cantantes premiada con el Príncipe de Asturias y ha sido testigo excepcional de la vida cultural española de los últimos 40 años.

PREGUNTA.- ¿Qué razones podrían explicar que haya surgido una generación de cantantes españoles tan importante?

RESPUESTA.- No hay ninguna. Le he dado muchas vueltas a esta situación, y creo que se debe más a motivos casuales. Igual que cuando, de pronto, aparece una generación de tenistas. Es pura casualidad, y en el caso de la ópera más que nunca, precisamente porque no ha existido una escuela de canto en la que pudiéramos haber coincidido ni una verdadera tradición. La prueba es que cantamos de forma completamente distinta. No hay una escuela española de canto, sino meras individualidades. Incluso es posible que hasta dentro de cuarenta años no vuelva a surgir una generación de esta importancia.

P.- Tampoco había un ambiente musical muy propicio.

R.- Me atrevería a decir que hemos surgido en contra de las circunstancias.

FERNANDO QUINTELA

El tenor canario, a sus 68 años, sigue en activo.

En mis años de aprendizaje no existía en España la menor oportunidad de dedicarse a la música en serio. Todos estos cantantes de los que hablamos, de hecho, ni siquiera han estudiado en los conservatorios y han tenido que luchar contra demasiadas adversidades, aunque a veces pienso que tener las cosas difíciles puede ser mejor. Esa es la gran paradoja, que en los tiempos más difíciles surgió una generación excepcional.

P.- ¿Cómo puede resolverse esta paradoja?

R.- No lo sé, pero he llegado a algunas conclusiones después de mi experiencia como profesor. Por ejemplo, es fundamental la formación musical en el colegio, en la universidad. Y no me refiero al hecho de que así surgirían mejores profesionales, sino a que de esta manera existiría una mayor preparación humanística. El niño debe tener la opción a la música y después se dedicará a ella o no. Mi aspiración es que el público tenga una cultura, un criterio, y de esta manera, una mayor formación.

P.- ¿Estarían, entonces, amenazados los conciertos de los "tres tenores"?

R.- Hombre, siempre hay público para todo, pero si fuera más selecto, las cosas serían muy diferentes. Lo que veo mal en el espectáculo de los "tres tenores" no es que un tenor se divierta cantando, sino que me digan que eso es ópera popular. No, eso no es ópera. En todo caso será espectáculo, diversión. Y de ahí viene la confusión que vivimos. Lo de los "tres tenores" es un "show" en el que ni siquiera respetan la música. Me preocupa esta tónica, y entiendo que lo hagan por popularidad o por dinero, pero que no nos confundan.

P.- El recital de los "tres tenores" en Los Angeles lo vieron 1.200 millones de personas; incluso es posible que para la mayoría de ellas éste fuera el primer contacto con la ópera, entre comillas. ¿No reconoce usted ninguna capacidad divulgadora a estos conciertos? ¿Aunque no sea la mejor, no le parece, al menos, una vía, dado que no existen otras?

R.- Reconozco que habrá un porcentaje, pero a mi juicio no es demasiado significativo, sino muy pequeño. El aficionado a la ópera no se forma con estos espectáculos y tampoco se inicia con ellos. La gente no va a escuchar a Pavarotti, sino a verlo.

P.- Usted afirma que el primer paso es la formación cultural del público, pero ¿no cree que semejante ➳

ideal puede encerrar algo de demagogia?

R.- Es una visión un tanto idealista, sí, pero no definitivamente impracticable. Basta que los gobiernos se tomen en serio la educación musical como vehículo de formación humanística. El problema es que los gobiernos no están muy sensibilizados al respecto, entre otras razones porque se trata de un trabajo a muy largo plazo. Los políticos quieren apuntarse tantos inmediatos dado que, claro, hay elecciones cada cuatro años. Las decisiones sólo se meditan en función del presente.

FERNANDO QUINTELA

Alfredo Kraus, al piano: "Los gobiernos deben tomarse en serio la educación musical como vehículo de formación humanística".

P.- Una controvertida decisión fue la concesión del Príncipe de Asturias a toda una generación de cantantes ¿Sigue pensando que fue un error? ¿El hecho de que Domingo, Carreras y Victoria de los Angeles no lo recogieran añade más argumentos para afirmar las malas relaciones que aparentan ustedes, los cantantes españoles?

R.- Existe rivalidad y enemistad entre los cantantes españoles, y no seré yo quien lo niege, porque no soy ningún hipócrita. Ahora bien, repartir entre todos el Príncipe de Asturias fue una fantasmada. Es más, semejante decisión le quitó todo el prestigio. ¿Por qué un premio a siete cantantes y no a cada uno por separado? ¿Por qué si Victoria de los Angeles y yo éramos los candidatos iniciales se hubieron de añadir los demás nombres? Yo no hubiera objetado nada si el Príncipe de Asturias lo hubiese ganado Victoria de los Angeles, pero no me explico la decisión salomónica de dárnoslo a todos por aquello de quedar bien. Todos lo merecemos, pero no existe el menor vínculo artístico y personal entre nosotros como para justificar un premio común. Claro, Alfredo Kraus protesta, Alfredo Kraus es un impertinente. No, lo que soy yo es un hombre comprometido, y, como tal, digo lo que pienso, moleste o no moleste. Alfredo Kraus, como intelectual, dice lo que cree más oportuno, y sé que me he ganado el título de hombre incordio.

> "Soy un hombre comprometido y, como tal, digo lo que pienso, moleste o no moleste. Sé que me he ganado el título de hombre incordio"

P.- ¿Y qué piensa Alfredo Kraus del modo en que se desarrolló la Transición desde el punto de vista de la cultura?

R.- Nunca simpaticé con el franquismo ni estuve nunca en su sintonía ideológica. Jamás acepté asistir a aquellos conciertos conmemorativos del 18 de julio porque me desagradaban los actos propagandísticos. Franco, al que conocí personalmente, me pareció un hombre muy frío y distante. Recuerdo que fui a verle para decirle que Madrid necesitaba un teatro de ópera, y él aplaudió la idea, pero después no me hizo el menor caso. Siempre he sido un artista independiente, y nunca me sentí utilizado, entre otras razones, porque el Gobierno franquista nunca prestó demasiada atención a la cultura. España no ofrecía atractivos profesionales: malas orquestas, producciones pobres...

P.- ¿De qué forma cambió la situación con el nuevo orden democrático?

R.- Después de la etapa de UCD, en la que tampoco hubo muchos logros culturales, el PSOE prestó más atención y más presupuesto hacia los artistas. Es decir, se dio origen a una infraestructura y se alentó una inquietud por la cultura que antes no existía. La obligación del PP es corregir los errores del anterior Gobierno y debe cuidarse de no politizar la cultura. El Estado debe crear la estructura cultural y conceder un presupuesto. A partir de ahí, el papel debe ser de los profesionales, sin olvidar el peso de la educación. También es necesario hacer una revisión a fondo de la ley de mecenazgo.

P.- ¿Qué grado de sintonía existe entre Kraus y el PP?

R.- Por mi parte, no hay el menor compromiso, porque, como digo, soy independiente. Otra cuestión es que algunos miembros del nuevo Gobierno se hayan interesado por mis opiniones y mi trabajo. Creo que los profesionales, cada uno en su sitio, debemos tener más voz en la gestión cultural.

Miguel Indurain, el campeón humilde

La impecable trayectoria del ciclista navarro

Los cinco Tours de Francia que encadenó consecutivamente han hecho de Miguel Indurain un héroe de carne y hueso. Y en el sexto, que lo perdió, la lección fue la de un caballero del deporte. Nacido en 1964, su trayectoria ha sido impresionante.

Benito Muñoz

Ni sus descubridores podían imaginar que Indurain subiría las montañas de Francia tan bien como para adjudicarse cinco veces el Tour.

Cuando Miguel Indurain III lea las primeras crónicas sobre los comienzos de la carrera deportiva de su padre pensará que nadie le entendió completamente y que Miguel Indurain II, el pentacampeón del Tour, nació para no ser comprendido ni por sus entrenadores ni por sus rivales hasta que todos fueron delatados por sus éxitos.

Aquellos esperaron demasiado, seguramente un año, para darle la alternativa en presencia de Pedro Delgado, el mito de los 80. Fue precisamente en 1990 cuando Indurain pudo dar cuenta de Greg Lemond y compañía. Pero no; estaba Delgado, y en Reynolds, primero, y en Banesto, después, la jerarquía se ha respetado siempre.

Las dudas de los aficionados se despejaron al año siguiente, cuando el calendario definió perfectamente al navarro. Fracasó en la maldita Vuelta a España de los, para él, fríos y tristes abril y mayo; y triunfó en el caluroso y alegre julio, el mes de Miguel Indurain.

Hasta llegar 1991 (año de su primer triunfo en el Tour de Francia), Indurain había pasado por todo en el ciclismo. De ser un hombre destinado para competir en la pista o para convertirse sólo en un clasicómano, a un corredor capaz de ganar todas la grandes vueltas con sol, Giro y Tour.

Desde sus comienzos fue el ciclista del asombro, no tanto por sus logros, siempre probables cuando se trata de un superclase, como por su forma de romper barreras. Nadie, ni sus descubridores, pudo imaginar nunca que Indurain subiría las montañas de Francia tan bien como para ganar cinco veces el Tour.

Sus inicios están salpicados de éxitos. Acostumbraba a subir al podio incluso antes de ser aficionado, pero fue en esta categoría donde llamó la atención. Ganó el título de campeón de España de aficionados en 1983. Contaba 18 años y una planta exagerada (1,88 y casi 90 kilos) para ser tenido en cuenta como promesa en pruebas de tres semanas.

José Miguel Echávarri y Eusebio Unzúe consideraron que su mejor joven -aunque Pedro Delgado destaca- ➳

ba ya en el Tour con 23 años- tenía que viajar a Francia, la tierra en la que más grande ha sido el ciclismo. Así llegó su confirmación como promesa, cuando en 1984 logró su primer triunfo en la contrarreloj que corrió en Tarbes, durante el Tour del Porvenir, competición que tantos campeones ha anunciado.

Pasó apenas un año para que empezase a contradecir a todo el mundo. Fue líder cuatro días de la primera Vuelta a España que disputó (1985), en su debut profesional. Tomó su primer contacto con el Tour y abandonó, como estaba previsto. Igual le sucedió en 1986, cuando se impuso en el Tour del Porvenir y obligó a sus técnicos a soñar.

Su primer gran año profesional se dio en 1989. Ganó la París-Niza y dio ese salto cuantitativo para convertirse en "ciclista de una semana". Ganó una etapa del Tour de Francia y ya se situó 17º en la general tras ser el mejor gregario de Pedro Delgado. Su palmarés empezaba a ser más que respetable.

En 1990 volvió a dominar la París-Niza. En el Tour fue décimo y se impuso brillantemente a Greg Lemond en la etapa de Luz Ardiden. También ganó en la Clásica de San Sebastián, para recordarle a sus seguidores que todavía era válido para un solo día.

La explosión de Miguel Indurain se produce en 1991. Cae en la Vuelta a España ante un Melchor Mauri tremendo y a partir de ahí encadena una serie de éxitos incontenibles. Se proclama campeón de España por primera y única vez hasta el momento, se lleva el Tour de Francia (se impuso en dos etapas) brillantemente, es bronce en el Mundial de Stuttgart y vence en la Volta a Catalunya, poco antes de retirarse a sus cuarteles de invierno. Fue entonces cuando dio el gran paso que le ha llevado a dominar el ciclismo mundial. Dejó definitivamente la Vuelta a España y empezó a correr el Giro para preparar el Tour. Sus tres únicas "preparaciones" en Italia se saldan con dos triunfos, en 1992 y 1993, y un tercer puesto, en 1994. En esos tres años también dominó el Tour de Francia. En el camino había logrado una medalla de plata en el Mundial de Oslo'93 y nada menos que el récord de

Echávarri y Unzúe consideraron que su mejor joven -aunque Delgado destacaba en el Tour con 23 años- debía viajar a Francia, donde más grande ha sido el ciclismo

la hora en Burdeos al año siguiente con 53,040 km/h. En 1995 se convirtió en el primer ciclista de la Historia en ganar cinco Tours seguidos.

Si bien Indurain ha ganado sus Tours en todos los terrenos, donde siempre acabó por definirlos o asegurarlos fue en las contrarrelojs. Su gran

PEDRO BLASCO

"boom" como contrarrelojista tiene lugar en 1991, cuando gana las dos cronos del Tour, aunque donde verdaderamente derrota a sus rivales es en las rampas del Tourmalet. Lemond llega a caerse de la bicicleta y le da el adiós definitivo a su alto nivel. Desde ese año, Indurain sumó una serie de éxitos en contrarreloj sin precedentes. Ganó las cronos de Alençon y Maçon en 1991, las de Luxemburgo y Blois en 1992, la de Lac de Madine en 1993, la de Bergerac en 1994 y las de Seraing y Auphelle en 1995. Sólo Rominger le ganó en línea (en la contrarreloj de Monthléry en 1993). Indurain corrió enfermo y no lo dijo hasta que finalizó el Tour. En Saint-Emilion le venció Jan Ullrich, la sensación alemana. Hasta ese día esperanzador, Indurain había vivido una carrera extraña: el Tour'96 se convirtió en el más inexplicable de los últimos años. Los primeros días de lluvia bloquearon los músculos del navarro y sufrió las consecuencias en la terrible "pájara" de Les Arcs. Cualquier otro hubiera abandonado al día siguiente, pero su orgullo le impidió bajarse de la bicicleta.

Antes de esta derrota se impuso en la contrarreloj del Mundial de Colombia'95. Era su primer oro en una competición de estas características. Allí también fue plata en la ruta, el mismo día que trabajó para que Abraham Olano se llevase el oro en un gesto más de su inigualable concepto de lo que es el deporte. Días después, Indurain fracasó en su intento de batir el récord de la hora. La humedad y la marca de Tony Rominger (55,291 km/h), que durará muchos años, fueron demasiado para un Indurain que necesita más adaptación a los velódromos.

El navarro no quiso olvidarse del sabor del oro y decidió tomar parte en los Juegos de Atlanta un día antes de acabar el Tour'96. "Sólo iré si es a por una medalla", afirmó. Estaba seguro de que podía conseguirla. Además de llevarse la de oro, tuvo a su lado en el podio a Abraham Olano, que consiguió la plata. Rey y sucesor se unían una vez más, como sucediera por partida doble en el Mundial de Colombia.

Tras hacer un breve análisis de su inagotable carrera profesional, que él no ha dado por concluida en 1996, Miguel Indurain ha mostrado al mundo que el talento se puede moldear aunque se viva "contra natura". Ha demostrado que se puede escalar como nadie con 80 kilos, que su capacidad táctica sobre una bicicleta es digna del mejor manual de estilo ciclista, y que cuando los libros de Historia del deporte lo recuerden, siempre se hablará del más grande campeón y del más grande de los humildes.

Miguel Indurain, del negro al amarillo

Curiosa imagen la de la página de la izquierda. Miguel Indurain es atendido por miembros de su equipo tras sufrir una caída. La imagen, del 8 de septiembre de 1990, corresponde a una etapa de la Vuelta a Cataluña. Indurain se fracturó la clavícula izquierda. Pero fue al año siguiente cuando el corredor de Villaba dio el salto decisivo de su carrera al adjudicarse el Tour de 1991. En Francia ha sido número uno e ídolo popular, como se observa en las fotografías de abajo. A la derecha, en el podio el 23 de julio de 1995, en su quinto -y último, por el momento- Tour consecutivo.

Efe

Larry Mangino

Larry Mangino

1991

Los calendarios de 1989-90, publicados en el fascículo nº 44

Enero

Bombardeo de Bagdad. El ataque de las tropas aliadas a Bagdad mantiene en vilo a la opinión pública a partir del día 16. Hussein dice que ha empezado "la madre de todas las batallas". En España, Alfonso Guerra dimite como vicepresidente del Gobierno y es detenido en Madrid Sito Miñanco, el capo de los narcotraficantes.

Febrero

Termina la guerra. Los aliados comienzan el día 23 la gran ofensiva terrestre en Kuwait e Irak. Dos días después, Hussein ordena la retirada de sus tropas. El día 27, George Bush anuncia el alto el fuego: la guerra ha terminado.
El día 6 fallece la escritora María Zambrano.

Marzo

Serra, vicepresidente. Felipe González, en la remodelación del Gabinete, elige a Narcís Serra como sustituto de Guerra en la vicepresidencia. El día 28 se celebran las primeras elecciones libres en Albania.

Abril

Conversaciones de Benegas. La situación política en España sufre un vaivén con la emisión, en la Cadena Ser, de dos conversaciones privadas de Txiqui Benegas en las que dice que el problema del PSOE es González y en las que critica a Serra y Solchaga. El ginecólogo Sáenz de Santamaría es indultado tras ser encarcelado por realizar abortos.

GUSTAVO CATALÁN

Las tropas aliadas fueron aclamadas en Nueva York en el "desfile de la victoria".

Mayo

Ataque racista en Mancha Real. El día 19, se produce un asalto y saqueo de viviendas gitanas tras el asesinato de un payo en Mancha Real (Jaén).
En las elecciones municipales del día 26, el PSOE pierde las alcaldías de Madrid, Sevilla y Valencia. Suárez dimite como presidente del CDS.
ETA siembra el pánico en Vic (Barcelona) y Rajiv Gandhi es asesinado en la India. Se fusionan los bancos Central e Hispano Americano.
"El Dioni" es condenado a sólo 3 años por apropiación indebida.

Junio

Yeltsin arrasa. El día 12, Boris Yeltsin arrasa en las elecciones presidenciales rusas. El día 17, Sudáfrica entierra oficialmente el "apartheid".

Julio

El primer Tour de Indurain. Miguel Indurain se apunta el día 28 el que sería el primer Tour de Francia de su carrera. Numerosos muertos en combates entre la Policía croata y las milicias serbias.

Agosto

Golpe de Estado en la URSS. Yeltsin sale como gran triunfador tras el golpe de Estado que se produce el día 19. El PCUS se disuelve y la URSS empieza a desintegrarse. El día 30, Powell bate el récord de Beamon en salto de longitud.

Septiembre

Amedo y Domínguez, condenados. Los policías José Amedo y Míchel Domínguez son condenados el día 19 a 108 años de cárcel por ordenar asesinatos.

LARRY MANGINO

Conferencia de Paz en Madrid.

Octubre

La Conferencia de Paz. Madrid es la sede de la Conferencia de Paz para Oriente Medio. El día 13, muere en París Agustín Rodríguez Sahagún. Estallan tres coches bomba de ETA en Madrid el día 17.

Noviembre

Adiós de "Magic" Johnson . Tras reconocer que es portador del virus del sida, "Magic" Johnson anuncia su retirada del baloncesto. Polémica con la "Ley Corcuera" de Seguridad Ciudadana.

Diciembre

Firma de Maastricht. El tratado que redefine la Unión Europea es firmado en Maastricht (día 10). Gorbachov dimite el día 24.

"Magic" Johnson anuncia su retirada.

1992

Enero

Dimite García Valverde. El mes que se inicia con un acuerdo de paz en El Salvador será en el que se produzca la primera dimisión de un ministro de Felipe González, Julián García Valverde -titular de Sanidad-, al verse implicado en un escándalo político: el "caso Renfe". ETA asesina en Valencia a Manuel Broseta.

Febrero

Estalla el "caso Ibercorp". La edición de EL MUNDO del día 11 hace estallar el "caso Ibercorp", en el que se verán involucrados Mariano Rubio y Manuel de la Concha. Ofensiva de ETA en Madrid (cinco militares muertos) y en Santander (3 muertos y 17 heridos). González y Aznar firman el pacto autonómico.

Marzo

Tercera mayoría absoluta de Pujol. En las elecciones autonómicas del día 15, Jordi Pujol (CiU) obtiene su tercera mayoría absoluta consecutiva en Cataluña. El mes comienza con la independencia de Bosnia Herzegovina y concluye con el reencuentro de la Corona española y el pueblo judío 500 años después de su expulsión. La cúpula de ETA cae en Bidart.

Abril

Estallido racial en Los Angeles. El mes en que se inaugura la Expo de Sevilla y el AVE realiza su primer viaje, en Los Angeles (EEUU) se produce un estallido racial tras el veredicto de inocencia para cuatro policías blancos que apalearon a un hombre negro. El Ejército serbio bombardea Sarajevo

Efe

Koeman y Stoichkov, con la Copa.

Mayo

El Barça, campeón de Europa. Por primera vez en su historia, el Barcelona gana el día 20 la Copa de Europa. La Mafia asesina el día 23 al juez Falcone. Huelga general de 4 horas (día 27).

Junio

Dinamarca: no a Maastricht. El día 2, en referéndum, Dinamarca rechaza el Tratado de Maastricht. Integristas argelinos asesinan el día 29 al presidente Budiaf.

Julio

Barcelona inicia los Juegos. El Rey inaugura el día 25 en Barcelona los que serían considerados "mejores Juegos Olímpicos de la Historia". El mes comenzó con la muerte de Camarón de la Isla, siguió con el asesinato el día 19 del juez Bosellino y concluyó con la II Cumbre Iberoamericana, que se celebró en Madrid.

Bourg / Liaison

Bill Clinton y su esposa Hillary celebran la victoria demócrata.

Agosto

Matanza del mercado de Sarajevo. Conmoción mundial con la matanza del mercado de Sarajevo el día 20. Primera reforma de la Constitución. Muere Francisco Fernández Ordóñez el día 7.

Septiembre

Tormenta monetaria. Los bancos centrales europeos intervienen el día 15 para evitar el colapso de la lira, la libra y la peseta, que se devalúa un 5%. La retirada de la inversión extranjera hunde la Bolsa y el mercado de la deuda pública.

Octubre

Masacres en Amsterdam y Sao Paulo. El choque de un avión israelí contra un edificio en Amsterdam causa cien muertos. El día 5, una jornada después, se contabilizan más de 300 muertos al sofocar a tiros la Policía Militar un motín en la cárcel de Sao Paulo. Se abre al público la colección Thyssen.

Noviembre

Clinton llega al poder. El día 3, Bill Clinton gana las elecciones en EEUU. La Iglesia anglicana aprueba la ordenación de mujeres. La peseta se devalúa un 6%. Detenido un guardia civil como presunto asesino de la dominicana Lucrecia Pérez.

Diciembre

Catástrofe ecológica. El petrolero "Mar Egeo" derrama 80.000 toneladas de crudo al encallar frente a La Coruña. KIO causa la mayor suspensión de pagos de España. Desembarcan en Somalia las tropas estadounidenses.

Xurxo S. Lobato

Nube de humo sobre la costa coruñesa.

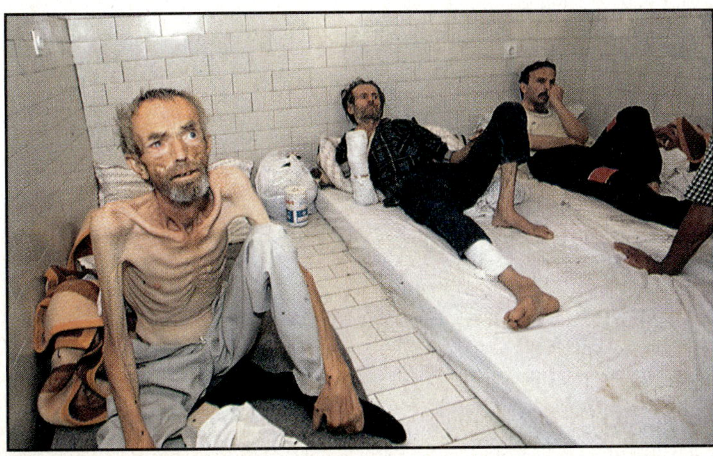
Patrick Robert/Sygma

Dramática imagen de un campo de concentración en Bosnia.

Las "bodas del año" se ponen de moda

La infanta Elena y Jaime Marichalar; Rocío Jurado y Ortega Cano, y Chabeli Iglesias y Ricardo Bofill: enlaces sonados

Jaime Peñafiel

Al tiempo, le pido tiempo y el tiempo, tiempo me da, pero al mismo tiempo me dice que esta historia de la jet en democracia tiene que terminar. ¡Aún queda tanto por contar! Vamos a intentar resumir aquí lo que ha ocurrido, socialmente hablando, en la primera mitad de la década de los noventa. No en el mundo sino en este patio de vecindad que se llama España.

Si la muerte de **Franco** no cambió sus vidas, los veinte años de democracia, tampoco. Sólo que este colectivo de parásitos se vio incrementado con la llegada de los hijos de aquellos padres que nos sorprendieron tanto y que dejaron a sus progenitores en mantillas cuando no con el culo al aire.

Un "ejemplar" de esta década se llama **Chabeli Iglesias**, un auténtico vademécum de lo que no debe haber en la vida de una jovencita por mucho que ésta sea hija de padres famosos como los suyos.

A pesar de la corta edad de la muchacha, en sólo unos años no es que lograra superar a su mamá, sino que en su vida ha habido de todo: presuntos novietes o amantes por un tubo (**Antonio Garrigues**, **Pablo Hohenlohe**, **Carlos Echevarría**, **Carlos González**, **Fhadi Mudarras**, **Pedro Pinto Coello**, **Ramsés Trujillo**, **Eugenio Leal**, **Mathias Bonder** y **Ricardo Bofill**); boda y divorcio. ¿Se puede pedir más?

KEYSTONE-NEMES

Chabeli Iglesias y Ricardo Bofill, en el centro, posan junto a sus padres.

EFE

Ortega Cano coloca la alianza a Rocío Jurado.

La boda de este retoño de **Julito** con Bofilito fue una de esas llamadas "del año" que es, más o menos, lo que duró el matrimonio; una boda a la que los novios pusieron precio, con el consentimiento de doña **Isabel**, que en esto de vender es una experta, y también de don Julio, que nunca debía haber permitido que en un bodorrio en el que él era el padrino no se tuviera que pasar por taquilla. Por este hecho y otros, su amigo **Luis María Anson** le fustigó desde el *Abc*, castigándole a no aparecer y, cuando lo hacía, era para criticarle. Con razón.

Otra boda, esperada pero discreta, fue la de don **Camilo José Cela** y **Marina Castaño**.

Marta Chávarri ve, por fin, cumplidos sus deseos, desposándose con el multimillonario de sus sueños, **Alberto Cortina**. Aunque la boda se celebra casi de tapadillo en el Ayuntamiento del pueblo del que depende la finca de Las Cuevas, lo importante era firmar los papeles, tan necesarios, luego, para el divorcio que, como el de Chabeli, también se produce; boda y separación en estos primeros cinco años de la década de los noventa. ¡Menudo negocio!

LA FOLCLÓRICA Y EL TORERO. **Norma Duval** es otra famosa que se casa en estos noventa y lo hace en el extranjero como tantas otras famosas. En este caso, con su **Marco**.

En el mes de febrero de 1995, la historia de la eterna España de la pandereta se repite. Una folclórica y un torero, cuyos antecedentes fueron doña **Concha Piquer** e **Isabel Pantoja**, contraen matrimonio. Ella es **Rocío Jurado**, que lo hace con **José Ortega Cano**, su Pepe, en esa finca de cursi nombre, tan cursi como "Yerbabuena". Hubiera sido también la boda del año, si un mes más tarde, exactamente el 18 de marzo de 1995, no se hubiera casado una Infanta de España, **Elena**. Quedó plenamente demostrado que una boda real le gusta incluso al pueblo sencillo, soberano y republicano.

Sevilla fue, ese día, la capital de España. Y, desde la aristocracia presente al marujerío televidente, todos se sintieron invitados a la boda de la primera hija de nuestros **Reyes** con el soso y tímido **Jaime Marichalar**.

Se trataba de un novio al que la novia, de forma temperamentalmente cabreada, tuvo que pedirle le subiera el velo aunque no fuera para darle el beso. Los sordomudos televidentes supieron lo que la Infanta le gritó. El resto, lo intuyó: "¡Coño, súbeme el velo!".

Y, ¡cómo no!, **Gonzalito de Borbón**, el primito real, omnipresente en todos estos años de democracia, vuelve a casarse. La cuarta "víctima" se llama **Emmanuela Protolongo**.

TRAGEDIAS FAMILIARES EN LA CASA REAL. Mi abuela decía que boda y mortaja, del cielo bajan. En esta primera mitad de los noventa, varias e importantes personalidades se fueron, dejando, algunos de ellas, un vacío difícil de llenar.

La Casa Real se vio sacudida por dos tragedias familiares. La primera de ellas sobrevino con la muerte, tras una larga lucha contra el cáncer, del **duque de Badajoz**, el marido de la **infanta Pilar**, el hijo político de un ya muy enfermo **Conde de Barcelona**, el cuñado de Su Majestad. Tenía 61 años y cinco hijos.

Pero la más dolorosa de todas las muertes, a pesar de ser una muerte anunciada y esperada, fue la de Don Juan, una muerte que irá siempre unida a las lágrimas de doña Sofía. También a las de Su Majestad. Nunca, jamás, unas lágrimas han conmovido tanto a un pueblo como aquéllas derramadas en el Monasterio de El Escorial cuando el cadáver de Don Juan desaparecía a hombros de la comunidad de los agustinos camino del pudridero. Yo diría que media España lloró aquel día a causa de estas lágrimas del Rey y de la Reina. Las de doña Sofía, cuando se dio permiso; las de don Juan Carlos, cuando, sencillamente, ya no pudo más.

EFE

Los duques de Lugo, en la catedral de Sevilla.

Aunque las muertes esperadas no tienen por qué afligir menos, cuando no se esperan y, además, ni tan siquiera se tiene edad para morir, debe ser como para volverse loco. Por muy del Opus Dei que se pueda ser. Me refiero al brutal accidente de carretera en el que pierden la vida cuando van en busca de su abuelo en Los Alburejos nada menos que cuatro nietas, cuatro, de ese gran caballero jerezano que es don **Alvaro Domecq**: **Patricia**, 11 años; **Esperanza**, 12; **Valvanera**, 15, y **María José**, 21. También la profesora de las muchachas, **Manuela Puerto Gallardo**, de 25 años.

Conmoción popular y populachera causó la muerte de **Lola Flores** el 16 de mayo de 1995. Y esta España profunda que llora la desaparición de "La Faraona" llega al paroxismo más cutre y blasfemo (blasfemo por parte de **Lolita**) cuando, quince días después, aparece muerto, por sobredosis de droga, **Antonio**, el hijo cantante de Lola y **Antonio "El Pescaílla"**.

Marbella pierde en este 1995 a uno de sus miembros más representativos y señor: don **Jaime de Mora y Aragón**.

Y **Anabel Segura**, la bonita joven de La Moraleja, de Madrid, cuyo brutal asesinato puso de manifiesto la solidaridad que despierta, siempre, la tragedia de los ricos. Incluso entre los pobres. Cosas de la vida.

CUANDO LLORAN LOS RICOS. El personal acepta que los ricos también lloren. Pero lo que no se creían es que iba a existir un juez capaz de meterlos en la cárcel. Meter en la cárcel a **Mario Conde**, a **Javier de la Rosa**, a **Mariano Rubio** y a **Manuel de la Concha**, entre otros. No porque fueran ricos sino por sinvergüenzas, que formaban una panda de presuntos ladrones que consiguen blindar sus propiedades y todo lo que, presuntamente, han robado, traspasándolo a las esposas, presuntas cooperadoras necesarias para el delito y declarándose, los muy caras, insolventes.

En el 92, Su Majestad sufriría, el 28 de diciembre, día de los Inocentes, un grave accidente. Uno más, cuando esquiaba en Baqueira Beret, "al chocar contra un esquiador desconocido", como se publicó. Desconocido y fantasma porque este esquiador nunca existió. ¿Fue una inocentada real?

En la clínica de Puerta de Hierro de Madrid "celebró" su cumpleaños. Y, ese día, hasta el lecho del dolor, llegó su esposa, la reina doña Sofía, llevando, entre sus manos, una tarta.

Y esta década de los 90 pasará también a la pequeña o gran historia de este país de la pandereta como la de la Expo 92 y los Juegos Olímpicos de Barcelona. Ambas, pero, sobre todo, la primera, hipotecaron al país y llenaron de "pellones" los bolsillos de sus organizadores.

De la Olimpiada quedan las medallas de oro. De Sevilla, el AVE, que siendo una obra genial, es también símbolo de la corrupción que en los 90 dejó España como un solar.

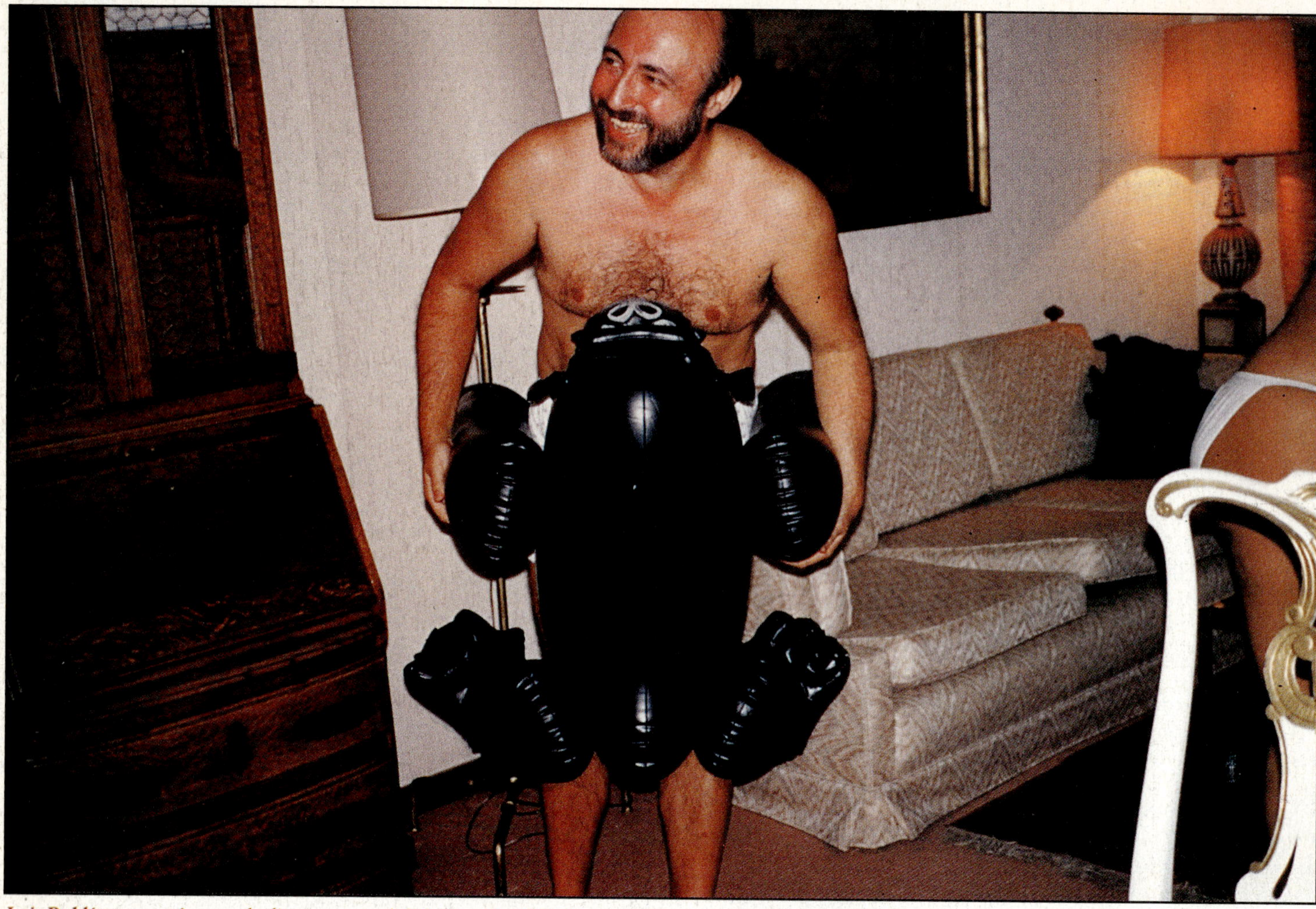

FOTO CEDIDA POR INTERVIÚ

Luis Roldán, en sus tiempos de director general de la Guardia Civil, fue retratado así en el curso de una fiesta cutre. La foto conmocionó a la sociedad española.

Roldán, en calzones

José Luis Martín Prieto

El patito es realmente lo de menos. Precisamente en una sociedad regida por los socialistas aspirábamos a entrañarnos en la ética, particularmente en la económica, y hasta dábamos al traste con ciertos comportamientos sociales -siempre y cuando fueran privados- de los jerifaltes políticos.

Aun haciéndose público estimo que a muchos no nos molesta contemplar al director de la Guardia Civil en calzoncillos de topitos, amarrado a un pato de goma y en un sarao de señoras en bragas. Siempre que sea con su dinero y en su casa o en la de sus amigos, como si se le da por machacársela, que cada uno es dueño de sí mismo.

Hasta Edgar J. Hoover, todopoderoso director del FBI, se dejó fotografiar con ropas de mujer, siendo el sodomita pasivo de su subdirector.

Luis Roldán es un epifenómeno de lo que fue una cultura socialista tan llena de palabras rimbombantes como falta de seriedad personal. Roldán es tan pícaro como chivo expiatorio. De miembros de la Ejecutiva del PSOE sabemos lo mismo, pero siendo más astutos no se dejaron sacar fotos, aunque recibían, y lo siguen haciendo, en bata de cola y maquillados hasta el exceso.

No interesan los calzones de Roldán, lo que importa es dónde está el dinero y por qué se lo protegen.

PRÓXIMO CAPÍTULO: LA TRANSICIÓN SEGÚN ANGUITA

EL LÍDER DE IU DISCREPA DEL REY, DE SUÁREZ, DE CARRILLO... EL ÉXITO DE ESCÁNDALO DE MARIO CONDE. LA SER ACABA CON ANTENA3. LAS ESCUCHAS DEL CESID. **ESCRIBEN:** FRANCISCO FRECHOSO, PASCUAL GARCÍA, JOAQUÍN MADINA, JOSÉ LUIS LOBO, GABRIEL ALBIAC.

1975-1995. Veinte años de nuestra vida

• HISTORIA DE LA DEMOCRACIA •

{CAPÍTULO 47}

Julio Anguita se recuperó de un infarto que sufrió en la campaña electoral de 1993. Sostiene que el futuro de la izquierda pasa por "debatir qué sociedad queremos".

LA TRANSICIÓN SEGÚN ANGUITA

Entrenado en marchar contra corriente, el líder del Partido Comunista y de Izquierda Unida expone una versión sobre la Transición a la democracia que discrepa de la generalmente admitida. Además de ser especialmente crítico con el papel desempeñado por el PCE, al que acusa de cometer un "fallo garrafal" al asumir los Pactos de La Moncloa, afirma que los protagonistas del cambio -el Rey, Suárez, Carrillo...- actuaron con improvisación. Anguita se define como "un hereje, que es lo que he sido toda mi vida, un hereje a fuerza de ser ortodoxo".

Las enmiendas de Julio Anguita a la Transición

Crítico con el Partido Comunista, también dice que los protagonistas de la reforma política improvisaron

Vivió la Transición como "Califa rojo" en la alcaldía de Córdoba. Desde allí presenció la vertiginosa historia del país, que arrastró a su partido a la debacle, y allí cayó en la cuenta de que era necesario trascender el PCE para seguir aspirando a la utopía. Ese distanciamiento le permite ahora hacer una crítica muy sincera.

Francisco Frechoso / Pascual García

Pregunta.- En los estertores del franquismo, el PCE defiende la fórmula de la "ruptura democrática" para transitar de la dictadura a la democracia. Pero, tras la muerte de Franco y con Carrillo en España, la dirección del partido flexibiliza su postura. Acepta la bandera bicolor, asume la Monarquía y, finalmente, se integra en el proceso reformista pilotado por Adolfo Suárez. Este cambio de estrategia y, en general, el papel realizado por los comunistas en los albores de la Transición ha sido mayoritariamente alabado, a pesar de que en los últimos congresos del PCE se haya realizado una feroz autocrítica de ese periodo. ¿Cómo lo valora usted?

Respuesta.- Yo he llegado a pensar que se tenía que haber sido más duro, más firme, pero he reflexionado mucho y ahora estoy convencido de que en aquel momento se demostraron varias cosas: que no había un gran movimiento de masas en el país, y a fe que el PCE lo intentó: digo más, fue el único que lo intentó; que la izquierda era débil, y dentro de esa debilidad la única fuerte era la que representaba el PCE; que otras formaciones políticas, con un discurso a veces más radical, asumieron el proceso de reforma; que la recuperación de las libertades era el problema prioritario y, por último, que aquel régimen y quienes lo mantuvieron encontraron la fórmula de salvar lo más importante, accediendo a tirar las formas pero salvando la hegemonía económica, la hegemonía política y la hegemonía ideológica. Ante esta tesitura, una dirección tiene que tomar decisiones y, aunque a mí no me terminen de gustar, reconozco que quizás no había otra salida.

Efectivamente, es una página de la historia del PCE que ha sido muy alabada, pero ha sido alabada por los otros. Reconozco la prudencia, la ductilidad, la inteligencia, pero a una parte de mi ➛

FERNANDO QUINTELA

Julio Anguita, sorprendido fumando en un descanso de la III Asamblea de Izquierda Unida, celebrada en Madrid el 22 de mayo de 1992.

alma no le gusta. Sé que, tal vez, es una explicación esquizoide, pero no sé explicarlo de otra manera.

P.- En el plano político, el PCE se integró en la reforma; en el socioeconómico, asumió los Pactos de La Moncloa. ¿Considera un acierto del partido la firma de estos acuerdos?

R.- Hubo un fallo garrafal. Ahí sí que soy inmisericorde porque, si bien no tengo nada en contra de los pactos, sí tengo mucho en contra de quienes, cuando se demostró que no se cumplían, no lanzaron a la gente a la calle. La dirección del partido tuvo que haber llamado a la movilización. No hacerlo fue un tremendo fallo. Ahí, sin apelación, soy tremendamente crítico.

"El Rey era consciente de que había sido impuesto por Franco. Juan Carlos ha sido un rey ilegítimo hasta que ha habido una Constitución"

P.- Usted ha subrayado antes algo que está admitido por todos los estudiosos de esa etapa, que el PCE era la fuerza mejor articulada política y socialmente y la más implantada de todas cuantas se disputaban entonces el espacio de la izquierda. Sin embargo, el 15 de junio de 1977, en las primeras elecciones generales de la democracia, los ciudadanos elevaron al PSOE al rango de fuerza hegemónica y relegaron al PCE al de minoría, con un 9,2% de los votos y 20 escaños. ¿Cómo explica esta aparente paradoja?

R.- El PCE era la fuerza más articulada, pero articulaba una minoría. Es cierto que fue una minoría que luchó con inteligencia y con mucho valor y que tuvo mucha gente en las cárceles y muchos muertos. Una minoría a la que magnificó la dictadura al situarla como única adversaria. Recuerdo siempre, cuando se plantea este asunto, las palabras de un compañero mío: "En este país -decía-, los comunistas, a cambio de horas y horas de lucha y de trabajo en las asociaciones de vecinos, conseguíamos sacar a la calle a mil o dos mil personas para pedir amnistía y libertad". Otra de las causas de que ni siquiera se llegara al 10% fue que aquí no se produjo el corte que tenía que haberse producido, y por eso ganaron las elecciones los restos del franquismo, los vencedores de la Guerra Civil, quienes, además, en una actitud muy hipócrita, utilizaron la propaganda para desacreditar a otros protagonistas de esa contienda como Dolores Ibarruri o Santiago Carrillo.

También se llevó a cabo una estrategia equivocada, como fue la de estar en las instituciones con fuerza y creer que con la unión de socialistas y comunistas cambiábamos el mundo y España. Aquel lema electoral de "Juntos podemos" fue un desastre.

EUROPA PRESS

Gerardo Iglesias abraza a Anguita al sucederle en la secretaría general del PCE en 1988.

Y hubo otro fallo. Se quiso estar en el casino, codeándose con los señores. El partido creyó que el "status" lo legitimaba y el "status" no tenía que legitimarnos. Era al revés. En aquella época, muchos luchadores comunistas tenían que legitimar a los otros.

Por si fuera poco, mucha gente se fue; unos, porque no encontraban democracia en el partido, pero la mayoría se marchó porque no era comunista, y no lo digo como acusación. Simplemente, no eran comunistas. Eran demócratas que habían encontrado en el PCE un banderín de enganche, pero cuando tuvieron aquella democracia, el partido dejó de servirles como instrumento.

P.- Lo cierto es que, desde entonces, ni el PCE ni, posteriormente, IU han superado esa barrera del 10% en elecciones generales.

R.- Es que entonces se cometió un error del que aún hoy no hemos tomado nota. Hay que empezar a asumir que éste no es un país de izquierdas y que lo nuestro es a más largo plazo. Este era y es un país, como mucho, de centro-izquierda, y nuestro combate es el de las ideas; un combate lento, de hormiguita, de organizar... Eso tuvo que haberlo asumido entonces el partido y debemos asumirlo hoy.

P.- ¿Santiago Carrillo es el principal responsable de todos aquellos errores?

R.- No. Fueron errores de la dirección. Yo no soy sospechoso de ser carrillista, ¿verdad? Bueno, pues si hay algo que me saca de quicio es la actitud de aquéllos que aplauden y después dejan solo al dirigente caído en desgracia. Me parecen unos auténticos miserables. Carrillo proponía, pero la gente votaba lo que él proponía.

P.- El propio Carrillo y otros dirigentes del PCE de la época argumentan para justificar los exiguos resultados electorales que la presión ejercida por la cúpula militar resultó asfixiante para el partido y para los votantes.

R.- Lo que puedo decir, queriendo ser muy sincero, es que, afortunada o desgraciadamente, el secretario general de entonces no era yo, porque yo, en la relación con los sables que se mueven, no concibo nada más que al poder civil dándoles órdenes y poniéndoles firmes. Así que, a Dios gracias o al demonio gracias, yo no era el secretario general del PCE. Ante el ruido de sables, ¡firmes hasta que yo no ordene descanso!

Efectivamente, la presión militar se ha utilizado siempre como excusa, y yo, por primera vez en mi vida, he hecho el comentario que he hecho, y no es que yo sea un supremo ejemplo de valor; es que si hay un problema de dignidad y de futuro no hay ruido de sables que valga; pase lo que pase, que no pasa nada además, porque soy hijo de militar y me conozco esto.

P.- Ese ruido de sables que comenzó a escucharse al inicio de la Transición se materializó en asonada el 23 de febrero de 1981. Aquel día, usted está en su despacho del Ayuntamiento de Córdoba, y cuando se entera de la noticia saca una pistola, la coloca sobre la mesa y espera acontecimientos. Eso refleja una actitud personal, pero no parece que en ese momento se sintiera capaz de llevar a la práctica su teoría de convocar a la sociedad civil para hacer frente al poder militar.

R.- Todo lo contrario. La primera decisión que tomé fue ponerme en contacto con los cuatro portavoces de los grupos municipales para convocar un Pleno al día siguiente. Si no se convocó el mismo día fue porque, reglamentariamente, era imposible. A partir de ese momento me quedé solo en el Ayuntamiento y, entonces, llegó un coche con unos policías que tenían fama de "fachas". Teóricamente, estaban allí para defenderme, y era verdad, pero yo tenía la evidencia contraria, así que hice el último gesto que le queda a un ser humano, en este caso, además, alcalde de Córdoba: sentarme en el sillón y decir "bueno, pues aquí hay que morir como hay que morir". Yo tenía clara una cosa: las chulerías fascistas no se pueden permitir. Porque si entra el Ejército, uno se entrega y, si muere, muere en un campo de concentración, pero con éstos otros, no, con éstos la cosa está clara. Así que, como tenía ocho balas en la pistola y otro cargador lleno, me dije: "Veinte tiritos, pues... ¿cuántos muertitos?". Esto es dramáticamente así de simple.

P.- Antes ha hecho usted una referencia a la sangría que se produjo en el partido durante la Transición. Unos se fueron -ha explicado- porque no eran comunistas; otros, los llamados "renovadores", por el déficit de democracia que entonces tenía el PCE, pero no podemos olvidar otra gran escisión, la protagonizada por los "prosoviéticos", que dejó al partido herido de muerte y abocado a la debacle que se produjo en las elecciones legislativas del 28 de octubre de 1982.

R.- Sí, pero el error, para mí, comienza a fraguarse mucho antes. Yo diría que en la Conferencia de Roma y después, en el IX Congreso, aquél en el que se abandona el leninismo. Pero es cierto que se manifestó brutalmente en el X Congreso, celebrado en el cine Quevedo de Madrid, en julio del 81. Entonces, algunos, y yo entre ellos, defendimos las corrientes de opinión y pedimos a Carrillo -ignorantes de nosotros- que encabezara la renovación. Pero Carrillo nos metió en el mismo saco que a los renovadores de Madrid, nos marginó y tuvo que apoyarse en la base más intransigente, más ortodoxa. A partir de ahí, ese sector en el que se apoya Carrillo va larvando una crisis, ayudado por la Unión Soviética. Personajes ilustres de la Embajada de la URSS en Madrid, que no voy a citar porque están todavía presentes, fueron los grandes urdidores del cisma. La Embajada de la URSS en Madrid hizo mucho daño. El PCUS, el partido hermano, y digo hermano entre comillas, fue un hermano como Caín. Facilitó esa escisión.

P.- Nos gustaría que valorara ➳

"Personajes ilustres de la Embajada de la URSS en Madrid urdieron el cisma prosoviético. El PCUS fue un hermano como Caín"

BEGOÑA RIVAS

EFE

Anguita tuvo de que dejar la campaña electoral de 1993 al sufrir un infarto. Arriba, el día que recibió a EL MUNDO casi un mes después de la dolencia, el 24 de junio.

el papel de algunos protagonistas políticos de la Transición y, particularmente, el del Rey, con quien, por cierto, usted tuvo en aquellos años un pequeño conflicto.

R.- Pequeño, no; fue un gran conflicto. Le pedimos que viniera a Córdoba a inaugurar el edificio del nuevo Ayuntamiento y se negó. Pero, a los pocos días, aceptó la invitación de la Iglesia católica, apostólica y romana para abrir los actos del milenario de la Mezquita. La Casa Real me lo comunicó y yo volví a pedirle que inaugurara el Ayuntamiento. Otra vez dijo que no. Respuesta de este alcalde: "Cuando venga el Rey, lo dejo solo en mitad de la calle", y a fe que lo hubiera hecho. Y claro, el Rey no fue. El Ayuntamiento lo inauguraron un niño y una niña en representación del pueblo de Córdoba.

P.- ¿Aquel episodio ha influido en sus posteriores relaciones con el Rey?

R.- No, mis relaciones con el Rey son ahora muy buenas, muy cordiales. Quizás las personas saben agradecer cuando alguien se enfrenta a ellas con motivo.

P.- La pregunta era sobre la importancia del papel realizado por el Monarca durante la Transición.

R.- Pongamos la quinta parte de la que se le atribuye. Aquí ha habido un intento de manipulación, aunque no ha sido el más grave, porque con la figura de don Juan, su padre, se ha producido una auténtica falsificación de la Historia. Parece que don Juan hubiera parido la Revolución Francesa y, que yo sepa, se ofreció a Franco para pelear en la Guerra Civil. Franco dijo que no. Y, bueno, don Juan tiene un granito, y no de los grandes, en la aportación a la democracia. Después hay otras personas y un partido, el PCE, que está entre los primeros, para ser modesto. El Rey, como Suárez y todos los demás, incluidos Carrillo, González..., improvisaron.

P.- Improvisaron bien, ¿no?

R.- Sí, pero eso de que el proceso estaba en el diseño del Rey o de otros no me lo creo y, además, es mentira. Lo que pasa es que el Rey sabía que era un rey impuesto por Franco y, por tanto, era un rey ilegítimo. Juan Carlos ha sido un rey ilegítimo hasta que ha habido una Constitución.

P.- El final de la Transición marca también el fin de una etapa en la historia de los comunistas españoles. Incluso antes de la debacle del PCE, en el 82, usted elaboró un proyecto que trascendía los márgenes del partido y que dio lugar a Convocatoria por Andalucía, embrión de Izquierda Unida. ¿Julio Anguita era entonces consciente de que el PCE había quedado inservible como instrumento político?

R.- Me di cuenta de que el PCE ya no podía ser el motor y la vanguardia de un proyecto político de futuro, y lo puse por escrito en lo que yo llamo "Documento cero". Eso me valió ser considerado un hereje, que es lo que he sido toda mi vida, un hereje a fuerza de ser ortodoxo. Pero, en ese documento, aparte de esa idea y de la convocatoria a la elaboración colectiva, lo demás era "partido, partido, partido". Eso ya no es. Hoy es todo IU. Hoy ya no puede ser el PCE el que lleva el peso específico, ni aunque sea mayoritario, porque en el PCE hay visiones distintas. La prueba está en que todas las crisis que ha sufrido IU han venido de la mano de militantes o ex militantes del PCE. Los comunistas hemos llevado a IU, además de nuestro esfuerzo y nuestras ideas, nuestros problemas.

JULIO PALOMAR

Anguita y González intercambian impresiones en el Congreso en 1993.

CARLOS MIRALLES

Aznar y Anguita aparecen sonrientes cuando ambos eran la oposición de González (4-VI-1992).

P.- El emblemático secretario general del PCE de aquellos años, Santiago Carrillo, que terminó abandonando el partido y recomendando a sus partidarios el ingreso en el PSOE, teoriza diciendo que la única "solución" para la izquierda es "la unidad de comunistas y socialistas".

R.- Esas son las frases papales de Carrillo. ¡Qué gran esfuerzo teórico! Que la izquierda se una... Pues vaya, ¿qué quiere decir que la izquierda se una? ¿En una lista, con un programa, en la movilización? ¿Con qué objetivos? ¿Qué sociedad alternativa defiende? Casi nada. ¡Pobre Carrillo! Y digo pobre porque es una pena que una persona que ha sido tanto acabe como está acabando.

P.- Y para usted, ¿por dónde pasa el futuro de la izquierda?

R.- El futuro de la izquierda pasa por debatir qué sociedad queremos, qué dificultades existen para hacerla, cómo nos reconocemos como distintos, porque ¿qué es unirse la izquierda?, ¿qué se quiere decir con eso?

P.- Pues quizás lo que plantea Felipe González: la elaboración de un proyecto alternativo conjunto al Gobierno de la derecha.

R.- ¡Ah!, pero eso habrá que hacerlo en un programa fundamentado en unos valores. Pues en eso estamos.

Mario Conde, un éxito de escándalo

Auge y caída en picado del ex presidente de Banesto

En la década de los ochenta deslumbró a los españoles como prototipo de hombre de éxito. Alcanzó la presidencia de Banesto, pero en diciembre de 1994 dio con sus huesos en la cárcel. Es la atribulada historia de Mario Conde.

Joaquín Madina

La satanización que ha sufrido Mario Conde en los últimos años impide observar con objetividad al personaje. La caída a los infiernos de quien fue el más brillante financiero de los años ochenta, arrastrando consigo una perversión de conjuras políticas, económicas y sociales, causa una absoluta perplejidad en el observador de a pie.

¿Ha sido Mario Conde alguna vez un filántropo? ¿Ha sido alguna vez un salteador de caminos? La irrupción de Mario Conde en la vida económica y política española fue uno de los éxitos de escándalo más notables de los últimos años.

Nacido en Tuy (Pontevedra) el 14 de septiembre de 1948, es hijo de un funcionario del cuerpo de Aduanas que se hizo notar, desde muy joven, por su excelente expediente académico.

En junio de 1973 sacó las oposiciones de abogado del Estado con una de las tres mejores notas de la Historia, al mismo nivel que el luego cardenal Herrera Oria y el prestigioso hacendista José Larraz. Apenas tres meses después fue destinado a Toledo, antes de trasladarse definitivamente a Madrid un año más tarde e ingresar en la Dirección General de lo Contencioso del Estado, como jefe de su Servicio de Estudios.

En 1975, Juan Abelló, hijo del propietario de los laboratorios de su mismo nombre, conoció a Conde y le contrató como director general adjunto, con un sueldo de 4,5 millones de pesetas al año.

Fue un buen fichaje, como lo demuestra el hecho de que se incrementase sustanciosamente la cifra de negocio de la compañía, lo que provocó el interés de la multinacional Merck Sharp & Dome, que en 1979 presentó una primera oferta de compra que no cuajó. Las negociaciones se a reiniciaron más tarde y el cierre de la operación tuvo lugar el 29 de septiembre de 1983, por 2.700 millones de pesetas (o por 4.300, según algunos laboratorios de la competencia).

> **Sacó las oposiciones de abogado del Estado con una de las tres mejores notas de la Historia, al mismo nivel que Herrera Oria y José Larraz**

Para esta fecha, Conde había abandonado sus cargos ejecutivos en Abelló y había abierto despacho de abogado con Enrique Lasarte (compañero de estudios de Deusto), al que se incorporó posteriormente Arturo Romaní, otro abogado del Estado. Sin embargo, continuaba como miembro del consejo de administación y, de hecho, fue uno de los puntales de las negociaciones felizmente resueltas con la multinacional farmacéutica.

300 millones para Conde. La operación fue muy buena, pero hubiera podido ser mejor -a juicio de Juan Abelló-, si durante las negociaciones no hubiera estallado el escándalo del Frenadol -presuntas irregularidades en la composición y venta de este antigripal-, uno de sus productos estrella, que dañó el precio final de la compraventa. Con todo, Juan Abelló se llevó el 60% de la cifra convenida y Mario Conde recibió 300 millones por el pago de sus servicios.

Con este dinero, Conde y Abelló diseñaron la estrategia de toma de control de Antibiotóticos, S.A., creada en 1948, compañía farmacéutica en la que el propio Abelló ocupaba la vicepresidencia, como representante del 23% del capital. Otro 23% pertenecía al presidente de Zeltia (y de Antibióticos), Arcadio Arienza y otro 23% a Ibys. El resto del paquete accionarial estaba en manos de Leti (Laboratorio Experimental de Técnicas Inmunológicas), con un 17%, y de las hijas de Jacinto Mejías, con un 14%.

En noviembre de 1983, Mario

Conde fue nombrado consejero delegado en un intento de mejorar la gestión de la empresa. Un año después, en diciembre de 1984, Conde y Abelló adquirieron la participación de las herederas de Mejías, que se repartieron a partes iguales: un 7% para cada uno. Con este paso, el grupo controlado por Abelló pasaba a disponer del 37% del capital. Posteriormente, el 29 de diciembre compraron la parte correspondiente a Ibys -con un crédito de 4.000 millones de Bankinter- y se hicieron con la mayoría del capital.

Con la venta de Antibióticos a Montedison, Abelló se embolsó 26.800 millones por su 46%, y Mario Conde cobró 14.500 millones por su 25%

Zeltia y Leti intentaron defenderse del asedio en los primeros días de enero de 1985, pero finalmente sucumbieron. A finales de febrero, Conde y Abelló controlaban el 100% de Antibióticos, incluyendo alguna participación de Bankinter.

La buena racha podía haber terminado en este punto, pero el éxito siguió soplando a su favor. Al poco de llegar a Antibióticos, el supergrupo italiano Montedison mostró su interés por hacerse con la compañía, después de que hubiera fracasado su intento de compra del grupo sueco Fermenta.

Conde y Abelló estaban de enhorabuena y así, después de algunos movimientos con freno y marcha atrás, la venta se firmó el 18 de abril de 1987. En esta operación se formularon algunas acusaciones de compra de favores (a Craxi) y de comisiones (al PSOE), pero lo que importa para esta historia es que Juan Abelló se embolsó -visto y no visto- 26.800 millones por su 46% y Mario Conde cobró 14.500 millones por su 25%. Un "pelotazo" extraordinario, que justificó la famosa afirmación del ministro de Economía, Carlos Solchaga, de que España era el país idóneo para hacerse más rico en el menor tiempo posible.

Y entonces se cruzó en el camino el Banco Español de Crédito (Banesto), que atravesaba una época de notoria debilidad a raíz de su propio estancamiento (falta de modernización) y de algunos errores mayúsculos como las operaciones con los bancos Coca, Madrid y Garriga Nogués, cuyo coste se estimó en 250.000 millones de pesetas.

Antes de Banesto, en 1983, Conde y Abelló habían puesto sus ojos en el Banco Hispano Americano, pero las conversaciones no llegaron a buen puerto. Ahora, en abril de 1987, Pablo Garnica junior, hijo del presidente de Banesto, almorzó con Abelló y sondeó la posibilidad de que los dos jóvenes multimillonarios invirtieran sus 45.000 millones en el banco, con lo que les correspondería el 10% del capital. A Pablo Garnica senior no le gustó esta conversación.

El golpe de suerte vino de la mano de un huracán financiero que cambió el panorama de la banca española. A primera vista, el huracán era contrario a los intereses de Conde y Abelló, pero a la postre les arrastró a la cumbre. Las cosas sucedieron de la siguiente manera.

RAFAEL SAMANO/COVER

EUROPA PRESS

Cuando llegó a Banesto, Mario Conde pasó a ser condecorado y elogiado en numerosos foros (imagen de la izquierda). Arriba, sonriente junto al que fuera su socio Juan Abelló. Abajo, bromeando con Escámez y Yáñez.

EUROPA PRESS

Conde y Abelló entraron en Banesto en medio de una de las batallas bancarias más duras que se recuerdan (se recomienda leer *Asalto al poder*, de Jesús Cacho, para conocer todas las claves) y fueron nombrados vicepresidentes al mismo tiempo que Pablo Garnica anunció su decisión de dimitir el día 16 de diciembre (a dos meses vista), fecha a partir de la cual el ex gobernador del Banco de España, José María López de Letona, sería nombrado presidente de Banesto.

Sin embargo, el 16 de diciembre nunca llegó en los términos establecidos. Un mes antes, el 19 de noviembre de 1987, el Banco de Bilbao, presidido por José Angel Sánchez Asiaín, lanzó una OPA hostil contra Banesto, con una oferta de compra que finalmente no alcanzó su objetivo y que sirvió para conocer la "medida" de Mario Conde.

DERROTÓ A SUS PRINCIPALES ADVERSARIOS. Desde el 19 de noviembre hasta el 5 de diciembre, día en que se retiró oficialmente la OPA, Mario Conde derrotó a sus dos principales adversarios: a Sánchez Asiaín, que se retiró al Banco de Bilbao con más dignidad que prestigio, y a López de Letona, que nunca alcanzó la presidencia de Banesto sino que, muy a su pesar, le cedió el puesto.

Así, Mario Conde llegó a la presidencia del Banco Español de Crédito con apenas cuarenta años y se convirtió en el personaje económico de referencia de las nuevas generaciones de estudiantes. A los pocos meses rompió su relación con Juan Abelló por diferencia de criterios. Su imperio comprendía a Banesto, Agromán, Acerinox, Celulosas del Nervión, Asturiana de Zinc, La Unión y el Fénix y Sansón, entre otras empresas de primer orden, aunque muchas de ellas con graves problemas. En este momento, algunos analistas se atrevieron a pronosticarle por primera vez también un brillante futuro político, como posible cabeza rectora de la nueva derecha española o del centro-derecha.

Otras batallas financieras, como la intromisión de Javier de la Rosa en el abortado proyecto del Banco Central Banesto, se saldaron con el mismo éxito para Mario Conde.

A principios de 1988, cuando Conde

prometió un nuevo estilo de entender las finanzas, nadie podía imaginar que Banesto, el banco que se comprometía a modernizar, se convertiría a mediados de los noventa en su tumba económica, política y social.

Los ejercicios 1988, 1989, 1990, 1991 y 1992, en apariencia los de mayor éxito en la vida de Conde, reunieron, sin embargo, un cúmulo de supuestas irregularidades económicas que sus adversarios utilizaron políticamente contra él.

Casi de repente, el edificante doctor Jekyll se convirtió en el monstruoso señor Hyde.

GATXU/BERNARDO DÍAZ

El edificante doctor Jekyll se convirtió en el monstruoso señor Hyde. El rostro de Conde camino de la Audiencia es elocuente. El 28 de diciembre de 1993, con la intervención del Banco de España, habían acabado los días de éxito para el presidente de Banesto.

El auto de apertura del juicio oral de Banesto, dado a conocer por el juez Manuel García-Castellón el martes 29 de mayo de 1996, relacionaba una larga lista de presuntos fraudes, estafas y artificios contables cometidos por Mario Conde y otros siete acusados -Arturo Romaní, Enrique Lasarte, Rafael Pérez-Escolar, Fernando Garro, Eugenio Martínez, Juan Belloso y Ramiro Núñez- en un periodo de cinco años, entre su acceso a Banesto y el 28 de diciembre de 1993, día en que el Banco de España le destituyó de manera fulminante.

El auto le acusó de estafa, apropiación indebida y falsedad en documento mercantil, y le fijó una fianza solidaria (con los otros acusados) de 16.281 millones de pesetas, de los que más de 10.000 millones le correspondían a título personal.

Ingresó en prisión provisional el 23 de diciembre de 1994, acusado de estafa y apropiación indebida, y salió de ella el 30 de enero de 1995

¿Qué es lo que hizo Mario Conde para hacerse merecedor de esta acusación?

El juez recogió ocho presuntas operaciones irregulares relativas a: 1) retirada de caja de 300 millones de pesetas, que no restituyó; 2) estafa en operaciones de Data Transmision System y Gay Cordon, que le favorecieron económicamente; 3) delito continuado de estafa en el Grupo Dorna, del que se aprovecharon algunas de sus propias sociedades; 4) apropiación indebida en asunto de opciones de venta de Carburos Metálicos, por valor de 1.344 millones de pesetas; 5) delito continuado de estafa en adquisición de locales; 6) estafa en Isolux-Wat, por compraventa amañada; 7) estafa en Promociones Hoteleras, por beneficio personal en contra de los intereses de Banesto; y 8) artificios contables y falsedades.

El auto señalaba textualmente que estos artificios los cometieron "los acusados Mario Conde (...) en virtud de los cargos que desempeñaron en el banco o en la Corporación Industrial y Financiera de Banesto, teniendo pleno conocimiento de los mismos, y ello con la única finalidad de ocultar la verdadera situación patrimonial de la entidad, poniendo en conocimiento de los accionistas, autoridades bancarias, etcétera, una situación financiera que no era acorde con la realidad, es decir, una imagen mejorada de la situación de la sociedad mediante diversos hechos".

Los hechos objeto de delito eran: sobrevaloración de activos; no dotación de provisión para bienes o derechos de difícil realización o cobro; no dotación de provisiones para créditos o clientes; realización de transacciones con activos entre empresas del grupo para soslayar en lo posible el precio de adquisición y generar beneficios a nivel de cuentas individuales; existencia de pasivos ocultos; ocultación de pactos de recompra, etc., etc.

El monstruoso señor Hyde quedaba servido. Sin embargo, esta fría relación de los hechos (supuestos) no debe ocultar la existencia de otros hechos y otros intereses en el "caso Conde".

Durante sus años de poder, el presidente de Banesto se ganó la amistad y la enemistad de muchos personajes públicos, lo que explica también la "politización" de su auge y de su caída.

Así, por ejemplo, se acercó al círculo más íntimo del Rey, y mantuvo una relación de amistad con don Juan, el padre del monarca. A este respecto se llegó a escribir -con falsedad-, que Conde se había hecho cargo de sus facturas en la Clínica Universitaria de Navarra, donde falleció. Sus enemigos le acusaron de no haber desmentido este extremo, y de haber situado a José Fernando Almansa -uno de sus amigos de juventud- como jefe de la Casa del Rey.

Tampoco mereció la aprobación de "el sistema" (que él denunció con posterioridad en un libro tan polémico como aburrido) su acercamiento a El Vaticano, donde llegó a pronunciar un discurso en presencia de Juan Pablo II, y ello a pesar de su reconocida pertenencia a la masonería.

Asimismo, fueron mal vistos (y peor interpretados) sus repetidos enfrentamientos con el ministro de Economía y Hacienda, Carlos Solchaga, que provocaron un acercamiento al vicepresidente del Gobierno, Alfonso Guerra, con quien mantuvo una sucesiva relación de amor y odio.

Una caída sin red. Su disposición para saltar a la carrera política provocó tanto la reticencia del presidente del Gobierno, Felipe González, como la del jefe de la oposición, José María Aznar, lo que explica que nadie le sostuviera en el momento de su aparatosa caída.

Ni siquiera los banqueros le aceptaron con gusto en su entorno, ya que se trataba de un arribista ajeno al muy conservador sector bancario.

De modo que cuando el Banco de España destituyó a Conde el día de los Inocentes de 1993, los analistas entendieron que en esta decisión hubo tanto razones económicas (agujero de 600.000 millones de pesetas en Banesto) como políticas (arrinconamiento de un adversario) y sociales (castigo al "pelotazo"). Pese a ello, Conde se mantuvo como rival político aún durante unos meses, hasta que el juez Manuel García-Castellón ordenó su ingreso en prisión el 23 de diciembre de 1994 -acusado de estafa y apropiación indebida-, donde permaneció durante 39 días hasta el 30 de enero de 1995, fecha en la que abandonó Alcalá-Meco tras depositar 2.000 millones de pesetas de fianza. A la salida de la cárcel, Mario Conde era un candidato hundido. Desde entonces, su principal inquietud ha sido la de preparar su defensa jurídica y eludir un futuro ingreso en prisión más prolongado. Sin embargo, otras voces le han acusado también de actuar con deseo de venganza.

Tampoco mereció la aprobación de "el sistema" -que él denunció posteriormente en un libro tan polémico como aburrido- su acercamiento a El Vaticano

Gestos de preocupación, de orgullo, de espera, de sorpresa, de convencimiento... Mario Conde, ante las cámaras de Tele 5, se explayó en su defensa el 29 de noviembre de 1995.

JAVI MARTÍNEZ

En la cárcel, Conde coincidió con Julián Sancristóbal, director general de la Seguridad del Estado, y posteriormente recibió en su domicilio la visita del ex coronel del CESID Juan Alberto Perote, acusado de haber robado documentación secreta.

Estos contactos - además de los supuestamente indirectos con el ex director general de la Guardia Civil, Luis Roldán, y con "perseguidos" por la Justicia- despertaron sospechas de que Mario Conde se encontraba detrás de la revelación de documentos comprometidos para la seguridad del Estado. Por ejemplo, en el caso de los GAL, que llevaron temporalmente a la cárcel al ex secretario de Estado de la Seguridad, Rafael Vera, o al general Enrique Rodríguez Galindo -del cuartel Intxaurrondo de San Sebastián, máximo responsable de la lucha antiterrorista-.

Asimismo, la estancia en prisión de Javier de la Rosa (por la misma época, como consecuencia de una presunta estafa en Grand Tibidabo) relacionó a Conde con el financiero catalán en una supuesta conjura contra el Rey y en la batalla de los "dossiers".

Estos hechos, o estas versiones (¿distorsionadas?) de unos hechos determinados, dibujan un perfil de Mario Conde muy distinto al del abogado del Estado que deslumbró a la sociedad española en los años ochenta.

A la postre, el éxito de escándalo se ha convertido en un fracaso de escándalo. Pero aunque esto no fuera así, el concepto de "escándalo" está en ambas frases y esto es lo que, en el momento, observaba el español de a pie.

Triste final de Antena 3 a manos de la cadena Ser

Uno de los episodios más oscuros de la historia de la comunicación

Carlos Maciá

El acontecimiento más relevante en el panorama radiofónico español en la década de los ochenta tuvo un nombre: Antena 3 de Radio. En la primavera de 1992, se había hecho con el liderazgo de audiencia tras superar a su máxima competidora, la cadena Ser. Pero en julio de ese mismo año tuvo lugar uno de los episodios más oscuros de la reciente historia de la comunicación en España.

El grupo Godó, accionista de la cadena, y el grupo Prisa de Jesús Polanco, propietario de la Ser, llegaban a un acuerdo por el que Prisa se hacía con el control de la participación de Inversiones Godó, esto es, con el dominio en Antena 3 de Radio. Lo que supondría el inicio del triste fin de la cadena.

Una sentencia de muerte ejecutada cuando Prisa presentó, en diciembre de 1993, un expediente de concentración ante la Dirección General de Defensa de la Competencia. Se buscaba así el refrendo de la Administración a una situación de hecho ya denunciada.

Efe

Begoña Rivas

La operación diseñada por Jesús Polanco -a la izquierda- para hacerse con Antena 3 Radio provocó la inmediata salida de profesionales como José María García -a la derecha- uno de los puntales de la cadena.

ABUSO DE POSICIÓN DOMINANTE. En junio de 1993, ocho destacados periodistas -Manuel Martín Ferrand, Antonio Herrero, José María García, Pedro J. Ramírez, Luis Herrero, Melchor Miralles, Luis Angel de la Viuda y Federico Jiménez Losantos- habían presentado un pleito por abuso de posición dominante en el sector y prácticas contra la competencia. Denuncia ampliada tras la creación de Unión Radio, S.A., controlada por Prisa, cuyo fin era la gestión de ambas cadenas. La constitución de la sociedad, previa a la petición de la concentración, era sospechosa de las intenciones que abrigaba.

Pese a que en el dictamen del Tribunal de Defensa de la Competencia (TDC) se reconocía "la existencia de importantes efectos restrictivos de la competencia causados por la operación", el Gobierno aprobaba la misma el 2 de junio de 1994 y fue legalizada diecinueve días después. No pocas voces atribuyeron tal decisión al talante de las relaciones existentes entre el Gobierno y Polanco.

La polémica se avivó en septiembre de 1994, cuando Prisa solicitó al Tribunal Supremo que declarara secreto parte del expediente de concentración. Por el contrario, el Supremo decidió -marzo de 1995- que aquél debía entregarse íntegro a la Asociación de Radios Independientes (ARI) y a los ocho periodistas denunciantes. Tres meses después el conflicto cobraba mayores dimensiones si cabe, cuando se dio a conocer la existencia de una oferta de pacto «secreto», hecha un año antes por el TDC al Gobierno González, para cumplir las condiciones de la concentración que debía aceptar Prisa. Sin embargo, la correspondiente Orden Ministerial (21-VI-94) nada señalaba al respecto: estas condiciones deberían, pues, haberse puesto en práctica desde un inicio.

La mayoría de los profesionales de Antena 3 -con Antonio Herrero y José María García a la cabeza- fue contratada por la cadena Cope, que disputó luego el liderazgo radiofónico a la Ser.

• INFORME •

Las escuchas del CESID

Políticos, empresarios, jueces, periodistas... y hasta el mismísimo Rey fueron espiados por el CESID entre 1985 y 1995. EL MUNDO destapó este escándalo en junio de 1995, que provocó una gran conmoción en la sociedad española.

José L. Lobo

El Centro Superior de Información de la Defensa (CESID), los servicios secretos del Estado, grabó conversaciones telefónicas privadas de políticos, empresarios, jueces, periodistas, miembros del Gobierno y del mismísimo Rey entre 1985 y 1995, cuando el CESID estaba dirigido por el teniente general Emilio Alonso Manglano.

Las grabaciones, que se realizaban mediante la intervención de las frecuencias de teléfonos móviles, se iniciaron cuando Narcís Serra ocupaba la cartera de Defensa, y continuaron cuando Julián García Vargas le sucedió en el cargo, al ser nombrado aquél vicepresidente del Gobierno.

El mismo día que EL MUNDO desvelaba el escándalo, el 12 de junio de 1995, Manglano presentó su dimisión a Serra, que confiaba en que la depuración del entonces jefe del CESID sería suficiente para calmar las iras de la oposición política y de la opinión pública. Pero se equivocó.

Dos semanas más tarde, el 28 de junio de 1995, el presidente Felipe González sacrificó al propio Serra y a García Vargas, que le habían presentado su dimisión, para poder así mantenerse ostentando el poder, a pesar de que la oposición le consideraba a él como único responsable político del escándalo.

Forzado por el tamaño de la crisis, González compareció en el Parlamento al día siguiente, pero, una vez más, frustró las expectativas de sus rivales políticos: insistió en que su Gobierno no conoció ni ordenó la grabación de las conversaciones ni su posterior almacenamiento en cintas magnetofónicas en la "cintateca" del CESID; advirtió que Serra y García Vargas, pese a su marcha, no tenían responsabilidad alguna, y se limitó a anunciar una vaga reforma de los servicios de inteligencia.

JULIÁN JAÉN

Juan Alberto Perote, el que fuera "número dos" del CESID, fue enviado a prisión en junio de 1995.

El mismo día que EL MUNDO desvelaba el escándalo, Manglano, máximo responsable del CESID, presentó su dimisión a Serra

Pero Serra y García Vargas no fueron los únicos "cabezas de turco". Una semana antes de la dimisión de éstos, el coronel Juan Alberto Perote, antiguo "número dos" del CESID y hombre de confianza de Manglano, era enviado a prisión, acusado de apropiación de información clasificada y de revelación de secretos que afectaban a la seguridad nacional.

El caso de las escuchas ilegales se convirtió en causa judicial abierta, a raíz de las denuncias presentadas por el director de la revista *Epoca*, Jaime Campmany, y de EL MUNDO, Pedro J. Ramírez, dos de los periodistas espiados, y pasó a manos de la juez del Juzgado de Instrucción número 43 de Madrid, Ana Mercedes del Molino. Pero, sorprendentemente, en febrero de 1996 decidió archivar la investigación, por considerar que el CESID actuó correctamente y que no intentó en ningún caso interceptar ilegalmente una conversación concreta, sino que fueron grabadas de forma aleatoria. La reacción del Gobierno no se hizo esperar. Un Narcís Serra exultante convocó a los medios de comunicación para leer un comunicado en el que afirmaba que el archivo de la causa ponía "las cosas en su sitio", demostrando así que el CESID "no cometió ningún delito ni espió a los ciudadanos", al tiempo que pedía responsabilidades políticas a quienes le acusaron.

ESCUCHAS A TELÉFONOS MÓVILES. EL MUNDO presentó un recurso contra el auto de la juez Del Molino, después de que su director, Pedro J. Ramírez, interpusiera una querella contra Manglano por los presuntos delitos de interceptación de las comunicaciones telefónicas y contra el ejercicio de los derechos de la persona.

En marzo, la juez Ana María Pérez Marugán sucedió a Del Molino en el Juzgado de Instrucción número 43, y confirmó el archivo de las actuaciones decretado por su antecesora, argumentando que las escuchas se realizaron a teléfonos móviles, cuya interceptación no era aún delito en aquella época.

Sin embargo, esta tesis fue desmontada por una sentencia del Tribunal Constitucional, que el 11 de marzo se pronunció por vez primera sobre la interceptación de conversaciones telefónicas mantenidas a través de aparatos inalámbricos, considerando delictiva esta práctica aunque no se explicitara concretamente en el Código Penal, que sólo castigaba hasta 1994 la captación de las conversaciones telefónicas a través de cable.

Sólo dos meses más tarde, el 13 de mayo, la Audiencia Provincial de Madrid decidió reabrir el sumario y ordenar la práctica de nuevas diligencias "a la vista de los indicios concurrentes con respecto al delito de escuchas ilegales".

La Audiencia de Madrid argumentaba que, de aceptarse los razonamientos del auto de archivo, "no estaríamos en un Estado de Derecho, sino más bien en un Estado policial". De esta forma, el Juzgado de Instrucción número 43 se veía obligado a retomar la investigación del caso, en el que están imputados, entre otros, Manglano y el ex "número dos" del CESID, el coronel Juan Alberto Perote.

Nombres propios en la "cintateca"

En su edición del 13 de junio de 1995, la portada de EL MUNDO desvelaba que el CESID grabó y archivó en su "cintateca" conversaciones del Rey y de sus amigos. En la amplia y detallada información de Antonio Rubio y Manuel Cerdán, salían a la luz numerosos nombres de personalidades que habían sido espiadas y que estaban registrados en uno de los estadillos de la "cintateca" de La Casa: 93 cintas grabadas entre noviembre de 1983 y octubre de 1990. Reproducimos un extracto del contenido de la tristemente célebre "cintateca", con los términos según los cuales se clasificaba:

- U. Móviles: Se refiere a conversaciones entre unidades de la Policía.
- Hassan Rey: Interceptación de conversaciones de la seguridad del rey de Marruecos en su visita a España (octubre del 89).
- Koplo-Abelló: Conversaciones grabadas en noviembre de 1989. Se refiere a Alicia Koplowitz y al empresario Juan Abelló. Por aquellas fechas, Alicia Koplowitz estaba negociando la separación patrimonial con su esposo, Alberto Cortina.
- Mújica: Cuatro conversaciones de Enrique Múgica (en el listado, con "j") con su hermano Fernando. Hablan sobre la campaña electoral del 86.
- Ministro: José Barrionuevo conversa desde su despacho con su "amiga" Ana Tutor.
- Periodistas: Grabación de dos conversaciones de Antonio García Trevijano en septiembre del 90.
- Miss Enders: Conversaciones de la esposa del embajador de Estados Unidos en Madrid con Eduardo Serra, José María Segurado y el embajador de Cuba.
- Segurado y Zu: Esta cinta se grabó entre los días 10 y 24 de octubre de 1984. Incluye, entre otras, conversaciones del empresario y político liberal José Antonio Segurado y del príncipe Zourab Tchokotoua (conocido como "Zu"), uno de los amigos íntimos del Rey de España, hasta que se le juzgó por una estafa inmobiliaria llevada a cabo en Palma de Mallorca.
- S.M.: Las iniciales de Su Majestad. Grabada en octubre de 1990. Figura con un punto grueso, que indica que fue entregada al jefe operativo del CESID.
- Zu: Diversas conversaciones de Tchokotoua y el amigo de S.M. el Rey, Manuel Prado y Colón de Carvajal.
- Zu-Perdomo: Grabaciones realizadas durante el año 1984. En esta cinta aparecen pinchados, además de Tchokotoua y el multimillonario argentino Carlos Perdomo, algunos periodistas, como el entonces director de *El País*, Juan Luis Cebrián.
- Vicente Zabala: El crítico taurino de *Abc* habla con el empresario Juan Alfonso Cardenal, que le pide una entrevista con Luis Roldán . Esta cinta también incluye conversaciones de Adolfo Suárez y Jaime Campmany (director de *Epoca*). Grabada en 1985. También hay una anotación de las iniciales "S.M.".
- Ramón Mendoza: Conversación con Nati Abascal en que el presidente del Real Madrid insulta a una "secretaria". Fue grabada en octubre de 1990.
- Liyo (Lillo): Ramón Lillo, ex jefe de la Policía de la Audiencia Nacional, conversa con un ciudadano extranjero sobre Peñafiel, Hachuel y de la hija de Casinello.
- Varios: Grabaciones realizadas durante enero de 1985. Aparece grabado don Juan de Borbón, padre de S. M. el Rey.
- J.E.M.E.: El 16 de abril de 1986 intervienen una conversación del teniente general José María Sáez de Tejada, jefe del Estado Mayor del Ejército de Tierra (JEME), en la que se refiere a temas militares.
- José Cortina: Hace referencia a una charla mantenida en 1978 en una sede del CESID entre el entonces presidente Adolfo Suárez y el vicepresidente Manuel Gutiérrez Mellado con jefes de la Agrupación Operativa de los servicios de información militares. José Cortina era el jefe de esta unidad.

1993

Los calendarios de 1991-92, publicados en el fascículo nº 46

ENERO

La tragedia de Alcácer. España queda conmocionada con la aparición de los cadáveres de tres niñas desaparecidas en Alcácer (Valencia). El suceso es explotado hasta la saciedad por las cadenas de televisión: el "reality-show", en su momento más intenso. El día 27 perecen seis personas en Madrid al derrumbarse la marquesina del cine Bilbao.

López de Arriortúa -el segundo por la izquierda, de pie- y su equipo.

Los féretros de las tres niñas asesinadas en la localidad valenciana de Alcácer.

CALIFA

FEBRERO

El acelerador del Clínico. El mes arranca con la querella contra General Electric de los afectados por el fallo del acelerador lineal del Hospital Clínico de Zaragoza. El día 7 fallece a causa del sida el ex tenista Arthur Ashe. Exculpado Ynestrillas por el asesinato de Muguruza; Angel Duce será condenado a cien años de cárcel.

MARZO

Detenido el duque de Feria. El día 5 es detenido el duque de Feria, acusado del rapto de una niña de cinco años. KIO abandona nuestro país, dejando a su suerte a cien mil trabajadores. El empresario López de Arriortúa ficha por Volkswagen por 2.360 millones. Más de cien mil agricultores se manifiestan en toda España contra la política agraria pactada con la Comunidad Europea.

ABRIL

Fallece don Juan de Borbón. El padre del Rey Juan Carlos y Conde de Barcelona, don Juan de Borbón, fallece el día 1. El líder de la secta Davidiana, David Koresh, se suicida junto a 86 de sus seguidores. Muere Cantinflas el día 21.

MAYO

Primer muerto español en Bosnia. El teniente Arturo Muñoz, primera víctima mortal entre los "cascos azules" españoles destinados en Bosnia. El día 1 se suicida el ex primer ministro francés Pierre Bérégovoy. Dinamarca acepta el tratado de Maastricht.

JUNIO

El PSOE vuelve a ganar. Aunque lejos de la mayoría absoluta, los socialistas vuelven a vencer en las elecciones del 6-J; subida espectacular del PP. Ese mismo día, Bruguera gana Roland Garros. Dos jornadas después muere en accidente Drazen Petrovic. España adquiere la colección Thyssen por 42.000 millones de pesetas. El mes concluye con las peores cifras de desempleo, consumo público y privado e importaciones desde 1970.

JULIO

Secuestro de Julio Iglesias Zamora. El día 5, ETA secuestra al industrial Julio Iglesias Zamora, que sufrirá 117 días de cautiverio; hay movilizaciones en todo el país durante el secuestro.

AGOSTO

Cesión del 15% del IRPF. Pujol logra el objetivo de que el Estado acepte transferir el 15% del IRPF a las comunidades autónomas.

SEPTIEMBRE

Paz entre árabes e israelíes. Rabin y Arafat firman la paz entre israelíes y árabes el día 13, con Clinton de testigo. Régimen abierto para el golpista Antonio Tejero.

OCTUBRE

"Gratis total". Solchaga admite haber viajado gratis con la Transmediterránea el mes en el que Yeltsin toma el Parlamento a cañonazos, Nicolás Redondo anuncia su retirada, y fallece el día 31 Federico Fellini.

NOVIEMBRE

Nace la Unión Europea. El día 1 entra en vigor la Unión Europea acordada en Maastricht y muere Severo Ochoa. Escándalo de las cesiones de créditos del Banco Santander. Dimite Corcuera en Interior.

DICIEMBRE

Los acuerdos GATT. 117 países firman los acuerdos GATT, el mayor tratado comercial de la historia. La policía mata al "narco" Pablo Escobar. El Banco de España interviene Banesto.

Una de las numerosas concentraciones en pro de la libertad de Julio Iglesias.

IÑAQUI

1994

ENERO

El Liceo, en llamas. Un incendio destruye el Liceo de Barcelona el día 31, triste final de un mes que comenzó con la revuelta zapatista en Chiapas (México). Declarada inocente Lorena Bobbit, la mujer que cortó el pene a su marido. El día 27, huelga general en España contra el proyecto de reforma laboral.

FEBRERO

Matanza en un mercado de Sarajevo. Un obús serbio causa la muerte a 66 civiles en un mercado de Sarajevo. El mes en el que se consolida la moda del canto gregoriano, pierde la vida el ciclista Antonio Martín y un motorista barcelonés muere degollado por una cuerda que atravesaba la calzada.

MARZO

Oscar a Trueba. La película *Belle Epoque*, de Fernando Trueba, ganó el segundo Oscar de la historia para el cine español, que este mes se viste de luto por la muerte de Fernando Rey. María Angeles Feliú, la farmacéutica de Olot, liberada tras 16 meses de secuestro. Berlusconi alcanza el poder en Italia y, en México, es asesinado el candidato presidencial del PRI Luis Donaldo Colosio.

ABRIL

Cándido Méndez sucede a Redondo. El sindicalista Nicolás Redondo deja paso en la secretaría general de UGT a Cándido Méndez. José María Olazábal gana el Masters de Augusta y el Joventut, la Liga Europea de baloncesto. Dos estudiantes matan en Madrid a un hombre a través de un "juego de rol". El Santander compra Banesto.

ANDREU DALMAU/EFE

El interior del Liceo de Barcelona, totalmente destruido por las llamas.

ALBERTO CUÉLLAR

Fernando Trueba, con el Oscar.

Los trabajadores del Eurotúnel.

Mandela gana las elecciones en Suráfrica. Se suicida Kurt Cobain, líder de Nirvana.

MAYO

Inaugurado el Eurotúnel. El día 6 queda inaugurado el túnel de 35 kilómetros y 200 metros de profundidad que une Francia y Gran Bretaña. Guerra civil en Ruanda. Accidente mortal del piloto brasileño Ayrton Senna.

JUNIO

Doble éxito en Roland Garros. Sergi Bruguera -que derrotó en la final a Alberto Berasategui- y Arantxa Sánchez Vicario triunfan en Roland Garros. El día 12, el PP gana las elecciones europeas.

JULIO

Conchita Martínez hace historia. Conchita Martínez se convierte en la primera española que vence en Wimbledon. Arafat regresa a Gaza: "Palestina comienza hoy" (día 1). Más de un siglo de cárcel para los asesinos de la dominicana Lucrecia Pérez. Hallados restos humanos en Atapuerca de hace medio millón de años. Cien muertos en el centro judío de Buenos Aires.

AGOSTO

Exodo de cubanos. Miles de balseros cubanos abandonan la isla. El mítico terrorista venezolano Carlos, capturado en Sudán el día 15.

SEPTIEMBRE

Invasión de Haití. Tropas norteamericanas invaden Haití el día 19 para expulsar del poder a Cedrás. El día 28 es asesinado el secretario general del PRI mexicano José Francisco Ruiz Massieu. Indurain bate el récord de la hora y Arantxa Sánchez Vicario gana el Open USA el mes en el que llega la moda del "wonderbra".

OCTUBRE

Suicidio colectivo en Suiza. 52 miembros de la secta del Templo Solar se quitan la vida el día 5 en Suiza. El día 20, fallece en Los Angeles Burt Lancaster. Rominger arrebata el récord de la hora a Indurain.

NOVIEMBRE

Golpes a ETA. El día 17 es detenido en Francia "Mobutu", "número dos" de ETA. Al día siguiente es desarticulado el Comando Vizcaya. Rominger deja el récord de la hora en 55,291 kilómetros. Huelga salvaje de Iberia el día 28. Fallece, a los 87 años, el cardenal Tarancón.

DICIEMBRE

Galerías Preciados, el comienzo del fin. El día 17 suspende pagos Galerías Preciados, que comienza así el principio de su fin. Este mes quedará marcado por el ingreso en prisión de Mario Conde. Yeltsin lanza sus tropas contra Grozni, la capital de Chechenia.

MARCELO DEL POZO

Un grupo de africanos apiñados en una de las pateras que suele llegar a las costas gaditanas.

La barca de Caronte

Gabriel Albiac

Están hechos de la materia de nuestras pesadillas. Por eso hacemos cuantos esfuerzos están a nuestro alcance para no verlos.

Los hemos borrado de nuestra cercanía como borramos, hace ya no pocas décadas, Africa de las cartografías de la condición humana. Solamente esperamos que desaparezcan, que naufraguen en un cataclismo universal en el cual hasta su mismo recuerdo perezca. No verlos.

La barbarie exquisita de don José Luis Corcuera dio, en sus tiempos de perpetrador de la Ley de Extranjería, con la fórmula atroz que resume todos nuestros fantasmas: "Los ilegales de las pateras son como un delincuente que intenta entrar en nuestro domicilio de una patada en la puerta".

Nosotros no llegamos a tanto: ni somos ministros, ni tan brutos. Nos limitamos a mirar a otro lado y a esperar que el mar haga su tarea.

Como en otro continente sus iguales los balseros, son éstos de la patera los herederos últimos de una condición definida hace mucho: "los que nada tienen que perder". Salvo sus vidas, claro.

Pero la vida, llegado un cierto punto de degradación diaria, tampoco es ya gran cosa. Africa no es siquiera ya explotable. La tachamos del mapa. Quienes la habitan deben reventar allí. Lejos.

No es agradable el olor de los cadáveres.

PRÓXIMO CAPÍTULO: **EL CENTRO-DERECHA RECUPERA EL PODER**

UN TRIUNFO DEL PP CON CIERTO SABOR AMARGO. LA MARCHA DE JOSÉ MARÍA AZNAR PARA ALCANZAR LA MONCLOA. UNA NUEVA GENERACIÓN EN EL PODER. **ESCRIBEN:** MANUEL ANTONIO RICO, RAIMUNDO CASTRO, JOAQUÍN BARDAVÍO, ANDRÉS ABERASTURI.

1975-1995. Veinte años de nuestra vida

• HISTORIA DE LA DEMOCRACIA •

{CAPÍTULO 48}

CARLOS MIRALLES

El presidente del Gobierno, José María Aznar, posa en su despacho de La Moncloa pocos días después de acceder al cargo tras su victoria electoral del 3 de marzo de 1996.

ESCRIBE JOSÉ MARÍA AZNAR

AÑOS DE ESPERANZA

Si algo pueden decir los historiadores de los primeros días del Gobierno Aznar es que con su llegada desapareció gran parte de la crispación política que había invadido España durante los tres años anteriores. El hombre al que muchos consideraban gris y falto de carisma aportó tranquilidad y sosiego al país de la misma forma en que lo hizo con su propio partido, el Partido Popular, en cuanto se encargó de él. Su mensaje de centro y un equipo renovado acabaron por convencer a los españoles. Aquí relata cómo el centro-derecha recuperó el poder bajo su mandato.

•MEMORIAS•

Abriendo las puertas a un nuevo siglo con esperanza

José María Aznar reflexiona sobre lo que representa el Gobierno del PP para España

El presidente del Partido Popular, **José María Aznar**, el hombre que recuperó el Gobierno para el centro-derecha, escribe aquí sobre su experiencia política, desde que fue llamado para encargarse de un partido en crisis. El camino hasta La Moncloa, dice, ha sido difícil, pero lo ha recorrido en un tiempo récord, sólo cuatro años. Y "se han abierto las puertas a un nuevo siglo de manera muy esperanzadora".

INDICE

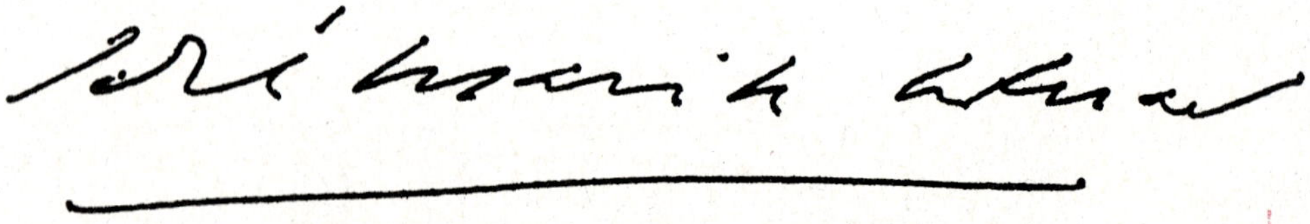

"El 28 de agosto de 1989 me llamó Manuel Fraga al despacho en la Presidencia de la Junta de Castilla y León. Me comunicó que había pensado en mí para ser el cartel electoral de las elecciones generales que debían celebrarse dos meses después. La historia de aquella reunión previa a la que acudieron a Villalba Juanjo Lucas, Rodrigo Rato, Federico Trillo y Francisco Alvarez Cascos ya se ha contado. Desde aquel lunes, mi vida empezó a co- ➳

JAVI MARTÍNEZ

José María Aznar, en el momento de pronunciar su discurso de investidura ante el Congreso de los Diputados el 8 de mayo de 1996. Había cumplido su objetivo.

rrer aún más deprisa de lo que lo había hecho hasta entonces. Colgué el teléfono y marqué el de mi casa para decirle a mi mujer "ya está. Nos ha tocado. He dicho que sí".

Desde dos días antes, Ana y yo habíamos valorado esa posibilidad. No era lo más fácil en mi carrera política, pero tampoco nos pillaba de sorpresa dar un nuevo salto en el vacío. Hasta el momento, todo había salido bien ¿por qué no iba a salir ahora?

Ni que decir tiene que dejar la Presidencia de Castilla y León era triste e incómodo. Hubo quien me aconsejó que dejase pasar esa oferta, que las elecciones del 89 estaban destinadas al fracaso, que habría más oportunidades. Pero bien se sabe que no soy hombre que rehúya los retos y bien se sabe también que si Manuel Fraga decidía depositar en mí una responsabilidad, cumplía con todas las consecuencias. Por otra parte, la situación en el partido era mala. Si me negaba a tomar las riendas, ¿qué podría decir después?

"Los países se gobiernan desde el centro, lo que significa gobernar desde la moderación. En 1990 comenzó nuestro «viaje al centro»"

BEGOÑA RIVAS

"Hoy tenemos el partido más importante de España, más unido, con más militantes y con la línea ideológica más acoplada a estos tiempos"

En Castilla y León viví años políticos y personales extraordinarios. Fue una verdadera experiencia de gobierno en una tierra que puso toda su confianza en nosotros. Creo que respondimos bien. Al menos hicimos todo lo que supimos y lo mejor que sabíamos hacerlo. Trabajamos sin descanso.

Cuando convoqué la rueda de prensa para despedirme de la Presidencia de la Junta, me emocioné. Estaba concienciado de que debía evitarlo, que los políticos no se despiden con lágrimas de ningún sitio. Pero pudo más el corazón y los recuerdos que la cabeza y la ciencia política. Nadie me lo reprochó. Yo tampoco.

1989: OBJETIVO, "LOS NUESTROS"

El objetivo en las elecciones del año 89 era que nos votaran "los nuestros". Con eso era más que suficiente. Eso que llamo "los nuestros" eran los cinco millones y medio de electores que habían votado a Alianza Popular en las con-

JAVI MARTÍNEZ

Un símbolo de las nuevas alianzas políticas entre los escaños: Francisco Alvarez Cascos (PP) y Joaquim Molins (CiU) se dan la mano en presencia de José María Aznar.

José María Aznar

Presidente del Gobierno desde 1996.
Presidente del Partido Popular

José Aymá

José María Aznar recibe al presidente de la Generalitat, Jordi Pujol, en La Moncloa.

vocatorias anteriores. No era poco: las encuestas daban una proyección de tres a cuatro millones de votos, lo que significaría bajar de los 105 diputados a 70 u 80. Afortunadamente, nos votaron, e incluso pudimos decir que habíamos roto el "techo" de AP al tener un diputado más.

Fue una campaña difícil, preparada en quince días y realizada a golpe de coche por todas las carreteras de España. El electorado fue generoso. A los dos meses, Manuel Fraga obtenía la mayoría absoluta en el Parlamento gallego. De las peores perspectivas unos meses atrás pasamos a una situación estable. Empezamos bien.

1990: OBJETIVO, ORGANIZACION

El objetivo del año 1990 fue organizar el partido con una estructura más acorde con los tiempos políticos: que el PP empezara a funcionar como una máquina electoral en todas las provincias, que tuviera una sólida estructura de pensamiento político trasladada a todos los centros con representación del PP, y que diera un definitivo paso al centro político. Es decir, una buena organización, una buena oposición parlamentaria y un decidido empeño en recuperar el centro político.

Siempre dije que los países se gobiernan desde el "centro", lo que significa gobernar desde la moderación. En este año comenzó lo que llamamos internamente "el viaje al centro". Esa singladura hacia el espacio político que venimos ocupando desde hace unos años aún no ha terminado a pesar de haber llegado al Gobierno. El rumbo marcado en el año 1990 ha dado buenos frutos, pero debemos seguir caminando hacia el centrismo.

Ese año, 1990, fue turbulento. La mejor noticia fue la toma de posesión de Manuel Fraga como presidente de la Xunta. Pero no fue la única buena: el desarrollo del XI Congreso en el que fui elegido presidente del partido fue ejemplar desde todos los puntos de vista. Llamó la atención la organización del Congreso, la transparencia y el cuidado con el que se desarrolló todo en Sevilla.

Pero lo más importante fue el mensaje interno. "Centrados con la libertad" era más que un eslogan. Todo aquel mensaje fue acogido con entusiasmo entre las bases del partido y también en la sociedad española. No gozábamos de gran credibilidad, el Gobierno copaba todo y sus mensajes consistían en dejarnos en la indiferencia. Pero conseguimos arrancar el primer entusiasmo en la sociedad española.

Javi Martínez

Otro símbolo de la relación del PP con las minorías: el saludo de Aznar y Arzalluz.

A eso se unió una reorganización importantísima: pasamos de una estructura con siete vicepresidentes sin carácter ejecutivo, a un partido que conjugaba la profesionalización de los departamentos, con la juventud de los líderes y con un mensaje político nuevo. Sin Manuel Fraga hubiera sido imposible ese cambio. Algunas presiones y algunos hechos de aquel tiempo los mantengo para mí y ya no son más que anécdotas del viaje, pero el Congreso era, en defini- ➳

"El cambio empezó en 1991. Las ciudades votaban al PP mientras los socialistas se quedaban con los votos de los menos informados"

LARRY MANGINO

Parte de la cúpula del PP en la sede del partido. De izquierda a derecha, Jaime Mayor Oreja, Francisco Alvarez Cascos, José María Aznar y Mariano Rajoy.

tiva, una apuesta fortísima por renovar el partido. Y lo hicimos sin paños calientes y, al mismo tiempo, sin grandes traumas. Era el único modo de hacerlo. O dábamos el paso al centro y nos organizábamos de otra manera, o siempre seríamos el partido de la oposición.

Esa nueva organización dio el primer fruto dos semanas después: la detención del tesorero del partido fue una bomba en la línea de flotación y una prueba durísima para los que éramos los nuevos responsables del partido. La estructura funcionó dando pruebas de que al frente del Partido Popular había gente muy seria y muy trabajadora, que estaba dispuesta a cambiar las cosas en España. Aquel trabajo de Francisco Alvarez Cascos fue el primero de una serie de brillantes actuaciones que nos hacen tener hoy el partido más importante de España, más unido, con mayor número de militantes y con la línea ideológica más acoplada a estos nuevos tiempos en que vivimos.

Personalmente, fueron semanas muy duras. Entre la alternativa de quitarme de enmedio o liderar al partido en la polémica desatada, decidí dar la cara. Cada día me sentaba en una rueda de prensa en plena campaña al Parlamento andaluz y siempre contestaba a las mismas preguntas. Pero era lo que tenía que hacer.

1991: OBJETIVO, SER ALTERNATIVA

El objetivo de 1991 era convertirnos en alternativa de gobierno a través de la representatividad en las Comunidades Autónomas y en los Ayuntamientos. A los buenos resultados de Galicia se añadió un mantenimiento de nuestros escaños en Andalucía, cuando todo parecía que iba a terminar en catástrofe. Pasadas esas pruebas, las elecciones municipales y autonómicas del 91 venían a ser un respiro entre la turbulencia y una primera experiencia para el nuevo equipo del PP. Los cambios en Madrid, Sevilla y Valencia, más los buenos resultados en tantas ciudades -incluida San Sebastián, gracias a nuestro llorado Gregorio Ordóñez a quien los asesinos nunca le perdonaron que le quisieran los pacíficos- hicieron del PP una alternativa real a los socialistas.

El cambio en España empezó este año tras estas elecciones. Las ciudades empezaron a votar al Partido Popular mientras los socialistas se quedaban con los votos de los menos informados. Este cambio profundo en las ciudades se extendería después a toda España. Este año empezó el cambio.

Puse especial empeño en demostrar la capacidad del Partido Popular de llegar a acuerdos con las fuerzas regionalistas y pasar de la casi clandestinidad a la "normalidad" como partido tanto en el País Vasco como en Cataluña. Creo que esa política, unida a una labor de oposición seria y trabajadora, llevada en perfecta coordinación por Rodrigo Rato, era lo que esperaba la sociedad. El partido, primero con Juanjo Lucas y después con Mariano Rajoy, pasó de sacar a la luz pública problemas continuamente a ser ejemplo de unión y de constancia, mientras que Javier Arenas hacía el buen trabajo en el área electoral.

"En 1992, empezaron a ser conscientes de que el PP ponía en peligro la hegemonía socialista porque sufrí ataques de todos los lugares"

José María Aznar

Presidente del Gobierno desde 1996.
Presidente del Partido Popular

En dos años, el PP empezó a ser alternativa y a ilusionar a nuevas gentes que se acercaban a nosotros porque les gustaba el mensaje de moderación y de regeneración de la vida pública que despuntaba ya. A todos los que se acercaron no les preguntamos de dónde venían, sino a dónde querían ir. Eso lo mantenemos hoy, y por eso somos el primer partido de España.

1992: EL AÑO DE LOS ATAQUES

Pero aún no nos habíamos consolidado. El año 92 era el año de la oposición seria y rigurosa que nos debía consolidar como verdadera alternativa de gobierno. Las encuestas eran cada vez más favorables, incluso ese año, que el Gobierno socialista había convertido en el de "los fastos" que luego hemos terminado pagando todos de nuestros bolsillos.

Por entonces, desde algún sitio debieron empezar a ser conscientes de que el PP ponía en peligro la hegemonía socialista porque ese año fue de extrema dureza contra nosotros. Especialmente contra mí, que sufrí ataques de todos los lugares posibles y que hoy cuento como anécdotas pero que entonces dificultaron el camino. Pero no se alcanzan las grandes cumbres sin haber sufrido un poco de todo. Así entiendo la política.

A pesar de los "fastos" del 92, el electorado empezó a cambiar a nuestro favor. Las devaluaciones de la peseta de finales del año confirmaban una situación económica mala que llamaba a un cambio político.

Fue el 92, no obstante, un año dedicado a las relaciones internacionales por nuestra parte. Desde que fui elegido presidente del partido tuve claro que desde el Partido Popular teníamos que tener unas relaciones internacionales fluidas con los partidos de nuestro espectro ideológico. Al principio, pocos creían que esa estrategia fuera realmente conveniente. Al cabo del tiempo, ha resultado ⋙

"1993 pudo convertirse en el año del cambio, pero funcionó el miedo. Nuestra línea política de regeneración fue interpretada como una venganza"

José Aymá

Pedro Carrero

José María Aznar jura su cargo ante los Reyes de España. Arriba, el ex presidente del Gobierno Felipe González felicita a su sucesor poco después de su investidura.

como uno de los pilares que nos ha otorgado credibilidad ante los españoles.

Desde el primer momento fuimos ayudados por el presidente del Partido Popular Europeo (PPE), Wilfried Martens, y ese apoyo en los primeros momentos fue decisivo. El objetivo en esta área era conseguir la normalidad de las relaciones internacionales en la Unión Democrática Internacional (IDU), en la Unión Democrática Europea (EDU) y en el PPE. Se consiguió en muy poco tiempo, y el Partido Popular empezó a contar con voz propia en foros internacionales que fueron muy interesantes.

"El oportunismo dura un tiempo pero es siempre corto. Un partido que sólo vive del poder y/o para el poder no tiene futuro"

Más allá de lo que fue la lógica crítica a unas circunstancias políticas que no resistiría ningún país de Occidente, el calado político de las propuestas del PP en ese Congreso superaban nuestro afán de hacer oposición, aunque reconozco que se llevaron menos titulares.

BEGOÑA RIVAS

Aznar baila unos compases ante una de las alcaldesas de Zamarramala.

1993: CONSOLIDAR EL CENTRO

El año 1993 pudo haberse convertido en el año del cambio, pero no lo fue: funcionó el miedo. Nuestra línea política de regeneración de la vida pública y de la Democracia, que tanto entusiasmo ha provocado en las bases de nuestro partido y en los ciudadanos, fue interpretado por una buena parte del electorado como un deseo oculto de venganza contra los socialistas, y funcionó el voto del miedo.

Con todo, no es el resultado electoral lo que más me enorgullece de ese año -el Partido Popular tuvo la mejor votación de la historia del centro-derecha español, incluida la Unión de Centro Democrático, UCD, y la tercera mejor votación de cualquier partido desde 1977, superada únicamente por el número de votos del PSOE en 1982 y en esas mismas elecciones del 93-. Desde el punto de vista de partido y desde el punto de vista de revitalización de nuestra democracia, creo que lo más interesante de ese año fue el XII Congreso Nacional del Partido Popular. Si el anterior había supuesto una auténtica revolución organizativa y de mensaje, el duodécimo Congreso fue la consolidación del PP como el partido de Centro que queríamos.

"Romper la hegemonía socialista y llegar a acuerdos desde el PP con los partidos nacionalistas: así se han abierto las puertas a un nuevo siglo"

El partido que salió del Congreso del año 1993 era ya el partido que había diseñado años antes. Los jóvenes ya no éramos tan jóvenes y todos habíamos aprendido unas cuantas lecciones. El partido ya funcionaba. Éramos alternativa real. La gente confiaba en nosotros. Faltaron los votos que llegarían tres años después, pero las bases del edificio estaban puestas.

Habíamos conseguido pasar de la indiferencia del año 1989 a la posibilidad de alcanzar el poder en el 93. Poco tiempo, pero mucha imaginación, mucho trabajo y mucho esfuerzo, desde la dirección del partido hasta el último militante del último pueblo. Un proyecto que se había pensado para 8 años, estaba conseguido en 4.

Pero quedaban aún cosas por hacer. Me ha ocupado y preocupado siempre más el calado ideológico de nuestras propuestas, que cualquier otro aspecto de la vida partidaria. Dicen que estamos en tiempos sin claras diferencias ideológicas. No lo creo así: muy al contrario, sin una base ideológica no puede construirse un proyecto político. El oportunismo dura un tiempo, pero es siempre corto.

Los partidos que no asientan su estructura y su trabajo en un cimiento ideológico, desaparecen. Un partido que sólo vive del poder y/o para el poder, no tiene futuro.

CANAL +

Aznar, en su época de estudiante, cuando ya soñaba con alcanzar algún día la Presidencia del Gobierno.

EL DESARROLLO DEL CENTRISMO

Fueron 1994 y 1995 los años que de-

José María Aznar

Presidente del Gobierno desde 1996.
Presidente del Partido Popular

BEGOÑA RIVAS

Con Antonio Gutiérrez (CCOO) y Cándido Méndez (UGT) en La Moncloa.

BERNARDO DÍAZ

Aznar saluda a los militantes la noche del 3 de marzo de 1996 desde la sede del PP.

dicamos al desarrollo de nuestras propuestas ideológicas en todas las provincias y a la renovación de lo que se llaman los "cuadros" del partido. Ciertamente, la situación política del Gobierno socialista estaba tan deteriorada que fueron meses de campaña electoral permanente por las dos partes. La celebración de las elecciones europeas en el 94 y de las municipales y autonómicas en el 95 eran el marco idóneo para esta permanente campaña, en la que una vez tras otra íbamos derrotando a los socialistas.

Nuestros discursos perseguían ese fin, y la sala de prensa de La Moncloa servía para que el portavoz del Gobierno atizara a la oposición, en una actitud de ataque para defenderse porque no tenían propuestas que hacer: la Administración llevaba tiempo paralizada por los escándalos.

Los resultados de las elecciones europeas anunciaron la victoria en las generales. Luego, las encuestas nos equivocaron un poco a todos. Pero se consiguieron dos cosas que sólo siete años antes parecían imposibles: romper la hegemonía socialista y llegar a acuerdos desde el Partido Popular con los partidos nacionalistas. Creo que ambas conclusiones son buenas para nuestro país y que se han abierto así las puertas a un nuevo siglo de manera muy esperanzadora.

NADA FUE FÁCIL

Resumir siete años en siete folios sin tener por qué haber contado lo más relevante y sin tener por qué haber callado lo más triste puede dar dos impresiones: la primera, es que todo fue así de fácil porque nada ni nadie impidió el curso de los acontecimientos; la segunda, que ya hemos alcanzado el único objetivo deseado.

A ambas cosas quiero apuntar algún matiz. Era necesario para nuestra Democracia una alternativa a un partido que llevaba en el poder, en muchos casos, desde 1979. Y ese cambio debía hacerse ordenadamente. Eso es lo que llamamos "La segunda transición" y que honestamente creo que se ha conseguido en los pocos meses que llevamos en la Administración del Estado, como antes se había conseguido en las Administraciones autonómicas y locales. Era necesario revitalizar la Democracia española en virtud del cambio político, no fiándonos de los cambios de las políticas que finalmente realizaba un mismo partido y un mismo Gobierno. Y es necesario mantener ese empeño, pues la Democracia se hace cada día y se conserva cada día.

Pero el camino ha sido duro, pues muchos estaban tranquilos pensando a corto plazo y no a medio o largo. Ha sido difícil convencer a los altos estamentos de la España de 1989 que el cambio era imprescindible, que los gobernantes no podemos vivir instalados en el poder; que el cambio es necesario. Por eso mantengo mi propuesta personal de estar ocho años en la Presidencia del Gobierno si los españoles me otorgan su confianza. Es bueno cambiar de personas y de mensajes, así lo he dicho siempre, y así lo mantengo.

LA CONFIANZA EN LOS ESPAÑOLES

Y quisiera terminar diciendo que éste no es el objetivo final. Que ganar las elecciones es un medio para hacer una España mejor, no para instalarse en las instituciones. Afortunadamente, allí donde hemos gobernado los electores han vuelto a dar reiteradamente su confianza al Partido Popular. Eso será porque algunas cosas se estarán haciendo bien. Y es que ése y no otro es el empeño.

> "El cambio es necesario. Mantengo mi propuesta de estar ocho años en la Presidencia si los españoles me otorgan su confianza"

Hemos vivido, yo por mi parte, unos años de esperanza porque desde el Partido Popular pudimos pasar de la indiferencia a gobernar España. Los años que vienen siguen siendo para mí años de esperanza, porque podemos pasar del decaimiento y de la falta de motivaciones en España, a construir entre todos un país sano, productivo, solidario, moderno y con todo al alcance de nuestras posibilidades. Siempre dije que confiaba en España y creía en los españoles. Ahora que tengo una alta responsabilidad para sugerir caminos de futuro, sé que tenía razón. ”

Una victoria electoral con cierto sabor amargo

El PP llegó a La Moncloa por sólo 290.000 votos, cuando le anunciaban hasta una "mayoría suficiente"

Las séptimas elecciones generales de la nueva democracia española llevaron de nuevo al poder al centro-derecha. No fue, con todo, una victoria holgada, pero Aznar, que se presentaba por tercera vez como candidato a presidente del Gobierno, consiguió su objetivo el 3 de marzo de 1996. El PP sacó 15 escaños más que el PSOE.

Manuel Antonio Rico

"«¿Pero hemos ganado o no hemos ganado?». Te aseguro que ésa era la única pregunta que Aznar hacía, mientras los datos nos iban llegando, tan confusamente. No eran los porcentajes ni eran los índices lo que más le preocupaba. Sólo si habíamos ganado, y eso parecía estar bastante claro. De modo que, cuando salió al balcón, no tenía el ánimo destrozado, como se ha dicho, ni mucho menos. Si se le vio con el gesto descompuesto, fue por causa del viento. La culpa fue del maldito viento".

Sentado en una terraza próxima a la calle de Génova, con el termómetro cabalgando sobre los intensos calores del verano, Miguel Angel Rodríguez evoca los fríos distantes-cercanos del 3 de marzo y los nervios de aquella jornada electoral de cambio. El ahora diputado y secretario de Estado insiste en que su líder se mantuvo siempre tranquilo, pero reconoce que en la sede central del Partido Popular hubo aquella noche "una grandísima incredulidad. Fíjate que esperábamos ganar por cinco puntos, y que el escenario más pesimista nos daba una ventaja de cuatro puntos".

Defiende en parte a los autores de las encuestas: "El Partido Popular tuvo el resultado que las encuestas decían. Lo que nadie previó fue que el PSOE reuniera todo el número de votos que reunió. Esa fue la cuestión".

Y, ciertamente, hasta el ultimísimo momento los sondeos persistieron en el error. Dicho de otra forma, en beneficio de los encuestadores: el domingo 3 de marzo de 1996 sucedió que, incluso después de haber votado, los seguidores de Felipe González y del Partido Socialista prefirieron guardar en secreto su voto. ¿Cómo? Probablemente evitando toparse de frente con los encuestadores a pie de urna, para no tener que contestar a una pregunta que su instinto soberano percibía como impertinente. Vaya usted a saber, porque el problema ahí sigue, irresuelto y apasionante, en seña pe-

JOSÉ AYMA

Dos meses después de la victoria en las elecciones del 3-M, Ana Botella y José María Aznar posan ante la Prensa a las puertas de su nuevo domicilio, La Moncloa.

renne de humildad para los que creían que el bisturí de las técnicas sociales podía llegar a los últimos interiores del pueblo.

En el meridiano de las ocho de la tarde y justo al cierre de los colegios, las emisoras de radio y televisión empezaron a repiquetear, al unísono, unos resultados en casi simetría con los que, desde tiempo atrás, se venían cantando; bien diferentes, sin embargo, de los que la lenta progresión de las horas terminaría por confirmar. A las ocho de la tarde del 3 de marzo, las emisoras y los sondeos a pie de urna acertaban al avanzar la victoria del Partido Popular y de José María Aznar (que era, desde luego, la gran noticia) en las séptimas elecciones generales de la democracia (las terceras con Aznar como candidato a la presidencia del Gobierno); erraban, eso sí, notable y gravemente al traducir en escaños el nivel de la victoria.

Para Demoscopia, el PP se movía entre los 167 y 174 escaños al Congreso, y el PSOE, entre 124 y 131; para Eco-Consulting, el PP se situaba entre los 160 y los 171 escaños, y el PSOE, entre los 125 y los 135; para Sigma 2, el PP iba de los 164 a los 174 escaños, y el PSOE, de los 120 a los 132. Ninguna de las tres grandes encuestas recogió en sus horquillas los 156 escaños del PP y los 141 del PSOE, con que se saldaría f inalmente la batalla electoral. Quizás en los estados mayores de las empresas de opinión barruntaran el marcador del "match" cuando aquí y allí sus directores se fueron yendo, noche adentro, hacia los burladeros del silencio. De hecho y bien mirado, resulta que los sondeos del mismo 3 de marzo -los de las ocho de la tarde, y aunque no se predicara en exceso- estaban rectificando sensiblemente a la baja los inmediatos de la semana anterior y de las semanas previas. Ya los diez puntos de diferencia entre populares y socialistas se habían "caído" de las predicciones pero, ni aun en términos de prudencia, los sondeos del día "D" serían ciertos.

A las ocho de la tarde del 3 de marzo los sondeos acertaban al avanzar la victoria del PP, pero erraban gravemente en el número de escaños

"Nadie dio con los resultados del PSOE, entre otras razones porque las encuestas están hechas, básicamente, en las zonas urbanas", dice Miguel Angel Rodríguez, a la búsqueda de explicaciones, que no de justificaciones, para el tamaño de un desacierto cuyos padres entraron en una grave crisis de credibilidad, "y ojo, porque el número total de votos logrados por el PP no está lejos de los diez millones conseguidos por el PSOE en el año 82 y es, por tanto, el segundo mejor resultado electoral obtenido nunca por un partido político en la historia de nuestro país".

Javier Cerolada/Efe

Julio Iglesias respaldó a José María Aznar en el mitin del PP en Zaragoza el 28 de febrero de 1996.

Verdad es que nunca el escaño estuvo tan caro: de acuerdo con los resultados globales -oficiales- proclamados por la Junta Electoral, y que incluyen el voto emigrante, los 156 escaños del Partido Popular se asentaron sobre la base exacta de 9.716.006 votos, una cosecha que le habría puesto en los linderos de la mayoría absoluta de no haber sido por los 9.425.678 votos que, pese a las circunstancias, fue capaz de concentrar el Partido Socialista. Total, 290.328 votos de diferencia tan sólo y que, increíblemente, ninguna sonda llegó a detectar.

Extraña y trascendental noche. Las sorpresas arrancaron con la evidencia madrugadora de una nítida victoria del PSOE en las autonómicas de Andalucía, como un clarín de aviso. En Andalucía, Izquierda Unida pagó muy alto el precio de la "pinza" con los populares. Su electorado ni comprendió ni perdonó las maniobras parlamentarias de bloqueo; se puso del lado de la "víctima" institucional (en un gesto que habría de tener lecturas futuras) y salvó a Manuel Chaves y al felipismo de la quema anunciada.

Para el conjunto de España y de IU, Julio Anguita habló de "tímido avance". No "mordió" lo que pensaba en el voto socialista, y ésa fue otra de las claves de la jornada. Las sorpresas se redondearon con el "hecho diferencial" catalán. En Cataluña, el PSC se mantuvo en cabeza y CiU aguantó el tirón popular, evidenciado en las municipales del año anterior. Este último dato, según se vio enseguida, habría de tener consecuencias realmente decisivas.

Pasaban quince minutos de las once de la noche cuando Felipe González apareció en Ferraz. Previendo que la noche no iba a estar para muchas fiestas, los socialistas habían renunciado por anticipado a la tradicional cita del emblemático hotel Palace, un escenario con viejo aroma a triunfo. Si no iba a haber mucho que celebrar, mejor quedarse modestamente en casa, y la casa, la sede central del PSOE, se fue volviendo pequeña, al compás de los datos.

Entre apretones, sudores y felicitaciones, González llegó al estrado. Radios y televisiones emitían en directo. Sus primeras palabras disiparon algo de la confusión nacional reinante: "Acabo de llamar a Aznar, para felicitarle, porque ha tenido mayor número de escaños". Las siguientes anunciaban un problema: "Pueden contar con nosotros, desde una oposición rigurosa, en el caso de que llegue a haber un gobierno del PP". Las últimas, entre aplausos, apelaron a la ucronía, siempre indescifrable: "Nos ha faltado una semana... y un debate".

Mientras, la calle de Génova seguía siendo un hervidero alegre y expectante. Para calmar a los más forofos, Francisco Alvarez Cascos, el "número dos" del partido, echa mano de un muestreo propio y asegura que el Partido Popular ha obtenido "una gran victoria", que fija en 166 escaños, frente a 131 del PSOE y con otros 12 "en disputa". Tan voluntarista anuncio se produjo minutos antes de las diez de la noche, cuando seguramente en el PP acariciaban la "mayoría suficiente" referida por José María Aznar durante la campaña, estimada en 167 escaños.

Lo que las urnas en verdad concederían sería, sí, "suficiente", pero para sentarse a la mesa del pacto inevitable con los nacionalistas y con Jordi Pujol, de nuevo árbitro y bisagra de la política española. Quizá por ello el "maldito viento" le agitaba a Aznar algo más que los pelos de la cabeza, al salir al balcón, tras la intervención de González en Ferraz. Dentro le bulliría la reconversión urgente al catalanismo con que Pujol pronto le estaría esperando, envuelto en el agravio.

"Aznar lo tiene difícil", sentenció Jordi Pujol aquella misma noche, en tono de advertencia para gaviotas y navegantes. Yno es fácil que una profecía deje de cumplirse si su cumplimiento depende del profeta que la hace.

El rostro del ganador era circunstancial, lógicamente. No aparecía exultante, como el 12 de junio del 94, tras las elecciones europeas, cuando el PP batió por primera vez al PSOE en una consulta de ámbito estatal, y nada menos que por casi diez puntos de diferencia; o como en el más reciente 28 de mayo del 95, cuando arrebataron a los socialistas una muy buena parte de su poder local y autonómico, y el líder del PP enfatizó que acababan de subir el "penúltimo escalón", imaginando su propia ascensión a La Moncloa.

"¿Pero hemos ganado o no hemos ganado?". Habían ganado, ciertamente, pero sin arrasar ni cosa parecida; de forma discreta, muy discreta. "Una victoria al estilo Aznar", dice en esta tarde caliente de verano Miguel Angel Rodríguez, y recuerda otras victorias aznaristas por la mínima: la del 10 de junio del 87, por ejemplo, en Castilla y León. Empató a 32 escaños con el PSOE y con Juan José Laborda, pero ganó, aunque sólo fuera por tres mil votos raspados. Con tan pequeño bagaje y desde la presidencia de la Comunidad castellano-leonesa, fue como Aznar logró proyectar su imagen hacia Madrid, adornada con el celofán de algunos gestos breves: la supresión de las Visas Oro para los consejeros o la reducción de altos cargos, entre otros. Paso a paso, poquito a poco. Así fue siempre su caminar político. Acelerando a fondo en ocasiones, pero con cuidado, con discreción, sin pisar demasiados callos ajenos, para no herir, para que no le hirieran, tragándose la correspondiente ración de sapos, atendiendo los consejos de algunos buenos amigos (el primero y principal, su esposa, Ana Botella) y cuidando a los padrinos; al patrón, sobre todo, a Manuel Fraga, don Manuel, "sin cuyo respaldo el proceso seguido hubiera resultado impensable, porque una mínima orden suya hubiera acabado con todo el proyecto", confiesa Rodríguez.

Entre apretones y sudores, González llegó al estrado. Sus palabras empezaron a disipar la confusión inicial: "He llamado a Aznar para felicitarle"

JAVI MARTÍNEZ

BERNARDO DÍAZ

Felipe González, la noche del 3-M, acudió a la sede de Ferraz -imagen de la izquierda- y felicitó desde allí a Aznar. Debajo, el líder del PSOE junto a José Luis Coll en plena campaña electoral.

En la noche nerviosa del 3 de marzo, Aznar volvía a estar en el balcón de Génova desde el que la derecha escribió algunos capítulos relevantes de su historia, siempre convulsa y tendente al suicidio. Cerca de él, desde la ventana de su despacho, que sigue siéndolo, fue donde Fraga leyó su carta de dimisión, el 2 de diciembre del 86, convencido de la imposibilidad de romper su techo, desanimado por la fortaleza del muro socialista y harto de conspiraciones internas o de operaciones externas, como la "Operación Roca", el más caro de los ensayos de centro -miles y miles de millones de pesetas que fueron por el sumidero-, cuando las elecciones generales de junio del mismo 86, con el resultado de cero diputados. Luego llegaron Miguel Herrero y Hernández Mancha, que se pensó que se podía merendar a Felipe González con una moción de censura, y acabó devorado por los leones y por los cristianos. Total, que el patrón decidió volver a poner orden, a refundar AP en el congreso de octubre del 88 y de allí salió la impracticable idea de nombrar a siete vicepresidentes -Aznar entre ellos- para ir probándolos. Vaya lío: Aznar, Isabel Tocino, Fernando Suárez, Abel Matutes, Marcelino Oreja, Miguel Herrero, Félix Pastor... ¿Habrían de luchar entre sí para que Fraga señalara a uno de ellos con el dedo de la sucesión?

"Sin el respaldo de Fraga, el proceso hasta llegar a La Moncloa hubiera sido impensable", confiesa Miguel Angel Rodríguez

Al final, todo se solucionó junto al Atlántico, en la casa de Perbes, medio derruida por el terrorismo, otro escenario singular entre cuyas paredes y las de un restaurante cercano Fraga oyó los argumentos de Alvarez Cascos -el secretario general ya entonces y los tres adjuntos: Rodrigo Rato, Federico Trillo -que regresaba de sus propias decepciones- y Juan José Lucas, muy combativo Lucas aquel sábado 26 de agosto del 89, cuando la "cuestión sucesoria" quedó reducida a dos, a Aznar y a Isabel Tocino, la atractiva catedrática que había sido profesora particular de la hija menor de don Manuel y por la que el patrón sentía verdadera admiración y afecto. Estaba de moda el personaje de Margaret Thatcher, y Fraga no ocultó sus preferencias.

En Perbes se reflexionó, se habló de piernas, Fraga dijo que de entrada Tocino tenía quinientos mil votos más que Aznar... Los "hijos" discutieron respetuosa y tenazmente con el "pater familias", y al lunes siguiente la pelota caía del lado del joven inspector de Finanzas del Estado, 36 años, "el nieto de don Manuel Aznar", que iba a dejar Valladolid y la presidencia del Gobierno regional para, a la vuelta de sólo dos meses, el 29 de octubre, intentar el asalto al alcázar del PSOE. Misión imposible, pero sacar un escaño más que Fraga le evitó a Aznar la defenestración inmediata.

Sacar un escaño más que el máximo obtenido por Fraga le evitó a Aznar, en las elecciones de 1989, la defenestración inmediata

"Te digo que estamos vivos de milagro", manifiesta, en plural, Miguel Angel Rodríguez, "y no me refiero sólo al atentado del 19 de abril del año pasado", con cuyo recuerdo aún Aznar es capaz de sobresaltarse por un instante y de revivir el olor a pelo chamuscado. "En el 89 vinimos a Madrid a perder las generales, porque las encuestas presagiaban que bajaríamos a los 82 escaños, y salvamos los muebles. Luego estalla el «caso Naseiro», y otra vez parece que nos tenemos que volver a casa. El PSOE era duro como una piedra, un aparato de poder imposible de mover. En el 92, Mario Conde lanza su estrategia para cargarse a ➳

Un triunfo

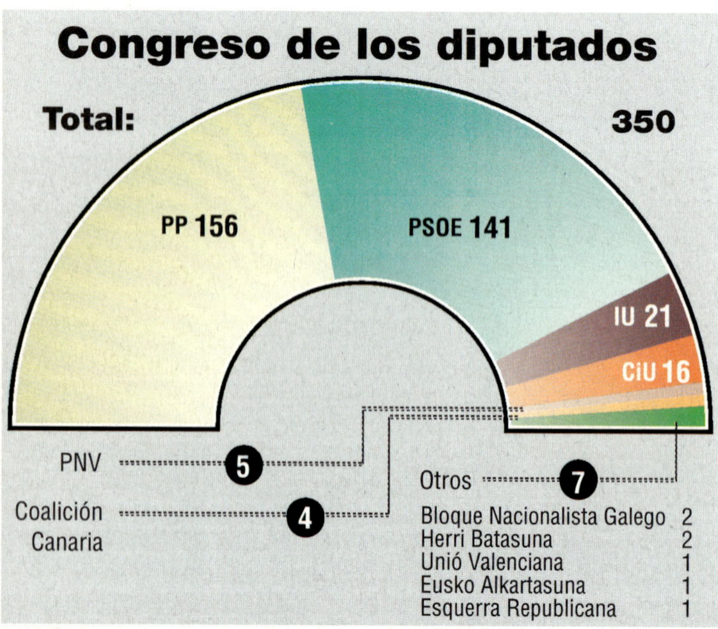

El Partido Popular se llevó una gran decepción en la noche del 3 de marzo de 1996, aunque el ritual político le obligó a disimularla. La culpa fue de las encuestas, que anunciaban una victoria indiscutible. Sólo acertaron las del Partido Socialista, que presumía de una derrota por los pelos... y todo el mundo creía que era una fanfarronada.

El partido de Aznar proyectaba gobernar en solitario y tuvo que pedir urgente auxilio. Logró 156 votos, 20 menos de los que necesitaba para disponer de una mayoría absoluta como había gozado el PSOE. La cosecha de votos (9.716.000, más de 1.450.000 que tres años antes) fue la mejor de la historia de un partido que se había desplazado en los últimos años hacia el centro. Pero al no lograr los escaños suficientes para gobernar en solitario, tal victoria tuvo casi el sabor de una derrota.

Por el contrario, el PSOE recibió su resultado casi como una victoria. La llamó una "dulce derrota". Frente a quienes pronosticaban una caída en picado, el partido de González logró movilizar extraordinariamente a su electorado y reunir 9.425.678 votos (casi 200.000 más que en las anteriores elecciones) y sumar 141 escaños, el número de los que ocupaba en

JOSÉ AYMÁ

EL PRIMER GOBIERNO DE AZNAR: De izquierda a derecha y de atrás adelante, José Manuel Romay, Loyola de Palacio, Mariano Rajoy, Isabel Tocino, Javier Arenas, Rafael Arias Salgado, Esperanza Aguirre, Josep Piqué, Eduardo Serra, Abel Matutes, Francisco Alvarez Cascos, José María Aznar, Rodrigo Rato, Margarita Mariscal de Gante y Jaime Mayor Oreja. La fotografía fue realizada el 7 de mayo de 1996.

por la mínima

la anterior legislatura el PP. Para el PP, una diferencia de poco menos de 300.000 votos y 15 escaños era inferior a la que había alcanzado el PSOE sobre él en la última legislatura.

La primera consecuencia de este triunfo por la mínima fue lo que le costó a Aznar formar Gobierno. Al final logró el apoyo de Convergència i Unió, que había obtenido 16 escaños (uno menos que en 1993), el Partido Nacionalista Vasco, que había revalidado sus cinco escaños, y Coalición Canaria, que había repetido también su cuota de cuatro. Aznar formó Gobierno, pero no pudo aplicar completamente su política.

El tercer lugar fue ocupado de nuevo por Izquierda Unida, coalición que anunciaba, sin embargo, mejor balance. Subió unas decenas de votos (muy pocos si se tiene en cuenta el crecimiento en punto y medio de la participación, que con un porcentaje de 78,06 fue la tercera mayor de la historia electoral de la democracia) y tres escaños.

Por lo demás, la filoetarra Herri Batasuna, pese a una pérdida de votos en torno al 10%, mantuvo sus dos escaños y entró en el Parlamento el Bloque Nacionalista Galego con otros dos escaños. El PAR aragonés cedió su escaño al PP y lo demás (tres votos repartidos entre UV, EA y los republicanos de ERC) entró dentro de lo provisto.

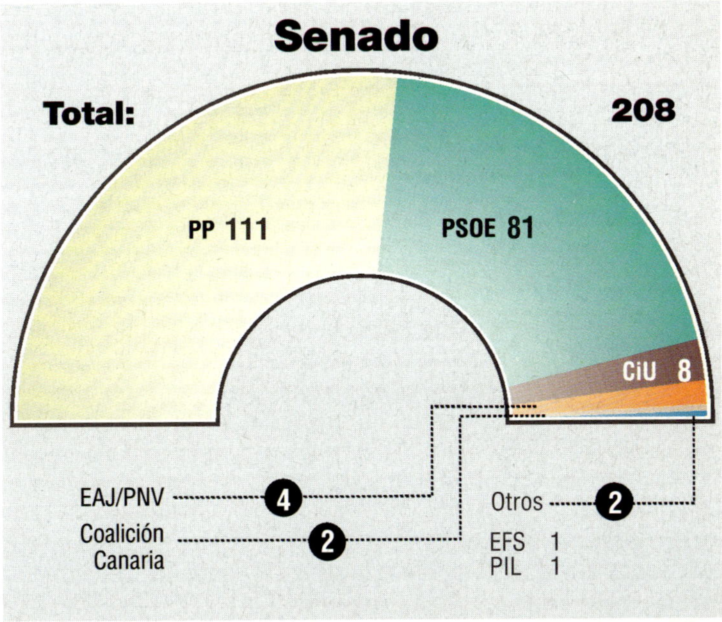

Aznar y situarse como líder carismático, con el apoyo de los medios de comunicación que no respaldaban a los socialistas... hasta que se va destapando la corrupción y es en las generales del 93 cuando parece que podemos ganar. No lo conseguimos, por muy poco, pero dejamos al PSOE sin mayoría absoluta y logramos convertirnos en alternativa, una alternativa creíble, probablemente en la misma noche de las elecciones, el 6 de junio, cuando Aznar salió reconociendo la derrota y felicitando a González. Y, por cierto, no es verdad que el Rey le llamara sugiriéndole lo de la felicitación. Eso fue simplemente el resultado de la aplicación de la "opción b", la de perder, y en función de unas notas que el propio Aznar se había preparado en el mediodía de ese domingo".

Javier Martínez

Fraga y Aznar se disponen a abrazarse durante el XII Congreso del Partido Popular, en enero de 1996.

"Aquella noche -continúa recordando Rodríguez- empieza otra historia completamente distinta, y luego vino la goleada de las europeas, la victoria en las municipales y autonómicas, mientras el Gobierno estaba en caída libre... Pero la cruda verdad es que, hasta el 93, teníamos que demostrar cada día que merecía la pena que se nos hiciera algún caso y que, en fin, sabíamos hacer la «o» con un canuto. Aznar iba dando pasos hacia las cosas en las que cree, pero entre la incredulidad general. Después, él seguía siendo el mismo, con la misma cara de palo y contando los mismos chistes malos, pero el entorno cambió radicalmente cuando nos hicimos con el «maillot» amarillo, que dicen da alas".

José María Aznar procura seguir siempre el consejo que le daba su abuelo: «Tú, hijo, no te pongas nunca nervioso»

José María Aznar López, madrileño del barrio de Salamanca, pilarista que disputaba con sus compañeros de curso un campeonato a ver quién era el primero en llegar a clase, y que ganó ese campeonato, un primer premio a la constancia, a la regularidad. Procura seguir siempre el consejo que más le daba su abuelo: "Tú, hijo, no te pongas nunca nervioso".

Es, o aparenta ser, muy tranquilo, a veces demasiado; introvertido, silencioso. Guarda en secreto el destino que quiere para los demás, hasta ponerlos repentinamente entre la espada y la pared. Es un obseso del orden, tiende a la desconfianza y es celoso de su propia independencia. Tal vez Fraga ignore aún que en el referéndum de la OTAN votó "sí", en lugar de abstenerse. Y en lo fundamental tiene suerte. Como diría el fallecido Pío Cabanillas, "los alisios soplan a su favor", aunque el concepto es relativo, algo que hay que saber buscarse, porque, como señalaba don Gregorio Marañón desde su propio triunfo, "sólo Dios sabe las noches de vigilia e insomnio que me ha costado mi buena suerte".

Para la derecha ha sido el hombre necesario en el momento oportuno, y sus alisios fueron tomando los nombres persistentes de Juan Guerra, Mariano Rubio, Filesa, BOE, GAL, CESID, fondos reservados, Urralburu, Luis Roldán, que alguien fue concatenando de forma inmisericorde, como el 19 de abril del 94, cuando espetó en el Parlamento aquel "¡váyase usted, señor González!", en un discurso que abrió con el interrogante de "¿cuál será el próximo escándalo?", y justo a los diez días Roldán se iba, se fugaba de España y de sus responsabilidades.

Felipe González no le estima. Piensa -por lo menos, pensaba- que carece de sentido de Estado y que hizo un uso irresponsable de la corrupción, un uso "en negro", que el PSOE identificó con las dentelladas de un doberman y contrarrestó con el "España en positivo" de la campaña electoral, los últimos quince días antes de las elecciones del 3 de marzo que todavía están esperando un análisis serio para saber qué influencia real tuvo la campaña socialista frente a la del PP y Aznar, que se paseó por toda España lanzando mensajes de serenidad y de triunfo indubitable, hasta que llegaron las urnas y emergió un país profundo, que no estaba presente en los sondeos.

Con estos bueyes habrá que arar, pensaría Aznar, en el balcón de Génova, después de haber subido el último escalón. Con Pujol esperándole a la vuelta de unos resultados históricos pero aún insuficientes, lo obligado era seguir siendo administrador de prudencias, y lo que iba a decir no podía satisfacer las ansias de la hinchada. Dijo simplemente que el PP había ganado las elecciones y que agradecía los apoyos recibidos; que iba a buscar permanentemente el diálogo y que esperaba la colaboración de las comunidades autónomas, y que había en España un partido de centro dispuesto a tomar el relevo. No había lugar para mucho más, salvo la obligación de, como casi siempre, adaptarse al terreno y de amoldar los deseos a la realidad, mientras el "maldito viento" le desordenaba el gesto.

•PERFIL•

El presidente en quien nadie creyó

Cómo José María Aznar conquistó La Moncloa

En contra de lo que todos sus adversarios internos y externos habían creído, José María Aznar alcanzó la presidencia del Gobierno tras ser investido el 8 de mayo de 1996 en el Congreso. Siempre con discreción, había llegado a la meta.

Raimundo Castro

Sólo su esposa, Ana Botella, algunos amigos íntimos y él mismo creyeron que llegaría ese día. Y el propio Aznar definió perfectamente su larga marcha hacia La Moncloa cuando aseguró: "Estoy vivo porque me han despreciado". Se refería, obviamente, a su vida política. Y tenía más razón que un santo.

Cuando Manuel Fraga le eligió como sucesor en la presidencia del PP el 26 de agosto de 1989, en Perbes, los tiburones del partido y sus adversarios en el mundo político y económico estaban convencidos de que José María Aznar iba a durar en el puesto lo que un caramelo a la puerta de un colegio. Incluso don Manuel consideraba que en el futuro, cuando el PP estuviera maduro, él mismo podría ser el hombre que pilotara el Gobierno nacional tras un triunfo sobre los socialistas. Por su lado, Felipe González, entonces presidente, se las prometía felices considerando que más pronto que tarde se abriría una nueva batalla interna en el primer partido de la oposición para buscarle un sustituto al nuevo presidente, del que pensaba que acabaría estrellándose como lo había hecho poco antes Antonio Hernández Mancha. También Mario Conde, siempre dispuesto a encabezar el centro-derecha utilizando su poder en Banesto, pensó que Aznar duraría poco. Porque no faltara nadie, ni don Juan Carlos, ni Jordi Pujol, ni Arzalluz, ni José María Cuevas, ni Miguel Herrero de Miñón, nadie relevante en el mundo político y financiero le consideraba dotado para alcanzar la presidencia. Y fue eso lo que Aznar aprovechó para consolidarse: para cuando todos se dieron cuenta de que iba en serio y podía llegar, él ya había cuajado una nueva dirección del PP que le era fiel, que representaba a una nueva generación y que cerraba filas en torno a su ⋙

LARRY MANGINO

En el camino al poder, Miguel Angel Rodríguez ha sido una de las piezas básicas del equipo de Aznar.

liderazgo porque todos consideraban que su caída conllevaría la propia.

Nadie, además, le había dado importancia a un hecho fundamental en la vida del ahora presidente: su tremenda suerte. La tuvo desde que empezó a militar en Alianza Popular de Logroño, donde llegó con el aval de José María Areilza, según cuenta Alvaro de la Puerta, que fue quien le recibió aquel 27 de enero de 1979. Su suerte empezó a manifestarse por el hecho mismo de que no habiendo jóvenes en el viejo aparato riojano, ocho meses de trabajo le bastaron para ser elegido secretario general de la AP provincial. Y, encima, el propio Manuel Fraga, que acudió al Congreso, se fijó en él, contento de que aquel hijo y nieto de amigos suyos, a quien promovía su también amigo Félix Pastor Ridruejo, discurseara bien y aportara juventud a un PP lleno de dinosaurios.

El contacto con Fraga fue decisivo porque cuando Aznar volvió a Madrid, Fraga le puso en la sede nacional junto a Rodrigo Rato y Abel Matutes

El contacto con Fraga fue decisivo porque, cuando poco más de un año después, Aznar volvió a Madrid para ejercer su profesión de inspector de Hacienda, el líder del partido le puso a trabajar en la sede nacional de la calle Silva junto a Rodrigo Rato y Abel Matutes en dos áreas importantes: la política fiscal y los temas autonómicos, nuevos para todos en aquellos momentos. Ahí empezó a formarse, también, en el liberalismo que habría de constituir su cuerpo teórico fundamental y de cuyas filas tomaría después a su equipo de colaboradores. Y ahí se colocó al lado de Fraga con el suficiente tino para que éste le propusiera como diputado cunero en las elecciones de 1982.

La suerte volvió a ser decisiva cuando, tras ser rechazado por los sorianos, Fraga le destinó a una de las provincias que nadie quería: Avila. Entonces, Avila era el feudo del ex presidente Adolfo Suárez y su mano derecha, Agustín Rodríguez Sahagún, encabezaba la lista de su CDS. Además, el PSOE, por otro lado, estaba en la cresta de la ola, presto a sacar su histórica mayoría absoluta. Inesperadamente, venció a unos y a otros y AP quedó como primer partido.

Ese éxito le deparó convertirse en uno de los llamados "jóvenes cachorros" de Fraga que constituyeron, bajo el mando de Miguel Herrero de Miñón, el equipo de dirección del nuevo Grupo Parlamentario Popular. Aupado por ese grupo, con Miguel Herrero como protector, aunque al tiempo siempre fiel a Fraga en los momentos en que se le intentaba desplazar, el 6 de febrero de 1986, en el VII Congreso de AP fue nombrado adjunto al secretario general, Jorge Verstrynge, consolidando una posición que el 17 de junio de 1985 había alcanzado en Castilla y León, la presidencia regional.

El hecho de que, sólo un año después, apostase por Miguel Herrero frente a Antonio Hernández Mancha en el VIII Congreso de AP que elegía al sucesor de un Manuel Fraga que había dimitido dos meses antes estuvo a punto de llevarse por delante su sueño de ser algún día presidente. Con Hernández Mancha como presidente de AP y el líder de la CEOE, José María Cuevas, apoyando a Rodolfo Martín Villa, se le intentó desplazar de la candidatura a la presidencia de Castilla y León en las elecciones autonómicas del 10 de junio de 1987. El apoyo de Fraga y de Herrero acabaría siendo decisivo y la suerte, una vez más, acabó haciendo de las suyas. Contra todo pronóstico, empatado a escaños con el PSOE y con un CDS que le dejó subir al podio, José María Aznar ganó esas elecciones y juró como presidente el 28 de julio.

Todas las miradas de quienes, empezando por Miguel Herrero, consideraban que el liderazgo de Antonio Hernández Mancha era un desastre para AP, se volvieron hacia Valladolid, hacia él. Su gestión hizo el resto. Sin embargo, para echar a Hernández Mancha, la operación que se montó no fue presentarle a un sustituto generacional, sino hacer volver a Fraga, tarea en la que se empeñaron Aznar, Herrero, Lucas, Trillo y todo el equipo que había estado organizándose en contra del nuevo presidente y resistiendo desde el Grupo Parlamentario y la Fundación Cánovas del Castillo, que presidía el fundador del partido. En el IX Congreso de AP, el de la refundación, Manuel Fraga volvió a ser presidente del nuevo PP y Aznar ocupó una de las siete vicepresidencias. En ese Congreso, celebrado los días 20 y 21 de enero de 1989, Fraga eligió como delfín, no obstante, a Marcelino Oreja. Pero el batacazo electoral que el viejo ex ministro se dio en las elecciones europeas del 15 de junio acabó con sus posibilidades sucesorias.

En ese contexto, otra vez más, la suerte volvió a aliarse con Aznar. Viendo Felipe González la situación por la que pasaba el PP, con Oreja destrozado y con Fraga comprometido a presentarse a las elecciones gallegas de diciembre, decidió convocar generales para octubre. El "patrón" no tuvo más remedio que buscar un candidato, alguien que, a su juicio, se quemaría las pestañas porque las expectativas electorales eran nefastas. Su candidata idónea era Isabel Tocino, pero, con la excepción de Francisco Alvarez Cascos, hombre de total fidelidad a Fraga, todo el grupo básico de la dirección del partido (Rato, Lucas y Trillo) acudieron el 26 de agosto a Perbes para pedirle que propusiera a José María Aznar. Inclinado a sus consejos, Fraga eligió a Aznar y el 5 de septiembre, tras dejar a Jesús Posadas como presidente castellano-leonés, el flamante candidato desembarcó en la sede nacional de Génova, 13, con sólo dos meses por delante para preparar las elecciones del 29 de octubre.

El hecho inesperado de que el nuevo candidato rompiese el techo electoral de Fraga fue fundamental para que Aznar tomase las riendas del PP

El hecho inesperado de que el nuevo candidato rompiese el techo electoral de Manuel Fraga obteniendo un escaño más que los conseguidos en el mejor momento de AP fue fundamental para que Aznar se decidiese a tomar las riendas del partido el 1 de abril de 1990. Aunque tutelado por Fraga, Aznar se marcó el reto de ganar las elecciones en dos legislaturas tras modernizar el PP, rejuveneciéndolo, centrándolo y convirtiéndolo en el referente de todo el centro-derecha. El "caso Naseiro", de presunta financiación irregular del PP, que afectó a uno de sus más estrechos colaboradores, Arturo Moreno, estuvo a punto de dar al traste con el proyecto nada más iniciarlo. Los seguidores del derrotado Hernández Mancha por un lado y los históricos desplazados de la nueva área de poder, por otro, lanzaron una ofensiva desde dentro. Los partidarios de Fraga, con Alberto Ruiz-Gallardón como protegido del fundador, aprovecharon para impedir un completo control del aparato por parte de Aznar. Y los socialistas, con González a la cabeza, intentaron dinamitar a la nueva figura emergente.

Pero, una vez más, la suerte acudió en su ayuda. Con su nuevo equipo cada vez más consolidado (el Clan de Valladolid con Miguel Angel Cortés y Carlos Aragonés a la cabeza, Mariano Rajoy, Miguel Angel Rodríguez y otras caras nuevas) Aznar consiguió pronto que del PSOE para la derecha no hubiera más partido estatal que el PP. La fortuna añadida de que Francisco Alvarez Cascos, que era, como secretario general, el "vigilante" de Fraga dentro de la dirección, se enamorase y cayera en desgracia ante el sector más conservador del partido también fue determinante. Contra todos los que pedían su sustitución, Aznar apoyó a Alvarez Cascos y lo mantuvo en la Secretaría General. El "número dos" pasó, así, a ser un hombre más de Aznar. Sólo le quedó, por fuera, no controlado, un líder alternativo a su propio liderazgo: Alberto Ruiz-Gallardón.

A la chita callando, haciendo de auténtico don Tancredo político, Aznar había dejado en la cuneta a todos sus posibles competidores: Miguel Herrero, Isabel Tocino, Rodolfo Martín Villa, Antonio Hernández Mancha y Marcelino Oreja. El único peligro para sus aspiraciones a la presidencia era Mario Conde. Pero Mario Conde acabó autodestruyéndose solo, sin necesidad de que Aznar tuviera que hacer grandes esfuerzos. El poder de Conde llegó a tal extremo que todas las fuerzas del sistema se conjugaron contra él por los más dispares motivos. Al final, González y Aznar, de mutuo acuerdo, dieron vía libre a la caída y enjuiciamiento de Conde por la gestión de Banesto, convencidos de que, si no lo hacían, podía convertirse en el Berlusconi español.

Con Mario Conde caído el famoso 28 de diciembre de 1993, el camino hacia La Moncloa le quedó totalmente despejado a José María Aznar. Su único rival estaba fuera, era Felipe González. Una operación de acoso y derribo organizada dentro y fuera del Parlamento acabaría provocando el adelanto electoral que llevó, el 3 de marzo de 1996, al triunfo del PP en las urnas. Y el 12 de mayo, tras pactar con los nacionalistas catalanes, vascos y canarios, José María Aznar juró en La Zarzuela el cargo de presidente. Cumplió, así una de sus tres aspiraciones de cuando era niño. Las otras dos, ser torero o futbolista, quedaron frustradas gratamente.

LARRY MANGINO

José María Aznar juega con su hijo pequeño Alonso en enero de 1993.

Una nueva generación

La segunda transición del Gobierno de Aznar

La polémica franquistas-antifranquistas que ha marcado las luchas dialécticas de los últimos veinte años quedó superada con el acceso al poder del Partido Popular. Los nuevos responsables políticos tienen el sello distintivo de que no estuvieron ni en un bando ni en el otro. Una garantía para afrontar la segunda transición.

Cuando el primero de julio de 1975 el Rey solicita a Carlos Arias su dimisión como presidente del Gobierno, se precipita el fin político de la generación franquista. Un hombre de cuarenta y tres años, Adolfo Suárez, dirigirá ejecutivamente la superación de una era y el inicio de otra nueva para la convivencia de los españoles.

Ha hecho una carrera política importante dentro del Estado del 18 de julio, pero su corazón y su cabeza están con la generación del Rey. Se rodea fundamentalmente de coetáneos provenientes de la misma Administración franquista y de otros de ideologías aparentemente diversas pero coincidentes en una médula democrática. Con la pasividad, a veces crispada, de la generación anterior fiel a Franco consigue un consenso constitucional con los enemigos del viejo régimen, en el que entran incluso sus antípodas comunistas.

Nace así la generación de la Transición encabezada por la UCD. Se distingue de la anterior, de manera principal, por la tolerancia y se asemeja por la procedencia universitariamente elitista de sus cuadros de mayor altura. El estamento militar vuelve a sus cuarteles y despeja los altos cargos de la Administración civil de uniformes que anteriormente salpicaban el Consejo de Ministros y despachos civiles de alto rango. La política y la Administración se desmilitarizan. España se europeiza. La organización del Estado se sirve de hombres entonces jóvenes que conocían en profundidad los mecanismos administrativos en casi todos los niveles orgánicos. Por simplificar, Martín Villa, Osorio o Rosón resultan paradigmas del aserto. Y entran políticos nuevos, bregados en la oposición democrática, como Joaquín Garrigues, Iñigo Cavero o Ignacio Camuñas.

La UCD nace como un partido invertebrado y pronto se abandera fratricidamente en parecidas facciones que lo compusieron. Y, con la década de los ochenta, entra en una acelerada espiral de autofagocitación hábilmente azuzada por sus flancos ideológicos: AP y PSOE. La UCD, engarzada por quienes fueron brillantes cachorros del franquismo y por cuadros jóvenes de la oposición democrática, había descubierto el espacio mágico del nuevo mapa político español desaparecido Franco: el centro.

> **Para la inmensa mayoría de los dirigentes del PP, Franco es historia y, por tanto, está fuera de toda referencia**

La progresía, en especial la de sus planteamientos autonómicos, hace que abandonen sus posiciones los votos más a la derecha. Y el PSOE se desnuda de marxismo para abalanzarse sobre esa gran parcela sociológica que es la llave del Gobierno.

Los socialistas, o socialdemócratas, pertenecen al mismo coto generacional que los nucleadores de la UCD. La mayor diferencia son sus planteamientos teóricos más radicales, en una historia de oposición al anterior régimen más drástica en posicionamientos nunca violentos. Ellos nunca hubieran podido pilotar una transición pacífica o ni siquiera pudieran haberlo intentado. Terminado el trabajo de sus coetáneos centristas, se dispusieron a ocupar su sitio.

Pronto se vio que no había grandes diferencias entre UCD y PSOE. El realismo en la política occidental no permite genialidades ni divergencias muy patentes. Las filosofías políticas también son generacionales. Aunque el asentamiento sobre amplias mayorías absolutas propició una prepotencia que al final se tradujo en ceguera ante la rapiña. La portentosa imagen comunicadora de Felipe González evitó un descalabro electoral próximo al de UCD. Pero no pudo evitar el triunfo por mayoría simple de una nueva generación.

en el poder

Joaquín Bardavío

Periodista. Autor, entre otros libros, de "Sábado Santo rojo" y "Las claves del Rey"

El Partido Popular arranca de las bases ideológicas progresistas del franquismo lideradas por Manuel Fraga y su Alianza Popular. Paradójicamente, el actual PP apenas nada tiene que ver con sus orígenes aliancistas. Fraga supo entender el corte generacional y abrió las compuertas al futuro que demandaba la Historia. Tras un fallido ensayo de sucesión, encontró en José María Aznar al hombre capaz de disciplinar un partido para el mañana.

Sin olvidar la riqueza de la experiencia, paulatinamente el nuevo líder se fue rodeando de cuadros que, a la muerte de Franco, eran meros estudiantes núbiles de militancias de uno u otro signo. Sólo recordaban un franquismo crepuscular y una oposición de intermitente algarada. Sus antecedentes familiares -en gran parte instalados en la derecha generacional de la posguerra- no tendrían que ser lastre o condicionamiento, como tampoco lo fue en muchos cuadros del PSOE, hijos de familias ideológicamente franquistas o liberales.

Esta nueva generación que entra en el Gobierno en 1996 tiene su rasgo más definitorio en la superación del pasado. Para la inmensa mayoría de los dirigentes del PP, Franco es historia y, por tanto, está fuera de toda referencia porque nadie les puede señalar como colaboracionistas con el anterior régimen, ni de pasividad opositora, ni pueden presumir de resistentes o perseguidos. No precisan de marchamo democrático porque, profesional y políticamente, han nacido en la democracia sin más opciones que el juego de partidos bien a la derecha, al centro o a la izquierda. Su opción ha sido el centro-derecha, pero siempre el centro porque, sin él, no hay posibilidad generacional de gobierno. Como se dijo, lo descubrió UCD. Y lo aprovechó muy bien el PSOE. Y también le tocó al PP.

El último presidente que nombró Franco -en realidad, el segundo-, Carlos Arias, tenía 65 años al jurar el cargo. El primero de la democracia, Adolfo Suárez, 43. Su sucesor, Calvo-Sotelo, 55, aunque no lo fue por sufragio. El tercero, Felipe González, 41. Y el cuarto, José María Aznar, 43. Desde el último Gabinete de Franco hasta hoy hemos sido gobernados por tres generaciones, aunque la última apenas ha comenzado su tarea. Y los tres presidentes democráticamente elegidos lo han sido prácticamente a la misma edad. Parece que la reciente Historia española reclama un relevo generacional con una cierta cadencia.

Decir que con el Gobierno del PSOE terminó la Transición es un tópico comúnmente aceptado. Y decir, como dice Aznar, que con el Gobierno del PP comienza una segunda, se antoja adecuado. Con esta nueva generación puede terminarse la polémica franquismo-antifranquismo con la que tantas inútiles batallas a pedradas dialécticas se han desarrollado en los últimos veinte años entre parlamentarios y cuadros partidistas. "Estos chicos" -así se dijo de los de UCD y de los del PSOE en sus respectivos estrenos de Gobierno- han nacido tarde para esas polémicas. No estuvieron ni en su sitio ni en otro. Y esta es la gran novedad de una nueva generación.

VEINTE NOMBRES DEL EQUIPO POPULAR

La llegada de José María Aznar al Gobierno a raíz del triunfo del Partido Popular en las elecciones del 3 de marzo de 1996 supuso la irrupción de una nueva generación de políticos en los puestos de máxima responsabilidad. Estos 20 nombres son representativos de la estructura del poder que reemplazó a los socialistas tras los dieciséis años (1982-1996) que llevaron las riendas del país.

ALVAREZ CASCOS, FRANCISCO. Madrid, 1947. Ingeniero de Caminos, Puertos y Canales. "Mano derecha" de Aznar al frente de la **Vicepresidente primera y del Ministerio de la Presidencia.**

ARENAS, JAVIER. Sevilla, 1957. Abogado. **Ministro de Trabajo y Asuntos Sociales.**

BARBERA, RITA. Valencia, 1949. Licenciada en Ciencias Políticas, Económicas y Comerciales. **Alcaldesa de Valencia.**

BARRERO, JUAN IGNACIO. Mérida (Badajoz), 1943. Licenciado en Derecho. **Presidente del Senado.**

BECKER, FERNANDO. León, 1955. Economista. **Presidente del Instituto de Crédito Oficial (ICO).**

CASTILLO, PILAR DEL. Madrid, 1952. Doctor en Derecho y Ciencia Política. **Directora del Centro de Investigaciones Sociológicas (CIS).**

FERNANDEZ-MIRANDA, ENRIQUE. Asturiano de 36 años. Doctor de Medicina y Cirugía. **Vicepresidente primero del Congreso.**

LUCAS, JUAN JOSE. Burgo de Osma (Soria), 1944. Licenciado en Derecho y Sociología. **Presidente de la Junta de Castilla y León.**

MARTINEZ, TEOFILA. Santander, 1948. Licenciada en Arquitectura técnica. **Alcaldesa de Cádiz.**

MAYOR OREJA, JAIME. San Sebastián, 1951. Ingeniero agrónomo. **Ministro del Interior.**

PALACIO, LOYOLA DE. Madrid, 1951. Abogada. **Ministra de Agricultura, Pesca y Alimentación.**

RAJOY, MARIANO. Pontevedra, 1955. Registrador de la propiedad. **Ministro de Administraciones Públicas.**

RATO, RODRIGO. Madrid, 1949. Abogado y economista. **Vicepresidente segundo y ministro de Economía, Comercio y Hacienda.**

RODRIGUEZ, MIGUEL ANGEL. Valladolid, 1964. Periodista y licenciado en Filología Hispánica. **Secretario de Estado para la Comunicación.**

RUDI, LUISA FERNANDA. Sevilla, 1950. Profesora mercantil, censora jurado y auditora de cuentas. **Alcaldesa de Zaragoza.**

RUIZ-GALLARDON, ALBERTO. Madrid, 1958. Fiscal en excedencia. **Presidente de la Comunidad de Madrid.**

TRILLO, FEDERICO. Cartagena (Murcia), 1952. Letrado del Consejo de Estado. **Presidente del Congreso de los Diputados.**

VILLALOBOS, CELIA. Málaga, 1949. Tiene estudios de Derecho. **Alcaldesa de Málaga.**

VILLALONGA, JUAN. Madrid, 1953. Licenciado en Derecho y Económicas. **Presidente de Telefónica.**

ZAPLANA, EDUARDO. Cartagena (Murcia), 1956. Licenciado en Derecho. **Presidente de la Generalitat de Valencia.**

1995

Los calendarios de 1993-94, publicados en el fascículo nº 47

Enero

Gregorio Ordóñez, asesinado. El mes comienza con una subida generalizada de la gasolina, la luz, el tabaco, el alcohol y los transportes por carretera. La peseta alcanzará niveles mínimos con respecto al marco. Y, el día 23, ETA asesina de un tiro en la nuca, en un céntrico bar de San Sebastián, al líder popular Gregorio Ordóñez.

JAVI MARTÍNEZ

Miles de personas visitaron la capilla ardiente de Lola Flores, que falleció el 16 de mayo.

Febrero

Roldán, en Laos. El país no tiene más ojos este mes que para la "captura" de Luis Roldán en Laos el día 27. El fugitivo es encarcelado en la prisión de Brieva (Avila) al día siguiente. El Congreso aprueba la Ley del Jurado y, desde final de mes, los alcaldes empiezan a celebrar bodas civiles. Conflicto entre Perú y Ecuador. El Ejército mexicano entra en Chiapas.

Marzo

La guerra del fletán. Conflicto entre España y Canadá por la pesca del fletán negro. El día 5, el Gobierno devalúa un 7% la peseta. El día 18 se casa en Sevilla la infanta Elena con Jaime de Marichalar. Hallados los cadáveres de Lasa y Zabala. Atentado con gas letal en el metro de Tokio.

Abril

Atentado a José María Aznar. El día 19, ETA intenta asesinar a Aznar en Madrid con un coche bomba. El Madrid de baloncesto, con Sabonis, obtiene su octava Copa de Europa. Manuel Benítez, El Cordobés, reaparece en Fuengirola tras nueve años inactivo. Matanza de refugiados hutus.

Mayo

Muere Lola Flores. La Faraona muere en Madrid el día 16; decenas de miles de personas dan el último adiós a Lola Flores. Semanas después pierde la vida su hijo Antonio. Victoria del PP en las municipales y autonómicas del 28. ETA secuestra al empresario José María Aldaya el día 9. El Zaragoza gana la Recopa. Se recrudece la guerra en Sarajevo. Chirac releva a Mitterrand .

Junio

Las escuchas del CESID. El escándalo del espionaje del CESID a numerosas personalidades se convierte en una bomba política: dimiten Manglano, Serra y García Vargas. El coronel Perote es encarcelado. El Corte Inglés absorbe Galerías Preciados. El día 28 es secuestrado en Zaragoza Publio Cordón.

Julio

Pruebas nucleares de Mururoa. Las pruebas nucleares francesas en Mururoa desatan una gran polémica en todo el mundo. Indurain se adjudica su 5º Tour.

Agosto

La seguridad del Rey. Tres etarras que preparaban un atentado al Rey son detenidos en Palma. Indignación popular por el descenso a Segunda B del Sevilla y el Celta. El Supremo asume el "caso GAL". Derrota serbia en Krajina. Javier Solana sale ileso de los disparos de francotiradores en Sarajevo. El día 31, mueren 14 mineros de Hunosa. Fallece el abogado José Mario Armero.

Septiembre

La paz en los Balcanes, más cerca. Sin ser definitiva, la paz se acerca a los Balcanes con las negociaciones entre serbios, bosnios y croatas. Israel y la OLP acuerdan terminar la ocupación de varias ciudades en Cisjordania. Cuatro mil afectados de Tous se quedan sin indemnización.

Octubre

Dimite Willy Claes. Implicado en un caso de corrupción, el belga Willy Claes dimite como secretario general de la OTAN. El Senado aprueba la comisión de investigación de los GAL. O. J. Simpson es absuelto del asesinato de su mujer por un juzgado de mayoría negra.

Noviembre

Magnicidio en Tel Aviv. El día 4, un extremista judío asesina en Tel Aviv al primer ministro israelí Isaac Rabin. El Rey se ve inmerso en la polémica de los negocios entre Javier de la Rosa y Manuel Prado y Colón de Carvajal. El Congreso aprueba el nuevo Código Penal. Discreta victoria de CiU en las elecciones catalanas.

Diciembre

Solana, en la OTAN. Javier Solana se convierte en el primer español al frente de la OTAN. 6 muertos y 17 heridos, balance del atentado de ETA en Vallecas, al que siguieron otros en Valencia y León. Apoyo total al plan de paz en Bosnia. Nace el euro en la cumbre del Consejo Europeo celebrada en Madrid. Accidente mortal de Manuel Gutiérrez Mellado.

QUIQUE FIDALGO

Javier Solana bromea con lady Diana.

1996

ENERO

Muere Mitterrand. El ex presidente francés François Mitterrand fallece de cáncer a los 79 años el día 8. ETA suma al de Aldaya el secuestro del funcionario de prisiones José Antonio Ortega Lara. Incautado en Marín el mayor alijo de droga en Europa: 36.000 kilos de hachís. El pueblo de Sort (Lérida) repite un premio gordo dos años después. Salta el escándalo de la prostitución infantil en Sevilla. "Magic" Johnson regresa al baloncesto tras cuatro años apartado por el sida.

JAVI MARTÍNEZ

Manifestación contra el terrorismo.

FEBRERO

ETA recrudece la violencia. Dos atentados marcan este mes: el de Fernando Múgica en San Sebastián (día 6) y el de Francisco Tomás y Valiente en la Universidad Autónoma de Madrid (día 14). Casi un millón de personas se manifiestan en Madrid contra el terrorismo. Antonio, el bailarín, fallece el día 5. El Numancia se pone de moda en el fútbol español. Dos atentados suicidas con bombas en Israel el día 25. 29 muertos al chocar un autobús con un turismo en Bailén.

MARZO

Tiempo de pactos. La victoria del PP en las elecciones del día 3 abre un período de innumerables reuniones para lograr un acuerdo de Gobierno. La enfermedad de las "vacas locas" limita la importación de carnes del Reino Unido. Continúan los atentados suicidas de Hamás en Israel. Récord en la quiniela: 1.425 millones. Matanza de 16 niños en un colegio escocés. A final de mes, las gasolinas llegan a su máximo histórico.

ABRIL

Liberado Aldaya. Tras estar 341 días secuestrado por ETA, el empresario José María Aldaya recupera la libertad el día 13. Se empieza a conocer la trama del "Gal verde" de la Guardia Civil. Por primera vez en los últimos 25 años, la inflación queda por debajo del 3,5%. Muere López Aranguren.

CARLOS BARAJAS

Los jugadores del Atlético de Madrid celebran el título de Liga en la fuente de Neptuno en el centro de la capital.

MAYO

Doblete del Atlético de Madrid. La Liga y la Copa del Rey caen en manos del Atlético de Madrid de Antic. Núñez prescinde de Cruyff y Míchel se despide del Madrid. El día 8 se abre la VIII Legislatura de la democracia. Victoria de Netanyahu en las elecciones presidenciales en Israel.

JUNIO

Medidas liberalizadoras. El Gobierno del PP empieza a desvelar las medidas económicas de su proyecto: liberalización del teléfono, de la electricidad, del gasóleo, del cable y del horario y la apertura de nuevas farmacias. La selección de Clemente cae en cuartos de final de la Eurocopa contra la anfitriona, Inglaterra.

JULIO

Alarma en Atlanta. La inauguración de los Juegos Olímpicos de Atlanta (día 19) se ve empañada la víspera por la explosión de un boeing de la TWA. El día 27, crece la alarma con el atentado del Parque Centenario de Atlanta que costó la vida a una persona y causó numerosos heridos. Yeltsin, reelegido presidente ruso. El Tribunal Supremo suspende 6 años como juez a Pascual Estevill por prevaricación. Diana de Gales concede el divorcio al príncipe Carlos a cambio de tres mil millones de pesetas.

ÁNGEL CASAÑA

Una imagen de la tragedia de Biescas.

AGOSTO

Tragedia de Biescas. El día 7, una riada arrasó un cámping de Biescas (Huescas) y causó la muerte a 86 personas. La irregular situación del cámping fue determinante para que se produjera la tragedia. El Gobierno de Aznar se niega a entregar a la Justicia los "papeles del CESID". El Ejército ruso bombardea Grozni, la capital chechena. El día 31 empieza la "Liga de las estrellas" y de las televisiones, pues se ofrecerán partidos casi todos los días de la semana.

José María Aznar sale acompañado de un policía, pero por su propio pie, del coche blindado que le salvó la vida el 19 de abril de 1995 cuando ETA explosionó a su paso un coche boma. Su frialdad y autocontrol asombraron a España. Como él mismo bromeó poco después, el atentado le proporcionó el carisma que le faltaba.

Atentado contra Aznar

Andrés Aberasturi

Podría haber sido el atentado más grave desde la muerte de Carrero. Aunque todas las vidas valgan lo mismo, la muerte a manos de ETA del líder de la oposición y previsible nuevo presidente del Gobierno, hubiera logrado herir a una democracia que se asomaba a la famosa alternancia en medio de una cierta crispación.

Fue un atentado a la antigua, con un cable de metros y metros que puso en evidencia los sistemas de seguridad. Pero el coche de Aznar no era el de Carrero y algo tuvo que ver también la suerte.

Aquella mañana el luego presidente del Gobierno demostró hasta qué punto era verdad aquello que comentaban sus más allegados: salió del coche reducido a chatarra y mientras pudo, con una frialdad producto tal vez del desconcierto, se encaminó serenamente para ser atendido hacia una clínica cercana.

España estaba tal vez más nerviosa que el propio Aznar; no era posible que volviéramos al magnicidio. ¿Y si hubiera muerto el líder del Partido Popular? Gracias a Dios, no hubo que buscar una respuesta.

PRÓXIMO Y ÚLTIMO CAPÍTULO: **EPÍLOGO. INDICES**
LA NECESARIA REGENERACIÓN DE NUESTRA DEMOCRACIA.
ESCRIBEN: JUSTINO SINOVA, CONSUELO ALVAREZ DE TOLEDO.

1975-1995. Veinte años de nuestra vida

• HISTORIA DE LA DEMOCRACIA •

{CAPÍTULO 49}

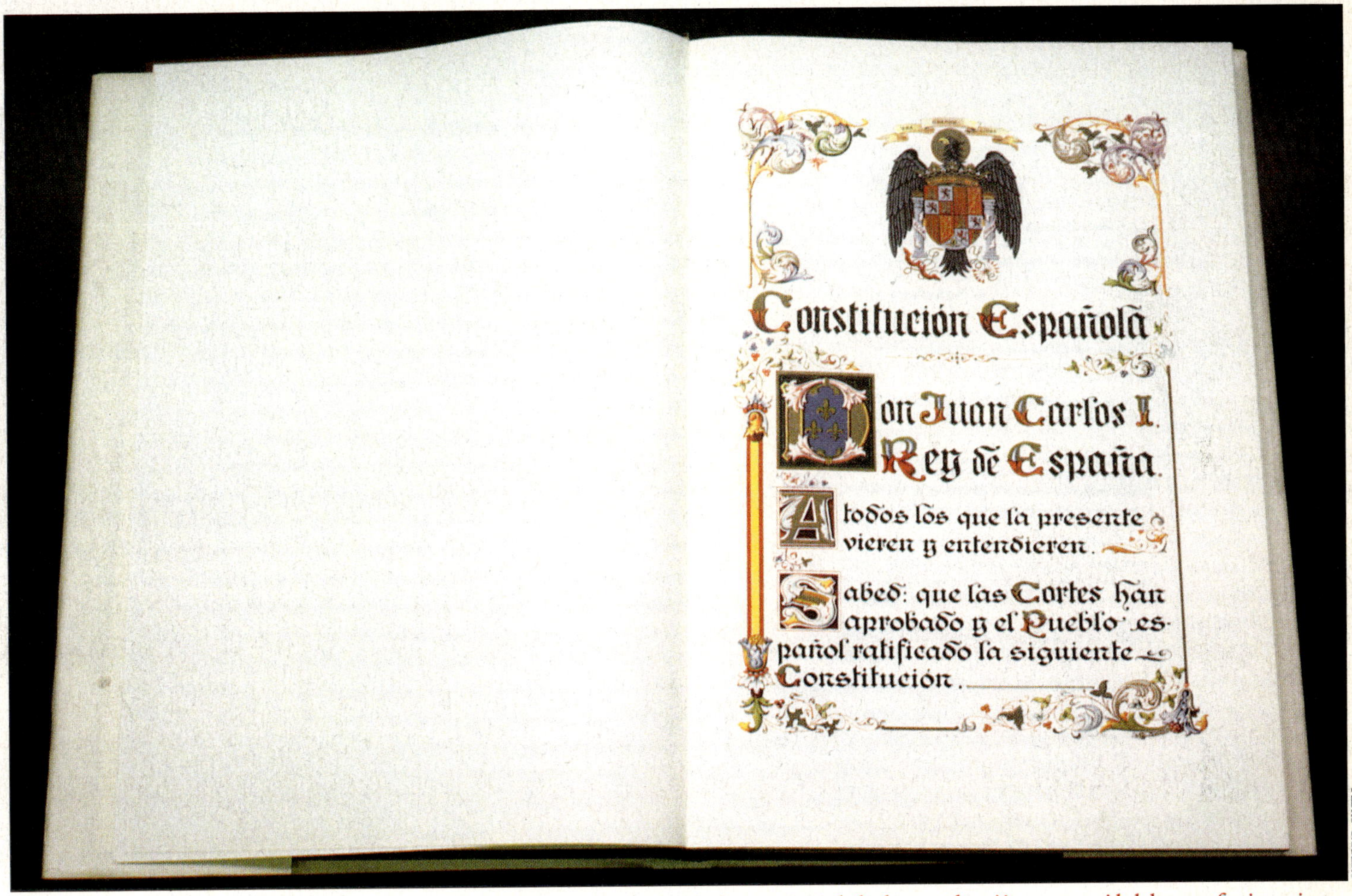

PEDRO CARRERO

La Constitución, aprobada por el pueblo español en 1978, es la fuente normativa de la democracia, símbolo de su perduración y oportunidad de su perfeccionamiento.

EPÍLOGO: EL FUTURO DE LA DEMOCRACIA EN ESPAÑA

ÍNDICE DE AUTORES • ÍNDICE ONOMÁSTICO • ÍNDICE GENERAL

La democracia española ha visto ya tres partidos en el poder. La centrista UCD de Adolfo Suárez fue sucedida por el socialista PSOE de Felipe González, al cual sustituyó el PP de centro-derecha de José María Aznar. El sistema se ha consolidado, aunque la historia de los veinte años transcurridos hace necesaria ahora una regeneración.

La regeneración de r

La extensión del poder político a otros ámbitos es una de las contrariedades de estos veinte años que, con todo, volveríamos a vivir

Esta historia que ahora termina comenzó dejando constancia de una ilusión colectiva, la de alumbrar una democracia que nos permitiera vivir en libertad y en paz. Se hizo el tránsito desde la dictadura con una eficacia que dejó asombrados en primer lugar a los propios españoles. A medida que se transformaba el sistema sin caer en la tentación de una ruptura muchas veces sugerida, iba menguando el escepticismo social acerca de la aventura reformista. Y se hizo lo fundamental en un corto periodo de tiempo. El ritmo del franquismo era premioso, a veces desesperante, pero después se vivió en la aceleración. Antes de que hubieran transcurrido tres años de la muerte del general Franco (20 de noviembre de 1975), las Cortes aprobaban la Constitución de la democracia (31 de octubre de 1978), sancionada por referéndum 36 días después.

La Constitución fue la conquista de una sociedad preocupada por su futuro pero ilusionada, en sintonía con una clase política que pocas veces en la historia ha estado más cerca de la gente. Veinte años después, la democracia permanece pero la ilusión ha sufrido algunas heridas y ha dejado paso a episodios de desencanto. Si hay algo que hoy hace coincidir a los sectores más ilustrados de la sociedad es la idea de que nuestra democracia precisa de una revitalización. Estamos de nuevo en tiempos necesitados de ideas y soluciones regeneracionistas.

¿Qué es lo que ha pasado? El diagnóstico de los males de nuestra democracia podría resumirse en el episodio continuado de un predominio excesivo del poder político sobre todo lo demás. La democracia española se fundó en el principio de la división y el control mutuo de poderes. Es una de las reglas básicas del sistema. En una democracia ningún poder es ilimitado, porque por principio esa sola idea mata la esencia democrática, sino que cada poder, además de necesitar de una legitimidad de origen, encuentra su límite en los demás poderes. Sin embargo, en nuestra democracia surgió un día la fiebre del poder absoluto. Se ha utilizado de manera tópica el anuncio por un dirigente socialista de "la muerte de Montesquieu". No fue una frase gratuita, no fue una improvisación, sino el reflejo de un concepto de democracia que hace del poder político la fuente de toda capacidad de actuar y que, por eso, debilita también la democracia. Con la muerte ritual de Montesquieu acaba muriendo también la democracia.

El momento en que nuestro sistema empieza a enfermar es el de la llegada de la mayoría absoluta de 1982. Paradójicamente, la ilusión colectiva que había sabido provocar el Partido Socialista de Felipe González encerraba un germen de crisis. Ocurrió que el sistema se había basado en la idea de las mayorías limitadas o minoritarias y no había previsto las reglas de funcionamiento de una posible mayoría absoluta. A ello se unió la arrogancia no controlada que infundió una victoria tan espectacular y la sospecha de que tan abultada cosecha de votos era indicio de una prolongada permanencia en el ejercicio del poder.

> **Si hay algo que hoy hace coincidir a los sectores más ilustrados de la sociedad es la idea de que nuestra democracia precisa de una revitalización. Estamos de nuevo en tiempos necesitados de ideas y soluciones regeneracionistas.**

Desde entonces, el Ejecutivo se hizo con toda la capacidad de gestión. Primero se impuso sobre el Legislativo. Esto le vino dado por las circunstancias. El reglamento del Congreso no había previsto la situación y, por lo tanto, no había reservado a las minorías parlamentarias un ámbito de decisión. La mayoría, que ni siquiera se planteaba la posibilidad de ceder parcelas de poder, se imponía rigurosamente sobre los grupos parlamentarios más débiles. Se tiraban así prácticamente a la papelera millones de votos porque no daban a sus destinatarios capacidad de actuar. Durante años, el espectáculo político se centró en una batalla inútil entre las minorías que querían crear comisiones parlamentarias de investigación de la acción del Gobierno y la mayoría gubernamental que rutinariamente lo impedía. El poder lo hacía sin ningún recato, consciente de su capacidad de manejar grandes recursos sociales y confiado en su permanencia. En una de estas batallas, un ministro de González pronunció la frase que ha quedado como definitoria de ese estilo de gobierno y de la grave ofensa que se le estaba haciendo al sistema democrático. Se debatía sobre la petición de una comisión de investigación

uestra democracia

acerca de la expropiación de Rumasa, y el ministro de Economía dijo en el hemiciclo del Congreso: "Mientras yo sea ministro aquí no se creará esa comisión de investigación". Los padres fundadores del principio democrático que en la historia han sido debieron de removerse aquél día en sus tumbas. Y desde entonces quedó sin sentido uno de los artículos de la Constitución, el 66, que encomienda a las Cortes el control de la acción del Gobierno. El ejercicio del control cambió de dirección. Fue el Gobierno el que maniató la acción parlamentaria.

Si la invasión del Parlamento fue una consecuencia del triunfo electoral, la invasión de otro ámbito sagrado del Estado democrático fue una operación urdida por el Ejecutivo. Consistió en el control de la Justicia mediante la modificación del sistema de designación de los vocales de su órgano de gobierno, el Consejo General del Poder Judicial. Para ello, el Gobierno, con la ayuda de su Grupo Parlamentario, realizó una reforma encubierta del artículo 122 de la Constitución. A partir de entonces, la mayoría política quedaba reflejada también en el gobierno de la Justicia, con todos los riesgos que la politización de este ámbito entraña. Otro tribunal, el Constitucional, quedó también teñido de influencia política, y su consecuencia fue la emisión de algunas sentencias clamorosamente previstas según los planteamientos políticos.

PEDRO CARRERO

Vista frontal del Congreso de los Diputados, sede y símbolo de la soberanía popular de los españoles.

Esta mutación del funcionamiento del sistema democrático, que anuló la presencia de los contrapesos y los controles que evitan la expansión del poder, estuvo acompañada por una utilización descarada de los medios públicos de comunicación en apoyo de los coyunturales objetivos políticos, que lesionaba también el espíritu y la letra de la Constitución, que en su artículo 20 impone a estos medios el respeto al pluralismo de la sociedad. No es extraño que este abuso de poder sirviera de escenario a la corrupción que poco a poco fue tomando cuerpo y estalló públicamente gracias al esfuerzo de una parte de la Prensa. La corrupción en la esfera del poder, como la sorprendente organización de una trama de terrorismo, fueron facilitadas por una cuidadosa utilización del secreto y una hábil capacidad de respuesta ante la sorprendida opinión pública.

La simulación, sin embargo, no puede ser eterna y los autores de la perversión democrática recibieron un castigo electoral antes de lo que habían previsto. Dijeron que necesitaban veinticinco años para implantar su programa y tuvieron que salir del poder al cumplir los trece. El periodo fue suficiente, sin embargo, para que realizaran mutaciones en el sistema, que ahora precisa de una labor de regeneración.

Hay que poner remedio a los desperfectos y, en esencia, la revitalización que nuestra democracia necesita consiste en reanimar la vida parlamentaria (dando aires a las minorías), en librar de ataduras políticas al Consejo General del Poder Judicial (para que recupere su autonomía), en anular el control político sobre los medios públicos de comunicación (para que puedan ser plurales y verazmente informativos), en acercar a electores y elegidos (mediante una reforma de la ley electoral que, al menos, desbloquee las listas), en clarificar la vida interna de los partidos (haciendo transparente y exigible su democracia interna)...

Todas estas cuestiones y muchas otras que entran en la tarea de la necesaria regeneración han sido tratadas en esta Historia de la Democracia que aquí concluye. En ella han participado, con su testimonio, con su opinión, con el reflejo de su trabajo, muchos de los que han tenido algo que ver en la historia de estos años. Todos han sido convocados a hacerlo. Algunos no han querido pronunciarse. Sus razones tendrán. No han impedido, sin embargo, que se haya realizado un trabajo profesionalmente honesto para reflejar cómo han sido estos primeros veinte años de democracia. Veinte años que volveríamos a vivir.

Justino Sinova. *Editor de "Historia de la Democracia"*

•ÍNDICE DE AUTORES•

A

Matías Costa

José Aymá

B

C

Matías Costa

D

E

F

•ÍNDICE ONOMÁSTICO•

Fernando Quintela

G

Angel Casaña

H

I

J

K

L

M

N

O

P

Javi Martínez

Q

R

S

Begoña Rivas

T

•ÍNDICE GENERAL•

FE DE ERRORES

Capítulo 1

Pág. **15**: La portada de Arriba (publicada para representar la uniformidad de la Prensa del Movimiento) corresponde a la etapa más liberal del periódico (1976-1979), según hizo constar su entonces director Alejandro Armesto, que fue el responsable de retirar el yugo y las flechas de la cabecera.

Capítulo 2

Pág. **56**: El autor de la fotografía que ilustra la página, firmada con el nombre de la revista *¡Hola!*, es Lucio Soriano Vázquez, que gracias a este documento gráfico recibió el premio de fotografía Mingote en 1976.

Capítulo 3

Pág. **73**: En el pie de foto de la imagen de Franco y Hitler se dice que el encuentro fue el 23 de octubre de 1949, cuando realmente sucedió en 1941. Pág. **79**: Mary Santpere es el nombre correcto de la actriz catalana ya fallecida, y no Sampere como apareció en las *"Historias de la Jet"*.

Capítulo 4

Pág. **91**: En "La famosa sopa de letras" se incluía por error al sindicato CNT como partido político.

Capítulo 9

Pág. **222-223**: Debía decir Kabir Bedi, en lugar de Kadir Bebi.

Capítulo 17

Pág. **411**: En la entrevista a Manuel Fraga, debería decirse Ley D`Hondt.

Capítulo 24

Pág. **519**: En el gráfico de las Islas Canarias se omitió que la capitalidad de la autonomía la comparten Las Palmas de Gran Canaria y Santa Cruz de Tenerife, alternando la sede del presidente del Gobierno por períodos legislativos.

Salvador Sánchez-Terán precisa que fue él quien redactó el prólogo del decreto-ley que aprobó el restablecimiento de la Generalitat, y no Manuel Clavero, como aparece en el relato de este capítulo.

Capítulo 48

Pág. **922**: En el primer párrafo del texto se cita Villalba en lugar de la localidad de Perbes.

Imagen del Príncipe de Asturias, don Felipe de Borbón y Grecia. Cuando acceda al trono de España recibirá el nombre de Felipe VI.

Príncipe del siglo XXI

Consuelo Alvarez de Toledo

Cuando dentro de un lustro España se asome a los albores del siglo XXI, don Felipe de Borbón y Grecia será, cumplidos ya los treinta años, un certero representante de una nueva generación de españoles, la "generación de la democracia". Formado para ejercer sus responsabilidades de heredero de la Corona, alegre y deportivo, el Príncipe de Asturias viene a simbolizar, por fin, una España democrática, moderna y convivencial que a lo largo del siglo que ahora acaba pudo parecer a veces un imposible.

Para la memoria histórica quedarán ya las luces y las sombras de los difíciles años de la Transición, quicio de la puerta que cerraba el paso a los enfrentamientos fratricidas y que pudo abrir el camino para la libertad en convivencia. Una Transición que había comenzado cuando su padre, el rey don Juan Carlos era también "un joven príncipe" ciertamente en una España menos placentera que la que don Felipe de Borbón habrá de reinar. Universitario apasionado por cuanto sucede en el mundo, educado en la libertad para defender el régimen constitucional logrado tras tantos avatares, el heredero de la Corona de España es, como en un nuevo Renacimiento, un príncipe para la España del siglo XXI.

[illegible]